OXFORD

UNIVERSITY PRESS

Great Clarendon Street,Oxford,ox2 6DP
United Kingdom

Oxford University Press is a department of the University of Oxford.
It furthers the University's objective of excellence in research, Scholarship,
and education by publishing worldwide. Oxford is a registered trade mark of
Oxford University Press in the UK and in certain other countries

© Oxford University Press 2012
The moral rights of the authors have been asserted
First Edition published in 2012
Impression:1

Crown copyright material is reproduced under Class Licence
Number Co1Poooo148 with the permission of OPSI
and the Queen's Printer for Scotland

British Library Cataloguing in Publication Data
Data available

ISBN 978-0-19-959975-2

Printed and bound in Great Britain by
CPI Group(UK)Ltd, Croydon, CR0 4YY

国家出版基金项目
NATIONAL PUBLICATION FOUNDATION

The Oxford Handbook *of*
THE HISTORY OF
INTERNATIONAL LAW

牛津国际法史手册

（上册）

［德］巴多·法斯本德　安妮·彼得斯 ◎ 主编

李明倩　刘　俊　王伟臣 ◎ 译

上海三联书店

"十三五"国家重点图书出版规划项目

国家出版基金资助项目

作者简介

巴多·法斯本德(Bardo Fassbender),慕尼黑联邦国防军大学(Bundeswehr)国际法
　　教授。耶鲁大学法律硕士、柏林洪堡大学法学博士。主要研究领域为国际法、联
　　合国法、比较宪法理论、国际法宪法史等。系《国际法史研究》(*Studien zur
　　Geschichte desVölkerrechts*)主编。

安妮·彼得斯(Anne Peters),瑞士巴塞尔大学国际公法和宪法学教授。法学院研
　　究院长。"国际法宪法化"和全球治理、人权专题研究领域的顶尖学者。

约尔格·费舍尔(Jörg Fisch),瑞士苏黎世大学历史学教授。研究领域包括国际法
　　史和国际关系。

安东尼·卡塞斯(Antonio Cassese,1937—2011 年),意大利佛罗伦萨大学国际法
　　教授、海牙国际法学会会员。系预防酷刑欧洲委员会理事会第一任主席、国际刑
　　事法院前南斯拉夫审判庭第一任主席(1993—1997 年)、首席法官;苏丹达尔富
　　尔侵犯人权、人道法联合国国际调查委员会首席专家(2004 年);黎巴嫩特别仲
　　裁庭主席(2009—2011 年)。

兰德尔·乐斯福(Randall Lesaffer),蒂尔堡大学法律史教授、比利时鲁汶欧洲和国
　　际法律史兼职教授。自 2008 年以来,担任蒂尔堡大学法学院院长。

简爱·尼曼(Janne E. Nijman),荷兰阿姆斯特丹大学国际公法副教授,阿姆斯特丹
　　国际法中心高级研究员。

何亚金·阿尔切德·费尔南德斯(Joaquín Alcaide Fernández),西班牙塞维亚大学
　　国际公法及国际关系学教授。在恐怖主义、人权与人道法、国家及其刑事责任、
　　和平与安全、海洋法和环境保护等领域著作颇丰。

柯尼利斯·罗洛大森（Cornelis G. Roelofsen），荷兰格罗尼根大学历史学硕士（1967 年）。在乌德勒支大学法学院讲授国际公法及其历史（1967—2010 年）。1991 年获博士学位。比利时根特大学 Sarton 奖章得主（1998 年）。自 1991 年起担任《格劳秀斯人杂志》（*Grotiana*）编委。主要兴趣在海战法和自决。

西蒙妮·皮特（Simone Peter），法学博士学位，通史及德语学位（本硕阶段）。2006 年至 2012 年，担任巴塞尔大学国际法学科助理研究员。当前研究涉及"国际法宪法化"和全球治理、人权等领域。

西西莉亚·林奇（Cecelia Lynch），美国加州大学尔湾分校政治学教授。

丹尼尔·伊斯谟斯·罕（Daniel-Erasmus Khan），慕尼黑联邦国防军大学国际法和欧洲法教授。专注于领土国际法及一般国际法其他议题的历史进路研究。

多米尼克·戈里耶（Dominique Gaurier），法国南特大学法学院助理教授，国际公法史授课教师。曾参编《国际法史手册》，将 16 世纪至 18 世纪的国际法大家，如康拉德·布朗、贞提利、理查德·苏支、宾刻舒克的拉丁文译成法文。

玛丽·爱伦·奥康奈尔（Mary Ellen O'Connell），美国圣母大学法学院讲席教授、克罗克（kroc）和平研究协会国际争端解决研究教授。研究领域包括国际法理论、国际武力使用法、争端解决等。

安洁·冯·恩琴-斯坦伯格（Antje von Ungern-Sternberg），法律与历史学者。德国慕尼黑大学公法和国际公法学科高级研究员。著作涉足比较宪法、国际公法、法律与宗教等领域。

罗伯特·柯布（Robert Kolb），日内瓦大学国际公法教授。

柯恩·斯塔珀布鲁克（Koen Stapelbroek），鹿特丹伊斯谟斯大学政治与行政思想史专业副教授。剑桥大学哲学博士。出版专著（2008 年多伦多），以及编著数本有关 18 世纪思想史的著作。

戴维·波德曼（David J. Bederman, 1961—2011 年），美国亚特兰大埃莫里大学国际私法讲席教授。在海洋法实体性原则、国际公有资源管理、国际法史及其理论等领域论著颇丰。从教之前,在华盛顿从事执业律师工作。曾任海牙法院的美伊索赔仲裁庭法律顾问。

法谛海哈(Fatiha Sahli),摩洛哥马拉喀什卡迪·阿亚德大学法律系大学教授,公法博士。国际合作推进研究实验室项目执行总监、国家科学研究中心研究子项目(URAC 59)负责人。

阿卜杜勒·奥扎尼(Abdelmalek El Ouazzani),摩洛哥马拉喀什卡迪·阿亚德大学法律系大学教授,政治学博士。国际合作推进研究实验室项目执行总监、国家科学研究中心研究子项目(URAC 59)负责人。

翁佩拉·巴西(Upendra Baxiis),华威大学和德里大学荣誉教授,曾担任德里大学副校长。在比较宪政主义、人权的社会理论、新兴的"后人类"全球正义研究方法等领域著述丰硕。

大卫·贝里(David S. Berry),西印度群岛大学巴巴多斯凯夫希尔校区法学院院长,从事国际公法和加勒比区域一体化的理论研究与实践。

肯·科茨(Ken Coates),滑铁卢大学历史系教授。研究领域包括前英属殖民地的土著民族法律史和当代土著民族权利。

海因茨·杜赫哈特(Heinz Duchhardt),曾在美因茨、波恩和维也纳学习,于1968年获得博士学位,1974年通过德语国家教授资格考试,担任拜罗伊特大学和明斯特大学早期近代史和近代史全职教授,并于1994年到2011年任美因茨欧洲历史研究所主任。

乔治·埃斯基罗(Jorge. L. Esquirol),佛罗里达国际大学(位于迈阿密)法学教授,在比较法、法学理论、拉丁美洲法律与发展等领域有所研究。哈佛大学法学院法律博士(1989)、法学博士(2001),乔治城大学金融学学士(1986)。

詹姆斯·瑟·加西(James Thuo Gathii,芝加哥洛约拉大学法学院讲席教授。曾担任纽约阿尔巴尼法学院主管科研的副院长,以及州长柏德基(Governor

George E. Pataki)设立的国际商法教授。主要研究领域包括国际公法、国际贸易与经济法等,著述丰硕。

马克·贾尼斯(Mark W. Janis),康涅狄格大学讲席教授,牛津大学客座研究员,曾任牛津大学教授。

川岛真(Shin Kawashima),东京大学东亚国际关系史副教授。

马丁·金青格(Martin Kintzinger),德国明斯特大学中世纪史教授。研究重点是学校教育和大学的历史、国际关系和外交政策以及中世纪末期的法国史。

彼得·克罗格(Peter Krüger,1935－2011年),马尔堡大学近代史教授。研究领域主要集中在国际关系史、思想史和宪法史,是研究1919年《巴黎和约》历史和国际联盟时代的主要专家。

乌穆特·厄兹叙(Umut Özsu),曼尼托巴大学法学院助理教授。主要研究兴趣在于国际公法、国际法的历史和理论。

比马尔·帕特尔(Bimal N. Patel),印度甘地讷格尔古吉拉特国立法律大学教授兼主任(副校长)。研究主要集中在国际法、印度国家实践与国际法、国际法院、海洋法等领域。

唐启华(Chi-hua Tang),中国台湾国立成基大学历史系教授。伦敦政治经济学院博士毕业。

米洛斯·维克(Miloš Vec),法学家(2005年通过德语国家教授资格考试),在德国法兰克福的马克·普朗克欧洲法律史研究所工作,并在歌德大学任教,是《国际法史研究》的合作主编。

柳原正治(Masaharu Yanagihara),日本九州大学国际公法教授。于1981年获得了东京大学博士学位,于2000年至2001年在慕尼黑路德维希马克西米利安大学任客座教授,2002年在鲁汶天主教大学任客座教授。

安东尼·安吉(Antony Anghie),犹他大学"塞缪尔·德曼"(Samuel D. Thurman)法学教授,主授国际公法、国际商事交易以及国际环境法等多门国际法领域的课程。研究领域为国际法史及理论、全球化、人权、法律和发展以及国际法的第三世界方法。

马苏德·巴德林(Mashood A. Baderin),沙里阿及习惯法荣誉法学学士,尼日利亚最高法院律师,国际公法硕士,国际人权法及伊斯兰法博士。现任伦敦大学法学院和亚非学院院长,法学教授。

阿努尔夫·贝克·洛尔卡(Arnulf Becker Lorca),布朗大学国际关系项目访问学者。主张从非西方的视角审视国际法史。

阿明·冯·波格丹迪(Armin Von Bogdandy),马克·普朗克研究所比较公法和国际法所主任,法兰克福大学法学教授。

安纳贝尔·布赖特(Annabel Brett),剑桥大学历史学高级讲师,同时也任教于该校的冈维尔与凯斯学院。在近代早期自然法史和自然权利史领域出版了多部作品。

安东尼·凯蒂(Anthony Carty),香港大学法律系包玉刚爵士公法讲座教授。于1969年至1972年师从于剑桥大学克里夫·佩里(Clive Parry)教授并获得博士学位。曾任爱丁堡大学和格拉斯哥大学讲师和高级讲师。先后获得德比大学、威斯敏斯特大学、阿伯丁大学以及香港大学的讲座席位。

格奥尔·卡瓦拉(Georg Cavallar),维也纳大学历史系现代史专业大学讲师(Universitätsdozent)。出版的作品涵盖康德的政治哲学、国际法史、世界主义哲学等领域。

马修·克雷文(Matthew Craven),伦敦大学亚非学院殖民主义、帝国和国际法研究中心主任,国际法教授。目前的研究兴趣为国际法史和国际法学说,尤其关注帝国主义、殖民主义以及去殖民化等问题。

塞尔吉奥·德拉瓦莱(Sergio Dellavalle),都灵大学国家理论教授。

奥利佛·迪格尔曼（Oliver Diggelmann），苏黎世大学国际公法和宪法教授。研究领域包括国际法理论与历史、法哲学以及比较宪法。

西摩·德雷舍（Seymour Drescher），主要关注奴隶制和废奴问题。匹兹堡大学历史学杰出教授。

亚瑟·艾亚芬格（Arthur Eyffinger），主要关注古典学和法律史学。作品涵盖胡果·格劳秀斯的生平与学说、国际法的海牙传统、海牙国际法庭及其规则等领域。

保罗·芬克曼（Paul Finkelman），主要关注废奴史、美国宪法史以及美国法律史。目前为杜克大学法学院约翰·霍普·富兰克林（John Hope Franklin）美国法律史客座教授。同时也担任奥尔巴尼大学法学院威廉·麦金莱总统（William McKinley）法律和公共政策杰出教授。

安德鲁·菲茨莫里斯（Andrew Fitzmaurice），悉尼大学历史学副教授。主要研究欧洲帝国思想史。

努德·哈孔森（Knud Haakonssen），萨塞克斯大学思想史荣誉教授。伦敦大学学院历史学名誉教授。在启蒙运动的道德、政治和法律思想等领域著述颇丰。

波琳·克莱因盖尔德（Pauline Kleingeld），荷兰格罗宁根大学哲学教授。

马蒂·科斯肯涅米（Martti Koskenniemi），赫尔辛基大学国际法资深教授，埃里克·卡斯特伦（Erik Castrén）国际法与人权研究所主任。目前主要关注国际法律思想史。

刘禾（Lydia H. Liu），哥伦比亚大学终身人文讲席教授。作品涵盖翻译理论、媒体技术、中国历史和文学以及法律文本在中国、日本和西方的传播等领域。

劳里·玛科索（Lauri Mälksoo），爱沙尼亚塔尔图大学国际法教授。塔尔图大学法学学士，乔治城大学法律硕士，柏林洪堡大学法学博士。研究领域包括国际法史及学说、比较国际法，以及特别是东欧问题。

利利阿纳·奥夫雷贡(Liliana Obregón),哥伦比亚洛斯安第斯大学法学副教授。赫尔辛基大学"1815年至1914年欧洲研究计划"博士后研究员。洛斯安第斯大学法学学士、约翰霍普金斯大学高级国际关系学院国际关系专业硕士、哈佛大学法律博士。

梅里奥·斯卡特拉(Merio Scattola),任教于帕多瓦大学(Padua),主授政治思想史。作品涵盖自然法、政治神学、政治学说史等领域。

马赛厄斯·施默克尔(Mathias Schmoeckel),波恩大学民法和法律史教授。主要研究神学对法律的影响。出版的作品涉及国际法史以及工业革命对法律的影响。

伊恩·斯科比(Iain Scobbie),爱丁堡大学荣誉法学学士,剑桥大学法学学士,澳大利亚国立大学国际法硕士,剑桥大学法学博士。伦敦大学亚非学院法律、人权与中东和平建设"何鸿卿爵士"(Sir Joseph Hotung)研究员。

希利娅·沃奈基(Silja Vöneky),弗莱堡大学国际公法教授。研究领域包括国际人道主义、环境法、法哲学以及德国与外国的公法学。

凯厄斯·图奥里(Kaius Tuori),任教于赫尔辛基大学,法律史学者。研究领域包括罗马法律史、法律人类学以及古典考古学。

皮特·哈根马歇(Peter Haggenmacher),日内瓦国际与发展研究生院名誉教授。曾在该院主授国际法达30余年。特别关注国际法的历史和哲学层面。

明石钦司(Kinji Akashi),日本庆应义塾大学国际法教授。曾获乌德勒支大学法学博士学位(1996年)。

艾曼纽·儒阿特(Emmanuelle Jouannet),索邦法学院(巴黎一大)国际法教授,担任该院"全球化世界中的国际法与正义"项目负责人。研究领域包括人权、法律发展、国际法史以及国际法学说。

译者简介与分工

刘俊,华东政法大学国际法专业博士,副教授。2004 年起在华东政法大学讲授国际金融法、国际经济法、银行法等课程。著译作品包括 *Chinese International Economic Law*、《国际金融法律与监督》、《各国问题金融机构处理的比较法研究》、《银行家薪酬监管法治变革及其超越》、《二〇〇八年全球金融危机》、《次贷危机金融版图法制变革》等。本书引言到第十六章由刘俊翻译完成。

李明倩,华东政法大学法学博士,复旦大学政治学博士后(在站),华东政法大学外语学院副教授,硕士生导师。本书第十七章到第三十三章由李明倩翻译完成。

王伟臣,法学博士,上海外国语大学法学院副教授。本书第三十四章到第六十五章由王伟臣翻译完成。

序

 1724 年 10 月 17 日,奥斯曼帝国苏丹艾哈迈德三世在君士坦丁堡的托普卡珀皇宫接见了法国使节 Vicomte d'Andrezel。借法国画匠 Jean Baptiste van Mour (1671—1737 年)的眼睛,我们看到在遍布土耳其红地毯,且装饰华丽的宏伟圆穹议会大堂中觐见这位大权在握的苏丹的这些法国人略显矮挫;镜头又纳入了一大群奥斯曼官员,法国人俨然被高白帽所包围,这种象征意义就更为明显。遗憾的是,本书封图无法还原肉眼所见的原画的那种强大气场。有缘的读者可在法国波尔多艺术博物馆看到原画《苏丹艾哈迈德三世于康斯坦丁堡觐见法国大使》。[1]

 《牛津国际法史手册》选取此画作为封图,原因在于本书的写作理念与此画的意旨高度契合。我们旨在探究源于不同法律传统的行动者在政治与经济层面的接触,由此浮现出现在被称为"国际法"的这门学科的那段历史。Vicomte d'Andrezel 绝非第一位在康斯坦丁堡觐见苏丹的法国使节。自年法国国王于 1536 年迈出同苏丹结盟的第一步,两百年来,这个"百合花与新月同盟"的合作关系已相当稳固。诚如史家 Philip Mansel 对苏丹和外国使节这类会晤所作的评价:"可能更像两个世界的碰撞;服装迥殊、语言不通、宗教信仰各异。只是通过各自的表述而在真实世界中共操一套权力话语,即攫取利润和巩固垄断。"本书的中心议题是探究是否还有一套共同的法律话语,于是 63 位志同道合者一同走上了探索之旅。

 令人悲伤的是,本书的作者中有三位已升入天国而无法目睹本书付梓,他们是

---

[1] 此处所指的是本书英文版的封面图片——编者注

彼得·克罗格(Peter Krüger)、安东尼·卡塞斯(Antonio Cassese)和戴维·波德曼(David J. Bederman),他们三位分撰第二十八章、第二章和第五章。本书因他们的努力而完整,我们内心的哀恸一如失去家庭成员般真实。但是,他们的煌煌大作、精彩的人生和法律人的高风亮节将永远为世人所铭记。

主编想向慷慨资助与高瞻远瞩的以下机构致敬:瑞士科学基金会、瑞士联邦外交部、致力于科学馆藏的巴塞尔民间学术协会、德国杜塞尔多夫的汉高基金会、苏黎士雅各基金会,以及巴塞尔大学法律经济研究促进基金会。

回首编辑过程,其间曾面对如山的手稿,作者间往来电子邮件数千封。少女峰下的 Interlaken 工作坊能硕果累累,Simone Peter 和 Daniel Högger 两位的勤勉相助实在居功至伟。特别是 Simone 以其全球史的学术背景,直接影响了本书的理念和定稿框架。

规范本书各章格式,特别是注释,以符合出版社的要求实属辛苦。这仰赖于我们能干的研究助理们:巴塞尔大学的 Lilian Buchmann 和 Madeleine Schreiner,以及慕尼黑联邦国防军大学的 Konstantin Seliverstov。同时,特别感谢慕尼黑方面的 Anja Kiessling、Carolin König 和 Iris Ludwig,以及巴塞尔方面的 Claudia Jeker,这四位资深研究助理在编辑工作上的投入真是"夙兴夜寐,靡有朝矣"。谢谢牛津大学出版社的两位编辑 John Louth 和 Merel Alstein 一以贯之的理解。

最后的致敬献给本书的各位作者。"同声相应,同气相求",我们彼此之间从未想过能一同出版本书。除了缘分,这还需要高度的自律与勤勉的写作、激情以及耐心,祝福我们的努力。

安妮·彼得斯、巴多·法斯本德
2012 年 7 月

目 录 C O N T E N T S

上册

引言：国际法全球史朝何处去

巴多·法斯本德、安妮·彼得斯(Bardo Fassbender & Anne Peters)

一、"少有人走的路"

在本书出版之前,国际法史写作的"正宗"套路[1]是描述源自 16 世纪的欧洲现代国家间的那套规则如何迁播至其他大陆并最终扩及全球。[2] 它亦被描述为世界最终被启蒙运动、美国独立战争和法国大革命的理念所统治的演进史。[3] 以人性为名的进步史观自有其美,它给国际法史带来了界定清晰的目的和导向,整个架构也让人心知其意。然而,遗憾的是,这种美却只是一种假象。

国际法的这套欧洲中心的叙事之所以现在被证实走错了路,原因在于其不完整。它既忽略了西方规则在传播过程中所伴随着的暴力、野蛮和自负,又忽略了其在传播过程中对其他法律文化所造成的破坏。一如多数其他部门法史,国际法也是征服者与胜利者的历史,而绝非受害者的。此外,我们熟悉的故事遗漏了这段历史里太多他者的经历以及自治邦国间的法律关系之形式,它甚至将欧洲域外因欧洲强权统治和殖民而被割裂的这种经历和形式,以其与(连续)国际法史不相关为

1

2

---

[1] 参见本书中由马蒂·科斯肯涅米(Martti Koskenniemi)撰写的第三十九章"国际法史学史"。

[2] 仅需参阅 F. Amerasinghe, *The Historical Development of International Law — Universal Aspects* (2001)39 *Archiv des Völkerrechts* 367 - 393。该书第 368 页:"现代国际法源自欧洲世界及其临近地域的早期发展历程,且他们间几乎是线性相关;而世界其他地区更早时候的国际关系,如中国和南亚,对这套法律影响甚微。"且作者连将欧洲之外的国际法史作为"补充"都未提过。(同上,第388页。)

[3] 参见 T. Skouteris, *The Notion of Progress in International Law Discourse* (Asser The Hague 2010)。

由而将其拒之门外。

不走寻常路的心态让人兴奋又往往布满荆棘，它既是探险又是体验之旅。不走别人走过的路自会遭遇不可预见的障碍。倘若有人想向黑暗处投射点光，他就得有不轻易被理解和碰到各种意外的心理准备。在这个意义上，本书但求开风气，以抛砖引玉出更多国际法全球史著作。用美国著名诗人罗伯特·弗洛斯特（Robert Frost）那句广为人知的诗句来说，我们走了一条"少有人走的路"，但迄今为止，领略到的风景还不错。[4]

写作一部真正意义上的国际法全球史的困难之处起于（但绝不终于）确定所覆盖的时间段。在这方面，本书亦未能完全免俗，也是从西方国际法史学史之欧洲中心论的"现代国际法"概念出发。换言之，就欧洲和西方世界而言，本书把史前史和早期历史以及"希腊-罗马"上古史排除在外，尽管后者的学术文献相当丰富。[5] 再者，本书作者仅在将中世纪视为向现代演进的"流动通道"这一语境下才涵盖欧洲中世纪史。限缩范围的理由首先是实践可行（一本书不可能野心太大，一次不能涵盖所有的目标），其次是聚焦已体现当代国际法律秩序印记的那段国际法史的理念是，某种意义上来说，过去和现在之间存在"活的纽带"。诚如安东尼·卡塞斯（Antonio Cassese）的评论："当下国际共同体架构和格局的起源总是会追溯到 16 世纪。"[6] 但是，就此得出结论说古代或中世纪前的法律完全与本书无缘也非事实。[7] 在接纳和转化古代法，进而建构现代国际法的过程中，本书特别讨论了那些古代与中世纪法律的作用。[8]

更少的欧洲中心主义体现在我们决定要求作者们将其叙述止于 1945 年，因第二次世界大战和联合国的建立无论在西方历史上还是在全球历史上都是一个标志性节点。[9] 当然，写 1950 年代和 1960 年代的国际法也属可行，但从大视野看，当

---

〔4〕R. Frost，'The Road Not Taken' in *Mountain Interval* (Henry Holt and Co. New York 1916) at 9.

〔5〕D. J. Bederman，*International Law in Antiquity* (CUP Cambridge 2007)（参考文献第 290 页所列书目）。

〔6〕A. Cassese，*International Law* (2nd edn OUP Oxford 2005) at 22.

〔7〕该时段晚近值得称道的研究，参阅 H. Steiger，*Die Ordnung der Welt：Eine Völkerrechts geschichte des karolingischen Zeitalters* (741 bis 840) (Böhlau Köln 2010)．

〔8〕参见本书中由马丁·金青格（Martin Kintzinger）撰写的第二十五章"从中世纪晚期到《威斯特伐利亚和约》"和由凯厄斯·图奥里（Karus Tuori）撰写的第四十二章"近代早期国际法对古代法律思想的继受"。

〔9〕许多作者相反，将第一次世界大战作为国际法当代史的分水岭。R. Lesaffer，'The Grotian （转下页）

前行之有效的国际法仍是 1945 年联合国创建时代的产物。

对非欧洲区域历史而言,作为现代欧洲历史开端的 16 世纪无甚意义。相应地,各章作者(如非洲、中国或印度)就得确定其各自历史开始的年代——在某个时点上会同西方历史形成交集的历史。

纵览各章,读者应能很快意识到本书对常见主题推陈出新的努力。倘若更仔细点,读者还能发现许多作者肩负的任务特别艰巨。因他们所涉课题文献稀少,堪称筚路蓝缕。读者也能发现本手册在多种意义上来看具有多元性,我们虽珍视本书具有多元学科背景的作者群,但绝非没有意识到此中所蕴含的风险:他/她们学术背景迥异,包括法律人、历史学家和政治学者;他们所服务的学术机构来自世界不同区域;他们所持的史学史方法论也不同。结果可能导致最终出炉的本书不是题目自诩的全球国际法史,而是某种国际法史大杂烩。

"孤芳自赏"到此为止。编者还想多说点规划本书时的想法,以及对未来国际法史研究应朝何处去的观点。

二、超越欧洲中心论

传统上,写作国际法史的方法集中于关注现代欧洲国家间的体制,包括它的上古和中世纪的起源及前身,还有这套体制向其他大陆的扩散。非欧洲的政治实体貌似成为了欧洲主宰下的消极客体。[10]

迄今为止,从非欧洲中心视角写作的国际法史仍相当罕见。重要的作者有尼

4

(接上页)Tradition Revisited: Change and Continuity in the History of International Law' (2002) 73 *British Yearbook of International Law* 103 – 139. 其中,第 106 页第 14 个注释列有许多参考文献。还可参阅 W. Preiser, *Die Völkerrechtsgeschichte, ihre Aufgaben und ihre Methode* (Sitzungsberichte der Wissenschaftlichen Gesellschaft an der Johann Wolfgang Goethe-Universität Frankfurt/ Main (1963) Nr. 2, 31 – 66, repr Franz Steiner Wiesbaden 1964) at 62. M. -H. Renaut, *Histoire du droit international public* (Ellipses Paris 2007),她的观点是时间划线应止于《凡尔赛和约》,原文是'esquisse une nouvelle metamorphose du droit international qu'il convient de réserver aux spécialistes du droit international public contemporain'.

[10] 更持平的史学史重要著作如 C. H. Alexandrowicz, *An Introduction to the Law of Nations in the East Indies* (16th, 17th, and 18th Centuries) (Clarendon Press Oxford 1967); J. Fisch, *Die europäische Expansion und das Völkerrecht: Die Auseinandersetzungen um den Status derüberseeischen Gebiete vom 15. Jahrhundert bis zur Gegenwart* (Franz Steiner Stuttgart 1984); G. Gong, *The Standard of 'Civilization' in International Society* (OUP New York 1984); N. Berman, *Passion and Ambivalence: Colonialism, Nationalism, and International Law* (Brill Leiden 2011).

日利亚籍的国际法院法官特斯林·奥拉瓦莱·伊莱亚斯(Taslim Olawale Elias)、突尼斯的斯林·拉格曼尼(Slim Laghmani)和印度的阿南德(Ram Prakash Anand)。[11] 更近些时候的努力有主题涉及"国际法黑暗时代"的批判性学术著作,[12]其揭露了欧洲规则在施用过程中对殖民地属民运用的残酷武力和剥削。[13]立意虽善,但这种学术努力本质上仍是欧洲中心论。如艾曼纽·儒阿特(Emmanuelle Jouannet)近来提出,目前大行其道的这套史学史将国际法视作建立并植根于欧洲和其他区域之间区别基础之上的产物。这种区别据称是专门被设计出来的,以便推进欧洲对世界其他地区的霸权。这既不符合 17 世纪和 18 世纪的国际法大家之本意,更重要的是,它也不是当时欧洲强权的真实目标。本书作者认为,儒阿特正确地指出了这种"颠倒叙事"事实上永久化了其所要谴责的对象,这基本上是复辟着"经典保守史学史"的保守影响。无论过去还是现在,国际法其实无所谓"好"与"坏"。它可以被用于不同的乃至完全相对的目标:既可以是压迫和霸权,也可以是解放和稳定。[14]

5　　　阿努尔夫·贝克·洛尔卡(Arnulf Becker Lorca)关注欧洲中心历史叙事的政治因素,即某种程度上,它在宣扬意识形态的功能——将特定西方观点普世化和合法化。洛尔夫在本书中提出的观点是,国际法律人应"致力于多元叙事,并揭示欧洲中心论的扭曲"。[15]本书确也特别关注非欧区域对国际法史的影响。第三部分

---

[11] T. O. Elias, *Africa and the Development of International Law* (R. Akinjide ed) (Martinus Nijhoff Dordrecht 1988); S. Laghmani, *Histoire du droit des gens — du jus gentium impérial au jus publicum euro paeum* (Pedone Paris 2004); R. P. Anand, *Studies in International Law and History: An Asian Perspective* (Martinus Nijhoff Leiden 2004).

[12] 参见本书中由阿努尔夫·贝克·洛尔卡(Arnulf Becker Lorca)撰写的第四十三章"国际法史中的欧洲中心主义"。

[13] B. Rajagopal, *International Law from Below* (CUP Cambridge 2003); R. P. Anand, *Development of Modern International Law and India* (Nomos Baden-Baden 2005); A. Anghie, *Imperialism, Sovereignty and the Making of International Law* (CUP Cambridge 2005); J. T. Gathii, 'Imperialism, Colonialism, and International Law' (2007) 54 *Buffalo Law Review* 1013–1066; A. Becker Lorca, 'Universal International Law: Nineteenth-Century Histories of Imposition and Appropriation' (2010) 51 *Harvard International Law Journal* 475–552; A. Orford, *International Authority and the Responsibility to Protect* (CUP Cambridge 2011).

[14] E. Jouannet, 'Des origines coloniales du droit international: A propos du droit des gens moderne au XVIIème siècle' in V. Chetail and P. M. Dupuy (eds) *Mélanges Peter Haggenmacher* (Brill Leiden 2012).

[15] 参见本书中由阿努尔夫·贝克·洛尔卡(Arnulf Becker Lorca)撰写的第四十三章"国际法史中的欧洲中心主义"。

"区域"包括非洲和阿拉伯、亚洲、美洲(包括加勒比)等子篇。作者们通常关注的是欧洲人到来之前的时代及其"自身"的国际法。在"碰撞"部分,作者们回顾了中国、日本、印度、俄罗斯和美洲原住民各自暴露于欧洲影响力、知识、法律以及遭受欧洲的压迫和统治的情形和方式。并非所有的碰撞都会导致暴力冲突,有些亦产生了建设性合作。欧洲人带来了"新鲜事物……而不仅是霸权和同化"[16]。从更宽泛的视野来分析,这类碰撞所浮现出的议题在第四部分"互动与强加"中会涉及。

"碰撞"篇由全球史学史"文化碰撞"研究的翘楚执笔[17],其将"本我"和"他者"理解为一种转换式建构,如此"西方"(或欧洲)可被视作应对某种全球性经验的创举。[18]犹有兴味的问题是非欧洲国家和人民是否并非仅仅接受欧洲的想法和标准,而且对其他导向亦有影响。换言之,我们的具体问题是特定国家或区域对国际法的贡献是什么。正如我们所能料到的,这个问题的答案是见仁见智的。在区域性贡献的问题上,异议最少的或许是拉丁美洲。乔治·埃斯基罗(Jorge Esquirol)于此语境下,在其"拉丁美洲"这一章节中提到第三国不得干预、国与国争端强制性国际仲裁、国界划分按"保持占有原则"(*uti possidetis iuris*)、第三国承认国内叛乱者的权利、外交庇护权、国籍法中的"出生地制"(*ius soli*)、内河航行自由、海岸安全管辖权,以及战时中立贸易自由。[19]埃斯基罗不去触及是否存在单独的美洲国际法这种有争议的问题,而是提出国际法一直以来无论在何地都是"有意或无意地在适应当地情势",且无论这种本地归化被承认与否,都"动员了国际法认同来支持法律权责的不同建构"[20]。埃斯基罗的实质性观点还有,对外国对相对孱弱国家事务的干预这一主题的充实是拉美国际法对国际法整体所做的特别重要的贡献,这实际上直指现代主权和国格之核心。

至于北非撒哈拉和阿拉伯国家,法谛海哈(Fatiha Sahli)和阿卜杜勒·奥扎尼(Abdelmalek El Ouazzani)的结论是,"倘若伊斯兰对国际法有贡献的话,那就是保

---

[16] R. Grew, 'On the Prospect of Global History' in B. Mazlish and R. Buultjens (eds) *Conceptualizing Global History* (Westview Press Boulder Colorado 1993) 227 – 249 at 244.

[17] 精要著作参阅 J. H. Bentley, *Old World Encounters: Cross-Cultural Contacts and Exchanges in Pre-Modern Times* (OUP New York 1993).

[18] 前引注释 16。

[19] 参见本书中由乔治·埃斯基罗(Jorge L. Esquirol)撰写的第二十三章"拉丁美洲"。

[20] 同上。

护人的法律,特别是非穆斯林受保护者法(*Dhimmi*),更具体来说是指对宗教少数群体和对战争囚犯的人道待遇的法律"。[21] 比马尔·帕特尔(Bimal N. Patel)在其"印度"一章中明确反对了世人对印度的误解,即印度早期法律制度仅限于印度文明,且"完全割裂了历史的连续性"。帕特尔(Patel)转而提出公元1500年以前,甚或1500年至1945年间,印度国王及其土著王公领地(土邦)之间所遵守的战争法则"是印度文明独一无二之处,其对当代国际人权法有重大贡献"[22]。

至于亚洲对国际法的影响,大沼保昭(Yasuaki Onuma)在其重要文章中指出,亚洲仅存在偶发性实践(如外国人待遇、海洋法),迄今尚不能得出这类亚洲实践引起或影响了欧洲国际法规则的形成与发展。[23] 这种观点获得了明石钦司(Kinshi Akashi)的共鸣。明石钦司在有关章节中提出一个对问题的简短反思,即"若要问碰撞之后,日本在'国际关系'和'国际法律秩序'上的原创观念对国际法之内容是否有'任何影响和作用'的话,答案是否定的"[24]。但是,明石钦司(Kinshi Akashi)总结道,尽管日欧碰撞的结果并未导致日本体制向全球国际法的转化(依照单一器物和机制那般"微观转化"之范式),但它确实能揭示国际法概念和逻辑在普世化动态过程中的普遍适用。[25]

众所周知,非欧洲区域对"欧洲"国际法采取拿来主义,并以之推进自身的政治目标(部分是反抗欧洲统治)。举例而言,北美(今加拿大境内)卡优嘎族(Cayuga)酋长德斯可汗(Deskaheh)和易洛魁语系(Iroquis)邦联曾向国际联盟(联合国之前身)寻求正义。[26] 另一个例子是中国(向国际联盟)提交国际法律争端,旨在废除如1919年的巴黎和会和1921年的华盛顿海军会议对中国施加的不平等条约。[27] 但是,也有论者提出,欧洲人也相反地放下身段,融入各大区域,并使自身得以适

[21] 参见本书中由法谛海哈(Fatiha Sahli)和阿卜杜勒·奥扎尼(Abdelmalek El Ouazzani)撰写的第十六章"撒哈拉北部非洲与阿拉伯国家"。
[22] 参见本书中由比马尔·帕特尔(Bimal N. Patel)撰写的第二十一章"印度"。
[23] Y. Onuma, 'When was the Law of International Society Born?' (2000) 2 Journal of the History of International Law 1–64 at 61 fn 170(援引过亚历山大罗维茨的作品)。
[24] 参见本书中由明石钦司(Kinji Akashi)撰写的第三十章"日本-欧洲"。
[25] 同上。
[26] 参见本书中由肯·科茨(Ker Coates)撰写的第三十三章"北美原住民与国际法的相遇"。
[27] 参见本书中由川岛真(Shin Kawashima)撰写的第十九章"中国"。

应。举例说,当下有争议的欧洲贸易强国是否"西化"了传统以中国为中心的东亚贸易体制,或相反地是否是欧洲人主动加入了进来。[28] 若按后者的逻辑,其结论将是中国的体制从未被打破,即便在欧洲压力之下,迄今也已完全恢复。[29]

若以伦理语境评估,这种碰撞本应像施与受的交互往来过程,但实际却更像"单向道"。这个判断的得出,除其他事物外,主要取决于这种接纳是否(至少在一定程度上)是自愿以及反省的结果,当然也要考虑受者层面,武力、威胁和经济制裁也是得出该判断的原因。通常的情况是劝诱和强加的兼用起到了决定性作用,所谓恩威并重。

我们从中能学到的是光查宗谱还不能确定身份。所谓"美国发明的晶体管之后在日本的命运,和当年中国人发明的纸张漂洋过海到欧洲如出一辙。就像橡胶、玉米或土豆,以及选举、政党或公司科层制,名字可能还反映出他们是舶来品,但在漫长的本土化过程中,他们已经成为当地多元社会的一分子"。[30] 这种"本土化"不限于技术或文化产品,亦包括国际法规则和标准这些法律制度。世人津津乐道的范例包括人权、法治和民主,但亦有些不那么受欢迎的"本土化"事件,诸如日本人的"大东亚国际法"理论,有论者说它恰是德国社会党人的那套"大空间"或"生存空间"理论('Grossraum' or 'Lebensraum' theory)之翻版。[31] 这也就不难理解为何晚近的全球史专家[32]和国际法及比较法学人近来均关注这类理论的创造性吸收和混同过程。[33]

---

[28] 欧洲人和中国人在当时或各有不同观点。在清朝官方文件中,荷兰及其他欧洲国家被记录为朝贡国,但这些国家自身毋需意识到这种地位。观点迥异的理由之一是翻译问题,按其原文版本,欧洲使团致清朝皇帝的官方文书并未遵循朝贡的中国形式,但实际呈送皇帝的中文版已被中国当局大幅修改以符合朝贡形式。(S. Hamamoto, 'International Law, Regional Developments: East Asia' in *Max Planck Encyclopedia of Public International Law* [OUP Oxford 2012] para 14.)

[29] 参见本书中由唐启华(Chi-hua TANG)撰写的第二十九章"中国-欧洲"。

[30] 前引注释16。

[31] 参见本书中由明石钦司(Kinji Akashi)撰写的第三十章"日本-欧洲"。

[32] 杰里·本特利(Jerry Bentley)在其重要文章中试图确认和理解当不同文明和文化传统在漫长的过程中彼此互动时的跨文化转化冲突和妥协的模式。本特利的结论是,"融合主义的综摄代表着导致文化妥协的一个通道"。(*Old World Encounters* [n 17] at vii-viii)。还可参阅 E. W. Said, *Orientalism* (Penguin Books London 2003),其在序言第22页写道:"与其关注被人为制造的文化冲突,更有必要专注于文化之间彼此协同的缓慢进展,即那种有交集的、彼此借鉴的,并且比删减成干巴巴的或虚假理解的模式远为有趣的共同生活。"

[33] 相关法学学术成果,尤其参阅 M. Delmas-Marty, 'Comparative Law and International Law: Methods for Ordering Pluralism' (2006) 3 *University of Tokyo Journal of Law and Politics* 43 - 59.

三、全球史和国际法全球史之贡献

本书是受全球史研究方法启发之产物。[34] 从另一相关的概念中,即世界史观中,亦受益匪浅。[35] 简单说,这些学派是(西方)史家对全球化的回应。然而,本书所借鉴的全球史和世界史观均排斥18世纪和19世纪的那些本质主义者的"普遍性历史"概念。本书既不想做"大师叙事"(如伊曼纽尔·沃勒斯坦[Immunuel Wallerstein]),[36]也无意对世界历史进程作截断众流式的大阐述(如奥斯瓦尔德·斯宾格勒[Oswald Spengler]、阿诺德·汤因比[Arnold Toynbee]或威廉·麦克尼尔[William McNeill]著作的进路[37])。

"全球史"绝非是世界史上所有事件的简单拼凑,它亦需要理论化。作为该领域开拓者之一的布鲁斯·马兹利什(Bruce Mazlish)通过以下方式完成了这一工作:"全球史集中关注形形色色的新主体;非常关注全球和地方间的辩证关系(如承认因应全球性有助于产生作为回应的强化性地方主义);所持方法论按调查的特定现象所需,在叙事和分析之间切换;必然发生对交叉学科和团队科研的依赖"。[38] 尤根·欧斯特哈默(Jürgen Osterhammel)将全球史定义为:"(从狭义看),它是跨越宏大空间的连续但非线性的互动强化的历史,这类互动结晶不断延伸所形成的网格体系或有时是机构,通常都能拥有自己的等级结构。其中,全球和地方之间的

---

〔34〕 主要参见 B. Mazlish and R. Buultjens (eds) *Conceptualizing Global History* (Westview Press Boul der Colorado 1993); 亦见 D. Reynolds, *One World Divisible*: *A Global History since 1945* (Allen Lane London 2000)。相关研究,参见 P. Manning, *Navigating World History*: *Historians Create a Global Past* (Palgrave Macmillan Basingstoke 2003);进一步参见 P. Vries, 'Editorial: Global History' (2009)20 *Global History* 5 - 21。关于历史撰写的元层次,参见 G. G. Iggers and Q. E. Wang with the assistance of S. Mukherjee, *Global History of Modern Historiography* (Pearson Longman Harlow 2008); R. Blänkner, 'Historische Kulturwissenschaften im Zeichen der Globalisierung' (2008)16 *Historische Anthropologie* 341 - 372。

〔35〕 J. Osterhammel (ed), *Weltgeschichte*: Basistexte (Franz Steiner Stuttgart 2008)。下列三本期刊担当着推进这些方法的学术平台:分别是创刊于1990年的《世界史期刊》(*The Journal of World History*)、创刊于2006年的《全球史期刊》(*The Journal of Global History*)(参见 W. G. Clarence-Smith, K. Pomeranz, and P. Vries, 'Editorial' [2006] vol 1,1 - 2),以及电子期刊《关联的世界史》(*World History Connected*), http://worldhistoryconnected. press. illinois. edu。

〔36〕 I. Wallerstein, *Modern World System* (4 vols Academic Press New York, Academic Press San Diego, University of California Press Berkeley 1974,1980,1989,2011)。

〔37〕 O. Spengler, *The Decline of the West* (Atkinson trans) (2 vols Alfred A Knopf New York 1922); A. Toynbee, *A Study of History* (12 vols OUP Oxford 1934 - 1961); W. H. McNeill, *The Rise of the West*: *A History of Human Community* (University of Chicago Press Chicago 1963)。

〔38〕 B. Mazlish, 'An Introduction to Global History' in *Conceptualizing Global History* (n 34)1 - 24 at 6.

紧张关系是这种路径的关键所在。"〔39〕相呼应地,这位作者将"世界史"定义为:"尽可能抽离具体语境和观察者的本国身份,秉持去欧洲中心论的视野……世界史考虑人民之间的互动,但也非罔顾国际发展实际而肆意拔高;只有不作为区域史的附庸才能称之为'世界史'。换言之,脱离某些比较研究方法的世界史是毫无意义的。"〔40〕如此,全球史最关心不同主体和区域的转化、网络体系、联系和合作,并可能抵制就此时代与彼时代、此地与彼地作简单划分之诱惑。〔41〕然而,世界史的另一主题是"转化",其更关注过程而非结果。〔42〕

民族-国家这个史学分析的传统对象为全球史所超越。〔43〕对全球史家而言,全球史的主要主体或对象反倒是各种运动(诸如和平运动或妇女争取选举权运动)和商业(如特许公司)。有趣的是,当代国际法律学术研究亦聚焦于将非国家主体作为国际法新兴的研究对象。

全球史的另一目标是超越国别史(主要是欧洲)的遗产。〔44〕故其对非欧社会和区域多有着墨。他们的当代历史被理解为一个自发的过程,而非仅仅是对欧洲的征服之回应。史家迪佩什·查卡拉巴提(Dipesh Chakrabarty)在其《欧洲的行省化》一书中精准地捕捉到了这股动向。〔45〕同时,《荷兰莱顿国际法学刊》以"边缘系

---

〔39〕 J. Osterhammel, 'Global History in a National Context: The Case of Germany' (2009) 20 *Global History* 40 - 58 at 44.

〔40〕 同上,第 43 页。

〔41〕 前引注释 34, *Navigating World History*, 第 3 页和第 7 页写道:"世界史是全球人类共同体彼此联系的故事。世界史专家的著作旨在展示人类过往体制跨界和联通的过程。……我将世界史定义为一门研究通常被视为关系迥异的体制和实体之间所发生历史联系的史学分支。"还可参阅 E. Vanhaute, 'Who is Afraid of Global History?' (2009) 20 *Zeitschrift für Geschichtswissenschaft* 22 - 39 at 25, 该作者倡导包括比较分析、以联系和互动为中心内容,以及不同体制之间的分析这三个面向的发展轨迹("三位一体")。

〔42〕 参见 J. Osterhammel, *Die Verwandlung der Welt: Eine Geschichte des 19. Jahrhunderts* (CH Beck München 2008) 以及 Engl transl, *The Transformation of the World: A History of the 19th Century* (Princeton University Press 2011)。

〔43〕 'An Introduction to Global History' (n 38) 5. 'On the Prospect of Global History', 前引注释 16, 第 245 页写道:"全球史应替代多文化、对英雄史观的全球分析,乃至作为本学科基础的民族主义叙事。"还可参阅 N. Zemon Davis, 'Global History, Many Stories' in J. Osterhammel (ed) *Weltgeschichte: Basistexte* (Franz Steiner Stuttgart 2008) 91 - 100 at 92。

〔44〕 B. Mazlish, *The New Global History* (Routledge New York 2006) at 104.

〔45〕 D. Chakrabarty, *Provincializing Europe: Postcolonial Thought and Historical Difference* (Princeton University Press 2000). 亦见 A. Dirlik, 'History without a Center? Reflections on Eurocentrism' in E. Fuchs and B. Stuchtey (eds) *Across Cultural Borders: Historiography in Global Perspective* (Rowman & Littlefield Lanham 2002) 247 - 284。

列"为名的一组论文代表着法学界的努力,即旨在寻访(欧洲)"边缘"地区的国际法和国际法学人,此处的边缘同时包含"地理、政治、经济和话语等因素"。[46] 这个系列的目标是"促进国际公法对各类正统修辞中持中心边缘截然相对关系论之话语功能的纠偏,并直指相伴随的资源分配、附庸、地缘和权力等问题"[47]。但是,要等到欧洲自身被理解为一系列的集成边缘时,这种视野的转化才会真正实现。[48]

遵循这一进路,布鲁斯·马格利什(Bruce Mazlish)指出,若只能提炼全球史学史方法论的一个特征,那就是其"视野、觉醒或意识"。[49] "全球史的挑战在于建构全球视野。"[50]不容否认的是,无论法律人或史家,几无例外地会用自己源于当代背景的视野去分析过去及其法律制度,且常常用到源自"西方"哲学系统的类型化和逻辑。但是,以全球性为导向的历史史学史研究者会自觉地意识到这个事实。他们会尽力避免采用传统认知的欧洲中心主义这一狭隘的视角去建构并具化那些时代、区域和文化。[51] 对此,国际法学人亦秉持这种态度,以努力超越所属学科的民族主义意识。[52] 这种路径的意义不仅"挑战着西方模式仍是历史研究中心、影响力辐射全球等轻易被接受的概念",而且在更深远地"动摇许多比较研究中根深蒂固之西方与非西方的二分法"。[53] 关键点应是转移看问题的视角,容忍多极观,承认发展这些视野的动力产生于多种来源并在全球各地呈现出来。是故并非仅有一部全球史,且不存在被证明将导致世界无后进化的普世法。[54] 这个全球经验应

---

[46] F. Johns, T. Skouteris and W. Wouter, 'The League of Nations and the Construction of the Periphery: Introduction' (2011)24 *Leiden Journal of International Law* 797 – 798 at 797.

[47] F. Johns, T. Skouteris and W. Wouter, 'Editors' Introduction: India and International Law in the Peripheries Series' (2010)23 *Leiden Journal of International Law* 1 – 3 at 3.

[48] E. Balibar, 'Europe as Borderland', The Alexander von Humboldt Lecture in Human Geography, University of Nijmegen (24 November 2004) at ⟨http://socgeo. ruhosting. nl/colloquium/Europe%20as%20Borderland. pdf⟩, at 12(在一篇访谈爱德华·萨义德的遗稿中,曾提到他对欧洲文学也用过这种说法。)('An interview with Edward Said' [2003]21 Society and Space 635 – 51 at 647.)

[49] 'An Introduction to Global History' (n 38)6.

[50] 'On the Prospect of Global History' (n 16)237.

[51] R. Sieder and E. Langthaler, 'Was heißt Globalgeschichte?' in R. Sieder and E. Langthaler (eds) *Global geschichte 1800 – 2010* (Böhlau Wien 2010) 9 – 36 at 12.

[52] A. Peters, 'Die Zukunft der Völkerrechtswissenschaft: Wider den epistemischen Nationalismus' (2007)67 *Zeitschrift für ausländisches öffentliches Recht und Völkerrecht* 721 – 776.

[53] 'Global History of Modern Historiography' (n 34)394.

[54] 'An Introduction to Global History' (n 38)4.

该是复数的,且将来亦复如是。

即便这种多元视角的理念从未实现过,但我们希望凝聚众人努力的作品,例如本书,至少朝着该方向又前进了一些。今天的全球(或世界)史堪称交叉学科百花齐放,包括经济学、社会学、人类学、人口统计学、考古学、地理学、音乐史、艺术史、历史语言学、地质学、生物学和医学。[55] 是故若评价在促进对世界的认识与理解上,即整全性世界观(*Welterfassung*)的形成上,认为法学有所贡献也不算牵强。

四、写史的三种模式:事件、概念和人物

历史的书写有多种模式或形式。简而言之,这三种模式不难区分——事件史、学说史和人物史。在国际法史学史中,三种模式都被加以运用。[56] 具体来说,学说史的传统是分析国际法领域中的重要理论大家的学说、流变及其互动。[57] 外交史的重点历来是承载国际法的重大事件。同时,国际法史学史亦常用人物传记法来追溯重要学者、政客或外交家的生平和著作。[58] 本书的诸多章节都尝试融合上述三种写作模式,就比如我们意识到,只研究特定概念、理念或观念而脱离对其提出者及提出他们的历史事件背景的探寻是不完整的。

首先转向事件的或事实的历史,国际法史学史将战争和条约视作最重大的"事

---

[55] 'Navigating World History' (n 34) 121 - 136.

[56] 国际法历史编纂法之往事,参阅 F. Stier-Somlo, 'Völkerrechts Literaturgeschichte' in K. Strupp (ed) *Wörterbuch des Völkerrechts und der Diplomatie* (de Gruyter Berlin 1929) vol 3, 212 - 227; A. Nussbaum, *A Concise History of the Law of Nations* (1st edn Macmillan New York 1947) 293 ff (Appendix: 'Survey of the historiography of international law').

[57] 经典著作(尽管未运用现代历史编纂法)是 D. H. L. von Ompteda, *Literatur des gesamten natürlichen als positiven Völkerrechts* (2 vols Montags Regensburg 1785, repr Scien tia Aalen 1963)。该书第一部分是国际法学说演进史,开篇写罗马时期法学家(at 139 ff)。进一步参见,例如 C. von Kaltenborn, *Die Vorläufer des Hugo Grotius auf dem Gebiete des ius naturae et gentium sowie der Politik im Reformationszeitalter* (2 vols Mayer Leipzig 1848); A. Rivier, *Note sur la littérature du droit des gens: Avant la publication du Jus Belli Ac Pacis de Grotius* (1625) (F. Hayez Bruxelles 1883); A. de la Pradelle, *Maîtres et doctrines du droit des gens* (Les Editions internationales Paris 1939, 2nd edn 1950)。当代经典参阅 R. Tuck, *The Rights of War and Peace: Political Thought and the International Order from Grotius to Kant* (OUP Oxford 1999)。

[58] 从 1990 年代开始出版的《欧洲国际法学刊》以"国际法的欧洲传统"为题,组过好几个系列专题,人物包括 Georges Scelle、Dionisio Anzilotti、Alfred Verdross、Hersch Lauterpacht、Hans Kelsen、Charles de Visscher、Alf Ross、Max Huber;最近的一期是 2011 年出版的,人物是 Walther Schücking。作为呼应,《莱顿国际法学刊》则以非欧洲国际法学人出了专题。人物包括智利的 Alejandro Alvarez (2006) 和尼日利亚的 Taslim Olawale Elias (2008)。

件"。尤其引发研究者兴趣的条约大抵两类:一方面是那些试图阻止战争的盟约,另一方面是在法律意义上终止战争的和平条约。与商贸有关的条约可作为单独的第三类在此被提及。按这种模式,历史被说成是实事求是的故事,其关注点是国家、权力、战争、贸易和外交。故常被称为"外交史"。

这类史学史将法律视作政治和军事事件的因变量,但其可归于国际法的影响或重要性程度却差异甚大。法律或完全被视为政治权力的附庸,或相反地被看作是塑造这些事件的规范性力量。按这种事实模式来书写历史,则一个更关键和更长远的方法是将国际法所扮演的各个角色问题化,并思考这个角色是否或为什么是"无足轻重"[59]的或"至关重要"的以及哪些因素对结果举足轻重。威廉·格鲁威(Wilhelm Grewe)在他极具影响力的著作《国际法的历史时期》中对其强调国家实践的理由阐释如下(本章后面还会介绍该书):[60]

> 可商榷的是,不少写作国际法史的作者在方法论上都存有理论和国家实践相脱节之弊端。如此将自处劣势,因这种脱节未体认到列国公法史的两大分支,仅触及到了同一进程的两个方面。一方面,在抽象历史理论中往往会迷失,以致不能领悟像维多利亚、金特里斯或格劳秀斯等大家的具体的国际法史智识。另一方面,国家间关系被视为有待按理论化框架和抽象哲学方法掌握和系统化的事实之陈列。[61]

格鲁威自陈所著《国际法的历史时期》一书的架构之基础"系坚信法学理论与国家实践之间的紧密联系必须承认且有待厘清,须理解两者都是同种权力的不同表达形式,都烙上了历史大时代政治风格及其社会、经济和法律组织原则的印记"[62]。

---

[59] 参见 Neff, "A Short History of International Law" in M. D. Evans (ed) *International Law* (3rd edn OVP Oxford 2010) 3-31. 第 27 页写道:"若国际法史确有教益的话,这个教益就是这个世界——俗称外部世界也行——塑造了国际法,而非国际法在改变世界。"
[60] 引言第七节"本书对国际法学史的贡献"。
[61] W. G. Grewe, *The Epochs of International Law* (Michael Byers trans) (Walter de Gruyter Berlin 2000), at 2.
[62] 前引注释 6。沿着该脉络对方法论作精要批评的文章,参阅 *Die Völkerrechtsgeschichte, ihre Aufgaben und ihre Methode* (n 9) passim, esp at 39, 46, 48, 50。

在史学史文化转向后,许多史家一度将权力政治史和外交史贬为过时的东西。文化和社会史固然重要,但权力及其竞争性国家利益也从来不是局外人。法律史家理应兼容并蓄。[63] 再者,在对学者或实践者所发展的法律观念和学说的历史阐释上,诸多事件的实证研究应发挥补充作用。一种思想或学说产生于何种特定背景(政治的或军事的)固然重要,但这些思想是否以及如何在实践中得以贯彻实施也尤为关键。

基于这些理由,本书作者均未放弃真实的国际法实践。例如,这个国际法实践不仅要知道哪些条约有用,而且同样重要的是要知道条约是否以及为何被遵守。此间的一个困难是历史研究对不少议题尚未汇总到足够的实证数据。并且,对过去看得越深,要做类型化处理和确定事实就越难,尤其是在遵守条约方面。

在德国史学界,事件史(*Ereignisgeschichte*)在传统上同观念史(*Ideengeschichte*)相对。后者的一个学科分支是概念史(*Begriffsgeschichte*),其奠基人是奥托·布伦内尔(Otto Brunner)和莱因哈特·科塞雷克(Reinhart Koselleck)。[64] 其对本书的贡献主要见第二部分和第四部分(标题分别是"专题"和"互动与强加"),在其他部分中,"领域""统治"或"文明国家"等概念亦有涉及。概念史同法律史密切相关的原因是,法律规则是基于概念且由概念构成的。

概念因时代的改变而改变,某种概念一旦脱离酝酿它的时代或历史语境就不再牢固。故分析法律概念时,应醒思酝酿该概念的社会和政治语境、背后的政治议程以及"概念演说者"和"听众受者",及其在漫长时间长河中的含义变迁。当然,法律史家不应将自我局限于法律文件的概念中,其他概念也会有法律相关性。甚至那些法律文本中用到的概念,最终反倒对国际法实践没有什么作用。这种区分有助于确定法律的盲点,或揭示法律与政治间模糊的边界。

---

[63] J. Osterhammel, 'Internationale Geschichte, Globalisierung und die Pluralität der Kulturen' in W. Loth and J. Osterhammel (eds) *Internationale Geschichte, Themen, Ergebnisse, Aussichten* (Oldenburg München 2000) 387–408 at 398. 还可参阅史蒂芬·内夫(Stephen Neff)在其《国际法简史》中同时涉足理论和国家实践的方法;作者指出,"正是两者结合——如果不总是紧密和谐的话——才构成现在面目的国际法"。"一个简短的历史",前引注释59,第3—4页。

[64] R. Koselleck, 'Einleitung' in O. Brunner, W. Conze and R. Koselleck (eds) *Geschichtliche Grundbegriffe: Historisches Lexikon zur politisch-sozialen Sprache in Deutschland* (Klett Cotta Stuttgart 1972) xiii-xxvii; R. Koselleck, *Vergangene Zukunft: Zur Semantik geschichtlicher Zeiten* (Suhrkamp Frankfurt aM 1979), 英文译本为 *Futures Past: On the Semantics of Historical Time* (Keith Tribe trans) (Columbia University Press 1985)。

在史学传记型写作模式中,研究对象是政客、法律实践者或学者。传记史不必光讲述英雄之史,也毋庸夸大个人"创造历史"的作用。但是,其所描述之人的生活和工作场域应有典型性。或被推出场的他(罕见会用女性的"她")乃是一个时代之代表。斯人之理念和行动可对整个历史起管中窥豹之用。本书第六部分"人物传记"运用了这种传记史模式,其他章节当然亦有使用。

如前所述,为避免历史如"健怡可乐"般寡淡无味,或成为如戴维·波德曼(David Bederman)所描述的"国际法律史外事办公室"[65],以上三种历史史学史的写作模式均须作"嵌入语境化处理"。[66] 相关语境得按所选方法和待解决的历史问题来确定。如对概念史家来说,法律文本的文本语境自然关系重大。我们还认为,一项法律理念或原理的语境化更应分析那个时代的主旋律(*Leitmotive*)和学术风格。[67] 事件的语境化则意味着不仅要看结果,过程也很重要,而通常决定相关过程的是国内的政治气候。例如,日本快速转向采用欧洲法律的主因是日本革命("维新")以及新政府决意改变整个法律和政治体制。[68] 理想状态是语境化自要铭记塑造或影响特定发展的"时代精神"(*Zeitgeist*)。例如,值得一提的是 1899 年和 1907 年的两次海牙国际和平会议之与会代表,他们之所以每次都要处理堪称"共处一室"的中日问题,正是由于这是那个时代绕不过去的背景。再者,事件和观念的语境化还得从长计议,以明晓大势所趋。若非如此,则很容易得出相对化的历史停顿或中断的结论。如第一次世界大战一方面是国家关系的大决裂,但另一方面却开启了国际联盟国际法的新时代。

五、语言转向及其超越

在历史史学史的全部三种研究范式(事件史、概念史和人物史)中,作为编者的

---

[65] Q. Skinner, *Visions of Politics*, vol 1: *Regarding Method* (CUP Cambridge 2002); Q. Skinner, 'Surveying the Foundations: A Retrospect and Reassessment' in A. Brett, J. Tully and H. Hamilton-Bleakley (eds) *Rethinking the Foundations of Modern Political Thought* (CUP Cambridge 2006)236 – 261.

[66] 波德曼指出,本着写个律师意见书等摘要之目的,而去挑拣事实并把主要法源抽离具体语境,"以能说出毫无现实基础空洞几点论为出发点"。(D. Bederman, 'Foreign Office International Legal History' in M. Craven, M. Fitzmaurice and M. Vogiatzi [eds] *Time, History and International Law* [Martinus Nijhoff Leiden 2007] 43 – 63 at 46.)

[67] 推荐参阅 J. E. Nijman, *The Concept of International Legal Personality*: *An Inquiry into the History and Theory of International Law* (TMC Asser Press The Hague 2004)。

[68] 参见本书中由柳原正治(Masaharu Yanagihara)撰写的第二十章"日本"。

我们希望作者们自由选择就事件、文本或人物进行写作，或是进行事件、文本和人物叙事（或图像）之写作。叙事与非叙事的区分背后是根本性的认识论问题，其不仅是针对史学史，也及于现在对当代事件或文本的研究。事实上，这个问题与所有的科学研究有关，亦与知识的各种获取和传递（或传播）有关，即就事件、文本和人物，我们"真的""知晓"一切并能如实陈述吗？其答案取决于我们对"知识"与"真相"如何界定。

部分史家认为从来就不存在"客观"的事实或文本，即便存在，如史家或法律人等观察者也永不能窥其道。[69] 按此逻辑，唯一可能的只能是书写有关事实、文本和人物的叙事。关键是这将直接意味着在历史编纂和虚构之间并无显著之区别。

与此相反，就过去的事件、文本和个人行为与行动的意思及其重要性而言，我们坚信在历史编纂者间能建立一个主体间共识（即便共识不多）。在这个不多的共识中确实存在着"客观"史实，描述与虚构、写史与造史确有区分。本书作者认为如下三项洞见对现代史的写作至关重要：

多视角：第一项洞见为历史不能抱着无所不知的外在心态来书写。如希拉里·普特南（Hilary Putnam）所言："人类的所知所想不是上帝之眼下的所知所想，而不过是那些有各种利益，且包含对其有利理论和所描述意图之实际的人的种种观点。"[70] 每位作者的书写都是个人化的。作为法律人，亦不可避免地会以自身之法律经验作为理解过去的工具。倘若如此，我们往往只能看见自己已知晓或希望知晓的事实。[71] 写史和读史都仅在作者和读者的格局内运作。就像作者和读者意识到此中不可避免的主观性那样，对某议题（如殖民主义）作伦理或偏好思考亦是学术研究的题中应有之义。

选择性：对既定题目的写史仰赖于一系列选择。史家就得时常决定关注哪些事实、进展、文件、人物等，以及考虑同其所研究之问题的相关性。故很重要的是作者能自觉意识到这种选择并明白告知。

多元性：此处很容易掉入限于自家一亩三分地的窠臼。犹忆荷兰国际法史学者约翰·菲奇尔（Johan Verzijl）在 55 年前就抛出其与埃及、小亚细亚、远东和印度

16

---

〔69〕 M. Stolleis, *Rechtsgeschichte schreiben；Rekonstruktion, Erzählung, Fiktion?* (Schwabe Basel 2008).

〔70〕 H. Putnam, *Reason, Truth and History* (CUP Cambridge 1997, orig 1981) at 50.

〔71〕 前引注释 69，第 27 页。

（古代）史有关的问题，即"难道这些国家间的公法所走的道路都是死胡同吗？……以致就无必要按从古至今降序排列，而是依当代国际公法的原则将之作为历史研究对象，溯源至上到黄泉之过去，无路方止"[72]。菲奇尔的意思基本上还是提倡书写历史的"回溯法"，即以当代法律为出发点。本耶与之相反，其在方法论主旨上将尽力避免切断"贯通历史的通道"，即过去的法律概念、理论和规则不必然就是当代法（包括国际法）之"先驱"。[73] 当然有进化，但亦有断裂、理论碎片、矛盾、修订和重新安排。[74] 本书不少章节都关注到这类现象。

六、翻译的迷失？

史学史方法论包含了——尽管只是隐蔽地——一种历时比较法（diachronic comparison）（即比较国际法的过去与现在）。当本时代作者向同时代读者描述过去的国际法律制度时，这两个群体往往是以当代对相关概念和法律制度的理解作为基础的。

这种历时比较法（过去与现在的法律）与编年比较法（当代不同法律制度）的区分貌似有两个层面。第一，历史是不可避免地与我们相随的（像哲人维特根斯坦的"构成纤维之线"隐喻）[75]，"他者"的法律制度或文化不必然组成我们身份建构的内容。第二，与至少一个潜在的对话性跨国法律比较相反，与过去的对话是做不到的。

---

[72] J. H. W. Verzijl, *International Law in Historical Perspective* (AW Sijthoff Leyden 1968) vol 1, at 403 – 404.

[73] 换言之，这种理念旨在避免兰达尔·莱萨弗（Randall Lesaffer）最不能容忍的结果，即"最坏情形演化史"。"即一种从当代向过去寻根的家谱史"，这种写史方法将导致"对历史现象之落伍解释、遮蔽历史现实导致历史虚无，从而得出那个时代貌似毫无建树的印象"。这种对历史描述的方法以同当代之异同为坐标，罔顾当时的本来面目。其价值观是理解过去能为当代人带来什么好处，不论过去时空下的生活者。R. Lesaffer, 'International Law and its History: The Story of an Unrequited Love' in *Time, History and International Law*，前引注释 66，第 27—41 页、第 34—35 页。

[74] 从历史之终局目的（'finalités'）来解释国际法的学术努力，参阅 E. Jouannet, *Le droit international libéral-providence: Une histoire du droit international* (Bruylant Bruxelles 2011)，英文译本为 *The Liberal-Welfarist Law of Nations: A History of International Law* (C. Sutcliffe trans) (CUP Cambridge 2012)。儒阿特试图抓住国际法"逻辑缘起"和对话之双重性，即自由主义和福利主义。她定位这种方法的意义并非在于要提出史家青睐的新说（'une histoire historienne'），而是要让这种写史方法为理解当代国际法打开一扇反思的新窗户（'des pistes de réflexion'）。也可以理解为一种推进对当代国际法意义进行重新思考的策略。

[75] "打个比方，我们对和平的概念脱胎于织布过程的穿针引线。事实上，线的韧度不在于其组成纤维从头到尾都很牢，而在于纤维间的接口处是否牢固。"（L. Wittgenstein, 'Philosophische Untersuchungen No 67' in L. Wittgenstein, *Werkausgabe* [Suhrkamp Frankfurt 1984] vol 1, at 278. ）

虽有这两大重要区分,但比较方法在基础架构上都是相似的(无论是历时性的还是共时性的)。一如比较法学,历时比较法要将另一个纪元时代和区域的法律制度同本时代进行比较(或仅是相关),这就需要一个比较基准(*tertium comparationis*)。这种基准的选择取决于所研究的问题及其价值观。故选择不同,则最终的比较结果也将各异。所以要点是不仅要比较,还要有主动翻译的想法。[76] 翻译不能太生硬,得有创造性。若同时涉及时际(古今意思翻译)和区际(亚洲文字翻为欧洲文字)因素,翻译就更为复杂。[77]

试以本书部分翻译为例。有作者通过比较日语中的"异域"(Iiki)[78]和欧洲(历史上的)概念中的"腹地"(hinterland),指出两者均有建立和正当化对领土控制之用。又如法谛海哈(Fatiha Sahli)和阿卜杜勒·奥扎尼(Abdelmalek El Ouazzani)在"撒哈拉北部非洲与阿拉伯国家"一章中发现,在征服非穆斯林国家(*Futuhat*)后,穆斯林国际法原则之适用很可能"有文明殖民化的意味,因为穆斯林旨在向被征服人民传播'神圣'的伊斯兰信仰"。[79] 肯·科茨(Ken Coates)在"北美原住民与国际法的相遇"一章中[80]举出正式的条约谈判、每年不断的金钱给付和联盟仪式等证据,令人信服地还原了原住民同欧洲人之间最早的那种伙伴关系被双方认许为是"国与国"的关系。对此可以进一步追问这些北美原住民先前是否就有类似条约信守的概念,以及同欧洲人的联盟在何种程度上能反映这类既有的概念。科茨写道:"这类安排也给予了原住民一个清晰的预期,即在北美新兴社会中其将永久保有一席之地,且同19世纪才'发现新大陆'的移民平起平坐。"[81]

但凡翻译还会碰到的额外困难是,即便在其所属"文化"之内的对传统法律概

18

---

[76] 从某种不同的意义上说,历史上从俄国到(西)欧国际法的译者,往往是来自波罗的海国家的法律人,从而在国际法史占得一席之地。参见本书中由劳里·玛科索(Lauri Mälksoo)撰写的第三十二章"俄罗斯-欧洲"。

[77] L. H. Liu, *The Clash of Empires:The Invention of China in Modern World Making*(Harvard University Press Cambridge Mass. 2006). 以及本书中由刘禾(Lydia H. Liu)撰写的第五十六章"亨利·惠顿(Henry Wheaton, 1785—1848年)"。

[78] 参见本书中由柳原正治(Masaharu Yanagihara)撰写的第二十章"日本"。

[79] 参见本书中由法谛海哈(Fatiha Sahli)和阿卜杜勒·奥扎尼(Abedelmalek El Ouazzani)撰写的第十六章"撒哈拉北部非洲与阿拉伯国家",第387页。

[80] 参见本书中由肯·科茨(Ken Coates)撰写的第三十三章"北美原住民与国际法的相遇"。

[81] "在两个世纪内,最先定居的那些民族(First Nations)已从军事政治的结盟者变成了乡土的守望者。"同上,第765页。

念之理解,也常处于变动不居的状态。举例说,穆斯林法律人对圣战(*Jihad*)的含义一直以来就众说纷纭、并无共识。[82] 还可以奥斯曼帝国的特许豁免协定(capitulations)为例。乌穆特·厄兹叙(Umut Özsu)在其"奥斯曼帝国"一章中追溯了特许豁免协定在各自时代的含义。这类协定历来由奥斯曼苏丹王单方面发布,但许多欧洲和美洲法学家却试图赋予其更大的法律效力,以将其视作对双方有法律约束力的条约,即不仅约束非穆斯林政权,亦约束苏丹王自己。法学家眼中的这类特许协定并非暂时的和单边的妥协,而是持续的和双边性质的条约。然而,奥斯曼的法律人则坚持这类特许协定不应与欧洲所理解的条约相混同。正是这种"解释的流动性"体现了这类特许协定的特征。[83] 同时,对中国传统贸易体制的回溯再解释也是范例之一。哪些算朝贡体制,哪些属双边贸易,如今备受争议。[84]

更多的情况是,在翻译或比较时,我们依赖于历史和法学(以及社会和文化)研究中划分出的元类别,诸如国家、政治、法律和正义,并将其作为(历时法或编年法)的比较基准。但是,这些元类别在不同地域与时空绝非一一对应。这些类别也不仅是名头不同而"功能"相同。[85] 性质虽抽象,但这些元类别在历史上却很实在,他们均嵌入到各自的意识形态、文化和社会语境之中。川岛真(Shin Kawashima)正是秉持该思维,从而在"中国"一章中提出了中国在19世纪后半叶对《万国公法》的理解不必然与国际社会在20世纪上半叶对国际法的理解相契合。川岛真假设"在20世纪上半叶,中国对国际秩序以及对国际法的认识依旧如故,如同层层交叠的低音回响"。[86]

还有视角的问题。即便我们意识到了前述元类型所杂糅进的这种经验、意识形态、迷思和价值观,那个作为学者社会化和学术训练之"走不出的背景"亦无法克服。[87]

---

[82] 参见本书中由法谛海哈(Fatiha Sahli)和阿卜杜勒·奥扎尼(Abdelmalek El Ouazzani)撰写的第十六章"撒哈拉北部非洲与阿拉伯国家"。以及 M. Fadel, 'International Law, Regional Developments: Islam' in *Max Planck Encyclopedia of Public International Law* (OUP Oxford 2012) paras 58 – 59。

[83] 参见本书中由乌穆特·厄兹叙(Umut Özsu)撰写的第十八章"奥斯曼帝国"。

[84] 参见本书中由唐启华(Chi-hua Tang)撰写的第二十九章"中国-欧洲",及所列进一步阅读的参考文献。亦可参阅美国史家费正清就中国朝贡制度的描述,但请读者注意,该学者对学术对话可能存在的"学霸权"影响正在受到挑战;同上。

[85] 不同意见请参阅 H. Steiger, 'Universality and Continuity in International Public Law?' in T. Marauhn and H. Steiger (eds) *Universality and Continuity in International Law* (Eleven International Publishing The Hague 2011) 13 – 43, esp at 30 – 32, 40, 42。

[86] 参见本书中由川岛真(Shin Kawashima)撰写的第十九章"中国",第455页。

[87] 'Was heißt Globalgeschichte?' (n 51) 13.

于是历史史学史同比较法一样,都终将遭遇语言可通约或不可通约的问题。晚近的心理学研究虽揭示了不仅是价值判断,而且更普遍地是主体智识性领悟和建构世界的方式貌似都与文化息息相关,[88]但是,这类思考和判断的模式并非僵化不变的(恰如文化没有尖锐的棱角边界或固定的身份)。通过自我意识和自我反省,国际法史书写者将能接纳他者视角,从而超越自身的认识和道德"范式"——而不陷于其中。[89]本节的结论是,所有这些复杂性令人宛如在丛林中探索,有些东西会迷失在翻译中,而有些东西亦将从中被获得。

七、本书对国际法史学史的贡献

最后,我们想简单交代一下本书对国际法史学史发展的微薄贡献,主要是向前辈致敬。在现代意义上,国际法史真正学术化始于 19 世纪上半叶,但这段时期的写史大部分或以历史是线性进展为前提,对此,当代观察家会笑其幼稚;[90]或按历史本质主义者的思维,把国际法捧到外部永恒法的地位。其拉丁语原话为 *un droit qui a existé de tout temps et au sein de toutes les civilisations*。[91]然而,国际

20

---

[88] R. E. Nisbett, *The Geography of Thought: How Asians and Westerners Think Differently and Why* (Free Press New York 2003).

[89] A. Peters and H. Schwenke, 'Comparative Law Beyond Post-modernism' (2000) 48 *International and Comparative Law Quarterly* 800 – 834.

[90] H. Wheaton, *Histoire de progrès de droit des gens depuis la Paix de Westphalie jusqu'au Congrès de Vienne* (Brockhaus Leipzig 1841). 惠顿这本书之写作系回应 1839 年法兰西人文科学院(全称为道德与政治科学学术院)的征文启事。其主旨问题如下:"《威斯特伐利亚和约》之后,欧洲国家的法律对欧洲和平有进步作用吗?"(法文原文为 'Quels sont les progrès qu'a faits le droit des gens en Europe depuis la paix de Westphalie?')。惠顿的结论大意是持相对积极和正面的评价(法文原文为 'le droit international s'est perfectionné, comme système des lois positives, ou d'usages servant à régler les relations mutuelles des nations, par le progrès de la civilisation générale, dont ce système est un des plus beaux résultats')(同上 v and 440)。亦可参阅 F. Laurent 的 17 卷本大作 *Histoire du droit des gens et des relations internationales* (Gand Paris 1850 – 1870)。从第四卷起,劳伦特(Laurent)新增副标题"人类历史之研究"(Etudes sur l'histoire de l'humanité)。如劳伦特在第二版第 1 卷中写道,本系列之目的在于"记录人类走向联合的进程"(法文原文为 'suivre les progrès du genre humain vers l'unité')(2nd edn 1861, vol 1, at v)。还包括 C. Calvo, *Le droit international théorique et pratique précédé d'un exposé historique des progrès de la science du droit des gens* (6 vols Rousseau Paris 1887 – 1896)。并请注意 R. Redslob, *Histoire des grands principes du droit des gens depuis l'Antiquité jusqu'à la veille de la grande guerre* (Rousseau Paris 1923)。第 547 页写道:"法律的历史从来就不是一个不断进步、有条不紊地持续增长的故事。"(法文原文为 'L'histoire du droit des gens n'est pas l'histoire d'un progrès continu, méthodique et toujours grandissant.')

[91] O. Nippold, 'Le Développement Historique du Droit International depuis le Congrès de Vienne' (1924 – I) 2 *Recueil des Cours de l'Académie de la Haye* 5 – 124 at 5.

法史学史直到晚近才接受批判性史学史的研究方法，即有多少材料证据（特别是书面文件）才说几分话，并对这些材料作批判性的分析；摒弃大历史叙事偏好；承认史家个人视角之局限是不可避免的。[92]

19世纪和20世纪时，真正研究国际法史的学者数量相当之少，以致对该议题探究之阙如堪称"智识性笑话"。[93]诸多理由均可解释此现象，史家未受过法律科学训练是理由之一，其分析过去的复杂法律议题难免捉襟见肘。然而，法律人从自身来说又往往不钟情于法律史，即便有意者，也是写像罗马法、教会法等本国之法史（如德国法制史）。即便今日，就编者所知，也未见世界任何地方专设大学讲席或学院来完全研究国际法史。

若是说转向国际法史学问题的学者历来就少，则学术圈中不仅写过特定事件（如和平会议和外交峰会，或是新国诞生），还对（现代）国际法史作过系统性说明者就更少了。[94] 1947年，阿瑟·努斯鲍姆（Arthur Nussbaum）的《国际公法简明史》在纽约出版。1954年，此书大幅增删后的第二版付梓后，亦出了德文版。[95]努斯鲍姆于1877年生于德国柏林，做过律师并在柏林大学教授贸易法、银行法和证券

---

〔92〕F. Stier-Somlo 的观点是，"直至19世纪末，国际法史或被视作国际法史的学问法源并不多"。（'Völkerrechts-Literaturgeschichte'〔n 56〕214）。F. C. von Moser 的书名《宪法国际法史文档》（*Beyträge zu dem Staats-und Völker-Recht und der Geschichte*）（4 vols JC Gebhard Franckfurt 1764，1765，1772）虽让人振奋，但基本上只是德国境内法律和国家实践的整理。关于国际法"前现代史"历史编纂法的研究，参阅 R. Ward，*An Enquiry into the Foundation and History of the Law of Nations in Europe，from the Time of the Greeks and Romans to the Age of Grotius*（2 vols Wogan Dublin 1795）。阿瑟·努斯鲍姆在《国际法简史》的参考文献梳理部分中对该著作评价颇高，第293页写道："R. Ward 生于1765年，该著作展现出第一流的文献梳理功夫，尽管其身后作为小说家的名气更大。其贡献在于将庞大的数据和先例加以整理，前附详尽的理论'引言'，尽管有时顺序不是那么清晰。"

〔93〕前引注释59，*A Short History*，第3—31页。

〔94〕除去阿瑟·努斯鲍姆的《国际法简史》、威廉·格鲁威的《国际法的历史时期》，和本书作者之一马蒂·科斯肯涅米的大作外，G. Butler 和 S. Maccoby 的努力值得一提，即 *The Development of International Law*（Longmans London 1923）；A. Wegner，*Geschichte des Völkerrechts*（Kohlhammer Stutt gart 1936）；A. Truyol y Serra，*Histoire du droit international public*（Economica Paris 1995）（西班牙语版的标题为 *Historia del derecho internacional publico*〔Tecnos Editorial Madrid 1998〕）；C. Focarelli，*Lezioni di Storia del Diritto Internazionale*（Morlacchi Editore Peruggia 2002）；D. Gaurier，*Histoire du droit international：Auteurs，doctrines et développement de l'Antiquitié à l'aube de la période contemporaine*（Presses Universitaires de Rennes 2005）；D. M. Johnston，*The Historical Foundations of World Order：The Tower and the Arena*（Martinus Nijhoff Leiden 2007）。

〔95〕A. Nussbaum，*A Concise History of the Law of Nations*（2nd edn Macmillan New York 1954）；同上，*Geschichte des Völkerrechts in gedrängter Darstellung*（H. Thiele-Fredersdorf trans）（CH Beck München 1960）。

交易法,直至 1934 年被迫移民美国。[96] 此后,努斯鲍姆执教于美国哥伦比亚大学直至 1951 年退休,他于 1954 年在纽约逝世。

迄今最具影响力的著作是威廉·格鲁威(Wilhelm Grewe)用德语写作的《国际法的历史时期》,[97] 此书于 2000 年时推出了迈克尔·拜尔斯(Michael Byers)的英译版。[98] 该书甫一面世即被誉为当代国际法史最重要的教科书。[99] 格鲁威将历史解读为是按当时国家体系中最强大的政权来定义的特定历史分期之集合。格鲁威认为,现代国际法史起源于 1494 年法王查理八世入侵意大利之时。此后才有以权力均势为原则的现代国家体制和永久外交的“基础设施”。格鲁威将随后的历史时期按政治上最强势权力加以划分,其定义的最强势权力系实质性影响,乃至创设相应法律秩序者。格鲁威区分出了西班牙时代(1494—1648 年)、法国时代(1648—1815 年)和英国时代(1815—1919 年)。这种历史分期受到学界[100]和海德堡马克·普朗克《国际公法百科全书》编者的认许[101],进而使格鲁威的观点流传更广。[102] 值得一提的是,格鲁威虽说受德国法学家卡尔·施密特(Carl Schmitt)的影响很大,但这个历史分期却是遵循了历史学家沃尔夫冈·文德尔班(Wolfgang Windelband)的建议。[103]

1944 年底,《国际法的历史时期》第一稿即已完成,但碍于德国正处于战争最

[96] E. C. Stiefel and F. Mecklenburg, *Deutsche Juristen im amerikanischen Exil* (1933 – 1950) (JCB Mohr Tübingen 1991) at 62 – 64.

[97] W. G. Grewe, *Epochen der Völkerrechtsgeschichte* (Nomos Baden-Baden 1984,2nd unchanged edn 1988).

[98] *The Epochs of International Law* (n 61).

[99] 以下引自 B. Fassbender, 'Stories of War and Peace: On Writing the History of International Law in the "Third Reich" and After' (2002)13 *European Journal of International Law* 479 – 512。

[100] K. H. Ziegler, *Völkerrechtsgeschichte: Ein Studienbuch* (CH Beck München 1994,2nd edn 2007). Heinhard Steiger 和 Douglas M. Johnston 提出过其他历史分期观点。H. Steiger, 'Vom Völkerrecht der Christenheit zum Weltbürgerrecht: Überlegungen zur Epochenbildung in der Völkerrechtsgeschichte' in P.-J. Heinig et al (eds) *Reich, Regionen und Europa in Mittelalter und Neuzeit: Festschrift für Peter Moraw* (Duncker & Humblot Berlin 2000)171 – 187, repr H. Steiger, *Von der Staatengesellschaft zur Weltrepublik? Aufsätze zur Geschichte des Völkerrechts aus vierzig Jahren* (Nomos Baden-Baden 2009) 51 – 66;英文版 H. Steiger, 'From the International Law of Christianity to the International Law of the World Citizen' (2001) 3 *Journal of the History of International Law* 180 – 193;以及 *The Historical Foundations of World Order* (n 94)。

[101] W. Preiser, et al in R. Bernhardt (ed) *Encyclopedia of Public International Law* (North-Holland Publ Co Amsterdam 1984) Instalment 7, at 126 – 273, 以及 vol II of the 'Library Edition' (North-Holland Publ Co Amsterdam 1995) at 716 – 861。

[102] 参见本书中由奥利佛·迪格尔曼(Oliver Diggelmann)撰写的第四十一章“国际法的历史分期”。

[103] W. Windelband, *Die auswärtige Politik der Grossmächte in der Neuzeit* (1494 - 1919) (Deutsche Verlags-Anstalt Stuttgart 1922,5th edn 1942). 参见 'Stories of War and Peace' (n 99)505 – 507。

后数个月的情势而无法出版。但是,格鲁威于 1943 年发表的长篇论文已概述了未刊书的主要洞见。[104] 此后,在结束漫长的外交服务并退休后,格鲁威重又捡起这部手稿。格鲁威对文本作了修正和扩充,吸收了 1940 年代以后面世的文献,涵盖时间超越了初稿截止的 1939 年,并以"联合国:美苏争霸和第三世界崛起时期的国际法"为标题增补了新章,叙述了自 1945 年以后的历史时期。该书于 1984 年出版。

　　格鲁威虽提出了国际法史系大国政治运作之结果的新论,但亦延续了 19 世纪以来的国际法史写作之传统。该传统的始创者将其在该时代所亲历的国家作为历史反思的出发点,再以心目中该国家的特定形式为参照向前追溯。格鲁威重新挖掘了这种亲历传统并将其推进至 20 世纪末。格鲁威无疑让对国际法上的历史议题的研究重焕活力,并吸引了新一代学人的研究兴趣。

　　方法论迥异于格鲁威的著作的是马蒂·科斯肯涅米(Martti Koskenniemi)于 2002 年出版的《传播国际法的文明士绅》。[105] 该书严格说来是本论文集,时间跨度从 1870 年至 1960 年。该书采法学分析法并结合历史(后现代)和政治批评,对关键人物(包括汉斯·凯尔森[Hans Kelsen]、赫希·劳特派特[Hersch Lauterpacht]、卡尔·施密特[Carl Schmitt]和汉斯·摩根索[Hans Morgenthau])的研究部分用了传记法。科斯肯涅米质疑法律渐进式进步的宏大叙述法,并转而强调国际法上那些隐藏的自相矛盾之处,以及国际法所保护和促进的利益和价值观中的问题。科斯肯涅米展示了"19 世纪上半叶和职业自我意识与热情勃兴的 1869 年至 1885 年间出现的大停滞"中的激进性。[106] 按其原话,"为给国际法研究注入一种历史情感和政治乃至个人的奋斗,本书系偏离学界结构性方法约束之尝试……也绝不以历史的线性或铁板一块式的演进为假设前提"。[107] 通过分析 19 世纪和 20 世纪最具影响力之国际法学人的观点和主张,科斯肯涅米试图描述"对国际问题至关重要的,且由一系

---

[104] W. G. Grewe, 'Die Epochen der modernen Völkerrechtsgeschichte' (1943)103 *Zeitschrift für die gesamte Staatswissenschaft* 38 - 66 and 260 - 294.

[105] M. Koskenniemi, *The Gentle Civilizer of Nations: The Rise and Fall of International Law 1870 -1960* (CUP Cambridge 2002).

[106] 同上,第 3—4 页。

[107] 同上,第 2 页。

列态度和前见构成的特别情感"以及"这种国际主义情感的兴起与衰落"[108]。尽管方法不同,但科斯肯涅米同格鲁威一样,均强调国际法的发展不外于权力和政治。

格鲁威著作的英文版和《传播国际法的文明士绅》之面世已引发国际法学科内转向"史学史"的高涨热情。[109] 不仅是国际法史本身,其研究方法和目标均引发了学人的相当关注。故晚近不少国际法史集体性著作的问世堪称水到渠成。[110] 但是,从非欧洲视角来写全球史仍属冷门。

某位杰出的国际法史学者评价道,"从国际法大历史中其实学不到什么,至少在具体术语上是如此"[111]。本书编者则持审慎异议。若"学到东西"是指避免重蹈覆辙,那么从历史获得借鉴确实是很难,难在不仅物换星移而且人类的感性经验也经常阴差阳错。但是,编者坚信国际法史研究有助于更好地理解特定法律秩序的性质、局限及其希望。若判断无误,我们所处之时代正是国际关系发生根本性变迁之际,苏联和共产主义阵营解体,冷战结束的影响也远未终结。若16世纪以来的国际法史的特征是西方理念的全球扩张以及西方统治,则今日许多迹象无不显示出这段历史正在终结。斯时,知晓一点过去的国际公法有助于我们登高望远,并能满足我们对未来国际法史将如何演进的一点好奇心。

24

---

[108] M. Koskenniemi, *The Gentle Civilizer of Nations: The Rise and Fall of International Law 1870 – 1960* (CUP Cambridge 2002).

[109] G. R. Bandeira Galindo, 'Martti Koskenniemi and the Historiographical Turn in International Law' (2005)16 *European Journal of International Law* 539 – 559. 且在该文发表前数年,《国际法史期刊》其实已经刊印。Ronald Macdonald 在"发刊词"中阐发其宗旨为:挖掘关注国际法之过去的智识努力,无论其变化或中心主义论的样态如何,始终关注推进国际法律进步的三个W(whys, whats, wheres)之兴趣,不掺杂当代对过去偏见之同时,又力求对当代国际法律问题的研究有所裨益。(R. St J. Macdonald, 'Editorial' [1999]1 *Journal of the History of International Law* 1.) 亦见 I. J. Hueck, 'The Discipline of the History of International Law' (2001)3 *Journal of the History of International Law* 194 – 217; A. Kemmerer, 'The Turning Aside: On International Law and its History' in R. M. Bratspies and R. A. Miller (eds) *Progress in International Law* (Martinus Nijhoff Leiden 2008)71 – 93。

[110] *Time, History and International Law* (n 66); T. Marauhn and H. Steiger (eds) *Universality and Continuity in International Law* (Eleven The Hague 2011); A. Orakhelashvili (ed) *Research Handbook on the Theory and History of International Law* (Edward Elgar Cheltenham 2011). 亦见 *International Law* (n 6)22 – 45 ('The historical evolution of the international community') and 'A Short History' (n 59)3 – 31。

[111] H. Steiger, 'Was heisst und zu welchem Ende studiert man Völkerrechtsgeschichte?' in I. Appel, G. Hermes and C. Schönberger (eds) *Öffentliches Recht im offenen Staat: Festschrift für Rainer Wahl zum 70. Geburtstag* (Duncker & Humblot Berlin 2011)211 – 223 at 222.

第一部分
主体

第一章　人民与民族

约尔格·费舍尔(Jörg Fisch)

一、引言：人法和国家法

国际法一直以来就是适用于国家间的法律，即政治性实体间的法律，故其并 27非民族或人类其他群体之法。这种理论对以希腊-罗马传统为根基的欧洲国际法而言至少是说得通的，欧洲国际法既是目前通行全世界之国际法的基础，亦向国际法学科提供了大多数术语。迄今为止，国家虽非国际法的唯一主题，但毫无疑问是最基本的主题。

国际法优先并凌驾于国家法效力之上，此观点虽貌似没有争议，但"诸国的法"在国际法概念史中却有重大作用。至少在欧洲语言中，今日所用的"国际法"这一概念并不以国家为调整对象，而是在不同背景下有不同的含义，如指民族间的国际法，或指人民间的国际法，即万民法，法语是 *droit des gens*，西班牙语是 *derecho de gentes*，意大利语是 *diritto delle genti* 以及德语是 *Völkerrecht*。这并非巧合。国际法自身的概念史就显现出对此术语一以贯之的使用。"诸国的法"或"国家法"(*Staatenrecht*)等作为名词虽偶尔被用过，但迄今仍是例外。[1] 貌似使用者都秉 28

---

[1] 参见 I. Kant，'Die Metaphysik der Sitten' in *Gesammelte Schriften*（Akademie-Ausgabe）(Königlich Preußische Akademie der Wissenschaften Berlin 1902；repr de Gruyter Berlin 1968) vol 6，343 ff（'Staaten recht'）；进一步的区分，参见 K. H. L. Pölitz，*Natur-und Völkerrecht*；*Staats-und Staatenrecht*，*und Staatskunst*（Hinrich'sche Buchhandlung Leipzig 1823）at 301–304。

持着能不用则尽量不用的态度。这意味着"国际法"这个术语是被作为其主体的人之理念所支配的。这些人构成人民和民族，而非机构和组织。

二、术语：人民和国家[2]

在希腊经典中，并不存在现在说的"国际法"一词。像"民主"或"政治"等衍生词，与"国际法"这一名词的形成从未有任何瓜葛。这并不必然意味着在古希腊就没有与"国际法"相对应的词，但貌似没有系统性地整理出来。今天所用到的那些词可追溯到拉丁语"万民法"（*ius gentium*），但无"市民法"（*ius civitatum*）或"公法"（*ius rerum publicarum*），也无源自"国家"及其对应词的其他概念。这时其主体反倒是万民。该词之含义很广，但它却绝不包含国家，而是指一种有共同祖先的社群。因此，在国际法术语的词源上，关注点应是一种（真实存在的或拟制的）群体或社群而非一种组织，它不是国家间的法律而是人类群体之法。

万民法开始适用于国家和政治实体间的关系也是在经过了某种孵化阶段之后。首先，万民法意味着它不是调整某些人的法律，而是所有人共同的法律。万民法是自然法，与之相对的是作为罗马国内法的市民法。国际法坚持自己具有二元性质，其既是普适于全人类（不必然对所有国家）的自然法，又是适用于不同氏族人种之间关系的法律，尽管实践中它规制的是国家和政治实体间的关系。故国际法看似或自称其不同于诸国之国家法。在语言学上，国际法将自己视为人民和/或国家间的法律。国家是反映权力关系的首要现象，而人民和民族却是其所涉人类意志的产物。

国际法的现代术语之形成阶段贯穿整个 16 世纪，而到 17 世纪和 18 世纪时，这一形成过程因流行的拉丁语概念被大量译为本国语言而尤甚。这种翻译导致术语呈现多元性，但其影响面仅及于人的群体，而非政治实体，尤其未影响国家。但是，首先，在拉丁语内有一种翻译体，其不用万民，或者更确切地说是将之排除于外，转而用人类和民族。严格说来，这类术语未用于拉丁语，而仅用于罗马语。第

〔2〕该术语的历史，尤请参阅 E. Reibstein, *Völkerrecht：Eine Geschichte seiner Ideen in Lehre und Praxis* (2 vols Karl Alber Freiburg 1957)；H. Steiger, 'Völkerrecht' in O. Brunner, W. Conze, and R. Koselleck (eds) *Geschichtliche Grundbegriffe* (Klett-Cotta Stuttgart 1992) vol 7, 97 – 140；R. Koselleck (eds) 'Volk, Nation' in *Geschichtliche Grundbegriffe* (Klett-Cotta Stuttgart 1992) vol 7, 141 – 431；M. Canovan, *The People* (CUP Cambridge 2005)。

一，万民法术语在法语、西班牙语、意大利语和德语之间进行互译毫无困难。甚至德语进一步拓展了这种概念的翻译，如 gens 变为 Volk，于是德语就出现了 Völkerrecht，荷兰语中是 volkenrecht，丹麦语中是 folkeret，以及瑞典语中是 folkrätt。但是，吊诡的是，相比英语，一种拥有更多罗曼语和日耳曼语成分的语言却不接受这种翻译，即"民治之法"或"人民之法"用得反倒不多。

这个新概念的重要性因第二波术语传统的发展而被间接强调。因"众"(Volk)和"民"(gens)均指"人类"，于是"人类"这一名词开始同"万民"直接竞争。但是，用"人类"有不利之处，因为它有时也指——甚至在某些时候是专指——那些普通人、下层人，乃至乌合之众。相比日耳曼语，罗曼语的这种意味更浓，因此可能导致回避使用"人类"这一概念的倾向。于是，当"国际法"(Völkerrecht)被频繁使用之际，就未见"人民之法"或"人权法"(droit des peuples)这类名词的使用。

也许是基于这类困难，在拉丁语的翻译中又出现了"民族"(natio)这一新词。它拥有部分类似的词源，主要指拥有共同祖先的诸社群，但又没有"人类"(populus)一词的贬义性。演变至今，它逐渐与相对同质化的，特别是大学这类的群体区别开来，但又明确异于构成国家的其他人类群体。罗曼语系是说 droit international、derecho internacional、direito internacional 等，日耳曼语系则说 internationales Recht、volkenrecht 等。故存在两套国际法术语，一套追溯至人类，另一套则是民族。问题是谁将在漫长的竞争中胜出。直至 20 世纪，这种竞争仍是开放性的。最终，"民族"之所以在今日成为主流用语，可能主要是语言的原因。尽管出于不为人知的原因，英语并未创造"民权"一词，但它早在 16 世纪就用了"民族之法"。

这种语言的独特性，伴随着英语于 20 世纪和 21 世纪在全球范围内的快速传播，助推了这个英语名词的胜出，或许百科全书堪称最佳见证。尽管作为德语权威参考用书的国际法百科全书在 1925 年的第一版和 1962 年的第二版均以《国际法词典》(Wörterbuch des Völkerrechts)为名，但再之后的版本则仅以英语出版并名为《国际公法百科全书》(1992—2003 年版；网络版名为《马克·普朗克国际公法百科全书》,http://www.mpepil.com/)。国际法这个术语最终是否会褪变成民族的衍生词，从而使"人类"和"万民"这两个术语完全退出舞台，这仍有待观察。然而，不容否认的是，"国际法"这个指人民（复数）而非机构的词已经胜出。通过刻意避开

30

可能传递出国家间法之理念的那些名词,其所强调的乃是理想状态的国际法,而非现实,尽管实际被使用的这些名词承载着规范诸多人类群体间关系的非正式规则的理念。

三、国家权力与人民意志

如历史迄今所展示的,大多数现有的和从前的国家并非民主程序所创设,而是自身力量的产物。这在前殖民地表现得最为明显。这些曾被欧洲列强征服的土地,其独立后的领域仍是按当初列强所占来划界。新国家完全或部分是由真正的民主程序所创建乃极其罕见。即便在这种国家中,作为个体的人民是否想成为新国家的一部分亦无多大选择空间。

故全世界国家的实际领土大小是国家力量在全球分布的结果及其反映,且这种模式能替之以人民意志决断的机会貌似相当渺茫。现行使用术语所传递的讯息是,理想状态下,在已划定之边界内生活的人民应有权在国际法框架内决定与其栖息地有关的问题。这个假说在何种程度上被现实遵守? 若要认真对待这类愿望,结果很可能是频繁重划边界,即存在一种通过重划国家边界线来满足人民任何新愿望的可能性。

四、国境线

现行多数国境线因武力而定,或起码也是权力关系的结果。当然,这个运行机制并非完全自动。在数个世纪中,即使一次国境变动或武装冲突也没有,某个国家也可能变得比其邻国要强大。但是,一旦有冲突,国境争议之解决通常并非反映两边人民(或两国)之偏好,而是反映了在特定时间节点上各自实力对比的结果。若对独立国国境做次世界性普查,则可以发现迄今绝大多数国境线是殖民主义的结果,但这也得在特定语境下才说得通。欧洲之外的国境多数并非欧洲征服海外的结果,因此也并非是欧洲列强与本地权力划定的结果,其要么是欧洲列强彼此间在欧洲内部或外部冲突和妥协的结果,要么是殖民强权行使行政权行为的结果。这适用于美洲、非洲、太平洋和加勒比以及亚洲大部分的国境。迄今为止的绝大多数国境线是因 1783 年(承认美国独立)至 20 世纪末的去殖民化运动而被强加于身的。这正是曾源于拉美的"保持占有原则",即罔顾殖民地人民意愿而径自采纳殖民国划定的国境,此处的人民不仅包括被征服人民和农奴,还包括在新国家中属于统治集团的定居者。[3]

这并非新现象。当今世界或许有这样一些国家,其存在——特别是国境——是由全民公投而定的,但没有任何一个国家的实际领土形状是生活在这片国土上的人民意志的排他性结果。

五、国际法历史中的人民和国家

(一) 16 世纪至 18 世纪

无论从理论上还是从实践上,在现代国际法律关系开启前的时代,就人民和国家对国际法有何分量所知甚少。我们知道城邦民主时代的部分希腊人曾有话语权,他们在罗马时期的共和制机构中也有较小程度上的话语权。但是,对本章最核心的议题,即国家主要因武力而非讨论或全民公投机制来建构或毁弃、扩大或缩减,其在修昔底德关于雅典人和梅利亚人(Melians)的对话中就已有最清晰表达的观点,即由最强势者来定夺而非多数决。[4] 这对中世纪尤为适用,因其民主机构颇少(虽通过社区有诸多形式的参与)。

现代早期的理论和实践情况则逐渐丰富起来。同期有三种理论,若能付诸实施的话将能废弃单边决断的局面。

第一项理论是原初契约说。[5] 其观点是国家不能笼统地被说成就是征服或使用武力的结果,而应被视为是在新创国家的所有成员间最初缔结的一个契约,亦是其意愿之反映。理想状态是全民参与,而国家系其意愿之结果。

第二项人民主权理论对国际法的实际影响比第一项大得多,尤其是从 18 世纪以来,其以卢梭为代表人物。针对博丹的《国家六论》(*Les six livres de la république*)

[3] O. Corten et al (eds) *Démembrements d'états et délimitations territoriales：L'uti possidetis en question*(s) (Bruylant Brussels 1999).

[4] Thucydides, *History of the Peloponnesian War* (M. I. Finley ed, R. Warner trans) (Penguin London 1972) 5. 84 – 5. 116.

[5] N. Southwood, *Contractualism and the Foundations of Morality* (OUP Oxford 2010)；D. Boucher and P. Kelly (eds) *The Social Contract from Hobbes to Rawls* (Routledge New York 1994).

自 1576 年发表以来被持续讨论的主题——主权在国际法的后果，该理论有两个不同的层次。人民主权理论（毋宁称假说）提出将寡头或独裁者的主权交到民众手中。其可能的后果是民主的传播。但是，这并不能得出国际法的主体（国家）不再有武力成分。对人民主权的强调是人民更重要的地位之前置条件，但这种地位不必然是其后果。[6]

第三项理论观点中有改善人民乃至诸国地位的抵抗权，其理论源流可追溯至中世纪，并在 16 世纪大行其道。[7] 对不义战争和政府，它假设出一种抵抗权。这比起前两种理论更进了一步，因其让受害者有权拒绝被不公正对待甚至能拒绝夺其性命的强权。这是赋予所有人民的权利，而非像其他仅属于某个统治者或独裁者的权力。同人民主权一样，这项权利亦未排除使用武力——甚至因有抵抗色彩而有过之而无不及，但它让新国家能依人民意愿而非武力来构建。

但是，直到 18 世纪末，这三项理论仍停留在假说状态：统治者及其臣民间并无条约；"人民"从未实际行使过主权；而抵抗虽爆发过，但统治者一直在残酷地镇压抵抗权且其从未真正成为宪法条文。

然而，国际法却逐渐将人民的其他权利纳入其中。这虽仍取决于权力关系，但表现方式已很不同。他们并非是按传统方式赋予胜者的那些权利，而是败者的权利。他们也不仅是作为败方的统治集团的权利，而是败方国家的人民整体享受的权利。当然，在国际法中甚至曾有过某些有利于弱者的规则，尤其是在战争领域中。但是，新权利因有和平条约缔结之内容而再进一步。它是个人化的。若战后某块领土被割让，凡不愿留下来而丧失公民身份者应被允许移民并保留其原来的国籍身份。其中就有"归化权"（*ius emigrandi*），其对象最初仅限于想维持原有宗教信仰者。后来这项权利常被称为"选择权"，其范围扩大且被一般化。[8] 该权利范围虽很有限，但这是赋予人民减轻被打败后困难的权利。诚然在这项权利下，人民不能自由选择其地位，就像它不允许在被割让领土内保留多数人的公民权和/或原有宗教信仰。但是，比之于 20 世纪许多平民的处境就可看出其价值，因这些平

〔6〕R. Prokhovnik, *Sovereignty*: *History and Theory* (Imprint Academic Exeter 2008).

〔7〕R. von Friedeburg, *Widerstandsrecht in der frühen Neuzeit* (Duncker &. Humblot Berlin 2001).

〔8〕H. Wehberg, *Plebiszit und Optionsklausel* (Volksverein-Verlag Mönchengladbach 1915).

民在战败后要么频繁地被强制驱离其土地，要么被禁止离开甚或被屠杀。

（二）美国革命、去殖民化、保持占有和割让领土

衡诸契约理论、人民主权和抵抗权这三大理论假说之权杖，上述权利的的确确都是范围有限的权利。但是，理论如今逐渐地影响到实践。最先将之付诸实践且具有最重要意义的一步就是美国革命。诚然此处的决定性因素也是权力。如前面的分析，独立是胜利的结果。战争无论在理论中或实践中均未被废除，但新权利确确实实源自这些理论假说。"我们人民"为自己要主权，这意味着人民在主张以前属于统治者或统治集团的权利。按起义者的说法，这类权利过去一直被侵犯，因此传递出的讯息是其要抵抗权。故这三大理论假说中至少有两项被付诸实践，而抵抗权因其最具体，所以也最重要。慢慢地，革命者不仅要求恢复那些曾被侵犯的权利，且因英国国王侵犯了太多重要权利，以使革命者得有一项更大的一般性权利来拒绝英王施加其身的所有义务，即其可主张独立。独立并非只是战胜的奖赏（当然话说回来，若无胜利就无独立），而是属于起义者的一项天赋权利——虽有部分限制——即便在独立战争之前。

美国独立是世界历史上一场伟大的人民胜利。在那场战争中，一项新权利已经被提出来，即被不义对待的受苦之人和被剥削之人有独立权。这项权利的重要性自不待言，但倘若仔细审视，这还只能算是局部的胜利。美国人为自己主张的仅是一项附条件的权利，即若被不公正对待，那么就有权切断同前主人的所有联系。于是就很容易设想去代之以一项不附条件的权利，即在这种情况下，即便受到完全平等的对待甚或优待，人民还是更倾向于独立。

这将是人民为在国际法上占得一席之地而迈出的一大步。人民——更不用说国家（从那时起，这一表述就意味着一个国家的全部人口，有时甚至意味着国家本身）——将有独立权，其将建设主权国家而不仅是被授予某种自主权。起义者在《独立宣言》中明白地写道："我们要同英国平起平坐。"他们在美国《1787 年宪法》中自称为"我们人民"，而非"我们，作为人民的一部分"。

一开始，美国的建国之父们可能也未充分意识到这一步迈出后的深远影响。即便这天赋之独立权因附带条件而呈现有限性，端赖于先有英王侵犯美国定居者权利之事实，但也不难想象会有视自己为人民或国家的其他团体亦将主张这种权利。且这个程序将无限延伸：某州可从美国分离出去，某县可从某州分离出去。美国建国后的第一个一百年的历史在很大程度上是由不承认联邦成员的独立权（先是附条件，后是无条件）的诸多努力而形成的。南北战争（1861—1865 年）堪称这类事件的高潮，那些声称有权退出合众国的南方州效仿合众国当初对英国之做法，宣告自己的独立和自由，但最终因美国史上最血腥的战争而被逼回合众国怀中。

美国的《独立宣言》所蕴含的先例对后世的影响不可预料。1776 年后，美利坚合众国最首要的任务还是避免分裂，而非对人民赋权。当时为避免分裂或更坏的极端后果而建立了三项机制，这同时亦意味着人民的权利逐渐受限。

但是，一旦赋予了独立权，即便仅是受限的、附条件的、救济性的（因遭遇不公）独立权，施加其上的限制也将很难获得执行，至少理论上来说是这样的。根本上来说，视自己拥有人民地位的某团体或集团，甚或一个民族都可主张独立。为避免这种破坏性后果，美国当时的外交政策之主旨就是遏制退出。就欧洲列强对美洲权力范围的主张，美国尽力维持现状。如下指导原则和方法被提出：

1. 去殖民化

去殖民化是其主要类型。这一进程虽在 20 世纪才被命名，但其原理可追溯至美国独立的历史。当时不存在一般性的独立权，仅适用于殖民地。最初，由于该权利仍是附条件的，其甚至还不是所有殖民地都享有的权利，而是仅对反复遭遇严重不公的殖民地适用。但是此种限制率先被拉丁美洲废弃，并随后及于所有殖民地。美国对独立权也绝非完全拥抱，尤其表现在美国于 1823 年提出的"门罗主义"（Monroe Doctrine），即并不敦促立即终结殖民主义，但拒绝欧洲列强在美洲再制造新的殖民主义。[9] 一旦某殖民地宣告独立，无论理由正当还是牵强，其亦无须被逼退回殖民规则的支配之下。这正是维持现状原则，倘若无法维续也只有一种改变方式，即赋予相关殖民地独立权。理论上这通行于全世界，但实际上它仅适用于美洲人，诚如美国对菲律宾之征服（1899—1902 年）就揭示出对其独立的直截了当的拒绝。

故去殖民化意味着独立权的行使范围限定于地理上相去甚远且常属海外的国

---

〔9〕文本见 H. S. Commager (ed) *Documents of American History* (7th edn Appleton-Century-Crofts New York 1963) at 235 – 237.

家统治地区,但有时也隔之以属于第三国领土的广阔土地。去殖民化至少在理论上并不意味着毗邻领土的退出。

作为去殖民化的结果,美国和其他国家在避免毗邻领土享有独立权上有共同的利益,这是不言自明的。若没有此种保证,则他们将面临丢失部分领土的风险。

除个案外,这个禁止退出的——尤其是去殖民化的——毗邻性规则在国际法上被广为接受,但从未被清晰和明确地提出过。毗邻领土的去殖民化虽从未白纸黑字地被禁止,但基于其后果不堪设想而被严重压制。依人民和民族的观点来看,这实属相当奇怪与不公的规则。若远离国家中心生活的一群人有权创建其国家,为何毗邻该中心生活的人群就不能有同样的权利呢?

2. 保持占有

这第二项原则最早由拉丁美洲提出,而非美国。它建基于第一项原则,但范围更加受限但同时却又更为明晰,一如其名"保持占有原则"。其内容是指原殖民地新建国家内部与新建国家间的行政边界按原先行政区划,毋需在去殖民化进程中重新划定。由是反倒要确定那个殖民地边界,包括不同殖民强权的殖民地之间(主要是西班牙和葡萄牙之间,其决定了巴西最终的国界)以及不同西班牙的(或西班牙主张权力的)行省之间的边界。这不仅是向美洲,也是向全世界发出了明确讯息,即一旦去殖民化结束,新成立的美洲国家最迫切需要的正是欧洲宗主国那般的稳定。事实上,正是因为没有像欧洲那样几个世纪以来都笼罩在频繁划定国境所产生冲突的阴影之下,所以美洲的格局更为稳定。保持占有原则意味着从今以后国境线将岿然不动。一如去殖民化那样,这又意味着对美洲原住民及其国家地位和作用的消解乃至践踏。遍及美洲的殖民地边界正是各殖民强权(即那些国家)权力斗争的结果,绝非作为利益攸关者的人民和国家愿望之反映。于是,整个美洲——嗣后遍及世界其他洲——都仰赖这项权力决断原则而非诉诸民主程序。遗留的问题是作为去殖民化正当性的人民主权原则。

逐渐地,全世界的国境都由保持占有原则来确立,晚近解体的南斯拉夫和苏联亦是如此。一旦不同洲或地区的居民不再有任何形式的歧视,保持占有原则便成为维持国际稳定最方便的手段——只要能忽视那些主张国格与传统上国际公认的边界不一致的人民的愿望。这意味着国家相对于人民和民族来说有优先性,且这个优先性能或多或少地持续获得支持。

3. 禁止退出

第三项原则包含于第一项和第二项原则之中，但侧重点不同。它的意思其实本来就很清楚，但一旦被郑重推出便更煞有其事，即任何形式的退出均被严格禁止，除非其可被描述为去殖民化运动。启用该规则是风险极高的操作，因其排斥了所有想自主建国的团体。因此，在意料之中的是，该原则要通过现代史上最血腥的战争之一来执行，即美国内战，美国内战最核心的议题至少一开始并不是奴隶问题，而是退出问题。1861 年的邦联所主张的权利同 1776 年的 13 个殖民地所主张的权利绝无二致。甚至邦联的理由还更好些——但合众国力量更强，其在禁止退出中获得成功。严格说来，这仅对美国有效，然而，最初源于美国宪法的一项规则之后很快受到全世界的欢迎。如法国在其 1791 年后的历部宪法中均宣告王国（或共和国）"不可分割"（*une et indivisible*）[10]，但该原则从未成为成文法。这主要是美国阻扰所导致的，巴拿马于 1903 年脱离哥伦比亚堪称 19 世纪和 20 世纪中最明目张胆的一场退出，若无美国支持，这场退出绝无可能实现。

回看美国革命在国际法中的人民和国家独立地位发展上的作用，可谓是"进一步，退三步"。前者是指对人民主权的重视，后者主要涉及对去殖民化的限制、保持占有和禁止退出原则。但是，进步还是起主要作用的，尽管很明显的是，仍存在强大的羁绊在限制人民和国家在国际法上正面作用的发挥。他们让国家免于常年四分五裂之状态。

毫无疑问，引领人民和国家在国际法上占有一席之地的先驱是美利坚合众国。但是，这项进步事业很快在美洲蔓延开来并最终成为全球性事务，尽管不同区域间存在重大差异性。

（三）19 世纪的全民公投

美国革命的直接继承者是 1808 年至 1826 年的拉美革命，其主要发生在西班牙领土上。[11] 它不仅提出了保持占有原则，还主张了在公元 1776 年以前连美国

---

[10] 文本见 H. S. Commager (ed) *Documents of American History* (7th edn Appleton-Century-Crofts New York 1963) at 235 – 237。

[11] 文本见 H. S. Commager (ed) *Documents of American History* (7th edn Appleton-Century-Crofts New York 1963) at 235 – 237。

国内的托马斯·潘恩(Thomas Paine)这样的激进派都不敢提的要求,即所有殖民地享有无条件独立权,无论其地位如何及其受母国对待有否不公。这在距欧洲殖民帝国影响力到达巅峰前很久就已经拉开了终结殖民主义的大幕。

然而,这是个模糊的遗产。保持占有意味着美洲大陆的国境仍按欧洲国家数个世纪以来的行政区划来划分;独立权虽给予人民,但这个国家是否受其拥护以及今后往何处去则不论。这两项权利或原则在提出时倒没有限制,但实践中——至少在当时——仅限于美洲的殖民地。其他大陆则没有这种独立权,但从长期看,这种隔离势难维持。

介于美洲南北掀起革命浪潮之间的1789年的法国大革命作为欧洲最先成功、最伟大和最激进的革命亦爆发了。美洲和欧洲存在一些很重要的差异。诚然法国海外殖民地亦有骚动,圣多米尼加/海地甚至赢得了独立,但法国大革命整体仍是场国内革命而非殖民地革命。故可能无诉诸独立之权利,尽管人民主权的重要性得到了极大凸显。但是,谁是"人民"?生活在同一个国家者?按人民主权理论,人民是那些决定要建立国家的人。迄今为止,领土和人口在国家间的分布一直是权力分布的结果或镜像。若人民即是主权,因欧洲不存在美洲的殖民地,则他们并不是在殖民地和母国之间作决断,而是尊重其真实意愿。结果可能是一个新国家的诞生。

至少在原则上,解决的办法很简单,即诉诸全民公投,这在法国大革命爆发两年后的1791年旋即被提出。[12] 若真被郑重对待,则全民公投本身就是一场革命。若人民不想参加,则此前作为国家实力要素者——人民——将丧失其重要性。权力再不能对领土颐指气使——而是替之以人民意志。故很难想象以前强大的国家会接受这种方法及牺牲自身以作为被全民公决撕成碎片的受害者。这种革命也太激进了。故直至第一次世界大战前,虽对弱国和强人来说,这是提升其实力的一个机遇,但强国从未无条件且真心地拥护过全民公投。其结果是有限的成功,即直到一战期间,没有一例边界(不是仅从一国转到另一国)是通过全民公投来确定的。

38

---

〔12〕对全民公投的历史写得最好的著作仍是 S. Wambaugh, *A Monograph on Plebiscites* (OUP New York 1920)和 *Plebiscites Since the World War* (2 vols Carnegie Endowment for International Peace Washington 1933);晚近参阅 A. Peters, *Das Gebietsreferendum im Völkerrecht*: *Seine Bedeutung im Lichte der Staatenpraxis nach 1989* (Nomos Baden-Baden 1995)。

领土问题的全民公投最先为法国所采用,时间在 1791 年至 1860 年,涉及毗邻领土的兼并。结果声称 99% 至 99.9% 的公民投票支持加入法国,比例畸高。[13]

第二轮重要的全民公投发生在意大利,介于 1859 年至 1860 年间,其意在支持统一,且取得了更加一边倒的结果。[14] 在意大利较小的国家,投票结果是青睐加入新成立的意大利王国,但萨伏依(Savoy)和尼斯(Nice)两地的公民公投结果却是将领土以受意大利人民祝福的方式割让给法国,以换得法国对奥地利作战。很难想象这场公投的结果是人民愿意加入意大利,原本许诺法国接掌撒丁王国地盘(Sardinia-Piemont)的回报落空(换之以对奥作战的胜利)。故公投很明显不是作为评估人民意愿的工具,而是用以确认先前外交和/或战争之结果。若结果存有不确定性,则还得左右选民和操纵结果。

这个背景显现着全民公投绝非评估人民意愿之工具。然而,即便是被操纵,全民公投举行之事实亦是民主日趋重要的表征。一旦承认某次公投,就再难拒绝下一次公投,且它逐渐代言人民意志的可能性也在增大。

不过,由此就假定 19 世纪有着更多民主,特别是存在更倾向于运用全民公投的一般性趋势的话就大错特错。这在德国统一的背景下再次被确认。不同于意大利统一,德国统一过程中没有举行过一次全民公投。但是,很难就此说意大利比德国更民主,以及其人民在统一进程中比德国拥有更大的发言权。德国拒绝公投的主要理由中常被强调的一个事实是阿尔萨斯和洛林(Alsace-Lorraine)之间长期的冲突。这是个不太可能的命题。直至 1870 年,全民公投从未成为领土变更的条件。法国在战败前的 1870 年曾为优化东部国境而主张如今属于德国的领土,但其未考虑过全民公投。另一方面,在军事上完胜后,期待德国在阿尔萨斯-洛林(Alsace-Lorraine)举行一次公正的公投简直无法想象,因这得冒着失去争议领土的风险,这无异于要胜者去品尝如败者般被羞辱的苦果。当然,德国自可不失明智地谴责所有形式的领土兼并。但是,两者其实有根本性不同。因一次真正的全民公投必将是一次革命。这意味着从作为权力行使结果的决策向作为人民意志结果

---

[13] 前引注释 12, *A Monograph on Plebiscites*。

[14] 同上,第 83 页和第 86 页;P. L. Ballini, *Le elezioni nella storia d'Italia dall'unità al fascismo* (Il Mulino Bologna 1988) at 243 f。

的决策的转向。

与此同时,大约在 1850 年,这项原则在语言表述上也找到了归宿。在美国,就人民或国家的独立权并无一个普遍接受的名词,欧洲人提出的表述是"人民自决权"或"国民自决"。[15] 这再一次强调了这是人民或民族的事情,与国家无涉,直至今日亦是如此。然而,现在用这些词仍是仅指欧洲的情况,而非美洲。

运用全民公投的频率并不高,1860 年代之后反倒逐步退出。相对国家来说,人民和民族之重要性逐渐式微,且国际法上对自决权的讨论也不多。唯一之例外是中东欧信奉马克思主义-社会主义的政党,肇因于族裔冲突加剧,从而危及到了这些地区工人的团结。

(四)第一次世界大战:列宁和威尔逊

第一次世界大战始于传统的强权争霸。卷入其中的人民意愿则无足轻重。每个交战方提出的领土要求都涉及到民族、族裔、人民、少数族群或相关团体所谓的自决权,但其通常都不具有正当性。这其中意大利是最醒目的例子,在其于 1915 年与协约国缔结的条约中,意大利被许诺取得一块地位重要的领土,其上居民有操意语者亦有非意语者。然而,按族裔原则要求新的国境线貌似很危险,因这类行为将同时危及交战双方国家之存在——至少是统一。对同盟国而言,这将打破哈布斯堡与鄂图曼帝国的跨国联盟。与此同时,协约国亦将失去大片殖民地,而俄罗斯又会退出。任何运用自决原则者将冒被毁灭或被削弱的风险。

一场惨败后发生的 1917 年革命使得俄罗斯成为第一个摇摇欲坠的大国。新政权最初信誓旦旦地要保持国家联盟,尽管时局已濒临灾难。结果将是遭受四分五裂的威胁。在这种情况下,列宁于 1917 年 10 月主张将自决权作为缔结持久和平的原则。至少从 1903 年起列宁就倡导这项原则,但当时仅能代表他的政党。现在该原则则一跃成为革命俄罗斯国家的官方政策。面对失去政治地位的威胁,列宁仍坚持如故,他倡导自决原则不仅适用于危及他们和他们的殖民帝国的敌国,但首要的也还是适用于俄罗斯自身。这位领袖宣告天下,表明他准备赋予生活在俄

40

---

[15] 匈牙利政治家 Lajos Kossuth 于 1851 年 11 月 3 日在伦敦讲道:"各民族决定自己主权之命运"。L. Kossuth, *Selected Speeches of Kossuth: Condensed and Abridged With Kossuth's Express Sanction* (F. W. Newman ed) (CS Francis New York 1854) at 15.

罗斯境内的所有人民以独立,使他们有权退出,即意味着他们可组建新国家。

这对协约国和同盟国同时构成威胁,列宁所做的不仅是承认理论上的一个独立权,他还将其付诸实践(这意味着退出),尤其是在芬兰和波罗的海国家。

列宁的敌人努力抵制这个话题,但谈何容易,盖要求自决的呼声越来越深入人心。然而,美国总统伍德罗·威尔逊给出了回应。威尔逊对普遍和平的想法与列宁有很大不同,他并不敦促赋予所有(特别是殖民地)的人民以独立权,而是倡导一种自治和自主,主要是民主的内涵,而不必然是独立。这是一个流行的但不充分的需求。但是,民主和自治仅当人民已获独立时才真正有吸引力。由此,威尔逊自觉身处一种困难的境地。若倡导"自治",则传递的是深孚众望却很不鼓舞人心的讯号;若用"自决",则这个公式虽极其成功并有民众支持但却实在不能表达他的真实意思。威尔逊实无选择,若要成功,就得用列宁的口号。威尔逊如法炮制,说的是"自决",意思却是"自治"。但是,威尔逊被认为是同列宁持有相同的想法,无论他是否乐见于此。当威尔逊主张"自决"这一使用频率不高的词时,他可以由自己的喜好对之加以定义,但人民理解的仍是列宁那套逻辑。

当列宁最先和最卖力地向其国家及各族裔推介自决权时,威尔逊对其盟友却未如此,他未对殖民地人民宣告过自决权。在 1918 年至 1923 年间的诸和平条约中,非白种人口的殖民地从未获得真正的独立,无论其对战争有无贡献。

至少在当时,自决并未成为殖民强权的目标,它在欧洲影响甚大,尤其在少数族裔间。但是,它仍与那些由来已久的原则相竞争和冲突,即边界不按相关人民(各色人民)的意愿而是按涉入其中的各方实力来定。若设想中的自决权付诸实施,则后果或相反。用民众投票确认战胜国对领土的要求使胜者气势益盛,与此同时,失利者的呼声则更无人问津。然而,民众投票也可能起反作用,从而使结果对胜者不利而败者却得到声援。从维持国际稳定的角度来看,这也许是最具破坏性的结果。若斗争让各方权力暴露无遗,人民的意愿或指向一个不同的方向。凡想斗争结果与领土分布完全对应者,必想绕过全民公投。

要找到一劳永逸地解决这类问题的办法自不是问题,即便范围可能仅限于欧洲。奥匈帝国的解体成为其中最著名和最困难的一例。其得以完成划界主要是以历史性边界为基础,多数民众一般也予以接受,但这仅是推定民众接受而非其意愿有真实地表达过。在其他事例中,新的国境线则遭到直接反对,比如意大利和奥地利之间。一个奥地利和德国的联盟未诉诸公民投票就被禁止,即便两国人口的多数决可能支持这一联盟。[16] 在权力分布对其明显有利的场合,胜者亦不愿冒输掉一场公民投票的风险;而在胜者因其对权力平衡无关紧要而兴趣寥寥的场合,人民的意见就显现出分量来。这时举行了一些全民公投,尤以波兰和德国为著。[17] 这表明按相当数量甚或大比例多数的公民所接受的国境来划界是有可能的。尽管这种方法不适于解决所有的争端,但它至少允许对先前由武力强加的某个边界以民众投票的方式予以确认(或拒绝)。公民主权不再仅是一个形式上的原则,现在它影响到了权力的分布。尽管这种分布背后最大的决定因素仍是权力运行的结果,而非人民(或民族)的意愿。

(五) 希特勒大阴影下的世界大战期间

一旦和平重返欧洲,欧洲之外的自决原则则不再有重要作用。但是,这并不意味着殖民强权与殖民地人民间没有冲突,堪当其首者是印度对英国的全国性独立运动。这归属于去殖民化的运动,堪比当年美洲的先例。然而,第一波和第二波去殖民化运动中却存在着一个重大的差异。多数美洲革命是由欧洲定居者及其后裔所领导的。如今袭卷全球的反殖民自由运动是由本国居民,至少是非白人在领导。故大家虽都在用"自决"这个术语,但运动背后的群体却是大不相同。他们不再是清一色的欧洲人,反倒绝大多数是以非欧洲背景为主。但是,整体上来看,两次世界大战期间主张自决的反殖民化运动声势不大。相反,按各民族人民——甚或各少数族群——都有建立属于自己国家的权利的意义上来理解的"自决"口号在欧洲大行其道。时任美国国务卿的罗伯特·兰辛(Robert Lansing)早在 1918 年就提过这个问题,并说其宛如"绑着炸药",一点火就爆炸。[18] 其理由有二:第一,这个问题不可能解决得让所有利益相关群体都满意,更不能让所有相关个人满意。第二,即便有可行的解决办法,这次(第一次)世界大战后的诸和平条约中有意或无意所

---

[16] Treaty of Peace Between the Allied and Associated Powers and Austria(签订于 1919 年 9 月 10 日,于 1920 年 7 月 16 日正式生效)2501 LNTS art 88。

[17] *Plebiscites Since the World War* (n 12).

[18] R. Lansing, *The Peace Negotiations*:*A Personal Narrative* (Houghton Miffl in Company Boston 1921) at 97.

确认或重划之长达数千里的国境线将注定引发普遍的不满。诚如波兰的部分国境线那样,这些和平条约也划定了一些比以往争议更少且更尊重人民意愿的国界,但这也制造了少数群体。故不难理解,若有削弱自身地位之风险,一战战胜国不想仅为满足人民呼声而改变国界。

于是欧洲变成了一个修正主义蔓延的大陆,心怀不满的各族裔之多数群体或少数群体貌似正义的主张均被拒绝。但是,在一个群体正当性意愿排斥其他群体正当性意愿的场合,这很难说是以正义之名。

在中欧的完全或部分德语区,这类冲突最为严重且影响最甚。作为这些和平条约的产物,一个地域紧凑、横跨数国的德语区块出现了。其中一些区块的操德语者占人口多数,在其他一些区块中他们则是少数。若国籍(或语言)一直是国界划分的标准,则一个强大的德意志民族区域将横空出世,而这恰是一战战胜国要竭力避免的。从政治上看,这无异于将胜利果实拱手送人,着实荒唐。但是,一旦让自决成为国界划分的决定性标准,则势必很难再将其拒之门外。

希特勒正是在这种时局下冒出来的,他以传统的军国主义方式来实施他扩张主义者的计划,但这貌似也是一种自决权的实践。作为一项规则,1918 年的战胜国将拒绝任何修正主义,因这样会削弱其力量。但是,若牵扯自决,则为抵制列宁,战胜国还是得口是心非,即名义上支持这原则却迟迟不兑现承诺。故希特勒只要用自决作为全盘计划的基础,便获得了以无辜受害者的面目去愚弄全世界的绝佳机会。

从 1935 年开始,按《凡尔赛和约》,在萨尔区(Saarland)举行了一场全民公投。[19] 公投结果是超过九成公民赞成回归德国。土地虽小,对希特勒而言却是场大胜利。此后他又斩获两块更大的领土。1938 年 3 月,希特勒在事先未进行全民公投的情况下吞并了奥地利。当然,最占多数的奥地利人赞成这次合并,这是没有争议的事实。战胜国们要拒绝一个可被视作自决的行为,这可难度不小。最后,墨西哥倒成为唯一义正言辞发声抗议德奥合并(Anschluss)的国家。事后,希特勒举行公投,取得了与意大利 1860 年代的公投同样的合法性。每个人都不仅知道绝大

---

[19] J. Fisch,'Adolf Hitler und das Selbstbestimmungsrecht der Völker' (2010) 290 *Historische Zeitschrift* 93 – 118.

多数人民会赞成合并,还知道其结果势必畸高(德国赞成票是 99.02％,奥地利是 99.73％)。[20] 1860 年以来,对人民意愿之尊重其实没进步多少。

希特勒的另一场大胜是在 1938 年 9 月,其兼并了捷克斯洛伐克德语区的苏台德地区(Sudetenland),且拜慕尼黑会议之斡旋,这次事后的全民公投都免了。1918 年至 1919 年间,该地区的多数居民希望加入德国,但在和平条约中出于策略原因,其国土判给了捷克斯洛伐克。然而,一旦自决权被宣告为重要的和平原则,战胜国这时又很难说不。在慕尼黑,法国、英国和意大利就这样被"绥靖"了。显然,当时的希特勒堪称运用自决原则的大师,而能将之用到化境的原因无他,只是因为他对自决本身并无任何兴趣。希特勒有一个更深远的兼并计划,正如他之后所为,1939 年 3 月,剩余的捷克语区波希米亚-摩拉维亚(Bohemia-Moravia)被占,同年 9 月波兰被占。此时的希特勒再不能以多数人想加入德国为幌子。自决原则虽被导向谬途,但希特勒却得以实现其兼并计划。从一开始这就并非人民或民族主权的胜利,且随着希特勒战争的展开,这一事实愈发清晰。这就是一场与人民意愿无涉的传统征服之战,甚至与德国人民的意愿也无关,自然遑论被兼并和被压迫人民的意愿。希特勒从未把人民意愿当回事,人只是其生存空间(Lebensraum)政治的客体,为巩固德国欧洲权力之目的,人可被宰制、驱逐、流放甚至屠杀。他们成为希特勒的手下希姆莱之流种族谋杀政治的对象。

(六) 第二次世界大战

那些受害者——个人及其集体、人民、民族和国家——对这种新情况会如何反应?毕竟从国际法上的人民和民族地位的观点看,这是次明显的倒退,盖权力而非相关人民的意愿之影响胜于以往。大体上,威尔逊式的将自决视作自治的态度被维续着,这在美英于 1941 年 8 月签署的《大西洋宪章》及此后多数盟国所签条约中得到了彰显。宪章仅允诺被强占领域恢复原样,而并未援引"自决"这种说法。[21] 战胜国更典型的官方态度是强调无条件投降,这意味着是宝剑而非人民意

---

[20] O. Jung, *Plebiszit und Diktatur*: *Die Volksabstimmungen der Nationalsozialisten* (JCB Mohr [Paul Siebeck] Tübingen 1995) at 119 – 122.

[21] 'Joint Statement by President Roosevelt and Prime Minister Churchill, 14 August 1941' in *Foreign Relations of the United States 1941* (US Government Printing Office Washington 1958), vol 1,355.

愿在决定命运。

若对这些说辞有任何怀疑者,不妨再看看白纸黑字的条约。请注意,战胜国从未采用传统的"自决"一词。他们转而挪移掉全部人口。首先,其决定——从国家而非人民观点——哪个国家获得哪块领土,然后按这个新国界转移人口。这虽不是倒退回第一波去殖民化时期,但绝对是项新政策。国界不因人而划定,而是人得适应国界。

这对将来自决的发展绝非一个好预兆。貌似它已完全枯萎干净,貌似希特勒的幽灵倒占了上风。故最后最讶异的还不是这个自决——及其附随的人民和民族之作用——仅被新瓶装旧酒,而是它成为国际法和政治领域最时髦的口号之一。但是,这又不是传统大国强权政治的结果。那些殖民强权,除美国外,都尽力想重返帝国时代并做好了战争准备。故对他们而言,就像18世纪和19世纪那样,去殖民化仍专属于欧洲定居者及其后裔。

(七) 冷战和第三世界

这种结果对殖民地的全国性运动自不可能接受。殖民地人民在二战中流血牺牲并在经济战中出力甚多。若否决其独立或者自主之要求,等同于将其视为战败国国民而非盟国一员。很难想象他们会毫无抵抗地接受这种安排。但是,若主要的盟军大国,尤其是美、英、苏、中四大战胜国联合并统一立场,主张殖民地人民不同于欧洲人及其后裔,他们就是没有自决权,并且置其意愿于不顾,则他们恐怕也只有沉默的份了。

然而,美苏冷战让这一切发生了决定性变化。美苏冲突将自决变成一种武器。大体上,两边都能用它,但只要去殖民化主要被视为针对海外殖民帝国之消解,而非毗邻领土,则苏联所处的位置远比英国、法国、荷兰或比利时安全。通过支持殖民地的全国性自决运动,苏联阵营获得了削弱其冷战对手的绝佳机会。效果果然不错。然而,第一次努力却失败了。苏联同一些新建国家想在1948年12月发布的《人权宣言》中置入自决权条款,但此提议却遭拒绝。这次挫败后来导致苏联阵营和数量快速增长的第三世界国家联手,后者主要是前殖民地。1966年,第三世界取得大胜,自决不仅被承认为人权之一种,而且变为诸权之首。《公民权利和政治权利国际公约》和《经济、社会和文化权利国际公约》(简称"人权两公约")共通的

第一条都是:"所有人民都有自决权。他们凭这种权利自由决定他们的政治地位,并自由谋求他们的经济、社会和文化的发展。"

从意识形态角度看,这是场重大胜利。"人权两公约"于 1966 年 12 月 10 日在没有反对票也没有弃权票的情况下被通过。

这次胜利在 1960 年 12 月 14 日通过的联合国大会第 1514 号(十五)决议《给予殖民地国家和人民独立宣言》中就初露端倪。不同于 1948 年,西方国家在 1960 年时再无拒绝殖民地人民自决的胆量。89 个国家支持该宣言,没有反对票,有 9 票弃权。

这是个真实而持久的胜利,抑或只是昙花一现? 真实性不容质疑,特别是读到 1960 年的宣言及 1966 年的"人权两公约"之时。此时要拒绝去殖民化几无可能——它就像嵌入到 1960 年至 1966 年间的时间之流中。多数殖民地未有流血就获得独立,而相关战争通常也是以殖民地的胜利而告终。

乍一看去这堪称完胜,但仍有重大局限性。原先的三个限制性因素重被引入:独立和自决仅限于去殖民化的情况下,且通常发生在海外;保持占有原则支持国境线和行政分区;以及退出被严格限制。此外,国际社会一直拒绝对"人民"之概念加以界定,这意味着他们能按自身情况在个案中分别加以决定。无人对术语之类的问题有浓厚兴趣。自 19 世纪以来,在自决场合,"人民"和"民族"都会被使用,特别是"人民(和/或民族)自决"以及"民族自决"之表述。在 1950 年代起草《国际人权公约》的过程中,"民族"一词未经多少讨论即被拿下。主要的理由是"民族"相比"人民"而言,与"国家"的关系可能更紧密。

虽有这类约束,但第二轮去殖民化运动仍在继续。二战后不久,先是 1946 年的菲律宾独立以及 1947 年的英属印度解体使这一轮的去殖民化运动达到第一波高潮。第二波高潮在 1960 年代,其间涌现出大量新国家,至 1970 年代和 1980 年代则逐渐淡化,因已罕有曾被称为殖民地的领土还未获独立的。到本世纪初,将去殖民化称为是一种历史现象已不为过。

然而,这个结论却是错的。1966 年时将自决赋予全体人民而非限于殖民地领土的决定(尽管大多数国家都接受了上述三种限制)对各类有关独立的新主张其实是大门敞开。严格说来,这类主张不合于习惯,应被拒绝。但是,很难去坚持认为拥有集体登台亮相这个一般被接受特征之人民无独立权,而像东帝汶或西撒哈拉 47

这样的殖民主义产物却可选择充分的独立。若把任何名目的团体均可被授权独立作为一般性规则,很显然将遭到强力反对,但那些因退出而受益的国家也可能会接受这一事实,即对独立的一般性允诺会导致某些国家解体,从而使其变弱。1989年后解体的苏联和南斯拉夫正是这种情况。只要相关各团体同意,这两国自然有自我解散的权利。然而,这将打开一扇持续退出的大门。要避免这种结果,就要使用保持占有原则。这对自决构成重大限制。苏联和南斯拉夫之解体为主张做自己的各团体提供了自决机遇。全民公投也确实举行了,但都不是评估人民意愿的那种。相反,这些全民公投拥有的是反映和确认既有权力格局之传统功能。沿着既有的行政边界,这些联邦解体成共和国,并成为独立国家。但是,他们连哪怕一米的新国境线都未划过。

六、结论

国际法诸主体的历史不应被写成是一个连续不间断的故事。所有人民的自决原则——后来甚至演变为所有人民的自决权——终躲过了各种惊涛骇浪。至少两次"山穷水尽"之际,它却"柳暗花明"地活了下来:一次是纳粹千方百计要摧毁它之时;另一次是出于各种实践意图的去殖民化已经实现之后。因此,自决已经展现了其抵抗一切消解它的企图的能力。但是,迄今为止,自决本身确实不足以担当评估人民意愿的工具。国界划分从来都不是人民和民族可以决定的事情,其仍是权力分配的结果。故未来的国际法仍将大部分是国家法。放弃自决将是一大损失,但把国际法想象成能让自决替代权力去真实划分这个世界则实属做梦。只要人民的自决权有人提起,就有人会反对。尽管其本质是无政府性的,但作为改变国际法所须提供的要素之一,自决之地位不可替代。虽说尊重去殖民化、保持占有和退出禁止原则能尽量避开领土变化的暗流涌动,但全民自决权下的授权却将提供反向刺激。

推荐阅读

Buchanan, Allen E. *Secession: The Morality of Political Divorce From Fort Sumter to Lithuania and Quebec* (Westview Press Boulder Colorado 1991).

Canovan, Margaret *Nationhood and Political Theory* (Polity Press Aldershot 1996).

Cobban, Alfred *The Nation State and National Self-determination* (Collins London 1969).

Crawford, James *The Creation of States in International Law* (OUP Oxford 1979).

Elsner, Bernd R. *Die Bedeutung des Volkes im Völkerrecht* (Dunker & Humblot Berlin 2000).

Fisch, Jörg 'Das Volk im Völkerrecht: Staat, Volk und Individuum im internationalen Recht am Ende des Ersten Weltkrieges' in Manfred Hettling (ed) *Volksgeschichten im Europa der Zwischenkriegszeit* (Vandenhoeck & Ruprecht Göttingen 2003) at 38 – 64.

Fisch, Jörg *Das Selbstbestimmungsrecht der Völker: Die Domestizierung einer Illusion* (CH Beck München 2010).

Koselleck, Reinhart et al 'Volk, Nation' in Otto Brunner, Werner Conze, and Reinhart Koselleck (eds) *Geschichtliche Grundbegriffe* (Klett-Cotta Stuttgart 1992) vol 7, 141 – 431.

Manela, Erez *The Wilsonian Moment: Self-determination and the International Origins of Anticolonial Nationalism* (OUP Oxford 2007).

Morgan, Edmund Sears *Inventing the People: The Rise of Popular Sovereignty in England and America* (WW Norton New York 1988).

Peters, Anne *Das Gebietsreferendum im Völkerrecht: Seine Bedeutung im Lichte der Staatenpraxis nach 1989* (Nomos Baden-Baden 1995).

Summers, James *Peoples and International Law: How Nationalism and Self-determination Shape a Contemporary Law of Nations* (Martinus Nijhoff Publishers Leiden 2007).

Wambaugh, Sarah *A Monograph on Plebiscites* (Oxford University Press New York 1920).

Wambaugh, Sarah *Plebiscites Since the World War* (2 vols Carnegie Endowment for International Peace Washington 1933).

第二章 国际社会主要主体国家之兴衰

安东尼·卡塞斯(Antonio Cassese)

一、现代国家的兴起

49 　　国际社会呈现现代面目与国家地位的巩固，二者在时间上几乎不分先后。从 12 世纪至 16 世纪，国家在欧洲逐渐成型。兴起于英格兰、法兰西、西班牙和葡萄牙等地的现代国家主要由行使绝对政治和道德权威的中央集权机构，以及对生活在或多或少算广袤的国土上的居民之垄断武力所构成。如历史学者约瑟夫·斯特雷耶(J. R. Strayer)的概括，构成现代国家特征且同时区别于过去"粗糙整合的大帝国"和"像希腊城邦那样政治高度向心的小单元"的有如下几大点："时间连续和空间固定之政治单元的出现；永续、拟制人格机构的发展；对作出最终裁判权威的

50 必要性有共识；以及这个权威应大体上能获得其臣民的拥护。"[1]斯时，国家已垄断如下特权之行使：立法、控制军队、建立法院、征税以及诉诸集中执法机关以确保国家法律之遵守和秩序维护。当时这类国家为数不多，而世界多数地方——特别是欧洲以外——还是由本地领主统辖的数百个社群所构成。[2] 在某种程度上，

---

[1] J. R. Strayer, *On the Medieval Origins of the Modern State* (Princeton University Press Princeton 1970) at 9 - 10；关于欧洲国家的形成，还可参阅 C. Tilly, 'Reflections on the History of European State Making' in C. Tilly (ed) *The Formation of National States in Western Europe* (Princeton University Press Princeton 1975) 25 - 46; M. Merle, *Les acteurs dans les relations internationales* (Economica Paris 1986) at 30 - 31。

[2] 根据斯特雷耶的说法，"应该记住欧洲国家的结构虽不完美，但比起欧洲必须与之打交道（转下页）

这类新兴国家的权力还笼罩在两大统治者的阴影下，即帝王（以神圣罗马皇帝为首）和教皇（以天主教皇为首）。

二、主权国家与国际社会诞生之相伴相生

一直要到终结惨烈的三十年战争的《威斯特伐利亚和约》（1648 年）缔结之后，现代国家才作为国际上的主体而兴起，且国际社会才呈现出现代的面目。[3] 国家如今显现出如下共性：第一，他们都是"主权者"，因为他们不接受也无意向任何更高权威低头，即"不承认还有更高的权威"（*superiorem non recognoscentes*）；而惠顿（Wheaton）在 1836 年的用词是"彼此独立生存的分离政治社群"[4]，并且他补充51道："因独立社群不承认共同上级的存在，所以这些国家可被视为按他们的天性在生活。"[5] 1576 年，主权被学者博丹[6]（Bodin）作了概念和理论上的界定，并被霍布斯（Hobbes）确认为现代国家的主要特征（对任何人而言，主权都是国家存在的必要条件，因国家乃"虚拟的灵魂"，其就如给全身注入生命和情感"）。[7] 主权的精髓在于一种绝对的权威，其可对在属于该主权领土上生活的所有个人发布和执行命令。如意大利公共活动人士和杰出的政治家维托里奥·埃曼努尔·奥兰多（Vittorio Emanuele Orlando，1860 - 1952 年）在 1923 年所言，哲人笛卡尔（Cartesian）

（接上页）的大多数海外政治体而言，其已经要强大得多。在美洲、印度或东印度群岛以及非洲大部分地区都没有像欧洲国家这样的凝聚力与耐久力，如果说从土耳其穿过波斯并一直延伸到中国和日本的广阔地带上的亚洲帝国到 18 世纪末期时在组织上与力量上能与欧洲匹敌，那么在那之后，欧洲帝国仍在不断完善其政府机构，而亚洲帝国的组织结构已经开始走向衰弱。*On the Medieval Origins*（n 1）105.

[3] 早在 17 世纪，中央集权已由现代官僚体制在推进，后者蕴含的内阁各部制成为国家如今的核心中坚；不过人们还得等到 1791 年 5 月 25 日正式颁布法令建立各部，以按"劳动分工原则全力推进公共行政，并让部长（各部首长）同君王一道秉持行政法的精神"。G. Jellinek, 'Die Entwicklung des Ministeriums in der Konstitutionellen Monarchie（1833）' in G. Jellinek, *Ausgewählte Schriften und Reden*（O Häring Berlin 1911）vol 2, 89 - 139 at 98；亦见 W. Fischer and P. Lundgreen, 'The Recruitment and Training of Administrative and Technical Personnel' in *The Formation of National States*（n 1）475 - 527。

[4] H. Wheaton, *Elements of International Law, with a Sketch of the History of the Science*（B Fellowes Ludgate Street London 1836）vol 1, at 62；亦见 F. F. Martens, *Traité de droit international*（A. Léo trans）（Librairie Maresco Ainé Paris 1883）vol 1, at 273。

[5] *Elements of International Law*（n 4）35.

[6] J. Bodin, *Les six livres de la république*（1576）book I, ch 8.

[7] T. Hobbes, *Leviathan*（C. B. Macpherson ed）（Penguin Harmondsworth 1983）at 81.

那句著名的拉丁名言若套用于国家,应是"我令,故我在"(*iubeo, ergo sum*)。[8]

第二,尽管在国土面积、人口、经济和军事力量上常有较大不同,但国家在法律意义上一律"平等",如瓦特尔(Vattel)后来(在 1758 年)的评论:"一个侏儒和一个巨人都是人;同样,一个共和小国与最强大的君主国都是货真价实的主权国家。"[9]

第三,也是最突出的一点,各国各求其自身的政治、经济和军事利益且不同他国分享任何利益,除非为暂时的政治或军事动因考虑而结成的短期联盟需要。每个国家都是独自生存的单子单位(monad),当且仅当服务于自身利益时他们才同另一个国家发生联系。在这个意义上,哲人尼采(Nietzsche)所谓国家是"所有冰冷怪物中最冷者"(*das kälteste aller kalten Ungeheuer*)的论断不无道理。[10] 故现代大多数时期下的国际社会从来都不是一个名副其实的共同体,而只是一群各自独立且互不关联的实体,他们因某种历史原因而被强迫以一种不舒服的共存方式在一起生活。这种别扭的社会使本章作者联想起大画家埃尔·格雷考(El Greco, 1541 - 1614 年)的有些画作中的人物,或意大利人阿历山德罗·马尼亚斯(Alessandro Magnasco, 1667 - 1749 年)的画中的每一个人物都在他自身的抽象孤独中独自生存。或许他们仅有的共同关切就是打击海盗,但也仅是国家就捕获和审判海盗而让渡一般性授权,即无论其国籍,也无论以前的受害者是哪国人。在这个层面,国际社会的构成可比之为一处有不同家族定居的密集丛林区域,此地火灾频发却既未建立协调组织,也因此不必设想会有共同行动,更遑论有由公家配备灭火装置的消防局。各家居民到时运用自己的方法灭掉自家的火,而不顾正威胁其他房屋的火灾。随着时间流逝,能取得的进展也就是自发出现些慈善组织来救济老弱病残,以使之生命和财产免于火灾威胁。[11]

故在该时期,国家被视为国际社会唯一且最合适的主体也并不令人惊讶。如意大利法学家和杰出政治家特雷乔·马米亚尼(Terenzio Mamiani, 1799 - 1885年)在 1860 年所写:"国家正是共和城邦时代的完美个体(*l'individuo perfetto*

---

[8] V. E. Orlando, 'Francesco Crispi' in V. E. Orlando, *Scritti varii di diritto pubblico e scienza politica* (Giuffré Milano 1940)395 - 417 at 400.

[9] E. de Vattel, *Le droits des gens, ou principes de la loi naturelle* (Aillaud Paris 1830) vol 1, at 47 (Préliminaires para 18).

[10] F. Nietzsche, *Sämtliche Werke* (Kröner Stuttgart 1964) vol 6 (Also sprach Zarathustra), at 51.

[11] 火灾及其灭火方式的比喻,灵感源自 A. Ross, *Constitution of the United Nations: Analysis of Structure and Function* (Rinehart and Company New York 1950) at 137 - 139。

della città o repubblica universale ）."[12]

三、作为国际社会轴心的欧洲国家

早期构成国际社会的国家有多少？很少，且多数是欧洲的国家（英国、西班牙、法国、荷兰、瑞士）。欧洲之外的强大国家有印度莫卧儿帝国、土耳其奥斯曼帝国、波斯和中国。但是，欧洲国家更强大且锻造出一套行为的国际标准。起初，欧洲将自己与非基督教国家划清界限，他们对这些国家常用"野蛮的"这一说法，称自己则是"文明的"。欧洲国家有共同的宗教母体（均是基督教国家）、共同的经济模式（均是资本主义的产物）和共同的政治架构（先采专制政治，随后的世纪代之以代议制民主）。[13] 归功于经济和社会发展的早期成果，以及随后的一个强力中产阶级的形成，欧洲国家乃在数个世纪中成为国际社会的定调者。可将黑格尔（Hegel）对南欧的论断释义为，欧洲是"世界史的舞台"（*das Theater der Weltgeschichte*），且在这里，"世界精神"（*Weltgeist*）找到归宿。[14]

欧洲国家亦致力于开展强势的扩张主义，这从根本上重塑了国际关系的架构。他们形成了同外部世界的两种不同关系。对具正当地位的国家（奥斯曼帝国、波斯、泰国、中国和日本等），其关系以一种公然不平等的法律制度——"特许制"——为基础。特许是缔结一种本质上给欧洲国家不对等特惠的协议（以下为非穷尽列举：未经其领事同意不得驱逐欧洲人；有宗教礼拜和建立教堂的权利；享有贸易和通商自由；豁免特定进出口关税；不应成为被扣押的对象，尤其在破产程序中；一旦纠纷涉及欧洲人则不受当地国家法院管辖，而应提交被告或受害者国家的领事裁决）。其他名义上连法律上的国家正当地位都没有（按欧洲国家所承认的标准来衡量的）国家将仅被欧洲国家视为被征服的客体，他们后来就沦为了殖民地。

主权国家（多数为欧洲国家）还将其他国家归入表示其处于次要地位的类别，

53

---

[12] T. Mamiani, *D'un nuovo diritto Europeo* (Gerolamo Marzorati Torino 1860) at 48.

[13] 奥本海写道："现代万民法是基督教文明的产物。"L. Oppenheim, *International Law* (H. Lauterpacht ed) (6th edn Longmans London 1947) vol 1, at 45. 现代学者和政治家亦意识到这一点并很强调两种不同的国家类型。如惠顿在 1837 年就区分了"一方是土耳其和野蛮国家，另一方是欧洲和美洲的基督教国家"。*Elements of International Law* (n 4)52.

[14] G. W. F. Hegel, *Sämtliche Werke* (G. Lasson ed) (Felix Meiner Leipzig 1920) vol 8 (*Vorlesungen über die Philosophie der Weltgeschichte*), at 230.

如欧洲人说的"藩属国"和"朝贡国"。按当时流行的观点,主权国家与朝贡属国间有一种"宗主"关系(suzerainty),其中后者仅对国内事务进行有限的控制,而外交则完全托付于主权国家。[15]

最明显的是后来出现在主权国家和"被殖民民族/国家"(或简称"殖民地")之间的反差。这类名词指的是在政治和军事上被欧洲国家统治且在经济上被剥削的人们。随着时间流逝和政治环境变迁,这类国家之后变为"领地"或"受保护国",再然后是"依附国"或"托管领土"。这种名称的变化预示着这些国家对占统治地位的西方国家威权之依赖程度的降低。一个铁铮铮的事实是,从开启这个世界性共同体之日起,直至去殖民化结束(1970年代),一直存在着两类国家的划分,即那些拥有完整主权者(欧洲国家,加上美国以及后来的中国、日本、苏联等)和附属于欧洲国家者。在法律上不再对国家作"三六九"分等是当代国际共同体的一大胜利。今日对工业化和发展中国家的区分指涉的是其经济架构和产量上的区别,而非在法律地位上有何差别。

四、早期国际社会的突出特征

最初几个世纪的国际共同体之特征可概括为国家在国际舞台唱独角戏。人民和个人没有发言权,且个人仅是国家权力的统治对象,国民、外国人和海盗(所谓人类公敌[hostes humani generis])亦是如此。

在最初阶段(直至19世纪),这个世界共同体的另一重要特征是缺乏规范国际交往的法律规则。国家既没有能力也无兴趣缔结一套共同的行为标准。当时仅存在一套核心法则:见诸所缔结的条约;外交人员互派及其权利和特权;公海自由使用;俘获海盗;诉诸武力的合法情形(当保护自身利益和维护权利被承认);以及一些零星的战争规则。主要大国很满意规则为数寥寥的现状,因规则越是缺乏就留给国家越大的自由裁量权。然而,对法律保护从来很有兴趣的小国却没有能力施

---

〔15〕 惠顿提出一个不同的观点,即朝贡国和彼此有封建关系的国家仍被视为主权国家,只要主权未受这种关系影响。故一个明显的例证是欧洲主要海上列强之前向野蛮国家支付的朝贡,其丝毫未影响过欧洲国家的主权和独立。……同样地,自11世纪以来,那不勒斯王国虽一直是教皇的名义属国,但这种封建依赖如今已被废除,亦绝不能视为损害了那不勒斯王国的主权。*Elements of International Law* (n 4)64. F. F. De Martens 建议应区分主权国家和埃及、叙利亚等半主权国家(用词为 souverains、mi-souverains); *Traité de droit international* (n 4) vol 1, at 330 - 333。

加任何规则,盖因那个阶段的国际法标准要么是条约(而主要大国从未缔结过任何一个限制其特权的条约),要么是那时被当作默示协议的惯例(*pactum tacitum*)。故若主要大国反对,则国际法标准连演进的可能性都没有。更突出的是,除去战争(强国对抗强国或更小些的国家),当时连法律执行机制都不存在。[16]

这段时期的独特之处还在于,国家强调三种基本权:自保权、自卫权和干预权。[17] 此外,还应加上独立权。(马米亚尼[Mamiani]写道:"就各民族和所有国家而言,每个真正的国家都是自由的和不可侵犯的。"[18])既然这些权利被认为具有"绝对性",那么其声明甚至可归结为主张任何时候一个国家以为攻击另一个国家并侵吞其领土是有利的,则其可不受限制地使用武力。孟德斯鸠(Montesquieu)曾言简意赅地形容过那段时期的法律,他于 1746 年时写道:"国家交战所祈者,己国之荣华也。以祈荣华,故不可以不胜敌。敌不可以不胜,以不如是,国且不足以自存也。执此义与上节所云(所谓国际公法者,义本人心固有之良,以谓国与国之为交也,当其和睦,宜尽其所能为,俾人类福祉之繁植,即不幸而至于战,亦宜尽其所能为,使祸害轻减,不致过烈,所期无损战家利益而已),则一切国际公法由之立矣。"[19]

五、内患恶魔

所有民族-国家的共通点是遭遇过内战之威胁。霍布斯将主权国家和暴乱之间的紧张关系准确地描述为巨兽"利维坦"(Levitan)和魔兽"贝西摩斯"(Behemoth)的交锋;[20]两个都是兽,一个是国家象征,另一个则是康德(Kant)后来所称的"国家

---

[16] 1832 年,奥斯丁写道:"对规范主权国家行为的规则,各国彼此的体认是在用词上类比国内成文法,加之于民族或主权身上的不是源自一个有更高权力的成文命令,而是诉诸各民族间通行的言论。履行义务的执行靠道德制裁,或一旦违反被公认应遵守的公理,则主权国家的担心是可能招致普遍敌意,而民族则担心引来恶灵。"J. Austin, *The Province of Jurisprudence Determined* (W. Rumble ed) (CUP Cambridge 1995) at 147–148 and 207;亦见同上,马尼亚尼于 1860 年所写的是:"国家之上并无其他更高权力,除道德和法律的无形力量外,即全体人类共通和自然所施加的东西。"马尼亚尼此处显然是指自然法,而非成文法律。*D'un nuovo diritto Europeo* (n 12)15。

[17] 如 *Elements of International Law* (n 4)108–192。

[18] *D'un nuovo diritto Europeo* (n 12)95;亦见 *Elements of International Law* (n 4)131。

[19] C. L. Montesquieu, *De l'esprit des lois* (Flammarion Paris 1979) vol 1, at 127.

[20] *Leviathan* (n 7) and T. Hobbes, *Behemoth or the Long Parliament* (F. Tönnies ed) (2nd edn Barnes and Nobles New York 1969). 在《利维坦》(n 7)第 81 页中,霍布斯将"煽动叛乱"视为疾病,并将"内战"视为"死亡"。

体内的疾病"，[21]即内战，或试图分解国家主权架构的企图。[22] 绝非巧合的是，当国家主宰国际社会架构之时，却无任何规范内战的国际规则出现，盖一般认为这类事务应被视为纯属国内性质，所以仅以内部手段来处理（叛乱者以叛国罪处死刑或绞刑）。按国际法的国家中心论，第三国对别国内战必须保持中立。如惠顿所载，"直到革命终结，然而围绕政权展开的内战还在继续，其他国家可能仍然只能在这场斗争中做中立的看客"[23]。

六、国际社会之勃兴：国家内部架构及其三大原理的演进

欧洲国家的威权架构直到 19 世纪才有实质性改变。故在国家内部架构发生剧变和源自 17 世纪末的新政治原理兴起前，国际社会的结构大体维持着静止不变的状态。

国内变化对国际关系的第一次重大影响是法国大革命（1789 年）。对贵族的暴力驱逐、《人权宣言》中理念之昭示，以及不受传统约束而专注经济发展的新中产阶级的形成，这些都预示着法国作为国际关系的参与者亦将拥抱新的理念：国家间主权平等、作为指导领土转移概念的人民自决、禁止干预他国内部事务、禁止侵略战争或征服战争、禁奴，以及保护受压迫人民武装干预的原则。[24] 讲归讲，法国的实际行动却未见重大改变。例如，新价值观的全面实施将导致法国殖民主义和奴隶制的终结。但是，当这些原则同法国在其殖民地圣多明哥上的种植园主的利益相冲突时，法国议会在 1790 年 3 月通过决议，声明新宪法无意拥护法国殖民地的内部政府。1791 年 5 月 15 日通过的一项自由法案于同年 9 月 24 日被废除，原因是巴黎议会担心会丢失殖民地。简言之，法国大革命所提出的理念并不直接关

---

〔21〕康德将处于内战状态的国家描述为"不同于其他正常人，这是个正发病的人"。I. Kant, *Zum Ewigen Frieden* (F. Nicolovius Königsberg 1795) at 12。

〔22〕但是，对霍布斯而言，为抗击内患这个他认为真正危险的怪兽，利维坦成为现代社会无法摆脱的一个实体。

〔23〕*Elements of International Law* (n 4) 92。然而，惠顿补充道，第三国或会声援交恶一方的立场，结果是一旦宣告，"它便成为反对方的敌人，支持方的盟友"。同上，第 93 页。

〔24〕A. Cassese, 'The Diffusion of Revolutionary Ideas and the Evolution of International Law' in A. Cassese (ed) *The Human Dimension of International Law: Selected Papers* (OUP Oxford 2008) 72 – 92.

系到法国对其他国家的态度或法国如何处理其他国际问题。从长期看,这些理念乃是注定要发生转变的国际关系之发酵剂,他们慢慢改变了国家和国际社会的思潮和风貌。无独有偶,在法国大革命不久之后的1795年,康德写道:"国家并非像附着于其上的土地,它并不是一份遗产(*patrimonium*),它是人的社会,其中仅有其自身能提出命令或弃置命令。"[25]

第二是民族性原理,其由意大利政治家和法律人孟西尼(Pasquale Stanislao Mancini, 1817-1888年)提出,该原理主张民族而非国家才是国际关系的关键。按其观点,[26]一个民族若不能通过获得国格以实现完整和独立,则仍履行尸走肉,尽管无法根除,但其仅是缺乏生机的自然存在。这个原理在本质上坚信任何民族都应能组建国家,后果有二:(1)散布于多个国家的民族(如在1860年统一以前的意大利)应仅组建成一个国家;(2)包含多民族的国家(如奥斯曼帝国或奥匈帝国)应拆分,以便各民族组建独立和不同的国家。该原理确实对当时世界的权力再分布产生了可观影响,因为它使新国家的形成既有分布在不同国家内的民族的合并(如德国和意大利),又有多民族国家的拆分(如奥斯曼帝国或奥匈帝国)。是故该原理影响了部分国家的内部架构(这些国家成为真正的民族-国家),但这种发展并未影响新国家对国际社会的态度。

相对于国家的国内架构,第三项原理势必对国际关系的架构产生相当影响。这便是同时被两方宣告的自决原理:一方面为俄罗斯革命家列宁(Vladimir I. Lenin)于1916年至1917年提出,另一方面为美国总统威尔逊(Woodrow Wilson)于1917年至1918年提出。[27]这个被法国学者乔治·塞勒(George Scelle)称为"集体自由和人类进步之妙方"[28]的自决原理却遭到两位政治家很不相同的解读。

---

[25] *Zum Ewigen Frieden* (n 21)7.

[26] P. S. Mancini, *Della nazionalità come fondamento del diritto delle genti* (Eredi Botta Torino 1851); *La vita de' popoli nell'umanità* (G. Via Roma 1872); *Diritto internazionale: prelezioni. Con un saggio sul Machiavelli* (Giuseppe Marghieri Napoli 1873); *Della vocazione del nostro secolo per la riforma e la codificazione del diritto delle genti e per l'ordinamento di una giustizia internazionale* (Civelli Roma 1874).

[27] 参考文献见 A. Cassese, *Self-Determination of Peoples: A Legal Reappraisal* (CUP Cambridge 1995) at 14-23。

[28] G. Scelle, *Précis de droit des gens* (Recueil Sirey Paris 1934) vol 2, at 257.

对威尔逊来说,它意味着母国国内的民主以及有必要考虑殖民地人民的愿望和呼声;[29]而对列宁来说,自决意味着拆分多民族国家和殖民主义的终结。这是两种截然不同的观点:一种温和,且重心是内部自决(民主);另一种却激进,且主要针对外部自决议题。威尔逊的观点旨在于各国内部传播民主和自治,而列宁的主意却意在颠覆现行国家间关系。因此也就不难理解为何时任美国国务卿的兰辛(Robert Lansing)会有如下论述,即列宁的计划"因将自决原则适用到殖民地而将危及未来世界的稳定",并且他进一步指出,"无论本地自治原则有多大的正当性,保护一个有序世界的必要性使得应有一个对国境线内的社群有防御和控制主权的全国性机关的存在"[30]。

就国家的国内架构及国家对国际社会的态度来说,这两个原理对何者的影响更大些?两者都有重大作用,但都仅是就长期而言。列宁的观点最终导致了殖民主义的逐渐衰亡(1950 年代至 1970 年代);而威尔逊的自治原则亦有助于国内自决概念的传播,即由全体人民真正自由地选择政府(参见 1966 年联合国"人权两公约"的第一条)。

给国家架构和国际关系打上深刻烙印的另一激烈的国内变化是俄罗斯革命(1917 年)。这次革命给国际社会制造了一个巨大的鸿沟。尽管当时社会中的部分成员(像奥斯曼帝国、日本、波斯、暹罗和中国)有着同欧洲不一样的经济和意识形态外观,但他们实际上均从属于基督教阵营的市场经济。然而,俄罗斯革命却打破了这个大势,它所倡导的那套意识形态和政治哲学迥异于所有其他国家。在国际层面,苏联提出三大原则:(1)人民自决,主要是反殖民主义;(2)所有国家实质平等(故要废除不平等的与对小国施加苛刻经济与通商条款的条约);和(3)部分否定国际法,主要是与苏联意识形态和利益不相容的条约法。

在国内层面,这场俄罗斯革命也未在短期内斩获胜利果实(在二战后,部分东

---

[29] 1918 年 1 月 8 日,在美国国会的一次联合集会中,威尔逊总统发表了著名的"十四点和平原则"演讲,其中第五点是"所有殖民地的要求,须以开诚公道为重;在主权问题上,须严格遵守其人民应同政府有同样决定权重之原则"。W. Wilson, 'Address to Congress, Stating the War Aims and Peace Terms of the United States (Delivered in Joint Session, 8 January 1918)' in A. Shaw (ed) *State Papers and Addresses by Woodrow Wilson* (George H Doran Company New York) 464 – 472 at 468.

[30] R. Lansing, *Papers Relating to the Foreign Relations of the United States* (US Government Printing Office Washington DC 1939 – 1940) vol 2, at 247.

欧国家在苏联的压力或威胁下而选择社会主义),这与国际层面如出一辙(战后随着殖民主义的逐渐衰微以及发展中国家对国家间真正的实质性平等的日益坚持)。

七、小国约束经济和军事大国霸权的努力

19 世纪,阿根廷这个拉美国家先后有两位杰出的人物试图对大国的统治进行限制,但均遭失败。

第一次努力发生在 19 世纪中叶,发起者是阿根廷法学家和政治家卡洛斯·卡尔沃(Carlos Calvo,1822－1906 年)。[31] 当时,许多拉美国家开始在与外国人的特许契约中加入一项条款(以当时的阿根廷政治家命名的"卡尔沃条款"),该项条款规定:一旦发生有关某合同的争议,外国人须放弃向其母国寻求外交和司法保护的权利,并同意将该纠纷提交东道国法院。这条规定显然旨在限制西方资本输出国的法律和政治干预,其因牵扯西方人的契约执行权而常被其母国用来作为对拉美国家施加政治压力甚或武装干预的借口或理由。但是,这一尝试命途多舛:许多国际法庭或索偿委员会裁决认定卡尔沃条款在法律上是无效的,理由是不能单凭国家和外国人间的一纸契约就剥夺外国人的母国保护其国民的国际权利——这源自一条国际习惯法规则。因此,该条款被搁置或降级为要求在实施国际行动前用尽当地救济后才可被使用的空洞条款。

另一位人物是 20 世纪初时担任阿根廷外长的路易斯·马利亚·德拉戈(Luis Maria Drago,1859－1921 年)。当时,国家为确认权利或保障利益径可诉诸武力,若有本国国民在外国投资遭拖欠届期本息者,母国常用武力强制该国支付款项。英国、德国和意大利在 1902 年确实对委内瑞拉动用了武力,其依据是赔偿委内瑞拉在 1898 年至 1900 年的内战肆虐期间对三个欧洲国家的国民造成的损害、对委内瑞拉扣押渔船及其他商业船只的赔偿以及偿还向委内瑞拉提供的建设铁路的贷款等事项。三国在认定委内瑞拉提出的和解方案不可接受后,击沉三艘委籍船只,对卡贝略港(Puerto Cabello)进行了轰炸,并在该国港口实施海上封锁。委内瑞拉

---

[31] 该原理见 C. Calvos, *Derecho internacional teórico y práctico de Europa y América* (2 vols Amyot Durand et Pedone-Lauriel Paris 1868)。

最后屈服了。然而,同年 12 月 29 日,德拉戈代表阿根廷政府向美国国务院发出一份外交照会,其中指出欧洲的武装干预同门罗主义相抵触而不具正当性,盖因"以军事手段收回贷款要求占领领土才能有效,而占领乃是对当地政府施加的一种镇压或服从"[32]。1903 年 2 月 17 日,美国国务卿约翰·海伊(John M. Hay)在外交照会中冷淡以对,其基本上否定了德拉戈的主张并支持欧洲国家。此后数年,该原则一直湮没无闻。然而,到了 1907 年的海牙和平会议期间,德拉戈重提旧话,美国代表霍拉斯·波特(Horace Porter)却将之缩水为"敦促和会通过一项公约以允许使用武力,但仅当债务国不接受国际仲裁或未执行裁决时才允许"。很显然,没有一个欧洲国家批准这项公约,其传递的讯息是即便是该原则的压缩版,欧洲国家亦无意以之限制自己的权力。

于是,约束大国霸权的最初努力就这样以失败而告终。

八、主权国家的逐渐自我限制

如前所述,直至 19 世纪,国际法构建了一套核心法律准则,它给国家的外交事务行为赋予极大空间,且实质性地对国际互动中的多数事务施以限制。然而,至 19 世纪末,国家已意识到至少在国际关系的主要方面有必要制定详尽的规范,且他们为实现这个意图启动了成文法程序。这个过程堪称两条腿走路:一方面,起草主要事务领域的部分规则或推动集体性条约的缔结;另一方面,恳求国际法庭和仲裁庭因势利导地为厘清和发展习惯法做出贡献。

首先,各国召开国际外交会议。这么做的目的是在适用于所有参加国的部分规则上形成国家合意,其中需要大量法律规范的主要议题就是战争。1874 年,布鲁塞尔战争法会议(15 国参加,欧洲列强和土耳其参加,但不包括中国、日本和美国)以失败告终,因此最终文本并未成为有约束力的条约。然而,1899 年的海牙和会(27 国参加,包括欧洲列强、中国、伊朗、日本、墨西哥、泰国、土耳其和美国)却很成功,不仅就战争,还就争端和平解决提出了各国认许的范本。稍后的 1907 年的

---

[32] 参阅文本 L. M. Drago, 'Argentine Republic: Ministry of Foreign Relations and Worship' (1907) 1 *American Journal of International Law Supplement* 1 - 6。

第二次海牙和会（44 国参加，除 1899 年和会的全体与会国外，还包括阿根廷、玻利维亚、巴西、智利、哥伦比亚、古巴、多米尼加、厄瓜多尔、萨尔瓦多、危地马拉、海地、尼加拉瓜、巴拿马、巴拉圭、乌拉圭、委内瑞拉），会上修正和改善了前述条约并拓宽了前述条约的范围。

还应补充的是，现行习惯法法典化或提出新规则的主要动力来自于一家学术机构，它在 19 世纪至 20 世纪初的成文化方面做出了不可磨灭的贡献，该机构就是国际法学会（Institut de droit international，1873 年创建于比利时根特），其对亟待规范的关键事项均提出重要决议案。是故战争和中立性方面的一个或多个问题几乎每年都会被涉及，其中以 1880 年的牛津年会为高峰，斯时学会采纳了著名的《牛津陆战手册》。其他事项包括国际仲裁程序（1875 年和 1879 年）、外国人入境和驱逐出境（1888 年和 1892 年）、国家豁免（1891 年）、引渡（1892 年和 1894 年）、领海（1894 年）、外交豁免（1895 年）、领事豁免（1896 年）、国家在内战中对外国人损害赔偿的国家责任（1900 年），以及发生叛乱国家对现任政府的权利和义务（1900年）。宛如接力一般次第涌现的这些决议都提出了新的想法或提出了对现有原则或规则的建设性和前瞻性的解释，其旨在敦促各国至少去厘清和更新法律，但更经常的是弥补现行法的漏洞和空白。

补缺的另一大贡献来自判例法。在这方面，有五大判例与国际法发展干系重大，他们分别是阿拉巴马仲裁案（Alabama Arbitration，1872 年）、蒂诺科仲裁案（Tinoco，1923）、"莲花号"案（Locus，1927 年）、帕尔马斯岛仲裁案（Island of Palmas，1928 年）和瑙里拉堡仲裁案（Naulilaa，1928 年）。上述各案的仲裁员或厘清了现行原则，或用大篇幅勾勒了之前从未提过的规则或原则以逐渐发展新法。在阿拉巴马仲裁案中，美国对英国提出了一连串的损害求偿，因后者在美国内战期间（1861—1865 年）违反中立原则对邦联给予了援助。[33] 1872 年，仲裁庭支持美国诉请，其适用的正是仲裁条约内有关中立的三原则并阐述了中立法。[34] 蒂诺科案（哥斯达黎加诉英国）的重要性是因为其仲裁员（美国时任国务卿威廉·霍华德·

〔33〕 J. B. Moore, *History and Digest of the International Arbitrations to Which the United States Has Been a Party* (US Government Printing Office Washington DC 1898) vol 1,495 – 682.
〔34〕 A. Cook, *The Alabama Claims* (Cornell University Press Ithaca NY 1975).

塔夫特 [Williams H. Taft]) 厘清了政府身份和连续性以及政府承认价值的法律。[35]
"莲花号"案 (法国诉土耳其) 对主权概念做出重要贡献并拓宽了国家刑事管辖权。[36] 在帕尔马斯岛案 (美国诉荷兰) 中,法官马克思·胡伯 (Max Huber) 对位于荷属东印度的一个无甚价值小岛之主权作出了裁决。争议问题是一片领土是否属于第一个发现者,即便他从未行使过权力,又或者国家从未实际行使过主权。该裁决对确定领土主权之概念、性质和内容,以及对获得主权的方式有重大贡献。[37] 最后是瑙里拉堡案 (葡萄牙诉德国) 确定了和平时期可合法诉诸武力报复所须具备的条件。[38]

九、国家设立管理共同利益之集体组织的尝试

如前所述,主权国家虽是无视集体需要、不顾普世价值,并且热切追逐自身利益的单子单位 (monads),但为保护其共同利益,主权国家还是进行了设立某种形式的集体安排的尝试。相关努力前后有四次。多数以失败告终,或至少收效甚微。

设计这种集体体制的第一次行动体现在国际社会初现雏形时的 1648 年的《威斯特伐利亚和约》的诸条款之中,其旨在约束主权国家的权力及法律执行。《明斯特条约》(Münster) 第 123 条规定,面对威胁和平或其他严重违反本法之情形,受害国不得诉诸战争,而应"规劝侵害国不要走向敌对,并递交事由以期友好解决或诉诸普通正义程序"。《明斯特条约》第 124 条构思出一个冷却期,以三年为限。若届时仍未达成和解,受害国有权发动战争,而所有其他成员国以武力助之。此外,按该条约第 3 条,国家有义务不向侵害国施予军事援助,亦不能让其军队过境或在其领土内停留。简言之,这种"集体安全体制"有三大关键要素,按现代话语界定如

〔35〕 *Tinoco Arbitration* (*Great Britain v Costa Rica*) (1923)1 Rep Intl Arbitral Awards 369.

〔36〕 *The Case of the SS 'Lotus'* (*France v Turkey*) PC IJ Rep Series A No 10.

〔37〕 *Island of Palmas Case* (*Netherlands v United States of America*) 2 Rep Intl Arbitral Awards 831.

〔38〕 *Responsabilité de l'Allemagne à raison des dommages causés dans les colonies portugaises du Sud de l'Afrique* (Germany v Portugal) 2 Rep Intl Arbitral Awards 1019. 特别仲裁庭厘定了报复的五大原则:第一,其行为通常被视为非法,但系因国际救济缺失的事实而合法;第二,须受"考虑了人性 (*les expériences de l'humanité*) 和国家间关系的公序良俗规则"之限制;第三,不得逾界,虽不必与加害程度严格成比例;第四,程序上须已就和平解决争端提出过诉求 (且在要求"给予回复但仍无果后");第五,旨在寻求"对加害国侵犯的赔偿、回归合法状态,以及避免新的加害"。

下：(1)使用武力一律禁止；(2)禁止个别自卫,除非等待一个较长期间届满后；(3)在集体自卫中,所有国家支持不法行为受害国的义务。

这项机制与后来的国际联盟(1919年建立)极为相似,只是时间更早且与出现在国际舞台上的主权国家的真实利益多有龃龉。因此,其从未付诸实施,且在现今仍是一大幻想,这是不言而喻的。

1815年,欧洲协约国在打败法国的拿破仑后开启的第二次尝试因更贴近现实,从而在某种意义上来说失败程度更低一些。此前,拿破仑已动摇了那些根深蒂固的原则和扰乱了现行秩序。战胜国深感有必要保护欧洲君主国之利益免于革命火种的威胁。因此,他们设计了一套制度以能对当时如火如荼开展的消解贵族特权和废除旧制度行动的新兴力量设置障碍。这套体现于1815年所缔结的一系列条约中的新机制端赖于三大要素:宣示原则、军事同盟和解决政治问题的新程序。宣示原则体现在1815年9月26日缔结的《巴黎和约》中,由奥地利、俄罗斯和普鲁士组成的神圣同盟发起,所有欧洲国家(除英格兰、教皇国和奥斯曼帝国外)均予认同。[39] 宣示所主张的是所有国家均以基督教义为行为准则且视己为同一"基督教家庭"。[40]

军事同盟(奥地利、普鲁士、俄罗斯、英格兰和后来的法国都有参加)构思出一种集体安全体制,其旨在遏制或消解波拿巴主义(Bonapartism)在欧洲的复辟以及可能推翻欧洲君主制的任何革命运动。在1820年条约中规定了如下措施:[41] (1)爆发革命的国家不再是欧洲协约国成员；(2)通过革命而组建的新政府不被承认；(3)直接相关国家或神圣同盟将出动军队干预以镇压革命。这种镇压式体制在实践中颇为有效:1821年,奥地利军队被送往那不勒斯和都灵以镇压自由派叛乱者；1823年,法国军队被派往西班牙,同样是遏制一起自由独立运动。

欧洲协防的第三个要素是政治争议解决的新程序。简言之,它设想所有相关

64

---

[39] Holy Alliance between Austria, Prussia, and Russia (签订于1815年9月11日)(1815 – 1816)65 CTS 199。

[40] 前述条约所定诸原则,详阅 *D'un nuovo diritto europeo* (n 12)275 – 276。作者反对将之作为"新欧洲法"框架内的那套民主原则。同上,第277—279页。

[41] 'Troppau Protocol'(签订于1820年11月19日)in *Fontes Historiae Iuris Gentium* (W. G. Grewe ed)(de Gruyter Berlin 1988 – 1995)vol 3(1), at 110 – 112。

主权国家碰头来谈论政治事宜并尽力处理它。因此,以定期峰会为基础的多边外交第一次被提出并付诸实施。

因以主要大国的共同利益为基础,所以这套体制颇具现实性。然而,这一机制实在很短命,盖因民族主义运动在此后的数年间在欧洲风起云涌,君主制亦得对其屈服并实践其理念。故权力均衡的传统政策很快取代了1815年开启的集体安全制度。

相反地,向理想主义原则的回归催生出国际联盟于1919年的建立,其可以作为对惨烈的第一次世界大战的回应。不同于欧洲协约,国际联盟志在全世界:其有42个初始会员国,包括5个英国自治领(印度、新西兰、加拿大、澳大利亚和南非)。国际联盟的主要架构颇类似于威斯特伐利亚之争端处理:(1)不得诉诸战争(除了在少数情形中);(2)尽管如此,三个月的冷却期后诉诸战争可被允许;和(3)若争端提交国联理事会、国际常设法院或仲裁院,仅当其裁决作出三个月后才可发动战争。这套体制的问题丛生:第一,对非战期间诉诸武力未一律禁止;第二,未一概禁止战争,而是仅设置冷却期;第三,对破坏公约所载禁止性规定的行为未有恰当的集体性制度以执行法律,而是仅规定所有成员国须向受害国提供援助,但未见国际联盟提出任何集体行动的设想。故这套体制因太脱离现实而未获成功。其未过几年便以失败而收场也是在意料之中。

距今最近的第四次尝试是依1945年的《联合国宪章》而建立的集体安全制度。其架构包括禁止使用武力、开展集体执法行动的安全理事会,以及遭遇武装袭击之个别或集体自卫权。这套体制既有现实性(安理会五大常任理事国有否决权与自卫权),又有高尚——可能太过有雄心壮志——的梦想(如由成员国出兵并由军事委员会指挥的联合国军队)。但是,主权并未被剥离,只是略受限制。这正展现了这套安全体制堪称相对失败之处。总的来说,我们再回到密集丛林区可能起火的隐喻,所有这四种情形都未组建消防局或将任何消防装置收归集体使用。该地区居民仅试图(或已)组建某种"火灾理事会",其专责确定何时有灭火之必要并建议或授权本社群的一位或数位成员前往灭火,而完全不顾是否有必要通过本地区某居民的土地。综上,主权仍是实现国际社会真正进步的主要障碍。

十、从现代国际社会中逐渐庶出的国家

在国际社会发轫之时乃至随后的数个世纪里,主权国家一直是该社会的领主和绝对的主角。民族-国家的出现乃是现代国际社会发展中的一个基本阶段。国家的优点很多。在国内层面,他们有点像凝聚社群的黏合剂,且他们通过集中垄断武力以及维护最低限度的法律和秩序,以避免过度的暴力扰乱社会交往。在国际层面,国家已构成对话者,其对本国国民的行为负责并处理与其他国际主体的关系。此外,国家使全世界各种人类栖息地在国际场合都有被代表的可能。通过提供国际交易的一般法律框架和所有国际实体的共存,国家对国际主体事实上的不平等和异质性也在尽力提供某种救济。[42]但是,这种不受限的权力在 20 世纪初开始瓦解,国家也日益在当今国际社会中失去中心和主导地位。其权势逐渐但不可阻挡地式微主要源于国际舞台上的新主体之缓慢登场。

首个登场的非国家主体是国家自己的创造物,即政府间组织。他们系代表成员国履行专职的有组织实体。开始的一批政府间组织全是技术类的:1875 年的万国邮政联盟、1883 年的保护工业知识产权组织、1905 年的国际农业协会以及各种河流委员会(如莱茵河、多瑙河等)。他们仅是共同执行那些本应由他们各自承担的行动的集体性工具。是故他们仅被当作所有成员国的一个共同机关,从而被剥除了国际法律人格。一战后建立了两个重要的国际组织:国际联盟和国际劳动组织(都建立于 1919 年)。尽管在政治上很重要,但成员国仍不把他们当作在架构上独立存在或在作用上自主于成员国的实体。仅在二战后,随着联合国的建立和各类政府间组织(如欧洲委员会、美洲国家组织、阿拉伯联盟、非洲统一组织、北大西洋公约组织和联合国的各专门机构)的勃兴,以及按国际法院在"伤害索偿案"(Reparation for injuries,1949 年)中的咨询意见,[43]政府间组织才逐渐占据舞台中心并被视为是享有不同于成员国的权利义务的自主性实体——换言之,即国际法律主体。

---

[42] 就最后这三点,参阅 *Les acteurs dans les relations internationales*(n 1)58 - 61。

[43] *Reparation for Injuries Suffered in the Service of the United Nations*(Advisory Opinion)[1949] ICJ Rep 174.

毫无疑问,从形式上说,所有这类组织皆可通过法令来消解,即通过所有成员国的一项条约或一项决议来废除创建的条约。但是,事实上,就像其他各层级的政治和官僚机构那样,一旦投入运转,这些组织便自会巩固其权力。对自治权逐渐增长的一个有利因素是这些组织依赖于一定数量的在政治上既非同质又不团结的成员国之同意。得益于成员国之间的分立和冲突,国际组织得以取得原本超出其控制的力量和效果。随之而来的是即便最强势的成员国亦不能对这些组织施以决定性影响或让该组织偏离多数成员所同意的方向。尽管形式上要依赖于国家,但大国面对的是得以超越单个成员国来行使权力的机构。

当这些组织被成员国赋予了实质上意味着转移主权的某些方面的权力时,他们这种事实上的权力就会扩大。这尤适用于欧洲联盟,一个在某些特定领域被赋予强大的经济权力(即作出有约束力决定的权力)以及在某些领域享有立法权之组织。此处对主权的侵蚀堪称迈出了一大步,且可能导致一个替代主权权力之实体的演进,至少在一定数量的区域内将会如此。

另一类在一定程度上限制国家权力的实体是作为集体的人民。但是,为防止人民替代国家或是在国际舞台掌握话语权,国家在此的态度极其审慎。仅有三类人民被允准为对话者:(1)殖民地人民;(2)被叛军占领或被外国统治且被某组织(如全国解放运动)代表的人民;和(3)被极端歧视且被政府(包括被赋权的代表性组织)拒之门外的人民。构成种族、宗教群体或少数族裔的人民被一般性地拒之于国际大家庭门外。此外,生活在主权国家内的人民被授予某种形式的自决权,如可自由且和平地选择代议政府,但其并未被授予推翻政府或退出的权利。对这些显而易见的限制,应补充的是,有组织的人民之兴起乃是一个特定时期的特定现象,它伴随着殖民主义的衰亡而产生(第一次解放运动是1954年的阿尔及利亚的民族解放阵线;到1980年代,几乎所有的解放运动都消失了)。再者,前述的人民之抗争旨在建立新的主权国家,而非创设约束国家权势的权力中心。因此,人民对主权国家的影响在时间上和空间上均有限。

更强大和不容置疑的持久影响来自个人作为参与者在国际舞台上的出现。几个世纪以来,个人从不曾在国际舞台上亮相。在二战后,得益于两股不同但并进的发展势头,个人堪称闪亮登场。其一是国际社会意识到在战争中犯下滔天大罪的正是个人,因而代表国家行动的个人(或同国家一道)必须移交审判并接受惩罚(是故纽伦堡国际军事法庭的立场值得嘉许,即国际法亦涉及个人的行为,若其行为严重违反国际法而构成国际犯罪,则是个人而非其代表的国家应承担责任)。[44] 第二个发展势头肇始于人权原理的传播(受战争的残酷性和美国总统罗斯福于1941年所作的著名的"四大自由"谈话之推动),该原理明白无误地指出个人有权主张对其人权的尊重,是故他们可以就其人权被侵犯而质疑本国政府和外国政府。这连同其他原则一起,使得国家不再能合法地主张对其官员的国际犯罪追诉的豁免(这对国家主权显系侵袭),及应针对其按国内法令对国民或外国人实施的行为而接受国际组织的质疑(另一对国家权势的主要侵蚀)。简言之,国家再不能随心所欲地对待其国民,而须尊重其基本人权,甚至能被要求就其不当行为在国际场合作出说明。

　　另一限制国家权力的发展是主权国家内部叛乱的层出不穷。当然,这个现象以前也有。但是,新鲜之处是种族团体、少数族裔或政治组织拿起武器以对抗中央权威,并鼓励叛乱甚或退出。这股趋势的兴起同很多非洲和亚洲国家的格局有很大关系,因其国境线往往是殖民强权任意划定的结果,从而未充分尊重部落、团体、族裔、宗教等因素。其兴起亦同冷战结束及两大阵营国家的消解有关,这导致这个星球上的武力和权威的一时失序和失控。新鲜之处还包括在久拖无果的内战中,叛乱者通常建立起类似国家的架构,其有正常运转的行政机关和法院,并对政府军甚至己方的犯罪作出裁决。[45]

　　一个全新的现象是在主权国家领土上或外国交战国占领的领土上形成了非国家政治实体(并非叛乱)——黎巴嫩的真主党或加沙的哈马斯堪称适例。这种发展是国家(或巴勒斯坦这类被承认的实体)的实际控制力有不逮的结果,并且其反过来进一步弱化了国家(或被承认的权威)的中央机构。这是个危险的现象,因其彰

---

[44] 仲裁庭声明如下:"被申请人的观点是国际法上涉及主权国家的行为,对个人并未规定惩罚;再者,一旦存疑行为系国家行为,执行该行为的个人无须负责,而受国家主权原则的保护。按本仲裁庭观点,这些论点实在站不住脚……个人因其违反国际法应受惩罚。违反国际法之罪行均是人犯下的,而非抽象的实体所犯;只有惩罚具体实施该罪行的个人,国际法的规定才得以被执行。"*Trial of the Major War Criminals before the International Military Tribunal* (Nuremberg 1947) vol 1, at 222 -223.

[45] S. Sivakumaran, 'Courts of Armed Opposition Groups: Fair Trials or Summary Justice?' (2009) 7 *Journal of International Criminal Justice* 489 - 513.

显了国际社会的进一步分裂。

最后，极大牵制国家行为的一股新力量是公众言论，这尤其体现在民主国家。在过去，它的作用尚不明显，而在当下，媒体可以起到震慑作用，也可以起到指出主权国家严重违反法律的作用。早在 1931 年，布莱尔利（James Leslie Brierly）就强调过公众言论在国际关系制裁中的重要性，他指出：

> 从内在看，公众言论在国际场合所起的效果往往不如国内那般有力。然而，在某种程度上，国际言论却是更有效的国际法律制裁保障。作为违法者的个人虽经常妄图掩人耳目，而一个国家应知道，凡违反国际法的国家定会背负骂名，甚至臭名昭著。这种反差使得组成国家的个人对仅仅是表达不满的，以及无关皮肉痛苦和刑罚的批评往往漠不关心，但国家却对非法行动的指控异常敏感。[46]

十一、结论

69　　主权国家从一开始就是国际社会的主心骨，他们一直在国际舞台上唱主角。国家与国际社会的关系堪称唇亡齿寒。尽管如此，国家的分化却一直在继续，其行动在本质上以自利为基础。但是，为了生存和繁荣，他们也需要同其他国家展开社交互动。克里夫·佩里（Clive Parry）正确地指出了"单个国家权力和无力并存"之悖论。[47] 在其境之内，对所有生活于此的人类而言，国家在名义上是全能的，但超出国境后，其对他国则相对无能为力——除非它预图征服和吞并其领土。但是，国家的"社交性"迄今未结出适合国际社会的硕果，即格劳秀斯梦想的"人类共同

〔46〕 J. L. Brierly, 'Sanctions' in J. L. Brierly, *The Basis of Obligation in International Law and Other Papers* (H. Lauterpacht and C. H. M. Waldock eds) (Clarendon Press Oxford 1958)201 – 211 at 203.

〔47〕 C. Parry, 'The Function of Law in the International Community' in T. Sørensen (ed) *Manual of Public International Law* (Macmillan London 1968)5 – 6.

体"(*societas generis humani*)〔48〕,或意大利作家特雷乔·马米亚尼追随格劳秀斯之梦想而提出的"大同的人类城市"(*la gran città universale del genere umano*)。〔49〕 回到火灾及灭火的比喻,国际社会的消防队迄今都未建立,遑论所有成员共有的灭火设备。每个主权国家仍在继续追逐自己的利益,尽管现在相比过去得更多地考虑其他主体的压力、激励和劝诫。〔50〕 1929 年,西格蒙德·弗洛伊德(Sigmund Freud)论及人类的进步时曾说过:"共同体的力量代替单一个人的力量,这标志着人类朝着文明迈出了决定性的一步。"〔51〕我们的疑惑是这一步在国际社会中将何时迈出,即单个国家的权威将何时为共同体的权威所替代。

推荐阅读

Antonowicz, Lech 'Definition of State in International Law Doctrine' (1966 - 1967) 1 *Polish Yearbook of International Law* 195 - 207.

Arangio-Ruiz, Gaetano 'L'état dans le sens du droit des gens et la notion du droit international' (1976) 26 *Österreichische Zeitschrift für öffentliches Recht* 3 - 63 and 265 - 406.

Cassese, Antonio *International Law in a Divided World* (Clarendon Press Oxford 1986).

Cassese, Antonio *International Law* (2nd edn OUP Oxford 2004).

Crawford, James *The Creation of States in International Law* (2nd edn Clarendon Press Oxford 2006).

Detter Delupis, Ingrid *International Law and the Independent State* (2nd edn Aldershot Gower 1987).

Doehring, Karl 'State' in R. Bernhardt (ed) *The Max Planck Encyclopedia of Public International Law* (North-Holland Elsevier 2000) vol 4, 600 - 605.

Grant, Thomas D. *The Recognition of States: Law and Practice in Debate and Evolution* (Praeger Westport 1999).

---

〔48〕 H. Grotius, *De jure belli ac pacis libri tres* (Nicolaus Byon Paris 1625) at 439 (book II, ch XX, s XLIV)该书格劳秀斯自陈引自西塞罗。更多阐述请参阅 Grotius, *Mare liberum* (Ex Offi cina Elzeviriana Leiden 1633) in the 'Introduction' and at 2 (ch i) and 74 (ch XII)。

〔49〕 *D'un nuovo diritto Europeo* (n 12) 10.

〔50〕 A. Cassese, 'Soliloquy' in A. Cassese, *The Human Dimension of International Law: Selected Papers* (OUP Oxford 2008) lviv-lxxxi at lxxvi-lxxx; L. Condorelli and A. Cassese, 'Is Leviathan Still Holding Sway over International Dealings?' in A. Cassese (ed) *Realizing Utopia: The Future of International Law* (OUP Oxford 2012) 14 - 25.

〔51〕 S. Freud, 'Das Unbehagen in der Kultur' in S. Freud, *Das Unbewusste: Schriften zur Psychoanalyse* (A. Mitscherlich ed) (Fischer Frankfurt aM 1969) 386 - 387.

Hinsley, Francis H. *Sovereignty* (2nd edn CUP Cambridge 1986).

Maiolo, Francesco *Medieval Sovereignty: Marsilius of Padua and Bartolus of Saxoferrato* (Eburon Academic Publishers Delft 2007).

Merle, Marcel *Les acteurs dans les relations internationales* (Economica Paris 1986) at 30 - 31.

Societé française pour le droit international *L'état souverain à l'aube du XXIème siècle* (Pedone Paris 1994).

Strayer, Joseph R. *On the Medieval Origins of the Modern State* (Princeton University Press Princeton 1970).

Tilly, Charles (ed) *The Formation of National States in Western Europe* (Princeton University Press Princeton 1975).

Vitzthum, Wolfgang G. *Der Staat der Staatengemeinschaft: Zur internationalen Verfl echtung als Wirkungsbedingung moderner Staatlichkeit* (Schöningh Paderborn 2006).

Warbrick, Colin 'States and Recognition in International Law' in Malcolm Evans (ed) *International Law* (2nd edn OUP Oxford 2006).

第三章　和平条约与国际法的形成

兰德尔·乐斯福(Randall Lesaffer)

一、引言

从欧洲古典时期前的古代以来,和平条约一直是终结战争和国际社会政治与 　71

法律组织加以运用的重要工具。和平条约对 1500 年代至 1920 年代的欧洲和西方

世界尤为重要。以和平条约收场的战争的相对比例从 16 世纪的少于一半稳步增

长至 20 世纪初的接近 90%。[1] 和平条约对欧洲古典万民法(1500—1815 年)和

西欧现代国际法(1815—1920 年)的形成居功至伟。历史学家早就承认从《威斯特

伐利亚和约》(1648 年)至《凡尔赛和约》(1919 年)的条约群乃是欧洲国际建制的基

石。这些和平条约建构了国际秩序的基础性原则,包括宗教中立、国家维持和平

与稳定的共同责任,以及大国特殊责任及其权力均衡。[2] 同时,和平条约亦是国 72

际法学科两大基础性具体分支,即条约法和战后正义法(*ius post bellum*)的重要

法源。就和平条约在这两大领域对国际法的贡献而言,学者的关注太少。尤其

是后者对研习国际法和理解其对人民生活的影响尤为重要。接续武力使用法

(*ius ad bellum*)和历史上称为"战争与和平法"(*ius belli ac pacis*)的战争法(*ius in*

---

[1] Q. Wright, *A Study of War* (5 vols Chicago University Press Chicago 1942); Q. Wright, 'How
Hostilities Have Ended: Peace Treaties and Alternatives' (1970) 392 *Annals of the American
Academy of Political and Social Science* 51 - 61.

[2] A. Osiander, *The States System of Europe*, *1640 - 1990*: *Peacemaking and the Conditions of
International Stability* (OUP Oxford 1994).

bello)，战后正义法构成第三个逻辑部分。[3] 从 16 世纪至 20 世纪，终结战争与恢复和平的大部分法则载于和平条约之中。

二、古典时期和中世纪时期的和平条约

罗马时代拟定和平条约的做法与习惯延续了希腊之方式，而后者又承接了中东前古典文明的做法。于是，古代和平条约显示出一种惊人的连续性。[4]

贯穿整个古代，和平条约主要是口头协议。其约束力的构成要素是条约盟友间的誓约。通常这种誓约会请天神来作证及担当条约的担保人。在前古典时代，已经有不少由大使磋商，事后经统治者批准的条例之例证。罗马人已经区分了条约（foedera）和议定书（sponsiones）。"条约"是罗马人全体自我约束的传统条约形式。其最初的程序是举行一场庄严的仪式，由罗马祭司向罗马万神中的至高神朱庇特宣誓条约。祭司只有在元老院作出明确的裁定后才施以行动。后来，执政官取代了祭司，最终则演变为由皇帝来担当此任。"议定书"是执掌某一领域之罗马执政官们发起缔结的一种协议。该协议须经元老院和罗马民众批准。罗马人保留不批准此协议的权利，并以之作为罗马人对制定议定书的执政官让渡权利的条件。在古代，和平条约通常镌刻于石柱或竹简上。这种记录本身并非条约文本的一部分，而旨在作为条约文本的证据和将其公示周知的途径。主要受希腊人的影响，罗马人亦发展了信守条约的概念（πιστιϛ，fides），并使之成为让条约有约束力和严格遵守条约之基础的既定名词。

古代人已经区分了和平条约和休战协议。希腊的和平条约几乎都是为了限定时间。罗马人则保留了"和平"（pax）一词以表示区别于战时的整个和平时期。和

---

[3] Cicero (106－43 BC) *Pro Balbo* 6.15.

[4] C. Baldus, 'Vestigia pacis. The Roman Peace Treaty: Structure or Event?' in R. Lesaffer (ed) *Peace Treaties and International Law in European History: From the Late Middle Ages to World War One* (CUP Cambridge 2004) 103－146; D. J. Bederman, *International Law in Antiquity* (CUP Cambridge 2001) 137－206; H. Bengtson, *Die Staatsverträge des griechisch-römischen Welt von 700 bis 338 v. Chr* (*Die Staatsverträge des Altertums*) (CH Beck Munich 1962) vol 2; H. H. Schmitt, *Die Verträge der griechisch-römischen Welt von 338 bis 200 v. Chr* (*Die Staatsverträge des Altertums*) (CH Beck Munich 1969) vol 3; K. H. Ziegler, 'Conclusion and Publication of International Treaties in Antiquity' (1995)29 *Israel Law Review* 233－249; K. H. Ziegler, 'Friedensverträge im römischen Altertum' (1989)27 *Archiv des Völkerrechts* 45－62.

平条约被称为 *foedus pacis*。[5] 休战协议则用 *Indutiae* 表示。直到公元前 3 世纪早期，罗马人对限定时间的和平条约使用 *Indutiae* 来表示，从而能恢复很长时间的和平。此后，*Indutiae* 这个词用来指停止敌对而非终结战争或恢复和平之条约。[6] 罗马法教授阿库修斯（Accursius）（卒于 1263 年）还区分了 *Indutiae* 和 *treugae*。阿库修斯认为前者系仅停止战时敌对的休战协定，后者系临时终止战争和临时恢复和平之休战协定。[7]

古代的和平条约篇幅甚短，且其条款在希腊和罗马时期被标准化了。后来在（早期）现代和平条约中可见的三大类条款在古代和平条约中已有区分：第一类是处理战争基础性议题的条款；第二类是终结战争状态的条款，这是面向过去的；第三类是恢复和保卫国家和平的条款，这是面向未来的。恰如早期的现代和平条约，古代条约也常常包括对战争囚犯的规定。此时应提到罗马时期的复境权（*ius postliminii*），即罗马公民因被敌人俘虏而丧失的公民权和所有财产，待其回到罗马后就应复得。希腊人引入了全面和平条约，其不仅涉及实际的交战人员，还扩展至第三方。这些条约包含了所有相关列强共同反对违反条约者之规定。

西罗马帝国灭亡后（公元 476 年），罗马缔造和平的实践并未随之消亡。它贯穿于整个中世纪早期，体现于拜占庭帝国、日耳曼后继者和伊斯兰世界的实践中。[8] 在整个中世纪，宣誓批准仍是条约具有约束力的基石。在讲拉丁语的天主教世界（Latin West），宣誓在教堂福音、朝拜十字架、圣祭或圣髑等仪式中举行。按教会法，违背承诺是一种罪行，故条约的执行属于教会法庭的管辖范围。经宣誓批准的条约更是如此，盖因虚誓被视为更严重的罪行。[9] 在 15 世纪和 16 世纪，君主

〔5〕Isidorus of Seville（c560－636）*Etymologiae*5. 6.

〔6〕Aulus Gellius（2nd century BC）*Noctes Atticae* 1. 25. 4：'neque pax est indutiae — bellum enim manet, pugna cessat.'（"停战不是和平，因为战争的状态仍在持续；战争停止"，由本章作者译为英文。）；K. H. Ziegler, 'Kriegsverträge im antiken römischen Recht'（1985）100 *Savigny Zeitschrift für Rechtsgeschichte Romanistische Abteilung* 40－90.

〔7〕*Glossa Paciscuntur* ad D. 2. 14. 5：'ut treugas, quae sunt in longum tempus. Item inducias, quae sunt in breve'（"停战［truces］是长期的，休战［armistices］是短期的"）and *Glossa Lacessant* ad 49. 15. 19. 1：'... Sed treugae in longum, et dicuntur foedera.'（"但停战是长期的，且他们被称为停战条约"。）亦见 *Glossa Foederati* ad D. 49. 15. 7.

〔8〕B. Paradisi, 'L'organisation de la paix au IVe et Ve siècles' in B. Paradisi *Civitas maxima. Studi di storia del diritto internazionale*（Olschki Florence 1974）vol 1, 236－295.

〔9〕Decretal *Novit Ille* by Innocent III（1198－1216）in Liber Extra（1234）X. 2. 1. 13.

通常会明确表示其接受教会法庭或教皇之管辖，包括接受最高至逐出教会的制裁。[10] 在某些和平条约中，君主会声明放弃宣告誓言无效及请求教皇豁免其誓言的可能性。[11]

罗马法和教会法领域博学的普通法学者对 11 世纪末以降的缔造和平原理之发展助益甚大。当时的战争与和平法并未单列出来，也谈不上自成体系。罗马法和教会法的学者们往往在一般性著作中的适当之处评论战争与和平议题。仅到 14 世纪和 15 世纪，关于战争与和平的专著才出现。专论和平条约的文献就更少，往往是同时论述战争与和平两大主题。[12] 罗马皇帝优士丁尼(527—565 年)时代的《罗马法汇纂》仅收录了零星的罗马和平条约实践。最相关处是《学说汇纂》第 D. 49. 15 节，其提示区分条约(*foedera*)与休战协议(*indutiae*)及关于复境权问题，该节题为"俘虏赎回及其复境权"(*De captivis et postliminio et redemptis ab hostibus*)。是故要了解整个中世纪保留了多少罗马时期和平条约的实践，罗马法的作用有限，但《学说汇纂》中提到允许平民就这类议题进行详细阐释。收录在《优士丁尼法典》中的腓特烈一世巴巴罗萨(Frederick I Barbarossa, 1158—1191 年)和伦巴第(Lombard)联盟于 1183 年缔结的条约引出了一些关于和平条约的著作。[13] 但是，迄今为止，中世纪罗马法专家(civilians)对和平缔造法则最重要的贡献是罗马私法在和平条约中的适用。在当时看来，这并非"移植"，而只不过是对另一类型合同的一般法律的一种不证自明的适用。在中世纪时期，主权——不承认更高权威——还是个相对概念，各类统治者和群体均可被涵盖，包括国王、封建领主、藩属国、教友社团、市镇，甚至农村社区。使用武力和缔造和平之权利不限于像教皇、皇

75

---

[10] 例如 Traité de Paix entre Charles VIII, Roi de France et Henri VII, Roi d'Angleterre, fait à Etaples (1492 年 11 月 3 日) in J. Dumont, *Corps universel diplomatique du droit des gens* (Brunel Amsterdam 1726) (下文为 CUD) vol 3: 2, 291 - 297, art 28。

[11] 例如 Traité, ou Trêves Marchandes faites pour neuf ans entre Louis XI, Roi de France et Charles, dernier Duc Bourgogne, fait à Soleuvre (1475 年 11 月 13 日) in CUD (n 10) vol 3: 2, 508, *in fine*。

[12] 名气最大的，参阅 M. G. Laudensis, 'De confoederatione, pace et conventionibus principum' (15 世纪) (A. Wijffels ed) in *Peace Treaties and International Law* (n 4)412 - 447。

[13] Baldus de Ubaldis (1327 - 1400), 参见 B. de Ubaldis, *Super usibus feudorum et commentum super pace Constantiae* (F. Patavinus ed) (in domo Antonii et Raphaelis de Vulterris Rome 1474); G. Dolezalek, 'I commentari di Odofredo e Baldo alla pace di Constanza' in *La pace di Costanza* 1183 (Cappelli Bologna 1984)59 - 75。

帝或国王等至高的君主所有。因此,在公私和平缔造方面并无严格的区分。中世纪的私权对(和平)条约缔结的贡献中值得一提的是罗马委任状在外交领域的运用。[14] 然而,教会法对和平缔结原则的贡献与罗马法相比则有过之而无不及。从古代晚期以降,教会就把罗马法视如己出。罗马的艾西多鲁斯(Isidorus)援引和平条约与休战协定对"万民法"所作的界定被收录于葛兰西(Gratian)所著的《教会法汇要》(Decretum)之中,从而进入古典教会法体系。《教皇令集》(Liber Extra,1234 年)包括一章"和平休战协定"(De treuga et pace)[15],从而引发教会法学者就此撰写评注,并在后来的 15 世纪和 16 世纪出现了关于此主题的专著。[16] 援引"停战与和平"实际可追溯至 10 世纪和 11 世纪,教会试图通过保护特定的个人和地方(pax Dei),以及禁止于特定时间战斗(treuga Dei)来限制暴力。毫无疑问,中世纪教会法对一般的条约法原则——尤其是和平条约缔造原则——所做的最重要的贡献当属规定了对所有合同和议定书均具有约束力的"契约必须遵守"原则(pacta sunt servanda)。[17] 源自教会法和中世纪晚期神学的另一贡献是"情势变更原则"(clausula rebus sic stantibus)。中世纪自此出现了常规协商和平条约的那些方式。在此方法下出炉了三类文件:统治者对协商代表的委任文件、这类代表见证的条约文本以及统治者自己通过誓言批准条约的见证文件。在中世纪晚期,这些文件一般由公证人制作并签字盖章。常见的还有外交官对条约文本宣誓,并吁请统治者亲自以誓言批准该条约。到 13 世纪,批准文件发挥两个作用。一方面是鉴证统治者确有实际宣誓,这仍然是条约的主要内容,从而使其在教会法下具有约束力和可执行性。但是,另一方面,文件之签署和盖章亦成为基本要件,并依据法律之规定普遍约束全体签署方。[18]

76

[14] K. H. Ziegler, 'The Influence of Medieval Roman Law on Peace Treaties' in *Peace Treaties and International Law* (n 4)147 - 161.

[15] *Liber Extra* (n 9) X. 1. 34.

[16] *Tractatus universi juris* (F. Ziletti Venice 1583 - 1586) vol 11.

[17] *Liber Extra* (n 9) X. 1. 35. 1; R. Lesaffer, 'The Medieval Canon Law of Contract and Early Modern Treaty Law' (2000)2 *Journal of the History of International Law* 178 - 198; K. H. Ziegler, 'Biblische Grundlagen des europäischen Völkerrechts' (2000) *Savigny Zeitschrift für Rechtsgeschichte Kanonistische Abteilung* 1 - 32.

[18] L. Bittner, *Die Lehre von den völkerrechtlichen Vertragsurkunden* (Deutsche Verlags-Anstalt Stuttgart 1924); A. Hertz, 'Medieval Treaty Obligation' (1991)6 *Connecticut Journal of International* (转下页)

三、1500 年至 1920 年的和平缔造

在 15 世纪至 18 世纪间,和平条约的规模远超先前,终结战争并恢复和平的法律规定层次多、数量大。这种变化源自公元 1500 年后的现实环境和战争概念之变迁。现代国家的崛起和主权统治者对战争的逐渐垄断,使战争从一场君主与盟友和追随者间的争斗上升为领土国家间的全面战争,对统治者及其管辖对象间的正常关系而言,其席卷范围更广、破坏性更强。这种战争现实的变化被映射到理论层面。按中世纪的义战理论,战争被当作实现正义的工具,它是被不法行为侵害的一方对先前的侵害方所实施的有力自助。是故这种战争的范围明确且目标是拨乱反正并补偿战争的损失和成本。这种战争亦被视为一系列独立的战争行为而非国家整体行为。[19] 鉴于中世纪的这种义战概念已被证明颇具弹性,16 世纪和 17 世纪见证了第二种战争概念的兴起,即"法律战争"(*bellum legale*)或"正规战争"(*bellum solemne*)。这些已被 16 世纪和 17 世纪初的学者——像巴尔萨泽·阿亚拉(Baltasar de Ayala, 1548 - 1584 年)、贞提利(Alberico Gentili, 1552 - 1608 年)、格劳秀斯(1583—1645 年)等——所清晰阐明的概念,均可在中世纪的罗马法学中找到注脚。[20] 因为若一场战争要合法,须由主权者发起并经正式宣战。后者的条件恰恰见证了该概念的存在(*ratio existendi*)。16 世纪以降,正式宣战逐渐发展为

(接上页)*Law* 425 - 443; A. Nussbaum, 'Forms and Observance of Treaties in the Middle Ages and the Early Sixteenth Century' in G. A. Lipsky (ed) *Law and Politics in the World Community: Essays on Hans Kelsen's Pure Theory and Related Issues in International Law* (University of California Press Berkeley 1953)191 - 196; 'Influence of Medieval Roman Law' (n 14) at 152 - 154. 关于签署与封存文件的研究,参见 R. Lesaffer, 'Peace Treaties from Lodi to Westphalia' in *Peace Treaties and International Law* (n 4)9 - 44 at 25 - 27; H. Steiger, 'Bemerkungen zum Friedensvertrag von Crépy en Laonnais vom 18. September 1544 zwischen Karl V. und Franz I.' in U. Beyerlin et al (eds) *Recht zwischen Umbruch und Bewahrhung: Völkerrecht — Europarecht — Staatsrecht. Festschrift für Rudolf Bernhardt* (Springer Berlin 1995) vol 2, 249 - 265 at 256 - 260.

[19] J. Barnes, 'The Just War' in N. Kretzman et al (eds) *The Cambridge History of Later Medieval Philosophy* (CUP Cambridge 1982) 750 - 784; P. Haggenmacher, *Grotius et la doctrine de la guerre juste* (Presses Universitaires de France Paris 1983); F. H. Russell, *The Just War in the Middle Ages* (CUP Cambridge 1975).

[20] 见本书中由梅里奥·斯卡特拉(Moerio Scattola)撰写的第四十七章"阿尔贝里科·贞提利(Alberico Gentili, 1552—1608 年)"和由皮特·哈根马歇(Peter Haggenmacher)撰写的第四十八章"胡果·格劳秀斯(Hugo Grotius, 1583—1645 年)"。

正式的法律文件。宣战预示着战争的法律状态从今以后将主宰交战者及其管辖对象。[21] 于是,和平法则被战争法则所取代。通常,宣战会公告一系列措施以阐明战争状态的后果,包括对敌方的扣押和驱逐、对敌方财产的没收、禁止为敌方或其没收偿债、禁止与敌通商及至敌境旅行,以及对外交官的驱逐和护照的吊销。于是,和平条约势必包含详尽的终结战争状态和恢复和平的规定。[22] 因宣战标志着战争法律状态的开始并由此规制其后果,所以和平条约相应地就是开启和平状态并规制其后果的标志。前现代和现代的和平条约均有一个类似于更前面时代条约的结构。第一,他们都有序言,均会提到过去的事件以及条约盟友恢复和平之意愿并阐明其主要目标。第二,他们都有实质性内容的条款和规定。如前所述,这些条款和规定可分为三大类:处理各方未尽事宜的条款;终结战争状态及规制其后果的条款;涉及恢复与保障未来和平状态的条款。第三,条约都以与批准和公布事宜有关的规定结尾。对于战争状态,和平条约一般都会有一个一般性条款,涉及终结敌对状态及特赦条款,也包括裁撤军队、被占领土和工事、被没收和充公的敌方资财、战前债务等规定,以及敌方管辖对象的战时程序、战俘、一般和特定报复、被扣押的文件。对于和平状态,和平条约会有一个一般性条款,关于和平和友谊之恢复,其中包括禁止彼此加害或容忍一方主体之此种行为,还会进一步规定人员、商业与航行的自由流动,被割让领土上的人民的权利,获得司法保障权,以及新的战争中免于逮捕和财产充公之保护。这些是和平条约和宣战之所以巨细靡遗地记载战争与和平法律后果的另一个原因。然而,16 世纪和 17 世纪初的标志就是欧洲的国际秩序危机。主权国家的改革和兴起摧毁了拉丁语西区的宗教统一,并给本已风雨飘摇的皇帝和教皇之普遍权威压上了最后一根稻草。这场改革导致半个欧

---

[21] 例如 H. Grotius, *De jure belli ac pacis libri tres* (1625) at 1. 2. 1. 1;"但是习惯仍然盛行,以敌对双方的状态和情势而非敌对行动加以命名;因此,战争是那些(在这方面考虑)以武力进行斗争的状态或者情势。" H. Grotius, *The Rights of War and Peace* (R. Tuck ed, J. Morrice trans) (3 vols Natural Law and Enlightenment Classics Liberty Fund Indianapolis 2005).

[22] S. Whatley (ed) *A General Collection of Treatys, Declarations of War, Manifestos, and other Publick Papers, Relating to Peace and War, Among the Potentates of Europe, from 1648 to the Present Time* (4 vols Knapton etc London 1710 - 1732); R. Lesaffer, 'Defensive Warfare, Prevention and Hegemony. The Justifications for the Franco-Spanish War of 1635' (2006) 8 *Journal of the History of International Law* 91 - 123 and 141 - 179 at 111 - 123;参见 Neff, *War and the Law of Nations: A Historical Survey* (CUP Cambridge 2005) at 54 - 68 and 96 - 119.

洲拒绝教会法权威以及教皇和教会的管辖。教会法过去一直是拉丁语西区法律统一以及万民法权威赖以建立的基石，如今却成为被质疑的对象。此外，主权国家的崛起降低了罗马法作为国际关系共同法源的地位。到 16 世纪中期，作为共同法（ius commune）一部分的中世纪万民法赖以建立的权威已经瓦解。取得完全对外主权的欧洲国王和君主们纷纷自立门户，并通过双边协议来构建其国际关系。但是，源自中世纪法学的许多概念与规则仍保留在前现代条约实践中，并在前现代理论中再生——通常借助于自然法的中介作用。整个 18 世纪末和 19 世纪，和平条约再一次变得不那么包罗万象。对此可给出几点解释：第一，共同条款已被作标准化、简化和缩略化处理；第二，贯穿于整个 17 世纪和 18 世纪，规范战争与和平状态的新法或革新后的公法得到了发展，这同时体现在万国公法的实践与理论层面。于是，在特定条约中再去详尽罗列就变得不那么有必要了。此外，像特赦等部分条款自动就包含其中的推定已被广泛接受；第三，国家间涉及和平关系的重要层面成为特别条约的对象。自 17 世纪末以降，专门的友好、通商、航海条约被经常性地予以缔结。在 18 世纪以及特别是 19 世纪，恢复战前关于贸易、航行以及其他因战争状态而被废除的和平关系的条约成为惯例，从而取代了在和平条约内部或外部协商一个新的解决方案的做法。[23] 自 19 世纪中期以降，在多边会议场合中编纂了大量的国际公法。这方面，拿破仑战争之后缔结的和平条约堪称先驱。维也纳会议(1814—1815 年)提出或编纂了涉及奴隶贸易、国际河流地位与外交官的一般国际法。后来，在战后正义法外，和平条约已罕被用来形成或编纂一般国际法。但是，值得一提的是，第一次世界大战后(1919—1920 年)缔结的《凡尔赛和约》[24]和《国际联盟盟约》等其他巴黎和会条约，与其他条约一同勾勒出一个新的武力使用法。

79　　　　近代早期的和平条约之实践继承了古典古代和中世纪的遗产。文艺复兴时期(15 世纪至 17 世纪)，人文学者对古代历史(如李维)和修辞文本(如西塞罗)的研

---

〔23〕参见 Neff, 'Peace and Prosperity: Commercial Aspects of Peacemaking' in *Peace Treaties and International Law* (n 4)365 - 381; H. Steiger, 'Peace Treaties from Paris to Versailles' in *Peace Treaties and International Law* (n 4)59 - 99 at 94 - 96。

〔24〕Treaty of Peace between the Allied and Associated Powers and Germany (签订于 1919 年 6 月 28 日)(1919)225 CTS 188 ("《凡尔赛和约》")。

究提升了对圣经考据、希腊语以及尤其是罗马实践的认知。[25] 但是，人文主义重新发现古代的重要性不应被高估，且不能同罗马法和教会法在中世纪末对一般性的万民法和特定的缔造和平法形成之促进相提并论。在人文主义时期，万民法的作者用古代实践作为阐释其论点的例证，而非用那些在其形成中起根本性作用的实践。

在 16 世纪至 18 世纪间，诉诸条约的缔造和平法始见于理论著作。但是，专论和平条约的文献数量仍很有限。[26] 其中居多的是像贞提利和格劳秀斯那样以战争与和平法为题，或像 16 世纪至 18 世纪的万民法（和自然法）那样包含对缔造和平与和平条约的思考。总体来说，这些工作并不是那么具有系统性或精益求精。直至 17 世纪，那些曾经在罗马法和教会法中占主导地位的古老话题还在被讨论，这往往与当代实践严重脱节。针对 17 世纪和 18 世纪的著作，可以说除了和平条约的强迫和情势变更原则等少数理论讨论外，大部分理论都是反思性的，他们对和平条约的实践无甚建设性。在国际法古典作品中，除贞提利外，沃尔夫（1679—1754 年）和瓦特尔（1714—1767 年）对和平条约法的写作既有深度，又具篇幅且系统化，从而脱颖而出。[27] 拜沃尔夫和瓦特尔之功，和平条约理论已大体成型且在 19 世纪只做了比较少的补充。[28]

---

[25] K. H. Ziegler, 'Römische Grundlagen des europäischen Völkerrechts' (1971) 4 *Ius commune* 1 - 27 at 16 - 27.

[26] 例外的情形包括 P. Gudelinus, *De jure pacis commentarius* (Dormalius Leuven 1620)；参见 R. Lesaffer, 'An Early Treatise on Peace Treaties: Petrus Gudelinus between Roman Law and Modern Practice' (2002) 23 *Journal of Legal History* 223 - 252。

[27] 参见本书中由努德·哈孔森（Knud Haakonssen）撰写的第五十章"克里斯蒂安·沃尔夫（Christian Wolff, 1679—1754 年）"和艾曼纽·儒阿特（Emmanuelle Jouannet）撰写的第五十三章"艾默·德·瓦特尔（Emer De Vattel, 1714—1767 年）"。

[28] A. Gentili, 'De jure belli libri tres' in J. B. Scott (ed) *Classics of International Law* (2 vols OUP Oxford 1933) book 3, ch 1；C. Wolff, *Jus gentium methodo scientifica pertractatum* in J. B. Scott (ed) *Classics of International Law* (2 vols Clarendon Oxford 1934)；E. de Vattel, *Le droit des gens ou principes de la loi naturelle* in J. B. Scott (ed) *Classics of International Law* (3 vols Carnegie Washington 1916)；R. Phillimore, *Commentaries upon International Law* (3rd edn Buttersworths London 1879 - 1889) vol 3, at 770 - 811；P. Fauchille, *Traité de droit international public* (Rousseau Paris 1921 - 1923) vol 2, at 1030 - 1059；参见 R. Lesaffer, 'Alberico Gentili's ius post bellum and Early Modern Peace Treaties' in B. Kingsbury and B. Straumann (eds) *The Roman Foundations of the Law of Nations: Alberico Gentili and the Justice of Empire* (OUP Oxford 2010) 210 - 240；R. Lesaffer, 'A Schoolmaster Abolishing Homework? Vattel on peacemaking and peace treaties' in V. Chetail and P. Haggenmacher (eds) *Vattel's International Law in XXIst Century Perspective/Le droit international de Vattel vu du XXIe siècle* (Brill Leyden 2011) 353 - 384。

和平条约的主要法源正是其本身。外交官和法学家都是以先前的条约为基础，并效法其中所载之条款。和平条约本身就构成了惯例（*usus*），并为公元1500年这一时间点后浮现的作为战后正义法（*ius post bellum*）习惯全体的法学家学说（*opinio iuris*）提供了证据。按所涉大国强权，还可区分出和平条约实践中的若干传统。公元1500年以前的两个传统为后来的和平条约实践奠定了基础：意大利实践；法国、英国和勃艮第尼德兰实践。通过1494年在意大利的战争以及勃艮第尼德兰与哈布斯堡王朝时期西班牙（1516年）的联姻，16世纪的两大强权——法国和西班牙——都成为了这类传统的继承者。16世纪的这两大强权间缔结的主要和平条约——《马德里和约》（1516年）、《康布雷和约》（Cambrai，1529年）、《加来海峡克雷皮和约》（Crépy，1544年）、《卡托-康布雷齐和约》（Cateau-Cambrésis，1559年）以及《韦尔万和约》（Vervins，1598年）——进一步推进了和平条约的成文法与习惯法，并为欧洲后世的普遍实践打下了基础。为达成这些需求做出贡献的条约还须补充英国和尼德兰联省共和国之间的《通商航海条约》，以及西班牙和法国的《八十年战争条约》（1567—1648年）——特别是1609年4月9日缔结的《十二年停战议定书》和主要参考前者的1648年1月30日缔结的《明斯特和约》[29]——对私人财产事宜的处理。源自17世纪和18世纪的和平会议——威斯特伐利亚（Westphalia，1648年）[30]、荷兰奈梅亨（Nijmegen，1678–1679年）[31]、勒斯维克（Ryswick，1697年）[32]、乌德勒支/拉施塔特（Utrecht/Rastatt，1713年–1714年）[33]、亚琛（Aix-la-Chapelle，1748年）[34]、巴黎/胡贝图斯堡（Paris/Hubertusburg，1763

---

〔29〕Treaty of Peace between Spain and the Netherlands（签订于1648年1月30日）(1648)1 CTS 1，art 21。

〔30〕The Peace of Münster：Treaty of Peace between Spain and the Netherlands（n 29）. The Treaties of Münster：Treaty of Peace between the Holy Roman Empire and France（签订于1648年10月24日）(1648)1 CTS 271；and Osnabrück：Treaty of Peace between the Holy Roman Empire and Sweden（签订于1648年10月24日）(1648)1 CTS 198。上述这些条约共同构成了《威斯特伐利亚和约》。

〔31〕H. Bots（ed）*The Peace of Nijmegen 1676–1678/79/La paix de Nimègue 1676–1678/79*（Holland Univer siteits Pers Amsterdam 1980）（会议纪念了《奈梅亨和约》三百周年，奈梅亨，1978年9月14日至16日）。

〔32〕Treaty of Peace Between France and The Netherlands（签订于1697年9月20日）(1697)21 CTS 347。

〔33〕Treaty of Peace and Friendship Between France and Great Britain（签订于1713年4月11日）(1713)27 CTS 477（"《乌德勒支和约》"）；Treaty of Peace Between the Emperor and Spain, and France（签订于1714年3月7日）(1714)29 CTS 1（"《拉施塔特和约》"）。

〔34〕Treaty of Aix-la-Chapelle（签订于1748年10月18日）(1748)38 CTS 297。

年）〔35〕——均采纳了这些传统，并发展出了欧洲缔造和平的一般法和学问。〔36〕

四、当事方、形式和保障措施

（一）条约当事方

主权国家于公元 1500 年后的出现对和平条约有深远影响。直至 17 世纪，在当时的所有大国间，和平与战争权一概被主权所垄断，其他所有主体的权力一律被排除在外，只有日耳曼帝国的各省和意大利北方州例外，系因其与皇帝存在封建宗主关系。对 15 世纪末而言，可资援引的几个例子是当时法王和叛乱臣民间的和平条约。〔37〕但是，这种条约的背景是法国宗教战争（1562—1598 年），其被归类为法王以皇家敕令形式发布的单边特许协议。〔38〕此后，一般再未见君主和叛乱者间的和平条约，除了成功镇压叛乱者的分裂后所签订的那些条约。

从中世纪直至 20 世纪初，和平条约的序言会提到君主而非其领地作为缔约方。恢复和平状态的主要条款会规定和平将适用于君主及其后代和继承人、土地以及臣民。〔39〕直至 18 世纪末，君主都是以完整的姓名和称号被提及的，此后就仅提其称号。〔40〕到了尼德兰联省共和国（Republic of the United Provinces）时期，这一做法

---

〔35〕《法国、大英和西班牙友好与和平最终条约》，签订于 1763 年 2 月 10 日，(1763)42 CTS 279；《奥地利与普鲁士和约》，签订于 1765 年 2 月 15 日；42 CTS 347。

〔36〕 J. Fisch, *Krieg und Frieden im Friedensvertrag*：*Eine universalgeschichtliche Studie über die Grundlagen und Formelemente des Friedensschlusses* (Klett-Cotta Stuttgart 1979) at 536 – 537；R. Lesaffer, 'Charles V, monarchia universalis and the Law of Nations (1515 – 1530)' (2003)71 *Legal History Review* 79 – 123；'Gentili's ius post bellum' (n 28)212 – 213；R. Lesaffer and E. J. Broers, 'Private Property in the Dutch-Spanish Peace Treaty of Münster (30 January 1648)' in M. Jucker et al (eds) *Rechtsformen Internationaler Politik*：*Theorie, Norm und Praxis vom 12. bis 18. Jahrhundert* (Zeitschrift für Historische Forschung Beihefte Duncker & Humblot Berlin 2011)；'Friedensvertrag von Crépy' (n 18).

〔37〕 Traité de Paix entre Louis XI, Roi de France d'une part, Charles Comte de Charlois et les Princes Liguez, sous le nom du Bien d'autre part, fait à Conflans (1465 年 10 月 5 日) in CUD (n 10) vol 3：1, 335 – 337。

〔38〕 Edit de Henri IV, Roi de France par la Pacification des Troubles de son Royaume, fait à Nantes (1598 年 4 月) in CUD (n 10) vol 5 – 1, 545 – 558, Preamble.

〔39〕 当时仍有效的和约，是由保加利亚、希腊、黑山、塞尔维亚和土耳其参加的条约，签订于 1913 年 5 月 30 日；218 CTS 159(1913)以及保加利亚、希腊、黑山、罗马尼亚和塞尔维亚参加的条约，签订于 1913 年 8 月 19 日；218 CTS 322(1913)。提及国家的第一份和约是法德和约，签订于 1871 年 5 月 10 日；143 CTS 163(1871)。

〔40〕 J. Ray, 'La communauté internationale d'après les traités du XVIe siècle à nos jours' (1938)3 *Annales Sociologiques*, series *C*, 14 – 49 at 19.

在某种程度上甚至还是并行适用的。该共和国缔结的和平条约提到，作为最高主权体的联省议会(Estates-General)系条约伙伴而非共和国本身。[41] 这种状况直到法国大革命(1789—1799 年)后才得到改变。[42] 这种形式层面异乎寻常的稳定透露了一个重大变化。公元 1500 年以后，和平条约逐渐从君主间的协议变成主权国家间的公共条约。在 15 世纪末，和平条约仍是君主以自己名义缔结的个人契约。受条约约束的正是君主本人，而非其领地或臣民。后者仅当君主居中协调并承诺对其施加条约义务时才间接被约束。当君主主张战争与和平的垄断权并在国际场合登台之时，其开始作为领地代表来行动，并使他们的承诺足以直接适用于其领地和臣民。到 17 世纪中期，这种转型已经发生，而和平条约实践从三个层面使之更为显著。第一，序言中有一个微妙但重大的变化。直至 15 世纪末，和平条约序言明确提及君主"代表"自己、藩属国及其臣民缔结本协议。[43] 公元 1500 年以后，这类措辞不再使用，藩属国及其臣民也不再被提及。这预示着君主的参与即意味着其臣民的效忠已广为接受。第二，和平条约是否约束签字方的继承者确实是一个问题。一般认为，君主"确能"约束其条约的继承者，但也没有充分证据表明他确实可以这么做。有些 15 世纪和 16 世纪的和平条约规定，该条约在某签字方死后一定时期内仍将有效，从而让其继承者在此期间内可以认可条约。[44] 但是，到 1530 年代，这类条款不再见于条约。其他的条约会规定王位继承者将共同批准本条约。这往往仅限于割让领土或权利的条约。[45] 第三，共同批准。在 14 世纪至 16 世纪中叶的条约中，条约伙伴同意本条约将由社会高尚人士、教会和属于签字方君主管辖之市镇共同批准乃是惯例。这有双重意义，即条约将更直接地约束社会上的头面人物，以及他们通常还发挥着保证其君主执行条约的作用。[46] 16 世纪后，这

[41] 见西班牙与荷兰所签和约(前引注释 29)之序言。

[42] 见法国与奥地利签订的《坎波福尔米奥条约》(Treaty of Campo Formio)(签订于 1797 年 10 月 17 日)(54 CTS 157, at 158)之序言。

[43] Appunctuamenta amicitiae perpetuae inter Carolum Audacem, Ducem Burgundiae et Eduardem IV, Regem Anglicae (1474 年 7 月 25 日) in CUD (n 10) vol 3：1,485 - 486, Preamble。

[44] *Etaples* (n 10) art 1.

[45] Traité de Paix entre Henri II, Roi de France et Filippe II, Roi d'Espagne, fait à Cateau-Cambrésis (1559 年 4 月 3 日) CUD (n 10) vol 5：1,34 - 44 at 41, art 47。

[46] Traité de Paix entre Louis XI, Roi de France, le Dauphin et le Royaume d'une part et Maximilien, Duc d'Autriche, Mr le Duc Philippe et Mademoiselle Marguerite d'Autriche d'autre part：Contenant entr'autres, un Accord de Mariage entre ledit Prince Dauphin et ladite Princesse Marguerite (1482 年 12 月 23 日) CUD (n 10) vol 3：2,100 - 110 at 107, art 88. 不同观点见 K. Neitmann, *Die Staatsverträge des deutschen Ordens in Preussen 1230 - 1449：Studien zur Diplomatie* （转下页）

类条款也不用了。在为数有限的和平条约中，这些条款先是被兼用，之后就被最高法院、财政部以及尤其是领地内各省作出的条约登记的承诺所取代。[47] 这开启了共同批准的制度化程序，强化了领地对条约的忠诚，而不再是仅有君主在参与。这类条款虽肯定是 18 世纪末须立法议会批准条约的宪法规则之先例，但亦有根本不同。现代的议会批准乃是全国性宪法之建制，而近代早期实践中牵涉代议和司法机关的出发点却是条约法试图强化条约对君主之臣民的直接约束力。引入国会批准更标志着条约从君主间协约向国家间协约转型时所迈出的最后一步。

（二）形式、批准和保障措施

改革并未终止通过誓言批准条约。直至 17 世纪末，这项惯例仍在延续。但是，改革却锻造出一项重大变化。到公元 1550 年，明确援引教会法庭管辖和制裁的做法已不见于和平条约，甚至也不见于天主教会间，即改革摧毁了教会法这个条约约束力的共同权威。当时，作为一个自主性法统出现的万民法得推陈出新了，即缔约方各自同意契约必须遵守原则和诚信原则。按新的万民法，誓言批准仅是条约统治者表达同意受其约束的另一种形式。逐渐地，誓言程序被接替，并被交换签署程序和文件封存程序彻底取代了其作为条约主要构成要素的地位。在 15 世纪至 20 世纪间，用以保障和平的机制亦在演进中。直至 17 世纪末，多数和平条约明确规定其臣民违反条约并不导致和平状态的破坏，只需将背弃者绳之于法并恢复原样。[48] 16 世纪和 17 世纪的和平条约往往规定任命特别委员或仲裁员以解决条约的解释和执行冲突，包括其他未尽事宜。[49] 改革前，教会法庭的管辖和制裁一直是和平条约保障和平最有力和最常见的机制。抵押的运用在当时极不普遍且主要用以保障和平条约特定条款的执行，如领土、市镇、要塞的让与或货币支付。有时，君主会押上其所有物品作为条约担保，一旦违约及导致新的战事发生，条约合作方就有权合法扣押其全部物品。到 17 世纪中叶，这类做法多数已被废弃不用。在 17 世纪中叶和

（接上页）*eines spätmittelalterlichen deutschen Territorialstaates* （ Neue Forschungen zur brandenburg-preussischen Geschichte 6）（Böhlau Cologne 1986）at 276 – 281。

[47] Traité de Paix entre Henri Ⅳ, Roi de France, Philippe Ⅱ, Roi d'Espagne et Charles-Emanuel, Duc de Savoie, fait à Vervin（1598 年 5 月 2 日）in CUD（n 10）vol 5: 1, 561 – 569 at 564, *in fine*。

[48] 《英格兰、荷兰和约》，签订于 1654 年 4 月 5 日，（1654）3 CTS 225 at 234 – 235，第 24 条。

[49] 《西班牙、荷兰和约》，（前引注释 29），第 21 条。

18 世纪中叶间,条约合作方常常会使用担保人。有担保则意味着存在强力以确保条约合作方之间的条约执行,且必要时将诉诸武力。应区分来自条约合作方的担保和来自第三方的担保。前者仅适用于多边和约,但其在 18 世纪中期前都不常见。主要的例外貌似是威斯特伐利亚两大和约(1648 年 10 月 24 日),即神圣罗马帝国与法兰西的《明斯特和约》,以及帝国和瑞典间的《奥斯纳布吕克和约》。因其参加者不仅有皇帝和法王以及瑞典皇后,还有一大群帝国行省。[50] 最常见的还是第三方强权作为担保人。17 世纪末和 18 世纪的和平大会所产生的不少和约里会邀请一些大国担当调停人,即担保人的角色。[51] 在 18 世纪下半叶,和约的担保人也被弃置不用。19 世纪后,特别条约中出现担保人的情形更加普遍,即强权允诺其鼎力支持特定权利的行使。19 世纪亦见证了新的和约执行手段的出现,并一直延续到 20 世纪。其多数具有军事性质,诸如部分领土的(临时)占领或实施军事制裁。[52]

五、永久和平和普遍和平

(一) 永久和平

从 16 世纪至 19 世纪初的多数和约明确提到永久和平。这不是对绝不再诉诸武力的法律承诺的又一次僵化或天真的表达,而是在万民法框架内具有更特定的影响。中世纪的法学家就已承认,若条约合作方之间因新事由爆发新战事,除非是和约已经处理好的引起前次战争的事由,否则并不构成违反条约。[53] 由此可作反向推导(e contrario),即和约让交战者无权对和约已经处理完毕的争议再兴风作浪。但是,一直到法学家普芬道夫(Samuel Pufendorf,1632 – 1694 年)[54]、沃尔夫、瓦特尔之时,才将其明白地阐述出来。[55] 和平的永久性质使之区别于休战协

---

〔50〕《神圣罗马帝国与法兰西和约》,签订于 1648 年 10 月 24 日,(1648)1 CTS 271 at 354,第 124 段;《神圣罗马帝国与瑞典和约》,签订于 1648 年 10 月 24 日,(1648)1 CTS 198,第 17(4)条。

〔51〕《奈梅亨和约》,签订于 1678 年 8 月 10 日,(1678)14 CTS 365 at 374,第 20 条。H. Duchhardt, 'Peace Treaties from Westphalia to the Revolutionary Era' in *Peace Treaties and International Law* (n 4)45 – 58 at 55.

〔52〕'Peace Treaties from Paris to Versailles' (n 23)91 – 92.

〔53〕Baldus de Ubaldis, *Consilium* 2. 195. 参见 'Gentili's *ius post bellum*' (n 28)227。

〔54〕参见本书中由努德·哈孔森(Kund Haakanssen)撰写的第四十九章"塞缪尔·普芬道夫(Sammuel Pufendarf,1632—1694 年)"。

〔55〕S. Pufendorf, *De jure naturae et gentium libri octo* (C. H. and W. A. Oldfather trans) (2 vols Classics of International Law Clarendon Oxford 1934)8. 7. 4; *Jus gentium* (n 28)8. 987; *Droit des gens* (n 28)4. 2. 19.

定。如同和平条约,休战协定让战事伊始所采取的所有措施归于终止,从而在事实上也中止了战争状态并恢复了和平。但是,一旦休战状态结束,当事各方有权就同一议题再次发动战争。

(二)普遍和平

在《亚琛和约》(1748 年)之前,和约一直是双边性质的。[56] 多边和平大会缔结的和约亦复如是。《明斯特和约》与《奥斯纳布吕克和约》(签订于 1648 年 10 月 24 日)其实并非双边性的例外,其多边性乃是混合性的结果,即他们分别是罗马帝国和法兰西或瑞典间的一次性国际和平协约,亦是神圣罗马帝国皇帝同其行省间的内部协定。作为国际和平协约,无论在形式还是内容上,他们与常规的双边和约并无不同。所谓其对万民法和欧洲建制发展的巨大贡献,亦源自这个混合性的事实。这种混合性使适用于帝国的建制性安排渗透进了国际条约,从而使其找到了进入万民法体系的道路。[57]

近代早期的部分和约——特别是源自多边和平会议者——明确提到将开创"普遍"和平,该词的理解沿革自欧洲基督教。[58] 这种对普遍性的主张因条约中"包括"相当数量的第三方强权的惯例而愈发可信。但是,审慎的做法是切勿高估这种"包括"的影响。包括第三方的条款在 15 世纪到 18 世纪的和约中很常见,且肯定不限于所谓的普遍性和约或多边和会缔结的和平条约。借助这类条款,条约合作方将其盟友和附属势力均纳入和约。在一部分重要和约中,几乎所有的重要强权都被"包括"了。对外交实践的深度研究将显现出这种"包括"的准确法律含义,但很明显这并不构成完全加入。"包括"的主要影响是使条约合作方承诺不对前敌方的盟友实施清算。在 17 世纪和 18 世纪,与"包括"最相关的是附属势力。"包括"保护了那些在战时未公开宣战,但为交战一方提供金钱或军队的国家。包

86

---

[56] K. Marek, 'Contribution à l'étude de l'histoire du traité multilatéral' in E. Diez et al (eds) *Festschrift für Rudolf Bindschedler* (Stämpfli Bern 1980)17 – 39.

[57] R. Lesaffer, 'The Westphalia Peace Treaties and the Development of the Tradition of Great European Peace Settlements prior to 1648' (1997)18 *Grotiana NS* 71 – 95; H. Steiger, 'Der westfälische Frieden-Grundgesetz für Europa?' in H. Duchhardt (ed) *Der westfälische Friede : Diplomatie, politische Zäsur, kulturelles Umfeld, Rezeptionsgeschichte* (Oldenbourg Munich 1998)33 – 80.

[58] Treaty of Peace between France and the Empire (n 50)321 – 322, para 1.

括条款并未使条约整个适用于被包括的强权,亦不授予其同样的权利和施加予其同样的义务——因没有专门的谈判实际上也不可行——但是拓宽了和平和友善的一般性条款对被包括强权的适用。"包括"并不足以让正实际交战的列强恢复和平。要达此目的,还需要单独订立专门条约或完整加入和约。[59] 17 世纪和 18 世纪的部分和约会援引年代更久远的旧和约。在当代国际法学术中,这一直被作为其在欧洲国家体制中发挥建制性作用的证据。直至 17 世纪末,援引以前的和约作为一项新条约的"基础和基石"的范例仅限于神圣罗马帝国。提到这种援引方式的第一个条约是威斯特伐利亚条约群。[60] 这事实上是这类条约被宣告为帝国法的结果。[61] 但是,这种做法在国际关系中逐渐站住脚并在 18 世纪被普遍化了。1763 年 2 月 10 日签订的《巴黎和约》曾指名道姓地援引《威斯特伐利亚和约》、《奈梅亨和约》、《勒斯维克和约》、《乌德勒支和约》、《巴登和约》(1714 年)、《维也纳和约》(1738 年)、《亚琛和约》(1748 年),以及三国/四国同盟(1717 年/1718 年),大英和西班牙、葡萄牙和西班牙之间的部分特定条约作为"基础和基石"。[62] 就其解决主要的王朝和领土争端并反映欧洲秩序主流原则的作用上,这类条约的确可被视作欧洲秩序的"建制性要素"。但是,从正式意义上来说,他们只是毫无最高权威的普通条约。事实上,多数情况下会明确提到旧条约被更新且保持适用,就好像他们逐字逐句地插入到了新条约之中,至少并未贬损新条约。[63] 这类旧条约并非是新条约的优先法,他们在新条约中未衍生出任何特殊地位。

　　"普遍和平"概念与大国特别责任之间有点"绕弯"的关联值得一提。盖和平条约的序言通常会昭示条约合作缔造和平时的终极意图。梳理 15 世纪至 20 世纪

〔59〕 *Jus gentium*(n 26)8.1009；*Droit des gens*(n 28)4.2.15；R. Lesaffer, 'Amicitia in Renaissance Peace and Alliance Treaties'（2002）*Journal of the History of International Law* 4 77 – 99；'Westfälischer Frieden'（n 57）at 45 – 48.

〔60〕 在勒斯维克缔结的诸多和约中,这是法国与神圣罗马帝国唯一一份提及威斯特伐利亚和奈梅亨的和约,签订于 1697 年 10 月 30 日,(1697)22 CTS 5,第 3 条。

〔61〕 Treaty of Peace between France and the Empire (n 50)353, para 120 and Treaty of Peace between Sweden and the Empire (n 50) art 17(2).

〔62〕《法国、大英和西班牙最终和约》,(前引注释35),第 2 条。

〔63〕 Treaty of Aix-la-Chapelle (n 34) art 3.

的海量和约,欧洲列强似乎将宣扬基督教义(15世纪至18世纪)或实现欧洲(17世纪至20世纪)辖区内的普遍和平作为其努力和共同责任之终极意图。特别和约(一般都是双边和约)被认为有助于达成这个目标,且这类条款含蓄地解释了条约当事方存有各退一步的意愿。普遍和平的目标与随时间而演化的其他目标或原则相关联。在15世纪和16世纪初,它与遭遇土耳其威胁后的基督教世界寻求团结有关。到17世纪末和18世纪,提法是"欧洲的稳定和安全"。这关系到维持和平大协议厘定的王朝和领土现状之必要性。尽管明确提及权力均衡的场合颇少,但它被视为维持欧洲稳定与安全的前提条件。[64] 在18世纪和19世纪,逐渐被接受的观点是大国应承担特别的责任,故亦有特别权利来维持欧洲的和平与安全。1717年至1718年的三国暨四国同盟("3+4")和18世纪的部分和平保障条约乃这种表述的早期见证。在19世纪,大国通过欧洲大会担起了这种角色,他们通过召集多边性会议来定夺和平与安全的主要议题,大国在此发挥了压倒性作用。后来对这个"大国强权原则"的制度化见于国际联盟理事会(1919年)和联合国安全理事会(1945年)。[65]

六、正义与正式之战争,正义与正式之和平

适用义战理论的逻辑结果就是,义战必得以正义的和平(即义和)收场。诚如沃尔夫和瓦特尔所阐明的这种多重且深远的影响:第一,它意味着不义交战者丧失就战争争夺对象的主张。第二,不义交战者须对正义交战者因战争承受的全部损害和支出负责。按义战理论,不义交战者得不到战争法的完全保护,不义交战者的所有敌对行动都是他要负责的不义行动。第三,正义交战者亦须对其不义战争行动负责,即违反战争法的行动。[66] 但是,沃尔夫和瓦特尔发现,在多数情况下这

[64] H. Duchhardt,'The Missing Balance'(2000)2 *Journal of the History of International Law* 67-72;R. Lesaffer,'Paix et guerre dans les grands traités du XVIIIe siècle'(2005) *Journal of the History of International Law* 7 25-41 at 37-40.

[65] R. Lesaffer,'The Grotian Tradition Revisited:Change and Continuity in the History of International Law'(2002)73 *British Yearbook of International Law* 103-139 at 133-135;*States System of Europe*(n 2)321-330;G. Simpson,*Great Powers and Outlaw States:Unequal Sovereigns in the International Legal Order*(CUP Cambridge 2004) at 91-131.

[66] *Jus gentium*(n 28)8. 986;*Droit des gens*(n 28)4. 2. 18.

几乎不具有可实践性,盖因无法确认谁持有正义之理由,且不可想象主权者会屈尊受其同侪的判断。如格劳秀斯以降的多数学者,沃尔夫和瓦特尔把战争正义驱逐入自然法领域,该领域全靠良心执法。外部可执行的万民法仅涉及战争的合法性问题。回应这类正式和合法的战争的和平并不处理正义的问题,而是涉及协商后的妥协与当事方同意的制裁。通过把自然法与实在法的区分适用于正义的和合法的战争之上,格劳秀斯——以西班牙新古典学派为基础——及其后继者在近代早期理论中同时兼容了武力使用法的中世纪传统、义战的教会神学传统和合法战争的罗马法传统。但是,更要紧的是,这种二元性其实正是现实双重性的反映。一方面,义战理论仍被欧洲近代早期的君主利用,因其继续以事业的正义性为名为战争提供正当性。宣战和战争声明以及联盟条约均明确地援引了义战传统。像扣押私产等对敌之敌对措施至少含蓄地通过主张战争正义而获得了正当性。但是,另一方面,战争期间的交战者又不考虑自身立场的正义或不正义,而毫无歧视地对所有交战者适用战争法。没有一方曾主张战争的正义在缔造和平中发挥了作用,至少在欧洲主权国中是如此。[67] 换言之,欧洲的主权者进行了一场义战,打了一场正式的战争并缔造出一场正式的和平。被视为"正义"和约的部分例子可追溯至中古时代。一般地,这类和平条约都是在一场胜负清楚的战争之后或在等级制关系的背景下才会缔结,但并非一概如此。[68] 通常,这类条约会包含对战争正义性的明确判断,并将战争责任归咎于某一方交战者。"不义"方所作的让步乃是战争中其理由或行动不正义的结果。条约通常还会对仅因抗争不义战争和/或战争的损害与支出追加补偿,多数是采用朝贡的形式。有些情况下,条约还会对不义交战者的军事能力施加限制,以防他们卷土重来。但是,欧洲主权者之间于 16 世纪至 20 世纪初时缔结的和约不属于其中任何一种。没有哪一项和约对战争的正义性给出判断,也没有哪一项和约包含对其中交战者的归咎。在和约的序言中,签字方多数是在一般性条款中克制地反对战争及其带来的苦难。这个部分迥异于欧洲与非欧洲统治者间签订的和约。特别是在美洲,欧洲列强在和约中的典型做法是单边授予

---

[67] 'Gentili's *ius post bellum*' (n 28)237 - 240;'A Schoolmaster Abolishing Homework' (n 28).
[68] *Krieg und Frieden* (n 36)69 - 70 and 81 - 88.

和平。这类条约会对战争大加鞭挞,夸张地说会在原住民家门口贴上叛乱的标签。特赦系出于仁慈的单边行为,但必须以割让土地和朝贡为对价。[69] 战争正义性判断之缺失就意味着特许权不能以交战方战争原因的不义或割让权利和领土的基本要求的不义来解释。亦没有谁明确援引过征服权——尽管在部分和约中通常能反向推出或支持这个征服权。[70] 几乎唯一曾提供正当性的是,一般性地援引稳定且持久和平与友好的利益,当然这也很罕见。[71] 条约特许权的基础最终不是别的,而是当事方的同意。拒绝作出判断不仅限于武力使用法层面,还扩展到战争法。从 15 世纪末以降,签字方在条约中包含特赦条款和谅解条款渐成惯例。由此推定签字方会放弃源自战争损失和支出的所有请求,其效力涵盖国家自身及其人民。[72] 到 19 世纪初,这类条款消失不见了,但斯时这种条款已自动推定被各国普遍接受。[73] 特赦条款会紧跟另一条规定,即私产归还。整个现代早期,交战者扣押敌方人民在其境内的财产诚属惯例。按义战理论,这样做是为保障不义交战者所致战争损害和成本在未来的赔付。因和约不对战争的正义性作出判断,所以这种扣押的合法性基础也随之崩塌。是故多数和约包括自动归还的一般性条款。对这种标准条文,条约亦对动产作出标准化的例外规定。[74]

七、欧洲和平条约实践的扩展

直到 19 世纪,欧洲万民法的实践和缔造和平法仍只是若干区域体系的其中之一。其他的文明亦有自己的缔造和平与和平条约区域体系。

自 8 世纪以来,拉丁语西方和伊斯兰世界接触频繁。自 15 世纪末以降,欧洲探险家的大发现和早期帝国的建立将欧洲国际关系的范围拓展至美洲、次撒哈拉

90

---

[69] *Krieg und Frieden* (n 36)139 - 204.

[70]《匈牙利、普鲁士柏林和约》,签订于 1742 年 7 月 28 日;(1742)36 CTS 409 at 414 - 416,第 5 条;《法国、大英和西班牙最终和约》(前引注释 62),第 23 条。S. Korman, *The Right of Conquest: The Acquisition of Territory by Force in International Law and Practice* (OUP Oxford 1996) at 67 - 73.

[71]《法国、大英和西班牙最终和约》(前引注释 35),第 7 条。

[72] *Krieg und Frieden* (n 36)92 - 123.

[73] *De jure belli ac pacis* (n 21)3. 20. 15; *Jus gentium* (n 28)8. 990; *Droit des gens* (n 28)4. 2. 20.

[74] H. Neufeld, *The International Protection of Private Creditors from the Treaties of Westphalia to the Congress of Vienna: A contribution to the history of the law of nations* (Sijthoff Leyden 1971).

非洲和亚洲。但是,很长一段时期以来,这并未导致欧洲法律秩序延伸至世界其他地区,反倒是能看出两种不同的行为模式。其一是有些情况下,欧洲人与非欧洲人间的接触和战争导致了一种建立于涵盖了两种文明的实践和法律基础之上的和平条约实践的阐释,形成了一种特别针对他们双边关系的超区域体系。这是欧洲与其他有实力的竞争者进行交涉的结果,特别是中世纪的阿拉伯统治者,像奥斯曼帝国或印度及东亚、东南亚的皇帝与君主。其二是欧洲列强处于一种随心所欲的位置,美洲和非洲的情况经常如此,并施加一种不同于欧洲主权者所使用的特别设计的条约。这些条约往往包括对战争罪责的确定以及基于土著人民对冲突的单方面责任而要求其完全臣服或对其施加苛刻的条件。[75]

公元 1800 年前后,白人定居者在美洲殖民地推进独立所取得的成就将欧洲万民法及和平缔造制度拓展至大西洋两岸。《巴黎和约》(1856 年)[76]明确规定奥斯曼帝国将享受公法和欧洲协防的好处。在 19 世纪中叶,欧洲列强和美国强迫中国和日本进入国际法体系,并将西方和平条约实践加于其身。20 世纪的去殖民化则更让西方国际法及其和平条约之实践真正地全球化了。

八、和平条约实践和法律在一战后的转型

91

一战接近尾声时缔结的《凡尔赛和约》和其他《巴黎和约》(1919—1920 年)标志着欧洲和平条约实践意想不到的突破。在某种程度上,其构成了正义和平理念的一种回归。《凡尔赛和约》第 231 条谴责德国发动战争的侵略行为,第 232 条要求德国赔偿战争对平民及其财产造成的所有损失,并同时赔偿比利时向其盟国支

---

〔75〕C. H. Alexandrowicz, 'Treaty and Diplomatic Relations Between European and South Asian Powers in the Seventeenth and Eighteenth Centuries' (1960)100 *Recueil des Cours de l'Académie de Droit International* 207 - 320; C. H. Alexandrowicz, *An Introduction to the Law of Nations in the East Indies 16th , 17th and 18th Centuries* (Clarendon Oxford 1967); C. H. Alexandrowicz, *The European-Africa Confrontation: A Study in Treaty Making* (Sijthoff Leyden 1973); J. Fisch, *Die europäische Expansion und das Völkerrecht. Die Auseinandersetzungen um den Status der überseeischen Gebiete vom 15. Jahrhundert bis zur Gegenwart* (Steiner Stuttgart 1984); F. P. Prucha, *American Indian Treaties: The History of a Political Anomaly* (University of California Press Berkeley 1994); K. H. Ziegler, 'The Peace Treaties of the Ottoman Empire with European Christian Powers' in *Peace Treaties and International Law* (n 4)338 - 364.

〔76〕《奥地利、法国、大英、普鲁士、意大利撒丁岛、土耳其和俄罗斯重建和平一般条约》,签订于 1856 年 3 月 30 日;(1856)114 CTS 409,第 7 条。

付的战争债务。战胜国要求战败国赔偿战争损害和支出的做法本身并不是新做法。这可追溯至拿破仑战争并见诸《巴黎和约》(1814—1815 年)以及《法兰克福和约》(1871 年)。[77] 这类赔偿与战争归责毫无关系,仅是成王败寇之结果。回归"正义和平"的理念在《凡尔赛和约》中得到了更进一步的体现。在条约中,德皇因其作为国家元首的至高身份发动侵略行为"违反国际德性和条约神圣"而被刑事追责(第 227 条)。条约还对德国同盟国及其附属国违反战争法和习惯法的行为进行刑事追责(第 228 条)。此外,条约亦对德国军事能力施加了严苛限制。[78]

但是,《凡尔赛和约》之后的实践却未见正义和平的回归。整个 20 世纪,多数国家间的和平条约仍是那种不问罪责的正式条约。但是,二战后,占领德国的欧洲盟国间的和约(1947 年的《巴黎和约》)却秉持了正义和平的某种理念。第一次海湾战争结束后(1991 年)[79],联合国安全理事会要求伊拉克终止敌对的条件(第 687 号决议)亦复如是。[80]

相比这种局部复苏,20 世纪的和约实践则目睹了更根本性的变化。第一,公元 1945 年后,跨国武装冲突以和约收场的相对数量大幅下降。有些情况下,像二战后的德国,这源自政治情势;但更一般地,这种下降系战争概念变化的结果。战争本身的非法性——见于《全面非战公约》(Kellogg-Briand Pact,1928 年)[81] 和《联合国宪章》——造成正式宣布进入"合法战争"的数量大幅下降。按后《联合国宪章》时代的《武力使用法》,战争与和平状态的区分更为相对,且"战争"再次按一种单独的战争或敌对行为被看待,而不是被看作一种无所不包的法律状态。是故传统的和平条约陷入相对无用武之地的状况。当然,这虽常被视为和平条约实践的衰落,但毋宁说是种转型。其标志着从战争状态向和平状态转变的正式和约之

92

---

〔77〕《法国和普鲁士之法兰克福和约》,签订于 1871 年 5 月 10 日;(1871)143 CTS 166,第 7 条。

〔78〕 Treaty of Versailles (n 24).

〔79〕 UNSC Res 687(3 April 1991) UN Doc S/Res/687.

〔80〕 G. Fitzmaurice,'The Juridical Clauses of the Peace Treaties' (1948)73 *Recueil des cours* 259 - 367 at 262 - 268; R. Lesaffer, *Europa: een zoektocht naar vrede?* (1453 - 1763 en 1945 - 1999) (Europe: A Quest for Peace? [1453 - 1763 and 1945 - 1999]) (Universitaire Pers Leuven Leuven 1999) at 562 - 567; M. Weller, *Iraq and the Use of Force in International Law* (OUP Oxford 2010) at 49 - 54.

〔81〕 General Treaty for the Renunciation of War as an Instrument of National Policy(签订于 1928 年 8 月 27 日,1929 年 7 月 25 日生效)94 LNTS 57。

数量或许变得相对稀缺，但谈不上完全绝迹。[82] 随着跨国武装冲突的法律形式和概念日益多样，合意终结冲突的法律形式与内容亦愈加多样。有些冲突以停战协定（armistice）和/或初步意向书终结，双边关系亦迅速或逐渐恢复正常状态。在其他一些情形下，发展交战者友好关系的条约则并不明确地宣布正式结束战争。[83]

第二，公元1945年后的标志性特征是常常有第三方卷入的跨国武装冲突之勃兴。在这种背景下，产生了数以百计的和平协议。这些协议往往采用国际条约的形式，但其在性质上几乎都很混杂，因其既有国际事务又有国内事务。当代和平协议不仅是解决冲突的工具，更是突破国内秩序和国际秩序藩篱的国家建制性工具。他们包含了详尽的建制性规则。[84]

第三，在国家建制之后，另一重要议题是扩展对和平缔造之关切——如今的说法是"和平建构"——并将战后正义法领域拓宽至人权保护。这一努力始于条约开始包含对少数族裔权利规定的19世纪末。[85] 到20世纪末，条约逐渐包含对一般性人权的规定，包括政治权利、经济权利以及对违反国际人权法之追责。[86]

第四，从和平缔造到和平建构，这不仅是提法的改变，更预示着开启了一个漫长的进程，其必然包含一系列的协议和文件。虽说近代早期的停战协定与和约准备阶段出现的初步意向书，以及解决和平缔造各层面问题的特定条约中就有这种措辞，但当时始终有一个居于中心地位的正式和约，它标志着从战争向和平的持续性转变。但是，由于战争与和平概念的日益相对化，突然转变的理念让位于持续性转变进程的理念。

---

[82]《以色列、约旦哈希姆王国和约》，签订于1994年10月26日；(1995)34 ILM 46，第1条。

[83] 例见 W. G. Grewe, 'Peace Treaties' in R. Bernhardt (ed) *Max Planck Encyclopedia of Public International Law* (2nd edn Elsevier Amsterdam 1992 - 1995) vol 3, 938 - 946 at 943。

[84] C. Bell, *On the Law of Peace*: *Peace Agreements and the Lex Pacificatoria* (OUP Oxford 2008).

[85] 如《俄罗斯和土耳其初步和平条约》，签订于1878年2月19日；(1878)152 CTS 395；《奥匈帝国、法国、德国、大英、意大利、俄罗斯和土耳其远东事务和解条约》，签订于1878年7月13日；(1878) 153 CTS 171。

[86] C. Bell, *Peace Agreements and Human Rights* (OUP Oxford 2000); *On the Law of Peace* (n 84) 218 - 258.

九、结论

近代早期,欧洲建基于主权国家之上的和平条约实践与法律的独特性有三:第一,主权国家垄断了缔结和平条约的权利;第二,在发动战争(战争法)和缔造和平(战后正义法)之正义基础上所引入的正式战争概念是一个排除所有正义与歧视的概念。第三,超国家权威的崩塌使得以合意为基础的条约在建构一般性万民法和特别万民法的过程中发挥了核心作用。和平条约天然地与战后正义法的发展密切相关。20世纪目睹了国际法上的主权国家之相对衰落,并改变了和平缔造的法律与实践。这种传统的正式跨国和平条约作为缔造和平的法律工具已丧失了其准垄断地位。取而代之的是涌现出一系列和平协议。再者,国内和平缔造与国际和平缔造的界限再度清晰起来,且战后正义法扩展涵盖至人权保护与国家建构。

推荐阅读文献

Baldus, Christian *Regelhafte Vertragsauslegung nach Parteilrollen im klassischen römischen Recht und in der modernen Völkerrechtswissenschaft: zur Rezeptionsfähigkeit römischen Rechtsdenkens* (2 vols Lang Frankfurt 1998).

Bell, Christine *Peace Agreements and Human Rights* (OUP Oxford 2000).

Bell, Christine *On the Law of Peace: Peace Agreements and the Lex Pacificatoria* (OUP Oxford 2008).

Boemeke, Manfred F. (ed) *The Treaty of Versailles: A Reassessment after 75 Years* (CUP Cambridge 1998).

Croxton, Derek and Anuschka Tischer (eds) *The Peace of Westphalia: A Historical Dictionary* (Greenwood Westport/London 2002).

Davenport, Francis G. (ed) *European Treaties Bearing on the History of the United States and its Dependencies* (4 vols Carnegie Washington 1917).

Fisch, Jörg *Krieg und Frieden im Friedensvertrag: Eine universalgeschichtliche Studie über die Grundlagen und Formelemente des Friedensschlusses* (Klett-Cotta Stuttgart 1979).

Frey, Linda and Marsha Frey *The Treaties of the War of the Spanish Succession: An Historical and Critical Dictionary* (Greenwood Westport/London 1995).

Lesaffer, Randall 'The Westphalia Peace Treaties and the Development of the Tradition of Great European Peace Settlements prior to 1648' (1997) 18 *Grotiana NS* 71 - 95.

Lesaffer, Randall 'The Grotian Tradition Revisited: Change and Continuity in the History of International Law' (2002) 73 *British Yearbook of International Law* 103 - 139.

Lesaffer, Randall (ed) *Peace Treaties and International Law in European History: From the end of the Middle Ages to World War One* (CUP Cambridge 2004).

Lesaffer, Randall 'Alberico Gentili's ius post bellum and Early Modern Peace Treaties' in Benedict Kingsbury and Benjamin Straumann (eds) *The Roman Foundations of the Law of Nations: Alberico Gentili and the Justice of Empire* (OUP Oxford 2010)210 - 240.

Neitmann, Klaus *Die Staatsverträge des deutschen Ordens in Preussen 1230 - 1449: Studien zur Diplomatie eines spätmittelalterlichen deutschen Territorialstaates* (Neue Forschungen zur brandenburg-preussischen Geschichte 6) (Böhlau Cologne 1986).

Neufeld, Hans *The International Protection of Private Creditors from the Treaties of Westphalia to the Congress of Vienna: A Contribution to the History of the Law of Nations* (Sijthoff Leyden 1971).

Osiander, Andreas *The States System of Europe*, 1640 - 1990: *Peacemaking and the Conditions of International Stability* (OUP Oxford 1994).

Steiger, Heinhard 'Der westfälischen Frieden — Grundgesetz für Europa?' in Heinz Duchhardt (ed) *Der westfälische Friede: Diplomatie, politische Zäsur, kulturelles Umfeld, Rezeptionsgeschichte* (Oldenbourg Munich 1998)33 - 80.

Steiger, Heinhard 'Friede in der Rechtsgeschichte' in W. Augustyn (ed) *PAX. Beiträge zu Idee und Darstellung des Friedens* (Scaneg Munich 2003)11 - 62.

Steiger, Heinhard 'Vorsprüche zu und in Friedensverträgen der Vormoderne' in Heinz Duchhardt und Martin Peters (eds) *Kalkül — Transfer — Symbol. Europäische Friedensverträge der Vormoderne* (Veröffentlichungen des Instituts für Europäisches Geschichte Beihefte Online 1 Mainz 2006)6 - 40 ⟨www. ieg-mainz. de/vieg-online-beihefte/ 01-2006. html⟩ (30 March 2012).

Ziegler, Karl-Heinz 'Friedensverträge im römischen Altertum' (1989) 27 *Archiv des Völkerrechts* 45 - 62.

第四章　少数族群与多数族群

简爱·尼曼(Janne E. Nijman)

一、引言：国际法对他者的处理

全球史的最黑暗面就是对"他者"(the other)的恐惧与不宽容,从而滋生出严重犯罪和虐待。但是,他者亦受到保护和尊敬。国际法一直关切对他者的(可能是糟糕的)安排,或更为特定地说是对少数族群问题的处理。本章将检视少数族群与国际法的关系。有论者会提出说两者间的关系就像国际法一样古老。如因尼斯·克劳德(Inis Claude)在其经典著作《国家的少数：一个国际性问题》(1955年)的开篇写道："多数人与少数族群的关系乃是政治领域的一个长期存在的问题。"[1]自1919年以来,"少数族群"这个词仅在条约法中用到,[2]但国际政治与国际法中浮现出的少数与多数之关系从(宗教、种族或人种)这样或那样的差异被认真对待之时起,已成为在政治上举足轻重的少数族群问题。[3]何种"差异"或"他者性"在政治上是重要的,以至于能形成(国际)问题,这自然要取决于时间和场域的社会政治

95

96

---

[1] I. L. Claude, *National Minorities*: *An International Problem* (Greenwood Press New York 1955) at 1;同时,对(国家)少数族群问题的起源,参见 Macartney, *National States and National Minorities* (OUP London 1934) at 21 - 29.

[2] 例见 Minorities Treaty between the Principal Allied and Associated Powers and Poland (签订于1919年6月28日)(1919)225 CTS 412, art 8;也称为"小凡尔赛和约"(下文称为《波兰少数族群条件》)。在《凡尔赛和约》关于捷克-斯洛伐克和波兰的第86条和第93条中,签约各方都避免使用"少数族群"的表述,而是描述为"国家中那些在种族、语言或宗教信仰上不同于大多数人口的居民"。

[3] *National Minorities* (n 1)1.

背景,以及少数族群的要求。因此,宗教少数族群的问题对 18 世纪前的国际法施加了重大影响,而国家层面的少数族群问题则仅到欧洲国家主义于 18 世纪末崛起时才成为一个国际问题,并在 19 世纪和 20 世纪初的国际法上打下烙印。

少数族群与国际法关系的全球史是一部以少数族群作为被害者被屠杀、迫害和歧视为主要线索的历史,以及国际法被用以回应这类犯罪的方式的历史。举例说,国际法被背信弃义的政治统治者当作免于外部审查的防护机制,或被国际社会当作要求无歧视对待某社群少数者的保护性工具。本章在探究少数族群与多数族群如何在国际法上被概念化和实施这一问题的语境内——尤其是涉及主权概念——重新叙述少数族群作为国际所关切之对象的历史。本章所叙述的是少数族群在漫长岁月中得各类保护者之助而成为国际权利的受益人的历史。实施这类权利(一般以条约为基础)的历史在之后迅速变为干预与义战的历史,紧接着又演变为“滥用”少数族群保护者身份作为干预借口的政治史。[4] 本书有专章研究干预(宗教和其他的理由)和义战,本章不详述。

本章从三个层面分析国际法处理少数族群关系的历史。第一,因不掌握国家权力,少数族群一直是国际法上的他者,故“少数与多数”的关系一直是“国际法最古老的关切之一”。[5] 可以说,少数族群乃国际法律体系内的他者。国际法如何对待少数族群?处理少数族群问题的国际义务是什么?《奥斯纳布吕克和约》第 5 条第 28 段或“小凡尔赛和约”第 12 条规定的少数族群权利的内容是什么?要纵览所有时代的国际法对少数族群的全部关切几无可能,故本章抛砖引玉,专注于国际法对待少数族群历史的两个片段。分别是本章第四节介绍的 1648 年的《威斯特伐利亚和约》和第五节介绍的 1919 年的《凡尔赛和约》及其国际法律文本对少数族群的规定。

第二,本章试图将国际法作为一个被少数族群问题施加显著影响之“体系”来分析,而非在具体的权利与义务层面加以分析。在经典理论中,少数族群虽非国际法的主要受众,但其在国际法的发展中发挥了重要的作用,主权概念乃是极重要的例子。此处的少数族群貌似对传统的“主权间”法律制度担当着“建制性他者”的角

---

〔4〕 *National Minorities*(n 1)7-9,关于国家系统联盟及其“易被滥用性”。

〔5〕 P. Thornberry, *International Law and the Rights of Minorities*(Clarendon Press Oxford 1991)at 1.

色。读完本章第四节与第五节,这个印象应会很强烈。

第三,本章关切少数族群国际法地位的历史性阐述。第三节解释了少数族群在过去两个世纪里如何仅在国际法通史的边缘位置发挥作用。这主要是因为这类历史之国家中心主义者导向。

以上述三个层面之分析为基础得到的初步发现是,现在已到了及时修正少数族群在国际法史中的传统地位的时候。本章其余部分涉及术语与范围(第二节),通过提炼背景,以勾勒出传统上少数族群在国际法史中所占的位置(第三节)。

二、术语与范围

公元 1945 年以前并不存在一套能自圆其说的全球性国际少数族群法。即使是第二次世界大战期间的国际少数族群选举也不是国际联盟确立的一种普遍制度,相反,它实际上是包含了在巴黎和会上及此后数年间形成的少数族群条约、和约和单边宣言的诸多个别条款的集合体。这些条约可能使用了"少数"这个词,但并非抽象法律意义上的那种类型的"少数族群",亦未形成一个被普遍接受的术语定义——这滋生了诸多混乱和争论。

是故国际常设法院(PCIJ)必须就凡尔赛体制下有关"少数族群"正式法律意义的争论作出术语层面的厘清。在"希腊-保加利亚'社群'"案的咨询意见中,法院就希腊—保加利亚"社群"(包括但不限于教会、修道院和学院)财产的可能被清算以及成员自愿迁徙后的解体问题发表了看法。在此背景下,法院定义了"社群"及与之相关的"少数族群"。[6] 在这里,法院认为定义少数族群应同时注意主观和客观两个面向,即辩论中的两种观点。[7]

98

---

[6] 例见 J. Jackson Preece, *National Minorities and the European Nation-States System* (Clarendon Press Oxford 1998) at 17. 例见雷德罗普的主张,他坚持国家是基于意愿和选择而非被给定的主观立场并因此而行动。R. Redslob, *Histoire des grands principes du droit des gens depuis l'Antiquité jusqu'à la veille de la grande guerre* (Rousseau Paris 1923) at 31–32.

[7] *Greco-Bulgarian 'Communities'* (Advisory Opinion) *PCIJ Rep Series B* No 17 at 21. 此中,国际常设法院对希腊与保加利亚间相互重移民的公约作出解释,将之视为存在"少数族群"的社群集合,并定义"社群"的概念为:"传统上⋯⋯在特定国家或地域生活的人群,属于某个种族、宗教、语言并拥有固有传统,且因之能团结凝聚起来,朝着保护传统、维持祖先崇拜、遵循一以贯之的信仰教化养儿育女并互帮互助。⋯⋯这项公约的宗旨、其与针对少数族群的措施之联系,以及签字列强的真实意图,都明白无误地指向这一结论,即构成这个社群的每位个体都应被尊重,能有权(转下页)

即便到现在,仍没有一个符合国际法意图的公认定义,而最常用的对"少数族群"的法律定义以国际常设法院(PCIJ)的那份 1930 年代的定义为基础。该定义是由"联合国免于歧视与保护少数族群分组委员会"的特别报告人卡波托里(Capotorti)在其 1979 年的研究中提出的,[8]其也包括传统社会学对少数族群定义中的要素,即非统治地位。在法律与社会学传统中,学者们甚至将被压迫的多数也理解为"少数群体"。[9]本章亦追随按相对数量和权力均处劣势来定义"少数族群",是故将不再讨论历史上所谓大发现时期的新世界中"少数族群"曾占统治地位的荷兰、英国或西班牙,亦不包括殖民时代的欧洲在非洲和亚洲占统治地位的少数族群统治。对若干世纪以来少数族群作为非国家主体如何积极影响国际政治和国际造法的分析,亦在本章范围之外。[10]

对于少数族群政治的一个主要问题是,对于少数族群保护,国际关切的推动因素是德性和正义,还是基于国家和国际稳定的考虑,或兼而有之。一方面,有论者注意到现实主义者仅按权力均衡、国家利益和谋求国内和国际层面稳定之原则去解释历史上对国际少数族群的保护。[11]另一方面,有建构主义派学者主要援引正义和德性来解释国际少数族群权利和保护这一现象。[12]后者的典型例证——有人可能会称之为"理想主义者"——可以见诸杰出的二战史作家麦卡特尼(C. A. Macartney)对国家少数族群的著作。麦卡特尼将历史上的国际少数群体保护解释

（接上页）在其族群内永久地安居乐业,并按其价值观生活。以上这些都引向了最后的结论:这个公约正是按独一无二的少数族群特性来界定'社群'的……"亦见 N. Berman, '"But the Alternative Is Despair": European Nationalism and the Modernist Renewal of International Law' (1993)106 *Harvard Law Review* 1792 – 1903。

[8]"人口数量上在该国不占优势、居非主流地位,作为国民,在伦理、宗教或语言方面不同于该国其他人口。但是,在保全其独特的文化、传统、宗教或语言方面,成员间表现出了特别的团结和默契。" *Study on the Rights of Persons Belonging to Ethnic, Religious and Linguistic Minorities* (1979) UN Doc E/CN. 4/Sub. 2/384/Rev. 1, at 96.

[9]例如 F. Ermacora, 'The Protection of Minorities before the United Nations' (1983)182 *Recueil des cours* 247 – 370 at 319。

[10]参见 C. Fink, *Defending the Rights of Others*: *The Great Powers, the Jews, and International Minority Protection, 1878 – 1938* (CUP Cambridge 2004); D. H. Nexon, *The Struggle for Power in Early Modern Europe*: *religious conflict, dynastic empires, and international change* (Princeton University Press Princeton 2009)。

[11]B. de Carvalho, 'Keeping the State: Religious Toleration in Early Modern France and the Role of the State in Minority Conflicts' (2001 – 2)1 *European Yearbook of Minority Issues* 5 – 27;亦见 L. Henkin, *International Law*: *Politics and Values* (Martinus Nijhoff Dordrecht 1995) at 170 – 171。

[12]例见 R. Jennings and A. Watts (eds), *Oppenheim's International Law* (9th edn Longman London 1992) at 972,受"人类尊严"之激励。

为受"存在高级法"这个一般性假设的推动,即"个人信仰某种宗教的权利毋需主权者核准"。麦卡特尼提出,17 世纪的宗教干预者之兴趣"仅局限于干预者自身及其想保护者之间的宗教信仰社群"[13]。本章专注于因解决少数族群问题而给国际法形成所带来的影响,并尽可能多地关注与国际少数族群保护有关的政治。

三、国际法史中少数族群的传统位置

少数族群在国际法史中的位置是传统的而非边缘的。[14] 国际法史文献中就少数族群权利和少数族群保护的两种主流叙事大体能分别解释少数族群与国际法之关系少有人关注的原因,即"1648 年迷思"及其"进步叙事"。

第一,从 19 世纪起,[15]国际法通史就把 1648 年的《威斯特伐利亚和约》作为近代国际法奠基的标志。同时,国际法史学史越来越多地关注现代主权国家以及"威斯特伐利亚秩序"(之浮现),即绝对主权国家间的一套国际法律秩序,通过坚实的内/外区分将国内与国际生活区隔开来。国际法通史亦由这种国家中心主义范式所主宰,以防止少数族群的权利与保护沦为威斯特伐利亚秩序的"变种"。[16] 但是,国际法中的少数族群与多数族群之历史在公元 1648 年以前就已生根,例如 4世纪至 6 世纪的小亚细亚。该范式的例外是斯特拉斯堡大学教授罗伯特·雷德罗普(Robert Redslob)于 1923 年出版的《国际法原理大历史》(*Histoire des grands principes du droit des gens*)。该书亦将 1648 年作为起始点,但全书大量篇幅却是在说"民族性"如何影响国际法史。[17] 这种阐述与其他国际法史家的观察相左。如阿瑟·努斯鲍姆(Arthur Nussbaum)附带提及到"给予个人对宗教归属的保护"

---

[13] *National States*(n 1)158.

[14] 格鲁威(Grewe)对关于少数族群国际保护的国际法历史的现实主义解释仅涉及国际法发展中的划时代或"霸权性"转变。W. G. Grewe, *The Epochs of International Law*(Walter de Gruyter Berlin 2000)at 290.

[15] 1841 年,美国法学家亨利·惠顿(Henry Wheatan)出版了一部完全国家中心导向的自 1648 年起的现代国家法史。1815 年的维也纳会议后,惠顿在写作中经常使用"民族的"这一概念,但通常是作为国家的民族概念被使用,几乎与(抽象概念上的)国家少数族群无关。H. Wheaton, *History of the Law of Nations in Europe and America from the Earliest Times to the Treaty of Washington*(Gould, Banks & Co New York 1845)at 69,432, and eg 561.

[16] *National Minorities and the European Nation-States System*(n 6)10.

[17] *Histoire des grands principes*(n 6)28,31, and 415 - 416;参见如下精彩的讨论,'Alternative Is Despair'(n 7)。

之条款使《威斯特伐利亚和约》成为"国际法发展的里程碑"。[18] 约翰·菲奇尔（Johan Verzijl）的结论是国际少数族群保护"时常对国家主权构成相当大的限制"[19]，而马戛尼（Macartney）一直提到，保护少数教派从"高级法"衍生出来的干预权事实上是对"绝对主权主张的否定"[20]。但是，努斯鲍姆、菲奇尔和马戛尼三位都未从威斯特伐利亚主权或国际法体制中得出根本性的结论。简言之，这种威斯特伐利亚范式从两方面塑造了少数族群和国际法历史的传统思维。在事实层面，《威斯特伐利亚和约》一般被当作国际法发展的起点，其滋长了历史近视和欧洲中心论。在概念层面，"1648 年迷思"助长了少数族群在国际法形成的历史中的缺席，且其往往边缘化了少数族群的形成性贡献。

101

第二，少数族群国际法史学史的叙事被理解为是一种"进步"叙事。少数族群和人权著作文献中各简章的逻辑架构是，先将少数族群的权利描述成始于 1648 年目的至上论叙事的一部分，[21]然后再讨论重要的欧洲条约（1815 年、1878 年、1919 年）和不断增加的少数族群权利，[22]最后转向 20 世纪末出现的普遍国际人权文本。[23] 按这一沿革，《威斯特伐利亚和约》的保护性条款乃是作为后续保护条款基础的最初模板。[24]

---

[18] A. Nussbaum，*A concise history of the law of nations*（The Macmillan Company New York 1954）at 115 - 116.

[19] J. H. W. Verzijl，*International Law in Historical Perspective*（1969）vol 2，at 467；亦见 S. Verosta，'History of International Law, 1648 to 1815' in R. Wolfrum（ed）*The Max Planck Encyclopedia of Public International Law*（Oxford University Press Oxford 2008）at〈www. mpepil. com〉。韦洛斯塔（Verosta）曾提到过少数群体："即使在专制时期，新统治者也承认了不同地区的权利与特权。在条约的特别条款中，他致力于对宗教少数群体的保护。"

[20] *National States*（n 1）158.

[21] *National States*（n 1）158. 例见 L. Gross，'The Peace of Westphalia, 1648 - 1948'（1948）42 *American Journal of International Law* 20 - 41 at 22；A. Balogh，*Der internationale Schutz der Minderheiten*（Südost-Verlag Adolf Dresler München 1928）；*National Minorities and the European Nation-States System*（n 6）55 - 56；*National States*（n 1）157；*A concise history*（n 18）126 and 115 - 116；*The Epochs of International Law*（n 14）290；C. Walter，'Religion or Belief, Freedom of, International Protection' in *The Max Planck Encyclopedia of Public International Law*（n 18）。

[22] 例见 *National States*（n 1）161 and 157；亦见 A. de Lapradelle，'Préface' in J. Fouques-Duparc *La protection des minorités de race, de langue et de religion. Étude de droit des gens*（Librairie Dalloz Paris 1922）i-iv at ii：'les progrès accomplis'.

[23] 例见 A. W. B. Simpson，*Human rights and the end of empire：Britain and the genesis of the European Convention*（OUP New York 2001）at 107；*International Law and the Rights of Minorities*（n 5）。索恩伯里（Thornberry）指出，条约保护如何发展涉及到对"超越信仰自由并涵盖一系列公民与政治权利的保障"之扩展。亦见 J. H. W. Verzijl，*International Law in Historical Perspective*（AW Sijthoff Leyden 1972）vol 5，at 178。

[24] *National States*（n 1）5.

如努斯鲍姆就指出,《柏林条约》(1870 年)中对少数族群的安排是对"土耳其和巴尔干国家施加不得歧视宗教少数派的国家义务,从而成为给予人权保护所迈出的重要一步"[25]。一般地,公元 1945 年以前的发展可分为三大阶段。[26] 第一阶段是近代早期(1648—1815 年),该时期的关注点是少数教派。第二阶段是民族主义在欧洲快速发展时期(1815—1919 年),该时期使得保护性条款的重心从宗教层面转向国家的少数族群,甚至在国际法上出现了民族性原则。第三阶段是首个少数族群保护的国际性"体制"时代(1919—1945 年),该时期对相关条约的条款之解释由国际联盟提供监督性支持并由国际常设法院提供管辖权支持。将少数族群权利当作新兴人权长期先驱的趋势亦存在于两次世界大战之间 20 年的国际法学术本身,[27]其对该议题有认真研究且着力甚多。[28] 在进步派国际法学者寻求国际法的更新与修正之际,这套新建的国际少数族群体系确实是一个值得研究的课题。[29]。这类目的至上论之阐述往往变成与自决、国家主权和真正国际法律人格的性质等相关的概念性问题。[30]

四、少数族群与《威斯特伐利亚和约》

(一)《威斯特伐利亚和约》前的少数族群保护

通过国际法保护少数族群被认为源于宗教自由的发展。但是,其历史不是从

---

[25] A. Nussbaum, *A concise history of the law of nations* (The Macmillan Company New York 1947) at 188. 然而,当努斯鲍姆第二次在国际联盟的背景下处理少数族群问题时,他并未在检视国际常设法院(PCIJ)案时处理少数族群问题。同上,第 250 页。

[26] 例见 H. Wintgens, *Der völkerrechtliche Schutz der nationalen, sprachlichen und religiösen Minderheiten* (W Kohlhammer Stuttgart 1930); E. Ruiz Vieytez, 'The History of Legal Protection of Minorities in Europe' (1999) *University of Derby Working Papers in International Relations No 1*, 以及 H. Hannum, 'The Concept and Definition of Minorities' in *M Weller Universal Minority Rights* (OUP Oxford 2007) 49 – 73 at 52 – 53;不太明确地,可参见 *International Law and the Rights of Minorities* (n 5)25 – 54, 以及 N. Lerner, 'The Evolution of Minority Rights in International Law' in C. M. Brölmann et al (eds) *Peoples and Minorities in International Law* (Martinus Nijhoff Publishers Dordrecht 1993)77 – 101 at 81 – 82。

[27] 参见 A. N. Mandelstam, 'La protection des minorités' (1923)1 *Recueil des cours* 369 – 382。战间对少数族群问题的敏感性来源于许多战间海牙学院论及少数族群的课程。详见 'The Protection of Minorities before the United Nations' (n 9), 260 – 261。

[28] *La protection des minorités de race* (n 22); D. Krstitch, *Les minorités, l'état et la communauté internationale* (Rousseau Paris 1924); *National States* (n 1); *Der völkerrechtliche Schutz* (n 26).

[29] J. E. Nijman, *The Concept of International Legal Personality: An Inquiry into the History and Theory of International Law* (Asser Press The Hague 2004).

[30] 例见 'La Protection des Minorités' (n 27)367 – 517。

17 世纪的罗马天主教与新教徒统治者间的条约开始的。[31] 早在 4 世纪,东罗马帝国(或称"拜占庭帝国")和波斯的萨珊帝国就在条约中缔结了保护少数族群的条款。当伊斯兰教在 7 世纪崛起后,拜占庭皇帝与穆斯林帝国哈里发以及后来的奥斯曼帝国的苏丹延续了这个古老的区域性实践。小亚细亚地区的这些大帝国在其境内以及在实力旗鼓相当的其他竞争对手境内不得不拿出一套"回应对少数族群的抵触的办法"。为此,他们发展出内部和外部的少数族群规则,其中明确包含了法律地位和主体性权利的概念。[32] 例如,拜占庭帝国的优士丁尼一世(527—565年)和波斯帝国的霍斯劳一世(Khusrau I, 531 - 579 年)在其第 562 号和平协议中附加了一项名为"波斯基督徒地位"的特别条约,其中包含了旨在保护波斯境内[33]基督徒少数派免遭迫害的条款。[34] 在小亚细亚时代的罗马和波斯之关系中,对少数教派的保护与管制俨然已是(国际)法律与政治的有机组成部分——这个事实与它仅是在后来同奥斯曼帝国交往中被欧洲强权"强加于身"的那种叙事相悖。

在改革前的欧洲基督教共和体中,少数教派并非"万民法和自然法"的主要关切。16 世纪的改革在欧洲创造出了少数教派,并使得宗教自由和良心自由成为国际关切。这当然不是说欧洲在宗教改革前不存在宗教或种族方面的少数派,或不存在要关切的理由。相反,在中世纪的欧洲的确到处存在这样或那样的宗教宽容,但对少数派——吉普赛人、辛提人和犹太人——的(法律)歧视和迫害是主流。[35]

---

〔31〕 例见 M. D. Evans, *Religious Liberty and International Law in Europe* (CUP Cambridge 1997)。

〔32〕 参见 Bosworth, 'The Concept of Dhimma in Early Islam' in B. Braude and B. Lewis (eds) *Christians and Jews in the Ottoman Empire*: *The Functioning of a Plural Society* (Holmes and Meier New York 1982) vol 1 (The Central Lands), 37 - 50 at 37。

〔33〕 Menander Protector, *History of Menander the Guardsman* (R. C. Blockley ed and trans) (F. Cairns Liverpool 1985) at 76. 这一条约文本的摘录保存在了这一名为米南德·普照泰戈尔(Menander Protector)的东罗马希腊人的作品中。

〔34〕 S. Verosta, 'International Law in Europe and Western Asia between 100 and 650 A. D.' (1964) 113 *Recueil des cours* 491 - 613 at 608 - 610.

〔35〕 例见 D. Nirenberg, *Communities of Violence*: *Persecution of Minorities in the Middle Ages* (Princeton University Press Princeton NJ 1996)。参见 J. C. Laursen and C. J. Nederman (eds) *Beyond the Persecuting Society*: *Religious Toleration Before the Enlightenment* (University of Pennsylvania Press Philadelphia 1998); P. C. Hartmann, *Das Heilige Römische Reich deutscher Nation in der Neuzeit 1486 - 1806* (Reclam Stuttgard 2005) at 107 - 108。德意志帝国(1350—1650 年)中的犹太少数民族被称为"eine lange Krise", A. Herzig, *Jüdische Geschichte in Deutschland*: *Von den Anfängen bis zur Gegenwart* (2nd edn CH Beck München 2002) at 52. 参见 1570 年左右的欧洲犹太人境遇之变化以及他们对 1650 年至 (转下页)

然而，自 1517 年的宗教改革开始[36]，宗教少数派却成为政治世界和观念世界最利害攸关的议题之一，无论在国家内部还是在整个欧洲。这两个领域彼此关联的紧密程度在斯蒂芬·图尔敏（Stephen Toulmin）对圣巴托罗缪之夜大屠杀（St. Bartholomew，1572 年）这一对少数教派的严重罪行之背景和影响的仔细重构中得到艺术般地显现。[37] 图尔敏令人信服地展示了对胡格诺派（Huguenot）少数派成员的大规模谋杀不仅影响到法国与欧洲的政治，还影响到欧洲知识分子的人生乃至西方哲学的形成。相比蒙田对不确定性和多元性的宽容，更占主流的是笛卡尔对确定性的探寻，这在某种意义上正是对这场屠杀的回应。在同样的背景下，昆廷·斯金纳（Quentin Skinner）将其理解为欧洲政治思想史上的奠基性事件之一。原因是，一方面，它催生了激进加尔文教派的抵抗权理论之形成[38]；另一方面，它催生了博丹所谓的"君权神圣"理论之形成。后者的"公共政治理念历来所采取的都是声称少数教派天赋权利应被宽容对待的主张应毫无疑问地被接受这一形式"[39]。

格劳秀斯对欧洲的宗教多元采取了截然不同的路径。在欧洲近代早期法学中，少数教派地位主要是在义战理论的框架内被对待的。[40] 1621 年，格劳秀斯这位同情加尔文教派的新教徒逃离了因宗教原因而引发内战的荷兰共和国，在天主教法国避难。[41] 在 1620 年代初，格劳秀斯写成并出版了他的不朽名著《战争与和

（接上页）1713 年的欧洲世界的影响。JI Israel, *European Jewry in the Age of Mercantilism*, *1550 - 1750* (OUP Oxford 1985).

[36] 例见 M. Boegner, 'L'infl uence de la réforme sur le développement du droit international' (1925) 6 *Recueil des cours* 241 - 324。亦见 P. H. Kooijmans, 'Protestantism and the development of international law' (1976)152 *Recueil des cours* 79 - 118 at 91 - 109。

[37] S. Toulmin, *Cosmopolis：The Hidden Agenda of Modernity* (University of Chicago Press Chicago 1992).

[38] Q. Skinner, *The Foundations of Modern Political Thought* (CUP Cambridge 1978) vol 2 (The Age of Reformation) at 239 - 254. 亦见 D. Parker, 'The Huguenots in Seventeenth-Century France' in A. C. Hepburn (ed) *Minorities in History* (Edward Arnold London 1978)11 - 30 at 16 - 17.

[39] *The Foundations of Modern Political Thought* (n 38) vol 2, at 253.

[40] 例见贞提利对国家间宗教宽容的呼吁。A. Gentili, *De iure belli* book I, ch X, s 69 - 72；亦见 'La protection des minorités' (n 27)57 - 63。

[41] 格劳秀斯从未真正同巴黎胡格诺社群走得很近。学者内伦（Nellen）得出该结论的证据是 1620 年法国加尔文主义者对荷兰的阿米尼亚主义堪称"全盘否定"，以及法国政府自 1621 年起对基督新教实施打压政策，最终导致 1685 年时《南特敕令》（1598 年）的废止。H. J. M. Nellen, 'Grotius' Relations with the Huguenot Community of Charenton (1621 - 1635)' (1985)12 *Lias* 147 - 177 at 149 - 150.

平法》（1625年），该书亦助推了关于宗教宽容的讨论。格劳秀斯警告"对那些认为圣法解释有误者"发动战争是不正义的，"同样地，对那些整体接受基督教圣法，但在某几点（解释上）存疑或有误者施加惩罚亦属邪恶行为"[42]。在此背景下，格劳秀斯还援引东罗马史家米南德（Menander Protector）对罗马-拜占庭关系的论述，以作为构成"对臣民专政"情势之范例。依其观点，"波斯帝王对基督徒少数派的压制和迫害"从来都是作为基督教义守卫者之罗马皇帝在万民自然法（或"人类社会权利"）下发动义战的理由。[43] 凡迫害基督徒者，"有此行为本身就应接受正义的惩罚"[44]。因此，对波斯发动战争是正义的，格劳秀斯认为这是对其迫害基督少数教派的惩罚。格劳秀斯的理论支持良心自由和宗教事务中的"自由判断"，[45] 即国家权力在宗教事务中的地位之至上性，以确保宗教教派的自由和宽容以及主权对照顾其社群乃至整个人类社会的一般性责任。[46] 这种建基于万民法和自然法之理性理论之上的宽容和中立性立场却不被正统的、教条的加尔文主义者以及耶稣会士所接受。但是，近代早期这场关于宗教宽容的争论[47]对少数教派的地位和保障的影响是不容否定的。[48]

（二）威斯特伐利亚主权时代对少数族群的责任

本节将显示《威斯特伐利亚和约》——特别是《奥斯布吕克和约》——如何处理少数教派问题。仔细研读 1648 年条约能温故知新，并得出脱胎于威斯特伐利亚主权观的古老概念亟待重建之结论。1648 年条约建基于《奥格斯堡和约》（1555 年）。后者对路德宗和加尔文宗的统治者赋予"改革权"（*ius reformandi*）（即决定臣民皈依何种宗教的权利），并为神圣罗马帝国建立了"谁统领国家，谁决定国教"（*cuius*

---

[42] H. Grotius, *De iure belli ac pacis* (J. Brown Scott ed) (OUP Oxford 1925) book Ⅱ, ch ⅩⅩ, s 50, at 518 – 519.

[43] H. Grotius, *The Rights of War and Peace* (R. Tuck ed) (Liberty Fund Indianapolis 2005) book Ⅱ, ch ⅩⅩⅤ, s 8, at 1161.

[44] 同上，book Ⅱ, ch ⅩLⅨ, s 1, 第 1044—1045 页。

[45] 同上，book Ⅱ, ch ⅩⅩ, s 48 – 50, 第 1041—1050 页。

[46] 同上，第 1028 页。

[47] 例见 C. J. Nederman and J. C. Laursen (eds) *Difference and Dissent：Theories of Tolerance in Medieval and Early Modern Europe* (Rowman & Littlefield London 1996)。亦见 *The Foundations of Modern Political Thought* (n 38)。

[48] 也不能否认宗教宽容对国内和平和国际和平的政治必要性。参见 'Keeping the State' (n 11)。

regio，eius religio）的原则——除了那些维系了宗教多元性的自由的帝国性城市。因此，这项 1555 年和约——试图缓和帝国政治——"领土化"了宗教身份，并将之与领土主权相关联。统治者的主权性权利并非无限，几乎在同一时期，个人主体的改革权获得了新的意义。[49] 两者合力——由主权者决定其境内皈依何种宗教的权利，以及个人主体在坚持不同宗教时所享有的迁徙权——动摇了既定秩序。

为终结三十年战争并引入"基督和普世和平"，[50] 相比《奥格斯堡和约》，《威斯特伐利亚和约》为保护欧洲少数教派而做了更全面的安排。尊重和保护少数教派的义务指向各类主权统治者及其帝国的城市。改革派或加尔文教派在 1648 年新获认许并获得同路德宗（和天主教派）在宗教和其他事务方面相同的权利。但是，宗教宽容却再未扩至这三大宗派之外。[51]

尽管有些许阻力，但宗教多元性已被接受，且"良心自由"和"宗教自由"无论是在民间还是在公权力层面都获得了承认。[52] 教堂将重归"奥格斯堡自白者"（即路德教派），只要这些于 1624 年 1 月 1 日仍在教堂掌控之下。[53] 他们有时还被允许建立新教堂。和约还规定波希米亚天主教派与路德教派在法律面前的地位平等。[54] 两大条约中除了数项关于在德国特定城市或州确立新教或天主教少数派宗教自由的条款外，本章语境下的《威斯特伐利亚和约》中最主要的条款应是《奥斯布吕克条约》的第 5 条，其包括但不限于如下意思：

> 这对那些在 1624 年中未在公私层面上从事宗教活动的奥格斯堡告解会组织的天主教徒或者奥格斯堡告解会国家的天主教徒来说，更是一个福音。因自本和约公布后，其与领主可信奉不同的宗教信仰，所声称之和平结果的实

[49] Peace of Augsburg（签订于 1555 年 9 月 25 日）§ 24。

[50] Treaty of Peace between France and the Empire（签订于 1648 年 10 月 24 日）(1648)1 CTS 271 at 321，art I。

[51] Treaty of Peace between Sweden and the Empire（签订于 1648 年 10 月 24 日）(1648)1 CTS 119 at 239 – 240，art VII。

[52] Treaty of Peace between France and the Empire（n 50)327,331 and 332，arts XXVIII，XLIII，and XLIX.

[53] Treaty of Peace between Sweden and the Empire（n 51)205，art IV，§ 17。

[54] Treaty of Peace between France and the Empire（n 50)332，art XLVI. 亦见 Treaty of Peace between Sweden and the Empire（n 51)213，art IV，§ 53。

现需更具宽容与耐心……亦不再阻碍其参加集会;在民间层面,他们得获全部良心自由,再无质询与刁难;甚至助其邻居信教,在他们践行宗教信仰的时候,他们常常有自己的想法,或送孩子进该宗教的异教学校,或接受家庭导师的教谕。条件是这些教徒或子民履行其他方面的义务,恪尽职守、安守本分,不滋事。同样地,对这些天主教徒或奥格斯堡告解会成员,不得因其宗教信仰而将其驱逐出商人、手工业者或公司团体,亦不得剥夺其继承、立遗嘱、住医院、住麻风病院、住救济院,以及其他方面的特权,不得剥夺其教堂墓地及获得礼葬等私权,并不得收取超过正常丧葬开销的费用,标准依据 Parish 教堂墓地的价格。从而使得这些教徒在形形色色的情况下都能受到如同我们兄弟姐妹般的对待,以彰显正义与平等。[55]

至少在纸面上,偏离国教可被接受,当主权者改宗,臣民再勿需追随。并且,不允许因宗教偏离而对社会或公民实施驱逐(例外是在奥地利领土上的新教徒少数派,他们未被 1648 年和约授予宗教自由权)。此外,对于在公元 1624 年以前没有获得公权力保障或民间宗教自由的个人子民,若其如今有迁徙的想法或被主权者命令迁徙,"其可自由为之"[56]。"领主应为其迁徙……提供空间与不少于五年的时间。"[57]这是《威斯特伐利亚和约》中与领土主权相伴的责任概念之示例。另一节规定了路德宗派君主和西里西亚市镇(Silesia)享有持续宗教自由的条件,即"不得扰乱公共和平与稳定,以及(少数教派)对其君主的行为能恰如其分,一以贯之"[58]。这类对宗教异议之"公共秩序"限制已成为国内法和国际法上管理宗教多元性与安顿少数教派视角的一部分。[59] 领主对少数教派的专制行为不仅被格劳

---

[55] Treaty of Peace between Sweden and the Empire (n 51)228 - 229, art V, §28.

[56] 同上,art V, §29 (*ius emigrandi*)。

[57] 同上,art V, §30。

[58] 同上,art V, §31。

[59] Treaty of Peace between Great Britain and France (签订于 1713 年 4 月 11 日)(1713)27 CTS 475 at 475, art 14。亦见 the Definitive Treaty of Peace between France, Great Britain and Spain (签订于 1763 年 2 月 10 日)(1763)42 CTS 279, art 4。国家层面请参见,C. H. Parker, 'Paying for the Privilege: The Management of Public Order and Religious Pluralism in Two Early Modern Societies' (2006)17 *Journal of World History* 267 - 296。

秀斯视为非法,如今亦被条约法认定为非法。宗教战争已被对少数教派的宗教宽容原则所取代,保障宗教自由和对主权领土内多数群体与少数群体的公正与平等对待之新责任——至少是纸面上——替代了保护主权领土外的同宗派者的责任。《威斯特伐利亚和约》的宗教宽容与平等对待原则并无执行机制,既未追责也无(宗教理由的)干预。对少数教派的专制仍是对背弃者发动惩罚性战争的理由。

在晚近一场有关"威斯特伐利亚"上的国际关系以及在 1648 年传统解释基础上具体化的概念的讨论中,1648 年的《威斯特伐利亚和约》亦被重新审视。斯蒂芬·博拉克(Stéphane Beaulac)[60]、斯蒂芬·克拉斯纳(Stephan Krasner)[61]、安德烈亚斯·奥西安德(Andreas Osiander)[62]和丹尼尔·菲尔波特(Daniel Philpott)[63]四人在处理国际关系与国际法上的 1648 年这个年份之"建构性奠基迷失"的问题时,均对 1648 年的各和平条约中包含的少数族群保护的安排做出了毫无疑问的开创性贡献。[64] 最近,卢克·格兰维尔(Luke Glanville)亦对这场讨论有简明的说明,此处不再赘述。以上所述足以满足前述细读条约文本所得出的结论,"即实践中,主权与责任相伴相生的理念有很深的历史渊源"[65]。克拉斯纳在深度审视少数族群权利与威斯特伐利亚主权关系后,他对近来称少数族群——以及人权乃"革命性进步"——的提法表示质疑,这种表达若忽略了"外界对国家内部的少数族群漫长的介入历史"的话,则显得相当肤浅。[66] 然而,从法律史的角度,对成为领主者来说,即对主权者而言,尊重宗教自由与平等对待少数族群的法律义务已日益成为国际实践的一部分,对威斯特伐利亚主权概念及其内含的责任观亦

---

[60] S. Beaulac, 'The Westphalian Legal Orthodoxy — Myth or Reality?' (2000) 2 *Journal of the History of International Law* 148 – 177.

[61] S. D. Krasner and D. T. Froats, 'Minority Rights and the Westphalian Model' in D. A. Lake and D. S. Rothchild (eds) *The International Spread of Ethnic Conflict: Fear, Diffusion, and Escalation* (Princeton University Press Princeton NJ 1998).

[62] A. Osiander, 'Sovereignty, International Relations, and the Westphalian Myth' (2001) 55 *International Organization* 251 – 287; A. Osiander, *The States System of Europe 1640 – 1990: Peacemaking and the Conditions of International Stability* (Clarendon Press Oxford 1994).

[63] D. Philpott, 'The Religious Roots of Modern International Relations' (2000) 52 *World Politics* 206 – 245.

[64] B. Teschke, *The Myth of 1648: Class, Geopolitics and the Making of Modern International Relations* (Verso London 2003).

[65] L. Glanville, 'The Antecedents of "Sovereignty as Responsibility"' (2011) 17 *European Journal of International Relations* 233 – 255 at 234.

[66] 'Minority Rights' (n 61) 226.

应提出重构之要求。

(三) 17 世纪和 18 世纪保护少数族群的条约

《威斯特伐利亚和约》为 17 世纪和 18 世纪的基督教主权者间的主要和平条约中保护少数教派之条款确立了方向。这些后世的条约，像西班牙的《奥里瓦和约》(Oliva，1660 年)[67]、荷兰的《奈梅亨和约》(Nijmegen，1678 年)、《勒斯维克和约》(Ryswick，1697 年)、《乌德勒支和约》(Utrecht，1713 年)、波兰的《布勒斯劳和约》(Breslau，1742 年)、德国的《德累斯顿和约》(Dresden，1745 年)、《巴黎和约》(Paris，1763 年)和波兰的《华沙和约》(Warsaw，1772 年)，对新教徒国家的天主教少数派的地位均有规定，反之亦然，特别是在领土割让的情境下。[68] 这些受保障的自由逐渐扩及到包括"民事"权，以及自由和宗教正义等领域的特权。在 17 世纪的领土割让的实践中，其主权概念的特征凸显出前述威斯特伐利亚主权重构的必要性。当领土被割让后，新领主须发誓对该领土定居者的宗教自由"保持现行机制和自由不变"[69]。因此，通过和约安排的割让就涉及对附随于割让领土之上的新少数族群之责任的承认，包括承认对在被割让领土之上生活的少数派主体之主权者责任等做法，其本质或是封建性的，但近代早期的做法却明确指涉主权概念在国际法运行中的责任面向以及在主权者未能确保少数族群权利时采取干预措施的合法性。

在 18 世纪末，当法国大革命的理念和启蒙运动给人类及其社会带来新气象后，政治和法律的焦点从社群或集体转向个人及其权利。宗教以及宗派社群生活变为应被宽容对待的私人事务。[70] 法学家瓦特尔乐见这种作为国际和平受益者的发展。[71] 每个人首先是"公民"——即宗教、民事和政治权利的个人主体——且少数教派和多数教派的社会隔离应渐渐消失。[72] 但是，在真实生活中，少数族群的问题并未

109

---

〔67〕 Treaty between Poland, the Empire and Brandenburg, and Sweden（签订于 1660 年 4 月 23 日）(1660)6 CTS 9 at 60 - 92。

〔68〕 例见 A. Nussbaum, *A Concise History of the Law of Nations*（Macmillan New York 1962）at 126；*La protection des minorités de race*（n 22）75 - 77。

〔69〕 *National States*（n 1）158.

〔70〕 J. B. Muldoon, 'The Development of Group Rights' in J. A. Sigler（ed）*Minority Rights：A Comparative Analysis*（Greenwood Press London 1982）31 - 66 at 61 - 62.

〔71〕 E. de Vattel, *Droit des gens* in J. B. Scott, *The Classics of International Law*（Carnegie Institution Washington 1916）vol 1, ch 12, para 135, at 125 - 126.

〔72〕 V. Van Dyke, 'The Individual, the State, and Ethnic Communities in Political Theory' (1977)29 *World Politics* 343 - 369.

消失。很快,民族主义的逻辑将出现,并引导少数族群在此新特性的基础上进行建设。

五、1919 年《巴黎和约》后的少数族群

(一) 民族国家与国家的少数族群(1815—1919 年)

整个 19 世纪,民族主义相当程度上塑造了欧洲的国际政治。该世纪虽见证了拿破仑和奥斯曼帝国的衰亡,但民族主义的热潮却如火如荼,中东欧的民族或民族国家数量稳步增长。但是,至少可以说民族性的政治原则——即民族是主权国家地位的合法性基础——是有问题的。一方面,它作为国际社会的组织原则而受到尊重,从而新的民族国家被迎入世界民族之林,只要其安排好对少数族群的保护。另一方面,“民族性”成为(武力)同化、迫害和驱逐少数族群政策的理论基础。韦茨(Weitz)观察认为:“驱逐与(少族族群的)保护同时开跑——两者在 1860 年代的某个大致相同的时间节点先后涌现出来,且常被大国强权签署或背书的双边和多边条约予以合法化。”[73] 国际保护安排的重心从宗教少数群体转向民族少数群体。尽管人们的民族主义愿景被接受为独立的正当性理由,但后继的新兴“国家主权”之合法性却以新国家对其境内的少数民族权利之保护为条件。[74] 19 世纪的欧洲三大和平会议缔结的最终条约——《维也纳和约》(1815 年)、《巴黎和约》(1856 年)和《柏林和约》(1878 年)——均包含了少数族群保护条款。

奥斯曼帝国于 1878 年被击败后,一些国家——像蒙特内哥罗、塞尔维亚和罗马尼亚——获得了独立,另一些国家扩张了领土范围。[75] 柏林和会(1878 年)规定,承认新国家和/或版图扩张国家的条件是其接受保护少数族群及其权利之义务。[76]

---

[73] 参见 E. D. Weitz,‘From the Vienna to the Paris System:International Politics and the Entangled Histories of Human Rights,Forced Deportations,and Civilizing Missions’(2008)113 *The American Historical Review* 1313–1343 at 1313。

[74] 例如希腊的例子,Protocol of Conference Relative to the Independence of Greece(签订于 1830 年 2 月 3 日)(1830)80 CTS 327 at 327–334 and 81 CTS 48 at 48–52。

[75] 保加利亚成为苏丹“宗主权下的自治和附庸的公国”。Treaty for the Settlement of Affairs in the East(签订于 1878 年 6 月 13 日)(1878)153 CTS 171,art 1(下文称为“《柏林和约》”)。1878 年的《圣斯特凡诺和约》被修订。

[76] 例如《柏林和约》(n 75)第 35 条:“在塞尔维亚,宗教信条与信仰的差异不应成为反对任何人的理由,亦不得剥夺其享有公民权利和政治权利、接受公共就业、履行职务和接受奖赏或从事不同行业与产业实践的能力,无论在什么地方。所有塞尔维亚人和外国人的自由与对各种形式信仰的公开信奉都应得到保障,不同教派的阶层组织不应受到妨碍,其与精神领袖的关系亦不应受到妨碍。”第 44 条是针对罗马尼亚的相似条款。

同样地,奥斯曼帝国苏丹亦接受了这种对少数族群的义务。[77] 少数族群权利保护作为跻身欧洲国家大家庭所需要的"文明标准"的尺度从此被确立。用克劳德(Claude)的话说:

> 保护少数族群,至少从理论上,变成欧洲公共政策领域的一种国家行为,而非利益攸关国家的自由裁量行为。1878 年,柏林和会上的大国全权代表宣告未来欧洲国家大家庭的新成员应承认宗教自由原则,以作为他们对构成所有欧洲国家社会组织基础的原则的普遍接受之象征。[78]

顺着这个脉络,德·维舍尔(De Visscher)将《柏林和约》评价为"少数族群历史上的里程碑",理由是该和约之"潜在理念"的影响:

> 当新国家宣告成立后,由强权协约所代表的欧洲承担着建立一种(平等对待的)国际新秩序的道德责任。因此,其有权将这些被一致认可的、符合人类最高利益的某些政府原则施加于这些新国家,因为防止这些初生的新国家变为压迫人类最神圣权利的工具是所有欧洲国家相应的义务。[79]

但是,事实证明,《柏林和约》中的少数族群保护条款对巴尔干新国家却"无效"。[80] "通过扩大国际裁制原则和非互惠的少数族群权利原则……将内部治理的条件施加于四个新国家……制造出的将是仇恨、抗拒和沮丧这些负面遗产。"[81]《柏林和约》虽对 1919 年的《巴黎和约》有重大影响力,但其遗产的面目却是矛盾的。该和约虽同时涵盖主权的两大面向——尊重"人类最神圣的权利"之责任,以及将国家间的"主权平等"作为正式原则。但是,该和约也创设了对后项原则作选

111

---

[77]《柏林和约》(n 75). 第 62 条。

[78] *National Minorities* (n 1)6.

[79] Charles De Visscher, *The Stabilization of Europe* (University of Chicago Press Chicago 1924) at 34 - 35.(承认进步叙事)

[80] 同上,第 35 页。

[81] *Defending the Rights of Others* (n 10)37 - 38. 亦见 *National Minorities and the European Nation States System* (n 6)62。

择性适用的反面先例。

(二) 少数族群和国际联盟

如上文的 1648 年和 1878 年的和约中的条约所述,两次世界大战之间 20 年的少数族群保护义务对主权概念之重要意义堪称是建构性的。值得一提的是,"少数族群"对公元 1919 年以后的国际法发展之贡献绝非个案所能形容。包含对少数族群主体责任的新主权概念对"所有"国家的主权提出了挑战。在一战结束时,少数族群的诸多议题已经是威胁欧洲和平与稳定的最复杂、最重大与最根本性的难题之一。[82] 由此生发出许多具有"后凡尔赛时代国际法"典型特征的法律和机制创新,并激发了两次世界大战之间 20 年学术讨论的热潮。

在巴黎,这些和平缔造者们应对欧洲民族主义这股不稳定力量的策略是创设新的和扩大的民族国家来继承四大多民族帝国的版图,并制定一套国际制度来保护生活在其境内的少数族群。这类少数族群(如奥地利、保加利亚、匈牙利和土耳其)的权利或载于和平条约,或见于新的民族国家(如捷克斯洛伐克、希腊、波兰、罗马尼亚与斯洛文尼亚——克罗地亚——塞尔维亚人国)所缔结的少数族群保护条约,或见于国家在国际联盟中所提交的单边宣言(如阿尔巴尼亚、爱沙尼亚、立陶宛、拉脱维亚和芬兰)。[83] 这些法律文本中的特定条款在内容上几乎完全相同,盖因他们均以"小凡尔赛和约"的第一个少数族群保护条约为范本。按《凡尔赛和约》和"小凡尔赛和约",重建后的波兰被重新承认为主权国家,但须接受保护少数族群这一条件:"凡属于影响到某一种族、语言或宗教少数派族群的规定……即构成了国际关切的义务且受国际联盟的监督。"[84]从效果上看,这类特别规则的整体构成了由国际联盟监督的一套新的国际少数族群保护制度。

国际联盟的相关职责从两方面展开。[85] 第一,它监督成员国在其国内法律秩

---

[82] 参见 *The Stabilization of Europe*(n 79)vii-viii。

[83] 参见如下完整清单 A. Meijknecht,'Minority Protection System between World War I and World War II' in *The Max Planck Encyclopedia of Public International Law*(n 18)。

[84] *Polish Minorities Treaty*(n 2)art 12(1).这一条款被原样复制进了与捷克斯洛伐克、南斯拉夫、罗马尼亚、希腊、奥地利、保加利亚和匈牙利所签订的条约中。

[85] 联盟的少数族群保护体制在诸多场合被广泛讨论。例见 *National Minorities*(n 1);*National Minorities and the European Nation-States System*(n 6)67 – 94;*International Law and the Rights of Minorities*(n 5)38 – 52;'Minority Protection System'(n 83)。

序中履行 1919 年至 1921 年的少数族群保护的义务。国家的法律与政策必须符合条约条款，无论其是否要转化为国内法律渊源中的少数族群保护之根本法[86]，或是否成为对国家有约束力的一项国际义务。少数族群需被保障，从而使其不会丧失且在有些情况下享有国籍选择权。所有人——包括少数族群在内——在生命与自由、宗教信仰与实践自由、公民与政治权利等方面应被赋予充分与完整的保护。[87] 国际常设法院近来受理了不少有关少数和多数之平等对待的案例，"法律和事实上的平等"概念被证明是解释此问题的标准配置。[88] 举例来说，平等对待的需求要求国家不得限制少数族群设立自己的学校，以及其他宗教或社会性机构，亦不得限制其母语在中小学以及公共私人空间的运用，并应为教育、宗教或慈善目的的活动提供公平份额的公共资金。1923 年，国际常设法院确认了这项国际少数族群保护义务的约束力，尽管有争议的(新)国家不再同意受此义务约束，或作出了一个与多数成员国不同含义的解读。[89]

113
国际联盟的第二项责任是在违反国际少数族群保护义务(迫在眉睫)的情况下，它可"采取按当时情势属合适与有效的行动或指示"[90]。但是，仅非全体理事会成员才有权——即当国际和平遭受威胁，其有义务——"提请理事会注意这种对保护义务的违反及其威胁"[91]。为此，另一项相关的制度创新是少数族群本身以及第三方成员国(为避免重复过去血缘式的国家干预主义之做法)被赋予向国际联盟秘书长提请申诉的权利。[92] 仅当慎重考虑后——先由秘书长，再是(若秘书长

---

〔86〕例见 *Polish Minorities Treaty*（n 2）art 1。

〔87〕例见同上，第 2 条。

〔88〕*Settlers of German Origin in Poland*（Advisory Opinion）PCIJ Rep Series B No 6 at 23 - 25 and 36 - 37；亦见 *Minority Schools in Albania*（Greece v Albania）（Advisory Opinion）PCIJ Rep Series A/B No 64 at 17 and 19。"若拿掉少数族群的自有体制机制，其与多数族群之间便不存在真正的平等。结果是那个构成其本真的、少数族群之所以卓然于世的东西便丢掉了，而法律对族群平等的保障涵盖所有成文或事实层面的歧视。换句话说，为确立不同情势变更中的那种均势，事实上的平等可能还要区别对待。"

〔89〕*Acquisition of Polish Nationality*（Advisory Opinion）PCIJ Rep Series B No 7 at 13 - 17. 在此，国际常设法院发现国际法是依据波兰的《少数族群条约》和《凡尔赛和约》来决定哪些人是少数族群的，而非根据波兰的单方面意见。亦见 'Alternative Is Despair'（n 7）。

〔90〕例见 *Polish Minorities Treaty*（n 2）art 12(2)。

〔91〕同上。

〔92〕例见权利的诉求 J. Robinson（ed）*Were the Minorities Treaties a Failure?*（Antin Press New York 1943）at 128。

同意）〔93〕理事会的"三人委员会"——东道国将会被要求回应。若回应被认为不满意，此申诉将由秘书长提交理事会处理。少数族群本身无权将申诉提交理事会，亦无在国际常设法院的陈述权。即便在国家与其少数族群协商失败，且该争端符合"国际性争端特征"，从而属于常设法院的管辖范围的情况下，亦是如此。〔94〕

（三）全球性少数族群保护机制的失败

正式地说，国际联盟监督下的这套国际少数族群保护制度并非全球性的法律制度，其只是效力及于"全体"缔约国的《国际联盟盟约》之一部分。美国总统伍德罗·威尔逊的最初主张因遭到英国等其他缔约国的抵制而碰了壁，因这些缔约国认为该主张"侵害了神圣的充分内部主权原则"。〔95〕 "威尔逊青睐的诉诸新设国际联盟以对少数族群问题提出一种全球性解决思路"在如今看来是对的。〔96〕 作为亲历巴黎和会的见证人，查尔斯·德·维舍尔（Charles de Visscher）注意到，〔97〕对于在 1918 年抛出的十四点和平建议中所包含的自决权，威尔逊自己最初都未预料到其可能的影响。直到 1919 年的巴黎和会，威尔逊才意识到自决权与民族性原则相结合所生的真正爆炸性威力："当我说出这些话的时候，浑然未觉民族性的存在……当数百万人因我的话而升起希望时，你不明白，也无法理解我内心的焦虑。"〔98〕当威尔逊在协商这套全球性少数族群法律保护制度时，正是这种焦虑在折磨着他。最终，"威尔逊的'大计划'失败了，因 1919 年的全体战胜国——无论大国还是小国——都不情愿承受哪怕是最抽象的集体负担。然而，限制联盟各成员国对其公民所行使之权力的少数族群条款对主权蚕食的潜在影响堪比第 10 条中的集体安全义务"〔99〕。

114

（四）少数族群保护与主权平等

当约束联盟全体成员国之全球性少数族群保护机制缺位时，《凡尔赛和约》接

---

〔93〕 主张政治分离或独立是不被允许的。

〔94〕 例见 art 12 of the Polish Minorities Treaty in conjunction with art 14 of the Covenant of the League of Nations。

〔95〕 参见 *Defending the Rights of Others*（n 10）at 152 - 154，以及 *International Law and the Rights of Minorities*（n 5）at 38 - 40。

〔96〕 *Defending the Rights of Others*（n 10）153.

〔97〕 *The Stabilization of Europe*（n 79）19.

〔98〕 同上，第 18 页。

〔99〕 *Defending the Rights of Others*（n 10）160.

受了主权国家间的"不平等"。一方面,新出现的、版图扩张的或被击败的主权国家都继续着因应割让所形成的传统,即若没有对保护少数族群的保证则不被承认;另一方面,享有既得利益的老牌欧洲国家拒绝被置于这套国际法律标准之下。这一后果导致了一场争论。最终,如法国学者富凯·迪帕克(Fouques-Duparc)所解释的,这场辩论最终可以归结为一个问题,即国际少数族群保护是否算一种正义机制,从而适用于"全体国家",或在另一方面是一种政治机制,从而引出"有何权力能强加于身"的问题。[100] 富凯·迪帕克(Fouques-Duparc)与其他论者的观点是,这是凡尔赛体制下"朝着少数族群获得普遍地位之方向迈出的一步"。[101] 这场关于凡尔赛少数族群保护机制普遍实证性质(当代的提法是"造法")的辩论,从根本上挑战着 1919 年的和平条约体系所构建的主权不平等。

　　1920 年代,公众和学界对国际联盟的一般性质以及其具体的少数族群保护制度之态度发生了变化。起初是兴奋与满怀期待,[102]举例而言,如对中东欧的政治民主与经济自由主义的促进。但是,从 1930 年代起,国际联盟少数族群保护制度已经失败的提法已司空见惯。[103] 即便如此,这套制度对国际法的发展——特别是主权概念——仍有着持久性影响。国际联盟之下的少数族群保护制度或许是场"试验",[104]但不能仅因它是没有长久遗产的"历史试验"[105]就被弃置一边。

　　要讨论所有两次世界大战之间 20 年的国际法律创新自无可能,但在萨尔、但泽自由市和上西里西亚的"国际化试验"[106]却不能不提,因其正是在一定程度上由少数族群的问题所激化。在这些情况下,"凡尔赛协议"在这些地区建立了由国际联盟实施的国际行政管理,并同意实施全民公投以决定其人民和领土的长期命运。[107] 多场全民公投之举行以及国际机关对公投结果的解释与实施,对主权和国

---

[100] J. Fouques-Duparc, 'Le développement de la protection des minorités' (1926) *Revue de droit international et de législation comparée* 509–524 at 519–521.

[101] 同上,第 520 页;亦载入条约的"普遍化"条款中,*National States* (n 1)487–494。

[102] 例见 *The Stabilization of Europe* (n 79) viii.

[103] *Were the Minorities Treaties a Failure* (n 92) v;亦见 *National Minorities* (n 1)31–50; *National Minorities and the European Nation-States System* (n 6)。

[104] *Were the Minorities Treaties a Failure* (n 92) v.

[105] *National Minorities and the European Nation-States System* (n 6)94.

[106] 'Alternative Is Despair' (n 7)1874.

[107] 参见 Part III of the Treaty of Versailles (签订于 1919 年 6 月 28 日)(1919)225 CTS 188.

际法的传统概念构成挑战。诚如伯曼（Berman）所言,通过组织和解释这些全民公投以对国际机关赋权,这"对主权的深刻变革产生了作用"[108]。

是故,在"凡尔赛"及其后的岁月,可以说少数族群问题对国际法的发展以及主权的法理化与概念化发挥了建制性作用,并延续着前述(历史上的)威斯特伐利亚的主权建构过程。与此同时,后凡尔赛时代的少数族群保护亦烙上了学者科斯肯涅米（Koskenniemi）和安吉（Anghie）所理解的内化于国际法的那种"文明使命"。[109] 这种使命能解释老牌文明欧洲国家与新兴的、有文明愿景的国家间的固有区别。前者拒绝一套全球性少数族群保护制度,仅对新国家以个案为基础创设少数族群保护义务。这塑造了主权重构的第二个要素,即通过规定国家关于少数族群保护的不平等义务,凡尔赛促成了一个建于主权不平等基础之上的新国际法律体系。有论者指出,少数族群权利保护不仅是向国家授予主权的正当性条件(保证保护少数族群权利),也是旧欧洲版图内的强权政治之内在要素。于是,少数族群权利为后凡尔赛时代的国际法律秩序之建构提供了正当性。换言之,凡尔赛少数族群保护的政治本质将是面目模糊的。少数族群议题虽影响了主权的建构和建基于其上的国际法律体系,但这套制度未能保护少数族群,这一定程度上是因为其建立于不平等的基础之上。[110]

（五）1919 年至 1939 年间对少数族群国际法律人格之争论

一战后,国际法学界就国际法的"缺陷"展开了争论,并试图寻找"修复"与更新它的补救办法。[111] 纳撒尼尔·伯曼（Nathaniel Berman）和马蒂·科斯肯涅米

116

---

[108] 'Alternative Is Despair' (n 7)1873.

[109] 参见 M. Koskenniemi, *The Gentle Civilizer of Nations. The Rise and Fall of International Law 1870 - 1960* (CUP Cambridge 2002); A. Anghie, *Imperialism, Sovereignty and the Making of International Law* (CUP Cambridge 2005).

[110] 伯曼在《替代方案是死胡同》一文中(前引注释 7)所提出的观点,对本章主旨形成支持性论证。伯曼例证了两次大战间对少数族群保护的那套体制,如何将"主权因素的蚕丝编织进入国际法律共同体的法网,永不分离"。结论是"正是少数族群保护使得民族国家的创建成为可能,盖因只有通过对新的少数族群提供保护,国际法才能对民族国家的创建予以制裁"。(前引注释 7,第 1872—1873 页和第 1825 页。)

[111] J. L. Brierly, 'The Shortcomings of International Law' in J. L. Brierly, H. Lauterpacht, and C. H. M. Waldock (eds) *The Basis of Obligation in International Law* (Clarendon Press Oxford 1958)68 - 80;亦见 D. Kennedy, 'The Move to Institutions' (1987)8 *Cardozo Law Review* 841 - 988; *The Concept of International Legal Personality* (n 29) ch 3.

(Marti Koshenniemi)让我们确信在两次世界大战之间 20 年（Inter-war years），学术界对更新国际法的探寻亦可解读为协调民族主义与国际主义之努力。[112] 伯曼检视了协调民族主义与国际主义在理论上——即雷德罗普（Redslob）的国际法理论，按伯曼的说法，其"为理解那些处理民族主义的两次世界大战之间 20 年的文本提供了一个一般性框架"[113]，以及在实践上——即国际少数族群保护机制、全民公投以及但泽市、萨尔和上西里西亚的国际行政管理——的演化。伯曼清晰地论述了民族主义与少数族群作为两次世界大战之间 20 年中对国际法律人最利益攸关议题的地位，于是"新的"——或按其说法"现代主义者"——国际法，即凡尔赛国际法，接受来自民族主义的挑战。现代主义者国际法律理论及其实践是借由其与民族主义的"矛盾"关系而塑造的，这根源于对民族主义同时具有毁灭性和再生能量的体认之上。当呼吁重新界定"国家"和"国际法"这类关键名词时，民族主义同时是希望与恐惧的源泉。在对两次世界大战之间 20 年的文本进行认真研究的基础上，伯曼指出（国家）少数族群问题如何决定国际法的走势，以至于今天——例如，在波黑和巴勒斯坦的例子中——无论是学者还是法律实践人士，在面对民族主义和少数族群问题时，亦在重复两次世界大战之间 20 年的思维方式、政策建议和机制构建。[114] 伯曼除了关于当代国际法如何从根本上被重新定义的国际法"现代主义者"项目所塑造以应对民族主义者的挑战之结论外，他亦稍作停留，回顾了两次世界大战之间 20 年对国际法律人格概念的争论，这将支持本章的论点，即少数族群对两次世界大战之间 20 年的国际法之建制举足轻重。两次世界大战之间 20 年的学派对大战和"旧"的国际法在防范战争之失败上出现了两种理论分化：一方希望恢复并改善旧秩序；另一方希望修改国际法，建立新秩序。[115]

随着这个话题的日益升温，凡尔赛和会后关于少数族群地位的争论凸显出进步主义与保守主义学者间的分歧。后者提出，只有国家才拥有且应有国际法律人

---

[112] 'Alternative Is Despair' (n 7)，以及 *The Gentle Civilizer of Nations* (n 109)。

[113] 'Alternative Is Despair' (n 7) 1820.

[114] 同上 (n 7)，第 1799 页。

[115] 这被充分论述于 *The Concept of International Legal Personality* (n 29)。

格，个人和少数族群是法律的客体，而非主体。[116] 这种分歧在对少数族群权利是国内权利还是国际权利的讨论中，[117]或就少数族群在国际联盟体系中的地位及其申诉权的法律含义之讨论中愈发清晰。[118] 另一个引发激烈争论的相关问题是少数族群权利究竟是团体性权利还是个人权利，以及其对国际法律人格的影响。[119]一般来说，学者们都同意在绝大多数的少数族群保护条款中，如目前的《公民权利和政治权利国际公约》(ICCPR)第27条那样，通过使用"属于种族、宗教或语言少数群体的个人"的表述来避免使用"团体权利"这种表述。国际常设法院的判例法在这点上亦无定论。[120] 更多的进步派学者，像富凯·迪帕克（Fouques-Duparc）、凯尔森(Kelsen)、塞勒(Scelle)或曼德尔施塔姆(Mandelstam)，均倾向于将少数族群和/或属于少数族群的个人视作国际法律人或将其视作正处于获得该地位的过程中。[121]富凯·迪帕克(Fouques-Duparc)阐述了这个利益攸关之议题，即如何协调少数族群的国际法律人格与国家主权这个根本性的国际法概念。[122] 于是，这场讨论成为对主权、个人和国际法体制的更大争论的一部分。这场讨论并非以形成合意而告终，而是爆发了另一场战争。然而，它继续展示了少数族群如何发挥其建构国际法他者之功能。他们首先作为他者被排斥，然后再作为一个崭新的、新兴的国际法律人被纳入话语之中。

118

---

[116] 参见 D. Anzilotti, *Cours de Droit International* (Recueil Sirey Paris 1929) at 127 – 131 and 135；P. Heilborn, 'Les Sources du Droit International' (1926 – I)11 *Recueil des cours* 1 – 63 at 5 – 11；E. Kaufmann, 'Règles générales du droit de la paix' (1935 – I)54 *Recueil des cours* 309 – 620；H. Triepel, 'Les rapports entre le droit interne et le droit international' (1923)1 *Recueil des cours* 77 – 121 at 81。

[117] L. Oppenheim, *International Law：A Treatise* (R. F. Roxburgh ed) (3rd edn Longmans, Green & Co London 1920) at 457 – 461：否认少数族群条约中所包含的少数族群权利是国际权利的地方，也同样会否定少数族群的国际法律人格。

[118] 例见 H. Lauterpacht, *International Law and Human Rights* (Archon Books Hamden 1968) at 54。

[119] 例见 *The Stabilization of Europe* (n 79)28。

[120] 一方面例见 *Jurisdiction of the Courts of Danzig Case*, in PCIJ Rep Series B No 15 17 – 18，另一方面例见 Greco-Bulgarian, 'Communities' (n 7)。

[121] 例见 'Le Développement' (n 100)；G. Scelle, *Précis de droit des gens, principes et systématique* (Sirey Paris 1932) vol 1, at 48，塞勒参考了 'mouvement d' extention de la personnalité juridique des individus'。亦见 *La protection des minorités* (n 27)472。

[122] 'Le développement' (n 100)519.

六、结论

本章阐述了少数族群作为国际法建构性他者所处的悖论。几个世纪以来,少数族群虽一直被视作国际法的局外人,但与此同时却也正是它对国际法体系作出了根本性和实质性的贡献,盖因其是位列在帝国、城邦和国家之国际(法律)关系中的最古老挑战之一。本章着眼于历史上保护少数族群安排的两段非常不同的时期:17世纪的威斯特伐利亚体制和20世纪的两次世界大战之间20年之体制。在这种情况下,我们在不同层级的分析间展开了游离:国际法的历史及其中少数族群的地位;实证国际法对少数族群的各种安排;以及在更一般的层面上,作为局外人的少数族群对国际法"体系"的贡献。诚如本章所意图展示的,少数族群被排除在国家间国际体制之外,同时作为须受保护的他者又被涵盖进来的这种矛盾关系,对国际法理论与实践的发展意义重大。对少数族群权利及其国际保护的检视,对作为无限制与无条件威权之"威斯特伐利亚式主权"的传统概念及其演进埋下了怀疑的种子。威斯特伐利亚式主权更应被理解为一种不仅包含至上权力亦伴随责任的集成体。少数族群保护亦是新出现的或版图扩张的国家主权所主张的合法性对话的一部分。这种关联亦在1919年以及今日的政治进程中被发现,斡旋南斯拉夫和平的巴丹戴尔委员会之意见堪称适例。[123] 简言之,少数族群之权利和义务绝非近现代的发明。相反地,少数族群所享有的权利以及国家对之提供保护的义务,似乎是构成"主权"概念的内涵与外延的有机组成部分。少数族群国际保护的政治亦值得进行更多研究,因为它将直指少数族群和国际法之关系的黑暗面。

推荐阅读

Berman, Nathaniel '"But the Alternative Is Despair": European Nationalism and the Modernist Renewal of International Law' (1993)106 *Harvard Law Review* 1792 – 1903.

Braude, Benjamin and Bernard Lewis (eds) *Christians and Jews in the Ottoman Empire: The Functioning of a Plural Society* (Holmes and Meier New York 1982).

---

[123] 参见 No 2 para 4 of the Arbitration Committee, in A. Pellet, 'The Opinions of the Badinter Arbitration Committee — A Second Breath for the Self-Determination of Peoples' (1992) 3 *European Journal of International Law* 178 – 185 at 184。

Claude, Inis L. *National Minorities: An International Problem* (Greenwood Press New York 1955).

Fink, Carole *Defending the Rights of Others: The Great Powers, the Jews, and International Minority Protection, 1878-1938* (CUP Cambridge 2004).

Fouques-Duparc, Jaques *La protection des minorités de race, de langue et de religion: Étude de droit des gens* (Librairie Dalloz Paris 1922).

Jackson Preece, Jennifer *National Minorities and the European Nation-States System* (Clarendon Press Oxford 1998).

Krasner, Stephen D. and Daniel T. Froats 'Minority Rights and the Westphalian Model' in David A. Lake and Donald S. Rothchild (eds) *The International Spread of Ethnic Conflict: Fear, Diffusion, and Escalation* (Princeton University Press Princeton NJ 1998).

Macartney, Carlile A. *National States and National Minorities* (OUP London 1934).

Meijknecht, Anna 'Minority Protection System between World War I and World War II' in R. Wolfrum (ed) *The Max Planck Encyclopedia of Public International Law* (Oxford University Press Oxford 2008) at www. mpepil. com.

Thornberry, Patrick *International Law and the Rights of Minorities* (Clarendon Press Oxford 1991).

Verosta, Stephan 'International Law in Europe and Western Asia between 100 and 650 A. D. ' (1964)113 *Recueil des cours* 485-651.

Wintgens, Hugo *Der völkerrechtliche Schutz der nationalen, sprachlichen und religiösen Minderheiten* (W Kohlhammer Stuttgart 1930).

第五章　人类公敌：海盗、贩奴者和其他罪犯

何亚金·阿尔切德·费尔南德斯(Joaquín Alcaide Fernández)

一、引言

尽管西塞罗欢欣鼓舞地将海盗定义为人类公敌(*hostes humani generis*)[1]，但在(实在)国际法中对此却无迹可查。"对人类的罪犯"——包括奴役者和性奴者，[2]但(尚)不包括海盗或恐怖分子——最接近今日的"全人类公敌"。既然国际条约文本未提及该词，那学者们在国际法著作中指称的人类公敌所意者何？其含义一般从
两个层面展开：海盗应受惩罚以及如格劳秀斯直截了当所言，任何海盗在"任何国家的任何地方都可被审判"。[3]

关于海盗、贩奴者和其他罪犯可能被视作(国际)罪犯之历史法律基础，对此有几个疑问。他们究竟是何时被视作罪犯的？禁止是否就等同于犯罪化？若合法性是国际法的原则之一——合法性在公元 1945 年以前可能不算作原则，[4]尽管"法无明文规定不为罪，法无明文规定不处罚"原则(*nullum crimen, nulla poena sine lege*)很快在随后出现的人权法中获得了认许——即使"任何"被普遍接受的定义

---

[1] Cicero used the phrase '*communis hostis omnium*' in his *De Officiis* III, 29 and in *Contra Verres* II, iv, 21 (参见 A. P. Rubin, *The Law of Piracy* [2nd edn Transnational Publishers Irvington-on-Hudson NY 1998] at 5 fn 19 and 17 fn 61)。

[2] Rome Statute of the International Criminal Court (达成于 1998 年 7 月 17 日，于 2002 年 7 月 1 日正式生效)2187 UNTS 90, art 7。

[3] H. Grotius, *De jure belli ac pacis* (1625) vol 2, ch 20, para 40.

[4] A. Cassese, *International Criminal Law* (OUP Oxford 2003) at 72.

都不符合特定性这个要求。纽伦堡审判或许不是为追求实质正义而牺牲严格合法性的唯一特例。进一步的问题还包括：这些罪犯被置于普遍管辖权之下吗？最后，每个国家最终都有义务去追诉吗？

对这类问题的回应总是取决于某人所信奉的与国际（刑事）法的基础、性质和范围有关的理论（实证主义者或自然主义者）。盖因关于海盗行为的国际法直到1958 年才开始普遍编纂（或渐进地演变），所以有必要依赖实践并审慎确认"自体"法，无论是国际法还是城邦法。国家及其提到的作出之裁决被推定为以"万民法"为基础的城邦法庭经常把反海盗的城邦法当作国际法使用，城邦对该法的确认已被接受为真正国际法之颇具说服力的声明。

长期以来，捕获、审判或惩罚罪犯的"国际"手段其实并不存在。公元 1945 年之前，创设国际刑事法庭的所有提案——无论是政府层面还是非政府层面——都以失败告终。国际法虽可定义犯罪的要素（犯罪意图、行为和地点），但对构成犯罪行为的识别及其审判与惩罚仍交给城邦法和法庭按国际习惯或条约加以处理。亦有学者提到海盗[5]、奴隶贸易或奴役[6]虽可能构成城邦法下的犯罪，但非违反国际法的犯罪，他们仅构成国家管辖权的特别基础，否则其基础仅限于对其领土或由其国民所实施的犯罪，而国家并无义务追诉并惩罚这些罪犯。直到 1945 年——特别是冷战以后——国际法才承认个人在城邦以及国际层面的刑事责任。这推动了国际刑事法院（ICC）的建立。学者还在讨论规定将罪犯提交城邦层面审判之义务是否属于今日国际刑法的范畴。多数罪犯通常还是由任何碰巧抓捕到他们的国家按国际法予以公诉和惩罚，国际刑事法院（ICC）仅是国家刑事管辖权的补充。

犯罪行为与法律应对之间的几组内在关系值得关注。第一，战争犯罪和反人类罪可能包括其他具体的犯罪（奴隶、恐怖主义、酷刑等）。海盗并不拒绝"偷人"的生意，甚至私掠船（privateer）不是仅捕获俘虏，而是将他们作为奴隶出售并介入奴隶

［5］'Draft Convention on the Competence of Courts in Regard to Foreign States：Part IV — Piracy' (1932)26 *American Journal of International Law Supplement*：*Research in International Law* 739 – 885 at 754；*The Law of Piracy* (n 1)335 – 345 and 360.

［6］J. Allain，*The Slavery Conventions. The Travaux Préparatoires of the 1926 League of Nations Convention and the 1956 United Nations Convention* (Martinus Nijhoff Publishers Leiden 2008) at 129.

贸易。[7] 于是海盗/私掠船成了奴隶主,反之亦然。

第二,有意愿确立刑事入罪化和普遍管辖权的部分国家——即英国和美国——倾向于将海上奴隶贸易等同于海盗("类比海盗")。英国有意回归1822年的维罗纳大会(Verona),但其仅以海洋法应法典化的结论告终。[8] 到1882年,一个由超过50项双边协议组成的条约网络允许对公海涉嫌奴隶贸易的船舶实施检查,而无论其悬挂的是哪国国旗。正是因为英国对从事奴隶贸易的外国船舶之逮捕,所以公海自由才获得了普遍认同,此项原则发轫于19世纪初的英美法院,斯时海盗已经式微衰败。[9] 即使一项废除奴隶贸易的条约也不能证明对第三国船舶的扣押是正当的,除非该条约明确授予其缔约国此项权利。[10] 该条约可被解释为对先前行使范围的扩展已被普遍接受的管辖权之运用的限制之承认。[11] 部分条约亦将对战争法则的违反比作海盗罪(即"仿若海盗行为"条款)。[12] 几十年后,同样的类比又被用在威胁(民用)航空器安全的行为上,即法律文献和城邦法所称的"航空海盗"[13],且最近威胁海事航行安全的行为或在海上扣押人质的做法亦被视为海盗。[14]

二、海盗罪

海盗远比海事航行的历史要长,虽说它在近代的崛起与印度洋贸易升温以及捕获商船增多有关——也就是说,私人商船在由国家颁发的"捕获状"(*letter of*

---

[7] W. R. Riddell, 'Observations on Slavery and Privateering' (1930) 15 *The Journal of Negro History* 337 – 371.

[8] W. G. Grewe, *The Epochs of International Law* (M. Byers trans) (de Gruyter Berlin 2000) at 554 – 569.

[9] *Le Louis* (1817) 12 Dods 210, 165 ER 1464; 以及 *The Antelope* 23 US 66, 10 Wheat 66 (1825)。

[10] J. L. Brierly, *The Law of Nations* (C. H. M. Waldock ed) (6th edn Clarendon Press Oxford 1963) at 307.

[11] 'Articles of the Draft Code of Crimes against the Peace and Security of Mankind' (1996 – II) *Yearbook of the International Law Commission* 17 – 42 at 29.

[12] 参见 Section 2.1.3。

[13] 例如 E. McWhinney, *Aerial Piracy and International Terrorism* (Martinus Nijhoff Publishers Dordrecht 1971); *Air Piracy* 49 USC App § 1472(n)(1988); 以及 *United States v Fawaz Yunis* 681 F Supp 896 (DDC 1988) and 924 F 2d1086 (DC Cir 1991)。

[14] I. Shearer, 'Piracy' in R. Wolfrum (ed) *The Max Planck Encyclopedia of Public International Law* (OUP Oxford 2008) at 〈www.mpepil.com〉。

marque and reprisal）下行动，一旦其捕获敌国船只或与敌国贸易的中立国商船，在除去与皇室分享的比例后，船主将被给予捕获的奖金并提供一个快速的诉求裁定程序。[15]

在法律上将海盗当作罪犯，这源自数个世纪以来国家与私掠行为间断断续续的合作与冲突，包括那些类海盗行为，盖因私掠行为与海盗行为的界限在实践中常常很模糊。此外，据说不少国家的城邦法中未加入在各种情况下对海盗进行公诉和惩罚的规定，即便是外国人在普通管辖范围外突施的海盗行为亦是如此，这些国家仅推定海盗罪构成国家管辖的一项特别基础。去寻找那些不能由一个或多个通常理由所支持的对海盗行为行使管辖权的案例势必是困难的。

（一）以绝对禁止海盗为目标

直到 19 世纪下半叶，近代国际法才将海盗定为绝对非法行为（私掠行为）。[16]即便那时，这也仅能通过间接援引国际协商和谈判中的海盗罪来确定。

1. 国家与私人商船间的合作与冲突：捕获商船与海盗

124

国家很早之前就开始禁止海盗了。城邦法院对海盗的审判亦为数不少。海事高等法院的约瑟夫·道森案（R. V. Joseph Dawson）之审判以及查尔斯·赫奇斯（Charles Hedges）于 1696 年提交给大陪审团的指控[17]，或 1820 年的美国诉史密斯（United States v Smith）案[18]均堪称适例。由此或许能推出，海盗罪可被视作对国际法的违反，并可被归入所有国家的（刑事）[19]管辖之下。

但是，近代以来，国家很快发觉了利用私掠船充当国家武装力量（甚至在皇家海军出现前）助手的好处。作为现代国家建构的象征，对商船颁发捕获状被视作国家的既有特权——恰如诉诸战争权仅保留给国家。早在 13 世纪末，城邦法就常授

---

〔15〕 J. L. de Azcárraga y de Bustamante，*El corso marítimo*（CSIC-Instituto 'Francisco de Vitoria' Madrid 1950）.

〔16〕 因定义海盗的法案都是宽泛地援引"任何'非法'行动"这类概念，以致学者罗宾在 1976 年仍撰文质疑为何海盗属非法。A. P. Rubin，'Is Piracy Illegal?'（1976）70 American Journal of International Law 92 - 95.

〔17〕 *R v Joseph Dawson*（1696）13 Howell's St Tr 451.

〔18〕 *United States v Smith* 18 US 153,5 Wheat 153（1820）at 161. 亦见 *The Magellan Pirates*（1853）1 Sp Ecc & Ad 81,164 ER 47，引自 *The Law of Nations*（n 10）307 and fn 3。

〔19〕 不同于 *The Law of Piracy*（n 1）61 - 70。

权捕获商船，在其他的城邦和国际法律标准（像捕获状的有效性、被捕获船舶或货物的国籍、附随的担保、尊重捕获状临时性和实质性约束、不得同时获取多个主权国家的捕获状等）之中，捕获状是防范私掠船被当作海盗（有自己的规范，说好听点就是以恐怖、恐惧等为基础的所谓"海盗条款"）的必要文书。这类规章可追溯至意大利匹萨市（1298年）和瑞士日内瓦的城邦法（1313—1316年）、1356年的阿拉贡国王佩德罗四世（Pedro IV）的敕令、德国汉莎同盟的法令（1362—1364年）、1373年的法王查理五世的敕令、意义深远的英国1414年的《议会法》中关于战利品法庭的规章等，直到1778年的法国敕令或1801年的西班牙敕令及其细则。

但是，实践中对海盗与私掠行为进行区分却颇为不易。自16世纪以降，国家与私掠船之间的冲突与合作取决于老牌欧洲国家间的（不）友好关系，即英国、法国和西班牙，也包括与荷兰之间的关系，因此，这成为格劳秀斯和宾刻舒克的著作中的私掠问题之核心。正因对私人商船地位的体认不同，所以海盗亦非对任何国家，以及在任何时间和任何地点都被等而视之。相关历史和浪漫主义的想象充斥着英雄和恶棍（维京人、野蛮的海盗和私掠船、英国海盗弗朗西斯·德雷克、外号"大黑胡子"的海盗爱德华·梯奇等），这以某种方式预见到了20世纪反恐中的政治豁免问题，即允许国家不驱逐那些行动被视为政治犯罪而非普通犯罪的恐怖分子。

英国和西班牙之间的立法实践是这种合作与冲突的适例。例如，亨利八世（1536年的英国《海上犯罪法》）和伊丽莎白一世（1569年或1575年的宣言）时期将海盗定为非法，但其却同时授权私掠船反对西班牙通商贸易。直到英王詹姆士一世登基以及西班牙战争结束（1604年），新的反海盗法颁布并撤销了对西班牙的捕获状。到英国和西班牙战争（1692年）以及"威廉王之战"（《里斯威克条约》）结束，英国撤销了其对私掠船授予的捕获状（1698年《海盗法》）。但是，在西班牙王位继承战争期间（1702—1713年），英国抨击西班牙对"南海"的商业垄断，盖因西班牙将该地的除本国贸易私船以外的别国船舶一概定为海盗（英国1707年法案）。

在乌德勒支和会（1713年）后，所谓的"海盗黄金时代"因一个本质的原因而衰落了，即海盗成为了他们自身成功的受害者，可谓"成也萧何，败也萧何"。大量训练有素的无业水手或是既有秩序的反叛者——多数是先前的私掠船船员——变身为不分国别地损害和危及各地的海盗。相应地，对此的打击之力度甚于以往，西方国家将海盗视为野蛮行径(如英国 1717 年、1721 年、1744 年和 1837 年的法案),因此这种行为只有由"野人"所犯才被认为是"合理的"——尽管是由西方国家所资助。接下来就是旨在恢复把海盗视为"人类公敌"的定义,同时,各国对私掠船的容忍度也在减弱。

2. 1856 年宣言:取缔私掠船

当禁止私掠行为的部分城邦法律最终被通过,且捕获状被撤销后(如阿拉贡国王兼"主教"费尔南多于 1498 年颁布的《皇家诏书》),数项国际条约和实践亦禁止私掠行为。英法两国曾数次取缔私掠行为,其始于爱德华三世在 1324 年时发表的外交提议,到 1785 年至 1823 年间已有相当数量限制私掠行为的单边和双边宣言,但相关当事国一旦爆发战事,则这些宣言将不再具有效力。

按法国的一项提案,一份尊重海事法的宣言(实际上就是条约)于 1856 年在巴黎签署。[20] 按其内容,"私掠行为在过去是被废弃的行为,现在仍将是被废弃的行为"。任何相关国家都不得授权私掠行为,否则该行为将被视为海盗行为,但一旦被捕,由第三国授予捕获状的私掠船仍将被视为战争囚犯。其他国家后来纷纷加入该宣言(如西班牙于 1908 年加入,但美国不在此列)[21]。私掠行为于是逐渐被淘汰,且私掠行为之废除开始获得"客观"权威。举例而言,国际法学会的数项决议确认了私掠行为应被禁止:若非"华盛顿规则"(1875 年),则至少是苏黎世(1877年)、都灵(1882 年)和牛津(1913 年)诸决议。

仅在例外情况下,私掠船才可转为战船,并拥有相应的权利和义务。1907 年的海牙和会"第七号公约"[22]之编纂、国际法学会重申的诸项决议[23]以及国家实践(1870 年普鲁士、1877 年俄罗斯、1887 年英国、法国、德国、美国等)预示着这些船只应被置于直接授权、现场控制和船旗国责任之下。

3. "仿若海盗行为"条款

海盗和私掠行为亦构成其他条约的背景。虽因法国拒绝签署而终未生效,但

126

---

[20] Declaration Respecting Maritime Law (签订于 1856 年 4 月 16 日)(1856)115 CTS 1.

[21] 尽管宣言(同上)支持对公海上所有公民财产的保护,但美国宪法却将颁发捕获状列为国会的一项权力(art 1, s 8, cl 10)。

[22] Hague Convention (IV) Concerning the Laws and Customs of War on Land (于 1907 年 10 月 18 日开放签署,于 1910 年 1 月 26 日正式生效)(1907)205 CTS 277。

[23] 'The Oxford Manual of Naval War' in J. B. Scott (ed) *Resolutions of the Institute of International Law* (OUP New York 1916)174 - 201.

1922 年的《华盛顿条约》关于诸方在战时使用潜水艇与毒气之声明的签署效力仍值得一提：[24]

> 在各国服务的个人凡违反（本约第一条所订诸规则）……应被视为对战争法的违反，且仿若海盗行为应接受审判和惩罚，其可能被带往被发现地诸国的有管辖权的民事或军事审判机关接受审判。

此外，1937 年 9 月 14 日，数国代表在西班牙内战期间于瑞士尼永（Nyon）签署了一项协定，该协定意在谴责潜水艇对不属于西班牙交战双方[25]的商船之攻击构成对"国际法既定规则"的违反。即便这些"既定规则"既未使用"仿若海盗条款"，也未使用"海盗"一词，但 1937 年的"打击海盗协议"声称前述攻击行为"与最基本的人性相悖，将之视为海盗行为符合正义"。协定当事国亦就"反对潜水艇的海盗式行为"（或水面船舶和航空器，根据同批国家在三天之后的日内瓦——即 9 月 17 日——签署的补充协议）采取特别集体行动达成一致。[26] 这些协议并无对被抓捕的犯下"海盗式行为"之船舶或航空器的管理人员或工作人员予以惩罚的规定。宣告在地中海所实施之攻击系海盗行为的法律基础貌似缺少西班牙内战交战当事方（实际上就是叛乱方）的承认。[27] 在美国于第二次世界大战期间向德国提交的抗议中，其亦就德国潜水艇对商船的攻击行为使用了"海盗"一词。

4. 海盗与国际联盟

在国际联盟时代，各国曾试图就海盗罪达成一项一般性协议。在 1924 年的联盟大会决议之后，国际法编纂推进专家委员会的一个分会被联盟指定承担此项工作。在"松田报告"（Matsuda Report）中，该分会提出，"按国际法，海盗的定义是于

---

[24] 'A Treaty between the Same Powers, in Relation to the Use of Submarines and Noxious Gases in Warfare' (1922)16 *American Journal of International Law Supplement*：*Official Documents* 57 - 60, art 3.

[25] The Nyon Arrangement, with Annexes and Map（签订于 1937 年 9 月 14 日）181 LNTS 137。

[26] 同上。

[27] G. A. Finch, 'Piracy in the Mediterranean' (1937)31 *American Journal of International Law* 659 - 665；R. Genet, 'The Charge of Piracy in the Spanish Civil War' (1938)30 *American Journal of International Law* 253 - 263.

航海过程中,未经任何国家政府授权,以私利为目标,旨在劫掠财产或对人员实施暴力的行为"。该定义并未涉及武装起来的水手或乘客旨在于公海上劫持船舶的现象。[28] 所谓的海盗问卷调查表(包含"松田报告"及其打击海盗的提案)虽提交给许多国家,[29]但海盗罪公约的合理性或可行性并未获得一致认可。鉴于当下的公约规制对象乃至报告本身处于"尚不成熟"阶段,有评论者对报告乃至报告向国家的分发提出了批评。[30]

国际联盟的努力无果而终,且基于如下两个原因,该议题不再出现在任何会议的议程中:海盗貌似不再是个紧迫的问题以及达成一项协议的可能性不大。

(二) 1945 年前后的打击海盗之国际法律制度:概览

某种三段论或许能克服国际法对海盗罪的困惑。1958 年的《公海公约》[31]中包含的规定无疑承自国际联盟国际法专家委员会(ILC)的公约草案,后来成为1982 年的《联合国海洋法公约》(UNCLOS)的一部分。[32] 就这个部分,国际联盟国际法专家委员会(ILC)的草案与 1932 年酝酿该公约草案时在哈佛法学院开展的研究关系密切(作为国际联盟国际法专家委员会[ILC]正式通过的特派员弗朗索瓦[François]之提案所包含的所有条款实际上是哈佛版《海盗公约》草案的法语译本)。[33] 最终,尽管对 1958 年的《公海公约》严格"法典化"关于海盗罪之传统国际法的做法并未形成一致看法,但普遍的共识是 1982 年的《联合国海洋法公约》(UNCLOS)包含的海盗条款系习惯国际法的反映,虽然仍是困难重重。哈佛版《海盗公约》草案一直被学者们用来讨论国际法"在数个世纪的演变过程中"规范海盗

---

[28] 参见 proceedings in LN Doc C/196/M/70/1927/V, at 116。

[29] 这个"问卷调查表"被复制进了"第 6 号问卷调查表:海盗"(1926)20 *American Journal of International Law Supplement* 222 - 229;对各国回复之分析,参见'Legal Status of Government Ships Employed in Commerce' (1926)20 *American Journal of International Law Supplement* 260 - 278 at 273。罗马尼亚的回复由 V. Pella 撰写,并且他借此机会作了一个题为'La répression de la piraterie'的演讲(1926)15 *Recueil des Cours de l'Académie de Droit International de La Haye* 145 - 268。

[30] E. D. Dickinson, 'The Questionnaire on Piracy' (1926)20 *American Journal of International Law* 750 - 752.

[31] Convention on the High Seas (签订于 1958 年 4 月 29 日,于 1962 年 9 月 30 日正式生效)450 UNTS 82, arts 14 - 21。

[32] United Nations Convention on the Law of the Sea (签订于 1982 年 12 月 10 日,于 1994 年 11 月 16 日正式生效)1833 UNTS 397, arts 100 - 107。

[33] 'Report of the International Law Commission Covering the Work of its Eighth Session, 23 April-4 July 1956' (1956 - II) *Yearbook of the International Law Commission* 253 - 302 at 282.

的历史及其发展。[34] 本章作者将简要介绍海盗罪的定义及其管辖权,但将搁置财产权等议题(如"海盗行为不变更所有权"等)。

1. 海盗罪的定义:国际法与城邦法

数个世纪以来,海盗罪在一般国际法上并无权威性定义。城邦法下[35]构成海盗罪的行为在国际法上不必然构成海盗罪(如按英国刑法,从事奴隶贸易构成海盗罪)。尽管裁决和国家实践的相关实例之缺失使专家对海盗罪实际包含或应包含何种界定要素产生了困惑,但"海盗行为的本质要素是未获恰当授权之人从事的一种暴力行为,在海洋或至少是与海洋有关的环境下作案"[36]这一观点似乎是被普遍接受的。然而,定义的其他要素则一直分歧不断——除入罪须行为既遂或未遂外[37]——诸如意图(劫掠、私利目的与政治目的)[38]和地点(在各国领土管辖范围之外,但非在公海上所犯之行为)。[39]

1856 年宣言之后,广为接受的提法是任何国家的武装船舰均可在公海上合法拿捕海盗,并将其置于城邦法院的领土管辖之下予以审判,但应"限于万民法所定义的海盗罪,并且(不得)扩及到被城邦立法定义为海盗的其他犯罪"[40]。

2. 普遍管辖权

因为海盗行为发生在任何国家的城邦管辖权外,所以其一直以来就被视作典型的置于普遍管辖权之下的犯罪。尽管对该结论一直争议不断,[41]但从公开发表

---

[34] B. H. Dubner, *The Law of International Sea Piracy* (Martinus Nijhoff Publishers The Hague 1980) at 37 – 102.

[35] 参见 the appendix (pt V) to the Harvard Draft Convention: S Morrison (ed) 'Part V: A Collection of Piracy Laws of Various Countries' (1932) 26 *American Journal of International Law Supplement: Research in International Law* 887 – 1013。

[36] *The Law of Nations* (n 10) 154. 1963 年《布莱尔利国家法》(第六版)对海盗的定义(由沃尔多克)进行了修改以适应 1958 年《公海公约》中的定义。

[37] 根据国际法之规定,一次受挫的海盗式抢劫之企图等同于是海盗行为(*In re Piracy jure gentium* [1934] AC 586 [LR PC])。

[38] 参见 H. Lauterpacht, 'Insurrection et piraterie' (1939) 46 *Revue Générale de Droit International Public* 513 – 549;以及在国际联盟国际法专家委员会中的争论(*Report of the International Law Commission* [n 33])。

[39] 例如 Dickinson's critique of 'Matsuda report': *The Questionnaire on Piracy* (n 30)。

[40] W. B. Lawrence, *Wheaton's Elements of International Law* (6th edn Little, Brown and Company Boston MA 1857) 184 – 186. 亦见 *The Law of Nations* (n 10) 154。

[41] *The Law of Piracy* (n 1) 343.

的记录来看,其仍在一定程度上被予以承认,比如在 1922 年的《华盛顿条约》中就插入了"对仿若海盗行为予以惩罚"之条款。代表们对作为该条约核心条款的如下提法予以肯定:按本条,犯罪者不受领土管辖权之限制。基于对海盗行为惩罚的独特性,即便该行为在公海上发生且不在任何国家的领土管辖之内,其仍可由各个拿捕国予以惩罚。[42]

相应地,每个国家都可(或必须)[43]拿捕海盗船(后来的海盗飞机亦同)或被海盗掠夺并实际控制的船舶,并扣押船上的人员及财产。海盗的惩罚、船舶(或飞机)及其财产的处置取决于拿捕国法院的裁决。[44] 拿捕仅应由军舰(或后来的军用飞机)或履行相关政府公职的其他船舶(或飞机)执行[45](如法国在 1825 年的法律中授权商船实施拿捕)。

广为接受(但非一致)的一点是,当被紧追的海盗船进入紧追国之外的其他国家之领水后,拿捕国的紧追权并不中止,除非该领水国明确禁止,[46]而领水国的法院享有优先管辖权。亦有条款规定了紧追或拿捕国若损及非海盗船或其他国家时应负之赔偿责任[47]以及被指控犯罪者所享之权利声明。[48]

三、奴役者

数个世纪以来,不同社会和文明把奴隶制度视作"自然"状态或公允的惩罚,但几乎总有人认为奴隶制度在道德上是可理解的。[49] 奴役的方式有时被认为合法,有时则被认为非法。自 16 世纪以降,单数量一项指标之数据就超过过去的总和,而土著非洲人("黑鬼")是主要受害者,但在更早的年代,没有哪个种族能豁免于外或"免于为奴"。无论奴役还是奴隶贸易,他们是有利可图的商业分支,既提供了广

130

---

[42] C. P. Anderson, 'As if for an Act of Piracy' (1922) 16 *American Journal of International Law* 260 – 261.

[43] *Report of the International Law Commission* (n 33).

[44] *Draft Convention on Piracy* (n 5) arts 2 and 6 and the respective comments.

[45] 同上,第 12 条及其评论。

[46] 同上,第 7 条及其评论;亦见 El corso marítimo (n 15) 130。

[47] *Draft Convention on Piracy* (n 5) arts 8 – 11 and the respective comments.

[48] 同上,第 14 条和第 15 条及其各自的评论。

[49] 参见由西摩·德雷舍(Seymour Drescher)和保罗·芬克曼(Paul Finkelman)撰写的本书第三十七章"奴隶制"。

泛的经济收益——不同于海盗——又在世界多数国家是合法的。

19 世纪初,当欧洲的帝国正忙于贩卖"黑鬼"时,技术和经济情势发生了变化——因人力的重要性衰落下来——恰如道德和宗教态势的变化,主要是英格兰教会在教皇训谕下的具体指示以及 1772 年的著名的"索美塞特案"(Somerset)[50]后兴起的废奴运动,还有从《人权宣言》中所获的道德与智识启蒙。甚至海地在1804 年的奴隶造反后获得了国家独立。那个时候,英国希望其他殖民和海事对手国加入"讨伐"奴隶贸易的行列,以防范贸易和人力——强权本身——旁落到对手国家手中。[51]

1814 年至 1815 年开始的公开国际合作主要以非洲奴隶贸易为中心议题,但废除奴隶贸易并未随即引发奴隶所有制的废除。1833 年,英国出台《废除奴隶法案》,并且黑人解放运动在大多数新独立的拉美国家蔓延开来,其于 1848 年传到法国,并于 1863 年传到美国。首先,奴役以及与奴隶制相关的做法虽在战争法与惯例中被禁止,但奴隶贸易和奴隶制的不同法律地位仍在 1926 年的《奴隶制公约》第2 条中得到例证。[52] 再者,如同海盗条款,对奴隶贸易的禁止转化成了海洋法本身——1958 年的《公海公约》(第 13 条)和 1982 年的《联合国海洋法公约》(第 99条)——但不同于打击海盗的法律,此处并不承认普遍管辖权。1926 年公约在1956 年公约中得到了补充,当时其他主要措施已经或将要实施(包括《联合国宪章》第 1.3 条、第 55 条和第 56 条;《联合国人权宣言》第 1 条、第 3 条、第 4 条、第 5条和第 6 条;1966 年的《国际政治和公民权公约》第 8 条和第 15 条;国际法院 1970年判决的附带意见[obiter dictum]等)。但是,应提及的是,困难之处不仅在于如何确定奴隶贸易和奴役违反习惯国际法的时间,[53]也在于如何对公元 1945 年之前实施奴隶贸易或奴役的个人进行刑事法院的审判。

131

---

[50] *Somerset v Stewart* (1772) Lofft 1,98 ER 499.
[51] 作为背景资料,可参阅 A. M. Trebilcock, 'Slavery' in R. Bernhardt (ed) *Encyclopedia of Public International Law* (North-Holland Elsevier 2000) vol 4,422 – 426。
[52] Slavery Convention (签订于 1926 年 9 月 25 日,于 1927 年 3 月 9 日正式生效)60 LNTS 253。
[53] 面对第二次世界大战期间实施的奴役和性奴役的指控,日本辩称当时并无禁止奴役的习惯法;UN Commission on Human Rights (Sub Commission) 'Systematic Rape, Sexual Slavery and Slavery-like Practices during Armed Conflict: Final Report Submitted by Gay J. McDougall, Special Rapporteur' (22 June 1998) UN Doc. E/CN. 4/ Sub. 2/1998/13, para 4.

(一）废除非洲奴隶贸易与妇女儿童人口贩卖

1807 年，美国国会通过《禁止奴隶进口法案》，并于 1818 年和 1820 年修正更新了该法案，恰如英国议会通过《废除奴隶贸易法案》后，在 1824 年、1843 年和 1873 年均对其进行了修订。之后，许多旨在废除奴役的国际条约和宣言相继出现，最先是针对非洲奴隶贸易（在 19 世纪最后三分之一的时光中，大西洋的奴隶贸易已经衰落，但从非洲到穆斯林世界的奴隶贸易仍然兴盛），再是针对白人奴隶贸易以及妇女儿童的人口贩卖。

1. 维也纳会议（1815 年）和《伦敦条约》（1841 年）

第一项专门针对一般性奴隶贸易的国际文件是 1815 年的《全面废除奴隶贸易的相关宣言》（"八强宣言"），其在 1815 年 2 月 8 日签署于维也纳。[54] 该宣言承认"奴隶贸易与人性原则和普世道德不一致"，但其未包含禁奴义务的执行条款，遑论刑事入罪化。其他列强发表的宣言亦指出奴隶贸易被"宗教与自然法则所谴责"（1815 年 11 月 20 日，由奥地利、法国、英国、普鲁士和俄罗斯签署），而 1815 年 2 月 18 日，英国和美国在比利时根特签署的《和平礼让条约》宣告奴隶贸易与"人性原则和正义不相容"[55]。

1815 年宣言的签署方——数年后在 1822 年 11 月 28 日签署的《废除奴隶贸易宣言》中重申其反对奴隶贸易及其意欲废除奴隶贸易的立场[56]——多数在 1841 年 12 月 20 日于伦敦签署了《打击非洲奴隶贸易条约》。[57] 其中将奴隶贸易等同于海盗，该条约不仅规定了包含禁止、防范、公诉和惩罚的义务[58]，以及确立了刑事管辖基础[59]，还通过诉诸司法协助以展开国际合作，其目标和意图是让 1815 年宣言中的那些原则付诸实施并全面生效。[60]

---

〔54〕 Declaration of the Eight Powers relative to the Universal Abolition of Slave Trade, annexed as Act XV to the 1815 General Treaty of the Vienna Congress（签订于 1815 年 2 月 8 日）(1815)63 CTS 473。签署国包括：澳大利亚、法国、英法、葡萄牙、普鲁士、西班牙和瑞士，除了西班牙，其他缔约国均于 1814 年 5 月 30 日秘密签署了《巴黎和约》，法国与英国在条约中都主张废除奴隶贸易。

〔55〕 Treaty of Peace and Amity（签订于 1815 年 2 月 18 日）(1815)12 TIAS 47。

〔56〕 葡萄牙、西班牙和瑞士缺席了维罗纳会议（1822 年）。

〔57〕 Treaty for the Suppression of the African Slave-Trade（签订于 1841 年 12 月 20 日）(1841)73 CTS 32.

〔58〕 同上，第 1 条、第 3 条和第 10 条。

〔59〕 同上，第 6 条、第 7 条、第 10 条和附录 B。

〔60〕 同上，第 15 条。

2. 柏林大会(1885 年)与布鲁塞尔大会(1890 年)之一般法及其 1919 年修正案

在柏林大会上讨论并通过了《打击水陆渠道的奴隶贸易与合作宣言》,1885 年 2 月 26 日又形成一项一般性法案,签署国除 1815 年宣言诸当事国外,还有美国等新国家加入。[61] 该宣言承认,按"万民法原则",奴隶贸易属被禁之列,且在非洲刚果盆地行使主权或施加影响力的诸列强"正用尽一切可行手段终结该贸易,并惩罚从事该贸易者"[62]。另一项宣言包含了诸列强应努力取缔奴隶制之承诺,特别是取缔有关奴隶贸易之规定。[63]

五年后,在 1889 年至 1890 年间的布鲁塞尔大会上,一项打击非洲奴隶贸易的综合性国际条约被通过。[64] 1890 年 7 月 2 日,一般法案的签署国宣告受"终结贩卖非洲奴隶之罪行及其所造成的破坏的坚定意图"之鼓舞,欲达成如下希望:

133

> 就诸列强在不同时代、以同种方式通过的各项决议配置新的约束力,借以实现他们所保证的结果,并构建一套能保证他们所共同关心的这项工作圆满完成的措施。

然而,该一般性法案仍服务于列强的领土和商业目的。该法案载有人道主义条款,例如,在原籍地采取的措施、针对陆路贩奴的商队路线和运输的条款、打击海上奴隶贸易(包括登临、搜查和扣押船舶的权利以及登临签字国任何船舶避难的奴隶应立即无条件释放等规定),或是奴隶被遣送国的诸义务。故签字国建立了打击陆上和海上奴隶贸易的国家义务。有史以来第一次,国际海事办公室这个监督条约实施的机构在布鲁塞尔和桑给巴尔(Zanzibar)成立了旨在便于交换有关奴隶贸易和打击奴隶制度的城邦法的信息。

---

〔61〕该条款被原样复制进了 'General Act of the Conference of Berlin Concerning the Congo' (1909) 3 *American Journal of International Law Supplement*: *Official Documents* 7 - 25。

〔62〕同上,第 9 条。

〔63〕Declaration Relative to the Liberty of Commerce in the Basin of the Congo, its Embouchures and Neighbouring Country, and Dispositions Connected Therewith, attached to the General Act (art 6).

〔64〕General Act of the Brussels Conference Relating to the African Slave Trade (签订于 1890 年 7 月 2 日,于 1891 年 8 月 31 日正式生效)(1890)173 CTS 293。

然而,因布鲁塞尔一般法所施加的商业性限制,殖民列强在一战后无意再对其进行修订,而是以1919年9月10日于巴黎圣日耳曼昂莱(Saint-Germain-en-Laye)所签订的对柏林和布鲁塞尔法案的修正案中的一个条款替换了该一般法,[65]其相当于废止了列强先前批准的针对奴隶贸易的法案。但是,按1919年公约,在非洲领土上行使主权的列强确认其"尽力保证全面打击各种形式的奴隶制以及陆上和海上奴隶贸易"的决心。[66]

3. 白人奴隶贸易及妇女儿童人口贩卖:1904年、1910年、1921年和1933年的国际公约

打击白人奴隶贸易的是同时签署于巴黎的两项文件——即1904年5月18日签订的国际协议[67]和1910年5月4日签订的国际公约与最终议定书[68]——的目标和立法意图。前者建立了在公诉和惩罚人口贩卖领域的合作机制,包括司法协助;[69]后者包含了禁止、防范、公诉和惩罚违法行为的"最低标准"条款——包括通过司法协助在请求函传递和定罪记录的传达[70]方面展开合作——引渡(推定)责任人,并确立刑事管辖基础。[71]

此外,1921年9月30日在日内瓦签署《打击妇女儿童人口贩卖国际公约》[72]的当事国同意对从事儿童性奴贩卖以及符合1910年公约所规定之罪行者,[73]采取一切措施对其进行披露并提起公诉,并确保对其进行惩处或实施引渡。该公约之后是1933年10月11日在日内瓦签署的《打击贩卖适龄妇女国际公约》,[74]其

---

[65] Convention Revising the Berlin and Brussels Acts(签订于1919年9月10日)(1919)225 CTS 500. 美国从未正式批准1919年公约。

[66] 同上,第11条。

[67] International Agreement for the Suppression of the White Slave Traffic(签订于1904年5月18日)1 LNTS 83;195 CTS 326.

[68] International Convention for the Suppression of White Slave Traffic(签订于1910年5月4日,于1951年8月14日正式生效)(1910)211 CTS 45。

[69] 同上,第1条至第3条。

[70] 同上,第6条和第7条。

[71] 同上,第1条至第3条,第5条和最终条款。

[72] International Convention for the Suppression of the Traffic in Women and Children(签订于1921年9月30日)9 LNTS 415。

[73] 同上,第2条至第4条。

[74] International Convention for the Suppression of the Traffic in Women of Full Age(签订于1933年10月11日)150 LNTS 431。

中规定了禁止、公诉、惩罚并展开合作的国家义务。[75]

为使联合国在取代国际联盟后能充分履行职责,所有这些公约均在 1947 年[76]或 1949 年[77]作了修正,同时,1950 年的《禁止贩卖人口及利用他人卖淫公约》[78]则接续了前述公约当事国间的关系。

(二) 1926 年《国际联盟反奴役公约》及其后续发展

1924 年,通过指派一个临时反奴役委员会(TSC)——由阿尔布雷希特·戈尔(Albrecht Gohr)担任主席——国际联盟的角色从监控条约实施转至创设打击奴隶贸易与奴隶制的国际法以及设计一般性公约——这超越了盟约第 23 条的规定并让各国大跌眼镜,盖因所有国家都兴趣寥寥,甚至连英国也毫无兴趣,同时也出现了一些如葡萄牙代表团那样的公开反对。1926 年 9 月 25 日签于日内瓦的旨在确保废除奴隶制及奴隶贸易的这项国际公约由临时反奴役委员会(TSC)英籍委员弗雷德里克·卢加德(Frederick Lugard)爵士戮力推进,[79]并以英国官方名义提出相关条款。最终,建议批准附录的公约草案的国际联盟大会决议根据国联英国代表切尔伍德塞西尔子爵(Viscount Cecil of Chelwood)之提议而获得通过。

1926 年公约当事国继续区分出两套法律制度,一套关于奴隶贸易,另一套关

[75] International Convention for the Suppression of the Traffic in Women of Full Age (签订于 1933 年 10 月 11 日)150 LNTS 431,第 1 条至第 3 条。

[76] The 1921 and 1933 Conventions: Protocol to Amend the Convention for the Suppression of the Traffic in Women and Children and the Convention for the Suppression of the Traffic in Women of Full Age (签订于 1949 年 5 月 4 日)53 UNTS 13; International Convention for the Suppression of the Traffic in Women and Children Amended by the Protocol (签订于 1947 年 11 月 12 日)59 UNTS 39;以及 International Convention for the Suppression of the Traffic in Women of Full Age Amended by the Protocol (签订于 1947 年 11 月 12 日)53 UNTS 49。

[77] The 1904 and 1910 Conventions: International Agreement for the Suppression of the White Slave Traffic Amended by the Protocol (签订于 1949 年 5 月 4 日)92 UNTS 19; International Convention for the Suppression of the White Slave Traffic Amended by the Protocol (签订于 1949 年 5 月 4 日)98 UNTS 101。

[78] Approved by General Assembly resolution 317 (IV) of 2 December 1949: Convention for the Suppression of Traffic in Persons and of the Exploitation of the Prostitution of Others (于 1951 年 7 月 25 日正式生效)96 UNTS 271。

[79] International Convention for the Abolition of Slavery and the Slave Trade (签订于 1926 年 9 月 25 日,于 1927 年 3 月 9 日正式生效)60 LNTS 253. The 1953 Protocol brought the Convention into the UN system (Protocol Amending the Slavery Convention [于 1953 年 12 月 7 日正式生效]182 UNTS 51);然而仍有一些国家同意了 1926 年公约却未同意 1953 年协定。

于奴隶制度,恰如当事国承诺"防范与打击奴隶贸易",并"逐步且尽可能快地实现各种形式的奴隶制度的全面废除"。[80] 1926 年制定的与奴隶制度有关的义务存在许多积极要素,即必须是"全面废除",且以"各种形式"。尽管这种全面打击各种形式的奴隶制度的规定貌似让 1919 年的《圣日耳曼昂莱公约》起航,但亦有其负面因素,即这种废除的实现只是"逐步且尽可能快"。在寻求对违反所拟公约的惩罚条款的接受上,国联的起草者们太过谨慎,因为他们不敢得罪成员国。话虽如此,但各当事国在确保废除奴隶制和奴隶贸易之目标达成上仍应互相给予协助,[81]并视情势采取必要的措施对违反防范与打击奴隶贸易及废奴之法律规章施加严厉制裁,[82]并沟通传达任何相关法律规章。该公约未包含任何其他执行机制,尽管国联将建立一个反奴役专家委员会,即后来的奴隶制度咨询委员会。[83]

该公约同时对奴隶制度与奴隶贸易作出了定义。[84] 其中亦提到了一个明显不同但相关的做法,即强迫劳动。[85] 作为起草过程中最具争议性的条款,1926 年公约针对私人目的之强迫劳动的第 5 条其实范围很有限。1930 年 6 月 28 日,国际劳工组织(ILO)大会通过了《强迫劳工公约》。[86]

后来,按 1956 年的联合国《废除奴隶制、奴隶贸易及类似奴隶制的制度与习俗补充公约》,[87]当事国加大了对奴隶贸易、奴役及相关做法入罪化的力度[88]并承诺采取措施废除债务奴役、农奴制(serfdom)、强迫婚姻和儿童剥削。[89] 从法律属性看,这些情形不一定是"奴隶制",而是被定义为"奴役地位",[90]其他类似奴隶制和

---

[80] Convention for the Abolition of Slavery and the Slave Trade (n 79) arts 2 and 3.

[81] 同上,第 4 条。这项一般性义务并未在特定的双边或多边协议中被具体化。

[82] 同上,第 6 条。

[83] Convention for the Abolition of Slavery and the Slave Trade (n 79) art 7.

[84] 同上,第 1 条。

[85] 同上,序言及第 5 条。

[86] Convention Concerning Forced or Compulsory Labour (ILO No 29) (达成于 1930 年 6 月 28 日,于 1932 年 5 月 1 日正式生效)39 UNTS 55。1930 年公约——采用了"1928 年贝洛特规则"中声明的诸多原则与限制,被国际劳工组织于华沙采用——于 1946 年进行了修正且于 1957 年得到了补充。

[87] Supplementary Convention on the Abolition of Slavery, the Slave Trade, and Institutions and Practices Similar to Slavery (签订于 1956 年 9 月 7 日,于 1957 年 4 月 30 日正式生效)226 UNTS 3。

[88] 同上,第 3 条、第 5 条和第 6 条。

[89] 同上,第 1 条。

[90] 如果未被 1926 年公约(n 79)包括,1956 年公约(n 78)将受害者视为"地位卑微的人"(art 7[b]),而非"奴隶"(art 7[a])。

奴隶贸易的制度与习俗也已被确认。[91] 尽管奴隶制的定义从 1926 年以来未有变化(1956 年公约[92]和 1988 年的《国际刑事法院规约》),[93]但其解释却颇具争议。此外,随着奴隶制及其相关或类似做法的新形式的出现,此概念因无法涵盖所有的新形式而被证明太过狭窄。"标签"奴隶制度的政治上和情感上的意义以及如今禁止奴隶制的法律效力或许能解释为何部分法律学者提出将定义扩展到类似奴隶制的制度与习俗。[94]

1926 年公约继续着其"文明使命",但西方或委任托管列强竭力不让公约适用于其殖民地或托管领土。[95] 英国在起草公约的过程中曾两度想把海上奴隶贸易归入海盗罪。但是,其他代表团不同意——即便英国对配备登临检查权但去除扣押权会感到满意。按最后通过的第 3 条,当事国承诺采取一切适当措施防范与打击仅在"本国领水中及悬挂其国旗的船舶上"的奴隶的上船、下船和中转之行为。这种有待磋商的一般性补充公约或特别协定从未被协商或得出结论,而英国在 1956 年公约的磋商中又作了最后一次尝试(仍以失败告终)。[96]

(三) 战争法和习惯中的奴役及其他奴隶制相关犯罪

使用战俘(Prisoners Of War, POWs)作为劳工的规范以及对强征占领区内的人民从事对其本国不利的军事行动之禁止见诸 1899 年 7 月 29 日通过的《海牙公约(二)陆战法规习惯及其附件规章》[97]和 1907 年 10 月 18 日通过的替代 1899 年

---

〔91〕其他方面,例如贩卖人口及利用他人卖淫, 1949 UN Convention (n 78);或者贩卖人口,尤其是妇女和儿童以及偷运移民,Protocols Supplementary to the Convention against Transnational Organized Crime (达成于 2000 年 11 月 15 日,于 2003 年 9 月 29 日正式生效)2225 UNTS 209。

〔92〕然而,"奴隶贸易"(art 7〔c〕)的定义与 1926 年公约(n 79)中的定义有一些细微的差别。

〔93〕7.2(c)条款中对"奴役"(而非"奴隶制度")的定义与 1926 年公约(n 79)中对奴隶制度的定义相同,但包括"在贩卖人口,尤其是妇女和儿童的过程中"对所有权附属权利的行使。

〔94〕参见 J. Hathaway, 'The Human Rights Quagmire of "Human Trafficking"' (2008)49 *Virginia Journal of International Law* 1 - 59; and A. T. Gallagher, 'Human Rights and Human Trafficking: Quagmire or Firm Ground? A Response to James Hathaway' (2008)49 *Virginia Journal of International Law* 789 - 848。

〔95〕亦即"殖民地条款"(art 9);很明显使用了一个与 1956 年公约(n 87)第 12 条完全不同的措词。

〔96〕The proposal of 1956 Drafting Committee of the ILC concerning the regime of the high seas influenced the drafting of the 1956 Convention (n 87).

〔97〕Hague Convention Concerning the Laws and Customs of War on Land (达成于 1899 年 7 月 29 日,于 1900 年 9 月 4 日正式生效)(1899)187 CTS 429。

的《海牙公约(二)及其规章》之《海牙公约(四)陆战法规习惯及其附件规章》。[98] 此处,我们可以发现其中包含了一些同时保护平民与交战者免于在(国际)武装冲突或被占领情势下被奴役和被强迫劳动的条款。[99] 同时,1929 年 7 月 27 日通过的《关于战俘待遇的日内瓦公约》对 1899 年和 1907 年规则中对应的第二章进行了补充。[100] 有时,赋予战俘的保护会单方面扩及到交战国领土内的敌方平民。[101]

除《(纽伦堡)国际军事法庭宪章》外[102],1899 年和 1907 年规则或 1929 年公约成为纽伦堡把奴隶劳工和奴役定为战争犯罪或反人道犯罪的法律基础,尽管这些战争法规和习惯并无有关刑事责任的规则(除《日内瓦公约》第 30 条的弱度效力条款和其他间接证据)。[103]

再后来,对奴隶制度的禁止和对与奴隶制度相关的犯罪之识别在随后关于战争犯罪和反人类犯罪的国际法法典的编纂与逐步发展中得到重申,即 1949 年的日内瓦四公约和 1977 年的两协定[104]、对奴隶制及其相关犯罪的适用

---

[98] Hague Convention (IV) Concerning the Laws and Customs of War on Land (n 22).

[99] arts 6,44, and 52 of the 1899 Hague Convention (n 97), and arts 1,6,46, and 52 of the 1907 Hague Convention (IV) (n 22).

[100] Convention Relative to the Treatment of Prisoners of War (达成于 1929 年 7 月 27 日,于 1931 年 6 月 19 日正式生效)118 LNTS 343;其中的第 30 条和第 31 条处理了对战俘实施的强迫劳动行为。

[101] 这就是 1941 年美国国务院发表的关于被拘禁在美国的美籍日本人的声明之意义;C. H. Rosenberg, 'International Law Concerning Accidents to War Prisoners Employed in Private Enterprises' (1942)36 *American Journal of International Law* 294 - 298 at 298。

[102] art 6 of the Charter of the [Nuremberg] International Military Tribunal (签订并正式生效于 1945 年 8 月 8 日)82 UNTS 279;亦见 art 5 of the Charter of the International Military Tribunal for the Far East (签订并正式生效于 1946 年 1 月 19 日)4 Bevans 20。

[103] 间接证据是 1922 年《华盛顿条约》第 3 条所依据的主张。

[104] Geneva Convention for the Amelioration of the Condition of the Wounded and Sick in Armed Forces in the Field (签订于 1949 年 8 月 12 日,于 1950 年 10 月 21 日正式生效)75 UNTS 31;Geneva Convention for the Amelioration of the Condition of the Wounded, Sick and Shipwrecked Members of Armed Forces at Sea (签订于 1949 年 8 月 12 日,于 1950 年 10 月 21 日正式生效)75 UNTS 85;Geneva Convention Relative to the Treatment of Prisoners of War (签订于 1949 年 8 月 12 日,于 1950 年 10 月 21 日正式生效)75 UNTS 135;Geneva Convention Relative to the Protection of Civilian Persons in Time of War (签订于 1949 年 8 月 12 日,于 1950 年 10 月 21 日正式生效)75 UNTS 287;Protocol Additional to the Geneva Conventions of 12 August 1949, and Relating to the Protection of Victims of International Armed Conflicts (Protocol I) (达成于 1977 年 6 月 8 日,于 1978 年 12 月 7 日正式生效)1125 UNTS 3;以及 Protocol Additional to the Geneva Conventions of 12 August 1949, and Relating to the Protection of Victims of Non-international Armed Conflicts (Protocol II) (达成于 1977 年 6 月 8 日,于 1978 年 12 月 7 日正式生效)1125 UNTS 609。

不得有任何立法限制之承认[105]，以及《国际刑事法院规约》。[106] 1950 年，国际联盟国际法专家委员会声明，对战争法规或习惯的违反构成"战争罪"或"反人道罪"。[107]

尤其是除了作为焦点的人权外，奴隶贸易和奴役作为（国际）犯罪之确定拓展了个人刑事责任的维度。故（人权）法院和（刑事）法院之间就奴隶贸易、奴隶制度和奴役的解释或出现不同。[108]

四、其他罪犯

根据公元 1945 年之前的国际法，有些证据显示，战争犯和其他与战争有关的罪犯或者恐怖分子（但令人惊奇的是，施加酷刑者此类倒不在其列）可能已被定义为罪犯。

（一）战争犯和其他与战争有关的罪犯

界定战时可接受行为的规则同战争本身一样年岁古老，而 1474 年在德国布雷萨赫（Breisach）由神圣罗马帝国对哈根巴赫（Peter von Hagenbach）的特别审判或许是第一起对"国际"战争犯罪（或反人道罪）的审判。[109] 直至晚近，城邦战争法处理着跨国战争（美国南北战争期间的《利伯战争守则》乃是著名的例外）。国际法亦选择这种模式，而日内瓦和海牙所通过的一些文本为现代战争犯罪（和反人道罪）铺平了道路：1864 年的《日内瓦野战伤兵境遇缓解公约》[110]于 1906 年和

---

[105] Convention on the Non-Applicability of Statutory Limitations to War Crimes and Crimes against Humanity（达成于 1968 年 11 月 26 日，于 1970 年 11 月 11 日正式生效）754 UNTS 73。

[106] 同上，第 7 条和第 8 条。

[107] 'Formulation of the Nürnberg Principles'（1950 – II）*Yearbook of the International Law Commission* 374 – 378.

[108] 例如，the ECHR（2005 年 7 月 26 日的判决，*Siliadin v France* [2006]43 EHRR 16，para 122）and the ICTY（*Prosecutor v Dragoljub Kunarac*, *Radomir Kovac and Zoran Vukovic* [Judgment] ICTY -96 – 23 – T ＆ ICTY – 96 – 23/1 – T [2001 年 2 月 22 日] para 539 and passim；以及 *Prosecutor v Dragoljub Kunarac*, *Radomir Kovac and Zoran Vukovic* [Judgment] ICTY -96 – 23 – T ＆ ICTY – 96 – 23/1 – A [2002 年 6 月 12 日] paras 117 – 119；还有 *Prosecutor v Milorad Krnojelac* [Judgment] IT – 97 – 25 – T [2001 年 3 月 15 日] at 353 and fns 955 – 957）。

[109] G. Schwarzenberger, *International Law as Applied By International Courts and Tribunals* (Stevens ＆ Sons London 1968) vol 2 (The Law Of Armed Conflict), at 462 – 466; E. Greppi, 'The Evolution of Individual Criminal Responsibility under International Law'（1999）81 *International Review of the Red Cross* 531 – 553.

[110] Geneva Convention for the Amelioration of the Treatment of Wounded in the Field（达成于 1864 年 8 月 22 日，于 1865 年 6 月 22 日正式生效）(1864)129 CTS 361。

1929 年虽有修订，[111]但古斯塔夫·穆瓦尼耶（Gustave Moynier）于 1872 年所提出的建立国际常设法院的动议却从未被实施；[112]包含"马尔顿斯条款"和必要性原则、区分和比例原则的 1899 年和 1907 年的海牙诸公约；[113]以及 1929 年的《战俘待遇日内瓦公约》。[114]

战争犯罪、与战争相关的反人道犯罪和反和平罪在 1939 年至 1945 年并非新鲜概念。1919 年成立的战犯责任和惩治委员会在确定三项法律议题上做过工作：德皇威廉二世及其高阶官员在欧洲发动侵略战争的责任；德国及其盟国对战争法规和习惯的违反；对奥斯曼帝国部分官员驱逐和屠杀亚美尼亚人的追责——促使法国、英国和俄国组成的协约国政府在 1915 年 5 月 24 日发布联合声明谴责这些行为是"反人类和反文明的犯罪"。[115] 以一种令人困惑的方式，1919 年 6 月 28 日签署的《凡尔赛和约》第 227 条至第 330 条[116]规定了同盟国政府定义为战争罪犯的德国官员之逮捕并在国际法庭或协约国国内法院接受审判等事宜。作为德皇流亡国的荷兰政府拒绝向协约国移交前德皇，且在协约国同意下，一些德国军事指挥官于 1921 年被——不情愿地——德国最高法院审判（"莱比锡战争犯罪审判"）。

二战爆发前已经发生的新进展不仅表现在战争法规和习惯中（包括 1922 年的《华盛顿公约》第 3 条所提供的前述之间接证据），[117]还表现为对侵略战争本身的禁止，例如 1924 年的《日内瓦议定书》的前言（从未生效）[118]中包含"一场侵略战

---

[111] Convention for the Amelioration of the Condition of the Wounded and Sick in Armies in the Field（于 1907 年 8 月 9 日正式生效，现已失效）11 LNTS 440；以及 Convention for the Amelioration of the Condition of the Wounded and Sick in Armies in the Field（于 1931 年 6 月 19 日正式生效）118 LNTS 303。

[112] 参见 Hall, 'The First Proposal for a Permanent International Criminal Court'（1998）38 *International Review of the Red Cross* 57 - 74。

[113] 这些原则在《国际刑事法庭规约》的第 3 条中仍有表达。

[114] Convention Relative to the Treatment of Prisoners of War (n 100)。

[115] France, Great Britain and Russia Joint Declaration of 24 May 1915（Record Group, US National Archives, Papers relating to the Foreign Relations of the US, No 59,867. 4016/67）。

[116] Treaty of Peace at Versailles（达成于 1919 年 6 月 28 日，于 1920 年 1 月 10 日正式生效）(1919) 225 CTS 188。

[117] 参见 the Treaty of Washington（n 24）；亦见 J. -M. Henckaerts and L. Doswald-Beck（eds）*Customary International Humanitarian Law*（CUP Cambridge 2005）vol 1（Rules），rule 151。

[118] 转述于 'Protocol for the Pacific Settlement of International Disputes' (1925) 19 *American Journal of International Law Supplement*：*Official Documents* 9 - 17 at 9。

争构成对(国际)团结的破坏且属国际犯罪"的表述。1927 年 9 月 24 日,国际联盟大会曾宣告"所有侵略战争在过去、现在及未来都应被禁止"。1928 年的《全面性废止战争公约》(《凯洛格-白理安公约》,Briand-Kellogg Pact)[119]尽力填补着国联盟约的立法漏洞,并将圣奥古斯丁和圣托马斯·阿奎那之(非)义战的自然法理论译为法律条文。

很明显,斯时已有发展反暴行法的必要性,正如有必要想个名词来形容纳粹的"最终方案"和其他的屠杀("亚美尼亚式种族灭绝")。1944 年,拉法尔·莱姆金(Raphaël Lemkin)不失时机地提出了"种族灭绝"一词——他支持通过联合国大会第 96(I)号决议和 1948 年公约——且在 1948 年 10 月 8 日对赫尔曼·戈林和其他人的定罪中用到。

后二战时代的发展见于 1943 年的《莫斯科公告》、1945 年的《波茨坦公告》和投降或停战的国际文件以及有关这些文件的宣言或和平条约。[120]《纽伦堡宪章》[121]和《东京宪章》[122]中对应的第 6 条(及 1946 年议定书)和第 5 条授权法庭审判和惩罚被控犯战争罪、反人道罪和反和平罪的个人。国际法庭之审判和战胜国在德国占领区国内法庭之审判——绝大多数公诉根据 1945 年 12 月 20 日于柏林通过的盟军控制理事会第 10 号法令[123]——郑重举行,且国际法承认的一般原则受到联合国大会第 95(I)号决议[124]和国际法专家委员会[125]的确认。

---

[119] General Treaty for the Renunciation of War or the World Peace Act (签订于 1928 年 8 月 27 日,于 1929 年 7 月 24 日正式生效)94 LNTS 57。

[120] 全部转述于 (1948)42 *American Journal of International Law Supplement*:*Official Documents*:'Allied and Associated Powers and Italy:Treaty of Peace' 47 - 177;'Treaty of Peace with Roumania' 252 - 277;'Treaty of Peace with Hungary' 225 - 251;'Treaty of Peace with Bulgaria' 179 - 202;以及 'Treaty of Peace with Finland' 203 - 223。

[121] Charter of the [Nuremberg] International Military Tribunal (n 102)。

[122] Charter of the International Military Tribunal for the Far East (n 102)。

[123] Allied Control Council Law No 10:Punishment of Persons Guilty of War Crimes,Crimes Against Peace and Against Humanity (1945 年 12 月 20 日)3 Official Gazette of the Control Council for Germany (1946 年 1 月 31 日)50 - 55。

[124] UNGA Res 95 (I) (1946 年 12 月 11 日) UN Doc A/RES/1/95。

[125] UN ILC,'Principles of International Law Recognized in the Charter of the Nürnberg Tribunal and in the Judgment of the Tribunal,with Commentaries' (1950 - II) *Yearbook of the International Law Commission* 274 - 278。

(二) 恐怖分子

尽管自 19 世纪以来,恐怖活动此起彼伏,但国家处理恐怖主义的手段是城邦法。第一次将恐怖活动作为国际(刑事)法具体规制对象的尝试要到 1930 年代中期。

战争法规和习惯一直禁止对平民施加恐怖,且 1919 年建立的责任委员会报告指出,德国及其盟国计划和实施着一套"恐怖体制"。[126] 晚近,主要目的是在平民中传播恐怖的暴力之行为已被认定为一种战争犯罪。[127]

但是,南斯拉夫国王亚历山大一世和法国外长路易·巴尔杜(Louis Barthou)于 1934 年 10 月 9 日被刺杀后,正是国际联盟在力推将恐怖主义定义并法典化为一种国际犯罪。但是,并非所有国家都确信有缔结公约的必要或有实际效用,于是国际联盟试图未雨绸缪地勾勒出将在二战后加剧的那些在法律、政治、意识形态和修辞上的争议。[128] 请注意,"涉及打击恐怖主义活动的国际法规则在当下并不足以确保有效的国际合作"。国际联盟于 1934 年通过的一项决议建立了国际打击恐怖主义政府间专家委员会,其受国联理事会委托,起草打击"基于政治与恐怖意图之犯罪或阴谋"的公约。[129] 之后,在 1936 年通过的一项决议中,国联大会宣告该公约应秉持的"主要目标"包括但不限于禁止以任何形式准备或实施针对在外国公共当局和服务机构工作的人员的生命或自由之恐怖主义暴行,并对"具有国际性质"的恐怖主义暴行予以惩治。但是,无论理事会还是大会都未在其决议中对恐怖主义作出定义。

按委员会提交的草案,1937 年在日内瓦通过了两项公约,即[130]《防范与惩治恐怖主义公约》(要求国家公诉或引渡国际恐怖罪犯,尽管未排除政治犯不引渡的

---

[126] 'Commission on the Responsibility of the Authors of the War and on Enforcement of Penalties' (January-April 1920) 14 *American Journal of International Law* 95 – 154 at 113.

[127] *Prosecutor v Stanislav Gali ?* (Judgment) ICTY – 98 – 29 – T (2003 年 12 月 5 日) para 70。

[128] B. Saul, 'The Legal Response of the League of Nations to Terrorism' (2006) 4 *Journal of International Criminal Justice* 78 – 102.

[129] Sixth Meeting (Public) of the Eighty-Third Session of the Council (1934) 15 *League of Nations Official Journal* 1758 – 1760 at 1760.

[130] 原样复制于 LN International Conference Proceedings on the Repression of Terrorism, Geneva (1 – 16 November 1937) LN Doc C/94/M/47/1938/V (LN Archives Geneva: Council Members Docs) vol 1103,Annex I,at 5 and 19。

例外规定)和《创设国际刑事法院公约》(作为国内法院的替代)。各国虽都可分别成为两项公约的缔约国,但这两项公约都从未正式生效。

直到 1970 年代,恐怖主义才再次出现于国际法领域。[13] 迄今为止,一个被普遍接受的定义仍无迹可循,这貌似是因部分国家不愿对剥夺人民自决权与自由和独立之权利的强力行为所作的(任何)政治抵抗作入罪化处理,还有些国家则是担心损及庇护权和难民地位。

五、结论

法律文献和国家实践以西塞罗所认为的海盗乃人类公敌这一遗产作为基础,并将其附随的法律后果(入罪化和普遍管辖权)延展至其他行为——奴隶贸易或奴役、战争犯罪、反和平罪、反人道罪、恐怖主义等。概念、人群(外交官、学者、活动人士等)和组织(政府间组织和非政府组织),以及一些"相对规范性"(实践、生效或未生效的条约、国家或民间的草案、决议、宣言等)都被卷入对特定行为的犯罪性质之确定以及普遍管辖权之建立。但是,截至公元 1945 年以前,由于立法和执法的混淆、司法实践不足等原因,即便红十字国际委员会(ICRC)成功地说服国家逆转了对西塞罗的法谚"战时无法律"(*Silent enim leges inter arma*)的看法,但国际法律基础(范围从人道主义原则、普遍德性、正义到宗教和自然法等)仍引发了某些问题。

143 　　海盗罪、奴隶制以及其他如今被视为犯罪的行为或活动,他们在其他时代不必然也被视为犯罪。理论上来说,对海盗与私掠行为的区分在实践中很模糊,当相冲突的国家利益与现实感知相遇时,城邦法与万民法之间的互动与混淆很是常见。是故要找到一个清晰的国际性相关实践——国际条约之缺失——往往被证明是极为困难的。

---

[13] 这里有一个将恐怖主义引入《纽伦堡宪章》(n 102)的苏维埃式尝试,同时,恐怖主义也被纳入到国际劳工理事会 1954 年的如下文件中:'Draft Code of Offences against the Peace and Security of Mankind' (1954‐Ⅱ) *Yearbook of the International Law Commission* 112‐122;之后被纳入到如下文件的第 5 条草案中:'Report of the Preparatory Committee on the Establishment of an International Criminal Court' UN Diplomatic Conference of Plenipotentiaries on the Establishment of an International Criminal Court (于 1998 年 7 月 15 日至 17 日在罗马)(1998 年 4 月 14 日) UN Doc A/CONF. 183/2/Add. 1。

支持禁止奴隶贸易和奴役的"实证"国际数据或战争法规和习惯已为数不少，但很难——若非不可能的话——找到公元 1945 年以前的司法实践。令人好奇的是，诉诸"类比海盗罪"和"仿若海盗行为条款"导致了如下两种评论：第一，作为已包含在国际条约之中的条款，他们最清楚且最明确地（虽是间接地）表明了将海盗视作置于普遍管辖下的国际犯罪之国家历史认同；第二，对行为禁止并不总是意味着将其刑事入罪化，以及拓展国家的管辖权和惩罚背信者。"类比海盗"显示了国家接受（涉及海战法规和习惯之违反）或拒绝（关于海上奴隶贸易，涉及拿捕权）将这些行为的打击置于普遍管辖之下之意愿。

是否坚持国际法的"实证主义者"或"自然主义者"之理解都应以确定国际犯罪的存在和定义以及国家公诉和惩罚罪犯的名义或基础为条件，即应铭记于心的是在实体正义与合法性之间保持必要的平衡。主要从历史角度看，当可断言确实存在国际犯罪，且最终将其置于普遍管辖之下时，"关键日期"的形式及其确定这一问题同样相当重要。

就海盗法而言，有论者评论道：

> （作为）一个实践问题……一个有能力的法律人可用法言法语构建一个现实模型，其正当性来自政客对符合其自身的国家利益之认同。但是，按"自然法"理论，这种正当性只是那些相信其自身更符合道德和"真正法律"的永恒规则之国家可不予认同的一种主张。按"实证法"理论，没有一个国家有决定国际法规则的法定权力，而仅有解释其自身规则的权力，并应让他国信服这种解释是正确的……法律人和政策决策者间就这些问题的争论无休无止……（但）对多数能言善辩的自然法模型构建者而言，这种"胜利"只会导致毫无意义的"无法"之法典编纂。[132]

国际法为阐释公元 1945 年以前对海盗、贩奴者和其他罪犯之打击提供了论点和法律基础，但法律实施之实践却为各国防止将刑事追责建立在普遍管辖之上提

---

〔132〕 The Law of Piracy（n 1）310 - 311.

供了借口。于是像以前一样，纸面上的法律与行动中的法律又再次分道扬镳。

推荐阅读

Allain, Jean *The Slavery Conventions. The Travaux Préparatoires of the 1926 League of Nations Convention and the 1956 United Nations Convention* (Martinus Nijhoff Publishers Leiden 2008).

Azcárraga y Bustamante, José Luis de *El corso marítimo* (CSIC Instituto 'Francisco de Vitoria' Madrid 1950).

Bush, Jonathan A. '"The Supreme... Crime" and Its Origins: The Lost Legislative History of the Crime of Aggressive War' (2002) 102 *Columbia Law Review* 2324 – 2369.

Dubner, Barry H. *The Law of International Sea Piracy* (Martinus Nijhoff Publishers The Hague 1980).

Graven, Jean 'Le crimes contre l'humanité' (1950) 76 *Recueil des cours* 427 – 608.

Greppi, Edoardo 'The Evolution of Individual Criminal Responsibility under International Law' (1999) 81 *International Review of the Red Cross* 531 – 533.

Piggott, Francis Taylor *The Declaration of Paris* 1856: *A Study* (University of London Press London 1919).

Rubin, Alfred P. *The Law of Piracy* (2nd edn Transnational Publishers Irvington-on-Hudson NY 1998).

Schwelb, Egon 'Crimes Against Humanity' (1946) 23 *British Yearbook of International Law* 178 – 226.

Sottile, Antoine 'Le terrorisme international' (1938) 65 *Recueil des cours* 87 – 184.

Vabres, H. Donnedieu de 'La répression internationale du terrorisme: Les Conventions de Genève (16 novembre 1937)' (1938) 62 *Revue de droit international et législation comparée* 37 – 74.

第六章　国际仲裁和法院

柯尼利斯·罗洛夫森(Cornelis G. Roelofsen)

一、引言

从标题看,本章颇有阐述仲裁和裁判在国际关系中之作用的雄心。读者的会意与本章作者之本意如出一辙,但稍作铺垫或预警说这并非一个平铺直叙的演进可能更为公允,恰如阅读菲奇尔(Jan H. W. Verzijl)和格鲁威(Wilhelm G. Grewe)的大历史巨著时之感受。[1]但是,两氏进路不同:菲奇尔与齐格勒(Karl-Heinz Ziegler)更强调一种连续性。他们展示的仲裁/裁判被视作一种连接中世纪、近代早期和近代/当代的机制。这亦算是主流叙事。然而,格鲁威却拒绝用绝对化的术语来描述古代、中世纪和现代(19世纪和20世纪)机制的连续性。本章作者将采取第三条进路,保持一种比格鲁威所承认的程度还要更大的连续性。然而,不同时代间也同时存在着重要的断裂性,以及无疑在不断变化着的概念。[2]本章作者将使用源自理论和国家实践的两个例证以澄清自身立场,选取的两个例证的时间都在第一次世界大战发生之前。先从德国/瑞士公众人物奥特弗雷德·尼坡德(Otfried Nippold)开始,他是一

---

[1] W. G. Grewe, *The Epochs of International Law* (M. Byers trans) (De Gruyter Berlin 2000) at 104; J. H. W. Verzijl, *International Law in Historical Perspective* (12 vols Sijthoff Leiden 1968–1998); Karl-Heinz Ziegler, *Völkerrechtsgeschichte* (2nd edn CH Beck München 1994).

[2] H. Steiger, 'Probleme der Völkerrechtsgeschichte' (1987) 26 *Der Staat: Zeitschrift für Staatslehre, öffentliches Recht und Verfassungsgeschichte* 103–126.

本有关仲裁前景的论著的作者,该论著出版于第二次海牙和平会议召开前夕。[3]

尼坡德(1864—1938 年)的父亲是位在德国卓有声誉的瑞士神学家,尼坡德的学术生涯是从在德国担任国际法专家开始的。当时国际法正方兴未艾,尼坡德既是学术圈的耀眼明星,同时还是日本政府的资政(1889—1892 年)。尼坡德可能是克劳伦斯・詹金斯(Clarence W. Jenks)所言的"先驱一代,其思想很大程度上指引了……起草 1920 年规约的主事者"之典型代表。[4] 尼坡德的研究焦点正是其正确预见到的会在海牙和会上成为主要议题者,即国际争端的强制仲裁。德国在第一次海牙和会上虽断然拒绝了这一议题,但这个问题一定会再度浮现。德国政界和学界在讨论中的主要关切是,德国的行动自由在未来的争议中会受到束缚,从而导致国家主权不完整。

尼坡德对此不置可否,他引用了传统的绝对国家主权论,认为其是错误的和有误导性的,他将之与 19 世纪的国际合作之发展进行了对比。这已导致"国际公法的新领域之兴起,它独立于政治,或者可能本身就与政治无涉"[5]。在论证中,尼坡德指出了仲裁在过去几年的国家实践中的总体进展,这无疑同德国在缔结双边仲裁协议中的克制形成了鲜明的对比。[6] 像菲利普・佐恩(Philipp Zorn)和海因里希・特里佩尔(Heinrich Triepel)等担心德国主权被侵蚀的德国同行误解了国际公法的性质。姑援引尼坡德原话如下:

> (接受)仲裁庭管辖绝对取决于国家的自由意志。就强制仲裁而言,自然亦是如此……对仲裁庭管辖权的接受总是仰赖于伙伴国的主权意志,即便其性质相当宽泛;在所有情势下,均是这种主权意志的结果,且绝不应被视为与国家主权相悖。[7]

这种观点与尼坡德援引的行之多年的仲裁原则水乳交融,即"仲裁效率因其历史渊源而一直被彰显"[8]。对这类原则在逻辑上的发展,即从自愿仲裁向强制仲

---

〔3〕O. Nippold, *Die Fortbildung des Verfahrens in völkerrechtlichen Streitigkeiten* (Duncker und Humblot Leipzig 1907).

〔4〕C. W. Jenks, *The Prospects of International Adjudication* (Stevens and Sons London 1964) at 2.

〔5〕*Fortbildung des Verfahrens* (n 3)31.

〔6〕同上,第 274 页。

〔7〕同上,第 246 页(本章作者翻译)。

〔8〕同上,第 152 页,'Das beweist schon das Alter dieser Institute, schon ihr historisches Werden deutet auf ihre prinzipielle Zweckmässigkeit hin'.

裁之性质的演进，与时俱进的政府应不会有大意见。这个重要的问题不应沦为政客的谈资，恰如德国代表团于 1899 年时的做法。[9]

引述以上言论虽有助于理解尼坡德之洞见，但亦是选择性的。在其语境下，他们都是如下长篇大论的一部分，即主要是对国家实践的描述、对同时代尤其是德国同行的著作之援引以及如国际法学会和议会间联盟等代表性机构的决议。[10] 尼坡德的书的受众显然是学术界。很显然，其目的就是要说服德国同行加入对德意志帝国反对国际合作的批评之中。但是，尼坡德亦强调自己无意"放弃一国现实主义稳健政策之坚实基础"，只是想"克服当前这种病态的政治局面，即国际公法的不完整性"[11]。作为 1899 年的海牙和会的逻辑之自然接续之产物的第二次海牙和会将达成一个创建"仲裁联盟"的条约。各当事国将接受争议提交仲裁这个一般性义务，并遵循公约所建立的程序。同时，应成立一个国际秘书处以对程序进行监督。争议提交仲裁的义务将附随于"国家核心利益和尊严"之传统保留。[12] 即便尼坡德表示希望进一步拓展仲裁领域的范围，但其建议貌似太过"现实主义"，并对海牙和会即将上演的事项作出了有趣的预测。其姿态虽谨慎中庸，但读者自应心领神会。尼坡德多次展示了其主张的非现实主义立场。正如其书结尾所言："若欧洲政客自己不能得出更强力的国际合作系必需之确信，自有亚洲和美洲国家会来教给他们这个道理！"[13]

尼坡德之后的职业生涯也很具有启发性。公众熟知的是尼坡德对 1913 年的德国媒体煽动战争的言论持强烈批判态度。战争爆发后，尼坡德离开德国，并在瑞士成为一位批判德国政策及其战争行为的卓有声誉的批评家。[14]

总结尼坡德的观点，结论或是朝着至少是名义上的争议裁判之普世性体制方

〔9〕 *Fortbildung des Verfahrens* (n 3)253，且关注 'blosse Prinzipienreiterei'。

〔10〕 欧洲议会成员定期会议 A. Eyffinger, *The 1899 Hague Peace Conference* (Kluwer Law International The Hague 1999) at 366。

〔11〕 *Fortbildung des Verfahrens* (n 3)607.

〔12〕 同上。

〔13〕 同上，第 606 页。

〔14〕 O. Nippold, *The Awakening of the German People* (A. Gray trans) (George Allen and Unwin London 1918) 以及 O. Nippold, *Le chauvinisme allemand* (Payot and Cie Paris 1921) (1913 年和 1917 年的德文译本)；亦见 O. Nippold, *The Development of International Law after the World War* (A. S. Hershey trans) (Clarendon Press Oxford 1923)。

向前进,这极具象征性意义。尽管尼坡德并未过度褒扬其当下的实践价值,但这将是国际公法取得进展以及对"老派政治"取得胜利的一个重要信号。有趣的是,第一次海牙和会的德国代表团成员中的顽固保守派卡尔·冯·斯滕格尔(Karl von Stengel)在1909年仍坚持将他对强制仲裁的反对作为原则问题的立场,即便德国政府在1907年已同意作出妥协。[15] 但是,斯滕格尔只是个异数。尼坡德所秉持的国际裁判将渐进发展之信念已更具代表性。"信念"是本章作者审慎选择的名词。如吾等所睹,对尼坡德而言,这种信念是即便有政客的草莽行动之阻挡,也止不住国际法前进之征程。国际法,特别是国际裁判,倘若不是主要工具,也至少对创设——从长期看——和平与公正的国际秩序来说是个重要的因素。在19世纪和20世纪,这类观点对国际法史的书写有重要影响,从1850年代起,这就是个颇流行的主题。弗朗索瓦·洛朗(François Laurent)的大部头著作《国际法史和国际关系》公开直言将人性的进步追溯至自由主义与新教徒主义之影响,此种意识形态立场虽属极端,但当时从历史上寻找进步和连续性却相当普遍。[16] 根源在于古代已行之多年的仲裁机制已经通过历史考验并给未来带来巨大希望。[17] 这解释了法律史研究中对仲裁给予特别关注的理由。此处压倒性的意图旨在证明仲裁纵贯欧洲历史的连续性。这种进步和演进的话语至今仍伴随着我们。[18] 对此,19世纪到20世纪的国际裁判之勃兴尤起推波助澜的作用,诚如我们在尼坡德身上所见。与此同时,对国际法及其功能的另一种态度亦得到阐释,对一般公众来说,它虽非一项规则,但在当时却很有影响。这种话语或许可被称为"实用主义",有时确切的说法应是"怀疑论",其多见诸法律实践人士及其政治领袖身上。

再转至德国-荷兰间于1912年至1914年有关埃姆斯河(Ems)主权争议的案例。此处将提及一位了不起的实用主义者托比亚斯·阿瑟(Tobias M. C. Asser),其

---

〔15〕 M. Koskenniemi, *The Gentle Civilizer of Nations: The Rise and Fall of International Law 1870 - 1960* (CUP Cambridge 2001) at 211.

〔16〕 F. Laurent, *Histoire du droit des gens et des relations internationales* (Lacroix Verboeckhoven et Cie Brussels 1861/62).

〔17〕 可对比前引注释8。

〔18〕 T. Skouteris, *The Notion of Progress in International Law Discourse* (TMC Asser Press The Hague 2010) at 2.

时任荷兰外交部长的法律顾问,地位可谓一言九鼎。[19] 先来处理这个复杂的案情。1912 年,德国政府决意要解决悬置三个多世纪的历史性争议,即埃姆斯河潮汐口的存疑主权问题。荷兰主张一个能使他们获取半个河流主权的深泓(thalweg)边界。作为东弗里西亚群岛所谓历史权利继承者的德意志帝国则主张全流域主权,除了沿荷兰海岸线的一小块水域。

1912 年,德国有了迅速解决这个法律争议的特别理由。战时,德国计划通过布设水雷来封锁埃姆斯河以防范敌军袭击。然而,荷兰对埃姆斯河西岸主张的所谓一半主权会把问题复杂化,盖因荷兰在这场一触即发的武装冲突中被推定为中立国,所以在关闭埃姆斯河一事上其就不得帮助德国。同时,荷兰政府对领土争议将损及中立地位的棘手性高度敏感,且当时其也乐于承认德国对整个埃姆斯河的主权。但是,拱手将主权让给德国是不可能的,因 1908 年的《北海公约》规定,缔约国系在北海有边境线的所有国家,各自须保障领土维持现状。若荷兰被认为自愿改变埃姆斯河西段的领土主权现状,则缔约国(如英国)就可指责荷兰违反了在大国间不偏不倚的政策和《北海公约》下的义务。[20] 德国人认为已找到一条摆脱此困境的出路。德国特使约翰·克里格(Johannes Kriege)向荷兰呈交了一份令人印象深刻的历史和法律备忘录。[21] 若德国能不仅使荷兰方面确信德国在此案中不容置疑的实力,亦能说服荷兰方面相关人员向荷兰议会表示对德国该请求的默许反应系不可避免,则两国将能携手解决这个在德国人看来其实并非真是两国间争端的"共同问题"。须补充的是,德国将保障荷兰在埃姆斯河的航运自由。从实践效果看,在和平时期,该河自由航行的局面不会变动。对克里格的这份备忘录,荷兰外交部官员留下了深刻印象。政府也确有同意德国主张的打算,前提是须获得

---

[19] A. Eyffinger, *T. M. C. Asser (1838 - 1913) Founder of the Hague Tradition* (TMC Asser Press The Hague 2011);亦见 C. C. A. Voskuil, 'Tobias Michael Carel Asser — 1838 - 1913' in C. C. A. Voskuil et al (eds) *The Moulding of International Law: Ten Dutch Proponents* (TMC Asser Instituut 1995)1 - 25. 阿瑟是 1911 年诺贝尔奖获得者(与奥地利的阿尔弗雷德·弗里德一同获奖)。

[20] C. Smith (ed) *Bescheiden betreffende de Buitenlandse Politiek van Nederland 1907 - 1914* (Documents concerning Dutch Foreign Policy 1907 - 1914) (Dutch Department of Education The Hague 1963). 关于荷兰外交部官员与荷兰外长间的讨论以及荷兰与德国就"埃姆斯河"问题之协商。

[21] 第二次海牙和平会议的德国代表团成员之一。

荷兰国际法专家的同意。

因而，在 1912 年 7 月 7 日，德国外长举行了两场座谈会，分别同国家档案局局长罗伯特·弗莱因(Robert Fruin)和外长法律顾问托比亚斯·阿瑟(Tobias M. C. Asser)讨论这个问题。两位专家都阅读过德国人的备忘录，并知会了荷兰政府的意见。如今我们仅能借助这位荷兰外长雷内·德马瑞斯·范·斯维德伦(René de Marees van Swinderen)的简单笔记来重构其与国际法专家的座谈，坦率说他不算最杰出的荷兰外交官。然而，对阿瑟而言，最重要的考虑显然是荷兰在欧洲冲突中的中立性的极大风险。荷兰对埃姆斯河西岸令人尴尬的领土权属依赖于对 16 世纪的法律地位及其后实践极具争议的解释。即便德国主张的权属同样不乏争议，但天平更偏向德国。在此前的一个月，阿瑟已私下对斯维德伦评论："若诉诸仲裁，荷兰会输。"但是，在 7 月那场就荷兰法律立场的座谈中，阿瑟就斯维德伦关于法律地位问题的回答让外长极为震惊。按斯维德伦所记，阿瑟的回答是："你就放手干吧，做回国际法的弄潮儿。"斯维德伦在笔记中加了许多惊叹号。很明显，这并非斯维德伦所预期的来自一位诺贝尔奖得主的现场反应，他未能理解阿瑟在解释法律局面时所考虑的政治权宜。基于所涉历史权属的模糊性和攸关利益的重大性，斯维德伦准备按政府意愿提交一份——自圆其说的——法律解释。然而，弗鲁温(Fruin)却采另一种观点，即这位备受尊敬的法律史家驳斥了德国备忘录，并坚持荷兰对埃姆斯河西岸的主权。弗鲁温宣称不愿为权宜之计而接纳别的观点。情势骤然发生变化。阿瑟承认，面对弗鲁温的专家意见，荷兰政府不会安然接受德国主张。即便荷兰的法律地位在阿瑟死后的 1913 年新成立的一个专家委员会提出的意见中也是更弱于德国的，但这种弱势并非无法维续。荷兰政府不可能在单边对德国妥协的情况下又保持心安理得。这就陷入了僵局。在谈判的最后阶段，于 1914 年新组阁的荷兰政府建议诉诸中立专家仲裁。这无疑是摆脱外交困局的务实之道。《北海公约》的第三国缔约方将会尊重独立仲裁员的裁判。青睐国际仲裁的荷兰议会亦同意这种解决荷德冲突的办法，并有意借此为世界上的其他国家树立典范。但是，考虑到独立仲裁员拒绝德国主张的风险，德国反倒犹豫起来。等到他们最终同意邀请一位挪威国际法律人出任仲裁员后，一战爆发，从而阻断了此次仲裁。埃姆斯河的问题一直拖至 1963 年的《德荷领土条约》。即便两国诚意十足地完成了埃姆斯河西段的划界,但争议领土的主权权属这个抽象的问题仍悬而未决。

这件事展示了法律顾问所处的内在窘境。其职责所系就是为一项在法律条款上存在争议的和/或与先前义务相悖的政策寻找法律论点。[22] 此时,裁判貌似仅沦为外交的工具。但是,诉诸仲裁的建议产生了有趣的反响。实际上,荷兰人在谈判桌上反客为主地将了德国人一军,后者并不喜欢真正独立仲裁员的设想,且徒劳地尝试在事前就锁定结果。这个故事给海牙和平会议时代那些对仲裁的进程持乐观和高尚态度的话语泼了盆冷水。

以上两则例证或代表了国际裁判演进的两条分支。本章作者将试图同时处理政府公共声明和高尚进步理论,以及由法务人士和外交官心中所考虑、实践和发展的工具论。但是,本章作者无意说已穷尽所有道路。本章作者将会坚持欧洲通史书写中或多或少已有共识的断代,个人选择稍异于格鲁威(Grewe)和齐格勒(Ziegler)。这么做的目的是让理论与实践更好地结合。

二、中世纪末和近代早期(15 世纪和 16 世纪)

(一) 仲裁的流行与法庭的准国际性功能

仲裁意味着将一项争议提交于"一位(或一群)人决议,而非某个有管辖权的法院"。"裁判"系指"某法院的判决或决议"。[23] 在"引言"这一节松散地运用这两个名词后,对这些基本定义的援引将会使读者发现自己正面临着本章作者将处理的几大问题的其中一个,即在当今时代,把"国家管辖权"作为"国际仲裁与裁判"的对立面来考虑的现代二元论其实是相当不合时宜的。中世纪的基督教国家(即基督共和国)在 15 世纪作为一个法律单元仍相当活跃。当时,西欧和中欧已承认了共同的罗马天主教信仰和罗马天主教会权威。他们亦共享罗马法遗产,接受罗马法(*ius commune*)作为更高位阶的普通法体系。[24] 然而,政治分化并不构成基督教国家法

[151]

[152]

---

[22] A. Carty and R. A. , *Smith Sir Gerald Fitzmaurice and the World Crisis*:*A Legal Adviser in the Foreign Office 1932 - 1945* (Kluwer Law International The Hague 2000).

[23] D. M. Walker, *The Oxford Companion to Law* (Clarendon Press Oxford 1980) at 24 and 73.

[24] F. Wieacker, *Privatrechtsgeschichte der Neuzeit* (Van den Hoeck und Rupprecht Göttingen 1967).

律连续统一体的断层线。另一方面,在这类更高位阶的被承认的正式和普遍架构内存在着一系列令人困惑的管辖权与本地习俗。当地统治者和偏远之地的领主——恰如许多市镇和农村社区——享有事实上的独立。他们享有开战权或彼此以敌对解决宿怨,这可能表现为严重的武装冲突或堕落为后代人眼中的"合法化"的本地劫掠。简言之,一系列乱局可能且已经引发了仲裁,且按本章作者的整理,其中通常还令人困惑地包括调解、干涉和友好和解。多数中世纪(或近代早期)的"仲裁"按现代标准应归入调解。[25] 我们亦不能将"裁判"的定义固守为行使常规适格权力的法院的正常运转。情势亦因下述最高法院的创设而愈加复杂,如巴黎高等法院(1345年)、位于马林的勃艮第大法院(1473 年)和帝国上议院(1495 年)。同时,抗议行使全权正义的权利受限的领主们逐渐被迫承认了这类法庭的管辖。[26] 那些过去由自己挑选仲裁员来解决的主体间冲突,如今被敦促接受皇家法院的判决。一般来说,将无偏见的仲裁置于这类法院之下能让各方颜面得以保全。如在德国领主之间,德意志帝国敕令确立或者说确认了受帝国上议院上诉权限制的仲裁纠纷解决制度。[27] 在瑞士和汉萨邦联,仲裁是强化邦联成员凝聚力的政治工具。确立将未来纠纷诉诸仲裁之义务的仲裁条款在这类环境下很是常见。

于是,仲裁在中世纪末期已很是常见,尽管其影响程度在区域上呈现差异性。出于各种理由,其已不复 16 世纪的辉煌。理由无疑是垄断性权威在西欧的出现,主要表现为国家机关地位日隆和皇家法院属地管辖的确立。但是,仲裁地位的衰落却并非如格鲁威所提出的那样线性和激烈。[28] 若参照今日所强调的"国际性"标准,中世纪末期的多数仲裁毋宁说是"准国际性的"。当然,这并不令人惊奇。像菲奇尔等将中世纪仲裁置于现代分类框架下之削足适履般的尝试,堪称提供了一个强制套用现代类比的有益警示。[29] 举例来说,请该领域高尚人士和当事国盟友作为第三方担保和平条约的习惯有点像是宪法和国际层面的担保。这类协议有时的

---

〔25〕这种区别在中世纪法律人中当然是众所周知的,然而在实践中却较为混乱。*The Epochs of International Law*(n 1)100.

〔26〕J. H. Shennan, *The Parlement of Paris*(2nd edn Sutton Publishing Ltd Thrupp 1998)at 78.

〔27〕*International Law in Historical Perspective*(n 1)vol 2,277 - 280.

〔28〕*The Epochs of International Law*(n 1)104.

〔29〕*International Law in Historical Perspective*(n 1)vol 8.

确会引出法律程序。但是,我们毋宁在国王君臣及其作为"帮手"的盟友为解决宿怨而开战之背景下来看待这类担保人。这类人已亲自卷入冲突,且在和平维续上有其个人利益。努斯鲍姆将中世纪的思想和实践模式粗暴地贬低为"国际法障碍",这代表的是另一个极端。[30] 对这个话题的讨论,本章作者只能浅尝辄止。[31] 对西班牙语学者的仲裁理念与理论之影响的分析还是适可而止,以免使我们太过偏离主题。

(二)两项实体法制度:一贯体现欧洲仲裁人理念的武装法和捕获法

"武装法"和"捕获法"可被称为现代国际法中的中世纪及近代早期遗产,尤其在仲裁和裁判领域,他们无论在实体内容层面还是意识形态术语层面都相当重要。本章作者先讨论武装法,这是现代战争法在中世纪的技术性称谓,至少在战时法层面是如此,它涉及战时被允许的那些行为。这是基督教国家普遍承认的机制。武装法的法源端赖于习俗,但亦有相当程度的教会法色彩,其由教会法庭在全欧洲展开执法,且包括传统上约束骑士行为准则的《骑士精神守则》(Code of Chivalry)。交战者之间的公约,即所谓的卡特尔,显然作用不大,我们发现,武装法由普通法庭执法。特别是巴黎国会承认过法国被捕获者所欠英国捕获者之赎金的请求权。[32]一个重要的 15 世纪的刑案是骑士皮特·哈根巴赫(Peter Hagenbach)在服务勃艮第大公查理·博尔德(Charles the Bold)的过程中因违反《骑士精神守则》而遭谴责并处死刑。特别裁判庭由胜者代表组成,其谈不上提供了一个中立无偏的裁判。[33] 尽管如此,这次判决仍一直被视为纽伦堡审判的重要先例,盖因位于德国布雷萨赫(Breisach)的法庭拒绝了哈根巴赫所谓镇压叛乱系遵守上命的辩解。

不同于武装法,捕获法拥有一个更坚实的惯例基础。海事商业必然一直是欧

154

---

〔30〕 A. Nussbaum, *A Concise History of the Law of Nations* (The Macmillan Company New York 1954) at 17.

〔31〕 'Probleme der Völkerrechtsgeschichte' (n 2)105.

〔32〕 M. H. Keen, *The Laws of War in the Late Middle Ages* (Routledge and Kegan Paul London 1965);P. -C. Timbal, *La guerre de cent ans vue à travers les registres du parlement* (1337 - 1369)(Centre national de la recherche scientifi que Paris 1961) at 349.

〔33〕 G. Schwarzenberger, 'Breisach Revisited. The Hagenbach Trial of 1474' in C. H. Alexandrowicz (ed) *Grotian Society Papers*, *1968*; *Studies in the History of the Law of Nations* (Martinus Nijhoff The Hague 1968)46 - 51.

洲列强间条约的主题,穆斯林-基督教国家间的特许协议亦是如此。海盗、中立运输以及武装冲突时期的海上中立商船之地位,包括对损害的补偿,这些都是绕不过去的必须处理的议题。海事条约中的条款很快就有了标准格式,并与时俱进地缓慢演变。[34] 捕获法亦沉淀下了令人印象深刻的法学理论。既有专门的海事法院,又有像巴黎高等法院和勃艮第大法院等处理捕获案件的上诉法院。此处就涌现出一群国际法专家,以贞提利(Alberico Gentili, 1552－1608 年)在英国海事法院的经历为典范。[35] 西欧国家的捕获法庭彼此间差别不大,他们都遵循罗马法程序,在实体法规则上也很类似,但在敌方货物来源方面却有些重大差别。即便赞成者有时会援引一般“海事法”,但海事法院自然都是国内法院,其执行的是管辖这片土地的法律。海事法官受制于国内立法,如《法国海事条例》。实践中,法官的态度或取决于政治考虑。本地利益表现得很明显。

此种情况下,国家当事方之间有时会做出一些以合作来解决争议的尝试也不算稀奇。但是,这并不构成共同提起的法律程序。威胁报复的政治压力导致下级法院的改判很是常见,且这种手段时常得逞。此处我们或许能察觉到一种准国际化的程序,其中法律思维发挥着实质性作用。然而,管辖权仍由负责捕获的国家行使。[36] 有效运转的混合式委员会之时代尚未到来。

最后但非次要者,我们在此处不得不处理仲裁的意识形态威望中的一个重要因素,即“欧洲仲裁者”的概念,其意指一位在基督教国家施以和平的霸权统治者。在中世纪多数时期,这个角色一直为教皇所把持。在 15 世纪,教会权力虽在走下

155

---

[34] 一个最好的例子就是《英-佛条约》所缔结的交往关系,总结于 *Magnus Intercursus of 1496*。*International Law in Historical Perspective* (n 1) vol 11 提供了令人印象深刻的材料收集成果。参见 D. J. Bederman, 'The Feigned Demise of Prize' (1995)9 *Emory International Law Review* 31－69。

[35] 参见本书中由梅里奥·斯卡特拉(Merio Scattola)撰写的第四十七章“阿尔贝里科·贞提利(Alberico Gentili, 1552—1608 年)”。

[36] A. Dumas, *Étude sur le jugement des prises maritimes en France jusqu'à la suppression de l'office d'Amiral* (1627) (Émile Larose Paris 1908); K. E. S. Roscoe, *A History of the English Prize Court* (Lloyd's Lon don 1924); K. H. Böhringer, *Das Recht der Prise gegen Neutrale in der Praxis des Spätmittelalters dargestellt anhand Hansischer Urkunden* (thesis Frankfurt 1970); C. G. Roelofsen, *Studies in the History of International Law, Practice and Doctrine in Particular with Regard to the Law of Naval Warfare in the Low Countries from circa 1450 until the Early 17th Century* (thesis Utrecht 1991).

坡路,但其仍被有效行使。教会法庭外交的胜利在 1435 年的阿拉斯大会上表露无遗。分别代表教皇尤金四世(Eugenius)和巴塞尔理事会的两位红衣主教在法兰西-勃艮第争端协商中担任调解员,但当条约缔结完后,他们却承担了法官的职责。他们作出一项判决,宣告之前的盎格鲁-勃艮第联盟无效,若勃艮第大公和法国国王违反该协议,则对其施加教会法庭惩罚。按狄金森(Dickinson)的话说:"红衣主教们不再是调解员……而一跃成为宣判判决的法官。"[37]此后,随着教皇声誉大减,16 世纪时,查理五世和弗朗西斯一世就"欧洲仲裁者"展开角逐。如卡普曼(Kampmann)的描述,就和平仲裁者的理念来说,学者博丹阐述得最为清晰,且其仍是在纵贯 17 世纪的欧洲公共讨论中最重要的主题。有论者指出,仲裁正是在16 世纪时作为一项保障和平的机制进入了欧洲议程。[38]格劳秀斯在其名著的附录中通过援引圣路易斯的话而将之归为一项传统。[39]

三、近代早期和 18 世纪(1600—1815 年)

(一) 17 世纪: 外交时代——连续与变化

17 世纪通常被视为仲裁退潮期。在 18 世纪,仲裁和裁判据说整体消失,仅在1794 年的《杰伊条约》(Jay Treaty arbitrations of 1794)中仲裁才重新出现。[40]学者林根斯(K. H. Lingens)则令人信服地斥责这种说法可谓偏见。但是,亦如其所评, 仅有一定数量的区域实践研究能给人留下仲裁和裁判在这段时期内具有重要性之更确定的观感。[41]对不同时代的外交史有全面了解以及保有对国际关系某些方面的特殊兴趣将有助于此处的进一步分析。显著性变化就是外交的密集发展。欧洲的国家体制联结得更为紧密。外交官的工具箱中可谓宝贝多多,包括但

156

[37] J. G. Dickinson, *The Congress of Arras 1435* (Clarendon Press Oxford 1955) at 174.

[38] C. Kampmann, *Arbiter und Friedensstiftung*: *Die Auseinandersetzung um den politischen Schiedsrichter im Europa der Frühen Neuzeit* (Ferdinand Schöningh Paderborn 2001).

[39] H. Grotius, 'De iure belli ac pacis libri tres' (1625) in J. B. Scott (ed) *The Classics of International Law* (Clarendon Press Oxford 1913 - 1925).

[40] Treaty of Amity, Commerce and Navigation between Great Britain and the United States (签订于1794 年 11 月 19 日)(1793 - 1795)52 CTS 243 ("《杰伊条约》")。

[41] K. H. Lingens, *Internationale Schiedsgerichtbarkeit und Jus publicum europaeum 1648 - 1794* (Duncker and Humblot Berlin 1988) at 21.

不限于调解、混合委员会的决定、法院裁决,以及引致仲裁或混同仲裁调解的附有截止日期的仲裁条款。谈判协商者因能见机行事亦被寄予厚望。[42] 为补充林根斯和菲奇尔的案例目录,本章作者也将提供一些例释。

1609 年,荷兰共和国与波美拉尼亚公国(Pomerania)间产生了一个案件。纠纷起于后者代表其子民——即斯德丁地区(Stettin)的商家——来讨说法。1606年,商家们有批货物运在目的港为西班牙的船上。然而,该船及其货物被作为荷兰国家机关的阿姆斯特丹海事局授予捕获状的私人商船所拿捕。孰料,私人商船变为海盗,而未从阿姆斯特丹海事局获得任何安慰的商家们发现,由其统治者接手本案最为理想。在给荷兰首相的信中,波美拉尼亚大公暗示存在报复的可能,若其子民在荷兰得不到正义的救济,则在波美拉尼亚港口停泊着的荷兰商船极易成为被扣押的对象。[43] 这种情势乃是使适用捕获法最终成为国家责任之议题的诸多国际纠纷中的典型例证。当时,德国实践的特征是按公国建议,将本案交由一位"中立无偏的法律权威"(law faculty)来裁决。然而,荷兰首相的答复更有创意。他不是坚持海事专属管辖权,而是提议将该争议交由荷兰和西兰的最高法院裁判。1617 年,对两个海洋省份的上诉进行终审的这个裁判庭作出了有利于被告的裁决。该案还有个有趣的插曲,海事局财务顾问正式提交的请求书实际出自格劳秀斯之手。[44]

我们是否应称该案例为国际裁判之一种?似无不可。即便作为申请方的波美拉尼亚商家显然是私人主体,但他们在裁判庭的出庭亦由公国定夺。作为被告的阿姆斯特丹海事局,其行事系代表最终担责的荷兰首相。倘若当事方不主动提交请求,则该最高法院其实没有管辖权。事实上,荷兰共和国与波美拉尼亚公国这两个主权实体间确定这种法律程序基础的非正式协议或许可被视为一种妥协。海事局的请求书中强调了这个案子确实具有国际法纠纷之属性。按被告所述,这不是

[42] M. S. Anderson, *The Rise of Modern Diplomacy* (Longman London 1993); L. Bély, *Espions et ambassadeurs au temps de Louis XIV* (Fayard Paris 1990).

[43] C. G. Roelofsen, 'State Responsibility and Jurisdiction: Grotius and an Early 17th Century Case' in T. D. Gill and W. P. Heere (eds) *Reflections on Principles and Practice of International Law: Essays in honour of L. J. Bouchez* (Marinus Nijhoff The Hague 2000) 175 – 189.

[44] J. Naeranus (ed) *Hollandse Consultatiën* (Rotterdam 1664) at 1 – 8. 本章作者感谢 Robert Feenstra (Leiden University) 对原始文本的更正。

一个按市民法来衡量荷兰法下的责任分摊的问题，而是荷兰与法国之实践先例所揭示的一个应按万民法（即国际法）来裁判的海事捕获法案例。这项议题——欧洲传统罗马法对抗正在兴起的国际法——在捕获案例中已很常见。[45] 此事在格劳秀斯的《战争与和平法》一书中已有简述，其作为某种先例发挥着作用，判例法在国际法创设中的地位越来越重要。

格劳秀斯名气最大的法律著作《海洋自由论》值得在此援引。这部书于1608年至1609年的海牙和平会议闭幕的1609年出版。主体内容包含了1602年至1606年格劳秀斯共12章的《捕获法论》（*De jure praedae commentarius*）手稿。[46] 1609年，在新书出版之际，格劳秀斯补充了一份序言，其中对荷兰在东印度的航行中所拥有的可对抗葡萄牙人垄断的自由权生动地予以确认。就这个议题，格劳秀斯援引了"统治者和世界自由民族"间的仲裁。[47] 对于格劳秀斯审慎运用的这类修辞，他认为仅在面对已知情的欧洲公众发表演讲时，且在仲裁享有一定声望的情况下才说得通。令人高兴地说，格劳秀斯至少忽略了1608年3月那届海牙和会的代表团团长一直将同时被西班牙与荷兰所接受的英-法"调解"视为一种强加给荷兰这个东印度贸易旧秩序挑战者的手段。[48] 但是，事态的发展却南辕北辙。1609年，两国国王发觉自己身处的境地是不仅得担保《西班牙-荷兰十二年战争停战协议》，同时还得确保荷兰与印度通商的权利。延续对荷兰先例之选择，1648年的《明斯特和约》中，西荷就创设混合仲裁庭达成合意，即所谓的各占半数的仲裁庭（*Chambre mi-partie*）。[49] 这是一个当事双方对仲裁程序的控制平分秋色的安排。其任务、程序和授权权责在和约及后续条约中被仔细厘定。他们同其他条款一样，

[45] A. Wijffels, *Consilium facultatis juridicae tubingensis* (Ius Deco Publications Leiden 1993).

[46] M. J. van Ittersum (ed) *Commentary on the Law of Prize and Booty* (Liberty Fund Indianapolis 2006).

[47] H. Grotius, *Mare Liberum 1609 - 2009* (R. Feenstra ed) (Brill Leiden 2009) at 21; H. Grotius, *The Free Sea* (D. Armitage ed, R. Hakluyt trans) (Liberty Fund Indianapolis 2004) at 8.

[48] M. J. van Ittersum, 'Preparing Mare liberum for the Press: Hugo Grotius' Rewriting of Chapter 12 of De iure praedae in November-December 1608' (2007) 26 Grotiana 246 - 280; M. J. van Ittersum, *Profit and Principle: Hugo Grotius, Natural Rights Theories and the Rise of Dutch Power in the East Indies 1595 - 1615* (Brill Leiden 2006) at 246; P. Jeannin, *Les négociations de Monsieur le Président Jeannin* (André de Hoogenhuysen Amsterdam 1695) vol 2, at 147.

[49] The Peace of Münster: Treaty of Peace between Spain and the Netherlands（签订于1648年1月30日）(1648) 1 CTS 1 art III。

都旨在控制条约中的商事条款之执行，并大体上保障其得到遵守。1648 年悬而未决的众多领土争端都是在荷兰的倡议下，由当事国通过双边谈判解决的，尽管原则上，上述仲裁庭都有管辖权。这就实质性地降低了该仲裁庭的管辖范围。确实，荷兰貌似很快就对仲裁机制丧失了兴趣。对荷兰外交政策中新出现的重要议题，特别是英-荷海洋争霸以及法国主宰的威胁，仲裁似乎落伍了。这个仲裁庭运转了22 年，从 1653 年至 1675 年。该仲裁庭所通过的不少判决文书，在很长一段时间内被认为已经遗失，但这些文书在大约 25 年前的 1980 年代又部分地重见天日。[50] 无论如何，作为机制的仲裁在并不显赫地存在过一段时间后，渐渐退出了历史舞台。

给人印象最长久的堪称 1674 年的《英荷和约》及其单独的《海事条约》。它厘定了当事双方之间捕获法的规则以及确立了对捕获管辖的上诉权。盖因这个上诉机构分别在伦敦和海牙运转，所以在事关主要原则的案例中，外交官们自能有效地协助其国民。这或许被视为 18 世纪的英国捕获法院能达到高水平的一项助力因素。[51]

荷兰在亚洲的商业与殖民扩张是欧洲列强间重大政治和法律辩论的核心。在欧洲国家之间的讨论中，欧洲与亚洲统治者间的关系（诸如特许贸易协议），是按欧洲法律术语来表示的。[52] 事实上，欧洲是否有效输出其法律概念是个撩人心扉的问题，特别是仲裁与裁判之概念。某位荷兰学者试图从本国档案中寻找回答这个问题的线索。[53] 在荷属东印度公司的档案中，确实有多处引证到该公司曾给自己赋予了调停者的角色，甚至数度在印度尼西亚统治者间担任裁断机构。但是，这位作者从未找到有关正式或半正式程序的记录。最终答案仍需更详尽的研究。从目前

---

[50] *International Law in Historical Perspective*（n 1）8, 114 – 116；C. Streefkerk, 'Cedant Arma Togae. De sententiën van de Chambre mi-partie'（相关仲裁庭的裁判）(1987) 5 *Verslagen en Mededelingen Stichting tot uitgaaf der bronnen van het oud-vaderlands recht*（对古代国家法的渊源之编撰基础的阐释与交流）103 – 116。

[51] H. J. Bourguignon, *Sir William Scott：Lord Stowell Judge of the High Court of Admiralty, 1798 – 1828*（CUP Cambridge 1987）at 27.

[52] *Studies in the History of International Law*（n 36）40 – 72.

[53] L. W. Alders, *Internationale Rechtspraak tussen Indonesische Rijken en de V. O. C. tot 1700*（International Adjudication between Indonesian Principalities and the Dutch East India Company until 1700）(Centrale Drukkerij Nijmegen 1955).

占有的事实看,我们所拼出的图像毋宁说只是展示了荷属东印度公司作为一种霸权力量,其任意干预了印度尼西亚的内部事务。[54]

在这个时代,一个令人瞩目的仲裁是奥尔良公爵夫人与巴拉丁选帝侯之间在巴拉丁地区继承(Palatinate succession)问题上的争议处理。由法国国王和帝国皇帝分别指派的两位仲裁员担任独立法官,但两人出现了分歧。因此,作为一种妥协,决策事宜转而提交给作为"至上仲裁者"的教皇。六位教皇代表作出了有利于巴拉丁选帝侯的裁定。主权统治者间的这类仲裁并非罕见,按林根斯的说法,当时共和理念竟出人意料地流行。[55]

(二)古代制度及其演变:国际仲裁在实践中的衰落——国际裁判意识形态的基础

在 18 世纪,仲裁的观念享有一定的流行性,但其实际的运用其实在衰落。即便在外交实践中,仲裁尚未完全退出,但从 1730 年以来,在条约实践中有记录可查的实际仲裁案例的数量很少。林根斯将其归因于欧洲国会外交的逐渐普及。[56]瓦特尔(Vattel)评论道:"这些主权国家有时也将对争议事项的裁断委托给经双方合意选定的仲裁员"[57],因此并不能推出仲裁已被完全废弃。同理,瓦特尔接着对瑞士在其盟约中包含仲裁条款之传统做法的赞美作为屈指可数的被援引之例证,其只具有可疑且狭窄的性质。[58] 马尔顿斯(George Friedrich von Martens)在其手册的第一版和第二版中所引的实际案例也只是 18 世纪早期所缔结的仲裁条款。马尔顿斯评论认为,实际的仲裁日益罕见,且有趣的是,执行裁决的困难则必须对仲裁数量的减少负责。[59]

---

[54] 参见由柯恩·斯塔珀布鲁克(Koen Stapelbroek)撰写的本书第十四章"贸易特许公司与商会"。

[55] *Internationale Schiedsgerichtbarkeit*(n 41)74 – 78.

[56] 同上,第 144 页。

[57] E. de Vattel,'Le droit des gens ou principes de la loi naturelle'(1758)in J. B. Scott(ed)*The Classics of International Law*(Carnegie Institution Washington DC 1916)vol 3, at 223.

[58] E. de Vattel,'Le droit des gens ou principes de la loi naturelle'(1758)in J. B. Scott(ed)*The Classics of International Law*(Carnegie Institution Washington DC 1916)vol 1,515 – 541;C. G. Roelofsen,'The Jay Treaty and All That' in A. H. A. Soons(ed)*International Arbitration:Past and Prospects*(Kluwer Dordrecht 1990)201 – 210 at 202.

[59] G. F. de Martens,*Précis du droit des gens moderne de l'Europe fondé sur les traités et l'usage*(2nd edn Dietrich Göttingen 1801)at 270;亦见由多米尼克·戈里耶(Dominique Gaurier)撰写的本书第十章"普世城邦与乌托邦"。

不同于现实主义者瓦特尔和马尔顿斯的进路,圣-皮埃尔(Abbé Saint-Pierre)于 1713 年提出了旨在通过创设欧洲联盟以保障永续和平的乌托邦项目。[60] 该机制的基石是成员国间的争议由联盟最高机关强制裁断。圣-皮埃尔的这个概念受帝国成员间的争议由常设帝国仲裁庭裁断这一例示的启发。按马克·贝利萨(Marc Bellisa)的话说:"支撑圣-皮埃尔的是一个已被验证过的模式,同时,他用当时的外交术语表达了他那一代人对和平的渴望。"[61] 这听起来俨如一种现实主义的注脚。本章作者认为,圣-皮埃尔首先确立了机构仲裁与和平主义之间的紧密关系,而这是仲裁于 19 世纪流行的一个重要因素。在 18 世纪末,边沁(Jeremy Bentham)绝对谈不上是圣-皮埃尔意识形态线性演进的继承者,但他却将圣-皮埃尔对旧贵族式的与穷兵黩武式的欧洲秩序之批判视为知音。

此时,我们就得处理《杰伊条约》下的仲裁及其所声称的作为一种革命性新司法的重新复苏的仲裁之重要性。林根斯对此并不予认同,其评论认为,1794 年只是 1730 年实践的简单延续。[62] 按照林根斯的说法,仅在 1877 年,杰伊仲裁才真正被认为是仲裁的新出发点。无可否认的是,在一次对 19 世纪初的《国际法手册》的粗略式检索中,并未发现美国学人对仲裁予以特别关注的蛛丝马迹。[63] 这自然让人惊讶,盖因杰伊出访英国的使命在美国政界掀起了波澜,且后续所签条约不受欢迎的程度堪称苦涩。有论者预料,后续的仲裁会在美国公众间引发关注。但是,晚至 1900 年,约翰·沃特森·福斯特(John Watson Foster)却轻描淡写地推翻了《杰伊条约》中的仲裁条款,并明褒暗贬地推定其包含在了标志"国际实践取得长足进步"之条约所具有的"宝贵特征"之中。[64]

仅在 19 世纪的最后 25 年,在国际仲裁及其历史掀起一股研究热潮后,《杰伊

---

〔60〕 C.-I. de Castel de Saint-Pierre, *Projet pour rendre la paix perpétuelle en Europe* (S. Goyard-Fabre ed) (Fayard Paris 1986); H. Houwens Post, *La société des nations de l'abbé de Saint-Pierre* (De Spieghel Amsterdam1932).

〔61〕 M. Belissa, *Fraternité universelle et intérêt national* (1713 - 1795): *Les cosmopolitiques du droit des gens* (Kimé Paris 1998) at 44.

〔62〕 *Internationale Schiedsgerichtbarkeit* (n 41)153.

〔63〕 The Jay Treaty (n 58)204, fn 16.

〔64〕 J. W. Foster, *A Century of American Diplomacy* (Houghton Mifflin and Company Cambridge MA 1900) at 165.

条约》[65]才成为仲裁复兴的里程碑。但是,实有必要简述《杰伊条约》下三个仲裁案的其中两个,盖因其揭示了仲裁于 19 世纪初所面临的基本问题。指派给两个混合仲裁委员会决断的争议都是当时困扰国际关系的典型问题。条约第 6 条处理了美国独立战争以来某些未尽的商业事务。在和平谈判中,英国政府代其国民向美国提出了因敌对行为导致的损失之索赔。这些损失包括美国零售商所欠英国商家债务的冻结以及对逃离美国而在英国定居的效忠者的财产查封。《巴黎条约》(1783 年)第 4 条和第 5 条已处理了这些私主体的请求权。[66] 这些条款——辅之以当事国法庭的执行——乃是和约的标准要素。[67] 然而,事实证明,美国司法系统未能善意地执法。美国的州政府干预了对英国人请求权的处置,其认为自己不受国会缔结的条约之约束。仅在美国宪法通过后,最高法院才掌握尊重条约的主动权。首位担任最高法院首席大法官的约翰·杰伊(John Jay)充分意识到了这个问题。杰伊允许"英国众商家及其他英王子民"将其争议交由混合仲裁委员会"按正义与衡平原则"决断的表态代表着一种真正的让步。于是,处理"后美国革命时代"这个敏感问题就退出了美国国内法的管辖范围。据本章作者所知,约翰·杰伊和英国外相威廉·格伦维尔(William Grenville)间的谈判并无详尽记录。[68] 第 6 条和第 7 条或许可被视为一种互惠式让步。第 7 条中为捕获法案而在伦敦设立的混合仲裁委员会貌似对应着第 6 条中在当时美国首都费城设立的那个委员会。

海事冲突中的交战者捕获案之排他性管辖权是英国政策的基本原则,且其在整个 18 世纪中都在被予以坚持。英国的立场是英国海事法院执掌的是国际法,其是货真价实的国际性法院。[69] 由约翰·杰伊在贝特西(Betsey)(1794 年)案中宣

---

[65] The Jay Treaty (n 40).

[66] Definitive Treaty of Peace and Friendship（签订于 1783 年 9 月 3 日）(1783)48 CTS 487（"《巴黎条约》"）。

[67] R. Lesaffer, *Europa：Een Zoektocht naar Vrede? 1453 - 1783 en 1945 - 1997* (Europe：A Quest for Peace? 1453 - 1763 and 1945 - 1997) at 472；cf n 50.

[68] A. M. Stuyt, *Survey of International Arbitrations* (3rd edn Martinus Nijhoff Dordrecht 1990) nos 2 and 3；S. F. Bemis, *Jay's Treaty：A Study in Commerce and Diplomacy* (Yale University Press New Haven 1962).

[69] R. Pares, *Colonial Blockade and Neutral Rights 1739 -1763* (Porcupine Press Philadelphia 1975) at 149.

布的代表美国最高法院的一致意见亦支持了捕获法从本源上是国际法。[70] 实践中,特别是英属西印度副海事法庭的水平,达不到这个高标准。在西印度经商的美国商人视自己为偏袒本地捕获商船利益的法官作出之不公裁判的受害者,他们强烈维护英国在捕获管辖权下的贸易规则。另一方面,在1793年时就已经存在一些法国私掠船利用美国港口的案例,这破坏了美国的中立性,从而招致大英帝国的抗议。解决办法见诸同时尊重英美感受的《杰伊条约》第7条。[71] 对此,将不会有对判决的正式修订。捕获货物授予捕获者之权属将不会无效。英美当事方向位于伦敦的混合仲裁委员会主张的到期索赔将由应负责国家支付。

这些混合仲裁委员会的组成和程序规则明显代表着一个审慎妥协的解决方案。大英帝国和美国各自任命两位仲裁员。此外,担当主席的第五位人选——亦是一方当事国国民——由任命的四位仲裁员合意选定,且若有必要的话则由抽签产生。主席以及两边至少一位仲裁员的参与对做出决断系必不可少。这类规则明显旨在同时避免僵局以及某国在委员会中占压倒性多数。这种安排下所创设的机构被推定符合杰伊和格伦维尔的共同意图。这堪称一石两鸟:这两个自治的准司法性机构免除了两国政府给予对方的特许权,然而,混合仲裁委员会最终又处在国家的掌控之下。但是,这两家委员会的命运却注定分流。在美国人占多数的伦敦,委员会的运作明显达到了双方均满意的结果。但是,《杰伊条约》第7条中所设立的委员会则没这么幸运。此处出现的英国多数派提出了对先前为定居美国殖民地的亲英派,而后因反对革命而逃离美国者之微妙主张。当委员会宣布这些"亲英派"主张被接纳后,美国少数派表示退出。程序陷于停滞。外交谈判达成了一个向英国债权人作一揽子支付的协议(1802年),以及再次提到《巴黎和约》第4条。[72] 按英美仲裁随后的演进史来看,我们或许可以假定,至少在英国外交部和美国国务院,《杰伊条约》一直算有效的先例。

---

[70] J. B. Scott (ed) *Prize Cases Decided in the United States Supreme Court 1789 – 1918* (Clarendon Press Oxford 1923) 9 – 19 at 19.

[71] The Jay Treaty (n 58).

[72] *International Law in Historical Perspective* (n 1) vol 8, at 277; J. B. Moore, *History and Digest of the International Arbitrations to Which the United States Has Been a Party* (Government Printing Office Washington 1898).

四、19 世纪和 20 世纪（1815—1945 年）：仲裁崛起及裁判机构的创设——希望越大，失望越大

（一）1815—1914 年：仲裁作为外交工具获得一般性认可——犹豫不决的机制化

1815 年，国际仲裁数量出现惊人增长。有论者主张，这反映了欧洲国家体制成员间关系的根本性变化。在法国大革命与拿破仑霸权的冲击后，向权力均衡的旧体制的回归亦是向法制主义的回归。维也纳会议上创设了错综复杂的法律制度，诸如德国邦联制和莱茵河航行集中管理委员会。1814 年，美英两国在比利时根特缔结的和约[73]创设了四个混合仲裁委员会。《杰伊条约》中的主席由抽签机制产生的规则未被包括在内。该和约提供的是另一种担保，即诉诸"友好主权者"的仲裁。当就第 5 条（美国缅因州与加拿大边界线之界定）下的委员问题未达成一致后，该争议被提交给"友好主权者"，即荷兰国王威廉一世[74]。外国主权者担当仲裁人，这在 19 世纪堪称相当流行。[75]

不断演化的国家实践导致领土争端和代国民损害求偿等熟悉的议题的仲裁数量不断增加。但是，仲裁的新基础却被英国对大西洋奴隶贸易的军舰巡航所打破。[76] 这项政策或许可被称为是第一次国际人道主义集体行动之结果，即源自英国的反奴运动。作为当时主导性海洋强国的英国，其或多或少强逼涉足奴隶贸易的弱国（如荷兰、巴西、西班牙和葡萄牙）同意禁止奴隶贸易，且由混合式仲裁庭予以保障。英荷、英西、英葡和英巴混合仲裁委员会被建立起来。[77] 在 1839 年至 1841 年，相当数量的南美国家亦同意在塞拉利昂建立混合仲裁委员会。[78] 法国

---

[73] Treaty of Ghent（签订于 1814 年 12 月 24 日）(1814)63 CTS 421。

[74] *Survey of International Arbitrations* (n 68) nos 12 and 27.

[75] *International Law in Historical Perspective* (n 1) vol 8, 264 - 269.

[76] 参见由西摩·德雷舍(Seymour Drescher)和保罗·芬克曼(Paul Finkelman)撰写的本书第三十七章"奴隶制"。

[77] *Survey of International Arbitrations* (n 68) nos 23 and 26；仅有《英国-葡萄牙协议》被包含在此调查中。

[78] J. S. Martinez, 'Antislavery Courts and the Dawn of International Human Rights Law' (2008)118 *Yale Law Journal* 550 - 641 at 595.

和美国(直到 1862 年才加入)虽仍在这套体制外,但这却实质性地增加了英国以海军禁奴这一措施实施起来的有效性。这样,未挂英国旗的船舶亦处于英国管辖之下。这些仲裁庭的非洲席位(塞拉利昂和开普敦)运转良好,捕获的合法性仅在边际层面被非英籍法官质疑。当然,在古巴和巴西的实施是另一回事。诚如珍妮弗·马丁内斯(Jennifer S. Martinez)的结论:"这项条约貌似包含了强力的国际执法机制",尽管"单凭海军执法"似不可能终结奴隶贸易。[79]

从实质意义上来看,苦力贸易(coolie trade)是奴隶贸易的延续。此处亦会发现对国际法的援引。玛利亚·路兹(Maria Luz)案(1873 年)揭示了日本没有出资遣返苦力的义务,这些非正规招工的受害者在日本港口借助一艘秘鲁船舶逃出。秘鲁主张其在日本治外权利的诉求,但未获担任仲裁者的俄国沙皇亚历山大二世,或毋宁说是未获其顾问——俄罗斯国际主义者弗里德里希·德·马尔顿斯(Friedrich de Martens)的支持。[80]对逐渐成为"文明国家"国际大家庭中的平等一员的日本来说,在这件事上其处理得很是成功。虽说英国的协助可能对日本行动发挥了作用,但这无损本案的象征性价值。[81]

当这套欧洲体制拓展至全球维度后,国际法更多地在欧洲列强殖民地与半殖民地实践中被援引。英国代表"建议"——但其实无疑就是强行——施加仲裁于阿拉伯和非洲当事国。[82]这类案例中的双方同意很是可疑且很难说沟通良好。但是,此类仲裁却揭示了自 17 世纪的荷兰非正式殖民仲裁实践以来所取得的可观的技术进步。[83]国际关系中的文书存档量亦大幅度增加。便于议会知情的外交往来文书公开出版。国际判例法由有兴趣的国际法专家系统性地予以出版。国际法成为法学一个公认的分支,而国际法学会(1873 年创建)的奠基作用同这种发展相得益彰。[84]作为公众意见重要组成部分的国际事务获得热切关注,如废奴运动所展示的,其亦发挥了巨大作用。和平主义思潮大行其道,于是和平解决国际争端的

---

〔79〕 J. S. Martinez, 'Antislavery Courts and the Dawn of International Human Rights Law' (2008)118 *Yale Law Journal* 550 – 641 at 615.

〔80〕 *Survey of International Arbitrations* (n 68) no 104.

〔81〕 本章作者在此感谢明石钦司教授(日本庆应大学)的帮助。

〔82〕 *Survey of International Arbitrations* (n 68) no 62 and 92.

〔83〕 参见 n 53。

〔84〕 J. B. Scott (ed) *Resolutions of the Institute of International Law* (OUP New York 1916) at vi.

兴趣也水涨船高。仲裁在自由派公众和像尼坡德等进步派国际法学人之中流行起来。[85]

　　此处最好的例子无疑是阿拉巴马仲裁案（Alabama）。[86] 在此案中，美国与大英帝国一触即发的武装冲突的危险昭然若揭。美国提出的诉求不仅包括因英国偏袒之行为让南方邦联的私掠船能开始取得反对美国航运运动的胜利从而所致的直接损失，还包括内战因此延长的"间接损失"。仲裁本身跌宕起伏但最终成功之历史伴随着拒绝签署这份裁决的英国仲裁员，这些都证实了双方所举行的这场仲裁是在曾做出的所有仲裁中"最令人敬畏与印象深刻"的这一感觉。[87] 三位中立仲裁员宣告对间接损失诉求不予采信，时任国务卿的汉密尔顿·菲什（Hamilton Fish）对此早有预料。尽管如此，菲什还是提交了间接损失诉求，以让坚持这种主张的批评者闭嘴。[88] 约翰·韦斯特莱克（John Westlake）在 1896 年对"著名的阿拉巴马事件"之深具洞察力的评论值得援引。韦斯特莱克提出，美英本不应采仲裁方式加以处理，因双方就准据法都未达成一致。但是，因英国同意美国在《华盛顿条约》（1871 年）中所主张的对中立义务的严格定义及对该定义的回溯性适用，[89] 所以导致局势发生了根本改变。但是，若未就准据法达成协议，仲裁员是否应成为立法者？进步派国际主义者定会主张仲裁理应——至少在长期（按尼坡德在 1907 年所主张的）——普遍适用。则仲裁员，韦斯特莱克按这个思路推演下去，将同时担当调停者和立法者。韦斯特莱克的结论是，这种解决方案在次一级重要的事务中或许可被接受，但"无法想象一个国家会通过一个一般性协议而放弃对其命运的掌控，并将之让与这样一种管辖之下"。以预言者的口吻，韦斯特莱克在此处预料到了下述将被简要回顾的这场旷日持久的讨论的结果。[90]

165

---

[85] 参见前引注释 3。

[86] *Survey of International Arbitrations*（n 68）no 94.

[87] *A Century of American Diplomacy*（n 64）424.

[88] H. Lauterpacht, *Private Law Sources and Analogies of International Law*（Longmans, Green and Co London 1927）at 216 - 223 and 227 fn 1.

[89] Treaty for the Amicable Settlement of All Causes of Difference Between the Two Countries（签订于 1871 年 5 月 8 日）（1871）143 CTS 145（"《华盛顿条约》"）。

[90] J. Westlake, 'Appendice：L'arbitrage international' in J. Westlake, *Traité de droit international*（A. G. de Lapradelle trans）（OUP Oxford 1924）367 - 384（该文最初以《国际仲裁》这一题目发表）（[1896]7 *The International Journal of Ethics* 1 - 20）。

仲裁作为 1899 年和 1907 年的两届海牙和会的首要议题之一实属水到渠成。前面我们借助尼坡德之眼已洞悉这场将接受仲裁作为国家一般性义务的讨论。虽说德国于 1899 年之反对立场本不必如此激进,但常设仲裁法院的创设却大体是实践的结果。[91] 尽管美国代表团成员约翰·斯科特(John B. Scott)在 1907 年时评论这家机构"既非法院亦不是常设",[92] 确实仅是个应要求来促进和规范仲裁的原始组织,但其毕竟是全球第一家法律机构。在第二次海牙和会上,1899 年的《和平解决争端公约》被修正。[93] 但是,其讨论的主要议题却是关于美国的成立仲裁法院——一家当事国同意向其提交争端的真正的常设法院——之提议。在长期且激烈的辩论后,公约建基于向该仲裁法院指派法官的分歧之上。最终,其仅作为建议案被通过(有点一厢情愿的味道)。从本质上看,我们或许可以将 1907 年的这类讨论视作起草《国际常设法院规约》(1920 年)的准备工作之一部分。[94] 然而,一个长期悬而未决的议题,即作为执掌国际法之全国性捕获法院的地位问题,貌似因《有关创设国际捕获法院公约》的通过而解决。[95] 但是,因英国议会未批准后续的海战法的定义(封锁和禁运),所以该公约终未落地。

（二）凡尔赛体制、世界法院和国际联盟:作为替代的仲裁与裁判——进步与失望

在凡尔赛会议上,战胜国的努力包括但不限于尽力实现海牙和平会议所勾勒的全球新秩序之愿景。德国因发起战争以及实施暴行而一直被主张有罪。《凡尔赛和约》第 227 条至第 230 条[96] 规定了战胜国对前德皇和 900 多位德国武装部队部分军官追责的意图。但是,计划的最终结果令人失望。当时,德皇威廉的居住国

---

〔91〕 W. L. Langer, *The Diplomacy of Imperialism 1890 – 1902* (2nd edn Alfred A. Knopf New York 1965) at 591.

〔92〕 J. B. Scott (ed) *The Proceedings of the Hague Peace Conference* (repr William S. Hein and Co Buffalo 2000) vol 3, at 319.

〔93〕 Pacific Settlement of International Disputes (达成于 1899 年 7 月 29 日,于 1900 年 9 月 4 日正式生效)1 Bevans 230。

〔94〕 Statute of the Permanent Court of International Justice (达成于 1920 年 9 月 16 日,于 1921 年 8 月 20 日正式生效)6 LNTS 379。

〔95〕 *The 1899 Hague Peace Conference* (n 10); *Proceedings of the Hague Peace Conference* (n 92) vol 4, at 599 – 615.

〔96〕 Treaty of Peace Between the Allied and Associated Powers and Germany (签订于 1919 年 6 月 28 日,于 1920 年 1 月 10 日生效) (1919)225 CTS 188 ("《凡尔赛和约》")。

荷兰不予引渡。为杜绝战胜国对德国战犯的引渡要求,德国政府提出了在德国莱比锡帝国法院诉诸审判的替代方案。战胜国同意了此方案,但他们随即发现,这类"莱比锡审判"令人失望透顶。英国和法国的公众意见认为,当诸多无罪判决和不成比例的轻罪被宣判之后,这无异于"对正义的戏弄"。这个不成功的第一次国际刑事审判试验对 1945 年时的战胜国亲自审判来说却并非一个不重要的先例。[97]针对国际犯罪建立"国际高等法院"的议题在国际联盟大会上曾有过简单讨论。[98]

著名的《国际联盟规约》第 14 条堪称埋下了国联未来命运的最大伏笔,即拟设立国际常设法院。当初 1907 年的海牙计划之基础性问题已通过国际联盟"协调国家司法平等之'民主'原则……与其政治不平等"的组织架构而解决。通过国联理事会和大会间的协作,一个"真正的常设法院"得以创建。"多少世纪、多少杰出人物心中的理想"终于得以实现。菲奇尔在此处以一种颂扬的话语描述了这个法院与国联主要机关之间的紧密关系。[99]

美国社会学家弗朗西斯·凯洛尔(Frances Kellor)的视角则截然不同,他提出了尖锐的批评。凯洛尔指出,国联理事会拒绝承认法院对法律纠纷的强制管辖权,同时,他对强制管辖任意条款这种巴西代表所提的妥协办法评价很低。总的来说,167 凯洛尔对 1920 年的《常设法院规约》的辩论结果感到失望,其观点反映了大国强权拒绝承认法院在保护和平事业中所发挥的重要作用。按凯洛尔的观点,相比 1907 年的海牙和会之立场,这堪称一次令人悲伤的倒退。[100] 这种观点直击要害。

确实,关于常设法院管辖权的这场辩论揭示了并非仅是德国的反对才挫败了 1907 年的努力。[101] 事实证明,国家对把争议交给一个未曾试验过且不太能影响其组成的组织仍举棋未定。于是,常设法院裹足不前。从 1922 年至 1926 年,常设

---

[97] H. Wiggenhorn, *Verliererjustiz: Die Leipziger Kriegsverbrecherprozesse nach dem Ersten Weltkrieg* (Nomos Verlag Baden-Baden 2005).

[98] 参见 League of Nations, *Records of the First Assembly*, *Committees* (League of Nations Geneva 1920) vol I, at 494 and 505.

[99] *International Law in Historical Perspective* (n 1) vol 8, at 327.

[100] F. Kellor and A. Hatvany, *Security Against War* (The MacMillan Company New York 1924) vol 2 (*Arbitration*, *Disarmament Outlawry*), 454–519.

[101] 同上,第 367 页,凯洛尔女士引用了荷兰代表洛德尔的话。

法院主要是作为国联的咨询机关在运转,对四个有争议的案件出具了 12 份咨询意见。[102] 同时,仲裁仍很受欢迎。[103] 作为一种准外交工具,仲裁的优势是具有机密性,且在一定程度上能由当事国掌控。作为美-荷帕尔马斯岛(Pulau Miangas)主权争议案的独任仲裁员,马克斯·胡伯(Max Huber)作出了一份时至今日仍属获得主权之经典文本的裁决[104]。该裁决解决了一项日后对稳定后殖民时代国家边界有大作用的议题,虽说对当时相关政府的实际利益影响不大。作为法-墨混合仲裁委员会主席,简·菲奇尔(Jan H. W. Verzijl)亦亲身体会到了国家控制的仲裁在出现分歧时的感受。[105] 尽管有海牙规则提供的保障,但墨西哥让本国代表退出委员会的行为实质上阻碍了仲裁程序。最终,法国的诉求以双方合意结案。若换作海牙国际常设法院的诉讼,则墨西哥几无可能如此行事。

国家对常设法院举棋不定的另一个绝非不重要的原因是国际公法重要组成部分的不确定性。新设的法院如何解释国际法?在这方面,对建立信心起到至为关键作用的是"荷花号"案(1927 年)的著名判决。按菲奇尔在当代发表的评论,主席胡伯打破僵局的投票"将国际法一般原则锚定为习惯法"。[106] 这指出了常设法院的一项主要优点,即其在定义国际法中所发挥的权威性贡献。1946 年创建的国际法院实质上延续了常设法院的这项传统。

五、结论

168   将本章的叙述终止于1945 年从逻辑上是说得通的,因《凡尔赛和约》所创设的机构被联合国、国际法院等新机构所继承。一项全球秩序替代了本质上的欧洲时代。但是,我们或许会怀疑是否真要把1945 年当作一个纪元的结束。就像我们如今或许也不会把公元 2000 年左右的"亚洲世纪"之开启视作欧洲国际法时代以及像海牙国际法院等旧的世界性法庭卓越作用的真正终结吧?我们肯定感觉不到书

---

[102] J. H. W. Verzijl, *The Jurisprudence of the World Court* (Sijthoff Leiden 1965) vol I (*The Permnanent Court of International Justice* [1922 - 1940]).

[103] 针对 1920 年至 1940 年关于 1928 年一般法案影响的讨论之概览,参见 *International Law in Historical Perspective* (n 1) vol 8, at 240 - 249.

[104] *Island of Palmas* (*Netherlands v United States of America*) (1928) 2 RIAA 829 at 839.

[105] *Survey of International Arbitrations* (n 68) nos 366 and 363.

[106] *The Jurisprudence of the World Court* (n 102) 85.

写之前法制史的上一代人的自信。他们一次又一次地证明了今日的国际法代表了以先前的、不完善的尝试为基础的进程之高级阶段。这导致了对先前争端解决体制的同理心之缺乏，同时，与现代情形的类比将会导致对过去描述的严重失真。仲裁史堪称适例。当代学者往往热衷于展示不同时代的仲裁间的那种联系，以致忽视了特定语境下的仲裁功能。本章通过一种略显新颖的编年体叙述来尝试分析不同时代各自的特征，而非仅将其当作向当前时代发展的一个阶段，从而尽力避免落入上述那类窠臼。本章当然也要给出推论，而非尽是描述，即仲裁在 1850 年左右的"量子级飞跃"及其性质的变化自不应逃过读者的法眼。

　　自海牙和会上的举棋不定以来，和平解决争端机制已取得相当发展。但是，诚如詹克斯(Jenks)援引的胡伯原话所发之警告："政府自愿接受争端的司法解决之约束的那种意愿才是有决定性意义的。"[107]这或许能凸显为前述所讨论的时段中的国际仲裁与国际裁判的一种缩影。按定义，主权者进入国际司法程序是自愿性的，即便其为进入该程序已被施加相当大的外部压力。然而，若碰到 1930 年代时日本、意大利和德国拒绝提交司法处理之情形，则运转再良好的争议解决司法系统也将无用武之地。

推荐阅读

Grewe，Wilhelm G. *The Epochs of International Law*（M. Byers trans）（De Gruyter Berlin 2000）.

Jenks，Clarence W. *The Prospects of International Adjudication*（Stevens and Sons London 1964）.

Lingens，Karl-Heinz *Internationale Schiedsgerichtbarkeit und Jus Publicum Europaeum 1648 - 1794*（Duncker und Humblot Berlin 1988）.

Nippold，Otfried *Die Fortbildung des Verfahrens in völkerrechtlichen Streitigkeiten*（Duncker und Humblot Leipzig 1907）.

Politis，Nicolas and Albert G. de La pradelle *Recueil des arbitrages internationaux*（5 vols A Pedone Paris 1905 - 1954）.

Ralston，Jackson H. *The Law and Procedure of International Tribunals*（revised edn Stanford University Press Stanford 1926）.

---

[107] *The Prospects of International Adjudication*（n 4）16.

Soons, Alfred H. A. (ed) *International Arbitration: Past and Prospects* (Kluwer Dordrecht 1990).

Stuyt, Alexander M. *Survey of International Arbitrations 1794 – 1989* (3rd edn Martinus Nijhoff Publishers Dordrecht 1990).

Verzijl, Jan H. W. *The Jurisprudence of the World Court* (Sijthoff Leiden 1965) vol 1 (The Permanent Court of International Justice).

Verzijl, Jan H. W. *International Law in Historical Perspective* (Sijthoff Leiden 1976) vol 8 (*InterState Disputes and Their Settlement*).

第七章 国际组织：技术与民主之间

安妮·彼得斯、西蒙妮·皮特(Anne Peters & Simone Peter)

一、引言

在名称的运用上，单数形式的"国际组织"(international organization)在概念上 170
略早于复数形式的"诸多国际组织"(international organizations)。前者的文献可追
溯至苏格兰法律人詹姆士·拉里默(James Lorimer)的著作《万民法机构》。[1]"组
织"这种表达用于指称政府间的机构，这最早见于一战之后缔结的和平条约。在作
为构成《凡尔赛和约》的全部三大和平条约之第一部分的《国际联盟盟约》中，第23
(a)条用的就是复数形式的"组织"，即在劳工领域"设立必要的那些国际组织"。[2]
《凡尔赛和约》[3]第十三部分提到，将建立一个"劳工组织"(国际劳工组织，ILO)。 171
然而，明显是为避免单指国际劳工组织(ILO)而将会产生的误会，在1929年修订版
的《国际常设法院规约》的第67条提到了复数形式的"国际组织"[4]。时任国际常设
法院院长的迪奥尼西奥·安齐洛蒂(Dionisio Anzilotti)已注意到这是个不幸的表达。[5]

---

〔1〕J. Lorimer, *The Institutes of the Law of Nations* (W Blackwood and Sons Edinburgh 1883) vol 1, at 11.
〔2〕"组织"这个名词起初亦用于指称国际联盟的下设大会等具体机构，如今这些具体机构都称作"委员会"。
〔3〕《国际劳工组织宪章》载于《凡尔赛和约》的第十三部分。(1919年6月28日《对德和平条约》)
 (〔1919〕13 *American Journal of International Law Supplement* 151‑386, as amended 20 April
 1948,15 UNTS 40)，参见第387条。
〔4〕*Revised Statute of the Permanent Court of International Justice* PCIJ Rep Series D No 1 13‑28.
〔5〕迪奥尼西奥·安齐洛蒂在其1924年从事国际常设法院规则修订的项目观察，载于国际常设法院
 代表系列D, Add No 2(1926) at 290。

无论幸运与否,国际组织在这个词通用之前就已存在,尽管标签不同。1865年堪称国际组织奇迹迭出的一年,[6]因为该年同时成立了两家国际组织,分别是国际电信联盟[7]和斯帕特尔海角灯塔委员会。后者在摩洛哥丹吉尔成立,其是会员包括美国在内的第一家国家间机构。[8] 到 1900 年,当时的国家数量约 40 个,对比而言,政府间组织有 30 个[9]。截至 2010 年,联合国会员国数量是 192 个,而政府间组织估计在 250 个。[10]

二、一战前历史纵览

(一) 作为先驱的外交大会

国际组织兴起于 18 世纪和 19 世纪初由国务卿和全权代表组织的外交大会。[11] 这些大会最初主要或完全是在战争后召集,并由大国强权主宰。这些大会承担着立法功能并规范涉及跨国利益的事务,其影响及于未参加大会的国家,特别是小国和弱国。

1815 年 6 月 9 日,维也纳外交大会通过最终法案[12],作为缔约国的奥地利、法国、葡萄牙、普鲁士、俄罗斯、瑞典和英国共同确立了欧洲河流的航行自由原则[13]并宣告废除奴隶贸易[14]。在数项内容相同的双边同盟和友好条约

---

[6] M. Herren-Oesch, *Internationale Organisationen seit 1865: Eine Globalgeschichte der internationalen Ordnung* (Wissenschaftliche Buchgesellschaft Darmstadt 2009) at 18.

[7] Convention télégraphique internationale de Paris (1865) et Règlement de service international (1865) in *Documents diplomatiques de la conférence télégraphique internationale de Paris* (Imprimerie impériale Paris 1865) 1-67 ("1865 年《电报公约》")。所有历史文件和条约文本均可在国际电信联盟的网站中获取,网址为 〈http://www. itu. int/en/history/plenipotentiaryconferences/Pages/1865Paris. aspx〉,访问于 2012 年 7 月 9 日。

[8] Convention Concerning the Administration and Upholding of the Light-House at Cape Spartel of 31 May 1865, 14 Stat 679; 18 Stat (2)525.

[9] W. J. Feld and R. S. Jordan, *International Organizations* (2nd edn Praeger New York 1988) at 14.

[10] Union of International Associations (ed) *Yearbook of International Organizations* (46th edn Saur München 2009/2010) vol 5, at 33.

[11] N. L. Hill, *The Public International Conference* (Stanford University Press Stanford 1929).

[12] 'Acte du Congrès de Vienne' (签订于 1815 年 6 月 9 日) in G. F. de Martens (ed) *Supplément au Recueil des Principaux Traités d'Alliance, de Paix, de Trêves, de Neutralité, de Commerce, de Limites, d'échange etc* (Dieterich Goettingen 1818) vol 6, 379-450.

[13] 同上,第 108 条。

[14] Annexe XV de l'Acte final de Vienne: Déclaration des Puissances sur l'abolitions de la traité des Nègres du 8 fevrier 1815' in Supplément au Recueil des Principaux Traités d'Alliance (n 12) vol 6, 432-434.

中[15]，大国确认其

> 有为人民安宁和利益加倍兢兢业业之责，以防重蹈覆辙；彼此协调一致，
> 并采取经判断乃为追求各自国家安全和欧洲普遍安宁而属必要之措施。[16]

大国强权间的常态化磋商是保障"世界幸福"的工具[17]。朝此目的，列强"同意重启定期会晤"[18]。这些定期会晤遂变为列强间的"外交会议体制"，他们先后会晤于亚琛（1818 年）、卡尔斯贝（Carlsbad，1819 年）、维罗那（1822），再到后来的伦敦（1832 年）和柏林（1878 年）。一股平行发展的势头是仲裁运动，其旨在通过需要一定程度的机制化之仲裁组织来解决国家间争端。

（二）邦联

在北美，13 个英国殖民地的代表在 1776 年的第二届大陆会议上通过了《独立宣言》。邦联条款和 1777 年的永续联盟则确立了美国的"邦联制"，其成员仍保留"主权、自由和独立"（第 2 条）[19]。美国邦联或邦联化从 1777 年持续到 1787 年。德国邦联（*Deutscher Bund*）包括 41 个成员，从 1815 年存续至 1866 年。[20] 瑞士邦联从 1815 年存续至 1848 年，包括 22 个成员。[21] 这三大邦联均终结于以国家宪法为基础的联邦制。这种终局性乃是其区别于行政性联盟的一个显著要素。

173

---

[15] 其中之一是 the Treaty of Alliance and Friendship between His Britannic Majesty and the Emperor of Austria（签订于 1815 年 11 月 20 日）in T. C. Hansard（ed）*The Parliamentary Debates from the Year 1803 to the Present Time*（Hansard London 1816）vol 32, 269 – 273。

[16] 同上，第 2 条。

[17] 同上，第 6 条。

[18] 双边条约中完全相同的第 6 条。

[19] Articles of Confederation and Perpetual Union between the States of New Hampshire, Massachusetts Bay, Rhode Island, and Providence plantations, Connecticut, New York, New Jersey, Pennsylvania, Delaware, Maryland, Virginia, North Carolina, South Carolina, and Georgia of 15 November 1777（William Purdie Williamsburg 1777）.

[20] 'Deutsche Bundesakte of 8 June 1815' in D. Gosewinkel and J. Masing（eds）*Die Verfassungen in Europa 1789 – 1949*（CH Beck München 2006）740 – 747.

[21] 对 1803 年至 1815 年的瑞士政体是邦联还是联邦的争议，参见 J. F. Aubert, *Traité de droit constitutionnel suisse*（Dalloz Paris 1967）vol 1, at 13 – 14。

（三）河流委员会

最重要的河流委员会是莱茵河委员会，其由 1815 年的《维也纳法案》创建[22]，而——更强力的——多瑙河欧洲委员会则由 1856 年的《巴黎和约》建立。[23] 通过援引维也纳的最终法案，1856 年的这项和约将欧洲河流的治理原则适用于多瑙河，并声明这项规则"从今以后成为欧洲公法的一部分"[24]。

这项对河流委员会的授权基本上是为监督和执行河流的自由航行机制，包括河床中的物理工事和保持通航性所需的河岸，以及征收吨位税。朝此目的，这些委员会被授予立法权、行政权和司法权。欧洲多瑙河委员会亦可视需要召唤驻扎在多瑙河口的成员国军舰，因此它有权诉诸军事制裁。[25] 这两类委员会变动频仍，但均以新条约为基础，且其权力得到扩充。[26]

相应地，其总部在不同城市间迁移。莱茵河委员会曾从德国的美因茨迁移到曼海姆，现在（自《凡尔赛和约》以来）落脚于法国斯特拉斯堡。[27] 多瑙河委员会所

174

---

[22] 'Acte du Congrès de Vienne'（签订于 1815 年 6 月 9 日）in *Supplément au Recueil des Principaux Traités d'Alliance*（n 12）vol 6，acte principal 379–432；'Annexe XVI：Règlements pour la libre navigation des rivières' in *Supplément au Recueil des Principaux Traités d'Alliance*（n 12）vol 6，434–450；参见 W. J. M. van Eysinga，*Die Zentralkommission für die Rheinschiffahrt：Geschichtliche Darstellung*（W. Sijthoff Leiden 1936），重要的文件附于 139 页及以后。

[23] 'Traité général de paix entre l'Autriche, la France, la Grande-Bretagne, la Prusse, la Russie, la Sardaigne et la Porte Ottomane'（签订于 1856 年 3 月 30 日）in C. Samwer（ed）*Martens Nouveau Recueil Général*（MNRG）*de traités, conventions et autres transactions remarquables, servant à la connaissance des relations étrangères des puissances et états dans leurs rapports mutuels*（Dieterich Goettingen 1857）series 1 vol 15，770–781。

[24] Paris Treaty 1856（n 23）art 15.

[25] Acte public, relatif à la navigation des embouchures du Danube'（签订于 1865 年 11 月 2 日）in C. Samwer and J. Hopf（eds）*MNRG*（Dieterich Goettingen 1873）series 1 vol 18，144–153 at 149，art 11。

[26] 例如，多瑙河欧洲委员会曾被赋权以断定多瑙河三角洲三大支流孰是主航道的争议问题。参见第 2 条和第 3 条 'Acte public'（n 25）；E. Krehbiel，'The European Commission of the Danube：An Experiment in International Administration'（1918）33 *Political Science Quarterly* 38–553 at 45–47。

[27] 莱茵河委员会按 1831 年的《美因茨公约》组建：'Convention entre les Gouvernements des Etats riverains du Rhin et règlement relatif à la navigation du dit fleuve conclue à Mayence'（签订于 1831 年 3 月 31 日）in F. Saalfeld（ed）*Martens Nouveau Recueil*（MNR）*des Traités d'Alliance, de Paix, de Trève, de Neutralité etc*（Dieterich Goettingen 1833）series 1 vol 9，252–312；委员会总部因 1868 年的《曼海姆法案》而从美因茨迁至曼海姆：'Convention révisée pour la navigation du Rhin entre la France, la Prussie, les Pays-Bas, la Bavière et les Grands-Duchés de Bade et de Hesse, suivie de deux modèles et d'un protocole de clôture'（签订于 1868 年 10 月 17 日）in C. Samwer and J. Hopf（eds）*MNRG*（Dieterich Goettingen 1875）series 1 vol 20，355–374。最终总部落到斯特拉斯堡（art 355 Treaty of Versailles[n 3]）。

在地最初是在罗马尼亚加拉茨，[28]自1954年以来一直座落在匈牙利布达佩斯。这两个委员会均存续至今。[29]

1927年，国际常设法院就多瑙河委员会发布了一份咨询意见，其中提出了专业性原则。如法院所论，一家国际性"机构"（当时尚未用"组织"一词）只拥有其成员国在基础性文件中所授予的权力。[30] 国际常设法院区分了"领土性"和"功能性"权力，并主张"规制和管辖的权力属于属地机关，旨在保障自由航行及所有船旗国获平等对待的监督权则属于欧洲委员会。"[31]同时，多瑙河委员会已成为"对多瑙河广阔水域享有主权的独特国际实体"[32]。

（四）国际性联盟

19世纪的国际性联盟在法国被称为"行政联盟"[33]"国际联盟"[34]或"普遍联盟"[35]；在德国被称为"国际联合"（*internationale Verbindungen*）[36]、"国际行政团队"（*internationale Verwaltungsvereine*）[37]、"行政联盟"（*Verwaltungsunionen*）[38]、"行政协会"（*Vereinigungen zu Verwaltungszwecken*）[39]或"行政社区"

175

〔28〕 依据1865年的《多瑙河口通航公共立法》（1865 'Acte public'，见前引注释25），改革后的多瑙河委员会由1878年的《柏林条约》第53条予以确认。'Traité de Berlin'（签订于1878年7月18日）in C. Samwer and J. Hopf (eds) *MNRG* (Dieterich Goettingen 1878 - 1879) series 2 vol 3, 449 - 465. 欧洲多瑙河委员会的权力曾因1883年的《多瑙河通航伦敦条约》第2条而延续21年。'Traité de Londres'（签订于1883年3月10日）in J. Hopf (ed) *MNRG* (Dieterich Goettingen 1884) series 2 vol 9, 392 - 413.

〔29〕 参见下述网站：the Rhine commission ⟨http://www.ccr-zkr.org/⟩，访问于2011年11月5日；on the Danube commission ⟨http://www.danubecommission.org/index.php/de_DE/index⟩，访问于2011年11月15日。

〔30〕 PCIJ, *Jurisdiction of the European Commission of the Danube between Glatz and Braila* (Advisory Opinion) *PCIJ Rep Series B* No 14, at 64.

〔31〕 同上，第67页。

〔32〕 G. A. Blackburn, 'International Control of the River Danube' (1930) 32 Current History 1154 - 1159 at 1154.

〔33〕 G. Scelle, *Précis de droit des gens：Principes et systématique* (Sirey Paris 1932) at 207.

〔34〕 L. Renault, 'Les unions internationales：Leurs avantages et leurs inconvénients' (1896) 3 *Revue général de droit international public* 14 - 26.

〔35〕 G. Moynier, *Les bureaux internationaux des Unions universelles* (Cherbuliez Genève 1892) at 8.

〔36〕 A. W. Heffter, *Das europäische Völkerrecht der Gegenwart auf den bisherigen Grundlagen* (7th edn Schroeder Berlin 1881) para 241, at 467.

〔37〕 G. Jellinek, *Die Lehre von den Staatenverbindungen* [1882] (Scientia Aalen 1969) at 159.

〔38〕 K. Strupp, *Grundzüge des positiven Völkerrechts* (Röhrscheid Bonn 1921) at 40；J. L. Kunz, *Die Staatenverbindungen* (Kohlhammer Stuttgart 1929) at 374.

〔39〕 E. Ullmann, *Völkerrecht* (Mohr Tübingen 1898) para 13 fn 4, at 46.

(*Verwaltungsg-emeinschaften*)〔40〕。

当时,多数通论类的国际法律文献均未对这类联盟给予特别关注。这些著述至多只是提到联盟创建条约,但未指出由此生发出了稳定运作的机构。〔41〕英语世界中的权威国际法学专著,像英国的罗伯特·菲利莫尔爵士(Phillimore)〔42〕、霍尔(Hall)〔43〕和韦斯特莱克(Westlake)〔44〕等名家的著作中都不曾讨论这些联盟。

清晰体认这种联盟(*Verwaltungsbündnisse*)的是奥地利公法学家格奥尔格·耶里内克(Georg Jellinek),他评价这种联盟是某种新兴且重要的东西,并且他提出对这种新现象应作清晰地系统化。在出版于 1882 年的《各国联盟学说》(*Die Lehre von den Staatenverbindungen*)一书中,耶里内克判断即将开始的国际行政联盟新纪元将成为文明世界未来互动的典范。〔45〕德国学者因倾心于国家建构议题,所以对新联盟可能更敏感一些。结果就是他们对邦联(比如德国邦联)的法律建构怀有更浓烈的学术兴趣,这种兴趣也爱屋及乌至行政性联盟。

国际电报联盟(ITU)今日被称为行政性联盟的"原型"。〔46〕该联盟于 1865 年 5 月 17 日依《巴黎和约》而创建,当时有 20 国签署了该和约,其中包括众多德国小公国、汉堡自由市、瑞士、俄罗斯和奥斯曼帝国。〔47〕1906 年,一个名为"国际广播电报联盟"的无线电报联盟被单独创建。1934 年,电报联盟和广播联盟合并,并用"国际电信联盟"(亦缩写为 ITU)作为名称。该联盟时至今日仍然存在。〔48〕

机构化层面上的质的飞跃发生在国际电信联盟(ITU)创建三年之后的 1868

---

〔40〕斯特鲁普(Strupp)将这两个术语紧密地联系在一起:'Verwaltungsgemeinschaften, im engeren Sinne auch Unionen genannt . . . ' (*Grundzüge des positiven Völkerrechts* 〔n 38〕92).

〔41〕例如 T. Funck Brentano and A. Sorel, *Précis du droit des gens* (3rd edn Plon Paris 1900) at 185 – 202。

〔42〕R. Phillimore, *Commentaries Upon International Law* (3 vols Butterworths London 1854 – 1857).

〔43〕W. E. Hall, *A Treatise of International Law* (Clarendon Press Oxford 1895).

〔44〕J. Westlake, *International Law* (2 vols 2nd edn Cambridge University Press Cambridge 1910 – 1913).

〔45〕'Auf jeden Fall stehen wir am Beginne einer Epoche internationaler Verwaltungsbündnisse, welche dem Verkehrsleben der civilisirten Welt ein neues Gepräge aufdrückt. ' (Die Lehre von den Staatenverbindungen 〔n 37〕111).

〔46〕*Internationale Organisationen seit 1865* (n 6)21.

〔47〕Telegraph Convention 1865 (n 7).

〔48〕International Telecommunication Convention, with annexes (达成于 1932 年 12 月 9 日)151 LNTS 4.

年,即在维也纳对《电信联盟公约》作第一次修订之际。[49] 最初的 1865 年和约并未预见要有常设办公室,而是将所有的行政措施交由定期会议举办国处理(1865年和约第 55 条)。1868 年公约新增一项条款,即创建"大会指定的电报行政管理单位"(1868 年公约第 61 条)。这个新设行政单位的任务是采取一切恰当措施,出于共同利益,推进《电报公约》的执行和实施。这届大会组建了一个冠以"电报国际管理局"头衔的机构,"以在(大会)指导下……担当起特殊服务"[50]。

这个局的职权列举如下。该局将"涉及国际电报的所有信息集中化;确定费率;常规统计;推进其所涉及的民用研究;并编辑一本法语电报期刊"[51]。这是第一个由国际条约所建立的常设秘书处,且该常设秘书处被托付"实施和执行"该条约[52]——即我们今日讲的管理条约——之责。

1874 年,参照电报联盟的模式,万国邮政联盟被创建。[53] "关于邮政联盟组建的条约"确立了联盟对邮政服务的一般性费率。例如,单份预付款的信函在 1874 年的收费是 25 生丁(centime,法国货币单位,1 法郎 = 100 生丁)(第 3 条)。1878 年,这个头衔从"总邮政联盟"(GPU)改为"万国邮政联盟"(UPU)。[54] 万国邮政联盟(UPU)此后数度改革,其目前 ——从 1948 年以来——已成为联合国的专业化机构之一。与电报联盟类似,万国邮政联盟(UPU)亦内设三个机构:常规"大会"(政府层级的)、成员国行政官员间的常规"会议"以及均设立于瑞士伯尔尼的两家联盟的日常管理"局"或"办公室"。[55]

---

[49] 'Convention télégraphique internationale de Paris, révisée à Vienne (1868) et Règlement de service international (1868)' in *Documents de la conférence télégraphique internationale de Vienne* (Imprimerie impériale et royale de la Cour et de l'Etat Vienna 1868)1 - 86 ("1868 年《电信联盟公约》")。

[50] 同上,第 61 条。

[51] 同上,第 61 条第 2 款(本章作者译为英文)。这本期刊的法语名称为"Journal Télégraphique",发刊于 1869 年,可在法国国家档案馆的网站上查阅到该期刊(⟨http://gallica.bnf.fr/⟩)。

[52] 同上,第 61 条。

[53] 'Traité concernant la création d'une Union générale des postes(签订于 1874 年 10 月 9 日)suivi d'un protocol final en date du même jour, et du protocol d'échange des ratifications(签订于 1875 年 5 月 8 日)' in C. Samwer and J. Hopf (eds) *MNRG* (Dieterich Goettingen 1876) series 2 vol 1, 651 - 659 ("《总邮政联盟公约》")。

[54] 'Convention d'une union postale universelle suivie d'un Protocole final'(签订于 1878 年 6 月 1 日)in C. Samwer and J. Hopf (eds) *MNRG* (Dieterich Goettingen 1878 - 1879) series 2 vol 3,699 - 708 ("《万国邮政联盟公约》")。

[55] 参见 the competences of the Office of the Postal Union art 15 of the GPU Convention (n 53)(英文文本来自以下网站⟨http://avalon.law.yale.edu/19th_century/usmu010.asp⟩,访问于 2011 年 11 月 15 日)。

若从条约机制来看,这些行政性联盟须区别于其建立的国际局。各国并不愿为这些国际局配备适当的权力。诚如比利时代表维琴特(Vinchent)在1874年的巴黎邮政大会上所言:"本来就没有要让他们成为权威性机构的意图,仅仅是作为一种附属罢了。"[56]

(五) 两次世界大战之间的20年:国际劳工组织和国际联盟

在一战后,有两个组织通过《凡尔赛和约》得以直接建立起来,即国际联盟和国际劳工组织(ILO)。[57] 两者的创始文件不仅都是《凡尔赛和约》的正式组成部分,而且条文间可彼此参照,同时,刚结束的这场大战是其实质性的存在理由(raison d'être)。因此,作为国际劳工组织(ILO)宪章之《凡尔赛和约》第十三部分的序言写道:

> 盖国际联盟的宗旨是建立永续和平,而这种和平仅当有社会正义的基础时才得以建立;当劳工处境存在涉及如此多人的不义、艰困和匮乏,所生动荡如此剧烈以致危及世界和平与和谐……各缔结国高度体认这种秉持正义和人道以及保障世界永续和平的情感。兹同意以下……

《国际联盟盟约》序言未曾提及刚过去的大战,但强调了缔约国对本盟约的共识,即"为促进国际合作和保障国际和平与安全"。理事会作为国际联盟最具实权的机关,其"由主要协议国和盟友代表组成"以作为永续会员,其实质就是排斥战败国。同时,大战和后续机构建立之间的联系是该组织缺乏信任的原因之一,并进而损及了其权威性。

三、原因和动机

本节探讨推动国际组织在19世纪下半叶涌现的诸多因素。

---

[56] '[L] e bureau international ne serait pas une *autorité*, mais simplement un *aide*'. Statement in 'Congrès international des Postes, Procès-verbaux des séances du Congrès tenu à Berne' (1875)15 Archives diplomatiques vol 4,143 – 263, protocol of the 5th session of 23 September 1874,at 191 (斜体字标出的 *autorité* 译为"权威性",*aide* 译为"附属")。

[57]《国际联盟盟约》是《凡尔赛和约》的第一部分(前引注释3);《国际劳工组织宪章》是《凡尔赛和约》的第十三部分。

（一）实质性因素

第一项至关重要的因素是国际贸易的巨大增长与平行自由贸易理念的传播。其次，交通和通讯领域的技术取得了飞速进步。交通和通讯又反过来成为国际贸易发展的两大助推要素。前已提及的诸多委员会和行政性联盟恰是在这两大领域内创建的。第三个助推国际贸易的因素是计量、术语和标准的统一化。1875 年，国际计量局（BIPM）依据《米制公约》在法国塞夫勒（Sèvres）得以成立。[58] 第四，技术创新和国际贸易提升了知识产权保护的需求。这个领域在 1880 年代建立了两个联盟。[59] 第五，商业部门的兴趣集中于对自然资源使用的规制。该领域一个重要的行政性联盟就是国际糖业联合会，其存续时间为 1902 年至 1920 年。[60] 随着日益增长的国际贸易、交通以及与之相伴相随的人员流动，我们必须直面的一个终局问题就是全球性流动对健康的影响。君士坦丁堡早在 1838 年就建立了卫生高等委员会（*Conseil Supérieur de Santé*）[61]来处理诸如霍乱等从近东传播至欧洲的疾病。[62]

（二）理念和意识形态因素

伴随经济发展和技术进步的理念和意识形态兼具现实主义与理想主义。在 19 世纪向 20 世纪过渡之际，有一种明显的体认是国际组织与国际合作是大势所趋（*force des chose*）。1882 年，格奥尔格·耶里内克（Georg Jellinek）深刻地指出，不依赖"单一国家意志和实力，而系依某种共同体"为创建基础的国际组织呈现出

---

[58] 'Convention concernant la création et l'entretien d'un bureau international des poids et mesures, suivie d'un règlement et de dispositions transitoires'（签订于 1875 年 5 月 20 日）in C. Samwer and J. Hopf（eds）*MNRG*（Dieterich Goettingen 1876）series 2 vol 1，663 - 672。

[59] 关于这些联盟详见后引注释 109 和 110 及其附随文本。

[60] 'Convention relative au régime des sucres'（签订于 1902 年 3 月 5 日）in F. Stoerk（ed）*MNRG*（Dieterich Leipzig 1904）series 2 vol 31，272 - 290（"《糖业公约》"）。

[61] 该委员会的建立依据是 'Règlement organique du Conseil de santé à Constantinople pour les provencances de mer'（签订于 1839 年 6 月 10 日）in F. Murhard（ed）*MNR*（Dieterich Goettingen 1842）vol 16，part 2，920 - 926. 依据其第 19 条，此规章是委员会最基本与最组织化的法案（*fera foi comme acte organique et fondamental*）。

[62] 该卫生高等委员会的历史，参见 J. D. Mizrahi，'Politique sanitaire et impérialisme à l'heure de la revolution pastorienne：Le Conseil sanitaire de Constantinople 1838 - 1923' in W. Arbid et al（eds）*Méditerranée，Moyen-Orient：Deux siècles de relations internationales：Recherche en hommage à Jacques Thobie*（Paris L'Harmattan 2003）221 - 242。

一种"压倒性力量"。[63] 此外,詹姆斯·布莱尔利(James Brierly)在1928年写道:

在19世纪,国际行政性体制已初具雏形。其动机不是任何国际关系的理想主义理论,而是情势压倒性力量使然;接踵而至的各领域行政管理经验显示,若继续像以往那样按纯国家的基础进行组织,政府甚至都无法运转。[64]

一项重要的主题是为满足文明国家间的共同利益而开展合作的必要性。[65]例如,建立国际电报办公室之《电报联盟协议》中的相关条款规定,该办公室应为共同利益(*dans un intérêt commun*)适用和实施该协议。[66]

针对单个国家解决问题(为满足公共利益)能力之不足,恩斯特·乌尔曼(Ernst Ullmann)的见解最为深刻。乌尔曼写道:"针对今日(1898年)在绝大多数领域所建立的治理体制,政府目前掌握的实质和形式手段势必达不成目标。同时,单一国家在该领域的行政管理不再能按发挥国家集体功效的方式履责。"[67]

---

[63] 德文原文是:'Hier auf dem Gebiete der Verwaltung entwickelt sich in Folge der immer steigenden Solidarität der Staaten *mit zwingender Kraft eine Organisation*, welche nicht mehr auf dem Willen und der Kraft des Einzelstaates, sondern auf dem der Gemeinschaft beruht. Die internationalen Organe der Schifffahrts-, Post-, Telegraphen-, Meterconventionen bezeichnen den Anfang eines neuen zwischenstaatlichen Lebens. Die immer zahlreicher werdenden internationalen Congresse, sei es staatlicher Delegirter, sei es Privater zum Zwecke der Berathung oder Anregung internationaler Massregeln, die internationalen Ausstellungen zeugen von der steigenden Bedeutung des weit über den Einzelstaathinausragenden Culturlebens, welches, wie alles Leben, *mit unwiderstehlicher*, *wenn auch langsam wirkender Gewalt*, *eine Organisation aus sich hervortreibt.*' *Die Lehre von den Staatenverbindungen* (n 37)110(斜体字标出的"mit zwingender Kraft eine Organisation"译为"一个具有压倒性力量的组织";"mit unwiderstehlicher, wenn auch langsam wirkender Gewalt, eine Organisation aus sich hervortreibt"译为"一种不可阻挡的、让该组织不固步自封的,虽说可能是缓慢演进的大力")。

[64] J. L. Brierly, *The Law of Nations: An Introduction to the International Law of Peace* (Clarendon Press Oxford 1928) at 199.

[65] *Die Lehre von den Staatenverbindungen* (n 37)109("现代世界的文化构成文明人类的共同利益。正是这种基于共同文明的共同利益,又为国际机构的永续存在奠定了坚实基础");*Völkerrecht* (n 39) para 104,at 252-253("构成国家行政规制对象的那种利益,其基础真实且坚固,成为所有文明国家间的国际利益");亦见 W. Schücking, *Der Staatenverband der Haager Konferenzen* (Duncker & Humblot München 1912) at 18;作者主张,国际团结原则是国际组织后续演进的基石。

[66] Telegraph Convention 1868 (n 49) art 61.

[67] *Völkerrecht* (n 39) para 104, at 252(本章作者译为英文)。

此外,民族主义和帝国主义是通往国际组织的推动力。1902 年,约翰·霍布森(John Hobson)写道:"民族主义是通往国际主义的康庄大道,倘若它表现出某种歧途,我们也有充分理由认为这是对其性质和意图的曲解。"[68]邮政服务一直被称为"殖民化的一种文明技术"。[69] 即便在土耳其作为主权国家的地位得到承认,并成为 1874 年的《万国邮政联盟协定》的签字国之后,其他国家仍保留他们在土耳其境内设立邮政办公室的权利。[70] 类似地,卫生高等委员会[71]亦体现过欧洲列强去除土耳其国王苏丹对欧洲商船施加防疫隔离措施之权力的某种企图。[72]

此外,国际组织被认为是一种文明势力。国际联盟评议员雷战(Jean Ray)曾把国际联盟比作教皇,因两者都对世界主张某种道德层面的权力。[73] 再者,五花八门的理念——诸如团结主义、国际社会行动主义、和平主义、泛欧化和民主——均是支撑国际组织建立的意识形态因素。[74]

(三) 策略性因素

第三类因素或许可被称为是策略性的,即国际组织存在的理由首先是作为权力的后门。[75]

1. 部分国家的权力增益平台

某些类型的国家试图通过这道门进入权力场。如遭遇合法性赤字的法兰西第二帝国,据说其曾尽力以国际行动填补该赤字。[76] 更重要地,一些中立小国(特别是瑞士和比利时)竞相想担当国际行政联盟的落户国。在行政性联盟中取得一席

---

[68] J. A. Hobson, *Imperialism: A Study* [1902] (Cosimo Classics New York 2005) at 11.

[69] O. Simons, 'Heinrich von Stephan und die Idee der Weltpost' in A. Honold and K. R. Scherpe (eds) *Mit Deutschland um die Welt: Eine Kulturgeschichte des Fremden in der Kolonialzeit* (Metzler Stuttgart 2004)24 - 35.

[70] F. von Liszt, *Das Völkerrecht* (5th edn Haering Berlin 1907) at 244.

[71] 'Règlement organique du Conseil de santé à Constantinople pour les provenances de mer' (n 61).

[72] B. von Stoll, *Der oberste Gesundheitsrat von Konstantinopel in seiner völkerrechtlichen Bedeutung, 1838 - 1914* (Piloty & Loehle München 1922) at 5.

[73] J. Ray, *Commentaire du Pacte de la Société des Nations selon la politique et la jurisprudence des organes de la Société* (Sirey Paris 1930) Preamble, at 68; 'la Société des Nations est faite pour avoir ... un pouvoir d'ordre moral sur le monde entier.'

[74] 参见前引注释 65 中提供的引用。

[75] *Internationale Organisationen seit 1865* (n 6)10 - 11 and 34.

[76] M. Herren-Oesch 此处所指,系在巴黎举办的两次世界博览会(1855 年和 1867 年)、拉丁货币联盟(1865 年由法国、比利时、瑞士和意大利组建),*Internationale Organisationen seit 1865* (n 6)17.

之地不仅给小国提供了一个政治平台,还有最初带来的税收收入和对行政联盟实施"县官不如现管"的控制。瑞士接纳了国际电报联盟和邮政联盟的常设办公室落户。两家办公室均是瑞士国家行政管理的组成部分,其年度报告亦被纳入瑞士联盟理事会向议会提供的年度报告之中。[77]

把一个问题提上国际议程亦意味着政府将之从国内问题中抽离。这在劳工领域尤为明显。瑞士格拉鲁斯州(Glarus Canton)是较早实现纺织业现代化的领头州。早在 1855 年,其政府就呼吁所有欧洲工业化国家就统一的劳工标准达成国际协议。其目的是防范实施低劳工标准的国家获得不当竞争优势。[78]瑞士各州劳动法在 1877 年依据联邦立法统一后,[79]瑞士政府试图发起国际行动。然而,瑞士启动国际会议的计划因德皇威廉二世的捷足先登而仅沦为彩排。主要因应国内问题,德皇于 1890 年在柏林召集了第一次有关劳工议题的政府间会议。威廉在 1890 年 2 月 4 日的帝国公报(*Reichsanzeiger*)上发表的公开声明却在他与瑞士联邦理事会之间酿成了一场外交事件,后者为筹备这类会议已准备数年。[80] 这个小插曲表明,在 19 世纪末发起一场国际会议已经成为给国家声誉加分的事情。

2. 非国家行动者和非国家实体的权力增益平台

在国内权力场靠边站的社会团体(像妇女组织和劳工组织),或在政治上已失势的贵族阶层,他们都尽力在国际舞台上获得影响力。在国内环境中,政治参与以公民资格和正式投票权为条件。与之相反,国际场合的条件更具灵活性,因而对非特权团体的非正式政治活动更为开放包容。在 1919 年到 1939 年,即两次世界大战之间的 20 年,"批评家们认为,恰恰是国际政治中的民主问责制缺失之弱点,被

---

〔77〕 例见 'Bericht des Bundesrathes an die hohe Bundesversammlung über seine Geschäftsführung im Jahre 1876' in *Schweizerisches Bundesblatt*(1877)437 – 482。

〔78〕 'Bericht des Bundesrathes an die Bundesversammlung, betreffend die Frage internationaler Rege lung des Arbeiterschutzes und die Berliner Konferenz vom 9. Juni 1890' in *Schweizerisches Bundesblatt*(1890)46 – 781 at 692.

〔79〕 'Bundesgesetz betreffend die Arbeit in den Fabriken'(截至 1877 年 3 月 23 日)in *Schweizerisches Bun desblatt*(1877)483 – 494。

〔80〕 参见各项细节及皇帝公告的单行本 'Bericht des Bundesrathes an die Bundesversammlung, betreffend die Frage internationaler Regelung des Arbeiterschutzes und die Berliner Konferenz vom 9. Juni 1890' in *Schweizerisches Bundesblatt*(1890)46 – 781;与此事有关的外交材料已被重印于 Commission pour la publication de documents diplomatiques suisses(ed)*Documents diplomatiques suisses*(Benteli Bern 1994)vol 4,14 – 16 and 25 – 26。

先前被边缘化的那些政治行动者所利用，并成功转化为其优势"[81]。

这对妇女团体尤其适用。《国际联盟盟约》中包含了为职员的平等而努力奋斗的条款，即"凡与国际联盟有关的所有职位，包括秘书长，无论男女性别，一律平等开放"[82]。事实上，国联各委员会中的女性比例相当高。

至于工人团体，"国际"的概念在 1864 年随着在伦敦建立的国际工人联合会（IWA）而正式进入字典。国际工人联合会（IWA）亦被称为"第一国际"。[83] 协会规约主张，"劳工解放既非地方性问题，亦非民族性问题，而是个社会性问题，其涵盖存在于现代社会的所有国家"[84]。其理念是工人的流动应以国际团结为基础——所谓"万国工人联合起来！"[85]

最后，这个国际舞台为非主权实体提供了机会。例如，埃及在当时虽仍是奥斯曼帝国（或土耳其帝国）的藩属国[86]，但它却是 1874 年的邮政联盟之创始成员。还有英属印度，以及法属殖民地、丹属殖民地和荷属殖民地以及葡萄牙殖民地，他们也是万国邮政联盟的成员。

四、技术性、技术民主和功能主义层面

（一）领土性实体抑或功能性实体

当代政治-科学整合理论一般会对领土性和功能性整合逻辑进行对比。[87] 若将这个坐标适用于 19 世纪的实体，则我们或许要作领土性实体（邦联）和功能性实体（行政性联盟）之区分。但是，这种区分仍很难界定，如以下三个案例所示：

---

[81] D. Gorman, 'Empire, Internationalism, and the Campaign against the Traffic in Women and Children in the 1920s' (2008) 19 *Twentieth Century British History* 186 – 216 at 215.

[82] art 7(3) of the Covenant (n 57).

[83] W. Eichhoff, *Die Internationale Arbeiterassociation：Ihre Gründung, Organisation, politisch-sociale Thätigkeit und Ausbreitung* (Albert Eichhoff Berlin 1868).

[84] K. Marx, 'Provisional Rules of the Working Men's International Association' in Internationales Institut für Sozialgeschichte Amsterdam (ed) *K. Marx and F. Engels Gesamtausgabe MEGA* (Dietz Berlin 1992) vol 20：1, 13 – 15 at 13.

[85] 卡尔·马克思对国际工人联合会所作的公开演讲（重印于 *Die Internationale Arbeiterassociation* [n 83] 5 – 15）。

[86] 例见 *Das Völkerrecht* (n 70) 55 – 56。

[87] 仅参见 D. Mitrany, 'The Prospect of Integration：Federal or Functional' (1965) 4 *Journal of Common Market Studies* 119 – 149。

第一,邮政联盟明显算"功能性"联盟的典范,但其——首先——却是一块领土。其公约第一条规定:"本公约所包含的国家,在总(万国)邮政联盟的头衔下,应构成一个单一的邮政领土。"[88]

第二,(领土性)民族国家亦从最初的"功能性"合作中涌现出来。1871 年,德意志帝国(*Deutsches Reich*)的创建主要是强势的普鲁士所领导的德意志关税同盟(*Deutscher Zollverein*)之结果,[89]而非那个弱势的德国邦联(*Deutscher Bund*)之政治后果。[90]

第三,前述河流委员会在某种程度上亦联系着领土,即河流。有学者将其称之为"河流国家"(*Flussstaaten*)。[91] 其理由或许是这些学者一直以来还找不出比类比国家的传统思维更好的方式来概念化这些委员会所具有的深远和"准主权性"之权力。

(二) 行政性联盟:功能性抑或技术性?

按当时的观点,设有国际办公室的行政性联盟仅具功能性和技术性,因此排除了政治性。在学者奥本海于 1912 年出版的著作中,相关章节的标题是"关于非政治性共同利益的联盟"。[92] 卡尔·斯特鲁普(Karl Strupp)在 1912 年将行政性联盟定义为"独立国家间以条约为基准,旨在追求非政治共同利益的那种关系"[93]。

但是,对行政性联盟作非政治性体认的做法与这些联盟创建的初衷相悖。考查其本身建构之目的就是要同时涵盖"技术"和"政治"两个维度。故其法律基础亦是双重的。它既包含公约,又包括规章(*règlement*)。公约系"政治性"文件,而规章是对相关服务(例如电报或邮政)之技术性细节(*mesures d'ordre and règles de*

---

[88] art 1 of the GPU Convention (n 53):'Les pays … formeront … un seul territoire postal … '.
[89] B. Reinalda, *Routledge History of International Organizations：From 1815 to the Present Day* (Routledge London 2009) at 32.
[90] N. Weiss, *Kompetenzlehre internationaler Organisationen* (Springer Dordrecht 2009) at 88 - 91.
[91] *Das Völkerrecht* (n 70)45. 冯·李斯特提到了许多作者,例如恩格尔哈特、格夫肯、冯·霍尔岑多夫和海本尔,然而"河流国家"这个术语似乎是他自己发明出来的。Engelhardt spoke of a 'state within the state' (Etat dans l'Etat), Engelhardt, 'Les embouchures du Danube et la Commission instituée par le Congrès de Paris' (1870)40 *Revue des deux mondes* 93 - 117 at 117.
[92] L. Oppenheim, *International Law：A Treatise* (2nd edn Longmans Green London 1912) at 612 - 626.
[93] *Grundzüge des positiven Völkerrechts* (n 38) 40：' völkerrechtliche Vertragsverhältnisse unabhängiger Staaten zur gemeinsamen Verfolgung gemeinsamer *unpolitischer* Ziele'(斜体字标出的 *unpolitischer* 意思是"非政治")。

détails)予以明确的技术性文件,从而能够补强公约。[94]

这种机制的双重性体现在被全会分为两部分的机关中。[95] 政治性部分是(全权代表)"大会",而仅具技术性部分的全会机关是成员国行政官员代表参加的"会议"。[96] 在早期的两家行政性联盟(邮政联盟和电报联盟)中,"行政性"全会机关仅在联盟先运转数年后,再通过创建条约的后续修订来产生。

两家联盟的全会机关都承担立法职能,如《邮政联盟公约》所载:"从完善联盟体制观点出发",履发展和调试该机制之责。[97] 政治性机关(大会)执掌(定期)修订公约之责[98],而技术性机关(会议)诉诸"行政当局的合意"以获得修订规章的权责。[99] 但是,规章的这类修订仅在全体成员国政府都批准(approbation)后才生效(exécutoires)。[100]

此外,像电信、邮政等服务活动直接联系着国家利益,于是同政治——甚至"高层"政治——相连。通讯如同交通一样,都有安全方面的考量,且都与国家经济息

---

[94] 1865 年的电报联盟基于两个文本的赋权,参见 Convention et Règlement 1865 (n 7)。该公约第 54 条提到了"规章":'Les dispositions de la présente Convention seront complétées, *en ce qui concerne les règles de détail* du service international, par un règlement commun qui sera arrêté de concert entre les administrations télégraphiques des Etats contractants.'(这个条款成为了 1868 年公约的第 59 条,以及之后的 1875 年公约的第 13 条)1875 年公约的第 15 条解释了公约、规章(和关税)的规范性平等等级:'Le tarif et le règlement ... *ont la même valeur* et entrent en viguer en même temps qu'elle [the Convention].'总邮政联盟的创始文件(n 53)第 13 条提到了"规章"(之后成为《万国邮政联盟公约》[n 54]第 14 条)。

[95] P. S. Reinsch, 'International Unions and Their Administration' (1907) 1 *American Journal of International Law* 579 – 623 at 583. 其中提到,国际电报联盟从 1868 年大会伊始就同时包含外交和技术两类代表的优良传统一直被延续下来。

[96] 《万国邮政联盟公约》(n 54)修订版第 19 条在联盟建立 4 年后引入了这种双重性;1875 年的《电报公约》(在电报联盟成立 10 年后)预见了 '*conférences administratives*' '*composées des délégués représentant les Administrations des Etats contractants*'。

[97] GPU Convention (n 53) art 18.

[98] 1865 年《电报公约》(n 71)第 56 条:'La présente Convention sera soumise à de révisions périodiques, où toutes les Puissances qui y ont pris part seront représentées.'在《总邮政联盟公约》第 18 条中,代表大会修改公约的权力仅暗含其中而未明示。之后的《万国邮政联盟公约》(n 54)并未提及此修订。

[99] 在《万国邮政联盟公约》(n 54)的第 20 条中,行政机构被允许制定 '*propositions concernant le régime de l'Union*'。1865 年《电报公约》(n 7)第 54 条规定:'Les dispositions de ce règlement entreront en vigueur en même temps que la présente Convention: *elles pourront être, à toute époque, modifiées d'un commun accord par les dites administrations*'(着重强调);该条款之后成为 1868 年公约的第 59 条。1875 年 5 月 5 日到 17 日,《电报公约》的彼得堡版本中预见了规章和关税可被行政会议修订。

[100] Telegraph Convention 1875 (n 99 and n 7) art 16.

息相关。因而,给这类联盟贴上"非政治性"的标签有误导之嫌。

(三) 国际联盟及其技术性

不同于先前的行政性联盟,国际联盟在人们心目中的定位是第一家"政治性"组织。按其公约序言,它有双重使命,即"促进国际合作和保障国际和平与安全。"

国际合作作为第一使命,其涉及经济和社会领域。相关议题列举于公约第23条:

(a)"正当和人道的劳工条件";(b)"所控制领土下的原住民之公平对待";(c)"打击妇女和儿童贩卖"及"打击鸦片贩卖";(e)"通信和交通自由及赋予国联成员国商业平等待遇";以及最后的(f)"防范和控制疾病"。国际联盟按第23条创设出三大所谓的"组织",即经济和金融组织、通信和交通组织和卫生健康组织,以及数量诸多的委员会。

在国际联盟建立后的头几年,其在经济和社会领域的活动名副其实地算是"技术性"的,且极其不同于关涉和平与安全的"政治性"事务。[101] 针对这种区分,可作三点说明:

第一,国际联盟的社会与经济工作因其技术性而被其批评者评为不务正业,因这类论者主张国际联盟就应专注于促进和平与安全的政治使命。[102]

第二,相反地,国际联盟的"技术性"被用以作为对集权主义阵营所提出的国际联盟是"超级国家"的指责之掩饰和抗辩。近期对国际联盟"经济和金融组织"的一项历史分析的结论是:

> 理解国际联盟常常貌似深奥之运转和架构的关键是,其规则和程序刻意保持模糊性以便为追求各种方式的政治协商提供灵活性,通常以"技术性"或功能性讨论的名义作为掩饰。[103]

---

[101] C. Tams, 'League of Nations' in R. Wolfrum (ed) *The Max Planck Encyclopedia of Public International Law* (OUP Oxford 2008) at ⟨www. mpepil. com⟩ MN 36,从一开始就批评这种区分过于简单。

[102] S. Pedersen, 'Back to the League of Nations' (2007)112 *The American Historical Review* 1091 - 1117 at1108,其中提到了秘书长德拉蒙,他对联盟在所谓的非政治性事务中的活动之加强颇有微词。

[103] P. Clavin and J. W. Wessel, 'Transnationalism and the League of Nations: Understanding the Work of its Economic and Financial Organisation' (2005)14 *Contemporary European History* 465 - 492 at 491。

在 1920 年代,"国际联盟不是超级国家"(*La Société n'est pas un super-Etat*)的说法在国际联盟辩论中占上风。按《国际联盟盟约》评论者雷战(Jean Ray)的话说,这种说法有一石二鸟之功效,既保证了国际联盟能被接受,又能避免国际联盟在(政治)权力的取得上更进一步。[104]

第三,国际联盟在 1930 年代逐渐认识到"技术性"合作的重要性,这样做或许有弥补自己在和平与安全领域的失败之考虑。[105] 斯时,国际联盟一半以上的预算都投入到了这些"技术性"工作中。[106] 当代史家同意,相较于国际联盟在"政治性"领域的失败,它的"技术性"工作确实取得了深远的成功。这种进步堪称有目共睹(例如缔结了一百多项公约),并为日后联合国机构的设计——例如经济及社会理事会(ECOSOC)——构建了一种正面(不仅是反面)的蓝图。[107]

五、民主层面

(一) 国际组织和非国家行动者: 市民社会和商业

自 19 世纪以来,包括商业在内的市民社会在国际组织的形成中发挥了重要作用。[108] 这种模式在知识产权保护领域是显而易见的。自 1851 年的世界博览会举办以来,若参访者能随意"山寨"的话,那么发明者就不愿意展示其发明创造。故第一届作者版权国际大会于 1858 年在布鲁塞尔举办。参加者包括民间个人、学术团体代表和部分政府代表,该会议最终促成了 1883 年的《保护工业产权巴黎公约》的通过,并在瑞士伯尔尼占据到一席之地(常设办公室),[109]紧接着,文学和艺术作品

---

[104] *Commentaire du Pacte de la Société des Nations*(n 73)61.

[105] 'League of Nations'(n 101)MN 39.

[106] 'Back to the League of Nations'(n 102)1108.

[107] I. Claude,*Swords into Plowshares*:*The Problems and Progress of International Organization*(University Press London 1965)at 357.

[108] S. Charnovitz,'Two Centuries of Participation:NGOs and International Governance'(1997)18 *Michigan Journal of International Law* 183－286.

[109] 'Convention pour la protection de la propriété industrielle, suivie d'un Protocole de clôture'(签订于 1883 年 3 月 20 日)in J. Hopf(ed)MNRG(Dieterich Goettingen 1885－1886)series 2 vol 10,133－139. The travaux préparatoires of the Convention,重印于该卷中(同上 1－132),经常性地被布鲁塞尔大会援引。

财产保护国际联盟于 1886 年被创建起来,其同样在伯尔尼设立了常设局。[110]

某些情况下,民间倡议导致了该活动领域的某个公共联盟之建立。例如,由各类科学组织赞助发起的数次国际大会[111]为 1875 年的米制联盟之创建做了准备。[112]

各产业分支创建了国际产业联盟。棉纺纱工国际联合会于 1904 年成立,[113]并成为 20 世纪产业联盟的一个模板。1919 年,国际商会在新泽西州大西洋城建立,并于翌年在巴黎举行了组建大会。[114]

商业亦遭逢了社运国际运动,并害怕像俄罗斯那样的革命在西欧发生。以阻却这类事件为目标,企业家们敦促劳工公约的通过,并于 1919 年创建了国际劳工组织。西欧政府通过在《凡尔赛和约》中插入第十三部分("劳工")来"收买"革命。[115]

世博会对政府是争光添彩之大事和预期收入之源,对商人乃是理想的碰面和公关场所。世博会通常是新的国际组织和联合会的创建平台。[116]

将电报和其他通讯手段的提供作为一种公共职能或者说公共服务的这种观念逐渐在改变。美国电报公司部分由私人持股,故美国(其在 1908 年才成为国际电信联盟成员)曾要求民间团体应被允许全程参与国际电信联盟(ITU)的程序。1871 年,国际电信联盟曾允许一家重要的私人电报公司参加当年的罗马会议,且他们可正式提出提案。自此,该组织就有了"混合性质"。[117] 自 1990 年代以来,随

---

[110] 'Convention concernant la création d'une Union internationale pour la protection des œuvres littéraires et artistiques suivie d'un article additionnel d'un protocole de clôture et d'un procès-verbal de signature'(签订于 1886 年 9 月 9 日)in F. Stoerk(ed)*MNRG*(Dieterich Goettingen 1887)series 2 vol 12,173 – 192。

[111] 'Convention concernant la création et l'entretien d'un bureau international des poids et mesures'(n 58)。

[112] 参见米制联盟的历史 M. Vec, *Recht und Norminierung in der Industriellen Revolution：Neue Strukturen der Normsetzung in Völkerrecht, staatlicher Gesetzgebung und gesellschaftlicher Selbstnormierung*(Vittorio Klostermann Frankfurt 2006)。

[113] C. W. Macara, *Internationaler Verband der Baumwollspinner-und Weber-Vereinigungen — Erste Anfänge und Entwicklung*(Taylor Garnett Evans Manchester 1911).

[114] 'Business Men Go Abroad', in *New York Times*(New York 6 June 1920).

[115] *Routledge History of International Organizations*(n 89)226.

[116] G. P. Speeckaert, ' Un siècle d'Expositions Universelles：Leur infl uence sur les Congrès internation aux'(1951)*Bulletin NGO ONG* 265 – 270.

[117] *Routledge History of International Organizations*(n 89)86.

着电信业的自由化和私有化浪潮,国际电信联盟在世界银行(World Bank)政策的影响下而再次回归"私有化"了。[118]

此处我们一同目睹了从民间跨国联合到政府间组织,然后再反向回归的演化进程。这种恰如国际组织的社会和经济活动者的活动之摆动以及随之产生的机构混杂之结果都彰显了"私"与"公"领域的模糊。

可能直到 1968 年,在联合国经济社会理事会与非政府组织的合作成型后,[119]政府间与非政府组织间那种泾渭分明的区别才在实践中消失。在对 19 世纪和 20 世纪初的国际组织所作的统计和编纂中,民间联合会亦赫然在列。[120] 这意味着政府间和非政府组织的归类实际上从未完全封闭。成员公私兼有并非新趋势,而是从国际组织诞生伊始便一直存在的现象。总结来说,即便前述公-私互动不构成正式意义上的"民主",但至少其揭示了社会对国际治理的一些投入。

(二) 国际联盟与民主

连"国际联盟的存在……都缘起于民间倡议",奥本海写道。[121] 在第一次世界大战期间,两位自由国际主义者约翰·霍布森(John Hobson)和伦纳德·伍尔夫(Leonard Woolf)已经描画出了一个国际和平组织的轮廓。在两位的著作中,民主和民主的立法成为头等大事。[122] 类似地,汇集一千名女性参加的 1915 年的"海牙妇女大会"通过了数项呼吁民主管控外交政策的决议。[123] 和平与民主的关联在美

---

[118] J. Støvring, '"The Washington Consensus" in Relation to the Telecommunication Sector in African Developing Countries' (2004) 21 *Telematics and Informatics* 11 – 24.

[119] ECOSOC Res 1296 (XLIV) of 23 May 1968.

[120] M. Wallace and D. Singer, 'International Organization in the Global System 1815 – 1964: A Quantitative Description' (1970) 24 *International Organization* 239 – 287 at 244.

[121] L. Oppenheim, *International Law: A Treatise* (H. Lauterpacht ed) (5th edn Longmans Green London 1937) vol 1 para 137, at 300. 1915 年,英国布莱斯子爵担任主席的一个组织所发表的"避免战争方案"就预见了某种创设国际联盟的前景。这场被冠之以"布莱斯委员会"的运动创建了"民族社会联盟",其宗旨是提出应缔结民族联盟的条约。美国类似的运动出现在 1915 年 6 月,当时美国前总统威廉·塔夫特任主席的"推进和平联盟"成立。

[122] J. A. Hobson, *Towards International Government* (Allen & Unwin London 1915) ch 12, at 198 – 212; L. S. Woolf, *International Government* (2nd edn Allen & Unwin London 1916) pt 2, ch 4, at 266 – 310.

[123] 大会第八项决议"外交政策的民主控制"指出:"盖因战争一般不由普罗大众发动,战争亦非其所愿;鉴于战争往往由特殊利益集团的代表挑起,故本届妇女国际大会敦促外交政策应置于民主控制的程序之下。同时,一项包含了男性与女性代表平等参与之理念的体制才被认为是民主的。"J. Addams, E. G. Balch and A. Hamilton, *Women at The Hague: The International Congress of Women and its Results* (University of Illinois Press Urbana 2003) appendix 3, at 74.

国总统威尔逊的对德宣战书中得到强调："整个世界必得因民主而和平。"[124]通过把"德国人民"与交战的德国政府相区分，威尔逊提出其"自治的民族"更喜好和平这一论点，他憧憬一个从今以后能保障和平的"民主国家间的伙伴关系"。同时，国际联盟也应为威尔逊所提"有组织的人类言论"发挥论坛作用。[125]

秉承威尔逊之理念，法国国际法名家乔治·塞勒（George Scelle）将国际联盟描述为一个自由和民主国家的邦联，其就像"自由人民联盟"。[126] 但是，恰恰是这种排他性使部分人对国际联盟心怀芥蒂。尤其是德国发现这个组织是由战胜国为己之利而不当设计出来的，其乃是"凡尔赛专制"的一部分。[127] 相比之下，同盟理事会和大会由政府代表而非人民代表组成之事实被其他观察者认为是不民主的。[128]

（三）"利害相关者"之参与

除民间倡议外，国际组织有资格构成参与式民主形式的下一个特征是利益相关者对其组织决策程序的参与。国际劳工组织的三方联盟治理（*Tripartisme*）在这里堪称适例[129]，它是国际性机构运作中最纯粹的"功能性"而非国家性代表的范例。当然，这种三方联盟具有深刻的政治含义。非国家性的事实并不能使其成为非政治性的组织。

尽管非政府组织和国联未建立正式的关系，但其真正的私下影响力在国际联盟中有运作空间。其代表在各委员会发言、发表报告和启动讨论，甚或提出决议和修正案。1932年，非政府组织被允许在全体大会层级的国联非战会议上向代表们致辞。[130] 由数家人道主义团体所发起的声势浩大的打击贩卖妇女儿童运

---

[124] 总统威尔逊的宣战书，国会咨文（1917年4月2日）；美国参议院记录；46小组记录；国家档案馆（参阅〈http://www.ourdocuments.gov/doc.php? doc＝61〉，访问于2011年11月15日）。

[125] "1918年7月4日，总统威尔逊在维农山的演讲中提出的四个要点"，载于 R. S. Baker (ed) *Woodrow Wilson and World Settlement* (Doubleday, Page & Company New York 1922) vol 3, 45–46 at 46。

[126] G. Scelle, *Précis de droit des gens*：*Principes et systématique* (Sirey Paris 1932) at 247 and 249. 塞勒通过论证联盟只应对能自由管理自己的政治团体开放来证明联盟成员圈子的封闭性是正当的。"民主……以及人民自由处分的权利……是这个理念的基石"，第247页（本章作者译为英文）。

[127] B. W. von Bülow, *Der Versailler Völkerbund*：*eine vorläufige Bilanz* (Kohlhammer Berlin 1923)。

[128] *International Law*：*A Treatise* (n 121) para 167r, at 339.

[129] 参见 arts 3 and 7 ILO Constitution (n 3)。

[130] K. Hüfner, 'Non-Governmental Organizations' in R. Wolfrum (ed) *United Nations*：*Law, Policies and Practice* (Beck München 1995) vol 2, para 6, 927–935 at 928.

动最终使国际联盟在 1922 年成立了妇女儿童问题咨询委员会。该委员会的工作随后受到那些协会的密切关注,他们持续提供相关知识和情报。[131]

但是,在互动了数年后,国际联盟和非政府组织的关系却恶化了。在台面上,国联机关对公约第 24 条作狭义解释,即哪些可置于"在国际联盟指导下由一般性条约缔约方所设的国际局"之下,[132]从而将非政府组织排除在该条范围之外。这使得国际联盟得以逐渐限制非政府组织的参与及特权。

(四) 国际组织中的国家平等、一致通过和多数决规则

另一个在国际组织的工作中彰显民主特征的似乎就是"一国一票"的投票规则。[133] (但是,请注意《国际联盟盟约》授予了理事会常任成员国以特殊地位。[134]当代将此视为"欧洲联手坐庄"之反映。[135])可这至多算是一种国家间的民主。一旦民主治理的出发点应是个体的人这个论点被接受,则国家投票权平等就有了不同的况味。这项机制严重歪曲了个体。甚至毋宁说国际组织的平等投票权是反民主的。

早在公元 1945 年以前,"一致通过"作为第二项投票规则就已经被认为是主权平等的反映[136]——(该原则仅见于后来的《联合国宪章》第 2(1)条的规定。"一致通过"是早期国际组织投票程序的主要规则[137],其见于规范国联大会和理事会决策的《国际联盟盟约》第 5 条。要求一致通过被视为不言自明,尤其对政治性实体来说。1925 年,国际常设法院(PCIJ)的裁决主张:"第 5 条声明了一项一般性原则……或被视为对如国际联盟理事会这类机构来说是天经地义的运作规则。"[138]

---

[131] 参见 D. Gorman, 'Empire, Internationalism, and the Campaign against the Traffic in Women and Children in the 1920s' (2008)19 *Twentieth Century British History* 186–216。

[132] *Commentaire du Pacte de la Société des Nations* (n 73) art 24, at 670.

[133] For the Rhine Commission art 94 of the Convention of Mayence (1831) (n 27); art 18 UPU Convention(1874) (n 54); art 16 Telegraph Convention (n 94); art 7 Sugar Convention (n 60).

[134] 理事会(根据公约第 4 条)有 4 个(之后是 5 个)常任理事国:法国、意大利、日本和英国。美国未能取得该资格。1926 年至 1933 年,德国是常任理事国,而 1934 年至 1939 年,苏联成为常任理事国。

[135] *International Law:A Treatise* (n 121) vol 1, at 316.

[136] 同上,vol 1 para 116a, at 226。

[137] 参见 P. S. Reinsch, *Public International Unions:Their Work and Organization:A Study in International Administrative Law* (Athenaeum Boston 1911) at 152; W. Koo, *Voting Procedures in International Political Organizations* (Columbia University Press New York 1947) at 8.

[138] PCIJ, *Article 3, Paragraph 2, of the Treaty of Lausanne* (土耳其与伊拉克国界)(咨询而非意见) PCIJ Rep Series B No 12 at 30。

按此逻辑,投票一致通过或国际组织所作决策须成员国事后明示同意成为所有对成员有高度政治影响或对其施加新义务之决策都绕不开的规则。[139] 在多数情况下,无须国家事后同意的多数决决定[140]仅限于具有内部影响的情形。[141] 尽管在实践中,多数决投票规则并非那么重要,但一直以来,它对国际法理论都极具象征性和重要作用。仅仅是让一个国家受制于它未明示同意的规则之可能性就会产生有关国家主权和相应国际组织权力的问题。一个较早且常被讨论的范例就是 1902 年建立的国际糖业联合会。[142] 其公约第 7 条建立了一个常设委员会,该委员会通过多数决投票可作出对其成员有直接影响的决定。在第 10 条中,该委员会在接纳新成员国的程序方面被赋权,以发挥决定性作用。故国际糖业联合会发展出一种"名副其实的国际权力"[143],这可看作是成员国"大幅放弃主权"。[144]

严守一致通过原则往往是行不通的。因此,国际联盟诸机关逐渐摸索能规避对其公约第 5 条作严格字面解释的方式。例如,理事会和大会都同意保留"弃权被忽略"的原则,把作出保留国视作不在场。[145]

不少民主论者高举一致通过原则。一致通过原则保障了合法性从上游向下游的传导,盖因国际组织的决策最终还是要落实到单个成员国的人民意志之上。尤其是对可能关涉到国家重要利益的决定,国家坚决主张须一致通过。[146]

(五) 国际组织自主性与民主赤字

国际组织不断提升的自主性同民主理念之间产生了紧张关系。早期行政性联

---

[139] 关于莱茵河委员会,参见 art 20 of the Convention of Mayence 1831 (n 27) and later art 46 of the Act of Mannheim (1868) (n 27);关于万国邮政联盟,参见 art 20 UPU Convention (n 54)。

[140] 关于莱茵河委员会,参见 art 94 of the Convention of Mayence 1831 (n 27);关于国际电信联盟,参见 art 16(1875) (n 94)。

[141] 例如,多数决投票预见到了《米制联盟规章》(1875 年)(n 94)第 16 条中的"国际委员会";然而,该委员会根本没有立法的职能。

[142] Sugar Convention (n 60).

[143] N. Politis, 'L'organisation de l'union internationale des sucres' (1904) 2 *Revue de Science et de Législation Financiè*res 1 – 27, at 1(本章作者译为英文)。

[144] D. W. Bowett, *The Law of International Institutions* (Stevens and Sons London 1963) at 8.

[145] *Commentaire du Pacte de la Société des Nations* (n 73) art 5, at 228.

[146] 这被规定在历史上有名的于 1966 年 1 月 29 日达成的所谓"卢森堡妥协"中,其把"成员国一致通过"奉为圭臬,一度终结了当时欧共体"空椅"的体制危机。"妥协"确认,欧共体理事会投票虽按多数决,但涉及国家重大利益时仍应遵循一致通过原则。法国甚至提出,在任何情况下,若"无法达成一致意见,则讨论不应中断"。W. Nicoll, 'The Luxembourg Compromise' (1984) 23 *Journal of Common Market Studies* 35 – 43.

盟所设立的那些局仍是作为国内行政管理的组成部分。东道国拥有规制国际办公室的行政和程序之权力。一个例子是国际铁路货运联盟,1890 年的《铁路货运公约》第 57 条预见到要设立集中管理的办公室。[147] 后续规章授权瑞士联邦理事会负责该办公室的筹建。[148] 最终,该办公室在 1892 年由瑞士联邦理事会颁令建立。[149] 瑞士联邦理事会甚至被赋权以规范在 1890 年的《铁路货运公约》第 57(3) 条中可预见到的仲裁程序。[150] 这类条款显示,联盟的秘书处或局办最早完全依赖于东道国政府,而后者又反过来须对本国议会负责。

最初的自主性缺失因行政性联盟和河流委员会工作人员在事实上从未享有豁免而被进一步加剧。向这些机构或人员授予"中立"[151]或"不可侵犯性"[152]的条款就成为了豁免的前身。国际组织及其职员的豁免在历史上的演化就是从外国外交官的豁免延伸为国际组织成员国代表之豁免,再扩展到组织及其官员本身的豁免。[153] 对外交官之比附仍见诸《国际联盟盟约》的措辞之中,其授予"国联官员因其职责所系之外交特权和豁免"[154]。逐渐地,"对国际组织的豁免及其国际性功能乃是一个新鲜议题,并迥异于外交豁免"这种见解拥有了坚实基础。[155]

总体上,对于那些拥有真正国际性功能且不对任何民族国家负责的,且其成员

193

---

[147] 'Convention internationale sur le transport de marchandises par chemins de fer du 14 Octobre 1890' in F. Stoerk (ed) *MNRG* (Dieterich Goettingen 1894) series 2 vol 19, 289 – 366.

[148] 'Règlement relatif à l'institution d'un Office central' in F. Stoerk (ed) *MNRG* (Dieterich Goettingen 1894) series 2 vol 19, 327 – 330.

[149] 行政命令被重印于 G. Eger, *Die Einführung eines internationalen Eisenbahnfrachtrechts* (Kern Breslau 1877) at 765。

[150] 'Verordnung des Bundesrates betreffend das schiedsrichterliche Verfahren in den vor das Centralamt für den internationalen Transport gebrachten Streitfällen vom 29 November 1892' in *Schweizerisches Bundesblatt* (1892) 554 – 555.

[151] 保障莱茵河委员会工作人员的"中立性"地位,参见 1804 年《法德条约》('Octroi du Rhin' 'Convention relative à l'octroi de la navigation du Rhin')的第 131 条(签订于 1804 年 8 月 15 日)。参见 M. de Clercq (ed) *Recueil des traités de la France* (Amyot Paris 1864) vol 2, 91 – 115;此后,"中立性"地位被保证于 art 108 of the 1831 Mayence Convention (n 27)。

[152] art 18 of the 'Acte Générale de la Conférence de Berlin' of 26 February 1885 in J. Hopf (ed) *MNRG* (Dieterich Goettingen 1885 – 1886) series 2 vol 10, 414 – 427 at 422. 显然不是巧合的是,因预见国际组织很可能会在欧洲以外开展工作,这类实体往往被赋予不可被侵犯的特权。但是,这个刚果委员会从未真正运转。

[153] J. Kunz, 'Privileges and Immunitites of International Organizations' (1947) 41 *American Journal of International Law* 828 – 862.

[154] art 7 of the Covenant (n 57).

[155] 'Privileges and Immunitites of International Organizations' (n 153) 841.

国代表有时可通过多数决被否决之自主性国际组织的治理活动，就其与成员国（潜在民主）的联系上来说，可能还很难算是民主的，盖因这种联系过于松散甚至是被割裂的。在应然层面上，国际组织应是"民主的"或至少是能以某种方式被问责的，故新型民主程序有待开发。

六、结论：技术性与民主的堆叠

（一）作为国际组织合法性源泉的技术性

在19世纪向20世纪过渡之际，对国际组织成员资格与国家主权间的相容性亦曾像今日一样，是一个被栩栩如生地加以讨论的主题。主权主义者警告主权让渡不应走得太远。1896年，路易斯·雷诺（Louis Renault）要求在监督将国家合纵连横起来的国际公约（他们亦构成行政性联盟之基石）方面，国家得留一手。国家不应将之留给"一个在相关方面能在国家之上发号施令的权威，这乃是主权的退位"[156]。雷诺进一步说，对这些合联盟心意的政府性监督其实一直以来都获得了既有的国际局的尊重。盖因他们"自身并不拥有相应的权威"[157]。

更具国际主义思想的法律人——像厄恩斯特·乌尔曼（Ernst Ullmann）——则呼吁延伸国际合作（包括但不限于行政性联盟）。乌尔曼认为不"损及主权"，这能行得通。[158]

现在的要点是两大阵营都认为行政性联盟——甚至是后来的国际联盟——之"技术性特征"乃是成员国主权的拯救者。这个"技术性"被当作是安抚批评者的惯用方法。若国际组织的自主性仅与技术性议题相关，则成员国"真正"的主权其实须予以保留。

这个旧议题的现代观点是单纯的"功能性"或"技术性"国际合作不影响大众主

---

[156] 'Les unions internationales'（n 34）25（本章作者译为英文）。

[157] 同上。

[158] *Völkerrecht*（n 39）para 104, at 253：'Die Gemeinschaft dieser Staaten würde nur unvollständig ihre historische Mission erfüllen, wenn die Einzelstaaten einem nüchternen Formalismus folgend ihre verwaltende Thätigkeit auf die formellen Konsequenzen der Einzelsouveränetät beschränken wollten. Wirsehen vielmehr in unserer Zeit, wie ohne Schädigung der Einzelsouveränetät die Kräfte der civilisirten Staaten in ihren kollektiven Leistungen sich auf so vielen Gebieten ruhmreich entfalten.'

权,换言之,即民主。一家纯粹的"技术性"组织不需要民主基础,盖因让人民来裁断的那些事既不重要,又很困难。联盟(以及今日组织)的捍卫者在过去和现在都一直主张:"这仅是技术层面的!"组织可能享有的任何自主性只限于这些"技术性",是故民主论者毋须担心因权力让渡给组织而损失民主自决。

(二)作为国际组织效率因素的技术性

在当代政治学中,"功能主义"同时被用来解释整合现象[159]以及作为整合项目成功之秘诀。类似地,国际组织的技术性在 19 世纪不仅被视作其合法性的源泉,亦是其效率——同样重要——的要素之一。1896 年,路易斯·雷诺(Louis Renault)警告道,国际性联盟仅应建立在那些能预期国家有意愿和实力去遵守条约的(技术性)领域。[160] 奥特弗雷德·尼坡德(Otfried Nippold)在 1924 年就国际法历史的海牙演讲中令人信服地提出,通过行政性联盟开展的国家间合作的制度化构成"国际法发展史上想象不到的大进步",而这完全迥异于促成 19 世纪的国际法的那些"政治原则"。[161]

(三)技术专家治国的政治

源自技术创新、工业化和科学发展的爆炸性效应,以及 19 世纪以来社会生活复杂性的同步提升,为维续国家运转和履行公共职责,政府日益感到依赖"技术"专家的必要性。在解读专家型政府的概念中,这或许可被称为是"技术专家治国"之发端。

国家和新成立的国际性公共联盟都依赖在 19 世纪最后几十年涌现出的新兴学科,其领域范围从社会学到统计学和工程学,是故专家被整合进政治机器亦属自然。

技术精英政治在总部位于瑞士的两家行政性联盟之总干事系顶尖政治家,而非邮政或电报事务专家这一事实中是显而易见的。[162] 例如,国际电报联盟总干事(从 1897 年至 1921 年)是前瑞士联邦理事(联合政府内阁成员)埃米尔·弗雷(Emil Frey)。

---

[159] K. W. Abbott and D. Snidal, 'Why States Act Through Formal International Organizations' (1988)42 *Journal of Conflict Resolution* 3 - 32. 关于功能主义者与政府间主义者对导致国际联盟成立过程的解释,参见 M. D. Dubin, 'Transgovernmental Processes in the League of Nations' (1983)37 *International Organization* 469 - 493。

[160] 'Les unions internationales' (n 34)22.

[161] O. Nippold, 'Le Développement Historique du Droit International depuis le Congrès de Vienne' (1924 - I) 2 *Recueil des Cours de l'Académie de la Haye* 5 - 124 at 77(本章作者译为英文)。

[162] *Internationale Organisationen seit 1865* (n 6)47.

技术精英政治亦体现在国际联盟在其经济和金融组织中的人事安排上，如具有实权的经济委员会和金融委员会。这类机构有权直接向国联大会和理事会提出建议。委员会由专家组成，他们大多是各国财政部的高阶官员、央行行长和诸如贸易货币领域内的专家。[163] 国际联盟的技术性机构对联盟非会员国保持开放，是故"缓和了该组织显而易见的欧洲中心主义"。[164] 总体上，对专家的依赖以各种方式成为政治的一部分。

（四）从技术到政治合作的演化？

最终要直面的问题是，技术到政治的演化是否一直在进行，以及这条路是否行得通？显然，"技术性"的行政联盟在某些层面上来说是国际联盟的清道夫（多"政治"层面）。对于《国际联盟盟约》第 23 条所列经济和政治事务，除关于原住民的待遇外，其余都出现在了 19 世纪的这些行政联盟的议事日程上。

但是，更深层次的这种演化的确发生了吗？从经济和技术合作到政治合作的演进是否同时伴随着个人地位从全球化的商人阶层向全球性公民之演化？1873年，弗朗茨·冯·霍尔岑多夫（Franz Von Holtzendorff）觉察到了这种"进步"。霍尔岑多夫断言道，"现代世界贸易最重要的多数需求"将被满足的"一个新时代"即将到来。"但是，由此……国际法的任务，即捍卫人类文化和个人人权的最高和最优之发展，正步入完成阶段。"霍尔岑多夫通过对两股平行推进的趋势之确认，发现了国际法的重要性，即接受"作为普世公民的人的基本理念和作为能独立展开文化工作的人群所形成的民族国家"[165]。霍尔岑多夫主张，尽管多数国家中的民主政府缺位，但全球经济和金融间的依赖对在国家间构造出一个不容小觑的社区（*Gütergemeinschaft*）创设出"一个新的普世性因素"。[166] 这是技术和经济合作与

---

[163] P. Clavin and J. W. Wessel, 'Transnationalism and the League of Nations: Understanding the Work of its Economic and Financial Organisation' (2005) 14 *Contemporary European History* 465 – 492 at 473.

[164] 'Back to the League of Nations' (n 102) 1110.

[165] F. von Holtzendorff, 'Das europäische Völkerrecht' in F von Holtzendorff (ed) *Encyclopädie der Rechtswissenschaft* (Duncker & Humblot Leipzig 1870) 747 – 823 at 762（本章作者译为英文）。

[166] 同上，第 760 页，'*Obschon politisch niedergehalten*, enfalten während eines langen Friedens die Völker ihre wirthschaftlichen Kräfte im Zusammenhang mit einer unermesslichen Entwickelung der Verkehrsmittel, durch welche die räumlichen Entfernungen auf ein mindestes Zeitmass verkürzt, die *handelspolitischen Interessen der Nationen unlösbar mit einander verknüpft werden*.... In den kostspieligen Eisenbahnlinien der Continentalstaaten, in den industriellen Anlagen （转下页）

整合效应外溢至政治合作与整合理念的最佳阐述,只是还要等到五十年之后,通过政治科学理论的阐述[167]和欧盟语境下提供的例子才能使之得到某种程度的事实确证。

解释或预测这类溢出效应的另一种方式是基于两个原因而提出的技术让战争无法发动的表述。第一,技术合作是理性且无涉激情的,因此其不会被利用来挑拨起以仇恨和厮杀收尾的那种狂热与偏执;第二,技术合作让人民携手且彼此熟悉,因而技术合作能带来社交效应。技术合作的这两个层面合力促成了国家间的和平。诚如时任美国驻华公使的芮恩施(Paul Reinsch)在1911年所写:"在这类情况下,战争被视为反人类和犯罪。在扼杀那些与我们相互合作从而让世界变得更美好的人这件事上,没有任何冠冕堂皇的理由可资援引。"[168]

西蒙·鲍德温(Simeon Baldwin)于1907年亦预见到了通过诉诸行政性联盟开 展"技术合作"所崛起的普世主义。鲍德温力陈万国邮政联盟的重要性:

> 它关系到每个人的日常生活……盖因每一个从纽约寄信到东京者都能享受到快速邮递以及低廉至五美分的邮费,他们之所以有此权益,实因归功于一份国际性协议,并且他们能对作为一名世界公民有切身感受。[169]

鲍德温预判国际组织会成功的一项关键因素是民众的接受,即现在所谓的社会合法性。

(接上页)der minder reichen Länder,in den Staatsanleihen verknüpfen sich die Capitalinteressen der europäischen Geldmäkler,die Speculation der Börse. Auf diesen Grundlagen erwächst ein *neuer kosmopolitischer Factor* der materiellen Gütergemeinschaft unter den Völkern,durch welchen die Oekonomie der Nationen sich langsam zu einer Weltwirthschaft umgestaltet'.

[167] D. Mitrany,*The Progress of International Government* (Allen & Unwin London 1933);D. Mitrany,*A Working Peace System* (Royal Institute of International Affairs London 1943);E. B. Haas,*Beyond the Nation State:Functionalism and International Organization* (Stanford University Press Stanford 1964).溢出理论由米特拉尼加以发展,但该术语最早是由哈斯提出的(同上,第111页)。

[168] *Public International Unions* (n 137)7.

[169] S. E. Baldwin,'The International Congresses and Conferences of the Last Century as Forces Working Toward the Solidarity of the World' (1907)2 *American Journal of International Law* 565 - 578 at 567 - 568.

但是,鲍德温未料到国际组织的命运可谓"成也萧何,败也萧何"。今天纽约的男男女女将寄信至东京视为理所当然,却浑然未觉他们这项权益的取得靠的是某家国际组织。就像欧洲孩子从德国至法国旅行,他们毋需兑换外币也无需办理一本护照,他们浑然未觉之所以有这种可能性靠的是欧洲联盟。

这或许正是国际组织的存在及其运转时至今日仍充满不确定性的理由之一。他们同样不得不与时俱进。

推荐阅读

Bowett, Derek W. *The Law of International Institutions* (Stevens & Sons London 1963).

Charnovitz, Steve 'Two Centuries of Participation: NGOs and International Governance' (1997) 18 *Michigan Journal of International Law* 183‒286.

Claude, Inis L. *Swords Into Plowshares: The Problems and Progress of International Organization* (University Press London 1965).

Herren, Madeleine *Internationale Organisationen seit 1865: Eine Globalgeschichte der internationalen Ordnung* (Wissenschaftliche Buchgesellschaft Darmstadt 2009).

Hobson, John A. *Towards International Government* (Allen & Unwin London 1915).

Lyons, Francis S. L. *Internationalism in Europe 1815‒1914* (Sijthoff Leiden 1963).

Murphy, Craig N. *International Organization and Industrial Change: Global Governance since 1850* (Polity Press Cambridge 1994).

Reinalda, Bob *The Routledge History of International Organizations from 1815 to the Present Day* (Routledge London 2009).

Reinsch, Paul S. *Public International Unions: Their Work and Organization, a Study in International Administrative Law* (Athenaeum Press Boston 1911).

第八章　和平运动、市民社会和国际法发展

西西莉亚·林奇（Cecelia Lynch）

一、引言

在整个 19 世纪和 20 世纪初,和平运动对国际法发展的影响举足轻重,特别是 198
在推进对地位平等之规范和倡导建立国际组织及使其合法化方面。本章主要讨论
开始于 19 世纪初并在 1945 年联合国成立时达到高潮这段时间内,和平运动和其
他市民社会行动者对国际法发展的影响。此间,包括和平运动在内的市民社会行
动者,在影响国际法律规范、机构建制以及涉及仲裁、人道主义和武力控制的条约
协商等方面已取得相当大的成就。和平运动的建制派与国际法的发展和编纂运动 199
相关联,后者在 19 世纪,特别是在欧美国家,已得到巨大的发展和强化。更多草根
和激进的和平运动团体,把和平同反帝国主义和废奴联系起来。这两股运动趋势
的成员都拓展到不仅限于人数日益增长的法律专家,而且还包含了多种多样的市
民社会团体、宗教和世俗组织,其在第一次世界大战之前、之时和之后都获得了惊
人的增长。

虽然本章的焦点在本质上是关于"西方的",且尤其是来自"地球北部"的英美
国家和平活动者,但也尽可能涵盖了世界其他区域的行动主体,包括亚洲、拉丁美
洲和非洲。直至第二次世界大战后,亚非多数国家仍受西方殖民,但这段时间也有
像印度圣雄甘地这样的和平主义者影响了全世界其他团体和个人。因为多数拉丁
美洲国家和许多加勒比国家在 19 世纪(海地革命后)摆脱了殖民主义,这些国家的

代表经常同来自世界其他地方的和平运动人士合作，致力于将裁军和仲裁措施纳入到包括国际联盟在内的国际组织之议事日程中去。非洲活动家和知识分子亦提出民主和独立的普世性准则，他们同人权法的发展和去殖民化的正当性彼此交织。最后，20世纪初在日本出现的和平运动，通过跨国和平网络而与西方国家的活动人士相连接。

是故这类市民社会行动者同国际法之间的交集互动之故事成为完成数项彼此交织、有时却相矛盾的目标的努力之一，即驯服主权国家和降低其发动战争的能力、外交政策民主化、拓展自由贸易，但这同时也挑战着大国的帝国主义。康德式普世主义者、辉格式进步主义者、马克思批判主义者和宗教政治，他们相互汲取理论养分，但有时亦会彼此冲撞，正如下文的陈述所论证的。

这些行动者促进的法律规范的内容包括限制国家发动战争的权利，以及要求国家在使用武力前努力以和平方式解决冲突。逐渐地，这些准则见诸下述条约和协议中：《海牙公约》(1899年和1907年)、《国际联盟盟约》(1919年)、《巴黎非战公约》(1928年，亦称《凯洛格-白里安公约》)，[1]以及《联合国宪章》(1945年)。由和平运动推进的其他规范包括普遍主义的构成原则(所有政治活动者应参与和平、安全与国际生活改善之决策)，以及平等地位的构成原则(他们应以平等为基础行事，都应当被授予权利且受到义务约束)，他们为国际联盟和联合国等20世纪的普遍性国际组织奠定了基础。然而，尽管所有这些团体都在促进地位平等，但在是否倡导在19世纪立即或渐进废奴以及在20世纪去殖民化上，他们确有不同。结果是，关于如何实现和平的理念会与独立或自由的要求相冲突，从而凸显出平等地位问题的不同维度。最终，作为这些早期运动的一部分，这段时期的市民社会行动者在这些规范的明确上发挥了先锋作用，而这些规范为国际人权和人道法在公元1945年后的发展奠定了基础。

二、市民社会行动者与国际法的哲学基础

尽管市民社会诸行动者之间有伦理和定位的差异，但相似的是他们都试图通

---

〔1〕Kellogg-Briand Pact (达成于1928年8月27日，于1929年7月24日正式生效)94 LNTS 57。

过新的国际法律规范、条约和法则以实现特定的道德善；只不过对他们中的一些而言这是部分目标，对其他而言则是全部目标。这种对国际法的运用，无论好坏，都区别于仅将之用来实现国家间的"实践结盟"；例如，没有一个首要的共同目标之假设去指导行动。[2] 当然，可能会有人主张这样的实用结盟总是被嵌入那些无法逃避道德内涵的目的性规范。依此，这套道德法则的内容就变得极其重要。这些行动者通过提供理由来为伦理辩论创造空间，从而使特定类型的行动合法化，而使其他类型的行动去合法化。[3] 这些理由在和平运动和其他市民社会团体内部，以及这些团体和政府官员之间竞争。此间创设的新法律程序和机构揭示了现代国际法的建制性特征，即社会代理人与国家代表一同在其制定、合法化和实施中所发挥的作用。

伊曼努尔·康德的学说常被援引来描述市民社会同国际法的关系，特别是关于普世性道德之发展如何促进和平的法律规范。康德对共和制下和平的制度化及其与"永久和平"的关系之理解，有赖于政治和道德行动齐头并进。康德的理论源流既有人性本恶这个老传统，又有坚信人类理性能超越道德和政治错误以推动人类进步启蒙思想时期的著作，康德目睹了共和政体（允许参与和在国内层面运用理性）的诞生导致了国家间国际法的制定，并以此巩固全世界层面的和平。通过受启蒙的民族对伦理理性的运用，共和政体和国际法都将成为可能；这些民族将在一个和平区域彼此联系，而这一区域将会逐渐扩大受益范围，并最终及于整个世界。[4] 这类康德式的"普世主义"经常被视为市民社会在 20 世纪初创建国际联盟之尝试

---

〔2〕T. Nardin, Law, *Morality, and the Relations of States* (Princeton University Press Princeton 1983).

〔3〕F. Kratochwil, *Rules, Norms, and Decisions: On the Conditions of Practical and Legal Reasoning in Domestic Politics and International Affairs* (CUP Cambridge 1989); C. Lynch, *Beyond Appeasement: Interpreting Interwar Peace Movements in World Politics* (Cornell University Press Ithaca 1999).

〔4〕康德的经典政治论文集收录于 L. White Beck (ed.) *Kant on History* (L. White Beck, R. E. Anchor, and E. L. Fackenheim trans.) (Macmillan New York 1963)；其他资料包括：I. Kant, *The Metaphysics of Morals* (M. Gregor intr. and trans.) (CUP New York 1991)以及 I. Kant, *The Moral Law: Groundwork of the Metaphysics of Morals* (H. J. Paton intr. and trans.) (Routledge London 1991)。迈克尔·多伊尔(Michael Doyle)是康德关于国际关系的政治著述的主要拥护者，开始于 M. Doyle, 'Kant, Liberal Legacies, and Foreign Affairs, Part I' (1983) 12 *Philosophy and Public Affairs* 205 – 235; 'Kant, Liberal Legacies, and Foreign Affairs, （转下页）

的基础。[5] 康德式普世主义所遭遇的主要批判是其建基于义务论伦理基础，即其反对后果论主义者所主张的"行善"和促进原则性国际法。义务论伦理学构成康德道德理性的基础，他称之为"定然律令"，其既主张人必须按普遍化的原则行事，又主张拥有理性力量的人类自身必须被尊为"立法者"。因此，按普世主义学说，尊重他者并按正被普遍化的诸法则行事，能为人类间的和平关系打下基础。

20 世纪早期，爱德华·卡尔（Edward H. Carr）是这种普世主义的主要批判者，其主张这种理论促进了一种虚假的利益和谐，这种和谐以自由派的假设为基础，即对部分人好的东西对所有人也是好的。特别地，卡尔批评鼓吹国际联盟和国际法的市民社会团体正成为不切实际的"乌托邦"。[6] 但是，对康德式普世主义更深入的批评来自 20 世纪 40 年代的西非思想家，他们把对人文主义和民主的推动，与对各种族的个人之间以及殖民国家和殖民地之间平等地位的不懈坚持相结合。[7]

在接下来的叙事中，本章作者将阐述构成 19 世纪和 20 世纪初支持国际法律规范和机构的市民社会运动之思潮和行动的复杂性。本章作者认为，在这些时段中被推进的规范内容产生于一些建制性过程，这些过程中的诸运动及其活动者面对着重大的道德张力和矛盾。这一叙事关注的不仅是这些行动者的道德主体性，亦有国家（政府官员）和历史趋势（物质和理念）塑造其团体身份、目标定位及其成败的建制性过程。[8]

（接上页）Part 2'（1983）12 *Philosophy and Public Affairs* 323 - 353。本章作者对康德和民主和平论的解读，见 C. Lynch, 'Kant, the Republican Peace, and Moral Guidance in International Law' (1994)8 *Ethics & International Affairs* 39 - 58。

[5] 为更广泛地理解康德的国际法伦理观，可参见本书中由波琳·克莱因盖尔德(Pauline kleingeld)撰写的第五十四章"伊曼努尔·康德(Immanuel kant, 1724—1804 年)"。

[6] E. H. Carr, *The Twenty Years' Crisis 1919 -1939：An Introduction to the Study of International Relations* (2nd edn Harper & Row New York 1964)；*Beyond Appeasement* (n 3)。

[7] S. N. Grovogui, *Beyond Eurocentrism and Anarchy* (Palgrave New York 2006)；Comité de coordination du RDQ, *Au service de l'Afrique noire. Le Rassemblement démocratique africain dans la lutte anti impérialiste* (Les Impressions rapides Comité de coordination Paris 1949)；Albert M'Paka, *Félix Eboué：1884 - 1944. Gouverneur général de l'Afrique équatoriale française. Premier résistant de l'Empire* (L'Harmattan Paris 2008)。

[8] A. Klotz and C. Lynch, *Strategies for Research in Constructivist International Relations* (ME Sharpe Armonk NY 2007)。

本章作者的结论是,对于那些促进国际法律规范和机构的非国家行动者,"既不能轻率地将其列入理想型的康德式道德典范,从而披上义务论的紧身衣",也不能冠之以自由和谐的乌托邦之名。[9] 相反地,这些行动者在争取以法律缔造和平的规范和机制的奋斗中构成了重要部分;这场奋斗亦包含和反映了矛盾的潮流以及与各个国家的讨价还价。

三、19世纪的和平运动和国际法[10]

从19世纪到1945年,和平行动主义从起初的英美不服从者的清教徒主义,发展至20世纪30年代和20世纪40年代分化为工人阶级对抗自由贸易行动主义的更广泛人群,再到克里米亚战争和美国内战中非宗派人道主义发轫,到19世纪末20世纪初的以法律(历次海牙和平会议)、社会正义(通过进步主义)和社会主义(通过工会运动)推动和平的新助力,到从国际联盟至联合国的普遍性国际组织、仲裁和裁军运动。与前述建制性框架一致,非常重要的一点是强调和平运动发生的源起和发展,同变化着的国内和国际性事件和潮流相关联。和平运动受到每个时段的社会发展及其与其他类型的国内事务和运动的互动影响;其目标和内容经常被战争和国际经济竞争改变,并为制度化国际合作的初期尝试所激励。反过来,所有这些又影响了和平运动塑造国际法和组织之努力的内容。和平运动的社会构成在整个19世纪得到拓展,其内容从发端于英美的新教徒不服从主义到逐渐包含世俗、激进和国际主义者等元素。同时,对国内和国际安全的关切亦影响了英美两国的运动,影响他们在推进维持和平之特定类型规范标准和制度化体制方面的发展、衰落、能力和意愿。自19世纪末以降,特别是在一战和二战的战间期,市民社会行动者还同政府官员交涉(诉诸示威和讨价还价)以试图推动法律规范和机构的发展。

203

---

[9] C. Lynch, 'Debating Moral Agency and International Law in an NGO World' in O. Kessler et al (eds.) *On Rules*, *Politics and Knowledge*: *Friedrich Kratochwil*, *International Relations*, *and Domestic Affairs* (Palgrave New York 2010)145 – 157.

[10] 第三节和第四节中关于美国和英国和平活动的讨论大部分是摘自或修改自 C. Lynch, 'Political Activism and the Social Origins of International Legal Norms' in C. Lynch and M. Loriaux (eds.) *Law and Moral Action in World Politics* (University of Minnesota Press 2000)140 – 174。衷心感谢明尼苏达大学出版社允许重印有关部分。

跨国和平运动的中心在英国和美国,其延伸响应地区有欧洲其他国家(德、法、俄、瑞士),日本及其他亚洲国家,拉美、非洲和中东部分国家。关于世界上其他"非西方"区域的跨国和平互动,还需着墨更多。虽然非党派组织是英美的典型,但法国曾一度产生过和平组织与政党的和平同盟。俄罗斯和平行动主义的最佳代表是大文豪托尔斯泰,他影响了甘地和欧美许多活动家。[11] 妇女行动主义在西方、日本和废奴主义者之间产生了跨国的和平联系。后来,要求去殖民化的泛非团体加入了和平组织,并把加勒比、美国和非洲大陆的活动人士凝聚在一起。

(一) 19 世纪上半叶的和平运动之基础和发展

1815 年 8 月至 12 月,三个和平协会分别在美国的纽约、马萨诸塞州和俄亥俄州成立。此三者都在 1827 年并入威廉·拉德(William Ladd)领导下的美国和平协会。1816 年 6 月,威廉·艾伦(William Allen)在英国创立了伦敦和平协会。这些协会在重大跨国性事件的善后工作中被组织起来:美国革命和 1812 年对英战争,法国大革命和拿破仑挑起的欧洲称霸企图,以及海地革命和奴隶、前奴隶、白人同情者的反奴行动主义之崛起。

但是,这些第一批的和平协会主要代表了新教基督徒涉足政界的尝试。虽然技术上是非宗教,但他们包含了传统基督教和平主义者,主要是贵格会教徒,是故其在支持和平方面运用了基督教的主张。在历史上,这些和平协会之所以重要是因为他们将反战情感带入公共辩论。按皮特·布洛克(Peter Brock)的观点,以和平协会(而非拒绝参与政治)为形式的这种新的基督教行动主义对 19 世纪不服从国教者和其他新教教会而言,是一个新阶段。[12] 这些协会最终了解到彼此的存在。知晓此事后,他们先是"讶异和惊喜",此后开始相互接触。[13]

英美和平社团在 1814 年至 1816 年的努力,代表着一种有组织但非制度化的反战情绪表达,而这要到 1830 年才见于欧洲大陆。[14] 19 世纪初期运动的主要辩

---

[11] L. Tolstoy, 'A Letter to a Hindu' in L. Tolstoy, *Recollections & Essays* (Aylmer Maude intr. and trans.) (OUP London 1937)433-439.

[12] P. Brock, *Pacifism in Europe to 1914* (Princeton University Press Princeton 1968) at 345 and 383; A. C. F. Beales, *A History of Peace* (Dial Press New York 1931) at 45.

[13] S. N. Cooper, *Internationalism in Nineteenth Century Europe: The Crisis of Ideas and Purpose* (Garland New York 1976) at 21; *A History of Peace* (n 12)45.

[14] *Internationalism in Nineteenth Century Europe* (n 13)16-19.

题,包括反对一切战争是否系基督教伦理所要求。这种辩论开启了某种根本性分歧,并且此后将笼罩英美所有的和平运动。和平主义者之反战,在形式上表现为反对一切杀戮的伦理观;而不少反战者在更有选择性的基础上——后来被称为和平主义者,并且有些人成为国际主义者——促进了一种对国际进步和改革的辉格式功能主义信念。[15]

伦敦和平团体的着力点在于传播和平理念至欧洲大陆,而美国协会则专注于在家门口传道并向宗教会众普及福音小册子。尽管这些运动倾向于不以政治机构为目标乃是事实,但他们确实开始讨论和辩论改变和超越“战争习惯”的方式。[16] 即便在这个阶段,和平主义者和其他反战社团成员也一致同意有必要放弃侵略战争;他们联合呼吁反对战争的习惯性质,这代表着一种新兴的、尚处于模糊阶段的愿景,以及影响国际法律规范之行动的开端。应该说,他们主要不是去影响政府,而是为自己而行动;而欧洲政府和欧洲协调都未重视这些和平社团。[17]

“激进派”和“自由贸易者”都质疑和平社团的宗教性质,并且市民社会和平运动的更广泛构成亦带来 19 世纪 40 年代一系列国际和平会议的召开。这些会议为各样规范性方案(包括万国议会等理念)的提出和辩论提供了一个论坛,其中部分经受住考验的方案成为 20 世纪全球性国际组织计划的先驱。

19 世纪 30 年代,激进的和平运动作为社会行动主义新形式的一部分而产生。特别地,对社会和经济“正义”议题的关注来自英国劳工组织和美国废奴运动。1838 年,威廉·劳埃德·加里森(William Lloyd Garrison)在新英格兰地区发起不抵抗社团,其通过向英国派出专使以招募工人阶级宪章派来推进不抵抗方式,但成效不彰。[18] 同样地,谋求和平的劳工行动主义开始传播至美国:利户·伯里特(Elihu Burritt)在 1846 年创建人类兄弟会联盟,这是一个旨在吸引工人阶级成员

205

---

[15] M. Ceadel, *Pacifism in Britain*: *1914 - 1945* (OUP New York 1980) at 1 - 8.

[16] P. Brock, *Freedom from War*: *Nonsectarian Pacifism*, *1814 - 1914* (University of Toronto Press Toronto 1991) at 37 - 44.

[17] *Internationalism in Nineteenth Century Europe* (n 13)14.

[18] *Pacifism in Europe to 1914* (n 12)396 - 397; *Freedom from War* (n 16)30 - 31.

的国际组织。[19] 该联盟的组织在大西洋两岸都取得了相当大的成功。但是,这些老团体的领导方式偏保守,往往不愿挑战政治架构,这限制了他们与激进抗拒政府的加里森派以及公开参与政治组织动员的英国工人运动间的合作。[20] 这些将人权、社会正义与和平议题合并的努力持续了整个 19 世纪和 20 世纪,但他们对国际法发展的影响往往是零碎的,而非统一的。

除了在方式和对国际规范及公约的影响上有不同之外,市民社会团体在这段时期亦就自由贸易展开过喧哗一时的辩论。贵格会教徒约翰·布莱特(John Bright)成为关于自由贸易的自由信念运动中第一个有说服力的倡导者,之后又由理查德·科布登(Richard Cobden)接力。这种信念端赖三个假设:和平与繁荣密不可分;两者完全可能及于所有层级的公民;以及两者之实现必得通过消除跨国(尤其是商业)交易的壁垒。[21] 由于体现在英国国内法律环境上的、变化的农业经济,工人阶级激进派相较于自由贸易者而言处于劣势。1846 年,曾用以保护国内农业生产者免受外国出口物竞争的《谷物法》被废除,自由贸易者很明显获得了胜利。[22] 自由贸易与和平之间的这种明确的关联乃是 19 世纪 40 年代的英国主流和平运动之特征,它亦导致英国工人阶级激进主义被关注通过降低关税以实现繁荣的中产阶级所吸纳;反过来,它把以经济平等为基础的和平主张转换为以承诺未来繁荣为基础的和平主张,从而影响了和平运动的进程。[23] 在 1840 年后,科布登自己开始宣称自由贸易与和平是一体的、一样的事业。

然而,19 世纪中叶的大西洋两岸和平力量之联合,也开启了对 19 世纪 40 年

---

[19] *Pacifism in Europe to 1914*(n 12)104 - 113.

[20] C. F. Howlett and G. Zeitzer, *The American Peace Movement*:*History and Historiography*(American Historical Association Washington DC 1985);R. G. Walters, *American Reformers*:*1815 - 1860*(Hill and Wang New York 1978)at 115 - 117;*Pacifism in Europe to 1914*(n 12)347.

[21] A. L. Wolfers and L. Martin, 'Richard Cobden' in A. Wolfers and L. Martin (eds.) *The Anglo-American Tradition in Foreign Affairs*(Yale University Press New Haven 1956)196 - 205.

[22]《谷物法》于 1815 年颁布,以保护英国地主的利益,参见 E. Hobsbawm, *Industry and Empire*:*The Birth of the Industrial Revolution*(The New Press New York 1999)at 175。

[23] G. Claeys, 'Mazzini, Kossuth, and British Radicalism, 1848 - 1854'(1989)28 *Journal of British Studies* 225 - 261;*Pacifism in Europe to 1914*(n 12)396;A. Briggs, *The Making of Modern England*, *1783 - 1867*(Harper & Row New York 1965)at 321;E. P. Thompson, *The Making of the English Working Class*(Vintage Books New York 1966)at 807 - 830.

代的国际和平会议的组织。这类会议旨在更广泛地传播和平信念,特别是鼓励欧洲大陆上的人民更积极地参与到如何实现一个和平世界的讨论中。事实上,其重要性在于他们在六年时间中辩论和提出的关于国际机构的计划——包含仲裁规范、司法规范以及更低程度上的普世主义规范。

在 1843 年的伦敦第一届国际和平大会上,代表们就倡议将仲裁条款作为解决国际纠纷的一种方式和以"万国高等法院"(highcourt of nations)维续欧洲和平的决议达成一致。[24] 1848 年的布鲁塞尔会议和 1849 年的巴黎和平大会强调了国际仲裁机制和创建某种类型的国际法院的必要性。但是,万国议会(系以利户·伯里特持续推动的项目,他最早受威廉·拉德[William Ladd]19 世纪 20 年代作品的启发)等其他倡议却遭到欧洲大陆代表的反对。[25] 同样地,代表们在 1843 年大会上很容易地就裁军和削减武器开支达成一致,但到 1848 年和 1849 年,裁军议题对美英已有不同的意义,他们是革命的同情者,是主张欧洲维持现状的倡导者。虽然多数美英代表不能支持以(暴力)革命改变欧洲国内的高压统治,但他们强烈谴责英法在大溪地(Tahiti)、中国、阿富汗等地实行的血腥镇压非欧洲人民的外交政策。[26]

这些和平会议并未获得多少官方关注,但其进展和计划却被关注他们的媒体断章取义地奚落嘲笑。[27] 但是,他们仍是各类运动派系(宗教和平主义者、国家间议会伯里特联盟成员以及温和派和平社团成员)在制度化国际法律规范和通过仲裁处理冲突方面的第一次公开讨论和达成共识。此外,关于裁军义务及于所有国家的讨论(未达合意)以及对控制和压迫欧洲以外领土和人民的谴责,代表着国际法朝着承认所有国家有保障和平的责任(普世规范层面)以及各民族在国际社会中有决定自己命运的权利(地位平等规范层面)之方向迈进了一步。

然而,自由经济政策能带来繁荣进而实现和平与和谐的信念,在那些新近被称为国际主义者的人中占上风;他们说服英美两国的和平主义者相信这个逻辑。理查德·科布登参加了第二届国际和平会议,这次会议推进了一项自由政治经济议程。

[24] *Internationalism in Nineteenth Century Europe* (n 13)22 - 27;*A History of Peace* (n 12)67.

[25] *Internationalism in Nineteenth Century Europe* (n 13)23 - 25,C. Northend,*Elihu Burritt:A Memorial Volume* (D Appleton & Co New York 1879).

[26] *Internationalism in Nineteenth Century Europe* (n 13)22.

[27] 同上,第 23—24 页。*A History of Peace* (n 12)68.

英国和平运动越来越多地出现自由贸易的修辞，特别是在 1846 年后。科布登通过公开承认不服从主义者的和平见证而促进了人们对战争更为广泛的拒绝——他本人曾为此付出极大精力，强化了自由和谐概念与和平行动主义之间的明确关联。[28]

结果，和平社团日益倾向于保持国际现状，以使之免于 19 世纪 40 年代末的革命运动。例如，科布登以及和平运动的其他自由派人士"对欧洲大陆正在发生的国内解放运动……甚少同情"，因为他们担心欧洲国家被肢解为更小的政治单元会导致民族主义甚嚣尘上，并阻碍自由贸易。[29] 但是，无论是严格的和平主义者还是科布登的自由贸易自由主义，都未幸免于英美两国之间于 19 世纪中叶爆发的战争。19 世纪后半叶，这些流派都将被新的社会学智识思潮所补充，并将继续引发关于保障和平的国际法律和组织机制的讨论和辩论。这些新思潮将揭示对仲裁规范的合意和对国家行为的法律制裁规则的遵守，他们不会自动与和谐的自由贸易概念携手同行。而且，19 世纪末时对帝国主义和殖民主义不断高涨的批评，亦将挑战经济自由主义（表现为自由贸易和原材料"自由"市场准入），并为支持自决和地位平等的法律运动打下基础。

（二）19 世纪中叶的变化和竞争性规范

19 世纪中期爆发的战争动摇了最初的宗教和平团体、小部分激进分子和当时占主导地位的自由贸易者的松散联合。对英国人而言，于 1854 年爆发并在四十年中首次将英国卷入欧战的克里米亚战争，在英国激起爱国狂热；而有些和平行动人士试图在战争开始之际阻止战争，但这却使和平运动不得人心。[30] 公元 1857 年后，随着民族主义和帝国主义势头上升，科布登和贵格会自由派人士约翰·布莱特——是当时或多或少融合了自由贸易和和平运动的领袖——都在议会选举中丢了席位。[31]

在美国，同墨西哥的战争似乎改善了 19 世纪 40 年代和平运动的现状，但 15 年后的内战——一如克里米亚战争对英国那样——严重限制了和平行动主义并且使大批和平社团成员倒下。美国和平协会担心自身的存亡，因而在奴隶制问题上

---

[28] *Pacifism in Europe to 1914*（n 12）406.

[29] 同上，第 389 页。

[30] *A History of Peace*（n 12）132.

[31] *The Making of Modern England*（n 23）.

不置可否,而冲突本身让许多先前信奉战争系完全邪恶的人士得出结论:武力是消灭奴隶制和避免分裂危险的最佳办法。再者,卷入战争除了对各国各运动产生的负面影响外,美国内战还造成了英美和平社团后续友好通讯的中断,盖因英国不能赞同美国和平人士为战争背书的多数决议。[32]

19世纪中期发生在美国的和平活动,处在一个支持废奴的社会正义和人权运动的大势之中。废奴主义者亦缔造了跨大西洋的牢固纽带(英国在半个世纪前就废止了奴隶贸易),但威廉·劳埃德·加里森、弗雷德里克·道格拉斯(Frederick Douglass)以及美国众多其他反对奴隶制的倡导者之工作,使和平与社会正义之间的张力公开化。此外,常被忽略的"非裔美国人在废奴运动中的关键作用"[33]须被承认,以理解和平与社会正义间的紧张以及跨洲活动人士在两大议题上的关系。

在某种意义上,这个阶段"净化"了这些运动中早期那些相信基督教价值和公众舆论力量能实现国内国际和平的信念。它迫使很多人——尤其在美国的人——重新思考他们先前认为系绝对和平主义的界限,即一种在20世纪30年代将重新出现的两难境地。毁灭性战争的经历亦迫使那些在19世纪后半叶开始重建其努力方向的和平运动行动者们转变信念,即从相信公众舆论和自由贸易力量可以实现和平,到相信更为迫切的需要是以法律和机制保障和平。

在严格定义上的"和平"运动衰落之同时,市民社会关于缓解战时苦难的人道主义努力启动了。尼古拉斯·奥努弗(Nicholas Onuf)在其著作《人道主义干预:早期岁月》中追溯了19世纪人道主义的内部构成和建构性质。正如奥努弗所解释的,19世纪的人道主义源自国家和非国家行为主体间之交集,其中穿插着塑造和平运动(及其衰落)的意识形态思潮和外部事件,如下文所述:

> 人道主义情感从福音派和功利主义信念及实践的有力结合中汲取养料——一种清教徒式的伦理观,如其所是。此外,还有众多证据显示他们还包

---

[32] *Pacifism in Europe to 1914* (n 12)390; *The American Peace Movement* (n 20); D. S. Patterson, *Towards a Warless World; The Travail of the American Peace Movement*, 1887-1914 (Indiana University Press Bloomington 1976) at 2.

[33] A. Klotz, 'Transnational Activism and Global Transformations: The Anti-Apartheid and Abolitionist Experiences' (2002)8 *European Journal of International Relations* 49-76 at 60.

含着强化帝国主义、民族主义和东方主义者信念与实践的罗曼蒂克倾向。反过来，所有这些信念孕育了一种体认，即人道主义关切需要行动，无论是支持政府或是反对政府。[34]

然而，这些改革者的情感在 19 世纪后半叶时让位于社会达尔文主义的思想发展。按奥努弗所说，正是在"国际关系日益以达尔文主义为基础展开"的环境下，红十字会形式的现代人道主义诞生了。

> 受红十字国际委员会的启发，国家层面的红十字社团和自由世界的许多其他组织，将会在需要协同干预的人道主义紧急状态下，加入政府处理自然灾难的行列。[35]

奥努弗亦指出，这类"紧急干预"须有一个法律框架才能奏效，而此框架首先是由亨利·杜南（Henri Dunant）于 1864 年成功游说政府进入条约谈判时提出的。[36]

因此，依据奥努弗的叙述，19 世纪中期的人道主义干预是浪漫主义、功利主义、宗教和世俗运动以及达尔文主义的产物，而它很快又与 19 世纪末不断发展的进步主义相交织："自由社会的进步运动学会了如何将长久存在但被轻视的社会条件构建进准许法律干预的人道主义紧急状态中。"[37]

四、19 世纪末 20 世纪初的行动主义、世界法庭和普遍性国际组织

210　　　19 世纪最后十年和 20 世纪头二十年通常被称作"进步时代"，其特征为"探究秩序"，[38]斯时，"技术与效率之福音，加上经济管制、社会控制和人道主义改革将

---

〔34〕 N. Onuf，'Humanitarian Intervention：The Early Years'（2004）16 *Florida Journal of International Law* 753－787 at 778－779.

〔35〕 同上，第 781 页。

〔36〕 同上，第 782 页。

〔37〕 同上，第 757 页。

〔38〕 R. Wiebe，*The Search for Order，1877－1920*（Hill and Wang New York 1967）.

成为英美两国公共领域的突出内容"[39]。许多进步改革者协同原先的资产阶级和平团体的力量,一同致力于和平进程,即推进仲裁以及不断强调的裁军和发展国际组织。[40] 然而,19世纪晚期最重要的新推力却来自支持国际法法典化的国际法律专家。在这个阶段,运动开始对国家接纳和制度化以下两种法律规范的政策有了更直接的影响:诉诸仲裁解决纠纷,以及对有关和平及安全之决策的普遍参与和责任。前者正如1900年常设仲裁院(PCA)[41]以及1920年国际常设法院的建立,后者如对国际联盟诸计划的辩论。

在该世纪的最后几十年,和平行动主义又接续起1850年代的努力:准和平主义者和这两股运动的激进派的衰落(始于19世纪40年代其加入无壁垒贸易的自由主义),加上英美两国成为世界舞台的主角之事实,赋予数量日益增加的国际主义者更大的话语权,他们成为了运动的领导,尤其是在美国。[42] 乍一看,和平行动主义的复苏亦似乎确认了包括自由贸易在内的自由经济规范,其在和平团体内有坚实的基础。但是,英美亦忙于新出现的影响安全关系的竞争。19世纪末至20世纪初的帝国主义竞争——表现为由英国领衔的对非洲的瓜分和布尔战争以及美国挑起的美西战争——再次加剧了追求和平的复杂性。但是,和平团体与民族主义者诉求之间的共存并不轻松,尽管英美两国不少国际主义者通过正当化本国帝国主义——以"文明使命"之名向"落后的人民"传播自由和民主——来解决这个两难。[43] 随着和平运动日趋国际化,像扬·史末资(Jan Smuts)等国际主义者精英领导人的出现,使这些情感得到强化。

结果,19世纪末20世纪初复兴的帝国政策,伴随着政府与军事的合作(以及

211

---

[39] M. Keller, 'Anglo-American Politics, 1900-1930, in Anglo-American Perspective: A Case Study in Comparative History' (1980) 22 *Comparative Studies in Society and History* 458-477 at 463.

[40] *Internationalism in Nineteenth Century Europe* (n 13)13-14.

[41] Statute of the Permanent Court of International Justice (达成于1920年12月16日,于1921年8月20日正式生效)6 LNTS 379,390 (亦常称为"世界法院")。

[42] R. Osgood, *Ideals and Interests in American Foreign Relations* (University of Chicago Press Chicago 1953) at 86-87; *Towards a Warless World* (n 33)126 and 131.

[43] M. Swartz, *The Union of Democratic Control in British Politics during the First World War* (Clarendon Press Oxford 1971); T. Richard and N. Young (eds.) *Campaigns for Peace: British Peace Movements in the Twentieth Century* (Manchester University Press Manchester 1987); *The Search for Order* (n 38).

公司和传教士)在和平运动中造成裂缝,鼓励了许多欧洲国家的左派不断加强其反战立场;该现象将一直延续到第一次世界大战爆发,当时英德海军军备竞赛趋于白热化,并且欧洲大陆上的敌对愈加凸显。

复兴的帝国主义亦发生在进步主义者的进步概念和理性主义者的问题解决模式的崛起之际。进步主义及其对包括外交在内的政治的影响,尚有待广泛评估和解释。[44] 如戴维·帕特森(David S. Patterson)指出,对这个时代的运动精英领导人而言,和平与自由贸易的等价关系正处于其巅峰。[45] 许多职业朝专业化发展的趋势(如教育、医疗、法律和社工)最初并未抵消精英对这些运动的影响——一个擅长交际的发言人确实常被认为是该项事业的福音。在英国,那些觉得传统和平社团"与不服从主义者压力团体太相近"的知名活动人士加入了美国领导的国际法协会,以在精英法律人和公职人员阶层推进国际仲裁的方案。[46] 但是,许多进步改革者在和平、经济和社会需求之间建立新的联系,而不区分国内与国外,这种联系对和谐的自由概念产生明显的担忧。许多为改革国内经济和政治实践而工作的进步人士将其关切从世纪之交自由社会的排他层面(包括由简·亚当斯[Jane Addams]从英国引入美国的关切失业者和边缘人群的定居救助运动,以及妇女参政论者关于终结英美两国对妇女参政的排斥之努力)扩展至国际层面的和平运动。例如,国际妇女争取和平与自由联盟(WILPF)就怀疑自由放任的经济政策,亦致力于安全议题决策的民主化。[47]

再者,在进步时代,左翼阵营对战争的批评亦重整旗鼓。尽管在 19 世纪后半叶,社会主义者对外交政策的关切并非一以贯之,但英国工党的诞生以及独立工党(ILP)的行动主义在英国产生了更为成熟的对战争的批评。[48] 然而,欧洲的社会

---

〔44〕 D. T. Rodgers, 'In Search of Progressivism' (1982)10 *Reviews in American History* 113 - 132.

〔45〕 *Towards a Warless World* (n 32)12 - 13and 126 - 129.

〔46〕 K. Robbins, *The Abolition of War*: The 'Peace Movement' in Britain, 1914 -1919 (University of Wales Press Cardiff 1976) at 8.

〔47〕 C. DeBenedetti, *Origins of the Modern American Peace Movement*, 1915 - 1978 (KTO Press Millwood NY1978); C. Chatfield, *For Peace and Justice*: *Pacifism in America*, 1914 - 1941 (University of Tennessee Press Knoxville 1971).

〔48〕 J. Hinton, *Protests and Visions*: *Peace Politics in Twentieth-Century Britain* (Hutchinson Press London 1989) at 32.

主义者修正了其对战争的批评，大西洋对岸的美国工会组织和激进和平主义者亦同样为之。尽管知名自由派、进步主义改革派和社会主义左翼之间就经济实践的分析有差异，但无论对战争原因的分析有何不同，他们都致力于约束国家发动战争的权利，推进相关规范之合法化，以及促进国家间合作机制的体制化。

纵贯19世纪和20世纪初，和平团体和市民社会行动主义者在他们试图影响国际法律规范的努力中，反映了当时的事件及意识形态斗争。随着其他国内社会运动的发展以及在诉诸仲裁促进和平这一目标上的共同点之发现，他们拓宽了他们的社会基础，尽管在支持劳工权利和废奴问题上存在分歧。在19世纪40年代和50年代，和平团体行动主义的主流话题是鼓励利益和谐概念，促进个人荣景与国际和平间的利益和谐，并在财产所有者之间按照供给与需求的自由市场规则发生国际层面贸易，以促进国家之间公民权和私有财产权间的利益和谐。自由贸易与和平间的联系亦鼓励一种维持国际秩序现状的理念，当时的运动领导者反对那些支持欧洲大陆革命运动的干预。然而，19世纪中期的运动虽遭到打击，却伴随着克里米亚战争和美国内战中人道主义的崛起——就国际法律标准和法则达成合意，让战争行为对非战斗人员更加人道、更少伤害。在世纪之交时，进步主义改革派融入了和平、社会正义和国际人道团体。尽管仍有许多问题，但激进派、改革派和自由国际主义者被融汇到一个更具跨国性的谋求和平的合作中。

是故，由于关心和平的团体的社会构成之变化，国内和跨国层面的人道主义关切之增进，以及国家间对殖民地和声望的新竞逐，市民社会行动主义者试图国际化的规范和机制之混合逐渐形成。随着在国内层面争取权利的新行动者开始热心于和平议题（包括裁军主义者、工会、定居救助工作者和妇女参政论者），市民社会行动者越来越反映一种国际关系"人道化"的关切，并确保所有民族和政治实体能参与事关自身福祉的决策。由于这些关切，市民社会行动者亦在第一次世界大战爆发前就提议创设世界法院方面具有影响力。在那个世纪之交，大国为殖民地和影响力展开的达尔文式争斗，让相当数量的新市民社会行动主义者对创建关于所有权以及控制资源、人口和领土的国际法律规范感到不安，甚至不少人公开对其进行批评。于是，一些人开始质疑帝国主义的"文明效果"，且大多数人将其和平努力集中在通过普世性公民权利和创设用于讨论、处理纠纷的国际司法和立法机关来促进国际法律秩序。不少人见证了 1899 年和 1907 年的两次海牙和平会议所创设的常设仲裁院(PCA),以作为他们的努力所结下的第一项机构层面的实际成果。一些旧式和谐理念的新批评者亦目睹帝国主义在这些机制中或不具合法性;获得权利的民族成为国际社会的参与者,而和平之转化成为可能。市民社会行动主义者在世界法院于 1920 年的最终创立中发挥了重要的作用:有论者指出,讨论这类法院理念(虽未实现)的 1907 年第二次海牙和平会议乃是"若无相当外部压力,大国列强是不会自动召集的会议"。[49]

与此同时,和平运动越来越跨国化,这种趋势在第一次世界大战前持续推进,且在战后尤为明显。国际主义者——如来自南非、日本和印度的和平与非暴力活动人士——拓宽了运动的基础,他们有时强化了家长式的西方法律规范,而其他时候则引入新的行动模式和对国际法的挑战。南非外交官、支持像国际联盟和联合国这类全球国际组织的扬·史末资将军属于第一类。除了在支持仲裁方面的工作,史末资在《国际联盟盟约》第 22 条和委任统治制度的设计上发挥了举足轻重的作用。委任统治制按所谓的发展水平,用 A 类、B 类、C 类来标指不同领土(史末资有意识地将南非放在"C 类"或"最不发达水平")。[50] 整个战间期,这套体制对和平团体而言都是一个困难的议题,部分团体批评其帝国主义假设,而其他团体则主张委任统治制是朝自决方向的必要一步。

世界上的其他地域亦展现出和平行动主义动向。国际妇女联盟努力在欧洲缔结强有力的联系,包括德国、奥地利、瑞士以及第一次世界大战后日本的和平行动主义者。尽管规模逊于欧洲和美国,但 19 世纪末的和平行动主义已在日本扎根。日本第一个和平团体"日本和平会"(Nihon heiwa-kai)创建于 1899 年;作家内村鉴三(Uchimura Kanzo)在 1894 年至 1895 年的中日战争后(原本他也赞成作战)成为一名和平主义者,并常被视为"二战前日本最知名的和平主义者",他"一直致力于

---

[49] *Internationalism in Nineteenth Century Europe* (n 13)17 - 18; W. Kuehl, *Seeking World Order: The United States and International Organization to 1920* (Vanderbilt University Press Nashville 1969).

[50] S. N. Grovogui, *Sovereigns, Quasi-Sovereigns, and Africans* (University of Minnesota Press Minneapolis1996) at 134 - 135.

公开反对战争和军国主义，直至其于 1930 年过世"[51]。最先在南非，后回到印度，圣雄甘地实践并升华着其非暴力方式，即"坚持真理"（Satyagraha），争取代表权、经济正义和最终完全的主权独立。甘地的行动对"地球北部"国家的和平主义者产生了重大影响，使他们就是否及如何在欧洲实践展开了讨论。甘地支持印度独立于英国的非暴力行动，亦在和平活动者中引起了关于地位平等的法律规范中的自决限度问题之辩论。

（一）从国际联盟到联合国

市民社会行动者如今在创建对政府有影响力的全球性国际组织方面受到肯定。例如，美国总统威尔逊的"十四点计划"以及《国际联盟宪章》似乎都受到"国际妇女争取和平与自由联盟"和其他团体的提案之影响。[52] 在整个一战期间和战后，这些行动者在促使其项目的规范基础为外交提供新标准和为国家外交政策实践提供指导方面，扮演着重要角色，体现在仲裁机制、控制武力的条约和国际法院的发展等。

战间期的和平运动区别于其 19 世纪和 20 世纪初的先驱之特殊之处在于，他们亲身经历了世界范围内的巨大战争，其中出现了诸如潜艇、毒气和水上飞机等第一次直接针对平民的大规模杀伤性武器。一战后，对国家安全实践和外交传统形式的信念经历前所未见的低谷，从而导致人们对政府政策的广泛批评，并提出基于国际法原则和组织的详细替代方案。结果，战间期和平运动不再对裁军表示疑虑，单边或多边层面削减军备成为众多市民社会行动者十多年关注的焦点。在许多行动主义者眼中，裁军问题甚至已取代进步时代推进的国际法编纂事宜，因为他们相信如果只是将既有的国际法实践法典化——特别是对国家主权基本的尊重伴随着对民族自决的忽略——将助长不公正现状的维持。于是，这些运动推进了国际联盟与国际法，以及普遍参与原则与地位平等原则，以约束英国、法国、美国和其他大

215

---

〔51〕 D. Cortright，*Peace：A History of Movements and Ideas* (CUP Cambridge 2008) at 29.

〔52〕 M. D. Dubin，'Toward the Concept of Collective Security：The Bryce Group's "Proposals for the Avoidance of War"，1914－1917' (1970) 24 *International Organization* 288－318 at 299；*Seeking World Order*（n 49）；P. Yearwood，'"On the Safe and Right Lines"：The Lloyd George Government and the Origins of the League of Nations，1916－1918'(1989)32 *Historical Journal* 131－155.

国。战间期和平运动及其支持者大体相信除了改革,国际法律规范和机构必须获得控制国家战争冲动的能力。帝国主义经验和一战前的同盟体制经验则让许多和平人士确信,需要以在国际层面上维持和平与平等对待的普遍责任取代大国协调体制。

和平运动通过地位平等原则,以多种方式促进了关于裁军和仲裁的国际法律规范和机制。首先,和平行动主义者期待新创的国际联盟能代表所有国家,甚或可能代表所有民族,并且朝此方向致力于自决、某些情况下的殖民地独立以及把苏联与德国纳入联盟。第二,不同于一战前的行动主义者,他们集中且相对统一支持的原则是所有国家均应裁军以及应控制武器贸易,尽管他们内部就单边还是多边裁军还有争论。冲突仲裁是 19 世纪和平运动的主题,尽管和平团体在一战前夕激烈反对英德军备竞赛,但裁军作为和平运动的一个目标,其最终在大战后获得了与仲裁同等的地位。同时,战间期大规模杀伤性武器的持续发展——特别是炸弹和各类化学武器——让人们认识到若再经历一场大战,则人类文明可能将难以存续,而这一体认也让裁军之火越燃越旺。

216

这些发展对和平运动行动主义有着重要影响。19 世纪的行动主义可被视为是几种人之间的一种斗争:将普世主义法律规范及其机制化列为头等大事者、强调和平有赖于以私有产权和自由贸易为基础者,以及相信和平仅得通过社会正义与个人团体国家之平等才能实现者。到一战结束,焦点已围绕国际化参与机制(及其附随权利)计划展开,其背后的信念是和平需要普遍参与和地位平等——规范被认为将促成和平过渡而非将一种不公正的现状合法化。和平及其他市民社会行动者们相信,当这些规范通过一个国际联盟而被制度化时,其亦将取代脆弱的联盟或大国意志之冲突管理模式。到了战间期阶段,运用自由经济机制来促进和平之共识已经消解,取而代之的强烈共识是所谓的共和折中——机制化普世主义规范,无论是参与的权利还是义务。于是,除了承认德国和苏联的国际联盟完全会员权利以及军备地位平等原则等工作外,战间期和平运动推动承认美国和英国之间的海军军力势均力敌(日本稍弱些),以及基于司法平等原则的强制性冲突仲裁。当时取代像自由贸易等自由性机制的,是一种更加强烈的推动力,即以多边形式缔造国际联盟以促进仲裁机制化和武力控制。[53]

和平运动在这段时期确曾发挥了影响,因为许多团体可以合法地主张其代表了数以万计的民众,而在国际联盟社群中,数十万支持者的呼求有更大机率在媒体、议会和国际联盟组织中被听见。[54]为推进 1925 年的《日内瓦议定书》,[55]和平团体开展了跨国合作;在其失败后,法国和美国团体决定将推动 1928 年的《巴黎协定》[56]作为一个次优选择,以更全面的国际联盟禁止侵略战争。虽然如此,市民社会行动者在这整个时期都在妥协并苦思法律规范和原则。如 1928 年的《巴黎协定》将"侵略战争"定为非法,但这只是那些不想脱离国际联盟机制的活动者们与那些执意如此的国家之间的一种妥协。有趣的是,被中伤为天真和不计后果的这项协定仍是对国家发动战争之特权施加国际法律控制的主要支柱。

从 1930 年的伦敦海军会议到数年后的世界裁军大会,无论从数量上还是从跨国性代表上来看,和平运动都在增长。妇女和平团体领衔征集数百万民众签名,以在伦敦海军会议上对政府施加裁军压力,这是为了控制当时三大海军强国以武力所召集的第三届会议(前两次分别为 1922 年的华盛顿会议和 1926 年的柯立芝[Coolidge]会议)。

美、英、日之间的一系列海军裁军会议只实现了有限的目标。于是,和平行动主义者更努力地支持 1932 年至 1934 年的日内瓦国际联盟所举行的世界裁军大会。但是,旨在消除最具毁灭性的武器、堪称和平运动工作巅峰的会议以失败告终(部分原因是希特勒在德国掌权)。随着由日本、意大利和德国发动的侵略战争相继在 20 世纪 30 年代发生以及和平运动的裂痕加深,和平运动试图以法律控制战争的机制化努力似乎宣告失败。世界裁军会议失败后,意大利入侵阿比西尼亚

217

---

[53] 'Debating Moral Agency' (n 10)162.

[54] D. Birn, *The League of Nations Union*, *1918 - 1945* (OUP Oxford 1981) at 80 - 81; R. Taylor and N. Young (eds.) *Campaigns for Peace: British Peace Movements in the Twentieth Century* (Manchester University Press Manchester 1987); L. Wittner, *Rebels Against War: The American Peace Movement*, *1933 - 1983* (Temple University Press Philadelphia 1984) at 13 - 15; C. Chatfield (ed.) *Peace Movements in America* (Schocken Books New York 1973) at 95 - 101.

[55] Protocol for the Prohibition of the Use in War of Asphyxiating, Poisonous or Other Gases, and of Bacteriological Methods of Warfare (达成于 1925 年 6 月 17 日,于 1928 年 2 月 8 日正式生效)94 LNTS 65。

[56] Kellogg-Briand Pact (n 1).

第八章 和平运动、市民社会和国际法发展 215

（*Abyssinia*）、西班牙发生内战，以及德奥合并（*Anschluss*）并最后在慕尼黑签订绥靖协议，这导致和平运动在多数国家面临着被撕裂分化的局面。

　　然而，回顾起来，战间期的市民社会行动主义的主要成就之一，便是为后续联合国形式的国际组织奠定了规范性基础。[57] 和平运动在20世纪30年代也正日益成为跨国性的运动，不仅体现在妇女团体和国际联盟社群中，而且体现在有跨国性信仰基础的和平行动主义中。国际妇女争取和平与自由联盟（WILPF）美国分会的老成员、在该组织和其他组织中致力于推进种族包容理念的玛丽·丘奇·特雷尔（Mary Church Terrell）就曾描述过1937年在伦敦举行的世界信仰之友国际大会。除了埃塞俄比亚皇帝海尔·塞拉西一世（Haile Selassie）外，出席这次会议的还有东印度、锡兰（Ceylon，即斯里兰卡）、德国、荷兰、匈牙利、印度和墨西哥以及美国和英国的代表。[58] 当战争迫近并在1939年至1941年爆发时，所有这些团体仍在继续倡导普遍性国际组织。这股跨越大部分政治光谱并支持延续全球性国际组织的推动力亦带来1945年时代表们在旧金山会议中的聚集。市民社会团体虽见于国际联盟的许多论坛中，但其组织工作是支持一个联合国（尽管他们倾向于反对向新设的安全理事会授予否决权，不同意委任统治制度，并希望以更强力的反制措施应对军事、经济冲突），且其努力为市民社会创设了新的官方渠道，即作为联合国经济及社会理事会的咨询组织（延续至今并获得极大扩充）。

　　再者，市民社会团体在一战后越来越多地包含了跨国人道主义关切，诸如"贩卖妇女儿童"、鸦片贸易、战败国赔款和前敌国封锁等，并位列于其工作议程之优先地位。地位平等仍旧是一个国际准则，并在个人、团体和国家层面得到推动：此时，反奴隶制行动主义者意识到了《禁奴公约》（1926年）即将生效，[59]美国和拉丁美洲的行动主义者致力于将美国占领和控制海地的行为（1915—1934年）去合法化，以及作为整体的和平运动继续在辩论委任统治制度相比于殖民地自决和独立的优点。

　　针对帝国主义和殖民化，西方和平运动的最主流倾向是支持最终"自决"，有些

---

〔57〕*Beyond Appeasement* (n 3).

〔58〕M. C. Terrell, *A Colored Woman in a White World* (Arno Press New York 1980) at 403.

〔59〕Slavery Convention（达成于1926年9月25日，于1927年3月9日正式生效）60 LNTS 253。

则受圣雄甘地的启发而开始试验非暴力主义;还有的在泛非主义作家、活动人士以及黑人知识分子——如杜波伊斯(William Edward Burghardt Dubois)——的影响下,要求去殖民化和推翻帝国主义政策,并朝着最终成为"第三世界"的方向发展。

五、结论

上文所述的 19 世纪和 20 世纪初的非国家主体之道德行动范例发轫于英国和美国的市民社会组织,但其中很快加入了跨国性力量,尤其在 20 世纪中其实力得到增强。无论是按民主理论还是根据对自由主义这个词的经济学感悟,他们支持国际法的项目主要由自由原则与法律规范塑造。但是,关于正义与地位平等之含义的斗争亦充斥于这些运动,并夹杂着 19 世纪工人权利和废奴主义者组织,以及 20 世纪社会主义者、(在较低程度上的)共产主义者和自决之努力。这些非国家主体逐渐熟练于运用法律规范来推进各类行动,包括法律机构、机制、程序之扩充(如国际联盟、国际常设法院、联合国、国际法院、国际刑事法院),以及规范、宪章、条约之扩充,以涵盖从人权到人道救济、从正义战争原则到战争犯罪和指控种族灭绝罪等新领域。[60]

本章关于市民社会行动主义促进国际法律规范和机构发展的叙事,不能做静态分析或套入一种意识形态典范分析。例如,如果我们像爱德华·卡尔(Edward H. Carr)那样将这类行动主义简单地贴上自由主义或乌托邦之标签,那么我们将遗漏法律的建制属性、历史发展以及国家和非国家层面的行动主义。相反地,如本章作者在别处所讨论的,康德式伦理——依其概念化、义务论形式而非康德在《论永久和平》中描述的那种实践形式[61]——就市民社会的建构过程对国际法发展的影响仅能提供极其有限的理解。对市民社会影响力的这种叙事之结果不是义务论式的道德行动,而是在具体语境中解读伦理竞逐和规范演进。[62]

当然,从事后视角看,在这个快速变化的政治气候中,一些团体和个人比另一些更好地协谈了其目标。但是,19 世纪和 20 世纪期间,诸多关于实体内容、程序、

---

[60] 'Debating Moral Agency' (n 9).

[61] 'Kant, the Republican Peace, and Moral Guidance in International Law' (n 4).

[62] 'Debating Moral Agency' (n 9).

法律与政策的道德与实用主义斗争最终汇聚在一起。这段和平运动和市民社会行动主义的历史对于理解由此产生的法律原则和规范而言意义重大，诸如主权国家平等、裁军、争端和平解决，以及国际常设法院、国际法院、国际联盟和联合国等机构。其之所以重要的另一原因是，这些规范和机制——特别是地位平等的意义和国际法的进一步发展——在今天仍然是市民社会行动者和政府所交涉的内容。

推荐阅读

Birn，David *The League of Nations Union*，*1918 - 1945*（OUP Oxford 1981）.

Brock，Peter *Pacifism in Europe to 1914*（Princeton University Press Princeton 1968）.

Carr，Edward H. *The Twenty Years' Crisis*（2nd edn Harper and Row New York 1964）.

Ceadel，Martin *Pacifism in Britain*，*1914 - 1945*（OUP New York 1980）.

Chatfield，Charles *For Peace and Justice*：*Pacifism in America*，*1914 - 1941*（University of Tennessee Press Knoxville 1981）.

Comité de coordination du RDQ *Au service de l'Afrique noire. Le Rassemblement démocratique africain dans la lutte anti-impérialiste*（Les Impressions rapides Comité de coordination Paris 1949）.

Cooper，Sandi E.（ed）*Internationalism in Nineteenth-Century Europe*：*The Crisis of Ideas and Purpose*（Garland New York 1976）.

Cortright，David *Peace*：*A History of Movements and Ideas*（CUP Cambridge 2008）.

DeBenedetti，Charles *Origins of the Modern American Peace Movement*，*1915 - 1978*（KTO Press Millwood NY 1978）.

Doyle，Michael 'Kant，Liberal Legacies，and Foreign Affairs，Part I'（1983）12 *Philosophy and Public Affairs* 205 - 235.

Doyle，Michael 'Kant，Liberal Legacies，and Foreign Affairs，Part II'（1983）12 *Philosophy and Public Affairs* 323 - 353.

Hinton，James *Protests and Visions*：*Peace Politics in Twentieth-Century Britain*（Hutchinson Press London 1989）.

Hobsbawm，Eric *Industry and Empire*：*The Birth of the Industrial Revolution*（The New Press New York 1999）.

Kant，Immanuel *The Metaphysics of Morals*（M. Gregor intr and trans）（CUP New York 1991）.

Kant，Immanuel *The Moral Law*：*Groundwork of the Metaphysics of Morals*（H. J. Paton intr and trans）（Routledge London 1991）

Kuehl，Warren *Seeking World Order*：*The United States and International Organization to 1920*（Vanderbilt University Press Nashville 1969）.

Lynch，Cecelia 'Kant，the Republican Peace，and Moral Guidance in International Law'

(1994)8 *Ethics & International Affairs* 39 – 58.

Lynch, Cecelia *Beyond Appeasement: Interpreting Interwar Peace Movements in World Politics* (Cornell University Press Ithaca 1999).

Lynch, Cecelia 'Political Activism and the Social Origins of International Legal Norms' in Cecelia Lynch and Michael Loriaux (eds) *Law and Moral Action in World Politics* (University of Minnesota Press Minneapolis 2000)140 – 174.

Lynch, Cecelia 'Debating Moral Agency and International Law in an NGO World' in Oliver Kessler et al (eds) *On Rules, Politics, and Knowledge: Friedrich Kratochwil, International Relations and Domestic Affairs* (Palgrave-MacMillan New York 2010).

M'Paka, Albert *Félix Eboué: 1884 – 1944. Gouverneur général de l'Afrique équatoriale française. Premier résistant de l'Empire* (L'Harmattan Paris 2008).

Northend, Charles *Elihu Burritt: A Memorial Volume* (D Appleton & Co New York 1879).

Onuf, Nicholas 'Humanitarian Intervention: The Early Years' (2004)16 *Florida Journal of International Law* 753 – 787.

Patterson, David S. *Towards a Warless World: The Travail of the American Peace Movement, 1887 – 1914* (University Press Bloomington 1976).

Robbins, Keith *The Abolition of War: The 'Peace Movement' in Britain, 1914 – 1919* (University of Wales Press Cardiff 1976).

Taylor, Richard and Nigel Young (eds) *Campaigns for Peace: British Peace Movements in the Twentieth Century* (Manchester University Press Manchester 1987).

Tolstoy, Leo 'A Letter to a Hindu' in Leo(ed) *Tolstoy Recollections & Essays* (Aylmer Maude intr and trans) (OUP London 1937)433 – 439.

White Beck, Lewis (ed) *Kant on History* (L. White Beck, R. E. Anchor, and E. L. Fackenheim trans) (Macmillan New York 1963).

Wiebe, Robert *The Search for Order, 1877 – 1920* (Hill and Wang New York 1967).

Wittner, Lawrence S. *Rebels Against War: The American Peace Movement, 1933 – 1983* (Temple University Press Philadelphia 1984).

第二部分
专题

第九章　领土和边界

丹尼尔·伊斯谟斯·罕（Daniel-Erasmus Khan）

一、引言

（一）人类、空间和边界

1966 年，罗伯特·阿德雷（Robert Ardrey）在世界知识地图中抛出了一个简单却令人惊讶的问题："智人（Homo sapiens）是一个领域性物种吗？"[1]这位人类学家的自问自答清楚明确："人类……同加利福尼亚夜空下歌唱的知更鸟一样，是领域性动物。"[2]即使我们尚无法接受这一有些令人不安的观点——"适用于人类世界的特定领土性行为法则，其实也同样适用于花栗鼠的世界"[3]，并且尽管有众多重要的、对所有"生物化约论"[4]（过度）的反对，但假设当下社会科学各分支一致

225

226

---

[1] *The Territorial Imperative. A Personal Inquiry into the Animal Origins of Property and Nations* (Atheneum New York 1966) at 4.

[2] 同上，第 5 页；对安德雷的观点（即领土与决定人类行动和行为模式的因果关系，堪称遗传性和最具影响力）的批判性文献，参见 V. Reynolds, 'Open Groups in Hominid Evolution' (1966)1 *Man* 441 - 52；以及 A. Tildwell, *Conflict Resolved? A Critical Assessment of Conflict Resolution* (Continuum London 1998) at 45 ff。

[3] *The Territorial Imperative* (n 1)4.

[4] 近年来，生物化约论所有发展，参见 D. Ruben, *The metaphysics of the Social World* (Routledge London 1985)；以及重要论文，参见 J. Fodor, 'SpecialSciences (or: The Disunity ofScience asaWorkingHypothesis)' (1974) 28 *Synthese* 97 - 115；更晚近的，参见 E. Svertlov, 'IsBiologicalRuductionismLosingGround? What isNext? (2006)_76Heraldof theRussian Academy of Sciences 339 - 351；多学科论争，参见 D. Charles and K. Lennon(eds.)*Reduction, Explanation and Realism*(OUP Oxford 1992)。

赞同"领域性"(territoriality)确实是构建人类行为的关键准则之一,这或许不会遇到强烈反对。得出这一结论并不奇怪,其原因有二:第一,领土为全体人类提供了无可否认的(生存)价值——作为居所、至关重要的资源存储地,以及作为世界大系统运转之必要条件,像氧气生产、水净化储存等[5];第二,领域性地控制人和物更为省力,[6]且为"领主"提供了某种明确的"进化优势"。通过设置围栏来监督自己的家畜比追踪周围每头牲畜要容易得多,而控制和保护既定领域内的人和自然资源的最有效方式,可能就是在边境巡逻。

关于这种智识体认,人也摆脱不了空间性:[7]

> 空间……乃存在于一切之外的直观根底中之必然的先天表象。吾人固能思维空间为空无对象,但绝不能想象空间之不存在。[8]……盖若吾人从一物体的经验概念中,将其中所有一切经验的形象(色、刚、柔、重等)一一除去,但仍留有一物体所占之空间,此空间固不能除去者也。[9]

无疑地,领土、空间、边界和边境是人类必然的同伴,无论是对于其物理存在还是智识存在而言。

(二) 社群、领域和边界

有充分证据显示,在人类过渡到定居生活模式前的很长一段时间内,作为"种内竞争"之一的"领域性"就已是多数狩猎采集式(半)游牧社会的一个显著特征。[10]

227

[5] A. Kolers, *Land, Conflict, and Justice. A Political Theory of Territory* (CUP Cambridge 2009) at 8.

[6] R. Sack, *Human Territoriality. Its Theory and History* (CUP Cambridge 1986) at 22.

[7] 深入的讨论,参见 G. Hatfield, *The Natural and the Normative: Theories of Spatial Perception from Kant to Helmholtz* (MIT Press Cambridge 1990); F. Dolins and R. Mitchell (eds.) *Spatial Cognition, Spatial Perception. Mapping the Self and Space* (CUP Cambridge 2010);就空间体认是否占据一般性认识的枢纽地位,晚近亦无定论,讨论见 S. Levinson, 'Studying Spatial Conceptualization across Cultures: Anthropology and Cognitive Science' (1998)26 *Ethos* 7 – 24。

[8] I. Kant, *The Critique of Pure Reason* (M. D. Meiklejohn trans.) pt 1, ss 2, no 2.

[9] 同上(见 1787 年第二版序言);康德在其超验感性论中赋予空间的"先天或先验"性质,与领域性在现代国家概念中发挥的作用相似。

[10] 丰富的人类学文献,参见 G. King, 'Society and Territory in Human Evolution' (1976)5 *Journal of Human Evolution* 323 – 331; J. Stevenson, *Dictionary of Concepts in Physical Anthropology—'Territory'* (Greenwood Press New York 1991)395 – 400;人类领域性的交叉学科研究,(转下页)

对史前族群而言,对特定领土主张排除他者(*raumgebundene Intoleranz*)[11],其目的尤其在于垄断食物资源,以及其他包括性伴侣在内的个人和团体生存必需品。但是,对空间的主宰不仅仅服务于这类基本生理性需求,亦满足了需求层次中更高层次的需求。[12] 对于金字塔顶层的需求而言,这尤其真实,即与某种超越自我的东西相联系的需求("自我超越")。从文明滥觞到如今,秘境或圣地确实尤能满足精神需求。[13] 自此,几乎在世界上每个地方,对特定族群有特定意义的场地,一直是有组织的社群生活所不可或缺的。是故,作为规则,对人类社会而言,一块有边界(bordered)的领土一直服务于双重功能,即构成生存的必要前提和作为一种身份识别的手段(*raumbezogene Identität*)[14]。社会学研究支持划界和身份识别之间准必要相关性的假设:"一套独立的系统(仅)在它能构建区分点及界线时,才能观察和描述自身。"[15]

因此,人类中的空间分配之源起,不仅追溯至神话时代——用奥维德(Ovid)的话说(追溯至已逝的萨图恩[Saturn]治下的黄金时代和朱庇特[Jupiter]治下的白银时代):"与阳光和微风一样寻常的土地,审慎的测量官以他那延长的边界线划定。"[16]领土和边界划分亦一直与宗教和伦理概念密切联系[17]:"唱出你的赞歌,圣洁的界限之神(*Terminus*);您给人民、城市和王国划出界限,如若不然各领域将

228

(接上页)前引注释 6;D. Delaney,'Territory and Territoriality' in R. Kitchin and N. Thrift (eds.) *International Encyclopedia of Human Geography* (Elsevier Amsterdam 2009)196 – 208。

[11] A. Gehlen,'Philosophische Anthropologie und Verhaltensforschung (1968)' in K. S. Rehberg (ed) *Arnold Gehlen. Gesamtausgabe* (Klostermann Frankfurt 1983) vol 4,216 – 221 at 217.

[12] 此处明显是指学者马斯洛的需求层次理论,这是在行为科学领域流传最广的理念。参见'A Theory of Human Motivation' (1943)50 *Psychological Review* 370 – 396;全面发展于 A. Maslow,*Motivation and Personality* (Harper New York 1954)。

[13] 最权威文献,参见 S. Hashmi,'Political Boundaries and Moral Communities:Islamic Perspectives' in A. Buchanan and M. Moore (eds.) *States, Nations, and Borders. The Ethics of Making Boundaries* (CUP Cambridge 2003)181 – 213 at 186 ff (古兰经和圣训中的秘境);旨在揭示本我及其周遭环境在存有论上互为因果,对自然、文化和宗教之空间性的创意性解释,参见 S. Bergmann et al (eds.) *Nature, Space and the Sacred. Transdisciplinary Perspectives* (Ashgate Farnham 2009)。

[14] P. Weichhart,*Raumbezogene Identität. Bausteine zu einer Theorie räumlich-sozialer Kognition und Identifikation* (Franz Steiner Verlag Stuttgart 1990).

[15] N. Luhmann,*Social Systems* (Stanford University Press Stanford 1995) at 266.

[16] Ovid,*Metamorphosis* (H. Riley trans.) book I,MNs 135 and 136.

[17] 最鼓舞人心的作品,参见 *States, Nations, and Borders* (n 13)。

第九章　领土和边界　225

陷入纷争……"[18]对于领土划界现象的普遍矛盾心理,奥维德的观念是一个典型:一方面,它与阿卡迪亚世界(Arcadianworld)形成剧烈反差,使之被认为有明确的消极含义,或在公元 1800 年后被视为一个想让人们"忘记地球上的果实平等属于人类全体,且地球本身不属于任何人"[19]的骗子的工作。另一方面,一块被严加保护的领土一直被视为邻近个人、社会或政治实体之间和平关系的保障,甚或具有形而上学或超自然的合法性[20]——即便在宗教教义实际上提出普世性主张之处。[21]诚如《圣经》诗篇作者向上帝所言:"地的一切疆界是你所立的"(《诗篇》74:17),且为重新确认一个存续已久的领土现状,《摩西五经》(Pentateuch)命令道:"在耶和华——你神所赐你承受为业之地,不可挪移你邻舍的地界,那是先人所定的。"(《申命记》19:14)。因此,许诺给犹太人的土地在《申命记》第 34 章第 1—3 节进一步被确定[22]——伴随着影响深远的后果,如同我们痛苦的经历般绵延至今。[23]这种根深蒂固的、通过誓言和契约的国界神圣化,事实上可追溯至早期美索不达米亚文明的皇家碑文;因此,就连那时第一次出现的"国家间"条约关系[24],仍与现代"边界神圣"概念相去不远。[25]

---

[18] Ovid, *Fasti* (A. Kline trans) book II, MN 658 – 660.

[19] J. J. Rousseau, *Discourse upon the Origin and Foundation of the Inequality among Mankind* (R. and J. Donsley London 1761) at 97.

[20] H. W. Nicklis, 'Von der "Grenitze" zur Grenze. Die Grenzidee des lateinischen Mittelalters (6 – 15. Jhdt.)'(1992)128 *Blätter für deutsche Landesgeschichte* 1 – 29 at 3.

[21] 关于伊斯兰传统,参见 K. Abou El Fadl, 'The Unbounded Law of God and Territorial Boundaries' *in States, Nations, and Borders* (n 13)214 – 227。

[22] 非常规研究,参见 M. Weinfeld, *The Promise of the Land: The Inheritance of the Land of Canaan by the Israelites* (University of California Press Berkeley 1993)。

[23] 对以色列土地的圣经认识有两种相当不同的观点,参见 M. Lorberbaum, 'Making and Unmaking the Boundaries of Holy Land' in *States, Nations, and Borders* (n 13)19 – 40;以及 D. Statman, 'Man-Made Boundaries and Man-Made-Holiness in the Jewish tradition' in *States, Nations, and Borders* (n 13)41 – 53。

[24] J. Cooper, 'International Law in the Third Millennium' in R. Westbrook (ed.) *A History of Ancient Near Eastern Law* (Brill Leiden 2003) vol 1,241 – 251。2500 年以后,土地调查官 Siculus Flaccus 详细记录了罗马界石神圣化的过程。S. Flaccus, *De Condicionibus Agrorum* (1st/2nd century AD) at 11;Nilklas, 'Von der "Grenitze" zur Grenze' (n 20) 6,其中提到中世纪运用围绕一小块土地的珍贵遗迹,来强化国界的神圣力量。特别强调日尔曼神祇在国界划定中的作用,参见 J. Grimm, *Kleinere Schriften* (Dümmlers Verlagsbuchhandlung Berlin 1865) vol 2, ch 2 ('Deutsche Grenzalterthümer'), 30 – 74 at 53 ff.

[25] 达成一项旨在维持领土现状的规范,意味着维续国际关系的稳定;即便在政治根本变化的时代亦是如此,如革命或去殖民化时期(如 1963 年《非洲团结宪章》第 3 条)。

德语中一个经过时间锤炼的名词"围栏/栏杆"（*umfrieden/Umfriedung*），仍见证着"和平"（*Frieden*）和"边界"概念之间一度不可分割的统一体关系——在许多其他语言中，这架词源学的桥梁已经消失。旨在防止个人和民族之间的纷争的领土和边界，反而——在长期历史进程中——演化为世界各地叛乱动荡的主因，这确实是领土边界化现象的一大悲剧。[26]

二、领土和边界划定的早期记载

在各时代、世界各地和各类情势下，对土地行使权力一直是政治经济组织必不可少的一项前提。一个地理性界定的领土基础，对小型城邦国家（希腊）、帝国（罗马）以及介于这两个极端之间的各式政治组织而言都是不可或缺的。是故，在过去那些黎明前的黑暗时代，当两个相邻的政治实体同意其关系正常化时，领土指认及其划界议题很快成为头等大事。

随着史前时代碑文的出土，美索不达米亚的古代国王为我们提供了最早的相关记录。[27] 在前萨尔贡时代（Presargonicperiod，约公元前 2700—2350 年）[28]，关于国界争端有如下令人兴奋的记录：

> 大气之神恩利尔（Enlil）、土地之神、众神之父，依其敕令，在拉伽斯城的守护神宁吉尔苏（Ningirsu）和乌玛城的守护神莎拉（Šara）间划定了边境。"基什之王"（Kiš）麦西里姆（Mesilim），依苏美尔守护神（Ištaran）之命，在田地里拉起了计量绳并竖起了界碑。[29]

---

[26] 亦见 N. Hill, *Claims to Territory in International Law and Relations*（OUP London 1945）at 3，其中提到"现代国家间的关系，在领土问题上已到临界点"。

[27] 关于皇室碑文的严谨版本，参见 D. Frayne, *The Royal Inscriptions of Mesopotamia：Early Periods*, Volume 1：*Pre-Sargonic Period*（*2700 - 2350 bc*）（University of Toronto Press Toronto 2008）。

[28] 详尽分析参见 A. Altman, 'Tracing the Earliest Recorded Concepts of International Law. The Early Dynastic Period in Southern Mesopotamia'（2004）6 *Journal of the History of International Law* 153 - 172 at 158 ff；J. S. Cooper, *Reconstructing History from Ancient Inscriptions：The Lagash-Umma Border Conflict*（Undena Publications Malibu 1981）。

[29] *Royal Inscriptions*（n 27）195. 值得一提的是，苏美尔人的神"恩利尔"被誉为"一切土地上的国王"，从而其不仅赋予特定统治辖区以空间维度，也折射出世俗世界以领土为基础来构建政治组织的现实。

由于对麦西里姆王的"仲裁裁决"表示公然蔑视,乌玛城的统治者们后来捣毁了界碑并进军拉伽斯城的伊甸(Eden)地区[30],从而触发了两个美索不达米亚南部城邦国家之间的冲突。对肥沃土地(圭地那区域)的占有、农业地上权(usufruct)、灌溉权,以及寻求划定界线以使自己的战略和经济优势最大化,这些是冲突的核心,他们甚至毫无愧色地摧毁了"那些建于边界堤岸(叫做"Namnunda-Kigara")的神殿"[31]。短暂的和缓时期则见证了一项平等的边界条约的缔结("国家间"协议的最早记载,约在公元前2470年)、联合的划界工作,甚至某类用以避免未来冲突的缓冲区(无人区)的设定。[32]

又一次为了和平,2500多年后(约公元前20年—公元23年),希腊地理学家斯特拉博(Strabo)否认了其早先的观点,而转为强烈支持对边界进行最精确的划定:

> 当精确的边界标记、栏杆或墙不存在……我们可以很容易地说此地是Colyttus,彼地是Melitè,但却不易精准展示地区界限:故涉及特定区域的争议频繁发生……但埃拉托斯特尼(Eratosthenes)论证的逻辑则更荒唐,当他宣布熟悉国家间的准确边界并无任何好处,并援引Colyttus和Melitè的例子时,却反而证明了与其主张截然相反。无疑地,如果一个试图将边界确定化的想法引发了战争(如Thyrea和Orpus之例),那么知晓不同地区的地理界限必定有重要的实践意义。[33]

事实上,似乎领土或边界冲突的内在因素、通过最精确划界来解决冲突的想法以及达到该目的的手段在晚近的4500年来无甚变化。

---

[30] *Royal Inscriptions*(n 27)195.

[31] 同上,第196页。

[32] 详见 G. Steiner, 'Der Grenzvertrag zwischen Lagaš and Umma'(1986)8 *Acta Sumerologica* 219 - 300; A. Altman, 'How Many Treaty Traditions Existed in the Ancient Near East?' in Y. Cohen, A. Gilan and J. L. Miller (eds.) *Pax Hethitica. Studies on the Hittites and their Neighbours in Honour of Itamar Singer* (Harrassowitz Verlag Wiesbaden 2010)17 - 36.

[33] *Geography* (Loeb Classical Library ed. and H. L. Jones trans.) (William Heinemann & Co. London 1917) book I, ch IV, ss 7 and 8. 关于古希腊世界领土举足轻重的有趣阐述,参见 I. Malkin, 'Land Ownership, Territorial Possession, Hero Cults, and Scholarly Theory' in R. M. Rosen and J. Farrell (eds.) *Nomodeiktes. Greek Studies in Honor of Martin Oswald* (University of Michigan Press, Ann Arbor 1993)225 - 234.

三、去模糊化：领土、边界和边境

先说结论：以下的土地并不算是领土。一片沙漠、一块沼泽或无法深入的森林均不构成边境；而诸如一条河流或一条山脉等天然屏障亦不构成边界。一个单纯的地理特征要成为"领土"或"边界"，其需要与一个人为的政治架构相关，拉丁语*territorium*的两个词根恰当地揭示出了这种内在的关联："terra"（土地）以及后缀"-orium"（意指地方）。[34] 确实，当"领土"一词第一次出现在中世纪晚期的欧洲时，其意便是指代"在某城或镇管辖下的土地"。其他理论提出从拉丁语"terrere"中衍生（到恐吓，亦见"terrible"一词——是故"territorium"意味着"人们得敬而远之的地方"）；或将"torium"视为诸如"tower""tour"和"torre"等词的词根，在中世纪英语、古法语、意大利语和西班牙语中传递的意思同时包含"一座四周围着墙的建筑"和"一个彰显实力的位置"。[35] 然而，这些不同的词源假说并不矛盾，反而互补。对某地理区域的控制为某一社群提供了一种（经济）实力位置，其维持需要他们保持警惕以阻止潜在的入侵者。并且领土概念最终绝非偶然地按其最初的用法而被施加于更小的政治实体，诸如城和镇；而欧洲更大的国王性的或者亲王性的政治实体之权力深深根植于中世纪基督教的政治神学，其仍主要依靠个人和组织的忠诚，而非领土。

直到 15 世纪末，在文艺复兴对阶层的批评之驱动下[36]，先前占主导的司法-政治权力（juridico-political power）模式——一种垂直的、高度复杂的和带异质性的层级特征——被另一个概念所取代，即政治空间将沿着水平面被命令，而"领土"在该政治思想中居于中心地位。[37] 对一块明确的地理区域的排他性控制，很快变得不仅

231
232

---

[34] W. W. Skeat，*The Concise Dictionary of English Etymology*（Wordsworth Hertfordshire 1993）at 499。亦有观点提出，正确的引证格式应是"Terri-torium"，意思是"从属于"或"围绕"（J. Gottmann，*The Significance of Territory*［The University Press of Virginia Charlottesville 1973］at 15），但该说法并未得到证实。

[35] *The Significance of Territory*（n 34）15.

[36] 举例阐释，参见 J. Larkins，*From Hierarchy to Anarchy. Territory and Politics Before Westphalia*（Palgrave Macmillan New York 2010）at 101 ff。

[37] 在欧洲中世纪时代，拿领土及国界线说事一直是政治主体工具箱里的重要法宝，甚至是其谋取"最高权威"的最强有力武器。但是，有些终极目标其实与领土无涉。详尽讨论请参见 S. Sassen，*Territory，Authority，Rights. From Medieval to Global Assemblages*（Princeton University Press Princeton 2006）at 31 ff。

不可或缺，而且可能是"国家"（*Lo Stato*）这一行使政治权威的新理念的最突出特征。[38] 马基雅维利在其影响至今的巨著《君主论》中[39]，同文艺复兴时的法律界同仁，在拉丁词"所有权"（*dominium*）中加入了其久已建立的罗马私法内涵以及公法意义，对领土行使单一且至上权威，从而开创了现代主权领土概念之先河。这几乎是摈弃了"远古（奥古斯丁派）教条：统治者存在的理由是实现一种至上的道德目标"[40]，马基雅维利将政治限于陆上世界。但是，要在"领土"和"主权"概念之间实现完全的耦合，从而使罗马私法这个先驱在国际法领域中完全消亡，则仍有漫长的道路，因在今日仍可发现其残余——特别是在关涉领土取得和丧失的方式上。抛开有关国家及其领土间确切法律关系的海量学术讨论[41]，后者在现代国家身份要素中的关键角色从未受到质疑。[42] 这是因为国家是一种领土组织，侵犯其边境等同于侵略国家本身。[43]

已获公认的是，一个国家成立或继续存在所需要的是某种无争议的"核心领土"。[44] 然而，国家物质基础的外部边际特性不仅见证了一种相当真实的演进（从边界区域或边境到边界线），亦具有特定概念上以及术语上的模糊性。其中最重要的模糊性在于"边境"（frontier）这一术语的使用。该词源自古典拉丁语词根"frons"（前面或前部）——在后来中世纪的使用中演化为"fronteria"，意思是军队前线或作战线[45]——在欧洲的使用中事实上成为"边界"（boundary）的同义词。[46] 但是，受

233

---

〔38〕 S. Sassen, *Territory, Authority, Rights. From Medieval to Global Assemblages* (Princeton University Press Princeton 2006) at 123 ff。

〔39〕 Published posthumous (1532); unpublished Latin version (*De principatibus*) 1513.

〔40〕 F. H. Hinsley, *Sovereignty* (2nd edn CUP Cambridge 1986) at 110.

〔41〕 开展这种实践价值不大的抽象讨论的，几乎都是德国和奥地利学者。偶尔有法国学者予以补充 (L. Delbez, 'Le territoire dans ses rapports avec l'état' ［1932］39 *Revue Générale de Droit International Public* 705–738）；意大利（D. Donati, *Stato e territorio* ［Athenaeum Roma 1924］）；W. Schoenborn, 'La nature juridique du territoire' (1929) 30 *Recueil des cours de droit international de La Haye* 81–190 at 85 ff (有完整的参考文献)。

〔42〕 一种独特且非常具体的美国意识，即"有组织的地区还不是一个国家"，其于 1799 年首先归因于这个词。

〔43〕 C. de Visscher, *Theory and Reality in Public international Law* (Princeton University Press Princeton 1957) at 197 f.

〔44〕 *Deutsche Continental Gas-Gesellschaft v Polish State* (1929) 5 Annual Digest Public Intl L 11 at 15.

〔45〕 J. T. Juricek, 'American Usage of the Word "Frontier" from Colonial Times to Frederick JacksonTurner' (1966) 110 *Proceedings of the American Philosophical Society* 10–34.

〔46〕 源自中世纪拉丁语"*bodina, butina*"。

弗雷得里克·特纳(Frederic Jackson Turner)1893年经典文章的触发[47]，一种明显不同的美国式"边疆假说"(frontier thesis)在美洲新世界及更远的地方获得了极大的名声。特纳认为，美国边境背后的理念不是欧洲那种固定的边界线[48]，而是一条军事和文化前进或撤离的动态线，他称之为"波的外沿——野蛮与文明的交点"[49]。为了扩张主义的目的而对一个相当固定的概念进行的再解释，使特纳成为全世界地缘政治运动的先锋之一[50]；该运动被简单地贴上了"不外乎帝国主义扩张之意识形态"的标签。[51] 时过境迁，虽然如今边疆假说不再被视为"历史探究的一个正式出发点"[52]，但对于把边界或边疆不言自明地作为一种不变的、理想化的线性概念之既定理念，边疆假说乃是其智识上的相对极。

四、领土与国家

领土被公认为是威斯特伐利亚体系国家的一个关键属性；甚至可以说"领主之人格"构成了传统国际法的最显明特征。[53] 但是，必须提及的是，只有到19世纪末时，领土基础的存在才在有关国家的体认上占据中心地位。确实，关于将空间要素作为构成国家的必要条件，在17世纪和18世纪的后威斯特伐利亚著作中均找

234

---

[47] "边境在美国历史上的重要性"('The Significance of the Frontier in American History')，见于1893年7月12日在芝加哥举行的美国历史协会会议。

[48] "美国的边境与欧洲的边境相当不同"('The American frontier is sharply distinguished from the European frontier')，参见 F. J. Turner, *The Frontier in American History* (Henry Holt New York 1921) at 3。

[49] 同上。

[50] 这个术语本身由瑞典学者契伦(R. Kjellén)于1899年创造；主要人物包括[德]拉采尔(F. Ratzel)、[德]豪斯霍弗(K. Haushofer)、[英]麦金德(H. Mackinder)和[美]斯皮克曼(N. J. Spykman)。

[51] F. Neumann, *Behemoth: The Structure and Practice of National Socialism* (OUP New York 1942) at 147；亦见 R. Strausz-Hupé, *Geopolitics: The Struggle for Space and Power* (GP Putnam's Sons New York 1942)。特纳(Turner)后来坦率承认自己的"帝国哲学"："近三百年时间，美国的领土扩张乃是不争的事实，甚至居于压倒性地位。随着在太平洋海岸落地以及占据那些自由土地，这股势头到了临界点。但是，所谓扩张势能不再有力的预料终究是书生呓语；国家政策面高度重视有力的外交政策、控制连接大洋的运河、深度利用海洋、拓展美国影响力至本土外岛屿和邻国，以上都在显示这股势头将继续下去。"('The Problem of the West' in The Frontier in American History [n 48] 219 [first published〈1896〉78 The Atlantic Monthly 289 – 297])。

[52] G. H. Nobles, 'Breaking into the Backcountry: New Approaches to the Early American Frontier, 1750 – 1800' (1989) 46 *The William and Mary Quarterly* 641 – 670。

[53] 国际法使"国家社会能够在内部扮演封闭系统的角色，并在相互关系中扮演领土所有者的角色"，P. Allot, *Eunomia. New Order for a New World* (OUP Oxford 1990) at 324。

不到与格奥尔格·耶里内克(Georg Jellinek)的经典"三要素理论"(领土、人口和至高的统治权)[54]和此后类似定义[55]相同的描述。由于仍受社会契约论的极大影响,格劳秀斯("一个自由人的完美社会,为促进权利和公共利益而团结")[56]和瓦特尔("政治体,为保障共同福利和安全而团结并集聚力量的人类社会")[57]均更强调人口、集体意志和政府,而非领土。尽管这两位学者及其同代学人无法回避地需要处理各类领土和边界争议,但将领土固定作为政策制定的主要指导原则和组织原则却是近来的现象。19世纪后半叶,当时大范围的和准商业性质的国家领土买卖实践——最重要的例子可能是美国在1867年买到阿拉斯加——戛然而止,这一事实或可说明国家及其领土之间存在着各种内生的和无法摆脱的关联这一新认知。因此,关于领土的"升级",威斯特伐利亚肯定也不构成一场激变,而是从中世纪到现代国家这一持续数个世纪的过渡进程之重要一环。

五、领土与他者

主张领土即是对他者说不。但是,作为一项规则,竞争者可以在国家间关系中为行使主权权力而处理其被承认的领土,这类权利并不会受到质疑。是故,在更类型化的意义上,此处所说的"不",可能被描述为掠夺性竞争的一个基本要素;这类竞争由国家社群发起,并对抗所有对其领土提出主张的他者。将所有其他对领土及在其上空行使至高政治权威的形式去合法化,以及确定民族和其领土之共生关系,这确实是鲜明的"威斯特伐利亚"模式之演进的持续性特征。在非洲的殖民主义只是其中一例,其他例子还有将美洲印第安人、毛利人从其历史栖息地赶逐。

欧洲殖民列强瓜分非洲大陆的历史——在1884年的柏林非洲会议之后达到所谓的争夺非洲之顶点[58]——是一个将统治领土及其人民的前殖民政治权力去合法化的复杂且多面的故事。所谓老卡拉巴尔的国王和酋长们的地位问题,是近

[54] *Die Lehre von den Staatenverbindungen* (Alfred Hölder Wien 1882) at 22.
[55] 例如 A. Rivier, *Principes du Droit des Gens* (A Rousseau Paris 1896) vol 1, at 45-51。
[56] H. Grotius, *De jure belli ac pacis* (1625) book 1, ch 1, para XIV.
[57] E. de Vattel, *Le droit des gens* (1758) Preliminaries, para 1.
[58] J. Lonsdale, 'The European Scramble and Conquest in African History' in R. Oliver and G. N. Sanderson (eds.) *The Cambridge History of Africa* (CUP Cambridge 1985) vol 6, 680-766;以及 H. L. Wesseling, *Divide and Rule*: *The Partition of Africa*, *1880-1914* (Praeger London 1996)。

来国际法院所面对的领土争议的一个核心议题[59]，或许正是上文所述的重要例证。面对尼日利亚的相反主张，国际法院推定由土著统治者与大英帝国在1884年最终缔结的一项条约"不受国际法管辖"，因为它不是"平等者之间的协议"且"并非与国家，而是与对领土内特定地域行使地方性统治的重要土著统治者"[60]签订。从威斯特伐利亚体制角度来看，这似乎非常完美，但这种法律评估不可避免的后果却是简单化。在国际领域上，任何形式的领土所有权都无法得到承认。"国际层面的老卡拉巴尔君主和酋长们"将"从视野中消失"，[61]恰如对"他们的"领土的主张一样。当时的法律——如国际法院所确认的——赋予大英帝国完全的领土主权，它最终在30年后被移转给德国。

盎格鲁-美利坚人论证自己占据原住民土地之合法性的漫长历史——朦胧地处在一层烟幕的笼罩下，即一场关于法律性质、内容和美国印第安土著及其他（领土的）所有权的、复杂且矛盾的论争——甚至无法在此展开。[62] 但是，这整个议题的一个关键要素之要点，可能是在1831年美国最高法院对切诺基诉佐治亚案之裁决[63]中得到最充分体现。在关于印第安部落主权性质的延伸讨论后，法院多数决裁定印第安部落不具备直接向最高法院提起诉讼的资格（反对旨在强制切诺基人迁出其历史栖息地的州法），因其既非外国，亦非美国的一个州。

236

> 也许，更确切的是称他们为国内的附属民族。他们占据了一块我们独立于其意志权利而主张权利的领土，当其占有权终止时，我们必须以占有实现权利主张；与之同时，他们处于未成年的状态。其与美国的关系类似于被监护者与监护者。[64]

---

[59] *Case Concerning the Land and Maritime Boundary between Cameroon and Nigeria* (*Cameroon v Nigeria*: *Equatorial Guinea intervening*) (*Jurisdiction*) [2002] ICJ Rep 303。关于这一判决的特定方面，参见 M. Craven, 'International Law and its Histories' in M. Craven, M. Fitzmaurice and M. Vogiatzi (eds.) *Time, History and International Law* (Martinus Nijhoff Leiden 2007)1 – 25 at 19 ff; E. Milano, *Unlawful Territorial Situations in International Law. Reconciling Effectiveness, Legality and Legitimacy* (Martinus Nijhoff Leiden 2006) at 74 ff。

[60] *Cameroon v Nigeria* (n 59) para 205.

[61] J. Crawford, *The Creation of States in International Law* (2nd edn OUP Oxford 2005) at 314.

[62] 近期的有（尽管并非无争论）S. Banner, *How the Indians Lost Their Land. Law and Power on the Frontier* (Belknap Cambridge MS 2005)。

[63] *Cherokee Nation v Georgia* 30 US 1, 5 Pet 1(1831).

[64] 同上，第17页（首席大法官马歇尔发表的法院意见）。

尽管直接相关的仅是非常有限的程序议题,但法院对印第安民族主权国家地位的(高度争议的)[65]否认产生了深远的影响。印第安部落被剥夺了主权国家地位的保护伞,这证明"他们在自己所占据之土地上的无可争议的、在此之前未曾被质疑的权利"[66]并不能有效地保护切诺基民族在自身领土上的所有权。

欧洲领土主权观与相当不同的治权观(对土地和人民的治理)之碰撞,在英皇同毛利人于1840年签订的《怀唐伊条约》(Treaty of Waitangi)中表现得最明显;后者是土著人,如今被称为新西兰人。[67] 条约英文版第一条写道,毛利人让渡其"主权",但在毛利版本中,其给英国的仅是治权(kawanatanga)。[68] 结果是,毛利人过去相信——现在依旧相信——他们让渡给英国女王的是有限的治权,只用以换得保护的允诺,而他们一直以来保留了管理内部事务的统治权。但是,无甚惊奇地,欧洲人的观念占了上风;虽然1975年的《怀唐伊法案》促进了一项由代表个人或毛利族的人进行的、针对1849年以来的条约所主张的调查(用以弥补毛利人的损失——译者注)[69],但领土主权议题(取得的合法性)显然从未真正处于关键地位。

六、领土所有权

(一) 一般性层面

237　　存在不同的领土实体,且各有独一的权利去行使排他的最高统治,这不是后威

---

〔65〕 *Cherokee Nation v Georgia* 30 US 1,5 Pet 1(1831),第53页(法官汤姆森持异议):"用这些规则测试切罗基印第安人的性格和状况(参考了艾默·德·瓦特尔的国家地位概念),不知道怎样才能不受这个结论的影响,即他们形成了一个主权国家。"

〔66〕 同上,第17页。

〔67〕 一个深入的历史分析,参见 C. Orange, *An Illustrated History of the Treaty of Waitangi* (2nd edn Bridget Williams Books Wellington 2004);和一个更广阔的(法律)视角,参见 M. Belgrave, M. Kawharu and D. Williams, *Waitangi Revisited: Perspectives on The Treaty of Waitangi* (2nd edn OUP Oxford 2005)。

〔68〕 (地方)毛利人首领们(Rangatira)只在他们自己的区域内行使自治和统治权(rangatiratanga),毛利人只是不熟悉整个国家的最高统治者的概念。有点不幸的(但人为的)是重现治权(kawanatanga)这个词涉及了"Kawanna"(新南威尔士州统治者)的角色,他的管辖权随后扩张并且被限制在新西兰的英国臣民中。

〔69〕 Public Act 1975 No 114;于1985年、1988年(二次)、1993年、2006年和2010年10月16日修订,该法案设立了怀唐伊法庭,且有史以来首次赋予1840年条约在新西兰国内法上的承认。

斯特伐利亚时代主权国家理念才有的印记。[70] 将领土作为行使主权权力的关键要素,这事实上是(中世纪)治权(属人管辖)范式转变后的理念。是故,化解管辖能力和活动在空间上的竞合便很快成为所有相关国家的主要关切事宜。用罗伯特·詹宁斯(Robert Yennings)勋爵略显夸张的话说:"传统国际法的使命与目标一直是对在领土基础上的主权行使划界。"[71]新生领土国家的目标——以最大可能的有效性和自治性行使其主权,亦是促进承继于中世纪的高度破碎政治版图被大幅重塑的一大主因。或有领土的创设被视为进一步降低相邻政治实体之间相互依赖的恰当手段(过境通行权和其他地役权),一度无所不在的飞地(enclave and exclave),即法律上附属于一个国家但地理上不与这个国家相邻的领土,[72]一个接一个地被从政治地图上抹去。联合行使主权——在之前是相当普遍的选项——在实践中亦日益罕见,而"共管地"[73]如今已化为遥远过去的某种历史遗迹。[74]

然而,为了使在明确界定的范围内行使完全主权的专制梦想成为现实,首先是要掌握所主张领土的准确范围。故毫不讶异地,专制国家中的优越者——法王路易十四——在 17 世纪 70 年代率先铺开艰苦和细致的领土调查和测绘工作。[75] 运用荷兰数学家伽玛·弗里西斯(Gemma Frisius)的三角测量技术[76],在将近一

238

---

[70] 详见 B. Fassbender,'Sovereignty and Constitutionalism in International Law' in N. Walker (ed.) *Sovereignty in Transition* (OUP Oxford 2003)115 – 143.

[71] *The Acquisition of Territory in International Law* (Manchester University Press Manchester 1963) at 2.

[72] P. Delsalle and A. Ferrer (eds.) *Les Enclaves Territoriales aux Temps Modernes(XVIe – XVIIIe siècles)*: *Actes du Colloque de Besançon* (Presses Universitaires Franc-Comtoises Besançon 2000).

[73] 详见 A. Coret,*Le condominium* (Pichon & Durand-Auzias Paris 1960)。

[74] 规定于《维也纳会议最后议定书》(签订于 1815 年 6 月 9 日)第 25 条第 4 款第 2 项 (1815)64 CTS 453:'... the rivers themselves, in so far as they form the frontier, shall belong in common to the two powers', concretized the following year and reconfirmed in 1984 (见德意志联邦共和国与卢森堡大公国在 1959 年 7 月 11 日签订的《关于共同边界的条约》第 1 条第 2 款 [BGBL 1960 II, 2077]),莫塞尔河及其支流仍然构成卢森堡和德国之间的共管地(参见 D. E. Khan,*Die deutschen Staatsgrenzen* [Mohr Siebeck Tübingen 2004] at 476 ff)。

[75] 由卡西尼家族四代人管理:雅克·多米尼克(1625—1712 年)、雅克(1677—1756 年)、塞萨尔·弗朗索瓦(1714—1784 年),和另一位雅克·多米尼克(1748—1845 年)。

[76] 在他的 *Libellus de locurum* 中——包含在他的开创性著作《天文学和宇宙学原理》(*De principiis astronomiae cosmographicae*)1533 年增刊中——弗里西斯(1508—1555 年)不仅阐述了三角测量的理论,还提出了将三角测量作为一种精确定位位置的方法 (N. D. Haasbroek,*Gemma Frisius*,*Tycho Brahe and Snellius and their Triangulations* [Netherlands Geodetic Commission Delft 1968] at 16 ff)。

个世纪后,随着整个国家地貌地图的完成,这项事业获得皇家嘉奖。[77]

(二) 领土取得的方式

基于中世纪统治的王朝和封建结构,毋庸惊奇的是在领土权利规则的形成阶段,私法类推成为主流。按罗马法原则,古典国际法因而具有五种领土取得方式:无主地先占、时效、割让、添附和征服(subjugation)。[78] 然而,虽然原则在理论上清楚简洁,但这些古典领土取得方式之间的界限一直都很模糊[79],特别是先占与时效。在地理大发现时代,伴随着欧洲征服者(conquistadores)间潜在冲突的迅猛增长,迫切需要一个能够让当时所有相关主体都能接受的新法律框架。[80] 是故那仅靠教皇两次敕令(*Romanus Pontifex*,1455 年;*Inter Caetera Divinae*,1493 年)的权威试图在两个国家(西班牙和葡萄牙)之间瓜分世界的初次尝试,因强力竞争者(如英格兰、法国和荷兰)的抵制而注定失败。替代性路径(特别是像"先到先得原则"[发现]),因为关于这一权利的许多主张言之凿凿但疑窦丛生的性质而一直充满争议。似乎早在 1506 年,教皇自己也审慎地避开了其早期的主张,斯时明确地确认西班牙和葡萄牙两国仅对其"发现和先占岛屿"享有权利。[81] 作为合法化领土权利的必要非充分条件的有效占领——最终在领土取得相关话语和实践中被奉为圭臬——确实不算是一个创新理念:巴托鲁斯·萨修费拉托(Bartolus de Saxoferrato)在 14 世纪初所著的《岛屿论》(*Tractatus de Insula*)中,就已经对教皇早先的捐献作出笃定评论:"但如果他被授予无视先占的权利,这个权利的法源是什么? 问题是他是否丧失了该权利? 我的回答是:是的,若他无正当理由地拖延便丧失了先占权……"[82] 约 600 年

239

[77] 以 1∶86,400 的精确比例。增加使用和熟悉地图及勘测不仅增强了军事、地方和国家行政权(A. Godlewska, *Geography Unbound*:*French Geographic Science from Cassini to Humboldt* [University of Chicago Press Chicago 1999] at 129),而且对改变这个方式(国家就是如此被概念化的)做出了重大贡献。

[78] M. Shaw, 'Territory in International Law' (1982)13 *Netherlands Yearbook of International Law* 61–91 at 79.

[79] G. Schwarzenberger, 'Title to Territory:Response to a Challenge' (1957)51 *American Journal of International Law* 308–324 at 310.

[80] 详见本书中由安德鲁·菲茨莫里斯(Andrew Fitzmaurice)撰写的第三十五章"领土的发现征服与先占"。

[81] '*Ea quae*' Bull of Pope Julius II (with respect to the Antilles Islands).

[82] *Consilia*, *quaestiones et tractatus* (Venice 1585) at 137 ff;translation by F. A. von der Heydte, 'Discovery, Symbolic Annexation and Virtual Effectiveness in International Law' (1935) 29 *American Journal of International Law* 448–471 at 450 f.

后,这个推理在马克斯·胡伯(Max Huber)于帕尔马斯岛屿案(IslandofPalmasCase,1928 年)的经典裁决中得到再现:仲裁员强调对无主地的发现仅赋予其一种原始的权利(inchoate title),为了在国际场合中对抗他国,必须伴之以有效占领。[83] 尽管一般都认为,这种"有效"的必要程度可能依地理或其他情势而有不同,[84]但在过去两百年中,国家实践、国际法理和学说却从未真正质疑过"领土主权持续与和平地展现"是来源于诸如先占和时效的一种有效权利所不可或缺的先决条件。[85] 尽管这是个复杂和多面向的法律概念,但保持占有原则(uti possidetis,"既然你现在占有,你就继续占有")[86]的潜在核心思想在拉丁美洲(19 世纪)和非洲(20 世纪)争取独立的斗争中受到重用亦受益于此概念。关于"占有"和"主权"之间内在纽带关系的存在价值的要点,依然是由马克斯·胡伯予以透彻阐述:

> 领土主权不只有负面作用,如排除其他国家的活动;它亦有助于国家对人类活动使用空间的分割,为了确保国际法在各方面上所捍卫的最低限度之保护……国际法……不得被推定为将诸如领土主权等几乎所有的国际关系都附着其上的权利减损到没有具体表现的抽象权利类型。[87]

七、边界和边境变化的性质

从主权的人格化性质范式到沿着水平面施令的政治空间主权范式的转变,亦对这些空间外部边际的体认和构建产生深远影响。当领土成为最高阶层政治权力合法化行使的物理与法律载体,边界划定便突然在诸如政客和法律人等的思考与

240

---

[83] *Island of Palmas Case* (*Netherlands v United States of America*)2 *Rep Intl Arbitral Awards* 829 at 846; D. E. Khan, 'Max Huber as Arbitrator: The Palmas (Miangas) Case and Other Arbitrations' (2007)18 *The European Journal of International Law* 145 – 170 at 158 ff.

[84] 丰富的法学,参考 *Territory in International Law* (n 78)83。

[85] 毫无保留的主张,如所谓的腹地理论,实际上从来没有被认为是一个可行的议题。举一个州的实例:'Letter of Count Hatzfeld to Baron von Marschall of 14th May 1890' in E. T. S. Dugdale (ed) *German Diplomatic Documents 1871 –1914* (Methuen London 1929) vol 2,32 – 34 at 32 f;"索尔兹伯里勋爵(Lord Salisbury)……指出,我们发明的腹地理论……没有被国际法接受。"

[86] 详情参见 S. Rattner, 'Drawing a Better Line: *Uti Possidetis* and the Borders of New States' (1996)90 *American Journal of International Law* 590 – 624。

[87] *Island of Palmas Case* (n 83)838 ff.

行动中占据了中心位置。[88] "边疆确实是战争与和平、国家生与死这类现代议题的刀锋",诚如乔治·寇松侯爵(Lord Curzon)在其极具影响力的 1907 年的"罗曼纳讲座"(Romanes lecture)[89]中仍然支持 150 年前瓦特尔的论点:"既然对他国领土的最少蚕食也是种不正当行为,那么为了避免这种不义并去除所有引发冲突和纷争的机会,就应明白准确地定下领土边界线。"[90]这种明确的"邀请"刺激边境区域形式各样的普遍现象(行军线、敖包[鄂博]、缓冲区、无人区、国境线[grenzsaum]以及其他)逐渐被(现代)线性边界概念所取代。[91] "也就是说,划一条准确的线……主权诸权力和权利在空间的延展于此……相会。"[92]

边界线性化的全过程亦扩展到河流、山脉这些自古以来既定的天然边界。由于不再被认为足够精准,因此河道边界线自此被按照中心线或者按照主航道中心线原则(Thalweg principle)而具化。在高山地区,分水岭原则获得了重要地位,以划出一条看不见的线,从而精准分割邻近国家主权各自的范围:"主权的本质要素之一是它要在领土界限内被行使,且如果没有相反的证据,则领土与主权共存共荣。"[93]

八、海洋统治权及其海上界限[94]

(一) 海洋:神圣领域或人类愿景的合法目标?

自古以来,开放的海洋一直在勇士心中激起敬畏和无尽的好奇心与探索欲。数千年来,沿海国家对海洋水域相关权利的主张普遍存在类似的模糊性。[95] 在古

[88] 然而,重要的是,重申领土及其局限性当然已经成为欧洲中世纪政治行动者工具箱中的重要因素,他们当中最强大者确实渴望获得某种"最高权威"的地位。然而,这种渴望在本质上并不具有领土性。(深入讨论见 Territory, Authority, Rights [n 37]31 ff; D. Willoweit, *Rechtsgrundlagen der Territorialgewalt* [Böhlau Köln 1975] at 276)。

[89] Lord Curzon of Kedleston, 'Frontiers' in *Oxford Lectures on History*, *1904 - 1923* (Clarendon Press Oxford 1924) vol 1, 1 - 58 at 7.

[90] *Le droit des gens* (n 57) book II, ch VII, para 92.

[91] 对于一个经典的、虽然不是没有争议的、关于中欧整个过程的分析,还可参见 H. Helmolt, 'Die Entwickelung der Grenzlinie aus dem Grenzsaume im alten Deutschland' (1896)17 *Historisches Jahrbuch* 235 - 264。

[92] *Aegean Sea Continental Shelf Case* (*Greece v Turkey*) (Judgment) [1978] ICJ Rep 35 MN 85.

[93] *The North Atlantic Coast Fisheries Case* (*Great Britain v United States of America*)11 *Rep Intl Arbitral Awards* 167 at 180.

[94] 详见本书中由戴维·波德曼(David J. Bederman)撰写的第十五章"海洋"。

[95] 术语创作自 W. Graf Vitzthum, *Handbuch des Seerechts* (Beck München 2006) at 69。

代历史上,对海洋所有权的反对不仅仅是基于海洋的这一性质——不像抵制占有内陆(*terra fema*)的那种意义。这方面的不情愿亦内在地捆绑着人类的另一宏大命题,即人与神圣世界的碰撞:诚如诗人所歌颂的,"海洋是上帝的"(《诗篇》95:5)。古埃及第二十代王朝末期(约公元前1086年)那份独一无二的"威那蒙报告"(Report of Wenamon)明白无误地将海洋标为世俗权威的禁地:"海洋是神的……别指望自己能染指属于诸神之王——太阳神(Amon-Re)的东西。"[96]类似的态度亦盛行于罗马著述家之间,他们甚至比埃及人更进一步,认为单单是航行就能触怒众神:"人类争相闯入禁地、开启恶端……(罔顾)神以其智慧用分割的海洋区分世界各国。"[97]然而,要求人类谨防"违背圣谕"、勿碰海洋统治的神圣警告,却很符合地中海社群在自由通商以及偶尔在军事目的上的更世俗的利益。是故,无甚惊奇地,古代世界几乎不曾听闻对海洋的任何管辖主张,而与海洋相关的法律规则,像《罗德法典》(公元前2世纪)[98],仅限于海事贸易所必需的规制,包括应对对航海国家而言可能是最严峻的挑战——海盗祸端。即便出于安全和经济理由,有时有一些对非常有限的近海水域的主张[99],并且不考虑罗马帝国仅仅出于政治和军事但绝非法律的、对地中海整体提出的"我们的海洋"(*mare nostrum*)的主张,古代世界——在欧洲和其他地方[100]——把海洋当作是明确地超出国家管辖范围的东西,这一整体画面仍是一目了然的。这个准则如此普遍地被接受,以至于对试图征收博斯普鲁斯海峡航运通行费的拜占庭城邦而言,罗德共和国迅速回应宣战自不是一件奇怪的事。仅当拜占庭在这次对海洋自由鲁莽的冒犯中彻底退税,才最终避免了一场全面的军事对抗:"拜占庭不是对目的地为本都(Pontus)的船收费,而是

242

---

[96] J. H. Breasted, *Ancient Records of Egypt* (The University of Chicago Press Chicago 1906) vol 4, at 274 ff (paras 557 ff)。可以肯定的是,韦纳蒙(ab)利用所谓的神圣特权证实了埃及在地中海东部的霸权野心。

[97] Horace, *Odes / Carmina* book 1, ch 3, 21 - 26; C. Phillipson, *The International Law and Custom of Ancient Greece and Rome* (Macmillan London 1911) vol 2, at 369 f:"罗马人对大海感到恐惧……因此,于大海中航行通常被认为是对神灵的冒犯……"。

[98] 详情参见 W. Ashburner, *Nomos Rhodion Nautikos. The Rhodian Sea-Law* (Clarendon Press Oxford 1909)。

[99] 希腊城邦之间的条约(公元前5世纪):Thucydides, *The History of the Peloponnesian War* (431 bc) ch V。

[100] 阿南德(R. P. Anand)对亚洲世界几乎得出了相同的结论 (*Origin and Development of the Law of the Sea* (Martinus Nijhoff The Hague 1982 [at 10]ff)。

在谈论德国及其盟友应当与其和平共处的条件。"[101]

(二)海洋自由论与海洋闭锁论

1800 多年以后,无人能统治海洋或对海洋拥有至上控制权的理念,在胡果·格劳秀斯的经典著作《海洋自由论》(1608 年)中获得回响:"海洋如此清楚地是公共之物;除上帝外,不可能是任何人的财产。"[102]但是,在格劳秀斯写作的那个年代,这项原则不仅在真实世界日益引发硝烟,亦可能是国际法史上第一次理论大争论的主题[103]:国家能对毗邻海岸的水域主张管辖特权吗?若可以,是在何种程度上?尽管第一项问题很快获得肯定答复,但第二项仍排在晚近的国际议程中。智识层面的争议由确凿的事实所触发。在 16 世纪与 17 世纪之交,欧洲许多海域变成了经济竞争的场域,特别是在捕鱼方面。是故,无甚惊奇地,为数不少的国家对特定海域提出主张——有时仅是象征性的[104];有的海域事实上或多或少已被有效占有,最显著的是波罗的海(瑞典)和英国海(英格兰和苏格兰)。[105]海道控制或自由的问题,亦逐渐成为攸关整个国家繁荣的关键议题。对于与新"发现"大陆进行通商贸易至关重要的主航道,西班牙和葡萄牙两国的排他性和过分的主张并非照旧不受撼动。并不奇怪地,在对海洋行使政府统治和海洋自由理念之间寻找平衡[106],很快成为国际社会政治、战略、经济和法律议程(法律排在最后,但绝非最不重要)的关键议题。

格劳秀斯就开放海洋应让所有人自由使用的激昂倡议,遭到其时代几乎整个智识界的强烈抵制,特别是其久负盛名的英国同行约翰·塞尔登(John Seldon)[107],且这个

---

[101] 波利比阿斯(公元前 200—120 年)提供了这个事件的完整描述,参见 *Historiai*(W. R. Paton trans.)(Loeb Classical Library 1922)book 4, at 52。

[102] H. Grotius, *The Freedom of the Seas*(1608)at 34.

[103] 所谓的书籍之战,参见 Expression('*bataille de livres*')coined by E. Nys, *Les origines du droit international*(Castaigne, Thorin & Fils Bruxelles 1894)at 262;亦见 E. Nys, 'Une bataille de livres: Episode de l'histoire litteraire du droit international' in E. Nys, *Etudes de droit international et de politique*(Castaigne, Fontemoigne Bruxelles 1901)vol 2, 260–272。

[104] 亚得里亚海的威尼斯人以一年一度独特的"拥护"仪式为标志(G. Pace, *De dominio maris adriatico* [1619]);热那亚位于利古里亚海上的一部分(P. B. Borgo, *De dominio serenessimae genuinsis reipublica in mari ligustico* [1641])。详情参见 J. H. W. Verzijl, *International Law in Historical Perspective*(AW Sijthoff Leyden 1971)vol 4, at 11 ff。

[105] 关于所谓的"国王的议院"和其他对英国海主权的主张,参见 T. W. Fulton, *The Sovereignty of the Sea*(William Blackwood and Sons Edinburgh 1911),其中提供了数量惊人的 17 世纪至 19 世纪的国家实践。

[106] D. P. O'Connell, *The International Law of the Sea*(Clarendon Press Oxford 1982)vol 1, at 1.

[107] *De mare clausum*(1635 trans 1663).

争议在"后续几个世纪里时兴时衰"[108]。然而，从未有争议的是沿海水域可以附属于其沿海国家某种程度的统治。"有争议的问题"——正如格劳秀斯所承认的——"不涉及这片海域的某个海湾或海峡，甚至不涉及在海岸上目力所及的广阔海域。"[109]在 1625 年，格劳秀斯澄清道："帝国对海洋某一部分的统治……（或及于）那些在该海域航行的人，这些人可被驱逐，仿若他们在陆地上。"[110]但是，另一位荷兰法学家宾刻舒克因其著作《海洋统治》(De dominio maris dissertatio，1703 年)而最终成为确定可受沿海国家合法控制的海水带范围的权威：对土地的所有止于武力所及处(Imperium terrae finir ubi finitur armorum potestas)。为了给未来（技术的）进步留出余地，在国家权威之有效行使的特意模糊化标准转变为相当固定的三英里（所谓的"大炮最远射程"）[111]之前，又过了几十年。尽管这从未真正符合武器技术的实际水平，但因其合理和方便，这个三英里之限很快就成为了被广为接受的确定领海外部界限的原则。[112]

244

九、垂直向上：大气空间的占有与分割

传统国际法扮演的至少是国家潜在利益冲突的调停者。是故，无甚惊奇地，只要人类事实上无法进入大气空间(airspace)，则（国际）法律人和类似的国家实践便不会对国家空间范围的垂直面向投入多少关注。这亦适用于——加以必要的变更——地球内部，其公法地位还从未吸引过真正的注意力，直到如今。今天我们对此的体认与威廉·布莱克斯通(William Blackstone)在 18 世纪 70 年代（在私法语境下）所揭示的内涵相差无几："向下，任何土地的表层与地心之间的直线空间，均属于该表层的所有者……"[113]

---

[108] *The International Law of the Sea* (n 106)14 ff，其中简要地解释了统治权和所有权的区别，这对理解格劳秀斯的作品至关重要。

[109] *The Freedom of the Seas* (n 102)37.

[110] *De jure belli ac pacis* (n 56) book II，ch 3，para XIII.

[111] US Secretary of State Jefferson，letter of 8 November 1793 (J. B. Moore，*A Digest of International Law* [Government Printing Office Washington 1906] vol 1，at 702).

[112] 直到 20 世纪末，才最终被今天的 12 英里的限制所取代（UNCLOS [The United Nations Convention on the Law of the Sea] [1982] art 3）。

[113] *Commentaries on the Laws of England* (Clarendon Press Oxford 1766) vol 2，ch 2，at 18；参照 H. Lauterpacht（ed.）*Oppenheim's International Law* (8th. edn Longmans，Green & Co New York 1955) at 462，作为"公认的国家法规则"。详情参见 *Die deutschen Staatsgrenzen* (n 74)642 ff.

直到 20 世纪初期,智识界才慢慢开始发现大气空间:

从一个世纪到另一个世纪,技术专家忙于研究在空中航行的问题,法律人大可目睹接踵而至的实验失败而无动于衷……只要这些航行设施仍是些无法驾驭的热气球,危险昂贵、绝不适合常规交通[114],空中航行因此必然限定于某些极不寻常的上空目的,例如展览会上吸引人眼球、休闲旅游或科学远足以及最少见的军事用途[115];它并未创造要求立法者予以立即关注的情势和关系。[116]

17 世纪对这一主题的零星思考,其主要意图[117]仅是为在关于海洋主权的热烈辩论中强化己方立场。为了强烈的自由愿景,格劳秀斯运用海洋是(所谓)取之不竭资源的观点,他观察到"关于大气空间也需要说同样的话,倘若它能被任意使用而不需要使用陆地……"。[118] 普芬道夫(Pufendorf)在其观点中亦运用了同样的前提假设——绝对无法进入大气空间——以作为对"若老天允许"则至少对海洋行使部分主权这一观点提出反对主张的关键论据:"已经说过天上有飞鸟,既然人类从不具备上天的能力,无法离地,那么人就不得对天空主张主权……"[119]

尽管偶尔讨论过,但是罗马法法谚"土地拥有者,拥有一路直到天堂的天空,并拥有一路直到地狱的土地"(*cuius est solum eius est coelum*)在事实上并未

---

[114] 1783 年 11 月 21 日,在巴黎,人类在热气球上实现首次自由起飞(皮拉特雷·德·罗齐耶和侯爵·德·阿兰德乘坐于其上),该热气球由约瑟夫和艾蒂安·蒙戈菲耶兄弟制造。

[115] 早期军事用途的单独事件(1794 年的弗勒律斯战役、1849 年的威尼斯围城和 1859 年的索尔费里诺战役)没有引起任何司法上的反应。在救济被包围的巴黎时,气球被广泛使用(德法战争,1870/1871 年),然而,这引发了一些有趣的司法争议,特别是在国际人权法领域(俾斯麦威胁要将所有气球驾驶员作为间谍处置)。详见 *Die deutschen Staatsgrenzen*(n 74)622 ff.

[116] J. F. Lycklama à Nijeholt, *Air Sovereignty*(Nijhoff The Hague 1910)at 1.

[117] J. S. Dancko, *De jure principis aereo. disputatio inauguralis*(Anhalt-Zerbst 1687)可能是第一个,尽管是对主题的反常处理(Synopsis of the original Latin text and German translation by Institute of Air and Space Law [Cologne University 2001]);一个世纪后,J. Pütter, *Erörterungen und Beyspiele des teutschen Staats-und Fürstenrechts*(1793)vol 1,10 f 在(德意志)帝国及其组成单位(州)之间(假设的)职权分配的背景下触及这个问题。

[118] *De jure belli ac pacis*(n 56)book II, ch 2 and 3.

[119] 'De jure naturae et gentium. Libri octo'(1672)in J. B. Scott(ed. and trans.)*The Classics of International Law*(Clarendon Press Oxford 1934)vol 17, book IV, ch V, para 5.

能跨越私法领域的界限。[120] 相反,一致公认的是,至少就公法领域而言[121],大气空间被视为共有物(*res omnium commune*)且不受国家任何种类的主权权利之影响。

只有在 20 世纪初年,保罗·福希叶(Paul Fauchille)的经典论文[122]以及在 1902 年的国际法学会布鲁塞尔年会上的两篇综述(《空气空间管辖机制》)[123],激活了对该议题的讨论,但并未开拓新的智识进路。鉴于将行使所有权或主权传统模式套用到大气空间的困难(*l'air, par sa nature même, est insusceptible de propriété ou de souveraineté*)[124],"空域自由"原则获得压倒性多数的支持。尽管安全关切在关于空域自由原则可能的限制的讨论中很快有所进展,但这一原则在接下来的数年间不仅仍旧被广泛接受[125],而且甚至被其鼓吹者贴上实质上"无争议"的标签。[126] 然而,后续的十年见证了一个大反转——这一坚实的法律学说被彻底抛弃——莱特兄弟成功试飞一架动力驱动的可航行飞行器(1903 年)以及这一技术进步带来的潜在后果,这些给此前无异议的空域自由理论埋下了第一粒怀疑的种子。[127] 面对第一次世界大战中的空战所带来的毁灭性后果,几乎在不到一年的时间内,各国政府便在 1919 年的《巴黎和约》中达成如下一致认同:"缔约各国承认每个国家对其领土之上的大气空间拥有完整且排他的主权。"[128]

246

---

[120] J. C. Cooper, 'Roman Law and the Maxim "Cujus est solum" in International Air Law' in I. A. Vlasic (ed.) *Explorations in Aerospace Law* (McGill University Press Montreal 1968) 54–102.

[121] 一个对立的观点(尽管出于私法目的),参见 *Commentaries on the Laws of England*(n 113)18。

[122] 'Le domaine aérien et le régime juridique des aérostats' (1901) 8 *Revue Générale de Droit International Public* 414–485.

[123] P. Fauchille, 'Régime juridique des aérostats' (1902) 19 *Annuaire Institut de Droit International* 19–86; E. Nys (1902) 'Régime juridique des aérostats' 19 *Annuaire Institut de Droit International* 86–114.

[124] P. Fauchille, 'Régime des aérostats et de la télégraphie sans fil' (1906) 21 *Annuaire Institut de Droit International* 293–329 at 295.

[125] K. Hutchinson, *Freedom of the Air* (Public Affairs Committee New York 1944) at 4。早在 1910 年,德国和法国就大力提倡由来已久的空中自由原则。

[126] 'Régime des aérostats et de la télégraphie sans fil' (n 124).

[127] 韦斯特莱克(Westlake)的提议明确地恢复了"宇宙空间的所有权"原则,其授予国家对所述空间的有限所有权(《无线电报的航空和电报制度》[n 124]299),但在 IDI 的绅士会议上被大多人拒绝(同上,第 305 页)。黑兹尔坦也持类似的观点,参见 H. Hazeltine, *The Law of the Air* (University of London Press London 1911)。

[128] Convention Relating to the Regulation of Aerial Navigation(签订于 1919 年 10 月 13 日,于 1922 年 3 月 29 日正式生效)11 LNTS 173, art 1.

辅之以各国"在和平与特定条件下应赋予其他缔约国的飞行器无害通过其领空的自由"之责任,在(普遍的)国家利益和——如今,如果有的话,位居其次的——共有物概念之间寻求一种全新的平衡。尽管因此推定这些条款"仅是记录下一项原则……已被国际习惯实践所认可"[129]的观点未必正确,但肯定真实的是,把空气空间纳入国家领土为 1944 年的《国际民用航空公约》所重申和再次确认[130],并很快进入习惯国际法的范畴,且此后再未受到严峻挑战。但是,截至今日,关于大气空间和外层空间之间那条无形界线的准确位置所在还未能达成共识——公认的是后者(外层空间)应免于主权主张。尽管就此问题的争议永无休止[131],但 1957 年的"卡门线"(Kármán Primary Jurisdiction line)[132]将国家领土的垂直上限确定为约 83 千米的高度,这仍算某种权威指南。因为主要用于太空船、火箭和导弹的过境,且为了避免在中气层和热气层交汇的遥远空间产生航空和太空使用的冲突,卡门选择的这条功能性路径仍必须被考虑得足够精确。

十、超出国家领土的空间

古老的地图常将未知领土(*terra incognita*)标以拉丁语"此地有让探险家有去无回的狮子"(*hic sunt leones*)。这些时代已一去不复返矣,一个多世纪前的帝国主义之扩张结束了对地球陆地统治权的争夺。二战后的去殖民化进程在新独立国家中(重新)分配了殖民主义的领土遗产,但却没有在世界地图上剩下任何无国家统治的盲点,更遑论创设新地。今日在这方面唯一的例外是 1400 万平方公里的南极大陆。按 1959 年《南极公约》的精神[133],许多国家既存和部分重叠的对南极的领土主张被冻结(第 4 条),因此排除任何国家对南纬六十度以南的所有陆地和冰架

129] J. H. W. Verzijl, *International Law in Historical Perspective* (AW Sijthoff Leyden 1970) vol 3, at 75.

[130] Convention on International Civil Aviation (签订于 1944 年 12 月 7 日,于 1947 年 3 月 5 日正式生效)15 UNTS 295("《芝加哥公约》")。

[131] 详见 R. Goedhart, *The Never Ending Dispute: Delimitation of Air Space and Outer Space* (Editions Frontières Gif-sur Yvette 1996); G. Oduntan, *Sovereignty and Jurisdiction in Airspace and Outer Space: Legal Criteria for Spatial Delimitation* (Routledge New York 2012).

[132] 由匈牙利工程师和物理学家西奥多·冯·卡门(TheodorvonKármán, 1881–1963 年)提出,这条线依赖于空气动力学标准:稀薄的空气不再允许机翼产生足够的升力,从而使一架恰好低于轨道速度飞行的飞机保持上升状态,我们已经越过了空气空间和外层空间之间的边界。

[133] The Antarctic Treaty (签订于 1959 年 12 月 1 日)402 UNTS 71.

享有领土主权(第6条)。对外太空(the extra-terrestrial territories)亦适用类似的路径。"包括月球和其他天体在内的外太空,不因使用、先占或其他任何手段的主权主张而属于国家所有。"[134]这些条约机制,连同国家管辖外水域("公海"[135])的机制,揭示了各个国家日益意识到如果历史教会了我们什么,那它或许是:在全能的和本质上自私的政治实体之间划出界线来分配权责,这很可能不是对人类越来越相互依存这个紧迫问题的终极回应。[136]

十一、结论

可以肯定的是,威斯特伐利亚式的领域性并未死去。相反,领域性今天被所有国家所尊重;尽管过去只有少数(西方)列强享有完整的领土主权。[137] 在过去将近五百年的时间中,有边界的领土一直被视为是对人民行使治权的合适框架。但是,近年来越来越多的迹象显示,领土和权力之间的传统的和相当必然确定性的共生关系也许不再是排他性合法主张的基础。这也许很难被谴责,因为从国际法角度,在占有和转移领土后,事情没有就此结束。现代国家的领土占有(*L'obsession du territoire*)总是以服务其人民为出发点的[138],而非本末倒置。人们或可追忆罗伯特·詹宁(Robert Jenning)对传统智慧永不过时的说法:"某次领土的变更不仅仅意味着地球表面一部分及其资源从一个政体转到另一个;或许更为重要地,它通常涉及国籍、国民忠诚和人民生活方式的决定性改变。"[139]

---

[134] Treaty on Principles Governing the Activities of States in the Exploration and Use of Outer Space, including the Moon and Other Celestial Bodies of 27 January 1967 (于 1967 年 1 月 27 日开放签署,于 1967 年 10 月 10 日正式生效)610 UNTS 205,art 2.

[135] United Nations Convention on the Law of the Sea 1833 UNTS 397,art 89:"任何国家都不能有效主张将公海的任何一部分置于其主权管辖之下。"

[136] 最近的发展表明,非国家行为体甚至出现了长期存在的新形式的"领土管理"。然而,这个复杂的议题显然超出了本书的历史导向法。

[137] K. Raustiala,'The Evolution of Territoriality:International Relations and American Law' in M. Kahler and B. F. Walter (eds.) *Territoriality and Conflict in an Era of Globalization* (CUP Cambridge 2006)

[138] G. Scelle,'Obsession du territoire' in J. H. W. Verzijl (ed.) *Symbolae Verzijl* (Martinus Nijhoff The Hague 1958)347 - 361.

[139] *The Acquisition of Territory in International Law* (n 71)3.

推荐阅读

Anderson, Malcolm *Frontiers: Territory and State Formation in the Modern World* (Cambridge Polity Press Cambridge 1996).

Blum, Yehuda *Historic Titles in International Law* (Martinus Nijhoff The Hague 1965).

Blumann, Claude 'Frontières et limites. Rapport général' in Société Française pour le Droit International (ed.) *La frontière. Colloque de Poitiers 1979* (Pedone Paris 1980)3–33.

Buchanan, Allen and Margaret More *States, Nations, and Borders. The Ethics of Making Boundaries* (CUP Cambridge 2003).

Castellino, Joshua and Steve Allen *Title to Territory in International Law: A Temporal Analysis* (Ashgate Aldershot 2002).

De Visscher, Charles *Problèmes de confins en droit international* (Pedone Paris 1969).

Fulton, Thomas W. *The Sovereignty of the Sea* (W Blackwood and Sons Edinburgh 1911).

Gottmann, Jean *The Significance of Territory* (The University Press of Virginia Charlottesville 1973).

Hill, Norman *Claims to Territory in International Law and Relations* (OUP London 1945).

Jennings, Robert Y. *The Acquisition of Territory in International Law* (Manchester University Press Manchester 1963).

Johnston, Douglas M. *The Theory and History of Ocean Boundary-Making* (McGill-Queen's University Press Kingston 1988).

Kolers, Avery *Land, Conflict and Justice: A Political Theory of Territory* (CUP Cambridge 2009).

La Pradelle, Paul Gouffre de *La frontière, étude de droit international* (Les éditions internationales Paris 1928).

Larkins, Jeremy *From Hierarchy to Anarchy. Territory and Politics before Westphalia* (Palgrave Macmillan New York 2010).

Milano, Enrico *Unlawful Territorial Situations in International Law. Reconciling Effectiveness, Legality and Legitimacy* (Martinus Nijhoff Leiden 2006).

Sassen, Saskia *Territory, Authority, Rights. From Medieval to Global Assemblages* (Princeton University Press Princeton 2006).

Schoenborn, Walther 'La nature juridique du territoire' (1929) 30 *Recueil des cours* 81–190.

Shaw, Malcolm (ed) *Title to Territory* (Ashgate Dartmouth 2005).

Shaw, Malcolm *The International Law of Territory* (OUP Oxford 2012).

第十章 普世城邦与乌托邦

多米尼克·戈里耶（Dominique Gaurier）

一、引言[1]

本章考察的是在近六个世纪中那些旨在于欧洲国家之间建立永久和平的各类
计划方案。这些方案事实上关切从中世纪直到我们时代前夜——20世纪中叶之
前的现代时期，包括第一次世界大战之后的联合国成立——的欧洲国家。每一年
都能感受到相当大的焦虑，因为没有哪一年不是伴随着欧洲国家间的交战而度过
的。确实，自国家诞生以来，彼此之间就进行着尖锐的角逐，且各自图谋统治对方，
尽管有些国家在发展真正的国家意识上起步较晚，像意大利或德国要到19世纪。
但是，像西班牙、英格兰或多数源自哈布斯堡王朝的中欧帝国等其他国家却早一
些，这些国家在互相对峙中迅速成为强权力量，尤其是在那次联合反对法兰西的同
盟中。斯时哈布斯堡国王查理五世已获得法王弗朗索瓦一世所觊觎的帝王加冕。
再者，这些国家间存在一种寻求真实和平等的均势的一般性政策，直至一战爆发。

虽然如此，部分乌托邦主义者所推行的计划所要达成的目标并不全然相同，其

〔1〕D. Gaurier，*Histoire du droit international. Auteurs, doctrines et développement de l'Antiquité à
l'aube de la période moderne* （Presses Universitaires de Rennes Rennes 2005）；J. Brown Scott，
'Introduction' in W. Ladd, *An Essay on a Congress of Nations for the Adjustment of
International Disputes Without Resort to Arms* （OUP New York 1916）iii - xlv；Brown Scott 从
Abbé de Saint-Pierre 的乌托邦计划中择了 12 条法文原文译成了很风趣的英文，见同上 xxiv -
xxvii。

政治观点主要建基于宗教考虑或对土耳其帝国所怀的极大焦虑之上。例如，自 16 世纪初以来，法国同土耳其帝国缔结了一些被称为"治外法权"的条约，或者奥地利帝国公开地与法国对立。关于这类议题，诸如让-雅各·卢梭和伊曼努尔·康德等哲学家都表现出极大的关注。[2]虽然如此，所有不同方案之间都存在关联，以共同寻求永久废除各类战争。这便是乌托邦。

另一个值得省思的概念是所谓的"普世城邦"（Cosmopolis）。伊曼努尔·康德由此发展出了普世主义理念，即建立一个和平国家社群，其由自由民族和自由国家邦联的联盟所支持，建立一个新的综合国家（a new comprehensice State），从而将人类归属于同一个民族（one single people），而战争将被彻底弃绝。

乌托邦和普世城邦的关系似乎非常明显，因为两个词都包含一种乌托邦式意义。但是，乌托邦是一种虚拟、一种理念，其在真实世界是未知的，如托马斯·莫尔（Thomas More）或康帕内拉（Campanella）等作者所勾勒的[3]。另一方面，普世城邦可以被定义为一个可能实现的未来，虽然是一种想象，但却是一个可以抵达的世界，通过康德式的哲学路径可以得到反映。这两个概念之间存在差异。一个是老旧的，本质上致力于一种已消失或者正处于永远消失过程中的基督教共同体之再造。"基督教共和国"为皮埃尔·杜布瓦（Pierre Dubois）和苏利（Sully）所倡导，甚至获得莱布尼茨一定程度上的支持（参见本章第六节）。这种前瞻性的观点为理想主义者所支持，他们期待在已分裂为一个个彼此强烈对抗的军事国家的欧洲实现一个和平的世界。其他的著述家有不同的观点，如威廉·潘恩（William Penn）确信应该包含宗教因素，或者如美国总统伍德罗·威尔逊（Woodrow Wilson）则持有创造一个国际联盟的主张。

若想在这些方案中找到某种关联，虽说非绝无可能，但亦是非常困难，因为这些方案必须被彼此独立地加以考虑。但是，仍然能够按照一些智识命题（intellectual titles）对这些方案进行分类，以在他们之间寻找一种更大的连贯性，而

[2] 这类条约的始作俑者是 1536 年 2 月 2 日由弗朗索瓦一世和苏丹苏莱曼一世签署的一份条约。其他内容相同的条约亦对这类条约予以了确认。

[3] T. More, *Utopie ou traité de la meilleure forme de gouvernement* (originally in Latin 1516；Droz Genève NOT 1983)；T. Campanella, *La Cité du Soleil* (originally in Italian 1602；Droz Genève 1972).

非将其简单地看成是一份方案清单。

二、探寻旧有基督教共同体的消失世界

基督教世界的第一次大败发生在 1187 年 10 月,斯时萨拉丁(1138—1193 年)率伊斯兰军队攻占了耶路撒冷。圣地被伊斯兰攻占,欧洲基督教民族组建的十字军在近东国家遭到驱逐。基督教在罗马教皇的领导之下一开始便视己方为胜利的信仰,但当十字军进攻叙利亚和巴勒斯坦领土时,伊斯兰对于反抗其进攻或将其从一些国家中驱逐都不以为意。虽然如此,重新获得普世权力的信念未曾从基督教民族中消失,尤其是当穆罕默德二世的"常胜军"于 1453 年征服整个拜占庭后,新的奥斯曼穆斯林强权横空出世之时。

虽然不可能再重现,但是这个失乐园从未被遗忘,特别是当奥斯曼帝国数次威胁到欧洲列国,直到最后一次——于 1683 年围困奥地利维也纳。如果基督教国家曾期盼复兴逝去的耶路撒冷和阿拉克古国,那么近 150 年之后,他们便不得不保护自己免遭奥斯曼人的严重威胁了。

在这一大背景下,许多方案应运而生,例如恢复消失的国家,或者保护欧洲基督教国家免于奥斯曼帝国的干扰。在 14 世纪初到 17 世纪,有三个人提出了计划:先是皮埃尔·杜布瓦(Pierre Dubois),再者是波杰布拉德的乔治(George of Poděbrady),以及 100 年后的法国国王亨利四世的首相苏利公爵(Duke of Sully)。

(一)杜布瓦《论收复圣地》[4]

杜布瓦曾是律师,其在诺曼底的库唐斯(Coutances)担任法国国王的顾问和代理人。杜布瓦在 1305 年发表的《论收复圣地》(*On the Recoverage of the Holy Land*)或被认为是第一部乌托邦著作,时值法国国王路易九世(圣路易)所领导的第八次十字军东征失败,收复巴勒斯坦变得不再可能。其书仅第一部分——即与基督教王储的往来书信——与本章有较大关联。

杜布瓦的论证体现出对三个方面的关注。首先,这位作者提出一个"战争-和

253

---

[4] P. Dubois, *De recuperatione terre sancte, traité de politique générale* (C. V. Langlois ed) (Alphonse Picard Paris 1891).

平"理论,并坚信和平是最终目标、至高的祝福和计划重新夺回圣地的绝对必要条件。杜布瓦认为对不信基督教者宣战便是对罪犯宣战,这是一定要履行的职责,因为战争源起于由魔鬼撒旦所制造的罪恶。然而,杜布瓦未对"合法"战争提出任何定义性标准,他仅称每一场战争都会循环往复地带来新战争的爆发。

杜布瓦的第二点论证集中在宣扬和保障和平的手段。仅仅传扬和平并不足以实现之。为使实现和平成为可能,应当使用根本性的方法。为了追求这一目标,基督教民族必须自我组织,不是通过普世君主制这一不能实现的方式,而是通过从属于一个大会的联邦体制。在该体制中,每个民族就其内部事务保有完全的自主。该联邦的首脑是罗马教皇,其有权建立普世和平和惩罚罪恶。然而,德国皇帝被排除在外,德意志帝国将被削减为如同所有其他国家一样的单一国家。根据其建构,这个基督教联邦成为其他野蛮民族的统治者,并在世界上建立和平。

杜布瓦第三点关切的是组织国际社会。在这个基督教民族的联邦中,一切置于主权君王的治理之下,并且树立一个能够向主权君主或国家提出国际仲裁计划的更高权威是必要的,就如由教皇召集的大公会议所发展的机制。在教皇的仲裁院中还可以上诉,这正是杜布瓦的弱点。杜布瓦赋予教皇至高权威,而当时的基督教君王们却对此予以拒绝并倾向于在本国以自己的权威行事。再者,由仲裁法院支持的教会制裁在纠正违反和平者上尤显不足。杜布瓦也确实建议将这些违反者驱逐至东方。

皮埃尔·杜布瓦的计划似乎未获重视,主因是他忽视了欧洲的冲突业已爆发并在达成政治和民族平衡之前需要被解决这一事实。尽管如此,杜布瓦已意识到民族力量的增长和实现平衡所要解决的冲突。杜布瓦绝不算是一个预言家,其所处时代亦构成他走不出的背景,他视乌托邦为可实现的,也就是那个不现实和不可能的基督教民族邦联。杜布瓦的方案因其显然的不现实性而无法被广为接受。

(二) 波杰布拉德的乔治及其基督教公国邦联方案[5]

254

波杰布拉德的乔治生于1421年,他是一位捷克贵族,曾应征入伍,后担任摄政王,而当波西米亚的年幼国王于1458年去世后,其继位而成为该国国王。波杰布

---

〔5〕对波杰布拉德的乔治的方案的最全面阐述,参见 C. Bernet, 'Podiebard, Georg von' in T. Bautz (ed) *Biographisch-Bilbiographisches Kirchenlexikon* (Verlag Traugott Bautz Nordhausen 2003) vol 21, col 1183 – 1203.

拉德的乔治支持胡斯派（Hussites），且由于试图成为德国皇帝而被视为异端，最终他并未如愿以偿且被教皇保罗二世开除了教籍。波杰布拉德的女婿——匈牙利的国王马蒂亚斯（Mattias Corvin）——是狂热的天主教支持者，其于 1468 年夺取了其王位。这位波杰布拉德的乔治于 1471 年去世。

在波杰布拉德成为波西米亚国王的同时，他很可能遇到了一位法国制造家和发明家安东尼·马里尼（Antoine Marini），而这个人正是波杰布拉德这一方案的真正创造者。马里尼设计了一个欧洲联邦的方案，并在他成为波西米亚国王的顾问时，代表国王将其呈送给了外国君王们。当时欧洲正处于奥斯曼帝国的威胁之下，征服者默罕默德二世（Mehmet al-Fatih）已废黜拜占庭帝国，且在四分之三个世纪后的 1526 年，奥斯曼帝国在莫哈奇之战（the battle of Mohács）中征服了匈牙利，并对其进行了长达 150 年的统治。为推翻这个威胁，马里尼和波杰布拉德最初计划在法王路易十一世、波西米亚王和威尼斯共和国之间组成一个联盟，并且不排除有其他君王参与的可能性。但是，在此计划实现之前，因为奥斯曼的威胁，这个潜在联盟变为一个有三大目标的欧洲邦联计划：在欧洲建立真正的和平；创建欧洲邦联；以及征伐奥斯曼。

有赖于马里尼详细制定的波杰布拉德计划共有两大部分。首先，其理念与和平条约直接关联，关于建构邦联的前两条内容是以建立一个抵抗联盟为说辞的，在拉丁文中是 *collegium*、*universitas*、*corpus* 或 *congregatio*——每个词的意思都指向同一件事，即国王和（或者）君王们被集结或者团结在一个集体性复合体中。第 3 条规定违反和平将为联盟所不容。最后两条则最为有趣，第 4 条的内容强调一个国家可能被一个非邦联成员的国家攻击，在这种情况下，联盟的成员国可以派出代表大使，使争议通过适格法官或者联盟法官得以解决。第 5 条更进一步规定，两个非邦联成员国之间爆发的冲突，必须由一个涵盖这些国家的欧洲公约（Entente）来调整，从而使得抵抗联盟向更普遍意义拓展。

第二部分是关于该计划的邦联之创建，以及通过在邦联中推广和实施司法权，来寻求以正义为基础的全面和平实践。因此，这项计划将创造一个所谓的长老会（*consistoire*、*parlamentarium* 或 *consistorium*）或者国会，其堪比国际仲裁院，且被置于邦联主要成员国的控制之下。该院本定于 1464 年设定办公场所，而邦联的主

255

要咨询会议在巴塞尔设立五年，再轮换到法国、意大利等国家。基督教民族之间的和平被强调为确保战胜土耳其人的唯一途径。

总之，马里尼和波杰布拉德提出的和平原则印证了和平理念早就存在的两面性：第一是基督教民族间的和平，第二是对土耳其人宣战。后者被视为至高的义务。十字军东征的信念并未受到笃定的否决，特别是因为奥斯曼对中欧国家的威胁压境而来。虽然如此，教皇和皇帝的权力正在渐渐衰弱却是显著的事实。

当然，这项计划从未付诸实践，主因是它未直面国际和平的一般性问题；事实上，它仅关注少数的、地方性的以及偶发的情况，因而完全抽离于真正的西欧强权之外。

（三）苏利公爵的"宏伟计划"[6]

苏利公爵（the Duke of Sully, *Maximilien de Béthune*）是法国国王亨利四世的首相。1598 年，亨利四世结束了开始于 16 世纪下半叶之初、将法国分裂为天主教和新教两大阵营的宗教战争。苏利本人是新教徒，他很早便已是皇家和平政治的盟友。1612 年，苏利公爵开始口述回忆录，其全集于 1640 年出版。根据官方的文件、评论以及其他文档，苏利公爵是一个就一切事物都直率发表意见的人。在苏利公爵所推行的那些"梦想"中，"宏伟计划"旨在建立一个"内部永保和平的大基督教共和国"。但是，在此计划实现之前，苏利公爵通过联合一半欧洲国家来反对另一半国家的方式摧毁了奥地利王朝的霸权。

在回忆录的前半段，苏利公爵提出欧洲的一个新安排，其中仅保留六个世袭霸权：法国、西班牙、英格兰、瑞典、丹麦和伦巴第；加上六个选择项：罗马、威尼斯、波兰、波希米亚、匈牙利和德意志帝国；以及三个联邦共和国：荷兰（包括弗兰德地区）、海尔维第（Helvetia）或范围扩大的瑞士，然后是意大利（包括热那亚、佛罗伦萨、摩德纳、帕尔马和皮亚琴察）。有两个民族肯定地被排除在外：俄国人（Muscovites），因其野蛮未开化；土耳其人，因其所谓的"非宗教"。对于后者，尚有两个选择，要么回到其起源的远东，要么皈依基督教。

为了在这个"大基督教共同体"中维持永续和平，六个特别理事会将被创设，分

---

〔6〕 M. de Bethune Sully, 'Mémoires des sages et royales oeconomies d'estat domestiques, politiques et militaires de Henry le Grand' in J. F. Michaud and J. J. Poujoulat (eds) *Nouvelle collection des mémoires relatifs à l'histoire de France* (Didier Paris 1854) vol 2.

别位于但泽、纽伦堡、维也纳、康斯坦茨、博洛尼亚以及一个坐落在莱茵河畔的城镇。与这些理事会相似，一个由四十位"深孚众望、严谨细致"的成员组成的大会也将在中欧的一些城镇中轮流召开。这个高级大会将处理列强之间所有的纠纷事务，并在其他六个特别理事会的帮助下，提出三个可能的解决途径：一是防止邻国之间爆发战争；二是将内战或者宗教战争压制在一国之内；三是停止强国对弱国的争论。

因此，苏利试图支持法律而非武装力量，但是他从未考虑全面裁军，甚至建议将抵抗对和平有潜在威胁之强权的任务交给邦联军队。

法王亨利四世似乎在一定程度上关注这一方案，特别是涉及奥地利王朝的内容。就他自己而言，苏利似乎也意识到他的计划完全是乌托邦。该计划从未实行。

三、探索商业自由促进普遍和平的埃默里克·克吕塞：《新齐纳斯》[7]

埃默里克·克吕塞（Emeric de La Croix，或 de Crucé，1590—1648 年）是一位牧师，且在巴黎的一所学校担任校长。关于克吕塞的生平，人们知之甚少，仅知贫穷的他为了能够承担费用以接受更好的教育而成为一名牧师这一事实。同时，作为一名数学老师，克吕塞于 1623 年出版了《新齐纳斯》（*Nouveau Cynée*）。克吕塞主要的思想是建立一个考虑国家主权原则的国际组织的完整计划。克吕塞是将诸如土耳其帝国等非基督教国家包含进这个国际组织的第一人，也正是他首先将经济事务与商业自由视为与和平相关联。

然而，克吕塞的著作出发点仍是道德，例如，他写道："非人道是万恶之源，最常见的恶就是抹杀人性，而生命本身的价值应当高于任何说教。"是故，战争本身就是非正义和非人道的：战争不仅与道德相悖，而且与国家和个人的利益相悖，因为人道应当被理解为互相依存。

在逐一审视战争的四大理由：(1)军人荣耀；(2)战争好处；(3)所有损害获得补偿；

257

---

[7] E. de Crucé, *Le nouveau cynée, ou discours d'etat représentant les occasions et moyens d'établir une paix générale et liberté du commerce par tout le monde* (A. Fenet and A. Guillaume eds) (Chez Jaques Villery Paris 1623; Presses Universitaires de Rennes Rennes 2004). 1623 年的原始版本的复本之出版者是 the Editions d'Histoire Sociale (EDHIS) Paris 1976。亦见 P. Louis-Lucas, *Un plan de paix générale et de la liberté du commerce au XVII e siècle* (PhD thesis Librairie du recueil Sirey Paris 1919)。

(4)以训练军队为目标的战争——并拒绝承认宗教是第五项理由后,克吕塞将战争视为最邪恶的事,且认为主因是基于那些不可避免且不合理之偏见所产生的人们之间的憎恶。国家之间应当互相包容,因为威胁强迫任何人皈依都是一种绝对的荒谬。

在克吕塞的愿景中,奥斯曼帝国和基督教民族将共存。大会(the general assembly)作为该共同体总机关,就如同一个欧洲和平与监督理事会,其将坐落于威尼斯。国家间的地位排序如下:教皇因其普遍的号召力而居首位;土耳其苏丹位列第二;德国皇帝位列第三;法国国王因其国家的军事实力而位列第四;西班牙国王位列第五,这一位置被认为与该国当时在欧洲的地位完全不匹配。简言之,克吕塞建议每个国家与被侵略方联合以对抗侵略者。

无论在欧洲建立一个联合国的概念多么吸引人,克吕塞都太缺少真正的法理论证来构想这一联合,因此在这些观点上始终过于笼统或者过于含糊。

在克吕塞著作的第四部分和第五部分,他显现出对商业自由的坚定信仰,即这是他认定的实现和平的唯一途径。克吕塞支持统一计量单位,以及缔结统一货币价值的国际条约。

如今我们知道莱布尼茨很熟悉《新齐纳斯》(*New Cyneas*)这本著作,但他并不知晓作者是谁。莱布尼茨熟悉该书,我们不应当再只是将其视为异想天开的写作,而是应将之作为内容涉及在国家之间实现和保持和平且值得认真思考的东西。

四、圣-皮埃尔的乌托邦计划及其反对意见

(一)圣-皮埃尔的《欧洲永久和平方案》[8]

作为波利尼亚克(Polignac)君主的秘书,圣-皮埃尔(Abbé de Saint-Pierre)于1712年前往乌德勒支——结束西班牙王位继承战争的条约在此地缔结。在这个阶段,圣-皮埃尔出版了《欧洲永久和平方案》这一著作,其大框架于1707年成型,1713年在乌德勒支出版前两卷,第三册于1717年问世。全集煌煌1200多页,且圣-皮埃尔在之后还出了简略版,并于1729年在鹿特丹发表。某种程度上来说,简略

─────────────────

〔8〕 Abbé Castel de Saint-Pierre, *Projet pour rendre la paix perpétuelle en Europe* (Chez Antoine Schouten Utrecht 1713 – 1717; Fayard Paris 1986).

版已独立于完整版,两者均著于法王路易十四企图凭军事力量主宰邻国之际。

圣-皮埃尔和苏利公爵的构思有一些类似,但只是表面相似。圣-皮埃尔致力于这一光荣的事业,以保障其计划得到更好的实施。如果圣-皮埃尔真的不知道《新齐纳斯》,那么他与克吕塞在很多方面确实所见略同。

圣-皮埃尔的著作要点主要包含两大部分:第一部分含有七个论述,作者提出了两项建议,指出欧洲当前的架构格局只是制造了无休止的战争,因为这一架构无力确保条约的有效执行,而奥地利和法国王朝之间的均势没有提供足够的安全保障以避免对外战争或内部战争,因此国家和商业极易遭到威胁。七大理念随之展开。第一个论述建议有助于保护互相之承诺的仲裁。由此衍生出欧洲 18 个主要主权国家之间订立普遍联合条约的观点,以建立一个类似于尼德兰联省或瑞士邦联,却绝不比德国组织体系更困难的永久大会。在第二个论述中,圣-皮埃尔建议恢复被法国国王亨利四世支持、由其大臣苏利提出的“宏伟计划”,因为它似乎已经为大多数欧洲主权国家所接受,是值得复兴的计划。第三个论述讨论了君主们从这一条约中可获得的潜在益处。第四个论述描述了这个欧洲社会将如何确保一个永久的和平;以及在第五个论述中,圣-皮埃尔指出他的方案将使这类条约的缔结更加容易。在第六个论述中,圣-皮埃尔反驳和拒绝所有可能的反对,以及尝试克服在第七个也就是最后一个论述中可能出现的困难。

在第二部分,圣-皮埃尔提出缩减至 5 条的根本性条款。第 1 条指出,一项永续和平从此将在签署联合条约的君主之间得到保障。在对该条款的评论中,圣-皮埃尔补充道,应用新近在乌德勒支签订的条约对法国和西班牙而言非常必要。第 2 条就欧洲组织给出了一些细节,而第 3 条讨论了在解决联盟国家之间爆发的冲突以永远结束战争中,大会所发挥的调停作用。若这种调停最终无果,当事方应遵循其他盟国的常驻全权大使按多数决作出的决定。

第 4 条提出各民族若准备战争或展开与条约相悖的磋商,则将遭遇大联盟的反击直至其履行裁决并确保补偿因其敌对所造成的伤害。在对该条的评论中,圣-皮埃尔强调凡明晓自身利益所系的各国君王均会遵循,否则将被群起而攻之。

最后的第 5 条旨在保证大会保有更大安全、实力和其他有利砝码,其规定一切必要或重要的决策应由全权大使们作出。这 5 条非经全体一致同意不得修改。

259

在这 5 条中,对大会本身的组织细节仅寥寥几笔。详细规定见诸那 24 条基本条款中的一条;例如,第 5 条规定这个大会的办公选址位于乌德勒支,而 22 个成员将代表欧洲主权国家投票,一人一票。

圣-皮埃尔似乎在其著作的缩略版中持较为乐观的态度,他认为五六个月时间便足以建立这个联盟。圣-皮埃尔的方案被莱布尼茨和其他人批评,后者支持均势原则并因此构成当时的国际舞台的主流。[9] 莱布尼茨本人支持在当时提出的另一个方案,建议一个从欧洲向亚洲和非洲移民的政策,尽管未提及殖民化。在莱布尼茨向法国国王路易十四呈送的以拉丁文书写的名为《征服埃及计划》(*Consilium Ægyptiaticum*)一文中,他建议相较于入侵尼德兰联省,国王可以更关注征服埃及。[10]

让-雅各·卢梭是众所周知的《爱弥儿》《忏悔录》以及《社会契约论》的作者,他曾写了《圣-皮埃尔方案纲要》(*Extract from the Project of Saint-Pierre*)[11],其中重述了圣-皮埃尔的 5 条根本性条款,而未触及 24 条基本条款。但是,在其随后发表的第二个作品《圣-皮埃尔方案评判》(*Judgement on the Project of Saint-Pierre*)中[12],卢梭似乎更加悲观或怀疑。与圣-皮埃尔一样,作为梦想家的卢梭认为,若不诱以雄心和自利等,不可能迫使君王们致力于和平事业。卢梭似乎为圣-皮埃尔的目的做合理化解释,与此同时承认其主张也许不能保证这样一个邦联,但至少说明一个代表其他机构和平解决争端的国家组织确有合法性。

(二) 莱布尼茨曾是乌托邦主义者?[13]

这个问题很容易回答:他不是,但我们应当对此作进一步阐释。莱布尼茨(Gottfried-Wilhelm Leibniz, 1646—1716 年)似乎很早就察觉到"和平"这个词并不意味着一种宁静的状态,而是作为一个整体来呼吁一个理想,即专注于建立一个国

---

〔9〕势力均衡这类理念首先获得 F. Guicciardini 的支持,参见 *History of Italy* (1537 - 1540) book 1, ch 1;以及 J. Bodin, *Six Books on the Republic* (1576) book V, ch 6。

〔10〕参见 Ahmed Youssef, *La fascination de l'Egypte. Du rêve au projet*, L'Harmattan, Paris 1998;亦见 *Œuvres de Leibniz*, ed. by A. Foucher de Careil, Paris 1864, vol 5 (the complete volume)。

〔11〕参见 J.-J. Rousseau, *Collection complète des oeuvres* (Genève 1782) vol 23, at 3 - 52。

〔12〕参见同上,第 53—71 页。

〔13〕G. W. Leibniz, 'Codex juris gentium diplomaticus (Praefatio)' in G. W. Leibniz, *Leibniz: Political Writings* (P. Riley ed and trans) (Apud Joh. Christoph. Meisnerum Guelferbyti 1747; CUP Cambridge 1988) 165 - 176;亦见 G. W. Leibniz, 'Caesarinus fuerstenerius' in G. W. Leibniz, *Political Writings* (P. Riley ed and trans) (1677; CUP Cambridge 1988) 111 - 120。

际能力，以对抗与任何文明社会的原则相对立的犯罪。在青年时代，莱布尼茨就逐渐形成和平化的某些理念，因当时他极其关切落入法王路易十四手中的德国。随着 1648 年《威斯特伐利亚和约》后德意志帝国的分裂，法王完全洞悉如何从德国各君王的鹬蚌相争中坐收渔翁之利。1670 年，莱布尼茨提出一项计划，其主张欧洲君王们联手对奥斯曼帝国展开东征，而非互相对抗。若计划成真，则法王将对抗埃及并因此满足其征服欲。这一计划呈送法王之时，正值法王与土耳其政府处于分歧之中。法王召见了莱布尼茨，但其与土耳其的争议很快就得见解决，因此这项计划也就被束之高阁，并因此与其他关于潜在分离奥斯曼帝国的势力联合。

此后，当莱布尼茨最后收到圣-皮埃尔详细制定的计划并回复之，他意识到这样的永久和平无法实现。而且，当莱布尼茨写作《外交国际法典》（*Codex juris gentium diplomaticus*）序言，其两卷中的首卷于 1693 年出版时，他指出永久和平只能是坟墓上的和平，并坚信永久和平无实现之可能。

但是，在 1676 年的奈梅亨和平大会（Nijmegen Peace Congress）开幕式上，莱布尼茨匿名发表——以拉丁文写就——名为《论法律至上及德国君王公使馆》的文章，他在其中坚决捍卫"基督教共同体"这个古老的中世纪理念。

莱布尼茨此时思考的是受双重领导的某种国际性邦联：以教皇为属灵领袖，以德意志皇帝为世俗领袖。其他君王们则保留其主权，因为这一邦联仅有权通过一个基督教理事会确立的常设参议院解决彼此的冲突。但是，自青年以后，莱布尼茨便未再完善这类计划，虽然他仍对维持和平以及普遍的互相谅解保有某种关注。虽然与圣-皮埃尔未曾谋面，莱布尼茨却是《新齐纳斯》的读者，他也曾收到圣-皮埃尔赠予的方案书。莱布尼茨继续同君王恩斯特·冯·黑森-莱茵费尔（Ernst von Hesse-Rheinfels）保持联络，后者亦提出天主教和基督教的和平共处。关于国际天主教参议院，莱布尼茨倾向于使之位于卢塞恩（Lucerne），而黑森-莱茵费尔则认为其应当处在教皇的管辖下而位于罗马，就像罗马第一主教。

五、贵格会众及其"敬虔生活"[14]

众所周知，贵格会——所谓的"教友派"或"公谊会"（Society of Friends）——是

---

[14] W. Penn, 'Essay Towards the Present and Future Peace of Europe by the Establishment of an European Diet, Parliament, or Estates' in W. Penn, *Political Writings of William Penn* (Liberty Fund Indianapolis 2002)401 – 419.

英格兰的持异议者,因此为圣公会所不容。他们事实上拒绝宣誓、军队服役或纳税。因此,他们不得不逃离自己的国家并去北美殖民地寻找避难所。威廉·佩恩(William Penn)便是会众一员,且作为约克公爵——后来的国王詹姆斯二世——的朋友,他被赐予大西洋沿岸、靠近国王领地、后为宾夕法尼亚州的广阔土地的特权。当佩恩前往北美时,几个来自尼德兰、德国和英国的贵格会教徒与之同行。

无需在此重述殖民化的和平手段,诸如其宗教宽容、与印第安部落签订公正合理的条约等。当欧洲因法王路易十四世反对德意志皇帝而于 1693 年饱受战争摧残时,佩恩发表了名为《论欧洲现在和未来之和平》的二十四篇短文,他在其中勾勒了一个欧洲联邦组织框架。

出于对尼德兰联省的深刻印象,佩恩建议创建一个由九十名成员组成的欧洲议会:其中十二名代表德意志,十名代表西班牙,六名代表大不列颠,四名代表瑞典,四名代表荷兰等。这个议会的决策按 3/4 多数决作出,或至少按 4/7 多数决作出,其职责在于处理成员间所有可能的争议。许多条款涉及投票程序,第 12 条和第 14 条特别有趣。首先,佩恩建议召开全体大会的房间应作圆形摆设,所有席位争吵得以避免;其次,每位发言者须提前将其议案提交主席,以便后者能做摘要并将问题付诸表决。最后一条规定,以拉丁语为遵循罗马传统的人之间的首选通用语,或者以法语为杰出之人的通用语言。[15] 但是,这类机制从未被考虑,其不为人所知或被遗忘也许是因为其宗教渊源。

六、康德及其哲学路径:《论永久和平》[16]

德国哲学家伊曼努尔·康德的这篇论文于 1795 年在俄罗斯东普鲁士的加里宁格勒(Kaliningrad,原名哥尼斯堡)发表后很快就被译成法文版(1796 年)并由作者作了增补。事实上,康德回归到其在 1793 年的另一份作品《理论与实践》中提出

---

〔15〕 W. Penn, 'Essay Towards the Present and Future Peace of Europe by the Establishment of an European Diet, Parliament, or Estates' in W. Penn, *Political Writings of William Penn* (Liberty Fund Indianapolis 2002) 401.

〔16〕 I. Kant, *Vers la paix perpétuelle* (bey Friedrich Nicolovius Königsberg 1795; Garnier-Flammarion Paris 1991);亦见本章作者在引言中引用的译文(n 1)xxxvi.

的一项方案："按公认万国法……建立一个邦联的法治国。"[17]当作品发表之时,德意志帝国内部灾祸不断,濒临终点。在 1806 年的耶拿(Jena)之役中获胜的拿破仑废除了该帝国,其法统最终崩溃。康德震骇于有生之年目睹战祸对欧洲的影响,而寻求构建以哲学而非政治为基础的一般和平。

康德的论文分两节:第一节就建立永久和平提出六项基本条款,第二节提出关于实施的三项定义性条款。

基本六条如下:

1. "对未来战争事宜作默示保留的和平条约不得尊为有效。"[18]没有这个前提条件,则其性质便只是暂时停火。当事方在思想层面一旦作此保留,则势必怠于谈判,最终导致停战无法实现,沦为耶稣会式的诡辩术(Jesuitical casuistry)。是故,和平的诚意应源源不绝且不留后路。

2. "任何国家,无论大小,均不得为另一个国家所掌控,无论是通过继承、交换、买卖或是赠送的方式。"[19]因为一个国家不应仅被视为一种财产,它首先是一个人类社会,并且只有其成员才被允许从中获益。

3. "常备军(*miles perpetuus*)应及时彻底废除。"[20]事实上,军队的成本极其昂贵,且其存在易导致战争,因国家总是希望军队有用武之地。

4. "国债筹款不得用于维续国外利益项目。"[21]当这样一套信用体制延误了债务的结算,战争的真正价值就变成推动一场战争的发生。再者,债务及时结清能避免破产,不仅对国库充裕的国家是如此,对其他许下空头支票的国家亦是如此。

5. "任何国家都不应用武力干涉他国或政府的建制。"[22]只有在一个国家对另一个国家造成严重滋扰时,这类干涉才被允许,否则其他国家的独立自主将受到

---

[17] I. Kant,'On the Popular Judgment That May Be Right in Theory, but Does not Hold Good in the Praxis' in I. Kant, *Essays and Treatises on Moral*, *Political*, *and Various Philosophical Subjects* (London 1798)159 – 239 at 219 (*Theory and Practice*)(原书重点)。

[18] I. Kant, *Project for a Perpetual Peace*:*A Philosophical Essay* (Vernor and Hood Cornhill 1796) at 2.

[19] 同上,第 3 页。

[20] 同上,第 4 页。

[21] 同上,第 6 页。

[22] 同上,第 7 页。

侵犯。

6. "任何国家在与其他国家作战时,均不得容许那些会在未来的和平中使双方无法互相信任的敌对行为,例如派遣暗杀者(*percussores*)、放毒者(*venefici*)、破坏降约以及秘密策动叛变(*perduellio*)……"[23]若较低程度的信心都不能保证,那么就最有可能走向毁灭一切的战争。永久的和平将只是在坟墓上的和平。因此,所有的背信行为都将被禁止。

随后的其他三项条款是为实施这个永久和平——在战争依然潜在的状态中并不存在。

1. "每个国家的建制应是共和制。"[24]此处,康德特别提出"共和"绝不等于"民主",因为民主仅关乎行政权与立法权分离的政治原则。若民主出现问题——即在人民"造"法而集体以这种方式对个人作出决定时——其将成为专制。因此,"共和制"国体有助于实现并巩固和平,因为每个个体都是对是否值得发起战争提供见解的公民,并且必须考虑战争可能带来的后果。

2. "公权利应当建立在一个由自由国家所组成的联邦的基础上。"[25]因此就有必要诉诸一个民族联盟,而非组建多民族的单一国家,因为康德认为有必要探寻这些民族间的相互权利。若战争被视为一种法律路径,那么绝对会受到谴责。和平被视为一种刻不容缓的义务,或许可以通过民族间的相互协议来建立。由此建立的和平当然不同于战后缔造的和平,因前者旨在避免未来的一切战争,并保留国家为自身利益和别国利益的自由。故一个联邦的理念或是渐进扩展到所有国家,相当于以自由为基础的一种社会和文明联盟。

3. "世界主义权利应当以普世友好(universal hospitality)作为限定条件。"[26]换言之,康德认为普世友好是让外国人在抵达另一片领土时不被视为敌人的权利。这不是一种需要特殊条约的居住权,而是一个简单的参观权,其建立在允许人类无界限定居的土地共同占有并因而有义务彼此包容的基础上,因为任何人占有此地

---

[23] I. Kant, *Project for a Perpetual Peace*: *A Philosophical Essay* (Vernor and Hood Cornhill 1796) at 8.

[24] 同上,第 13 页。

[25] 同上,第 21 页。

[26] 同上,第 28 页。

或者彼地的权利本身不应有差别。结果是，对单一地块权利的干涉势必影响全局。这种概念比格劳秀斯、普芬道夫或瓦特尔发展的万国法深入得多。相比单一意志的国家以及自限于战争法的国际法，这种从事实上能推导出国家得保障外国人参观义务的普世待客权就深邃得多。相应地，作为国际法基石的征服权就不再那么单调，而是融合了参观权，从而其内涵变得丰富起来。康德的想法似乎接近德意志邦联——这个在 1815 年《维也纳条约》缔结后取代了德意志帝国并在德国土地上构建的组织体。

在其《论永久和平》第二版的附录二中，康德补充了一条所谓的秘密条款，尽管它与公法的原则相悖，即"使永久和平成为可能的条件是，哲学家的准则应当为那些武装备战的国家所征询"[27]。为了保护君主的尊严，这一条款应当被保密；尽管如此，在讨论关于发动战争和建立和平的普世准则时，哲学家的言论自由应当得到保障。康德没有断言哲学家必须是君王，或者君王必须是哲学家，但他提出哲学家的言论自由应当保证彼此在各自关切的议题上互相启发，因为他们没有党派牵扯。

七、边沁及其普遍永久和平方案（1786—1789 年）[28]

杰里米·边沁（1747—1832 年）在 1786 年至 1789 年写过四篇片论（可能被置于一部国际法的一般性论著中）。边沁以康德的前文为基础，但其秉持的立场更为自由。第一篇针对国际法的目标；第二篇针对关切的对象，即国家的命令适用于个人的广度和深度；第三篇针对战争原因及其后果；最后一篇集中在普遍永久和平。边沁考虑了 1789 年法国大革命后欧洲国家间的敌对，这次革命被君主政体国家视作真正的威胁。

边沁著作中的相当大篇幅致力于法律的法典化，像欧洲国家（法国、奥地利、尼德兰等）从 19 世纪开始的刑法与民法的法典化进程。边沁提出规范国家间关系的

265

---

[27] I. Kant, *Project for a Perpetual Peace : A Philosophical Essay* (Vernor and Hood Cornhill 1796) at 43.

[28] H. Wheaton, *History of the Law of Nations in Europe and America* (Gould, Banks and Co New York 1845) at 328 - 344 ; J. Bentham, 'Essay IV, A Plan for an Universal and Perpetual Peace' in J. Bentham, *Works of Jeremy Bentham* (J. Browning ed) (William Tait Edinburgh 1843) vol 2, 546 - 560.

只应是法律,因此需要一部适用于所有国家的法典。法典化的目标之一是达成可能的合意以使战争的灾害最小化。

为了防范战争,边沁建议通过成文的国际法,因为当时仍是由"非成文"规则(即习惯)规制着国家间的关系。国际条约并未解决所有困难,其中一些尚未被完全解决,只有法典化才是改善国内和国际层面所有法律的模式。

这种国际法典可像后来 1900 年颁布的《德国民法典》,即体例分为一个总则和几个专章分则。总则是主权者自我施加的,包含与其他强权之间的义务和权利。各专章则发展这种权利义务,主权者认为要对其他国家保留,或是基于立法决定对特定国家排除适用,或是双边互惠。虽然如此,边沁知道这类规则本质上仍是"道德"层面的,因为不存在一个法院保障其生效。

然而,这类手段并不充分,因为国家间奉行的本国利益至上原则造成彼此敌对。基于这个理由,边沁提出其普遍永久和平方案有两大要素:(一)削减并固定欧洲各国的武装力量;(二)解放欧洲各国占领的殖民地。

边沁意识到裁军的困难,特别是当它仍是两个不同国家的讨论议题时,双方都希望对方裁军,而非自己。边沁提出若双边合意达成,法国、西班牙和尼德兰可保有舰队,且数量不超过英国的一半。但是,为了防止不正当地削弱一个国家的防御力量,并确保这些让步的公平合理,整个过程必须秉承公正。无论如何,各个国家都将公开地被要求裁军,并接受公众对其真实意图的检阅。

基于高昂的成本,特别是维持海军力量,欧洲各国应无条件授予殖民地自由地位。此外,边沁特别注意法国和英国之间的争斗,贸易作为财富的来源,而战争却是经济毁灭之源。边沁提议建立有处理国际冲突资格的国际法院,从而使得和平无疑更容易达成,尽管这个法院不具备强制力。但是,这个法院只是一个简单的外交机构、一种国会,还是一个真正的法院,这一点并不清晰。但是,无论如何,一切程序均应公开。这样一个法庭的存在将能向各当事方不偏不倚地提出值得尊重的意见。为了有助于理解其意图,边沁列举了美国邦联、德意志帝国国会甚至瑞士邦联等例子。

按边沁的判断,这种永久和平的第一个结果将是降低分摊在人民头上的和平维护成本。最终,一些国家可提供部分军队以保障国际法庭司法裁决的执行,而能促进法庭裁决传播的自由媒体亦应被考虑。

当欧洲各国间爆发战争且实在万国法将被公然践踏之际,边沁的这些考虑发表了出来。事实上,边沁并未构思任何能保全和平的愿景机制,除了一个欧洲国家联盟。边沁也没有预见更具影响力的强权会为了自身利益控制这个联盟而限制相对弱小国家的自由。惠顿(Wheaton)解释了这一计划,并补充道,永久监督权构成对一个国家内部事务的干涉,其不应当被篡入一部可能的国际法典中,因为弱小国家的独立才是更重要的价值。[29] 站在惠顿的立场,这是确保所有国家安全的必要法则,而这一切首先依赖列强势力的均衡。

这个方案或许从一开始就注定失败:欧洲各国根本无意放弃各自的殖民地;当再无其他可被接受的手段来防范战争时,裁军便根本不可能。

八、结论:一战之后乌托邦理念是否已死?

有何种未完成的普世城邦通过国际组织真正地实现了呢?[30] 有论者或认为乌托邦的理念在 19 世纪后就消逝了。殖民化给亚洲或非洲原住民留下了残酷印记,这个世纪在 1914 年到 1918 年的世界大战中告终。此后虽仍有一些替代方案,但理想主义不再。这些方案致力于创建一个仅旨在维持国际和平的国际组织。一战后的国际政策实际上使得永久和平方案难上加难,因为各个国家基于自卫而从未停止与他国争战,并且因为世界此后分裂为意识形态敌对的阵营。万国会议或者联盟的方案被认为是在尽可能长的时间内避免战争的最后努力。

那些书面材料显然表明这些作者的各样方案本可能被发展。包括威廉·拉德(Ladd)所提出的方案[31]在内的其中部分方案或多或少地得到推进,从而为国际全体大会的组织和未来的国际联盟架构提供了许多细节。

检视一战后的国际联盟的意识形态基础将饶有趣味。国际联盟基于美国总统威尔逊之建议而被创建,因为受贵格会影响而与此前所强调的乌托邦理想有某种

---

[29] *History of the Law of Nations* (n 28)329 – 333.

[30] P. Fiore, *Le droit international codifié et sa sanction juridique* (A. Chrétien trans) (Chevalier-Marescq et Cie Paris 1890) at 54 – 71; *An Essay on a Congress of Nations* (n 1); J. Lorimer, *Institutes of the Law of Nations: A Treatise of the Jural Relations of Separate Political Communities* (Blackwood and Sons Edinburgh 1883) vol 2, book 5, at 183 – 299.

[31] *An Essay on a Congress of Nations* (n 1).

关联。

在美国,前总统威廉·塔夫脱(William H. Taft)领导下的一场旨在创建"保障和平联盟"的运动逐渐兴起,英国亦有类似运动。威廉·塔夫脱的计划提出:(1)联盟成员国间的所有争议均应由国际法院处理(其他争议提交调停理事会);(2)任何成员,若未先提请国际法院或调停理事会就诉诸武力敌对,则应被施加军事和经济制裁;(3)联盟成员国间的大会应及时召开,以对国际法规则进行构思和法典化。[32]民间个人亦发表了许多类似的方案,因此激起了各国政府对这场运动的关注,例如瑞典、丹麦和挪威。在美国,总统威尔逊发挥了主要作用。

当美国对德国宣战后,威尔逊希望保护法律对暴力的胜利,保守国际正义,并且建立一个明确的和平——在人们正义的渴盼中获得,且建基于补偿历史上重大的不公和伤害的必要性。威尔逊亦受到建立一种泛美协约的尝试之鼓舞,这种协议将使门罗主义被抛弃。但是,威尔逊终未成功。1916 年 1 月 6 日,泛美会议于华盛顿召开,威尔逊在发言中提出,为了确保彼此在政治和领土上的相互独立,美洲共和国应当彼此团结。这类将满足较小国家利益(因与大国平起平坐)的方案,却因美国在 1917 年直接介入一战而很快无人问津。

威尔逊之所以摒弃门罗主义,是因为他认为正是这种依赖势力均衡的陈旧原则才造成了上轮欧洲大战。威尔逊坚定地支持另一种理念,即民族性原则。威尔逊认为这样一种新理念或最终能击败导致欧洲国家几个世纪以来分崩离析的恶魔。

在记于 1918 年 1 月 8 日的函件中,威尔逊勾勒出实现普遍和平的十四点条件。[33]作为总统个人创见的前六点如下:

    1. 公开的和平条约,以公开的方式缔结,嗣后国际间不得有任何类型的秘密契约,外交必须始终在公开情况下坦诚进行。

---

〔32〕参见'Appendix A:Proposals' in *Enforced Peace:Proceedings of the First Annual National Assemblage of the League to Enforce Peace* (Washington 26 - 27 May 1916)189 - 190。国际机构"保障和平联盟"于一战爆发初期的 1915 年成立,其是一家旨在推进世界和平的美洲国家间组织。

〔33〕W. Wilson, 'Wilson's Address to Congress, Stating the War Aims and Peace Terms of the United States (Delivered in Joint Session, 8 January 1918)' in A. Shaw (ed) *State Papers and Adresses by Woodrow Wilson* (George H. Doran Company New York 1918)464 - 472.

2. 各国在领海以外的海洋上应有绝对的航行自由,在和平时期及战时均是如此,只有为执行国际公约而采取国际行动时才可以封闭海洋的一部分或全部。

3. 应尽最大可能消除所有同意接受和平及协同维持和平国家之间的经济壁垒,并建立彼此平等的贸易体制环境。

4. 应采取充分保证措施,使各国军备减至符合国内保安所需的最低限度。

5. 关于世界各国对殖民地的权益的要求,应进行自由、开明和绝对公正的协调,并基于对下述原则的严格遵守:在决定关于主权的一切问题时,当地居民的利益应与管治权待决政府的正当要求获得同等的重视。

6. 撤走在俄罗斯领土内的所有军队;一揽子解决所有关于俄国问题的方案应取得世界其他国家最良好和最自由的合作,俾使俄国获得不受牵制和干扰的机会,独立地决定它本身的政治发展和国策,并保证它在自己选择的制度下,获得自由国家社会的诚挚欢迎;除欢迎之外,并给予它可能需要和希望获得的各种协助。俄国的姊妹国家在未来数月期间的态度,将是他们是否秉持善意的试金石:是否对于俄国的需要有所了解,并把这种需要与他们本身的利害区别开来;是否有明智而无私的同情心。

值得一提的是,威尔逊所提第六点中的那个"试金石"并未阻止像法国和英国等国家自筹军费支持白俄罗斯的军队。是故这个检验标准迅速折戟,亦表明这位美国总统的和平梦想一发表就被世人抛弃。

余下的八点都是坚定支持民族性原则:对比利时(第8条)、对法国(第9条关于阿尔萨斯-洛林)、对奥匈帝国不同民族人民(第10条)、对从原奥斯曼帝国产生的新巴尔干国家(第11条关于塞尔维亚、罗马尼亚和黑山)、对波兰(第13条),以及对原奥斯曼帝国的非土耳其人民(第12条),保障所有国家在达达尼尔海峡的自由航行。最后一条关于组建国际联合组织及其职责:

14. 必须根据专门公约成立一个普遍性的国际联合组织,目的在于使大小各国同样获得政治独立和领土完整的相互保证。

相当数量的这些条款显示出民族性原则站住了脚，并在一战后通过肢解前奥斯曼帝国和奥匈帝国而催生出众多新的国家。遵循人民建立自己民族这个数代人梦寐以求的渴望，在这些帝国内的许多"民族"（像希腊人、保加利亚人、塞尔维亚人、克罗地亚人、匈牙利人和捷克人）均宣称拥有自己的国家并从此被承认为自由且独立的国家。这个民族性原则将成为日后各民族之间存在诸多尚未解决的困难的源头，前南斯拉夫共和国的分裂堪称适例。20世纪糟糕地结束了。

还应补充的是，欧洲几大帝国的瓦解可以被视为上一世纪抗击恐惧的最后报复或政治敌对的遗迹，特别是当法国总理克列孟梭在1919年缔结和约之际提出肢解奥匈帝国与奥斯曼帝国时。然而，威尔逊总统却预想民族性原则能使民族国家和谐发展，这一原则最终为欧洲国家埋下了很多困难的种子，即使在今天，它仍然封存在"自利"的土壤中。国家共同体的美好理念和他们的共同利益的论证，在今天的任何国际组织中似乎始终是一厢情愿（*vœu pieux*）。

但是，有两个从未付诸实施的有趣理念。俄罗斯被认为拥有与其自身政治体制相关联的本国发展道路；若它愿意，它能重新加入国家间的这个"协议"（*Entente*）。所有协议的签署均应"坦诚且公之于众"，即接受公众舆论的检验。但是，这从未实现，因为外交博弈仍在秘密进行。最后一条计划建立国际联盟，以保障所有成员国的政治和领土独立，"无论国家大小"，这与康德基于法律的普世国家方案相似。

威尔逊总统在1918年两度确认这类和平宣言：第一次是在2月11日向国会发出的信息中坚决拒绝势力均衡原则；第二次是威尔逊7月14日在弗农山庄的华盛顿总统墓园发表的讲话中。这次演讲中，威尔逊提出了颇有意思的其他四条主张：

1. 每个恣意妄为强权的毁灭都会……扰乱世界的和平……

2. 每个问题的解决……均应以直接相关的人民对结果的自由接受为基础而不是……其他任何国家的物质利益与不利……

3. 各国应同意彼此行为应尊重并接受文明国家共同法律和原则的管辖。

4. 一个和平组织的建立······所有成员国须服从之,而不能友善达成合意的国际调整······应由该组织施加制裁。

再一次地,当谈及未来的这个国际联盟时,威尔逊总统认为自由国家不仅受其政府管理,亦受世界公民舆论的管制——这将是和平的一个要素。在 20 世纪上半叶,法国法律人狄骥(Duguit)和塞勒(Scelle)更进一步提出,不仅是国家,公民亦应成为国际法的主体。

如果理想未曾被遗忘,那么对现实的体认将不断使我们想起一个和平的国际社会,它像一部小说,遮盖那统治着每个国家的利己主义。对现实的体认不断提醒世人在一个各民族奉行自利至上的现世,一个和平的国际社会只是小说里的世界。没有人应当被禁止去梦想乌托邦,但亦当知道这条路还很漫长。

推荐阅读

Coudenhove-Kalergi, Richard N. *Pan-Europe* (Presses Univérsitaires de France Paris 1988).

Gentz, Frédéric *De la paix perpétuelle* (M. B. Aoun ed and trans) (Librairie Duchemin Paris 1997).

Goyard-Fabre, Simone *La construction de la paix ou le travail de Sisyphe* (Vrin Paris 1994).

Von Holzendorff, Franz *Die Idee des ewigen Völkerfriedens* (Verlag von Carl Habel Berlin 1882).

Porada, Aleksandra 'The French Project of Pan-European Peace and their Practical Fiasco' in Lara Piccardo (ed) *L'idée d'Europe au XVIII e siècle* (Honoré Champion Paris 2009).

Raumer, Kurt von *Ewiger Friede*: *Friedensrufe und Friedenspläne seit der Renaissance* (Karl Alber München 1953).

Riot-Sarcey, Michèle (ed) *Dictionnaire critique des utopies* (Larousse-Bordas Paris 2002).

Senghaas, Dieter *On Perpetual Peace*: *A Timely Assessment* (Ewald Osers trans) (Berghahn Books New York 2007).

Slick, Tom *Permanent Peace*: *A Check and Balance Plan* (Prentice Hall Upper Saddle River NJ 1958).

Zinn, Howard *The Power of Nonviolence*: *Writings by Advocates of Peace* (Beacon Press Boston MA 2002).

第十一章　和平与战争

玛丽·爱伦·奥康奈尔（Mary Ellen O'Connell）

一、引言

272　　法律为人所珍视的价值在于其在人类事务的调整中能替代武力的使用。[1]
在这个意义上，所有的国际法都是和平之法[2]——作为武力、暴力和武装冲突之
相反主题的和平。一如既往地，国际法律体制的核心是一套禁止诉诸武力、责成使
用和平手段解决冲突和处理社会问题的一系列特殊规则、原则和程序。本章的重
点正是这套更专门化的机制及其历史。国际法内的和平机制之创建一直需要那些
相信人道可以在法律的帮助下摒弃武力之使用的人作出持续甚至勇敢的努力。反
对上述观点的是那些相信人道天然地会参与到暴力之中的人，以及那些相信武力
的功效是实现重要的甚至人道之目标的人。

　　构成当代和平机制基础的是 1945 年通过的《联合国宪章》（以下简称"《宪
章》"）。《宪章》大路径的核心是第 2 条第 4 款的一般性禁止使用武力。[3]《宪章》
273　亦建立了联合国，以作为通过促进国家间互动来解决和防范冲突的组织。联合国

---

〔1〕 E. Zoller, *Peacetime Unilateral Remedies*：*An Analysis of Countermeasures* (Transnational New
York 1984) at 4.

〔2〕 I. Brownlie, 'The Peaceful Settlement of International Disputes in Practice' (1995) 7 *Pace
International Law Review* 257 - 279 at 257.

〔3〕 国际法院提到，在美国和尼加拉瓜呈送法院的材料中都指出《联合国宪章》第 2 条第 4 款的武力使
用之禁止是强行法。*Military and Paramilitary Activities in and against Nicaragua* (*Nicaragua
v United States of America*) (*Merits*) [1986] ICJ Rep 14, at 100 - 101 (para 190)。约（转下页）

各类机构均被责成支持和平。作为最具实权之机构的安全理事会有权对威胁和平、破坏和平以及侵略的行为做出回应。为了阻却这类犯罪，《宪章》敦促和平解决争端机制之运用[4]、鼓励发展经济并促进对人权的尊重。其意图旨在使"我们的后代们免于战祸"。[5]

关于人道追求如何抵达《联合国宪章》之起草的故事，可追溯至有历史记录以来的远古时代，并从那些尊重人性尊严和非暴力理念的所有主要文明中汲取养分。[6] 本章将不作宏大叙事。历史学家对《宪章》的讨论一般从自然法理论下的正义战争学说开始；该理论由自然法理论家创造，并汲取早期基督教（是故涉及犹太人）以及古典希腊和罗马之哲学思想。这场讨论将推进实证主义兴起的 18 世纪时相关联的自然法理论的衰落，以及带来在成文法缺失的情况下尊重法律管控武力的危机。国际社会自此逐渐发展出关于和平的成文法，但也仅仅是规范法层面的，因这些限制在价值偏好排序上一直备受挑战。在国际法的所有主要次级领域中，和平与战争法或拥有最漫长亦最艰难的历史。这套和平机制的创造在过去、现在和未来都要求正直、勇敢的人们坚定支持法治以及一个更和平世界的理想。

二、和平主义与正义战争学说的兴起

从现代视角来看，似乎所有的文明都必然是抵制暴力的；但有证据表明，许多古代社会其实把战争视为天然的和正常生活的一部分。斯蒂芬·涅夫（Stephen Neff）认为中国儒教是发展了"和平是正常状态，而战争是非正常状态"[7]概念的第一个主要文明传统。涅夫指出，另一个发展这类概念的古代社会仅有早期的基督教。[8] 基督徒所坚持的"世界事务中作为背景条件或残余的和平存在"是归咎

（接上页）翰斯顿将宪章视为"世界共同体的神圣文本"（'sacred text of the world community'）。D. M. Johnston, *The Historical Foundations of World Order：The Tower and the Arena* (Martinus Nijhoff Leiden 2008) at 164 and 708；亦见 D. Bederman, *International Law in Antiquity* (CUP Cambridge 2010)。

[4]《联合国宪章》第六章。

[5] 该词见于《联合国宪章》序言首行。

[6] 总体参见 *The Historical Foundations* (n 3)以及 D. Cortright, *Peace：A History of Movements and Ideas* (CUP Cambridge 2008)。

[7] S. C. Neff, *War and the Law of Nations：A General History* (CUP Cambridge 2005) at 31.

[8] 同上，第 39 页。

于"基督教教义的和平主义脉络源远流长……"。[9] 按伊恩·布朗利(Lan Brownlie)的观点,"早期基督教会拒绝接受战争在任何情势下的合道德性,直至公元 170 年,基督徒都是不得应征入伍的。绝对和平主义在基督受难后存续了近三个世纪……"。[10]

接着,当基督教与"(罗马)帝国的世俗权力结合",圣·奥古斯丁(St. Augustine)提出了他的正义战争理论。[11] 奥古斯丁——这位 5 世纪时北非地区的主教——试图使教会偏离建基于福音书解释之上的坚实的和平主义;福音书教导信徒成为使人和睦的人,甚至去爱自己的敌人。[12] 为了改变这种理念,奥古斯丁基于其受到的罗马和希腊法哲学教育而发展出了一套主张。深受斯多葛派哲学影响的罗马西塞罗(Cicero)教导说,正义战争仅当为和平而战才成立。[13] 此外,斯多葛派师承亚里士多德的类似教导,即和平是战争最终正义的原因。[14] 基于基督徒对和平的努力,奥古斯丁论证道,为和平而斗争是战争正义的理由。奥古斯丁得出的结论是,在必要时用有限的战争作为"保全和恢复和平之手段"对企盼自己行为遵循宗教信仰的基督徒而言是可接受的。[15] 奥古斯丁认为为自卫、夺回被偷窃的东西、阻却未来的错行而回应当下的错误以及为促进基督教义的传播而战,这些均是正义的。[16]

最后这项理由——促进基督教——推动了和平主义基督徒变成为保全和促进教会而斗争的人士,并使之成为一件崇高和有道德的事。[17] 于是,十字军东征或

---

[9] S. C. Neff, *War and the Law of Nations: A General History* (CUP Cambridge 2005) at 39 - 40.

[10] I. Brownlie, *International Law and the Use of Force by States* (OUP Oxford 1963) at 5 (省略引用)。

[11] 同上;亦见 *War and the Law of Nations* (n 7)3 - 5 and 10 - 11。

[12] W. G. Grewe, *The Epochs of International Law* (M. Byers trans.) (de Gruyter Berlin 2000) at 108 - 111; A. Nussbaum, *A Concise History of the Law of Nations* (revised edn Macmillan London 1962) at 35.

[13] 涅夫解读过先秦儒家经典,如"用兵不得已而为之;救无辜,伐有罪;行王道而天下和谐"。*War and the Law of Nations* (n 7)10。

[14] Aristotle, *Nicomachean Ethics* book X, ch VII, 1177 b6;以及 *Politics* book VII, ch XIV。

[15] *The Epochs of International Law* (n 12)107 (省略拉丁语改述); L. Friedman (ed.) *The Law of War: A Documentary History* (Greenwood Publishing Group Westport 1972) at 7.

[16] J. von Elbe, 'The Evolution of the Concept of the Just War in International Law' (1939) 33 *American Journal of International Law* 665.

[17] G. Parker, 'Early Modern Europe' in M. Howard (ed.) *The Laws of War: Constraints on Warfare in the Western World* (Yale University Press New Haven 1994) 40 - 58 at 43.

者征服和殖民均在这一主张之下获得了正当性：一旦整个世界皈依基督教，和平将降临，一切斗争将终结。伊斯兰教亦发展出类似观念：一旦世界皈依真主，和平将统治世界。[18]

基督教勇士成功建立的神圣罗马帝国始于神圣罗马皇帝查理曼（Charlemagne）在公元 800 年加冕[19]，止于三十年战争后 1648 年的《威斯特伐利亚和约》之缔结。在这个漫长的时期中，学者们继续发展着正义战争理论。中世纪最具影响力的正义战争理论学者是圣·托马斯·阿奎那（St. Thomas Aquinas, 1225—1274 年），他系统化了奥古斯丁的著作，并强调了正义战争的核心条件：（1）权威正当；（2）理由正义；（3）意图正当。[20] 在阿奎那之后，学者们体认到君王可以正当地运用战争来应对侵略其主权领土、违反条约、违反外交豁免的行为——其中许多原则将构成国际法的核心。

即便发动战争的正当化情势越来越多，部分基督徒仍继续维续和平主义的理想。例如"上帝的和平"运动始于 11 世纪的法国，旨在于战时保护弱者并限制交战的时间。[21] 史学家杰弗瑞·帕克（Geoffrey Parker）发现证据表明，统治者之所以有限制地对待发动战争的权利，部分原因确实在于教会教谕可通过各种制裁得以执行的事实。主教们可通过逐出教会或拒绝圣礼来强制君王遵循。[22] 但是，逐渐地，教会及其教谕的权威开始衰微。这一发展对应着更大规模的"组织良好的政治单位、君主制或民族主义形式、世俗政府和商业、帝国化及殖民化"之兴盛，并正在取代小规模的公国和定义模糊的实体。[23] 政治理论家马基雅维利（Niccolo Machiavelli, 1492—1550 年）攻击正义战争学说及其对战争的限制，提出"'必要的战争就是正义的战争'，而每个主权实体都可以决定需要发动战争的情势"。[24]

---

[18] *International Law and the Use of Force by States* (n 10)5 – 6.

[19] *A Concise History* (n 12)20.

[20] *The Epochs of International Law* (n 12)109；亦见 Evolution of the Concept (n 16)669；以及 *International Law and the Use of Force by States* (n 10) 6。

[21] 'Early Modern Europe' (n 17)；亦见 *A Concise History* (n 12)17 – 18。

[22] J. Dumas, 'Sanctions of International Arbitration' (1911)5 *American Journal of International Law* 934 – 957 at 937.

[23] *International Law and the Use of Force by States* (n 10)11.

[24] 同上。

西班牙经院哲学家们则持有不同观点。他们意识到对教皇和帝王的尊重之衰落将意味着正义战争的约束。弗朗西斯科·维多利亚（Francisco Vitoria, 1480—1546年）是一位多米尼加僧侣，他毕生致力于提出教会和帝王中央集权的替代。维多利亚逐渐把法律本身当作人类行动的最终管辖者，而非任何个人。[25] 但是，维多利亚亦主张各冲突当事方可秉持正当意图战斗，是故在道德上无错。[26] 当考虑个人不朽灵魂的命运而不是限制诉诸战争时，这一主张可能总体上是合宜的，它削除了正义战争学说的主要客观约束。如果决定战争的领袖只需要自己认为其理由是正义的，而无需就这个理由在客观上是否正义以及对手的理由是否非正义咨询权威，那么正义战争的就失去了约束。另一位学者弗朗西斯科·苏亚雷斯（Francisco Suarez, 1548—1617年）指出，基于领袖对己方理由的主观信念而认为冲突各方都拥有一个被许可的正义理由，这实在是荒谬。但是，关于如何对反对教皇权威者各执一词的主张作出正义的裁断，苏亚雷斯未提出解决办法。

事实上，这一似乎是个问题的主观正义理由的理念却为新教徒领袖所认同。他们相信个人可以依赖其良心做出发动战争与否的判断，这与他们解释圣经或者个人与上帝关系的路径相似。贞提利（Alberico Gentili, 1552—1608年）是一位意大利新教徒，他从意大利逃亡至英格兰并在牛津大学教授法律，他就特别赞同领袖个人有权自己决断正义的理由。贞提利在1593年写道：

> 事实上，君主在发动战争之前仍必须要检视其理由的正义性；……但无论其检视的结果如何，都绝不影响其行动的合法性，因为战争只是一种程序性手段，甚至被借助来纠正可能的错误，而不使任何一方被谴责为非正义。[27]

格劳秀斯（1583—1645年）是一位新教徒学者和外交官，他指出贞提利主张的弱点所在。在新教统治者与天主教统治者为争夺欧洲统治权而引发的血腥的三十

---

[25] 'Evolution of the Concept' (n 16)674-675; *A Concise History* (n 12)79-91. 特别关注维多利亚对于美国土著和国际法渊源的看法，参见 A. Anghie, *Imperialism, Sovereignty, and the Making of International Law* (CUP Cambridge 2005).

[26] *A Concise History* (n 12)80.

[27] 'Evolution of the Concept' (n 16)678.

年战争中,格劳秀斯看到了贞提利的主张之后果。每个人都在为一个主观的正义理由而厮杀。不同于贞提利,格劳秀斯提出理由必须是客观正义,不能仅是君主内心对其理由的决断。格劳秀斯促进保全了一个有可信约束力的正义战争学说,并将之作为其经典著作《战争与和平法》(1625年)的核心。格劳秀斯信奉包含在基督教义中的基督徒爱之法则和对人类能力的乐观。[28] 格劳秀斯希望在战争行为方面激发更大的人道并鼓励建立战后西欧法律秩序。[29] 建立在经院哲学家们的基础上,格劳秀斯提出人类可以通过理性来理解法律的要求,而非通过天启或神学解释。但是,上帝仍是最终的授法者,这意味着法仍优位于个人或社群的意愿。

到1648年,欧洲的统治者们厌倦了漫长的战争杀戮,因而同意对诉诸武力施加限制。在历时三年多的"第一届欧洲大会"上,一系列和平条约被协定,即《威斯特伐利亚和约》。[30] 这些条约要求各国王、君主、贵族在因宗教而引发的冲突中避免诉诸战争以及集体性执行条约规定。神圣罗马帝国的三百位成员最终可以自由地加入联盟,这本质上是他们主权的独立。过去的一切冲突都被视作已解决。未来若有任何冲突,受冒犯方应首先尝试"以法律辩论的友好解决方式"。[31] 三年之后,若这些争端无法得到解决,所有其他当事方将"作集体武力动员和组织以降服进犯者"。阿瑟·努斯鲍姆(Arthur Nussbaum)称之为"国际组织以和平为宗旨的第一次努力"[32]。回望《威斯特伐利亚和约》缔结后所浮现的法律秩序,格劳秀斯实在功不可没:

> 一方面,一直有种说法,"格劳秀斯改造了(传统的)自然法,使之弥合了皇帝和教皇至上权威崩塌后导致的权力真空"。另一方面,格劳秀斯发展的一套

---

[28] H. Lauterpacht, 'The Grotian Tradition in International Law' (1946) 23 *British Year Book of International Law* 1-53 at 31, 引自 Grotius, *De jure belli ac pacis* (1625) Proleg, at 23。

[29] *A Concise History* (n 12)105。

[30] 同上,第115页。

[31] 同上,第117页。

[32] 同上。L. Gross, 'The Peace of Westphalia' in L. Gross (ed.) *Essays on International Law and Organization* (Transnational New York 1984)3-21 at 3 and 7, 引自 D. J. Hill, *A History of Diplomacy in the International Development of Europe* (Longmans, Green and Co London 1925) vol II, at 602。

国际法平等适用于信神者和无神论者,并被两者同时接纳;在无碍其统治者的个性和尊严之前提下,其得以适用于所有国家。[33]

另一方面,这套新的和平秩序包含着对战争之法律约束提出新挑战的种子。法律机制的世俗化以及地位平等、主权国家的建立侵蚀了共同体和共同体法的概念。"《威斯特伐利亚和约》对基督教共同体理念的落实只是口惠而实不至;在不承认至上权威的主权绝对论国家时代,它只是个看门人。"[34]

三、实证主义与正义战争学说的衰微

格劳秀斯只是相当大程度地推迟但非完全阻止了诉诸战争之决策的主观主义的兴起。通过确立每个国家的主权平等,威斯特伐利亚体系确实为去除战争约束奠定了基础。作为平等者,一国领袖如何能将其判断凌驾于另一国之上——平起平坐者? 甚至集体执法行动所必需的集体判断都被否认。结果是,在《威斯特伐利亚和约》中发展出来的执行机制从未被使用。创建和平秩序的理念仍不断涌现,最著名的理论来自于圣-皮埃尔和康德。两人均构想以国家间组织来消除战争利益。但是,在这个时期,国际关系的实际趋势是偏离集体性、联邦化或国家间组织的方向,而转向让单个国家拥有更大程度的不可渗透性的主权。[35]

瓦特尔(Emmerich de Vattle, 1714—1767 年)在主权学说的发展中有很大的影响力。这位国际法学者担任君主的合同制外交官,其职责是为君主领地的主权独立争取利益。瓦特尔写道,诉诸战争取决于作为领袖的个人及其良心。在他看来,国际法不是优位于国家之上,而是国家间交往的有用工具。与此导向一致的是,瓦特尔倡导运用各种和平的方式解决问题,包括仲裁、多国会议、全体大会和调查。瓦特尔指出,争端源于权利纷争所引发的损失。瓦特尔赞同一国应当坚

---

〔33〕'The Peace of Westphalia' (n 32)9, 引自 P. H. Winfield, *The Foundations and the Future of International Law* (CUP Cambridge 1941) at 20;以及 W. Van der Vlugt, 'L'Oeuvre de Grotius et son influence sur le développement du droit international' (1925)7 *Recueil des cours* 395 – 510 at 448。

〔34〕'The Peace of Westphalia' (n 32)18 – 19.

〔35〕L. Henkin, *International Law : Politics and Values* (Martinus Nijhoff Dordrecht 1995) at 12.

持自己的权利而非忍受伤害,但亦当记得他人的权利。[36] 当关涉国家"安全"时,瓦特尔警惕和平手段的运用,他亦重新提出原先的理念,即主权国家不能将其判断强加于别国。瓦特尔确实倾向于主权者在发动战争前的扪心自问,但这是个人的良心而非相关社群的良心。瓦特尔重新聚焦于个人性主权,他的努力构成新"启蒙"的一部分,即寻求对自然世界科学定律的观察。对国际法而言,这意味着为了寻求法律存在的证据,就得检视国家间的实在行为——对条约的正式同意或习惯法规则的默认。

强调实在行为的结果是自然法开始受排挤。这种理论的转向意味着和平机制的倒退,因为正义战争学说是通过自然法理论加以解释的,且18世纪时对战争的实在法约束极少。与之相反,自然法理论承认即便不通过实在行为造法,仍存在一些约束国家的法则。与道德原则关联的自然法理论规则——诸如诉诸武力能获正当化的情势——约束着国家,即便其政府从未在某个条约或一般实践中默许。

但是,实证主义从未彻底取代自然法理论,特别是在战争与和平领域。国家领袖们继续宣称其理由的正义。[37] 虽经常是形式层面的,但这类宣示却阐述着历久弥新的信念,即诉诸战争从来不是完全不受限制的主权特权。再者,部分欧洲基督教社群坚持宣扬和平主义。他们亦不断发出对战争的道德质疑。有相当数量的基督教和平主义者离开欧洲去了美国。其意图是逃离战争和服役,并践行以宣扬和平主义和非暴力为核心原则的基督教观点。贵格会教徒、门诺会徒(Mennonites)以及庞大的新教徒团体为那些有意以和平手段解决争端的美国政治家提供民意支持。到19世纪早期,美国的基督教和平主义者正积极推进以仲裁代替战争。[38]美国和英国均承诺运用1794年的《杰伊条约》中规定的仲裁机制来解决独立战争后的历史遗留问题。[39] 乔治·华盛顿总统支持《杰伊条约》的主要理由是,仲裁承

---

[36] E. Vattel, *The Law of Nations or the Principles of Natural Law*, *Applied to the Conduct and to the Affairs of Nations and of Sovereigns* (C. G. Fenwick trans.) (1758 edn The Carnegie Institution of Washington, Washington DC 1916) at 222.

[37] 'Evolution of the Concept' (n 16)684.

[38] M. W. Janis, *The American Tradition of International Law: Great Expectations 1789 - 1914* (OUP Oxford 2004) at 98.

[39] 《杰伊条约》仲裁被认为是第一种依法仲裁方式(区别于外交仲裁);A. M. Stuyt, *Survey of International Arbitrations 1794 -1938* (Martinius Nijhoff The Hague 1939) at vii.

诺可能"避免战争以及和平解决误解和争吵"。[40] 以 1798 年由仲裁员公断的关于加拿大和美国今天边境的圣克洛伊河仲裁案(St. Croix River Arbitration)为起点，1794 年至 1804 年间有 536 件仲裁裁决按《杰伊条约》作出。[41] 于是，《杰伊条约》被公认为开启了仲裁的现代纪元。

尽管美国独立战争的价值深受赞誉，但美国领袖越来越支持和平运动，这同时体现在意识形态和机制体制两方面。"没有哪国政府能容忍如此多有意识的人逃避兵役；没有哪个国家对平时常备军队施加了如此多的约束；没有哪国人民如此坚定地以世界和平的事业界定他们的集体身份。"[42]美国的这股和平运动对 1812 年的那场战争提出强烈反对，即美国与大英以及英国本地美国联盟军的决战。[43] 美国在 1815 年的胜利虽缓和了这股反战批评，但和平运动也因此站稳了脚跟。[44] 亦是在 1815 年，威廉·道奇(William Low Dodge)创建了世界上第一个和平促进组织，即纽约和平协会。此后，其他和平组织在美国亦不断涌现。1828 年，威廉·拉德(William Ladd)将这些组织汇聚在一起，形成了美国和平协会（APS）。[45] 美国和平协会通过促进谈判、仲裁以及组建基督教民族大会等方式将基督教与和平解决国际争端的理念相结合。[46] 拉德著名的《论民族大会》呼吁建立一个两层制的国际正义体制：(1)源自特定国家的大使们形成一个大会，推进国际法；(2)裁判案件的国际法庭。[47]

致力于和平的欧洲人亦仿效美国。1816 年，推进废止奴隶制和其他社会改革的英国贵格会教徒创建了英国普世永续和平促进会。[48] 法国基督徒在 1821 年创

---

[40] M. Curti, *Peace or War: The American Struggle 1636－1936* (WW Norton and Co New York 1936) at 24.

[41] *The American Tradition* (n 38)105，引自 *A Concise History* (n 12)128－129；*The Epochs of International Law* (n 12)366. 美国和英国也成立了求偿委员会，以解决两国之间的财产纠纷，但成效不大。

[42] C. DeBenedetti, *The Peace Reform in American History* (Indiana University Press Indiana 1980) at 17.

[43] 同上，第 28 页。

[44] 同上，第 30 页。

[45] M. E. Curti, *The American Peace Crusade: 1815－60* (Duke University Press Durham 1929)43；*The American Tradition* (n 38)103－110.

[46] *The Peace Reform* (n 42)38.

[47] *The American Peace Crusade* (n 45)58.

[48] *Peace: A History* (n 6)27.

建了基督教道德社团(*Société de la morale chrétienne*),瑞士和平倡导者在 1830 年
创建日内瓦和平协会(*Société de la paix de Genève*)。[49] 美国人伊莱休·伯里特
(Elihu Burritt)在 1848 年至 1851 年间组织了数次国际和平大会,[50]增进了欧洲和
平社团与美国同行的联系纽带。[51] 这些大会的主要宗旨是促进能替代战争解决
国际纠纷的方式和手段,代表们偏向于仲裁与国际法。[52] 同时,在和平组织之外,
亦有像弗朗西斯·利伯(Francis Lieber)和戴维·菲尔德(David Dudley Field)等美
国国际主义者在推进仲裁和国际法。

在和平主义者采取建设性策略的同时,跨大西洋运动中亦酝酿着一股批判性
辩论。这场论争又一次在关于战争与和平的国际法律话语中引起共振。简言之,
在 19 世纪中期,严格和平主义恪守者被例外论者挑战,后者主张为了促进特定的
重要社会议题或国家自卫应容许例外。[53] 在 19 世纪 30 年代的暴力事件过后,美
国和平运动分裂为支持防卫战与恪守严格和平主义这两派。[54] 废奴支持者亦分
裂为两派:一派拒绝战争,即便出于废奴目的;一派允许战争,认为相比于保持奴
隶制,为废奴而战争系罪恶更小。当美国内战开启之后,部分和平运动的成员加入
北方,为保全联邦国家和废除奴隶制而努力,但有 1500 多位因良心而拒绝服役者
(conscientious objectors)拒绝战斗,包括贵格会教徒、门诺会徒与其他小型宗教团
体成员,即便其不支持奴隶制。[55]

以类似方式分化国际和平运动的另一项议题是关于殖民帝国的战争。[56] 团
结起来共同反对殖民主义乃是美国民众的一般立场,但在欧洲,直至第一次世界大
战时,主流的主张还是支持欧洲人对"未开化文明"人民的开战和征服有其正当
性。[57] 欧洲人将通过建立政府性机制和支持基督教传教来播种文明视作一种义

281

---

[49] *Peace*:*A History* (n 6) 28.

[50] *The American Tradition* (n 38)110,引自 P. Tolis,*Elihu Burritt*:*Crusader for Brotherhood* (Archon North Haven 1968) at 1。

[51] *The American Peace Crusade* (n 45)188.

[52] 同上,第 189 页。

[53] *Peace*:*A History* (n 6)30.

[54] 同上,第 42 页。

[55] *The Peace Reform* (n 42)58.

[56] *Peace*:*A History* (n 6)47 - 48.

[57] A. Orakhelashvili, 'The Idea of European International Law' (2006)17 *European Journal* (转下页)

务和责任。一旦"文明化"后,被殖民民族可获得主权国家地位及完全参与国际法律体制的资格。这种正当化战争和统治的主张的一个关键部分是,实证主义兴起并取代自然法理论成为国际法主流理论。自然法理论的核心是法的普世性和人格平等。实证主义则相反,其以特定机制的存在为法律的前提基础,而这些机制典型地见于欧洲国家。按此说法,"皮之不存,毛将焉附",一个地方若不存在这些机制,也就不是国际法延伸之地。按亚历山大罗维茨(Alexandrowicz)的说法:"在16世纪、17世纪和18世纪一直具有普世性的万民法,到19世纪时放弃了几个世纪以来的普世主义传统并(自我)"限缩"为一种区域性(纯欧洲的)法律体制。"[58]安吉(Anghie)提出,以实证主义替代自然法作为国际法解释理论的倾向,可追溯至实证主义对殖民主义之正当理由予以支持之时。[59]

尽管有这些分裂,但和平倡导者却以另外的方式团结了起来。他们联合呼吁要求国家采取仲裁的条约,以与国际法的新趋势同步。他们的努力在1872年因阿拉巴马仲裁的结果获得一个巨大的飞跃。就英国在美国内战期间是否违背中立义务,美国邀请英国参加仲裁。英国未阻止南方邦联军队在战时从利物浦造船厂购得三艘军舰。美国认为这些军舰造成了重大伤害,且延长了该战争。然而,一些好战的、不明内情的评论者主张美国应以军事行动跟进它最初对英国的赔偿金要求。最终,冷静占了上风,两国同意通过仲裁解决这项冲突。美国被判胜诉后,英国支付了一笔较大的损害赔偿。这个案件极大地激励了和平运动,并迅即被标榜为依法和平解决方式的胜利。鼓吹缔结仲裁条约的热情高涨,至19世纪80年代,已有许多关于建立一个世界法院的努力。[60] 阿拉巴马案不仅激励了和平运动,国际法

282

(接上页)of International Law 315 – 347 at 325 – 326;J. T. Gathii, 'Neoliberalism, Colonialism, and International Governance: Decentering the International Law of Governmental Legitimacy' (2000) 98 Michigan Law Review 1996 – 2055 at 2019 – 2020;A. Anghie, 'Finding the Peripheries: Sovereignty and Colonialism in Nineteenth Century International Law'(1999) 40 Harvard International Law Journal 1 – 80 at 54 – 55;以及 M. Koskenniemi, The Gentle Civilizer of Nations: The Rise and Fall of International Law 1870 – 1960 (CUP Cambridge 2001) at 40。

[58] The Epochs of International Law (n 12)466,引自 H. Alexandrowicz, An Introduction to the History of the Law of Nations of the East Indies (16th, 17th, and 18th Centuries) (Clarendon Press Oxford 1967) at 2。

[59] 'Finding the Peripheries' (n 57)54 – 55.

[60] The Gentle Civilizer of Nations (n 57)40;D. Caron, 'War and International Adjudication: Reflections on the 1899 Peace Conference' (2000) 94 American Journal of International Law 4 – 30 at 4.

整体亦受益匪浅,如国际法学会于 1873 年在布鲁塞尔成立。

　　除了将争端的解决置于国际法之下,19 世纪的和平倡导者亦主张召开国家间大会和会议以运用国际法解决纠纷。一个大会起草了 1856 年《巴黎和约》[61],旨在解决克里米亚战争事宜和建立多瑙河国际委员会;后者包括了土耳其,从而将国际法下的合作扩展到欧洲之外。按努斯鲍姆(Nussbaum)所说,《巴黎和约》"在国际法史中的重要性,仅次于《威斯特伐利亚和约》和《维也纳和约》"。[62] 在 1878 年的柏林会议上,在俄土战争后,诸国试图解决巴尔干地区的领土争端。1885 年的柏林会议则在欧洲国家间瓜分了非洲大陆,终结了列强之间长期的交战争夺。[63] 然而,非洲人民的和平则不在议程上。

　　亦是在 1885 年,奥地利人贝尔塔·冯·苏特纳(Bertha Von Suttner,1843—1914 年)在欧洲开启了其和平行动主义的努力。贝尔塔写了几部主题是赞颂促进和平的小说,受其影响,阿尔弗雷德·诺贝尔(Alfred Nobel)决定捐资成立诺贝尔和平奖。[64] 贝尔塔让公众注意到俄国沙皇提出 1899 年在海牙举行一次国际和平大会的呼吁。[65] 大会目的是"让普世和平的伟大理念击败不和谐与困难"。[66] 这位沙皇希望阻止正在推进的军备竞赛——一场俄国在其中几无胜出希望的竞赛。贝尔塔最知名的小说《放下武器》(Die Waffen nieder)正是主张以裁军来实现和平。但是,俄国沙皇必定不满意 1899 年和会的成果,因为未达成任何裁军协议。[67] 对推迟而非禁止诉诸武力的无力承诺,国际和平运动的成员也必定是失望的。有野心的和平运动倡导者还希望能建立一个解决冲突的国际法院。各国却仅

---

[61] General Treaty for the Re-Establishment of Peace between Austria, France, Great Britain, Prussia, Sardinia, and Turkey, and Russia (签订于 1856 年 3 月 30 日)(1856)114 CTS 409 ("《巴黎和约》")。

[62] A Concise History (n 12)190.

[63] 同上,第 193 页。

[64] 参见本书中由西蒙妮·皮特(Simone Peter)撰写的第五十八章"贝尔塔·冯·苏特纳(Bertha Von Suttner,1843—1914 年)"。

[65] 引自 W. I. Hull, The Two Hague Conferences and their Contributions to International Law (Ginn and Company Boston 1908) at 3.

[66] 'Rescript of Tsar Nicholas II, 24 August 1898, to Representatives of the Powers Accredited to Saint Petersburg' in S. Cooper, Patriotic Pacifism: Waging War on War in Europe, 1815 - 1914 (OUP Oxford 1991)221 - 222 at 222

[67] Peace: A History (n 6)41 - 42.

同意建立一个组织国家间仲裁的秘书处,尽管其名字很响亮——"常设仲裁院"(PCA)。但是,像贝尔塔这样的和平活动人士强调常设仲裁院的积极面。

当时顶尖的国际法学者拉沙·奥本海(1858—1919年)对贝尔塔·冯·苏特纳这类和平倡导者并没有多少耐心。奥本海本是德国人,他为个人健康而移居英国并执教于剑桥大学,并于1908年出任惠威尔(Whewell)讲席教授。[68] 奥本海专论国际法的教科书已出版九个版本。与格劳秀斯的《战争与和平法》相似,奥本海的书也将国际法分为两部分:战时与平时。但是,奥本海是位激进的实证主义者,这使他无法找到很多反对战争的法律。奥本海认为国际法不为政府官员和学者真正尊重的部分原因是国际法学者中残存的自然法理论家。对奥本海而言,所有的国际法均可用实在行为来解释,特别是"同意"这一行为。国际法之所以能主张像国内法那样的权威,在于国家的同意或自我约束。

> 无疑地,这些奥斯丁法理学的追随者提出国际法的约束力弱于国内法。但是,一旦国家同意将自己置于国际法规则下,则将相应地接受这类规则的约束,其程度一如受其国内法规则约束一样。[69]

奥本海区分了国际法规则与道德规则:事实上,前者"最终由外部权力执行",而后者仅凭良心得以执行。[70]

是故,奥本海势必找不到对战争的终极法律限制。国家实践未支持过这点。在其极具影响力的1906年版本的著作中,奥本海写道:

> 国际和平的理想派,以及无法洞悉主权国家法律理念的芸芸众生,经常认为战争和法律是脱节的。他们经常援引战争常由国家发动的事实,以此作为抹杀国际法存在的证据。揭露这种言论的荒谬性自不困难。因国家享有主

---

[68] 参见本书中由马赛厄斯·施默克尔(Mathias Schmoeckel)撰写的第六十章"拉沙·奥本海(Lassa Oppenheim, 1858—1919年)"。

[69] L. Oppenheim, 'The Science of International Law' (1908) 2 *American Journal of International Law* 313 - 356 at 332.

[70] 同上,第331页。

权,于是他们头上不存在一个中央权威迫其执行命令,战争于是无法避免。国际法承认这是事实,但与此同时,其对交战者提出必须遵守的规则。[71]

许多国际法学者逐渐认同奥本海关于战争决定系国家最终特权且不受法律约束的观点。与此同时,他们认为战争以外的强制措施(measures short of war)以及战争行为本身应当遵循广泛的法律条件。[72] 关于战争以外之武力使用的详细法律规则,美英两国在 1842 年就 1837 年英国海军焚毁"卡罗林号"(Caroline)轮船使之在尼亚加拉瀑布坠毁的事件的交涉函中得到例证。[73] 时任美国国务卿的韦伯斯特(Webster)致函英国阿什伯顿勋爵(Lord Ashburton):

> 美国总统乐见您充分承认公法领域的那些伟大的原则,即美国政府表示过适用于本案者;如您所坚持的,亦是美国所秉持的,对独立国家领土主权不可侵犯之尊重乃是铸就文明最实质的根基。两国虽都承认该原则有例外,但总统非常赞赏您承认这类例外置于美国国务院与英国全权大使此前沟通的共识中那些已声明的限制和已使用的条文之下。我们虽承认这类源自自卫的正义例外确实存在,但将其限制在"自卫必要性应是立即、明显、无其他方法可以选择的,且无时间考虑"之场合,这无疑是公正的。[74]

除自卫外,国家可运用交战报复来回应法定损失,但仅应在先前提出过补救要求之后。此外,这种报复必须与损失成比例。国家与国民之财产可以被扣押。事实上,实践中倾向于给予国家财产豁免地位,但也并非不可以对其进行扣押。国家

---

[71] L. Oppenheim, *International Law: A Treatise* (Longmans, Greens, and Co. 1906) vol II, at 55 – 57(注释省略)。

[72] *The Epochs of International Law* (n 12)525,引自 A. Bulmerincq, 'Die Staatsstreitigkeiten und ihre Entscheidung ohne Krieg' (1889)4 *Holtzendorffs Handbuch des Völkerrechts* 3 – 127 at 87.

[73] J. Noyes, '*The Caroline*: International Law Limits on Resort to Force' in J. Noyes, et al (eds.) *International Law Stories* (Foundation Press New York 2007) ch 9.

[74] 'Letter from Webster to Lord Ashburton (6 August 1842)' in H. Miller (ed.) *Treaties and Other International Acts of the United States of America* (Government Printing Office Washington 1934) vol 4, 454 – 455.

可采取积极行动,诸如焚毁"卡罗林号"轮船。海事领域的报复颇为常见[75],还包括"不作为"或消极行动,诸如否认权利和拒绝履行条约义务。

如奥本海前述所示,关于使用战争以外强制措施的详尽规则亦附随于战争本身。但是,不同于奥本海的观点,有证据显示政治家们仍关注战争的正义性。在所必需的战争宣告发布之际,领袖们通常援引这场战争的正义理由以及作为最后手段的事实。学者布朗利(Brownlie)翻出,日本在于 1904 年 2 月 10 日对俄国的宣战文书中提到日本多次尝试与俄国谈判而以失败告终。对交涉失败的援引是暗示战争乃"最后的手段"。[76] 因美国总统西奥多·罗斯福的介入,这场战争于 1905 年结束。罗斯福的成功调停受到和平运动的赞扬并使其荣获 1906 年诺贝尔和平奖。亦是在这一年,在处置一触即发的多格海岸(Dogger Bank)争端中,英国和俄国运用了调查机制。其背景是俄国海军军舰对六艘英国捕鱼船开火。这场事故几乎引发一场战争,而调查委员会报告指出俄国人误认这些船为潜艇。[77]

多格海岸事件的成功处理推动调查机制在 1907 年的海牙和平会议中得到进一步发展[78],许多国家再度聚集于海牙商讨限制战争、促进和平解决争端机制以及倡导裁军。这次会议的组织方邀请了中南美洲国家,而美国总统罗斯福派出的是他的亲信国务卿伊莱休·鲁特(Elihu Root,1845—1937 年)。鲁特曾是一名成功的执业律师和堪称虔诚的实用主义者,他深信诉诸法院解决纠纷乃是人之常识。[79] 1906 年,鲁特成为美国国际法学会首任主席。鲁特不是和平主义者,但他信奉战争应是最后的手段并且国际事务由仲裁庭或法院作公断应当成为常态,恰如美国各州间的实践那样。鲁特带着创建世界法院的蓝图抵达海牙。英国亦成为世界法院的热情支持者。但是,德国才刚开始缔造海外帝国,其不想在发动战争方面受到任何限制。[80] 于是,1907 年的世界法院蓝图落空。但是,大会代表团确实达成了一项重大的和平成就:他们达成了首个多边条约,其中将一个特定种类的

---

[75] *The Epochs of International Law* (n 12)525.

[76] *International Law and the Use of Force by States* (n 10) 22.

[77] 引自 R. N. Lebow, 'Accidents and Crises: The Dogger Bank Affair' (1978) 31 *Naval War College Review* 66 - 75.

[78] 同上。

[79] 参见 P. C. Jessup, *Elihu Root* (2 vols Dodd Mead New York 1938)。

[80] *The Gentle Civilizer of Nations* (n 57).

战争规定为非法,即催收合同债务的武装冲突。[81]

鲁特接下来将对法院的热情移到美洲,其在 1907 年时帮助创建了第一个国际性法院,即中美洲法院。该法院存续数十年,并处理了一些相当重要的争端。鲁特又继续致力于推动仲裁条约和国际法的发展。在 1903 年至 1914 年间,超过 100 项仲裁条约被通过,有些被称为"鲁特条约"。鲁特的继任者,国务卿威廉·詹宁斯·布赖恩(William Jennings Bryan)接过接力棒,继续推动争端解决的双边条约之缔结,其在"布赖恩条约"中融入调查和和解机制。[82]

尽管限制战争的实在法稳步增长,但当一个秘密的塞尔维亚民族主义团体暗杀奥匈帝国王储弗朗茨·斐迪南大公(Archduke Franz Ferdinand)时,战争宛如潘多拉的盒子被打开,整个欧洲烽烟四起,欧洲所有殖民地和美国亦未幸免。塞尔维亚黑手党的组建以民众对 1878 年的柏林大会结果之不满为基础。奥地利与塞尔维亚的冲突似乎是能够以和平倡导者过去几十年倡导的方式解决的那种争端。在美国和欧洲也确实有一批人在充满激情地工作,以防范战争发生并通过和平手段的运用——特别是调停——来终结战争。但是,就像奴隶制和帝国主义这些议题,支持禁止战争的联合努力又一次分裂了。例如,鲁特支持美国在第一次世界大战初期加入英国阵营。[83] 战争的爆发凸显出主宰战前岁月和平改革实践的弱点和局限。

尽管有这些失败,但来自芝加哥的社会工作者、虔诚的基督教和平主义者简·亚当斯(Jane Addams, 1860—1935 年)到 1914 年时已成为和平运动的领袖并拥有突出的声望,她对战争的看法与伊莱休·鲁特不同。简·亚当斯与凯莉·查普曼·凯特(Carrie Chapman Catt)一同创建了妇女和平党,倡导以调停方式终止冲突并且没有美国的参与。当那些老牌的且已成气候的和平团体对支持坚决反对战争的阵营犹豫不决时,亚当斯组建了一些新和平组织。[84] 亚当斯相信女性在防范

286

---

[81] The Hague Convention II Respecting the Limitation of the Employment of Force for the Recovery of Contract Debts(签订于 1907 年 10 月 18 日,于 1910 年 1 月 26 日正式生效)(1907)205 CTS 250。

[82] *International Law and the Use of Force by States*(n 10)23.

[83] M. E. O'Connell, 'Elihu Root and Crisis Prevention'(2001)95 *American Society of International Law* 115 - 118 at 115.

[84] J. C. Farrell, *Beloved Lady: A History of Jane Addams' Ideas on Reform and Peace*(The John Hopkins Press Maryland 1967)at 140 - 141 and 150 - 153.

战争方面能起到特殊作用：

> 　　身为女人，我们是这个时代的生命的照料者，我们将不再容忍这种无情的毁灭。我们尤其得为孩子的未来负责、照顾无助和不幸的人，我们再不能毫无抗议地忍受战争所施加给我们的压力——伤残的男人、贫困的女人和孤儿。
>
> 　　……我们再不能坐视那恶魔在短短一小时内毁灭生活，或容忍对理性和正义主权的否认，如今的战争和所有造成战争的一切正是通过这种否认让种族理想主义变得软弱无力。[85]

亚当斯虽是进步主义者和实用主义领袖的朋友，但她对和平的虔诚却根植于其基督教信仰，正如美国传统和平主义者。[86] 亚当斯努力推进社会改革，但她认定社会改革要成功，和平是必要前提。亚当斯想推动对人道的新理解，即应当将之当作英雄主义的新理解。立碑的对象不应是战争英雄，而是为创建健全社会而奋斗的人。以极强的组织和宣传能力，亚当斯推动了旨在防范战争的仲裁、调停和国际机构。[87] 亚当斯帮助组织了 1915 年海牙国际妇女大会以推动战争的终结。亚当斯及其同僚组成的妇女代表团拜访了欧洲各大国家首都，并劝说交战当事方接受中立国家的调停。但是，当时被视为中立国领导者的美国却已无情地加入战争并支持英国，而威尔逊总统也未提议调停。[88]

威尔逊偏离中立立场且在 1915 年秋天"积极备战"，美国和平运动对此提出了激烈批评。为专门回应总统的政策，美国反军国主义联盟于 1916 年成立。但是，威尔逊说服和平主义者和进步派支持他 1916 年的竞选连任。威尔逊所提倡的"平等者间的和平"主张在进步派和平主义者中响应热烈。但是，当威尔逊在 1916 年把约翰·潘兴(John Pershing)将军派至墨西哥以及未能从尼加拉瓜撤军时，这些人本应当更加注意。在威尔逊第二届任期开始不久后，他中断了与德国的关系，而

---

〔85〕 J. C. Farrell, *Beloved Lady：A History of Jane Addams' Ideas on Reform and Peace* (The John Hopkins Press Maryland 1967) at 140，引自 Jane Addams, 1915。

〔86〕 同上，第 141 页。

〔87〕 同上，第 148—150 页。

〔88〕 同上，第 159—169 页。

国会于 1917 年 4 月 2 日宣战。[89] 即便美国已经参战,简·亚当斯依然继续在欧洲反战。亚当斯那"堂吉诃德式"的努力遭到媒体的猛烈攻击,并旋即淡出国际舞台。

但是,当欧洲从大屠杀中走出来时,国际性大会和法院的支持者似乎被证明是正确的。终结战争的《凡尔赛和约》包含了多方面的保障和平机制。和约规定了一个致力于和平的新国际组织(国际联盟);一个世界法院;拆分德国、奥斯曼帝国、奥匈帝国,审判德皇违背条约义务发动战争以及战败国军官犯战争罪。[90] 作为和约一部分的《国际联盟盟约》要求所有成员在诉诸战争前努力以和平方式解决争端。大体上,该盟约对诉诸战争设置了障碍。[91] 未能执行仲裁裁决的国家将面临国际联盟的制裁或其他执法行动。盟约亦更为概括地规定对非法使用武力的国家应采取集体行动。最激进的条款是第 10 条,其禁止所有的武力使用,除非基于自卫和按集体应对背信之预案。但是,似乎悖于第 10 条的是,第 15 条第 7 款又允许使用武力去执行合法权利。国际联盟从未按第 10 条采取行动,但这个重要议题在二十年后的《联合国宪章》起草过程中乃是众所周知。

对于国际法大体制和数十年之努力的实现,更重要的也许是国际常设法院(PCIJ)。它是第一个向所有国家开放并适用国际法解决争端的法院。对此,美国和平运动对国际联盟和国际常设法院的成立功不可没。虽然如此,正是伊莱休·鲁特说服其前共和党参议员同僚投票反对《凡尔赛和约》和美国加入国际联盟。但是,鲁特仅仅是不满《国际联盟盟约》第 10 条规定针对非法使用武力者采取集体行动的自动义务。[92] 然而,被派到海牙参加建议国际联盟如何组建国际常设法院的法学家委员会的也是鲁特。到 1920 年 12 月,国联通过了《国际常设法院规约》。鲁特用其余生努力游说参议院就美国在国际常设法院的成员资格作出同意授权,但未能成功。

尽管美国未能加入国际联盟这一事实与该组织的运作失败有莫大关系,但国际

288

---

[89] *The Peace Reform* (n 42)98.

[90] The Treaty of Versailles (签订于 1919 年 6 月 28 日) (1919)225 CTS 118;亦见 *International Law and the Use of Force by States* (n 10) ch IV。

[91] 'Covenant of the League of Nations' reprinted in M. E. O'Connell, *International Law and the Use of Force* (Foundation Press New York 2008) at 139 – 141;亦见 R. L. Griffiths, 'International Law, the Crime of Aggression and the *Ius Ad Bellum* ' (2002)2 *International Criminal Law Review* 301 – 373 at 303。

[92] *International Law and the Use of Force* (n 91)126 – 127.

联盟确实在推进和平法方面取得了进展。或许最重要的是,国际联盟对所有大洲的国家开放。在 20 世纪 30 年代中期的巅峰时期,国际联盟有 58 个成员国。国际常设法院在 18 年内裁决了 56 个案子,其将国家间争端解决方法的重心从仲裁转移到判决。在此过程中,美国确有意愿在某些方面推进和平。时任美国国务卿的弗兰克·凯洛格(Frank Kellogg)与其法国同行起草了 1928 年的《凯洛格—白里安公约》(Kellogg-Briand Pact)或《巴黎非战公约》(Pact of Paris),其中将战争列为国家政策的非法手段。[93]像《国际联盟盟约》一样,该公约对诉诸武力执行合法权利的正当性并未断然否决;无疑地,其允许基于自卫的例外。

除了国际联盟和国际常设法院,战后和平秩序的缔造者们坚信分拆德国、奥匈帝国和奥斯曼帝国将消除某些战争的种子。毕竟正是狂怒的塞尔维亚民族主义者引发了第一次世界大战。当这些帝国分崩离析之时,在英国、法国和其他战胜国的监督下,殖民地人民亦要求独立。圣雄甘地为印度独立发起的非暴力运动乃是几十年的反思和政治组织经验之产物。甘地(Gandhi, 1869—1948 年)成长于强调宽容的耆那教(Jain),他也并非一开始就倡导非暴力,他曾支持英国在镇压南非祖鲁族的叛乱中让印度士兵加入英军以及其他兵役。但是,回到印度后,甘地阅读了俄国伟大作家列夫·托尔斯泰(Leo Tolstoy)的著作,并深受其根植于基督教教义的"无政府和平主义"影响。[94]托尔斯泰的《致印度的一封信》激发了甘地发起非暴力公民不服从运动以消除英国在印度次大陆的殖民统治。[95]但是,托尔斯泰并未提出促进仲裁或国际法作为战争的替代。"他轻视那些和平社团以及 1899 年和 1907 年的海牙和平会议。他认为仲裁和裁军的努力是无用的,是偏离敦促全世界拒绝军事的主要任务。"[96]甘地自己虽是律师,但其似乎也未将努力的重心与国际法进行关联。有趣的是,寻求终结殖民主义的其他人士罕有追随甘地方法的。1945 年后的数十年见证了国家解放运动的勃兴,这些抗争经常用到武力,并因相比于帝国主义其罪恶性更小而获得正当性。

289

---

[93] *International Law and the Use of Force by States* (n 10)57.
[94] *Peace: A History* (n 6)198.
[95] 同上。
[96] 同上。

四、全面战争和正义战争新学说

民族解放只是在二战后于 1945 年所建立的和平机制中可作为例外而诉诸战争的数项正义理由之一。一战后的和平机制未能防范二战这场灾难。纳粹德国和军国主义日本的罪行几乎让所有人灰心，只有最忠实的和平主义者仍旧呼吁应对极端法西斯主义的战争替代。[97] 但是，二战后，六千万人被杀、社会崩坏、自然环境满目疮痍，全世界都做好了致力于和平建设的准备。

这段时期的新史学终于对二战是场"善战"的主流观念提出了质疑。欧洲的主要军事作战发生在德国和苏联之间，从而让二战成为"两大魔头势均力敌的撞击"。[98] 对德国城市的轰炸以及对日本使用原子弹之正当性最终得以在法律的框架下被重新评估，而非基于成本/收益分析。由于《纽伦堡宪章》及其审判没有以任何一种公允的方式适用国际法，杰出法律人汉斯·凯尔森（Hans Kelsen，1881—1973 年）[99] 对此提出批评。凯尔森发展了国际法效力高于国内法的重要理论，他认为正义战争学说仍旧是国际法的重要一环。凯尔森在这方面悖于自己曾经将实证主义作为国际法唯一解释理论的表态。[100] 实证主义支持者在反驳欧洲独裁者对其他国家的侵略计划上无甚说服力，毕竟所有的计划都是国家意志的体现。实证主义者亦辩驳不了为何反对国家绝对权力的人不应被当作国家的敌人对待。[101] 相比之下，凯尔森汲取了奥斯丁、阿奎那和格劳秀斯的理论，并发展了如下观点，即不论国家意志如何，应禁止战争，除非出于良善理由。[102] 凯尔森对奥本海等学者不切实际的观点相当谨慎，即战争虽不可限制，但战争以外的强制措施和报复却能

290

---

[97] N. Baker, 'Why I'm a Pacifist, The Dangerous Myth of the Good War', in *Harper's Magazine* (New York May 2011)41 at 50.

[98] A. Kirsch, 'The Battle for History', in *NY Times Book Review* (29 May 2011)10,引自 N. Davies, *No Simple Victory: World War II in Europe, 1939 – 45* (Penguin New York 2007)。

[99] 参见本书中由巴多·法斯本德（Bardo Fassbender）撰写的第六十三章"汉斯·凯尔森（Hans Kelsen，1881—1973 年）"。

[100] M. E. O'Connell, *The Power and Purpose of International Law: Insights from the Theory and Practice of Enforcement* (OUP New York 2008) at 49 and 133 – 134.

[101] *A Concise History* (n 12)276 – 278.

[102] H. Kelsen, *General Theory of Law and State* (A. Wedberg tran.) (The Lawbook Exchange Clark New Jersey 2008)335 – 336.

够得到相当程度的规范。

为解决在适用正义战争学说或国际法时的自我判断问题，凯尔森倡导一个国际司法体制。在这方面，凯尔森与劳特派特（Hersh Lauterpacht，1897—1960年）堪称同道，[103]后者在其 1933 年的《法律在国际社会的职能》（*The Function of Law in the International Community*）一书中写道："决定性问题在于是否存在能决断争议性权利和发布和平命令的法官。"[104]凯尔森亦很早就倡导对违背国际法的情况追究个人责任，这与他认为国家仅是一种观念建构的观点一致。领导国家的那些真实存在的人才是真正承担负责的主体。[105] 但是，这种责任对所有真正的违法者应公平适用。[106]

尽管纽伦堡审判和东京国际审判以及凯尔森理论都备受瞩目且有重要意义，但美国总统富兰克林·罗斯福却无意让国际法院在战后发挥中心作用。罗斯福他希望的是一个拥有强大安全理事会（简称"安理会"）担当核心的改良版国际联盟。早在美国被日本攻击之前的 1938 年，罗斯福就下令开启构建新组织的工作。新宪章第 2 条第 4 款禁止了所有国家对武力的使用，除非得到安理会授权或在安理会作出行动前被武装攻击的自卫场合。安理会有权对威胁和平、违背和平和侵略之行径作出应对，且宪章起草者给予五大常任理事国对授权行动之决议的否决权。[107] 这个否决权旨在保障美国无须参加自己不批准的事情——不同于《国际联盟盟约》的第 10 条，而否决权亦让苏联加入联合国。

罗斯福总统心里当然记得轴心国的势力，以及这些国家在违反《国际联盟盟约》和《凯洛格-白里安公约》使用武力时所主张的借口。他们主张过自卫、德国所

---

[103] 参见本书由伊恩·斯科比（Iain Scobbie）撰写的第六十五章"赫希·劳特派特（Hersch Lauterpacht，1897—1960 年）"。

[104] H. Lauterpacht, *The Function of Law in the International Community* (OUP Oxford 1933) at 424.

[105] H. Kelsen, *Peace Through Law* (University of North Carolina Press Chapel Hill 1944) at 84-85.

[106] H. Kelsen, *Law of the United Nations* (FA Praeger New York 1950) at 713; H. Kelsen, 'The Legal Status of Germany According to the Declaration of Berlin' (1945) 39 *American Journal of International Law* 518-528; H. Kelsen, 'Collective and Individual Responsibility in International Law with Particular Regard to the Punishment of War Criminals' (1943) 31 *California Law Review* 530-571.

[107] 《联合国宪章》通过后，"战争"一词就变得过时了。战争部变成了国防部。绝大多数政府和学者的结论是武装报复——即使是出于执行法律——也不再合法。

谓的生存空间(*Lebensraum*)以及日本所谓的自然资源匮乏。新的联合国组织允许的单边自卫仅限于在紧急情势的客观证据为全世界有目共睹的情况下,也就是已经发生了武装攻击。其他明确性或紧急性程度较低的情况将接受安理会的审议。相比自称受害者的单边决断,安理会对和平威胁的集体审议将是更佳的确定过程。

新的联合国对国际联盟被体认的其他弱点亦做出回应。它降低了对国际法的强调,例如拿掉了联盟理事会执行国际常设法院仲裁裁决和决定的义务。联合国安理会对国际法院的判决有裁量权,但就仲裁裁决或更宽泛的国际法的执行并无明确的义务。新的安理会旨在加强和平,而非执行法律。

五、结论

2005 年,几乎每个主权国家都签署了《世界首脑会议成果文件》,其中重申了尊重《联合国宪章》的承诺,并保证"严格"遵守禁止使用武力的规则。[108] 联合国存在的时间已经三倍于国际联盟。无疑地,一些战争因联合国的努力而化解。以征服为目的的战争已经实质上消失了。但是,联合国及其反战规则广受诟病。甚至严肃认真地制定更严格限制武力使用规则的尝试都未被考虑,诸如将内战定为非法。如其前身国际常设法院一样,国际法院继续在作出重要的判决,但它的渐进性条款和以互惠为基础的强制性管辖进展无比缓慢。英国是唯一接受强制管辖的安理会常任理事国,而推动世界法院的最大功勋美国在国际法院裁定其可审理一个关于美国是否违反第 2 条第 4 款的案例后,于 1984 年撤回其同意。

讽刺的是,在美国形成不尊重乃至敌视联合国和国际法的想法的过程中,凯尔森的门徒汉斯·摩根索(Hans Morgenthau)或许是最关键的人物。当摩根索作为一名学生和年轻国际法学者在德国和瑞士求学时,他曾研习过凯尔森及其德国对手卡尔·施密特(Carl Schmitt)的著作。[109] 摩根索明显倾向于施密特的观点。[110] 即便像凯尔森那样一度被纳粹蹂躏,摩根索仍毅然从国际法转向政治科学,他坚信

---

[108] UNGA Res 1(15 September 2005) UN Doc A/Res/60/1.

[109] 参见本书中由巴多·法斯宾德(Bardo Fassbender)撰写的第六十四章"卡尔·施密特(Carl Schmitt,1888—1985 年)"。

[110] 参见 C. Frei, *Hans J Morgenthau:An Intellectual Biography* (Louisiana State University Press Louisiana 2001);亦见 *The Gentle Civilizer of Nations* (n 57)436‑437。

国家像人一样渴望权力,而国际法并不能约束他们。1940 年,摩根索写了一篇论文来强烈批评人们对国际法的期待。[11] 对摩根索而言,制裁无力且理论不足的国际法在对权力的终极挑战中势必败下阵来。摩根索对国际关系理论的现实主义学派的核心观点影响极大,包括对国际法的怀疑论甚或赤裸裸的敌视。[12]

当超级大国实行的外交政策主要以这种"现实主义"为基础时,出现对第 2 条第 4 款的普遍漠视便并不令人惊讶。加重这一现实的是当前国际法倡导者的两派分野,即支持宪章对诉诸武力的限制,以及出于人道目标为了有更多例外而向宪章施压。当前国际关系的这些面向引出如下问题:有什么可能会重新点燃这么多人长期以来对和平的热情? 历史表明,在像世界大战这样的浩劫之后,人类确实会致力于和平建设,而国际法往往被视作手段。但是,历史还以一种更充满希望的口吻告诉世人:未来若再出现圣雄甘地这样极具领袖魅力的人物,那么全球范围内通过法律实现世界和平的愿景将可能被重新点燃。

推荐阅读

Brownlie, Ian *International Law and the Use of Force by States* (OUP Oxford 1963).

Cortright, David *Peace: A History of Movements and Ideas* (CUP Cambridge 2008).

Grewe, Wilhelm G. *The Epochs of International Law* (M Byers trans) (de Gruyter Berlin 2000).

Johnston, Douglas M. *The Historical Foundations of World Order: The Tower and the Arena* (Martinus Nijhoff Leiden 2008).

Neff, Stephen C. *War and the Law of Nations: A General History* (CUP Cambridge 2005).

Nussbaum, Arthur *A Concise History of the Law of Nations* (revised edn Macmillan London 1962).

O'Connell, Mary E. *The Power and Purpose of International Law: Insights from the Theory and Practice of Enforcement* (OUP New York 2008).

---

[11] 参见 H. J. Morgenthau, 'Positivism, Functionalism, and International Law' (1940)34 *American Journal of International Law* 260 – 84。

[12] "在半个世纪后,汉斯·摩根索的著作继续占据着国际政治专业学生的思想,通常也占据着他们的心灵。在冷战期间,他的"现实主义"思想贯穿于他的政治和学术论述中,他的《国家间政治》(*Politics Among Nations*)成为一部"经典"。D. Philpott, 'Moral Realism' (2002)64 *The Review of Politics* 378 – 80 at 378 (reviewing Hans J. Morgenthau [n 110])。

第十二章 宗教与宗教干预

安洁·冯·恩琴–斯坦伯格（Antje von Ungern-Sternberg）

一、引言

宗教在国际公法中是一个很复杂的角色，其原因有三：第一，宗教可能是国际法的源泉或基础之一，即便后者完全以世俗为基础，前者亦影响到其概念和规范。第二，宗教将国际法的相关行动者定性，诸如统治者、人民、国家以及法律学者。第三，就国际法处理宗教所引发的问题，宗教或构成国际法的客体，如少数教派的地位。这三个面向自然是彼此关联的。若这种影响力存在，则宗教法及其行动者塑造着国际法的概念和内容。相反地，国际法规则决定着宗教概念和宗教行为主体所能发挥的作用。

纵观这些多元面向，可观察到两项大的进展——朝向世俗法律秩序与国际法下平等对待所有宗教。后者简单说就是，向主流宗教倾斜的规范被尊重所有宗教地位平等的规则所替代。本章所涉的国际法，包含那些规制相对独立政治单元的法律规则，而这种单元并不属于一个拥有完整的立法、行政和司法权能的更高权威。[1] 因此，国际法不限于现代国家间的关系——针对战争与和平、政治与贸易协议或外交等议题——而且也在历史长河中沉淀，即便本章重心是现代早期和现代。

在本章的语境下，作为术语的世俗化不是那种社会学现象和政治现象，而是现代化内在隐含着的宗教信仰或实践之衰落。以特定时期的西欧这个特定地区为模

294

295

---

[1] W. Grewe，*The Epochs of International Law*（M. Byers trans.）（Walter de Gruyter Berlin 2000）at 7.

板推出的这个世俗化理论,如今已为宗教社会学所质疑。[2] 当代学者强调宗教作为影响国际关系因素的重要性以及呼吁把宗教整合进相应的政治理论,这亦是秉持相同的思想源流。[3] 在我们所说的法律语境下,世俗化意味着法律秩序主动抽离于宗教。[4] 于是,作为法律渊源和基础的宗教被其他世俗渊源和基础所替代。再者,法律的创制以及法律的执行的宗教因素遭到废除,诸如宗教人物的法律职能(作为法官的牧师)、宗教仪式(宣誓、祈祷、服侍),以及世俗目标获得宗教执法或者反之。[5] 当然需要更全面地观察这种进展。在经验层面上,论者或可援引宗教概念对国际法的影响力,其不仅来自基督教,亦有穆斯林及犹太教的观点。[6] 在规范层面上,所谓法律秩序不会接受宗教观点的言论或有相当大的争议。[7] 但是,如下例所示,世俗化过程本身不容否认。

296　　　这也不意味着历史编纂学本身受宗教影响极大。因不存在一位中立且全知的观察者,是故国际法学人和史家的著作很可能反映各自的文化、意识形态或宗教背景。[8] 这或许会带来对宗教的特别兴趣及重新评估天主教国际法学者的地位[9]

---

[2] J. Casanova, *Public Religions in a Modern World* (University of Chicago Press Chicago 1994) at 11 - 39; P. L. Berger, *The Desecularization of the World. Resurgent Religion and World Politics* (Ethics and Public Policy Center Washington DC 1999) at 1 - 18.

[3] J. Fox, 'Integrating Religion into International Relations Theory' in J. Haynes (ed.) *Routledge Handbook of Religion and Politics* (Routledge New York 2009)273 - 292.

[4] E. W. Böckenförde, 'Die Entstehung des Staates als Vorgang der Säkularisation' in E. W. Böckenförde (ed.) *Recht, Staat, Freiheit* (Suhrkamp Frankfurt 1992)92 - 114 at 93.

[5] 关于法律和宗教可能的关联,可参见 Y. Dinstein, 'International Law as a Primitive Legal System' (1986)19 *New York University Journal of International Law & Politics* 1 - 32 at 17。

[6] N. Bentwich, *The Religious Foundations of Internationalism* (2nd edn George Allen & Unwin London 1959); J. A. R. Nafziger, 'The Functions of Religion in the International Legal System' in M. W. Janis and C. Evans (eds.) *Religion and International Law* (Martinus Nijhoff Leiden 2004) 155 - 176 at 162 - 166; S. Rosenne, 'The Influence on Judaism on the Development of International Law: An Assessment' in *Religion and International Law* (n 6)63 - 94. 然而,平托(M. C. W. Pinto)修正了奥本海(Oppenheim)的主张——国际法是基督教文明的产物; M. C. W. Pinto, 'Reflections on the Role of Religion in International Law' in C. A. Armas Barea et al (eds.) *Liber amicorum 'in memoriam' of Judge José Maria Ruda* (Kluwer Law The Hague 2000) 25 - 42 at 33。

[7] J. Rawls, 'The Idea of Public Reason Revisited' (1997)64 *The University of Chicago Law Review* 765 - 807; J. Habermas, 'Religion in the Public Sphere' (2006)14 *European Journal of Philosophy* 1 - 25.

[8] M. Koskenniemi, *The Gentle Civilizer of Nations* (CUP Cambridge 2002).

[9] 例如 J. B. Scott, *Catholic Conception of International Law* (Georgetown University Press Washington 1934),其认为天主教的维多利亚——对立于新教的格劳秀斯——是现代万国法的奠基者。

或列举新教或犹太教的价值。[10] 学者背景及其著作的关系却异常复杂，应当在每个个案中仔细审视。若不这样做，而只是按其宗教关联将国际法学者或法史学家进行分类，则将产生重大误导；简单地因为其主导学者在过去有新教或犹太教背景而将国际法分为新教或者犹太教，则更属不当。本章作者持一种世俗西欧视角——而其他角度见于本书其他章节，例如本书的第三部分。

二、国际法世俗化

在建构一种法律秩序与宗教的关系上，我们可区分出三种可能的路径：第一，考虑两者规范层面的关联；第二，将两者严格分开；第三，虽然原则上将两者分开，但在经验层面仍承认其相互影响，且在规范层面接受两者在特定领域内的关联关系。

就国际法而言，第一种路径在历史上直至 18 世纪都是主流。不同于现代法律，前现代法律秩序的特征就是法律与宗教之间的强有力关联，以及习惯和道德等其他规范秩序[11]，而国际法亦然。在古代，法源及对违法之制裁时常被视为神圣。[12] 在中世纪，自然法的经院哲学以一套与宗教紧密相关的规范位阶为基础：按托马斯·阿奎那（1224/25—1274 年）的术语，永恒法和神圣理性构成了最高法源；接着是自然法，即通过人类理性或神圣启示，所有人都认许的现世反思；之后是人造法，包括作为自然法"结论"的万民法，以及源自自然法"决定"的实在市民法。此外，在规范位阶之外的神法不能界定人法的终极限制。是故，一般性的法——尤其是国际法——以宗教为基础并被其塑造。[13] 国际法世俗化的发展沿着两条路线：在现代早期，国际法学者开始主张实在（人造）法地位提升，从而使（宗教塑造

---

[10] 例如 P. H. Kooijmans, 'Protestantism and the Development of International Law' (1976) 152 *Recueil des Cours* 79 - 117，其中将人权概念、抵抗权概念和国际法理念本身与新教渊源相联系；P. Weil, 'Judaïsme et développement du droit international' (1976) 151 *Recueil des Cours* 253 - 335。

[11] 'International Law as a Primitive Legal System' (n 5) 16 - 18; D. Kennedy, 'Primitive Legal Scholarship' (1986) 17 *Harvard International Law Journal* 1 - 98 at 7 - 8.

[12] 就宗教、习俗和理性在古代国际法作用的不同叙述，参见 D. J. Bederman, 'International Law in Antiquity' in *Religion and International Law* (n 6) 1 - 26。

[13] 关于阿奎那的法律概念，参见 F. Wittreck, *Geld als Instrument der Gerechtigkeit—Die Geldrechtslehre des Hl. Thomas von Aquin in ihrem interkulturellen Kontext* (Ferdinand Schöningh Paderborn 2002) at 68 - 75; *The Epochs of International Law* (n 1) 84 - 87.

的)自然法走下神坛。同时,他们将自然法本身世俗化,并将其与宗教的联系替换为理性。以西班牙新经院哲学为适例,在弗朗西斯科·德·维多利亚(Francisco de Vitoria,1483—1546 年)与弗朗西斯科·苏雷亚斯(Francisco Suárez,1548—1617 年)的教授中,对自然法和实在法的角色有相当不同的见解。[14] 前者认为自然法是国际法第一且最高之法源。但是,源自自然法的那些规则却需要以同意为效力基础的规则的补充,诸如条约和习惯。后者的理念端赖自愿主义,于是这种秩序就被逆转:国际法系实在的人造法,但其基础及稳定性源自自然法。[15]

新教人道主义者贞提利(Alberico Gentili,1552—1608 年)和格劳秀斯(Hugo Grotius,1583— 1645 年)切断了国际法与天主教经院哲学基础的关联。两位仍致力于以神法为基础的自然法理念,但实际上减少了宗教内容。按贞提利的观点,正是"所有国家就某项事务的一致同意","由所有人类自然理性"之实践,构成自然法和万民法——这项定义未提及任何宗教。[16] 至于格劳秀斯,他不仅阐明了那些无法想象的内容,即不预设上帝存在的自然法,并使其作为国际法世俗化理论家的身份为众人所知[17],还实质上将仅相信一位上帝的真正宗教的原则削弱,从而将他那套国际法系统同专门的忏悔教谕相切割。[18] 得益于著作《战争与和平法》的极大成功,格劳秀斯成为第一位为大众所知的不以基督教教义为基础的国际法大家,其理论能不依赖宗教基础而自圆其说。但是,格劳秀斯个人的生活仍信守基督教义,且在国际法写作中不仅援引了古希腊和古罗马大家的经典著述,亦有对圣经的

298

---

〔14〕 *The Epochs of International Law* (n 1)189 ff;亦见 S. Kadelbach, 'Mission und Eroberung bei Vitoria:Über die Entstehung des Völkerrechts aus der Theologie' in M. Lutz-Bachmann, et al (eds.) *Francisco de Vitoria und die Normativität des Rechts* (Frommann-Holzboog Stuttgart 2011)。

〔15〕 F. de Victoria, 'De indis et de iure belli relectiones' (1696) in J. B. Scott (ed.) *The Classics of International Law* (Carnegie Washington 1917) vol 2,first relectio,s 3,para 1,at 151;F. Suárez, 'De legibus ac deo legislatore' in *Selections From Three Works of Francisco Suárez* in J. B. Scott *The Classics of International Law* (Clarendon Press Oxford 1944) book 2,ch 19,341 - 350.

〔16〕 A. Gentili, 'De iure belli libri tres' (1650) in J. B. Scott (ed.) *The Classics of International Law* (Clarendon Press Oxford 1933) vol 2,book 1,ch 1,at 8;关于贞提利的总体论述,参见 A. Nussbaum, *A Concise History of the Law of Nations* (Macmillan New York 1954) at 94 - 101。

〔17〕 H. Grotius, *De jure belli ac pacis* (1625) (R. Tuck ed.) (Liberty Fund Indianapolis 2005) book 1,Preliminary Discourse XI,at 89 - 90. 现代学者已指出格劳秀斯并非这一思想的第一人,参见 *The Epochs of International Law* (n 1)194;J. B. Schneewind, *The Invention of Autonomy* (CUP Cambridge 1998) at 67 - 68。

〔18〕 *De jure belli ac pacis* (n 17) book 2,ch 20,s XLV;*The Invention of Autonomy* (n 17)66 - 70.

许多引证。[19] 虽然这种对宗教的处理与经院哲学相近,但请注意其背景实已变化,即国际法不再是神学家维多利亚或苏雷亚斯的研究对象,而是法律人的科目。贞提利和格劳秀斯都研习过法律,且以法律为职业,前者是牛津大学的法学教授,后者是荷兰与法国的外交公职人员。

瓦特尔(Emer de Vattel,1714—1767 年)[20]是 18 世纪最广为流传的国际法作者,其著名的《万民法》实质性地区分了国际法与宗教。在瓦特尔所处的时代,法律学术已经发展出自然主义和实在主义源流,前者关注自然法,后者关注条约与习惯。[21]霍布斯(Thomas Hobbes,1588—1679 年)作为最具影响力的实在主义者之一,其将法律系统完全建立于人类同意之上,而自然法则被置于边缘(所有法律义务的最终来源)。但是,霍布斯却是国际法的"拒绝者",而不是国际法世俗化的推动者。国际法的实在主义路径集中于国家实践和条约,从而极大地消减了宗教影响力,这可见于理查德·299苏支(Richard Zouche,1590—1661 年)或宾刻舒克(Cornelius van Bynkershoek,1673—1743 年)的著作。在自然法学派中,普芬道夫(Samuel Pufendorf,1632—1694 年)所建立的世俗自然法系统名义上仍以神法为锚,但实质上则建基于理性。但是,像霍布斯一样,普芬道夫对国际法作用的着墨很有限。反倒是自然法学派的瓦特尔以自然法和实在法为基础建构了国际法而未诉诸宗教基础,但——最终——只是基于"事务的性质"。[22] 若瓦特尔扩展地分析处理他著作中的"虔信和宗教"这一章,那么宗教是被作为法律对象来处理的,并且其中探究了宗教的正面和负面之潜在影响。[23]

[19] M. W. Janis, 'Religion and Literature of International Law: Some Standard Texts' in *Religion and International Law* (n 6) 121 - 144 at 123; K. H. Ziegler, 'Biblische Grundlagen des europäischen Völkerrechts' (2000) 117 *Zeitschrift der Savigny-Stiftung für Rechtsgeschichte*, *Kanonistische Abteilung* 1 - 32 at 27 - 31.

[20] E. Jouannet, *Emer de Vattel et l'émergence doctrinale du droit international classique* (Pedone Paris 1998). 参见本书中由艾曼纽·儒阿特(Emmanuelle Jouannet)撰写的第五十三章"艾默·德·瓦特尔(Emer De Vattel, 1714—1767 年)"。

[21] *A Concise History* (n 16) 135 - 185; *The Epochs of International Law* (n 1) 349 - 360; K. H. Ziegler, *Völkerrechtsgeschichte* (2nd edn CH Beck München 2007) at 163 - 165. 这些理论并不互相排斥,而是侧重点不同, H. McCoubrey, 'Natural Law, Religion and the Development NOT of International Law' in *Religion and International Law* (n 6) 177 - 189 at 185。

[22] E. de Vattel, 'Le droit des gens, ou principes de la loi naturelle, appliquée à la conduite aux affaires et des souverains' (1758) in J. B. Scott, *The Classics of International Law* (Carnegie Institution Washington 1916) vol 3, at 1 - 9 (Introduction); 'Religion and Literature of International Law' (n 19) 126 - 128.

[23] 'Le droit des gens' (n 22) ch 12, 53 - 67.

是故,不论从法源还是国际法的基础来看,宗教都应被剔除。国际法的这一世俗化发展尚未被日渐居于主流的实在主义学派或残余的自然法学者真正质疑。[24] 但是,宗教和世俗法源或基础相互影响和关联的问题过去和现在都备受关注。如在西方学者中,将国际法划入已开化文明——即基督教民族的产物——颇为常见。[25] 直至 20 世纪,这还会被援引为西方对殖民地民族优越言论的理据。[26] 在更晚近,学者们承认基督教对国际法的影响,但与此同时,他们亦对其他宗教可能发挥的促进作用表现出兴趣[27]——一种更能反映宗教和文化平等原则的态度。

三、不同信仰行为主体之间的国际关系

若宗教原因导致的对其他宗教不信任之态势影响到了国际法,例如同"异教徒"(Infidels)缔结的条约均为非法,那么这将阻碍不同信仰行为主体的国际接触。但是,诚如基督教和穆斯林世界过往实践所展示的,那些严苛的教义被互相合作的实务需要修正。穆斯林对国际法的体认发展自公元 7 世纪初,其以穆斯林世界(*dar al-islam*,"伊斯兰之家")与异教徒世界(*dar al-hqrb*,"战争之家")之间的常态化圣战(*jihad*)假设为基础,这就必然推出不得与异教徒民族建立条约或外交关系的理念。[28]

---

[24] 关于后者,参见 A. Orakhelashvili, 'Natural Law and Justice' in R. Wolfrum (ed.) *Max Planck Encyclo*。

[25] 例见 H. Wheaton, *Elements of International Law with a Sketch of the History of Science* (Carey, Lea & Blanchard Philadelphia 1936) at 46; J. K. Bluntschli, *Das moderne Völkerrecht der civilisierten Staaten* (Beck Nördlingen 1868) at 56。

[26] 参见 'Natural Law and Justice' (n 24) paras 16 – 21。

[27] 参见关于犹太教和伊斯兰教的影响的作品,分别由罗斯(S. Rosenne)和巴德尔(G. M. Badr)撰写,见于 *Religion and International Law* (n 6); C. A. Stumpf, 'Christian and Islamic Traditions of Public International Law' (2005) 7 *Journal of the History of International Law* 69 – 80; I. Bantekas, 'Religion as a Source of International Law' in J. Rehman and S. C. Breau (eds.) *Religion, Human Rights and International Law* (Martinus Nijhoff Leiden 2007) 115 – 135;还应注意国际法院的评估,即在外交法制度的演变过程中,"伊斯兰传统有重大贡献":*Case Concerning United States Diplomatic and Consular Staff in Tehran* (*United States of America v Iran*) [1980] ICJ Rep 1, NOT para 86。

[28] 参见 M. Khadduri, *War and Peace in the Law of Islam* (John Hopkins Press Baltimore 1955) at 175 – 222 and 239 – 250; M. al-Shaybani, *The Islamic Law of Nations* (M. Khadduri trans.) (John Hopkins Baltimore 1966) at 130 – 157; H. Kruse, *Islamische Völkerrechtslehre* (2nd edn Brockmeyer Bochum 1979) at 70 – 137; C. H. Alexandrowicz, *An Introduction to the History of the Law of Nations in the East Indies* (Clarendon Press Oxford 1967) at 90 – 94。参见本书中由法提哈·萨赫利(Fatiha Sahvi)和阿卜杜勒·奥扎尼(Abdelmalek Ouazzani)撰写的第十六章"撒哈拉北部非洲与阿拉伯国家"。

但是,同非穆斯林合作的必然性导致其修正该理念。于是,伊斯兰法区分了同基督教和犹太教等"圣经派"(scriptuaries),以及同"多神教"(polytheists)人民间的关系。对多神教永恒的战争,在技术上可用上限为 10 年(在 17 世纪一度延长至 20 年至 25 年)的临时和平条约来中止,这使得各类短期和平条约成为可能。对圣经派民众的战争,若其接受穆斯林保护和支付人头税换得宗教自主,那么即可休战。穆斯林统治者与基督教和犹太教团体在穆斯林世界内外所签署的协议构成多数无限期存续的国际条约——若其有国际性的话。穆罕默德本人就同圣经派以及多神教都签过条约,这项实践在此后被延续。如出一辙的是,外交从仅是战争的附属品(开战前递交伊斯兰的书信、交涉、交换战俘)逐渐演化为一套临时性使团的体制,后者让穆斯林与非穆斯林世界建立政治关系成为可能。[29] 这类关系的条件反映出所涉当事方的实力。特别值得一提的是,奥斯曼帝国与欧洲国家的法律联系源自苏雷曼大帝(Suleiman the Magnificent)和法国国王弗朗索瓦一世(Francis I)在 1535 年的条约,以及此后其他的"特许条约",其主要特征是大皇宫(Sublime Porte)授权促进西方贸易的单边特许,即授予通商与航海自由、税收特惠以及保障法律与宗教自主。[30]

301

在基督教世界中,同"异教徒"(即非基督徒)的条约缔结亦有争议。一个可能的异议是,事实上这个条约合作方保障条约的宣誓是向一位"假"神所作,而这已被希波的奥古斯丁(Augustine of Hippo,354—430 年)斥为无稽之谈。但是,中世纪教会一般谴责同穆斯林的条约为不敬虔的结盟(*impia foedera*)。这种以圣经唯是论为基础的态度亦受在教皇统领下的团结基督教世界之想法所推动。[31] 但是,政治力量以及学术界脱离了这一教义思想。是故在 1413 年,波兰国王(基督教)同立陶宛人(部分非基督教)结盟,以反对北欧条顿骑士团宣扬基督教的征伐。在康斯坦斯大会(1414—1418 年)上,波兰代表弗拉基米尔(Paulus Vladimiri)对此给出

---

〔29〕 M. C. Bassiouni, 'Protection of Diplomats under Islamic Law' (1980) 74 *American Journal of International Law* 609 – 633.

〔30〕 *A Concise History* (n 16) 63 – 65 and 121 – 123; K. H. Ziegler, 'The Peace Treaties of the Ottoman Empire' in R. Lesaffer (ed.) *Peace Treaties and International Law in European History* (CUP Cambridge 2009), p. 338 – 364.

〔31〕 'Biblische Grundlagen' (n 19) 9, 11 – 12 and 16 – 17.

的理由是：在紧迫与必要的情势下，基督教君王为保卫其国家可以利用异教徒的帮助。即便大会未对该观点作权威背书，但必要性主张在后来的法律推理中颇具影响力。[32] 1535 年，苏雷曼大帝和弗朗索瓦一世缔结了旨在反对哈布斯堡和神圣罗马帝国的特许条约，此举虽被欧洲其他君王视为背叛，但其为欧洲与奥斯曼帝国缔结其他条约实质性地铺平了道路，如英格兰、尼德兰（由贸易利益推动），或这些君王本人（支付朝贡以避免奥斯曼帝国继续进攻）。[33] 而且，在弗朗索瓦一世致教皇的旨在解释其特许条约正当性的道歉函中，发展出了人类全体无论其宗教信仰为何均属于人类社会的现代理念。[34] 必要性和平等性的主张在学界讨论这些议题时亦发挥了重要作用。像贞提利或格劳秀斯，[35]他们各自独立阅读圣经派经典，且得出的结论都是同异教徒的通商是合法的，而基督教世界之外的军事同盟亦可被视为合法，只要其不针对基督教强权。似乎反对一切军事结盟的贞提利警告说同"异教徒"牵涉在一起会导致对方对战争法的不敬。[36] 格劳秀斯却从"结盟是人类的特权，并且考虑宗教因素后亦无例外"的假设中进行推论。[37] 但是，与此同时，格劳秀斯强调结盟应有助于基督教，而非增强异教徒的实力。[38] 同时，放弃基督教偏执的瓦特尔则承认各民族在条约缔结方面完全平等。[39]

是故跨宗教国际关系的实践亦获得了法律领域的背书。源自不同宗教碰撞的其他问题亦同样地以实在的方式化解。如直至 17 世纪，缔约之确认都以宣誓形式进行。[40] 但是，这并未制造问题，因为不同信仰的当事方可分别向各自的神宣誓——而"异教徒"的誓约仍被视为有约束力。[41] 对基督教不同的告解派，甚至可

---

[32] *Introduction to the History of the Law of Nations* (n 28)83 - 85.

[33] 'The Peace Treaties' (n 30)342 - 364.

[34] 之后部分地被重新阐述，参见 E. Nys, *Les origines du droit international* (Alfred Castaignes Bruxelles 1894) at 162 - 163。

[35] 相似作品分别有 Octavianus Cacheranus 在 1566 年的作品和 John Henry Pott 在 1686 年的作品，参见 *Introduction to the History of the Law of Nations* (n 28)86 - 88。

[36] 'De iure belli libri tres' (n 16) book 3, ch 19,397 - 403.

[37] *De jure belli ac pacis* (n 17) book 2, ch 15, s VIII.

[38] 同上，book 2, ch 15, s VIII - XII。

[39] 'Le droit des gens' (n 22) book 2, ch 12, para 162,162 and ch 15, para 230,191.

[40] *A Concise History* (n 16)18,54 and 126.

[41] 一些例子，参见 *Introduction to the History of the Law of Nations* (n 28)166 - 167 以及关于法律评估，参见 *De jure belli ac pacis* (n 17) book 2, ch 13, s XII。

以采用共同的宣誓,如《明斯特和约》(the Peace of Münster,1648 年)所例示。[42]
基督教民族之间的协约中通常所祈祷的三位一体神被代之以基督教与穆斯林条约
间的"以上帝之名"的标准条约格式。[43] 再者,外交法亦考虑到宗教分歧;最重要
地,外交官无论是常任还是临时公职,均有个人宗教自由权。[44]

四、宗教与战争

纵览历史,宗教一直是走向战争的一个理由或借口。与此同时,其也引起对限
制军备的强烈主张。中世纪神学家发展的正义战争学说严格地限制了开战理由且
构成基督教在国际诉诸战争权方面最具影响力的思想之一。此外,今天的战时法
也源自宗教先驱。[45] 若将宗教作为开战的正当性,又可以理出一个朝世俗化论证
和平等对待宗教方向发展的一个过程:在此语境下,世俗化意味着宗教主张在法
律话语中最终被舍弃(不同于政治领域,如"东征"[crusade]一词在反恐战争中复
活),[46] 而宗教平等原则将某些特权定为非法——例如同异端斗争权、传播信仰
权、代表少数教派实施干预——仅当其利于基督徒时才被承认。但是,此处有个方
法论的提醒。大的观察是国际公法一直集中于理论,而忽略国家实践,[47] 这亦适
用于战争主题。就战争如何被当事方正当化的问题少有研究[48],尤其是它如何嵌

303

---

[42] 为荷兰和西班牙使节的宣誓所确认,参见 H. Steiger, 'Religion und die historische Entwicklung
des Völkerrechts' in A. Zimmermann (ed.) Religion und Internationales Recht (Duncker &
Humblot Berlin 2006)11 – 50 at 43。

[43] 'The Peace Treaties' (n 30)342 – 364.

[44] 'Le droit des gens' (n 22) book 4, ch 7, para 104,384 – 385.

[45] 关于正义战争学说的这些方面及其对世俗国际法的影响,参见 J. T. Johnson, Ideology, Reason,
and the Limitation of War (Princeton University Press Princeton 1975) at 40 – 46,66 – 80 and 195
– 203;关于伊斯兰教中限制战争的规定,参见 War and Peace in the Law of Islam (n 28)83 – 137;
The Islamic Law of Nations (n 28)75 – 129。

[46] J. Lears, 'How War Became a Crusade', in New York Times (New York 11 March 2003)25。

[47] 这一观察是老旧的,但仍有价值,参见 W. Preiser, Die Völkerrechtsgeschichte, ihre Aufgaben und
ihre Methode (Franz Steiner Wiesbaden 1964) at 39; R. Lesaffer, 'International Law and its
History: The Story of an Unrequited Love' in M. Craven, M. Fitzmaurice, and M. Vogiatzi
(eds.) Time, History and International Law (Martinus Nijhoff Leiden 2006)27 – 41 at 32 – 33
and 36 – 37.

[48] 关于研究进程,参见 K. Repgen, 'Kriegslegitimationen in Alteuropa. Entwurf einer historischen
Typologie' (1985) 241 Historische Zeitschrift 27 – 49; A. Tischer, 'Offi zielle
Kriegsbegründungen in der frühen Neuzeit—Funktionen, Formen, Inhalte' (2004)8 Militär und
Gesellschaft in der frühen Neuzeit 48 - 54.

入一项法律学说。[49]

(一) 诉诸战争权学说

诉诸战争权的发展可分为三个阶段：第一，正义战争学说盛行的中世纪及现代早期；第二，发端于19世纪的为了追求政治目标而诉诸战争的主权国家权利时代；第三，源自第一次世界大战后的禁止战争，除非基于自卫或集体和平执法行动。

按中世纪的学说[50]，(至少)有三个要素构成一场义战的前提条件：(1)权威正当(auctoritas principis)，仅肩负公共权威的主权体才可发动战争；(2)理由正义(iusta causa)，诉诸武力的诉由合法有效；(3)意图正当(recta intentio)，伴随客观正义理由的主观意图是好的。在现代早期，正义战争学说化为两派，即以维多利亚和苏雷亚斯等著述家为代表的经院哲学和以贞提利与格劳秀斯最为知名的人文学派。[51] 两派均视战争为推进正义、执法和矫错的工具。[52] 但是，前者的传统主要仍是关切个人罪恶以及伤害惩罚的问题，后者却已努力界定由战争来保障执行的国家利益和权利。正义战争学说的这种世俗化努力为后世学者瓦特尔所延续。[53] 在基督教的欧洲世界，正是在(尚未世俗化的)正义战争学说之下，宗教主张——同异端和异教徒作战、传教和宗教干预——发挥着作用，正是他们让战争之正义理由的必要性站住了脚。

有趣的是，尽管假设对异教徒的战争将永远持续，但穆斯林教谕亦发展出对诉

---

[49] 两个罕见的例外是 P. Piirimäe, 'Just War in Theory and Practice: The Legitimation of Swedish Intervention in the Thirty Years War' (2002) 45 *The Historical Journal* 499 – 523 以及 R. Lesaffer, 'Defensive Warfare, Prevention and Hegemony. The Justifications for the Franco-Spanish War of 1635' (2006) 8 *Journal of the History of International Law* 91 – 123 and 141 – 179。

[50] 关于正义战争学说的一般性论述，参见 F. H. Russell, *The Just War in the Middle Ages* (CUP Cambridge 1975); P. Haggenmacher, *Grotius et la doctrine de la guerre juste* (Presses Universitaires de France Paris 1983); R. Tuck, *The Rights of War and Peace. Political Thought and the International Order from Grotius to Kant* (OUP Oxford 1999); D. Gaurier, *Histoire du droit international. Auteurs, doctrines et développement de l'Antiquité à l'aube de la période contemporaine* (Presses Universitaires de Rennes Rennes 2005) at 240 – 272; S. C. Neff, *War and the Law of Nations—A General History* (CUP Cambridge 2005) at 46 – 59。

[51] 关于这一不同，参见 *The Rights of War and Peace* (n 50) 16 – 108; 'Just War in Theory and Practice' (n 49) 508 – 511 and 515 – 516。

[52] *War and the Law of Nations* (n 50) 7 and 29.

[53] *Ideology, Reason, and the Limitation of War* (n 45) 208 – 258.

诸战争权的一些限制。[54] 迥异于基督教正义战争学说,伊斯兰圣战不曾要求存在有待战争来矫正的宗教性或世俗性的错误,而是传播安拉信仰和创造一个普世伊斯兰规则的宗教目的,使得在原则上需要战争并使之正当化。但是,仔细审视之则能揭示出对开战权的某些限制:若一定要同"多神派"作战直至其皈依,则"圣经派"有保持其信仰的选择,只要其臣服于穆斯林统治并支付人头税。此外,真实的环境让伊斯兰法学家补充永恒战争的概念而接受暂时中止或休眠状态。再者,穆斯林世界的圣战——即反对背教者(谴责伊斯兰)或异议者(谴责正统教谕)——由符合比例性的考虑加以限制。

(二)同异端和异教徒作战

同异端(抗议正统学说的基督徒)和异教徒(非基督徒)作战,这在中世纪和近代早期的欧洲是普遍现象。

对中世纪学者而言,异端比异教徒更属心腹大患[55]——或许是因为他们给以基督教团结为基础的宗教和政治秩序制造了更大威胁。按奥斯丁的观点,对异端进行公权力执法是正当的。其说理以"勉强人进来"(*Compelle intrare*,路加福音 14:16—24)一词为基础,这在圣经文本中指的是大筵席(Great Supper)自愿受邀者,而在奥斯丁的解读中意味着异端需要被强制纳入正统教会。[56] 对于这种说法,奥斯丁自己虽未融入正义战争语境,但被后世的著述家们吸纳到正当化同异端或异教徒斗争的努力中。然而,针对异教徒的处理(最主要是指对穆斯林)最终从基督教学说中浮现出来。教皇英诺森四世(Pope Innocent IV,1195—1254 年)、主教霍斯滕西斯(Hostensis,1200—1271 年)和学者阿奎那提出,不信守基督教信仰的错误并不能使对其发动的战争正义化。因此,强迫异教徒皈信的战争被禁止,而且只有在异教徒犯有错行时才能对其开战。但是,对异端作战却被认为是正当的。阿奎那曾提出支持这种区别对待的理由:不应对异教徒使用武力,因信仰须自愿;而异端曾许诺信守基督信

---

[54] 关于以下内容,请参见 *War and Peace in the Law of Islam* (n 28)62‑66 and 74‑82。关于最终与基督教正义战争学说一样受限制的伊斯兰战争概念,参见 J. Kelsay, 'Religion, Morality, and The Governance of War: The Case of Classical Islam' (1990) 18 *Journal of Religious Ethics* 123‑139。

[55] 关于以下内容,请参见 *The Just War in the Middle Ages* (n 50) 74‑76,199‑201,205, and 284‑285。

[56] 同上,第 23—25 页。H. Maier, 'Compelle intrare' in K. Schreiber (ed) *Heilige Kriege* (Oldenbourg München 2008)55‑69 at 56 and 57‑60.

仰,故可强制。

这项理论如何融汇到十字军东征——中世纪和现代早期因宗教触发的著名战争之一——的正当性说理中?十字军东征系军事征伐——收复圣地,反对西班牙的摩尔人、东北欧斯拉夫人或像法国阿尔比派(Albigensian)的异端——获教皇授权且参与其中的任何基督徒在宣誓后都可以享受赦免。[57] 如上所述,对异端作战本身被认为是正当的,但根据正义战争理论为反对异教徒的十字军东征作正当化解释的任务却仍存在。[58] 事实上,在穆斯林攻击拜占庭帝国、占领被视为属于基督教的圣地以及征服西班牙时,正义战争学说曾被援用。但是,对东北欧斯拉夫的版图扩张之战却很难自圆其说,因其从未攻击更谈不上征服过基督教领土。这种卫道的战争形式仍以捍卫基督教为理由,但在当代亦受到批评,因为这种东征的理念已背离为收复圣地而战的初衷。[59]

306 英诺森四世、霍斯滕西斯和阿奎那论述正义战争的主要著作中仅零星涉及过十字军东征,这些著作更关注收复圣地或对战异端的那些战争。同样地,为数不少的教皇东征教令亦未被收录进道明会(Dominicans)和方济会(Franciscans)所编的官方敕令集。似乎这些顶尖学者并不准备为所有形式的战争作正当化解释,且由此能推断他们不愿直接卷入教会的血雨腥风。[60]

现代早期的学者们进一步就与异教徒的战争提出主张。面对南美洲和中美洲的殖民化,维多利亚强调,因当地印第安人拒绝西班牙人传播的基督教信仰而对其发动战争是不正当的。[61] 这个观点获得贞提利和格劳秀斯的支持,他们在依据对

---

[57] 关于十字军东征的总体性论述,参见 J. Riley-Smith, *What Were the Crusades*?(Macmillan London 1977);E. -D. Hehl, 'Was ist eigentlich ein Kreuzzug?'(1994)259 *Historische Zeitschrift* 297 - 336。

[58] 关于正当化解释,参见 *What Were the Crusades*?(n 57)18 - 33;*The Just War in the Middle Ages* (n 50)195 - 201 and 294 - 296。

[59] L. Schmugge, '"Deus lo vult?" Zu den Wandlungen der Kreuzzugsidee im Mittelalter' in *Heilige Kriege* (n 56)93 - 108 at 97 - 106.

[60] *The Just War in the Middle Ages* (n 50) 294 - 296.

[61] 'De indis et de iure belli relectiones' (n 15) first relectio, s 2, paras 10 - 15, 142 - 146;关于其他新经院哲学家的类似著作,参见 J. Fisch, *Die europäische Expansion und das Völkerrecht:Die Auseinandersetzung um den Status der überseeischen Gebiete vom* 15. *Jahrhundert bis zur Gegenwart* (Steiner Stuttgart 1984) at 223 - 227。

宗教战争以及对奥斯曼帝国的战争之印象进行写作。[62] 学者们否定不信守基督教信仰本身构成错行。再者,其强调因无知和未被那些基督教信仰之真理的令人信服的证据所挑战过而不信教则不能算是一种罪(这一点与维多利亚很接近),并且他们援引下述更一般性的主张——迥异于早期对"勉强人进来"的解读——来论述基督教信仰关乎自由意志,不能被强迫(贞提利所阐发)。但是,这些人文主义著述家们——不同于维多利亚[63]——亦准备接受一种类似于同异教徒斗争的这类正义理由。两派都承认为惩罚违背自然或上帝的罪行可发动战争。[64] 但是,不明确的是,他们以及同时代的其他学者之举例[65]——人类相食、性不端、偶像崇拜、亵渎神灵、无神论——是否反映了一种对印第安土著生活的当代想象,或是否代表了一种被体认为致命堕落的可能罪行的抽象汇编。无论如何,这种经常涉及将上述的罪称为"兽行"或者"暴行"的理论脉络,可被视为"文明"与"未开化"民族之现代区分的前身。[66] 但是,在 16 世纪下半叶,所谓对异教徒开战构成正义战争理由的观点不再被提及。

(三) 传教

殖民化语境内另一普遍的争论涉及基督教信仰传教权。由天主教西班牙和葡萄牙人所打造的殖民主义事业实际上展现出了极大的传教热情,这与重心在贸易的荷兰殖民政策相反。[67] 按现代早期的著述,传教本身并不构成战争的正义理由,因如前述不信教并未导致伤害。是故,著述家们须将其理据放在因(合法)基督徒传教事业导致异教徒(非法)的敌对反应上。维多利亚特别承认一种和平的福音传道权,即如果传教士遭遇印第安人的抵抗则可诉诸战争。维多利亚清晰阐述了西班牙殖民者可诉诸战争的两种相关权利:第一,见于万国法的和平通行于印第

---

[62] 'De iure belli libri tres' (n 16) book 1, chs 9 and 12,38–41 and 53–57; *De jure belli ac pacis* (n 17) book 2, ch 20, s XLVIII.

[63] 'De indis et de iure belli relectiones' (n 61) s 2, para 16,146–149.

[64] 'De iure belli libri tres' (n 16) book 1, ch 25,123; *De jure belli ac pacis* (n 17) book 2, ch 20, ss XL–XLVI;英诺森四世著作中这一理念的中世纪先驱,参见 *Die europäische Expansion* (n 61) 188.

[65] 其他学者——经院哲学家安东尼·科尔多瓦(Antonio de Córdoba)、胡安·希内斯·德赛普尔韦达(Juan Ginés de Sepúlveda)、巴托洛梅·德拉斯·卡萨斯(Bartolomé de las Casas)以及实证主义者理查德·苏支(Richard Zouche)——参见 *Die europäische Expansion* (n 61)223–248.

[66] 亦见本书中由利利阿纳·奥夫雷贡(Liliara Obregón)撰写的第三十八章"文明的与不文明的"。

[67] W. Reinhard, *Kleine Geschichte des Kolonialismus* (2nd edn Alfred Kröner Stuttgart 2008) at 44 and 68.

安领地、与印第安人进行贸易以及与其他外国人获得同等待遇的权利；第二，以圣经为基础的前述的传教权。[68] 然而，这些构成对国家主权严重限制的自由行动权在国家实践中却不被接受。并且，新经院哲学家追随着维多利亚的脚步。如苏雷亚斯细致地论述教皇以及受其信任之君王向不信教者传播天主教的执行权——一种最终建立在基督教对真理的宣称和对不信教者的否认基础之上的特权。但是，苏亚雷斯亦强调传教应使用和平手段，且仅当遭遇攻击或被异教徒君王反复拒绝进入其领地时才可诉诸武力。这不仅是基督教谕和实践所要求的，亦旨在避免在异教徒中产生基督教有权违反国际法的印象。[69] 但是，这种关于能够以军事手段推进以和平为宗旨的传教工作的权利理念，之后为贞提利和格劳秀斯等人文主义学者所摒弃，此后再未显达。[70] 相反，在国外领土的传教被认为应获得该领土主权的许可。[71]

(四) 军事手段的宗教干预

宗教干预的意思是，因宗教原因而触发的，为了另一个国家的臣民而对这个国家的事务进行的干预。不同于对异端和异教徒的斗争或公权力对基督教传教之推进，宗教干预或可作无基督教偏好的解释，即以一种世俗和中立的方式，将有利于任何宗教少数派的措施正当化。这个理念主要是围绕殖民主义、宗教战争和 19 世纪时对抗奥斯曼帝国以及在其内部保护基督徒的语境下展开。宗教干预可同时涵摄和平手段和运用武力。[72]

在讨论正当化在美洲的武力使用时，维多利亚最先考虑了宗教干预（尽管未使用这

---

[68] 'De indis et de iure belli relectiones' (n 15) s 3, paras 1 – 4 and 6 – 12, at 151 – 153 and 154 – 158；关于更早的宣教权主张，参见 *Die europäische Expansion* (n 61)189 and 199。

[69] F. Suárez, 'De triplici virtute theologica, fide, spe, et charitate' in *Selections From Three Works of Francisco Suárez* (n 15) on faith, disputation 8, s 1, at 739 – 749；参见 *Die europäische Expansion* (n 61)224 – 241（关于苏亚雷斯和其他学者）。

[70] 一个明确的拒绝（"宗教托词"），参见'De iure belli libri tres' (n 16) book 1, ch 25,123。

[71] C. Wolff, *Jus gentium methodo scientifica pertractatum* in J. B. Scott, *The Classics of International Law* (Clarendon Press Oxford 1934) vol 2, para 262, at 134 – 135；'Le droit des gens' (n 22) book 2, ch 4, para 60, at 133.

[72] 关于宗教干预的总体性论述，参见 *The Epochs of International Law* (n 1) 177 – 181；S. Chesterman, *Just War or Just Peace? Humanitarian Intervention and International Law* (OUP Oxford 2002) at 7 – 33；G. P. van Nifterik, 'Religious and Humanitarian Intervention in the Sixteenth- and Early Seventeenth-Century Legal Thought' in R. Lesaffer and G. Macours (eds.) *Sovereignty and the Law of Nations* (16th – 18th centuries) (Koninklijke Vlaams Academie van België voor Wetenschappen en Kunsten Brussels 2006)35 – 60。

一术语)。[73] 如此,就西班牙基督徒有权同印度安人的暴君开战,维多利亚提出两种不同的理由:第一,以基督徒团结为基础,使同道(皈依的印第安人)免受骚扰和放弃信仰的压力;第二,以圣经要求的人类团结为基础,即呼吁将无辜者从活人祭祀或人类相食等形式的暴政下解救出来。[74] 这两种理由均被其他学者所吸收,他们需要为之正当化的宗教干预不仅涉及战争,而且涉及正在产生的国家主权原则和不干预原则。[75]

在最初阶段,对外国实施干预的理念是为了让外国臣民持守基督教信仰偏好。根据苏雷亚斯、贞提利和格劳秀斯等著述家之说法,若基督徒或正在皈依路上者被统治者镇压和迫害,特别是统治者努力防止其皈依基督教或强迫其放弃基督教信仰时,为保护同道而发动战争则具有正当性。[76] 但是,该理论在相反的情况下则不被接受,即基督徒统治者防止其子民放弃基督教信仰之时。区别对待的诸多理由从真理主张和上帝赋权(苏雷亚斯提出)或基督徒忠诚(为贞提利所吸纳的维多利亚的观点),到格劳秀斯所提出的已经更加世俗化的层面,即基督教并不具破坏性,而是对人类社会有益。[77] 此外,这些学者还承认基于人道的一种更一般性的战争权,即出于终结屠杀无辜之目的。[78] 类似地,胡格诺派(Huguenot)著述家在极具影响力的小册子《论反抗暴君的自由》(Vindiciae contra tyrannos)中主张这种可能性,甚至主张一个基督教的君主去援助邻邦中因宗教缘故被其君主控告或者被明显的暴政压迫之臣民的责任。[79] 在以《威斯特伐利亚和约》(1648 年)为终结

309

---

[73] 这一观点的古代和中世纪先驱确实存在并频繁地为这一命题的多数学者所援引;关于托马斯·阿奎那和其他中世纪著述家的观点,参见 *Die europäische Expansion* (n 61)192 – 205。

[74] 'De indis et de iure belli relectiones' (n 15) s 3, paras 13 – 16, at 158 – 160.

[75] 关于这一发展,参见 *Just War or Just Peace*? (n 72)16 – 23。

[76] 'De triplici virtute theologica' (n 69) disputation 13, s 5, paras 7 – 8,826 – 827);'De iure belli libri tres' (n 16) book 1, ch 15,72; *De jure belli ac pacis* (n 17) book 2, ch 20, s XLIX and ch 25, s VIII. 2.

[77] *De jure belli ac pacis* (n 17) book 2, ch 20, s XLIX.

[78] 'De triplici virtute theologica' (n 69) disputation 13, s 5, para 5, at 825 – 826);'De iure belli libri tres' (n 16) book 1 ch 25,123; 亦见 *De jure belli ac pacis* (n 17) book 2, ch 25, s VIII。

[79] S. J. Brutus, *Vindiciae, contra tyrannos : Or, Concerning the Legitimate Power of a Prince Over the People, and of the People Over a Prince* (G. Garnett ed and trans) (CUP Cambridge 1994) at 173 – 183,关于这一小册子及其作者的身份,参见 'Editor's Introduction' xix – lxxvi; A. Esmain, 'La théorie de l'intervention internationale chez quelques publicistes français du XVIe siècle' (1900) 24 *Nouvelle revue historique de droit français et étranger* 549 – 574 at 557 – 568; J. Dennert Beza, *Brutus, Hotman : Calvinistische Monarchomachen* (Westdeutscher Verlag Köln 1968) at xvi – xxv。

的欧洲宗教战争中,忏悔派对于因宗教团结而发动武力干预的论争似乎发挥了一定作用。[80] 但是,若忏悔和军事这两条线不能完全契合,就如三十年战争中所表现的那样,则这项论证就得修正。因此,瑞典介入这场三十年战争的正当性声明旨在保护罗马帝国内清教徒的财产和重建他们的宗教自由,而且与此同时其不过分强调忏悔的层面(而是集中于更一般性的防卫主张),以便获得瑞典的天主教同盟法国的支持。[81] 然而,法国在 1635 年的介入直指西班牙人占据的尼德兰,其大口号是帮助此地被镇压的人们。[82]

在 1648 年后,宗教干预的理念和实践并未消失。[83] 国家主权和不干预原则越来越重要乃是实情,[84] 而终结宗教战争的和平条约在某种程度上调和了保护宗教少数派的需要。[85] 但是,宗教干预权的世俗化版本——后格劳秀斯时代的学术界对此仍有争议——仍在理论和实践中具有重要性,特别是奥斯曼帝国境内对基督徒的处理。像克里斯蒂安·沃尔夫(Christian Wolff,1679—1754 年)等著述家不认可那种代表另一主权下的臣民进行干预的权利。[86] 像瓦特尔等其他著述家则认可那种为了在内战中帮助(而不是为了引起)人们抵抗暴政和捍卫自由的有限干预权。瓦特尔所列举的范例显示了他脑海中存有宗教内战的案例。但是,与早期概念不同,干预权现在已经摒除了基督教偏向。[87] 然而,如在奥斯曼帝国发生的几次军事干预所展现的,19 世纪的国家实践很明晰地是由对基督教少数派的关切所激发:在 19 世纪 20 年代,英国、法国和俄罗斯联合支持(基督徒)希腊起义者的独立诉求,并在土耳其拒绝承认后使用军事力量,最终导致 1830 年的希腊独立。1860 年,在叙利亚造成成千上万基督徒死亡的大屠杀让欧洲五大强权和奥斯曼帝国在使用武力上达成一致,并在骚乱终止后于 1861 年撤军。1876 年,当奥斯曼苏

〔80〕*Vindiciae,contra tyrannos*(n 79)173 - 174 提供了一些例子。

〔81〕'Just War in Theory and Practice'(n 49)515 - 523.

〔82〕'Defensive Warfare,Prevention and Hegemony'(n 49)166 - 167.

〔83〕相反于格鲁威(Grewe)的评估 *The Epochs of International Law*(n 1)181。

〔84〕R. Grote,'Westphalian System' in *Max Planck Encyclopedia of Public International Law*(n 24)。

〔85〕参见第五节。

〔86〕*Jus gentium methodo scientifi ca pertractatum*(n 71)para 258,at 132.

〔87〕'Le droit des gens'(n 22)book 2,ch 4,para 56,at 131 - 132.

丹拒绝推进欧洲列强呼吁有利于波斯尼亚、黑塞哥维亚和保加利亚的基督徒的改革时，俄罗斯对奥斯曼帝国宣战，从而导致保加利亚独立自治，而波斯尼亚和黑塞哥维亚则被奥匈帝国占领。[88] 这些实施干预的强权往往就既有或新设的关于宗教少数派权利的条约规定，努力寻求其行动的正当性（这在那个时代是相当困难的，因为 1856 年的《巴黎和约》明确否认干预奥斯曼帝国事务的权利）。在当时对军事宗教干预的学术评价中，一个相当谨慎的路径强调其被滥用的危险，并接受只在相当有限情势下的军事行动。[89] 其他学者则为一种更大范围的干预概念背书[90]并强调多边行动的必要性。[91] 在这种语境下，至少对叙利亚的那场干预（多边达成合意，未被进一步的战略或政治目标所左右）被当时的国际法学人视为合法。[92] 今日，宗教干预的概念已被更大范围的、尽管是颇具争议的人道主义干预所取代，其包含着为了道德伦理、国籍和宗教所定义的一个特定群体之益处的国际行动。[93]

五、宗教的国际保护

宗教多元性的价值可同时从正面和负面来判断。除了作为规范理想的现代宗教多元性概念，绝对主义时代的开明统治者知道用包容宗教少数派（在其他地方受

［88］ *Just War or Just Peace?* (n 72) 24 - 33；S. D. Murphy, *Humanitarian Intervention* (University of Pennsylvania Press Philadelphia 1996) at 49 - 55.

［89］ R. Phillimore, *Commentaries upon International Law* (T&J W Johnson Philadelphia 1854) paras 474 - 475, at 340："只在因宗教信仰之故而对大量人口进行迫害之情势下。"

［90］ Seminal：A Rougier, 'La Théorie de l'intervention d'humanité' (1910) 17 *Revue générale de droit international public* 468 - 526；*Elements of International Law* (n 25) 91 - 94；E. C. Stowell, *Intervention in International Law* (John Byrne Washington 1921) at 45 - 277.

［91］ A. Arntz, 'Note sur la théorie du droit d'intervention' (1876) 8 *Revue du droit international et de législation comparée* at 675.

［92］ 关于叙利亚，参见 S. Kloepfer, 'The Syrian Crisis, 1860 - 1861：A Case Study in Classic Humanitarian Intervention' (1985) 23 *Canadian Yearbook of International Law* 246 - 260；更重要的阐述，参见 I. Pogany, 'Humanitarian Intervention in International Law：The French Intervention in Syria Re-Examined' (1986) 35 *International and Comparative Law Quarterly* 182 - 190；*Just War or Just Peace?* (n 72) 26 - 32；H. Köchler, *The Concept of Humanitarian Intervention in the Context of Modern Power Politics* (International Progress Organization Wien 2001) at 7 - 13。

［93］ F. R. Tesón, *Humanitarian Intervention：An Inquiry Into Law and Morality* (Transnational Publishers Ardsley 2005) at 317 - 127（卢旺达和波斯尼亚的例子）。

到迫害)的方式来吸引外来定居者能够促进贸易和工业,也能强化自身实力,因为这些定居者的忠诚可资依赖。[94] 类似地,穆斯林征服者对"圣经教派"的处理——即征收人头税而非强迫皈依——不仅带来财政上的益处而且也带来政治上的益处。但是,倾向于宗教同质的反对派观点主导了很长时间的西方历史——由于其强调宗教的正统性、担心宗教争端引发的不稳定和暴力、考虑为所有子民所拥有的共同宗教纽带之需要以及对其他宗教根深蒂固的不信任(对其他民族或伦理亦是一样)。[95] 如果对宗教少数派及其宗教——一种内部事务的处理——导致了军事或非军事形式的干预,尤其是当它构成规定宗教自由是一种被普遍承认的人权的国际条约的某一事项时,它就变成了一个国际法问题。[96]

"宗教干预"这个名词按其最初的用法,特别是从 18 世纪到 20 世纪初,其不仅指军事措施,还泛指以各种外交和政治方式支援宗教群体——主要是基督徒或犹太人。奥斯曼帝国对少数教派的不当处置和迫害引发了西方强权的数次抗议,例如代表希腊克里特(Crete,1866 年)和马其顿(Macedonia,1903 年)的基督徒,以及 20 世纪初代表亚美尼亚人。[97] 此外,中欧和东欧犹太人的悲惨命运引发了包括美国在内的西方强权的同情和调解,例如西欧国家反对哈布斯堡女王玛丽亚·特蕾莎(Maria Theresa)对布拉格犹太人的驱逐(1744—1745 年),或者在 19 世纪和 20 世纪初,反对罗马尼亚和俄罗斯对犹太人的歧视性待遇以及二者未保护犹太人免遭大屠杀。[98] 这种抗议发声或谨慎或公开,由一般的人道主义关切所推动,但也基于这类事件的国际影响和人权,前者最著者如犹太人大规模迁移至美国,后者语境下的宗教干预往往涉及违反创设的条约权利或既有的条约义务。

---

〔94〕 例见 J. Whaley,'A Tolerant Society? Religious Toleration in the Holy Roman Empire,1648 - 1806' in O. P. Grell and R. Porter (eds.) *Toleration in Enlightenment Europe* (CUP Cambridge 2000)175 - 195。

〔95〕 例见 M. Goldie,'The Theory of Religious Intolerance in Restoration England' in O. P. Grell,J. I. Israel and N. Tyake (eds.) *From Persecution to Toleration—The Glorious Revolution and Religion in England* (Clarendon Press Oxford 1991)331 - 386;M. Linton,'Citizenship and Toleration in France' in *Toleration in Enlightenment Europe* (n 94)157 - 174。

〔96〕 P. M. Taylor,*Freedom of Religion—UN and European Human Rights Law in Practice* (CUP Cambridge 2005)。

〔97〕 参见 *Just War or Just Peace?* (n 72)25 - 26。

〔98〕 N. Feinberg,'The International Protection of Human Rights and the Jewish Question' (1968)3 *Israel Law Review* 487 - 500 at 492 - 496;*Intervention in International Law* (n 90) 66 - 78.

基于条约来保护宗教团体或者宗教的人权一般有数个渊源。[99] 其中部分为保护其国人或者国外的基督徒同道的保护国所有,比如保护商人、朝圣者或者被征服领地内的少数族群。最典型的是欧洲列强与奥斯曼帝国达成协议,以给予后者境内的基督徒宗教自由。在这方面,法国被视为自 1535 年以降所有拉丁基督徒的保护者,直到其他列强——英国(1583 年)、尼德兰(1612 年)、神圣罗马帝国(1615 年)、波兰(1699 年)——尾随其后。在 1774 年(《库楚克-开纳吉条约》[Treaty of Koutchouk-Kainardji]),俄罗斯获得对东正教徒的相关权利。[100] 在 16 世纪和 17 世纪的宗教战争后,其他宗教保证因企盼和平而产生。其中部分具有相当内部性的特征,比如 1555 年的《奥格斯堡和约》(the Peace Treaty of Augsburg)(由施马尔卡尔登同盟[Schmalkaldic League]的国王和诸侯订立,建立了关于天主教和路德宗的"教随国定"规则[cuius regio , eius religio]以及创设了相应的移民权[ius emigrandi]),而 1598 年的《南特敕令》(the Edict of Nantes)或者 1689 年的英国《宽容法案》分别授予胡格诺派和新教徒异议者特定的宗教权利。然而,1648 年的《威斯特伐利亚和约》中的宗教条款由和约各方以及其他相关国际条约的各方在国际层面予以保证。除了承认天主和路德宗之外的第三种改革宗教派之外,和约亦规定其他宗教少数派的特定权利:作为最低限度,他们有权在国内敬拜,能够参加国外的服侍以及以信仰教养其孩子。在有些领域(按作为参考年的 1642 年之宗教实践来界定),少数教派也有权进行"私人"的侍奉,即在一个没有尖塔房顶、钟和排列的简单场所敬拜。此外,和约还包含非歧视的条款,并将以下行为定为非法:因一个子民的教派背景而"鄙视"之,将其驱逐出行会或者工作,以及更通常的是剥

---

[99] 关于以下内容,参见 J. Fouques Duparc, *La protection des minorités de race , de langue et de religion. Étude de droit des gens* (Dalloz Paris 1922) at 73 - 197; R. Grote, 'Die Religionsfreiheit im Spiegel völkervertraglicher Vereinbarungen zur politischen und territorialen Neuordnung' in R. Grote and T. Marauhn (eds.) *Religionsfreiheit zwischen individueller Selbstbestimmung , Minderheitenschutz und Staatskirchenrecht—Völker- und verfassungsrechtliche Perspektiven* (Springer Berlin 2001) 3 - 52 at 4 - 32; S. C. Neff, 'An Evolving International Legal Norm of Religious Freedom: Problems and Prospects' (1977) 7 *California Western International Law Journal* 543 - 590; P. Thornberry, *International Law and the Rights of Minorities* (Clarendon Press Oxford 1991) at 25 - 52。关于宗教自由的民族权利的历史,参见 A. von Ungern-Sternberg, *Religionsfreiheit in Europa* (Mohr Siebeck Tübingen 2008) at 7 - 31。

[100] Peace Treaty of Koutchouk-Kainardji (签订于 1774 年 7 月 21 日)(1774) 45 CTS 349。

夺其特定的民事或者公共权力。[101] 最终,涉及领土割让的条约常常包含有利于宗教少数派的条款。一个有名的例子是《奥利瓦条约》(the Treaty of Oliva,1660 年)规定波美拉尼亚(从普鲁士割让给瑞典)的路德宗教徒的权利维持现状,并给予拉脱维亚(从波兰割让给瑞典)的天主教教徒在国内敬拜的权利。[102] 另外,如当 1678 年法国割让领土给荷兰,当 1742 年西里西亚从奥地利并入普鲁士,或当 1713 年和 1763 年大不列颠接管法国在加拿大的占领地时,类似的规定亦被合意达成。

这类条约的保证在一些层面受到限制,包括仅授权特定的宗教少数派(天主教、特定新教教派,或东正教)、有领土范围上的限制、有程度上的限制。这个不无问题的宗教少数派权利常规性地包含良心自由和私人敬拜自由,但不包括宗教自由和非歧视在公权力领域的行使。然而,民事和宗教事务的自主,诸如教育、出生记录、婚姻和遗嘱仍传统地被授予奥斯曼帝国的宗教社区(Millet,即体现宗教多元的米利特制度——译者按)。

由于对个人和集体宗教自由人权的普世性承认,这些限制逐渐被打破。在 18 世纪,启蒙运动以及美国和法国的革命促进了这一观念,即宗教自由不再是政治的权宜之计或基督教的联盟之需,而是一个关乎人权的问题。于是,宗教保障日益在一般性层面和更大意义的层面上被表达。此外,民族主义的兴起亦导致对民族和种族的少数族群意识日渐增长。然而,欧洲协调在 1815 年后以及国际社会在 1918 年后所做的传播宗教自由和宗教非歧视性原则的努力,由于其集中于奥斯曼帝国和东欧而有失声誉,因为这被认为是罔顾弱小国家的双重标准,且成为其不再坚守曾经签署的承诺的借口。在维也纳大会后,欧洲列强通过"有条件施惠"的方式[103]实现了部分东(南)欧国家承诺将致力于宗教自由和宗教的非歧视改革:在希腊建国后,1830 年的伦敦大会通过第三议定书承认其独立,并且希腊所有居民享有完全的宗教自由和平等参与公职的机会。土耳其在其苏丹颁布法令(hatt-i Hamayoun)保证宗教自由和平等后,才被 1856 年的《巴黎和约》纳入欧洲协调——

---

[101] Instrumentum Pacis Osnabrugensis(签订于 1648 年 10 月 24 日)(1648)1 CTS 119, art V, paras 31 – 32 and 34 – 35。

[102] Treaty of Oliva(签订于 1660 年 4 月 23 日)(1660)6 CTS 9。

[103] 'An Evolving International Legal Norm'(n 100)557。

该条约对此有记载。[104] 同时,由 1878 年的《柏林条约》新创的四个国家(塞尔维亚、黑山共和国、罗马尼亚和保加利亚)也都同样被施加了条件[105]即必须广泛地保证宗教自由和非歧视。但是,这种新的多边路径却未能防止犹太人和穆斯林的权利被大面积践踏。

一战后,多边保护宗教权利的努力在国际联盟架构下继续推进。[106] 在战后随即缔结的条约中,宗教自由和非歧视的保证由协约国施加于中欧和东(南)欧的新国家(如波兰、捷克斯洛伐克、塞尔维亚、罗马尼亚、希腊)以及除德国外所有投降国(奥地利、匈牙利、保加利亚、土耳其)。辅之以有利于一般性的民族和种族少数族群及尤为明显的弱势少数群体(像在波兰、希腊和罗马尼亚的犹太人或在阿尔巴尼亚、希腊和南斯拉夫的穆斯林)。对宗教少数族群的保护现在是一个国际关注的议题:少数族群议题可诉诸国际联盟理事会,在大会辩论并提请国际常设法院公断。当阿尔巴尼亚废除由宗教社群运作的私立学校系统时,国际常设法院的一份咨询意见有力地指出其违反了保护少数族群的承诺。[107] 但是,除这项屈指可数的法律胜利外,国际联盟的少数族群保护乏善可陈。像一战后所建的国际秩序的其他要素一样,它缺乏真正的认同且无法遏止二战前酝酿的民族主义和排犹风潮兴起。二战后,作为人权的宗教自由和非歧视已明确包含在《公民权利和政治权利国际公约》或《欧洲人权公约》之内,原则上已毋庸置疑。[108]

六、结论

宗教和国际公法的历史是一部世俗化的历史,是一部从内部(限于基督教西方

315

---

[104] General Treaty for the Re-Establishment of Peace between Austria, France, the United Kingdom, Prussia, Sardinia, Turkey and Russia (签订于 1856 年 3 月 30 日) (1856)114 CTS 409。各条款的内容可见于 *La protection des minorités* (n 100) 91。

[105] Treaty for the Settlement of Affairs in the East (签订于 1878 年 7 月 13 日) (1878)153 CTS 171。

[106] H. Rosting, 'Protection of Minorities by the League of Nations' (1923)17 *American Journal of International Law* 641–660.

[107] *Minority Schools in Albania* (Advisory Opinion) *PCIJ Rep Series A/B* No 64.

[108] 关于仍受质疑的议题,比如国家和教会的关系或者许多穆斯林国家对叛教者的定罪,参见 C. Walter, 'Religionsfreiheit in säkularen im Vergleich zu nicht-säkularen Staaten: Bausteine für ein integratives internationales Religionsrecht' in G. Nolte et al (eds.) *Pluralistische Gesellschaften und Internationales Recht* (CF Müller Heidelberg 2008) NOT 253–292。

世界）向中立的视角转变而对所有宗教一视同仁的历史。在世俗化的过程中，宗教不再被视为法律渊源和基石，宗教不再是涉及跨宗教关系中的国际行为主体的一个相关要素，宗教亦不再作为对异端发起战争、基督教抵抗穆斯林的攻击或者推进传教权利的正当化理由。再者，国际法的基督教偏向——将所有或特定的与异教徒签订的条约视为非法，而与基督徒所签则不然；赋予同异端作战的权利；传播信仰；以及仅为基督教少数群体的益处才实施宗教干预——现在被代之以赋予平等权重（或都无权重）。如果这似乎支持了经典解释——国际法是由《威斯特伐利亚和约》建立的主权平等国家的世俗化法律秩序[109]，这可在两方面予以修正，即国际法不能抽离于其历史、文化和宗教起源。因此，国际法学术应对之予以特别关注，与此同时，亦通过关注国际法的非基督教印记和解释克服其西方偏向。再者，主权的概念——威斯特伐利亚体制经典解释的一个中心层面——已被引发宗教干预和塑造宗教权利的宗教事务所限制。

推荐阅读文献

Alexandrowicz, Charles H. *An Introduction to the History of the Law of Nations in the East Indies* (Clarendon Press Oxford 1967).

Esmain, Adhémar 'La théorie de l'intervention internationale chez quelques publicistes français du XVI e siècle' (1900) 24 *Nouvelle revue historique de droit français et étranger* 549 - 574.

Fisch, Jörg *Die europäische Expansion und das Völkerrecht: Die Auseinandersetzung um den Status der überseeischen Gebiete vom 15. Jahrhundert bis zur Gegenwart* (Steiner Stuttgart 1984).

Fouques Duparc, Jacques *La protection des minorités de race, de langue et de religion. Étude de droit des gens* (Dalloz Paris 1922).

Grote, Rainer 'Die Religionsfreiheit im Spiegel völkervertraglicher Vereinbarungen zur politischen und territorialen Neuordnung' in Rainer Grote and Thilo Marauhn (eds) *Religionsfreiheit zwischen individueller Selbstbestimmung, Minderheitenschutz und Staatskirchenrecht—Völkerund verfassungsrechtliche Perspektiven* (Springer Berlin 2001)3 - 52.

Haggenmacher, Peter *Grotius et la doctrine de la guerre juste* (Presses Universitaires de

---

[109] L. Gross, 'The Peace of Westphalia, 1648 - 1948' (1948)42 *American Journal of International Law* 20 - 41.

France Paris 1983).

Janis，Mark W. and Carolyn Evans （eds）*Religion and International Law* （Martinus Nijhoff Leiden 2004）.

Khadduri，Majid *War and Peace in the Law of Islam* （John Hopkins Press Baltimore 1955）.

Kooijmans，Pieter H. 'Protestantism and the Development of International Law' （1976）152 *Recueil des cours* 79 – 117.

Nifterik，Gustaaf P. van 'Religious and Humanitarian Intervention in the Sixteenth- and Early Seventeenth-Century Legal Thought' in Randall Lesaffer and Georges Macours （eds）*Sovereignty and the Law of Nations* （*16th – 18th centuries*）（Koninklijke Vlaams Academie van België voor Wetenschappen en Kunsten Brussels 2006）35 – 60.

Riley-Smith，Jonathan *What Were the Crusades?* （Macmillan London 1977）.

Russell，Frederick H. *The Just War in the Middle Ages* （CUP Cambridge 1975）.

Scott，James B. *The Catholic Conception of International Law* （Georgetown University Press Washington D. C. 1934）.

Tuck，Richard *The Rights of War and Peace. Political Thought and the International Order from Grotius to Kant* （OUP Oxford 1999）.

第十三章　战时与平时对个人的保护

罗伯特·科尔布（Robert Kolb）

一、引言

自古以来，国际公法都在某种程度上（至少次要地）处理了个人的权利与义务问题。诸如战后权利恢复或打击海盗的万民法就是这种古代印记的见证。通过格劳秀斯等古典学者的著述，我们仍能发现不少篇幅揭示了在中世纪和经院哲学派时代，个人的地位至关重要。[1] 在 17 世纪至 19 世纪，对外国君王的子民实施虐待的行为及其接踵而至的报复函救济的问题都广受讨论。[2] 从古代开始，对商人的保护一直是备受关注的焦点。在 19 世纪，对外国人的"最低标准待遇"逐渐发展起来，并出现了照顾战争受害者的国际人道法。

因此，从总体上认为个人权利资格长期在国际法上被剥夺，这至少在理论上有过度简化之嫌。在国家中心主义占据国际法巅峰的 19 世纪末和 20 世纪初，这

---

〔1〕参见关于父母权利、婚姻权利、结社权利以及对臣民和奴隶的权利的章节：H. Grotius, *De iure belli ac pacis* (1625) book 2, ch 5。

〔2〕例见 *De iure belli* (n 1) book 3, ch 2；E. de Vattel, *Le droit des gens, ou principes de la loi naturelle appliqués à la conduite et aux affaires des nations et des souverains* (London 1758) vol 1, book 2, ch 18, paras 342 ff；参见 L. Oppenheim, *International Law* (R. F. Roxburgh ed) (3rd edn Longmans London 1921) vol 2 (*War and Neutrality*), at 47 - 48；G. Clarke, 'The English Practice with Regard to Reprisals by Private Persons' (1933) 27 *American Journal of International Law* 694 - 723 at 700 ff；W. G. Grewe, *The Epochs of International Law* (M. Byers trans) (Walter de Gruyter Berlin 2000) at 201 - 203；亦见 P. Lafargue, *Les représailles en temps de paix* (A Rousseau Paris 1899)。

种观念非常流行。在那时,民族国家在欧洲大陆出现并得以巩固。作为一种通常根植于民主体制的新独立实体,其倍加珍视主权。这种以宪法为体制架构核心的国家成为当时的主导性角色,并在事实上作为主要政治主体而存在。国际社会从此与国内社会明确分割。一方面是国家内垂直的法律秩序和权力的集中;另一方面是国际空间中水平的法律秩序和权力的分散。这即是秩序和无政府状态。若上述国家是当时主导的政治特征,那么内部和外部的明确区分亦会体现在"法律主体"身上(即法人)。一方面,国内法管辖国家与公民之间以及私人之间的关系;另一方面,国际法规范国家间或强权实体间的关系(*ius inter potestates*)。因此,个人的权利与义务可以仅是国内法的问题。这些本质上是国内事务。更准确地说,国际法只能"间接"涉及个人。因此,可以预料的是,条约将规定特定权利只能赋予特定个人,但为了使这些权利在法律条件下可执行,相关国家的国内法须有必要的立法转化。因此,个人不直接依据国际法获得权利和义务;为实现保护的特定目标,国际法仅得迫使国家去采取行动。[3] 学者奥本海(Oppenheim)所著的《国际法》将这种双重事实转化为理论表达,即个人只是国际法的"客体"而非"主体"。[4]

这种二元模式——即关于法律渊源(国内法的垂直层面是国内立法,而国际法的水平层面是条约和习惯,后者在当时主要表现为一种默认协议)和主体(国际法下的国家和强权实体,以及国内法下的个人)——在国际法发展中只是一个过渡性阶段。然而,自 20 世纪初以来,许多批判主义者试图重申个人在国际上的位置,甚至有时将其视作所有法律秩序的最终的和真正的主体:有论者或援引以凯尔森(Hans Kelsen)为首的维也纳学派[5]或塞勒(Scelle)的社会连带主义之观点。[6]

319

---

[3] 例见 G. Jellinek, *System der subjectiven öffentlichen Rechte* (Mohr Siebeck Freiburg 1892) at 310 ff;但也可参见 A. Peters, 'Das subjektive internationale Recht' (2011) 59 Jahrbuch des öffentlichen Rechts 411 – 456。

[4] *International Law* (n 2) vol 1,460.

[5] 关于凯尔森和他的理论,参见 A. Truyol y Serra and R. Kolb, *Doctrines sur le fondement du droit des gens* (A Pedone Paris 2007) at 77,附有进一步的参考资料;特别是关于法律人格,参见 J. E. Nijman, *The Concept of International Legal Personality* (TMC Asser Press The Hague 2004) at 149 ff; R. Portmann, *Legal Personality in International Law* (CUP Cambridge 2010) at 173 ff.

[6] Doctrines sur le fondement du droit des gens (n 5)94 ff;亦见 A. Wüst, *Das völkerrechtliche Werk von George Scelle im Frankreich der Zwischenkriegszeit* (Nomos Baden-Baden 2007);特别是关于法律人格, The Concept of International Legal Personality (n 5)192 ff。

另外，与此同时，许多中庸的著述家拒绝国际法的这种"二元"路径，而更青睐"一元"的建构。[7] 若国际法和国内法都是一个大的法律现象的一部分，则没有理由否认国际法以及国内法能够处理个人问题之事实。这类考虑最初本质上只是在理论层面，但镇压政策和轴心国的暴政为之实践提供了动力。故自公元1945年后，在政治和法律层面，国际法和国内法都被认为应该而且可以处理个人权利义务。于是，包括国际人权法、国际人道法和国际刑法等在内的国际法的分支迅速发展。从历史角度看，国际公法由此第一次触及个人，而后在一段很短的时间内，个人的地位黯然失色。最后，个人成为国际法律秩序不可分割的组成部分。

然而，法律处理个人权利的具体路径发生了变化。笼统地得出结论认为"古典国际法并不保护个人"是错误的（即便这种保护一般通过国家参与来实现，如特许捕获状；而这些方式在今日更加自主化，比如由受害个人自己提出人权诉求）。但是，保护的数量和模式经历了深刻的变化。保护个人的法律机制（或惩罚个人，其亦是保护意愿的另一层面）迄今被大幅强化。过去那些偶发的且缺乏全局性的机制已经在不断发展和成熟的保护制度中发生了变化。保护的诸多模式亦有改变。现代国际法建立在个人拥有"基本权利"的理念之基础上：这一立场可见于国际人权法和国际人道法（战争法）。基本权利其实就是"主体性权利"之变体。如今，法律主体被赋予可按其自由意志主张的一系列主体性权利之观点已是一个现代概念。[8] 它不存在于古代或中世纪，而是涌现于启蒙时期且被编纂入现代法律，其基石正是"人的权利"。现代性转换了这种范式。古代和中世纪在宇宙秩序范畴中思考问题，而法律是这种秩序的反映，因此属客体法。现代性表现为以人类为中心的革命。个人及其文字表达成为事物的中心。由此，出现人的"主体性权利"只是时间问题。无疑，正是因为相比较而言缺少我们如今所拥有的"主体性权利"，从而使得现代人更难以发现旧法给予个人的保护。这种保护在客体性规范中更为隐

---

[7] 细致入微的学术分析，参见 M. Bourquin, 'Règles générales du droit de la paix' (1931 – I) 35 *Recueil des cours* 1 – 232 at 135 ff。

[8] 一个有力的反驳，参见 C. Donahue, 'Ius in the Subjective Sense in Roman Law. Reflections on Villey and Tierney' in D. Maffei et al (eds) *A Ennio Cortese* (Il Cigno Edizioni Rome 2001)506 – 530；M. Villey, 'L'idée du droit subjectif et les systèmes juridiques romains' (1946/47)24/25 *Revue historique de droit français et étranger* 201 – 227。

蔽,它并未被形塑为主体性赋权名义下的个人权能。因此,只有以研究的视角才会发现其关联,而受时代局限的表面观察者会认为国际法对个人保护的时代始于1945年。就保护的某种特质而言,这无疑是正确的;但若以避免现代法律工具和视野投射眼光的全球性角度来考虑该问题,就会发现并非如此。

对个人的保护如今主要由国际法的两大分支承担,即国际人权法和国际人道法。前者包括保护工人(国际劳工组织,ILO)、难民、国内流离失所者、原住民等;后者涉及保护平民、失去战斗力的人(hors de combat),以及仍在作战的军事人员,例如保护其免于特定武器造成的不必要伤害。本章主要集中于战争法的历史沿革,集中于公元1945年之前的阶段,但亦会简述一些公元1945年以后的发展。

若通过个人保护视角处理素材,则在关于该法特定分支历史的理解上会陷入不正确和不完全正义。因此,公元1945年以前的国际人道法不是处理战争的法律分支的核心。更久远的法律仍集中于战争的手段和方式,即军事关切。它是为军事人员和作战手段而设计的法律,其要点是确保军事荣耀(源自古老的骑士传统)且仅作为维续战争中某些人性的附属品。平民大多不在当时战争法的考虑范畴之内。换言之,"海牙法"多数时候都优先于"日内瓦法"。再者,这种海牙法很受军事必要性例外的影响。在那时,人们都明白——即使不是毫无争议——军事必要性可能会贬损武装冲突法的任何规则。因此,这种法律的架构一直在某种主观性判断的情势变更原则的控制之下。这也适用于"日内瓦法"体制下的个人保护。因此,19世纪被广泛讨论的一个问题是,一个小型的军事支队碰巧俘虏了大量的战俘,在不危及其自身安全的情况下,它无法控制这些战俘,也不能把他们带到营地。有论者支持战俘应随即被释放,最终被解除武装甚至于赤手空拳。其他观点主张军事必要性优先,应允许其杀戮战俘。因此,过分强调"保护战争受害者"或"个人"有陷入追溯地且不合时宜地重建旧战争法之危险。此时,战争法被今日个人中心路径的有色眼镜放大分析和过度理解。现实中,"国际人道法"的"人性化"一直是一个缓慢的过程。人权法亦是如此。公元1945年以前有许多先驱——但当时没有真正意义上的人权法。从某种溯及性视角来看,所有可被确认的缺乏全局性之机制其实正如婴儿期的人权法的培育者。某种程度上,这种不合时宜(anachronism)似乎不可避免。

二、国际人道法（战争法）的历史

（一）一般性层面

针对战争行为的规则（并非敌方人员待遇）自古代以来就存在于所有文明之中，大体有四类：(1)骑士作战策略规则，在高峰阶段和衰弱阶段之间摇摆；(2)禁止特定武器规则，如有毒物；(3)保护特定人员（如僧侣）、地点（如寺庙）以及物品（果树等）；(4)交战者之间缔结的协约（*commercia belli*）（停火、休战、交换战俘等）。在欧洲公法框架下，这些规则自古代以来——尤其在中世纪——得到整合。但是，其他文明亦存在这种规则，如犹太（见《旧约》）、中东强权（波斯、米坦尼、西台等）、古代印度、古代中国、漠南非洲或前哥伦布时期的美洲。例如，在古代中国的"春秋时代"（公元前 771—481 年），列国鼎立，类似骑士的游侠如日中天。贵族在战争中领衔，其身后追随着相当数量的平民。战争高度仪式化且由伦理观念引导。这种战争伦理随着中国进入"战国时代"（公元前 481—221 年）而衰退，战争成为征服领土和资源的混战，并呈现出如今的肆虐和残酷。这种在受约束战争阶段和脱缰战争阶段之间的摇摆变化可见于所有文明。在这个世界的某些区域，出现了相当特别的规则。是故，在前哥伦布时期的美洲，在阿兹特克人（Aztecs）和其他强权之间已有"鲜花战争"的协议，其目的实质上是捕获活的俘虏作为人祭。所以，针对这类战争发展出了相当特殊的战争法则，即旨在避免杀死战俘和把捕获特权化。

然而，这些古代对交战暴力的限制并非真的要实现我们现代意义上的"个人"保护目标。在任何古代文明中，都没有找到有如现代所理解的对人类生命和肢体完整的神圣尊重。对肆意交战之限制出于两种考虑：(1)在所有文化中均可见的军事荣耀和骑士概念；(2)受限制的战争中的自身利益，因为不煽动对被征服社区进行过度破坏的仇恨就能获得更好的和平，以及不完全摧毁被征服领土便可获得更好的战利品或获得经济利益。因此，战俘最初是被杀戮，后来是被当作奴隶售卖，再后来是以赎金为条件被释放，最后则是被收押在战俘营受人道对待（日内瓦法体制）。这种演化自古代横亘至现代，这不是说不曾有过人性对待的历史时期：囚犯曾被慷慨释放或良好对待（有人也许会想起伊斯兰军事领袖萨拉丁传奇般的慷慨）。但是，这还未上升到文化、社会规范或法律义务层面，而仅仅是一种个人选择和政策。

现代国际人道法史已经数次曝光。在进入这段历史之前，或许有用的一点是，古代战争法中的军事必要性非常重要。这一 19 世纪法的中心原则不仅容许偏离法律的行动，亦发挥限制肆意战争的作用。

19 世纪下半叶的战争法则充斥着不确定性和缺口。[9] 更古老的战争"惯例"并非是完全的法律。它是一种宗教、道德和其他实践的杂烩，其欠缺现代意义上的法律概念，所谓严谨的科学性在 19 世纪设定了规范主义理念的坐标。另一方面，法律法典化才刚起步，因此人们无法依赖一套速成、随时候命、现货式、积木组装般方便的精准规则，而只能在某些指导性原则下把相关对象全都装进去。很快地，323"军事必要性"或"战争必要性"成为整套体制的基石。这种"必要性"立即获得一种积极的、扩张的、许可暴力的角色，也有一种消极的、约束性的和限制暴力的作用。相关情况解读如下：(1)击败敌人所必需之一切须授予军事机构，即便基于人道，禁止亦毫无意义；(2)但是，一切非战争所必需的暴力都必须被视为一种肤浅、非人道和禁止性的毁灭力量。于是，第一种是合法的，第二种则是非法的。当欠缺具体的禁止性规则时，这项原则为决断战争手段的合法与非法提供了标准。在详尽规则极少且经常有缺口的法律环境中，必要性原则实质上发挥了拾遗补缺的作用。它明确地让所有被视为实现战争目的不可或缺的手段和方式不处于禁止之列。人道主义和对战争的所有约束在必要性的第二个方面得以蓬勃发展，即限制性的方面。这种限制性的"必要性"——作为现代战争法的哲学理念——在 1868 年的《圣彼得堡宣言》之序言中得到了极好的总结。总体而言，"必要性"是一项关乎硬币两面的复杂原则，它首先意味着对一切达成战争目标不可或缺的暴力予以许可，但与此同时也限制其暴力不可超出此必要范围。这项原则是双重的，自由和限制兼具，因而也是灵活性和固定性兼具。但是，在国家理性（*raison d'état*）和军事观念相去甚远的世界，该原则只会引起摩擦。德国人对战争的军国主义认识（因此构成必要性）和盎格鲁-撒克逊人对战争的商业认识（因此构成必要性），或者在当时更为温和的法国人

---

〔9〕 这一点也可见于许多国际文件的序言中，例如《布鲁塞尔宣言》(the Brussels Declaration)"关于战争法规和惯例的国际宣言项目"(1874 年 8 月 27 日通过)，载于 D. Schindler and J. Toman (eds.) *The Laws of Armed Conflicts* (Martinus Nijhoff Publisher Leiden 2004) at 21 ff. 或《牛津手册》(the Oxford Manual)(陆战法)(由国际法学会于 1880 年 9 月 9 日在牛津通过)，载于同上，第 29 页以后。

对战争的防御性爱国主义认识（因此构成必要性）有何共通点可言？再者，军事行动和新武器系统的演变、平民和战士关系结构的改变，所有这些或其他因素持续地改变着特定时代的"必要性"之是与非的分界线。在特定的时间，可以在何处划定这条分界线？因此，在世纪之交，人们对"必要性"的理解太模糊，其被滥用的空间太大，所以必须通过在国际公约中对特定规则予以法典化来予以补充（在某种程度上其实是替代）。

（二）特别建制

1.《利伯守则》

弗朗西斯·利伯（Francis Lieber）是在美国定居的普鲁士人，他担任哥伦比亚大学法学教授，其在美国南北战争期间起草的《利伯守则》是对战争法的第一次综合性的法典化编纂。这些指南主要是归纳当时既有的战争法则。它成为 19 世纪下半叶各国国内法立法的典范。再者，这些指南成为激发后续战争法国际公约起草的直接渊源。《利伯守则》不仅在美国内战中发挥作用，亦被美国用于 19 世纪的国际战争场合，如在墨西哥或在古巴的战争。但是，该守则的重心是军事法，而非个人保护。它是一个保守（甚至严苛）和进步元素的奇妙混合。其宗旨并非现代意义上的真正人道，而是反映一种军事荣耀感和正义性。在这种背景下，一系列限制性规则被引入，按今日之观点，这些规则可能被解释为表达了一种"人道主义"关切。例如，第 11 条重申了战争法"弃绝一切形式的残暴"，并且相当显著地增加了"背信弃义"（又体现了荣耀感）。第 15 条则强调对生命和肢体的直接伤害只能针对敌方军队，对其他人则仅是在武装冲突的场合下偶然且不可避免地造成的伤害。这部守则未提及平民，对此的理解是平民在战争之外，而并非攻击的对象。

2. 关于伤者和病者的 1864 年《日内瓦第一公约》

1864 年的《日内瓦第一公约》（《关于改善战地武装部队伤者境遇之公约》）[10] 是索尔弗利诺战役和亨利·杜南（Henry Dunant）及古斯塔·莫瓦尼埃（Gustave Moynier）倡议之结晶。杜南震骇于如此多士兵死于缺少有组织的医疗卫生服务。随着共和时代征兵制的推行，照顾个体士兵的关切已经消失了。在那个时代的大

---

〔10〕Convention for the Amelioration of the Condition of the Wounded in Armies in the Field（达成于 1864 年 8 月 22 日，于 1865 年 6 月 22 日正式生效）published in *The Laws of Armed Conflicts*（n 9）at 365 ff。

规模军队中，一个士兵可以轻易地被另一个士兵替代。而且，当时既有的零星卫生服务不受到免于攻击的保护。他们没有统一的可识别标识可使他们被辨认。1864年的这份公约列出十条来解决上述问题。其目标在于保障和照顾伤者或病者这些失去战斗力的人（*hors de combat*）。该条约的缺漏由1868年通过的其他条款来补充。要点是将1864年公约惠及海军。但是，"改善战争伤者境遇的补充条约"却未获批准，故未生效。这就是1864年对战时个人人道主义保护的第一次突破，即便范围限定在特定的和专门领域的军事人员。

3. 1868年《圣彼得堡宣言》

《圣彼得堡宣言》（《禁止在战争中使用重量在400克以下爆炸性投射物的宣言》）为今人所知主要在于其序言，其中卢梭/波塔利斯（Rousseau/Portalis maxim）的格言散发出耀眼的光芒，即士兵只是在战场上偶然成为敌人。原文如下：

> 鉴于：文明进程的影响应是尽最大可能缓和战争的灾难性；战时国家应致力的唯一合法目标应是弱化敌方的军事力量；出于此意图，让最大多数参战的男人伤残则目的已达；而运用武力加重伤残士兵的痛苦，或致其必死已逾界矣；是故这种武力的使用已违背人道法则。[11]

这项文本可被解读为战争法人道化的第一次尝试。直接反对克劳塞维茨主义（Clausewitzian）和鼓吹"残酷""群战"或"全面战"等其他旨在尽可能缩短武装冲突时间的军事理论。对于"最人性的战争系最短的战争"这一理念，该宣言反对之或增补了"战争须有限度且人道"的条款。事实上，宣言中只有军事人员被直接考虑，这与当时的观念有关，即平民被视为完全抽离于武装冲突之外。因此，该宣言将自身限于军事法视角。"弱化敌方军事力量"条款即显示出其专注于军事人员，且默示地确认平民不被作为攻击对象考虑，其在交战暴力范围之外。总体上，这份宣言是战争法走向"人道主义"路径的第一块基石。它被整合进《海牙法》，并由后来的

---

[11] Declaration Renouncing the Use, in Time of War, of Explosive Projectiles Under 400 Grammes Weight（达成并生效于1868年12月11日），载于 *The Laws of Armed Conflicts*（n 9）91 f.

《日内瓦法》实现其目标。它同样是 19 世纪"文明"理念的极佳反映。

4. 1874 年布鲁塞尔大会

在 1874 年,国际社会认为在国际层面编纂战争法则的时机已经成熟。当时,各国已通过相当多的国内立法,且仍有新立法被快速推进。因此,人们认为有必要在某种形式的国际普通法范围内来整合和引导不同的法律。但是,布鲁塞尔大会并未就某些关键议题最终达成共识,特别是就战斗人员的定义,即其只是正规军的军事人员,还是也包括在特定情况下拿起武器加入爱国战争的平民? 大国倾向于前者,而小国瞩意后者。但是,这份《布鲁塞尔大会草案》[12]却鼓励未来向法典编纂方向努力。它直接助力于 1899 年和 1907 年的《海牙公约》的通过。从对个人保护角度看,这份草案的范围并未明显超过《利伯守则》。它的重心仍是军事法,而非保护个人。但是,这是第一份包含战俘保护条款(第 23 条之后)的国际公约草案。

5. 1880 年《牛津手册》

同类型的另一种努力是古斯塔夫·穆瓦尼耶(Gustave Moynier)为国际法学会(1888 年)准备的"陆战法"手册。[13] 该手册旨在为政府提供一项实用指南,其反映了陆战习惯,以作为各国国内立法的基础。这项文本中的人道主义也是实质上针对军事人员。平民大多仍不在这套体制的考虑范畴之内,除了在被占领地对其设立了一些零星的保护(尤其是第 49 条)。第 7 条提及"禁止虐待不抵抗人群"。

6. 1899 年和 1907 年《海牙公约》

1899 年和 1907 年的《海牙公约》是编纂陆战法和海战法的第一部综合性公约。[14] 其最重要者当属 1899 年的第二公约,之后继承发展为 1907 年的第四公约,作为前者的修订版,两者均"尊重了陆战法和习惯"。该公约沿革了《利伯守则》《布鲁塞尔大会草案》和《牛津手册》的内容,包括保护战俘(第 4 条之后)、允许作战手段和方式的限制(第 22 条之后)以及(尽管不够充分的)被占领地平民保护规则(第 42 条之后)。其重点仍在军事法,即军事人员在作战时和占领时可做的行为,以及其内部对彼此之义务的内容。现代意义的"受保护个人"仍然缺位。这项公约

---

[12] *The Laws of Armed Conflicts* (n 9)21 ff.

[13] 同上,第 29 页以后。

[14] 同上,第 41 页以后。

最显著的人道主义特征是著名的"马尔顿斯条款"(Martens Cluse):

> 在一部完整的战争法法典编纂完成之前,缔约方全体认为有必要宣告:
> 即便在国际公约没有明文规范的情况下,平民和战斗人员依旧受源于人道原
> 则和公众良心的国际法原则的保护和支配。[15]

当下的条款源自人道原则。战争法包括对战争期间行为的一系列禁止性规定。该条款确保了战争法的缺口不会按"不禁止即允许"原则自动导致对非人道行为之授权。交战者被要求先检验其先兆行为是否符合人道要求,即便规范法层面没有明确禁止。如果不是,则交战者应当要么保持克制,要么至少在先兆行为中适当考虑潜在的人道元素。在公元 1945 年之前,这一条款并没有真正的实践地位。1949 年,其虽成为实在法的一部分,但没有像它所能和应该的那样被认真对待。

7. 1906 年和 1929 年《日内瓦公约》

通过日内瓦法体制的发展,对军事人员的人道主义保护在 1906 年以及其后的 1929 年取得了重要的进展。鉴于 1868 年的补充条款和海牙法典编纂,1906 年的《关于改善战地武装部队伤者病者境遇之日内瓦公约》[16]发展了 1864 年的公约。1906 年的条款比 1864 年的更详细和精确。一些新条款,诸如死者埋葬、信息传递和自愿援助社群等内容都同时得到了发展。另一方面,居民对伤者提供援助的条款被缩减到一个更切实的比例。同时,基于第一次世界大战的新经验,这项公约在 1929 年再次被修订,并加入了关于保护医用飞机以及和平时对区别性标识的使用(或滥用)的新条款,例如红新月等保护性新标识亦被承认。而且,1929 年通过了新的《关于战俘待遇之日内瓦公约》。第一次世界大战证明了《海牙公约》的规定并不足够,而这一公约中的某些重要创新具有明确的人道主义覆盖范围,如禁止报复(第 2 条)或集体惩罚(第 46 条)。另外,公约扩充了战俘劳工的组织、战俘代表的

---

[15] Convention (IV) respecting the Laws and Customs of War on Land (达成于 1907 年 10 月 18 日,并于 1910 年 1 月 26 日正式生效), 载于 *The Laws of Armed Conflicts* (n 9)55 ff, Preamble。

[16] 参见 Amelioration of the Condition of the Wounded in Armies in the Field (签订于 1864 年 8 月 22 日,于 1865 年 6 月 22 日正式生效), 载于 *The Laws of Armed Conflicts* (n 9)365 ff。

确定以及保护性强权施加的控制。

8. 改善人道主义保护

红十字国际委员会(或称日内瓦委员会,ICRC)的中心工作自创立伊始就是推进战时对个人的保护。在 1864 年公约后,第一个要填补的大缺漏是关于那些既非伤者又非病者的战俘。红十字国际委员会在普法战争(1870—1871 年)和之后的一系列武装冲突中有所行动。最终,这个问题的相关规则在 1899 年的海牙第二公约、1907 年的海牙第四公约,[17]以及之后的 1929 年的《日内瓦公约》中被通过。[18]另一个缺漏是对战争环境内外的平民的保护。一些针对被占领地内的平民规则被制定(海牙第二公约及海牙第四公约),因此是在战争环境之外。[19] 同时,针对战争环境之内的情况,红十字国际委员会在 20 世纪 20 年代和 20 世纪 30 年代付出了极大的大努力。但是,因一些重要国家在当时抵制这个议题的任何国际规范,所以这些努力未取得立竿见影的效果。直到经历了二战的可怕灾难后,才有了 1949 年的日内瓦第四公约的突破。最后一个缺漏在于非国际性武装冲突。这一缺漏在 1949 年被几个《日内瓦公约》共同的第 3 条所部分填补,接着在 1977 年的《第二附加议定书》中得到填补,[20]并在之后由习惯国际法持续推动。[21] 由此可见,人道主义规则适用的整个过程可谓相当坎坷,尤其是在非国际性武装冲突环境下,但这不应当使我们停止为人道主义保护的宣扬和实践而努力。

9. 1949 年《日内瓦公约》和此后的演进

1949 年的那些《日内瓦公约》的通过(后来又加入主要的两个 1977 年附加议

---

[17] Convention (Ⅱ) with Respect to the Laws and Customs of War on Land and Its Annex: Regulations Concerning the Laws and Customs of War on Land Land (达成于 1899 年 7 月 29 日,于 1900 年 2 月 4 日正式生效),载于 *The Laws of Armed Conflicts* (n 9)55 ff; Convention (Ⅳ) Respecting the Laws and Customs of War on Land and Its Annex: Regulations Concerning the Laws and Customs of War on Land (达成于 1907 年 10 月 18 日,于 1910 年 1 月 26 日正式生效),载于 *The Laws of Armed Conflicts* (n 9)55 ff.

[18] Convention Relative to the Treatment of Prisoners of War (达成于 1929 年 7 月 27 日,于 1931 年 6 月 19 日正式生效),载于 *The Laws of Armed Conflicts* (n 9)271 ff。

[19] arts 44,45,50 and 52 of Convention (Ⅱ); art 50 of Convention (Ⅳ).

[20] Protocol Additional to the Geneva Conventions of 12 August 1949, and Relating to the Protection of Victims of Non-International Armed Conflicts (Protocol Ⅱ) (达成于 1977 年 6 月 8 日,于 1978 年 12 月 7 日正式生效)1125 UNTS 609。

[21] J.-M. Henckaerts and L. Doswald-Beck, *Customary International Humanitarian Law* (3 vols CUP Cambridge 2005).

定书)乃是彻底脱离旧体认和拥抱战争法新宇宙观的里程碑。本质上,这些《日内瓦公约》是以一种"人道法"在改造武装冲突法。对战争受害者个人的保护成为整个体制的核心,国际人道法不再仅是(或甚至本质上是)旧的"军事法"。日内瓦法体制如今明确地以对交战者行为的强制性规范进行全面的国际性编纂为理念,而且明确反对克减(derogation)和报复。这第三个阶段有三大特征:(1)人道主义保护;(2)对人权友好并保持合作关系;(3)详尽的国际规则编纂。这些保护性规则如今渐进式地扩及到非国际性武装冲突中(《日内瓦公约》共同的第 3 条、1977 年《附加议定书二》,以及其他法源)。关于战争手段和方式的规则,自海牙法典编纂和此后零星的条约(如 1925 年《毒气日内瓦议定书》)后再未被修改,并在 1977 年的《附加议定书一》中成为新规则的对象,尤其见于第 48 条之后。随着时间的演进,国际人权法有了更深远的发展。于是,国际人道法和国际人权法开始出现交集,两者间的复杂关系在今日已经成为个人保护研究的重中之重。

三、公元 1945 年以前的国际人权法之历史

(一) 一般性层面

随着启蒙运动主观主义者的革命,人权法在欧洲出现了。人拥有天赋和不可分割之权利,如今被置于新"自然法建构"的中心。但是,很长一段时期,这类权利限于"市民社会",即国内法,这些权利在其中由权利法案[22]和司法控制的机关所保障。自《威斯特伐利亚和约》(1648 年)以来,国际社会逐渐限于国家间关系,进而被视为一个"自然社会",其排除受保障的个人权利。

但是,某种程度的个人保护却在发展。这种保护往往是集体性的而非个人层面的(故非一种人权机制),并且与国籍关联而非授予每个人(又不像人权)。在国际联盟前的现代国际法时期(17 世纪至 1919 年),本质上有三种保护模式:(1)通过条约授予个人的特别权利,诸如国籍选择权;(2)强制性的或非强制性的人道主

---

[22] 例如《权利请愿书》(英格兰,1628 年)或《人身保护法案》(英国,1679 年);1776 年的《弗吉尼亚权利法案》或《公民权利宣言》(法国,1789 年)。这样一个权利法案也是为国际法提出的(并且随着 1948 年"宣言"而成为现实);H. Lauterpacht, *An International Bill of the Rights of Man* (OUP London 1945)。

义干预;(3)外人最低待遇标准。在国际联盟时代(1919—1946 年),三种新的方式被增补进旧体制(但是,使用武力的人道主义干预如今渐被废弃):(1)通过国际劳工组织(ILO)对工人的保护;(2)通过一系列特别条约对少数族群的保护;(3)通过国际"委任"(《国际联盟盟约》第 22 条)监督对前殖民地人民的保护。与此同时,1929 年的国际法学会的出版物显示,某种人权运动亦正当其时。但是,其成为实体法则要等到 1945 年《联合国宪章》、1948 年《世界人权宣言》("仅"是联合国大会的决议,且不具法律约束力)、1950 年《欧洲人权公约》以及 1966 年联合国的两项人权公约。除去前述机制和体制,亦有其他新的个人保护性行动在推进。因此,在20 世纪初,难民法已经诞生,废除奴隶制和奴隶贸易的行动也如火如荼。

(二) 特别建制

1. 国籍选择权

在古代条约中,当发生领土割让或征服时,人民被赋予权利保留原先的国籍。[23] 这种权利的行使有时同移民相关联。[24] 关于国籍选择权的法律典型地载于《苏黎世和约》(1859 年)中,[25] 它终结了意大利战争——在其中意外地爆发了索尔弗利诺战役。同时,在一战后的和平安置中,选择权更是迎来高潮。[26] 选择权于是同宗教自由权利与国籍选择权关联起来。

2. 人道主义干预

19 世纪的欧洲公法开始允许人道主义干涉,特别是关于受迫害的基督徒,尤其是在奥斯曼帝国。在一系列可追溯至 17 世纪的古老条约中,土耳其人已经接受法国、奥地利和俄罗斯保护具有奥斯曼国籍的东正教或天主教徒,即便当其在奥斯曼帝国领土内定居。在 1856 年的《维也纳条约》和 1878 年的《柏林条约》中,奥斯

---

〔23〕参见 F. Stoerk, *Option und Plebicit bei Eroberungen und Gebietscessionen* (Leipzig 1879);更近期的解释,参见 Y. Ronen, 'Option of Nationality' in R. Wolfrum (ed.) *The Max Planck Encyclopedia of Public International Law* (OUP Oxford 2008) at < www. mpepil. com >。

〔24〕相反,在教随国定原则之下,移民有时是宗教自由的标志。与新规则相反,希望保留其宗教信仰的人有权移民。这是《奥格斯堡和约》体系(the Peace Treaties of Augsburg, 1555 年)和《威斯特伐利亚和约》体系(the Peace Treaties of Westphalia, 1648 年);关于《威斯特伐利亚和约》,见《奥斯纳布吕克条约》(1648 年)第 5 条及其在《明斯特条约》(1648 年)第 47 段中的规定。

〔25〕Zurich, Austria-France(签订于 1859 年 11 月 10 日)121 CTS 145。

〔26〕参见 J. L. Kunz, 'L'option de nationalité' (1930 - I) 31 *Recueil des cours* 107 - 176。

曼帝国曾正式许诺授予这些基督徒平等待遇。奥斯曼帝国还保证向其提供必要的保护使其免于土耳其人的攻击和非人道对待。其理论基础在于特别法——当一般国际法并不禁止使用武力时,那些欧洲强权多次干预奥斯曼帝国。在某种程度上,此处存在一种对行动的双重允许:(1)对列强授予监督权的条约;(2)在国际关系中使用武力的自由,特别是在保护生命和身体的紧急必要性的情况下。但是,人道主义干预——无论强制与否——亦在其他地区发生,即便在欧洲自身内部,例如在两西西里王国。总之,毋庸置疑的是一种对干预持允许态度的惯例一度存在,由欧洲列强实践,并因此根植于欧洲公法(土耳其自 1856 年加入其中)。这类干预的范例包括英国和法国对希腊的干预(1827 年)("为阻止土耳其人的血腥屠杀和暴政")以及 1856 年伴随着一系列出于政治动机的逮捕和对这些政治犯的残酷虐待的英法对两西西里王国的干预。

即便在更大的欧洲背景之外,干预也沿着同样的路径获得合法性。1898 年,美国干预古巴便是以人道主义为由,当然还有其他理由。事实上,这类干预从来不是为了追求纯粹的无私,这无甚惊奇。其目标旨在保护基督徒,并且具有选择性,这亦是实情。但是,有些干预至少部分地对应真正的人道关切。他们根植于以人道主义价值观为中心的、在 19 世纪被广为接纳的一种思想潮流,其是当时被广泛认可的"文明国家"概念的有机组成部分。欧洲人引以为豪的文明理念引领了对奴隶制和疾病的斗争,并催发了保护战争中的伤者和病者的运动(亨利·杜南的红十字运动),以及其他一系列运动。在人道主义干预领域亦发现了一种自然的竞技场。在根本上,人道主义思想根植于公民自由主义和法治理念,其在 19 世纪有着极端重要的意义。到 19 世纪末,人道主义干预的理论支撑出现分化。盎格鲁-撒克逊的著述家们一般通过援引自然法哲学来支持人道主义干预,此处可以想到克瑞西(E. S. Creasy)[27]、霍尔(W. E. Hall)[28]、惠顿(H. Wheaton)[29]或劳伦斯(T. J. Lawrence)[30]。另一方面,欧洲大陆的著述家则开始质疑这项原则,认为其

332

---

[27] E. S. Creasy, *First Platform of International Law* (John van Voorst London 1876) at 297.

[28] W. E. Hall, *A Treatise on International Law* (Clarendon Press Oxford 1880) at 247.

[29] H. Wheaton, *Elements of International Law* (2 vols B. Fellowes London 1836) at 69.

[30] T. J. Lawrence, *The Principles of International Law* (5th edn Heath Boston 1913) at 66.

与实在国际法及国家平等不相容，比如普拉迪耶·福代雷（P. Pradier-Fodéré）[31]、赫福特（A. W. Heffter）[32]、弗朗茨·冯·李斯特（F. von Liszt）[33]、丰克·布伦塔诺（T. Funck-Brentano）和索雷尔（A. Sorel）[34]。其他著述家相信人道主义干预不能"被称为合法权力，但（可能）在道德上是正当的，甚至是值得赞扬的"。他们被视为高于和超越法律领域的政策行为。[35] 还有论者，像阿恩茨（E. Arntz）认为人道主义干预应被允许，但不应被单边实施。毋宁说，这类权利只应以人类全体名义行使，预先推定是除侵权者外的全体国家或至少是最大多数文明国家的集体决策。[36] 最后，人道主义干预的议题同《国际联盟盟约》、《巴黎协约》（Briand-Kellogg）和《联合国宪章》等新发展出的反战争法（*ius contra bellum*）交织（实际上被其支持）在一起。按宪章，仅有由联合国安全理事会（以及最终在"艾奇逊方案"[Dean Acheson Resolution，即联合国大会第 377 号决议——译者注]下由联合国大会）决定（或授权）的人道主义干预才是合法的。但是，可以实施的行动应被置于集体安全伞下（亦见"保护责任"概念）。强制性行动仅应作为最后的救济手段（*ultimissima ratio*）。1999年的科索沃事件显示出人道主义干预的概念在某种程度上仍存争议。但是，它至少保护人群免于迫害和死亡，仅在这个意义上，可将其视为国际人权的先兆。

3. 外人最低待遇标准

自 18 世纪以来，"外人最低待遇标准"的概念[37]在国家的外交实践中得以发

[31] P. L. E. Pradier-Fodéré, *Traité de droit international public européen et américain* (A Durand & Pedone Lauriel Paris 1885 – 1905) vol 1, at 663.

[32] A. W. Heffter, *Le droit international de l'Europe* (J. Bergson trans) (HW Müller Berlin 1883) at 113.

[33] F. von Liszt, *Das Völkerrecht* (Haering Berlin 1898) at 122.

[34] T. Funck-Brentano and A Sorel, *Précis du droit des gens* (E Plon, Nourrit et Cie Paris 1877) at 223.

[35] C. H. Stockton, *Outlines of International Law* (C. Scribner's Sons New York 1914) at 100.

[36] 参见 E. Nys, *Le droit international* (Marcel Rivière Paris 1912) vol 2, at 232，引自 Arntz；又例如 W. E. Hall, *A Treatise on International Law* (P. Higgins ed.) (8th edn Clarendon Press Oxford 1924) at 344。

[37] 参见 A. Roth, *The Minimum Standard of International Law Applied to Aliens* (Sijthoff The Hague 1949)；E. Borchard, *The Diplomatic Protection of Citizens Abroad* (The Banks Law Publisher New York 1915)；"最低标准"一词来源于这样一种观念，即国家可以像对待本国公民那样对待外国人，因为歧视可能被视为是不公正的（国民待遇标准）。然而，这一标准不可能低于最低限度的文明。换句话说，不能因为你也虐待本国人，就可以虐待外国人。因此，"最低标准"必须始终得到保证。参见 H. Kelsen, 'Théorie générale du droit international public' (1932 – IV) 42 *Recueil des cours* 248 – 249.

展。它源于君王对侵犯其海外臣民（最初通常是商人）的行为施加报复这一古老的实践。如果可以为了弥补公民在海外遭遇非法侵害受到的损失而发启报复函，那么其隐含的意思是一个统治者首先可以向另一国提出诉求称已经发生侵权，要求其调查并最终补偿损害。因此，外交保护在限制性必要的保护伞下获得发展：如果未曾尝试从加错方所属集体获得和平赔偿，则报复即为非法。[38] 但是，从实体法的角度，这类案件所提出的诉求便是国际法（是因其国籍国）下外国人的权利被侵犯。相反，通过外交保护实践的逐步推进，逐渐发展出一套实体权利。大略说来，这些权利集中在以下四大领域：（1）生命、自由和荣誉（例如人身保护令）；（2）财产；（3）宗教和信仰自由；（4）拒绝司法（denial of justice）（公正审判——通过地方性审判机构和实体性正当法律程序）。这套最低待遇标准由是成为最接近现代人权法的国际法律机制。它在结构上不同于人权法之处，仅在于其所授予权利的限制性资格——他们只是针对外国人的权利。当时的国际法因此主张国家对其本国国民的待遇是国内事务，不受国际法管辖。相反，因为攸关其他国家（通过其国民）的利益，外国人待遇不是简单的国内事务，是故应由国际法来处理。公元 1945 年后，有论者提出这套最低标准应被废弃。它那歧视性的刀锋（外国人／本国人）引发了仇视。因此，外国人最低标准问题已经汇入更大的一般性人权运动中，且日渐在国家实践中消退。然而，针对被授予的权利（无论它是最低标准权利还是人权）所遭遇之侵犯的外交保护，仍然频繁发生。

4. 诉诸国际劳工组织（ILO）的工人保护

在整个 19 世纪，工业的扩展已将改善产业工人群体之境遇的必要性聚焦在镁光灯下，以保障社会和平与正义。社会主义的崛起在某种程度上让这一路径在民众中广受欢迎，在温和保守派的谱系中亦是如此，因此它被认为是阻挡社会主义者怒火的堡垒。包含在《凡尔赛和约》（第十三部分）中的《国际劳工组织宪章》之序

---

[38] 参见 *Le droit des gens*（n 2）vol 1, book 2, ch 18, para 338：'Son propre avantage [of the aggrieved party] et celui de la société humaine l'obligent à tenter, avant que d'en venir aux armes, tous les moyens pacifi ques d'obtenir ou la réparation de l'injure, ou une juste satisfaction. ... Souvent, même, il arrive que l'injure est faite par des subalternes, sans que leur Souverain y ait aucune part: et dans ces occasions, il est naturel de présumer qu'on ne nous refusera pas une juste satisfaction. '

言,以清晰的条款揭示了这种努力:只有以社会公平为根基,才能建立普世和平;工人现有境遇所包含的不公、艰苦和盘剥侵蚀着这个世界的和平与和谐。而且,公认的一点是只有通过国际合作才能够采取行动:任何国家在提高工人人道境遇上的失败,对那些想改善本国工人境遇的国家来说都是一个障碍(通过"社会倾销")。于是,国际劳工组织应运而生。在其保护之下,一系列旨在改善工人境遇的公约和控制机制被建立。这些公约涉及一系列典型的劳工领域的"人权"问题,如妇女儿童保护、非歧视、工作安全、结社和信仰自由等。如今,国际劳工组织名下的保护性条约达 200 多项。

5. 少数族群的保护

对少数族群的保护可分为两大阶段。第一阶段,从《威斯特伐利亚和约》到一战结束,以一系列保障特定宗教少数群体的宗教自由的公约规定为基础。但是,这些规定相对模糊、缺乏全局性和零碎,并未构成一个少数族群保护的系统,而且对其执行也缺乏机制保障。这类规定也见于其他条约,如在 1648 年的《奥斯纳布吕克条约》和《明斯特条约》(Treaties of Osnabrück and Münster)中规定,保护身处"相反"信仰主宰之领土(*cuius regio*,*eius religio*,即教随国定——译者注)的天主教或新教少数派。另一适例是在 1660 年的《奥利瓦条约》(Treaty of Oliva)中,波兰和"大选帝侯"腓特烈·威廉(普鲁士)将波美拉尼亚(Pomerania)和利沃尼亚(Livonia)割让给瑞典,但与此同时保障被割让领土的居民享有既有的宗教自由。这类条款亦见于 17 世纪和 18 世纪的一系列条约,诸如英法缔结的保护北美殖民地宗教少数派的《乌德勒支和约》(1713 年)和《巴黎和约》(1763 年);俄罗斯和波兰缔结(1773 年和 1775 年)的保护宗教少数派的条约;俄罗斯和奥斯曼帝国(1774年)缔结的保护土耳其境内基督徒少数派的《库楚克-开纳吉条约》;包含保护居住在条约缔约国的波兰人的《维也纳条约》(1815 年);或涉及保加利亚境内的土耳其人、罗马尼亚人和希腊人少数族群的《柏林条约》(1878 年)。第二阶段是一战后在国际联盟架构下创设的保护体制。由于奥匈帝国和奥斯曼帝国的瓦解,欧洲领土的变化使得绝大部分东欧区域的少数族群问题异常紧迫。与这个区域各个战败国(奥地利、保加利亚、匈牙利、土耳其)缔结的和约包含了保护少数族群的条款。同

335

时，与少数族群的问题尖锐的五国缔结了这类条款的进一步协议：波兰、捷克斯洛伐克、南斯拉夫、罗马尼亚和希腊。对其他特定国家，对少数族群义务的接受成为其加入国际联盟的条件（阿尔巴尼亚、爱沙尼亚、芬兰［奥兰群岛］或伊拉克）。所担义务的范围从基本的自由到法律面前的平等性、禁止歧视、使用母语的自由、开办少数族群学校的自由等。这些事项获得了两类保证：第一，相关国家须在其法律秩序内承认，少数族群条款乃是不得由普通法律修改或偏离的基本法。其修正案亦须国际联盟理事会批准；第二，针对违背承诺的控诉可提交给国际联盟理事会，而国家之间的持续争端则提交国际常设法院（PCIJ）。在 1920 年初，尽管政治关系的剑拔弩张一度不少，但国际联盟少数族群保护机制仍较好地运转。到 20 世纪20 年代末期，该机制陷入危机。困难之一是它的基础是歧视性而非国家间的平等：有些国家——特别是那些战败国——受制于少数族群义务的国际监督，而其他国家则不受制于这类义务。

6. 委任统治地人民的保护

一战后，从德国和土耳其脱离的那些领土被置于国际联盟监督下的受委任国控制之下，而非并入战胜国（《国际联盟盟约》［以下简称"《盟约》"］第 22 条）。这类领土的管理必须秉持一种确保"落后"人民福利和发展的原则。禁止对该领土或其民众施加经济剥削。国联理事会将控制受委任国行使管理的方式。针对该项任务，国际联盟由常设委任统治委员会辅助之（见《盟约》第 22 条第 9 款）。通过受委任国政府的渠道，理事会和委员会接受委任统治地居民的部分诉请。委任统治委员会或者联盟理事会可以影响受委任国的政策来改善当地居民的权利。总体上，这些举措的实施是微弱的，但必须肯定的是，委任统治委员会在 20 世纪 20 年代产生了重要的影响。

7. 1929 年国际法学会的决议

在 20 世纪 20 年代，最进步的那些国际法律界人士致力于少数族群保护机制的一般化。首先，这种保护机制应当摆脱限于少数族群的桎梏而囊括全人类。第二，这种机制不应只适用于部分受某项特定条约约束的国家，而应作为文明最低标准普遍适用于所有国家。国际法学会成员曼德尔施塔姆（André Mandelstam）在这方面有特别积极的努力。[39] 在曼德尔施塔姆数度向学会提交草案后,国际法学会于 1929 年通过了名为《国际人权宣言》的决议。[40] 其序言写道:"文明世界的法律意识,需要承认个人权利免于国家侵犯……;并扩充整个世界对国际人权认识的重要性。"决议第一条接着要求国家承认每个人的生命、自由、财产权,以及授予个人法律保护而不得有任何歧视。第 2 条涉及宗教或信仰的自由。第 3 条保障使用母语及相关的母语教育自由。第 4 条是选择不同职业和学校的权利,不得歧视。第 5 条涉及非歧视和实质(不只是形式)平等。最后的第 6 条禁止在一国领土内取消少数族群的国籍,除非是依适用于所有人的一般性法律规定。是故这项决议融合了最低待遇标准和少数族群保护机制,堪称小权利法案。但是,它在 1929 年时充其量不过是对政府的建议,并不能反映当时实在万国法的内容。如何对待本国国民仍是各国国内管辖事务,并未上升至有约束力的公约所保障的国际义务。只有当 1945 年的《联合国宪章》通过后,这种法律立场才得以改变,而人权不仅成为一种国际关切的事务,还逐渐成为实在国际法的内容。

四、结论

综合来说,国际层面对个人的全方位保护在法律史上姗姗来迟,其起源于 19 世纪,到 20 世纪时茁壮成长。对个人命运的热切关注背后,存在着对高度文明的预设。初期,社会意识形态在群体团结和道德相近的范畴内展开。只有经过漫长的历史演进,道德才开出同情和关爱个人及其命运的精致花朵。国际社会亦无例外,其范围的全覆盖和空间的大扩展解释了这种缓慢演进。覆盖空间越大,要达到这种成果的时间演进就越慢。因此,仅在最近两个世纪,个人才获得特别的法律秩序——国际公法——的充分关注。

---

[39] A. N. Mandelstam, 'La protection internationale des droits de l'homme' (1931 – IV) 38 *Recueil des cours* 125 – 232 at 129 ff.

[40] Institut de Droit International, 'Déclaration des droits internationaux de l'homme' (1929) 35 *Annuaire* 298 – 300 and 110 – 138.

推荐阅读

Best，Geoffrey *Humanity in Warfare*：*The Modern History of the International Law of Armed Conflicts*（Weidenfeld & Nicolson Ltd London 1980）.

Bugnion，François *Le comité international de la Croix-Rouge et la protection des victimes de la guerre*（International Committee of the Red Cross Geneva 1994）.

Burgers，Jan H. 'The Road to San Francisco：The Revival of the Human Rights Idea in the Twentieth Century'（1992）14 *Human Rights Quarterly* 447－477.

Hunt，Lynn *Inventing Human Rights*：*A History*（WW Norton & Company New York 2007）.

Kolb，Robert *Ius in bello*：*le droit international des confl its armés*：*précis*（Helbing Lichtenhahn Basel 2009）.

Lauren，Paul G. *The Evolution of International Human Rights*：*Visions Seen*（University of Pennsylvania Press Philadelphia 2003）.

Lauterpacht，Hersch *International Law and Human Rights*（Stevens London 1950）.

Mandelstam，André N 'La protection internationale des droits de l'homme'（1931－IV）38 *Recueil des cours* 125－232.

Meron，Theodor *The Humanization of International Law*（Martinus Nijhoff Publisher Leiden 2006）.

Opitz，Peter-Joachim *Menschenrechte und Internationaler Menschenrechtsschutz im* 20. *Jahrhundert*：*Geschichte und Dokumente*（Fink München 2002）.

Scott，James B. 'La Déclaration internationale des droits de l'homme'（1930）5 *Revue de droit international*（Paris）79－99.

Sohn，Louis B. 'How American International Lawyers Prepared for the San Fransisco Bill of Rights'（1995）89 *The American Journal of International Law* 540－553.

Szabo，Imre 'Fondements historiques et développement des droits de l'homme' in Karel Vasak（ed）*Les dimensions internationales des droits de l'homme*：*Manuel destiné à l'enseignement des droits de l'homme dans les Universités*（UNESCO Paris 1978）11－44.

Verdoodt，Albert *Naissance et signifi cation de la déclaration universelle des droits de l'homme*（Warny Louvain 1964）.

第十四章　贸易、特许公司与商会

柯恩·斯塔珀布鲁克(Koen Stapelbroek)

一、格劳秀斯和荷兰联合东印度公司

338　　1603 年 2 月 25 日早晨,葡萄牙商船"圣卡塔琳娜号"(Santa Catarina)在新加坡海岸被阿姆斯特丹联合公司的三艘船抓捕,该指令系由雅各布·范·海姆斯凯尔克(Jacob van Heemskerk)下达。1604 年 9 月,该船及其载货被阿姆斯特丹海事法庭宣判没收并由荷兰联合东印度公司(Vereenigde Oost-Indische Compagnie,简称"VOC")没收。[1] 后者于 1602 年 3 月由国家特许,以阿姆斯特丹公司及其他"前公司"(pre-companies,荷兰联合东印度公司于 1602 年成立前就已存在的十几家对东印度开展贸易的公司——译者注)为基础成立。[2]

339　　裁判作出后,该公司董事聘请年仅 21 岁的格劳秀斯——这位海姆斯凯尔克家族的远房亲戚——为荷兰联合东印度公司作公开辩护。格劳秀斯多年后自述他当时写作这项文本(在 1864 年被发现,为今人所知的《捕获法》[De jure praedae]的书稿)的目的是探索东印度群岛的战争与贸易这些显然将决定荷兰联省未来前途

---

[1] M. J. van Ittersum, *Profit and Principle*: *Hugo Grotius*, *Natural Rights Theories and the Rise of Dutch Power in the East Indies 1595 -1615* (Brill Leiden 2006)20 - 24. 关于该辩护状,参见 H. Grotius, *Commentary on the Law of Prize and Booty* (Liberty Fund Indianapolis 2006)510 - 514。

[2] 这份议会特许状的内容及其英译版,参见 E. Gepken-Jager, G. van Solinge, and L. Timmerman, (eds.) *VOC 1602 -2002*: *400 Years of Company Law* (Kluwer Deventer 2005)17 - 38。

的议题。[3] 在八十年战争期间同西班牙多次休战谈判的大背景下，这份手稿的一章本准备单独发表为《海洋自由论》(De mare liberum)。这份迟至 1609 年才发表的文本遭到英国法律人的书面批评：先是在 1610 年，因荷兰人在苏格兰海域的捕鱼权受到质疑而引发；以及在 1613 年和 1615 年，就荷兰所主张的贸易排他性权利的合法性所展开的一系列英荷磋商而引发。[4]

本章不涉猎格劳秀斯就捕获"圣卡塔琳娜号"所展开的法律程序分析[5]，也不讨论捕获法下的司法管辖权(ius gladii)以及荷兰联合东印度公司个案中的现代权利传统。[6] 本章的研究重心在于格劳秀斯在其荷兰背景下就海外公司贸易历史所提出的法律原则的影响力。现代早期的国家建构和国际法的发展在历史上都与公司贸易相关，这一点虽很早就得到承认，但是，这些关联的性质却还未得到清晰的理解。

但是，这方面的真正挑战并不是将历史与理论结合。自 19 世纪末起——正值荷兰历史和身份建构的关键点——格劳秀斯可能已经被公推为建构国际法的领军人物。[7] 但是，要理解法律概念在实际历史创设中的作用以及一种商业-政治新实体的功能的演化，则要求抱持一种迥然不同的非学说层面之关注。[8]

---

[3] 格劳秀斯在其另一本著作《对威廉·威尔伍德批判〈海洋自由论〉第五章的辩解》(De fensio capitis quinti maris liberi oppugnati a Gulielmo Welwodo)中亦如此论述，参见 R. Fruin, 'Een Onuitgegeven Werk van Hugo De Groot' (An Unpublished Work by Grotius) (1868) 32 De Gids 1-37 and 215-254 at 3；以及 M. J. van Ittersum, 'The Long Goodbye: Hugo Grotius' Justification of Dutch Expansion Overseas, 1615-1645' (2010) 36 History of European Ideas 386-411。

[4] W. Welwod, An Abridgement of All Sea-Lawes (1613) and De dominio maris (1615)。反对意见以塞尔登(J. Selden)的《闭海论》(Mare clausum，1618 年)最著；参见 G. N. Clark and W. J. M. van Eysinga (eds.) The Colonial Conferences between England and the Netherlands in 1613 and 1615 (2 vols Brill Leiden 1940-1951)。

[5] Profit and Principle (n 1) 24-30.

[6] R. Tuck, The Rights of War and Peace: Political Thought and the International Order from Grotius to Kant (OUP Oxford 1999)，将 H. Grotius, De jure praedae (1604/05)中的惩罚理论作为现代政治的先驱。

[7] 经典的是 H. Lauterpacht, 'The Grotian Tradition in International Law' (1946) 23 British Yearbook of International Law 1-53; C. van Vollenhoven, The Three Stages in the Evolution of the Law of Nations (Nijhoff The Hague 1919)，可比较 R. Fruin, 'De drie tijdvakken der Nederlandsche geschiedenis' (The Three Stages in Dutch History) (1865) 29 De Gids 245-271。关于格劳秀斯传统和当前研究的显著差异，参见 G. van Nifterik and J. Nijman, 'Introduction: Mare Liberum Revisited (1609-2009)' (2009) 30 Grotiana 3-19 at 8-9。

[8] 参见 C. G. Roelofsen, 'Hugo de Groot en de VOC' in J. Trapman (ed) De Hollandse jaren van Hugo de Groot (1583-1621) (The Dutch Years of Hugo de Groot) (Verloren Hilversum 1996) 57-66。

本章的直接关注是一种普遍的观点,即这些特许公司在某种意义上就是殖民主义的工具。约在 1900 年,海外贸易公司一般被认为是殖民征服的代理机构。[9]这迥异于 17 世纪时参与创建特许公司的绝大多数政客、公司董事和政治著述家们从法律、政治和经济角度分析的综合观点。特别是格劳秀斯的早期著作关注于厘清公司贸易的法律政治原则,远超过当时任何其他的著述,其划出了区分战争、贸易与征服的界线。

若这部公司贸易史不像预期的那样直接,那么本章将致力于重新挖掘诸如荷兰联合东印度公司等公司被体认及在后续两个世纪被评价的智识视野。一个关键的因素是去理解公司贸易的法律地位如何适应 17 世纪和 18 世纪的国家关系中的政治与经济思想。迄今为止,海外贸易和殖民统治早期阶段的法律一直未被置于这一历史语境中处理[10],而格劳秀斯与荷兰联合东印度公司这个议题恰是关键点。不同于其在国际法准则中享有卓越地位的荷兰著述家身份,格劳秀斯早期的著作被降解为只是替荷兰联合东印度公司摇旗呐喊的宣传品。[11]毫无疑问,格劳秀斯在其主要法律作品的写作中当然有利益动机,但这个解释仍悖离他自己在塑

---

〔9〕特别是公元 1900 年以来的欧洲文献,其中不少主题都是重构假定贸易公司与领土扩张之间存在推动关系的殖民源起。

〔10〕这种变化的分析,参见 J. Fisch, *Die europäische Expansion und das Völkerrecht: Die Auseinandersetzungen um den Status der überseeischen Gebiete vom* 15. *Jahrhundert bis zur Gegenwart* (Steiner Stuttgart 1984). J. Fisch, 'Law as a Means and as an End. Some Remarks on the Function of European and non-European Law in the Process of European Expansion' in W. J. Mommsen and J. A. de Moor (eds.) *European Expansion and Law. The Encounter of European and Indigenous Law in 19th- and 20th-Century Africa and Asia* (Berg Oxford 1991) 15 - 38 at 20 - 21,提出法律从社群之间的沟通管道和实现经济政治目标的手段,变为终极目标本身。逐渐地,欧洲国家与土著方之间的法律不平等和事实平等,变为法律平等和事实不平等。这里并无普遍性模式,但观察诸如英国普通法在海外落地及其适应,一个法律体制的国际多样性生态逐渐浮现出来,相关讨论见 L. A. Benton, *Law and Colonial Cultures: Legal Regimes in World History 1400 -1900* (CUP Cambridge 2002). W. H. J. Leue, 'Legal Expansion in the Age of Companies: Aspects of the Administration of Justice in the English and Dutch Settlements of Maritime Asia, c. 1600 - 1750' in W. J. Mommsen and J. A. de Moor (eds.) *European Expansion and Law: The Encounter of European and Indigenous Law in 19th- and 20th-Century Africa and Asia* (Berg Oxford 1991) 129 - 158,认为在英国与荷兰东印度公司在亚洲落地生根的过程中,两国国内立法机构保障其发展不受法律限制。引自 C. H. Alexandrowicz, *An Introduction to the History of the Law of Nations in the East Indies: 16th, 17th and 18th Centuries* (Clarendon Oxford 1967)及其主张的欧洲的法治与土著本地法律传统结合,发展出适宜的全球国际法。

〔11〕P. Borschberg, *Hugo Grotius, the Portuguese and Free Trade in the East Indies* (NUS Press Singapore 2011) and *Profit and Principle* (n 1).

造荷兰新独立国家身份过程中目睹的智识挑战。[12] 正是在这个过程中以及抱持对国家间关系的长远视角,这位人文历史学者让政治理论家们朝着一个内部自治系统的方向努力。[13]

如今少有经济史学家会不同意荷兰联合东印度公司的创建将被证明是欧洲海外贸易史的源头。但是,为何源头是它? 其理由仍难以解释。

二、利润、权力和自我保护

在公司贸易史领域,国际法律人传统上一直视特许公司被授权实施公权力甚或主权行为。他们被创建后很快成为积极的条约缔结方,特别是在东南亚。主要从 18 世纪下半叶开始,他们还建立了对领土的所有权。在聚焦这些议题前,需要回答的问题是:当这些公司变成海外法律-政治行动者时,其行动是按何种更大的逻辑展开的?

经济史学家一直深度研究着特许公司。[14] 其产生的结论之一是,在公司贸易推进中起决定性作用的动机不能主要以经济学术语来概括。学者们达成共识的是,在 17 世纪初,海外贸易并非投资的香饽饽。事实上,按股东分红计算,那些"前公司"的盈利能力比荷兰联合东印度公司更强。[15] 后者则经常被经济史家视为一种失败的事业,因为其并未按股东当时被许诺的以及政客们郑重宣告的那样创造出大利润。[16] 然而,盈利记录一直存在的事实——特别是英属东印度公司还有向其政府年度分红的合约义务——催生了这些公司必须扩张其活动的观念。这就导

---

[12] 'Een Onuitgegeven Werk van Hugo De Groot' (n 3)8.

[13] 'Hugo de Groot en de VOC' (n 8) 认为这一方法是理解格劳秀斯政治和外交理念的基础。

[14] 现代经典著作是 N. Steensgaard, *The Asian Trade Revolution of the Seventeenth Century*: *The East India Companies and the Decline of the Caravan Trade* (University of Chicago Press Chicago 1974)。提供很好的概述的还有 L. Blussé and F. Gaastra (eds) *Companies and Trade. Essays on Overseas Trading Companies during the Ancien Régime* (Leiden University Press Leiden 1981); M. Mollat (ed.) *Sociétés et compagnies de commerce en Orient et dans l'Océan Indien* (SEVPEN Paris 1970)。

[15] 例如'Hugo de Groot en de VOC' (n 8)60;引自'Een Onuitgegeven Werk van Hugo De Groot' (n 3)7,"前公司"经常无利可图。

[16] 参见 N. Steensgaard, 'The Companies as a Specific Institution in the History of European Expansion' in *Companies and Trade* (n 14)245 and 249 - 251.

致了领土占领。[17]

不同于对荷兰那些"前公司"仅以利润为中心的描述,另一种解释分析了这些公司所承担的政治角色。[18] 在初次远征亚洲后,他们见证了葡萄牙在亚洲的权力并非不可撼动。葡萄牙虽宣称并激烈捍卫其排他性的管辖权和贸易权,但它无法执行其主张。在荷兰对抗西班牙的战争背景下,荷兰国家议会意识到海外贸易乃是荷兰联省这样的海运民族能向其敌人施加压力的独特机遇。[19]

重要的是,这种解释并未集中于权力扩张的概念——经济史学家在解释公司贸易崛起时一般视之为利润的反面对应。[20] 荷兰联合东印度公司并非作为战争机器而被建立,其本不应有政治支持。[21] 权力和利润两者之结合亦不能说清如下论证:荷兰公司贸易在其创建后的第一个十年具备正当性。必要性和自卫这两个概念,以及为了反抗普遍恐怖和西班牙滥用霸权的荷兰起义的说法,亦被加诸海外贸易领域。[22] 相似地,格劳秀斯对荷兰联合东印度公司捕获敌船的正当性论证,已成为荷兰新国家身份的代理,其使命系重塑贸易的公共性。[23] 这方面的一个重要观点出现在皮特·范·达姆(Pieter van Dam)于 17 世纪末发表的《东印度公司志》(*Beschryvinge van de Oostindische Compagnie*)中。[24] 范·达姆认为,当时如日中天的荷兰联合东印度公司的创建是应对外部西班牙威胁的直接但出乎意料的产物,其激励荷兰开发新的且恰好契合其自然条件和历史困境的谋生之道。这种对其成因的同代观察倾向于将源自贸易的政治、经济和军事好处——如果不是贸

---

〔17〕公元 1600 年之后,这立即成为荷兰联合东印度公司的关切,见本章第五节。

〔18〕'Een Onuitgegeven Werk van Hugo De Groot'(n 3)7.

〔19〕'Introduction: Mare Liberum Revisited'(n 7)4.

〔20〕'The Companies as a Specific Institution'(n 16)借鉴了这种两分的理解。

〔21〕J. A. Somers, *De VOC als volkenrechtelijke actor*('The VOC as an Actor under International Law')(Quint Gouda 2001)at 237 – 238; J. A. Somers and C. G. Roelofsen, '"Mare liberum" and the Dutch East India Company: The Freedom of the Seas and Freedom of Trade as the Legal Bases of the Dutch Colonial State in the Indonesian Archipelago'(2004)24/25 *Grotiana* 67 – 76 at 69.

〔22〕M. van Gelderen, *The Political Thought of the Dutch Revolt, 1555 – 1590*(CUP Cambridge 1992).

〔23〕E. Wilson, *The Savage Republic: De Indis of Hugo Grotius, Republicanism and Dutch Hegemony within the Early Modern World-System*(c. 1600 – 1619)(Nijhoff The Hague 2008);以及 E. Wilson, 'The VOC, Corporate Sovereignty and the Republican Sub - Text of De iure praedae'(2009)26 - 28 *Grotiana* 310 - 340.

〔24〕P. van Dam, *Beschryvinge van de Oostindische Compagnie*(*Description of the East Indies Company*)(F. W. Stapel ed.)(Rijks Geschiedkundige Publicatiën The Hague 1927)vol 1, at 7 - 9.

易本身——理解为公共善。

不同于打破利润和权力的二元平衡,这种在当时颇具影响力的论证理路从其出于保全国家和人民的根深蒂固的文化资源中探寻荷兰为何寻求海外利润。它推出这种国家的"内在动力"(intrinsic power)构成一种权利。[25] 横跨政治、法律和经济多领域的论证为荷兰国家的建构提供了一块试金石(从抵制西班牙开始)。下文将讨论这种论证如何涉及公司贸易及其法律政治,以及其他欧洲国家内是否形成了对海外贸易扩张主义者的类似正当理由。同样须注意的是,最初创设这种大特许公司法律地位所依据的政治和经济理论基础,不同于那种伴随着欧洲强权国家之间激烈竞争而导致 18 世纪帝国之建立的政治思想。[26]

三、贸易组织史中的特许公司

一直有观点认为,应把公司贸易时代和欧洲帝国建构分离开来(并不否认特许公司为殖民主义铺平了道路)。[27] 这个问题的另一面亦引发了许多讨论:17 世纪的庞大特许贸易公司能被理解为先前公司体制的外推吗?

就组织特征而言,中世纪公司到今日跨国公司的线性发展过程观点已经被明确否决。按史学家斯滕斯高(Steensgaard)的说法,公司史乃是"政治权力和市场导向的企业家精神碰撞的独特产物",且因"统计变异和回归太丰富"以致不能被理解为逐渐积累的"世代演化"。[28] 亦是这位史家提出 17 世纪的特许贸易公司影响了

---

[25] I. de Pinto, *Second discours d'un bon Hollandais à ses compatriotes* (1779) at 11 and 27–32,其着眼于贸易和战争中的国家间稳定性,构成了这一观点后来的版本。

[26] 参见 I. Hont, *Jealousy of Trade*: *International Competition and the Nation-State in Historical Perspective* (Harvard University Press Cambridge MA 2005)。

[27] D. Lombard, 'Questions on the Contact between European Companies and Asian Societies' in *Companies and Trade* (n 14)179.

[28] 'The Companies as a Specific Institution' (n 16)246. 关于法律视角,参见 S. Tully, *Corporations and International Lawmaking* (Nijhoff The Hague 2007) 33–39; K. Nowrot, *Normative Ordnungsstruktur und private Wirkungsmacht* (Berliner Wissenschafts-Verlag Berlin 2006)100–110;以及 F. Johns (ed.) *International Legal Personality* (Ashgate Farnham 2010)。W. R. Scott, *The Constitution and Finance of English*, *Scottish*, *and Irish Joint-Stock Companies to 1720* (3 vols CUP Cambridge 1912);以及 C. T. Carr, *Select Charters of Trading Companies*, *A. D. 1530–1707* (Selden Society London 1913)对这类受管制贸易商会的组织逻辑和特许历史作了分析。W. Hartung, *Geschichte und Rechtsstellung der Compagnie in Europa*: *Eine Untersuchung am Beispiel der englischen East-India Company*, *der niederländischen Vereenigten* (转下页)

公司架构的"蜕变",因为国家对公司贸易的体制性控制产生了新形式的金融和对外贸易政策。[29] 应如何解释这种转变?

众所周知,自中世纪末以降,贸易商和其他经济同行为了分散风险而采取协会的自我形式组织。单就外贸企业而言,商人协会的加分优势是参与者可从共享的知识、信息和资源中获益。通过本地和跨国组织架构,早期形式的代理网络和银行服务应运而生,诸如在宗教十字军东征期间及此后连接起西北欧和拜占庭的汉萨同盟(Hanseatic League)和意大利贸易协会。同时,担当经济合作职能的这类组织,又从中世纪开始,暂时获得政府公权力授权和财产权益。[30]

与这些经济合作关系组建了一个不同种类的公司组织不同,受管制的公司担当着未注册贸易协会之功能——构成一种享有权利(例如贸易垄断)和义务(特别是财政方面)的特许商人职业团体。在 17 世纪末的英格兰,受国家管制的贸易公司一片繁荣并与外国同行形成了短期的经济合作,如英国利凡特公司(the Levant Company)与俄罗斯莫斯科公司(the Muscovy Company)之合作。[31] 从这一背景和这两种现代早期公司基本模式之混合中,产生了英国东印度公司(最初名为"开拓东印度的伦敦贸易商人公司",简称 EIC),后者在 1600 年 12 月 31 日获得特许,这比荷兰那些"前公司"并入荷兰联合东印度公司的时间早了一年多。

但是,公司架构演化过程中的经济合作和管制性特许之结合并不能解释前述的"蜕变"。英国或其他地方的这些公司大多数只存续了短暂的时间。在促进贸易新航线的最初利用和向国内市场引入新产品时,这些公司尚运转良好,但此阶段过后,没有贸易保护主义的他们便难以为继。[32]

在回应自己提出的公司史架构问题时,斯滕斯高将贸易公司"运动"区分为三

(接上页)*Oostindischen Compagnie und der preußischen Seehandlung* (thesis Bonn 2000) 提出特许贸易公司可被视作现代跨国公司的前驱。

[29] *The Asian Trade Revolution of the Seventeenth Century* (n 14)127.

[30] 'The Companies as a Specific Institution' (n 16)247–248;P. W. Klein, 'The Origins of Trading Companies' in *Companies and Trade* (n 14)18–20 and 23–24.

[31] 'The Companies as a Specific Institution' (n 16)248–249;R. Robert, *Chartered Companies and Their Role in the Development of Overseas Trade* (Bell London 1969);P. Griffiths, *A Licence to Trade:The History of English Chartered Companies* (Benn London 1974).

[32] 'The Origins of Trading Companies' (n 30).

个阶段并提出他们受"政治事件"(见第七节)的决定性影响。然而,以外部政治事件和作为常量的市场固定规则作为构成公司史的要素似乎太宽泛和不确定。倘若主要特许公司在历史上和组织上的成功能与之前和之后的发展划分开来,那么从"扩张与应对"这个更大的世界史视野来解释其崛起就很难让人满意。[33] 相比于关注殖民商业的破产导致独立国家之创建的自发性动态,更具建设性的是去把握在公司贸易中产生的贸易、金融和主权之间的特定联系。

斯滕斯高就特许公司"代表一种政府和企业利益的结合"之结论是进一步展开分析的起点。不同于斯滕斯高将政治事件视为导致市场以后殖民国家经济解放而告终的外部因素的想法,这个故事还有一个更早的故事线。例如,亚当·安德森(Adam Anderson)的 18 世纪末商业推测史(conjectural history),19 世纪末的著述家们聚焦于欧洲国家将经济流程置于其控制之下的整个进程的连续性。在这一通史中,通过吸纳商业的政治潜台词,特许公司被描述为进一步盘剥个人利益的正式去个人化权力。恰如"这种贸易"在一个社会中发展之后产生对外贸易,通邮权和特许公司亦相继介入这个演化发展过程。同时,在贸易自然历史中,在这些介入之后便发生了公司贸易。[34]

晚近,这种 19 世纪的国家构建理论之核心部分因其向历史现实强加一种目的论历史观而一直受到批评。不同于在公司史中作"贸易"时期和"帝国"时期"分野"的理论,基于同样拒绝接受公司是国家控制贸易和扩张主权领域外控制范围的工具的观点,最近的研究已重新审视政府实践以及荷兰联合东印度公司和英国东印度公司在当时的法律人格。[35] 这些研究并非把国家同其授权的商业实体相分离,

345

〔33〕引自'The Companies as a Specific Institution'(n 16)245 – 246 and 264。扩张和应对作为首要历史模式,其将权力和利润的丧失合理化为现代世界市场架构中的投资,这是作品的核心,参见 H. L. Wesseling, *Expansion and Reaction*: *Essays on European Expansion and Reactions in Asia and Africa* (Leiden University Press Leiden 1978)。另外,商业组织的演进使其自身被表述为只是"中间性综合体"中的一个进程,参见 J. D. Tracy, *The Political Economy of Merchant Empires* (CUP Cambridge 1997) at vii.

〔34〕G. Cawston and A. H. Keane, *The Early Chartered Companies* (A. D. 1296 – 1858) (Arnold London 1896) at 2,参考 A. Anderson, *An Historical and Chronological Deduction of the Origin of Commerce* (2 vols Millar London 1764); 比较 M. Weber, *Zur Geschichte der Handelsgesellschaften im Mittelalter*: *Nach südeuropäischen Quellen* (Enke Stuttgart 1889)。

〔35〕P. J. Stern, *The Company-State*: *Corporate Sovereignty and the Early Modern Foundations of the British Empire in India* (OUP Oxford 2011); 'The VOC, Corporate Sovereignty' (n 23); D. Zimmer, 'Legal Personality' in *VOC 1602 – 2002* (n 2)265 – 280.

而是提出欧洲国家本身是沿着与现代早期公司相同的路径组织起来的。这种观点若成立,则国际法律人格既未在管制公司行为,亦未在国家发展中发挥决定性作用;[36]国家和公司构成同等的组织实体的这一条件,则让立足于两个半球的公司在"只是商人"和"独立主权"立场之间的自主调节变得相当容易,而无需假借主权。[37] 但是,问题仍旧存在,即在这种历史语境下,像荷兰联合东印度公司这样的公司如何自我转型为新实体。

四、荷兰贸易扩张的根本原则:礼让

在公元 1600 年前后,当发现可通过海军来击败葡萄牙在东方的霸权主张后,荷兰人就在反抗伊比利亚人统治的过程中迅速将其海外贸易推至第二前线。[38]在国家议会的保护下,荷兰联合东印度公司把贸易作为攫取政治自由的手段。支持征用商人企业服务于海军-政治目标的人群包括国家法律界人士和荷兰大议长约翰·范·奥尔登巴内费尔特(Johan van Oldenbarnevelt)。当"战争和商业"(between wars and mercurius)的紧张浮现出来,[39]权力和利润,以及关于荷兰联合东印度公司的身份和其利益的讨论在其创设后的第一个十年内爆发;格劳秀斯自己参与到救济中,并探索一条调和公司军事目标和商业目标的道路。

在 1608 年和 1609 年写作的系列宣传册中,格劳秀斯在《捕获法》中将荷兰联合东印度公司作为一种体现这种权利观的机制性安排。[40]恰如海姆斯凯尔克所信奉的,荷兰除了利用自己海洋人的身份以任何可能的方式谋生外别无选择;而格劳秀斯将这一常识性理念转化为一种礼让(propriety)概念——用以挑战葡萄牙贸易和权力主张的理论基石。[41] 按格劳秀斯在《捕获法》中主张财产权理论适用于

---

[36] J. E. Nijman, *The Concept of International Legal Personality*: *An Inquiry into the History and Theory of International Law* (Asser Press The Hague 2004) at 29 - 84.

[37] *The Company-State* (n 35)13.

[38] P. J. A. N. Rietbergen (ed.) *De eerste landvoogd Pieter Both* (1568 - 1615). *Gouverneur-generaal van Nederlands-Indië* (1609 - 1614) (The First Overlord) (2 vols Walburg Zutphen 1987) at 31 - 35. 关于葡萄牙和亚洲方面,参见 Hugo Grotius, *the Portuguese and Free Trade* (n 11)。

[39] *De eerste landvoogd Pieter Both* (n 38)33 - 37.

[40] 同上,第35—37页;*Profit and Principle* (n 1)189 - 358。

[41] *Profit and Principle* (n 1) lv.

这场竞争的说法,荷兰人有权利为生计从事海洋贸易。以自我保存原则为基础的这项权利,为人类历史上所有哲学家所认同。《捕获法》的序言虽以抽象术语考虑该原则,但格劳秀斯为荷兰联合东印度公司谋划的发展策略将其政治后果推至极致。[42]

现在回头看格劳秀斯的权利观,主流的方法是将其理解为出于自我保存的个人自然权利正式概念,而将向葡萄牙发动的侵略战争颇具讽刺地合法化。[43] 从某种意义上这是正确的,但在其他意义上,通过认识公元 1600 年前后荷兰作为航海国家的困境,包括其主权地位的主张,我们可以理解格劳秀斯之主张及其聚焦于礼让原则的实质。这个概念将合法利益定义为:为了保证个人或国家的自我生存,个人(或国家)的内在品格和素质与其能够接触(最初是通过使用或者占有)的目标对象之间的关系。[44] 尽管葡萄牙垄断贸易权的法律理据和主张直接源自教皇敕令,且包含对非基督徒的道德优越原则,[45]但格劳秀斯却将礼让转化为最重要的那种治权。换言之,自我保存权的恰当行使赋予了个人或国家以正义权利。按照自身内在力量采取良好部署的行动创设出了权利。在对这个权利概念的完善中,格劳秀斯不仅提出符合荷兰共和国追求独立之努力的礼让理论,亦为国际贸易的发展勾勒出框架;其与荷兰共和国联邦架构的流变有很大的相似之处(荷兰联合东印度公司的治理也是仿效这种架构,其设有不同的当地办事处),并最终可能被视作一种商业政治"改革",即以一种完全不同的秩序来击败伊比利亚人收复失地驱动型的治权。[46]

在致荷兰联合东印度公司董事的信函中,格劳秀斯强调该公司对荷兰政治和经济层面的双重重要性。由于荷兰土地稀缺,贸易作为经济支柱而成为支持其国

---

[42] J. Salter,'Hugo Grotius:Property and Consent'(2001)29 *Political Theory* 537 – 555.

[43] *The Rights of War and Peace* (n 6);*Profit and Principle* (n 1);*Hugo Grotius,the Portuguese and Free Trade* (n 11);*The Savage Republic* (n 23);'Introduction:Mare Liberum Revisited'(n 7)6 – 9 对比了这一观点与另一个更公允的关于海洋自由法律原则之起源的观点。

[44] *Commentary* (n 1)22 – 24.

[45] 同上,第 306—362 页;例如'"Mare liberum" and the Dutch East India Company'(n 21)75;'The VOC,Corporate Sovereignty'(n 23)。葡萄牙法学家弗莱塔(Seraphim de Freitas)直到 1625 年仍为葡萄牙的主张辩护。引自 M. F. Lindley,*The Acquisition and Government of Backward Territory in International Law* (Longmans London 1926) at 10 – 19,其基于土著的("落后的")财产所有权法律地位将竞争观分类。

[46] 收复失地政治的传教层面亦是南美发现者所带来的不可逾越的文化差异经验的结果,参见 J. H. Elliott,*The Old World and the New:1492 – 1650* (CUP Cambridge 1970)。

民生存的最重要资源。[47] 即便尚未盈利,荷兰联合东印度公司的特许授权依旧存续,并要求其保护荷兰联省主权完整。[48] 通过赋予其以贸易团结国家的目标并使之成为关键的代理人,格劳秀斯努力将荷兰联合东印度公司塑造为一种崭新的机制。其不再是在利润和权力之间二选一,而是选择第三条道路,即大力发展荷兰资本市场和推动国际信贷革命。荷兰联合东印度公司虽无红利可支付,但其"着眼于未来利润"和"政治责任成为一种经济资产,只是因为共和国政治权力的支持,那些掌舵者才能忽略向股东返还资本的压力,而使投资得以长久"。[49] 虽然荷兰联合东印度公司未能按最初的设计成为第一家永续存在的股份公司,且这一点已为经济史学家们所公认,但格劳秀斯提出的法律政治愿景却让这一发展成为可能。[50]

五、从所有权到领土治权

格劳秀斯的礼让概念意味着荷兰联合东印度公司能继续在私主体和公主体之间自行选择一种身份。[51] 诚如威廉·坦普尔(William Temple)在 1673 年评论道,

---

[47] C. R. Boxer, *The Dutch Seaborne Empire* (Knopf New York 1965) at 5 将这一主题往回追溯至一份 1548 年向国王查理五世提请的请愿书。

[48] *De eerste landvoogd Pieter Both* (n 38)35.

[49] 'The Companies as a Specific Institution' (n 16)254; O. C. Gelderblom, J. P. B. Jonker, and A. de Jong, 'An Admiralty for Asia: Isaac le Maire and Conflicting Conceptions about the Corporate Governance of the VOC' in J. G. S. Koppell (ed.) *The Origins Of Shareholder Advocacy* (Palgrave New York 2011)29 - 60,其强调指出荷兰联合东印度公司忽视股东利益,并不能被视为现代公司先驱。

[50] O. Gelderblom, 'The Organization of Long-Distance Trade in England and the Dutch Republic, 1550 - 1650' in O. Gelderblom (ed.) *The Political Economy of the Dutch Republic* (Ashgate Farnham 2009)223 - 254;以及 J. P. B. Jonker and O. C. Gelderblom, 'Completing a Financial Revolution: The Finance of the Dutch East India Trade and the Rise of the Amsterdam Capital Market' (2004)64 *Journal of Economic History* 641 - 672,其中解释了国家和私人金融在推进荷兰联合东印度公司乃至荷兰共和国之间的紧密联系。亦见 L. O. Petram, *The World's First Stock Exchange: How the Amsterdam Market for Dutch East India Company Shares Became a Modern Securities Market*, 1602 - 1700 (thesis Amsterdam2011)。荷兰联合东印度公司并未变成最初设计的那种联合股份公司,这已是共识。F. Gaastra, 'The Shifting Balance of Trade of the Dutch East India Company' in *Companies and Trade* (n 14)47 - 69. M. Aymard (ed.) *Dutch Capitalism and World Capitalism* (CUP Cambridge 1982),该书第三部分深入分析了荷兰联合东印度公司对荷兰经济的影响。

[51] *Commentary* (n 1)300 - 436. 'The VOC, Corporate Sovereignty' (n 23)312 and 314,其提出格劳秀斯彻底"终结"了主权与治权的分野。亦见 *The Rights of War and Peace* (n 6)9 and 82;以及 J. van Goor, 'A Hybrid State: The Dutch Economic and Political Network in Asia' in C. Guillot, D. Lombard and R. Ptak (eds.) *From the Mediterranean to the China Sea: Miscellaneous Notes* (Harrassowitz Wiesbaden, 1998)193 - 214.

荷兰联合东印度公司"像一个联邦一样在管理贸易,而非一个商业主体;因此它俨然在东印度形成了一个新国家,虽然其实际上是由公司施令管理,但像极了那些主权国家"。[52] 这种流变在《捕获法》所提出的以所有权(能够使用公有物的那种原始、自然的权利)为基础的私有财产(proprietas)与治权概念(管辖与保护)之间的关联中得到反映。[53] 重要的是,在格劳秀斯的设计中,合法的自我保存通过惩罚施害者以创设出一种矫正不义的权利。然而,在实践中,在第一份特许状第 35 条授权荷兰联合东印度公司与亚洲统治者缔结条约并因此使之成为国际法主体后的十二年内,它已征服今日称为雅加达的巴达维亚(Batavia),并成为殖民国家。[54] 从贸易扩张到领土事务上的政治主体资格,这一改变是如何生效的?

正如不少论者所指出的,不像西印度,亚洲世界同欧洲同样古老,其拥有相当发达的国家间贸易和政治体制。葡萄牙人的征服从军事上动摇了这种贸易体制,但也仅止于此。[55] 葡萄牙人在亚洲的贸易虽被认为主要是"重新分配"并以军事力量为基础,而荷兰与英国公司的贸易形式却一直被贴上"有生产力"的标签,这一本质上的不同一开始受到亚洲各个统治者和人民的欢迎,他们乐于这些新进公司获得特权,以取代西班牙的力量。[56] 荷兰和英国公司开始进行当地贸易,并加入亚洲内部的生丝与纺织品贸易,这是其提升盈利能力和补充欧洲香料贸易的计划的一部分。但是,扩展亚洲内部贸易亦是计划的一部分,该计划于 1608 年至 1609 年由荷兰联合东印度公司的卓越理事科内利斯·马提利夫(Cornelis Matelief)(与奥尔登巴内费尔特[Oldenbarnevelt]和格劳秀斯一致)设计,旨在创建一个荷兰联合东印度公司的亚洲政府,致力于在香料贸易中行使推定的垄断权——产生于(也

---

[52] W. Temple, *Observations upon the United Provinces of the Netherlands* (Gellibrand London 1673) at 204.

[53] 'Hugo Grotius: Property and Consent' (n 42).

[54] *De VOC als volkenrechtelijke actor* (n 21)236–237.

[55] 'The Companies as a Specific Institution' (n 16)253.

[56] *The Asian Trade Revolution of the Seventeenth Century* (n 14). ' "Mare liberum" and the Dutch East India Company' (n 21)69–72,其大致叙述了荷兰联合东印度公司通过缔结可被视为条约的合同,花钱购买进入既有贸易架构的许可。J. C. van Leur, *Indonesian Trade and Society* (Van Hoeve The Hague 1955),其中提出按韦伯国家发展的理论,荷兰联合东印度公司最初是与印尼统治者结盟,后来才变为新殖民地。*The Asian Trade Revolution of the Seventeenth Century* (n 14),其中将这种观点描述为有些落伍,并以比较经济数据做更细致的体制机制分析。

许有争议)其与亚洲统治者之间签定的契约。[57]

这些同当地统治者缔结的契约对荷兰联合东印度公司而言具有重要价值。从荷兰的角度看,这些契约让新的觊觎者无法置喙其击败葡萄牙人后所获得的位置(及所得的领土)。正是按这种逻辑,格劳秀斯对亚洲政府主权的承认——"那些人有自己的法则"[58]——最终成为荷兰商业礼让原则从中转变成特许逐利而损及土著生存和社会结构的平台。一开始,契约有让殖民商业免于第三方介入的缓冲作用。《海洋自由论》明确地并未扩展至公共人物之间那种已具有平等自治关系的或正如荷兰联合东印度公司所主张的交换关系领域。[59]事实上,亚洲统治者常被迫违背自身意志而续约或被迫同荷兰联合东印度公司缔结契约。[60]这些内容相同的契约很快被证明是殖民征服初级阶段的垫脚石,其中被深深打上了简·皮特斯佐恩·科恩(Jan Pieterszoon Coen)的烙印——他从1617年至1629年担任荷兰联合东印度公司的第四任总督。[61]科恩给世人留下的印象主要是其对亚洲统治者和欧洲竞争者实施严酷和暴力的行动,这些行动端赖于缔结和执行排他性契约并将之转化为巧妙的垄断,若此权利被侵犯,那么其诉诸武力征服便立即获得正义性。

在同亚洲统治者缔结契约的过程中,荷兰联合东印度公司扮演的角色是国家

---

[57] O. Prakash, 'The Portuguese and the Dutch in Asian Maritime Trade: A Comparative Analysis' in S. Chaudhury and M. Morineau (eds.) *Merchants, Companies and Trade* (CUP Cambridge 1999)182 – 185,其中将科恩视为一个空想家; O. Prakash, *The Dutch East India Company and the Economy of Bengal, 1630 – 1720* (Princeton University Press Princeton 1985); M. A. P. Meilink Roelofsz, *Asian Trade and European Influence in the Indonesian Archipelago between 1500 and about 1630* (Martinus Nijhoff The Hague 1962)历史化和修正了 *Indonesian Trade and Society* (n 56)中的重要部分,形成一个对亚洲方面更全面的评价,以及对马提利夫的计划和科恩的执行如何与既有的贸易体制发生碰撞的认识。

[58] 参见'"Mare liberum" and the Dutch East India Company' (n 21)71。

[59] *The Colonial Conferences between England and the Netherlands* (n 4); *Profit and Principle* (n 1)359 – 483.

[60] *De VOC als volkenrechtelijke actor* (n 21)230 and 240 – 243;以及'"Mare liberum" and the Dutch East India Company' (n 21)74 – 76,其中提出这些合同在文化层面对当事人有截然不同的意义。多数亚洲人认为合同并不约束以后的统治者。这类文化差异,加上亚洲统治者是否缔结自成一类的合同(contract sui iuris)存在巨大争议(或仅是反抗葡萄牙人的维持现状安排[quid pro quo arrangement],更不论诉诸武力及其威胁),以上都为未来双方的异议埋下伏笔。

[61] *De eerste landvoogd Pieter Both* (n 38); '"Mare liberum" and the Dutch East India Company' (n 21);以及 *De VOC als volkenrechtelijke actor* (n 21) 讨论了其背景。关于科恩行动的法律-政治模式,参见 L. Kiers, *Coen op Banda. De conquestie getoetst aan het recht van den tijd (Coen on Banda. The conquest examined through the laws of the age)* (Oosthoek Utrecht 1943).

代表的化身,一个独立的治理机构或法人。根据另一缔约方,理事们使自身适应于不同层级的亚洲统治者间不平等关系的惯例和礼仪。[62] 但是,这些在非欧洲人眼中被视为合作关系的契约或条约创设之后,这些随之而来的架构却几乎潜移默化地掏空了契约另一方的主权——通过主张贸易垄断权,以及对契约权利侵害者诉诸惩罚,如果必要则诉诸征服的权利。准确地说,荷兰联合东印度公司最初并行的商业和政治使命加上商业层面的利润要求(以及将契约转化为排他性贸易权的需要),最终将荷兰联合东印度公司在科恩任期内转化为事实上的国家。[63] 这种结果在多大程度上是事先设计的甚或期望的尚有待观察。人们自可认同学者伽士特拉(Gaastra)的观点,即荷兰人或许没有一个总的计划,但由科恩及其继任者引领的荷兰联合东印度公司领土治权的发展必定有一个内在体制——一种建基于依靠自身实力并通过与当地土著法联合而为机会主义和帝国主义留下巨大空间的体制。[64]

六、英国公司贸易的状况和法律架构

到 18 世纪早期,在将荷兰驱逐出亚洲区域内的纺织品市场后,英国东印度公司成为欧洲国家在亚洲的霸主。主要原因在于权力下放的英国体制给地方官员更大的裁量权,而荷兰联合东印度公司依赖的是集权官僚制价格管制——因马提利夫的计划而实现的早先成功组织架构的残余。在 1700 年至 1740 年,在殖民占领大规模铺开之前,这种组织因素让英国东印度公司优势明显。[65]

从亚当·斯密称之为"就是场殖民口角"的七年战争伊始,[66] 领土征服已变成海外贸易扩张的直接焦点,特别是在英国东印度公司这个最强大的欧洲行动者手

---

[62] *De VOC als volkenrechtelijke actor*(n 21)231 – 232 and 243 – 249. 实践中,这种适应的需要支配了荷兰联合东印度公司特许状第 35 条的任何规定。

[63] *De VOC als volkenrechtelijke actor*(n 21)247 – 250.

[64] F. S. Gaastra, *The Dutch East India Company*(Walburg Zutphen 2003)56 – 57. Leue 补充道,当地法院是否遵循"任何规范",这一点不能被证明('Legal Expansion in the Age of Companies'[n 10]143)。

[65] *The Dutch East India Company*(n 57); O. Prakash, *European Commercial Enterprise in Pre-Colonial India*(CUP Cambridge 1998); K. N. Chaudhuri, *The Trading World of Asia and the English East India Company*, *1660 – 1760*(CUP Cambridge 1978);以及 F. S. Gaastra, 'War, Competition and Collaboration' in H. V. Bowen, M. Lincoln, and N. Rigby(eds.)*The Worlds of the East India Company*(Boydell Woodbridge 2002)49 – 68。

[66] A. Smith, *An Inquiry into the Nature and Causes of the Wealth of Nations*(OUP Oxford 1976)at 615.

中。但是,晚近的研究拒绝这种陈词滥调,即在公元 1756 年以前,英国东印度公司(以及一般的贸易公司)主要关注贸易,而非政治。这种研究亦有说服力地提出英国东印度公司一开始就把自己架构成一种政府的形式。[67] 荷兰联合东印度公司在格劳秀斯和其他政治著述家的荷兰国家建构视野下已经发展成一种领土治权,那么如何比较其与英国东印度公司的特许状及法律地位? 这个问题关涉到英国商人在公元 1756 年以前已在何种程度上改变,甚至刻意扰乱既存的当地社会和商业结构。[68]

如前所述(第三节),英国东印度公司脱胎于从王室获得特许状的受管制公司组织传统。在这一传统中,利润和权力作为不同的逻辑相结合,但并不混同。英国王室要求英国东印度公司以报酬(以及受益于垄断安排的商人私人贷款)交换特许[69];但在荷兰,国家的保护创设了公司的永续资本化并有效地将荷兰联合东印度公司的股份转化为国家债券——由此使之获得一种独特、国家授权的自主性。[70] 同样地,英国东印度公司在法律层面亦不同于荷兰联合东印度公司。后者的使命建基于格劳秀斯的礼让理念之上,这一理念确实促使其海外贸易扩张演化为领土征服;而英国东印度公司一方面更直接地作为受委托行使海外权力的治权商业代表,另一方面则负有支付利润以及之后的股东红利的义务。准确地说,这种权利义务的衍生基础限制了英国东印度公司在 17 世纪大部分时间的亚洲行动。[71] 再者,英国东印度公司的垄断在其母国一直备受质疑且与政党竞争相关联——涉及商业-政治霸权发展的集团利益和竞争前景。[72]

---

〔67〕 *The Company-State* (n 35).

〔68〕 可参见这些论述:S. Sen, *Empire of Free Trade:The East India Company and the Making of the Colonial Marketplace* (University of Pennsylvania Press Philadelphia 1998);以及 S. Sen, *A Distant Sovereignty:National Imperialism and the Origins of British India* (Routledge London 2002)。*The Company-State* (n 35)的论述强调,英国东印度公司之所以产生影响,不是通过和平和无关乎政治的商业,而是通过干涉既有的贸易体制和政治结构。

〔69〕 关于早期历史以及英国海外贸易背后的动机,参见 K. R. Andrews, *Trade, Plunder and Settlement:Maritime Enterprise and the Genesis of the British Empire 1480 – 1630* (CUP Cambridge 1984);以及 K. N. Chaudhuri, *The English East India Company:The Study of an Early Joint-Stock Company 1600 – 1640* (Cass London 1965)。

〔70〕 'The Companies as a Specific Institution' (n 16)256 – 258.

〔71〕 'Legal Expansion in the Age of Companies' (n 10) 136,其中低估了这些限制的长期影响。

〔72〕 S. C. A. Pincus, *1688:The First Modern Revolution* (Yale University Press New Haven 2009);*The Company-State* (n 35);T. K. Rabb, *Enterprise & Empire:Merchant and Gentry Investment in the Expansion of England 1575 – 1630* (Harvard University Press Cambridge MA 1967).

17世纪末,英国国内关于"闯入者"进口纺织品对国内制造业经济的不利影响之辩论也是这种党争的缩影。类似地,英国东印度公司特许状的更新乃是政府和商界重大的磋商事件;而在荷兰共和国,荷兰联合东印度公司作为商业-政治企业的延续性获得充分保障。简言之,我们似乎可以公允地得出结论:不同的建制让两家公司都处于承担政府权力以及为利润缘故而拒绝政府责任的状态,但英国东印度公司或可被称为一种"公司-国家",而荷兰联合东印度公司从一开始就被视为"国家-公司"。

在1650年至1720年,当英国东印度公司有条不紊地实施重组之际,荷兰联合东印度公司作为股份公司所享有的相对优势不再。1657年,克伦威尔(Cromwell)批准允许英国东印度公司筹集永续资本的特许。1702年则见证了脱胎于早期英国东印度公司的更具包容性的"联合"公司,以及其在"光荣革命"后的17世纪末的竞争。[73] 公司的融合不仅消除了胶着于对外贸易前景的主要党争,亦把英国东印度公司转化为一种股份制的和海军-帝国式的机构。英国东印度公司此前还必须平衡其权利和义务以赶上荷兰联合东印度公司的行动,但其在18世纪时已经转化为在国际金融市场上提升国家信用且通过输出英国普通法以拓展商业帝国领土触角的组织。英国普通法恰能适应多数殖民地法律体系,后者来源于一系列"(例如)由莫卧儿皇帝赠予这种公司的集体性特许和授权"。[74]

七、欧洲国家与公司目标

至18世纪中期,已有相当数量和类型的公司被建立。主要的欧洲国家性海外贸易公司之特许状和机制性特征迄今仍未被比较研究,但其模式已被区分。[75] 按

---

[73] *The Company-State* (n 35); H. V. Bowen Elites, *Enterprise and the Making of the British Overseas Empire*, *1688 - 1775* (Houndsmills Macmillan 1996).

[74] *A Distant Sovereignty* (n 68) xv; *Law and Colonial Cultures* (n 10).

[75] H. Furber, *Rival Empires of Trade in the Orient*, *1600 - 1800* (University of Minnesota Press Minneapolis1976). 提供综述的作品是 *Companies and Trade* (n 14); *Merchants, Companies and Trade* (n 57); *Worlds of the East India Company* (n 65); J. van Goor (ed.) *Trading Companies in Asia 1600 - 1830* (HES Utrecht 1986); J. R. Bruijn and F. S. Gaastra (eds.) *Ships, Sailors and Spices. East India Companies and Their Shipping in the 16th, 17th and 18th Centuries* (Nederlandsch Economisch-Historisch Archief Amsterdam 1993).

斯滕斯高的说法,先后有"三波"贸易公司。[76] 粗略说来,公司的建立时期与不同的政治动机相关。再者,在 18 世纪,欧洲贸易公司要完成特定的地缘政治目标。与此同时,针对海外市场对国家经济发展起何作用的经济问题,有助于我们理解为何特定国家在特定的时间和依据特定的理由发展他们的公司。[77]

相比于西印度公司,建立于东印度的这些贸易公司在组织和法律层面都更为突出。前者按通常的贸易公司组织架构建立,并未切入当地的贸易体制,且不推翻当地法律、政治和经济文化;而后者为了应对现状,被按照受强力保护的垄断贸易商组建,在现实中彼此竞争,争夺全球霸权。[78]

1600 年至 1628 年,英国东印度公司、荷兰联合东印度公司以及法国和葡萄牙的东印度公司在此间成型,此乃公司贸易发展的第一阶段。[79] 1660 年至 1673 年,荷兰和英国公司击败伊比利亚在欧洲的政治优势则是第二阶段。在这个时段,王朝复辟后的英国将海外贸易扩展至非洲和北美;而在科尔伯特(Colbert)的领导下,法国于 1664 年效法英国东印度公司和荷兰联合东印度公司设立了东、西印度公司。荷兰西印度公司亦起源于这一时期,丹麦东、西印度公司也是如此。在评价法国时,有论者已指出其公司乃是商人个体逐利的载体,并未扮演政治角色。[80]重要的是,在这一时期直至第三次英荷战争前设立的这些公司并未像英国东印度公司和荷兰联合东印度公司那样以永续资本股份公司模式为基础。

第三阶段是从 1719 年至 1734 年,这一阶段因其双面特征而具有特别的意义。一方面,当时欧洲的强权国家(如法国和英国)发现海外贸易乃是消解国内债务危机和促进国家信用的可行手段。约翰·劳(John Law)在 1719 年设计了名噪一时的法国永续印度公司(*Compagnie Perpetuelle des Indes*),这无异于让当时奄奄一

---

[76] 'The Companies as a Specific Institution' (n 16) 260 - 261,其中提及"conjoncture";比较参见 *European Commercial Enterprise* (n 65) 111 - 113。

[77] 'The Origins of Trading Companies' (n 30).

[78] P. C. Emmer, 'The West India Company' in *Companies and Trade* (n 14) 71 - 95.

[79] E. Thomson, 'The Dutch Miracle, Modified. Hugo Grotius's *Mare Liberum*, Commercial Governance and Imperial War in the Early-Seventeenth Century' (2009) 30 *Grotiana* 107 - 130,包括瑞典和丹麦在内的竞争者效仿荷兰贸易政策的努力常常流产。

[80] P. H. Boulle, 'French Mercantilism, Commercial Companies and Colonial Profitability' in *Companies and Trade* (n 14) 97 - 117.

息的公司焕发新生,且使其成为宏大的货币改革试验之工具。同年,英国南海公司也转化为类似的机制体制,从而震惊了伦敦民间资本市场。虽然法国和英国那些妄自尊大的银行破产了,但此前由荷兰联合东印度公司在贸易竞争与作为全球市场中政治权力关键一环的金融投机之间锻造的关联却不可逆转地站住了脚跟。[81]

另一方面,许多其他国家纷纷设立贸易公司,其目的并非霸权,而是有各自不同的政治意图。瑞典和普鲁士新海外贸易公司的建立,以及既有的丹麦公司的投资更新,都较少有政府鼓励,并都依法强调透明度和股东代表原则。[82] 如果说欧洲强权国家在帝国的竞争中将权力与贸易混同,那么这些公司则追求"纯贸易"的相反模式。

对此分野的一种解释由经济史学家提出,即非强权国家的公司会损害其国内市场的发展。[83] 还应被忆起的是,弱小国家设立的公司被激烈地排挤出外贸市场,短命的奥地利奥斯坦德公司(Ostend Company,1717—1731 年)之历史堪称适例。[84] 另一项值得考虑的观点是,欧洲国家自 18 世纪 10 年代以降设立贸易公司,其代表着一些关于未来对外贸易和国家间秩序的竞争理念。如 18 世纪 30 年代和 18 世纪 40 年代时的瑞典和丹麦"纯贸易"公司的发展,这与当时法国的对外贸易改革设计紧密相关;后者因应对英国海上优势展开改革,希冀"中立"外国——像丹麦和瑞典这些在军事层面对法国越来越无用的联盟——担当起法国剩余产品的廉价运输者。[85] 在 18 世纪时,关于重整国际贸易的各种替代性设计方案互相

---

[81] 关于这些关联,参见 The Constitution and Finance of English, Scottish, and Irish Joint-Stock Companies to 1720 (n 28) 以及 A. B. Dubois, The English Business Company after the Bubble Act, 1720 -1800 (Commonwealth Fund New York 1938)。

[82] 'The Companies as a Specific Institution' (n 16) 148; C. Koninckx, The First and Second Charters of the Swedish East India Company (1731 - 1766) (Ghemmert Kortrijk 1980)。

[83] 'The Origins of Trading Companies' (n 30);以及 J. L. van Zanden, The Rise and Decline of Holland's Economy: Merchant Capitalism and the Labour Market (Manchester University Press Manchester 1993)。

[84] 重要的研究仍是 M. Huisman, La Belgique commerciale sous l'Empereur Charles VI (Lamertin Brussels 1902)。

[85] A. Alimento, 'Competition, True Patriotism and Colonial Interests: Forbonnais' Vision of Neutrality and Trade' in K. Stapelbroek (ed.) Trade and War: The Neutrality of Commerce in the Inter-State System (Helsinki Collegium for Advanced Studies Helsinki 2011) 61 - 94.

影响的踪迹不仅能在公司贸易史上找到,亦见于商业条约史和中立法史。[86]

八、结论:公司贸易与全球市场

若在 18 世纪上半叶,通过建立不同种类的国家贸易公司,功能不同的国际贸易秩序尚在准备过程中,那么七年战争便标志着试图效法荷兰联合东印度公司成就的英国东印度公司的胜利,它成为亚洲最核心的殖民机构。尽管历史上公司贸易与殖民征服有内在关联确是实情,但公司贸易史本身从一开始便是一个富矿。同时,格劳秀斯的法律创新为荷兰贸易扩张铺平道路的方式,可被理解为英国东印度公司在公元 1756 年以前的发展之基石——且在此后持续发挥指导作用,直至领土扩张成为焦点。

若从殖民史视角来看,格劳秀斯推进荷兰联合东印度公司与荷兰共和国平行发展的路径,及其思想在治权创设中的运用,这两者本身并不足以构成一种如 20 世纪早期所建立的那种国际法中的格劳秀斯传统。但是,若将其置于自身的语境,我们或能意识到格劳秀斯的礼让观——无论其本质上可能就是扩张主义,还是被解释为扩张主义——作为国际贸易和权力的秩序原则之地位。[87]

在荷兰语境下,格劳秀斯最早的思想发轫于持续的独立战争,其认为不同建制的国家(拥有不同的自然和文化特征)在国际舞台上承担不同角色且有权采取不同的行动。它契合荷兰民族以海立国的实践,而其理念正是基于这种实践。格劳秀斯的礼让观、以贸易为基础的荷兰国家的经济特征,以及荷兰在不断演化的国家间贸易与政治关系体制中将承担的角色,亦一直是一个默认的参照点,直至 18 世纪末。

这一点可见于阿姆斯特丹金融家和政治著述家伊萨克·德·平托(Issac de Pinto)对贸易以及荷兰联合东印度公司和英国东印度公司的观点中。[88] 在其著作中,平托将洲际贸易视为自发现美洲以来,欧洲国家所推进的经济进步和市场全

---

[86] *Trade and War* (n 85);以及 A. Alimento, 'Commercial Treaties and the Harmonisation of National Interests' in A. Alimento (ed.) *War, Trade and Neutrality* (Franco Angeli Milan 2011)107–128.

[87] 引自 P. H. Kooijmans, 'How to Handle the Grotian Heritage: Grotius and Van Vollenhoven' (1983)30 *Netherlands International Law Review* 81–92.

[88] I. de Pinto, *Letters on the American Troubles* (Boosey London 1776).

球整合的主要动力。这个理念也是当时多数政治著述家们的共识。但是,在其写作的 18 世纪 70 年代,平托拒绝任何主张海外贸易公司经济活力已走下坡路、公司垄断影响国内市场增长、公司贸易颠覆本土市场、公司阻隔贸易在全球层面的自然发展的观点。平托的主要焦点是所谓的"贸易的猜忌"(jealousy of trade)问题;平托与其他政治著述家们都认同正是这一问题导致了七年战争的爆发。[89] 从平托的角度看,国家间竞争问题的解决需要有一种方法使得国家"内在力量"融入一个长期可行的经济进步体制。平托将海外贸易政府视作国家间贸易关系改革的指标,并信奉只有在英国东印度公司被改革且恰当地置于国家保护之下时(如荷兰联合东印度公司那样),那种"主权内主权的荒谬"以及政府、股东和公司董事间的争斗才能彻底得以解决,且现代商业国家的推测史才能完结。平托将此观点与欧盟理念联系起来:对全球和平与贸易的利益共享将激励欧洲国家放弃贸易战。贸易应当留给衰落的荷兰共和国,作为其他国家产品的最廉价运输者,对其他国家不构成任何政治威胁,而其他国家则按自身的比较优势为国际市场提供产品。[90]

公司贸易最著名的批评者当属亚当·斯密(Adam Smith)、纪尧姆·托马斯·弗朗索瓦·雷纳尔(Guillaume Thomas François Raynal)和(后来的)大卫·李嘉图(David Ricardo),他们与平托探究的是相同的政治经济问题,但他们的观点却有分歧。[91] 斯密特别将荷兰联合东印度公司视为英国东印度公司未来的反面典型。由商人利益驱动并有组织地被股东、董事和受不正当动机驱使的官员控制,这家荷兰公司已把财产变为一种特许行为,利用政府权力以提升利润,建立对当地市场和社会具有"彻底摧毁性"的体制而拒绝承担政治责任。诚如斯密向英国读者传递的那种荷兰历史信息,当公司贸易效率低下以致必须追求更多权利和特权时,在公司贸易所制定的无效、不平等、不正义且注定要让世界史蒙上阴影的全球贸易模式中,国家成了难逃干系的共犯和不知情的受害者。[92]

在将平托的辩护与斯密的道德批评视为对公司贸易对商业史(以及殖民占领

---

[89] *Jealousy of Trade* (n 26).

[90] *Letters on the American Troubles* (n 88)52–53 and 73–89.

[91] S. Muthu, 'Adam Smith's Critique of International Trading Companies' (2008) 36 *Political Theory* 185–212.

[92] *Wealth of Nations* (n 66)636.

之正义)之影响的直接对立判断之外,我们还应注意他们就公司贸易对国家发展的适宜性的判断基础都同为格劳秀斯的原则。鉴于 19 世纪末 20 世纪初的青睐格劳秀斯传统理念的自由派著述家所遭遇的战争与贸易关系问题与平托及斯密大体相同之事实,如本章所示,将公司贸易法律史本身作为理解国家间贸易竞争之代表及把握其发展的理想切入口应能自圆其说。

推荐阅读

Alexandrowicz, Charles H. *An Introduction to the History of the Law of Nations in the East Indies*: 16*th*,17*th* and 18*th Centuries* (Clarendon Press Oxford 1967).

Benton, Lauren A. *Law and Colonial Cultures*: *Legal Regimes in World History 1400 – 1900* (CUP Cambridge 2002).

Blussé, Leonard and Femme Gaastra (eds) *Companies and Trade*: *Essays on Overseas Trading Companies during the Ancien Régime* (Leiden University Press Leiden 1981).

Furber, Holden *Rival Empires of Trade in the Orient*, *1600 – 1800* (University of Minnesota Press Minneapolis 1976).

Ittersum, Martine J. van *Profit and Principle*: *Hugo Grotius*, *Natural Rights Theories and the Rise of Dutch Power in the East Indies 1595 – 1615* (Brill Leiden 2006).

Meilink Roelofsz, Marie A. P. *Asian Trade and European Infl uence in the Indonesian Archipelago between 1500 and about 1630* (Martinus Nijhoff The Hague 1962).

Somers, Jan A. *De VOC als volkenrechtelijke actor* ('The VOC as an Actor under International Law') (Quint Gouda 2001).

Steensgaard, Niels *The Asian Trade Revolution of the Seventeenth Century*: *The East India Companies and the Decline of the Caravan Trade* (University of Chicago Press Chicago 1974).

Stern, Philipp J. *The Company-State*: *Corporate Sovereignty and the Early Modern Foundations of the British Empire in India* (OUP Oxford 2011).

第十五章　海洋

大卫・伯德曼（David J. Bederman）

一、引言

海洋法的演进被公认为对国际法的发展有广泛的智识和学理影响。在历史上 359
的大部分时刻，万国法一直致力于管辖地球上这块范围最大、最多样和最重要的共
享资源的机制创设和管理。海洋的意义不只是 3/5 的地球表面，它也意味着航行
与贸易、水域划分、海床（包括生物资源与非生物资源）及管控这块海域的安全迫切
性。所有这些均促进人们重视从法律层面理解海洋在时间长河中如何被使用。

本章从两个独立但又关联的视角检视海洋法史。第一个视角是就国际法处理
海洋所有权和海洋活动的智识历史作编年体叙事（见第二节）。从全球趋势和视野
中汲取养料，回顾关于这一研究对象的部分权威著作，本章作者提炼出关于海洋法
律规制之讨论的主题，尤其是在晚近五百年历史中。这一研究对象的传统编史学
路径一直把海洋自由之光作为海洋法机制的关键目标。但是，本章作者在某种程
度上脱离了这个进路，而更倾向于强调其他海洋管理的范畴和主题，特别是近五百
年时间内。理解海洋法史的路径有很多，本章作者在本章中将勉力考察部分。

第二个视角——尽管是简化式的——是就海洋法机制的主要思潮作更常规的 360
学理总结。必然地，这一叙述的部分内容会与本章作者在第二节的智识史讨论有
交集。本章的第三节则是对晚近海洋法学理的检索回顾——尤其是当代对海域管
辖机制的关注。本章作者的关注主要集中在公元 1945 年以前的海洋法的历史发

展。接着,在第四节中则是一些简短的结论性评论。

二、海洋法史:编年体叙事、理念和趋势

像其他历史研究一样,海洋法史也适用同一套编年和断代规则。作为编史学一个相当常规的问题,与海洋法形式、功能和学理的主要变化最为相关的人类史时期包括:第一阶段为古典时期;第二阶段为中世纪和文艺复兴时期;第三阶段为欧洲第一波殖民大浪潮及其接触美洲、非洲和亚洲时期(1480—1650 年);第四阶段为在七年战争和拿破仑冲突中达到顶点的现代早期欧洲民族主义和第二波殖民主义浪潮时期(1650—1815 年);第五阶段为以第一次世界大战为顶峰的欧洲霸权和帝国主义以及战间期海洋法原则法典化尝试的萌芽时期(1815—1939 年)。在这五个阶段中,后三者(1500—1930 年)无疑是最为重要的,本节也将予以重点介绍。

正是这种评价结构揭示出一大异议,即海洋法中既有的欧洲中心主义。这已经为不少学者所察觉。[1] 按照这种批判,观察海洋使用机制发展的整个视角乃是彻底的欧洲观,其包含一种对欧洲殖民主义与帝国主义辩护和正当化的国际法思维。这种观点当然不无道理。但是,略微不同的路径是去接受这样一种逻辑,即海洋法之改变最有可能发生在全球化进程最剧烈的时期。这些时期包括古典(希腊、罗马、波斯和中国这些霸权之间的第一次接触)、欧洲地理大发现时代(1500—1770 年)和欧洲帝国主义时代(1850—1914 年)。在各个时期,全球接触——人民、货物和理念的运动——显著提升。[2] 因此,不应惊讶的是,这些时期的挑战将促成一些机制,以管辖全球公共物品运转流通的主要载体——这个世界的海洋。

从这种方式来看,海洋法史乃是万国法同全球化联系这个更大视野的有机组成部分。与此同时,必须承认这段历史有其"阴暗面"。海洋法既有的思潮和学理之演进往往以国际法的"传统"行为主体和关切与既有秩序的挑战者("他者")间的

361

---

〔1〕C. H. Alexandrowicz, *An Introduction to the History of the Law of Nations in the East Indies* (Clarendon Press Oxford 1967) at 1 - 4; R. P. Anand, *Origin and Development of the Law of the Sea* (Martinus Nijhoff The Hague 1983) at 1 - 6.

〔2〕D. J. Bederman, *Globalization and International Law* (Palgrave MacMillan New York 2008) at 1 - 10.

冲突为特征。[3] 因此,除去历史断代的技术性、文献文本的可信赖性等老问题,任何对海洋法的可靠叙事亦必须考虑全球化大趋势以及国际法同外部政治和价值观的纠结。

(一)古典时期

海洋法史的另一个主题为,在帝国时期或霸权时期是否真的存在关于管理海洋之使用和资源的自恰学说。基于该议题的欧洲中心主义,它系罗马帝国——以及罗马法——的实践遗产。但是,若假定整个海洋法的古典遗产是优士丁尼的《法学阶梯》中的尘封宣言或罗马法学家模糊的著述,那么就错了。罗马法实质上吸纳了更早时期的地中海航海民族的实践和习俗,尤以罗德人及其《海洋法典》为最。此外,还有关于罗马人与印度、中国商人及管理此类贸易当局之交往的完备记录,且很可能早在接触罗马及其法律之前,印度洋上就已经形成了一套高度发达的海洋贸易规范。[4] 在此语境下,应意识到任何海洋"公"法(规范国际法合法主体[如国家]对海洋之使用的机制)与海事"私"法(规范海洋商业贸易的原理)之分都可能是高度人为划分性质的。但是,本节的重心将集中在海洋"公"法层面。

有关海洋"公"法性质的基本概念层面之辩论,确实源自古典时期。海洋能依某种形式的所有权或管辖权之主张而"被拥有"吗? 又或者,这些海洋——以及包括航行和捕鱼权等海洋使用的所有好处——属于全人类吗? 简言之,海洋是无主物还是公有物? 古典时代对此问题的解答将对 17 世纪和 18 世纪的学理辩论产生重大意义,并在此后影响这一领域的学理发展轨迹。

362

除了古希腊的零星记录——有论者提出希腊政体试图对临近其海岸的海域行使所有权(像雅典人对部分爱琴海一样)[5]——多数的经典著述来源于罗马法。支持将海洋当作公有物对待的典范式陈述来自优士丁尼的《法学阶梯》:"依自然法,可推出如下事物系人类共有:空气、流动的水、海洋以及海岸。"[6]由此陈述,

---

[3] A. Orford (ed.) *International Law and its Others* (CUP Cambridge 2006).

[4] *Origin and Development of the Law of the Sea* (n 1)10 - 16.

[5] P. B. Potter, *The Freedom of the Seas in History, Law, and Politics* (Longmans Green New York 1924) at 14 - 25.

[6] Justinian Inst II. 1. 1 and II. 1. 5。关于这段引用的翻译,参见 J. T. Abdy and B. Walker (ed and trans) *The Institutes of Justinian* (CUP Cambridge 1876) at 78.

还可从优士丁尼的其他法源（包括《学说汇纂》）中推出，罗马法一直严格坚持不得以任何方式获得海域所有权，包括长期占有的时效性所有权获得。[7] 又或像《学说汇纂》所援引皇帝安东尼（Antoninus）的话："我确是这个世界之王，但法律是海洋的主宰。"[8]这些陈述一直被作为捍卫海洋自由的公有物理论之基础。

但是，这种解释完全可能与罗马法特性和古典时期的罗马国家之实践不相一致。对初学者而言，罗马法的优士丁尼法源主要的关切是私法，是故不能忽略海洋公法和海事私法之间隐含的区分。《法学阶梯》和《学说汇纂》中的陈述或能较好反映出罗马公民或私法主体不可能获得海域（或其利用及其产品）的所有权。换言之，海洋在罗马法下是非交易公有物（res publica ex commercium），因在其公法之下的海洋属于罗马人民或国家，所以其完全在私法管辖之外。[9] 当然，这个逻辑不是说罗马共和国（以及后来的帝国）有义务向其竞争性政治实体开放其控制下的海洋，甚或屈从于暴虐的海盗或土匪。综上，按照国际公法，罗马可以自由地出于其本国公民和国家的目的而限制海洋运输和使用。

363 　因此，罗马人将地中海称为"我们的海"（Mare Nostrum），这在法律上并非偶然。[10] 古典时期的法源处处可见援引罗马当局对各类海域或可称之为"主权"的主张。[11] 公元前67年，"伟大的庞培"被罗马共和国授权采取一切必要措施剿灭地中海的海盗，以"恢复罗马人民对该片海域的主权（治权）"，这或许算是最有名的例子。[12]

在罗马法上，所有权（dominium）、治权（imperium）和控制或管辖权

---

[7] Justinian Dig XLI. 3. 45.

[8] Justinian Dig XIV. 2. 9 (de lege Rhodia 9)。关于这段引用的翻译，参见 B.-M. Emerigon, *An Essay on Maritime Loans* (Philip H Nicklin & Co Baltimore 1811) at 286。

[9] G. Butler and S. Maccoby, *The Development of International Law* (Longmans Green London 1928) at 40；J. H. W. Verzijl, *International Law in Historical Perspective* (AW Sijthoff Leyden 1971) vol 4, at 7.

[10] O. Tellegen-Couperus, *Short History of Roman Law* (Routledge London 1993) at 32.

[11] *The Freedom of the Seas in History, Law, and Politics* (n 5)27 – 35；亦见 M. Müller-Jochmus, *Geschichte des Völkerrechts im Altertum* (Leipzig 1848) (repr Kessinger Berlin 2010) at 235 – 252；C. Phillipson, *International Law and Custom of Ancient Greece and Rome* (MacMillan London 1911) vol 2, at 372 – 380。

[12] Pliny the Elder, *Natural History* vii. 26；亦见 Plutarch, *Pompey xxv-xxvi* (授予庞培对海洋的"所有"[dominion])。

(*jurisdictio*)都是不同的概念。这就引向海洋法智识史上的一个根本性问题。正如奥康奈尔(D. P. O'Connell)在其扛鼎之作《国际海洋法》中所勾勒的:

> 问题在于管辖权是否源自这片海域的所有权,或独立于它。这(在古典时期与17世纪)是至关重要的问题,而如今亦是如此……[13]

对海洋使用(航行和捕鱼)的管辖和控制是否仅能源自相关海域空间的所有权? 且按自然法原则,若不可能获得海洋所有权,是否意味着就无法行使控制权? 海洋的理论逻辑必须在完全的自由论或完全的闭海论中二选一吗? 或者还是有可能去想象割开治权的原子,允许海洋空间所有权与这片海域活动控制概念相分离?

(二)中世纪和文艺复兴时期

在中世纪,信奉主权不可分割的欧洲政治实体开始对其陆地领土的毗邻海域主张权利。但是,研究者必须仔细区分这段时期对海域主权利益的修辞性宣言与国家实践的现实。正如皮特曼·波特(Pitman Potter)所观察到的,"不在于其所说的内容,而在于其所做的内容,这才能提供那个时代的理论与原则的最佳信息"[14]。

新兴的商业城邦国家热那亚和威尼斯在这方面的修辞最为激进,二者将其各自对利古里亚海域与亚得里亚海域的控制称为"领主权""王权""完全管辖",甚或"帝国"。威尼斯的主张被当时的世俗和属灵权威所承认,即神圣罗马帝国和教皇。而且,其他地中海城邦国家所不能比拟的是,威尼斯的修辞主张(包括一年一度的耶稣升天节时举行的城邦与海洋的"结婚"庆典,在其中宣告永久的所有权)以规模宏大的舰队、毗邻殖民地和贸易驿站,以及强硬的海事执法为后盾。[15] 热那亚对利古里亚海的控制主张——包括管制船舶交通和收费权——亦获得邻近国家的条约承认甚至被认为是既成事实,以至于法学家巴尔杜斯·德·乌巴蒂斯(Baldus de

---

〔13〕 D. P. O'Connell, *The International Law of the Sea* (Clarendon Press Oxford 1982) vol 1, at 14 - 15;关于17世纪(下文会讨论),参见 H. Grotius, *The Free Sea*〔*Mare Liberum*〕(R. Hakluyt trans) (Elzevier Amsterdam 1609) (repr Liberty Fund Indianapolis 2004) at 31 (一些人"声称〔基于〕保护与管辖之上的海洋权利,此种权利乃区别于财产性权利");亦见 T. W. Fulton, *The Sovereignty of the Sea* (Blackwood London 1911) (英国人对海洋主张所有权)。

〔14〕 *The Freedom of the Seas in History, Law, and Politics* (n 5)36.

〔15〕 *International Law in Historical Perspective* (n 9)11 - 15.

Ubaldis，1327—1400 年)将其视为"不容置疑的惯例"。[16]

在北欧，法国、英国、丹麦和瑞典等更大的主权国家亦提出类似主张。丹麦对松德海峡(Sound)和贝尔特海峡(Belts)——波罗的海至北海的通道——之主权要求，成为当时其与其他贸易强权(包括汉萨同盟的城邦)关系持续紧张的重要因素。英国对临近水域(包括英吉利海峡和北海)的主权主张始于撒克逊时代，且在诺曼征服后得到维持和扩张。这种宣告通常涉及收费或税、特定海域航行许可发放、捕鱼控制，以及海事仪式性行为(外国船舶在海上须向英国轮船致敬)。[17] 其他政体不时地默许这种表象的权威。

直至 17 世纪初，关于海洋自由主题的万国法学术文献仍然较少。尼古拉斯·埃弗拉德(Nicholas Everard)(关于荷兰和泽兰伯爵所收海税的论著)和阿尔方斯·卡斯楚(Alphonse de Castro)(关于威尼斯和热那亚主权主张的论著)等著述家对这类海域主权主张的市民法或罗马法基础都不置可否。[18] 其他著述家——与国内法律界更密切相关者——倾向于支持对沿岸海域的主权权力主张。后者包括亨利·布拉克顿(Henry de Bracton，1210—1268 年)，他 1260 年的著述对英国主张的后续发展颇具影响，特别是在后来的都铎王朝时代。在 1582 年的一项文献中，法国哲学家让·博丹(Jean Bodin，1530—1596 年)将国家主权概念延伸至离海岸线六十英里，这一个概念广为人知，而博丹则将该理论归于巴尔杜斯。[19]

即便面对西班牙和葡萄牙后来对东印度和新世界海洋空间非同寻常的主权主张，早期国际法著述家亦发出强烈反对。即便在以天主教为国教的西班牙国内，卓越的西班牙法学家瓦斯奎斯(Fernando Vázquez y Menchaca，1512—1569 年)也在于 1564 年发表的题为《实践频发最著及其他争端三卷书》(*Controversiarum Illustrium Aliarumque Usu Frequentium Libri Tres*)的著作中批评了威尼斯和热那亚对地中海部分海域的所有权主张，以捍卫海洋自由原则。瓦斯奎斯的分析还

---

[16] G. Gidel, *Le droit international public de la mer* (Sirey Paris 1934) vol 3, at 137.
[17] C. J. Colombos, *The International Law of the Sea* (6th edn Longmans Green London 1967) at 48; *The Freedom of the Seas in History, Law, and Politics* (n 5)38 - 41; *International Law in Historical Perspective* (n 9)9 - 11.
[18] E. Nys, *Les Origines du Droit International* (Castaigne Brussels 1894) at 381 - 382.
[19] *The International Law of the Sea* (n 13) vol 1,2 - 3.

延伸至西班牙就欧洲以外贸易航行控制精心构建的主张,这套主张以 1493 年的教皇诏书(*inter caetera*)和在西葡两国间瓜分世界的 1494 年《托尔德西里亚斯条约》(Treaty of Tordesillas)为基础。[20] 瓦斯奎斯这位从罗马法传统汲取深厚养料的人文主义学者拒绝这些对海洋这一本质上的公有物提出主权主张的基础。

文艺复兴时期与此相关的最后一位著述家是阿尔贝里科·贞提利(Alberico Gentili,1552—1608 年)。[21] 因为新教信仰,贞提利离开祖国意大利而在英格兰定居,并在牛津大学成为钦定民法讲座教授以及英格兰海事法院的知名出庭律师。在其 1598 年发表的著作《战争法三卷书》中,贞提利明显倾向于罗马法的优士丁尼传统(辅之以其他古典和人文主义的法源),即便他重申了对所有权和管辖权的区分。[22] 贞提利的观点是,尽管对海洋所有权的主张不被接受,但沿海国家出于必要性对海域施加特定形式的管理,仍不无可能。

到 16 世纪末——早期欧洲民族国家的萌芽时期和第一波跨海大扩张与殖民化的完成之际——海洋法史上有两股显著的思潮。第一股思潮是对国家实践之吸纳的开端,其中一些表现为对海域主权(包括管辖权和所有权)的坚决主张,同时限制海洋自由。第二股思潮是那些拒绝这类主张之古代智识传统(包括罗马法)的持续影响。因此,如何调和这些思潮就成为 16 世纪海洋自由大辩论的重要内容。

(三)"书籍之战":格劳秀斯、塞尔登及其同辈

17 世纪就海洋自由大辩论的时代背景是葡萄牙与荷兰共和国就东印度的贸易富矿展开市场准入竞争。依赖教皇在 1493 年的特许和翌年同西班牙对海洋之分割,葡萄牙对所有源自东印度的香料和其他产品贸易主张近乎垄断的权力,并试图排除所有竞争者,尤其是后起之秀荷兰。1602 年,荷兰组建荷属东印度公司

366

---

[20] 'Hispanic-Portuguese Treaty (concluded 7 June 1494)' in W. G. Grewe (ed.) *Fontes Historiae Iuris Gentium: Quellen zur Geschichte des Völkerrechts 1493 – 1815* (De Gruyter Berlin 1988) vol 2,110 – 116 (《托尔德西里亚斯条约》)。

[21] 参见本书中由梅里奥·斯卡特拉(Merio Scattola)撰写的第四十七章"阿尔贝里科·贞提利(Alberico Gentili,1552—1608 年)"。

[22] L. Benton, 'Legalities of the Sea in Gentili's Hispanica Advocatio' in B. Kingsbury and B. Straumann (eds.) *The Roman Foundations of the Law of Nations: Alberico Gentili and the Justice of Empire* (OUP Oxford 2010) 269 – 282 at 275 – 276; *The Freedom of the Seas in History, Law, and Politics* (n 5)52 – 55.

（*Vereenigde Oost-Indische Compagnie*）。于是，两国竞相争夺同印度次大陆、印度支那和东印度众多组织良好的政治和主权实体间的贸易机会。[23]

这种竞争很快升级为两国之间的全面冲突。1603 年 2 月，荷兰的一支舰队在摩鹿加海峡捕获了一艘非常贵重的葡萄牙大帆船——"圣凯瑟琳号"。该船被交到阿姆斯特丹当作战利品。此时，名为许霍·德赫罗特（荷兰文为"Hugo de Groot"，即格劳秀斯，1583—1645 年）[24]的年轻荷兰法学家，因各种机缘被要求就这次捕获的合法性提出意见。荷兰东印度公司的一些人士关切的问题是，对"圣凯瑟琳号"的行动是否相当于发动了一场不正义战争。格劳秀斯因之写就的论著是后来广为人知的《捕获法》（写于 1604—1605 年），其全文于 19 世纪发表。《捕获法》中的一章确实在"圣凯瑟琳号"争议同时期就问世了，其以《海洋自由论》为题在 1609 年被匿名发表。[25]

海洋自由在理论上被分为三个层面。第一层（第二章至第四章）关于东印度领土的主权权属；第二层（第一章、第五章至第七章）关于东印度洋上的航行自由；第三层（第八章至第十三章）关于国际贸易。格劳秀斯强调自己在叙述万国"基本"法或"第一"法时，[26]依据的是罗马法基石和人文主义传统，并在很大程度上参考了瓦斯奎斯的著作。因循罗马法的原则，格劳秀斯坚持海洋不可被占有并且航行自由是自然权利。格劳秀斯确实有限地承认了所有权权利与沿海保护与主张管辖权力之间的区分；就这一点，格劳秀斯援引了巴尔杜斯，但可能贞提利才是其智识启发者。[27]但是，即便是格劳秀斯亦勉强承认这些古典著述似乎已承认某种有限形式的海洋占有，只要其尊重"公共"通行权。[28]

367 很明显，格劳秀斯在《海洋自由论》中所持的海洋自由绝对立场既非出于直觉

---

[23] *An Introduction to the History of the Law of Nations* (n 1)42 - 49.

[24] 参见本书中由皮特·哈根马歇(Peter Haggenmacher)撰写的第四十八章"胡果·格劳秀斯(Hugo Grotius, 1583—1645 年)。"

[25] *Origin and Development of the Law of the Sea* (n 1)77 - 81；C. G. Roelofsen, 'Grotius and the International Politics of the Seventeenth Century' in H. Bull, B. Kingsbury, and A. Roberts (eds.) *Hugo Grotius and International Relations* (Clarendon Press Oxford 1990) 95 - 131, at 104 - 111.

[26] *The Free Sea* (n 13)10, 20 - 21.

[27] 同上，第 31 页。

[28] 同上，第 28 页（引用罗马法学家塞尔苏斯[Celsus]、乌尔比安[Ulpian]和拉贝奥[Labeo]）。

（按其时代可得的文献来分析），亦非一成不变。关于首要原则，也就是万国"基本"法，格劳秀斯似乎忽略了在欧洲政治主体（包括但不限于热那亚、威尼斯、英格兰和丹麦等）中正在产生的国家实践。因此，有些学者提出，格劳秀斯的海洋自由观是亚洲式的而非欧洲式的，[29]且同罗马法捆绑。而且，格劳秀斯在《海洋自由论》中没有提及的另一层悖论是：作为格劳秀斯客户的东印度公司——与葡萄牙和西班牙一样——在积极地主张对东方贸易的垄断权。[30] 简言之，在 17 世纪初，"闭海论"（*mare clausum*）倘若不比自由论更获支持，至少也是与之平分秋色。

格劳秀斯后来的确在某种程度上修正了其在《海洋自由论》中所持的立场。在英荷于 1613 年和 1615 年的摩鹿加香料贸易谈判中，英国人采取的策略是向当时担任荷兰谈判团团长的格劳秀斯引用《海洋自由论》，并将其作为废除荷兰在东印度行使的排他垄断权的理由。格劳秀斯答复道，这类垄断仅是未来的商业安排，若其条款合理则并不违背万国法。这种论证后见于格劳秀斯在 1625 年出版的《战争与和平法》中。[31] 虽有这些插曲，但格劳秀斯总体仍坚持《海洋自由论》的核心主旨，即海洋应免于所有权的主张，且航行自由是各国及其人民的自然权利。[32]

在格劳秀斯回复威廉·威尔伍德（William Welwood）的未发表文章《海洋共同体及礼让》（*the Community and Propriety of the Seas*）中，这一点非常明显。[33] 威尔伍德是苏格兰圣安德鲁斯大学的教授，也是英语世界写作海洋法著述的第一人，其著作的问世时间介于 1578 年和 1622 年。威尔伍德强调万国法以"共同同意"为基础，[34]是故他收集所处时代的国家实践，并从中总结提炼。面对格劳秀斯的观点，威尔伍德最终形成一个折中立场，即海洋自由原则或能很好地适用于开放海域

368

[29] *An Introduction to the History of the Law of Nations*（n 1）44，229.

[30] K. Zemanek, 'Was Hugo Grotius Really in Favor of Freedom of the Seas?' (1999)1 *Journal of the History of International Law* 48 - 60 at 56.

[31] H. Grotius, *On the Laws of War and Peace*（1625）（F. W. Kelsey trans）（Classics of International Law series）（OUP Oxford 1925）vol 2，at 205（passage II. 2. 24）.

[32] W. E. Butler, 'Grotius and the Law of the Sea' in *Hugo Grotius and International Relations*（n 25）209 - 220 at 212 - 216；F. Pauw, *Grotius and the Law of the Sea*（Publications du Centre de droit international et de sociologie appliquée au droit international Brussels 1965）.

[33] *The Free Sea*（n 26）63，75.

[34] 同上，第 69 页。

（今日所谓的公海），但其不适用于沿海国家的沿海区域及其关于渔业利益的主张。[35] 在格劳秀斯于1615年前后的回应手稿中，他质疑威尔伍德对万国法以同意为基础的特征概括，且对习惯规范的使用采取一种更精致的方式。[36] 甚至更重要地，格劳秀斯质疑了威尔伍德在海洋自由原则之适用上所进行的公海和沿海区分，认为这势必无以为继且不可避免地导致航行自由被侵蚀。[37]

对格劳秀斯的理论进行更有力批评的是刊载于1625年某一期刊的《论葡萄牙在亚洲建立的正义帝国》，其作者弗莱塔斯（Serafim de Freitas，约1570—1633年）系巴亚多利德（Valladolid）的一名法学院修士。[38] 弗莱塔斯的主要质疑是自由贸易与航行权——无论格劳秀斯的古典文献支持其有何种自然法根源——从未成为万国法的一部分。是故主权者可将外国人驱逐出其领土且禁止其臣民与之通商。[39] 甚至更根本地，弗莱塔斯激烈地批评格劳秀斯对万国法两种层次的区分（借鉴于瓦斯奎斯），即初级规则（不以人类意志转移、天赋）和次级规则（习惯或同意层面的）。弗莱塔斯坚称无论哪种"海洋自由"观都是许可性的，能被主权者的一时兴致所改变。[40] 最终，弗莱塔斯诉诸一个细致的古典法源注释——特别是摘自格劳秀斯深度借鉴的乌尔比安派学说——并得出结论：在罗马私法下，对海洋所有权的主张无效，但在罗马公法下，该主张却已经被罗马帝国实现（至少在有限的程度上）。[41] 换言之，通过长期实践，领土主权出于特定目的而对特定海域主张某种"准占有"的因时效取得的权利是有可能的。[42]

在英国法学家约翰·塞尔登（John Selden，1584—1654年）于1635年发表的《闭海论》（*Mare Clausum*）中，可发现与弗莱塔斯类似的观点。[43] 但是，这或许纯

---

[35] *The Free Sea*（n 26）74.

[36] *The Free Sea*（n 26），106 - 107.

[37] 同上，第126—127页。

[38] C. H. Alexandrowicz, 'Freitas versus Grotius' (1959) 35 *British Yearbook of International Law* 162 - 182; M. B. Vieira, 'Mare Liberum vs. Mare Clausum: Grotius, Freitas and Selden's Debate on Dominion over the Seas' (2003) 64 *Journal of the History of Ideas* 361 - 377.

[39] E. Gordon, 'Grotius and the Freedom of the Seas in the Seventeenth Century' (2008) 16 *Willamette Journal of International Law and Dispute Resolution* 252 - 269 at 261.

[40] 'Freitas versus Grotius' (n 38) 165; 'Mare Liberum vs. Mare Clausum' (n 38) 365 - 366.

[41] 'Mare Liberum vs. Mare Clausum' (n 38) 373 - 374.

[42] 'Freitas versus Grotius' (n 38) 174 - 175.

[43] 'Mare Liberum vs. Mare Clausum' (n 38) 374, 377.

属巧合。事实上,格劳秀斯的《海洋自由论》在 1609 年发表之后,塞尔登便随即草拟了他的回应文章。只是英王詹姆士一世碍于破坏当时英国与荷兰共和国、丹麦王国的蜜月关系而禁其发表。[44] 即便如此,詹姆士一世统治期间的王室公告主张英国在所有英吉利和爱尔兰沿海的渔业主权,并禁止外籍船舶在未获皇家许可的情况下在近海捕鱼。整理了丰富的人文主义和圣经学——与格劳秀斯在写作《海洋自由论》时如出一辙——的塞尔登试图为国家对海域的占据乃至所有权寻求充分的正当性。但是,不同于格劳秀斯对国际法渊源的选择,塞尔登使用欧洲实践作为证据。塞尔登虽承认很多这类主张(特别是西班牙和葡萄牙对新世界和东印度)系不成熟且谬误丛生,但塞尔登不完全否定通过持续占据、占有或使用来实现这些主张的可能性。[45]

这场就海洋自由的"书籍之战"几乎横贯整个 17 世纪。[46] 但是,到该世纪末,这场智识之争却戛然而止。格劳秀斯及其拥护的海洋自由原则赢得了胜利。这个结果大体上与辩论各方采取的学术立场、动用的资源或其策略无涉,而是下述权力政治的结果,即海洋强权的崛起(尤其是英国、荷兰和法国)以沿海国家或陆地帝国的利益为代价。但是,从这个阶段的文献分析,显然存在一场智识的交锋,用奥康奈尔(Daniel Patrick O'Connell)的话说,"一场在对海洋行使政府管理权力与海洋自由理念之间展开的竞争"[47]。

(四)重商主义和帝国、冲突与法典化(1700—1930 年)

随着 18 世纪的到来,海洋法进入了一段持续 250 年的大稳定和协调时期。正如上文所提到的那样,16 世纪和 17 世纪的智识话语已到达一个关键点,即海洋自由原则广为海洋强权所遵循,且沿海国能对其近海(经常被称作"海里格"[maritime league]或"大炮射程"[cannon-shot]说,下文会有更多论述)就航行和渔业行使一定范围的权力。

---

[44] 'Grotius and the Freedom of the Seas' (n 39)264 – 265.

[45] *The Freedom of the Seas in History*, *Law*, *and Politics* (n 5)72.

[46] *Origin and Development of the Law of the Sea* (n 1)107; *The International Law of the Sea* (n 13) vol 1,12 – 13,17 – 18 (讨论康林[Conring]、戈托弗雷杜斯[Gothofredus]、莫利[Molloy]、彭塔努斯[Pontanus]和普芬道夫[Pufendorf])。

[47] *The International Law of the Sea* (n 13) vol 1,1.

关于这种在海洋法框架内的新整合,最佳论著出自荷兰法学家宾刻舒克(Cornelis van Bynkershoek,1673—1743 年),其主要贡献是其在 1702 年出版,并于 1744 年修订的《海洋主权论》(*De dominio maris dissertatio*)。[48] 宾刻舒克书中的结论是,"(今天)海洋不被任何人占有"[49]。但是,在总结其时代的国家实践(特别是波罗的海国家的主张)后,宾刻舒克承认对一些特定海湾的占有和使用主张可能通过武力后盾(来自陆地海防基地)和持续航行而在近海被强化。[50] 本质上,宾刻舒克是在格劳秀斯与塞尔登之间作了折中,而这种中庸处理此后延续了数个世纪。

然而,宾刻舒克对海洋法智识传统最为人称道的贡献却在另一层面,即他对"海洋自由"立场基本假设的强烈质疑。"海洋自由"立场的基本假设是,海洋资源(无论是作为航行权、捕捞权或是其他海洋资产的使用)本质上是无限和不会枯竭的。基于该假设,国家层面对海洋的所有权主张没有任何正当性。格劳秀斯赞成这一观点。[51] 但是,宾刻舒克——即便他强力支持海洋自由观——明确地反对之。宾刻舒克写道,"一片已被捕捞的海域经常被任意而混乱地使用",因而"公有物之说"几乎无用。[52] 这种观点几乎预见了今日我们所谓的"公有地悲剧"现象(tragedy of the commons)。[53] 它亦是对海洋之使用的新经济现实的承认,以及对海洋自由原则当建基于理性假设这一必要性的承认。

宾刻舒克作出的这种智识整合——倘若折中未失其本质的话——因此归因于一系列经济和地缘政治因素。首先是一种延续至今的海洋法范式之建立[54],即海洋大国与沿海国利益之间的长期竞争,以及关于海洋区域之控制的法律论争的叠

---

〔48〕K. Akashi, *Cornelius van Bynkershoek*:*His Role in the History of International Law*(Kluwer Dordrecht 1998); *The Freedom of the Seas in History*, *Law*, *and Politics*(n 5)85 - 86,89; J. B. Scott,'Introduction' in C. van Bynkershoek, *De Dominio Maris Dissertatio*(1744)in J. B. Scott(ed.)*The Classics of International Law*(OUP New York 1923)13 - 22;亦见本书中由明石钦司(Kinji Akashi)撰写的第五十章"科尔内利斯·范·宾刻舒克(Cornelius Van Bynkershoek,1673—1743 年)。"

〔49〕'Introduction'(n 48)79.

〔50〕同上,第 43—44 页。

〔51〕*The Free Sea*(n 26)110 - 112.

〔52〕'Introduction'(n 48)91.

〔53〕G. Hardin,'The Tragedy of the Commons'(1968)162 *Science* 1243 - 1248(这些资料都不可避免地经历贬损,因为没有人想去保存他们)。

〔54〕*The Freedom of the Seas in History*,*Law*,*and Politics*(n 5)171,188.

加,而海洋大国的核心利益是确保全球贸易自由以及在任何有需要的时刻和场合投射军力(诉诸海军)的能力。相反地,沿海国家更愿意保障——出于资源和国家安全等理由——其陆地领土毗邻的海域在其排他性控制或主权之下。按这种逻辑,离海岸越远,沿海国应当拥有的权力就越弱,就越应当适用海洋自由原则。

18世纪见证了强化这一范式的两种发展。第一种发展是全球贸易网和帝国的巩固。因重商主义机制的推行,像英、法、西、葡等国努力保障国内工业原材料的贸易通道畅达,以及排除其他经济竞争者以保护本国市场。是故,尽管这些国家在早些世纪有漂亮的说辞,但"海洋自由"的现实却——至少在经济层面——典型地是在彼此竞争的商业帝国之间设置贸易限制。欧洲发生的商业,以及随后的产业革命(1700—1850年),不可避免地通过将他们自身的整合强加到全球贸易体系中而影响了全球版图。[55]

第二种发展是海洋法原则与海战命令的深度整合。18世纪几乎是首先目睹了源自欧洲争霸的真正的全球冲突时期。这些冲突包括七年战争(或称帝国争夺战[Great War for Empire],1756—1763年)、法国大革命和拿破仑战争(1792—1815年)。这段时期,海洋强权亦面对——并大体上战胜了——海洋自由不可避免的灾难,即海盗。海上有组织的抢劫亦是经济全球化、国家商业帝国竞争以及海洋自由理论说教的一个必然结果。[56]是故,在整个18世纪和19世纪初,欧洲列强(加上美国,以及后来的拉美共和国)同时受到挑战,而与此同时寻求发展与海洋自由基本原则相一致的海战规则,又给予他们行动自由以打击对公海的非法利用(海盗以及后来的奴隶贸易)。

对海洋列强而言,最为重要的海上冲突规则是那些有关敌人俘虏和中立船舶的规则。关于这一关切,确实有先例——毕竟当初引发"书籍之战"的正是1603年荷兰对"圣凯瑟琳号"的捕获。到1815年,已产生一套处理海上捕获的详细法理学

---

[55] *An Introduction to the History of the Law of Nations* (n 1)124 - 129.

[56] 同上,第 111—115 页; J. Baer (ed.) *British Piracy in the Golden Age*: *History and Interpretation*, *1660 - 1730* (Pickering & Chatto London 2007). V. Lunsford, *Piracy and Privateering in the Golden Age Netherlands* (Palgrave Macmillan New York 2005); C. Woodard, *The Republic of Pirates Being the True and Surprising Story of the Caribbean Pirates and the Man Who Brought Them Down* (Harcourt New York 2007).

体系,其主要由国内捕获法院管理并适用关于这一主题的国际习惯法。这些捕获法庭——当时最具影响力的是英国高等海事法院,在拿破仑战争时期由威廉·斯科特(William Scott,即斯托威尔勋爵)担任主席[57]——日常处理诸如合法捕获应在何地作出、名义上中立而实际上具敌军性质的船获等此类争议。[58] 这些议题都涉及海洋自由的深层含义,尤其在战时。

随着拿破仑时代的法国被打败,以及英国海军在特拉法加海战(Battle of Trafalgar, 1805 年)中获得不可撼动的优势后,海洋法进入长达一个世纪的静默期,而海洋自由原则亦少有理论质疑。19 世纪的"英国治下的和平"标志着海洋法如下典范之确立:贸易开放、极端有限的沿海国权力(即便面对猖獗的走私亦然),以及可预期的海上捕获规则。在这段时期,英国断然拒绝增加沿海国的权力空间,且这种立场在相当数量的外交事件和国际仲裁中得以强化。[59]

第一次世界大战也未能实质性地改变海洋法的这种基本前提,即便这场冲突彻底摧毁了缔造这套帝国、自由贸易和殖民主义的海洋体制的欧洲旧秩序。但是,捕获法院的裁决仍沿袭着一个世纪前拿破仑战争时期的风格。海军封锁的适用是特殊的战时法,是平时占主流的传统海洋自由之例外。即使是出于对稀缺资源(如食品和原油)的国家安全关切,也不能鼓励沿海国像第二次世界大战后的《杜鲁门宣言》那样对沿海区域主张新的权力。[60]

海洋法的第一股潜在改变直到国际联盟尝试一般性地编纂国际法时才出现。厘清已沿袭数个世纪的海洋法的必要性第一次被关注,而这一努力的重要组成部分[61]

---

[57] H. Bourguignon, *Sir William Scott, Lord Stowell: Judge of the High Court of Admiralty, 1798-1828* (CUP Cambridge 1987) at 115-241.

[58] D. Bederman, 'The Feigned Demise of Prize' (1995)9 *Emory International Law Review* 31; *The Development of International Law* (n 9) 56-57; J. H. W. Verzijl, W. Heere, and J. P. S. Offerhaus, *The Law of Maritime Prize: International Law in Historical Perspective* (Kluwer Dordrecht 1992) vol 11, at 1-31.

[59] *The International Law of the Sea* (n 17)101-102; *Bering Sea Fur Seals Arbitration* (US v Great Britain) (1893).

[60] Proclamation 2667 of 28 September 1945, United States Policy Concerning Natural Resources of the Seabed and Fisheries on the High Seas, 10 Fed Reg 12305(1945).

[61] 国际联盟也探讨了关于海盗和海产开发等国际法问题。参见'League of Nations Committee of Experts for the Progressive Codification of International Law, Questionnaire No. 7, adopted by the Committee at its Second Session held in January 1926, Exploitation of the products of the Sea' (1926)20 *American Journal of International Law Special Supplement* 230-251。

则是对领海机制的宽度和性质——管辖沿海国沿岸水域宽度的法律(一直按三海里或大炮射程规则)——予以法典化。其高峰是 1930 年在海牙召开的国际联盟法典编纂会议。

即便有许多专家做了大量准备工作,[62]这次会议并未就拓宽沿海国领海宽度至三海里以上达成共识。当时的海洋强国——包括英国和美国——都对这一衡量数值表示反对。但是,在该会议最终决议的草案中,形成共识的是领海上适用的法律机制相当于沿海国主权,包括对该区域自然资源(特别是渔业)的权力和管辖。沿海国主权受到无害通过规则(下文将详述)的约束,允许其领海上的航行自由。[63] 因此,1930 年的海牙法典编纂会议其实与公元 1945 年后的海洋法之理论关切和发展一脉相承。

三、理论发展

到了 1930 年的海牙法典编纂会议,海洋法的主要理论特征已经以一种为今日所认同的方式被塑造。这些机制乃是前面所讨论的智识思潮的自然发展产物:海洋法的欧洲中心主义;在概念上区分海洋的"所有权"与海事活动的"治权";海洋自由理论上的至上性;沿海国与海洋大国利益的动态竞争;以及逐渐认识到海洋资源并非取之不竭。

当然,海洋法机制的主要特征是与海岸线延伸海域之管理相伴而生的形式主义。其开始于宾刻舒克提出的领水(territorial waters)概念——按某一客观数值界定毗邻沿海国海岸线的狭窄水域——今天已经是一套复杂的海域机制。某一特定事件在海洋的"何处"发生将非常关键,因为这一地点决定法律行为应适用的一套相关规则。正如奥康奈尔所承认的,在每一海域的规范"具体语境"中,这套体制的形式主义应以实用主义来平衡,但其仍在一开始便忽视了创设这套体制的理论

---

[62] League of Nations Committee of Experts for the Progressive Codification of International Law, 'Questionnaire No. 2, adopted by the Committee at its Second Session held in January 1926, Territorial Waters' (1926)20 *American Journal of International Law Special Supplement* 62–147.

[63] *The International Law of the Sea* (n 17)103–106; *The International Law of the Sea* (n 13) vol 1,21; *League of Nations Acts of Conferences for the Codification of International Law 1930* (Geneva 1931) (LN doc C. 351. M. 145,1930, V.); *Report of the Second Commission*, *League of Nations Publication V. Legal*, 1930. V. 9 (C. 230, M. Ⅰ 17,1930. V).

必要性。人们可以合理地提出疑问，即海洋法的这一深层架构是否促进了整个智识系统的稳固或是改变。

在此处所讨论的多数时间里，主要的争议海洋区域是领海国家的领水。一旦宾刻舒克的折中立场被广泛采纳[64]，则关于领海司法性质的讨论似乎就折射出在那片区域上领海国家权利的"财产"或"领土性"观念。18 世纪和 19 世纪的国家实践——体现于条约、外交函件，以及捕获或税收裁定[65]——似乎支持沿海国陆地领土毗邻水域"被视为领土主权的一部分"。

这种立场的结果便是在另一国家领水上对船舶进行的任何捕获都将构成对该国主权的侵犯，是故无效。此外，领水宽度的确定性(一里格或三海里)导致问题处理的形式主义，"海洋界限"必须被时刻留意和遵守[66](如"紧追权"学说的假设是，当可疑船舶进入他国领水时，海上执法行动即应中止[67])。

当然，"大炮射程"规则似乎是对整合了 17 世纪初的格劳秀斯-塞尔登之争的宾刻舒克折中立场的最佳承继。如当代著述家所注意到的，这个大炮射程规则虽"与海洋主权问题之间没有必然的或逻辑性的关系，但它在贯通诸多多元但同根的问题上却颇为实用……"[68]除了推动形式主义外，这一规则产生于一个假设，即沿海国的海岸线整体(不仅是一个港口或码头)因能够离岸投射的炮台而得到强化。逐渐地，这个大炮射程规则让位于实际丈量的一里格距离规则。[69] 到七年战争、美国革命以及拿破仑战争之际，这似乎已经成为国际实践通例且已反映在国内立法和国际协议中。[70] 同时，三海里规则不仅适用于裁断海上捕获是否正当，还适

375

---

[65] *The Vrow Anna Catharina* (1802)5 Ch Rob 15,165 ER 809；*Church v Hubbart 2 Cranch* 187, 234；6 US 187 US Supreme Court (1804)。

[66] H. Crocker, *The Extent of the Marginal Sea：A Collection of Official Documents and Views of Representative Publicists* (US Department of State Washington 1919)；P. Jessup, *The Law of Territorial Waters and Maritime Jurisdiction* (Jennings New York 1927)。

[67] *The Freedom of the Seas in History, Law, and Politics* (n 5)102 - 104。

[68] *The International Law of the Sea* (n 13) vol 1,125。

[69] H. Kent, 'The Historical Origins of the Three-Mile Limit' (1954) 48 *American Journal of International Law* 537 - 553；D.P. O'Connell, *The Influence of Law on Sea Power* (Manchester University Press Manchester 1975) at 24；W. Walker, 'Territorial Waters：The Cannon Shot Rule' (1945)22 *British Yearbook of International Law* 210 - 231。

[70] *The International Law of the Sea* (n 13) vol 1,129 - 139；Neutrality Act 1794 (US) 1 Stat 381 - 384。

用于判断沿海国可对渔业行使管辖的权力范围。

沿海国在领水内行使主权的观点不可避免地会受到挑战。在理论层面，一个问题是外国船舶（无论其性质是私人船只、国家船舶或军舰）通过另一国领海的权利。与之相对应的是无害通过说，该学说到 1800 年已大体获得国家实践的确认。[71] 除了通过权，一个相关的问题是沿海国能否对作此通行的外国船舶行使任何形式的管辖。1876 年，英国刑案上诉法庭（English Court of Crown Cases Reserved）认为不能判决某一外籍船长在英国领海犯过失杀人罪（在一场致命的碰撞后）。[72] 作为回应，英国通过《领水管辖法案》[73]，宣称英国对在其领水上发生的案件享有刑事管辖权。这是一项颇具争议的举措——特别是因为其出自于大英帝国，这一曾在历史上抵制沿海国离岸权力扩张的国家。[74]

无论如何，到 1930 年的海牙法典编纂大会时，一个不争的事实是沿海国在其领海行使主权权力且"保障别国商船无害通过权"。[75] 然而，更具争议的是，外国军舰能否按无害通过机制通过他国领水（不同于其他情况，比如过境通行［transit passage］等后来才发展出的一套规则）。1807 年，美国的立场是即便在平时，其都可依正当理由拒绝外国军舰进入其领水。[76] 美国坚持这个立场，直至二战后它成为超级强权。[77]

除了基于无害通过说而产生的问题，另一个情况——在 19 世纪初颇为常见——是外国走私者的船舶在领海界限之外游弋，而将其走私货物转到小船上进而靠近海岸，他们总是希望逃避沿海国的税收执法。这就导致一种第二海洋管辖区域机制的创设——如今被称为"毗连区"——沿海国可在此区域行使某种形式的执法与管

---

[71] *The Twee Gebroederst* (1801) 3 Ch Rob 336, 352 – 354，ER 502.

[72] *R v Keyn* (Ferdinand) (The Franconia) [1876 – 1877] LR 2 Ex D 63；[1876 – 1877] LR 2 QBD 90 (English Crown Cases Reserved).

[73] The Territorial Waters Jurisdiction Act 1878 (UK) 41 and 42 Vict ch 73.

[74] *The International Law of the Sea* (n 13) vol 1, 61 – 64（收集当代的公众批评）。

[75] *North Atlantic Coast Fisheries Arbitration* (*Great Britain v US*) (1910) Scott Hague Court Rep 141；*Proceedings of the North Atlantic Coast Fisheries Arbitration* (1912) vol 4, at 92；Barcelona Convention on the Regime of Navigable Waterways of International Concern（达成于 1921 年 4 月 20 日，于 1922 年 10 月 31 日正式生效）7 LNTS 27, 35，art 3。

[76] *American State Papers*，*Foreign Relations vol 3*，*No 205*（Gales and Seaton Washington DC 1832) at 22 (HMS Leopard incident，1807).

[77] *The Influence of Law on Sea Power* (n 69) vol 1, 138 – 139.

辖权。

最早支持设立毗连区的国家实践是英国 1736 年的《游弋法》[78],其于 1764 年、1802 年、1825 年和 1853 年得到修订;该法对从事离岸走私的船舶和个人规定了刑事处罚,即便在一里格外的海域。[79] 斯托威尔勋爵(代表英国高等海事法院执笔)认为这些法案是"为了各国的利益而践行各国共同礼遇,出于各国的各项国内目标以及特别是那些直接影响其安全和福祉的财政和防御管制,将那些毗邻一国海岸的海洋区域视为其治理范围的一部分"。[80] 但是,到 19 世纪末,《游弋法》被废除,因英国所信奉的立场发生了改变,即其认为三海里界外海域的外国船舶不应受制于任何海关或税收务管理。[81]

但是,到 19 世纪末至 20 世纪初,毗连区的法律机制确实已进入了习惯海洋法的范畴。到 1799 年,美国亦有本国版的《游弋法》(在远至离海岸线四里格或十二海里处行使海关管辖权)[82],且美国法院承认外国离岸合理行使该权力的合法性。[83] 在美国禁止进口外国酒的 20 世纪 20 年代,毗连区学说至少在美国实践中被赋予新生命。对于美国在超出领水界限、离海岸线一小时航程的地方以登临检查船舶的方式执行禁令法,其他国家明确同意。[84]

到 1930 年的海牙法典编纂会议时,一个亟待解决的关键问题是毗连区的宽度以及其准确的性质。相关议案提议在三海里领海之外设置六海里或九海里毗连区,沿海国"可行使必要的控制权,以防范外国船舶在其领土或领海违反海关或检疫规范,或妨碍国家安全"。[85] 这种议案因涉及安全区而注定胎死腹中,即便在二

377

---

〔78〕 Hovering Act (1736)9 Geo II ch 35.

〔79〕 *The International Law of the Sea* (n 17)136 - 138.

〔80〕 *The Le Louis* (1817)2 Dods 210,245,165 ER 1464.

〔81〕 Customs Consolidation Act 1876 (UK) 39 and 40 Vict ch 36, s 179.

〔82〕 Act of 2 March 1799 (US) 1 Stat 627,668, ch 22, s 54.

〔83〕 *Church v Hubbart* (n 65).

〔84〕 Convention between the United States of America and Great Britain to Aid in the Prevention of the Smuggling of Intoxicating Liquors into the United States (1924 年 1 月 23 日) US Treaty Series No 685, arts 2 and 3; *The International Law of the Sea* (n 17)140 - 143。

〔85〕 *Acts of Conferences* (n 63); *Territorial Waters* (1930) 24 *American Journal of International Law NOT Supplement*: *Official Document* 25 - 46 at 29.

战爆发前夕还有些国家建议此类机制。[86] 但是,在海牙大会上,英国基本上反对有关毗连区规则的任何法典化(更何况厘清合适的宽度);只有到了 1956 年的第一届联合国海洋法大会和 1958 年的《关于领海与毗连区的日内瓦公约》,这一议案才得以实现。[87]

到 1945 年,海洋法体系中已具有领海与毗连区法律地位的轮廓。其中亦有那些大体上是关于资源管辖权的海洋区域的先例。确实,早在 17 世纪初的那场"书籍之战"中,英国著述家们的主要贡献——包括威廉·威尔伍德和约翰·塞尔登——就是提出对海洋的所有权(至少在近海岸线海域)乃是保护当地渔业的必要条件。在 18 世纪晚期和 19 世纪早期写作的瓦特尔(Emmerich de Vattel)和雷诺沃(J. M. G. Rayneval)则主张毗邻海岸线的离岸海床的自然资源属于沿海国。[88]

19 世纪的北欧国家的单边法令建立了远至十海里的渔业管辖权边界。到 19 世纪末,这些国家开始缔结双边渔业协议,从而相互确认了更为适中的三海里渔业管辖权边界。这是英国会同意的界线(与其领海宽度立场一致),即便其他国家正呼吁扩大渔业管辖界限。[89] 在 1930 年的海牙法典编纂会议上,许多国家——特别是拉美国家——力主创设一种将渔业区域扩大至十二海里的新机制,但徒劳无功。[90] 关于离岸石油和天然气矿藏的条款已成为 20 世纪 40 年代的双边条约的内容。[91] 1945 年的《杜鲁门宣言》以及 1945 年至 1982 年期间国家实践中大陆架和专属经济区机制之创设的惊人发展,其实都已埋下伏笔。

---

[86] 'Consultative Meeting of Foreign Ministers of the American Republics,Declaration of Panama(3 October 1939)'(1940)34 *American Journal of International Law Supplement*:*Official Documents* 1－20 at 17－18,paras 1 and 4.

[87] Geneva Convention on the Territorial Sea and Contiguous Zone(达成于 1958 年 4 月 29 日,于 1964 年 9 月 10 日正式生效)516 UNTS 205;M. McDougal and W. Burke,*World Public Order of the Oceans*(Yale University Press New Haven 1958)at 601;H. A. Smith,'The Contiguous Zone'(1939)20 *British Yearbook of International Law* 122－125。

[88] *The International Law of the Sea*(n 13)vol 1,468－469.

[89] *The Sovereignty of the Sea*(n 13)693－740.

[90] *Le droit international public de la mer*(n 16)vol 3,297－305;*The International Law of the Sea*(n 13)vol 1,526－527.

[91] Treaty Relating to the Submarine Areas of the Gulf of Paria between Great Britain and Venezuela NOT(达成于 1942 年 2 月 26 日,于 1942 年 9 月 22 日正式生效)205 LNTS 121.

四、结论

研究海洋法史的视角有很多,不应当排他地将之视为一个自由进步的叙事,而应与对资源安全和海军必要性的关切达成细致的平衡。事实上,过去这一千年所呈现出来的几乎是一幅辩证的图景。理论和学说整合(比如优士丁尼、格劳秀斯或宾刻舒克)让位于新的立场,虽然这个过程跨越数个世纪。这些关于海洋法发展的理论条件——特别是整个体系中固有的欧洲中心主义——之上存在一个独特的学说架构。海洋法诸机制强调一种高度的形式主义,并夹杂着一种日益增强的意愿,即是让国家实践指导海洋活动实际后果。

自 1945 年以降,海洋机制的变革日益加快脚步。1945 年至 1982 年这段时间是自 17 世纪早期的《海洋自由论》问世的"格劳秀斯时代"以来最为喧嚷的时期。即便海洋法在 1982 年的《联合国公约》中被全面法典化之后[92],我们仍能看到力求改善该体制的一系列子规则的诸多努力(最著名的是关于公海捕鱼、环境保护、水下文物保护和深海海床资源)。我们期待这些努力能够得到进步性发展。但是,我们亦可能正要到达一个"临界点",就像 1600 年或 1945 年,那时我们将经历一个体制"大变革"的高潮。

这种努力试图从一个更宽广的视角去审视海洋法史的演进轨迹。海洋法的发展不但不依附于主流国际法史(特别是关于主权、武力使用、管辖权行使和人权辩护问题),而且是该学科在过去五百年所面对的核心挑战的重要线索。任何对国际法的连贯考量,都绕不开那漫长而精彩的海洋法史。

推荐阅读

Alexandrowicz, Charles H. 'Freitas versus Grotius' (1959) 35 *British Yearbook of International Law* 162 - 182.

Alexandrowicz, Charles H. *An Introduction to the History of the Law of Nations in the East Indies* (16 th, 17 th and 18 th Centuries) (Clarendon Press Oxford 1967).

Anand, Ram P. *Origin and Development of the Law of the Sea* (Martinus Nijhoff The

---

[92] United Nations Convention on the Law of the Sea (达成于 1982 年 12 月 10 日,于 1994 年 11 月 16 日正式生效)1833 UNTS 396。

Hague 1983).

Butler, Geoffrey and Simon Maccoby *The Development of International Law* (Longmans Green London 1928).

Bynkershoek, Cornelius *De Dominio Maris Dissertatio* (2nd edn 1744) in J. B. Scott (ed) *Classics of International Law* (OUP New York 1923).

Crocker, Henry *The Extent of the Marginal Sea: A Collection of Official Documents and Views of Representative Publicists* (US Department of State Washington 1919).

De Pauw, Frans *Grotius and the Law of the Sea* (Publications du Centre de droit international et de sociologie appliquée au droit international Brussels 1965).

Fulton, Thomas W. *The Sovereignty of the Sea* (Blackwood London 1911).

Gidel, Gilbert *Le droit international public de la mer* (Sirey Paris 1934).

Grotius, Hugo *The Free Sea* (1609) (R. Hakluyt trans) (Liberty Fund Indianapolis 2004).

Jessup, Philip *The Law of Territorial Waters and Maritime Jurisdiction* (Jennings New York 1927).

League of Nations Acts of the Conference for the Codification of International Law (League of Nations Geneva 1930).

League of Nations Committee of Experts for the Progressive Codification of International Law 'Questionnaire No. 2, adopted by the Committee at its Second Session held in January 1926, Territorial Waters' (1926) 20 *American Journal of International Law Special Supplement* 62 – 147.

McDougal, Myres S. and William Burke *World Public Order of the Oceans* (Yale University Press, New Haven 1958).

O'Connell, Daniel P. *The International Law of the Sea* (Clarendon Press Oxford 1982).

Potter, Pitman B. *The Freedom of the Seas in History, Law, and Politics* (Longmans Green New York 1924).

Verzijl, Jan H. W. *International Law in Historical Perspective* (AW Sijthoff Leyden 1971) (vol 4—Stateless Domain).

Verzijl, Jan H. W. , Wybo Heere, and Polona S. Offerhaus *The Law of Maritime Prize: International Law in Historical Perspective* (Kluwer Dordrecht 1992) (vol 11).

Vieira, Brito M. 'Mare Liberum vs. Mare Clausum: Grotius, Freitas and Selden's Debate on Dominion over the Seas' (2003) 64 *Journal of the History of Ideas* 361 – 377.

Zemanek, Karl 'Was Hugo Grotius Really in Favor of Freedom of the Seas?' (1999) 1 *Journal of the History of International Law* 48 – 60.

第三部分
区域

第十六章　撒哈拉北部非洲与阿拉伯国家

法提哈·萨赫利、阿卜杜勒·奥扎尼(Fatiha Sahli & Abdelmalek El Ouazzani)

一、引言

诚如俄罗斯法学家拜伦·科尔夫(Baron Korff)于 1923 年在海牙国际法学院 385
的演讲中所言:"国际法与历史上的几大文明一样古老,它也必然且不可避免地就
是这些文明的产物。"[1]这意味着国际法史的起点并非 1648 年的《威斯特伐利亚
和约》,它也不仅是欧洲的发明。尽管国际法史的当代意义对应着民族-国家概念,
但其起源还要追溯至更早的并有助于确立规范独立政治社群之关系的那些
规则。[2]

无论希腊-罗马文明和中世纪基督教对国际法的贡献有多大,包括伊斯兰在内
的其他文明对该领域发展的作用仍不应被抹杀。如果说国际法就是单一文明,那
简直不可想象。当历史学家坚持国际法的希腊-罗马源起,这实质上是欧洲中心主 386
义思维的折射,其忽略了其他文明的作用。

一直以来,战争与和平的更迭塑造着穆斯林与基督教世界的关系,并以各种方
式造就了一个国际法的资源库。当穆斯林在地中海盆地称王,以及其影响扩展到
亚洲、撒哈拉以南非洲和(基督教)欧洲期间[3],穆斯林世界集中制定了相当数量

---

〔1〕 M. Korff, 'Introduction à l'histoire du droit international' (1923)1 *Recueil des cours* 5 – 23 at 21.
〔2〕 M. H. Renault, *Histoire du droit international public* (Editions Ellipses Paris 2007) at 3 – 4.
〔3〕 这种发展的一个例子是关于战争的规范。这种规范在西方其他国家中鲜为人知。

的法律,而罗马-德意志传统和拜占庭当权时期的欧洲必定从这些构成一些国际法原则基础的(伊斯兰)法则中受益。倘若 1492 年的格拉纳达城(Granada)陷落和穆斯林王朝的崩溃开启了基督教和穆斯林世界的分裂,那么其结果也并非完全水火不容。在平时和战时,这些国家仍继续磋商,仍在达成各领域的协议和条约,由是共同促成了国际规范的形成。

但是,穆斯林和基督教世界各自的独特性不容否认,因为两者各自经历着来自他们的境外联盟给他们带来的问题和冲突。一种例子是,在奥斯曼于 1556 年征服(阿尔及利亚的)特莱姆森(Tlemcen)并建立对马格里布(Maghreb)东部全部地区的霸权之际,部分西方强权为了抵制奥斯曼武力扩张而与摩洛哥缔结联盟条约[4]。另一种例子是,伊比利亚穆斯林王朝同周边基督教民族结盟以抵抗其他临近穆斯林王朝的扩张企图,反之亦然。

本章将分析北非与其他强权——主要是基督教民族之间的关系及这些关系的政治发展方向、他们的特征以及其用以规范北非与其他国家关系的法律工具。但是,在此之前需要概述北非在国际关系史上的作用。

二、国际关系中的北非

一直以来,北非都是国际商业中心,它同时也是外国所需物品的最佳进出口市场。[5] 因此,在地中海海盗、欧洲战争和奥斯曼帝国扩张等国际问题中,北非从来都未置身事外。本区域国家签署的相当数量的条约——特别是双边条约——都能提供见证。[6] 无疑,这个领域的国际关系史堪称富矿。

尽管北非和世界其他地区的国家之关系可追溯到远古,但本章作者选择[7]拉

---

〔4〕下文第六节第(三)部分"结盟条约"将讨论部分这些条约。

〔5〕L. Félix, *Le statut international du Maroc d'après les traités* (A Pedone Paris 1928) at 6 ff; H. Ouazzani Chahdi, *La pratique Marocaine du droit des traités* (LGDJ Paris 1982) at 13.

〔6〕参见下文第六节第(三)部分"结盟条约"。

〔7〕按马克思·韦伯的理论,任何知识都是选择性的,且研究者的视角仅能涵盖真实世界的一个或几个侧面。但是,每项选择都需要说明这样做的理由,故我们判断当西班牙穆斯林统治者垮台后的那段时期最具相关性。这是欧洲强权对外征服的开端,以及包括奥斯曼帝国在内的地中海强权冲突的高潮期。M. Weber, *The Methodology of the Social Sciences* (E. A. Shils and H. A. Finch ed. and trans.) (Free Press of Glencoe Illinois 1949) at 72 ff.

格纳达城的陷落作为分析起点,因为它是北非与外部世界真正割裂的标志性事件,且接近《威斯特伐利亚和约》的缔结时间,后者被认为是"现代国际法的开端"。但是,请注意,选择这个时段并未改变北非在国际关系中占有的战略地位。

(一)北非在国际关系中的战略性位置

北非在地理位置上极具战略重要性,尤其是摩洛哥,其"距西班牙仅 13 公里(即直布罗陀海峡的宽度),扼大西洋、西非和南美要冲。它在海路交汇点的十字街头位置,有力解释了一战爆发前'非洲事务'长期悬而未决的原委"。[8]

作为阿拉伯-伊斯兰世界的组成部分以及战略性区域,北非在国际关系史上一直意义重大。要研究其对国际规范创设的作用须考虑如下两个主要因素:(1)它包含两个不同的世界——一个是阿拉伯-伊斯兰,另一个是存在于西班牙和西西里的欧洲[9];(2)西方强权和穆斯林邻国看待北非的一种嫉妒心态及其在法律领域的投射。

但是,在考虑所有这一切时,随即出现一个问题,即对于在北非区域产生和签署的条约和协议,国际法赋予其何种价值。也就是这些条约的法律地位问题。

(二)马格里布"国家实体"的法律地位

当北非主要政治行动者并非全都臣服于同一政治权威下时,对其国家实践——主要是国际条约实践——的研究有助于看清许多国际问题是由像摩洛哥等独立国家(或突尼斯、阿尔及利亚等摄政政权)以一种相当类似的方式在处理的。各国管辖这些条约的规范则必定会有所不同,例如那些摄政政权必须臣服于奥斯曼帝国,而摩洛哥作为独立国家是以其自己的名义签署条约的。对于摩洛哥而言,

[8] *Le statut international* (n 5) 12.

[9] E. Moha 在此处说道:'En effet, depuis l'antiquité, il n'y avait pas de délimitation bien précise entre les deux parties de cet espace (espace méditerranéen). Ni les religions, ni les prétendues différences ethniques, ni les systèmes politiques ne dressaient une frontière hermétique entre les peuples du Sud et ceux du Nord. L'Espagne et le Maroc avaient été durant longtemps les symboles de l'interpénétration et de liaison naturelle de part et d'autre du détroit de Gibraltar. Les Croisades et le caractère confessionnel qu'a donné l'inquisition à la Reconquista vont contribuer à diviser la Méditerranée en une zone européennechrétienne et une zone arabo-musulmane'。E Moha, *Les relations Hispano-Marocaines* (Eddif Casablanca 1994) at 47.

这是个独立的主权行为;但对其他国家来说,这些条约须遵从奥斯曼的意志。正是这个主权赋予了摩洛哥政府在国际舞台的行动自由。[10]

除摩洛哥以外的那些北非国家虽在"理论上"依附于奥斯曼帝国,但他们事实上享有一定程度的独立。许多法学家(如意大利法学家阿尔贝里科·贞提利[Alberico Gentili, 1552—1608 年])因北非政治实体从事海盗行为而否认其具有"国家"性质,但荷兰法学家宾刻舒克却不认同其海盗定性。[11] 宾刻舒克写道:

> 阿尔及尔、的黎波里、突尼斯和塞拉等地的人们不是海盗,而是有组织的国家,其有确定的领土并建立了政府,并同其他民族那样,因政府而处于和平亦或交战状态……他们甚至对条约保有某种程度的尊重。[12]

不同于摩洛哥,事实上像阿尔及尔、突尼斯等奥斯曼摄政的政治实体逐渐从开始的蕃属国过渡为穆斯林征服者。许多其他强权的统治,无论是欧麦尔(Omar)和奥斯曼(先知穆罕默德的两名继任者和哈里发[伊斯兰国家政教领袖——译者注]),还是倭马亚王朝(Oumayades, 661—750 年)、法蒂玛王朝(Fatimides, 909—1171 年)、穆拉比特王朝(Almoravides, 1056—1147 年)、阿尔默哈德王朝(Al Mohades, 1130—1269 年),或者甚至那些单纯的土著政权,都是从蕃属国成为强大的王朝的。但是,自奥斯曼帝国于 16 世纪征服北非以来,即便这些国家与奥斯曼苏丹存在法律上的关系,那关系也是渐渐松弛下来。阿尔及尔成为一个几乎独立的海盗中心,而突尼斯则成为一个近乎独立的王国。这是事实,尽管当地货币和祈祷者仍以奥斯曼苏丹之名,且该苏丹继续向新总督(Deys)传达他们的提名意见。[13] 但是,在胡赛尼王朝

389

---

〔10〕 C. de la Veronne, 'Relation entre le Maroc et la Turquie dans la seconde moitié du XVIè siècle et le début du XVIIè siècle (1554 - 1616)' (1973) 15 - 16 *Revue de l'Occident musulman et de la Méditerranée* 391 - 401.

〔11〕 参见本书中由明石钦司(Kinji Akashi)撰写的第五十一章"科尔内利斯·范·宾刻舒克(Cornelius van Bynkershoek, 1673—1743 年)"。

〔12〕 C. van Bynkershoek, *Quaestionum juris publici libri duo* (1773) in J. B. Scott (ed.) *The Classics of International Law* (Clarendon Press Oxford 1930) vol 2, at 99.

〔13〕 B. Tlili, 'Kheiredinne' in C. A. Julien (ed.) *Les Africains* (Editions Jeune Afrique Paris 1977) vol 8, at 133 - 167.

（Husseiny Dynasty）治下的突尼斯几乎获得完全独立，且正是该世袭王朝同法国缔结条约使突尼斯成为法国的保护国。[14] 直到 1955 年，突尼斯人投票选择共和国政体才结束了这个王朝。[15] 与之相反，摩洛哥的地位从未被质疑，成为法国保护国（1912—1956 年）只是其漫长历史中的一段小插曲。

无论其地位如何，当其签署国际条约或协议时，北非国家都一直服从和尊重国际法。同时，这些协议在探索伊斯兰教义和国际实践的融合中做出了努力。

三、北非国家国际实践的理论和教义基石

要研究伊斯兰文明通过北非国家实践对国际法发展所做出的贡献，既不能抽离这些国家对待条约的方式，亦不能割裂影响了这些实践多个层面——除了所有分歧——的阿拉伯-伊斯兰思维方式。

先于任何理论研究的前提性问题一定是历史起因。在法学研究中，

> 凌驾一切理论的先决问题是作为源头的历史原因。在法律上，这种源头事实上不可能是社会学或工具主义式的。只是通过下述这些表达媒介，权利通道才保持开放：正式的法律渊源和文本。但是，真正的法源其实不是这些书面证据或个人智识，而是催生她的社会环境。[16]

本章无意分析所有不同的法律渊源，而是将范围仅限于与主题最相关的、塑造一般的伊斯兰法和国际伊斯兰法的，尤其是赋予其在地中海不同法系中的独特性的教义产物。

从各类《古兰经》评注的著作及其解释中产生了关于国际法的学理。《古兰经》、圣训（Hadith）和圣行（Sunnah）（先知穆罕默德及伊斯兰早期创建者的言行）在

---

[14] 使突尼斯沦为保护国的《巴尔杜条约》由贝伊·穆罕默德·萨多克（Bey Mohamed Es-Sadok）签署于 1881 年 5 月 12 日。更多信息，见 *Le journal officiel de la république française* 12 May 1881。

[15] 1956 年 7 月 27 日，在国家制定宪法国民代表大会中，突尼斯的君主制政体被废除。

[16] E. Rabbath, 'Pour une théorie du droit international musulman' (1950) 6 *Revue égyptienne de droit international* 1-23 at 4.

穆斯林神学中逐渐成为权威渊源。

(一) 程序

程序可分为两种,即共识或无异议(*Al Ijmaa*)[17]和类推推理(*Qiyas*)。第一种共识程序见于伊斯兰创建早期,其合法性来自不同圣训的出处,特别是其中的一句训言:"穆斯林民族从不会就错误形成共识。"这种一致通过的协议与《古兰经》和圣训本身产生同样的义务效应。这种程序在伊斯兰早期运转良好,但在伊斯兰帝国扩张期间导致许多冲突及政治异议。但是,一个理念受到法学流派的支持,且该流派未遭到任何反对,可谓受到共识的庇佑。

第二种类推程序[18]在阿拉伯世界法官(*Cadis*)的判决、根据被承认的权威对伊斯兰法之观点所作出的裁决(*Fatwa*)和学说著述中运用最广。事实上,为了回应一些哈里发的问询,伊斯兰法学家会对与权力相关的或涉及国际法的问题展开特别研究。

(二) 穆斯林哲学大家的贡献

391

许多穆斯林哲学大家都认真思考过国际关系的议题。其中,与战争相关的行为——包括战争爆发到和约缔结——乃是其研究的重中之重,并占据其著述的大半篇幅。阿尔·法拉比(Abu Nasr Al Farabi, 875—950 年)以其对人类世界普世议题的广博知识而享有盛誉。对阿尔·法拉比而言:

> 模范、完美或高尚的社会是超越某个城邦或特定民族的。社民通过会晤,且按真正导致幸福的决策彼此互助或调整各类群体的利益。当高尚城邦均由秉持同样的理想的互帮互助者组成,则天国就会降临。[19]

其他穆斯林哲人亦值得一提。如阿维森纳(Avicenna, 930—1037 年)或阿威

---

[17] C. Mansour, *L'autorité dans la pensée musulmane: Le concept d'Ijma' (consensus) et la problématique de l'autorité* (Vrin Paris 1975) at 8 and 206.

[18] J. Langhade and D. Mallet, 'Droit et philosophie au XIIè siècle dans l'Andalus: Averroès' (1985) 40 *Revue de l'Occident musulman et de la Méditerranée* 103 – 121.

[19] A. Nasr Al Farabi (872 – 950) *Idée de la cité vertueuse* (R. P. Laussen, Y. Karam and J. Chlala trans.) (Institut français d'archéologie orientale Cairo 1944) vol 1, ch 26。参见 A. Truyol y Serra, *L'histoire du droit international public* (Economica Paris 1995) at 35。

罗伊(Averroes,1126—1198年)等提出与宗教和法律的关系相关的关于国际法的特别概念。但是,国家间国际外交关系领域的主要议题仍是"平时和战时行为"规则(Siyarsya)。公认的相关权威著作就是被汉斯·克鲁泽(Hans Kruse)誉为"穆斯林世界的格劳秀斯"的穆罕默德·筛班尼(Muhammed as-Saibani)之《大行其道:穆斯林国际法详述》(*Kitab Assiyar*)。[20]

四、穆斯林国际法规则:平时行为和战时行为

这套理念将整个世界划分为"信众与非信众"。在穆斯林世界之内的是信众,之外是非信众。是故只要伊斯兰教还未成为普世信仰,战争便是信众与非信众之间的合法状态。因此,与外人相关的任何行动总被以战争来形容和感受:这是否属"开战权"或"战争权",或战争终结的"和平权"。战争行为被按如下两个方面看待,即"开战权"与"战时法"。

(一)圣战理念:"开战权"

一般地,穆斯林世界语境下所谓的开战权就是被视为主权法则框架下的一种机制的"圣战"(Jihad)。若在伊斯兰早期,这种圣战基本上是为了宣传伊斯兰而存在,因为伊斯兰教旨在成为普世性宗教,但后来阿拉伯帝国的扩张及其目标陷入了争议,圣战便产生了另一种意义,即其不再意味着捍卫伊斯兰信仰,而是保全穆斯林世界的统一。

关于圣战作为一个概念和机制的解释,在伊斯兰法学家之间引发了争议。部分穆斯林经典著述家[21]坚持,为了宣传和巩固伊斯兰,圣战乃是一种集体与个人的义务。这种解读的基础见于《古兰经》本身。[22] 但是,这种义务已被相对化处理了,因先知穆罕默德禁止穆斯林对其他民族开战,除非他们已强令这些民族皈依伊斯兰教:"对他者要耐心与宽容,仅当邀其皈依穆斯林才可诉诸战争。毕竟,成为

---

〔20〕 H. Kruse, 'The Foundation of Islamic International Jurisprudence. Muhammed as-Saibani—Hugo Grotius of the Muslims' (1955)3 *Journal of the Pakistan Historical Society* 231 - 267 at 231 and 265,引自 *L'histoire du droit international public* (n 19)36。

〔21〕 详见 A. Al Hassan Al-Quadûri, 'Muskhtaçar de droit hanéfi te' (1965)5 *Revue Tunisiènne de droit* 123 - 149。

〔22〕 *Holy Koran* At - Tawbah (the repentance) 9:73。

穆斯林强过留下孤儿寡妇的惨淡。"[23]

因此,对穆斯林来说,圣战在这些情况下的目标不是流血或开战,而是回应攻击者。按《古兰经》的"不得强迫信教"原则[24],战争甚至不是皈依的强制性手段。有名望的穆斯林法学家(*Alim*)伊本·泰米叶(Ibn Taymiya)写道:"我们不强迫任何人信教;开战也非因为此……无人能说先知穆罕默德强迫谁同伊斯兰联姻,这是伊斯兰教义的旨趣所在。"[25]其他穆斯林圣贤法学家(*Ulema*)亦指出,除非基于自卫,否则圣战不被视为一种权利,且仅当生活在非穆斯林国家的穆斯林遭到攻击或迫害时。毋宁说这是种保护社群的权利。[26]

在法律上,伊斯兰区域(*Dar-al-Islam*)是指在穆斯林统治下应用伊斯兰法的地区。但是,在阿尔及利亚被占领期间,出现这样一个问题,即在像这样一个穆斯林国家被非穆斯林强权占领时,为使其解放而诉诸圣战是否是正确的。是故在这种情况下,这些圣贤法学家被要求作出裁断,即若基督教入侵者承诺保障穆斯林的宗教崇拜权利,那么是要向其发动圣战还是向其屈服。

阿尔及利亚圣贤法学家作出的裁决(*Fatwa*)获得了突尼斯的凯鲁万(Kerouan)、埃及的阿兹哈尔(Al Azhar)和汉志(Hijaz,如今的沙特阿拉伯)的塔伊夫(Taif)等同行的认同。[27]

发动圣战的义务并未完全被否决,只是因穆斯林世界的力量处于守势而被推迟。应当屈服于占领当局,甚至是一个非穆斯林当局,[28]这个调和现实的明智裁

---

[23] 参见 S. Subhi, *As-Salih Annudhum Al-Islamiya*(*Muslim Systems*)(Dar al-Ilm Li Al-Malayîn Beyrouth 1980)at 514。

[24] *Holy Koran* 2:256.

[25] I. Taymiya, 'Risalat Al-Qital'(Letter of Al-Quital)in *Lettres d'ibn Taymiya*(*Rasâil*)in *Annudhum Al-Islamiya*(n 23)518.

[26] 先知穆罕默德说:"不要急于去面对敌人,而是请求上帝保守你安然无恙。"亦见 M. Ahmed, 'Anthologie des Hadith' in *Annudhum Al-Islamiya*(n 23)518。

[27] L. Roches, *Dix ans à travers l'Islam:1834-1844*(Librairie Académique Didier Paris 1904)at 236 ff. 莱昂·罗什(L. Roches)引用了这一裁决,他自己便是签署这一裁决的委员会成员之一。莱昂·罗什被认为是一个穆斯林,他也是阿卜杜·卡迪尔酋长(Emir Abdelkader)的同伴之一。

[28] 圣行派学者的首要义务就是服从:服从权威,即便专断与不敬也好过无秩序的混乱(*fitna*)。穆斯林法学家甚至提出穆斯林与服从简直可以划等号。每位穆斯林应对其领袖有最虔诚的崇敬。I Taymiya(1263-1328),*Minhâj As-Sunna An-Nabawiya*(The Pathway of as-Sunnah an-Nabawiyyah)at 151-153.

决在法国入侵突尼斯和摩洛哥时得到两国圣贤法学家的强化。[29] 实际上，这些国家中支持圣战的圣贤法学家为数极少。持肯定意见者要么来自内地乡村，要么属苏菲教派(Sufi)——隶属于穆斯林兄弟会的一个穆斯林教派，其信奉和实践激进/正统伊斯兰。[30]

(二) 战时法

关于世界扩张和统一过程中的战时法，其必然应当构想特定的原则和规则以组织战争期间的行为。圣战理念对这类原则和规则影响巨大。[31] 从交战伊始到和约缔结，理应有一种道德和法律的精神来统领战时行为。

在敌对开始之前，应向敌方明确发出要求其皈依伊斯兰教的讯息。敌方拒绝的后果要么是缴纳吉兹亚税(Al-Jizya)[32]，要么是被攻击。阿尔·夸杜里(Al-Quadûri)写道：

> 当穆斯林军队进入敌方领土及降服城镇要塞后，他们将邀请占领地居民皈依伊斯兰。若被善意回应，则战斗将终止。但是，若遭拒绝，穆斯林将要求缴纳吉兹亚税。若穆斯林领袖杀戮那些未获此类信息者，则并不合法。这个前置程序绝不可废弃。[33]

因此，在伊斯兰战争法中，"在采取军事行动之前，降服告谕取代了敌对声明，即由西班牙人率先对美洲土著运用的机制"。[34]

在战时，穆斯林军队被要求尊重一定数量的关于战败民族尊严的规则和行为。

394

---

[29] 虽然在摩洛哥方面有相同主张，但穆罕默德·图兹(Mohamed Tozy)指出，圣贤法学家的影响力是有限的，因为他们的演说局限在城市地区。M. Tozy, *Champ religieux et champ politique au Maroc* (Aix-Marseille III Aix en Provence 1984) at 35.

[30] A. H. Green, *The Tunisian Ulama 1875 – 1915: Social Structure and Response to Ideological Currents* (Brill Leiden 1978) at 130 and 132."也许很重要的一点是两者都是部落出身，比如，其他地方的反叛首领曾是部落领袖。而且，他们都是一个或者多个苏菲教派弟兄会的成员，这一联盟似乎更倾向于反对外国侵略者……"

[31] *L'histoire du droit international public* (n 19)34.

[32] 这是居住在穆斯林国家的"信经之人"(基督徒和犹太教徒)要支付的一种税。

[33] 'Mukhtaçar de droit hanafi' (n 21)125 – 126.

[34] *L'histoire du droit international public* (n 19)34.

因此,在那些没有道德和法律的时期,战争被赋予了"人性"。对于这个问题,拜伦·米歇尔·陶伯(Baron Michel de Taube)写道:

> 自穆斯林在欧洲活动以来,在其历史上从未像现在这样(除一些神学宣告外),就战争实在法应遵守人类理性原则方面达成过这般共识。[35]

类似的理论表述还包括:

> 恰如世界几大文明(古代)所发展的那样,伊斯兰文明对战争法亦有相当广博精深的规则。对战争行为、区分战斗人员与平民以及俘虏待遇等问题的规定的巨细靡遗之程度让人惊讶。[36]

因此,战时区分战斗人员与非战斗人员(士兵与平民)被建章立制。由是,穆斯林军队对待敌方战斗人员与平民的态度被严格规制。[37]

(敌方)败军战斗人员应受到人性化对待。他们不会被羞辱、杀戮或虐待。在被俘期间,这些俘虏会受到照顾并享有宗教礼拜自由。[38]

对非战斗人员或平民,不同的规定都保障他们享有广泛的豁免。这些人通常是不能参与战争的人:老人、头脑简单者、残疾人、妇女儿童、僧侣、仆人、奴隶。[39]

按哈里发艾布·伯克尔(Khalif Aboubaker)的教谕,穆斯林战士不得回避的义务被总结如下:

> 人在做,天在看……得有末日审判的意识。为上帝荣耀而战,要表现得像个男人,非得破釜沉舟。但是,胜利不得沾染老弱妇孺的鲜血。勿伤棕榈树,

---

[35] M. de Taube, 'Etude sur le développement historique du droit international dans l'Europe orientale' (1926)5 *Receuil des cours* 371 – 506 at 385.

[36] S. Laghmani, *L'histoire du droit des gens, du jus gentium impérial au jus publicum Europaeum* (A Pedone Paris 2004) at 20.

[37] A. Rechid, 'L'Islam et le droit des gens' (1937)60 *Receuil des cours* 470 – 479.

[38] 同上。

[39] I. Qayim al-Jawziya, *Ahkam Ahl Ad-Dima* (Provisions of Ahl Ad-Dima) (Librairie Matba'At Jami'At Dimashq Damas 1961) at 5,15 and 42 – 44. 这本书的其他版本亦可。例见 Dar Al-Hadith Cairo 2005 这一版本。

勿毁屋或庄稼,非为果腹不得砍伐果树和屠牛。对和平或降服条约应诚恳遵守其条款。行军途中遭遇僧侣或神职人员则随他去,勿伤其性命和毁其庙宇。[40]

秉持同种精神,阿尔·夸杜里写道:

穆斯林战士的合宜行为包括不变节、不暴动、不偷盗或隐藏战利品且不对敌方平民身体施暴。不得杀戮老弱妇孺或盲人。除非这些人参与了战争的策划,或该妇人将为王者。不得滥杀无辜。[41]

然而,管辖穆斯林统治者行为的原则有哪些?

五、平时行为

当敌对终结,且己方取胜而敌军归降或敌方胜利无望时,有一些特定的行为规则被实施以实现和平。此时,穆斯林国际法主要是基于伊斯兰公法,因为被作为构建同外国和平关系的基础的正是顺民(Dhimmi,"吉玛人",缴纳人头税的非穆斯林——译者注)的地位。

应当注意的是,当时所用的那些法律在国际法上被充分认可,即保障外国人权益的那些条约。在这种法的范畴内,应指出在伊斯兰区域和被征服后成为穆斯林的国家中所适用的原则,这些征服被视为这些国家向伊斯兰的开放。这些征服被称为"Futuhat"。这种征服很有文明殖民化的意味,因为穆斯林旨在向被征服人民传播"神圣"的伊斯兰信仰。在这些原则中,本节将提到顺民的地位,即"被置于伊斯兰保护下"或穆斯林保护下的民众的地位,本节还会提到互不侵略条约中尊重人、物、事的信誓(Al-Ahd)或保障个人、团体或民族安全的行动(Al Aman)。

396

---

[40] 这是先知穆罕默德去世后,第一任哈里发艾布·伯克尔对开赴叙利亚的军队首脑的教谕发言。*Pour une théorie du droit international musulman* (n 16)16。
[41] 'Muskhtaçar de droit hanéfi te' (n 21)137,引自 *L'histoire du droit des gens* (n 36) at 30。

(一) 顺民的地位[42]

和平共处的首要问题是顺民吉玛人(*Ahl Al Dimma*)的法律地位。"Ahl Al Dimma"字面解读是指"信奉圣经的民众"[43],简单地说便是那些永久定居在穆斯林土地上的犹太教徒和基督徒。这种地位的基础是双方的合意,即除宗教和家庭事务外,这些社群臣服于穆斯林权威之下。相应地,这些社群缴纳吉兹亚税,即一种人头税或因持有不动产而发生的土地税。

若皈依伊斯兰,则被征服土地的人民将免于纳税;否则,除老人、儿童、僧侣和残疾人外,其他人一律缴纳在东方国家内早已建立和实行的吉兹亚税。先知穆罕默德和纳季兰地区(*Najrān*)的基督徒社群之间缔结的条约是该法则的第一次适用。这便是史学家在此领域引用的一个例子。[44]

作为纳税的回报,这些非穆斯林民众若遭遇外部或外国的侵略则会获得穆斯林当局的保护。同时,穆斯林当局亦承认、尊重和保障这些民众的司法和法律自治的自由实践。

但是,随着伊斯兰对东方国家(从美索不达米亚直到中国、印度边境)推进大征服战略导致的版图扩张后,这种保护法则扩展适用于琐罗亚斯德教徒(Zoroasters),其被允许保留宗教仪式和法典。因此,一种被称为泰法(*Taifa*)的社群机制被创设出来。随后,相关社会实践沿着两股方向演进。第一种是包含不区分族群缘起或语言的穆斯林。此外就是被授予法律地位的非穆斯林。诚如学者哈米杜拉(Hamidullah)所说,在穆斯林土地上亦有其他法律分类。[45]

这个分类乃是吉兹亚税制度演化的结果,即从最初仅对犹太教徒和基督徒征收

---

〔42〕 参见 *Ahkam Ahl Ad-Dima*(n 39)5 and 15。我们在此参考的书介绍了关于顺民吉玛人的问题,讨论了穆斯林向这些民族做出行为时要遵守的规范的所有层面,如战争与和平、贸易、穆斯林与其妇女的通婚、保护他们的资产和财产等。

〔43〕 他们曾经并且现在仍旧被视为"信经之人",因为对伊斯兰来说,《摩西五经》(the Thorah)和《圣经》是上帝向摩西和耶稣基督启示的神圣话语,正如《古兰经》是上帝启示给先知默罕默德的话语。

〔44〕 纳季兰地区的基督徒已收到这位先知的最后通牒:要么皈依伊斯兰教,臣服于他;要么发动战争。纳季兰人派遣一个委员会前往麦地那市讨论这一问题。会议最终得出签署屈服条约的结论,承诺纳季兰人将支付人头税。圣职人员的利益因此得到保护,宗教宽容亦得到保证。在也门战争或者抗议将要爆发的情况下,他们也向穆斯林政府出借了武器和动物。详见 M. Hamidullah, *Les documents sur la diplomatie musulmane à l'époque du Prophète et des Khalifes orthodoxes*(GP Maisonneuve Librairie Orientale et Américaine Paris 1935)at 78–81。

〔45〕 关于分类,见同上;*L'histoire du droit des gens*(n 36)33。

（*Ahl Al Kitab* 或信经之人），到后来对所有非穆斯林推而广之。"先知穆罕默德开先例扩及波斯世袭的僧侣，使得后世哈里发们能放手处理作为其子民的非穆斯林社群。"[46]

以顺民之名提供的保护及由此生发的法律地位拥有共同的合意基础，即征服之后随即签署的条约。这些条约堪比穆斯林国家同其他民族签署的那些国际条约，即"既看重国际法，又全面渗透了伊斯兰公法的精神。"[47]

（二）尊重"承诺"或信誓

信誓或"承诺"是穆斯林当局同其他民族开展对外关系中用到的一个概念。但是，这项构成"和平理论"基础的概念并非指永续和平，而是说在既定时间之内的和平。但是，重要的是凸显穆斯林尊重给出的许诺或誓言，因为对穆斯林而言，这是神圣的。这种行动的内在精神见于《古兰经》教义。[48]

（三）安全保障

安全保障是每位穆斯林对任何非穆斯林外人提供的保护承诺，即对定居于穆斯林土地上的非穆斯林外人的生命、自由和财产之保护。该外人可从事凡法律未禁止的行为。但是，这种保护期必须是一年一续。

因此，借助穆斯林与非穆斯林之间的商业交往，这项实践得以让某些伊斯兰概念嵌入中世纪的机制体制内。

在穆斯林阿拉伯国家与非阿拉伯国家的交往中，这套原则主要通过规范穆斯林统治者战时与平时行为的教义得以保全并流传下来。这些民族所拥有的众多条约堪称其见证。[49]

398

六、条约的缔结实践

正是在欧洲人企图征服北非国家、海盗猖獗、穆斯林与基督徒在地中海进入战争与和平的时期，[50]本节将讨论的这些条约完成了起草和签署。需注意的是，当

---

[46] *Les documents sur la diplomatie musulmane*（n 44）81.

[47] 'Pour une théorie du droit international musulman'（n 16）20.

[48] A. Hassan Ali Al-Mawardi, *Al-Ahkam As-Sultaniya*（Matbaat Al-Watan Cairo 1297）at 133；亦见 *Holy Koran* 18：36，8；60，16；93, and 22：8.

[49] 本章第六节"条约的缔结实践"将讨论这些条约。

[50] 为了制止私掠船的攻击，法国派遣中队轰炸阿尔及尔港口（阿尔及利亚）（1682 年）、的黎波里港口（利比亚）（1765 年）和塞拉港口（摩洛哥）（1765 年）。

是时,葡萄牙人已占据着 16 世纪以来辽阔的摩洛哥大西洋海岸(从萨菲[Safi]到拉腊什[Larache]),而西班牙人占领了休达(Ceuta)和梅利利亚(Melilla),以及阿尔及利亚和突尼斯海岸,直到奥斯曼帝国将其赶出这些地区。

当时的条约和换文无论内容还是形式都与当代不同民族国家所签署的条约类似。但是,取决于具体情势和不同国家动态关系的瞬息万变,许多因素——宗教、经济和政治——各有侧重地在每项具体条约上留下了独特印记。如下文分析,世人将目睹现实主义盖过宗教情怀,以及政治考量让位于经济实用主义。

对整个区域而言,这些条约、换文或汇编集留下的法律遗产展现了其所涵盖的三大领域:商业交往、和平与战争以及领事裁判权协议。如果投降协议涉及前两个领域,那么就会有其独特的特征。

很重要的一点是这类协议的主导属性是双边性质,因为多边概念要到 19 世纪末随着北非国家更多地沦为被征服者而非主体行动者才被引入。1880 年的马德里大会堪称适例,该会从 5 月 19 日持续到 7 月 3 日,所有欧洲列强齐聚摩洛哥,而寄望于英国和美国帮助的摩洛哥要求对施加其身的保护制度进行限制和改革。但是,结果事与愿违,这种保护权力反倒扩及所有与会的西欧强权。在德国的支持下,法国几乎是蛮横地扼杀了摩洛哥参会使团的愿景。这次会议决议授予欧洲人在摩洛哥取得财产的权利,此乃摩洛哥的独立性终结之标志。[51]

倘若和平条约在最初只是创设诸如"上帝的休战"和"上帝的和平"等概念,那么其后续则为结束敌对状态、允诺中立、商业交往、人民法律地位(机构、宗教崇拜自由等)、释放俘虏等各种领域的条款铺平了道路。如果西方民族签署了关于规范其北非民族关系的通商和航海条约,那么其主要目的是想获得商业特权。

从历史记载的初期到 18 世纪末,所有这些条约的深层次目标都是在海盗最猖獗的时代避免暴力。该阶段的条约的遣词造句或起草方式都不甚清晰。这些条约主要包含关于货物买卖、土著代理人选择或领馆建设等条款。后续的条约更为清晰地包括了航行和通商自由。其亦包含关于领事、其他外交代表及其随员地位的条款。本节将区分下述条约:商事条约、特许条约、领事裁判权条约、结盟条约。

---

〔51〕C. A. Julien, *Le Maroc face aux impérialismes* (Editions Jeune Afrique Paris 1978) at 69 – 90.

(一) 商事条约

虽然马斯·拉特里(Comet de Mas Latrie)坚称"穆斯林与基督教民族间的贸易虽一直以来与作为主要目标与永续利益的宗教无涉",[52]但其实这些条约兼顾了经济目标和政治目标。其条款涉及结束敌对状态、释放俘虏、安置人民、宗教和航行自由。[53] 对这种古代商事条约,拜伦·波利斯·诺尔德(Baron Boris Nolde)写道:

> 直接关系国际贸易的事项往往淹没于名称与之毫无瓜葛,或仅把贸易当边缘问题处理的条约之中。[54]

必须注意的是,阿拉伯和穆斯林国家对欧洲影响力的开放以及其推进的商业自由化政策让其身陷囹圄,特别是在 19 世纪。对摩洛哥而言, 400

> 因 1861 年的商事条约[55],摩洛哥经济处境更加不妙;因为对西班牙货物要降低进口税、废除某些垄断、允许西班牙人在沿海捕鱼并建造其房舍、商店和拥有土地;外国人不得在摩洛哥拥有所有权的原则从此松动了。[56]

(二) 特许条约

对特许条约,似乎非常重要的是强调西欧国家为巩固各自既得利益而展开白热化竞争的背景。他们坚持其待遇至少不低于别国。这些条约旨在保障西欧公司

---

[52] J. M. J. L. de Mas Latrie, *Traités de commerce et documents divers concernant les relations des chrétiens avec les Arabes de l'Afrique septentrionale* (Plon Paris 1868) at 2.

[53] E. Rouard de Card, *Les traités de la France avec les pays de l'Afrique du Nord*, *Algérie*, *Tunisie*, *Tripolitaine*, *Maroc* (A Pedone Paris 1906) at 6.

[54] B. Nolde, 'Droit et technique des traités de commerce' (1924) 3 *Receuil des cours* 295 – 461 at 296.

[55] Treaty of Commerce and Navigation between Spain and Morocco (签订于 1861 年 11 月 20 日)53 BFSP1089。

[56] M. Emerit, 'Le Maroc et l'Europe: 1830 – 1894' (1965) 20 *Annales*, *économies*, *sociétés*, *civilisations* 635 – 640 at 637. 关于这一条约,亦见 F. Zaïm, 'Le Maroc méditerranéen au XIXe siècle ou la frontière intérieure' (1988) 48 *Revue de l'Occident musulman et de la Méditerranée* 61 – 95 at 71。

的商业权益,包括享有特定商业柜台、对本地人的排他性商业特权、修补或建造房舍的选择,以及与一些商业代理机构的自由与安全。对此可援引法国与摩洛哥苏丹的不同摄政王之间签署的众多条约,这些条约便是有利于法国在非洲的各类公司的特许。[57]

包括但不限于这些特许条约对北非被侵略起了推波助澜的作用。以摩洛哥为例,其在 1912 年与法国签署的保护条约[58]确立了法国在该国经济领域的至高地位。[59] 相同地,突尼斯签的那些特许协议保障了外国人的强势经济存在和外国领事的强大影响,特别是英法两国。这种影响力促使突尼斯总督启动了一系列改革措施。以 1857 年 9 月 10 日的"基本条约"(*Ahd Al Aman*)为例[60],总督对法国政府代表莱昂·罗什(Léon Roches)[61]承诺保障非穆斯林的宗教敬拜自由、建立审判外国刑事犯的特别法庭、创建有外国参与的商事法庭,以及最主要的是非穆斯林在突尼斯享有购买和拥有房屋的权利。[62]

(三) 结盟条约

按伊斯兰法及其教义,对穆斯林世界而言,穆斯林国家不得同非穆斯林结盟来对抗其他穆斯林。同样地,基督教教义亦将基督教国家同穆斯林结盟视为不敬,并禁止之。另外,对于向不同国家出售货物亦有限制,特别是当所售货物将增强敌方军事实力。

但是,确有反例。如西班牙就不能期待伊莎贝拉一世的誓言适用于法国,即为迫退伊斯兰、收复失地,她梦想圣战乃是征服其他北非国家的正当理由。16 世纪,西班牙查理五世出于担心丧失在欧洲的霸权而并未投身北非。[63] 然而,其对手法王

---

〔57〕关于这一点,参见 *Les traités de la France*(n 53)。

〔58〕Bulletin Officiel, *Empire Chérifi en—Protectorat de la République Française au Maroc*,1 *novembre 1912*, at 1.

〔59〕A. El Ouazzani, *Pour une analyse comparative des élites politiques Maghrébines*(Aix-Marseille III Aix-en-Provence 1994)at 115. 例如,法国巴黎银行获得了控制摩洛哥关税的权利,以使其向法国支付债款。这给了法国权力以控制该国的经济。更多细节,见 *Le Maroc*(n 51)69-90。

〔60〕Le pacte fondamental(Ahd Al Amen)of 10 September 1857 < http://www. e-justice. tn/fi leadmin/ images/repertoire_musee/husseinite_avant_protec/Pacte_fondamental_1857_fr. pdf > ,访问于 2012 年 3 月 25 日。

〔61〕见前引注释 27。

〔62〕*Le Maroc*(n 51)117.

〔63〕E. Moha, *Les relations Hispano-Marocaines*(Eddif Casablanca 1994)at 51.

弗朗索瓦一世和法属萨伏伊公国摄政王则同奥斯曼帝国苏莱曼一世缔结盟约对抗查理五世。

奥斯曼帝国征服阿尔及利亚后所形成的威胁迫使西班牙和摩洛哥之间休战。摩洛哥与西班牙签署协议,希望借助西班牙的实力保护摩洛哥免于落入奥斯曼之手。"这场结盟一直持续到 16 世纪末,直到土耳其人明确无意西进地中海这个盟约力保的核心地带。"[64]

(四) 投降条款

"奥斯曼帝国与神圣罗马帝国治下的欧洲签署了第一份领事裁判权条约。保障了诸多自由,包括开业自由、房舍不可侵犯、人员移动自由、宗教自由以及赋税与司法权豁免。"[65]但是,若我们将这等豁免视为对在穆斯林的外国使节之保障,是故将之作为尊重外交规范——自古以来就存在——的证据,则很难将之解释为该国家弱小的标志。本章作者认为向别国给予特权乃是该国落后示弱的象征。这类条约见于商事领域,即便其内容包含着构成侵犯一国主权的处置。因此,这些外国领事可对摩洛哥居民给予保护,这样摩洛哥人民就可完全脱离摩洛哥苏丹的统治,后者因此被削弱,并且因而必须接受这类条约。在此我们可援引前述摩洛哥与西班牙于 1861 年 11 月 20 日缔结的商事条约,其第 15 条写道:"凡西班牙子民或受其保护者,无论基督徒、犹太人或回教徒,均得享有本条约所规定的权利和优惠及其他最惠国待遇。"[66]

该条约第 16 条则说道:"西班牙子民之间及其与外国人之间的刑事案件,应交由外国领事法庭裁断,摩洛哥政府不得干预。"[67]

七、(暂时性的)和平条约

对穆斯林而言,和平在理论上不可能是永续的。它受时间限制且像一个不得超过十

---

[64] E. Moha, *Les relations Hispano-Marocaines* (Eddif Casablanca 1994) at 52.

[65] 摩洛哥也与欧洲国家签署了领事裁判权协议:1631 年、1682 年和 1767 年与法国签订;1799 年与西班牙签订;1836 年和 1856 年与英国和美国签订。见 A. Riziki Mohamed, *La diplomatie en terre d'Islam* (l'Harmattan Paris 2005) at 206 ff.

[66] Treaty of Commerce (n 55).

[67] *Les traités de la France* (n 53)44 – 45.

年之期的停战协议。历次十字军东征的史学史充斥着穆斯林与基督徒之间签署的停战条约。这些条约的目标总是基于暂时休战的必要性，以谋求恢复兵力重新开战。[68]

更为晚近的例子是阿尔及利亚的阿卜杜·卡迪尔（Abdelkader）酋长出于同样的理由与法国签署了两项停战条约。第一项系同德米歇尔（Desmichels）于 1834 年 2 月 26 日签署，[69]第二项系同比若（Bugeaud）于 1837 年 5 月 30 日签署，称为《塔夫纳条约》(the treaty of the Tafna)。[70]

史学界对阿卜杜·卡迪尔酋长发动的战争评价并不高，认为其不过是"一种同质性事业，或只是与世人应视之为'伟大土著酋长'或'为信仰而战者'的一场冲突而已（即伊斯兰对法国军官）"。[71] 由此，对条约条款的解释也是本着"花开两朵，各表一枝"的实用主义，各为己方政治目标服务，而对法文和阿拉伯文条约版本的模糊之处[72]则由条约精神推出自己的演绎，并把引发敌对的责任推到对方头上。

或许我们可以思考研究阿卜杜·卡迪尔酋长坚持诉诸圣战的信誓旦旦是否就是不明智的。阿卜杜·卡迪尔酋长自封为摩洛哥苏丹哈里发，并篡夺伊斯兰信士统帅（Emir Al-Mouminin）之头衔，从而为他与基督徒签署的和平条约提供合法性。

对法国而言，与阿卜杜·卡迪尔酋长之间的和平缔造建基于一个很明确的前提条件，即维续对阿尔及利亚的有限占领。这份条约的首要目标是在土著领袖的帮助下同阿尔及利亚其他区域保持和平关系，让其他自治且不接纳法国的本地部落不至于对法国形成威胁。

在其决定与阿卜杜·卡迪尔酋长合作的申辩理由中，德米歇尔说道：

> 酋长是我完成和平计划的唯一依靠，他高洁的精神、充沛的精力及其所继承的父辈对阿拉伯世界的极大影响力；加之围绕他左右的那帮贤能知识人，凡提及他父亲的名字即获肃然起敬的民意。[73]

---

[68] A. Maalouf, *Les croisades vues par les Arabes* (Jean-Claude Lattés Paris 1983).

[69] *Les traités de la France* (n 53)89 - 90.

[70] 同上，第 92—94 页。

[71] R. Gallissot, *La guerre d'Abd el Kader ou la ruine de la nationalité Algérienne* (1839 - 1847) (Rabat Faculté des Lettres et des Sciences Humaines 1964) at 119 - 142.

[72] 亦见 C. R. Ageron, *Politiques coloniales au Maghreb* (PUF Paris 1973).

[73] 同上，第 10 页。

事实上，由于那些本地酋长的不断骚扰和封锁，法国在奥兰（Oran）、阿尔泽（Arzew）和穆斯塔加奈姆（Mostaganem）的处境变得非常困难，从而迫使其一切运输均须依靠海运。因此，在终结[74]还是继续征服之间进行选择，以及借助土著领袖之力进行摄政治理的理念变得越来越迫切，特别是当法国议会和政府都开始质疑在阿尔及利亚的殖民时。[75]

阿卜杜·卡迪尔酋长的军事实力并不强大。阿卜杜·卡迪尔酋长要面对的不仅是法国，还有数量不断增多的内部反对者；他亦需要给士兵配备枪支弹药，而如果不与德米歇尔签订条约，他将无法实现这一点。[76] 于是，这位酋长认为"上策就是同法国开展实质性的和平对话"。[77]

阿卜杜·卡迪尔酋长是否接受了法国享有对阿尔及利亚的主权，并放弃了把国家从基督徒手中解放出来的信念？若我们参考这位酋长对莱昂·罗什所说的话，那么这个问题似乎更不确定了，他说："与基督徒议和……我是从《古兰经》上帝的话中得到天启：'同异教徒之和平，应视为穆斯林的停战，待休养生息后再战高下。'"[78]因此也不能排除这种由必要性决定的和平理念。甚至更可能的是两权鼎立以共治阿尔及利亚才是双方的真实意图。可能如此，因为一方面，《塔夫纳条约》建立这种分而治之格局，但权力双方为了和平共处必须互相帮助，该条约不可能长期维续。[79]另一方面，这位自封为穆斯林信众统帅的圣战领袖绝不可

---

[74] 在法国，这一观点的主要拥护者是反殖民主义者，如战争预算的报告人伊波利特·帕西（Hypolite Passy）；沙维尔·德·萨德（Xavier de Sade）"l'Aine"的自由代理人于 1883 年 4 月 3 日在议会宣告：....所有被用于阿尔及利亚的军队的钱能被更好地利用在法国。"tout accroissement de territoire ne comportait pas nécessairement un accroissementde puissance"，C. A. Julien, *Histoire de l'Algérie contemporaine*：*La conquête et le début de la colonisation 1827 - 1871*（Casbah Editions Alger 2005）at 106 - 107.

[75] 同上，第 106—115 页。1834 年 7 月 22 日，在《德米歇尔条约》签订 5 个月后，法国最终宣告阿尔及利亚为"法国在北非的财产"，这一事实非常重要。

[76] 'Treaty between Emir Abdelkader and General Desmichels（26 February 1936）'. 法文版见 G. Esquer（ed.）*Correspondance du général Drouet d'Erlon, gouverneur général des possessions françaises dans le nord de l'Afrique*（*1834 -1835*）（Champion Paris 1926）at 559 - 560；关于"秘密"的《德米歇尔条约》的认证副本的照片，见 C. R. Ageron, 'Premières négociations francoalgériennes'（September 1964）163 Preuves 49。

[77] *Politiques Coloniales au Maghreb*（n 72）72.

[78] *Dix ans*（n 27）72.

[79] A. Laroui, *L'histoire du Maghreb*（Maspero Paris 1975）vol 2, at 73 - 74. 亦见 *Politiques coloniales au Maghreb*（n 72）。

能长期偏安一隅、按兵不动。

无论如何,战争旋即重启。1842 年,当这位酋长处境艰难时,他又产生了议和的想法。阿卜杜·卡迪尔酋长致函摩洛哥苏丹,其中提出缔结和约的想法。苏丹阿卜杜勒·拉赫曼(M. Y. Abderrahman)在回函中对此予以肯认:

> 我们深知穆斯林为战争付出了惨烈和残酷的代价;继续这场圣战,得牺牲自己的孩子,自家的事无从照料。在敌人和异教徒面前,穆斯林目前深处弱势。为免无辜牺牲,我赞同你的和平计划。如此,穆斯林才能明智地获得重整旗鼓的宝贵时间,这是上策。[80]

如果说这类愿景已从现代穆斯林国家的逻辑中消失,那么它在当下的伊斯兰主义运动的观念中并未完全消亡,特别是在如今仍属于交战国的地方,如阿富汗和巴勒斯坦。

八、结论

405   事实上,在北非对国际法规范之形成所做出的贡献中,伊斯兰起到的作用一直都不是孤立发生的。它必须与另一现实相联系,即强权间的关系及他们对主导地位的争夺。

在穆斯林帝国和欧洲国家和平共存的几个世纪以来,战争策略和主宰地中海世界的权力游戏是其互惠关系的风向标。穆斯林和非穆斯林强权在这块辽阔的地域对峙良久。

武装争夺——无论是直接战争冲突还是通过私掠船和海盗——是为各民族国家所使用的常见策略。在这种权力争夺的逻辑下,试图提炼出恰当的规则是徒劳无益的。在对国际法逻辑的归纳中,雷蒙·阿隆(Raymond Aron)指出这一领域如何一直被战争主导,他说:"国际关系交替出现战争与和平……放眼所有的文明,战

---

〔80〕 Lettre du Sultan du Maroc à Abdelkader 23 Chaoual 1257,début janvier 1842,Archives d'Outre-Mer,18MI56,série E,liasse 212 (microfilm).

争不断,甚至大战都是周期性的。"[81]伊斯兰文明也不例外。

倘若伊斯兰对国际法有贡献的话,那就是保护人的法律,特别是非穆斯林受保护者法(*Dhimmi*),更具体来说是指对宗教少数群体和对战争囚犯的人道待遇的法律。不同于援引教义允许以教会名义搞异端裁判的基督教,伊斯兰依据载于《古兰经》中并获先知穆罕默德确认的教谕来保护定居于其境的基督徒和犹太教徒。

但是,随着穆斯林帝国崩解为若干小的民族国家,穆斯林接受了国际法规范,即一套由直接源于国际联盟的西方秩序所界定的规范体系。

推荐阅读

Abdelmalek El Ouazzani, *Pour une analyse comparative des élites politiques maghrébines* (Aix-Marseille III Aix en Provence 1994).

Emerit, Marcel 'Le Maroc et l'Europe: 1830 - 1897' (1965) 20 *Annales, économies, sociétés, civilisations* 635 - 640.

Félix, *Lucien Le statut international du Maroc d'après les traités* (A Pedone Paris 1928).

Hamidullah, Muhammad *Les documents sur la diplomatie musulmane à l'époque du Prophète et des Khalifes orthodoxes* (GP Maisonneuve Librairie Orientale et Américaine Paris 1935).

Ibn al-Hasan al-Shaybani, Muhammad *Le grand livre de la conduit de l'état* (Kitab Essiyar Al Kabir) (Muhammed Hamidullah trans) (Edition Turkiyé Diyanet Vakfi Ankara 1991).

Julien, Charles-André *Le Maroc face aux impérialismes* (Editions Jeune Afrique Paris 1978).

Julien, Charles-André *Histoire de l'Algérie contemporaine, la conquête et le début de la colonisation* (1827 - 1871) (Casbah Edditions Alger 2005).

Latrie, Jacques M. J. L. comte de Mas *Traités de commerce et documents divers concernant les relations des Chrétiens avec les Arabes de l'Afrique septentrionale* (Plon Paris 1868).

Maalouf, Amine *Les croisades vues par les Arabes* (Editions Jean-Claude Lattès Paris 1983).

Mallet, Dominique and Jacques Langhade 'Droit et philosophie au XIIè siècle dans l'Andalus: Averroès' (1985)40 *Revue de l'Occident musulman et de la Méditerranée* 103 - 21.

Mansour, Camille *L'autorité dans la pensée musulmane: Le concept d'Ijma' (Consensus) et*

---

[81] R. Aron, 'Sociologie des relations internationales' (1963)4 *Revue française de sociologie* 307 - 320 at 308.

la problématique de l'autorité (Vrin Paris 1975).

Moha, Edouard *Les relations Hispano-Marocaines* (Editions Eddif Casablanca 1994).

Ouazzani Chahdi, Hassan *La pratique marocaine du droit des traités* (LGDJ Paris 1982).

Rabbath, Edmond 'Pour une théorie du droit international musulman' (1950) 6 *Revue égyptienne de droit international* 1 – 23.

Rechid, Ahmed 'L'Islam et droits des gens' (1937)60 *Recueil des cours* 371 – 506.

Riziki, Abdelaziz Mohamed *La diplomatie en terre d'Islam* (L'Harmattan Paris 2005).

Roches, Léon *Dix ans à travers l'Islam 1834 – 1844* (Librairie académique Didier Paris 1904).

Rouard de Card, Edgard *Les traités de la France avec les pays de l'Afrique du Nord, Algérie, Tunisie, Tripolitaine, Maroc* (A Pedone Paris 1906).

Salih Subhi, As-Salih *Annudhum Al-Islamiya* (Muslim Systems) (Dar Al-Ilm Li Al-Malayîn Beyrouth 1980).

Taube, Baron Michel de 'Etude sur le développement historique du droit international dans l'Europe orientale' (1926)11 *Recueil des cours* 341 – 556.

Veronne, Chantal de la 'Relations entre le Maroc et la Turquie dans la seconde moitié du XVIe siècle et le début du XVIIe siècle (1554 – 1616)' (1973)15 – 16 *Revue de l'Occident musulman et de la Méditerranée* 391 – 401.

Zaïm, Fouad 'Le Maroc méditerranéen au XIXe siècle ou la frontière intérieure' (1988)48 – 49 *Revue de l'Occident musulman et de la Méditerranée.*

第十七章 非洲

詹姆斯・瑟・加西(James Thuo Gathii)

一、引言

本章作者在本章中从历史角度追溯了有关非洲参与国际法的两种主要观点——一派是强调非洲对国际法有所贡献的"贡献主义者";另一派是将非洲在国际关系中的从属地位视作国际法"遗害"的"批判理论者"。[1]

国际法院终身法官特斯林・奥拉瓦莱・伊莱亚斯(以下简称"伊莱亚斯")等贡献主义者认为,在"不同文明参与制定真正的普遍性规范的过程中",非洲历来都是重要的规范制定者。[2] 这种强调非洲参与国际法形成的观点即为"贡献主义"。也有人将贡献主义称为文明相容方法(inter-civilizational approach),认为国际法是众多文明的结晶,[3]而非仅仅是欧洲文明的产物。贡献主义者强调,非洲是国际法规范的"一位创新者和发明者"[4]。

---

[1] M. Mutua, 'What is TWAIL?' (2000) 94 *American Society of International Law Proceedings* 31 – 40 at 32 (称贡献主义者为极简主义同化伦者,称批判理论者为坚定的重构主义者);亦见 O. Okafor, 'Newness, Imperialism and International Legal Reform in Our Time: A TWAIL Perspective' (2005) 43 *Osgoode Hall Law Journal* 171 – 191 at 176。

[2] 参见 P. S. Surya, *Legal Polycentricity and International Law* (Carolina Academic Press Durham NC 1996)。

[3] Y. Onuma, 'When Was the Law of International Society Born?' (2000) 2 *Journal of the History of International Law* 1 – 66.

[4] J. Levitt (ed.) *Africa: Mapping New Boundaries in International Law* (Hart Oxford 2008).

相反,马卡·瓦·穆图(Makau Wa Mutua)、西巴·格罗沃奎(Siba Grovogui)、卡马里·克拉克(Kamari Clark)、伊比龙克·奥杜姆苏(Ibironke Odumosu)和奥比奥拉·奥卡福(Obiora Okafor)等持批判观点者更倾向于现代国际法延续了殖民地去权(colonial disempowerment)的研究范式,他们认为还有很多应予抵制和进行改革的空间。对批判理论者而言,最重要的问题是如何"去除帝国主义者利用国际法对全球南方"[5]——尤其是对非洲——的歧视与剥削。

本章作者将从如下几方面进行论述:第二节将例证贡献主义者如何从非洲角度尝试重写国际法,同时讨论贡献理论的显著特征;在第三节,本章作者会考察批判理论者在非洲国际法史研究领域的著述;最后得出"结论"。

二、贡献主义者重写国际法历史:强调非洲参与,抨击欧洲中心论

本章作者将在本节讨论贡献主义者如何重述国际法史,即抨击欧洲中心主义,强调非洲参与论。伊莱亚斯的论著是贡献主义理论的体现,他至少从两个方面对国际法的欧洲中心主义进行了批判。首先,伊莱亚斯著作的独特之处在于,强调非洲的主体身份,批评国际法所宣称的普遍性。其次,通过这种做法,伊莱亚斯对国际法的欧洲中心主义进行了批判,从而摧毁了普遍性是该学科构成性基础的核心观点。伊莱亚斯不仅引领研究国际法的非洲学者们揭露国际法的欧洲中心主义,并且提出了相应的补救措施。如下文所示,伊莱亚斯巧妙地通过一系列论证,阐述了国际法及其普遍性不只在欧洲国家间适用,还应包括非洲国家。伊莱亚斯的《非洲和国际法的发展》一书对这一研究传统进行了详细而又具有说服力的分析。

二战后,强调非洲主体身份的重要性在于支持非洲与其他种族一样平等地享有尊严、主体身份和民族自决权,以终结所谓非洲没有历史的固有偏见,该偏见曾为欧洲国家实施奴隶制度和对非洲进行殖民征服奠定了重要基础。强调非洲的主体身份不仅是对非洲劣等和落后之刻板印象的打击,[6]也是对基于西方殖民统治

---

[5] M. W. Mutua, '(Book Review) *Africa*: *Mapping New Boundaries in International Law* by Jeremy I. Levitt' (2010) 104 *American Journal of International Law* 532–538 at 533.

[6] 此外,伊莱亚斯一定清楚地知道,20世纪60年代至20世纪70年代的非洲外交官在纽约等西方国家的城市所遭遇的侮辱性种族歧视。

和其他形式的征服与强权的西方和白人优越感的打击。

伊莱亚斯的著作因此成为他所在时期最重要的学术作品之一，其亦是抵抗并且重新定义国际法史给非洲打上的"落后""未开化""野蛮"等标签的最好例证。[7]伊莱亚斯和费列克斯·奥科那（Felix Okoye）[8]等非洲学者重写国际法历史的一个主要目的是纠正历史记载，以颂扬非洲也曾有如同欧洲的历史时期，曾是古老的王国之一，是与"现代的"和"文明的"西方国家同等的政治主体，从而将非洲从被预设的历史地位中解救出来。正是在此意义上，伊莱亚斯流派的学者们惯于挑战所谓"黑人低劣、奴性和落后"的观点。[9]

这些非洲学者对非洲未开化、野蛮与落后等说辞进行了重新解读，重新划定了殖民类别，从而形成了后殖民主义的国际法，使种族主义者和帝国主义者的殖民话语无关种族歧视。伊莱亚斯当时正在推进一个无种族歧视与帝国主义歧视的项目，其主张非洲具有"他们历来都不曾知晓的尊严与自尊"。[10]

（一）从非洲角度重写国际法历史

伊莱亚斯认为，在殖民征服之前，非洲一直都是国际社会的参与者。因此，伊莱亚斯拒绝将殖民时期作为没有历史之民族向全球化时代过渡的转换阶段，也不认可殖民时期是分布零散的异族加入国际大家庭前的准备时期。在伊莱亚斯看来，"如果我们想要认识非洲在当今国际事务中的重要性，就必须首先简要回顾所谓的'黑大陆'各个部分自有历史记录以来在其内部及对外关系中所起的作用"[11]。

伊莱亚斯在其著作（《非洲和国际法的发展》）的第一章（标题为"古代非洲和中世纪以前的非洲"）中，利用历史记录描述了迦太基统治者（今突尼斯）如何在非洲建立起广泛的帝国统治。伊莱亚斯称，迦太基帝国通过条约直接占领了西西里岛、

---

〔7〕黑格尔等其他欧洲学者强调将非洲排除在浸润犹太-基督教历史的有意识之人类的未来之外。参见 B. Jewsiewicki and V. Y. Mudimbe, 'Africans' Memories and Contemporary History of Africa' (1992) 31 *History and Theory* 1-11。19世纪的国际学者也认同非洲没有历史的这种观点。这些学者还强调，非洲不同于犹太-基督教的欧洲，其普遍的文化劣势和政治混乱使得非洲不能成为国际大家庭的成员。

〔8〕F. Okoye, *International Law and the New African States* (Sweet and Maxwell London 1972).

〔9〕B. Davidson, *Black Star: A View of the Life and Times of Kwame Nkrumah* (Allen Lane London 1973) at 12-13.

〔10〕同上。

〔11〕T. O. Elias, *Africa and the Development of International Law* (Sijthoff Leiden 1974) at 3.

撒丁岛和西班牙南部。[12] 伊莱亚斯通过该条约提出两个主张:第一,强调迦太基作为一个非洲帝国的军事力量;第二,表明非洲在殖民征服之前就通过国际协约与欧洲建立了联系,而缔结国际协约是国家间关系的典型体现。由此,伊莱亚斯为消除非洲的"黑大陆"印象奠定了基础。伊莱亚斯认为:

> 早期学者的著作中缺乏对迦太基人在非洲的贸易性质和范围的记述,主要是为了排除(例如通过条约防止迦太基帝国进入欧洲,并且避免昔兰尼加以西的北非海岸与外部接触)。[13]

根据此观点,历史不经意间已经体现出非洲在前殖民时期对国际社会的实质性参与。伊莱亚斯兴致勃勃地总结称:"撒哈拉有可能像主导非洲南部历史一样,也在北部发挥了重要作用。我的概括应该作为一个有趣的背景资料。"[14]此外,伊莱亚斯告诉我们,"布料和其他一些奢侈品(例如珠串)贸易的普遍性以及大殖民城市模式,将几内亚地区与苏丹带以南的非洲其他地区区分开来"[15]。在伊莱亚斯的叙述中,非洲贸易在特定进口港与西方贸易商之间的互动和接触中产生了普遍性。因此,非洲和欧洲之间的商业往来被等同于普遍性,而非洲与欧洲之间的交往是否人道或公平并非他关注的焦点。例如,很显然,伊莱亚斯只讨论对奴隶贩卖的废除,却几乎没有谈到18世纪和19世纪的国际法与奴隶制难脱干系。伊莱亚斯对国际法为非洲打上落后和野蛮的烙印却为殖民侵占非洲土地的行为进行正名的各种方式也没有提出任何异议或反思。毕竟,伊莱亚斯的首要目标是消除这些与

---

〔12〕 T. O. Elias, *Africa and the Development of International Law* (Sijthoff Leiden 1974) at 3.

〔13〕 同上。

〔14〕 同上,第5页。

〔15〕 同上,第6页(着重强调)。历史学家注意到,"关于非洲的经验信息模式是18世纪的非洲奴隶贸易阶段建立的特殊关系的产物"。P. D. Curtin, *The Image of Africa, British Ideas and Action,* 1780-1850 (The University of Wisconsin Press Madison 1964) at 9。贸易信息在当时具有重要价值,首先是由于西非海岸与欧洲和其他贸易商之间存在的商业联系,尤其是奴隶贸易。其次是因为它是"政治结构的基础……对于那些不得不应对非洲当局的商人而言"(同上,第23页)。因此,当时的欧洲旅行者十分重视非洲社会的贸易、商业以及"政治"结构等问题。大约两个世纪之后,非洲的国际法学家发现了这一信息能够为欧洲商人提供商业利益。与这些贸易商和欧洲旁观者不同,这些法学家利用这些信息来证明他们在殖民地征服之前和西方国家已有接触。

之矛盾的殖民活动的错误,而非反思殖民背后的目的。

伊莱亚斯认为,前殖民时期充分证明了"国际化"的存在或欧非之间已有交往和接触。为欧亚所熟知的外交法理论与实践在非洲同样非常发达,这就是伊莱亚斯运用的史料证据。[16] 显然,伊莱亚斯界定的"国际性"标准只适用于中世纪非洲王国与欧亚国家之间的交往。如果是这样,那么伊莱亚斯也许会像欧洲中心主义的国际法学家一样被指责,因为他们都没有充分考虑前殖民时期和殖民期间充满剥削与压榨的欧非交往所产生的影响。[17]

随后,伊莱亚斯的关注点转移到了一个熟悉的历史叙事,即从争夺非洲到缔结条约以划分边界,继而预设由几个殖民国家得享非洲主权。值得注意的是,对于非洲首领和欧洲贸易公司签署的旨在将非洲土地让与殖民者的条约,伊莱亚斯并没有分析其中的帝国主义性质,而是将其作为非洲国家在前殖民时期参与国际社会的进一步证据。在伊莱亚斯看来,这些条约反映了非洲首领在与欧洲国家建立交往关系上具有自由。很遗憾,这一逻辑导致英国殖民地法院习惯性地认定,在殖民国家的完全控制与管辖之下,非洲社会有主权,且选择将土地割让给殖民政权。[18] 平心而论,不能说伊莱亚斯完全没有意识到这些不平等条约的形成背后问题重重,也不能认为他没有注意到后来一些新独立的国家希望摆脱这些条约义务时的迟疑。在其他著作中,伊莱亚斯谈到了摆脱不平等条约后产生的新独立国家的主要关切。[19]

412

同伊莱亚斯一样,其他一些第三世界的学者认为,尽管现代意义上的"国家"也许是由欧洲创造的,但有一些非洲政治实体在欧洲"国家"出现以前就已存在。[20]

---

〔16〕*Africa and the Development of International Law*(n 11)15.

〔17〕此处的原因十分简单,即国际法的欧洲中心主义与"殖民统治不可分割——这是政治结构的基础……对不得不与非洲政权打交道的商人而言"。参阅 A. Riles,'Aspiration and Control:International Legal Rhetoric and the Essentialization of Culture Note'(1993)106 *Harvard Law Review* 723–740 at 737.

〔18〕进一步分析,参见 J. Gathii,'Imperialism, Colonialism and International Law'(2007)54 *Buffalo Law Review* 1013–1066。

〔19〕例见 T. O. Elias,'The Berlin Treaty and the River Niger Commission'(1963)57 *American Journal of International Law* 879–880。

〔20〕M. T. S. Jewa,*The Third World and International Law*(thesis University of Miami Coral Gables FL 1976)at 7.

古典国际法学者(如亨利·惠顿[21]、劳伦斯[22]和詹姆斯·拉里默[23])认为,国际法仅限于欧洲文明的基督教民族或者欧洲裔人士。非洲独立后出现的首批学者并未拒绝国际法与基督教或与西方的渊源,而且他们还认为非洲国家也参与到了国际法的成形进程中。对于这些非洲国际法学者而言,国际法的帝国主义和重商主义特征从来都不是关注的重点。[24]

(二) 重写国际法历史中的主权部分

伊莱亚斯对国际法主权的定义表达在他重构非洲历史的基本项目中,并以所设定的欧洲为参照。毫不意外的是,伊莱亚斯首先提出主权是主权者的命令,接着他认为主权构成了联系古今叙事的基础。[25]《非洲和国际法的发展》的第二章是对非洲历史的重构。[26] 伊莱亚斯利用人类学研究和迈耶·福特斯、埃文斯·普里查德的著作,表明了非洲各国拥有与欧洲国家一样的主权。[27]

413

伊莱亚斯认为,殖民主义产生的新政治集合体"终结了原始国家和王国之间固有的国际交往模式,而代之以国际法下的新型外交关系"[28]。在伊莱亚斯看来,殖民主义阻碍了前殖民时期(例如迦太基等)非洲"国家"或王国与欧洲国家的交往。在第一章中详细讨论这些非欧贸易与外交关系后,伊莱亚斯在第二章中将殖民主义

---

[21] H. Wheaton, *Histoire des progrès du droit des gens en Europe et en Amérique* (Brockhaus Leipzig 1865);参见本书中由刘禾(Lydia H. Liu)撰写的第五十六章"亨利·惠顿(Henry Wheaton, 1785—1848 年)"。

[22] 关于 T. J. Lawrence,参见 'Aspiration and Control' (n 17)。

[23] J. Lorimer, *The Institutes of the Law of Nations: A Treatise of the Jural Relations of Separate Political Communities* (Aalen Blackwood & Sons Edinburgh 1883 - 1884)。

[24] 本章的第三节研究了另一不同学派——后独立时期的非洲国际法学家——如何回顾国际法的帝国主义和重商主义特性。

[25] N. S. Rembe, *Africa and International Law of the Sea* (Sijthoff & Noordhoff Alphen aan den Rijn 1980) at 5 认为主权是一个法律概念,是国际法中公认的基本原则之一。Rembe 接着阐述了国家主权的内部和外部属性。某些程度上,Rembe 发现"主权的这些属性产生了一种统一感和国家感,这是主权发展的条件之一"。参见第 6 页。

[26] 伊莱亚斯还援引了一本他最常引用的书 *The Nature of African Customary Law* (Manchester University Press Manchester 1956),他以该书展示了"非洲习惯法与欧洲或西方法制政体间惊人的相似之处"。

[27] 根据 S. F. Moore, *Anthropology and Africa*, *Changing Perspectives on a Changing Scene* (University Press of Virginia Charlottesville 1994) at 30 - 31,福特斯和普里查德都是"牛津、剑桥、伦敦以及曼彻斯特的非洲独立运动的拥护者,他们组成了一个成熟的团体,互通彼此的著作与观点","他们不仅积极参加彼此的研讨会、同属伦敦国际非洲研究所,还与在非洲的研究机构同事保持着密切联系……"

[28] *Africa and the Development of International Law* (n 11) 19.

描写成对欧非交往造成突兀阻隔。在伊莱亚斯看来,这一阻隔对非洲的主权造成了影响,

> 因为只有主权国家才在任何时候都是习惯国际法的主体。就非洲而言,欧洲各国政府正在经济、技术和文化事务方面与其开展国际法律关系。由于非洲大陆持续不断的变革,习惯法在各个方面不断发展,但非洲的依附群体却仅仅只是这场游戏中的旁观者。非洲依附者的贡献(如果有的话)是在殖民统治全盛时期为不断演进的国际关系规则与实践提供了原材料。[29]

伊莱亚斯在这一部分叙述了殖民统治下缺失的非洲主权。宣告独立的非洲国家重新获得了主权国家身份,而联合国成员身份确保其与其他国家享有平等的主权。正是出于这个原因,伊莱亚斯对非洲国家在联合国中的"平等参与"十分乐观自信。伊莱亚斯提出:

> (非洲国家的)独立使其成为联合国成员,并因此不断拓宽所有成员国的国际视野,从而建立了新机构与新程序,并扩大了对当代国际法制定和完善的参与。国际法院的法律不再局限于从前由少数国家所设定的狭隘范围;现代国际法必须基于广泛共识,必须反映全世界主要的法律制度和文化……特别是在联合国的框架下,第三世界——尤其是非洲——对当代国际法做出的贡献在质量和数量上都会有所增加。[30]

这段引文是对伊莱亚斯关于现代国际法流传最广的观点的总结。伊莱亚斯所强调的重点让我们看到了新独立的国家在国际社会的平等参与和贡献,这是以往被殖民国家的最伟大成就。正如伊莱亚斯在他的代表作《联合国宪章与国际法院》中所述,"普遍性而非有限地适用……现在一定是《联合国宪章》下不断扩大的国际

414

---

〔29〕 *Africa and the Development of International Law* (n 11) 21.
〔30〕 同上,第 33 页(着重强调)。

法边界的口号"[31]。伊莱亚斯强调联合国所有成员的"平等尊严和价值",这意味着不仅需要消除他们之间的不平等,而且要确保新老成员国之间的友好合作以实现联合国的宗旨。[32] 因而通过伊莱亚斯的论述,我们看到了《联合国宪章》对主权和人类尊严作出的承诺。伊莱亚斯称之为"现代国际法"。

因此,与批判理论者不同,伊莱亚斯的贡献主义项目不是探索在联合国时代国家平等如何在掩盖不平等的南北关系(正如他所处时代的其他非洲国际法学者的研究)中发挥作用。[33] 伊莱亚斯最关心的是以与西方社会的相似性和主权的实现为基础来重构非洲在国际社会的形象。然而,这种方法没有揭示出殖民主义国际法延续至联合国时代的多种方式。[34]

矛盾的是,可以猜到伊莱亚斯的贡献主义学说将去殖民化视作国际法解放运动的代表,正如非洲从殖民统治中解放出来。[35] 这一观点与安东尼·安吉对国际法中主权形成的研究形成了鲜明对比。[36] 根据安吉的研究,主权的出现不是为了维持主权国家间的秩序。相反,主权来源于欧洲国家与非欧洲国家之间不可通约的文化差异间的碰撞。[37] 根据这种观点,主权被塑造为调整不同文化与历史背景的国家的工具,而不是为了维持主权者间的秩序。颂扬自由缔结合意性条约的主权权利再次塑造了以优越的欧洲理念为基础的欧洲国家和其他国家间的等级关

415

---

[31] T. O. Elias, *The United Nations Charter and the World Court* (Nigerian Institute of Advanced Legal Studies Lagos 1989) at 2.

[32] T. O. Elias, *The United Nations Charter and the World Court* (Nigerian Institute of Advanced Legal Studies Lagos 1989), at 8.

[33] *Africa and International Law of the Sea* (n 25)的作者在第7页写道:"虽然国家主权以法律平等为前提,但国家的规模、人口、经济和军事能力可能十分不平等……尽管国家间关系中有其他因素,但国家主权平等的概念仍然是国家关系进程中的一个重要方面。"虽然非洲国家缺乏势力,但Rembe将希望寄托在"数量上的优势可以获得更多投票权"这一事实上。同样地,非洲新独立国家与旧国家之间经济的不平等并没有因为伊莱亚斯等国际法主流学者而消失。例如,L. Henkin et al (eds) *International Law Cases and Materials* (3rd edn West Publishing Minnesota 1993) at xxix,"经济发达国家和欠发达国家间日益扩大的差距"是第二次世界大战后期的重大发展,其"标志着国际法演进中的新特征"。

[34] 进一步研讨,参阅 A. Anghie, *Imperialism, Sovereignty and the Making of International Law* (CUP Cambridge 2005)。

[35] 很感谢有匿名审阅者为我指出这一观点。

[36] *Imperialism, Sovereignty and the Making of International Law* (n 34).

[37] 安吉认为,"在19世纪的国际法中,非欧洲国家的主权通过文明标准决定其领土的国际地位;后殖民时期非欧洲国家的主权则是运用契约框架加以确定。这期间存在着一种普遍的转换,并将国际地位问题转变为契约问题"(同上文,第241—242页)。

系,正如从表面上来看,契约代替了不平等的殖民关系。[38] 安吉总结称,产生于不平等熔炉中的主权概念不仅将去殖民化进程带入其中,同时也加剧了欧洲与非欧洲国家之间历史上的不平等关系。[39]

(三) 对贡献主义流派的一些总结评述

伊莱亚斯等学者在其著作中所论证的贡献主义主要建立在反驳西方分析框架的基础之上,该分析轻描淡写了非洲对国际法形成的参与。伊莱亚斯重点介绍了非洲现在和曾经如何作为一位国际法律规范的平等参与者与塑造者。因此,伊莱亚斯流派的一个主要任务是消除国际法中的欧洲中心主义文化优越感或种族歧视。贡献主义学说着重反驳的观点是国际法是西欧国家特有的文化成就而不是非洲诸王国参与塑造而成。这些学者在建构所谓相似性的理论时,并没有发现国际法通过宣称基于种族、文化及地域差异的优越感以掩盖掠夺(非洲土地)的一些方式。持伊莱亚斯观点的学者们也许已经证明了存在一种并非真正属于国际法殖民渊源的"非洲特性"。但是,本章作者认为这正是伊莱亚斯试图淡化的,他的修正主义法律史学史决不允许将国际法解读为是完全欧洲的或完全殖民主义的。就此而言,伊莱亚斯强调国际法的连贯性和完整性,他认为国际法是一门真正具有普遍性的学科。因而,伊莱亚斯与将国际法视作克服殖民统治传统的穆罕默德·贝德贾维(Mohammed Bedjaoui)截然不同。相反,伊莱亚斯对历史的追溯告诉我们,如果你想要了解 19 世纪的国际法,那就不能只关注欧洲国家当时的状态,或者仅参考惠顿或拉里默的著作,也需要关注非洲。

伊莱亚斯等学者所采用的论证策略旨在将非洲文化遗产融入促使国际法形成的国际文明。因此,贡献主义流派学者试图取代国际法中既有的观点,即非洲人既不是基督徒也并非文明国家之列,因此对自己的土地或人民无法享有主权。他们

416

---

[38] 因此,在表述如何利用契约的神圣性代替征服,将契约作为西方企业和国家统治第三世界的方法时,安吉表示,"利用契约的方法,可以进一步掩饰帝国主义的历史。契约框架对于建立一个中立的国际法至关重要,仲裁者不过是在执行主权国家和跨国公司之间自愿订立的协议。然而,这意味着国际法通过对征服原则的利用和对不平等条约的支持,使社会势力和政治势力的不均衡与不平等合法化,这体现在被用来表示各方自由意志的条约之中"(同上文,第 241 页)。

[39] 安吉认为,去殖民化"并不能……解决殖民问题。相反,殖民主义的持续结果成为了该学科的中心考量而非一种边缘性问题。这些不断出现的'新国家'为国际法理论层面与学说层面都带来了重要问题"(同上文,第 197 页)。

试图扭转欧洲中心主义国际法中认为非洲落后且未开化,因而其从未参与制定习惯国际法的观念。

在试图使国际法反映非洲视角与文化的过程中,伊莱亚斯等学者援引了自由主义平等观念,他们认为这些观念建立在普遍适用的中立原则之上。因此,他们也反驳了那些违背自由主义平等理念的"旧"国际公法学说。

来自于那些身份、文化以及生活方式一直被认为是落后与未开化的原始非洲社会,致力于去殖民化的伊莱亚斯流派毫无疑问是较曾影响国际法律规范与实践的种族主义的巨大进步。最终,在持有这种理论学者的强调下,非洲人被承认与白种人是平等的,因而不应被歧视。这种学说在很大程度上受自由主义人类学家所鼓舞,尤其是在 20 世纪 40 年代和 20 世纪 50 年代的英国。该学说试图寻找非洲人与白种人取得类似成就的具体方式。这些学者们很快会在非洲习惯法和国际公法中找出共同的法律概念,而人权规范和 1949 年的四个《日内瓦公约》[40]就是很好的例证。

417　　　　伊莱亚斯认为,"非洲国家间的交往以及与欧亚国家的交往……必须受制于特定的国家行为普遍准则以及普遍接受的国家间行为标准"[41]。因此,伊莱亚斯得出结论:

> 因此,很显然,如今新独立的非洲国家愿意并随时做好准备与其他国家建立新的国际关系,他们不再会觉得自己是国际法社会的新人……与习惯国际法一样,非洲习惯法吸收了"契约必须遵守"的基本原则,以确保有效的世界秩序。总之,无论是规则制定者还是规范遵守者,都必须依照法律执行。[42]

---

[40]《改善战地武装部队伤者病者境遇之日内瓦公约》(于 1949 年 8 月 12 日通过,于 1950 年 10 月 21 日正式生效)75 UNTS 31("日内瓦第一公约");《改善海上武装部队伤者、病者及遇船难者境遇之日内瓦公约》(于 1949 年 8 月 12 日通过,于 1950 年 10 月 21 日正式生效)75 UNTS 85("日内瓦第二公约");《关于战俘待遇之日内瓦公约》(于 1949 年 8 月 12 日通过,于 1950 年 10 月 21 日正式生效)75 UNTS 135("日内瓦第三公约");《关于战时保护平民之日内瓦公约》(于 1949 年 8 月 12 日通过,于 1950 年 10 月 21 日正式生效)75 UNTS 287("日内瓦第四公约")。

[41] 参阅 Elias, *New Horizons in International Law* (Sijthoff & Noordhoff Alphen aan den Rijn 1981) 45。

[42] 同上(原书重点)。

关于非洲习惯法和国际法规范的相似点,另一种颇具吸引力的描述是比照《日内瓦公约》所载的原则和"前殖民时代的非洲武装冲突法"之间的关系。贝洛(Bello)赞同伊莱亚斯流派的观点,并在一篇文章中详细地追溯了这些相似之处。[43] 同时,阿里·瓦非(Ali A. Wafi)在另一篇极为相似的文章中对伊斯兰教法与国际人权规范直接进行了比较,他表示后者与前者的规定一致。[44] 就此而言,伊莱亚斯的贡献开辟了或成为了新独立国家的国际法学者的修正主义史学史传统的一部分。这种修正主义史学史观还被联合国训练研究所(UNITAR)所认同。1971 年时举办的一个研讨会"为了开启新的思路,还原了争夺殖民领土之前非洲就有的国家间法律"[45]。这次会议的召开理由正如记录中所称,

> 在殖民化之前的很长一段时间中,由于无政府状态或者酋长恣意统治下的原始部落一直处于无休止的战争中,所以"黑非洲"形象一直被传递。但是,非洲在前殖民时代就已存在体系成熟的政府是毫无疑问的事实。[46]

如果不能超越西方文明的"标准",那么这些学者需要采取一些策略来塑造一个适当的非洲形象,并采用各种不同的方法使非洲符合该形象。在此过程中,他们运用了相同观点的学术著作来支持他们的民族主义事业。然而,如此一来,一些问题也随之出现:第一,他们忽视了这样一个事实,即他们颂扬的所谓非洲遗产或非洲文化已经被欧化,且已被改造得与殖民政治经济的目标一致;第二,他们忽略了殖民统治在很大程度上是以非洲在全球文明等级中的原始性为基础的;第三,他们将殖民统治看作是非洲历史进程中的一段小插曲。换言之,非洲和非洲人民在殖民统治中幸存了下来,任何有自尊的非洲人都会强化他/她的非洲身份,而不是继

---

[43] E. G. Bello, 'Shared Legal Concepts between African Customary Norms and International Conventions and Humanitarian Law' (1984) 23 *Revue de droit pénal militaire et de droit de la guerre* 285 - 310.

[44] A. A. Wafi, 'Human Rights in Islam' (1967) 11 *Islamic Law Quarterly* 64 - 75.

[45] S. Prakash 认为,此次研讨会是为了"寻找非洲和亚洲国家如同 19 世纪初的拉丁美洲那样,形成区域性国际法的可能性"。详见 *New Nations and the Law of Nations* (Leyden Sijthoff 1967) at 26。

[46] 参阅 M. Brown, *African International Legal History* (United Nations Institute for Training and Research New York New York 1975) at i.

续承认被强加的外国身份。

这些学者们默认国际法能够帮助解决非洲新独立国家的这些问题。事实上，这是贡献主义传统的一个主要考量。如今，贡献主义仍然是关注非洲的学者们对国际法进行研究的主流方法。2008 年出版的《探索国际法中的新界限》[47]一书中枚举了非洲对国际法的贡献，而此书也成为贡献主义理论的最好典范。马卡·瓦·穆图等批判主义理论学者对贡献主义提出异议，表示他们没有考虑到国际法与殖民征服和西方统治的历史联系。[48] 这些批判理论学者的观点将会在下一节中进行探索。

三、批判理论流派

与贡献主义者不同，批判理论主义者们将分析的中心聚焦于非洲国家国际地位背后的结构性和经济性原因。贡献主义者表示非洲对国际法的贡献被排除在外，而第二次世界大战后的非洲批判主义学者则聚焦于非洲国家与其他国家间权力与财富的不平衡问题，并认为这种不平衡可能是由国际法的实施造成的。

这类学者的一个主要任务是对国际法的帝国主义和殖民主义性质给予批判性考察。他们同时对后殖民时期的国家和国际政治经济进行了批判。这一理论流派的一位学者对其基本理论表述如下：

> 国际法不过是……将自身转变为一个新殖民主义和帝国主义的公法和私法，由于名义上也包括了一些有限的人权原则，并且不承认正式殖民主义和公开歧视，所以国际法也表现出某些进步的正面形象。[49]

对这一流派而言，通过政治独立而获得的民族自决不过是进入了一个从属于

---

〔47〕 *Mapping New Boundaries in African International Law* (n 4).

〔48〕 参阅 M. W. Mutua, 'Savages, Victims and Saviors: The Metaphor of Human Rights' (2001) 42 *Harvard Journal of International Law* 201 – 245；另请参阅 'Book Review' (n 5) 532（请注意，贡献主义者往往忽视由非洲人制定的国际法规范在多大程度上处于国际法之中心地位）。

〔49〕 S. B. O. Gutto, 'Violation of Human Rights in the Third World: Responsibility of States and TNCs' in F. Snyder and S. Sathirathai (eds.) *Third World Attitudes toward International Law* (Nijhoff Dordrecht 1987) 275 – 292 at 287.

欧洲历史的新时期,新国家仿照欧洲国家构建自己的政府。因此,与贡献主义者不同,批判理论主义者并不认为民族自决使非洲回到了与欧洲平等交往的光辉过往,恰恰相反,这一刻是在背弃民族自决。批判主义流派在对早期非洲与欧洲接触的分析中强调了奴隶贸易和殖民统治等问题,而贡献主义流派则强调了与非洲之外的国家间的商贸与外交关系。批判主义流派认为,习惯国际法并非起源于非洲与欧洲之间的商业和外交,而是由于西方的工业资本主义和西方霸权的领土野心而产生的。对于批判主义流派而言,国际法只是殖民国家扩大经济利益的一种手段。

简言之,批判主义流派将国际法的不足归为四点。第一,地理上起源于欧洲,这意味着国际法体现的价值体系专属于欧洲,并非其他国家所公认的价值体系。第二,国际法有重商主义经济基础。因此,批判主义流派的学者认为,建构平等的国际经济秩序不仅要在联合国的立法过程中进行,也要放弃一些可能在其他事项中强调重商主义的现行规定。如果确有必要引入外国经济力量,那也应使外来投资受制于国内法,同时应废除国际经济关系中的歧视性贸易行为,并且确保主要商品价格的稳定和公平。第三,批判主义流派的学者认为国际法的政治目标是帝国主义。这些学者支持民族自决,反对干涉新独立国家的各个领域的内部事务。对他们而言,不干涉是指除武力干涉外,政治、文化、社会或经济方面均不被干涉。第四,批判理论流派学者认为国际法还存在基督教的宗教基础。[50]

贡献主义流派将独立看作是复原非洲历史的一种途径,批判主义流派与之不同,他们将独立看作政治独立掩饰下继续维持殖民关系的一种状态,其是对民族自决的背弃。更为甚者,他们将世界银行和国际货币基金组织视为维护依附主义和殖民主义的机构。这一派别对民族主义斗争未能解决殖民统治带来的南北关系的不平等,以及如今独立的非洲国家未能纠正北方国家实施的后殖民剥削行为而感到沮丧。在不结盟运动、推动第三世界在联合国贸易和发展会议(UNCTAD)中的发展运动以及七十七国集团中,都充分反映了这一流派的观念。

〔50〕U. O. Umozurike, *International Law and Colonialism in Africa* (Nwamife Publishing Enugu 1979) at 9 - 10.

(一) 国际法学科的历史

乌莫朱利克(U. O. Umozurike)所著的《国际法与非洲殖民主义》[51]是批判主义流派追溯国际法学科历史的最好文本之一。与贡献主义不同,该书强调奴隶贸易和殖民主义是非洲国家与欧洲国家交往中最根本的两种经历。乌莫朱利克认为,"国际法被用来促进或默许两大祸行的实施(奴隶贸易和殖民主义)"[52]。乌莫朱利克接着表示,尽管国际法曾促进了奴隶贸易和殖民主义的产生,但如今它正被用于铲除这两大祸行。[53] 乌莫朱利克的理论所体现的观点是"一种邪恶的体系"(正如国际法所表现出的)是无法"改变其本质特性"的。然而,乌莫朱利克认为"在当今时代的国际法下,民族自决仍然是获得国际社会承认之权利的一项重要因素"。[54] 这一流派对国际关系中的不平等表示失望。

421

所以,当贡献主义者不加防备地主张非洲国家应全面加入国际组织(例如联合国)时,批判主义流派却有所犹豫。该流派的一些学者甚至更进一步呼吁去除后独立时期那些具有殖民特性的剥削性国际关系。批判主义流派拒绝接受非洲"一切都是与欧洲国家开始交往后才获得"的观点,他们谴责这种国际体系是"不人道且不道德的"。[55]

乌莫朱利克回顾了跨大西洋非洲奴隶贸易史,甚至有些夸张地称该贸易"完全

---

[51] U. O. Umozurike, *International Law and Colonialism in Africa* (Nwamife Publishing Enugu 1979) at 9 - 10.

[52] 同上,第1页。根据这一流派的另一个历史记录,世界经历了以下几个阶段:(a)封建秩序的崩溃和重商主义贸易的出现;(b)工业革命和以殖民第三世界为基础的世界资本主义制度时期;(c)正式殖民主义的崩溃,以及一个具有中心与边缘的多边世界之兴起。详见 O. O. Ombaka, *Law and the Limits of International and National Reform: Institutions of the International Economy and Underdevelopment* (thesis Harvard Law School 1977)。

[53] 乌莫朱利克在牛津大学写了关于民族自决的论文,详见 U. O. Umozurike, *Self-Determination in International Law* (Archon Books Hamden CT 1972)。

[54] 同上。阿古达认为,"一直到近些年,这一观点的悲剧是,非洲新成立的机构人员仿照欧洲和美国,其中大多数人缺乏想象力且过于教条,从而不能对非洲国际法提供任何有益帮助。众所周知,非洲国家共同的重大成就是成立了非洲统一组织,此成就堪比成立联合国组织,联合国组织实现目标的能力广受质疑。但是,我认为非洲统一组织(OAU)已有很多成就,虽然它也像其兄长(联合国)那样,未能实现自己的夙愿"。T. Aguda, 'The Dynamics of International Law and the Need for an African Approach' in K. Ginther and W. Benedek (eds) *New Perspectives and Conceptions of International Law: An Afro-European Dialogue* (Springer Wien 1983) at 9.

[55] *International Law and Colonialism in Africa* (n 50) x. 乌莫朱利克利用广泛的史料表明奴隶贸易如何损毁政治、经济、文化与社会发展,加剧文明的增长,以及又摧毁了原有的文明。

由欧洲国家开展"[56],其产生的巨大利益为西方世界的繁荣奠定了基础。乌莫朱利克的这一断言的准确性当然值得商榷,尤其是考虑到非洲商人和阿拉伯商人也同样参与了这一贸易。在批判主义流派看来,国际法发挥的作用不仅是调整国家关系、减少摩擦以及促进国家间的合作与发展。相反,他们认为国际法实际是调整文明的基督教欧洲国家间关系的法律,并因此是"原始民族对其一无所知且不受其保护的法律,而且……还被用于推动非洲奴隶贸易来为欧洲获取经济利益"[57]。

在另一个对国际法史的主张中,乌莫朱利克[58]将其分为"旧"与"新"两部分。[59] 乌莫朱利克的"旧"国际法追溯至古代——古埃及、中国、印度、加纳以及其他一些古代非洲王国——这与贡献主义流派的伊莱亚斯的做法非常相似。乌莫朱利克承认格劳秀斯是欧洲最伟大的国际法学家之一,并利用格劳秀斯的《海洋自由论》作为支撑,表达了国际法适用于所有人类而无关宗教或人种的观点。[60] 随后,乌莫朱利克将"旧"国际法追溯至19世纪的欧洲国家之兴起。在对维也纳会议(1815年)的论述中,乌莫朱利克认为一些欧洲国家"僭取了文明世界的范畴"[61],也正是如此,"基督教国家逐渐利用其武装力量使其法律成为文明国家的法律"。欧洲向世界各地的扩张以及新的创设助长了他们对其他国家的霸权。

接着,乌莫朱利克回顾了国际法"在各部门法——海洋法、外层空间法、国际组织法、人权法和其他部门法"[62]——中的发展。乌莫朱利克注意到一项有关国际法

---

[56] *International Law and Colonialism in Africa* (n 50) x. 乌莫朱利克利用广泛的史料表明奴隶贸易如何损毁政治、经济、文化与社会发展,加剧文明的增长,以及又摧毁了原有的文明,第14页。

[57] 同上。

[58] U. O. Umozurike, *Introduction to International Law* (Spectrum Law Publishing Ibadan 1993)。一本为在非洲教授国际法而出版的书。"根据非洲的情况引用了尽可能多的案例,当然也运用了西方国家教科书中的一些典型案例与情形"。根据冈瑟在1967年于拉各斯举办的"国际法与非洲问题"研讨会中的发言,可以承认的是,首先,"非洲作为新大陆,有义务以自己的经验丰富国际法,以其价值观念和思想捍卫合法的利益;第二,传统国际法必须针对非洲部分进行变革,(因为)……非洲人生活在外来文明之中,这很难符合非洲国家的利益,并且最后,……鼓励在非洲学习国际法的途径之一是编写教科书和出版基于非洲经验和观点编写的材料和文件"。('Introductory Remarks, New Perspectives and Conceptions of International Law and the Teaching of International law', in *New Perspectives and Conceptions of International Law* [n 54] 4 - 5.)

[59] 同上,第7页。

[60] 同上,第8—9页。

[61] 同上,第9—10页。

[62] 同上,第11页。

发展的历史分析表明国际法已经被用来应对挑战以及促进并维护其积极适用国的利益,他呼吁:"国家……应自觉地推动一种更密切和更公正的法律,以保护所有国家和人民的利益。"[63]

因此,在乌莫朱利克看来,"新"国际法出现于 20 世纪 60 年代后期,也即主权原则和承认原则所强调的"在不同文化中的和平共处原则"下的非殖民化和承认之后。[64] 虽然批判主义流派对国际法的观点是视其本质上在很多方面有害于新独立国家的利益,但这一流派在其 20 世纪 60 年代后期的阶段也接受了"新"的国际法。就这一问题,批判主义流派和贡献主义者持相同看法。他们都在不同程度上表示应利用联合国产生后的国际法来解决(非洲)新独立国家的问题。这是非洲独立后几乎在所有法律领域都十分熟悉的一个表述——改革愿望(即使承认对使非洲处于殖民统治的特殊结构与教义进行改革是一项艰巨的挑战)。批判主义流派和贡献主义流派之间的另一个相似之处是他们都强烈反对国际法中的种族主义。[65] 他们均谴责殖民时期或后殖民时期的种族主义,并呼吁将其根除。

423

(二) 批判主义流派:主权的作用

尽管在贡献主义流派看来,殖民主义国际法对非洲国家主权的否认在某些程度上并非有意;但批判主义流派认为,否认非洲国家的主权即是"强制实施殖民主义的一个主要法律手段"。[66]乌莫朱利克在某些程度上与贡献主义流派的伊莱亚斯相似,二人都认为非洲人民事实上是有主权的,因为他们和与之交往的西方人一样,"在与外部和内部的交往关系中都遵守特定的规范……(但)他们没有足够的军事力量来抵御那些无视或否认其主权的欧洲国家的侵犯"。[67]

为了回应欧洲学者关于非洲是无主地(因此可以被欧洲国家自由占领的观点)的争论,[68]乌莫朱利克引用了国际法院第一个南非案裁判中阿蒙(Ammon)大法

---

〔63〕 U. O. Umozurike, *Introduction to International Law* (Spectrum Law Publishing Ibadan 1993) at 11 - 12.
〔64〕 同上,第 13 页(着重强调)。
〔65〕 杜波依斯是乌莫朱利克在著作《国际法与非洲殖民主义》(*International Law and Colonialism in Africa*,见前引注释 50)中频繁提及的非洲独立运动拥护者;例如在第 37 页中,乌莫朱利克表示"国际法被纳入到白人种族主义之中,从而促进白人利益,并残酷地使其他种族利益成为附属品。因此,白人的种族歧视是这一时期的国际法的一个根本性问题"。
〔66〕 同上,第 19 页。
〔67〕 同上,第 21 页。
〔68〕 同上。

官的反对意见。[69] 因此,在批判主义流派看来,国际法不能判定一国政府的国内合法性或一国政府的合法性。一国的内部合法性关乎该国的国内法。国内法的合法性不同于国际法,且不受国际法约束。[70] 这种主张内部合法性只关系到内部自治的论断以一种有趣的方式被那些合法取得政权的非洲领导人利用。他们通过宣称某些事项只属于其国内管辖范围,以试图摆脱那些批评其滥用统治权的声音。因此,不干涉制度之于非洲独立后的批判主义流派,如同文化民族主义之于贡献主义流派。

民族独立与民族自决趋势在某种程度上能够预防并避免批判主义流派所谓的非洲新殖民主义产生效果。乌莫朱利克引用了恩克鲁玛(Nkurumah)总统对新殖民主义的定义:"如今的帝国主义者不仅仅通过军事手段实现其统治目标,还存在经济渗透、文化同化、意识形态支配、心理渗透和颠覆活动,甚至于诱引、促成暗杀与冲突。"[71] 像批判主义流派的其他学者一样,乌莫朱利克运用约翰·霍布森[72]和列宁[73]的帝国主义的理论框架进行了分析。列宁认为向周边地区的资本主义扩张有利于自身利益追求者,霍布森则认为 19 世纪末至 20 世纪初的工业化经济的剩余资本属于经济帝国主义。[74] 非洲的帝国主义研究与依附理论及新殖民主义理论相契合,根据该理论,殖民经济体不仅将殖民地作为廉价成本(如棉花)的来源地,而且是(用该廉价成本)所生产商品的圈养市场,因此拖累了本地产业的增长。[75] 虽然依附理论受到批判,[76]但"一些发达资本主义国家中的发展共同体和

424

[69] *Legal Consequences for States of the Continued Presence of South Africa in Namibia* (*South West Africa*) *notwithstanding Security Council Resolution* 276 (1970) (*Advisory Opinion*) [1971] ICJ Rep 16 at 26.

[70] E. K. Quanshigah, 'Legitimacy of Governments and the Resolution of Intra-national Conflicts in Africa' (1995) 7 *African Journal of Comparative and International Law* 248 – 304 at 248.

[71] *International Law and Colonialism in Africa* (n 50) 126.

[72] 参阅上书第 31 页引用的 J. A. Hobson, 'Imperialism: A Study' (J. Pott & Company 1908) at 24。

[73] 参阅上书第 31 页引用的 V. I. Lenin, *Imperialism, the Highest Stage of Capitalism* (Lawrence London 1934)。

[74] 参阅 'Imperialism, Colonialism and International Law' (n 18) 1013。

[75] 参阅 K. Nkurumah, *Neo-Colonialism: The Last Stage of Imperialism* (Nelson London 1965); W. Rodney, *How Europe Underdeveloped Africa* (Howard University Press Washington 1973)。

[76] C. Leys, *The Rise and Fall of Development Theory* (East African Educational Publishers Nairobi 1996).

非洲的进步思想家和积极分子(包括学者和学生在内)"仍然广泛地接受依附理论。[77] 尽管乌莫朱利克像大多数批判主义流派学者一样,渴望建立国际经济新秩序,但非洲国际法的批判主义流派中依然存在非常明显的依附思维倾向。[78]

非洲和其他地区的批判主义流派中最活跃的支持者呼吁将国际政治经济的彻底变革作为第三世界参与的条件。实际上,该流派的学者还号召全面拒绝国际法律秩序。[79] 穆罕默德·贝德贾维的《迈向国际经济新秩序》[80]也许是最能体现彻底拒绝国际法律秩序的著作。此书还代表了对改革主义的乐观态度,特别是在20世纪70年代和20世纪80年代的氛围下,"……萌芽阶段的新秩序对国际法形成了挑战。因此,国际法开始'关注'现在于全世界范围内起作用的经济力量"。[81]贝德贾维失望地表示,"一场十分简单的辩论……变得十分混乱。这令人遗憾,因为现在的赌注比以往任何时候都高,其涉及国际经济新秩序的建立,也就是说将影响数十亿人的生命"。[82] 根据贝德贾维的观点,在这些因素中,将混乱引入这场关于国际经济新秩序(NIEO)争论的是宣称"法律不可改变"[83]的"法律异教"[84],其极易产生误导。贝德贾维称,西方政府认为国际经济新秩序(NIEO)不同于传统的主权概念,其"将法律转变为以自身为中心的新宗教"[85]。贝德贾维

---

[77] C. Leys, *The Rise and Fall of Development Theory* (East African Educational Publishers Nairobi) at 150.

[78] 萨米尔·阿明(Samir Amin)是这种根本依附理论最有声望的阐释者之一。早在1994年,对依附性进行分析的另一个主要倡导者C. Leys部分修改了阿明关于不发达的论文,原因是东亚奇迹对依附性观点有所动摇。1974年,激进的《非洲政治经济评论》的一位编辑沃伦在改变了其激进的政治观点之后辞职,他曾宣称资本主义在世界的任何地方都有可能发展。如今由世界银行和其他跨国金融机构倡导的经济改革方案(被称为"华盛顿共识")主张以市场改革来取代国家在经济管理中的地位。

[79] R. P. 阿南德探讨了此话题。'Confrontation or Cooperation: The General Assembly at Cross-Roads' in a book he published in 1984, *Confrontation or Cooperation? International Law and the Developing Countries* (Martinus Nijhoff Publishers Dordrecht 1987).

[80] M. Bedjaoui, *Towards a New International Economic Order* (Holmes & Meier New York 1979).

[81] 同上,第97页。

[82] 同上。

[83] 同上,第98页。请注意,在第一个流派中,形式主义体现在法律是主权者之命令的观点中;而贝德贾维在此表示,它体现在法律的不变性之中。

[84] 同上,第99页。贝德贾维将其称作"主权迷醉"。"他认为这种迷醉"导致了"法律地位的不稳定"和"国家决定权的混乱","或者所谓无须遵循规则的决定权"。

[85] 同上,第100页。

观点中的"法律异教"主张"发达国家至上"[86]，因为它关注法律概念的形式，而发展中国家的社会现实（尤其在满足他们"生存"需求的方面）[87]……已经被忽视了。[88]

四、结论

贡献主义对当今非洲的国际法研究领域之意义仍然重要且深远。很多情况425下，贡献主义试图在国际法史中替非洲夺回（或者说为非洲谋取）一席之地的努力对国际法学者而言非常新颖，但同样也非常重要。说其新颖，是因为贡献主义者不断拒绝承认国际法参与了非洲的殖民化，但他们却一直利用法律武器并希望借此尽可能地促进国际法的改革以利于非洲国家的发展。虽然对利用国际法来实现平等主义改革表示乐观，但那些与"国际法第三世界方法"（TWAIL）相关联的批判主义学者却更加关注国际法的黑暗面。例如安东尼·安吉在一本重要著作——《帝国主义、主权与国际法的形成》（*Imperialism, Sovereignty and the Making of International Law*）——中回顾了国际法如何对主权原则进行干涉从而使殖民统治合法化，以及这种干涉又是如何存续至今。[89] 不过，安东尼·安吉并不建议抛弃国际法，他寄希望于国际法的变革。非洲的许多国际法学者也有这种双重体会——一方面觉得非洲和第三世界在国际法秩序中被区别对待，而另一方面又希望国际法可以引领非洲走向一个不一样的未来。

可以看出，伊莱亚斯流派产生了一个重要影响——很多当代的非洲国际法学者不再将非洲的社会、经济和政治问题归咎为国际法（例如新殖民主义）。越来越426多的研究不再将非洲的社会、经济和政治问题归于外部行为体或外部因素，而认为这些问题是由于非洲国家领导人糟糕的经济决策所致，尤其是他们在后独立时期拒绝完全接受国际政治经济的怀抱。他们残暴极权的性格也是导致这些问题的原

---

[86] M. Bedjaoui, *Towards a New International Economic Order* (Holmes & Meier New York 1979).

[87] 同上，第103—104页。

[88] 同上，第99页。贝德贾维还探讨了"法律中主张保守与要求变革"的一种张力，第97—98页，以及第109页。

[89] *Imperialism, Sovereignty and the Making of International Law* (n 34).

因之一。问题的解决办法被简单总结为将非洲纳入国际经济，以及实行政治多元化并尊重人权。这些解决办法（尤其聚焦于使非洲加入全球经济）与贡献主义者的历史复原方法非常吻合，他们都回顾了非洲参与国际法发展但却被遗忘的历史。因此，当贡献主义者致力于挖掘非洲在国际法史上的独立地位时，批判主义法学家已经开始关注国际和经济一体化，并希望为非洲的经济、社会和政治问题寻找出路。[90] 贡献主义流派与当代的非洲国际法学者有很多相似之处，后者坚持对国际法将为非洲提供无限挑战的变革可能保持乐观。

然而，并不是所有的非洲国际法学家都对利用国际法促进平等主义的可能性持乐观态度。批判主义流派的理论基础是国际法第三世界方法的相关学者之著作。这些学者回顾了非洲不断重复出现的问题，例如内战、国家内乱以及撒哈拉以南非洲的普遍的经济、政治和社会功能失效，他们认为这除了当局滥权这一原因外，即是前殖民国家与其殖民地之间的不平等关系所致，而且这种不平等关系嵌入了国际法的理论与实践。因此，虽然国际法提供了一种思路——以所谓的普遍性、相互依存关系的和平与安全来轻松掩盖权力的不平衡与隐蔽性——但批判主义流派仍然致力于探索国际公法与国际私法的黑暗面，以及其在当代的国内社会和国际社会中所遗留的问题。这种探索不仅研究国际法的不足，还关注发达国家和发展中国家的精英利用国际法规则和原则（例如民族主权和民族自决原则）来掩盖其势力争夺并保护其自身利益的方法。[91] 简言之，要充分理解伊莱亚斯流派，就必须像本章作者在本章所采用的方法一样，将其置于与批判主义流派的关系中进行理解。

推荐阅读

Anghie，Antony *Imperialism，Sovereignty and the Making of International Law*（CUP Cambridge 2005）.

Brown，Mensa *African International Legal History*（United Nations Institute for Training and Research New York 1975）.

---

[90] J. Gathii，*African Regional Trade Agreements as Legal Regimes*（OUP Oxford 2011）.

[91] J. Gathii，'TWAIL：A Brief History of Its Origins，Its Decentralized Network and a Tentative Bibliography'（2011）3 *Trade Law and Development Journal* 26‒64.

Clarke, Maxine K. *Fictions of Justice: The International Criminal Court and the Challenge of Legal Pluralism in Sub-Saharan Africa* (CUP Cfanbridge 2009).

Elias, Taslim O. and Richard Akinjide *Africa and the Development of International Law* (Martinus Nijhoff Publishers Dordrecht 1988).

Gathii, James 'International Law and Eurocentricity' (1998) 9 *European Journal of International Law* 184 – 211.

Gathii, James 'Neoliberalism, Colonialismand and International Governance: Decentering the International Law of Governmental Legitimacy' (2000) 98 *Michigan Law Review* 1996 – 2065.

Gathii, James 'A Critical Appraisal of the International Legal Tradition of Taslim Olawale Elias' (2008) 21 *Leiden Journal of International Law* 317 – 349.

Gathii, James *War, Commerce and International Law* (OUP New York 2009).

Ginther, Konrad and Wolfgang Benedek (eds.) *New Perspectives and Conceptions of International Law: An Afro-European Dialogue* (Springer Wien 1983).

Grovogui, Siba *Sovereigns, Quasi-Sovereigns and Africans: Race and Self-Determination in International Law* (University of Minnesota Press Minneapolis MN 1996).

Gutto, Shadrack B. O. 'Violation of Human Rights in the Third World: Responsibility of States and TNCs' in Frederick Snyder and Surakiart Sathirathai (eds.) *Third World Attitudes Toward International Law* (Nijhoff Dordrecht 1987) 275 – 292.

Levitt, Jeremy (ed.) *Mapping New Boundaries in African International Law* (Hart Oxford 2008).

Maluwa, Tiyanjana *International Law in Post-Colonial Africa* (Kluwer The Hague 1999).

Mutua, Makau 'What is TWAIL?' (2000) 94 *American Society of International Law Proceedings* 31 – 40.

Mutua, Makau W. 'Savages, Victims and Saviors: The Metaphor of Human Rights' (2001) 42 *Harvard Journal of International Law* 201 – 245.

Mutua, Makau W. '(Book Review) Africa: Mapping New Boundaries in International Law by Jeremy I. Levitt' (2010) 104 *American Journal of International Law* 532 – 538.

Okoye, Felix *International Law and the New African States* (Sweet and Maxwell London 1972).

Umozurike, Umozurike O. *Self-Determination in International Law* (Archon Books Hamden Connecticut 1972).

Umozurike, Umozurike O. *International Law and Colonialism in Africa* (Nwamife Publishing Enugu 1979).

Quashigah, Kofi E. 'Legitimacy of Governments and the Resolution of Intra-national Conflicts in Africa' (1995) 7 *African Journal of Comparative and International Law* 248 – 304.

第十八章 奥斯曼帝国

乌穆特・厄兹叙(Umut Özsu)

一、引言

长期以来,国际法学者认为奥斯曼帝国对本学科的许多最重要的规则、原则和惯例之产生与发展意义重大。近些年,人们才逐渐对奥斯曼的历史与政治产生兴趣,这完全在意料之中,因为最近土耳其积极寻求加入欧盟,这是公众舆论中的"区域力量"和"新兴市场"的重要代表,引起颇多关注。而且,人们愈加感到有必要推动一个"土耳其模式"的多党制民主与资本主义自由市场来应对随之而来的"文明的冲突"所产生的恐惧感,因此相关讨论越发热烈。然而,关于奥斯曼帝国法律的研究往往没有立足其自身立场,而侧重于它与"伊斯兰法"或"欧洲法"的关系。[1]奥斯曼帝国的国际法史研究仍然处于初级阶段,其属于历史社会学、经济和外交史研究主导下的领域。现有研究已围绕奥斯曼帝国对欧洲法的继受、[2]奥斯曼帝国

---

[1] 参见 R. Miller, 'The Legal History of the Ottoman Empire' (2008) 6 *History Compass* 286 – 296 at 287 ff。

[2] 例见 E. Örücü, 'The Impact of European Law on the Ottoman Empire and Turkey' in W. J. Mommsen and J. A. de Moor (eds) *European Expansion and Law: The Encounter of European and Indigenous Law in 19th and 20th-Century Africa and Asia* (Berg Oxford 1992) 39 – 58; G. Bozkurt, *Batı Hukukunun Türkiye'de Benimsenmesi: Osmanlı Devleti'nden Türkiye Cumhuriyeti'ne Resepsiyon Süreci* (1839 – 1939) (Turkey's Absorption of Western Law: The Reception Process from the Ottoman State to the Republic of Turkey [1839-1939]) (Türk Tarih Kurumu Basımevi Ankara 1996).

历史中的黑暗时期对国际法的影响[3]以及奥斯曼帝国与土耳其共和国之间有些棘手的法律关系等问题展开论述,[4]甚至还讨论了是否有可能形成一个单独的土耳其国际法"学派"。[5]长期以来的研究已经体现了奥斯曼帝国在19世纪的国际体系中飘忽不定的地位,尤其是奥斯曼帝国备受争议地加入"欧洲协调",或者至少提及土耳其根据1856年的《巴黎和约》而获得了某些"益处"。[6]然而,并没有发现有任何学说全面论及了奥斯曼帝国对我们如今所称的"国际法"的参与。

430

缺乏这种研究的最可能原因是奥斯曼帝国与其非穆斯林盟友和敌对国之间的关系十分暧昧模糊,早期奥斯曼人使用被普遍称为"保证书"(更书面化的名称为"承诺书")的法律文件对其进行调整,而非穆斯林国家则将之称为"治外法权"(capitulations)(源自拉丁语 *capitula*,因其常常被分为若干"章节")。几百年来,治外法权引起了奥斯曼帝国和欧洲国家(以及后来的美国)的外交官、政府官员和法学家们的论争,它的地位如今摇摆不定而且备受争议。对奥斯曼帝国的苏丹而言,或者说至少对一些继承阿拉伯、马穆鲁克、突厥和拜占庭的统治者而言,[7]治外法权从根本上来说属于一种君主法令——由王室单方授予或者单方

---

[3] 亚美尼亚大屠杀引起了一些注意(但注意还远远不够)。最著名的论述当属 V. N. Dadrian, 'Genocide as a Problem of National and International Law: The World War I Armenian Case and Its Contemporary Legal Ramifications' (1989) 14 *Yale Journal of International Law* 221–334。M. Toufayan 在 'Empathy, Humanity and the "Armenian Question" in the Internationalist Legal Imagination' (2011) 24 *Revue québécoise de droit international* (即将出版)中就"亚美尼亚问题"进行了广泛深入的讨论。不过,从国际法角度出发讨论其他事件的著作才刚刚出现,参见 U. Özsu, 'Fabricating Fidelity: Nation-Building, International Law, and the Greek-Turkish Population Exchange' (2011) 24 *Leiden Journal of International Law* 823–847。

[4] 参见 E. Öktem, 'Turkey: Successor or Continuing State of the Ottoman Empire?' (2011) 24 *Leiden Journal of International Law* 561–583;E. Zamuner, 'Le rapport entre Empire ottoman et République turque face au droit international' (2004) 6 *Journal of the History of International Law* 209–231。

[5] 参见 B. Aral, 'An Inquiry into the Turkish "School" of International Law' (2005) 16 *European Journal of International Law* 769–785。此等尝试也并非没有先例,参见 P. M. Brown, 'The Turkish Institute of International Law' (1943) 37 *American Journal of International Law* 640–642;C. Bilsel, 'International Law in Turkey' (1944) 38 *American Journal of International Law* 546–556。

[6] 对此持续最久的法律研究当属 H. M. Wood, 'The Treaty of Paris and Turkey's Status in International Law' (1943) 37 *American Journal of International Law* 262–274。

[7] 本章作者并不想在本章中过多谈及这些先例。不过,存在一些穆斯林的例子,他们所体现的伊斯兰法律理论尤为有趣,参见 P. M. Holt, *Early Mamluk Diplomacy* (1260–1290): *Treaties of Baybars and Qalāwūn with Christian Rulers* (Brill Leiden 1995); B. Z. Kedar, 'Religion in Catholic-Muslim Correspondence and Treaties' in A. D. Beihammer, M. G. Parani, and C. D. Schabel (eds) *Diplomatics in the Eastern Mediterranean 1000–1500: Aspects* (转下页)

撤回的,与非穆斯林国家进行政治结盟或建立贸易伙伴关系的各种承诺。被授予治外法权之人(非穆斯林外国人)通常享有在当地的居住权、安全通行于奥斯曼帝国领土之权、不受伊斯兰法院管辖之权以及免税和低关税的特权。[8] 奥斯曼大法官往往字斟句酌,以避免所授予的各种特权与任何永久性权利相混淆。奥斯曼帝国与非穆斯林国家间的交往并不被认为具有严格的形式平等关系。除了其他方面,这种交往行为有可能违反了伊斯兰教义,违反了古典伊斯兰法禁止在法律上承认非穆斯林国家的规定,从而使奥斯曼帝国受到国家间秩序的约束。然而,这种国家间秩序即使在头脑最灵活的穆斯林法学家看来,也缺少规范的正当性。[9] 16世纪的威尼斯商人可能别无选择,只有接受这种观念和逻辑,因允许其在奥斯曼从事贸易活动的治外法权归根结底是苏丹的命令。但是,到了19世纪,很多欧美法学家开始记述治外法权协定的历史演进,或试图赋予他们更大的法律效力,从而逐渐将其作为对双方皆产生法律义务的条约,即奥斯曼苏丹与相关的非穆斯林国家君主处于平等地位。这些法学家并不认为治外法权协定只是暂时性的单方面让步,而是将其视为一种效力持久的双边条约。因此,治外法权规定并未被理解为奥斯曼主权的映射,其不过是在(不公平的)国际体系中约束伊斯坦布尔的众多法律文件之一,而日益一体化的欧洲公法则是该国际体系的参照。[10] 事实上,直到19世纪,奥斯

(接上页) of Cross-Cultural Communication (Brill Leiden 2008) 407 - 421;以及 E. A. Zachariadou, Trade and Crusade: Venetian Crete and the Emirates of Menteshe and Aydin (1300 - 1415) (Istituto Ellenico di Studi Bizantini e Postbizantini Venice 1983)。

[8] 对于治外法权的一般条款,参见 N. Sousa, The Capitulatory Régime of Turkey: Its History, Origin, and Nature (Johns Hopkins Press Baltimore 1933) at 70 - 86; M. H. van den Boogert, The Capitulations and the Ottoman Legal System: Qadis, Consuls and Beratlıs in the 18th Century (Brill Leiden 2005) ch 1.

[9] 对于这一禁令,参见 M. Khadduri, War and Peace in the Law of Islam (Johns Hopkins Press Baltimore 1955) at 51 - 54 and also 224 - 228; M. Khadduri (ed.) The Islamic Law of Nations: Shaybānī's Siyar (M. Khadduri trans.) (Johns Hopkins Press Baltimore 1966) at 10 - 14;亦见 M. Hamidullāh, Muslim Conduct of State (revised edn Sh Muhammad Ashraf Lahore 1945) at 259 - 261.

[10] 当然,也存在例外,例如,惠顿承认,在"仔细研读"后,他发现同法国签订的早期治外法权协定并非"互惠条约",而是"单方受益的让步"。参见 H. Wheaton, Elements of International Law (W. B. Lawrence ed) (6th edn Little, Brown & Co Boston 1855) at 508 - 509。当然,人们普遍认为,不论治外法权条约的起源如何,至19世纪时,这些协定具有了像条约那样的约束力,有些则被吸收进条约(狭义的条约)之中。参见 H. Bonfils, Manuel de droit international public (droit des gens) (P. Fauchille ed.) (5th edn A Rousseau Paris 1908) at 526。那段时间内,奥斯曼政府有 (转下页)

曼帝国的官员有时还是会将治外法权视作特权（*imtiyazat*）或授予外国人的 特权（*imtiyazat-ı ecnebiye*），但他们仍然普遍认为，治外法权的规定与条约不可混为一谈。

　　事实证明，鉴于奥斯曼帝国与欧洲国家间的贸易在治外法权下进行，因此对它的弹性解释具有非常重要的意义。主张治外法权规定即为双边条约的观点（18 世纪中叶后，条约的使用频率越来越高，此时欧洲条约法也进入了较为完善的高级阶段）促使其他国家愈加集中地渗透到奥斯曼帝国的国内市场，从而阻碍了奥斯曼皇帝在其领土上行使主权权力。治外法权协约中规定的域外领事管辖权不仅被旨在推动贸易的欧洲商人所滥用，而且越来越多地被与这些商人有合作关系的且被授予特许证（*beratlar*）的当地"被保护者"（*protégés*）滥用。可以预见在 19 世纪的最后几十年中，奥斯曼帝国的改革运动和早期土耳其民族主义运动将治外法权视作奥斯曼帝国衰落的耻辱性表征。对这个宣称对东罗马帝国和伊斯兰教地区均有合法权利的帝国而言，授予治外法权不再是其权力的象征。恰恰相反，它反映出奥斯曼帝国的日薄西山——它已然成了精通技术、执政水平先进以及寻求用科学推动帝国扩张的西方国家的手下败将。

　　治外法权的模糊含义主要源于奥斯曼帝国备受争议的国家地位。一方面，自 19 世纪早期以来，奥斯曼帝国的国内法和国际法均不断受到西方法的影响。这一过程不仅造成了其与西方国家的依存关系和债务积累，也会受西方国家的不利影响。这在很多方面与殖民地、准殖民地的情形类似。[11] 另一方面，长期以来与西

　　（接上页）时似乎承认了这点，使得该问题进一步复杂化。参见 S. S. Liu, *Extraterritoriality：Its Rise and Its Decline* (Columbia University Press New York 1925) at 179 – 180. 至于最近有关该问题的研究，尚无定论。参见 H. Theunissen, 'Ottoman-Venetian Diplomatics：The Ahd-names. The Historical Background and the Development of a Category of Political-Commercial Instruments together with an Annotated Edition of a Corpus of Relevant Documents' (1998) 1 *Electronic Journal of Oriental Studies* 1 – 698 at 185 – 188 and 306 – 309；D. Kołodziejczyk, *Ottoman-Polish Diplomatic Relations* (15th – 18th Century)：*An Annotated Edition of 'Ahdnames and Other Documents* (Brill Leiden 2000) at 3 – 6；V. Panaite, *The Ottoman Law of War and Peace*：*The Ottoman Empire and Tribute Payers* (East European Monographs Boulder 2000) at 239 – 248；M. H. van den Boogert, 'Consular Jurisdiction in the Ottoman Legal System in the Eighteenth Century' (2003) 22 *Oriente Moderno* 613 – 634 at 623 – 625.

[11] 很多著作提及宏观层面的相似处，尤见 C. A. Bayly, *The Birth of the Modern World 1780 – 1914*：*Global Connections and Comparisons* (Blackwell Oxford 2004)；H. İslamoğlu, P. C. Perdue (eds) *Shared Histories of Modernity*：*China, India and the Ottoman Empire* (Routledge London 2009). 至于国际法层面的著作，参见 R. S. Horowitz, 'International Law and State Transformation in China, Siam, and the Ottoman Empire during the Nineteenth Century' (2004) 15 *Journal of World History* 445 – 486.

方的这项协定——在 19 世纪中叶的法国影响下的坦齐马特改革运动中广受关注，在新雅各宾派(neo-Jacobin)建国运动期间达到顶峰(土耳其共和国于 1923 年宣告成立)——显示出一个原本强大的世袭制(严格说来并非殖民主义)国家逐渐被边缘化的进程。[12] 如果说 19 世纪的奥斯曼土耳其确曾被称作"欧洲病夫"，那么同样可以确定的是，甚至到了最后阶段，奥斯曼帝国还自诩为伊斯兰世界的"不朽之国"(devleti ebedmuddet)。奥斯曼帝国国家地位的不稳定性主要表现在它已经很难被视为"文明国家大家庭"的完整一员，彼时的欧洲国际法学家们为这些在其看来需要说明的"国家"设定了一个中间地带。正如詹姆斯·拉里默将人类分为"三个同心区域"，土耳其被归为"野蛮国家"，其处于"文明国家"和"蒙昧民族"之间，[13]而弗朗茨·冯·李斯特也在 1898 年的国际法教科书(Das Völkerrecht)的前几页将国家分为"文明的"(Kulturstaaten)、"半文明的"(halbcivilisierten Staaten)和"不文明的"(nichtcivilisierten Staaten)三个类别。[14] 治外法权及关于其解释的相关争议恰恰证明了(土耳其的)这种中间地位。

　　虽然本章概述了奥斯曼帝国缔结的部分重要条约以及涉及奥斯曼帝国的一些重要理论，但其依旧主要着眼于治外法权问题。奥斯曼帝国横跨多片大陆，且向来雄心勃勃，其法律权威在不同时期产生了不同的理解。治外法权体现了奥斯曼帝国在国际法律体系中极不稳定的地位，在一系列独特的、调整奥斯曼帝国与西方国家政治与经济关系的法律文件中，均能看到关于这种不稳定性的表达。

---

〔12〕奥斯曼帝国自诩拥有充足的官僚机构，具有严格的招聘标准和行政技术(至少早在 17 世纪就有了)。有关此论点，参见 R. Murphey, *Exploring Ottoman Sovereignty*: *Tradition*, *Image and Practice in the Ottoman Imperial Household*, *1400 - 1800* (Continuum London 2008) ch 9；以及 R. A. Abou-El-Haj, *Formation of the Modern State*: *The Ottoman Empire*, *Sixteenth to Eighteenth Centuries* (2nd edn Syracuse University Press Syracuse 2005) esp at 61 - 72。19 世纪时，新部门(尤其是司法部和外交部)设立，这些机构经历了大规模的扩张和分工。对于这一转变，参见 C. V. Findley, *Bureaucratic Reform in the Ottoman Empire*: *The Sublime Porte*, *1789 - 1922* (Princeton University Press Princeton 1980) at 167 - 190。

〔13〕J. Lorimer, *The Institutes of the Law of Nations*: *A Treatise of the Jural Relations of Separate Political Communities* (W Blackwood & Sons Edinburgh 1883) vol 1, at 101 ff.

〔14〕F. von Liszt *Das Völkerrecht*, *systematisch dargestellt* (O Haering Berlin 1898) at 1 - 4. 当然，奥斯曼人为自己的"半君主制"而感到自豪。对此有一个非常直白的讨论，参见 Y. M. Altuǧ, 'The Semi-Sovereign Dependencies of the Ottoman Empire' (1958) 8 *Annales de la Faculté de droit d'Istanbul* 8 - 28。

二、治外法权简史

奥斯曼帝国的治外法权之历史坐标不难定位。普遍认为,奥斯曼帝国于 14 世纪和 15 世纪授予热那亚、威尼斯(以及佛罗伦萨、那不勒斯、拉古萨等)商人大量的治外法权。其中一个著名的例子是奥斯曼帝国于 1453 年征服君士坦丁堡之后,穆罕默德二世赋予热那亚的治外法权。在拜占庭帝国统治时期,热那亚人的贸易活动得以免税,且其被允许自由通行于奥斯曼帝国,其享有按照其本国法律或惯例解决本国人之间争议的特权。[15] 这些早期的治外法权之授予往往着眼于裁判,这十分有趣,因其体现出了早期治外法权让与协议所导致的管辖权混乱。拉丁国家臣民之间的争端由当地的领事解决,当争议双方分别为拉丁商人与奥斯曼人时,通常根据被告国籍而交由拉丁国家领事或者奥斯曼地方法庭来解决。拉丁人起诉奥斯曼人时,可以将争议提交至奥斯曼政府;奥斯曼人起诉拉丁人时,也可以将争议提交至拉丁领事馆;显然,还可以选择由拉丁领事馆和奥斯曼政府进行联合裁判。[16]

这些治外法权协议的兴起并非偶发个例或只在当地发挥有限作用,而是很快被广泛应用于涉及众多非穆斯林国家的贸易与外交事务中。享有治外法权之国家的商人可以在奥斯曼帝国内合法运营大型工厂(*fondachi*),也可以在奥斯曼帝国的领土上进行类似于"殖民"贸易的活动——利凡特公司等特许贸易公司通常具有广泛的商业网络和信息技术,从而使其得以占领东地中海贸易制高点,他们借助治外法权制度推动货物便捷地进出口。[17] 这不仅为奥斯曼帝国的经济和社会发展

434

---

〔15〕 K. Fleet, *European and Islamic Trade in the Early Ottoman State: The Merchants of Genoa and Turkey* (CUP Cambridge 1999) at 129.

〔16〕 K. Fleet, 'Turkish-Latin Diplomatic Relations in the Fourteenth Century: The Case of the Consul'(2003) 22 *Oriente Moderno* 605 – 611 at 611. 关于这种帝国间关系的易变性,参见 E. N. Rothman, *Brokering Empire: Trans-Imperial Subjects between Venice and Istanbul* (Cornell University Press Ithaca 2012) chs 1 – 2;以及 E. R. Dursteler, *Venetians in Constantinople: Nation, Identity, and Coexistence in the Early Modern Mediterranean* (Johns Hopkins University Press Baltimore 2006)。

〔17〕 通常见 M. Epstein, *The Early History of the Levant Company* (G Routledge & Sons London 1908); A. C. Wood, *A History of the Levant Company* (OUP London 1935). 关于后期比较有启发性的案例分析,参见 D. Vlami, 'Entrepreneurship and Relational Capital in a Levantine Context: Bartholomew Edward Abbott, the "Father of the Levant Company" in Thessaloniki (Eighteenth-Nineteenth Centuries)'(2009) 6 *Historical Review* 129 – 164 (研究"亲属、社会、商业熟人、合作者和'朋友'(第 156 页)的重叠体系,早期的公司通常依靠这一体系运营)。

提供了一个重要基础,也推动了外交新机制的形成。[18]

一份关涉法国的治外法权文件(通常被认为可溯至 1535—1536 年)长期以来被视作"第一个"治外法权协议,其是奥斯曼治外法权制度的标志性体现。[19] 这种看法在某些程度上具有误导性。与奥斯曼帝国曾大量授予非穆斯林城邦治外法权的情形不同,近来学术界开始质疑这份 1535 年至 1536 年的治外法权文件——也即反哈布斯堡联盟的产物——是否得到了苏丹的准许。该文件由法兰西代表让·德拉·弗瑞特(Jean de la Forêt)和奥斯曼大臣伊卜拉辛·帕夏(İbrahim Paşa)于 1535 年或 1536 年的某天经谈判而签订。但是,并没有证据表明苏莱曼一世(Süleyman I)曾正式承认弗朗索瓦一世(François I)的臣民享有治外法权(帕夏也在不久之后被处决)[20]。

不论这份 1535 年至 1536 年的文件究竟如何定位,甚至于许多欧洲法学家也质疑该文件的法律地位,[21]在随后的两个世纪里,授予法国的治外法权事实上大大深化了治外法权制度。1740 年的一份治外法权协约便是典型代表。[22] 除了扩大早期赋予法国的豁免权范围外,这是苏丹首次在治外法权条约中承认自己受

---

[18] 关于后者,参见 D. Goffman, 'Negotiating with the Renaissance State: The Ottoman Empire and the New Diplomacy' in V. H. Aksan and D. Goffman (eds.) *The Early Modern Ottomans: Remapping the Empire* (CUP Cambridge 2007) 61 – 74 at 70。

[19] 关于该文本,参见 *Traité de paix, d'amitié et de commerce*, February 1535,载于 I de Testa, *Recueil des traités de la Porte ottomane avec les puissances étrangères depuis le premier traité conclu, en 1536, entre Suléyman I et François I, jusqu'à nos jours* (Amyot Paris 1864) vol 1, 15 – 21。关于对其"关键性"地位的评价,参见 M. A. Desjardins, *De l'origine des capitulations dans l'Empire ottoman* (A Picard Paris 1891) at 11 – 13; J. B. Angell, 'The Turkish Capitulations' (1901) 6 *American Historical Review* 254 – 259 at 255 – 256; G. Pélissié du Rausas, *Le régime des capitulations dans l'Empire ottoman* (A Rousseau Paris 1902) vol 1, at 3 and 23; F. E. Hinckley, *American Consular Jurisdiction in the Orient* (WH Lowdermilk & Co Washington 1906) at 8 – 9; P. M. Brown, *Foreigners in Turkey: Their Juridical Status* (Princeton University Press Princeton 1914) at 33 – 37; *Capitulatory Régime of Turkey* (n 8) at 68 – 70。土耳其学者也作出过类似评价,参见 N. Erim, *Devletlerarası Hukuku ve Siyasi Tarih Metinleri* (International Law and Political History Texts) (Türk Tarih Kurumu Basımevi Ankara 1953) vol 1, at 5 – 7。

[20] 参见 H. İnalcık, 'Imtiyāzāt' in B. Lewis et al (eds.) *The Encyclopaedia of Islam: New Edition* (Brill Leiden 1971) vol 3, 1179 – 1189 at 1183 以及 J. Matuz, 'À propos de la validité des capitulations de 1536 entre l'Empire ottoman et la France' (1992) 24 *Turcica* 183 – 192。

[21] 针对页提利就此问题的看法进行分析,可参见 N. Malcolm, 'Alberico Gentili and the Ottomans' in B. Kingsbury and B. Straumann (eds.) *The Roman Foundations of the Law of Nations: Alberico Gentili and the Justice of Empire* (OUP Oxford 2010) 127 – 145 at 138 – 145。

[22] 关于该文本,参见 *Lettres-patentes*, 30 May 1740,载于 *Recueil des traités* (n 19) at 186 – 210。

此约束：不同于以往的治外法权（一般被认为只在存续期间有限，期满后需要由每位新苏丹承认），奥斯曼宫廷在此承诺所做的授权协约无需再经过正式续期就可具备效力。[23] 此外，1740 年的这份治外法权协约也赋予了法国最惠国待遇，路易十五还被誉为苏丹"最真挚的老朋友"。[24] 最后，该协约还因内容全面而受到关注，它包括了至少 85 条款项，范围从合作打击北非海盗到朝圣者前往耶路撒冷的自由通行。[25]

学者们已经从不同层面强调了 1740 年的治外法权条约之重要性。较为显著的是，它规定了特权的永久性特点并赋予了法国最惠国地位。[26] 后来的许多欧美法学家（尤其是 19 世纪后期的法学家）都认为 1740 年的这份条约是迈向成熟稳固的治外法权制度的第一步。因此，一个半世纪后，特拉弗斯·特威斯（Travers Twiss）写道，1740 年的文件"第一次明确地约束苏丹的继承人"并且"至今仍旧适用"。[27] 更为重要的是，在 18 世纪后期到 19 世纪期间，奥斯曼帝国与西方的政治与经济关系经历了最为彻底的重建。[28] 爱德华·恩格尔哈特是一位对坦齐马特改

---

[23] 关于该文本，参见 *Lettres-patentes*, *30 May 1740*，载于 *Recueil des traitis* (n 19) at 186 - 210. art 85, at 210。

[24] 同上，序文，第 187 页。关于该"友谊"重建的大体情形，特别关注 F. M. Göçek, *East Encounters West: France and the Ottoman Empire in the Eighteenth Century* (OUP Oxford 1987)。

[25] *Lettres-patentes* (n 22) arts 1, 11, 32, 54, and 81 - 82, at 189, 190 - 191, 195 - 196, 200, and 208 - 209.

[26] E. Eldem, *French Trade in Istanbul in the Eighteenth Century* (Brill Leiden 1999) at 278 - 279; E. Eldem, 'Capitulations and Western Trade' in S. N. Faroqhi (ed.) *The Cambridge History of Turkey* (CUP Cambridge 2006) vol 3, 283 - 335 at 320; A. H. de Groot, 'The Historical Development of the Capitulatory Regime in the Ottoman Middle East from the Fifteenth to the Nineteenth Centuries' (2003) 22 *Oriente Moderno* 575 - 604 at 599; K. H. Ziegler, 'The Peace Treaties of the Ottoman Empire with European Christian Powers' in R. Lesaffer (ed.) *Peace Treaties and International Law in European History: From the Late Middle Ages to World War One* (CUP Cambridge 2004) 338 - 364 at 349 - 350.

[27] T. Twiss, *The Law of Nations Considered as Independent Political Communities: On the Rights and Duties of Nations in Time of Peace* (2nd edn Clarendon Press Oxford 1884) at 389, 455, and similarly at 458.

[28] "奥斯曼帝国的衰落"这一主题论文——人们通常认为 18 世纪扮演了重要角色——遭到强烈批评。参见 I. Wallerstein, H. Decdeli, and R. Kasaba, 'The Incorporation of the Ottoman Empire into the World-Economy' in H. İslamoğlu-İnan (ed.) *The Ottoman Empire and the World-Economy* (CUP Cambridge 1987) 88 - 97 at 92 - 94; R. Kasaba, *The Ottoman Empire and the World Economy: The Nineteenth Century* (State University of New York Press Albany 1988) at 18 - 35。

革颇有研究的学者,他后来也是国际法学会成员[29]。恩格尔哈特进一步提出,1740年时授予的治外法权将使土耳其成为"外国司法管辖权的奴役"——不过他于1880年撰写此文时,该等情形尚未出现。[30] 在许多法学家笔下,1740年的治外法权条约以及其他类似的条约并不是暂时的单方面让步,而是一个永久的双边条约,或者说至少是一个不能被苏丹单方面修改或更替的法律文件。有趣的是,有人因此认为1740年的治外法权条约体现出对地中海权力动态的认识发生了根本性改变,[31]这种观点之所以得到赞同是因为条约签订时,帝国内部正处于动荡混乱之中。[32]

奥斯曼帝国并非不知道治外法权继续发展下去将产生的危害,其也曾尝试予以抑制。其中一项重要措施是每隔一段时间就要取消或减少与西方商人有关的(经常是不相关的)授权证书,在某些情况下,为了重申对国际贸易规则和行为的管控,君主会授予一些"忠诚的"商人(既包括穆斯林商人,也包括非穆斯林商人)以特许权。但是,这些努力一般只具有短期效果。[33] 19世纪中叶,治外法权协议赋予的许多特权已经被全部或部分纳入到双边或者多边条约中。1838年的《巴尔塔李曼公约》就是一个众所周知的例证,[34]它是奥斯曼帝国于19世纪初签订的最著名的自由贸易条约。条约签订时,希腊王国刚刚独立不久,1828年至1829年的俄土战争也才结束,更何况那时法国还占领了阿尔及尔,且奥斯曼帝国在叙利亚等地与忠于埃及的穆罕默德·阿里的军队冲突不断。除了打破奥斯曼帝国的垄断和固定进出口关税

---

[29] E. Engelhardt, *La Turquie et le Tanzimat, ou histoire des réformes dans l'Empire ottoman depuis 1826 jusqu'à nos jours* (2 vols A Cotillon & Cie Paris 1882 – 1884).

[30] E. Engelhardt, *Le droit d'intervention et la Turquie：Étude historique* (A Cotillon & Cie Paris 1880) at 15 (重点强调).

[31] R. Olson, 'The Ottoman-French Treaty of 1740：A Year to be Remembered?' (1991) 15 *Turkish Studies Association Bulletin* 347 – 355 at 348.

[32] R. W. Olson, 'Jews, Janissaries, Esnaf and the Revolt of 1740 in Istanbul：Social Upheaval and Political Realignment in the Ottoman Empire' (1977) 20 *Journal of the Economic and Social History of the Orient* 185 – 207 at 201 ff.

[33] A. İ Bağış, *Osmanlı Ticaretinde Gayrî Müslimler：Kapitülasyonlar — Avrupa Tüccarları — Beratlı Tüccarlar — Hayriye Tüccarları, 1750 – 1839* (Non-Muslims in Ottoman Trade：Capitulations — *Avrupa Tüccarıs* — *Beratlı Tüccarıs* — *Hayriye Tüccarıs*, 1750 – 1839) (Turhan Kitabevi Ankara 1983) especially ch 2; B. Masters, 'The Sultan's Entrepreneurs：The *Avrupa Tüccarı* s and the *Hayriye Tüccarıs* in Syria' (1992) 24 *International Journal of Middle East Studies* 579 – 597; *The Capitulations* (n 8) at 105 – 112.

[34] Convention of Commerce and Navigation between Great Britain and Turkey (签订于 1838 年 8 月 16 日) 88 CTS 77。

外,《巴尔塔李曼公约》还规定,"除本公约明确作出更改外,现存的治外法权条约和公约所赋予英国臣民或船舶的权利、特权及豁免今此得到确认,永续长存"[35]。这一规定不仅将治外法权与条约相联系,还强调了这样一种观点,即永久性赋予英国既有特权,如同 1740 年的治外法权规定,从而使奥斯曼帝国必须按照治外法权条约承担法律责任。公约凸显出一些自由贸易理论与"非正式帝国"的碰撞,它塑造的超自由主义(the ultra-liberal)体制为其他国家所照搬,且很快被一系列其他条约重复。[36]

1856 年的《巴黎和约》更加明确地展现了通过条约法来巩固治外法权特权的必要性,其中第 7 条赋予了土耳其"参与欧洲协调"的权利。[37]此规定的法律含义十分模糊,奥斯曼帝国是否可以因此被视为一个完整的"欧洲"国家尚不明确,但其主要政治大国的地位已经十分明确。正如我们所知,该条约使黑海中立,从而阻碍了俄国对巴尔干半岛的侵略,并将俄罗斯长期以来宣称的土耳其基督教徒"保护国"身份(此身份由条约法所确立[38])转移给了西方欧洲国家。[39] 上述最后一项与《巴黎和约》第 9 条的旨意相呼应。据此,苏丹已经发布法令重申他"对(奥斯曼)

---

[35] Convention of Commerce and Navigation between Great Britain and Turkey (签订于 1838 年 8 月 16 日) 88 CTS 77. art 1, at 79。

[36] 参见 J. Gallagher and R. Robinson, 'The Imperialism of Free Trade' (1953) 6 *Economic History Review* 1 – 15 at 11 – 12,以及参见 O. Kurmuş, 'The 1838 Treaty of Commerce Re-examined' in J. L. Bacqué-Grammont and P. Dumont (eds.) *Économie et sociétés dans l'Empire ottoman (fin du XVIIIe—début du XXe siècle). Actes du colloquede Strasbourg* (1er – 5 *juillet* 1980) (Éditions du Centre national de larecherche scientifique Paris 1983) 411 – 417; S. Pamuk, *The Ottoman Empire and European Capitalism*, 1820 – 1913: *Trade, Investment and Production* (CUP Cambridge 1987) at 18 – 21 ff; R. Kasaba, 'Open-Door Treaties: China and the Ottoman Empire Compared' (1992) 7 *New Perspectives on Turkey* 71 – 89 at 73 – 75 and 78 – 82; D. Quataert, 'The Age of Reforms, 1812 – 1914' in H. İnalcık and D. Quataert (eds.) *An Economic and Social History of the Ottoman Empire* (CUP Cambridge 1994), vol 2, 759 – 943 at 764。

[37] General Treaty for the Re-Establishment of Peace (签订于 1856 年 3 月 30 日) 114 CTS 409 ("《巴黎条约》")at 414。

[38] 关于最重要的条约,参见 Treaty of Perpetual Peace and Amity (签订于 1774 年 7 月 10 日) 45 CTS 349, arts 7 and 14, at 390 and 392 – 393。关于俄罗斯试图扩大对条款解释的影响,参见 R. H. Davison, '"Russian Skill and Turkish Imbecility": The Treaty of kuchuk kainardji Reconsidered' (1976) 35 *Slavic Review* 463 – 483。

[39] 参见 G. D. C. Argyll, *The Eastern Question: From the Treaty of Paris* 1856 *to the Treaty of Berlin* 1878, *and to the Second Afghan War* (Strahan & Co London 1879) vol 1, ch 1; H. Temperley, 'The Treaty of Paris of 1856 and Its Execution' (1932) 4 *Journal of Modern History* 523 – 543; A. J. P. Taylor, *The Struggle for Mastery in Europe* 1848 – 1918 (Clarendon Press Oxford 1954) at 83 – 86。

帝国基督教民众的善意"（*généreuses intentions envers les populations Chrétiennes de son Empire*），[40]特别是关于宗教信仰自由、司法裁判、教育机会和公职人员就业平等。[41] 奥斯曼帝国的谈判代表致力于反对干涉其国内事务的行为，并呼吁正式废除治外法权制度，这越来越被视作奥斯曼帝国遭到"国际大家庭"排挤的证据。[42] 尽管承受着巨大的压力，但大国们拒绝废除治外法权，且在推迟履行决议的同时，他们在第32条中采取措施禁止单方面更新或替换克里米亚战争之前生效的

"条约和公约"。[43] 奥斯曼帝国无法再自以为是地认为自己是最终的胜利者，也不能再忽视常设外交的需求。[44] 但是，至少在名义上，奥斯曼帝国有权享有欧洲国家制度的"益处"，并且开始有所行动：奥斯曼帝国设立了外交部，并且还在继续扩容。法语是该外交部的主要工作语言，所有人员和程序都要经过专业的培训，并且其在欧洲和其他地方也相继建立了许多大使馆。[45] 但是，治外法权的模式化以及其继续被广泛应用也说明奥斯曼帝国已明显处于劣势，且其与西方各国的关系十分紧张与异常。[46]

---

[40] Treaty of Paris (n 37) at 414.

[41] 关于该法令，参见'Hatti Humayoun relatif aux réformes de l'Empire Ottoman，18 Février 1856' reproduced in G. Noradounghian（ed.）*Recueil d'actes internationaux de l'Empire Ottoman*（Librairie Cotillon F Pichon Paris 1902）vol 3，no 685，83–88。在第9条的表述遭到质疑后，奥斯曼帝国的谈判代表表示不承认那些因苏丹敕令而被设定准合同义务的条款。R. H. Davison，'Ottoman Diplomacy at the Congress of Paris (1856) and the Question of Reforms' in *VII. Türk Tarih Kongresi（Ankara：25–29 Eylül 1970）—Kongreye Sunulan Bildiriler*（Proceedings of the 7th Turkish Historical Congress［Ankara：25–29 September 1970］）（Türk Tarih Kurumu Basımevi Ankara 1973）vol 2，580–586 at 584–585.

[42] 关于19世纪时欧洲外的国家需要"申请"成为欧洲"国际大家庭"的"成员"的情况，参见 W. E. Hall *International Law*（Clarendon Press Oxford 1880）at 34–35（认为欧洲文明圈外的国家想要正式加入这一法治国家的圈子，则必须要得到后者［或后者中的某些国家］许可做一些事，相当于没有任何疑虑地接纳其法律）；T. J. Lawrence, *The Principles of International Law*（Macmillan & Co London 1895）at 58（"除主权外，一个国家需要进一步拥有何种标志才能接受我们所称的高度发展的规则来规制其交往？"该书给出的答案是"一定程度的文明"）。

[43] Treaty of Paris (n 37) at 419.

[44] 直到18世纪的最后10年，奥斯曼帝国才在欧洲设立常驻使馆。参见 J. C. Hurewitz, 'The Europeanization of Ottoman Diplomacy：The Conversion from Unilateralism to Reciprocity in the Nineteenth Century' (1961) 25 *Belleten* 455–466 at 460。

[45] 同上，第462—464页；另外可参见 C. V. Findley, 'The Legacy of Tradition to Reform：Origins of the Ottoman Foreign Ministry' (1970) 1 *International Journal of Middle East Studies* 334–357；C. V. Findley, 'The Foundation of the Ottoman Foreign Ministry' (1972) 3 *International Journal of Middle East Studies* 388–416。

[46] 参见 J. A. R. Marriott, *The Eastern Question：An Historical Study in European Diplomacy*（Clarendon Press Oxford 1917）at 274（认为《巴黎和约》毫无疑问地表明土耳其最终成为了欧洲协调的被保护国"）。

研究国家建构和人道主义干涉的史学家——后者大部分(并非绝对)是源自19世纪的现象——最近都把注意力转向了奥斯曼帝国和俄国于19世纪后期在巴尔干地区和高加索地区的交锋。[47]尽管自1856年起就有了"成立一个由列强组成的集体机构以监督东方问题的解决(即规制对土耳其的瓜分)"的设想,[48]但很多类似的研究都重点关注了1878年的柏林会议。此次会议是正式解决"东方问题"的巅峰时期,其通过外交方式结束了1877年至1878年的俄土战争。在普世以色列人同盟(*Alliance israélite universelle*)的积极游说下,柏林会议达成了一系列维护少数群体的保障措施。[49]这些保障措施承认塞尔维亚、黑山和罗马尼亚在法律上享有主权国家地位以及保加利亚是事实上的独立国家。对每一个国家的相关规定基本一致,都基于"任何公民都享有政治权利,且得担任公职部门工作,包括承担职责、享受荣誉或是从事不同职业"之理念而禁止各方面的歧视行为。[50]然而,其对土耳其却施加了更多限制。土耳其在保加利亚和其他地区压制暴动的高压手段不仅令俄罗斯非常愤怒,也使西方国家大为恼火,从而"将人道主义和宗教主义热情引入了国际法最复杂的一个问题之中"。[51]因此,除了必须加强本国国民在奥斯曼法庭的举证权,避免限制神职人员和朝圣者活动的行为,以及采取措施保护

440

---

[47] 尤见 D. Rodogno,*Against Massacre:Humanitarian Interventions in the Ottoman Empire* 1815 - 1914(Princeton University Press Princeton 2012)chs 6 - 8;M. Schulz,'The Guarantees of Humanity:The Concert of Europe and the Origins of the Russo-Ottoman War of 1877' in B. Simms and D. J. B. Trim(eds.)*Humanitarian Intervention:A History*(CUP Cambridge 2011)184 - 204。

[48] T. E. Holland,*The European Concert in the Eastern Question:A Collection of Treaties and Other Public Acts*(Clarendon Press Oxford 1885)at 2.

[49] C. Fink,*Defending the Rights of Others:The Great Powers,the Jews,and International Minority Protection*,1878 - 1938(CUP Cambridge 2004)at 15 - 38.

[50] Treaty for the Settlement of Affairs in the East(签订于1878年7月13日)153 CTS171(《柏林条约》)arts 5,27,35,and 44,at 176,182,184,and 187。这些条款并非无人批判,或甚至是嘲弄。例如,Gladstone便写道:"令人惊奇的是,欧洲各大国联合一致,要求新生的政治实体(在其成立的第一时刻便)实行宗教自由。但是,这些大国至今还很难接受……要在他们自己国内也这么做。"参见 W. E. Gladstone,*The Berlin Treaty and the Anglo-Turkish Convention*(Liberal Central Association London 1878)at 14。

[51] J. P. Thompson,'The Intercourse of Christian with Non-Christian Peoples' in J. P. Thompson,*American Comments on European Questions*,*International and Religious*(Houghton,Mifflin & Co Boston 1884)104 - 131 at 105. 影响力最大的当属 W. E. Gladstone 广为传播的著作 *Bulgarian Horrors and the Question of the East*(J Murray London 1876)。

少数民族和外国人之外，[52]按照柏林会议第61条的规定，土耳其必须对亚美尼亚人口密集的省区进行"改善"或"改革"。[53]奥斯曼当局在接下来的几年里基本上忽视了这一规定。但是，与治外法权导致的政治经济干预相随的是以人道主义名义进行的外交（甚至是军事）干预。[54]事实上，安德烈·曼德尔斯塔姆等国际法学家在谈到柏林会议的缺陷时曾详细解释了"人道主义集体干涉"理论，即在发动"人道主义战争"后，试图将本应属于一国内政的事务变为国际事务。[55]

治外法权常常被解释为因帝国法典过时守旧、法庭腐败、法律传统赋予法官太多自由裁量权等缘由所致。因此，只要没有进行颁布新法规或改变司法行政制度的全面改革，治外法权就不可或缺，如此才能确保奥斯曼帝国境内的非穆斯林国家的国民（以及与其共事的一部分当地非穆斯林人）只遵守"文明的"欧洲法律。[56]至少在帝国于1875年解体后，认为土耳其金融不稳定的观点不时地会引发这种观点。欧洲债权人随后组成了一个公共债务管理局（*Düyun-u Umumiye*）来收取奥斯曼政府的财政收入。[57]由自由主义的国际法学家和公职人员（其著作有时趋向于

[52] Treaty of Berlin (n 50) art 62，at 189-190.

[53] 同上，第189页。

[54] 由于人道主义干涉理论的出现，1914年之前的主流研究强调了欧洲与奥斯曼帝国交战的集中性，参见 A. Rougier, 'La théorie de l'intervention d'humanité' (1910) 17 *Revue générale de droit international public* 468-526 at 472 ff.

[55] A. N. Mandelstam, *La société des nations et les puissances devant le problème arménien* (Pedone Paris 1926) at 17-18 (de-emphasized from original).

[56] 从许多文献作品中得出。参见 F. Martens, *Das Consularwesen und die Consularjurisdiction im Orient* (H. Skerst trans) (Weidmannsche Buchhandlung Berlin 1874) at 320 ff; T. Twiss, *On Consular Jurisdiction in the Levant, and the Status of Foreigners in the Ottoman Law Courts* (W Clowes & Sons London 1880) at 20-21 and 23-24; *Institutes of the Law of Nations* (n 13) at 313-314; J. Westlake, *Chapters on the Principles of International Law* (CUP Cambridge 1894) at 101-103; N. Politis, *La guerre gréco-turque au point de vue du droit international: contribution à l'étude de la question d'Orient* (Pedone Paris 1898) at 28 and 116-120. 一位英国官员的评论形象地展现了这点，在法国进入奥斯曼帝国的领土并引进法国法院体系后，领事裁判权可能会被废除。"在奥斯曼帝国这一独特的环境下，根据与土耳其签订的治外法权条约而建立的机构在保护外国人方面发挥了至关重要的作用。"该名官员还称，"当伊斯兰法庭被欧洲政府组建和控制的法庭取代后，他们就有消失的必要了。"'Mr. Plunkett to Earl Granville, October 19, 1882' in *Correspondence respecting the Establishment of French Tribunals and the Abrogation of Foreign Consular Jurisdiction in Tunis: 1882-83* (C 3843) (Harrison & Sons London 1884) 2-3 at 2.

[57] 对此最经典的研究当属 D. C. Blaisdell, *European Financial Control in the Ottoman Empire: A Study of the Establishment, Activities, and Significance of the Administration of the Ottoman Public Debt* (Columbia University Press New York 1929)；另外可参见 H. Feis, *Europe the World's Banker 1870-1914: An Account of European Foreign Investment and the Connection of* （转下页）

原型民族主义)组成的奥斯曼青年会(Young Ottomans)没有对欧洲的法律和经济入侵展开系统性的批判,他们的终极目标是促进帝国的渐进式西化。[58] 但是,其表示不满以及希望对之加以有力回应的愿望却愈发强烈。实际上,在 20 世纪的最初几年,敏锐的帝国主义学者们就发出警告称,奥斯曼帝国对西方的依存度已经达到了危急的状况。就像霍布森在 1902 年时所警告的那样,土耳其剩余的大多数领土将会处于一个"缓慢而迟疑的同化过程"[59](所谓"同化",其真正到来时并不缓慢或迟疑),列宁在 1917 年拟定战略时也曾这样警告,他将土耳其与"半殖民地国家"的中国和波斯划为一类,他们也许尚未陷入正式的殖民主义之中,但仍承受着大量非正式的殖民主义压迫。[60] 在意识到此危机后,奥斯曼官员开始寻求制衡侵略,例如最终升任外交部长的奥斯曼法学家、亚美尼亚外交官加布里埃尔·诺拉道汉便曾表达了自己的担心:比利时致力于推动 1838 年条约中的相关条款的生效,其欲使奥斯曼帝国和比利时国民间的刑事犯罪案件由比利时领事法庭管辖。[61] 赫希·劳特派特后来承认,租约、共管、保护地等类似制度常常是"为吞并做准备"的"外交手段",或是"政治上认为直接吞并不适当时,用以获得足够力量的手段"[62]。治外法权侵袭了奥斯曼帝国和很多其他类似的国家,因其已经转变为一个更高程度的征服机制。

442

　　土耳其青年运动在 1908 年至 1909 年期间夺取了奥斯曼政府的控制权。作为该运动的主要力量,[63]联盟与进步委员会(İttihat ve Terakki Cemiyeti)成立于一个

(接上页)*World Finance with Diplomacy Before the War* (AM Kelley New York 1964) at 332 - 341; R. Owen, *The Middle East in the World Economy* 1800 - 1914 (Methuen London 1981) at 191 - 200; E. Eldem, 'Ottoman Financial Integration with Europe: Foreign Loans, the Ottoman Bank and the Ottoman Public Debt' (2005)13 *European Review* 431 - 445 at 440 - 443。

[58] 参见 S. Mardin, *The Genesis of Young Ottoman Thought: A Study in the Modernization of Turkish Political Ideas* (Princeton University Press Princeton 1962)。

[59] J. A. Hobson, *Imperialism: A Study* (J Nisbet & Co London 1902) at 236.

[60] V. I. Lenin, 'Imperialism, the Highest Stage of Capitalism' in V. I. Lenin (ed) *Collected Works* (Y. Sdobnikov trans.) (Progress Publishers Moscow 1964) vol 22, 185 - 304 at 257 - 260.

[61] G. Noradounghian, 'Le traité turco-belge de 1838 et la compétence en matière pénale des autorités ottomanes envers les étrangers' (1906)8 *Revue de droit international et de législation comparée* 119 - 135.

[62] H. Lauterpacht, 'International Law and Colonial Questions, 1870 - 1914' in E. Lauterpacht (ed.) *International Law, Being the Collected Papers of Hersch Lauterpacht* (CUP Cambridge 1975) vol 2, 95 - 144 at 114.

[63] 在 1908 年至 1909 年期间,该委员会废黜了在任的苏丹,限制了苏丹继承人的权力,并恢复了 1876 年的奥斯曼帝国宪法,从而开创了一段准议会法的时期。他们随后采取了一系列强力的(慢慢地变为暴力的)中央集权行动,试图以此加强伊斯坦布尔对各省的控制。有关旧秩序被取代的详细信息,参见 A. Kansu, *The Revolution of 1908 in Turkey* (Brill Leiden 1997) ch 4。

广泛严厉批判治外法权的时代。尽管该委员会表示其目标是使奥斯曼公民身份（由国民）共享，但在 1908 年至 1909 年之后，该委员会便很少推动相关政策来增强奥斯曼社会中的土耳其穆斯林之核心地位（穆斯林长期以来都被认为是帝国的"millet-i hâkime"，或称"统治民族"）。很敏感的一点是，奥斯曼帝国在军事和外交上的一系列失利导致了穆斯林的集体迁徙：自 19 世纪 60 年代起，从巴尔干地区、高加索地区和克里米亚地区而来的穆斯林迁徙活动便一直没有停歇。[64] 在巴尔干战争和第一次世界大战期间，穆斯林的被迫迁徙更是加剧了这种敏感性，其聚焦了越来越多原本处在边缘的土耳其穆斯林公民的自我认同。[65] 土耳其民族主义的普及和常态化也归因于欧洲知识分子在其著作中对经济本土化的支持。弗里德里希·李斯特是研究国民体系的经济学家，他是与 19 世纪的英国自由主义相对立的贸易保护主义者，他的著作影响深远。[66] 但是，影响最大的当属亚历山大·赫尔芬德（Alexander Helphand），他是第二国际的理论家，同时他也是一位军火商，其功绩在于提出了"不平衡和综合发展"理论的雏形，并且该理论为托洛茨基所承接并发展。赫尔芬德是伊斯坦布尔人，他是联盟与进步委员会在 20 世纪 10 年代的内部顾问，他认为奥斯曼帝国的唯一选择是废除治外法权制度和撤销公共债务管理局，以确保构建一个彻

443

---

〔64〕相关文献卷帙浩繁，与日俱增。参见 K. H. Karpat, *Ottoman Population*, 1830 – 1914: *Demographic and Social Characteristics* (University of Wisconsin Press Madison 1985) at 60 – 77; A. Toumarkine, *Les migrations des populations musulmanes balkaniques en Anatolie* (1876 – 1913) (Les éditions Isis İstanbul 1995) at 27 – 77; B. G. Williams, ' Hijra and Forced Migration from Nineteenth-Century Russia to the Ottoman Empire: A Critical Analysis of the Great Crimean Tatar Emigration of 1860 – 1861' (2000) 41 *Cahiers du monde russe* 79 – 108; D. Cuthell, 'The Circassian Sürgün' (2003) 2 *Ab Imperio* 139 – 168。

〔65〕关于近期相关的讨论，参见 F. Dündar, *Modern Türkiye'nin Şifresi: İttihat ve Terakki'nin Etnisite Mühendisliği* (1913 – 1918) (The Key to Modern Turkey: The Ethnicity Engineering of the Committee of Union and Progress [1913 – 1918]) (İletişim Yayınları İstanbul 2008)。出生于巴尔干半岛的大量土耳其年轻人自然有着无比的重要性。尤见 E. J. Zürcher, 'The Young Turks: Children of the Borderlands?' (2003) 9 *International Journal of Turkish Studies* 275 – 285; 以及 E. J. Zürcher, *The Young Turk Legacy and Nation Building: From the Ottoman Empire to Atatürk's Turkey* (IB Tauris London 2010) chs 8 – 9。

〔66〕S. Pamuk, 'The Ottoman Economy in World War I' in S. Broadberry and M. Harrison (eds) *The Economics of World War I* (CUP Cambridge 2005) 112 – 136 at 119; M. S. Hanioğlu, *A Brief History of the Late Ottoman Empire* (Princeton University Press Princeton 2008) at 189. 此外，参见 Z. Toprak, *Türkiye'de 'Milli İktisat'* (1908 – 1918) ('National Economy' in Turkey [1908 – 1918]) (Yurt Yayınları Ankara 1982) at 25 – 35。

底的"本国"(也就是土耳其穆斯林)资产阶级,由其掌握资本积累和装备自我以抵抗欧洲帝国主义。[67] 这种观点影响甚广,后来的土耳其共和国的司法部长马合木提·埃萨特(也是"荷花号"案中在国际常设法院出庭的代理人)的博士论文就是围绕治外法权与现代国家的国家属性不相容的论题展开的。[68]

1914年,在导致亚美尼亚大屠杀的驱逐令发布前的几个月,联盟与进步委员会(那时类似于军政府)向仍生效的治外法权享有国发出外交照会。[69] 那时,土耳其的报社不时向读者宣扬民族的统一只能依靠战争实现,而国际法的经典著作无法实现这一目标。[70]根据照会,虽然治外法权本是一些临时性的单边让步,但随着时间的推移,它已严重损害奥斯曼帝国的主权,且阻碍了经济的发展和政府的有效管理。因此,奥斯曼帝国有权废除他们,(尤其是考虑到奥斯曼帝国对于司法改革的决心)并且有权"与其他各国在国际法一般原则的基础上进行交往"。[71] 战争期间,只有柏林和维也纳承认该举措,[72]德国还向土耳其承诺协助其废除治外法权。[73] 尽管许多非穆斯林公民(更不用说奥斯曼帝国的外来投资者)在此照会公

---

[67] 有关赫尔芬德在这段时期内的著作,参见 Parvus Efendi, *Türkiye'nin Mal Tutsaklığı* (Turkey's Financial Captivity) (M. Sencer ed.) (May Yayınları İstanbul 1977)。有关该讨论,参见 Z. A. B. Zeman and W. B. Scharlau, *The Merchant of Revolution: The Life of Alexander Israel Helphand (Parvus) 1867 - 1924* (OUP London 1965) ch 6; H. L. Kieser, 'World War and World Revolution: Alexander Helphand-Parvus in Germany and Turkey' (2011) 12 *Kritika: Explorations in Russian and Eurasian History* 387 - 410。

[68] 参见 M. Essad, *Du régime des capitulations ottomanes: Leur caractère juridique d'après l'histoire et les textes* (Fratelli Haim Stamboul 1928)。该论文撰写于 1918 年的弗莱堡。

[69] 'Ottoman Circular Announcing the Abrogation of the Capitulations, 9 September 1914', reproduced in J. C. Hurewitz (ed.) *Diplomacy in the Near and Middle East: A Documentary Record: 1535 - 1956* (Octagon New York 1972) vol 2, 2 - 3.

[70] 摘录自 M. Aksakal, *The Ottoman Road to War in 1914: The Ottoman Empire and the First World War* (CUP Cambridge 2008) at 21。

[71] *Ottoman Circular* (n 69) at 3. 不过,有趣的是,照文的英译版也将"治外法权"和"条约"予以混合。同上,第2页。

[72] 有关细节参见 N. Bentwich, 'The Abrogation of the Turkish Capitulations' (1923) 5 *Journal of Comparative Legislation and International Law* 182 - 188 at 183 ff; A. Rechid, 'La condition des étrangers dans la République de Turquie' (1933) 46 *Recueil des cours* 165 - 228 at 180 - 182;另外参见 J. A. Mazard, *Le régime des capitulations en Turquie pendant la guerre de 1914* (J Gaudet Alger 1923)。布尔什维克俄国在 1921 年效仿此举。

[73] U. Trumpener, *Germany and the Ottoman Empire 1914 - 1918* (Princeton University Press Princeton 1968) at 28 - 29;亦见 R. Bullard, *Large and Loving Privileges: The Capitulations in the Middle East and North Africa* (Jackson, Son & Co Glasgow 1960) at 32。

布后表示了怀疑与忧虑,但伊斯坦布尔地区却一片欢呼。[74]

一战结束后,战败的奥斯曼帝国签订了《色佛尔条约》,同盟国试图在此和平条约中恢复治外法权(对于治外法权的废除,他们从未正式承认)。[75]但是,此条约一直未被批准,其在安纳托利亚的民族主义运动中被穆斯塔法·基马尔(Mustafa Kemal)否决。《色佛尔条约》自始就是一纸空文,而治外法权的命运也悬而未决。1922年至1923年的洛桑会议明确达成了与土耳其的和平条约,[76]土耳其首席代表伊斯梅特·帕夏(İsmet Paşa)在会上提出了许多确保废除治外法权的观点。帕夏首先表示,文献记录证明土耳其曾反复声明治外法权"实际为单边行为",因而土耳其完全有权废除。[77]帕夏另外辩称,即使治外法权被定性为双边条约,但授予治外法权的环境已经发生根本改变,根据情势变更原则,土耳其可以免除其国际法义务。[78]伊斯梅特的最后一个观点说明,越来越多的人认为治外法权是"过时的错误制度"。[79]一些曾经历过或现在仍存在治外法权制度的国家的与会代表也阐述了类似的观点,[80]这些观点最终获得了胜利。土耳其代表团通过《洛桑和约》的第28条,成功地废除了治外法权制度,[81]但条件是其向安卡拉的盟友承诺进行法

---

〔74〕 F. Ahmad, 'Ottoman Perceptions of the Capitulations 1800 – 1914' (2000) 11 *Journal of Islamic Studies* 1 – 20 at 18 – 20.

〔75〕 'Treaty of Peace between the Allied Powers and Turkey, signed at Sèvres, August 10, 1920' (1921) 15 *American Journal of International Law Supplement* 179 – 295, art 261, at 247.

〔76〕 关于该和平条约,参见 Treaty of Peace(签订于1923年7月24日)28 LNTS11。关于包含该协议的全文,参见 'Treaty with Turkey and Other Instruments, signed at Lausanne, July 24, 1923' (1924) 18 *American Journal of International Law Supplement* 1 – 116。

〔77〕 'Annex: Memorandum Read by the Turkish Delegate at the Meeting of December 2, 1922, of the Commission on the Régime of Foreigners', in *Lausanne Conference on Near Eastern Affairs* (1922 – 1923): *Records of Proceedings and Draft Terms of Peace* (Cmd 1814) (His Majesty's Stationery Office London 1923) pt II, 471 – 480 at 478.

〔78〕 同上,第478 – 479页。各大国于19世纪末插手"东方问题"时逐渐形成了该原则。参见 G. Haraszti, 'Treaties and the Fundamental Change of Circumstances' (1975) 146 *Recueil des cours* 1 – 93 at 16 – 21; D. J. Bederman, 'The 1871 London Declaration, Rebus Sic Stantibus and a Primitivist View of the Law of Nations' (1988) 82 *American Journal of International Law* 1 – 40 at 4 – 22.

〔79〕 *Memorandum* (n 77) at 479.

〔80〕 针对土耳其对洛桑会议的看法和早几年前中国对凡尔赛会议的看法,G. W. Keeton 在 'Extraterritoriality in International and Comparative Law' (1948) 72 *Recueil des cours* 283 – 391 at 370 – 372 ff 中做了一个有趣的比较。

〔81〕 Treaty of Peace (n 76) at 27.

律改革,[82]同意实行五年的关税限制及相关措施,[83]允许欧洲向伊扎米尔和伊斯坦布尔派遣暂时的"法律顾问",[84]以及作出其他一系列让步。不论实质上是否终结,总之长达几个世纪之久的奥斯曼帝国的治外法权历程终于在形式上告终了。

三、结论

认为治外法权是欧洲帝国主义惯常的必备手段之观点非常不合时宜,可以说,治外法权早在帝国主义出现之前就已存在。事实上,这相当于在15世纪的地中海商贸中插入了对帝国主义的批判。但是,帝国主义于19世纪末期才出现,在20世纪初期形成并于20世纪末才在新马克思主义的术语中被重塑。这一观点很难站得住脚,它未能明确抓住治外法权这样一种特权的模糊性和易变性——治外法权的形式和功能常常随着时空转换而发生急剧变化。如同大多数其他国际法文件一样,只有仔细分析其条款以及条款被协商和起草的具体环境,并分析该文件最终完成和生效的程序,才能完全确定一个治外法权条约的法律地位。诸多文件记载了一些有利于西方和亲西方利益的中长期贸易投资模式,而发展成熟的治外法权制度促进了大量不平等贸易,也相应地加剧了奥斯曼帝国的边缘化和落后程度。但是,这并不意味着治外法权完全是"帝国主义"的工具,至少不能说它自一开始便是外部的强加之物。一方面,治外法权在19世纪末时已被理解为西方帝国主义的工具,其在适用过程中毁誉参半。这的确如此。然而,另一方面,我们也不能否认治外法权有助于更好地实施日常治理机制。这些机制可能已经披上了帝国主义与神学理论的神圣外衣,但其首要目的是在复杂的竞争环境中推动贸易、巩固联盟以及划定管辖权的边界。事实上,如果非要说与帝国主义有

446

---

[82] 此举是为了回应实施积极改革的呼声。参见 L. E. Thayer, 'The Capitulations of the Ottoman Empire and the Question of Their Abrogation as it Affects the United States' (1923) 17 *American Journal of International Law* 207 – 233 at 233。(认为"考虑到土耳其的过去,任何放权都要循序渐进,每一权利的让渡都要明确其条件,即以改革的胜利完成为条件,此乃重中之重"。)

[83] Commercial Convention(签订于 1923 年 7 月 24 日)28 LNTS171。

[84] Declaration Relating to the Administration of Justice(签订于 1923 年 7 月 24 日)36 LNTS 161。不过据悉,这些"法律顾问"挑选自一战时的中立国家,这点惹恼了一些同盟国的法官。参见 A. Mestre, *L'étranger en Turquie d'après le Traité de Lausanne*(Revue politique et parlementaire Paris 1923)at 22(抱怨这些官员并不能代表"直接从法国的角度"看待问题)。

关,那么治外法权最初也只是奥斯曼帝国而非欧洲的帝国主义工具。

如果要对治外法权进行客观而现实的描述,那么就必须理解奥斯曼帝国与欧洲之间的关系具有易变性,且必须意识到每一份治外法权文件最初都是一场博弈。这种方法没有回溯历史中的某一年份(例如 1740 年、1856 年或 1923 年)而是将奥斯曼帝国的治外法权史全然称作帝国主义(不论是“奥斯曼帝国主义”还是“西方帝国主义”,亦或是二者兼而有之),并试图分析奥斯曼帝国和西方官员均能够谈判、执行以及解释治外法权协约的重要权力。毫无疑问,奥斯曼人和西方人均逐渐认识到治外法权可以维持影响深远的统治和剥削关系。许多奥斯曼官员认为,治外法权正是造成国家虚弱“落后”的罪魁祸首,如果不认真考虑这一事实,就无法理解奥斯曼帝国迫切希望废除治外法权的意愿。自 19 世纪中叶以来,这种意愿十分强烈,甚至不免陷入绝望。即便如此,不可否认的一点是,治外法权阻止了奥斯曼帝国完全向帝国主义屈服。正如不可否认的另外一点是,一些奥斯曼当权者(包括土耳其穆斯林后裔)更倾向于支持治外法权制度。直到 19 世纪的前几十年,《奥斯曼通报》(Moniteur ottoman)(一个准官方的外语公报)仍然称赞治外法权是土耳其经济发展的关键:“就对外国商品征收的进口关税而言,世界上没有任何地区会比土耳其低。”它还继续吹嘘,认为“三百年以来,苏丹已经实现了文明之欧洲现在正努力实现的目标 ”[85]。

治外法权复杂起伏的历史涵盖了奥斯曼帝国与西方竞争与合作并存的多重关系,其从微观上反映出一个国家在一个日益趋向于欧洲中心主义的国际秩序中的极不稳定之地位。治外法权的历史意义深远。如果说治外法权和在结构上与之比照的“不平等条约”在欧洲扩张以及欧洲之外的国家反抗过程中是必不可少的,那么从中国到波斯,以及从日本到暹罗,在很大程度上正是通过奥斯曼帝国的经验而使得该治外法权制度有所“普及”,并作为一种不同寻常的法律商品流通起来,其效果也自然不同寻常。

---

[85] ‘On Freedom of Commerce in the Ottoman Empire’, repr in D. Ross (ed.) *Opinions of the European Press on the Eastern Question*, *Translated and Extracted from Turkish*, *German*, *French*, *and English Papers and Reviews* (J Ridgway & Sons London 1836) 1 - 9 at 4 - 6.

推荐阅读

Aral, Berdal 'An Inquiry into the Turkish "School" of International Law' (2005) 16 *European Journal of International Law* 769 – 785.

Boogert, Maurits H. van den and Kate Fleet (eds) 'The Ottoman Capitulations: Text and Context' (2003) 22 *Oriente Moderno* 575 – 727.

Boogert, Maurits H. van den *The Capitulations and the Ottoman Legal System: Qadis, Consuls, and Beratlis in the 18th Century* (Brill Leiden 2005).

Brown, Philip Marshall *Foreigners in Turkey: Their Juridical Status* (Princeton University Press Princeton 1914).

Eldem, Edhem 'Capitulations and Western Trade' in Suraiya N. Faroqhi (ed) *The Cambridge History of Turkey* (CUP Cambridge 2006) vol 3, 283 – 335.

Engelhardt, Edouard *Le droit d'intervention et la Turquie: Étude historique* (A Cotillon&Cie Paris 1880).

Inalcik, Halil 'Imtiyāzāt' in Bernard Lewis et al (eds) *The Encyclopaedia of Islam: New Edition* (Brill Leiden 1971) vol 3, 1179 – 1189.

Martens, Friedrich *Das Consularwesen und die Consularjurisdiction im Orient* (H. Skerst trans) (Weidmannsche Buchhandlung Berlin 1874).

Panaite, Viorel *The Ottoman Law of War and Peace: The Ottoman Empire and Tribute Payers* (East European Monographs Boulder 2000).

Pélissié du Rausas, G. *Le régime des capitulations dans l'Empire ottoman* (2 vols A Rousseau Paris 1902 – 1905).

Rodogno, Davide *Against Massacre: Humanitarian Interventions in the Ottoman Empire 1815 – 1914* (Princeton University Press Princeton 2012).

Rougier, Antoine 'La théorie de l'intervention d'humanite' (1910) 17 *Revue générale de droit international public* 468 – 526.

Sousa Nasim *The Capitulatory Régime of Turkey: Its History, Origin, and Nature* (Johns Hopkins Press Baltimore 1933).

Twiss, Travers *On Consular Jurisdiction in the Levant, and the Status of Foreigners in the Ottoman Law Courts* (W Clowes&Sons London 1880).

Wood, Hugh McKinnon 'The Treaty of Paris and Turkey's Status in International Law' (1943) 37 *American Journal of International Law* 262 – 274.

448

第十九章 中国

川岛真(Shin Kawashima)

一、引言

本章从中国的视角出发,详述了国际法在中国的继受过程。众所周知,中国与诸多西方国家建立过条约关系,例如中俄于 1689 年 9 月 7 日签订的《尼布楚条约》。[1] 然而,中国首次接触到国际法的文本书籍,则要等到 1865 年,[2] 斯时总理衙门(晚清政府的外交机构)出版了亨利·惠顿的著作《国际法原理》[3]的中译本

---

[1]《尼布楚条约》签订了拉丁文、满文和俄文版本,以拉丁文为准;缔约双方为清政府全权代表领侍卫内大臣索额图及俄罗斯全权代表陆军大将费耀多罗·戈洛文伯爵。该条约划分了两国边界,两国建立起贸易关系。有关中俄《尼布楚条约》(参阅《牛津条约汇编辑》第 18 卷第 503 页),参见 K. Yoshida, *Roshia no Toho Shinshutsu to Neruchinsuku Joyaku* (*Russian Expansion for East and the Treaty of Nerchinsk* (Toyo Bunko Tokyo 1984)。

[2]《万国公法》出版于 1864 年还是 1865 年,现在学界有两种理论。1864 年理论可参阅 S. Satō, *Kindai Chūgoku No Chishikijin To Bunmei* (*Intellectuals and Civilization in Modern China*) (The University of Tokyo Press Tokyo 1996) at 45;以及刘禾也在其书中采纳了 1964 年理论,参见 *The Clash of Empires:The Invention of China in Modern World Making* (Harvard University Press Cambridge MA 2004) at 108. 1865 年理论可参阅 M. Banno, *Kindai Chūgoku Seiji Gaikō* (History of Modern Chinese Politics and Diplomacy) (The University of Tokyo Press Tokyo 1973)。总而言之,1865 年理论才是正确的,因为董恂为《万国公法》谱序是在同治三年十二月;参见林学忠:《从万国公法到公法外交:晚清国际法的传入、诠释与应用》,上海古籍出版社 2009 年版。同时,关于"万国公法"这一中文术语的英译(徐中约把它定为"public law of all nations"),参见 I. C. Y. Hsü, *China's Entrance into the Family of Nations:The Diplomatic Phase, 1858–1880* (Harvard University Press Cambridge MA 1960)。

[3] 参见 H. Wheaton, *Elements of International Law:With a Sketch of the History of Science* (6th edn Carey, Lea &Blanchard Philadelphia 1855);亦见本书中由刘禾(Lydia H. Liu)撰写的第五十六章"亨利·惠顾(Henry Wheaton, 1785—1848 年)"。

牛津国际法史手册

《万国公法》,译者为美国传教士丁韪良。"万国公法"的译法现如今在中国不再通行。在"国际(公)法"一词被 20 世纪初留学日本的中国知识分子引进后,"万国公法"被取而代之。本章研讨的问题包括:在《万国公法》的中译本面世前,中国对国际秩序的态度;该译本继受前后的环境;该译本出版后的状况;"万国公法"到"国际(公)法"的术语演变及其背景。

二、中国各朝代对空间和对外关系的认知 452

(一) 德治与教化

在封建王朝时期,德治始终被奉为圭臬。皇帝受命于天,德行四处远扬。对此,有诗为证:"溥天之下,莫非王土;率土之滨,莫非王臣。"[4]彼时人们相信,贤君的美德如风吹草木,能够感化普通百姓。[5]"化"指受皇帝德行影响之人,而相对应的"化外"则指皇帝德行所不及的人或地域。"化"之影响在人群中自发显现,而非由皇帝强加。"化外"之人除非危及王朝的和平与稳定,否则皇帝也无意对其进行干涉。[6]

皇帝的德行普适天下,不同情形下可以对其做出多种阐释。这种逻辑框架有 453 助于维持社会多样性;再者,皇帝对其言行握有解释大权。换言之,皇帝与其臣民之间是不平等的。

(二) 德治/教化与毗邻国家的关系

从空间角度着眼,对中国朝代的"国境"可做出以下几点总结。尽管作为封建王朝的统治手段之德治和教化本应四处远扬,然而实际上其范围有限,教化近乎没有施行。从另一方面来讲,王朝能有效掌控自身疆土,并依据军事行动、税务征收及交通管理的需要来设立国界。

德治与教化还适用于处理与邻国的关系。也就是说,尽管大家确信皇帝德行远扬四方,但实际上有许多人并未有幸受益于其德行;并且距离王朝的路途越远,这样的不幸者越多。虽然如此,但只要他们不危及王朝安定,王朝则对其采取不干

---

[4] 参见《诗经·小雅·北山》。
[5] 参见《论语·颜渊》(第十二篇)第十九章:"君子之德风,小人之德草。草上之风,必偃。"
[6] 1871 年,日本出兵台湾,从而使"化外"一词成为焦点。然而,这一概念最初基于民族原则。根据中央王朝的逻辑,其疆域内有"化外"之民并非谬论。

涉政策。若当地首领向皇帝宣誓效忠,那么可以认定该首领接受了教化,其将被册封为王,臣属于中央王朝。对还未形成国家的接壤地域,皇帝通过"土司"和"土官"制度,赐予当地原住民首领以官职,令其掌管内部事务。中央王朝通过这些体制关系,与其疆土的周边各区域保持良好关系。[7]

在西藏、蒙古和新疆,依据当地首领与清朝间的臣属关系,清朝政府采取不干涉政策。因此,各地按照各自风俗维持当地秩序。这显然是汉族视角,而西藏人和蒙古人则认为他们自己没有必要因为受教于皇帝德行而向清王朝效忠。[8] 比如,尽管达赖喇嘛尊清朝皇帝为文殊菩萨(藏传佛教中的神祇之一),但他并不认为西藏完全从属于清朝。

(三)册封/朝贡与边疆

德治与教化概念的应用超越了王朝疆土,并且还涵盖了与周边国家的关系处理。若这些国家的"酋"受皇帝德行感化前来宣誓效忠,那么他们会被赐予高官显位,中央王朝借此将他们纳入官僚体系,这些人也同时被委任为王。这种册封关系并不是为了使邻国内务受到中央王朝的干涉,例如 19 世纪末的清朝与朝鲜之关系。中央王朝赐予册封国君主以爵号,要求其使用宗主国历法,并委托被册封君主治理册封国。除非其要求,否则中央王朝将不会干涉其内务,例如册封国请求宗主国出兵增援该册封国与他国的战争。册封仪式的契机一般为新国家诞生,或老国王的继任者需要转换头衔。同理,已被封王的"酋"呈上纪念品以向皇帝缴纳贡礼,皇帝也会给贡使以回赐。这就是朝贡或进贡体系,其意味着周边邻国的君主渴望得到皇帝的德行感化,也意味着教化得以实现。另外,只要册封国循规蹈矩,则中

---

〔7〕与中央王朝保持宗藩关系就意味着在政权或领袖更迭时,藩国须向王朝派遣使节。向皇帝宣誓效
　　忠后,王朝领域内的政权领袖被授予相应的官职;王朝领域外的政权领袖被册封王位,并获赐玉玺
　　与年历。有时,王朝也会向藩国派出使者,予以赏赐。不过,对于双方是否都意识到"藩属"仪式的
　　性质,现在仍存在争议;也存在一定可能是藩国使节认为藩属仪式与其觐见本国君主并无二致。
　　要留意的是,许多对源于中国的历史资料之解读仅反映了中央王朝的视角。
〔8〕T. Motegi, 'Chūgoku Teki Sekaizō No Henyō To Saihen' (Transformation of and Restructuring
　　of the Chinese View of the World) in W. Iijima et al (eds) *Chūka Sekai To Kindai*, *Shirīzu* 20
　　Seiki Chūgoku Shi (The Chinese World and the Modern Period, Series 20th Century Chinese
　　History)(The University of Tokyo Press Tokyo 2009); T. Motegi, 'Chūgoku ōchō Kokka No
　　Chitsujyo To Sono Kindai (Chinese Dynastic States'Order and Their Modern Period)'(2009)682
　　Risō 83 - 93。

央王朝不会干涉其内政。[9] 实际上，并未有太多国家使用中央王朝的年号纪年法（随每一次皇帝登基而变）。值得留意的是，在其内政中运用到中央王朝"名分"（一种划定层级关系的道义概念）的册封国仅有朝鲜、琉球和安南。

然而，即便皇帝的德行已远扬到邻国，但在王朝疆土与邻国之间的国界附近却并不一定如此。因此，除满洲外的边远之地外，"藩部"（西藏、蒙古与新疆）中通过科举考试的官员，以及土司辖下的汉族官员，皆需朝觐天子。

455

中央王朝的疆土自然会变动，有时会涵盖夷狄，有时则萎缩。实际有效控制面积一般恒定，然而实际边境并不明确。更准确地来说，按现实需要，边境线的设置迥异。例如，如果双方正处于军事对峙，那么会划出一条军事分界线；如果要征税，则选定一片目标区域；如果有道路，那么则有管辖范围之分。沿海地区的状况亦是如此。

除了以上情况，许多人烟稀少之地的边境线相对模糊，有些灰色地带则被称为"疆域"。生活在这里的人扮演着中央王朝之外的王朝与邻国之间或是多国之间的调解者。

（四）册封／朝贡与互市

国界线之间的地区贸易逐渐发展起来，这种贸易被称为"互市"。这种边境贸易不像册封或朝贡那样带有礼节程序。正是鉴于此，互市与册封、朝贡所依据的对外关系有所不同。

滨下武志指出，朝贡无疑是伴有礼节程序的政治外交行为，但它也是经济行为。[10] 朝贡一般限制为数年一次（有时也准许一年一次甚至多次），其入口港及进京路线都有严格规定。到了京城后，贡使需向皇帝宣誓效忠，上呈贡礼，并收下皇帝的回赐。这样看来，朝贡好比是缺乏自由度的易货交易。然而，许多商人会混迹于朝贡使团中，他们在京城以及入口港都会招揽生意，甚至有人会在使团往返于入口港和京城间的同时去苏州采购。

456

---

[9] 当然，王朝与周边国家的宗藩关系的实际情况要按照国家和年代而定。此外，清朝视沙俄为"盟友"，而非朝贡体系下的其他对外关系形式。一般来说，清朝在原则上坚持德治和教化。参见 M. Liao, *Goshi Kara Mita Sinchō No Tsūshō Chitsujyo* (Commercial Order of the Qing Dynasty from the Viewpoint of Mutual Trade) (PhD thesis Hokkaido University Sapporo 2006); M. Mancall, *China at the Center; 300 Years of Foreign Policy* (Free Press New York 1984)。

[10] T. Hamashita, *Kindai Chūgoku No Kokusaiteki Keiki; Chōkō Bōeki Shisutemu to Kindai Ajia* (Modern China's International Opportunity; The Tribute and Trade System and Modern Asia) (The University of Tokyo Press Tokyo 1990)。

明朝基本将对外贸易整合到了朝贡的伴生贸易中,其官方立场是非朝贡之国不得在华参与贸易,并严禁互市贸易。清朝起初沿袭了这一政策,而当其于1683年将台湾纳入版图后,清政府开放了包括宁波和广州在内的四处通商口岸,朝贡不再是必要条件。互市的实际状况以及它与朝贡的关系仍有不清晰之处,但是我们至少可以总结出朝贡的伴生贸易仍旧存在的缘由。[11] 一个原因可能是清朝的周边邻国或许已经限制了本国与清朝的民间贸易。在那些已向清朝朝贡的国家(如琉球、朝鲜)中,其君主可能垄断了对清朝的贸易,而其本国商人则被严禁参与互市贸易。另外,或许还有仅在朝贡中上呈可能用于减免税收的货品,不过这仍需进一步探究。

(五)广东体制和鸦片战争

1757年,清政府采用了限制与西方国家进行贸易的政策,西洋商人只可以在广州通商。此后,广东的贸易方式被称为"广东体制"。该政策的贸易限制引发了鸦片战争,从而凸显出其重要性。首先,在公元1757年之前,西方国家主要在广州开展对华贸易,但这一时期的贸易是在互市框架下进行的,与官方朝贡无关。[12] 从18世纪末到19世纪初,英国先后派出马嘎尔尼使团与阿美士德使团访华,就贸易扩张与清朝进行谈判。可以肯定的是,觐见皇帝之礼(三叩九拜)从那时起开始引发中英双方的分歧。

457　　互市是一种遵循特定规程(如交税)的贸易活动。互市对贸易量和货物量都没有严格规定,但在广州进行的对外贸易仍受严格限制。英国试图用鸦片求得突破,这最终引发了鸦片战争。

---

[11] 关于互市,参阅 S. Iwai, 'Chōkō To Goshi' (Chaogong and Hushi) in H. Wada et al (eds) *Higashi Ajia Kingendai Tsūshi 1 Higashi Ajia Sekai No Kindai 19 Seiki* (Modren and Contemporary History of East Asia 1 The Modern Period of the East Asian World 19th Century) (Iwanami Shoten 2010)。

[12] 关于"一口通商"可参考曹雯:《清代广东体制再研究》,《清史研究》,2006年第2期,第82—96页; H. B. Morse, *The Chronicles of the East India Company Trading to China, 1635–1834* (5 vols Clarendon Press Oxford 1926–29); E. H. Pritchard, 'The Crucial Years of Early Anglo-Chinese Relations, 1750–1800' (1936) 4 *Research Studies of the State College of Washington* 96–442; W. E. Cheong, *The Hong Merchants of Canton: Chinese Merchants in Sino-Western Trade* (Curzon Richmond 1997)。近年来,日本年轻学者逐渐开拓出新的研究视角,如 K. Fujiwara, '18 seiki Chūyō No Kōshu Ni Okeru Kōgai Shōnin No Bōeki Sannyū Ni Kansuru Hukoku No Bunseki (Declarations Concerning outside Merchant Participation in Foreign Trade at Guangzhou during the mid-18th Century)' (2009) 91 *Toyo Gakuho* 411–438。

鸦片战争结束后,中英于 1842 年 8 月 29 日签订《南京条约》。[13] 受其影响,通商口岸增加到五个,清政府失去了关税自治权。对清朝来说,这只不过是互市规模的扩大。尽管上海接替广州成为了中西贸易的新管理点,且税收方式也有所变动,但依据条约,"新开放"的通商口岸大多是公元 1757 年以前就已经向西方开放的互市口岸,包括转移到上海的宁波口岸。19 世纪 40 年代后,朝贡体系依旧存在。

三、翻译和教授国际法

(一) 鸦片战争前的形势

一般认为,中国首次接触到西方国际法是 1689 年 9 月 7 日[14]签订的《尼布楚条约》[15]。当然,有人持不同观点,认为中国对西方国际法的首次接触还在此之前。[16]《尼布楚条约》是一份平等条约,由一位名为托马斯·佩雷拉的耶稣会传教士负责在两国间进行沟通协商。从佩雷拉的日记中可知,他向康熙皇帝讲解了西方国际法的有关问题,如主权平等、签订条约的意义等。[17] 当然,康熙皇帝如何理解则是另外一码事了。

19 世纪,中国在刚刚开始鸦片贸易谈判时就参考了作为西方国际关系准则的国际法。然而,国际法并没有系统性的汉译文本,仅有按需译出的一些片段。众所周知,林则徐在 1839 年上任两广钦差大臣时,曾致力于禁烟活动,他要求身在广州的美国验光师伯驾翻译瓦泰尔所著的《国际公法》[18]一书的部分内容。[19] 林则徐

[13]《南京条约》签署于 1842 年 8 月 29 日,参阅《牛津条约汇编辑》第 93 卷第 465 页。

[14] 本章作者参考了《万国公法》(见前引注释 2),第 42—48 页。

[15]《尼布楚条约》(见前引注释 1)。

[16] A. N. Nussbaum, *A Concise History of the Law of Nations* (Macmillan Company New York 1958) at 84 - 90,另外,张建华强调了郑成功与驻台荷军于 1662 年所签订和约的重要性,参见张建华:《晚清中国人的国际法知识与国家平等概念》,北京大学 2003 年论文,第 11 页。

[17] J. Sebes, *The Jesuits and the Sino-Russian Treaty of Nerchinsk* 1689: *The Diary of Thomas Pereira* (Institutum Histricum SI 1961 Rome) at 115 - 120.

[18] 此书全名为《国际法,或适用于各国和各主权者的行为与事务的自然法原则》(*Le droit des gens*; *ou, principes de la loi naturelle appliqués à la conduite et aux affaires des nations et des souverains*),第一版出版于 1777 年,并于 1835 年至 1838 年间由巴黎埃劳德出版社(Ailllaud Paris)再版。这是当时自然法学派的代表作。

[19] 伯驾:《1839 年度广州眼科医院第十次报告》,《中国丛报》,1840 年第 8 期,第 634—635 页。

还要求他的译者袁德辉翻译过这本书的部分内容。[20] 此外，袁德辉在翻译时参照的并非是最初的法语版，而是由约瑟夫·奇蒂翻译的英译本《万国公法》。[21]

先前有很多研究对林则徐主持翻译的《万国公法》持批评态度，因为他只翻译了部分内容，并不系统；同时，其翻译仅为口头解释而非书面记录，且其中还有错译。[22] 要判断这段时期的翻译如何影响了林则徐的对英政策可绝非易事，但是从中国接触国际法的角度来看，该项翻译的重要性至少体现在以下三点：首先，袁德辉和其他人的翻译以儒家价值观和道德观为基础；第二，他们通过翻译造出的新词对后世影响深远，比如将"right"译为"道理"，将"justice"译为"礼"；[23]第三，伯驾的译作《滑达尔各国律例》与袁德辉的译作《法理本性正理所载》被选录在魏源的《海国图志》一书中的"各国律例"部分，选录位于第 52 卷（60 卷版）以及扩编后的第 83 卷（100 卷版）。因此，译作不仅面向中国读者，也面向使用汉字的周边各国。[24]

459

（二）签订不平等条约

从《南京条约》[25]开始，清政府与西方国家签订了一系列的不平等条约。[26]然而，这些条约的签订并没有改变清政府的对外视角。在英方看来，条约以主权平等原则为基础，因此条约规定外的其他双边问题也应基于此原则；而在清政府看来，条约中表达主权平等的条文只是例外条款，所以主权平等原则不能作为条约规定外的事项之基础。清政府拒绝在条约中写明两国平等，拒绝英国公使进京，并对外国公使觐见道光皇帝百般回避。然而，清政府对通商口岸的外国领事与清廷官员互通文件则做出了妥协，但有人认为，这些妥协只是为了安抚英国和西方"夷

---

[20] H. Chang, 'The Earliest Phase of the Introduction of Western Political Science into China, 1820 - 52' (1950) 5 *Yenching Journal of Social Studies* 1 - 29 at 14.

[21] 书名全称为《国际法，或适用于各国和各主权者的行为与事务的自然法原则》。有观点提出它出版于 1833 年。参见王维俭：《林则徐翻译西方国际法著作考略》，《中山大学学报》，1985 年第 1 期，第 58—67 页。

[22] *China's Entrance*（见前引注释 2），第 123—125 页；*The Earliest Phase*（见前引注释 20），第 1820—1852 页。

[23] 鲁纳：《万民法在中国——国际法的最初汉译，兼及〈海国图志〉的编纂》，《东方学报》，2000 年第 61 期，第 203—237 页。

[24] 有关《海国图志》中的国际法记述，佐藤慎一认为其并未引起中国的兴趣，因为翻译内容支离破碎，且存在错误。参阅 *Intellectuals and Civilization*（见前引注释 2），第 202 页。

[25] 《南京条约》（见前引注释 13）。

[26] A. Peters, 'Unequal Treaties' in R. Wolfrum (ed) *The Max Planck Encyclopedia of Public International Law* (Oxford University Press Oxford 2008) at ⟨http://www.mpepil.com⟩.

狄",从而结束战事。

《南京条约》及其他条约被后人称为"不平等条约",这些条约构成了帝国主义侵华的标志。一般而言,不平等条约体现在以下三点:单方面治外法权和领事裁判权、协定关税以及最惠国待遇。然而,清政府签订《南京条约》时并未认识到它的不平等性质。比如,既然清政府不允许国民出境,那么其就没有考虑英国境内的中国人。此外,由于清政府认为英国在文明程度上劣于中国,所以即使两国臣民在清朝境内产生纠纷,清政府也更希望英人由英国处置,而不需要自己插手。再者,据《唐律》记载,在唐朝时期,外国人在华发生的纠纷要用外国法来审理。因此,清末的领事裁判权与中国古例并不相悖。[27] 道光皇帝将最惠国待遇视作对"夷狄"之国的普遍恩施,即"一视同仁"原则,且清政府还担心对"夷狄"恩施不均平会产生更多麻烦。只要将其视作是皇帝施恩,那么只有清朝可以予他国以恩泽,反之则不可。

(三) 丁韪良的《万国公法》

如前文所述,丁韪良翻译了亨利·惠顿于 1836 年所著的《国际法原理》,并于 1865 年初以《万国公法》为名将其出版。正是在此契机下,中国才开始系统翻译西方国际法。[28] 这本译著影响深远,因为此后十多年内再无人系统翻译国际法领域的其他著作。从国际法的角度来看,19 世纪中期是国际法以自然法为基础向着以实证法为基础的转变期,但惠顿在著作中牢牢抓住了自然法的元素。意即在国际社会中,国与国之间存在着普适和系统的法律规范,这些规范不能被任何国家用于一己私利,其存续顺应自然规律。因此,《万国公法》与中外签订的种种双边条约有着不同之处。

《万国公法》得以翻译源于以下事件:[29] 传教士丁韪良来自于美国长老会,在

460

---

〔27〕 *China's Entrance*(见前引注释 2),第 130 页。

〔28〕 该作有若干版次。据推测,丁韪良所用的是第 6 版。见 C. Chang,'Bankoku Kōhō' Seiritsu Jijyō To Honyaku Mondai'(Circumstances over the Formation of Wanguo Gongfa and the Problem of Translation)in S. Katō and M. Maruyama(eds)*Nihon Kindai Shisō Taikei*(Japan's Modern Philosophy System)(Iwanami Shoten 1991)vol 15(*Honyaku No Shisō*〔*Philosophy of Translation*〕),381 – 400。

〔29〕 *China's Entrance*(见前引注释 2);P. Duus,'Science and Salvation in China:The Life and Work of W. A. P. Martin(1827 – 1916)' in K. C. Liu(ed)*American Missionaries in China*(East Asian Research Center,Harvard University Press Cambridge MA 1966);*The Clash of Empires*(见前引注释 2)。

1850 年来华之后,他一直在宁波进行传教活动。众所周知,在 1858 年 6 月 18 日的《中美天津条约》的谈判中,[30]丁韪良作为美方翻译,其促成了条约中关于传教自由的条款。在谈判过程中,丁韪良目睹了英国违反国际法的行为,由此他认为中国政府应该通晓外交惯例。[31] 丁韪良在短暂回美后,于 1862 年回到中国,他就此在上海开始了《万国公法》的翻译。

先前的一些研究指出,在丁韪良开始动手翻译时,赫德已翻译了惠顿著作的选段以及合众国领事手册,但这个说法并不正确。据赫德的日记记载,他接任海关总税务司后,于 1863 年 7 月至 8 月间完成了《国际法原理》的部分翻译。总理衙门派出了包括董恂和薛焕在内的四位使节,请求赫德进行翻译。[32] 赫德的译作于同年 8 月 7 日完成并上呈至总理衙门。从该日期可以看出,丁韪良的译本要早于赫德上呈总理衙门的译本。

461 总理衙门此时还未请丁韪良翻译《万国公法》(该译作最终于 1863 年完成)。同年,总理大臣文祥在与法国进行谈判时,他请美国驻华公使蒲安臣推荐西方国际法方面的著作,蒲安臣提到了惠顿的著作。[33] 蒲安臣知悉丁韪良正在翻译此书,便将其推荐给文祥。丁韪良即刻前往北京,将译稿呈给崇厚,崇厚又将译稿呈给文祥。1863 年 9 月 10 日,丁韪良陪同蒲安臣造访总理衙门,其拜见了包括恭亲王在内的各位总理大臣。在文祥审阅其译作与赫德译本的相同选段后,总理衙门认为该译作大有裨益,并任命陈钦、李常华等四名章京协助丁韪良对译本进行修订与编辑,这些工作于次年 4 月完成。[34] 1865 年初,《万国公法》在京都崇实馆出版。丁韪良将 300本刻印本赠呈总理衙门,这些译本随后被分发到中央朝廷及地方行政机构。[35]《万

---

[30] 关于 1858 年的《天津条约》,参见 M. Bannno, *China and the West*, 1858－1861; *The Origins of the Tsungli Yamen* (Harvard University Press Cambridge MA 1964)。

[31] W. A. P. Martin, 'Interesting from China', in *New York Times* (New York 8 January 1864).

[32] K. F. Bruner, J. K. Fairbank, and R. Smith (eds) *Entering China's Service: Robert Hart's Journals*, 1854－1863 (Council on East Asian Studies, Harvard University Press Cambridge MA 1986) 295－306.

[33] 出自《万国公法》(见前引注释 2) 第 48—49 页。

[34] 然而《万国公法》并不是对惠顿之作的完整翻译,该译作没有翻译原著中的第 4 章的第 17—19节,也没有翻译附录部分。丁韪良未采取直译策略,而是对原文进行了简化或提供了解释。对此,徐中约称之为"意译"。参见 *China's Entrance* (见前引注释 2),第 238 页。

[35] 对《万国公法》的需求在此后有所增加,各种重印译本得以出版。田涛:《国际法输入与晚清中国》,济南出版社 2001 年版,第 42 页;田涛:《丁韪良与〈万国公法〉》,《社会科学研究》,1999 年第 3期; *The Clash of Empires* (见前引注释 2),第 117 页;张用心:《〈万国公法〉的几个问题》,《北京大学学报(哲学社会科学版)》,2005 年第 3 期,第 76—84 页。

国公法》在东亚诸国引起了强烈的反响，尤其是在日本。[36]

　　这些事件表明，总理衙门对《万国公法》的翻译持肯定态度。这样的重视程度不仅是因为他们要借助这些法律条文与法国进行谈判，而且总理衙门在 19 世纪 60 年代时正与除英法美俄外的其他西方国家签订条约，或许这同样与对《万国公法》之重视相关联。坂野正高认为，这段时期的清朝外交可被描述为"遵循现代规制的外交开端"。[37]

　　中国人学习《万国公法》的目的是通晓西方规章，然后对其进行驳斥。[38] 然而，普丹大沽口船舶事件似乎使同治帝意识到了《万国公法》的实用性。1864 年 2 月，普鲁士和奥地利就石勒苏益格-荷尔斯泰因问题对丹麦宣战，普鲁士驻华公使李福斯用德国军舰扣押了一艘泊于大沽港的丹麦商船。总理衙门依据《万国公法》指出该行为违法，并向李福斯提出抗议。经过严正交涉，李福斯自知理亏，他承认该行为违法，并且释放了丹麦商船并给予赔偿。[39] 这是新成立的总理衙门所取得的谈判胜利，也是其承认《万国公法》作用的实例之一。史料未揭示该事件与《万国公法》的汉译间的直接因果关系，但正是在此重要契机下，总理衙门认识到了《万国公法》在与西方国家的外交过程中的实用性。

　　需要留意的是，清政府到这时仍未意识到自己必须遵守《万国公法》。其翻译《万国公法》的基本理念是用西方的理论打败西方，即"以夷制夷"。这种做法并非是用西方理论指导中国或"师夷自强"。这样来说，情况并未按美国外交官们所预期的那样发展，清政府对外的态度并未随《万国公法》的译成而改变。

（四）京师同文馆与教习《万国公法》

　　1861 年，根据《天津条约》和《北京条约》，清政府设立总理衙门，其与英法美俄四国公使馆联络，并处理外交事务。总理衙门并非正式的政府部门，而更类似于临时性机构，且其多数大臣由军机处官员兼任。因此，总理衙门被视作军机处下属的

---

〔36〕1865 年间，《万国公法》在日本江户大量印刷，此后不断有其他国际法译著得以面世。1873 年，其作麟祥在翻译吴尔玺之作时，首次使用"国际法"的译法；1884 年，东京大学以之为学院命名。自此，"国际法"一词开始被大量使用。Z. Ohira, 'Kokusai Hōgaku No Inyū To Seihō Ron' (Importing the Study of International Law and the Theory of Natural Law) (1938) 2 *Hitotsubashi Ronsō* 436 - 464.

〔37〕*History of Modern Chinese*（见前引注释 2），第 278 页。

〔38〕参考恭亲王初次向同治帝进言。参阅《同治朝筹办夷务始末》第 27 卷，第 25—26 页。

〔39〕同上，第 26 卷，第 29—36 页。

临时外交机构。[40] 1862 年,京师同文馆在北京成立,隶属于总理衙门。[41] 这所学校教习外语与国际关系基础,内设英文馆、法文馆、俄文馆等,其所招收学生必须是不满 15 周岁的八旗子弟。同文馆教习由各国公使馆推荐,但大多数都是外国传教士。1865 年,丁韪良接替包尔腾和傅兰雅(John Fryer)等人,成为了该校的英文教习。

1866 年底,总理衙门决定对同文馆进行改革。新规增设天文及算学等课程,并且开始招收通过科举考试的学生,并由外国教习施教。这一举措遭到了保守官僚的强烈批评。尽管如此,总理衙门的改革提议终获批准,京师同文馆从语言学校转变为综合性学府。后来,京师同文馆又增设了万国公法、富国策、世界史等课程。然而,针对总理衙门的批评也严重影响到了京师同文馆。

1867 年 10 月,丁韪良受邀教习万国公法与富国策,但他拒绝了。随后,丁韪良回国了一段时间,直到 1869 年 11 月 26 日他才返回北京。直到 1873 年,丁韪良才开始教授国际法,他以吴尔玺(Theodore D. Woolsey)的《国际法研究导论》[42]作为教科书。[43] 丁韪良经常把同文馆称作国际法和语言学校,因为它适合开展英文原版书的汉译工作。

然而,根据同文馆的课程设置,万国公法并非核心课程。学生悉数归于英文馆、法文馆、俄文馆或德文馆,主修外文、中文及算学。在学生选定五年学制或八年学制后,其还可以学习其他课程。万国公法仅为选修课,并开设于八年制中的第七

年或者五年制中的最后一年。[44] 因此,同文馆学生中选修万国公法的比例仅有百

---

[40] 外务部身为中国的第一个正式外交机构,其成立于 1901 年。参见 S. Kawashima, 'Gaimu No Keisei: Gaimubu No Setsuritsu Katei'(The Formation of Foreign Affairs: The Process of Establishment of the Waiwubu)in T. Okamoto and S. Kawashima(eds)*Chūgoku Kindai Gaikō No Taidō*(Signs of Chinese Diplomacy in the Mordern Period)(The University of Tokyo Press Tokyo 2009)。

[41] 关于京师同文馆,参阅 K. Biggerstaff, *The Earliest Modern Government School in China*(Gornell University Press Ithaca NY 1961);孙子和:《清代同文馆之研究》,台北嘉新水泥公司文化基金会1997 年版;苏精:《清季同文馆》,1978 年自印本;苏精:《清季同文馆及其师生》,1985 年自印本。

[42] 此书全名为《国际法研究导论:教学和历史研究用教辅》(*Introduction to the Study of International Law: Designed as an Aid in Teaching, and in Historical Studies*〔James Monroe and Company Boston 1860〕)。该书可能曾被用作耶鲁大学国际法教科书。

[43] 出自《万国公法》(见前引注释 2),第 126—127 页。

[44] 参阅《同文馆提录录》,光绪五年(1879 年)印。原始资料包括考题,例如光绪四年(1878 年)的《万国公法》考试中共有 10 题,如:(1)如何论证任何一个独立的国家都有权派遣外交使团?(2)什么原因会导致某国家拒绝他国使团?

分之十左右。[45] 由此来看,万国公法在同文馆的课程设置中并未占据重要地位。不过,同文馆的确培养出了一批协助丁韪良翻译国际法著作的助手,如汪凤藻、联芳、庆常等,他们后来均成为晚清时期的驻外公使或外务部重臣。

(五)《万国公法》的内容及现代外交

如前文所述,清政府运用《万国公法》的译本与西方国家展开谈判。随着清政府开始派出驻外使节以深化与西方国家的交流,后者对其理解《万国公法》提出了更高的要求。19世纪70年代中期以后,清政府对《万国公法》的需求在某种程度上确实有所增加,《万国公法》一书中的知识开始受到重视。然而,中国依旧信奉五伦及儒家思想,并认为自己优于西方,其世界观并未有大幅改观。

在清政府派遣首任驻英公使郭嵩焘的前一年,即1876年,丁韪良和同文馆的学生联芳与庆常出版了《星轺指掌》[46],此书介绍了派遣外交使团的应循之规。1877年,丁韪良与其学生汪凤藻和汪凤仪共同翻译了吴尔玺的《国际法研究导论》,并以《公法便览》为名出版。

尽管《星轺指掌》和《公法便览》介绍了有关派遣外交使团的各种规定,但实际上郭嵩焘并未携带委任状,于是在证明副使刘锡鸿的身份时出现了问题。郭嵩焘出任前,丁韪良确实给他看过《星轺指掌》,但可能是总理衙门没有推荐这两本书,所以郭嵩焘没有加以重视。

尽管如此,丁韪良和他同文馆的学生仍继续进行翻译工作,这些译作对驻外公使和参与外交谈判者大有帮助。1880年,伯伦知理的《文明国家的现代国际法》被译为《公法汇通》(10卷);在19世纪80年代早期的中法战争期间,《陆战法规和惯例公约》译成,且其在清政府与法国的谈判中发挥了作用。1881年,丁韪良在柏林发表演讲,该演讲被汪凤藻译为《中国古世公法论略》,并于1884年出版。[47]

465

---

[45] 出自《万国公法》(见前引注释2),第130页。

[46] 《星轺指掌》汉译自 C. Martens, *Le guide diplomatique*: *Précis des droits et des fonctions des agents diplomatiques et consulaires* (F. H. Geffcken ed)(FA Brockhaus Leipzig 1866)vol 1.

[47] 丁韪良的演讲揭示出他为顺应中国历史而解释《万国公法》之重要性所做出的巨大努力。丁韪良把春秋时期的国家关系与晚清时期的国际关系作对比,并把礼一类的规范与《万国公法》作比较。但是,由于人们普遍认为春秋乃天下大乱之时,所以他们很难接受把这一段时期的规制视作范例。首先,将"礼"这样的儒家核心理念与西方理念作对比十分困难,且清朝学者不认为春秋时期各国平等,所以他们也就很难接受清朝与西方诸国相平等的地位。清朝首任驻英公使 （转下页）

除丁韪良与其同文馆的学生外,傅兰雅也在进行国际法著作的翻译。傅兰雅侧重于翻译英国的著作,例如他把《大英百科全书》中由埃德蒙·罗伯森编写的国际法部分译为《公法总论》一书。[48] 另一部译著则是罗伯特·菲利莫尔的著作之中译本《国际法评论》[49],这本书的部分内容亦以《各国交涉公法论》及《各国交涉变法论》为名出版。

(六) 国际法学会和丁韪良的报告

465

466

丁韪良与傅兰雅在中国工作期间,国际法学会讨论了国际法在东方国家的应用,并将讨论内容发表于《国际法学会年刊》及《国际法和比较法》。[50] 1878 年,第四届国际法学会大会在法国巴黎举行。英国国际法学者、国际法改革和法典编纂协会副会长特拉弗斯·特维斯作了报告。[51] 关于国际法在东方国家的运用,特维斯说:"奥斯曼土耳其、波斯、中国与日本之民不同于其他未开化国家。东方国度间的关系也因开化程度不同而有所差别。"[52]关于中国和日本,特维斯特别提到:

> 两国都意识到自己对外国侨民和个人应履行的义务,这种认识本质上等同于欧洲人民对欧洲国际法基本原理的认知——即未经其他缔约方许可,任何政府都不得逃避条约义务。[53]

(接上页)郭嵩焘在任职期间写了一份《使西纪程》(写于1877年1月19日),他在报告中把春秋时期与19世纪末的国际关系进行了比较。郭嵩焘写道:"近年来,英国、法国、俄罗斯、美国、德国等世界强国互相竞争,但他们创制出《万国公法》以优先考虑彼此信仰,重视友好关系。他们重视友谊、尊重和礼节,所以他们既有各自鲜明的特征,又有广博的知识。这显然优于春秋时期的各国关系。"然而,郭嵩焘的这份报告后来受到了清朝官僚们的强烈批评。参阅《近代中国的知识分子与文明》(*Intellectuals and Civilization*)(见前引注释 2),第 69—78 页。

[48] 本书由傅兰雅与汪凤藻合译,由江南制造局翻译馆出版。

[49] R. J. Phillimore, *Commentaries upon International Law* (WG Benning and Co London 1871 - 1874).

[50] 有关丁韪良的报告,本章作者查阅了 M. Harada, 'Jyūkyū Seiki Ajia No Kokusaihō Jyuyō To Bankoku Kokusaihō Gakkai; Shin No Kokusaihō Jyuyō To Bankoku Kokusaihō Gakkai' (The Reception of International Law and the Institut de Droit International in 19th Century Asia; Qing's Reception of International Law and the Institut de Droit International) (thesis The University of Tokyo 2011).

[51] (1879)3 *Annuaire de I'Institut de Droit International* 300 - 305.

[52] 同上,第 301 页。

[53] 同上,第 302 页。

因此,按特维斯所述,中国和日本并非不可能被纳入已继受国际法的国家集合。

另外,在第七届国际法学会大会上,霍尔农以《东方国家的司法制度改革》为题作了报告。霍尔农指出了彼时领事裁判制的一些问题,并呼吁东方各国设立混合法庭以"承担起开化国家对落后国家的责任"。[54] 设立混合法庭成为那届大会所讨论的核心问题之一。1891 年,在汉堡的第十二届汉堡国际法学会大会上,荷兰驻华公使费果荪就中国问题发表报告,该报告题为《中国与暹罗的司法改革》及《在中国设立国际法庭之规划》。[55] 报告指出,中国的民事案件中最难审理及最需注意的乃以下几类:其一,中国人与外国人之间的案件;其二,不同国籍在华侨民之间的案件;其三,同国籍在华侨民之间的案件。费果荪认为,以上问题可通过在华设立国际混合法庭得到解决,对于这一曾在埃及获得成功的体系,中国也应加以改良运用。

在同文馆工作期间,丁韪良经常将自己在中国的活动写信告知欧洲的国际法学者,其内容常被发于《国际法和比较法》。例如,丁韪良在其中一篇中描述了自己对国际法教育的规划:

> 我打算用吴尔玺之作开展国际法教育。……那本书面向学生编写,所以比惠顿的合约集要好用一些。学生们有惠顿那书的译本,我对其进行了校译。不过,我还是打算让学生阅读英文原版。从吴尔玺之作起步的话,我相信学生们会对国际法的知识框架有一个更全面的认知。

---

[54] 事实上,霍尔农将自己对丁韪良于 1881 年在柏林所作演讲之意见以《中国国际法的迹象》为题发表;此演讲之后由汪凤藻译为《中国古时公法论略》。霍尔农评价道:"这个大国既没有像日本那样紧跟西方,也没有像日本那样在制度层面奋起直追。不过在保护传统方面,中国做得非常出色。慢速发展能保持稳定,但也不是说中国的发展严重滞后……我们看到中国人正学习西方科技,他们的未来一片光明。按丁韪良所说,中美将很快成为世界两大顶级强国……他还说中国的军备发展纯粹是为了抵御侵犯,而不会对西方各国构成威胁。也许未来某天中国会称霸世界……不管怎样,我们都希望这个崛起中的亚洲国家能承担文明和法律的义务。总而言之,我们应对丁韪良为理解古代中国所做出的艰苦卓越的努力表示敬意。"J. Hornung, 'Note additionnelle' (1882) 14 *Revue de droit international et de législation comparée* 242 – 243.

[55] J. H. Ferguson, 'Les réformes judiciaires en Chine et dans le royaume de Siam' (1890) 22 *Revue de droit international et de législation comparée* 251 – 278; M. Féraud-Giraud, 'Les institutions judiciaires de l'Egypte' (1890) 22 *Revue de droit international et de législation comparée* 70 – 82; 'Analyse sommaire du rapport de M. Féraud-Giraud sur les institutions judiciaires de l'Egypte' (1889 – 1992) 11 *Annuaire de l'Institut de Droit International* 337 – 347.

在另一篇文章中,丁韪良则对中国接受国际法进行了如下叙述:

> 我把惠顿之作的译文交给了中国人,他们立即意识到了它的价值。他们领悟到,如果本国出了错,也可以运用这些法律知识来把责任归咎于他国压迫。我也能清晰观察到中国人的不甚明了之处,那就是当他们依照国际法向西方国家提起诉讼时,双方都须承担一定义务。这是一个实践层面的高阶概念,对于刚开始接触国际法的中国人来说是有些棘手。[57]

丁韪良指出,尽管中国人能够迅速领会国际法并运用国际法作为谈判工具,但他们却很难理解互惠原则的概念。

四、近代国家建构与《万国公法》

(一) 清朝的双轨对外关系

19 世纪 70 年代 19 世纪到 80 年代,中国的外交关系正经历巨大变革。在维持现有朝贡体系的同时,清王朝还与西方国家保持基于条约的商贸关系,即清朝的对外关系为双轨制。然而,随着周边国家陷入西方殖民统治或被日本吞并,与清朝保持朝贡关系的国家逐渐减少。另一方面,与清朝建立条约关系的原本只有英法美俄四国,而其覆盖面在这期间扩展到了与中国有商业往来的其他西方诸国。这些条约正是所谓的不平等条约。

到 19 世纪 80 年代中期,与清朝保持朝贡关系的国家只剩下朝鲜。清朝对待朝鲜正运用了双轨制:既要求其继续朝贡,又命其向西方开放。[58] 清朝与朝鲜开

---

[56] W. A. P. Martin, 'Une université en Chine: Le présent et l'avenir de l'enseignement supérieur international à Péking' (1873) 5 *Revue de droit international et de législation comparée* 8 – 10.

[57] A. M. G. Moynier, 'Le Chine et le droit international' (1885) 17 *Revue de droit international et de législation comparée* 504 – 509.

[58] T. Okamoto, *Zokkoku To Jishu No Aida: Kindai Shin Kan Kankei To Higashi Ajia No Meiun* (Between Dependency and Sovereignty: Sino-Korean Relations in the Late Nineteenth Century and the Fate of the Far East) (The University of Nagoya Press Nagoya 2004).

始了不平等贸易关系，它在朝鲜设立租界，并享有领事裁判权。此外，在 19 世纪 80 年代，清政府将袁世凯派驻到汉城，他以驻外人员而非部长或外交官的身份参与朝鲜内政与外交政策事务。清朝意图以西方的"保护国"概念来重组朝贡体系，并使其与时俱进。正是因为朝鲜的地缘重要性，所以清朝才通过这些前所未有的方式来维持其朝贡关系并保证其自身对朝鲜的影响力。

1895 年，清朝与日本签订《马关条约》后，朝鲜结束了与清朝的朝贡关系。随后，朝鲜与清政府在 1899 年又缔结合约，确立双方为条约关系。然而，到了 19 世纪 90 年代下半叶，清政府的世界观已开始发生转变。

(二) 国界划分与作为主权国家的中国

19 世纪 70 年 19 世纪代到 80 年代，领土与国界在清朝是一个棘手问题。1871 年，八瑶湾事件爆发，八重山群岛的船难者因误闯台南原住民领地而遭杀害，清政官员称这些排湾族原住民为"化外之人"。日本以此认定清政府视台湾为无人区，意即清朝没有在该地实施统治，于是日本出兵进犯台湾。这样的事态发展并非由于清政府当时对《万国公法》缺乏理解，或总理大臣谈判时提及了"化外之人"一词。日方显然试图在国内外大肆宣扬其对《万国公法》的理解。

在这十年间，关于如何捍卫清朝领土的讨论愈加热烈，最著名的就是海防论（主张海军防御）和塞防论（主张内陆防御）。这代表了清朝与日俄就国界问题发生了争端。1689 年，在《尼布楚条约》签订后，清朝的北界逐渐明晰。同时，随着沙俄向中亚扩张，其与清朝的边界纷争也逐渐浮现，双方通过缔结条约以确定各自国界，例如 1881 年的《伊犁条约》。除日俄外，清政府还就其与缅甸和印度支那的国界划定问题，分别与英法两国展开谈判。这些谈判使清朝丧失了相当一部分领土。然而，值得留意的是，于 19 世纪末负责缅甸国界谈判的薛福成和于 20 世纪初负责西藏边界谈判的唐绍仪都运用《万国公法》开展谈判，努力维护中国的主权。[59]

在新国界的划定过程中，清朝通过一项新政策以对国内治理方式进行整合。

[59] K. Hakoda, 'Chūei "Biruma-Chibetto Kyōtei" (1886 Nen) No Haikei: Shin Matsu Chūgoku Gaikō No Seikaku Wo Meguru Ichi Kousatsu' (The Background of the Sino-British "Burma-Tibet Convention" (1886): A Study on the Characteristics of Chinese Diplomacy in the Late Qing Dynasty) (2005) 88 *Shirin* 233 – 258.

清朝在 19 世纪 80 年代设立新疆省和台湾省,并于 19 世纪 90 年代将满洲设为东三省。由于满洲是清朝的发祥地,因此清兵入关后对其采取了封禁措施,禁止移民进入其腹地,但之后其又被迫开放。清政府亦考虑过将西藏设省。治理政策的逐步统一可被视作清朝意图建立现代化主权国家的标志。

随着作为主权国家的"中国"概念得到确立,人们开始对"中华民族"有所认识。在签订了 1860 年的《北京条约》之后,清政府准许汉人出洋,这才公开批准海外移民。清政府在东南亚设立领事馆,以保护生活在该地区的华侨。[60] 这样做也就承认了这些华侨为"中华民族"。

清朝以上述方式开始宣示自己的主权,然而仅凭此就认定其是受西方影响未免为时过早。首先,清朝建省及保护海外华侨的举措和其国家建设向西方现代化国家看齐并无逻辑关联。[61] 清朝频繁建省与保护海外华侨,其意在宣扬德治与教化。另外,在解释和运用条约特权方面,听命于外商的买办阶级及其中方雇员开始登上历史舞台。[62] 在研究《万国公法》的磋商和条约谈判时,我们不仅要对西方的单方面影响加以考察,更要把握中西方交流所引发的问题。

(三) 变法与《万国公法》

清朝被各国视作是公法之外的国家,因此相比较于受公法约束的诸国,清朝丧失了相对应的权利。薛福成认为这很成问题。[63] 然而,甲午战争后,救国思潮兴起,清政府的世界观开始转型,对万国公法的认识也有所改观。例如,康有为提出国际秩序并非"一统垂裳"(按阶级统治世界),而是"列国并立"(各国共存)。这揭示出清朝不再妄想自己在世界各国中卓异非凡,并承认自己仅仅是国际社会中的

470

---

〔60〕暹罗例外,它拒绝与清朝建立外交关系。因此,清朝无法在暹罗设立使馆或领事馆,在暹罗的华侨只能被视作暹罗公民。参见 S. Kawashima, *Chūgoku Kindai Gaikō No Keisei*(The Formation of China's Modern Diplomacy) (The University of Nagoya Press Nagoya 2004)。

〔61〕T. Okamoto and T. Motegi, 'Chūka Teikoku No Kindaiteki Saihen: Zaigai Kaijin Hogoron No Taitō Wo Megutte' (Modern Reorganization of the Chinese Empire: Regarding the Rise of the Theory to Protect Overseas Chinese) in *Signs of Chinese Diplomacy*(n 40)139 - 158(见前引注释 40),第 139—158 页。

〔62〕E. Motono, *Conflict and Cooperation in Sino-British Business*, 1860 - 1911: *The Impact of the Pro-British Commercial Network in Shanghai* (St Antony's Series Palgrave Macmillan Basingstoke 2000)。

〔63〕薛福成:《论中国在公法外之害》,1892 年。

普通一员。依照当时流行的社会进化论,清朝是劣者。因此,中国若想要在国际社会中求得生存,就必须竭力自强。

革命派与立宪派都对万国公法加以使用,清政府也藉其来强调立场。然而,在《民报》杂志的文章中,革命派论客胡汉民所运用到的国际法知识不再来自于丁韪良之作,而是来源于约翰·威斯特莱克、弗朗兹·李斯特、麦普特等西方学者,或高桥作卫、寺尾亨等日本学者。另外,在此期间,术语"万国公法"也迅速被"国际法"代替。[64] 这既可以被视为是"国际法"的日译名之传播,也可以被视作是国际法以实证法形式传入中国。

甲午战争后的 1898 年,戊戌变法运动昙花一现。当时设立了的京师大学堂(北京大学前身)设立大量西学课程,来自同文馆的丁韪良也受邀在此执教。然而,至关重要的课程创新是将国际法视为在清朝领土内的合法正当之知识。清政府于 1901 年 12 月宣布废除科举制(废止于 1904 年),并于次年在乡试中设世界政治为应试科目之一,考察内容包括公法。此外,京师大学堂在其 1904 年的《奏定大学堂章程》中宣布成立了几大学院,其中的政法科开设了"交涉法"(国际法)课程。[65] 在决定采用君主立宪制后,清政府在各地建立起政法学堂。这些学堂将国际法作为重要课程,主要使用源自日本的教科书,这些书带有实证法的色彩。

另一方面,清朝的留洋学生已接触过国际法,他们归国时也带回了大量知识,这种趋势从 19 世纪 70 年代起就初见端倪。例如,被送至法国深造的福州船政学堂毕业生在国际法科目中取得了优异成绩。马建忠在巴黎自由政治学堂深造,他担任学生督导并全日制地学习国际法,他向李鸿章提交了一份培训外交官的建议书。学成归国后,马建忠在李鸿章幕下办理洋务,成绩斐然。[66] 19 世纪 90 年代后半叶,同文馆还向英国、法国和德国三国派出了两批留学生。此外,在 20 世纪初期,美国退还庚子赔款以提供赴美学习的机会,大批有才之士开始在美国的一流学府研究国际法。顾维钧和王正廷分别在哥伦比亚大学和耶鲁大学获得国际法方向

---

[64] *Intellectuals and Civilization*(见前引注释 2),第 148—149 页。

[65] 张百熙:《京师大学堂章程》,1904 年 1 月 13 日(光绪二十九年十一月二十六日)。

[66] M. Banno, *Chūgoku Kindaika To Ba Kenchū* (China's Modernization and Ma Jianzhong) (The University of Tokyo Press Tokyo 1985);T. Okamoto, *Ba Kenchū No Chūgoku Kindai* (Ma Jianzhong's Modernization of China) (The University of Kyoto Press Kyoto 2007).

的学位,他们势必受到了重视主权的美国国际法学科的影响。[67] 可想而知,留洋经历为这些外交官在民国时期的成功打下了坚实基础。

另外,留日学生的数量和影响也不容忽视。清朝废除科举制以及出国留学和通过科举考试具有同等效力之规定鼓励了大批学生赴日留学。

20 世纪初期,中国的赴日留学生几近上万人,他们接触到的国际法知识确实产生过一定影响。尤其是一些中国知识分子,他们开始觉察到"中国"的国家概念,因此也愈发意识到维护国家独立和恢复主权的重要性。国际法不再仅是西方为其侵略行径辩护的工具,而更成为清政府进行自卫并夺回主权的武器。清朝末年赴日留学的黄尊三曾留下详细的个人日记,他在日记中写道,通过学习国际法,他了解了国家、国家领土和领土不可侵犯的概念。[68]

五、结论

甲午战争(1894—1895 年)结束后,清朝不再游离于《万国公法》之外,它意识到自己只是国际社会中的众多成员之一。清朝代表在众多国际会议场合清晰地认识到这一点,例如 1899 年及 1907 年的海牙会议。由于国力衰微,清朝在国际上被视为二流甚至三流国家,这使其大受刺激,从而努力建设现代化国家。

20 世纪上半叶,全国上下皆以"救国"为目标,要求清朝恢复独立国家地位,收复主权权利。一方面,国际法乃是西方列强篡取中国主权权利的工具;另一方面,中国在这一时期也依赖国际法来维护主权并努力收回业已丧失的主权权利。从1919 年的巴黎和会以及 1921 年的华盛顿海军会议时的中方外交手腕就能看出这种意图。1910 年代到 1920 年代,中国奉行"修约外交",其试图恢复失去的权益。同时,身为第一次世界大战的参战方与战胜国,中国在战后也接管了战败国权益,例如德国与奥匈帝国。

另一方面,国际联盟于 1919 年成立后,中国试图成为理事会非常任理事国,理

---

[67] H. Shinohara, 'W. W. Wirobi To Senkanki Beichū Kankei: Shuken Kokka To Shite No Chūgoku' (W. W. Willoughby and Sino - U. S. Relations during the Interwar Period: China as a Sovereign State)(1998) 118 *Kokusai Seiji* (Beichū Kankei)9 - 26.

[68] 黄尊三:《三十年日记》(湖南长沙印书馆 1933 版)第 1 卷,《留学日记》,第 317 页。

事会历任主席中也曾有中国人。中国还向海牙国际法院派出法官,从而在国际法领域占下一席之地。

19世纪末以来,国际法的飞速传播离不开自然法特征的《万国公法》向实证法特征的国际法之转变,也离不开东亚地区与日本间的知识链。日本对国家主权的国际法与国际社会观念之重视如何影响到了中国,这仍需加以探究。另一个重要课题则是,中国外交官的国际法知识在20世纪早期是如何受其学习地(以欧美为主)的理论与流派影响的。

然而,还有一个问题,我们是否可以简单地认为:中国在19世纪后半叶的本土语境对《万国公法》的理解与20世纪上半叶的国际社会对国际法之理解相契合?随着西方的国际法对包括中国在内的非西方国家越来越具有包容性和灵活性,西方社会和其他国家间的交流变得至关重要。[69] 同时,我们也可以假设,在20世纪上半叶,中国对国际秩序以及对国际法的认识依旧如故,如同层层交叠的低音回响。[70] 或者还可以认为,这些观点在马克思主义传播到中国的过程中变得更为复杂。从这种意义上来说,对于把从19世纪下半叶至20世纪上半叶的历史时期简单划定为"进化"阶段或"发展"阶段的这种处理方式,作为历史学家的我们需要格外谨慎。

推荐阅读

Banno, Masataka *China and the West*, 1858 - 1861: *The Origins of the Tsungli Yamen* (Harvard University Press Cambridge MA 1964).

Bruner, Katherine F. John, K. Fairbank, and Richard Smith (eds.) *Entering Chinah Service: Robert Hartl's Journals*, 1854 - 1863 (Council on East Asian Studies, Harvard University Press Cambridge MA 1986).

Hamashita, Takeshi *Kindai Chūgoku No Kokusaiteki Keiki: Chōkō Bōeki Shisutemu to*

---

[69] G. Xu, *China and the Great War: China's Pursuit of a New National Identity and Internationalization* (CUP Cambridge 2005); Y. Zhang, *China in the International System*, 1918 —20: *The Middle Kingdom at the Periphery* (Macmillan Press London 1991).

[70] 论20世纪上半叶的中国如何认识19世纪下半叶的朝贡关系,参见 S. Kawashima, 'China's Re-Interpretation of the Chinese "World Oder", 1990 - 40s' in A. Reid and Y. Zheng (eds) *Negotiating Asymmetry: China's Place in Asia* (National University of Singapore Press Singapore 2009)139 - 158。

Kindai Ajia (Modern China's International Opportunity: The Tribute and Trade System and Modern Asia) (The University of Tokyo Press Tokyo 1990).

Hsü, Immanuel C. Y. *China's Entrance into the Family of Nations: The Diplomatic Phase*, 1858 – 1880 (Harvard University Press Cambridge MA 1960).

Iwai, Shigeki 'Chōkō To Goshi (Chaogong and Hushi)' in Wada Haruki et al (eds.) *Higashi Ajia Kingendai Tsūshi* (Modern and Contemporary History of East Asia) (Iwanami Shoten Tokyo 2010) vol 1 (*Higashi Ajia Sekai No Kindai* 19 *Seiki* [The Modern Period of the East Asian World 19th Century]).

Lin, Xuezhong *Cong Wanguo GongFa Dao Gongfa Waijiao: Wan Qing Guojifa De Chuanru, QuanshiYuYingyong* (From Wanguo Gongfa to Diplomacy based on Public Law of All Nations Diplomacy: Propagation Introduction of International Law in the Late Qing Dynasty, Interpretation, Explanation and Application of International Law in the Late Qing Dynasty) (*Shanghai Guji Chubanshe Shanghai* 2009).

Liu, Lydia H. *The Clash of Empires: The Invention of China in Modern World Making* (Harvard University Press Cambridge MA 2004).

Mancall, Mark *China at the Center: 300 Years of Foreign Policy* (Free Press New York 1984).

Satö, Shinichi Kindai *Chūgoku No Chishilkjin To Bunmei* (Intellectuals and Civilization in Modern China) (The University of Tokyo Press Tokyo 1996).

Wheaton, Henry *Elements of International Law: With a Sketch of the History of Science* (Carey, Lea &- Blanchard Philadelphia 1836).

第二十章　日本

柳原正治（Masaharu Yanagihara）

一、引言

据公元 656 年成书的《隋史》记载：公元 607 年，日本天皇致函隋炀帝，称该信由日升之国的天子（上天之子）送往日落之国。[1] 隋炀帝因此大怒，因为依照中国风俗，天子的称谓仅能由中国的皇帝一人使用。该事件如今被视作是日本天皇意图与中国皇帝平起平坐的尝试，但遭到了后者的拒绝。[2]

日本是否确实曾经被纳入中国的世界秩序，尤其是在室町时代（15 世纪至 16 世纪）和德川时代（17 世纪至 19 世纪中叶），这一直是争论不休的焦点。另外，对历史上的日本在东亚秩序中是否仅处于边缘地位也有较多讨论，因为纵观历史，中国不论是在文化、经济还是政治方面都是东亚地区的强国。[3]

本章旨在阐明 15 世纪到 1853 年的前近代日本的"国际法律秩序"，以及日本于公元 1853 年后对近代欧洲国际法的继受。第一点将从中西方对世界秩序的不

---

[1] Rekishigaku Kenkyukai（The Historical Science Society of Japan）（ed.）*Materials of the Japanese History* 1：*Antiquity*（Iwanami Shoten Tokyo 2005）at 69［in Japanese］.

[2] 我们未能在 720 年编订的日本编年史中（《日本书纪》）找到类似的文章。《隋史》和《日本书纪》间的巨大差异有许多解释。例如，日升之国与日落之国在佛教术语中仅指东方和西方，但有人说这种表述意在摆脱朝贡制度。Y. Kawamoto,'Notes on Embassies to Sui China'（2004）141 *Shien or the Journal of History* 53–77［in Japanese］.

[3] 参见 H. Miyajima,'Paradigm Change of Knowledge of the Japanese History'（2010）1029 *Shiso* 6–25［in Japanese］.

同看法入手,而日本于公元 1853 年后对欧洲国际法的接受过程也见证了东亚思想和西方思想之间的复杂而持续的矛盾。

二、前近代日本的国际法秩序(15 世纪至 1853 年)

(一)中国的世界秩序和日本

1. 中国作为中央帝国的观念

东亚地区的传统世界秩序始终以中国为中心。朝鲜、琉球、安南(越南)等毗邻属国向中国缴纳贡品、接受册封和采用中国历法都是该秩序的体现。作为一个相当不同的"领土"的概念,"版图"(汉语中的"版图")在该体系中占主导地位。理论上,中国皇帝的德行覆盖天下,很少有人无法理解这种德行以致无法得到皇帝的教化的。因此,便有了中国与外界之分,但按欧洲国际法的理解来看,因为"版图"本身的特点——在理论上是无限的——所以其根本不能称之为"边界"。"属地原则"而非"属人原则"作为一般规则占据主导地位。[4]

然而,中国在清代时出现了一种二元结构。根据马克·曼考的描述,"东南新月",即中国所辖之世界,包括朝鲜和东南亚地区;而"西北新月",即中国以外的地区,包括蒙古、西藏和新疆。"西北新月"理论上也被认为受中国各王朝的控制。[5]

2. 作为属国的日本

日本究竟是否被纳入中国的世界秩序范围,对此仍存争议。自 894 年日本取消遣唐使后,中日之间的正式关系一度中断,直到室町幕府第三任将军足利义满在 1401 年 5 月 13 日致函中国皇帝并附本地特产为赠礼,以寻求与明朝建立外交关系。明朝的第二任皇帝在 1402 年 1 月 6 日的回信中接纳日本进入封贡体系,并授予足利义满"日本王"的称号,同时还要求其实施明朝的历法。[6] 自 5 世纪始,日

---

〔4〕 T. Motegi, *International Order in Changing Modern East Asia* (Yamakawa Shuppansha Tokyo 1997) at 4 – 19 [in Japanese].

〔5〕 M. Mancall, 'The Ch'ing Tribute System: An Interpretative Essay' in J. K. Fairbank (ed.) *The Chinese World Order: Traditional China's Foreign Relations* (Harvard University Press Cambridge 1968) 63 – 89.

〔6〕 T. Tanaka (ed.) *Zenrin kokuho ki*, *Shintei zoku zenrin kokuho ki* (Documents Concerning the Friendly Relations with Neighbouring Countries) (Shueisha Tokyo 1995) at 108 – 111 [in classical Chinese].

本的五王(《晋书》《宋书》等古代中国南朝史书中记载的倭国赞、珍、济、兴、武等五王)向中国进贡了近九百年。日本视其与明朝在公元 1547 年之前的关系为偶发的勘合贸易,而非从属于封贡体系。[7]

(二)"闭关锁国"的日本与"四口"

1. 日本的"锁国"

从 1639 年到 1854 年的德川时期,日本施行了长达 250 年的闭关锁国政策,其也被认定与外部世界几乎完全隔绝。与荷兰进行贸易的长崎出岛——一个人工岛——是日本与外国人接触的唯一窗口。

日本闭关自守之前的 16 世纪下半叶至 17 世纪上半叶有时也被称为"基督教"世纪。葡萄牙人先在 1543 年给日本带来了种子岛炮(火绳枪),然后又在 1549 年送来了基督教。西班牙人、英国人和荷兰人也都来到日本布道基督教,并在此进行贸易。其间,南蛮文化在日本蓬勃发展。许多有时被唤作倭寇的日本商人们在朝鲜和东南亚城市尤其是马尼拉、大城府、会安等地建立了贸易基地或日裔聚居区。在历史上的这段时期中,日本对外开放,其开放程度仅次于 4 世纪至 7 世纪,当时许多中国人和朝鲜人定居日本,并带去了先进的技术。[8] 然而,这样的开放逐渐被废止:1587 年,丰臣秀吉下令驱逐葡萄牙耶稣会教士。德川幕府延续了这一基本政策,并最终于 1639 年再次对外界"关闭"国门。这种隔离状态却在 1853 年时被美国海军将军马休·佩里率领的四艘黑船所打破。

然而,如今几乎大多数日本现代史学家都不赞同这种锁国思想。德川幕府时期从未有任何闭关锁国的法令颁布。所谓的"锁国"[9]政策有三个要点:首先,禁止所有日本人出洋,且生活在海外者不准回国;第二,禁止基督教传播且驱逐外国传教士;第三,除荷兰外,其他西方国家的船只禁止进入长崎港。

不过,如果说此时的日本与其他国家完全隔离,那也是不对的,尤其是当我们

478

---

[7] Y. Arano et al (eds.) *Foreign Relations of Japan* 4: *Wako and the King of Japan* (Yoshikawa Kobunkan Tokyo 2010) at 1 – 27 [in Japanese].

[8] R. Toby, *History of Japan*: *Volume 9, Diplomacy of Sakoku* (*Seclusion*) (Shogakkan Tokyo 2008) at 10 – 11 [in Japanese].

[9] "锁国"(さこく,锁国)这一术语由志筑忠雄在其 1801 年出版的恩格尔伯特·肯普费所著的《日本历史》一书的日译本中首次出现。但是,此后的德川幕府从未正式使用该词。

考虑到这段时期内的东亚之"国际"关系,即日本与中国、朝鲜、琉球和虾夷之间的关系。[10] 换言之,日本并未对东亚完全闭关。[11] 若要理解日本在所谓闭关时期对外关系的真实境况,则必须先要明白"四口"理论、异国和异域思想,以及"通信国"和"通商国"的概念。

2. "四口"理论

"四口"理论由荒野泰典在 1978 年首先提出,现已为现代日本史学界广泛接受。通过这四个对外开放的港口,日本得以与外国和外国人融合:"松前港"对虾夷的阿伊努原住民开放,"对马港"对朝鲜开放,"长崎港"对荷兰与中国商人开放,而"萨摩港"对琉球王国开放。[12]

日本与荷兰和中国仅有贸易关系,而无正式外交关系。荷兰商人被视为蛮夷之人,只被允许待在出岛,但荷兰商馆的负责人(即荷兰船长)每年都会受邀去江户(东京)接受幕府将军的召见,并呈交《兰之风说书》(Oranda fusetsu gaki,荷兰人的报告),其内含最新的海外局势。日本与中国未建立正式外交关系意味着其不想被纳入中国的朝贡体系,这与朝鲜形成了鲜明对比。中国商人提供的"唐之风说书"也会被送至江户。

479

因为虾夷、朝鲜及琉球王国被视为异国,而松前藩、对马藩(Tsushima domain)和长崎藩分别掌管着通往这三处的港口,并承担调查任务,换言之,他们分别与这三国进行接触。

日本与朝鲜之间的关系并非完全平等或互惠,对马岛所属的位于朝鲜釜山的倭馆(为日本人提供的招待所)之法律地位至今仍饱受争议。倭馆是否仅仅是为日本人提供娱乐、贸易以及住宿之场所?还是说因朝鲜视对马藩为其附庸国,所以倭馆是对马藩向朝鲜国王进贡之地? 1607 年至 1811 年间,朝鲜共向江户派出通信使 12 次,但却拒绝日本将其通信使派至汉阳(首尔)。朝鲜通信使的历史角色也极

---

[10] 德川时期用虾夷或虾夷地来指阿伊努人的聚居区,其包括现在的北海道、库页岛和千岛群岛的大部。19 世纪初,该区域被划分为东虾夷、西虾夷和北虾夷。倭人地和大岛渚半岛与其语意相反并受松前藩直接管辖,后文将进行论述。

[11] R. P. Toby, *State and Diplomacy in Early Modern Japan*: *Asia in the Development of the Tokugawa Bakufu* (Stanford University Press Stanford 1991) at 5.

[12] Y. Arano, 'The Shogunate State and Diplomacy' (1978) *Rekishigakukenkyu Bessatsu Tokushu* 95 – 105 [in Japanese].

具争议。毫无疑问,这些朝鲜使节被视为官方代表,德川幕府称这些朝鲜通信使是以朝贡日本为目的,而朝鲜则坚持称派出通信使系应日本请求。[13]

3. 异国与异域:虾夷和琉球

德川时期的虾夷和琉球王国是否能被视为异国("異国",外国),这也引起过激烈争论。

虽然荒野泰典将朝鲜、虾夷和琉球视为异国,但深谷克己于 1989 年提出的异国与异域(边缘地带而非国内地区)相区分的概念被史学家广为接受。深谷克己认为,朝鲜之于日本显然是异国,日本与中国和荷兰的关系也可从异国的角度进行分析。然而,虾夷和琉球始终与幕府政权密切相连,因此他们不能完全被视作异国;另一方面,这两地又不足以被视作幕府社会的组成部分,因为他们具有迥异于日本的独特文化。因此,深谷克己得出结论,即虾夷和琉球不是异国,而是异域("異域")。[14]

当我们在区分一个作为独立实体的国家与另一个在某种意义上未独立的地区实体(且不属于某国疆土)时,异国和异域之间的区别便显得清晰合理。但是,我们应考虑到,现代欧洲的"主权独立国家"或"主权国家体系"之概念在当时的日本及东亚世界并不存在。[15] 因此,以"现代欧洲国家"的视角来对异国和异域进行回溯性对比并不可取。

更重要的是,虽然虾夷属于异域是毫无疑问的,但一些专家却对琉球是否属于异域表示质疑。我们很容易发现,异国与异域之间的简单对比不太可行,但两者在概念上的区分却在某些方面十分有用,尤其是当这种区别隐含着虾夷和琉球之间的显著而重要的不同时。

4. "通信国"和"通商国"

1793 年,俄国使节亚当·拉克斯曼来到位于虾夷的箱馆(函馆),他请求与日本通商,这使得老中松平定信萌生了设立通信国(Tsushin no kuni)与通商国

480

---

[13] *State and Diplomacy* (n 11) 25 – 44. 德川幕府不被允许派特使到朝鲜。

[14] K. Fukaya, 'General Remarks: The Shogunate State and Iiki/Ikoku' in E. Kato et al (eds.) *The Shogunate State and Iiki/Ikoku* (Azekura Shobo Tokyo 1989) 9 – 44 at 10 – 11 [in Japanese].

[15] 参见 J. K. Fairbank, 'A Preliminary Framework', in *The Chinese World Order* (n 5) 1 – 19 at 5.

(Tsusho no kuni)的想法。松平定信拒收了沙皇发来的外交信息,因为俄国不属于通信国,因此日本不能与其建立外交关系。在于 1804 年时被送至俄罗斯特使列扎诺夫手中的书面指示中,这种定义表达得更为清楚,即通信与通商仅限于中国、朝鲜、琉球和荷兰。1845 年,在给荷兰部长的信中,日本对此又进一步作了明确,称其与朝鲜和琉球之关系仅为通信,包括交换外交文件和互派使节,而其与中国和荷兰之关系为通商,其中包括允许这些国家的商人在日本游历和经商。[16]

这种想法的目的显而易见,即根据日本的传统或宗法,其与外部世界的关系应只限于这四个国家,不能再与其他国家建立任何形式的关系。[17] 在这里应考虑到如下两点:

一是虾夷。无论是在 1804 年的指示中,还是在 1845 年的信件中,虾夷均未被提及。毫无疑问,日本不可能与异域拥有正式外交关系,而从基本概念来判断,日本与虾夷的关系应是通商,尽管在虾夷于 1807 年受日本政府直接管控之前,其地位微妙且颇具争议——这一点后文将会继续论述。

二是琉球。与琉球保持通信关系则明确意味着德川幕府视之为异国而非异域,因为通信包含正式外交关系之意。下一节中将对琉球进行更详尽的说明。

(三) 日本的"领土"

1. "版图"和"化外の地"

现代欧洲国际法主要基于主权、近代国家、区分于道德的近代法律、均势与国际体系等概念。对一个"领土国家"来说,确定的领土范围尤为重要。如果缺少具有明确国界的主权国家,那么国际法也就不复存在了。现代欧洲国际法对"领土"的界定不同于古代和中世纪欧洲的"领土"概念,也不同于中世纪或早期现代的东亚。

德川时期的儒学家伊藤东涯在其 1729 年出版的《秉烛谭》一书中写道,虾夷并非"版图"(领土),而是"化外の地"(化外之地)。对"版图"和"化外の地"的区分让人联想到中国对"领土"的传统概念。"版图"指代在中国统治下的地区;相对地,

---

[16] Gaimusho (ed.) *Zoku tsushinzenran* (Complete Documents of Correspondence: The Second Series) (Yushodo Shuppan Tokyo 1985) vol. 20, at 665 [in Japanese].

[17] *History of Japan: Volume 9* (n 8) 88 – 95 [in Japanese].

"化外の地"指的则是没有被仁政影响的未开化地区。伊藤东涯大致上接受了这一中国传统的"领土"概念,他把虾夷视为"化外の地"而非"版图"。关于"版图",伊藤东涯并没有继续深入下去,他只是提到了靠近鹿儿岛的屋久岛曾是"化外の地",但其现在由萨摩藩统治,并被视为"版图"。[18]

非常清晰的是,根据日本古代律令制建立的中央集权政府管理下的行政区——五畿七道(京畿内的五国和京畿之外的七个区),包括对马岛、冲绳岛、屋久岛等——在德川时期都属于日本的"版图"。虾夷和琉球的地位更是极具争议性,因为这两个地区没有被纳入这些行政区域。

2. 虾夷和琉球

松前藩的控制包括两个层面:和人地(大和民族聚居区)和虾夷地(阿伊努族聚居区)。松前藩对和人地有直接控制权,那是一片围绕渡岛半岛箱馆周围的较小区域,但松前藩却拥有与虾夷地(包含北海道大部分地区)的阿伊努人的专属贸易权。

482

现在普遍将德川时期的虾夷岛视为异域,而不是异国或"版图"。虾夷未被列入日本领土,但其也不受俄国或中国等其他国家管辖。松前藩对虾夷地即使不能说有完全所有权,但至少也能认为对其有一定控制。德川幕府于1807年开始对虾夷地实行直接管辖。[19]

琉球在德川时期的地位一直令人非常困惑。[20] 琉球王国每两年向中国进贡一次,其在中国福州设有琉球使馆,琉球王国的新国王在那霸加冕时也接受了中国使节的册封。与此同时,该国也受到萨摩藩的监管和控制。根据水稻产量估算,琉球的十二万石水稻的俸仪于1609年被计入萨摩藩的俸仪里。在举行新琉球国王和幕府将军的登基典礼时,琉球王国都会派遣使节到江户。

琉球到底是属于异国还是异域,这个问题至今仍然争论不休。琉球于19世纪

〔18〕 T. Ito, *Heishokutan* (Story of a Late Learning) (Yoshikawa Kobunkan Tokyo 1927) at 152 and 209 [in Japanese].

〔19〕 这次直接管辖结束于1821年;第二次直接管辖开始于1955年。K. Fukaya, 'Pre-modern Japan and East Asia' (2010) 1029 *Shiso* 170 – 187 at 182 – 183 [in Japanese].

〔20〕 参见 R.K. Sakai, 'The Ryukyu (Liu-ch'iu) Islands as a Fief of Satsuma' in *The Chinese World Order* (n 5) 112 – 134 at 112。

初被视为通信国的事实说明日本曾与琉球有着正式外交关系，如日本与朝鲜的关系一般。[21] 在此我们应注意，现代欧洲国际法的概念，如主权国家、领土主权、主权国家体系或国家边界等都不能直接适用于早期近代的东亚。这显然是琉球地位令人费解的原因之一。

然而，这不是唯一原因。对于琉球在德川时期与中国以及萨摩藩之间的关系，存在多种解释。一些学者认为，根据琉球国王在 1611 年订立的书面誓约，琉球王国是萨摩藩的附庸国并向它进贡；有人认为，琉球王国在 1609 年时就已被萨摩藩吞并，其自此之后就不再是异国，其虽向中国进贡，但实际上秘密地受控于日本；还有人认为，琉球王国受到萨摩藩的军事管制，同时其又处于中国的朝贡体系下。借此我们可以发现琉球的双重从属地位，或者说琉球从属于由日本幕府制度与中国朝贡制度组成的双重制度体系。

对该问题现在仍有很多激烈的讨论。在中日共同历史研究委员会的报告中（2010 年 1 月 31 日），日方坚称琉球从 17 世纪就已受萨摩藩的实际有效控制，且彼时的中国已经知晓此事，但中方坚持琉球在 1879 年被日本吞并前始终是独立国家。[22]

从现代欧洲国际法的角度来看，琉球的地位有些模糊，但这在当时看来似乎无可厚非。德川时期的琉球与日本和中国的关系都非常好。[23] 不过，在德川幕府末期和明治政府初期却产生了一个严重问题。

3. 四份完整的日本地图

地图可以用来记录"领土"或"边界"，但并非绝对权威。日本的四份官方地图由德川幕府绘制：宽永地图（1638 年）、正保地图（1648 年）、元禄地图（1702 年）和享保地图（1725 年）。这些地图主要根据幕府控制下的 68 个省级行政单位的地图

---

[21] 琉球使团参府（前往江户）和朝鲜使团来聘（到江户进贡）间的区别微妙而意味深远。来聘意味着客人身份尊贵。参见'Pre-modern Japan and East Asia'（n 19）179。

[22] Joint Research Committee of the Chinese and Japanese History（ed.）*The First Report of the Joint Research of the Chinese and Japanese History*（Nihon Kokusaimondai Kenkyusho Tokyo 2010）[in Japanese and Chinese].

[23] "传统东亚地区的双重从属地位并非如今日这般引人关注。"（T. Ch'en, 'Investiture of Liu-ch'iu Kings in the Ch'ing Period' in *The Chinese World Order*［n 5］135 – 164 at 164).

（日文为"国绘图"）绘制。[24] 此处至关重要的是,虾夷和琉球是否被包含在这些地图里。

虽然在宽永地图上我们既没找到虾夷也没找到琉球,但正保地图上却绘有虾夷,在这个地图中,朝鲜半岛也被绘制在内,且"朝鲜"和"釜山海"均有标注。第三份地图——即元禄地图——是第一份包括虾夷和琉球的地图,地图上还发现了倭馆和其所在地。享保地图中绘制了虾夷和倭馆,但琉球不在其中。琉球和屋久岛等岛屿分别被不同的地图绘制。

仅根据这些地图来判断琉球并非日本的一部分而是介于"自我"与"他者"之间,这未免太过草率,况且琉球的双重地位在省图与日本地图中是显而易见的。[25] 因此,在界定领土范围时,地图仅能提供有限的参考。

4. 竹岛事件（郁陵岛事件）

1693 年至 1696 年间的"竹岛事件"（"郁陵岛事件"）是探析德川时期的"属地"（possession）、"边界"和"领土"等概念的重要案例。这一事件发生在郁陵岛,而非当今的竹岛（独岛）。

1693 年,大谷和村川两家渔民垄断了郁陵岛附近的渔业。大谷家族在发现许多朝鲜人也在该岛附近捕鱼后,其决定将安龙福与朴于屯这两个朝鲜渔民带回日本。此时又正值朝鲜政府禁止其人民通往郁陵岛。对马藩将那两个朝鲜渔民遣返并和朝鲜展开谈判,要求朝鲜禁止其渔民前往郁陵岛。最开始时,朝鲜政府与对马藩间的谈判并非围绕岛屿属地权,而是围绕捕捞权。然而,到了谈判的第二阶段,争论的焦点则成了岛屿究竟归属朝鲜还是日本,或是否有两个岛——郁陵岛和竹岛——分别属于朝鲜和日本。

谈判的最终结果是日本政府于 1696 年 1 月决定禁止本国国民前往郁陵岛,"鉴于维持与朝鲜的良好关系符合日本的最佳利益"。[26]

这一事件有时也被解读为郁陵岛的所有权问题或主权确立问题。当时一定存

---

[24] H. Kawamura, *Maps of Japan Drawn up by the Tokugawa Government* (Yoshikawa Kobunkan Tokyo at 48 - 58,67,85 - 94,119 - 125, and 159 - 165 [in Japanese].

[25] A. Kinda, *A Landscape History of Japan* (Kyoto University Press Kyoto 2010) at 205.

[26] Northeast Asia Division, Japanese Ministry of Foreign Affairs (ed.) *Takeshima*: 10 *Issues of Takeshima* (Ministry of Foreign Affairs Tokyo 2008) at 6.

在日本或东亚特有的属地或边界概念,如果套用现代欧洲的主权或领地观念则将会使人产生误解。

那么,在这个地区到底有着怎样的"领土"或"边界"概念呢? 1696 年 1 月 9 日,老中阿部正武发表的一份声明可作为参考。阿部正武写道:"如果日本能够出示令人信服的证据来证明日本占领过该岛或有日本人曾住在那里,那么情况就会大不相同了。"[27] 有两点因素对领土归属日本的主张非常重要,即栖居或占领该岛的行为。栖居是一个很明晰的概念。在一封于 1693 年 5 月 22 日由鸟取县送往德川幕府的信中也提到了栖居。[28] 但是,怎样才算是"占领岛屿"的行为呢? 在该岛抓到鲍鱼或海狮,还是说指近代欧洲国际法中的"占领"? 阿部正武所指为何至今仍不清楚。

三、日本根据现代欧洲国际法转型"现代国家"

(一) 日本"开放"

1. 后来者

485

从 18 世纪末开始,俄国、法国和英国的船只陆续来到日本,他们要求日本"开放"国门。荷兰国王威廉二世曾要求日本政府准许外国船只进入日本港口,而德川幕府在 1844 年的正式回函中表示日本将会遵守祖统。然而,面对佩里于 1853 年发起的炮舰外交时,日本的闭关状态再也无法维持,其最终于 1854 年 3 月 31 日与美国签署了《神奈川条约》。[29] 这是日本历史上签署的第一份西式国际条约。[30]

在此之前,日本一直活在自己的世界秩序里,其既不同于中国,也异于欧洲。当时,日本虽然对中国的世界秩序了如指掌,但其对现代欧洲国际法却一无所知。在所谓的闭关锁国时期,日本接触到了很多关于西方文化和文明的信息(尤其是通过长崎港),但这些信息几乎都局限于科学和技术领域,而国际法并未传播到日本。

---

[27] T. Koshi (ed.) *Takeshima kiji* (News Articles of Takeshima) (1726) 9 January Genroku 9 (1696) [in Japanese].

[28] The Tottori Domain (ed.) *Takeshima no kakitsuke* (Documents Concerning Takeshima) (1724) No 5 [in Japanese].

[29] Convention of Peace and Amity between the United States of America and the Empire of Japan (签订于 1854 年 3 月 31 日,于 1855 年 2 月 21 日正式生效) 111 CTS 377.

[30] 参见本书中由明石钦司(kinji Akashi)撰写的第三十章"日本—欧洲"。

即使是在普鲁士外交部长于 1870 年(即明治三年)建议日本在普法战争期间起草中立宣言时,日本外务大臣还没有意识到领海宽度规则。日本作为一个现代欧洲国际法的后来者,其正竭力追赶西方国家的步伐。[31]

2. 对近代欧洲国际法的继受

在与谋求打开日本国门并与其通商的西方国家的接触中,以及在与西方国家缔结条约的过程中,德川幕府迟缓但是非常敏锐地意识到日本必须向西方文化和文明敞开大门,包括接受现代欧洲国际法,且根据现代欧洲国际法的理论对日本"领土"和"边界"进行划界已迫在眉睫,尤其是对虾夷和琉球之界定。

最终,德川幕府于 1858 年分别与美国[32]、荷兰[33]、俄罗斯[34]、英国[35]和法国[36]签署了五份商约,但由于对国际法知之甚少且军事力量差距悬殊,这些商约都是不平等的。日本政府的下一个目标很明确,即学习国际法,并强化日本军事力量。西周(Amane Nishi)对此问题颇有见地。1863 年至 1865 年,西周在荷兰莱顿大学师从西蒙·菲塞林,他之后任开成所(东京大学前身)教授。西周一回到日本就将其有关国际法的荷兰文讲义翻译成日文,并于 1866 年 8 月将译文交给日本政府。

1868 年的明治维新开始后,新政府延续了德川幕府在学习国际法和外交方面所做的努力。明治政府的基本政策之一是继承德川幕府签订的所有条约,只是日方在条约中的称谓从"将军"变为了"天皇"。

明治政府不遗余力地学习国际法,日本政府在许多领域内聘用外国人作为教师和顾问进行指导。伊拉斯莫·史密斯(Erasmus Peshine Smith)、卡尔·罗斯勒(Karl Roesler)、亨利·丹尼森(Henry Willard Denison,)、李仙得(Charles William

486

---

[31] M. Yanagihara,'Japan's Engagement with and Use of International Law,1853－1945'in H. Steiger and T. Marauhn (eds.) *Universality and Continuity in International Law* (Eleven International Publishing The Hague 2011) 447－470.

[32] Treaty of Amity and Commerce of Yedo (签订于 1858 年 7 月 29 日,于 1859 年 7 月 4 日正式生效) (1858) 119 CTS 253 ("《哈里斯条约》"))。

[33] Treaty of Friendship and Commerce (签订于 1858 年 8 月 18 日) (1858) 119 CTS 313。

[34] Treaty of Friendship and Commerce (签订于 1858 年 8 月 19 日) (1858) 119 CTS 337。

[35] Treaty of Peace,Friendship and Commerce (签订于 1858 年 8 月 26 日) (1858) 119 CTS 401。

[36] Treaty of Peace,Amity and Commerce (签订于 1858 年 10 月 9 日) (1858) 120 CTS 7。

Le Gendre)、古斯塔夫·布瓦索纳德(Gustave Boissonade)和亚历山卓·帕泰尔诺斯特罗(Alessandro Paternostro)在帮助日本理解国际法上做出了多方面的贡献。在日本,国际法教科书的翻译始于亨利·惠顿的著作之中译本于1865年的重印,这项翻译工作由美国传教士丁韪良在中国助手的帮助下于1864年完成。在此之后,一大批日译著述相继出现。

1879年,日本政府在与中国就废除琉球藩问题进行谈判期间起草了一份备忘录,其形象地展现出传统的中国习惯规则和"现代公法"的迥异之处。备忘录认为中国自视为天朝的统治思想无效,因为来自中国皇帝的册封只是一种礼仪,而向中国进贡的真正涵义也仅是赠礼或贸易。与习惯规则相比,根据当代公法(即现代欧洲国际法)的解释,领土权由对该区域的统治、执掌政府以及收税三部分组成。事实上的占有或敌对国的抛弃均可导致一方宣称对该地的领土主权。[37] 该备忘录的真实动机很明确,即日本今后将遵从现代国际法,而不再依靠中国传统的习惯法。因此,琉球藩的"领土"应归于日本统治。

明治维新进行了大概十年后,日本政府便踌躇满志地认为自己对现代欧洲国际法已有了足够多的认识,并坚持认为东亚地区应该完全废除中国的传统规则。

487

3. 近代欧洲国际法和"强权统治"

尽管近代日本在尝试接受当代欧洲国际法,且其尽力遵守而未有挑剔,但仍有一些证据表示当时有人质疑了国际法对日本的有效性与实用性。

一份当时的中文文件显示,日本驻华公使森有礼于1876年在北京与清朝总督李鸿章就朝鲜问题进行谈判时称,"和约不过为通商事,可以照办,至国家举事,只看谁强,不必尽依着条约"。因此,国际法并无用处。李鸿章却坚称其是以强权威胁违反条约规定,此为国际法所不许。[38] 这表明森有礼深刻怀疑欧洲国际法的有效性和实用性,从而与李鸿章形成了鲜明对比。因为无法在日文文件中找到任何记录此次交涉的文件,因此很难判断森有礼表述的准确性,但此事确实不禁让人怀

---

〔37〕 Gaimusho（ed.）*Nihon gaiko monjo*（Documents on Japanese Foreign Policy）（Nihon Kokusairengo Kyokai Tokyo 1948）vol 12, at 191–200 [in Japanese].

〔38〕 吴汝纶(编):《李文忠公(鸿章)全集》,台北:文海出版社1962年版,第五卷,第106—107页。

疑那时国际法在日本的继受程度。[39]

然而，当时的确有些日本人视欧洲国际法为强国利用的必备之物，否则便失去了功用。1868 年 11 月 8 日，明治维新时期的三杰之一的木户孝允曾在日记里写道，国际法这种工具是不允许弱者使用的。[40] 明治时期最有影响力的启蒙思想家之一福泽谕吉在 1878 年写道，上百卷国际法教科书抵不上几门大炮，几项友好条约值不到一桶火药。[41]

明治政府在 1894 年的中日甲午战争与 1904 年的日俄战争的宣言中体现出了对国际法的遵从。但是，我们也应认识到，即使是在 19 世纪下半叶，国际法也并未受到日本政界和学界的一致欢迎。

（二）日本国土

1. 边界划定

1854 年，英国海军上将詹姆斯·斯特林到达长崎港，他要求与日本进行贸易，并询问长崎奉行关于日本边界的问题，而长崎奉行告知其曰琉球是日本附庸国，而对马岛则位于日本的领土范围内。[42] 这证明在与西方国家接触时，日本被迫按照欧洲国际法之概念来介绍西方人观念中的"领土"并界定其"边界"。

1871 年，岩仓使团出访美国和欧洲诸国，现在在其当时的准备材料中找到一份非常重要的文件。从该文件中可看到库页岛、竹岛（郁陵岛）和一些无人居住的岛屿的事务都被归入边界划定问题之中，而朝鲜和琉球事务则被视作外交问题。[43] 边界划定问题与外交事务间的区别具有高度的政治意义，尤其是当琉球问题被视为外交问题而非边界问题时就可能会得出结论，即琉球不属于日本领土而

488

---

[39] Gaimusho （ed.） *Nihon gaiko monjo* （Documents on Japanese Foreign Policy） （Nihon Kokusairengo Kyokai Tokyo 1940） vol 9, at 170 – 180 [in Japanese].

[40] C. Tsumaki （ed.） *Diary of Takayoshi Kido*（Nihon Shiseki Kyokai Tokyo 1932）vol 1, at 138 [in Japanese].

[41] Keio Gijuku （ed.） *Complete Works of Yukichi Fukuzawa* （Iwanami Shoten Tokyo 1959） vol 4, at 637 [in Japanese].

[42] K. Yanai （ed.） *Tsukoichiran zokushu* （Synopsis of Foreign Relations: Supplementary Collections）（Seibundo Shuppan Osaka 1970） vol 3, at 99 [in Japanese]. 长崎奉行也答道，解释与朝鲜的边界问题不在他的职责范围内。

[43] J. Fujii （ed.） *Documents Related to Iwakura Tomomi* （Nihon Shiseki Kyokai Tokyo 1934） vol 7, at 306 – 309 [in Japanese].

属于另外一国。

2. 北海道和冲绳

可能会被划入现代日本领土的最为重要的地区包括库页岛、虾夷和琉球。1855 年的《日俄和亲通好条约》第 2 条规定,在择捉岛和得抚岛之间划定俄国与日本的疆界。[44] 这是日本第一次以条约为依据来界定边界。然而,库页岛的地位在该条约中完全没有涉及,条约亦没有包含与虾夷直接相关的条款。但是,根据国际法,把虾夷视作日本领土也是合理结论,因为边界已在择捉岛和得抚岛之间划定。两个月后,德川幕府设立箱馆奉行所,从而使整个虾夷地区都受到幕府的直接控制。

489　明治政府采取进一步措施来管控虾夷。1868 年,箱馆法庭设立,但最关键的一步便是次年将虾夷改名为北海道。这意味着北海道已被列入日本传统的"五畿七道"之中(加上北海道而有"五畿八道"之称)。换言之,北海道已被公认为日本领土,而曾被视为异域的虾夷现已不复存在。然而,直到 1899 年的同化法令颁布前,阿伊努族仍一直都被视为大和族之外的民族。

德川时期的琉球之地位含糊不清。在 19 世纪 40 年代和 19 世纪 50 年代的德川时代后期,英法等西方国家来到琉球并请求友好交往和通商,此时的德川幕府在处理这一问题上面临着许多困难。不将琉球王国并入日本的政府基本政策,此系基于萨摩藩的中肯务实之建议而做出的。萨摩藩的儒学家五代秀尧在 1844 年的名为《琉球密策》的外交文书中写道,即使琉球是萨摩藩属地,其也不能被当做是日本领土,因为它向中国朝贡,且琉球在日本具有附庸国的身份。琉球曾被看做是日本的异国,同时又被日本摒弃,由此可以看出,德川幕府并不打算接受琉球王国与美国(1855 年)[45]、法国(1854 年)[46]和荷兰(1859 年)[47]缔结的友好条约之约束。

---

[44] Treaty of Commerce, Navigation and Delimitation between Japan and Russia(签订于 1855 年 2 月 7 日)(1855) 112 CTS 467。

[45] Convention between the Lew Chew Islands and the U. S.(签订于 1854 年 7 月 11 日)(1854) 112 CTS 77。

[46] 'Convention entre la France et les Iles Liou-Tchou' in Ministère des Affaires Étrangères(ed.) *Recueil des traités et conventions entre le Japon et les puissances étrangères* 1854 – 1925(Ministère des Affaires Étrangères Tokio 1934) vol 3,654 ff.

[47] 'Traktaat tusschen Nederlanden en Lioe-Kioe',出处同上,第 658 页以后。

在明治初期,日本政府对琉球的态度矛盾而又含糊不清,其不确定应把琉球当做双重从属国还是视作日本的一部分。1871 年的《中日修好条约》[48]是中日两国间的第一则国际条约。从表面上看,该条约是在中日平等的基础上根据西方条约的风格缔结而成的,特别是其中第 1 条规定了两国尊重彼此领土(Hodo)[49]。然而,在该条约中却无法找到任何有关明确涉及琉球的条款。

1872 年 5 月,日本财务部次长井上馨在致正院(一国最高行政单位)的建议书中写道,应把日本的制度也应用于琉球,但左院(立法咨询机构)于同年 6 月答复道,琉球王国一直以来同属于日本和中国。

然而,明治政府在之后不久却不再承认琉球的双重从属地位。1872 年 10 月 16 日,日本天皇发布诏书,册封琉球国王为琉球藩王,这意味着琉球王国被官方废止。这也说明琉球作为萨摩藩附庸国的地位被彻底否定。1876 年 7 月,日本政府下令要求琉球断绝与中国的外交关系。1871 年 8 月,明治政府开始废藩置县,琉球藩也被废除,并在 1879 年 3 月转为琉球县,政府命令琉球国王尚泰移住东京。这表明琉球王国作为独立实体之身份已不复存在。从 1872 到 1879 年,政府所采取的一系列措施被称为"琉球处分"。

有关琉球处分的学术讨论在 20 世纪 50 年代及 20 世纪 60 年代早期尤为激烈。一种解释是将其视为"侵入式统一"或强行吞并;另一种解释则是将其视为"种族或民族统一"。[50]明治政府的官方态度很明确,即琉球从来不是一个附庸国或半主权国家,而始终是日本的一块藩地,换言之,琉球自德川时期以来就是日本领土。[51]琉球的确曾向清朝派遣使节并赠礼,但其从未缴付税项,且琉球一直是萨

490

---

[48] Treaty of Commerce and Navigation (签订于 1871 年 9 月 13 日,于 1873 年 4 月 30 日正式生效) 144 CTS 139.

[49] "Hodo"之意后来的确引起了两国间的讨论。毫无疑问,参与条约谈判的日方代表根据欧洲国际法把"Hodo"解释为领土。一些研究者认为,中方代表可能在谈判过程中有意将"Hodo"的其他释义告知日方。在 1876 年的谈判中,李鸿章对森有礼就"Hodo"的中文含义做了明确解释:"Ho"是指附庸国,如朝鲜,而"Do"是指由中国直接控制的地区,或指国土。参见《李文忠公(鸿章)全集》(前引注释38),第 107 页。

[50] K. Tomiyama (ed.) *World of the History of Ryukyu and Okinawa* (Yoshikawa Kobunkan Tokyo 2003) at 48 - 67 [in Japanese].

[51] M. Matsuda, 'Ryukyu Shobun (1879)' in F. Shimomura (ed.) *Documents Collection of the Meiji Culture 4: Diplomacy* (Kazama Shobo Tokyo 1962) 201 - 204 at 203 [in Japanese].

摩藩的属地。在决定琉球曾属于哪个国家的问题中，税项起到了极为重要的作用。这显然不是中国的传统习惯法，而是欧洲国际法中的规定。

明治政府还声称，中国在 1874 年的有关日本向台湾派兵问题的协商中，已经承认琉球不属于中国。然而，中国始终对日本于 1879 年 3 月实施的吞并琉球之行为表示抗议。考虑到美国前总统尤利西斯·格兰特所做的调解，日本提出割让宫古岛和八重山两岛给中国的提议，但中国拒绝接受。这些争端悬而未决，直到中国于 1895 年时在甲午战争中战败，从而不得不放弃对琉球的权利主张。

491

3. 无主地和固有领土

中日于 1874 年 9 月到 10 月的商讨对无主地问题很有意义。日本特派全权大臣大久保利通坚持认为有效占有或控制对领土主权十分重要，没有国家对台湾进行过有效控制，因此台湾是无主地而非中国领土。[52]

另一方面，中国的总理衙门声称国际法是西方国家新近发明之物，但并未提及中国，所以在讨论台湾和中国问题时援引国际法没有意义。按此观点，源于欧洲的国际法并不适用于中国。中国有自己的规则并允许台湾当地人民保有自己的风俗习惯。中国会征服那些顽冥抵制之人，也接受那些俯首称臣之人。[53] 因此，中国坚持认为，按照其传统规则，台湾属于中国。

正如日本政府于 1879 年起草的备忘录，在此我们又可以发现现代欧洲国际法概念和中国传统世界秩序之间的鲜明对比。关键之处在于，日本明确宣称台湾是无主地且日本有权占领无主地。但是，日本政府并未打算实际占领，因其当时的主要目标并非台湾，而是琉球。如前文所述，日方认为琉球不是无主地而是其固有领土。

日本政府将占领"无主地"的理论广泛应用于周边岛屿，如小笠原群岛（1876年）、硫磺岛（1891 年）、尖阁诸岛（钓鱼台）（1895 年）、南鸟岛（马库斯岛）（1898年）、冲大东岛（1900 年）、中鸟岛（1908 年）[54]和冲之鸟岛（道格拉斯礁）（1931 年）。虽然占领南鸟岛时出现了一些问题，但在对其他岛屿主张权利时，日本并未与周边

---

〔52〕Gaimusho（ed.）*Nihon gaiko monjo*（Documents on Japanese Foreign Policy）（Nihon Kokusai Kyokai Tokyo 1939）vol 7, at 245 [in Japanese].

〔53〕同上，第 221 页和第 230 页。

〔54〕后来经确认，该岛屿并不存在。

国家发生严重分歧。

根据当下日本政府的官方意见,竹岛并不属于占领所得。明治政府在 1905 年 1 月 28 日通过内阁决议,其规定竹岛属于日本并处于岛根县隐岐之岛町辖内,因为竹岛以往一直处于日本的占领下。该内阁决议被认为是日本对竹岛主权的重申。根据史实和国际法,日本坚称竹岛显然是其固有领土,类似的还有北方领土(千岛群岛)。[55]

依照日本和其他国家的先例,日本外务省条约司于 1932 年为外务省职员编纂了保密手册。从中可以发现,仅有六例作为岛屿占领的先例,其中不包括冲之鸟岛和竹岛。[56] 日本外务省可能没有把竹岛视为占领无主地的先例。

(三)条约修订

1. 岩仓使团

明治政府的基本政策之一是继承德川幕府签订的所有条约。然而,1869 年 2 月(明治二年),日本政府表达了修约意愿,并派出岩仓使团到美国和欧洲诸国进行修约谈判,然而结果却不尽人意。明治政府意识到,修约既需要付出代价,也能从中受益,而且它事关日本向西方国家转型的长远利益。换言之,日本不仅需要文明开化,也需要富国强兵。

2. 琉球王国所缔结的条约

明治政府对琉球王国于 19 世纪 50 年代与美国、法国和荷兰缔结的友好条约持有何种态度? 明治政府是否像继承德川幕府所缔结的一系列不平等条约那样,也继承了这些友好条约? 还是说,明治政府对这些条约不予承认?

这也是 1879 年的中日磋商中的重要问题之一。中国称琉球王国于 19 世纪 50 年代与外国签订条约的事实表明它是一个独立国家。[57] 日本政府对此回应称,与琉球缔约的国家不知道琉球没有缔约权。况且,当时的德川幕府仍属于纯粹的封建统治,其允许各地大名独立处理事务,这在明治时期的中央集权制度下是不可能的。

---

[55] *Takeshima* (n 26) 2.

[56] Gaimusho Joyakukyoku (ed.) *Collections of International Law Precedents* 2: *Occupation of Islands* (Gaimusho Tokyo 1933) at 1 – 52 [in Japanese].

[57] *Nihon gaiko monjo* (n 37) 186 – 187.

明治政府并没有拒绝承认琉球缔结的所有条约,其反而是向各外国缔约方承诺会予以继承。政府认为这些条约没有给日本造成巨大的负担。尽管这些条约与德川时期签订的条约一样是不平等的,但明治政府已同意予以继承。[58] 1872 年 11 月 5 日,日本外务大臣副岛种臣在给美国驻日公使德隆(Charles E. De Long)的回信里写道,数百年来,琉球群岛一直是日本的附庸国,琉球近期设藩,其与美国缔结的条约会得到日本政府的遵守,因为琉球是日本不可分割的一部分。[59]

然而,明治政府的这个想法似乎与其修约的基本政策不尽一致。因为德川幕府缔结的许多条约对日本来说都不平等且相当于给日本施加了难以承受的负担,所以明治政府试图对其进行修改。还有一个重要的理论问题是,明治政府是否会继承琉球所缔结的条约。这几乎不可能,因为按照明治政府的官方表态,琉球无权与外国缔结条约,这些条约因此被视为无效,即这些条约不能与德川幕府签署的条约归为一类。那我们又如何恰当地解释明治政府要执行这些条约的承诺呢?

一个可能的答案是,这些条约得到了明治政府的批准。因为德川幕府准许地方大名实施一些在当时的集权制度下不被允许的行为,所以明治政府决定接受这些条约的内容,于是批准了这些条约。[60]

四、伪平等及东亚新秩序

(一) 伪平等

1. 作为强国的日本

20 世纪初,日本似乎已被视作"文明国家",其在国际社会中与西方国家平起平坐。正如拉里默于 1883 年做出的"理想"推测:如果日本以眼下的速度再继续

发展二十年,那么就要认定是否应该给予其完全的政治认可了。[61]

---

〔58〕 *Nihon gaiko monjo* (n 37) 192 – 193.

〔59〕 *Recueil des traités et conventions* (n 46) 662 – 663.

〔60〕 根据日本首相(众议院,答复号 193,2006 年 12 月 8 日)的一份书面声明,目前日本政府的立场是,这些条约并非由日本官方缔结。

〔61〕 J. Lorimer, *The Institutes of the Jural Relations of Separate Political Communities* (Blackwood Edinburg 1883) vol 1, at 102 – 103. 奥本海在其 1905 年出版的著名教材中写到,亚洲只有日本是国联的正式会员,而中国、朝鲜、泰国和西藏被认为是非正式成员。L. Oppenheim, *International Law: A Treatise* (Longmans, Green & Co London 1905) vol 1, at 31.

领事裁判权最终于1899年被废止,日本也于1911年重获关税自主权。1902年,《英日同盟》条约签订,这是日本首次与大国结成平等性同盟。日本的显著地位也在一些国际会议中显现出来:松波仁一郎分别担任了1899年的伦敦国际海事委员会会议和1900年的巴黎国际海事委员会会议的副议长;尽管朝鲜皇帝于1907年海牙会议时派出密使,但与会西方各国仍旧承认日本在朝鲜的权益;日本于1920年开始成为国际联盟理事会的常任理事国,直到其于1933年退出国际联盟。

国际常设法院的法官安达峰一郎(1930年到1934年,其中1931年到1933年任庭长)在1912年的一篇文章中写道,19世纪80年代末期,当他还是一个高中生时,国际法在日本还不适用,而日本现在已取得令人尊敬的国际地位。安达峰一郎指出,日本是否为遵守国际法规则的"强国"或"强权"对世界至关重要,这完全与19世纪80年代后的情况相反。[62] 我们在此不仅看到日本跻身强国后的民族自豪感,还看到了日本对自己在国际社会中所发挥的重要作用之殷切关注。

2. 国际法的"普遍性"和"公平性":国际裁决

日本意识到自己在国际上已与西方平起平坐时,在日本民众中却开始出现了对国际法的普遍性和公平性之怀疑。

一个非常突出的例证是日本在国际仲裁中的消极立场。[63] 在国际常设法院(PCIJ)的规约起草中曾有过一次值得关注的讨论。1920年6月到7月间的国际常设法院法学家咨询委员会上讨论了两点重要内容:第一,法官构成,即关于法官国籍的问题;第二,法院的管辖权。《国际联盟盟约》第14条第2款("法院可受理、听审和裁决任何国际成员提交的争议")是讨论的焦点。1920年7月24日,在委员会提交的最终草案中,强制管辖权——即一当事方可不经另一方同意便提起诉讼的权利——被包括在内。安达峰一郎则遵从日本政府指示而成为了唯

495

---

〔62〕 M. Adachi, 'Research on International Law' (1912) 11 *Kokusaiho Gaiko Zasshi* 209 – 215 〔in Japanese〕.

〔63〕 参见 K. Taijudo, 'Some Reflections on Japan's Practice of International Law during a Dozen Eventful Decades' (1975)69 *Proceedings of the 69th Annual Meeting of the American Society of International Law* 64 – 69 at 68; H. Owada, 'Japan, International Law and the International Community' in N. Ando (ed.) *Japan and International Law: Past, Present and Future* (Kluwer Law International The Hague 1999) 347 – 378 at 356.

——一位持保留意见者。

由日本外务省于 1920 年 9 月 1 日起草的有关国际常设法院的秘密报告中写道,常设仲裁法院(PCA)在 1905 年的横滨房税案中所作之裁决对日本不利。该报告强调常设仲裁法院的法官主要来自西方,且常设仲裁法院不认可日本的权利主张,因为与西方国家相比,日本人种不同,国情也不一致。[64]

安达峰一郎在 1930 年的一篇文章中写道,国际常设法院在国际社会中是必要的,即使对日本来说也不例外,但日本社会在那时已对国际裁决深感失望和怀疑。换言之,日本社会对国际法和西方法学家极其不信任。1930 年时,安达峰一郎还是认为日本不应立即接受任择条款,他坚称日本在国际法院中拥有特殊地位。[65]直到 1958 年,日本才宣布接受国际法院的任择条款。

(二) 东亚新秩序

明治政府的一项基本政策是将日本按照西方国家的标准重塑为一个文明国家,即脱亚入欧。不过,日本也试图在亚洲——特别是在东亚国家中——取得主导地位,而不必像其与西方国家所形成的平等或伪平等关系。日本与一些亚洲国家缔结了不平等条约,如 1876 年与朝鲜[66]以及 1898 年与泰国[67]所缔结的条约,而1871 年的《中日修好条约》至少在表面上是平等的。不过,日本逐渐开始试图从中

---

[64] Gaimusho Jyoyakukyoku Daisanka, 'Reports Relating to the Permanent Court of International Justice (Confidential) (1 September 1920)' *Gaimusho Kiroku* 2. 4. 2. 3 – 1 [JACAR Ref. B06150567500] [in Japanese].

[65] 安达峰一郎的想法是,大国(包括日本在内)的主导性地位比国家间的平等更为重要。换言之,对日本来说,与西方国家平起平坐最为重要,不能容许小国坚持独立。M. Adachi, 'Diplomacy after the World War and Two Important Incidents' (1930) 89/532 *Ginkotsushin-roku* 16 – 23 at 21 [in Japanese];参见 M. Adachi, 'Address of Ambassador Adachi dated 16 May 1930', in *Private Papers of Mineichiro Adachi* (Modern Japanese Political History Materials Room, National Diet Library Tokyo 1998) vol 1084 at 19 – 20 [in Japanese].

[66] Treaty of Peace and Friendship of Kanghwa (Ganghwa) between Korea and Japan (签订于 1876 年 2 月 28 日) in C. de Martens and F. de Cussy (eds.) *Recueil manuel et pratique de traités et conventions sur lesquels sont établis les relations et les rapports existant aujourd'hui entre les divers états souverains du globe, depuis l'année 1760 jusqu'à l'époque actuelle* (Brockhaus Leipzig 1887) series II, vol II,540 – 544。

[67] Convention concerning the Extension of the Territory of Hong Kong between China and Great Britain (签订于 1898 年 6 月 9 日,于 1898 年 8 月 6 日正式生效) in F. Stoerk (ed.) *Martens Nouveau recueil général de traités et autres actes relatifs aux rapports de droit international* (1895 – 1908) series II, vol 32,89 – 90。

国攫取各种政治和经济权益,如 1915 年向中国提交的《二十一条》。[68]

自 20 世纪 30 年代末起,日本便开始了东亚新秩序的尝试,即摆脱欧洲国际法,建立东亚新秩序。日本于 1940 年 7 月 26 日宣布的"大东亚共荣圈"作为对 1938 年 11 月 3 日发布的"大东亚新秩序"的更新,昭示出其意图。不过,在此需要理清日本政府内来自军方和外务省的两派理念:前者秉持"八纮一宇"(天下一家,世界大同),即征服世间,并将其置之于天皇治下。亚洲应被视作一个无关欧美的遥远地区,而日本应成为大东亚新秩序的领导者。后者则认为应该尊重主权,与世界各国保持友好关系。

日本所主张的"大东亚共荣圈"并非是传统欧洲国际法意义上的"领土"。这一想法受到德国"生存空间"理论的极大影响。然而,日本提出了自己的目标:亚洲国家去殖民化,即把亚洲从白人统治中解放出来。这种说法在日本军方和外务省的两派理念中都适用。

这两种理念在日本政府内部竞争激烈,但军方的想法逐渐占据上风,日本于 1941 年对美作战后尤其如此。然而,"共荣"思想的真正意图是否是日本为在亚洲殖民而炮制的幌子则仍有待研究。[69]

五、结论

如前所述,明治政府在 1879 年的备忘录中申明,德川幕府属于纯粹的封建统治,其允许各地大名独立处理事务,而这在明治时期的中央集权制度下是不可能的。这似乎表明新政府对依照近代欧洲法和近代欧洲国际法来治国充满自信,而且在这种情况下,新秩序与旧秩序间并无过多连续性。

然而,有些结论现在还不宜下得太早,如认为德川幕府直到其统治后期仍对欧洲国际法一无所知、不予重视,甚至更希望保持孤立;又如认为明治政府按欧洲国际法与外界建立了最早的外交关系,且定义了"领土"和边界。相反,虽然对"领

497

---

[68] Chinese National Welfare Society in America (ed.) *The Shantung Question: A Statement of China's Claim Together with Important Documents Submitted to the Peace Conference in Paris* (Chinese National Welfare Society in America San Francisco 1919) at 33 – 36.

[69] Gaimusho Hyakunenshi Hensaniinkai (ed.) *Hundred Years of the Ministry of Foreign Affairs* (Hara Shobo Tokyo 1969) vol 2, at 630 – 631 and 637 – 638 [in Japanese].

土"和"边界"的理解与欧洲的理解不尽相同,但德川幕府却始终保持着与荷兰以及亚洲国家的外交或贸易往来。尤其是在 18 世纪后,俄、法、英、美等国民众相继来到日本,导致日本政府被迫直面其与外国的外交与商贸关系问题,并根据现代欧洲国际法的观点来解决日本的"领土"和"边界"问题。直接控制虾夷、与俄国划定边界以及琉球王国的地位问题都是不错的示例。

然而,政府的努力并不足以使日本被完全纳入西方国际社会。明治政府在接受现代欧洲国际法上取得非凡成功,日本似乎也早在 20 世纪就得以作为国际社会中的"文明国家"而与西方国家平起平坐。然而,几乎在同一时间,他们也开始怀疑现代欧洲国际法的普遍性和公平性。

虽然近代日本在 1853 年至 1945 年期间被承认为文明国家而非野蛮民族,但它无法适应国际法的巨大变化,特别是无法接受禁止战争及禁止 20 世纪 20 年代末开始的侵略战争之规定。20 世纪 30 年代末,日本脱离了传统的欧洲国际法,并提出了"大东亚共荣圈"新秩序,但其真实含义至今仍有争议。

推荐阅读

Batten, Bruce *Nihon no 'kyokai': Zenkindai no kokka, minzoku, bunka* (Japan's 'Boundaries': State, Ethnicity, and Culture in Pre-modern Times) (Aoki Shoten Tokyo 2000).

Fairbank, John K. (ed.) *The Chinese World Order: Traditional China's Foreign Relations* (Harvard University Press Cambridge 1968).

Gaimusho Hyakunenshi Hensaniinkai (Editorial Committee of Hundred Years of MOFA) (ed) *Gaimusho no hyakunen* (Hundred Years of MOFA) (2 vols Hara Shobo Tokyo 1969).

Inobe, Shigeo *Ishin zenshi no kenkyu* (Research on the History before the Restoration) (2nd edn Chubunkan Shoten Tokyo 1942).

Ishii, *Takashi Nihon kaikoku shi* (History of the Opening of Japan) (Yoshikawa Kobunkan Tokyo 1972).

Ito, Fujio 'One Hundred Years of International Law Studies in Japan' (1969) 13 *Japanese Annual of International Law* 19 – 34.

Kokusaiho Jirei Kenkyukai (Research Committee of International Law Precedents) *Nihonno kokusaiho jirei kenkyu* (3): Ryodo (Research on International Law Precedents in Japan 3: Territory) (Keio Tsushin Tokyo 1990).

Lee, Keun-Gwan 'The "Reception" of European International Law in China, Japan and

Korea: A Comparative and Critical Perspective' in Heinhard Steiger and Thilo Marauhn (eds) *Universality and Continuity in International Law* (Eleven International Publishing The Hague 2011) 419 – 446.

Liu, Lydia H. *The Clash of Empires: The Invention of China in Modern World Making* (Harvard University Press Cambridge 2004).

Nishizato, Kiko *Shinmatsu chusonichi kankeishi no kenkyu* (A Study of Relations between China, Ryukyu and Japan in Late Qing Period) (Kyotodaigaku Gakujutsu Shuppankai Kyoto 2005).

Onuma, Yasuaki 'Japanese International Law in the Prewar Period' (1986) 29 *Japanese Annual of International Law* 23 – 47.

Owada, Hisashi 'Japan, International Law and the International Community' in Nisuke Ando (ed.) *Japan and International Law: Past, Present and Future* (Kluwer Law International The Hague 1999) 347 – 378.

Svarverud, Rune *International Law as World Order in Late Imperial China: Translation, Reception and Discourse*, 1847 – 1911 (Brill Leiden 2007).

Taijudo, Kanae 'Some Reflections on Japan's Practice of International Law during a Dozen Eventful Decades'(1975) 69 *Proceedings of the 69 th Annual Meeting of the American Society of International Law* 64 – 69.

Toby, Ronald P. *State and Diplomacy in Early Modern Japan: Asia in the Development of the Tokugawa Bakufu* (Stanford University Press Stanford 1991).

Toby, Ronald *Nihon no rekisi daikyukan sakoku toiu gaiko* (History of Japan: Volume 9, Diplomacy of Sakoku [Seclusion]) (Shogakkan Tokyo 2008).

Watanabe, Hiroshi *Nihon seijishisoshi: Junanaseiki kara jukyuseiki* (History of Japanese Political Thoughts: From the 17th to the 19th Centuries) (Tokyodaigaku Shuppankai Tokyo 2010).

Yamamuro, Shinichi *Shisokadai toshiteno Ajia* (Asia as an Ideological Topic) (Iwanami Shoten Tokyo 2001).

Yanagihara, Masaharu 'The Idea of Non-discriminating War and Japan' in Michael Stolleis and Masaharu Yanagihara (eds.) *East Asian and European Perspectives on International Law* (Nomos Baden-Baden 2004) 179 – 201.

Yanagihara, Masaharu 'Japan's Engagement with and Use of International Law, 1853 – 1945' in Heinhard Steiger and Thilo Marauhn (eds.) *Universality and Continuity in International Law* (Eleven International Publishing The Hague 2011) 447 – 470.

第二十一章　印度[*]

比马尔·帕特尔（Bimal N. Patel）

500

一、引言

本章考察印度从 1500 年到 1945 年的国际法史，探寻那些在印度独立后已经消失或者以某种方式继续存在于该地区的原则和实践。换言之，本章的历史分析将仅限于印度[1]在欧洲力量控制下的殖民时期。印度现行的主导性法律现状不免让人感到困惑，体现成文理性（written reason）的英国法在印度是说服性判决之依据，其自身的特点影响着印度的法律体系。因此，英国法对印度在独立后所遵行的国际法影响深远。在 1500 年到 1945 年间，印度的国际法逐步完善，虽然缺少编纂国际法的尝试，但是它被学者们的思想和著作滋养，并通过各土邦的实践加以丰富。[2]

＊特别感谢清华大学陈王龙诗博士的校对与查证。——译者注

[1] 本文所指的"印度"是英属印度以及大英女王宗主权下任何土邦王公或首领的领地。根据 1889 年的《解释法》(Interpretation Act)，印度不是一个文化概念，也不只是一种地理意义上的表达，而具有清晰的政治意义。对于土邦的精确数量，记载不尽相同。例如，在查尔斯·塔帕爵士（Sir Charles Tupper）1886 年的统计中有 629 个封建邦国，1907 年的帝国志记载有 693 个，爱德华·海恩斯（Edward Haynes）认为"在印度有 718 个土邦(1912 年)"。1920 年时，在德里的英国殖民当局仅仅统计出 587 个。但是，十年后，巴特勒委员会将该数量减少到 562 个。然而，在印度独立后的第一年，印度新政府的最终统计结果是 584 个，其中包括那些加入巴基斯坦的土邦。〈http://princelystatesofindia.com/〉，访问于 2012 年 4 月 2 日。

[2] 对"土邦"(princely State/native State)概念的界定尚未达成一致。例如，威廉爵士将"土邦"(native State)理解为"占有一部分印度领土和具有明确边界的政治共同体，其统治者实际上享有和实施对内主权的职能，英国政府的最高权威承认统治者的这种权威。印度各邦不享有（转下页）

有哪些重要特征对国际法在印度的发展和实践具有最重要的影响呢？首先，英国（以及少部分地区为法国、荷兰、葡萄牙所统治）全面统治印度时，各土邦在交往中所遵循的国际法传统出现大规模坍塌。事实上，我们可以看到，1600 年到 1858 年间，几乎没出现任何重要的（国际法）成就，只有为编撰一些法典和汇编所做的准备工作。由于印度法和伊斯兰法已经深深浸润到印度的政治-社会-法律体系之中，因此这些与传统的印度法或伊斯兰法不相符合的法典和汇编在殖民时代逐渐消失或被替换。其次，如同古代时期一样，各土邦[3]相信他们之间的合作很有必要，如果固步自封，那么很难有所发展或者有效地对抗英国的影响。古代的各种不同宗教节日和仪式——如马祭（Aswamedha）、王祭（Rajasuya）、力饮祭（Vajapeya）、重浴祭（Punarabhisheka）和因陀罗祭（Aindra Mahabhisheka）——也以不同的形式得以保留并被继续举行。这些仪式有效地促进了土邦之间的联系，并为增进统治者和普通民众间的交往提供了途径。这些机制使各土邦王公和官员们得以讨论共同的问题，同时也被其用来解决彼此的纷争。印度独立后，这些习惯做法大部分都消失了。但是，讨论各土邦间的交流途径在后独立时期出现的变化以及这些传统是否对印度联邦（Union of India）[4]和各土邦之间的联系具有促进作用仍然很有意义。第三，就民族自决、全面表决与印度土邦的地位而言，这些土邦在加入印度（独立后的印度）之前，并没有寻求获得人民的授权，因为这些王公通常不承认治下之民的权利。正如查科（Chacko）所言，所有拒绝民众授权的做法背后所隐含的原则是，各土邦之首领自身享有加入或退出政治联合体的法律权利。[5]近代国际法不承认"任何国家中的一部分脱离或加入另一民族国家"的权利。第

501

（接上页）主权的不可分割性……但是土邦的主权则由英国政府和土邦的王公在不同程度上共同享有"。Sir William Lee-Warner, *Native States of India* (MacMillan & Co London 1910).

[3] 1928 年至 1929 年间，在 562 个印度土邦中，有 235 个被归入严格意义上的土邦(States proper)，而 327 个属于私有土地(estates)、贾吉尔(Jaghirs，始于莫卧尔帝国时期的一种非世袭领地，后多发展为世袭领地)及其他。因此，很难辨别出这些土邦承认和接受的国际法规范。M. Ramaswamy, 'The Indian States in the Indian Federation—A Juristic View' (1940) 3 *The University of Toronto Law Journal* 301 – 322 at 302.

[4] 在被伊斯兰征服之前，印度从来都不是一个中央集权制的政治实体，而是被广泛分权化的。前伊斯兰时期的各邦关系形成了高度的战时人道主义标准、中立规则，以及常设或半常设外交关系。这些条约法和习惯法中的规则具有宗教性。

[5] C. J. Chacko, 'India's Contribution to the Field of International Law Concepts' (1958) 93 *Recueil des cours* 117 – 222 at 196.

四，大英帝国在印度的最高权威是基于地理、政治、经济、历史、社会、宗教与文化一致性等自然性因素，其所采取的自动继承方法可被称为国际法中的自然继承。由于加入（印度联邦）的法律文件约束了这些具有一定主权权力的实体，因此这些文件应该被解读为国际法的内容。由于那些文件的效力仅及于印度次大陆，从而他们只有地区性价值，因此他们也可被称为"区域性国际法"。第五，细读《天启经》(Srutis)、《法论》(Dharmashastras) 和《政事论》(Arthsastras) 等古印度文献后可以发现有证据表明各土邦所行之国际法。各土邦之间的关系由某些习惯和惯例所调整。土邦间的对外关系史揭示了在近代社会中仍然盛行的国际法经典原则，如享有自我保全、平等、领土独立、获取与保有领土、交往、良好声誉等权利。其中一些权利与土邦的独立有关，包括对其域内事务享有排他性管辖之权、允许外国人进入或驱逐外国人之权、外交使节在其他土邦的特权和豁免权，以及对发生在其领地上的犯罪行为享有专属管辖权。各土邦需承担的义务包括不诉诸战争、善意践行条约责任、不干涉义务、不得在其他土邦领土内实施主权行为、不得允许在其领土内有损害其他土邦安全的准备活动、不干预其他土邦事务以及不煽动其他土邦内乱。各土邦享有和履行的这些权利和责任起源于印度的宗教典籍，因此，可以看到，尽管受到欧洲影响且土邦感到有必要联合起来捍卫其独立地位（或争取独立），但他们还是继续实施并不断丰富着原有的法律原则和规范。[6] 印度作为一个独立国家后的国际法实践可以被认为是社会变革以及原则和惯例发生改变的产物，这些规范和习惯正缓慢地从各土邦的制度和生活中消失，他们转而获得新的内涵与形式，并继续影响着新的国际法。事实上，独立后的印度在很大程度上受益于土邦的实践，他们完全符合《蒙特维的亚公约》[7]中对"国家"的根本性界定标准。通过研究这些土邦[8]的

---

〔6〕J. Briggs (*Transactions of the Royal Asiatic Society of Great Britain and Ireland*) 指出这些内容作为历史文件的重要性、马拉塔人 (Marathas) 的可贵品质，以及特别是对印度教徒的宗教宽容。

〔7〕Convention on the Rights and Duties of States（达成于 1933 年 12 月 26 日，于 1934 年 12 月 26 日正式生效）165 LNTS 19。

〔8〕18 世纪末开始实施的英国统治将印度纳入新的帝国框架内。印度的对外关系受制于伦敦。大英帝国开始通过多种方式剥夺土邦的对外主权。不同于前殖民时期，他们的相互关系不再基于国际法。然而，土邦在与印度之外的其他国家（即欧洲国家）交往时仍然享有对外主权。与之相对的是，他们与非欧洲国家的商事和文化关系基于印度与这些非欧洲国家达成一致的一些原则和实践（习俗）。因此，认为土邦因不具备对外主权而不能在当代国际法话语层面被视为国家并不准确。

实践,我们可以更好地理解国际法原则的萌芽过程。重要的是,在远早于所谓的近代国际法之父胡果·格劳秀斯的时代,阿育王已经试图通过其行动将那些原则和理论具体化。阿育王的主张已经成为国际法在当前国际事务中的首要关注。[9]

二、土邦遵守的国际法原则

各土邦严格遵守以下原则,即每个土邦都有完全独立且免于外部影响的意志。但是,一个土邦可以通过自我限制来限制其权力并因此限制其意志。简而言之,这一实践说明他们认为自己完全独立自主而不受限于国际法,但是可以通过限制自己的权力来遵行国际法规则。这种自我限制理论建立于一种假设之上,即存在一个土邦意志,而其事实上就是组成它的民众之意。但是,实践表明,土邦的意志主要是其统治者的意志。我们审视的这一时期还清晰地表明,同意曾经是(并且依旧是)这些土邦之间关系的基础。因此,将同意的重要性和实效性作为国际法责任基础的现代国际法实际上是这段时期内的土邦间关系之必要前提条件。事实上,同意作为责任基础的这种理论广泛盛行于土邦间的交往中,其被用以维护其利益。自然法对各土邦间的关系影响最为深远,这些土邦的实践说明土邦认为自然法能够被普遍应用。[10] 土邦遵守彼此间的交往规范是因为他们认为自己是独立之邦,且这种独立地位已经得到相互承认。[11] 土邦间的关系很大程度上受制于一系列法律规则——即国际法,且这些法律规律被用以调整他们作为该群体成员的行为。此外,虽然土邦事实上常常召开大规模会议,但这些会议的结果并未得到充分记录和完整保存。

504

---

[9] 1960 年,德里大学举行的"印度传统对国际法发展之影响"研讨会对该问题进行了讨论。然而,此次会议没有讨论印度传统的邦间行为对全球性国际法产生直接影响的确切时间。这些传统随着 18 世纪末至 19 世纪初的独立邦国体系之消失而被划上句点。C. H. Alexandrowicz, 'Grotius and India' (1954) 3 *Indian Yearbook of International Affairs* 357–367.

[10] 现在我们认为国家的同意不可或缺——国家受国际法规则约束是因为他们同意如此。然而,这种实践在土邦间并未盛行。参见 H. A. Smith, *Great Britain and the Law of Nations* (PS King London 1935) vol 2, pt 1, at 12–13。

[11] 这再次印证了布莱尔利的观点,即"所有法律约束力的最终解释皆为,一个人,无论是单独的自然人,还是与其他人组成一个国家,其都要受到他是理性之人的约束,进而相信秩序而非混乱状态是他所生存之世界的根本性调整原则"。J. L. Brierly, *The Law of Nations* (6th edn Clarendon Press Oxford 1963) at 56.

三、英国普通法消失于独立后的印度国际法实践

我们注意到,英国普通法在殖民印度时期被大英帝国广泛用于多个领域。独立之后,印度的宪法并没有改变这一实践,而是继续施行普通法,而这在宪法生效前就已经产生了效力。因此,印度国内的法院比照英国普通法,将适用国际法的普通法原则以及在国际习惯法中获得承认的一些原则作为本国法的一部分。然而,这种延续性很快就结束了,因为随着时间的流逝,一些新法在印度独立后很快生效,他们阐明或编纂了一些国际习惯法,并将其应用于国内法中。印度的司法机构同样在承认或拒绝英国普通法之适用中发挥了重要作用,尤其是他们将当时盛行的和被广泛采纳的国际法原则吸纳到了印度法律中。[12]

四、衡平、公正与良心理论

衡平、公正与良心理论在印度的适用有两个标志性特征。首先,对印度教徒和穆斯林适用属人法,但只局限于以下几方面,即继承、婚姻,以及其他宗教习俗和制度。其他的案件则将根据诉讼双方所处的社群所遵循的惯例实践进行审判。其次,英国王座法院和英国东印度公司法庭所遵照的惯例在这方面大不相同。王座法院仅在印度教徒和穆斯林中适用属人法,其他所有人则由作为"管区首府"行为地法的英国法裁判。另一方面,位于乡村的东印度公司法庭在判决印度教徒和穆斯林之外的其他人的案件时所依据的则是当事人所属社群的习俗和惯例。对衡平、公正与良心理论的双重适用所累积发挥的影响是它通过司法立法的方式极大地推动了印度不同部门法的发展。该理论为印度次大陆所独有,且其依旧在发挥效力。相较于在国际公法中,该理论显然更适宜在国际私法中适用。根据《天启经》、《圣传经》(Smritis)、《法论》、《政事论》以及《往世书》(Puranas),古印度各邦国之间存在国家间关系或国际关系。这些关系根据广得民众接受的、以不二论哲学体系为基础的万物习俗、惯例和原则而展开。[13] 这些国

---

〔12〕 S. K. Agrawala, 'Law of Nations as Interpreted and Applied by Indian Courts and Legislatures' (1962)2 *Indian Journal of International Law* 431 – 478 at 433.

〔13〕 Bandopadhya 认为,这些万物习俗、惯例和原则也被称为"地方达摩"(Desh Dharma)。P. Bandopadhyay, *International Law and Customs in Ancient India* (Calcutta University Press Calcutta 1920) at 16.

际法的渊源继续引导着各土邦间的交往。[14]

五、作为区域性国际法渊源的条约

此处所指的条约,其实行范围是印度次大陆,且仅仅与英国政府、英属印度政府和印度土邦相关。这些条约的缔结得到了规制国际文书的、被普遍接受的国际法规则的承认。但是,他们一旦生效,便具有区域性的效力范围。如同很多发展中国家,印度也拒绝接受被欧洲各国所认可的、允许欧洲国家通过发现和占领之方式对非基督教地区行使取得权的习惯国际法规则。印度坚称含有此类占领模式之规定的国际法不再被承认。根据无主地理论,不属于任何基督教君主的领土可根据教皇授权以及发现或占领以取得所有权,但印度并不接受该理论。[15]

506

(一) 公元 1945 年以前的印度的国际法来源

很少有文献关注土邦如何适用国际法惯例以及如何处理国际法惯例与国内法的冲突。条约是调整土邦间关系的最重要的法律渊源。我们发现大量文献援引了土邦和其他土邦、英属印度政府及其他国家签订的条约。然而,这些条约的决定权和解释权由国王而非法官掌握。条约经协商产生,并由各土邦确认其自身受这些条约中的责任之约束。在印度独立时期,条约由行政机关协商并经内阁批准产生,其只在少数情况下由国会批准且由司法机构单独负责对印度的责任加以解释。因此,在土邦中广泛运用的早期习惯随着印度的独立而消失了。换言之,公元 1945 年前后的条约之协商、执行和解释截然不同。国际习惯的所有构成要件(例如持续很久的使用、前后一致、普遍性实践且法律必要确信)是否在公元 1945 年以前的印度就已存在? 可以发现,公平、便利或者道德方面的考量在公元 1945 年以前的土邦间关系中更加普遍。这些动机已然消失。公元 1945 年以前的印度之国际习惯法规则发展自土邦与英属印度之间的外交关系和土邦间的条约。印度现行的国际

---

[14]《天启经》的权威最高,而《圣传经》的权威次之。前者从字面意义上指所听之物,后者意味着所记之物。这体现出古代印度的软法与硬法之分。

[15] S. Prakash Sinha, 'Perspective of the Newly Independent States on the Binding Quality of International Law' (1965) 14 *The International and Comparative Law Quarterly* 121 – 131 at 125; W. S. Armour, 'Customs of Warfare in Ancient India' (1922) 8 *Transactions of the Grotius Society* 71 – 88.

习惯法还源于国际机构的惯例、国家法、法院判决以及国家军事或行政实践。当时并不存在一个形式上类似于现在的联合国组织的"邦国间组织"。可以看到，公元1945年之前的印度法院的法官以公平交易和诚信作为判决基础，其独立于甚至有悖于法律。邦国间的礼让也是邦国间法律发展的另一渊源。另外，各邦的大量政府事宜基于其法律顾问的建议而做出。在公元1945年之前，这些顾问的意见也是邦国间法律的最重要渊源之一。

(二) 古代印度的国际法渊源及其对独立后印度的影响

在古代，印度达摩不只是立法者和立法机关的创作，其很大程度上是由于畏惧宗教制裁而遵守的社会习俗和惯例。古印度法的渊源包括启示（《天启经》，即吠陀）、传统（《圣传经》或《法论》）以及那些知晓吠陀或习俗之人的惯例（Acahar）。习惯是一个重要的渊源，它被认为包括不同种姓之间的惯例与实践。有一种观点认为，在古印度的邦国中，几乎没有对法律与法规的性质或司法机构的意见与判决之介绍，各邦的学者和法官根据当时的价值观和习俗逐渐发展出自然法。他们认为，如果制定法和自然法存在矛盾，则后者效力更高。尽管我们不认同这种观点，但我们不得不承认，自然法更强调成文法"背后"所蕴含的某种观点和价值的重要性。印度具有浓重的自然法传统，其容纳并丰富了人权法的内容，并且在自然法的影响下形成了处罚战争罪的制度体系。因此，自然法的理想主义特征极大地影响了印度独立前在土邦间适用的国际法。印度文明和各邦实践体现出对道德规则的严重依赖。事实上，印度法律文献将法律规则和道德规则关联在一起予以解读。因此，奥本海对法律规则之定义[16]中体现出的西方哲学思想认为，道德的规则只关乎良心而无法由外部力量予以执行，然而印度传统和实践不论在著述上还是实践中都把两者合二为一。无论处于哪个时期，印度的统治者和政策制定者都给予道德问题以相当重要的考量。西方国家诉诸先例、条约和专家意见，而印度学者则诉诸公众对道德正义的基本情感，印度漫长的文明史也正以此为基础。

在伊斯兰世界，人们坚信法律约束民众个人而非领土。因此，穆斯林无论前往

---

[16] 奥本海认为，"为共同体所共同同意的规则是道德规则，它仅适用于良知；而另一方面，最终由外部力量强制执行的共同体同意之规则为法律规则"。L. Oppenheim, *International Law*（H. Lauterpacht ed.）(8th edn. Longmans, Green & Co. London 1955) vol. 1, at 8.

何方,其都处于伊斯兰国的管辖中,因为伊斯兰的管辖实行属人原则而非属地原则。这一方法却和各邦间法律的发展相冲突,因为各邦都有自己的领地,并对其民众实施管辖权,所以他们主要实施属地原则。然而,一个伊斯兰政治单元的统治者也须遵守伊斯兰法律,而且未得君主授权而超越一邦领地的行为很罕见。不必夸大这种冲突所导致的缺陷,特别是在管辖权可以由个人掌握的时代。这一存在于伊斯兰文明中的法律原则的确有悖于现行国际法原则。而且,作为世界上第二大穆斯林国家的印度,其穆斯林国民也遵循着这些原则。因此,对于印度和印度穆斯林而言,我们可以发现他们具有两种对待国际管辖权的方法。

六、国际法的构成要素

(一) 主权

尽管在公元 1945 年之前,主权在印度是以一种独特的形式持续存在的,但需要注意的是土邦对国际法的态度。各土邦使用现代术语,但他们认为履行国际责任是基于社群导向(community-oriented)的共识,而非基于主权的同意。印度由成百上千的土邦组成,而这些土邦依旧认为自身是英国政府统治下的社群。[17] 18世纪和 19 世纪的印度对主权的界定与现在不同。18 世纪和 19 世纪的印度具有积极的双重忠诚义务,即在印度土邦中,臣民具有双重效忠义务。土邦的统治者也服从于印度政府。受保护的土邦臣民不仅效忠于该土邦,而且也对提供保护的土邦履行某种未被清晰界定出的义务。这曾是印度次大陆的特色,但是这种主权概念在现代印度已经消失了。有学者写道:

509

> 东印度公司在两种完全不同的权力下行事,他们的渊源相距甚远。第一种权力渊源是经英国议会法案授权的大英帝国特许状,另一种权力渊源是莫卧尔皇帝授予的特许状……就对前者的描述而言,东印度公司从英国特许状中获得了一种权力,他们凭借此权力而被认为是一个公共主体或者说能够行

---

[17] 因此,可以看到印度在不结盟国家运动中的领导地位,其倡导的群体导向的共识并不符合西方国家所倡导的基于主权的同意原则。

使所有公共职能。[18]

(二) 承认和互惠

互惠是现行国际法的基础——一个政府在表明其有意愿尊重其他外国政府的权利主张前,它不可能使自身的法律诉求得到他国尊重。公元 1945 年之前的印度历史表明,土邦在与英政府和东印度公司交往时都希望取得互惠,但后者并没有尊重这些互惠期待的意愿,因为他们处在更强大的地位。因此,二战后,随着现代国际法的出现,互惠条款中的不平等性消失殆尽。在古代印度以及土邦存在时期,国王对其土地具有完整的领土主权,但也有例证显示他们还对其他邦国具有有限的主权——保护国、势力范围、租借地。在古代印度,对主权的承认通过多种方式进行,如当一个独立的土邦受邀参加土邦间类似于马祭、王祭、力饮祭的重要集会时。

七、通过条约制定国际法

条约是两个代表其邦国行使缔约权的国王所达成的协议。显然,古代印度及公元 1945 之前的印度的国王和王公被认为是主权的象征。所以,在古印度,当一个国王想要和另一个国王达成某种协议时,实际上是两个国家而非两个个人在达成某种共识或进行某种交往。在这种情况下,毫无疑问,该国王被视为代表其民众和邦国。这一原则在印度独立后就已消失。事实上,印度独立前后的君主间条约见证了这一原则,因此必须给予其法律上的重要意义。因此,各邦国所遵守的那些调整其行为的原则和规范应该被认为是国际法规则(如果以现代文本描述)或者有关古印度邦国间关系的规则。

八、国际法中的突出领域

(一) 刑法

对刑法制度的检视显示出英国占领时期的一些原则和实践已经消失。在沃

---

[18] Sir J. MacDonell, 'Sovereignty' in *The Encyclopaedia Britannica* (Encyclopaedia Britannica Company New York 1911) vol. 25,519 - 523.

伦·黑斯廷斯(Warren Hastings)改革之前,英国法在刑事实体法领域的管辖范围比国际法更加宽泛。例如,在清除土匪之害时,不只是土匪本人将被作为奴隶,其全部家庭成员也会被作为奴隶,其所在村庄也会受到处罚,这些严刑峻法都是为了服务于该目的。在刑事领域中,英帝国会在与其完全不同的环境中适用英国法。相似地,英国法的严苛亦见于印度社会,但是英国法及其程序的可取之处却无处可寻。[19]

(二) 宗教与国际法

在印度独立之前,《古兰经》是解决穆斯林间纷争的重要参考,"论"(*Shastra*)是解决印度教徒间纠纷的重要参考。印度独立后,其进行了一些改革。尽管基于《古兰经》和"论"的那些规则适用于继承、婚姻、种姓以及其他宗教性惯例的案件中,但一部统一的民法典正逐渐形成。《古兰经》和"论"被作为参照是因为法官是英国人,他们不了解穆斯林和印度教徒的属人法。此外,这两个主导性群体的地方传统和习惯被用来使其免于英国人的迫害。达摩是印度哲学思想和政治理论的核心所在。因此,毫无疑问,印度法始于义务,而不像西方国家的法律那样始于权利。迪克迈尔在《早期印度的王权与社会》(*Kingship and Community in Early India*)一书中指出:

> 在印度的政治学思想中,义务占据的核心地位相当于欧洲思想中的自然权利和自由概念所处的位置。有理由认为是公民义务而非权利构成了国家和个人关系的基础。[20]

这些哲学性的语言凸显出印度独立前的国际法实践。然而,在今天所适用的国际法中,很多内容首先关注权利而非义务,独立后的印度也是如此。古代印度和公元1945年以前的印度的国际法可被认为是基于不二论哲学的习惯规则或伦理

---

[19] 在我们评判印度、中国等国不认可国际刑事法院对与法院所在地相距甚远之地的管辖权时,必须记住这一点。

[20] A. K. Pavithran, 'International Law in Ancient India' (1973) 5 *The Eastern Journal of International Law* 220 – 242 at 230.

规范,且印度各邦的交往便是在不二论的指导下进行的。上述定义暗含着五个先决条件:(1)基于不二论哲学中所表达的法律至高性与普遍性,存在主权独立邦国;(2)条约神圣不可侵犯;(3)存在惩罚性措施;(4)各土邦不可或缺的交往;(5)有必要调整此类交往。[21]

(三) 人权

印度干涉邻邦是单方面使用武力还是印度丰富的文明在促进和保护人权方面的一种体现?[22] 1971年的孟加拉国独立战争(Bangladesh)使人们逐渐意识到有必要创设新的国际法规范和准则来解决此类问题。独立前的印度充满了社会问题和积弊遗毒,诸如"萨蒂"(sati,寡妇殉葬)、种姓制度、贱民问题等。为了消除这些问题,一系列的社会改革运动兴起并取得了可观的成就。这些社会改革运动常常重新阐释印度教的经典教义,并诉诸公众良知。因此,这些社会问题和改革为现代国际人权法做出了重大的贡献。[23] 争取独立的斗争也为女性带来了平等的机会。印度国民大会党为男性和女性共同发挥作用提供了一个良好的平台。这一举措使女性得以发展自己和争取平权。社会改革去除了专有的男权基础和导向,女性成立了自己的联盟——全印妇女大会(1926年),她们为女性积极争取各种权利并呼吁男女平等。因此,印度次大陆的多元文化主义的特有问题同样得到了特有方法和机制的解决。显而易见,种姓制度等问题并没有出现在西方社会和伊斯兰世界的单一文化社会中。如果这些方法和机制无益于特殊问题的解决,那么普遍性人权公约的普遍性目的就很难达到。换言之,普遍性人权公约将因此而缺少普遍性和多元文化的样本。如果缺乏印度特有的问题和解决方案,那么现代国际法将不能够被称为普遍性方法,也无法运用于整个人类社会。印度所独有的"复合家庭

---

[21] 应该注明,邦国间的原则规范提供了宗教制裁,但并没有出现西方社会规定的法律制裁。

[22] 如弗兰克(Frank)与罗德利(Rodley)所观察到的,"国际法——作为一种行为科学和规范性哲学——可能将此事件视为即将调整各邦间关系之新法的预兆。也许,印度的成功范例已经处在各国对未来行为的真诚期待中"。T. M. Frank and N. Rodley, 'After Bangladesh: The Law of Humanitarian Intervention by Military Force' (1973) 67 *American Journal of International Law* 275 – 305 at 303.

[23] 为了促进和保护女性权利,联合国制定了多个条约并创立了多种机制。同样,在公元1945年之前,印度也建立了一些机构以确保女性在社会中处于受尊重的和有荣光的地位。诸如印度公仆社、罗摩克里希那传道会、印度国际大学等组织做出了大量努力,他们致力于女性教育,并且旨在实现很久之后才在国际法律规范中明确表达出的那些目标。

制"(the joint family system)有助于推动现代国际商事活动、贸易、人权、人道主义法和许多其他国际法分支的发展。那些源于"复合家庭制"且由其保留下来的惯例和习俗,对现代国际贸易实践的形成和发展具有直接或间接的贡献。然而,分析"复合家庭制"如何影响现代国际法则超出了本章的范围。尽管如此,我们必须承认,"复合家庭制"这一制度及其规则体现在了印度的立法、司法体系和法学理论中,这与以核心家庭为中心的现代国际法并不必然存在分歧。

（四）土邦间的合作: 公元 1945 年后的国际组织之原型?

为了应对和解决一些普遍关注的问题,二战后的民族国家建立了一些国际性组织和区域性组织。在古代印度和公元 1945 年之前的印度——正如之前提到的那样——各种宗教仪式和祭祀典礼促进了此类交往进程,从而使人们更加确信是更大规模和更加深入的交往而非孤立主义才能提供长远的益处。[24] 那些机制是临时性的,其不同于国际组织中的行政秘书处的概念。通过在某个特别的日子举行这些仪式,国王和各邦确保其他国王和邦国代表以某种形式出现,从而提供一个讨论普遍关注的和关涉共同利益的问题之平台。因此,这样的典礼不过是普遍性机构的"年度会议",其被用于探讨进程以及展望未来图景。当国王们相见时,他们表达对彼此的同情和情谊。因此,这些场合被用于加强各邦间的友好关系,从而确保各邦实现合作。

（五）战争与和平

土邦遵循了考底利耶在几百年前的建议。出于自保,任何形式的战争都是正义的,包括缔结和平条约(Sandhi)、秘密战争(Mantra Yudha)、冷战(Cold War)以及不义战争(Kutayudha)和雇佣野蛮部落。[25] 现代国际法对战争的方式和方法施加了限制和禁止性规范。然而,在印度的战争史上却能找到独特的正义元素,这些元素值得在现在被重新审视,尤其是各邦采取了毫无限制的战争方式却始终没有注意过这些手段的正义性。印度学者考底利耶、迦曼德卡和摩奴等都出于道德以及经济的考虑而反对战争,但是他们并没有完全禁止将战争作为最后的救济手段。在古

---

[24] 考底利耶时期已经出现了国际组织的构想。印度次大陆于 18 世纪时出现了各邦联盟,例如马拉塔帝国,这是一个位于浦那的君主联盟,其由首相(Peshwa)负责最高政府的行政,此外,莫卧尔帝国在 18 世纪的去中心化时期相当于神圣罗马帝国,即其是由各实体组成的帝国。'Grotius and India' (n 9) 309.

[25] 同上,第 32 页。

代印度,如果战争不可避免,那么宣战是惯常做法。宣战在印度至关重要,其给予敌人准备交战的时间。[26] 交战前告知对方的印度习俗[27]在现代战争规则中已经消失了。[28] 公元 1500 年以前甚至在公元 1500 年至公元 1945 年间,印度国王以及各土邦遵循的战争规则为印度文明所独有,其对现代国际人道主义法律具有重要贡献。这些战争规则是古代骑士精神、僧侣影响和布道的体现。这是印度文明特有之物。这些规则背后有强烈的宗教制裁力,现世的违反将导致下世受罚(投胎后会继续经历)。对于近代社会单方面或者集体行使武力干涉的权利,在公元 1500 年至公元 1945 年间的印度也可以找到相似的干涉理由。[29] 现代国际法的概念主要基于一系列在战争中为各交战方所遵守的、前后连贯的规则。目前,我们的观念认为,1949 年的《日内瓦公约》[30]具有广泛的适用性,其在适用时不考虑是否是不同国家的不同文明或对立的意识形态。中世纪的印度却并非如此,它已然是两大文明之间的战场,他们各自行使自己的法律来管辖邦国间行为。在印度独立后,印度典籍中所蕴含的土邦需遵循的很多规则和惯例都不见了。[31] 1773 年的《管理

---

〔26〕这种做法在近代国际法中已经不再存在。伊朗和伊拉克战争、阿富汗战争以及前南斯拉夫战争都是如此。

〔27〕印度习俗之美表现在先是由一方派遣使节前往对方领地并带去口信,如果遭到对方拒绝,则将根据气象条件择选良辰吉日。

〔28〕*Temperamenta belli*:士兵需要遵守的规则被明确列出。

〔29〕干预并没有消失,即使在公元 1500 年至公元 1945 年间依然由于多种原因而被继续实施,有些原因甚至已经被近代国际法所接受:(1)基于对过往认知的干涉;(2)出于自卫的干涉,如消除干涉方迫在眉睫的危害;(3)基于人道主义的干涉;(4)阻止一邦境内持续暴政而进行的干涉;(5)为了保持均势而进行的干预;(6)一方或多方在其中一方的请求下进行的干涉。印度统治者充分意识到非正义战争的危害。因此,像格劳秀斯一样,他们区分了正义战争与非正义战争。H. Chatterjee, *International Law and Inter-State Relations in Ancient India* (Mukhopadhyay Calcutta 1958) at 4.

〔30〕Geneva Convention for the Amelioration of the Condition of the Wounded and Sick in Armed Forces in the Field (达成于 1949 年 8 月 12 日,于 1950 年 10 月 21 日正式生效) 75 UNTS 31 (Geneva Convention I);Geneva Convention for the Amelioration of the Condition of Wounded, Sick and Shipwrecked Members of Armed Forces at Sea (达成于 1949 年 8 月 12 日,于 1950 年 10 月 21 日正式生效) 75 UNTS 85 (Geneva Convention II);Geneva Convention relative to the Treatment of Prisoners of War (达成于 1949 年 8 月 12 日,于 1950 年 10 月 21 日正式生效) 75 UNTS 135 (Geneva Convention III);Geneva Convention relative to the Protection of Civilian Persons in Time of War (达成于 1949 年 8 月 12 日,于 1950 年 10 月 21 日正式生效) 75 UNTS 287 (Geneva Convention IV)。

〔31〕例如,战败国国王的尸体归还其母国。经典例证是在 1761 年的帕尼帕特战役后,艾哈迈德·沙赫·阿卜代利归还了比斯瓦斯·拉奥的尸体;尽管根据杜兰尼的传统,尸体应该被带到战胜国。在此也许应该提及的是,当战胜方的法律比战败方的法律更加自由化时,有时战胜方会宣布废除对战败方有利的法律,以此来报复后者。N. Singh, 'International Law in India (II):Mediaeval India' (1962) 2 *Indian Journal of International Law* 65 - 82 at 71.

法案》(Regulating Act of 1773)[32]通过任命总督和四人参事会(Council of Four,又称加尔各答行政会议)以将印度的行政中央化。就宣战和媾和权而言,该法有下列规定:通常来说,只有当总督同意的时候,次等管区(subordinate presidencies)才可以宣战或求和。但是,当事态非常紧急时,如果他们接到东印度公司董事会(Court of Directors)的命令,那么他们可以不经过总督授权就行使上述权力。

(六) 贸易、商业和经济

乡村经济和自给自足的村落社会是印度次大陆的特点,而这种村落经济在英国殖民时期在某种程度上土崩瓦解了。根据亚当·斯密、大卫·李嘉图和凯恩斯所支持的世界经济一体化和相互依赖的经济原则,国际商事、贸易与商业规则和自给自足的乡村经济之目标是相悖的。在英国统治时期,一种以符合英国殖民管理需要的税收制度慢慢形成。与此同时,农村信用、商业借贷以及小型金融家开始出现。这是一个适用于印度的特殊经济体系,其现在依旧影响着国际金融以及财政政策和规则。虽然金融方法和金融机制不断更新,但其原则和行之有效的运行体系都可以追溯到印度独立前的乡村经济。英国的殖民统治摧毁了印度自给自足的村落社会的经济与社会网络,从而导致前资本主义的封建经济转变为资本主义经济。换言之,印度的乡村经济并不足以承受全球资本主义的冲击。尽管不断增长的经济总量打破了影响合作的障碍,但东印度的统治者依旧不愿缔结条约,这种抗拒正是源于印度政体的古老传统。这表明了一种对非正式的、低法律规制的关系之偏向,虽然这种偏向性在一开始的时候消失了,但其后来再次出现于后殖民时期。获得单方面的授予比通过条约获得许可更容易,后者往往被认为是对做出让步之统治者的主权之限制。这体现了东方与西方在对待国际法上的不同态度。

516

九、行政与司法权

在前殖民和古代时期,甚至在英国殖民的早期,行政和司法并没有明确的界限。国王甚至在邦国间关系上也可以同时行使行政和司法职能——后者在殖民时

---

[32] An Act for Establishing Certain Regulations for the better Management of the Affairs of the East India Company, as well in India as in Europe 1773 (UK) 13 Geo 3 c 63 ("《管理法案》")。

期消失。在印度独立前的时期,高等法院并不像欧洲国家中的法院那样是基本权利的解释者和守护者,但他们将会有民事、刑事和上诉管辖权。在印度独立后,外交关系由联邦层面的行政机构管辖,因此高等法院在解决国际争端方面的重要性急剧减弱。枢密院在前宪法时期颁布的法律依旧约束高等法院,除非印度最高法院在判决中另外颁布法律。枢密院对成文法、属人法、商法和刑法都具有非常重要的贡献。这些法律逐渐增多并被加以编纂,由此可见枢密院对国际法实践的影响。印度在上述法律领域遵守了这些实践做法。必须注明的是,除非最高法院有不同意见,否则枢密院的意见仍旧具有约束力——这种特殊的遵循先例制度在印度适用并且是印度地方法的一大特点。[33] 在印度最高法院于 1950 年 1 月 26 日建立后,枢密院的决定对法院不再具有强制力,但该类决定仍极受尊重。[34] 自此,最高法院可以独立审判案件。[35] 但是,高等法院还是受限于枢密院的决定,除非他们能指出最高法院有与之相悖的判决。[36] 由于印度高等法院常常需要执行和解释国际法,所以可以发现这种比率也同样适用于印度高等法院对国际法案件和纠纷的管辖权。根据 1683 年的特许状设立的海事法院管辖权并不只限于 1683 年和 1686 年的特许状中规定的商事案件和海事纠纷,其管辖权扩展到了民事和刑事案件。海事法院变成了印度的一般性法院和最高法院。在印度独立后,这一实践也终止了。海事法院不再履行这些职责,而仅仅侧重于海事和商事纠纷案件,以及没收船舶、海盗、非法入侵、伤害和不法行为等。

公元 1947 年以前的印度历史表明,在行政和司法之间并没有明确的界限。司法受行政的控制。国王和王公不仅是法律的制定者,也是法律的解释者。正因为这些历史原因,所以司法不独立的问题在印度独立之前并没有显现出来。[37] 因此,印度各邦之间的外交关系和纷争仅能由行政机关解决。大英帝国在殖民时期

---

〔33〕如乔伊斯所注,枢密院的贡献和模式具有永恒价值,其是与印度行政相关的所有制度的参考。R. Jois, *Legal and Constitutional History of India* (Fred B Rothman Bombay 1984) vol. 2, at 198.

〔34〕*Chief Controlling Revenue Authority v. Maharastra Sugar Mills Ltd AIR* (1950) SC 218; *State of Bihar v. Abdul Majid AIR* (1954) SC 245.

〔35〕*Srinivas v. Narayan AIR* (1954) SC 379.

〔36〕*Pandurang Kalu Patil v. State of Maharastra* (2002) 2 SCC 490.

〔37〕在早期,东印度公司殖民中的执法并不十分发达,其没有行政与司法之分。司法机构在行政机构之下,并且法官没有受过训练。

为解决土邦之间,以及土邦和个人间的问题或纠纷进行了各种各样的尝试,然而这些尝试均未能提供一个为统治者和广大人民所接受的长久性解决方案。在英国总督查尔斯·康沃利斯(Charles Cornwallis)推行司法改革(1787—1793 年)期间,他试图赋予所有人自由,使其得享公正的正义。然而,由此产生了大量针对土邦、英国机构以及个人的案件,从而导致改革无限期延后。此外,康沃利斯认为,印度人不值得相信。可能是刑事司法行政机构中的工作经历使康沃利斯有了这种认识。[38] 正是因为这种不信任,所以枢密院自己审理了几千公里之外的案件也不令人惊讶。这种认识与民众及其生活相分离,也与习俗和传统相分离。在这种情况下,最高层面的执法鲜少出现问题才反而会令人觉得惊讶。枢密院想要将衡平原则和普通法注入印度法和伊斯兰法。但是,通常情况下,枢密院的规定与广受民众接受的习俗并不一致。另一种批评是,古代的属人法规定过于真确(too true),从而导致在印度民众中适用属人法障碍重重。在孟买、加尔各答和马德拉斯建立的法庭加剧了公正和公平地实行法治过程中的混乱和不确定性,而法治对独立后的印度影响深远。在东印度公司统治期间,印度的法官们没能与英国法官处于同等的地位——这一规则在印度独立后被废止。[39] 海事法庭不仅有解决商事与海事性质案件的管辖权,也能审判在公海上的非法入侵、伤害和不法行为案件。[40] 在马德拉斯,英国东印度公司建立的主要目的在于市政管理,然而它之后也开始像法院一样行使司法管辖权。[41] 这表明当时出现了多种机制和大量特设机构来解决涉及印度土邦的个人和机构的纠纷,这些土邦虽然处在英国东印度公司的殖民或

518

---

[38] 很不幸,英国总督查尔斯·康沃利斯没有意识到腐败现象并不局限于印度——英国仆人同样也会有腐败,甚至程度更为严重。有人注意到,英美人士不受印度法官的管辖。Bentick 进行的改革是执法"印度化"进程中的巨大进步。

[39] 法庭出庭法官人数为三人(有五个英国人和四个被称为"黑法官"的印度法官)。在每日诉讼程序记录中,英国法官的名字都会被特别提及,而印度法官只被统称为"黑人大法官"。印度法官基本上只起到了辅助性作用,类似于助理法官,其主要功能是令英国法官熟悉当地民众的地方性风俗习惯和种姓制度。Legal and Constitutional History (n 33) 11. 有时,总督会将含有重大犯罪的案件延期审理,因为他们知道自己缺乏知识,所以他们犹豫不决,并且迟迟不能做出审判。

[40] 海事法院必须根据衡平原则和良知,以及商人法和商人习惯进行判决。尽管所有国家都可自由使用公海,且英国伊丽莎白女王于 1580 年强调公海自由以及没有一国对公海享有主权的原则,但英国东印度公司却因为海事法院试图在公海上行使管辖权而质疑该概念。

[41] 应该注意,市长法院既对欧洲人行使管辖权,也对印度人行使管辖权,包括宗教事务的案子,例如一名印度女性在皈依(1730 年)时在孟买作出的誓言。马德拉斯清晰地证实了市长法院中的这一实践。

宗主国管理下，但其享有很大程度的独立性，并被认为享有邦国之尊。因此，原有纠纷解决的规范和机制在印度独立后逐渐消失。加尔各答于 1774 年建立的最高法院享有多重管辖权，其涉及国内和国际的私法与公法。该最高法院具有最初管辖权、衡平法管辖权、海事审判权、遗嘱与宗教事务管辖权以及监督管辖权。随着最高法院在加尔各答的建立，印度第一次开始确立司法和行政权相区分的原则。这是印度文明史上一个重要的法律里程碑，因行政和司法权不再混为一谈。但是，法官此时依旧没有由专业人士担任，他们不熟悉英国法律，但是却依据英国法来审理案件。因此，我们可以得到这样的结论，即随着英国殖民的开始，曾经在土邦间实行的并且由国王行使的执法体系瓦解，司法活动转而由一些非专业人士担任的法官接手。他们不精通法律，因此很难指望其了解国际法。这也是为何曾经在土邦间实施的国际法会在英占时代黯然消逝的主要原因之一。当印度文明将裁决正义之责交由这些非专业人士接手之时，西欧却涌现了一大批伟大的国际法学家，例如格劳秀斯、宾刻舒克以及瓦特尔等。由于印度次大陆上没有出现影响国际法实践与行使的反作用力，所以西方国际法学家制定的规则和构想的哲学理念开始主导国际舞台。与之形成鲜明对比的是，在英国时代之前，在古代印度的国际法传统的框架下却有一套充满活力的法律运行机制。因此，可以说亚洲曾经存在与西方国际法学相对抗的反作用力，但是这种力量崩溃了，古代印度伟大的国际法传统也不复存在。

十、国际私法

土邦合并引起的问题主要涉及英属印度法院的单方面判决在合并后的土邦法院执行的问题，反之亦然。塞尔伯恩大法官（Lord Selborne）在著名的辛格诉法恩德科特案中的判决已成为被广为接受的国际法原则。塞尔伯恩大法官认为，"在个人诉讼中……外国法院缺席宣判的判决对被告没有管辖权，其在国际法上完全无效"[42]。除非有国家声明，否则该原则应该得到每个国家法院的尊重。印度的独立产生了涉及分割、转移财产、资产和债务等的诸多问题。就执行判决而言，一国

---

〔42〕'Law of Nations'（n 12）451.

法院判决的执行不仅会涉及本国内的财产,也有可能涉及他国内的财产。该规则的适用不只是为了传达这些判决结果,并且也着眼于这些判决的实施。尽管这一解释不符合国际法的一般性规则,但其在某种程度上对解决新问题很有必要。这些做法尤其见于印度和巴基斯坦,虽然其没有被国际法接受,但一旦出现类似情况时,这些做法有可能非常有用。一个英国人过世后,他在印度留下了一些财产却没有任何法定代理人,对此的惯常做法是由省督和死者所居住城镇的管理委员会公开拍卖财产。拍卖所得将预留给死者在英国的法定代理人。由于印度的法院没有皇家授权,所以东印度公司的这一实践可能会导致在英国进行诉讼。通常情况下,英国法院会判决东印度公司支付赔偿金。东印度公司非常想要避免这种复杂局面,所以它会请求国王授权其来处罚犯罪、行使正义以及更好地管理海外定居者的利益。由于当前印度法理学在有限的程度上认可他国判决,所以该原则已逐渐消失了。[43]

520

十一、结论

我们可以得出结论,印度和印度土邦不同于许多质疑近代国际法基本原则的其他亚洲国家,他们从来没有同这些亚洲国家一样去质疑国际法。在古代印度、中国、埃及以及亚述帝国形成并施行的规则和制度对国际法有着巨大而深远的影响。阿南德曾写道,中国、印度、埃及、伊斯兰,甚至希腊的早期法律体系都只局限于各自的文明中,其不具有普世性,无论如何都"没有留下历史的延续性足迹"。[44] 这一评论必须被否定,因为这些文明对现代国际法的影响并没有被考虑进来。当印度独立后,它认为自己应遵守既有的条约,至少是那些关于引渡、边界问题、债务等的条约,并将之作为适用国际法的工具。[45]

推荐阅读

Agrawala, Sunil K. 'Law of Nations as Interpreted and Applied by Indian Courts and

---

[43] *Legal and Constitutional History* (n 33) 16.
[44] R. P. Anand, *Development of Modern International Law and India* (Indian Society of International Law New Delhi 2006) at 1.
[45] M. K. Nawaz, 'International Law in the Contemporary Practice of India: Some Perspectives' (1963) 20 *World Rule of Law Booklet Series* 275 - 290 at 281.

Legislatures' (1962) 2 *Indian Journal of International Law* 431 – 478.

Alexandrowicz-Alexander, Charles H. 'Grotius and India' (1954) 3 *Indian Year book of International Affairs* 357 – 367.

Anand, Ram P. *Asian States and the Development of International Law* (Vikas Publications New Delhi 1972).

Anand, Ram P. *Development of Modern International Law and India* (Indian Society of International Law New Delhi 2006).

Armour, William S. 'Customs of Warfare in Ancient India' (1922) 8 *Transactions of the Grotius Society* 71 – 88.

Bandopadhyay, Pramathanath *International Law and Customs in Ancient India* (Calcutta University Press Calcutta 1920).

Chatterjee, Hiralal 'International Law and Inter-State Relations in Ancient India' (Mukhopadhyay Calcutta 1958).

Dhawan, S. S. 'The Ramayana II International Law in the Age of Ramayana' *National Herald Magazine* (New Delhi India 21 January 1971).

Lanka, Sundaram 'The International Status of India' (1931) 17 *Transactions of the Grotius Society* 35 – 54.

Mani, Venkateshwara S. *Handbook of International Humanitarian Law in South Asia* (OUP Oxford 2007).

Nawaz, Mahomed K. 'International Law in the Contemporary Practice of India: Some Perspectives' (1963) 20 *World Rule of Law Booklet Series* 275 – 290.

Pannikkar, Kavalam M. *Asia and Western Dominance* (Allen & Unwin London 1970).

Patel, Bimal N (ed.) *India and International Law* (Brill Leiden 2005) vol 1.

Patel, Bimal N (ed.) *India and International Law* (Martinus Nijhoff Publishers Leiden 2007) vol 2.

Pavithran, K. 'International Law in Ancient India' (1973) 5 *The Eastern Journal of International Law* 220 – 242.

Ramaswamy, M. 'The Indian States in the Indian Federation—A Juristic View' (1940) 3 *The University of Toronto Law Journal* 301 – 322.

Singh, Nagendra *India and International Law, Part A: Ancient and Mediaeval* (S Chand New Delhi 1973).

Singh, Nagendra *Juristic Concepts of Ancient Indian Polity* (Vision New Delhi 1980).

Singh, Nagendra 'Armed Conflicts and Humanitarian Laws of Ancient India' in Christophe Swinarski (ed.) *Etudes et essais sur le droit international humanitaire et sur les principes de la Croix-Rouge en l'honneur de Jean Pictet* (Martinus Nijhoff Publishers Leiden 1984) 531 – 536.

Sinha, Sri Prakash 'Perspective of the Newly Independent States and Binding Quality of International Law' (1965) 14 *International and Comparative Law Quarterly* 121 – 131.

第二十二章 北美：国际法中的"美国例外论"

马克·贾尼斯(Mark W. Janis)

一、引言

从历史上看,美国认知国际法的方法如何与众不同? 本章的叙事始于 18 世纪末美国宣布独立,终于 20 世纪初美国目睹欧洲爆发第一次世界大战。以下文字大部分基于《美国与国际法(1776—1939)》[1]一书中的内容,重点不在于论述美国与欧洲的国际法方法中的相似点,而是梳理与分析美国国际法方法的不同之处。

二、万国法与普通法

最初并没有国际法,只有万国法。英国思想家杰里米·边沁创造了"国际"[2]一词。该词已经适用于很多事物:国际关系、国际经济、国际旅行、国际政治等。但是,该词首先专门用于国际法。1789 年,国际法首先出现在边沁的著作《道德与立法原理导论》一书中。[3]边沁不过是想用另一个术语("国际法")来替换原本的术语("万国法"),[4]他觉得前者能够更好地归纳该学科的特征,但是他对此有两个非常重要的错误假设。首先,边沁认为国际法只限于国家之间的权利和义务关

---

[1] M. W. Janis, *America and the Law of Nations 1776 - 1939* (OUP Oxford 2010).
[2] 同上,第 10—15 页。
[3] J. Bentham, *An Introduction to the Principles of Morals and Legislation* (J. Burns and H. Hart eds.) (Methuen London 1970).
[4] 同上,第 296 页。

系,而不包括个人之间的权利和义务。[5] 其次,边沁认为国内法庭上处理的涉外事宜应该总是适用国内法而非国际法。[6] 这两种假设与边沁所称——他不过是用"国际法"替换"万国法"——恰恰相反。

尽管美国人很快就接受了边沁的新词语,[7]但是他们并没有认可边沁对国际法学这个学科的哲学构想,而是循着另一个英国人——威廉·布莱克斯通——的智识印记。布莱克斯通著有影响重大而深远的四卷本《英国法释义》(*Commentaries on the Laws of England*,1765—1769 年)。布莱克斯通明确指出,万国法涉及"必然经常发生在两个或两个以上不同国家的交往中以及这些国家的民众的交往中",并且他表明万国法"被普通法全面吸收"[8]。布莱克斯通的传统万国法概念包括了商人习惯法和海商法,并同时涉及海盗、使节之法等。[9] 布莱克斯通的万国法不仅涉及一些普通的调整事项,而且其平等地适用于国家与个人。布莱克斯通——而非边沁——才是真正的实证主义法学家。18 世纪,在实行普通法的美国,个人是万国法的普通主体,他们之间的诉讼也在国内法庭的管辖之内。[10] 布莱克斯通有一句名言,即"万国法被普通法全面吸收,因此其也是本国法的一部分"[11]。

得益于布莱克斯通和英国普通法,万国法的智识传统在美国独立战争期间(1775—1783 年)被美国法学家所继承。"吸收万国法……似乎再明显不过……没有理由去质疑它的恰当性。"[12]在美国国父们的著作中,"援引格劳秀斯、普芬道夫和瓦特尔的比例相当"[13]。万国法曾是美国大学课程中的常规科目。[14] 1773 年,

[5] J. Bentham, *An Introduction to the Principles of Morals and Legislation* (J. Burns and H. Hart eds.) (Methuen London 1970) at 296.

[6] 同上,第 296 页。

[7] *America and the Law of Nations* (n 1) 50, fn 66.

[8] W. Blackstone, *Commentaries on the Laws of England* (*A Facsimile of the First Edition of 1765 - 1769*)(University of Chicago Press 1979) vol. 4,at 66 - 67.

[9] 同上,第 4 卷,第 67—68 页。

[10] 同上,第 4 卷,第 67 页。

[11] *Commentaries on the Laws* (n 8) vol. 4,67.

[12] H. J. Bourguignon, 'Incorporation of the Law of Nations during the American Revolution—The Case of the San Antonio' (1977) 71 *American Journal of International Law* 270 - 295 at 294.

[13] J. S. Reeves, 'The Influence of the Law of Nations Upon International Law in the United States' (1909)3 *American Journal of International Law* 547 - 561 at 549.

[14] D. M. Douglas, 'The Jeffersonian Vision of Legal Education' (2001) 51 *Journal of Legal Education* 185 - 211 at 197 and 205.

哥伦比亚大学设自然法讲席。1774年,约翰·亚当斯曾推荐将格劳秀斯、普芬道夫、巴贝拉克、洛克以及哈灵顿的著作作为万国法的背景阅读书目。一年之后,亚历山大·汉密尔顿推荐阅读格劳秀斯、普芬道夫、巴贝拉克、洛克、孟德斯鸠和布拉玛奇(Burlemaqui)等人的著述。[15]

美国的法院很早就发现遵循布莱克斯通框架下的万国法受益良多。在1784年的共和国诉德·隆尚案(*Respublica v. De Longchamps*)[16]中,法国人德·隆尚为了驳斥媒体对他的不实报道而来到当时的美国首都费城,他找到了法国驻美总领事弗朗西斯·巴贝·马霸(Francis Barbe Marbois),希望马霸能够给予他履历认证,特别是他在法国军队中所获得的那些头衔。在遭到拒绝后,德·隆尚便对马霸加以辱骂和威胁,还殴打了马霸。更严重的是,两天以后,德·隆尚在市场街的咖啡馆外面突袭马霸,击打马霸的手杖,并要求决斗。宾夕法尼亚州最高法院判决认为,对外交官的侵犯"必须根据万国法的原则来裁断,而这些原则本身也是宾夕法尼亚州法的组成部分"[17]。鉴于德·隆尚的罪行"违反了万国法——宾夕法尼亚州法之组成部分",宾夕法尼亚法院有权审判和处罚德·隆尚。"无论何人,对外交官的施暴不仅冒犯了该外交官所代表的国家之主权,而且还伤及各国的共同安全与福祉。施暴者即是整个世界的公敌。"[18]德·隆尚案中所申明的布莱克斯通原则——即万国法应当"全面地被普通法所吸收,其是普通法的组成部分"[19]——得到了美利坚合众国的认可。

正如亚历山大·汉密尔顿于1795年时所写,这一点"毋庸置疑,欧洲国家的习惯法就是普通法的一部分,通过继受,其也是美利坚合众国的一部分"[20]。美国司法部长查尔斯·李(Charles Lee, 1758—1815年)也于1797年就逮捕和起诉西属佛罗里达阿米莉亚岛(Amelia Island)的西班牙指挥官时写给美国国务卿的信中写

528

[15] 'The Influence of the Law' (n 13) 551.

[16] *Respublica v De Longchamps* 1 US 111 (1784) at 114.

[17] 同上,第114页。

[18] 同上。

[19] *Commentaries on the Laws* (n 8) vol. 4, 67.

[20] 被引用于 B. M. Ziegler, *The International Law of John Marshall* (University of North Carolina Press Chapel Hill 1939) at 6.

到:"普通法已经全面吸收了万国法,并将其纳入了本国法之中。"[21]

美国对布莱克斯通的吸收原则的最有名的申明出现在 1900 年的哈瓦那邮船案(Paquete Habana)中。[22] 古巴国民根据国际习惯法起诉美国政府,要求美国返还在西班牙-美国战争期间占领和出售的渔船金额。最高法院判决:

> 沿海渔船以捕捞和运输鲜鱼为生,他们的货物和船员免于在战争期间被当作战利品捕获,这在数个世纪之前就已经是文明国家的古代惯例,并逐渐成为一项国际法规则。

因此,最高法院采用国际法来保护美国的任何一个普通法庭上的普通人之利益:

> 国际法是本国法律的一部分,其必须由具有恰当管辖权的法院予以确认和执行。国际法上的权利问题也应当依据国际法加以裁决。为此目的,在没有条约也没有相关的法律法规或司法判决时,必须借助于文明国家的风俗和习惯;同时,还要参考法学家和评论者的著述,基于多年的工作、研究和经验,他们对所论述的对象非常熟悉,他们是文明国家风俗习惯的见证。法庭参考这些著作并非作者们考量了法律应为何物,而是因为他们为法律究竟为何物提供了可靠的依据。

三、万国法与美国独立

由于万国法在 18 世纪的美国法中非常重要,而且美国法学家在 18 世纪的美国政治中甚至发挥了更为重要的作用,所以万国法奠定了美国独立于英国殖民帝国的基石。1776 年 7 月 4 日的美国《独立宣言》中最著名的前两段由托马斯·杰

---

[21] C. Lee, Opinion of 26 January 1797, 1 *Opinions of the Attorney General 1791 - 1825* 68, 69.
[22] *The Paquete Habana* 175 US 677; 20 SCt 290 (1900).

弗逊(Thomas Jefferson,1745—1826年)起草:

> 在人类事务的发展过程中,当一个民族必须解除同另一个民族的联系,并按照自然法则和上帝的旨意,以独立平等的身份立于世界列国之林时,出于对人类舆论的尊重,他们必须把驱使他们独立的原因予以宣布。

> 我们认为下述真理是不言而喻的:人人生而平等,造物主赋予他们若干不可剥夺的权利,其中包括生存权、自由权和追求幸福的权利。为了保障这些权利,人们才在他们中间建立政府,而政府的正当权力则源自被统治者的同意。任何形式的政府一旦对这些目标的实现起破坏作用,人民便有权对其予以更换或废除,以建立一个新的政府。新政府所依据的原则和组织其权利的方式应务使人民认为唯有这样才最有可能使他们获得安全和幸福。

托马斯·杰弗逊曾经在威廉玛丽学院学习万国法。这位杰出的国父是同辈人中的翘楚,杰弗逊历任弗吉尼亚州总督(1779—1781年)、美国驻法大使(1785—1789年)、乔治·华盛顿政府国务卿(1789—1793年)、约翰·亚当斯政府副总统(1797—1801年)以及美国第三任总统(1801—1809年)。杰弗逊意在《独立宣言》中"寻求世界性法庭的支持……在全人类的面前使用朴实而坚定的话语来阐述有关这一主题(即有权独立)的常识,以获取他们的认同"。在普遍性万国法框架内形成的《独立宣言》之主张不仅着眼于美国和英国的受众,还有(可能会帮助美国独立战争的)法国人、荷兰人和西班牙人。[23]

在《独立宣言》中,杰弗逊以万国法的理论为这个崭新的美利坚合众国的主权地位提供了一个大胆且具有挑战性的界定:[24]

> 因此,我们这些在大陆会议上集会的美利坚合众国代表,以各殖民地的善良人民之名义,并经他们授权,求助于世界最高之裁判者,以说明我们的严正

---

[23] *America and the Law of Nations* (n 1) 25 – 26.

[24] D. Armitage, 'The Declaration of Independence and International Law' (2002) 59 *William and Mary Quarterly* 39 – 64 at 46.

意向,同时郑重宣布:这些联合起来的殖民地现在是,而且应当有权利成为独立自由的国家;他们对英国王室效忠的全部义务,以及与大不列颠王国之间的一切政治联系从此全部断绝,而且必须断绝。作为一个独立自由的国家,他们完全有权宣战、媾和、结盟、通商和采取独立国家有权采取的一切行动。

在《独立宣言》颁布之后不久,国会又于 1777 年 11 月 15 日颁布了《邦联条例》——美国第一部宪法。于 1781 年获得批准之后,《邦联条例》不再仅仅是一部国内宪法,其还成为了在十三个州之间分配主权权利的条约。然而,州与中央政府之间关于主权分配的规定却模糊不清,从而导致了一系列适用与实施万国法权利的争议。[25] 1779 年,宾夕法尼亚州和邦联国会因谁有权在海事法庭中对船舶进行宣判这一问题而针锋相对。结果,邦联国会以十比二(宾夕法尼亚与新泽西占少数)的多数投票获得了此项管辖权,从而确定了国会拥有"处理所有涉及万国法事宜和问题的终决权"[26]。

有万国法的权利,也就有万国法的义务,可是在《邦联条例》体制之下的美利坚合众国却无法履行一个主权国家遵照万国法时应尽的义务,这一点也成为了美国政府早期雏形之所以垮台的重要原因之一。在 1783 年签订的《巴黎和约》[27]中,英国正式承认美利坚合众国是一个"自由独立的主权国家",从而肯定了这一新共和国在万国法上的地位等同于欧洲的主权国家。[28] 作为交换,除了其他事项之外,美利坚合众国与英国一致同意,"英美两国任何一方债权人在追缴先前签约的合法债务时,有权索要相当于英国银币的足值,并不受法律阻碍"[29]。美国大量的债务人都生活在弗吉尼亚州和马里兰州,然而这两个州的法令却允许他们使用业已贬值的州元或者美元用于清偿债务,彼时,马里兰的货币已经贬值了 40%,而弗吉尼亚州的货币也贬值了 35% 左右。[30]

---

〔25〕 R. B. Morris, *The Forging of the Union: 1781-1789* (Harper & Row New York 1987) at 62.
〔26〕 同上,第 68—69 页。
〔27〕 Definitive Treaty of Peace and Friendship(签订于 1783 年 9 月 3 日)(1783) 48 CTS 487, art I。
〔28〕 P. Onuf, and N. Onuf, *Federal Union, Modern World: The Law of Nations in an Age of Revolution 1776-1814* (Madison House Madison 1993) at 113.
〔29〕 Definitive Treaty of Peace and Friendship (n 27) art IV.
〔30〕 *The Forging of the Union* (n 25) 196-201.

更棘手的问题是,大部分州都不愿意遵守《巴黎和约》的规定——返还曾经支持国王的美国托利党人的财产。[31] 纽约州、宾夕法尼亚州、弗吉尼亚州以及南卡罗来纳州等地对在独立战争期间支持英王的美国人的歧视性规定依旧存在。[32] 作为报复,英国拒绝从前线阵地撤兵,也拒绝商谈互惠贸易条约。

鉴于当时在理论上和实践中都相当丰富的万国法先例,在看到《邦联条例》体制下的新合众国在处理万国法问题时屡屡失败后,国父们于 1787 年开始着手制订新的法律框架——美国宪法。正如我们已经看到的那样,费城会议上商定起草宪法的人士不乏对万国法的认真考量,但一位来自弗吉尼亚州的年轻代表在关于宪法的讨论中给大家带来了诸多关于万国法的思考,这个年轻人就是普林斯顿大学的毕业生詹姆斯·麦迪逊(1751—1836 年)。为了更好地帮助十三个州设计一个崭新的政府框架,麦迪逊埋头苦读,他研究了古往今来的那些著名的邦联政体,特别是古代社会的邦联。[33] 麦迪逊在《论战笔记》(*Notes on the Debates in the Federal Convention*)中将邦联政体区分为六种类型:利西亚模式(Lycian)、雅典近邻模式(Amphictyonic)、亚加亚模式(Achaean)、赫尔维蒂模式(Helvetic,瑞士)、贝尔吉卡模式(Belgic,荷兰)以及德意志模式。[34] 在对比研究的基础上,麦迪逊认为美国在万国法问题上的失败说明了,

> 独立战争以来所不断遭遇的这些问题,其实是数个独立的权力个体并存所导致的必然结果,这在所有类似的邦联模式中都会出现,其也被认为是此种政体不可消除的固有顽疾,这对我们的发展图景极其不利。[35]

最终通过的宪法将中央政府的主权重新整合,以便于其处理国际事务。宪法第

---

[31] Definitive Treaty of Peace and Friendship (n 27) art V.

[32] *The Forging of the Union* (n 25) 196 – 201.

[33] 被引用于 J. B. Scott James Madison, *Notes of Debates in the Federal Convention of* 1787 *and their Relation to a More Perfect Society of Nations* (OUP Oxford 1918) at 5 – 6.

[34] J. Madison, 'Notes of Ancient and Modern Confederacies, Preparatory to the Federal Convention of 1784' in J. Madison (ed.) *Letters and Other Writings of James Madison* (JB Lippincott & Co Philadelphia 1867) vol 1, 293 – 315.

[35] 同上,第 320 页。

一条第八款授予了国会众多权力,其中之一是国会可以"提供合众国的共同防御和公共福利",可以"管理合众国同外国的、各州之间的和同印第安部落的商业贸易",可以"界定和惩罚在公海上所犯的海盗罪和重罪以及违反万国法的犯罪行为",可以"宣战、颁发捕获敌船许可状、制定关于陆上和水上的拘捕条例","招募陆军和供给军需"以及"建立海军并供应给养"。[36] 第一条第十款尤其规定,"任何一州都不得缔结任何条约或参加任何同盟或邦联",不得"颁发捕获敌船许可状",也不得

> 未经国会同意而征收任何船舶吨位税,在和平时期保持军队或战舰,与他州或外国缔结协定或盟约,除非实际遭到入侵或面临刻不容缓的紧迫危险,否则不得进行战争。[37]

第二条第二款授权总统为"合众国陆军与海军的总司令",还规定"总统经咨询参议院和取得其同意后有权缔结条约,但须经三分之二的出席参议员之批准",以及"总统提名,并经咨询参议院和取得其同意后任命大使"[38]。

第三条第一款将合众国的司法权授予联邦最高法院和国会设立的下级联邦法院。[39] 第三条第二款规定了司法权的适用范围包括"基于本宪法、合众国法律和根据合众国权力已缔结或将缔结的条约而产生的普通法和衡平法的案件",除此之外还包括"涉及大使、公使和领事的一切案件"以及一州或其公民同"外国、外国公民或臣民之间的诉讼"。[40] 最后也是最关键的是第六条第二款的最高条款:

> 本宪法和依本宪法所制定的合众国法律,以及根据合众国权力已缔结或将缔结的一切条约,均为全国的最高法律;各州的法官都应受其约束,任何一州的宪法或法律中的任何内容在与之相抵触时,均不得违反本宪法。[41]

532

---

〔36〕 'The Constitution of the United States' in K. Hall, W. Wiecek, and P. Finkelman (eds.) *American Legal History: Cases and Materials* (OUP Oxford 1991) at 567-568.

〔37〕 同上,第 569 页。

〔38〕 同上,第 570—571 页。

〔39〕 同上,第 571 页。

〔40〕 同上。

〔41〕 同上,第 573 页。

詹姆斯·麦迪逊、约翰·杰伊以及亚历山大·汉密尔顿在著名的《联邦党人文集》中特别强调了一个强大的国家主权以及统一万国法适用规则的国际优越性,并呼吁各州批准宪法。这部文集在此后两百多年的宪法解释中也被反复引用。[42]在第三篇文章中,杰伊写道:

> 在中央政府的框架内,对条约、条约条款以及万国法的解释往往从一个层面出发,且采用同样的执行方式——然而,在十三个州或在三四个邦联内,对同样条款和问题的判断往往不会一致。[43]

因此,"在一个全国政府的领导下,比在几个地位较低的政府领导下"更不容易发生"对条约以及万国法的蓄谋或偶发之违反"[44]。在第四十二篇文章中,麦迪逊也有类似主张,即"判决和惩罚公海上所犯的海盗罪、重罪以及违反万国法的罪行之权力同样属于中央政府,并且这是对《邦联条例》一个很大的改进"[45]。在第五十三篇文章中,麦迪逊认为新当选的国会议员们应当"知晓美国同其他国家所订立的条约",而且不能"对万国法一无所知"。[46]

最终,联邦党人如愿以偿。经由十三个州的批准后,宪法于 1789 年正式生效,是年,华盛顿当选为美国第一任总统。美国宪法不仅根植于万国法并赋予万国法处理外交事务的最高权力,而且它本身也有着深刻的国际影响。对于很多美国人和欧洲人而言,这部宪法展示了一个崭新的国家模式,一个比以往都更加和平的建国方式。[47] 美国的宪法模式促使它在 19 世纪时形成了对国际法庭和国际组织的乌托邦式的支持,这在威尔逊的国际联盟方案中达到顶峰。我们将在下文予以讨论。然而,这一全新的宪法模式在彼时已无法避免美国卷入 1789 年的法国大革命所引发的欧洲动荡。

---

[42] C. Rossiter(ed.)*The Federalist Papers*(New American Library New York 1961). 杰伊和汉密尔顿曾在哥伦比亚学习法律。

[43] 同上,第 43 页。

[44] 同上,第 44 页。

[45] 同上,第 265 页。

[46] 同上,第 334 页。

[47] *Federal Union*(n 28)65 - 89.

四、国际法与乌托邦

也许,美国国际法最与众不同之处,就是很多美国人长久以来认为这个学科肩负着用法律和法庭来代替战争与战场的乌托邦使命。美国乌托邦主义的国际法和国际组织观点作为基督教和平运动的主要成果,其在 19 世纪的美国广泛传播,影响深远。[48] 乌托邦主义的兴起得益于贵格会等团体在向美国其他新教教派传播和平主义的过程中出现的宗教热忱。[49] 宗教和平主义由于新出现的国际主义世俗化概念而有所加强。[50]

部分 19 世纪的美国基督教和平运动的早期文件的起草者是大卫·路·道奇(David Low Dodge,1774—1852 年),他是一名康涅狄格州出生的长老会教友和一名纽约的商人。道奇通过自学而于 1808 年时走向和平主义。1809 年,道奇写下了一篇谴责战争的文章,名为《中保基督的国度不是此世的,而是属灵的、天堂的和神圣的》(*The Mediator's Kingdom not of this World but Spiritual*,*Heavenly*,*and Divine*)。除了在宗教上提出了反对观点外,道奇还罗列了经济、政治以及人道主义的逻辑依据来证明战争是错误且非法的。[51]

道奇是新英格兰人,这不是巧合。19 世纪的和平主义运动在新英格兰比在美国其他任何地方都开展得更为激烈。[52] 许多新英格兰人——特别是保守主义联邦党人——所信奉的和平主义因为 1812 年的战争而得以强化。新英格兰的欧洲贸易被中断,且海岸线又受到英国攻击,这使得新英格兰人谴责一切战争,至少是所有的侵略战争。在那场失败的,且甚至可能引起各州与中央政府分离论的哈特福德大会上(Hartford Convention,1814 年 12 月—1815 年 1 月),来自马萨诸塞

---

[48] F. H. Hinsley, 'The Modern Pattern of War and Peace' in C. H. Alexandrowicz (ed.) *Grotian Society Papers—Studies in the History of the Law of Nations* (Martinus Nijhoff The Hague 1972) 76 – 89 at 89.

[49] P. Brock, *Pacifism in the United States from the Colonial Era to the First World War* (Princeton University Press Princeton 1968) at 449.

[50] A. C. F. Beales, *The History of Peace:A Short Account of the Organized Movements for International Peace* (Dial Press New York 1931) at 8.

[51] *Pacifism in the United States* (n 49) 450 – 466.

[52] 同上,第 469 页。

州、康涅狄格州、罗德岛州、新罕布什尔州和佛蒙特州的代表们大胆表决:"这个国家几乎没有哪个州能够发起侵略战争或是为侵略战争辩护。"[53]道奇于 1814 年(即美国第二次独立战争焦灼之际)出版了他最具影响力的著作——《与耶稣基督宗教相抵触的战争》(*War Inconsistent with the Religion of Jesus Christ*)。书中阐述了战争之所以不人道的七种原因、战争之所以不明智的八种理由以及战争为何是犯罪的十一种理由。道奇在结尾呼吁人们:

> 那些真切向往和祈盼教会千禧年之荣耀的人们应该想到这样的荣耀只有在战争的思想和行为都被消灭后才会到来。那些虔诚爱戴我主耶稣基督的人热切地想要让战争在这个世界上永远消失,人类能如兄弟般拥抱彼此。如果是这样,难道尽自己所有能力来推动这一善行不是他们的职责吗?[54]

在道奇的福音派和平主义著作发表后不久,诺亚·伍斯特(Noah Worcester,1758—1837 年)的影响彰显了出来。诺亚·伍斯特出生于新罕布什尔州,他是马萨诸塞州的一位一位论派(Unitarian)牧师。伍斯特是美国独立战争的退伍军人,但他渐渐地转向反战立场。伍斯特写道,1812 年的战争是"完善我心中关于战争合法性变革的绝佳时机"。[55] 1814 年,即道奇发表重要论著的同年,伍斯特出版了《战争习惯的严正评论》(*A Solemn Review of the Custom of War*)(以下简称《严正评论》),此书后来成为经典,其可能是"流传最广的和平文学著作"。[56] 伍斯特后来解释道,他"已经完全相信战争是幻想的后果,战争与基督教完全背道而驰,且完全没有存在的必要,只是人性的妄想所导致"[57]。

伍斯特称赞贵格会以及震教徒(Shakers)倡导和平的传统,[58]并抨击军队和

---

[53] T. Dwight, *History of the Hartford Convention* (N&J White New York 1833) at 351 – 352,373 and 378.

[54] D. L. Dodge, *War Inconsistent With the Religion of Jesus Christ* (Ginn &. Co Boston 1905) at 120.

[55] H. Ware, *Memoirs of the Rev. Noah Worcester*, D. D. (J Munroe Boston 1844) at 64.

[56] *The History of Peace* (n 50) 45.

[57] *Memoirs of the Rev. Noah Worcester* (n 55) 66 – 67.

[58] N. Worcester, *A Solemn Review of the Custom of War*, *Showing that War is the Effect of Popular Delusion and Proposing a Remedy* (11th edn SG Simpkins Boston 1833) at 7 – 8.

民众间在战争中发生的恶行,[59]从而证明战争是如何背离了基督教精神与教义。[60] 伍斯特设想和平协会遍及所有基督教国家,以作为教育公众战争之恐怖的工具。[61] "让律师、政治家、牧师以及社会各阶层的每一个能读会写之人将他们的智慧奉献给光明、爱与和平的传播。"[62]

1812 年的战争行将结束,如今被视作不爱国的新英格兰联邦党人在当时眼睁睁地看着自己党派的政治影响力逐渐消弭。但是,道奇与伍斯特的反战观点以及和平协会的理念保留了下来。在战争结束后不久,身在纽约州的道奇、在马萨诸塞州的伍斯特以及在俄亥俄州的两名贵格会教徒分别成立了世界上的第一批和平协会。[63] 之后,更多的州和平协会在新英格兰地区——缅因州、新罕布什尔州、佛蒙特州、罗德岛州以及康涅狄格州——以及更远的宾夕法尼亚州、北卡罗来纳州以及乔治亚州成立。[64]

下一位对国际法的乌托邦模式有所贡献的美国人是威廉·拉德(William Ladd, 1778—1841 年)。拉德出生于新罕布什尔州埃克塞特,他于 1797 年从哈佛大学毕业,他起初在海边生活,后来定居在缅因州家人富饶的田园农场。1819 年,拉德投身于和平运动,他在一定程度上是受到了伍斯特著作的影响。[65] 拉德对美国乌托邦运动做出了两项重要贡献。首先,拉德在 1828 年时将各州的和平协会合并成一个国家级联合组织——美国和平协会,他先后担任了执行官和会长。拉德对协会月刊的出版起到了至关重要的作用。1828 年时该刊被称为《和平先锋报》(Harbinger of Peace),1831 年时改名为《烟斗》(Calumet),1835 年时更名为《美国和平倡导者》(American Advocate of Peace),美国和平协会于 1837 年从哈特福德

---

[59] N. Worcester, A Solemn Review of the Custom of War, Showing that War is the Effect of Popular Delusion and Proposing a Remedy (11th edn SG Simpkins Boston 1833) at 9 - 10.

[60] 同上,第 10—17 页。

[61] 同上,第 17—24 页。

[62] 同上,第 21 页。

[63] Pacifism in the United States (n 49) 458 - 459 and 472; The History of Peace (n 50) 45 - 46. 一年后,贵格派在伦敦成立了一个英国和平协会。同上,第 46 页。

[64] J. B. Scott, 'Introduction' in W. Ladd(ed.) An Essay on a Congress of Nations (OUP Oxford 1916) iii-xlv at vii.

[65] 同上,iii and v。

迁址波斯顿,此刊刊名改为《和平倡导者》(*Advocate of Peace*)。[66]

其次,拉德在 1840 年出版了他的著作《国家联合大会论文》(*Essay on a Congress of Nations*)(以下简称《论文》)。拉德的《论文》(*Essay*)与伍斯特的《严正评论》都为人所熟知。1872 年,伊莱休·伯里特将拉德称为"和平的使徒",并将他在《论文》中提到的国际高等法院称作"世界上最高尚的法庭"。[67] 1916 年,詹姆斯·布朗·斯科特称拉德的《论文》为"不朽的荣誉"。[68] 1935 年,在一项不带偏见的"科学"研究中,格奥尔格·施瓦曾伯格(Georg Schwarzenberger)总结道,在国际组织理念的发展史中,"从拉德到在日内瓦取得的成就("阿拉巴马号"仲裁案,下文将提及),甚至到更进一步的衡平法院的基础,直至建立一个真正的国际联盟,这些理念都是一脉相承的"[69]。

拉德称"原创性"只体现在"将主题分为两个部分的想法上":

> 第一,由来自基督教以及文明国家的大使组成联合大会,通过协议与合意以制定和推进旨在维护和平及改善人类现状的计划,以此来确定国际法的原则和多边条约的性质。

> 第二,由世界上最有能力的公民组成国际法庭,经两个或两个以上国家的同意,对案件做出仲裁或判决:如此,就将外交与司法的职权完全划分开来,在各自行使职权时,他们需要扮演不同的但并非对立的角色。我认为在各国政府中,国会是立法机关,法院则是司法机关,而行政职能留给公意——"世界的女王"。[70]

536

拉德提出将这一新的国际组织分为立法、司法以及行政三个部分,这是熟悉美国宪法的三权分立原则的美国人眼中顺理成章的分类。这也反映了国际仲裁的重现。促使国际仲裁发展的是《杰伊条约》,该条约解决了英国于 1783 年正式宣布美国独立后仍存在的一些争端。《杰伊条约》催生了数量惊人的仲裁裁决,1799 年至

---

[66] J. B. Scott, 'Introduction' in W. Ladd(ed.) *An Essay on a Congress of Nations* (OUP Oxford 1916) vii-viii.

[67] J. B. Scott 'Introduction' in W. Ladd (ed.) *An Essay on a Congress of Nations* (OUP Oxford 1916)iii.

[68] 同上,viii。

[69] G. Schwarzenberger, *William Ladd: An Examination of an American Proposal for an International Equity Tribunal* (Constable London 1935) at 7 and 37.

[70] *An Essay on a Congress of Nations* (n 64) xlix-1.

1804 年间约有 536 项仲裁裁决。[71]

即使时间推移至今,拉德也仍旧无愧于"富有远见之人"的褒奖。拉德关于国际法庭的设想取得了国际仲裁在此之前从未有过的成果。此外,拉德在写作时不仅作为一位学者,更是作为当时普遍进行的和平运动的领导者,他具有相当重要的影响力,特别是在 1835 年至 1853 年期间。[72] 和平协会与反奴运动、戒酒运动以及传教协会一起被列为"19 世纪以基督教为基础并宣扬基督教教义的……重要改革"[73]。

到 19 世纪 40 年代,美国为国际法与国际组织之和平治理而发起的运动已从道奇与伍斯特的个人展望走向了纽约州、马萨诸塞州以及其他州的和平协会,走向了威廉·拉德在《论文》中提出的遍及全美的美国和平协会。从逻辑上来说,美国和平运动的下一步是组织发起一场国际和平运动。迈出这一步的不是别人,正是有"博学铁匠"之称的伊莱休·伯里特(1810—1879 年)。在伯里特成为世界和平倡导者之前,他凭借着通晓 50 种语言的强大语言天赋而在美英两国已颇有名气。[74] 拉德于 1840 年发表《论文》,同年,伯里特在伍斯特得到马萨诸塞州州长爱德华·埃弗雷特(Edward Everett)的赏识,埃弗雷特向公众宣传伯里特的成就,并将他介绍给哈佛大学语言学教授、诗人朗费罗。朗费罗建议伯里特在哈佛大学工作,但伯里特却选择从事报酬颇丰的巡回演讲。伯里特在演讲中赞美了通过自我教育和靠自己奋斗成功之人的潜力与现实,这一话题早已因威廉·艾莱瑞·钱宁而深入人心。[75]

537

伯里特也像道奇和伍斯特一样,他通过自己的思考而获得了关于世界和平的

---

[71] A. N. Nussbaum, *A Concise History of the Law of Nations* (Macmillan New York 1954) at 128 - 129; H. J. Schlochauer, 'Jay Treaty' in R. Berhardt(ed.) *Encyclopedia of Public International Law* (North Holland Amsterdam 1981) vol 1,108 - 111 at 110.

[72] C. Phelps, The *Anglo-American Peace Movement in the Mid-Nineteenth Century* (Columbia University Press New York 1930) at 12.

[73] 同上,第 13 页。

[74] *The Inquirer* (London UK 15 April 1843) 227 - 228. 该数据可能被夸大了。伯里特的传记作者之一托利斯认为,他能够阅读的语言大概在 30—50 种,而且这绝对不是一种谦虚的说法。P. Tolis, *Elihu Burritt*: *Crusader for Brotherhood* (Archon Books Hamden 1968) at 16 - 17.

[75] M. Curti, *The Learned Blacksmith*: *The Letters and Journals of Elihu Burritt* (Wilson-Erickson New York 1937) at 1 - 7; *Elihu Burritt* (n 74) 3 - 27; D. Camp, 'World's First Champion of Peace' (1906) 10 *Connecticut Magazine* 499 - 602.

理念。一直到 1843 年在伍斯特逗留期间,伯里特都未曾注意到临近的哈特福德或波士顿正在积极进行的和平运动。在准备一场有关地球运行的演讲时,伯里特才被说服去相信世界各地的相互依存正是反战的依据所在。伯里特在波士顿的特拉蒙特剧院做了关于这一主题的演讲。听众中还有一些和平倡导者。随后,伯里特投身到和平事业中。在回到伍斯特后,伯里特创办了周报《基督公民》(*Christian Citizen*),并且他先后在伍斯特和英格兰与贵格会教徒埃德蒙·弗雷(Edmund Fry)一起发表了文章《世界同胞情》(*the Bond of Universal Brotherhood*)。[76]

伯里特将自己的热情与非凡的组织才能投入到了和平运动中,而此时的和平运动早已呈现出了国际性的特征,至少具备了盎格鲁-美利坚的特征。1841 年,波士顿和平之友集会(Boston Convention of the Friends of Peace)决定召开国际和平会议。于是,1843 年 6 月,第一次世界和平大会在伦敦召开,会议之所以定在伦敦是希望世界各地的代表都能赴会。与会代表中有 292 位来自英国,26 位来自美国,仅有 6 位来自欧洲大陆。[77] 这样的现象十分具有代表性。尽管欧洲大陆也有传教工作,但在 19 世纪 60 年代前,除了在法国和瑞士有一些和平协会外,美国与伦敦的和平协会没有在欧洲大陆成立任何和平协会。[78]

和平运动的盎格鲁-美利坚特征也许能够解释为何荷兰学者彼得·科艾曼斯(P. H. Kooijmans)坚持认为新教主义在格劳秀斯时代之后对国际法的发展影响甚微,[79]也许他是从一个过于狭隘的视角考察了欧洲大陆的新教主义。另一位欧洲大陆学者也表达了类似的观点,对欧洲大陆(的新教主义存有偏见),因此该学者将"和平协会、联邦主义以及在英美世界内有着较强根基的和平主义运动"斥为"与人们在后拿破仑时代尝试将法律规则概念化的努力不相容"[80]。有人猜想一些欧洲大陆的罗马法学者像现在一样,对普通法的道德说教颇有微词,他们更愿意将法

---

[76] *The Learned Blacksmith* (n 75) 28, and 20 – 21 (Journal entries of 23 May 1843 and 28 June 1843); 'World's First Champion of Peace' (n 75) 602 – 603.

[77] *The History of Peace* (n 50) 66 – 67.

[78] 同上,第 50 页和第 54—55 页。

[79] P. H. Kooijmans, 'Protestantism and the Development of International Law' (1976) 152 *Recueil des cours* 79 – 118 at 109.

[80] M. Koskenniemi, *The Gentle Civilizer of Nations: The Rise and Fall of International Law 1870 – 1960* (CUP Cambridge 2002) at 35.

律"科学"与道德和宗教"情感"划分开来,而很多英美学者或者一些所谓的"盎格鲁-撒克逊"[81]人士却常常兴奋地跨越了这条界线。

伯里特考量了 1845 年与 1846 年的情况,他尤其考虑到英美两国因俄勒冈地区而发起战争的可能性,他相信有必要成立国际和平组织来支持现有的州与国家的和平协会。1846 年,伯里特从美国出发去英国,他原计划在英国停留 4 个月,但最终却停留了 4 年。初到英国之时,即 1846 年 7 月,伯里特创立了世界兄弟会联盟(League of Universal Brotherhood)。该联盟最重要的特色就是每个成员都要对彼此之间的"情感纽带"宣誓,承诺"不论国籍、肤色、性格或健康状况,人与人之间皆为兄弟",并承诺永不入伍或加入任何战争。1850 年是伯里特在英国逗留的最后一年,至此为止,联盟共有 25000 名美国人与数量相差无几的英国人。尽管经过了一番努力,但其他国家的成员人数仍屈指可数。[82]

伯里特最突出的贡献是作为倡导宣传者,他能够将自己的和平理念传播到广泛的人群中。[83] 19 世纪 40 年代,伯里特的直接目标是减少可能导致国家卷入战争的国际冲突。在演讲、宣传册和报纸中,伯里特不仅反对争夺俄勒冈州的战争,而且也反对美墨战争与英法之间可能发生的战争。[84]

1848 年 8 月,伯里特前往巴黎组织新一届和平大会,但七月革命的爆发使得该城市不适于作为会议召开地。[85] 伯里特没能在巴黎召开和平大会,于是 1848 年 9 月 20 日易址至布鲁塞尔召开了国际和平大会(Popular International Peace Congress)。伯里特在大会上发表了关于需要成立国家联合大会以及国际法庭的讲话,并且他承认这是从威廉·拉德那里承袭而来。[86] 1849 年在巴黎召开的国际和平大会可能是历来的国际和平会议中"最受人瞩目的一次",并且也弥补了因

---

[81] M. W. Janis, 'Book Review of W. G. Grewe The Epochs of International Law' (2010) 57 *Netherlands International Law Review* 495 – 507 at 502, 504 and 506.

[82] *The Learned Blacksmith* (n 75) 29 – 32; 'World's First Champion of Peace' (n 75) 603; *The History of Peace* (n 50) 73.

[83] *Elihu Burritt* (n 74) 132.

[84] *The Learned Blacksmith* (n 75) 28 – 32.

[85] *The History of Peace* (n 50) 76; *The Learned Blacksmith* (n 75) 38.

[86] 'World's First Champion of Peace' (n 75) 603; *The Learned Blacksmith* (n 75) 37 – 39.

1848 年革命而未能在此召开大会的缺憾。[87] 维克多·雨果在会上致开幕词。[88]

1849 年的巴黎会议迎来了 600 多位与会代表,许多代表来自英美两国以外的国家。会议标志着和平运动从最开始强调以英美宗教为基础,到现在逐渐开始呈现出国际特征。[89] 紧接着,第三次与第四次和平大会分别于 1850 年与 1851 年在法兰克福和伦敦召开。伯里特在英国与欧洲组织了大量会议,并尽自己所能缓解奥地利与丹麦关于石勒苏益格-荷尔施泰因(Schleswig-Holstein)地区的争议以及各大国围绕克里米亚的争议。[90]

伯里特不辞辛劳地为自己的和平提案四处游说并付出了巨大的代价。1849 年,伯里特敦促时任法国外交部长的亚历克西斯·托克维尔(Alexis de Tocqueville)投身和平事业。这位《论美国的民主》的作者表示支持,但"尽管他思想上极为赞同投身并完成这样一项有益的事业,却担心成功之日尚远"[91]。伯里特与德国人的会见却差强人意。[92] 1854 年,伯里特在白宫与富兰克林·皮尔斯正式见面,两人似乎有着同样的见解。[93]

然而,甚至皮尔斯总统与伯里特也认为,美国这一阶段主张建立国际法院与国际组织的乌托邦运动行将结束。奴隶制问题以及由奴隶制问题引发的并最终导致内战的政治斗争破坏了伯里特与其他和平倡导者的和平事业。[94] 早期的美国和平运动的悲剧性缺陷在于争取世界和平的斗士常常也要求废除奴隶制。最终,由废除奴隶制而引发的斗争导致了美国内战。[95]

如果奴隶制是不公正的和错误的,那基督教和平倡导者应该做些什么呢?暴力——甚至战争——是否可以因铲除十恶不赦的罪行而被正当化?随着内战的临近,伯里特与其他基督教和平改革者在北部失去了支持,因为许多人开

---

[87] *The History of Peace* (n 50) 78.

[88] 同上,第 78 页。

[89] *The History of Peace* (n 50) 78.

[90] *The Learned Blacksmith* (n 75) 39 – 41.

[91] 同上,第 59—61 页(Burritt's Journal 15 July 1849)。

[92] 同上,第 62 页(Burritt's Journal 19 July 1850)。

[93] 同上,第 82—83 页(Burritt's Journal 24 March 1854)。

[94] 克里米亚战争影响了英国的和平运动。*The History of Peace* (n 50) 96 – 104.

[95] 参见本书中由西摩·德雷舍(Seymour Drescher)与保罗·芬克曼(Paul Finkelman)撰写的第三十七章"奴隶制"。

始认为用暴力废除奴隶制是不得不做的恶行。1856 年，威廉·劳埃德·加里森（William Lloyd Garrison）提出："和平与战争的问题是次要的……奴隶制必须被废除，如果能够和平废除，那我们就和平废除；如果必须暴力解决，那我们也在所不惜。"[96]

1861 年 4 月，美国内战爆发。伯里特与其他的和平倡导者发现自己与曾经深信不疑的民意格格不入。[97] 1862 年 1 月，伯里特写信给英国的朋友埃德蒙·弗雷（Edmund Fry），信中控诉美国的"战争热"已经切断了可供他做和平演说的收入。伯里特感到沮丧甚至有些害怕。[98] 几个月后，伯里特离开了深陷战争的美国，前往英国。幸运的是，伯里特在其有生之年看到了美国重建和平，从而他得以继续倡导乌托邦主义的国际法和国际组织。[99] 正是得益于伯里特与他的前辈——道奇、伍斯特以及拉德等人，设立国际法院的方案才具有顽强的生命力，并经受住了美国内战的重创。

如今美国的国际法学主要由法学家主导，以至于人们很容易忽略 1815 年至 1860 年间涌现出的宗教乌托邦主义者的重要性。然而，宗教乐观主义的影响对 19 世纪的社会氛围之贡献至关重要，它让美国人相信国际法在根本上是有益的。道奇、伍斯特、拉德和伯里特的乌托邦理想奠定了对国际法发展非常有利的基调，并深深地影响着 19 世纪末 20 世纪初的美国领导人。

内战之后，一些美国人认为日后发生战争的几率将屈指可数。伟大的法典编纂者大卫·杜德利·菲尔德（David Dudley Field）于 1876 年在费城举行的百年庆典上表示：

> 1776 年 7 月 4 日以来的国际法史表明，尽管各地的战争在上世纪后 25 年和本世纪前 15 年非常普遍，但整体的趋势却是国家之间的联系更加亲近和紧密，即尽可能避免战争，且即使在爆发战争时也尽可能降低它的严重程度。[100]

---

〔96〕 引自 *The History of Peace* (n 50) 105 - 106。

〔97〕 同上，第 104—110 页；*Pacifism in the United States* (n 49) 689 - 712。

〔98〕 Letter of Elihu Burritt to Edmund Fry, 22 January 1862, manuscript in author's collection.

〔99〕 关于伯里特在公元 1865 年后的活动，参见 *Pacifism in the United States* (n 49) 921；*Elihu Burritt* (n 74) 269 - 292；*The Learned Blacksmith* (n 75) 150 - 241。

〔100〕 D. D. Field, 'American Contributions to International Law' (1876) 14 *Albany Law Journal* 257 - 261 at 258.

1910 年,约翰·沃森·福斯特——本杰明·哈里森总统的国务卿、艾森豪威尔总统的国务卿约翰·福斯特·杜勒斯的外祖父——认为,发生在 19 世纪的三次对外战争(即 1812 年的第二次独立战争、1846 年的墨西哥战争和 1898 年的美西战争)如果通过"提交仲裁而以不诉诸战争的方式解决"各方纷争,那么这些战争都可以避免。[101]

在这段乐观主义占主导地位的时期,最重要的国际法事件也许要属"阿拉巴马号"仲裁案,它是在 19 世纪的美国国际法中影响最为深远的事件。"阿拉巴马号"仲裁判决书在 1872 年由一个五位法官组成的特设仲裁庭做出,他们是查尔斯·弗朗西斯·亚当斯(Charles Francis Adams)、亚历山大·科伯恩(Sir Alexander Cockburn)、雅各布·斯坦普夫里(Jacques Staempfli)、弗雷德里克·斯克罗皮司伯爵(Count Frederic Sclopis)和伊塔雅布男爵(Baron d' Itajubá),他们分别来自美国、英国、瑞士、意大利和巴西。1871 年,经英国和美国授权,上述五人组成的仲裁庭就如下问题作出裁定:英国政府允许英国公司为邦联军队制造军舰,如"阿拉巴马号""佛罗里达号"和"谢南多厄河号"巡洋舰,而这些军舰在美国内战期间被用于攻击联邦船只,那么英国此举是否违反国际法? 1865 年,在北军(联邦军队)击败南方分裂主义者(邦联军队)之后,美国要求英国对其制造的战舰造成的损失作出补偿。

在听取双方的言词辩论后,"阿拉巴马号"仲裁庭裁定英国对美国负有"积极的谨慎调查"义务,其应当阻止私主体为南方反叛军提供补给,而且它没能恪守其作为中立国的国际法义务。[102] 美国要求英国支付因"阿拉巴马号"和其他邦联舰队袭击所造成的 2100 万美元直接损害赔偿金和 400 万美元间接损害赔偿金,而英国只承认 800 万美元的直接损害赔偿金。[103] 仲裁员平衡了两种意见,裁定英国赔偿

541

---

[101] J. W. Foster, 'Were the Questions Involved in the Foreign Wars of the United States of Such a Nature that They Could Have Been Submitted to Arbitration of Settled Without Recourse to War?' in *Proceedings of International Conference Under the Auspices of American Society for Judicial Settlement of International Disputes*: *December 15 - 17, 1910* (Waverly Press Baltimore 1912) 44 - 68.

[102] H. Blomeyer-Bartenstein, 'Due Diligence' in R. Bernhardt (ed.) *Encyclopedia of Public International Law* (North Holland Amsterdam 1987) vol 10, 138 - 143.

[103] U. S. Department of State, *Papers Relating to the Treaty of Washington* (Government Printing Office Washington DC 1872) vol 4 (Geneva Arbitration) at 41 - 42.

美国 1550 万美元。[104] 1873 年 9 月 9 日，英国以政府长期国库券（British Treasury Bonds）全额支付赔偿金。美国开具的赔偿金收据被英国政府裱框并悬挂在唐宁街 10 号。[105]

对于美国的国际法乐观主义者们而言，"阿拉巴马号"仲裁案尤为鼓舞人心。在仲裁的几年前，即 1865 年，英国外交部长约翰·罗素勋爵（Lord Russel）曾拒绝接受"阿拉巴马号"仲裁，理由是英国政府是"其荣誉的唯一维护者"。[106] 彼时，两国交战已经不足为奇。英美之间已经爆发了两次战争——美国独立战争（1775—1783 年）和 1812 年的美英战争（1812—1815 年）。人们似乎有理由相信第三次美英战争一触即发，因为这不仅关系到邦联军队的海上攻击所引发的赔偿问题，而且也是为了解决加拿大——虽是大英帝国的一部分，却为许多美国人所垂涎之地——的所有权争端。[107]

"阿拉巴马号"仲裁案的最终成功证明了强国之间也可以就重要争端进行仲裁，从而避免战争，这一点尤为重要且为世人传颂。仲裁案发生时，尤利西斯·辛普森·格兰特（Ulysses S. Grant，1822—1885 年）将军担任美国总统，仲裁庭的成果令他备受鼓舞，以至于这位老战士预测"这开启了一个时代——所有国家都将承认，一个法庭就可以解决国际纷争，而不再需要维持庞大的常备军"。[108] 菲尔德以"阿拉巴马号"仲裁案为例，以证明国际仲裁终获成功的可能性。[109] "阿拉巴马号"仲裁案的裁决现在几乎已被遗忘，但其在当时却意义重大。正如塞缪尔·埃利奥特·莫里森（Samuel Eliot Morison）所言："以往从未有涉及到国家荣誉等敏感性问题的争端交由国际法庭进行多数票决。"[110]

和平主义者受到"阿拉巴马号"仲裁案判决的鼓舞而开始重新推动建立国际和

[104] W. W. Bishop, *International Law* (3rd edn Little Brown Boston 1971) at 1023 – 1027.

[105] G. J. Wetter, *The International Arbitral Process：Public and Private* (Oceana Dobbs Ferry New York 1979) vol 1, at 170 – 171.

[106] C. C. Hyde, *International Law Chiefly as Interpreted and Applied by the United States* (Little Brown Boston 1922) vol 2, at 120.

[107] S. E. Morison, *The Oxford History of the American People* (OUP Oxford 1965) at 726 – 729.

[108] C. D. Davis, *The United States and the First Hague Peace Conference* (Cornell University Press Ithaca NY 1962) at 13 – 14.

[109] D. D. Field, 'International Law' (1873) 8 *Albany Law Journal* 277 – 281 at 279.

[110] *The Oxford History of the American People* (n 107) 729.

平大会,他们寄希望于制定世界通用的国际法典,并创建致力于促进和平的国际组织。这些和平主义活动家中有伯里特的身影,他在英国生活了七年后于1870年回到美国。[111] 成立新的和平大会的想法可能来自于伯里特与美国和平协会主席詹姆士·迈尔斯(James B. Miles)牧师在1870年因暴风雪被困在马萨诸塞州新贝德福德市时的一次会谈。伯里特的健康状况已不允许他再次穿越大西洋,但迈尔斯却前往欧洲推进这一方案。海外的反响非常乐观,迈尔斯和其他人于1873年5月15日聚集在菲尔德在纽约的家中,他们决定10月在布鲁塞尔召开会议并且在美国成立一个国际法典委员会,从而获取美国民众的支持。[112]

菲尔德的国际法典委员会促使了国际法改革,且编纂协会也于1873年成立,该组织就是现在著名的国际法协会。同年成立的国际法学会更加侧重学术性,而国际法协会则欢迎

> 律师、船主、保险商、商人和慈善家加入,并且接受某些相关部门的代表,比如美国商业和船运联合会、仲裁或和平分会(Arbitration or Peace Sections),换言之,接受所有希望改善国际关系之人。[113]

尽管协会成员的职业和国籍分布广泛,但协会主要是美国和平主义者努力的成果。[114]

19世纪末,许多美国人都对国际法院寄予厚望。"阿拉巴马号"仲裁案成为绝佳典范,之后还出现了很多其他成功的国际仲裁。此外,国际法协会的创设,以及美国和平协会和世界和平联盟(Universal Peace Union)的持续运转无不激励着他们。世界和平联盟是《和平缔结者》(The Peacemaker)这本颇具影响力的杂志的出

---

[111] *The Learned Blacksmith*（n 75）150 – 151.

[112] K. H. Nadelmann, 'International Law at America's Centennial: The International Code Committee's Centennial Celebration and the Centenary of Field's International Code'（1976）70 *American Journal of International Law* 519 – 529 at 522 – 523.

[113] International Law Association, *Report of the First Conference*, held at Brussels, 1873, *and of the Second Conference*, held at Geneva, 1874（West, Newman & Co London 1903）at v.

[114] 同上 iv-v.

版方,它提倡制定普遍性的仲裁条约、建议设立常设仲裁法院并支持逐渐裁减军备。[115] 有观点认为,如果设立一个各国均可向其提交纠纷的常设仲裁法院,那么将能推动和平事业更加深入发展。[116]

俄国沙皇迫于军备竞赛的高额费用而呼吁召开国际和平会议。会议于1899年在海牙举行,美国同英国积极推动设立一个世界性常设仲裁法院。德国虽然最初抵制这个想法,但其经过一段时间后也不再强硬反对,与会代表最终通过了《和平解决国际争端公约》(Convention for the Pacific Settlement of International Disputes)。[117] 在1907年的第二次海牙会议上,海牙仲裁公约被稍作修改,其要求缔约各方"尽最大的努力确保和平解决国际分歧"。[118] 国家应该先借助于友好的第三方国家的斡旋和调停来解决其争端,也就是借助于非正式外交程序。但是,如果斡旋和调停失败,则公约规定应成立国际调查委员会,将"通过公正且谨慎的调查对事实进行解释阐述"并且发布不具有法律约束力的报告。[119] 公约同时设立了首个常设国际仲裁委员法庭,即现在的海牙国际常设仲裁法院(PCA),各国可以从中选定仲裁员以组成特别裁判庭,由其审理各国自愿提交的案件,并且提供具有法律约束力的裁决。[120]

国际常设仲裁法院的建立主要得益于19世纪的美国和平运动。设立常设仲裁法院的提议由一位参加1899年的海牙和平会议的英国代表——庞斯弗德勋爵(Lord Paunceforte)——提出,他阅读过一本描述和平运动及其国际法庭方案的小册子。庞斯弗德勋爵认为解除武装的理想不切实际,"也许应该发起一个成立仲裁法院的运动"。[121] 那本名为《国际正义》(International Justice)的具有影响力的小册子的作者是时任美国助理国务卿,并于后来成为美国驻柏林大使的大卫·杰

---

[115] *The United States*(n 108)8 - 15.

[116] S. Amos, *Remedies for War*(Harper & Brothers New York 1880)at 123.

[117] *The United States*(n 108)at 146 - 172;D. Bederman, 'The Hague Peace Conferences of 1899 and 1907' in M. Janis(ed.)*International Courts for the Twenty-First Century*(Martinus Nijhoff Dordrecht 1992)at 9.

[118] The Hague Convention for the Pacific Settlement of International Disputes(签订于1899年7月29日)(1899)187 CTS 410,art 15。

[119] 同上,第2—14条。

[120] 同上,第15—57条。

[121] J. B. Scott, *The Hague Court Reports*(OUP Oxford 1916)at xiii-xiv.

恩·希尔(David Jayne Hill，1850—1932 年)。[122] 希尔是一名坚定的国际仲裁支持者。[123] 庞斯弗德勋爵阅读过的这本小册子最初以文章的形式发表在 1896 年的《耶鲁法学杂志》(*Yale Law Journal*)上，[124]希尔在文中清晰地概述了和平与法典化之间的联系。

最终，国际法庭的计划从理论变为现实。一位创设人将常设仲裁法院誉为第一次海牙会议"最伟大的成就"。[125] 约翰·福斯特(John W. Foster)充满信心地预言：

544

> 各个国家将会更频繁地将分歧提交到海牙，卡耐基先生这位慷慨的美国公民已经提供"庙宇"作为解决分歧的地点，相信在这里一定会聚集许多诉诸理性以及国际正义来保护其本国权利的起诉者。[126]

卡耐基先生的"庙宇"就是和平宫——如今国际法院以及常设仲裁法院的所在地。约瑟夫·乔特(Joseph Choate)是美国派往参加第二次海牙和平会议的首位代表。乔特在 1913 年写道，当时已有于 1915 年召开第三次海牙会议的准备工作和"纪念我国与所有其他大国在整整一个世纪内未曾破坏和平"的计划。但是，第三次会议并没有举行。只差一年就能实现一个世纪之久的和平[127]，但第一次世界大战爆发了。

第一次世界大战深刻影响了美国人对待国际法的态度。目睹"文明"欧洲因为一些这样的原因陷入战争深渊，到处生灵涂炭，财产损失殆尽，这使那些曾深信进步是历史必然且认为国际法至关重要的美国人的智识基础受到动摇。自1914 年开始，美国理想主义者已经认识到他们需要反思曾对国际法寄予的厚望。欧洲军队兵戈相向，且即将大开杀戒，这显然意味着 19 世纪的国际法所许下的

---

[122] J. B. Scott，*The Hague Court Reports* (OUP Oxford 1916) at xiii-xiv.

[123] A. Parkman *David Jayne Hill*，*and the Problem of World Peace* (Bucknell University Press 1975).

[124] D. J. Hill，'International Justice' (1896) 6 *Yale Law Journal* 1-19.

[125] J. H. Choate，*The Two Hague Conferences* (Princeton University Press 1913) at 31-32.

[126] J. W. Foster，*Arbitration and the Hague Court* (Houghton Mifflin Boston 1904) at 76.

[127] *The Two Hague Conferences* (n 125) 92.

承诺并未得到遵守。

有一个人深深地影响了美国人对国际法的期待——曾任美国总统(1913—1921年)的伍德罗·威尔逊(1856—1924年)。无论是作为政治学家的威尔逊,还是作为普林斯顿大学校长的威尔逊,亦或是作为新泽西州州长的威尔逊都对国际法兴趣索然。[128] 威尔逊对国际法态度的真正转变仅仅始于他在1913年出任美国总统之后。在即将前往华盛顿任职前的几天,威尔逊曾对一位普林斯顿好友说:"如果我的政府为处理外交事务疲于奔命,那将是多么具有讽刺性的命运啊。"[129] 出乎威尔逊意料的是,国际法确实成为了他新工作的必要组成。作为在一战时期保持中立的美国总统,威尔逊必须对国际法十分关心,尤其是对违反国际法的行为。在1914年7月4日的演讲中,也就是在六月的萨拉热窝刺杀事件之后和八月的战争开始之前,威尔逊已经在演讲中提到了遵守条约和履行义务的重要性。[130]

当欧洲战争爆发后,威尔逊呼吁所有的美国人"在这段考验人类灵魂的时期内,在事实和名义上都保持中立"[131]。很快,1914年8月22日,威尔逊的主要谋士,被威尔逊称为"我的第二重性格……第二个我"的豪斯上校建议他:

> 德国的胜利终将给我们带来麻烦,我们将不得不放弃现在的这条道路——您将它作为引领后世的标准,以永久和平为最终目标,以一部新的国际道德规则作为引领——并且建立大规模军事机器。[132]

几个月之后,威尔逊在美国律师协会的演讲中重复了豪斯上校的观点:"我想,作为法律人,我们首先想到的就是国际法,是那些将各国团结起来,并使国际社会

---

[128] *America and the Law of Nations* (n 1) 159 – 165.

[129] A. S. Link, *Wilson the Diplomatist* (Johns Hopkins Press 1957) at 5.

[130] W. Wilson, 'A Fourth of July Address (1914)' in *The Papers of Woodrow Wilson* (A. S. Link ed) (Princeton University Press Princeton 1979) vol 30, 248 – 256 at 253.

[131] W. Wilson, 'An Appeal to the American People (19 August 1914)' 393 – 394 at 394.

[132] 引自 R. Hofstadter, 'Woodrow Wilson: *The Conservative as Liberal*' in R. Hofstadter (ed.) *The American Political Tradition and the Men Who Made It* (Vintage New York 1974) 307 – 366 at 308 and 340。

遵守某些行为标准的权利和原则。"[133]

面对德国U型潜艇在跨大西洋海域的袭击,威尔逊以"精密发达的国际法体系"为由,允许当时还处于中立的美国人乘坐盟国船舶航行,因为如果不这样做的话,国际法"可能会在我们的手中逐渐瓦解消逝"。[134] 然而,这一政策让威尔逊和美国越来越接近战争。1915年5月7日,英国客轮"卢西塔尼亚号"(Lusitania)在爱尔兰海域被德国潜艇击沉,数千人丧生,其中包括128名美国人。[135]

1917年,战争的步伐逐渐加快。德国政府为了赢得战争而做了一个关键性决策——开始无限制地进行潜艇战。豪斯上校代表威尔逊总统劝告德国收敛攻击行为。但是,在1917年1月31日,德国大使通知美国国务卿兰辛,表明德国是不会撤销这一决策的。1917年2月3日,威尔逊向国会告知美国将和德国断绝外交关系。1917年2月25日,英国客轮"拉科尼亚号"被德国潜艇击沉,遇难者包括2名美国人。1917年3月1日,德国外交部部长在所谓的"齐默曼电报"(Zimmerman Telegram)中提议墨西哥和德国站在同一阵营,从美国手中重新夺回得克萨斯州、亚利桑那州和新墨西哥州。此后不久,美国三艘商船被德国U型潜艇击沉。1917年3月20日,威尔逊总统的内阁一致通过与德国开战的决议。[136]

1917年4月2日,威尔逊在国会宣布向德国宣战。至此,威尔逊进入了短暂但具有决定性的国际法参与阶段。不再像以往对国际法兴趣索然,也不再仅仅只是出于总统职责的关切来看待国际法,战时总统威尔逊俨然成为了国际法的狂热参与者。实际上,国际法和国际组织的蓬勃发展是威尔逊将美国带入这场血腥且懊悔不已的战争的首要正当理由。

若要理解威尔逊在后期对国际法的热忱,那么应该先理解他在宣布美国加入这场恐怖的世界大战时的痛苦。若要理解这种痛苦,那就要记住威尔逊在童年时经历过的那一场可怕的战争,即美国内战。托马斯·诺克(Thomas Knock)这样

546

---

[133] W. Wilson,'Remarks to the American Bar Association(20 October 1914)'in *Papers of Woodrow Wilson*(A. S. Link ed)(Princeton University Press 1979)vol 31,184 - 187 at 184.

[134] 'An Appeal to the American People'(n 132)345.

[135] *Wilson the Diplomatist*(n 129)56.

[136] T. Knock,*To End all Wars:Woodrow Wilson and the Quest for a New World Order*(Princeton University Press Princeton 1995)at 105 - 107.

描写年少时的威尔逊：

> 托马斯·伍德罗·威尔逊关于战争的最早记忆是在四岁，那年林肯竞选总统成功，内战一触即发。威尔逊的父亲约瑟夫·拉格斯·威尔逊是佐治亚州最杰出的长老教会牧师之一，尽管有着北方血统，但他同样也是一名热心的南方支持者。威尔逊的父母都是北方人，他们于19世纪50年代从俄亥俄州搬到了弗吉尼亚州的斯汤顿（也就是威尔逊的出生地），最后搬到了佐治亚州的奥古斯塔，也就是在这里，内战的阴影笼罩了威尔逊的童年。在威尔逊的八岁生日之际，他亲眼目睹了上千名邦联军人为了保护城市不受谢尔曼的入侵而在街上进行庄严的行军，他目睹过受伤的士兵在他父亲的教堂里死去，也曾因那些衣衫褴褛的被关在教堂院落的联邦军囚徒而陷入沉思，很快他就看到杰佛逊·戴维斯在联邦军守卫的护送下穿过街道游行，让他回想起他站在"李将军的身边，抬头看他的脸"的瞬间。威尔逊曾经评论，"一个男孩是永远不会忘记自己的童年的，也无法改变那些对他人生产生影响的微小瞬间"。威尔逊的经历十分重要，在这样一个易受影响的年纪，他经历并受到了战争和战争后的影响。[137]

在理查德·霍夫斯塔特（Richard Hofstadter）看来，作为一名长老教会牧师和长老教会牧师女儿的儿子，威尔逊在成长过程中不断被父母教诲应该"将生命看作是不断实现上帝旨意的过程，在充满道德责任的宇宙中将人看作'独特的道德代理人'"。[138] 威尔逊"从来没有成为神职人员的意愿，但他以政治的手段来传播精神启迪，来表达新教徒对'服侍'（service）[139]的强烈意愿"。在第一次世界大战期间，国际法成为了威尔逊的重要使命。

在美国宣战之后的两年，内战以及威尔逊的清教徒式的道德责任感所产生的

---

[137] T. Knock, *To End all Wars：Woodrow Wilson and the Quest for a New World Order* (Princeton University Press Princeton 1995) at 3.

[138] 'Woodrow Wilson' (n 132) 308.

[139] 同上。

影响逐渐显现。威尔逊前往美国参议院,寻求对《国际联盟盟约》[140]——他在巴黎亲自协商缔结——的建议和支持。威尔逊谈到国会同意将军队送到法国参战时说道:

> 让我不要忘记我们这么做的目的——崇高的目的,公正无私的目的——美国借用自己的力量不是为了自己的荣誉而是为了保护人类,我想在人类历史上没有什么比护卫舰队带着成百上万美国士兵出征更能唤起人们的想象了,这些战士都非常热爱自由,他们为此不惜背井离乡地在遥远的战场上战斗,如同他们是为了实现美国历史预言而战。那些在内战时代曾是战士的人赢得了我们如此之深的尊敬,围绕着他们的是多么耀眼的光芒和荣耀啊!他们拯救了这个国家!当这些从法国战场归来的年轻人衰老时,同样也有光环围绕!他们拯救了世界!他们就如同当年内战时期的老兵。[141]

547

这场战争中的牺牲究竟是为了什么?在这场战争开始的三年前,威尔逊曾满怀宗教热情地主张国际裁判。[142]战争开始后,威尔逊更进了一步,他从仅仅提倡建立国际法庭发展到充满理想主义地推动建立一个无所不包的国际政府,即国际联盟:

> 如果所有政府在行动上和思想上都具有同样的目标,即对抗德国以及其统治下的国家,正如我所相信的,通过即将实施的解决办法能够实现长久和平,那么所有坐在和平的谈判桌旁边的国家都必须准备并愿意付出代价,这唯一的代价就是做好一切准备为世界和平奋斗;同时,也要制定一些强有力的手段来保证和平条约得到尊重和实施。这个代价就是在协议的各项内容中贯穿公平正义,而无论这之间有着怎样的利益纠葛。它不仅仅关乎公平正义,还涉

---

[140] League of Nations Covenant (达成于 1919 年 6 月 28 日,于 1920 年 1 月 10 日正式生效)(1919)225 CTS 195.

[141] *Woodrow Wilson's Case for the League of Nations*(H. Foley ed.)(Princeton University Press Princeton 1923)20 – 21.

[142] Woodrow Wilsons' speech in Des Moines, Iowa, 1 February 1916,被援引于 J. B. Scott, *An International Court of Justice*(OUP Oxford 1916)at ii。

及到能否令这些命运攸关的民族满意。这一不可或缺的途径就是根据誓约成立国际联盟,这将功效显著。[143]

威尔逊对国际法和国际组织的态度的巨大转变是显而易见的,在怀疑国际法多年之后,他现在已经投身于国际法的极端乌托邦之形式中,并致力于建立一个世界政府。认为"国际法已经彻底改变了",[144]威尔逊写道:

> 直到现在,国际法仍是一种最为奇特的行为法则。除非你能够证明自己的利益牵涉其中,否则你不能向任何其他政府提及与国际法有关的任何事宜⋯⋯换言之,目前我们只能管自己的事情。[145]

548   但是,美国一旦加入国际联盟,其就有能力"管别人的事以及所有会影响世界和平的事情,无论其是否是当事方。我们可以要求地球另一端的国家停止在其国内进行的但会影响国家间互信的错误行为,且我们可以迫使他们说明为什么他们的行为不应该被更正"。[146] 这就是超国家主义,其是对国家主权彻底的干预。即使现在威尔逊的目标——让美国人管别人的事——已经不是美国人的主流观点。

威尔逊对国际法的赞扬来自于他在 1918 年 1 月 8 日发表的题为"十四点和平原则"的著名演讲。这篇演讲激情澎湃且有理有据地解释了美国的参战不仅旨在尽快与德国及其他参战的中欧国家(central powers)恢复和平,也体现了威尔逊希望推动国际关系道德化的建议:

> 我们参加这次战争是因为正义受到侵犯,这使我们感到痛心,除非他们获得纠正而且保证不再在世界上出现,否则我国人民的生活便不可能维持下去。

---

[143] W. Wilson, '27 September 1918 [Address in New York]' in D. Day (ed.) *Woodrow Wilson's Own Story* (Little Brown Boston 1952) 284 – 289 at 285.

[144] *Woodrow Wilson's Case* (n 141) 103.

[145] *Woodrow Wilson's Case* (n 141) 103 – 104.

[146] 同上,第 104 页。

因此,我们在这次战争中所要求的绝不仅关涉自身。我们所要求的就是要使世界适合人类生存和安居乐业,尤其要使它成为一个这样的世界,即所有那些像我们一样爱好和平,且希望依照自己的方式生活和决定自己制度的国家能够获得正义的保证,并得到世界上其他民族的公平待遇而不致遭受暴力和损人利己的侵略。事实上,全世界各民族都是这一事业的共事者,同时,以我们本身而论,我们看得十分清楚,除非正义施及他人,否则正义也不能独施予我。因此,世界和平的方案就是我们的方案;而依我们所见,这方案,这唯一可行的方案,应是这样的。

最重要的是第 14 条:

> 为了使大小各国同样获得政治独立和领土完整的相互保证,必须根据专门公约成立一个普遍性的国际联合组织。[147]

事实证明,"十四点和平原则"在战争末期意义重大。德国孤注一掷,其在 1917 年的春天发动了无限制的潜水艇战争,这可能将美国也带进战场,但是也可以在美国军队大规模介入之前就先击溃英国和法国。1918 年初,当俄罗斯被俄国革命弄得不可开交而退出战争之时,德国则是一片光明前景,其还将东线部队调往西边前线以此来镇压协约国。1918 年 7 月,英国和法国的军队在巴黎外坚守阵地。1918 年的秋天,美国加入战争。当协约国突破德国防线并接近德国边线时,德国同意根据威尔逊的"十四点和平原则"投降。1918 年 11 月 11 日,一份提前休战协议给这场战争画上了休止符。[148]

威尔逊对国际和国际法组织的探索正值国际法学科的关键时刻。许多国际法拥趸因为一战的爆发而对国际法失去了信心。实际上,美国国际法学会决定在

549

---

[147] W. Wilson, 'Address to Congress, Stating the War Aims and Peace Terms of the United States (Delivered in Joint Session, 8 January 1918)' in A. Shaw (ed.) *State Papers and Adresses by Woodrow Wilson* (George H Doran Company New York 1918) 464 - 472 at 470.

[148] *Wilson the Diplomatist* (n 129) 106 - 108.

1918 年、1919 年和 1920 年取消召开年会，然而这正是人们觉得对国际法的探讨和促进更有益处的时期。令人难以置信的是，包括伊莱休·鲁特和詹姆斯·布朗在内的美国国际法学会执行理事会于 1918 年决定：

> 美国国际法学会的执行理事会认为国际法自身问题重重。因此，年度会议委员会决议不再号召学会成员研究将在年会上讨论的国际法问题，如今国际法唯一的大问题是国际法是否还有必要继续存在下去。[149]

1918 年，曾经对国际法几乎不抱希望的威尔逊变成了最狂热的国际法拥护者。国际法长久的和全身心的支持者布朗和鲁特却由于一战而对国际法失去幻想，并开始怀疑起这个学科。威尔逊的个人责任感使他转变为一个狂热的国际法信徒，他认为非常有必要改革国际法和国际组织，并且一战中的种种牺牲皆是为此。亚瑟·林科评论道："威尔逊对本国民生和国际社会的根本原则的非比寻常之关注有时使他把国际政治中十分复杂的问题过度简单化了。"[150] 1918 年时，对国际法和国际组织作用的过度期待使得威尔逊终于在最后的关键时刻转变为"威尔逊主义者"。前往巴黎试图将"十四点和平原则"付诸现实的正是秉持"威尔逊主义"的威尔逊。这不仅因为威尔逊非常自信，还因为他对其总统角色的理解，事实上，这一于 1900 年就阐发过的理念根植于他在普林斯顿的学术生涯，"当外交在一个国家的政治和政策中发挥显著作用时，行政部门有必要做好引领工作，即必须最先做出判断，率先采取每一步行动，提供信息便于其行动，以及提出建议并且尽量控制其行为"[151]。悲哀的是，威尔逊的绝对主义——加之他转变为热忱的国际法与国际组织事业的拥护者——却导致这个国家分裂成两条政治路线，从而破坏了美国人原本具有的一个共识，即国际法总体上对这个国家是有益的。威尔逊为法国的巴

---

[149] 'Minutes of the Meeting of the Executive Council; 27 April 1918' (1918/1919) 12/13 *Proceedings of the American Society of International Law at the Meeting of Its Executive Council* 5–21 at 14.

[150] *Wilson the Diplomatist* (n 129) 18.

[151] W. Wilson, *Congressional Government：A Study in American Politics* (15th edn Houghton Mifflin Boston 1900) at 22.

黎和会挑选了五名全权代表,分别是——威尔逊本人、豪斯上校、国务卿兰辛₅₀塔斯克·布利斯上将和外交官亨利·怀特。威尔逊亲自前往巴黎的这个决定被许多人质疑。国务卿兰辛在自己的日记中也写到,威尔逊"这个决定是他职业生涯中的最大错误之一,这将会损伤他的名誉"[152]。哈罗德·尼克尔森(Harold Nicolson)认为威尔逊应该留在华盛顿协调政见,以争取更多政治共识,他出现在巴黎是"一个严重的错误"[153]。威尔逊在 1918 年 12 月 4 日从纽约起航时,他将威廉·霍华德·塔夫脱和亨利·卡波特·洛奇这两位支持美国参战的共和党关键成员留在了国内。威尔逊似乎不太关心共和党是否支持国际联盟方案或者国际法。[154]

威尔逊没有意识到拥有共和党的支持无论在欧洲还是在美国都将十分有益。许多国家并没有像威尔逊这般热衷国际联盟方案,法国尤为质疑,其认为巴黎和会是终结与德国之间的战争并重建欧洲均势的一种途径。法国总理克列孟梭以"'威尔逊具有一颗可贵的天真之心'这个既可以表达坦白直率又会流露幼稚的词语"批评了威尔逊对国际联盟的信念。[155] 法国人为和谈准备了一份日程,但是与国际联盟基本无关,威尔逊拒绝接受。[156] 英国首相劳合·乔治则较为拥护威尔逊的提议,威尔逊在英国的支持下成功将国际联盟放在议程的首要位置。威尔逊本人在 1919 年 1 月 25 日的首次国联会议中担任联盟委员会主席。让很多人感到惊讶的是,威尔逊居然建议委员会在短短两周内就制定出国联盟约的草案。然而,在 1919 年 2 月 14 日,也就是威尔逊起航返回美国的这天,他就已经能够向凡尔赛会议提供《国际联盟盟约》草案了。[157]

威尔逊在盟约中的重要成就是关于集体安全的第 10 条。[158] 第 12 条和第 15 条设计了国际仲裁和裁判方案,并呼吁建立国际常设法院。当威尔逊离开巴黎前

---

[152] 引自 H. Nicolson, *Peacemaking 1919* (Universal Library New York 1965) at 73。

[153] 同上,第 69—74 页。

[154] M. Macmillan, *Paris 1919* (Random House New York 2003) at 5 - 6 and 87 - 88;*To End All Wars* (n 136) 199 - 204.

[155] M. Macmillan, *Paris 1919* (Random House New York 2003) at 5 - 6 and 87 - 88;*To End All Wars* (n 136) 23.

[156] 同上,第 55 页。

[157] 同上,第 83—91 页。

[158] *Wilson the Diplomatist* (n 129) 120.

往布雷斯特乘船回美国时,豪斯上校留意到:"他看上去很开心,他也应该这么开心。"[159]威尔逊成功地确定了一种国际组织和国际裁判形式,从而圆了 19 世纪的美国乌托邦主义者的梦。然而,作为国际法事业的姗姗来迟者,威尔逊对国际法的历史并不熟悉。托马斯·诺克富有洞察力地评论道:

> 作为美国总统,他将其他人对国际纠纷仲裁和裁军的建议以及有关世界联盟的建议吸纳到自己的方案之中。但是,总体而言,威尔逊对和平运动的影响力超过了和平运动对他自身的影响。[160]

551 让和平运动和威尔逊受挫的是,威尔逊未能说服大多数的美国人去相信国际法中新创设的制度机构具有重要意义。回到美国一个月之后,威尔逊开始投入与占主导地位的共和党的斗争之中,他试图说服共和党人认识到国际法和国际组织的必要性。但是,成效并不显著。用一个评论家的话来说,盟约草案"表现出威尔逊在执行外交政策的问题时根本是孤军奋战"[161]。英国人已经开始对威尔逊表示怀疑。最终,这种质疑被证明是正确的,威尔逊既不能代表参议院也没有取得大多数美国人的支持以令其同意美国服从于一个强有力的国际机构。[162] 威尔逊于 1919 年 3 月 14 日返回巴黎,并重新陷入国际政治的旋涡。1919 年 4 月 28 日,威尔逊在巴黎和会上承诺《国际联盟盟约》将获得通过。

1919 年 5 月至 1919 年 10 月,威尔逊在美国国内为国际联盟游说辩护,积极争取,但还是以失败告终。失去参议院的支持后,威尔逊于 1919 年 9 月 3 日开始全国巡回演讲以寻求民众对《凡尔赛和约》和国际联盟的支持。根据国务卿兰辛的说法,威尔逊对参议院感到"十分愤怒","他要立即征集群众意见,如果参议院想要开战的话……一定奉陪到底"。[163] 威尔逊在 21 天里发表了 40 篇演讲,比之前的任

---

[159] *To End all Wars*(n 136)226.

[160] 同上,第 12 页。

[161] J. Cooper, *Breaking the Heart of the World:Woodrow Wilson and the Fight for the League of Nations*(CUP Cambridge 2001)at 54.

[162] *Peacemaking 1919*(n 152)205 - 207.

[163] *Breaking the Heart of the World*(n 161)152.

何一次巡回演讲的数量都要多。[164] 威尔逊感到精疲力竭。

1919 年 9 月 25 日,在科罗拉多州的普韦布洛,威尔逊的身体终于扛不住了。这是巡回演讲的最后一站,也是威尔逊最后一场漫长的演讲。结束后,威尔逊取消了之后的所有演讲,返回华盛顿。1919 年 10 月 2 日,威尔逊中风了,他的公众生涯也基本告终。[165] 但是,身患重病的威尔逊依旧非常固执,他仍然拒绝向共和党和洛奇妥协。1919 年 11 月 19 日,参议院投票否决了《凡尔赛和约》,并且在一年后的 3 月 19 日再一次予以否决。[166] 威尔逊对国际联盟事业的满腔热情最后化成了泡影,它的智识基础——美国"威尔逊主义"国际法——也黯淡了下去。

推荐阅读

Armitage, David 'The Declaration of Independence and International Law' (2002) 59 *William and Mary Quarterly* 39 - 64.

Beales, Arthur C. F. *The History of Peace: A Short Account of the Organized Movement for International Peace* (Dial Press New York 1931).

Bourguignon, Henry J. 'Incorporation of the Law of Nations during the American Revolution—The Case of the San Antonio' (1977) 71 *American Journal of International Law* 270 - 295.

Brock, Peter *Pacifism in the United States from the Colonial Era to the First World War* (Princeton University Press Princeton 1968).

Choate, Joseph H. *The Two Hague Conferences* (Princeton University Press Princeton 1913).

Cooper, John M. *Breaking the Heart of the World: Woodrow Wilson and the Fight for the League of Nations* (CUP Cambridge 2001).

Curti, Merle E. *The Learned Blacksmith: The Letters and Journals of Elihu Burritt* (Wilson Erickson New York 1937).

Davis, Calvin D. *The United States and the First Hague Peace Conference* (Cornell University Press Ithaca 1962).

Dodge, David L. *War Inconsistent With the Religion of Jesus Christ* (Ginn & Co Boston 1844).

Foley, Hamilton (ed.) *Woodrow Wison' Case for the League of Nations* (Princeton University Press Princeton 1923).

---

[164] *Breaking the Heart of the World* (n 161) at 158 - 159.

[165] 同上,第 189—198 页。

[166] 同上,第 234—375 页。

Janis, Mark W. *America and the Law of Nations* 1776 – 1939 (OUP Oxford 2010).

Knock, Thomas J. *To End All Wars: Woodrow Wilson and the Quest for a New World Order* (Princeton University Press Princeton 1995).

Ladd, William *An Essay on a Congress of Nations for the Adjustment of International Disputes without Resort to Arms* (OUP Oxford 1916).

Link, Arthur S. *Wilson the Diplomat* (Johns Hopkins Press Baltimore 1957).

Nadelmann, Kurt H. 'International Law at America's Centennial: The International Code Committee's Centennial Celebration and the Centenary of Field's International Code' (1976) 70 *American Journal of International Law* 519 – 529.

Phelps, Christina The *Anglo-American Peace Movement in the Mid-Nineteenth Century* (Columbia University Press New York 1930).

Reeves, Jesse S. 'The Influence of the Law of Nations Upon International Law in the United States' (1909) 3 *American Journal of International Law* 547 – 561.

Rossiter, Clinton (ed.) *The Federalist Papers* (New American Library New York 1961).

Schwarzenberger, Georg *William Ladd: An Examination of an American Proposal for an International Equity Tribunal* (Constable London 1935).

Worcester, Noah *A Solemn Review of the Custom of War, Showing that War is the Effect of Popular Delusion and Proposing a Remedy* (SG Simpkins Boston 1833).

第二十三章　拉丁美洲

乔治·埃斯基罗（Jorge L. Esquirol）

一、引言

本章着眼于与拉丁美洲关联最密切的国际法，时间跨度从 1810 年的独立战争爆发至 20 世纪中期。毫无疑问，其中最著名的发展是有观点称存在一个比肩一般国际法的有自身特色的拉美国际法。美洲国家与众不同的实践和诸多条约构成了滋养拉美国际法的土壤。当然，这并非拉丁美洲地区唯一的重要国际法之创设。当地一系列事件推动了多项国际法原则的发展。例如，国际社会对"国内交战方"的承认以及赋予革命者法律地位被认为源于西属拉丁美洲的独立战争。现代意义上的"边界保持占有原则"（*uti possidetis*）将殖民地的行政区划作为新独立国家的边界线，该原则同样被用于解决拉丁美洲国家之间的领土争端。此外，1826 年的巴拿马大会（the Congress of Panama）及之后召开的一系列区域性会议为后来的区域性组织及国际性组织奠定了基础。实际上，现代国际法中许多为人熟知的制度皆可溯源至拉丁美洲。

二、对交战状态的承认

国际社会对国内反叛者的承认通常可追溯到 1810 年至 1826 年间的西属拉丁美洲的独立战争。[1] 这一时期标志着"交战状态"这一国际法概念早在相关学说

---

[1] H. Lauterpacht, *Recognition in International Law* (CUP Cambridge 1947) at 179 - 180; H. （转下页）

理论确立之前就已被适用。在尚未被正式承认为主权国家或合法组建的政府前，西属美洲"武装共和国"(republics in arms)已在国际范围内活动。[2] 此种"承认"(recognition)在 19 世纪初期尚属新颖。[3] 可以说这一时期的革命战争为之后的"交战状态"的理论化发展奠定了基础。简而言之，一旦满足某些事实性的先决条件，第三方国家即可以且应当承认反叛者的国际地位，并承认其等同于主权国家的交战权利。[4] 然而，这一法律理论仅仅呈现出当时的历史事件之冰山一角。它忽略了许多重要的外交政策考量，而这些考量与承认决定的做出密不可分。毫无疑问，由于不再具有这些因素，所以承认原则如今只被视为一个历史概念。

然而，随着发展，交战状态适用于武装叛乱或内战末期。[5] 承认可以以明示或默示形式作出，作出主体可为第三方国家，也可为现任政府。其适用情况依赖于纯粹的事实认定，包含具备武装冲突的一般性特征、控制相当一部分领土、按照战争规则开展敌对行动、具备常规政府的要素以及一个第三方国家有必要对当下冲突表明自身立场等几个要件。[6] 承认国内交战团体系权利还是义务，这个问题引起了广泛而激烈的争论。[7] 争论还延伸到构成默示承认的行为要素。[8] 总而言之，该原则的目的仅仅在于给予现有事实以法律效力。尽管如此，交战状态赋予了

(接上页) Wheaton，*Elements of International Law* (1866 edn, R. H. Dana ed.) (G. G. Wilson ed.) (William S Hein & Co Buffalo NY 1995) para 23 R. H. Dana fn 15；A. Bello，*Principios de derecho internacional* (3rd edn Imprenta del Mercurio Valparaíso 1864) republished as A. Bello *Derecho internacional* (Ministerio de Educación Caracas 1954) at 374 – 378.

[2] *Principios de derecho internacional* (n 1) 374 – 378；L. Moir，*The Law of Internal Armed Conflict* (CUP Cambridge 2002) at 6 – 7.

[3] F. L. Paxson，*The Independence of the South American Republics：A Study in Recognition and Foreign Policy* (Ferris and Leach Philadelphia 1903) at 17 – 44；W. E. Kane，'American Involvement in Latin American Civil Strife' (1967) 61 *American Society of International Law Proceedings* 58 – 69 at 60；E. l. Marqués de Olivart，*Del reconocimiento de beligerancia：y sus efectos inmediatos* (Tipolitografía de L Péant e hijos Madrid 1895) at 19 – 21；G. Weeks，'Almost Jeffersonian：U. S. Recognition Policy toward Latin America' (2001) 31 *Presidential Studies Quarterly* 490 – 504.

[4] *Recognition in International Law* (n 1) 176 – 185.

[5] *Elements of International Law* (n 1)；*Recognition in International Law* (n 1) 175 – 185；J. Lorimer，*The Institutes of the Law of Nations* (W. Blackwood & Sons Edinburgh 1883) at 141 – 150.

[6] J. Brown Scott (ed.) *Resolutions of the Institute of International Law* (OUP New York 1916) at 158 – 159；*Elements of International Law* (n 1)；*Recognition in International Law* (n 1).

[7] *Del reconocimiento de beligerancia* (n 3).

[8] *The Independence of South American Republics* (n 3).

叛乱者以国际人格,并免除了现任政府对叛乱者的行为所应承担的责任。因此,对交战状态的承认构成了第三方国家承认反叛者独立地位或其组建新政府诉求的重要前提。[9]

实际上,此后被称为交战状态的理论密切反映了西属美洲叛军在被正式承认独立前[10]与美国和英国的关系。[11] 当时,军事斗争仍在持续,反叛者能否获胜尚未可知。[12] 尽管如此,反叛的殖民地却在组建自己的政府,他们向其他国家派遣大使,并且控制了大部分领土。西班牙坚称其殖民地发生的起义非法,并迫切寻求欧洲国家的援助。[13] 任何正式的承认都将被明确视为对西班牙主权的侵犯。[14]

美国和英国当时的官方政策是严格中立。在美国,大批公众支持西属美洲独立运动。[15] 但是,为了和平地从西班牙获得佛罗里达,美国政府迟迟没有作出任何官方承认。[16] 直至 1820 年,为了获得美国暂时不承认反叛省份的承诺,西班牙终于作出了让步,其承认了美国对西部领土的权利主张。[17] 尽管如此,在 1810 年起义之后的六年内,美国继续在布宜诺斯艾利斯及加拉加斯派遣领事或外交代表。[18] 此后,虽然外交代表依旧被派遣,但他们的地位却愈加非正式。西属美洲军队也经常派遣使者至华盛顿特区。

此外,美国的一些官方声明支持西属美洲反叛者的国际地位。美国总统詹姆斯·麦迪逊于 1815 年发表了一份中立宣言。[19] 其继任者詹姆斯·门罗总统于 1817 年对中立宣言进行扩充,其承认双方作为内战合法交战方的权利。[20] 据此,

[9] *Del reconocimiento de beligerancia* (n 3) 2.
[10] *The Independence of South American Republics* (n 3).
[11] *Recognition in International Law* (n 1) 175 - 176.
[12] 同上,第 244—246 页。
[13] 同上,第 114 页。
[14] 同上,第 101 页。
[15] S. F. Bemis, *Latin American Policy of the United States:An Historical Interpretation* (Harcourt Brace New York 1943) at 34 - 35.
[16] 同上,第 36—47 页。
[17] 同上,第 43 页。
[18] *The Independence of South American Republics* (n 3) 111,113, and 121 - 122.
[19] American State Papers, Foreign Relations vol 4, No 277 (Gales and Seaton Washington DC 1834) at 1.
[20] Message of President Monroe to Fifteenth U. S. Congress, 2 December 1817, American State Papers, Foreign Relations vol 4, No 289 (Gales and Seaton Washington DC 1834) at 130.

若敌对行动到达某一阶段,则第三方国家可正式承认反叛者的地位。[21] 美国国务卿理查德·拉什(Richard Rush)坦言,美国政府是"站在内战的角度来考量这场叛乱的,在内战中,双方处于平等地位"。[22] 另外,美国国会分别于 1817 年及 1818 年修改了之前的中立法,其将中立的适用范围补充为"任何与美国处于和平状态的君主、国家、殖民地、地区或人民"。[23] 最后,美国最高法院在一系列海事案件中有效地承认了西属美洲反叛者作为交战方所应享有的权利。[24]

相比之下,英国几乎不向西班牙反叛殖民地派遣使者,而是积极参与该地区的贸易往来与投资活动。[25] 此外,英国允许悬挂反叛者旗帜的船只进入港口,英国与反叛省份进行商业往来,并且与叛军政府进行通信。[26] 这些交往互动的合理性显然基于以下事实条件,即反叛者实施了广泛的军事控制。[27] 因此,可以说美国和英国都在事实上承认了西班牙美洲的交战状态。由于这种承认较为隐晦,所以其并不能确立一个精确的承认日期。值得注意的是,美国在 1815 年首次宣布中立,而英国于 1819 年禁止向西班牙及反叛者销售军火。[28] 上述两种行为均将西班牙与其反叛势力置于同等地位。

交战状态的理论也可溯源于美国独立战争,法国与荷兰在此期间承认了北

---

[21] J. Q. Adams, Secretary of State, 'Notes to President Monroe' in *MSS*, *Monroe Papers*, *Department of State* (24 August 1816); J. Q. Adams, Secretary of State, 'Notes to Mr Anderson' in *MSS Inst Ministers* (27 May 1823); H. Clay, *Debate in House of Representatives* (March 1818); 'Speech of Hon HC Lodge of Massachusetts in the Senate of the United States' in *Secession of Panama*, *Congressional Record* (5 January 1904) 529 – 531.

[22] *The Independence of South American Republics* (n 3)122.

[23] U. S. Congress, 3 Stat 370 – 137 (1811 – 1823), 3 March 1817, ch 58; US Congress, 3 Stat 447 – 450 (1811 – 1823), 20 April 1818, ch 88;30 Annals of US Congress (1816 – 1817) at 39 – 40,734; 31 Annals of US Congress (1817 – 1818) at 519 – 522.

[24] *The Divina Pastora* 17 US 52 (1819); *The Nuestra Señora de la Caridad* 17 US 497 (1819); *The Santisima Trinidad and the St Ander* 20 US 283 (1822).

[25] F. G. Dawson, *The First Latin American Debt Crisis* (Yale University Press New Haven 1990).

[26] *Recognition in International Law* (n 1); *Del reconocimiento de beligerancia* (n 3) 10 – 12; J. N. Pomeroy, *Lectures on International Law in Time of Peace* (T. S. Woolsey ed.) (Houghton, Mifflin and Company Boston 1886).

[27] *Reflections on the State of the Late Spanish American Colonies and on the Expediency of the Recognition of their Independence by Great Britain* (J Hatchard & Son London 1823).

[28] *Recognition in International Law* (n 1)179 and 182; *The Law of Internal Armed Conflict* (n 2) 6 – 7.

美革命者事实上的权利。[29] 然而,这一概念直到美国南北战争期间才被明确提出,彼时,英国于 1861 年承认了南方邦联处于交战状态。[30] 联邦政府谴责英国如此行为实属欠妥。[31] 虽然南方表面上满足了被承认为交战方的前提条件,但北方拒绝承认该理论的合法性,因为它对一方享有国际地位的条件要求过于狭隘。[32]

这一原则同样与拉丁美洲密切相关,它在古巴独立战争时期再次出现。[33] 古巴独立战争持续了几个阶段:从最初 1868 年至 1878 年的十年战争(the Ten Years War)之失败到最终于 1898 年在美国的帮助下战胜叛军并获得胜利。[34] 后者也被称为"美西战争"。"缅因号"在哈瓦那港发生神秘爆炸后,美国介入其中。不到一个月,西班牙宣布投降。更重要的是,美国在该时期没有承认古巴叛乱者的交战地位,直到古巴于 1898 年实际独立。[35] 只有当时正在与西班牙交战的秘鲁政府于 1869 年承认了古巴的交战状态。[36]

20 世纪中期,交战状态理论已不再被认同,其在国家外交政策中变得无足轻重。[37] 交战状态理论在现代国际法实践中的消亡通常可被归于其在 1936 年至 1939 年的西班牙内战期间未被予以适用。[38] 尽管符合所有的前提条件,但世界

---

[29] *The Independence of South American Republics*(n 3);F. Wharton(ed.)*The Revolutionary Diplomatic Correspondence of the United States*(Government Printing Office Washington 1889)vol 1,ch 8,at 453 – 455.

[30] *Recognition in International Law*(n 1)184 – 185.

[31] G. Bemis,*The Hasty Recognition of Rebel Belligerency and Our Right to Complain of It*(A Williams & Co Boston 1865).

[32] *The Institutes of the Law of Nations*(n 5);C. F. Adams,'Mr Adams to Lord Russell(London,18 September 1865)'in United States Department of State(ed.)*Papers Relating to Foreign Affairs,Accompanying the Annual Message of the President to the First Session Thirty-Ninth Congress*(US Government Printing Office Washington 1866)pt 1,554 – 560.

[33] *Del reconocimiento de beligerancia*(n 3)2.

[34] T. S. Woolsey,'The Consequences of Cuban Belligerency'(1895 – 1896)5 *Yale Law Journal* 182 – 186.

[35] Declaration of James Buchanan,President of the United States of America,Lawrence,Commentaires II,325;*Del reconocimiento de beligerancia*(n 3)99.

[36] *Del reconocimiento de beligerancia*(n 3)27 and 33.

[37] 引自 J. L. Esquirol,'Can International Law Help? An Analysis of the Colombian Peace Process'(2000)16 *Connecticut Journal of International Law* 23 – 93。

[38] Q. Wright et al,*The International Law of Civil War*(P. Falk ed.)(Johns Hopkins University Press Baltimore 1971)para 11.

主要强国仍没有承认国民军。[39] 这种情况并非由于缺乏事实性前提条件（甚至事实性前提条件可能受到操纵），而是由其可能产生的不利影响所致。国民军被认为不仅不能保持中立和遏制战争，还可能引发更大的冲突。[40] 当时的逻辑显然是，一旦西班牙民族主义者得到承认，便会更加助长欧洲其他法西斯政府的势力，该敌对行为也可能演变为一场波及整个欧洲大陆的战争。[41]

558

三、外交庇护权

也许与拉丁美洲有关的最著名的国际法理论是外交庇护权。国际法院于1950年审理的哥伦比亚诉秘鲁案（德·拉·托雷案）使该理论变得众所周知。这起诉讼源于哥伦比亚驻利马的大使馆给了秘鲁社会党（原美洲人民革命联盟，APRA）领导人德·拉·托雷庇护。秘鲁政府要求以恐怖主义等罪名逮捕德·拉·托雷，而哥伦比亚政府坚称这些指控具有政治性质并主张秘鲁有义务向被庇护者提供逃离该国的安全通行许可。国际法院根据具有约束力的条约法宣布给予庇护以及要求颁发安全通行许可的做法无效。更重要的是，智利法官亚历杭德罗·阿尔瓦雷兹（Alejandro Alvarez）写下了闻名至今的反对意见，其主张"根据庇护权在拉丁美洲的特性"对本案中涉及的条约进行解释。[42]

这种庇护指在外国使领馆中对个人的保护，它将授予庇护的管辖权有效扩展到了一国在境外的外交馆舍。虽然可溯源至古代，但其在拉丁美洲的实践和条约中得到了更加正式的承认。[43] 大规模的政治动荡往往是外交庇护被广为接受的原因，且在19世纪中期尤为如此。[44] 实际上，这项实践一直以实用主义及人道主

---

[39] J. de Yanguas Messia, *Beligerancia, no intervención, y reconocimiento* (Artes Gráficas Grijelmo SA Bilbao 1938) 21-22,61-64, and 75-85; N. J. Padelford, 'International Law and the Spanish Civil War' (1937) 31 *American Journal of International Law* 226-243.

[40] N. Berman, 'Between "Alliance" and "Localization": Nationalism and the New Oscillationism' (1994) 26 *New York University Journal of International Law and Politics* 449-491.

[41] 同上。

[42] *Asylum Case* (*Colombia v Peru*) (Haya de la Torre Case) (*Jurisdiction*) [1950] ICJ Rep 266 at 298.

[43] C. Urrutia-Aparicio, *Opúsculo sobre el derecho de asilo diplomático con anotaciones históricas, doctrinarias y judiciales* (Talleres Gutenberg Guatemala 1952) at 1-16.

[44] C. N. Ronning, *Law and Politics in Inter-American Diplomacy* (Wiley New York 1963) at 90.

义为自己背书。

有四则将外交庇护权作为主要内容的区域性公约。第一则是 1928 年的《哈瓦那庇护公约》(the Convention on Asylum at Havana)。[45] 该公约以"习惯、公约或庇护权授予国的本国法律为基础,将其作为一种权利或人道主义宽容"来支持庇护权。[46] 然而,如何区分政治犯与一般罪犯的问题仍然存在。一国可以坚称被庇护者的行为为一般犯罪,从而反对另一国授予其外交庇护。[47] 第二则公约为 1933 年的第七次美洲国家国际会议通过的《美洲国家间关于政治庇护权的公约》(the Convention on Political Asylum)。[48] 该公约将给予庇护与否的决定权交由庇护国,以此解决政治犯界定模糊的问题。但是,如此仍存在一些附属性问题,即如何明确庇护给予国对政治犯的界定。有学者认为,给予国可能仅出于考虑庇护请求之目的而先将有关犯罪行为界定为政治犯。[49] 第三则是在 1939 年的第二届蒙特维的亚会议上签订的《关于政治庇护与政治避难的条约》(Treaty on Asylum and Political Refuge)。该条约明确规定,庇护国没有同意避难者进入其领土的义务,除非该寻求政治避难者遭到其他任何国家的拒绝。德·拉·托雷案后,第十次美洲国家国际会议于 1954 年签署了第四则公约。[50] 该公约要求领土国向获得外交庇护的政治犯提供安全通行许可,它还间接解决了给予国对政治犯认定标准的问题。[51]

并非所有拉丁美洲的国际法学家均赞成将庇护原则作为一种法律权利。[52] 外交庇护被部分拉丁美洲的国际法学家谴责为公然邀请他国对本国进行干预。[53] 国外势力可通过其大使馆来支持所在国国内政治冲突中的一方。一个典型例证便

559

---

[45] Convention Fixing the Rules to Be Observed for the Granting of Asylum, Adopted by the VIth International Conference of American States (签订于 1928 年 2 月 20 日)132 LNTS 323。

[46] 同上,第 2 条。

[47] *Law and Politics in Inter-American Diplomacy* (n 44) 97.

[48] Convention on Political Asylum (于 1935 年 3 月 28 日正式生效) OAS Treaty Series No 34 (1933)。

[49] *Law and Politics in Inter-American Diplomacy* (n 44) 97 - 98.

[50] Convention on Diplomatic Asylum (于 1954 年 12 月 29 日正式生效) OAS Treaty Series No 18 (1954)。

[51] 同上,第 98—99 页。

[52] S. Planas-Suárez, *El asilo diplomático* (Imprenta López Buenos Aires 1953) at 15 - 18.

[53] 同上。

是法国与英国于 1858 年封锁委内瑞拉港口。[54] 当时英国采取了军事行动以强迫委内瑞拉给予获得这些欧洲国家外交庇护的前总统何塞·塔德奥·莫纳加斯(Jose Tadeo Monagas)安全通行许可。该案被誉为外交庇护的首个经典案例。[55]值得注意的是,该案并非拉丁美洲的自主性创见。相反,这是法国与英国外交官员对国际法的解释。[56]

实际上,外交庇护权可能会与另一项具有国际合法性的拉美准则——不干涉原则——相冲突。这或许可以解释为何某些拉丁美洲国家未批准外交庇护公约。[57] 同样值得注意的是,虽然美国拒绝承认外交庇护是国际法上的权利,也未批准任何上述公约,但其仍然不乏提供外交庇护权的实践。[58] 在给予外交庇护的案例中,美国均主张基于"当地宽容"(local toleration)以及之后的人道主义立场。[59] 或许是感受到了日益增加的帝国主义指控,美国在 20 世纪 30 年代后大大减少了相关实践。[60]

四、美洲会议及泛美会议

560

同样值得注意的是 19 世纪以及特别是 20 世纪在美洲召开的一系列国际会议。[61] 这些会议定期举办,其目的并非在于进行战后清算,或仅仅是为了确定军事联盟的具体条款。[62] 实际上,这些会议解决了很多实际问题。至少可以将这些会议分为两轮。第一轮会议起源于南美洲北部地区的解放者西蒙·玻利瓦尔

---

[54] S. Planas-Suárez, *El asilo diplomático* (Imprenta López Buenos Aires 1953) at 382 – 391.

[55] 同上,第 15—18 页;Ministerio de Relaciones Exteriores de Perú, *Congresos Americanos de Lima* (Imprenta Torres Aguirre Lima 1938) vol 2, at 5 – 104。

[56] *El asilo diplomático* (n 52)380.

[57] Convention Fixing the Rules to Be Observed for the Granting of Asylum (n 45); Convention on Political Asylum (n 48); Convention on Diplomatic Asylum (n 50).

[58] American Law Institute (ed.) *Restatement of the Law, Third: The Foreign Relations Law of the United States* (3rd edn American Law Institute Washington DC 1987) vol 1, para 466, Reporters' Notes 3.

[59] 同上。

[60] *Law and Politics in Inter-American Diplomacy* (n 44) 93.

[61] *Inter-American Conferences 1826 – 1948*, Congress and Conference Series No 56, Organization of American States (Washington DC 1949).

[62] J. M. Yepes, *La contribution de l'Amérique Latine au développement du droit international public et privé* (Recueil Sirey Paris 1931) at 12.

（Simón Bolívar）在 1926 年的巴拿马大会上为在新独立国家间创设一个更大的政治联盟而做的努力。[63] 第二轮会议起始于华盛顿特区，源于美国自 1889 年起更积极的参与。[64] 前述常规性会议被视为 1899 年和 1907 年的海牙和平会议以及 1918 年的国际联盟的早期先例。[65] 更直接的影响是，这些会议产生了第一批区域性国际性组织：1889 年的美洲共和国商业局（the Commercial Bureau of the American Republics，1901 年更名为国际局）、现已解散的 1910 年的泛美联盟（the Pan American Union）[66]以及成立于 1948 年且目前仍存在的美洲国家组织（Organization of American States）。[67]

最初的 1826 年的巴拿马大会发起了所谓的美洲会议。[68] 在当时独立的八个拉丁美洲国家中，有四个出席了会议：哥伦比亚（后包括厄瓜多尔、巴拿马和委内瑞拉）、危地马拉（后包括哥斯达黎加、萨尔瓦多、洪都拉斯及尼加拉瓜）、墨西哥以及秘鲁。英国和荷兰作为观察员出席会议。[69] 会议还邀请了美国，彼时的总统约翰·昆西·亚当斯摒弃了传统的孤立主义立场，他派遣代表前去支持。[70] 然而，美国国会担心巴拿马大会可能导致与西属美洲共和国进行军事联盟，以及破坏与西班牙的中立关系，还可能导致对海地独立、古巴解放以及波多黎各的承认，包括对这些岛屿废除奴隶制的承认，而这将构成对南方蓄奴州的威胁。[71] 最后，一位美国代表中途离世，另一位代表由于美国国会延误批准而未按期到达。[72] 总之，

561

[63] E. Gil, *Evolución del panamericanismo* (J Menéndez Buenos Aires 1933).

[64] J. Brown Scott (ed.) *International Conferences of American States 1889－1928* (OUP New York 1931).

[65] 同上，xii.

[66] A. S. de Bustamante, 'The Progress of Codification under the Auspices of the Pan American Union' (1926) 20 *American Society of International Law Proceedings* 108－201 at 110.

[67] *International Conferences of American States 1889－1928* (n 64) xii-xiii.

[68] N. Carbonell, *Las conferencias internacionales Americanas* (Montalvo y Cardenas La Habana 1928) paras 7－54.

[69] R. F. Seijas, *El derecho internacional Hispano-Americano (público y privado)* (El Monitor Caracas 1884) at 19.

[70] *International Conferences of American States 1889－1928* (n 64).

[71] Senator Hayne of South Carolina, 'Address to U. S. Senate, On the Panama Mission' in *Congressional Debate* (March 1826) vol 2, pt I, at 153 and 165－170; *El derecho internacional Hispano-Americano* (n 69) 25－27; *Las conferencias internacionales Americanas* (n 68) 20.

[72] *International Conferences of American States 1889－1928* (n 64)；*El derecho internacional Hispano-Americano* (n 69)19 and 25.

只有哥伦比亚批准了会议制定的公约。[73] 在巴拿马大会通过的四则条约中，最主要的是《团结、联合和永远结盟条约》(the Treaty of Perpetual Union, League, and Confederation)，但由于批准国家未达到规定数量，导致该条约同其他条约一样从未生效。该条约包括了共同防御、区域性武装及仲裁原则等规定。此外，大会还讨论了制定美洲公法法典的问题，且大会通过的条约也将成为法典中的一部分。[74]

19世纪30年代在墨西哥举行第二次会议的计划没有成功。巴拿马大会之后，所谓的首次美洲大会(First American Congress)直至1847年才在利马举行。同时，1856年在智利圣地亚哥举行了大陆会议(Continental Congress)，厄瓜多尔、智利与秘鲁参加会议。[75] 该会议的目标是建立一个共同防御的常设理事会并争取更多国家的批准。[76] 美国公民威廉·沃克(William Walker)于1855年某时期成功入侵尼加拉瓜并干预和攫取其政权，这在某种程度上促成了上述行动。

此外，美国在1846年至1848年的墨西哥-美国战争中的领土征服进一步导致了更具戒备状态的"拉丁美洲"意识，这一点不同于以往对美洲普遍性事务的关注。[77] 实际上，"拉丁美洲"这一词语据说正是在这一时期开始广泛流传，其用以特指先前西班牙及葡萄牙在美洲的殖民地。[78] 由于这一转折点，所以第一轮区域会议继续进行，并且于1846年在利马召开了第二次美洲会议。[79] 此后，1877年至1880年还召开了以国际私法为主题的美洲法学家会议。[80] 为纪念西蒙·玻利瓦尔诞辰一百周年而于1883年在加拉加斯召开的玻利瓦尔会议重申了领土完整原则以及保持占有原则。[81] 1888年至1889年召开的以知识产权及国际私法为主题

---

[73] *International Conferences of American States 1889–1928* (n 64)；*El derecho internacional Hispano-Americano* (n 69)510.

[74] *International Conferences of American States 1889–1928* (n 64) xxii-xxiv.

[75] G. A. Nuermberger, 'The Continental Treaties of 1856：An American Union "Exclusive of the United States"' (1940) 20 *The Hispanic American Historical Review* 32–55.

[76] 同上。

[77] C. Calvo, *Colección completa de todos los tratados, convenciones, capitulaciones, armisticios y otros actos diplomáticos：de todos los Estados de América Latina* (A Durand Paris 1862).

[78] A. Ardao, *Génesis de la idea y el nombre de América Latina* (Centro de Estudios Latinoamericanos Rómulo Gallegos Caracas 1980).

[79] *Congresos Americanos de Lima* (n 55).

[80] *Las conferencias internacionales Americanas* (n 68)32–40.

[81] 同上，第45—47页。

的蒙特维的亚会议为第一轮会议画上了句号。[82] 19 世纪召开的这些会议通过了诸多不同的条约。然而,除了 1888 年至 1889 年的《蒙特维的亚公约》,其他均未生效。

第二轮国际会议自 1889 年起在美国的支持和参与下开始,即所谓的"泛美会议"。[83] 第一届会议于华盛顿特区召开,21 个美洲国家中有 19 个出席会议。会议未产生具有约束力的协议,而是仅就大量经济问题达成共识。会议采纳了制定具有约束力的仲裁方案,谴责某一美洲共和国对另一国家进行的领土征服行为,并成立了美洲共和国商业局(Commeicial Bureau of the American Republic)。泛美会议解决了一系列实际问题以及其他议题。会议定期举行,除两次世界大战期间外,会议大约每 5 年举办一次。

然而,20 世纪初期,泛美会议弥漫的乐观主义精神开始消退。许多拉丁美洲国家开始认为这是维护美国利益的幌子。[84] 因此,泛美会议在某些方面声名扫地。美国在于 20 世纪初期推行帝国主义外交政策时,泛美会议完全束手无策。面对持续的军事干预,美国在外交会议上的参与仅仅是口惠而实不至。因此,一些拉丁美洲领导人开始主张西班牙美洲主义(Hispano-Americanismo)或其他形式的拉丁美洲主义(Latin Americanism)。[85] 20 世纪 20 年代至 20 世纪 30 年代通常被视作是拉丁美洲理想主义的高峰,其将拉丁美洲主义作为区域认同的渊源,并推动了一系列文学、哲学及法学重要作品的问世。

五、美洲国际法

或许拉丁美洲最引人瞩目的国际法方案便是声称存在一个独立的美洲国际法。[86] 在其最极端的表达中,这一特定的法律与一般国际法或欧洲国际法具有同

562

---

〔82〕 *Las conferencias internacionales Americanas* (n 68)20.

〔83〕 同上; *International Conferences of American States 1889 - 1928* (n 64) vii-xv; J. B. Lockey Pan, *Americanism: Its Beginnings* (Macmillan London 1920).

〔84〕 L. Quintanilla, *A Latin American Speaks* (Macmillan New York 1943) at 131 - 147.

〔85〕 例见 C. P. Iníguez, 'José Ingenieros: El tránsito del positivismo al Latinoamericanismo' in C. P. Iníguez (ed.) *Pensadores Latinoamericanos del siglo XX: Ideas, utopía y destino* (Siglo XXI Buenos Aires 2006) 113 - 126 at 124。

〔86〕 H. Caminos, 'The Latin American Contribution to International Law' (1986) 80 *American Society of International Law Proceedings* 157 - 160; *La contribution de l'Amérique Latine* (n 62) 87 - 102.

等地位,在存在冲突的情况下,其甚至优先于一般国际法或欧洲国际法而适用。[87]
美洲国际法适用于美洲国家间或欧洲国家与美洲国家间的关系。[88] 现在看来,对
美洲特征的主张并非主流历史观点。这种观点早已被认为是一种错误,或最多被
视为是对区域独特性的过度宣扬。

这一概念最早的一位支持者是阿根廷法学家阿曼西奥·阿尔科塔(Amancio
Alcorta),他曾于 1883 年主张拉丁美洲国家应遵守的一些规范和实践。[89] 1884
年,委内瑞拉法学家拉斐尔·塞贾斯(Rafael F. Seijas)发表了关于西属美洲国际
法的著述,其坚持西属美洲国际法的独特性,特别是鉴于欧洲国家不遵守那些与拉
丁美洲相关的一般国际法规则。[90] 塞贾斯的概念成为 1905 年在里约热内卢举行
的第三次拉丁美洲科学大会(Latin American Scientific Congress)的一部分,并且得
到了智利政治家(后来成为国际法院法官)亚历杭德罗·阿尔瓦雷兹的赞成。[91]
1908 年在智利圣地亚哥举行的第一届泛美科学大会再次对该文展开讨论。[92] 然
而,对这一概念最具决定性的表述是 1938 年在利马召开的第八届泛美会议上通过
的《关于美洲团结原则的宣言》(the Declaration of American Principles)。[93] 此外,
如前所述,亚历杭德罗·阿尔瓦雷兹在 1950 年的德·拉·托雷案的反对意见中为
其赋予了里程碑式的重要意义。

作为拉丁美洲国际法的最著名的支持者,亚历杭德罗·阿尔瓦雷兹(至少在早
期著作中)认为,阿曼西奥·阿尔科塔并未充分说明拉丁美洲国际法的独立存在、基
本特征或制定渊源。[94] 同时,阿尔瓦雷兹认为拉丁美洲的区域性国际法并不限于

---

〔87〕 A. Álvarez, 'Latin America and International Law' (1909) 3 *American Journal of International Law* 269 – 353.

〔88〕 A. Alcorta, *Cours de droit international public* (L Larose et Forcel Paris 1887) vol 1, at 51.

〔89〕 A. Alcorta, 'La ciencia del derecho internacional' (1883) 7 *Nueva Revista de Buenos Aires* 406 – 437 at 413 – 418; *Cours de droit international public* (n 88) vol 1, 374 – 378.

〔90〕 *El derecho internacional Hispano-Americano* (n 69) 25 – 27 and 508.

〔91〕 H. B. Jacobini, 'International Law in Latin America' (1975) 7 *Lawyer of the Americas* 605 – 613.

〔92〕 V dos Santos, Relatório Geral—Trabalhos das secções do Congresso, vol 5: Sciencias jurídicas e sociais, 9a. sessão, 314; M de Sá Vianna, *De la non-existence d'un droit international américain* (L Figueredo Rio de Janeiro 1912) at 3 – 6.

〔93〕 C. A. Sánchez i Sánchez, *Curso de derecho internacional público Americano: Sistematica i exegesis* (Editora Montalvo Ciudad Trujillo RD 1943) at 691 – 696.

〔94〕 'Latin America and International Law' (n 87)352.

条约、惯例及拉丁美洲国家的宣言，甚至还包括美国的相关法律。[95] 由此可见，亚历杭德罗·阿尔瓦雷兹与泛美主义关系密切。该主张的重点在于，美洲国际法与欧洲国际法具有同等地位。[96] 对此，亚历杭德罗·阿尔瓦雷兹解释道，其中有一些规范只适用于美洲国家的特殊情况，而欧洲国家不会出现类似情况，还有一些规范，虽然欧洲和拉丁美洲都会出现类似的情况，但这些规范也只特别适用于拉美国家。[97] 在拉丁美洲国际法的原则中，最常为人所援引的包括：第三方国家不干涉原则、国家间争端进行强制国际仲裁原则、根据 1810 年的"保持占有原则"确定领土范围原则、第三方有权承认国内交战团体原则、外交庇护权、国际法中的出生地主义（*ius soli*）原则、国内河流航行自由原则、沿岸安全管辖原则以及战时中立贸易自由原则等。[98]

此外，20 世纪早期，拉丁美洲的国际法学家们也对国际法理论有所阐释。[99] 他们提出了形形色色的国际法理论，例如德拉戈主义（the Drago Doctrine）、卡尔沃主义（the Calvo Doctrine）和埃斯特拉达主义（the Estrada Doctrine）。这些理论关于外交政策的表述多数是反对外部干涉国内事务以及反对国外帝国主义干涉本国内政。他们谈及欧洲和美国的国民在拉美遭到拒不偿付债务、投资纠纷以及在当地法院遭遇"执法不公"等问题时，常常滥用提起诉讼的权利。独立区域法的赞成者很快主张这些不干涉理论是美洲国际法的一部分。

不过，并非所有拉丁美洲的国际法学家都持有同一观点。[100] 后来的诸多争论均围绕着是否存在独立的美洲国际法、何为美洲国际法或是否存在源于拉丁美洲的国际法原则等问题而展开。[101] 对于拉丁美洲国际法的批评者而言，支持者所推崇的美洲国际法的构成元素不过是普遍性国际法发展过程中的地方性贡献。他们

564

---

[95] 'Latin America and International Law' (n 87)352.

[96] *Curso de derecho internacional público Americano* (n 93)148 – 155.

[97] 'Latin America and International Law' (n 87) 349 – 352.

[98] *Curso de derecho internacional público Americano* (n 93)130 – 153；H. Arias, 'Nationality and Naturalisation in Latin America from the Point of View of International Law' (1910) 11 *Journal of the Society of Comparative Legislation* 126 – 142；'Latin American Contribution to International Law' (n 86) 158；E. Hasani, 'Uti Possidetis Juris: From Rome to Kosovo' (2003) 27 *Fletcher Forum of World Affairs* 85 – 98.

[99] *Curso de derecho internacional público Americano* (n 93)120 – 129.

[100] D. Antokoletz, *Doctrine de Monroë et l'Amérique Latine* (Émile Larose 1905) at 16 – 17.

[101] *Curso de derecho internacional público Americano* (n 93)124 – 129.

对美国是否属于其中也存在不同意见。亚历杭德罗·阿尔瓦雷兹坚定地将美国纳入其中，并重新解释了向外扩张的帝国主义理论——门罗主义，阿尔瓦雷兹将其视为连接美洲的国际法的主要原则之一。[102] 门罗主义引发了大量争论。[103]

对美洲国际法的部分主要反对意见由巴西法学家及出席众多国际会议的代表曼努埃尔·萨·维安娜(Manuel de Sá Vianna)记录整理。[104] 此外，萨·维安娜认为，拉丁美洲国家在其独立后的第一个世纪中还不能形成这样一个国际法体系。[105] 原因有很多，包括内政不稳定、边界争端、缺乏重要的商业交往、缺乏通讯机制并且存在语言和文化差异。[106] 萨·维安娜指出，即使拉丁美洲国家的独立被正式承认，但以其自身的实力，这些国家也只是勉强被承认为国际法的适格主体。原因是主要的欧洲国家和美国对拉丁美洲国家不断地进行军事及其他形式的干预。[107] 此外，萨·维安娜也基于战略原因而反对美洲国际法。[108] 对于经过长时期艰苦斗争才进入国际社会的拉丁美洲——拉美国家广泛参加了 1907 年的第二次海牙和平会议——主张独立的美洲国际法，这似乎是一个巨大的退步。[109]

这些争论的历史背景反映了当时拉丁美洲主权岌岌可危的态势。该时期正从欧洲帝国主义向美国帝国主义过渡。[110] 羽翼渐丰的美国日益希望动用军事力量。美国总统西奥多·罗斯福于 1904 年发表"罗斯福推论"(Roosevelt Corollary)，其中重新恢复了门罗主义，并表达了单方面实施门罗主义的意图。[111] 美洲国际法的

---

[102] A. Álvarez, 'The Monroe Doctrine from a Latin American Perspective' (1917) 2 *St Louis Law Review* 135 - 146；*Doctrine de Monroë et l'Amérique Latine* (n 100) 157 - 162；I. Fabela, *Las Doctrinas Monroe y Drago* (Universidad Nacional Autónoma de México 1957).

[103] *Curso de derecho internacional público Americano* (n 93)12 - 29.

[104] *De la non-existence* (n 92).

[105] 同上，第 61—65 页。

[106] 同上，第 35 页。

[107] 同上，第 33 页。

[108] 同上，第 82—83 页。

[109] 同上，第 61—62 页；C. De Armond Davis, *The United States and the Second Hague Peace Conference：American Diplomacy and International Organization, 1899 - 1945* (Duke University Press Durham 1975) at 272。

[110] C. G. Fenwick, 'Intervention：Individual and Collective' (1945) 39 *American Journal of International Law* 645 - 663 at 651 - 652.

[111] S. F. Bemis, *Latin American Policy of the United States：An Historical Interpretation* (Harcourt, Brace & Company New York 1943) at 142 - 167.

支持者与反对者一定已经意识到了这个情况。因此,抛开特定国际法所具有的概念性困难,该主张体现了对国际合法性具有地缘政治意义的运用。[112] 该主张提供了一种讨论美国帝国主义与欧洲帝国主义的方法。[113] 同时,该主张显示出拉丁美洲政治家和国际法学家希望平等地建立与实施国际法的态度。[114]

当然,应该注明的是,像本章作者这样从拉丁美洲的视角对国际法进行历史性建构并不意味着支持或反对独立美洲国际法的存在。相反,这仅是简单表述拉美国家所采用的国际法的主要形式。美洲国际法只是其中一种形式。坚持普遍国际法的单一性亦是另一种形式。[115] 在第二种情形中,国际性概念可能以独特的形式适用于当地的情况中,虽然这些形式尚未得到确认。[116] 实际上,后一种情形也包括了将拉丁美洲的特性理解为其对普遍国际法的贡献或影响。无论如何,两种情形是从不同角度对法律权威进行的解读,两者均推动了国际法的发展。

566

六、不干涉原则

国际法中的不干涉原则经常与拉丁美洲联系在一起,而矛盾的是,这却是由欧洲和美国频频对该地区进行军事和外交干涉所致。从拉美国家纷纷独立至1945年,仅美国就实施了至少六十八次军事干涉,包括所有领土入侵行为在内。[117] 此外,欧洲大国多次封锁港口并实施强制干涉,包括法国于1862年开始对墨西哥进行长达四年的侵占。[118] 为此,在拉丁美洲国际法学家中以及政府声明中逐渐形成

[112] L. Obregón, 'The Colluding Worlds of the Lawyer, the Scholar and the Policymaker: A View of International Law from Latin America' (2005) 23 *Wisconsin International Law Journal* 145 – 172; A. Becker Lorca, 'International Law in Latin America or Latin American International Law? Rise, Fall and Retrieval of a Tradition of Legal Thinking and Political Imagination' (2006) 47 *Harvard International Law Journal* 283 – 306.

[113] J. L. Esquirol, 'Alejandro Álvarez's Latin American Law: A Question of Identity' (2006) 19 *Leiden Journal of International Law* 931 – 956.

[114] 'La contribution de l'Amérique Latine' (n 62) 9.

[115] A. Becker Lorca, 'Universal International Law: Nineteenth-Century Histories of Imposition and Appropriation' (2010) 51 *Harvard International Law Journal* 475 – 552.

[116] 同上。

[117] R. F. Grimmett, *Instances of Use of United States Armed Forces, 1798 to 2001* (Congressional Research Service Washington 2002).

[118] *Las doctrinas Monroe y Drago* (n 102) 87 – 193.

了不干涉原则,其反对对国家主权的干涉。[119] 该原则也是许多区域性会议的讨论主题,其中最著名的当属 1933 年的《蒙特维的亚国家权利与责任公约》。

外国干涉主要有两种情况。最初,欧洲国家试图重新殖民拉丁美洲的共和国。因此,1823 年的门罗主义是美国反对欧洲在美洲攫取领土而提出的早期外交政策。此外,1826 年的第一次巴拿马大会积极推动实施门罗主义,其倡导建立共同防御来对抗任何形式的外部干涉。[120] 1847 年至 1848 年于利马召开的首届美洲会议通过的公约也含有内容相似的规定。[121] 然而,上述公约均未生效。而且,这些声明也均未能阻止欧洲国家强行干预、回收欠款或捍卫自身利益。

实际上,拉美国家于 19 世纪及 20 世纪初期受到干涉的主要理由是收取外国金钱赔款。自西班牙独立后,拉丁美洲施行了一系列自由经济与移民政策,其欢迎大量外国投资和欧洲移民。[122] 这些日益增加的接触不可避免地导致了国际性摩擦,尤其是与大国国民的摩擦。若对外国国民造成损失或伤害,则外国国民通常向其母国外交部门寻求补救,并由后者代表其国民向拉丁美洲政府施加压力而无论所涉争端为私人纠纷、公共债务的偿还抑或地方政治事宜。这种做法也被称为"外交干预"(diplomatic interposition)。[123] 实际采取的措施包括正式抗议和撤回外交代表,也包括海上封锁和军事入侵等强制干预手段。[124]

一方是秉持国家责任原则的资本输出国,另一方是捍卫其不干涉原则和国家平等的资本输入国。[125] 不过,资本输入国间也存在重大差异。在 1907 年的海牙和平会议上,巴西代表团团长鲁伊·巴博萨(Ruy Barbosa)认为,将强制干预归于非法可能会对拉丁美洲的声誉产生负面影响。[126] 鲁伊·巴博萨还认为,在穷尽和

567

---

[119] A. van Wynen Thomas and A. J. Thomas Jr., *Non-Intervention: The Law and Its Import in the Americas* (Southern Methodist University Press Dallas 1956) at 55 – 64.

[120] A. van Wynen Thomas and A. J. Thomas Jr., *Non-Intervention: The Law and Its Import in the Americas* (Southern Methodist University Press Dallas 1956), P. 55 – 56.

[121] 同上。

[122] *The First Latin American Debt Crisis* (n 25).

[123] F. G. Dawson, 'The Contribution of Lesser Developed States to International Law: The Latin American Experience' (1981)13 *Case Western Reserve Journal of International Law* 37 – 82.

[124] 同上,第 48 页。

[125] J. Castaneda, 'The Underdeveloped Nations and the Development of International Law' (1961) 15 *International Organization* 38 – 48.

[126] *The United States and the Second Hague Peace Conference* (n 109)182 and 257.

平的救济方式后,可以采用干预手段。[127]

无论如何,拉丁美洲的国际法学家们基本上都成了不干涉原则的主要解释者。[128] 其中的代表人物为阿根廷外交部长路易斯·德拉戈(Luis M. Drago)。德拉戈谴责在收取公债时的强制干预行为。[129] 英国、德国和意大利于 1902 年入侵委内瑞拉,对此,德拉戈提出,为了收取债务而采取的军事干预最终会导致欧洲大国对美洲国家的重新殖民。[130] 德拉戈认为,外国在任何情况下都不能因为收取未偿付的主权债券而实施干预。这并非杞人忧天,法国于 1862 年侵占墨西哥正是为了收取未偿付的公共债务。

德拉戈的同胞,阿根廷外交官和法学家卡洛斯·卡尔沃(Carlos Calvo)在德拉戈的观点上有所拓展。[131] 彼时,卡尔沃已是一位杰出的国际法学家。[132] 在其晚年,为了回应德拉戈主义,卡尔沃扩大了反对外国以任何理由干预之声明的范围。卡尔沃在文章中写道,在生命或财产遭受损失的情况下,外国人并不比本国人享有更多权利。[133] 在实践中,这意味着外国政府不可为其公民的任何金钱赔偿要求而进行军事干预或外交介入。卡尔沃主义要求国民被平等对待,其限制外国人在当地法院和机构寻求救济。更重要的是,卡尔沃推动这一主张并使之成为了一项国际法准则。值得注意的是,卡尔沃本人并非独立美洲国际法的支持者。[134] 然而,其倡导的不干涉原则被拉丁美洲条约、宪法、立法,以及拉丁美洲国家间或拉丁美洲个人与外方间的协议所广泛采纳。[135]

---

[127] 'Latin America and International Law' (n 87) 335.

[128] W. E. Kane, 'American Involvement in Latin American Civil Strife' (1967) 61 *American Society of International Law Proceedings* 58 – 68 at 64 – 65.

[129] A. S. Hershey, 'The Calvo and Drago Doctrines' (1907) 1 *American Journal of International Law* 26 – 45 at 31.

[130] L. M. Drago, *Cobro coercitivo de deudas públicas* (Coni Hermanos, Buenos Aires 1906) at 9 – 26; L. M. Drago, 'Les emprunts d'état et leurs rapports avec la politique internationale' (1907) 14 *Revue Générale de Droit International Public* 251 – 287.

[131] 'The Calvo and Drago Doctrines' (n 129) 3.

[132] C. Calvo, *Le Droit International Théorique et Pratique* (5th edn A Rousseau Paris 1896) vol 1, at 264 – 355.

[133] 同上,第 267 页。

[134] 'The Contribution of Lesser Developed States to International Law' (n 123) 57.

[135] 参见 M. R. Garcia-Mora, 'The Calvo Clause in Latin American Constitutions and International Law' (1949 – 50) 33 *Marquette Law Review* 205 – 219; D. R. Shea, *The Calvo Clause: A Problem of the Inter-American and International Law and Diplomacy* (University of Minnesota Press Minneapolis 1955) at 21 – 32。

拉丁美洲国际法学家和外交官还提出了其他类似原则。例如,如前所述,委内瑞拉法学家拉斐尔·塞贾斯写道,反对外国政府代表其国民滥用外交干涉。[136] 塞贾斯提出"用尽当地救济原则",即只有在当地法院遭到司法不公,才可进行外交干预。[137] 彼时,塞贾斯只在战争期间且能够向该国国民提供赔款之时才同意政府承担国家责任。

此后,在 20 世纪,以墨西哥外交部长命名的埃斯特拉达主义(Estrada Doctrine)也成为了拉丁美洲不干涉学说的一部分。[138] 埃斯特拉达主义申明了墨西哥于 1930 年的立场——反对对外国政府进行正式承认或不承认。[139] 表明立场是否承认,尤其是对使用武力主张权力的政府的承认,这可以被视为是以延迟同意或保留同意意见的方式来实施干预。此后,墨西哥限制其与外国政府维持或不维持外交关系,但对是否正式承认该政府并不作官方声明。

并非所有的新兴原则都立场一致。值得注意的是,早期的 1907 年的托巴主义
569 (Tobar Doctrine,以厄瓜多尔外交部长命名)就拒绝承认"事实"政府的做法。[140] 它认为应该限制对过渡政府的承认,从而维持国内宪法秩序。然而,将这种审查权给予第三国无异于历史上曾困扰拉丁美洲的干涉主义。这正与埃斯特拉达主义所持的立场对立。值得注意的是,对托巴主义的一种理解被 1907 年和 1923 年的《中美洲和平与友好条约》(the Central American Peace and Amity Treaties)所吸收。[141]

此外,1906 年于里约热内卢举行的第三次泛美会议也正式提及"不干涉"原则,会议通过决议并呼吁在即将于次年举行的第二届海牙和平会议中承认不干涉原则。理由是若要不干涉原则产生任何实际效果,则该原则必须得到债权国的支持,仅仅有债务人的支持还不行。在会议上,美国未支持拉丁美洲的一般立场——

---

[136] *El derecho internacional Hispano-Americano* (n 69) 48.

[137] *El derecho internacional Hispano-Americano* (n 69) 518.

[138] *La opinión universal sobre la doctrina Estrada expuesta por el Gobierno de México, bajo la presidencia de Don Pascual Ortiz Rubio* (Instituto Americano de Derecho y Legislación Comparada México 1931).

[139] J. Irizarry y Puente, 'The Doctrines of Recognition and Intervention in Latin America' (1953 - 1954) 28 *Tulane Law Review* 313 - 342 at 322.

[140] 同上,第 317 页。

[141] C. L. Stansifer, 'Application of the Tobar Doctrine to Central America' (1967) 23 *The Americas* 251 - 272.

赞成修正的德拉戈主义所表达的不干涉原则,并要求债权国在收取债务时无条件放弃武力。[142] 相反,美国支持由其代表提出的温和的波特主义(Porter Doctrine),并成功地被 1907 年的第二次海牙会议的《关于限制使用武力索偿契约债务公约》(Convention Respecting the Limitation of the Employment of Force for the Recovery of Contract Debts)所采纳。[143] 据此,若违约国不同意仲裁、在仲裁过程中态度消极或拒绝接受最终仲裁裁决,那么强制干预仍然是合法的。

1928 年于哈瓦那举行的第五届泛美会议同样重点讨论了不干涉原则。[144] 1927 年于里约热内卢召开的国际法学家委员会会议制定了一份预备性草案,其明确表示"任何国家均无权违反美洲共和国意愿而干涉其内政外交"。该草案由于美国的反对而被撤回。然而,该项原则最终被 1933 年的《蒙特维的亚国家权利与责任公约》所采纳。对替代武力的强制性国际仲裁的呼吁也可溯至这些争论。[145] 最终,美国同意接受《蒙特维的亚国家权利与责任公约》,并撤回了 1936 年作出的保留。[146] 在同年于布宜诺斯艾利斯召开的维持和平会议上,美国延续了这一态度,其重申不干涉原则,并主张富兰克林·德拉诺·罗斯福对拉丁美洲所秉持的"睦邻政策"。[147]

570

七、国际法的法典化

国际法的法典化是拉丁美洲另一项广为人知的成就。其主要成果是 1928 年的《哈瓦那国际私法公约》,其通过了《布斯塔曼特法典》(the Bustamante Code)。[148] 相比之下,国际公法的法典化则通过专题条约展开。《布斯塔曼特法

---

[142] 'Alejandro Alvarez's Latin American Law' (n 113) at 948; *The United States and the Second Hague Peace Conference* (n 109) 255.

[143] J. Brown Scott, 'The Work of the Second Hague Peace Conference' (1908) 2 *American Journal of International Law* 1–28 at 15; *The United States and the Second Hague Peace Conference* (n 109) 284–285.

[144] 'Intervention: Individual and Collective' (n 110) 654.

[145] *La contribution de l'Amérique Latine* (n 62) 68–69.

[146] 'The Contribution of Lesser Developed States to International Law' (n 123) 63.

[147] 'Intervention: Individual and Collective' (n 110) 656; C. Saavedra Lamas, *La Conferencia Interamericana de Consolidación de la Paz* (Ministerio de Relaciones Exteriores y Culto Buenos Aires 1938).

[148] Convention on Private International Law (签订于 1928 年 2 月 20 日) 86 LNTS 111 at 120。

典》试图协调整个美洲私法规则间的冲突。

通常认为,拉丁美洲地区编纂国际法的最早尝试可追溯到 1826 年的第一届巴拿马大会。[149] 然而,直到 1877 年的利马会议才首次取得系统性进展,会上编纂了大量国际私法。利马会议采纳了备受争议的欧洲规则或称国籍规则以解决属人法的冲突。[150] 然而,由于仅有秘鲁一国批准,所以该规则未能生效。[151] 之后的 1888 年至 1889 年的《蒙特维的亚民商法公约》标志着从国籍法向住所地法的转变。[152] 该公约涵盖了民法、商法、刑法、诉讼法、知识产权法领域的冲突解决规则。[153] 由此产生的大量条约全部内容获得了阿根廷、玻利维亚、巴拉圭、秘鲁和乌拉圭的批准。包括欧洲国家在内的很多其他国家之后也加入到一项或多项此类条约中。[154]

然而,在 1901 年至 1902 年于墨西哥城召开的第二届泛美会议才开始积极地
571 推动编纂工作。代表们赞同编纂国际公法与国际私法的提案。[155] 编纂工作先是由三人组成的委员会进行,其后增加至七人,其中五位是来自美洲的知名法学家,另外两位来自欧洲。[156] 1906 年于里约热内卢举行的第三届泛美会议成立了美洲法学家国际委员会(the International Commission of American Jurists),其改变了制定编纂草案的方法。[157] 该委员会由二十一个美洲共和国分别派出的一名受过法律训练的代表组成。[158] 该法律专家委员会对国际公法与国际私法的编纂工作展开了诸多前期研究,并提供了诸多建议。[159]

---

[149] 'Latin America and International Law' (n 87);'The Progress of Codification' (n 66)110.

[150] 'The Doctrines of Recognition and Intervention in Latin America' (n 139) 96.

[151] *La contribution de l'Amérique Latine* (n 62) 26.

[152] 同上,第 27 页;'The Doctrines of Recognition and Intervention in Latin America' (n 139) 98 – 99。

[153] *La contribution de l'Amérique Latine* (n 62) 27.

[154] 'The Doctrines of Recognition and Intervention in Latin America' (n 139) 97.

[155] 'The Progress of Codification' (n 66)110.

[156] *La contribution de l'Amérique Latine* (n 62)31.

[157] J. M. Yepes, *La codificación del derecho internacional Americano* (Imprenta Nacional Bogotá 1927) at 13.

[158] 同上,第 4 页。

[159] J. Brown Scott, 'The Codification of International Law in America' (1925) 19 *American Journal of International Law* 333 – 337 at 333 – 334;'International Commission of Jurists (Sessions Held at Rio de Janeiro, Brazil, 18 April to 20 May 1927)' (1928) 22 *Special Number American Journal of International Law Special Supplement* 234 – 329.

国际委员会于 1912 年在里约热内卢举行首次会议。[160] 不幸的是,第一次世界大战的爆发导致所有这些努力不得不被中断。1923 年于智利圣地亚哥举行的第五届泛美会议呼吁继续开展这项工作。[161] 1927 年,国际委员会于里约热内卢再次召开会议,[162]并为次年举办的下一届泛美会议制定了工作草案。[163] 1928 年于哈瓦那举办的第六届泛美会议通过了《布斯塔曼特法典》。[164] 该法典以其主要起草者——古巴法学家安东尼奥·桑切斯·德·布斯塔曼特(Antonio Sánchez de Bustamante y. Sirven)命名。[165] 布斯塔曼特受美洲国际法研究所之邀而起草提案。[166] 该研究所当时在詹姆斯·布朗·斯科特和亚历杭德罗·阿尔瓦雷兹的领导下,其受泛美联盟委托开展这项工作。[167]

之后,《布斯塔曼特法典》被许多拉丁美洲国家吸纳,以作为其国内立法中的一部分。然而,由于其对商业往来的有效性施加了过于严格的限制、限制合同当事人选择管辖法的意思自治以及未能对属人法制定统一规则等原因,该法典也受到了诸多批评。[168] 实际上,对于最后一点,一个主要问题是在本国法与住所地法之间如何选择。[169] 对拉丁美洲而言,该争论最后还是围绕着其国家主权。[170] 适用本国法可能会打开外国干涉甚至军事干预的大门。[171] 此外,本国法被视作妨碍外国移民融入当地社会的障碍。[172] 根据属人法,这些新美洲人将继续适用其出身国的法律,受其保护并对其效忠。相比之下,住所地法的支持者认为其可以保护东道国

572

---

[160] *La contribution de l'Amérique Latine* (n 62)32 – 33.

[161] *La codificación* (n 157)10 – 13.

[162] 同上,第 13 页。

[163] 'International Commission of Jurists' (n 159).

[164] Convention on Private International Law (n 148); E. G. Lorenzen, 'Uniformity Between Latin America and the United States in the Rules of Private International Law Relating to Commercial Contracts' (1940 – 1941)15 *Tulane Law Review* 165 – 176 at 166.

[165] 'The Progress of Codification' (n 66)117.

[166] *La codificación* (n 157) 27.

[167] *International Commission of Jurists* (n 159) 234 – 235.

[168] 'Uniformity Between Latin America and the United States' (n 164)166.

[169] A. S. de Bustamante y Sirven, *La nacionalidad y el domicilio* (Imprenta El Siglo XX La Habana 1927).

[170] C. Saavedra Lamas, *La Crise de la Codification et la Doctrine Argentine du Droit International* (Les. Éditions Internationales Paris 1931) at 747 – 753.

[171] 同上,第 158—176 页。

[172] *La contribution de l'Amérique Latine* (n 62) 27 – 28.

主权和国家认同。实际上,有些人认为住所地法是"美洲的"规则,其不为更大比重的学术权威观点所支持。[173] 后者代表了欧洲法学家的观点,并体现了欧洲主权者的利益。通过这种法学方法,欧洲得以维持其与前往美洲的移民和其美洲事务间的联系。尽管如此,由于未能达成共识,1940 年再次在蒙特维的亚举行了会议。[174] 该会议的发起人包括《布斯塔曼特法典》的一些著名反对者。[175] 最终文本在 1888 年至 1889 年的《蒙特维的亚公约》的基础上稍加扩展,其重申了在处理冲突案件时适用住所地规则。

然而,并非所有拉丁美洲国家均支持住所地法。[176] 对一些国家而言,主要问题在于对其海外公民继续适用本国家庭法之担心。[177] 如果一些拉美人在能够合法判决离婚的管辖权范围内确立了住所地因素,其可获得外国离婚判决,并在之后再到母国寻求法律上的承认。在关于编纂的论争中,这种担心被部分消解,因为有学者提出在离婚案件中不适用住所地法。该论争也引用了法学理论。支持适用本国法的学者认为,一国国内立法是当地习俗的体现。[178] 因此,对个人而言,适用的法律是渊源于其本国习俗的法律。住所地法的支持者未必忽视法律的有机性,只是其更强调新的社会关系以及移民已经自愿选择加入的社会群体。简而言之,国际私法的编纂不仅仅是技术上的进步,其也涵盖了移民、国家主权、家庭法以及其他领域的争议。

573

八、中美洲法院

中美洲法院存在于 1908 年 5 月 25 日至 1918 年 3 月 12 日间,它最初位于哥斯达黎加的卡塔戈,1911 年搬至哥斯达黎加首都圣何塞。[179] 该机构是国际常设法

---

[173] *La Crise de la Codification* (n 170)158 – 166.

[174] E. Rabel, 'The Revision of the Treaties of Montevideo on the Law of Conflicts' (1940 – 1941) 39 *Michigan Law Review* 517 – 525.

[175] *La Crise de la Codification* (n 170) J. Irizarry y Puente, 'Treaties on Private International Law' (1943) 37 *American Journal of International Law Supplement* 95 – 99.

[176] *La codificación* (n 157) 45 – 48.

[177] 同上,第 56—62 页。

[178] 同上,第 30—31 页。

[179] J. Eyma, *La Cour de Justice Centre-Américaine* (E Sagot Paris 1928) at 39 – 40.

院的早期雏形,其具有强制性管辖权。[180] 中美洲法院不同于偶然进行的国际仲裁活动,例如国际常设仲裁法院进行的仲裁。[181] 有学者指出,"这是现代历史上首个被授权常规运转的国际法院"。[182] 此前的国际性努力都有所欠缺,如1907年的第二次海牙和平会议。[183] 国际法学家大多赞同建立中美洲法院是国际法的重要发展。[184] 然而,中美洲法院也被认为是国际机构自然演进过程中的早熟产物。[185]

最初,中美洲法院系在尼加拉瓜与洪都拉斯发生敌对行动后,由美国与墨西哥于1907年在华盛顿特区召集的中美洲和平友好大会上建立。[186] 哥斯达黎加、危地马拉、洪都拉斯、尼加拉瓜和萨尔瓦多五国都参与了该大会。设立法院的条约于1907年12月20日由各方签署,于1908年获五个签署国批准。危地马拉在大会上声明将保留"在执行法院裁定出现任何困难时,向美国和墨西哥总统寻求斡旋和友好调解的权利"。[187] 中美洲法院由五位大法官组成,他们分别来自五个签署国。法院有权根据国际法原则审理案件。[188] 在其存续的十年间,该法院共审理了十起案件。其中五起由个人提起,且该五个案件均被视为不可受理。[189] 根据曼利·哈德逊所说,

> 尽管法院的判决受中美洲国家联合传统的影响,但其没有体现出希望创设中美洲国际法特殊原则的尝试,这在萨尔瓦多诉尼加拉瓜案(El Salvador v. Nicaragua)中尤为明显。[190]

574

---

[180] 'The First Case Before the Central American Court of Justice' (1908) 2 *American Journal of International* Law 835 – 841; *La Cour de Justice Centre-Américaine* (n 179) 28 – 34.

[181] The Hague Convention for the Pacific Settlement of International Disputes of 1899 (于 1900 年 9 月 4 日正式生效) (1899)187 CTS 410。

[182] M. O. Hudson, 'The Central American Court of Justice' (1932) 26 *American Journal of International Law* 759 – 786 at 785 – 786.

[183] *La Cour de Justice Centre-Américaine* (n 179) 44.

[184] N. Politis, *La justice internationale* (Hachette Paris 1924) at 141.

[185] *La Cour de Justice Centre-Américaine* (n 179) 44 – 45 and 171 – 176.

[186] 'The Central American Court of Justice' (n 182) 761; *La Cour de Justice Centre-Américaine* (n 179) 18.

[187] 'The Central American Court of Justice' (n 182) 767.

[188] 'Convention for the Establishment of a Central American Court of Justice' (1908) 2 *American Journal of International Law Supplement: Official Documents* 224 – 231 at 228 – 229 (art XXI).

[189] 'The Central American Court of Justice' (n 182) 768.

[190] 同上,第767—768 页。

尽管如此,中美洲法院在扩大管辖权方面却取得了相当醒目的发展。[191] 该法院非常与众不同地将管辖权覆盖到了缔约国间的所有争议,即根据条约,缔约国同意"将所有他们之间可能产生的争议或问题均提交至中美洲法院,而无论其性质或起源为何"。[192] 法院也可依据职责自行启动诉讼。此外,法院还对签署国与他国公民之间具有国际性质或涉及违反条约的争端具有管辖权。个人的诉求无须获其母国支持。然而,申请人需证明已穷尽当地救济或存在司法不公。建立法院的条约还包含一份附录,其规定了管辖权的"选择性条款"。"选择性条款"规定了"当司法判决和国民大会(the National Congress)决议在事实上未获遵守时",以及一国政府的立法机关、行政机关与司法机关间存在管辖权冲突时,法院具有管辖权。[193] 除哥斯达黎加外,所有国家均批准了该选择性条款,尽管对这一条款是否生效还存在争论。

中美洲法院处理的最著名的案件为两起相互关联的诉讼,其由哥斯达黎加和萨尔瓦多针对尼加拉瓜违反国际条约的行为提起。[194] 1914 年,尼加拉瓜与美国谈判缔结了《布里安-查莫罗条约》(the Bryan-Chamorro treaty),其中规定永久让与美国在尼加拉瓜开挖跨洋运河的权利、在丰塞卡湾建立海军基地的权利以及租期为九十九年且可续期的租用几个加勒比岛屿的权利。[195] 美国的真正目的并非开挖运河,而是防止尼加拉瓜开挖新的跨洋运河,从而与其最近完工的巴拿马运河竞争。[196] 尼加拉瓜获得总共三百万美元的许可费。1916 年 3 月,哥斯达黎加提起诉讼,称尼加拉瓜与美国在订立《布里安-查莫罗条约》前未与其协商,此举违反了两国于 1858 年订立的《卡纳斯-赫雷斯条约》(the Cañas-Jerez Treaty)。[197] 哥斯达

---

[191] J. Brown Scott,'The Central American Peace Conference of 1907'(1908) 2 *American Journal of International Law* 121 – 143 at 141 and 143.

[192] 'Convention for the Establishment of a Central American Court of Justice'(n 188) 231 (art I).

[193] 'The Central American Court of Justice'(n 182) 766.

[194] *La Cour de Justice Centre-Américaine*(n 179)109 – 156.

[195] 'Convention Between Nicaragua and the United States Regarding the Nicaraguan Canal Route and a Naval Base on the Gulf of Fonseca'(1916)10 *American Journal of International Law Supplement*:*Official Documents* 258 – 260;*La Cour de Justice Centre-Américaine*(n 179)103 – 109.

[196] G. A. Finch,'The Treaty with Nicaragua granting Canal and other Rights to the United States'(1916) 10 *American Journal of International Law* 344 – 351 at 346.

[197] *La Cour de Justice Centre-Américaine*(n 179)109 – 125.

黎加认为,违反该条约的行为应导致后来签订的条约无效。萨尔瓦多同样就尼加拉瓜违反 1907 年的《中美洲和平与友好条约》而提起诉讼。[198] 最终,中美洲法院分别于 1916 年 9 月 30 日和 1917 年 3 月 9 日判决支持申请人一方。[199] 法院并未宣告尼加拉瓜与美国之间的条约无效,[200] 而是命令尼加拉瓜恢复原状,而尼加拉瓜拒绝遵守。[201] 之后,美国于 1923 年与哥斯达黎加单独签署了一份议定书,其中同意一旦在跨洋运河施工,就必须与后者协商。[202] 这个议定书显然并未得到美国参议院之批准。

根据条约,授权设立法院的特许状规定的期限为十年,其在 1918 年到期后没有续期。实际上,在到期前一年,尼加拉瓜政府便拒绝了延期一事,显然其理由充分。新一轮的《中美洲和平与友好条约》于 1922 年至 1923 年签订。他们恢复设立了中美洲法院。这一次,它以国际中美洲法院的形式出现,且仅在需要时召开。其仅仅包含了建立国家间临时特设仲裁(ad hoc arbitration)的程序条款。该法院与先前法院的雄心壮志相比,显然是一个退步。其前身与后来国际社会的发展更加一致,如 1922 年在国际联盟领导下的国际常设法院以及 1946 年建立的国际法院。

历史上赫赫有名的中美洲法院源自政治联盟和共同文化认同的区域历史。然而,其成立于几个中美洲国家宣布正式独立的时期,这是和平协商结束区域性敌对行为的结果。因此,它并非一个统一的政治机制,而是为解决不同主权国家之间的国际争端而成立。此外,该法院还体现了美国对国际机构的态度。中美洲法院是美国在 1907 年的第二次海牙和平会议上所支持的国际争端解决模式的体现。[203] 最终,美国的立场并未被海牙和平会议所采纳,但该立场却蕴含在了同年达成的中美洲条约中。此外,法院的最终解体也与美国的利益具有密切关系。[204] 在尼加拉

576

---

[198] *La Cour de Justice Centre-Américaine* (n 179) 125 – 156.

[199] 'Judicial Decisions Involving Questions of International Law, E. l. Salvador v. Nicaragua, Central American Court of Justice' (1917) 11 *American Journal of International Law* 674 – 730.

[200] 'The Central American Court of Justice' (n 182) 780.

[201] P. M. Brown, 'Costa Rica v. Nicaragua' (1917) 11 *American Journal of International Law* 156 – 160; *La Cour de Justice Centre-Américaine* (n 179) 157 – 170.

[202] 'The Central American Court of Justice' (n 182) 780.

[203] *La Cour de Justice Centre-Américaine* (n 179) 43 – 44 and 53 – 58.

[204] J. Brown Scott, 'The Closing of the Central American Court of Justice' (1919) 12 *American Journal of International Law* 380 – 382 at 382.

瓜不予遵守法院判决后(判决不支持尼加拉瓜与美国所缔结的条约),法院宣告失败。值得注意的是,美国并没有鼓励尼加拉瓜尊重并配合法院的判决。至少从美国外交政策的角度看,该法院的功能性似乎在消减。实际上,在理解中美洲法院的历史时不能不提及彼时美国在中美洲占主导性的利益。

九、结论

拉丁美洲最显著的国际法发展清晰地反映了彼时的政治关切和智识焦点。这些关联正是本章所特别强调之处。此外,本章中有一条贯穿多个例证的重要线索,即外国对相对弱小国家事务的干涉。拉丁美洲国际法的许多内容都体现了近代国家主权与国家地位的核心要素。

推荐阅读

Alcorta, Amancio *Cours de droit international public* (L Larose et Forcel Paris 1887).

Alvarez, Alejandro 'Latin America and International Law' (1909) 3 *American Journal of International Law* 269 – 353.

Bello, Andrés *Principios de derecho internacional* (3rd edn Imprenta de la Patria Valparaíso 1864).

Bustamante y Sirven, Antonio S de *La nacionalidad y el domicilio* (Imprenta El Siglo XX La Habana 1927).

Calvo, Carlos *Le droit international théorique et pratique* (5th edn A Rousseau Paris 1896).

Drago, Luis María 'Les emprunts d'état et leurs rapports avec la politique internationale' (1907) 14 *Revue Générale de Droit International Public* 251 – 287.

Eyma, Jean *La Cour de Justice Centre-Américaine* (E Sagot Paris 1928).

Lamas Saavedra, Carlos *La crise de la codification et la doctrine Argentine du droit international* (Les Éditions Internationales Paris 1931).

Planas-Suárez, Simón *El asilo diplomático* (Imprenta López Buenos Aires 1953).

Sá Vianna, Manuel *La non-existence d'un droit international Américain* (L Figueredo Rio de Janeiro 1912).

Seijas, Rafael F. *El derecho internacional Hispano-Americano (puúblico y privado)* (El Monitor Caracas 1884).

Yepes, Jesús María *La codificación del derecho internacional Americano y la conferencia de Rio de Janeiro* (Imprenta Nacional Bogotá 1927).

Yepes, Jesús María *La contribution de l'Amérique Latine au développement du droit international public et privé* (Recueil Sirey Paris 1931).

577

第二十四章　加勒比

大卫·贝里(David S. Berry)

一、引言

加勒比的历史相当复杂。[1] 加勒比地区的民众和岛屿历来是西班牙、葡萄牙、法国、英国、荷兰、丹麦以及美国等大国为了扩张领土和发展商业而竞相争夺的对象。各个国家都对加勒比施加了自己的影响,他们之间的关系影响了加勒比地区的局势,反之,加勒比也牵动着中心区域的关系。下文试图从区域性视角描绘一系列重要而具有创设性的事件,从而以加勒比自身为中心,思考外部势力的影响以及区域性和地方性行为体对国际法发展的贡献。虽然本章所涉许多岛屿直至 20世纪 60 年代才获得独立,但这些岛屿对世界事务的影响却从很早以前便已开始。

按照粗略的时间顺序,本章旨在强调从欧洲人与该地区原住民首次接触至 20 世纪初期的这段时间中,在加勒比法律发展和历史演进中的一些关键问题和主要议题。这是对该地区国际法史的首次探索,因而主要依赖于传统的历史叙事。[2] 本章介绍西班牙登陆加勒比与美洲大陆的历史,简要介绍这一"发现"(discovery)的后果,继而讨论欧洲国家围绕对"新世界"及其民众的控制

---

〔1〕"加勒比"一词有多重含义,其可指代加勒比海域内或附近的全部陆地。然而,考虑到本书其他章节的叙述范围,本章将仅仅论述加勒比海内岛屿,而不包括其周边陆地区域。
〔2〕尽管有时会质疑传统叙事,但本章基本上还是对该地区的历史事件和主要议题进行了宽泛的概括。主要目的在于介绍,因此援引了一些二级文献。

权、所有权等问题产生的冲突。[3] 在引言之后,本章的第二节将追溯各国竞相试图通过教皇敕令(papal bull)和划定"友好线"(lines of amity)的方式划分旧世界与新世界的尝试,并探索新形式的重商主义(特许贸易公司)与由此产生的强军主义(私掠船)。本章第三节研究了加勒比财富之船的两大引擎——奴隶制与制糖业,并梳理了奴隶贸易与奴隶制被逐步废除的历程。全世界均感受到了奴隶制的恐怖残暴,然而加勒比却正是藉此得以形成并且也仍然受其影响。本章第四节强调了包括走私商人、海盗以及私掠船在内的加勒比海域各行为体的影响及其在划分欧洲与加勒比地区中所起的作用。这种武力私有化对加勒比的历史至关重要,且其有时与主权权力的私有化形式相结合,正如本章第五节在介绍特许贸易公司作用时所言。本章第六节简要讨论了两场关键革命——美洲革命与海地革命——之影响,并随后给予了简要总结。

二、西班牙的探险、所有权主张以及世界观

1492 年 10 月 12 日,克里斯托弗·哥伦布踏上巴哈马群岛中的瓜纳哈尼(Guanahina)小岛,此举在宗教、政治和法律思想上都引发了一系列意义深远的变革。[4] 哥伦布的到来使得人们对全球的分野有了基本的概念认知,并且他在将欧洲的冲突带往欧洲大陆之外的同时还开启了一个新时代——国家用私主体来满足其勃勃野心的时代。

在几个欧洲大国致力于发现与征服美洲和加勒比地区领土的过程中,早已被削弱的基督教统一体日益瓦解。[5] 教廷将两大天主教国家——西班牙与葡萄牙——的权利主张优先于其他基督教国家处理。[6] 在公元 1452 年后的一系列教

---

[3] 由于该地区早已存在土著文明,所以"发现"和"新世界"(新大陆)的说法备受争议。"发现"指获得领土所有权的一种方法,有观点提出批评,认为它与"新世界"连用是为了强调欧洲对加勒比地区之"新"的理解。

[4] 对于哥伦布航程的描述,参见 Sir A. Burns, *History of the British West Indies* (2nd edn George Allen & Unwin London 1965) chs 2 - 4。

[5] W. G. Grewe, *The Epochs of International Law* (M. Byers trans.) (de Gruyter New York 2000) 141 - 142.

[6] 对伊比利亚半岛国家间的竞争以及教皇在其中所扮演角色的讨论,参见 A. P. Rubin, 'International Law in the Age of Columbus' (1992) 39 *Netherlands International Law Review* 5 - 35。

皇授权中,葡萄牙被授予探索和征服异教徒土地、奴役其居民、获取其土地与货物以及进行传教活动的权利。[7] 然而,自哥伦布于 1493 年 3 月从加勒比返回后,教皇亚历山大六世于同年 5 月和 9 月向西班牙共发出五份敕令。于 1493 年 5 月 4 日发出的第四份敕令推翻了前三份敕令。这第四份教皇诏书(Inter caetera,即"亚历山大六世教皇敕令")规定,从亚速尔群岛和佛得角群岛以西 100 海里处由北至南划线,该线以西所有已被西班牙发现或未来将被西班牙发现的岛屿,连同其海域与陆地,均可由西班牙进行探险,作为交换,西班牙须履行其封建义务,向该地居民布道传教,以促使其信仰基督教。第五份敕令(*Dudum siquidem*)进一步扩大了之前授予的权利,将"向西和向南航行中所有无论是否已被发现的岛屿和大陆"纳入其中,并取消了之前授予的其他任何权利,即使其已被实际占有。[8] 由于前述教皇敕令确定了西班牙和葡萄牙的航行边界,所以两国均同意通过 1494 年的《托尔德西里亚斯条约》(the Treaty of Tordesillas),从而在佛得角群岛以西 370 英里处设立分界线。[9] 最初的分界线与条约中达成一致的分界线的主要差别在于其将南美洲大陆的很大一部分(包括巴西)纳入了葡萄牙的占领范围,而将美洲其他区域以及加勒比地区留给了西班牙。[10]

(一)教皇敕令

无论过去还是现在,这些教皇敕令的含义和法律效力都饱受争议。有观点认为,这些敕令的目的是给予西班牙完整的所有权——即将世界分为两部分,并将西半球的土地全数授予西班牙。但是,上述观点遭到了相反观点的驳斥,反对者认为这些教皇诏书仅仅是授权西班牙国王令西方的异教徒皈依基督教。支持后一种观点的理由源自亚历山大六世的教皇敕令中规定的限制性条件,即该授权排除了"已

581

---

[7] *The Epochs of International Law* (n 5) 230 – 231.

[8] J. H. Parry, P. M. Sherlock, and A. P. Maingot, *A Short History of the West Indies* (4th edn MacMillan Education London 1987) at 7.

[9] 'Hispanic-Portuguese Treaty/Tordesillas' (7 June 1494) in W. G. Grewe (ed.) *Fontes Historiae Iuris Gentium : Sources Relating to the History of the Law of Nations* (de Gruyter New York 1988 – 1995) vol 2, 110 – 116;亦见同上,第 117—134 页中的 'Hispanic-Portuguese Treaty/Sargossa' (22 April 1529)。

[10] *The Epochs of International Law* (n 5) 233 – 235.

发现或将发现的、由任何基督教国王或王公实际控制的岛屿或陆地"。[11] 之后的学者或许给过去的事件赋予了更多现代的观念,他们认为教皇的敕令仅仅授予给了这些土地"不完整"的所有权,该所有权在占领后需要再加以完善。[12]

这些教皇敕令的影响一目了然。欧洲人对"新世界"的观点深受他们的权威渊源的影响。[13] 西班牙和葡萄牙就以教皇敕令为依据,进而要求垄断在全球范围内的领土扩张权。相比之下,法国、英国和荷兰至少最初认为"新世界"相对于所有欧洲人而言都是"外国",其不能仅依据一部教皇诏书或《伊比利亚双边条约》就主张对新世界的权利。[14] 例如,英国皇室于 1496 年授予约翰·卡伯特(John Cabot)特许状,其范围包括了教皇敕令可能覆盖的北美地区;以及 1532 年,弗朗索瓦一世并未否定法国胡格诺派教徒在西班牙宣称势力范围的区域内享有贸易自由以及航海自由的权利主张。[15] 1580 年,伊丽莎白女王在其给西班牙派驻伦敦的大使门多萨的信中直接拒绝了伊比利亚对新世界的权利主张。在谈到教皇敕令的影响时,女王说道:

> 此赠与本不属于赠与者,此臆想的财产权不应阻止其他君主继续在这些地区进行贸易活动或在西班牙人未居住之地建立殖民地。这项行为绝不会违反国际法,因为未实际占领即无效力。此外,所有人均有在那片广阔海洋航行的自由,因为所有人平等地享有对海洋和空气的使用权。没有任何国家或个人可以对海洋主张所有权,因为无论是自然本身抑或公共用途均不允许对其有任何占领行为。[16]

---

〔11〕 'Bull Inter Caetera of Pope Alexander VI'(4 May 1493) in *Fontes Historiae Iuris Gentium*(n 9) vol 2,103 – 109.

〔12〕 *The Epochs of International Law*(n 5)236 – 237. 关于"不完整"所有权,引自 *Island of Palmas Case*(Netherlands v US)(1928)2 RIAA No XX 829。

〔13〕 例见 A. Pagden, *Lords of All the World*:*Ideologies of Empire in Spain*,*Britain and France c. 1500 – c. 1800*(Yale University Press New Haven 1995)ch 2。

〔14〕 E. Mancke,'Empire and State' in D. Armitage and M. J. Braddick(eds.)*The British Atlantic World 1500 – 1800*(2nd edn Palgrave Macmillan New York 2009)193 – 213 at 196 – 197.

〔15〕 'The First Letters Patent Granted to John Cabot and His Sons'(1496)reproduced in J. A. Williamson, *The Voyages of the Cabots and the Discovery of North America*(Argonaut Press London 1929)25 – 27;*The Epochs of International Law*(n 5)244 – 245(Huguenot petition).

〔16〕 'Queen Elizabeth of England to the Spanish envoy in London Mendoza'(1580) in *Fontes Historiae Iuris Gentium*(n 9)vol 2, at 151. 完整的引述及相关讨论,参见 E. P. Cheyney,'International Law under Queen Elizabeth'(1905)20 *The English Historical Review* 659 – 672。

英国对航行自由的立场后来得到了格劳秀斯的回应,在其发表于 1609 年的著作《海洋自由论》中,格劳秀斯支持了荷兰东印度公司的主张。[17] 另外需要指出的是,亚历山大六世的教皇敕令以及《托尔德西里亚斯条约》均未明确授予对海洋的控制或所有之权,尽管这些授权条款曾存在于早期的教皇敕令中。[18]

(二) 友好线

尽管遭到了法国、荷兰和英国的强烈反对,但西班牙和葡萄牙的权利主张仍然对欧洲的势力平衡构成了潜在威胁。因此,1494 年至 1648 年间的欧洲各国试图在政治层面和法律层面将海外殖民区域内的行动和事件与在欧洲地区内的局势相区分。因此,他们划分出了"友好线",并在"友好线"外适用不同规则,从而保护欧洲地区的和平免受美洲或加勒比地区的军事冲突之干扰。[19]

"友好线"的地理划界最初由 1559 年的卡托-康布雷齐和谈(the Cateau-Cambrésis peace negotiations)期间的口头协议确定,即"显然,本初子午线以西及北回归线以南的区域可进行军事冲突,且任何一方对另一方的侵犯均不视为违反条约"[20]。"友好线外无和平"(no peace beyond the line)的观念(弗朗西斯·德雷克爵士曾简单表述过)至 18 世纪中期已得到国家实践和后续条约的普遍接受,虽然"友好线"的确切位置仍存在争议。[21] 欧洲势力范围与"友好线"之外的区域之间的区别体现在冲突形式上。正如格鲁威所说,"友好线之外"的斗争由私主体进行,而"无论其是否持有主权国家授予的正式特许证"。[22]

---

[17] R. Feenstra (ed.) *Hugo Grotius Mare Liberum*:*1609 - 2009* (Brill Leiden 2009);亦见 R. Jennings and A. Watts (eds.) *Oppenheim's International Law* (9th edn Longman London 1996) vol 1,at 721 - 722。

[18] *The Epochs of International Law* (n 5) 257;例如'Sanction of the Portuguese Monopoly of Navigation by Nicholas V. in the Bull "*Romanus pontifex*"' (1455) in *Fontes Historiae Iuris Gentium* (n 9) vol 1,at 642 - 646 [赋予海洋所有权]。关于大英(代表特立尼达拉岛)和委内瑞拉在 20 世纪宣称对加勒比海大陆架的所有权,参见 the Treaty relating to the Submarine Areas of the Gulf of Paria (达成于 1942 年 2 月 26 日,于 1942 年 9 月 22 日正式生效) 205 LNTS 121。

[19] *The Epochs of International Law* (n 5)152 - 154。

[20] F. G. Davenport,*European Treaties Bearing on the History of the United States and its Dependencies* (Carnegie Institution Washington DC 1917) vol 1,at 220 (引用于 *The Epochs of International Law* [n 5]155)。

[21] *The Epochs of International Law* (n 5)155 - 159 and 250。

[22] 同上,第 273—274 页。关于格鲁威的历史著作以及他同卡尔·施密特和同纳粹的关系,参见 B. Fassbender,'Stories of War and Peace:On Writing the History of International Law in the "Third Reich" and After' (2002)13 *European Journal of International Law* 479 - 512。

由于各殖民国在欧洲的势力角逐直接影响到"友好线之外"的关系,且美洲及加勒比地区的重要事件影响并修改了帝国中心的政策,所以不应过分强调这些"友好线"的作用。[23] 但是,作为一种理论构建,教皇敕令与"友好线"均使得欧洲与美洲及加勒比地区在概念上有所划分,从而创造了一个法律规则与人际关系均不相同的"他者"。[24]

(三) 原住民

欧洲国家在界定美洲与加勒比地区的领土和法律制度时面临的困难之一是原住民问题。在与欧洲人的早期接触中,围绕原住民的地位就进行过重要的理论争论。这些争论受到了殖民者野心的影响,且其也影响了国际法的发展。[25] 然而,这样还是未能阻止欧洲国家不予正式承认原住民平等地位或尊重其财产的一致性做法。相反,原住民及其土地均被作为"无主物"(res nulliu)对待。[26]

西班牙神学家弗朗西斯科·德·维多利亚、巴托洛梅·德拉斯·卡萨斯(Bartolomé de las Casas)与弗朗西斯科·苏亚雷斯(Francisco Suárez)(此三人有时被称为"西班牙学派")通过撰写人类平等之基本基督教原则的著作来主张更亲切地与更人道地对待原住民。[27] 比如,维多利亚认为原住民是普遍人类社会的一部分,其有权行使所有的基本自然权利。然而,维多利亚的著述显示出他并不支持原住民的完全平等,更不用说独立性权威了,因为他也承认西班牙与原住民的自由往

---

[23] *The Epochs of International Law* (n 5)303.

[24] 关于西班牙和葡萄牙基于教皇敕令对世界进行的空间划分,以及英国和法国基于"友好线"的世界划分,参见 C. Schmitt, *The Nomos of the Earth in the International Law of the Jus Publicum Europaeum* (Telos Press Publishing New York 2003) at 90 – 91 and 94. 关于施密特的工作与生活,参见本书中由巴多·法斯本德(Bardo Fassbender)撰写的第六十四章"卡尔·施密特(Carl Schmitt, 1888—1985 年)"。

[25] 例如 A. Anghie, 'Francisco de Vitoria and the Colonial Origins of International Law' (1996)5 *Social and Legal Studies* 321 – 336 at 322。

[26] 施密特将对原住民人格的否认与源于"友好线"的"自由"相联系,后者"划出一块可以自由地和残酷地使用武力的区域"。施密特指出,"然而,只有基督教的欧洲君王和人民可以共享新世界的划割土地,且成为这些条约的一方……以及所有发生在这条线之外的事,亦不受这条线之内(欧洲)受承认的法律、道德和政治价值的约束"。*The Nomos of the Earth* (n 24) 94.

[27] 例如 C. G. Marks, 'Indigenous Peoples in International Law: The Significance of Francisco de Vitoria and Bartolome de las Casas' (1992) 13 *Australian Yearbook of International Law* 1 – 51; D. Kennedy, 'Primitive Legal Scholarship' (1986) 27 *Harvard International Law Journal* 1 – 98; 'International Law in the Age of Columbus' (n 6); *Lords of All the World* (n 13) ch 2. 卡萨斯曾因支持非洲奴隶贸易而被批评,参见 *History of the British West Indies* (n 4)118 – 119。

来的自然权利。这种自然权利包括与原住民贸易往来、向原住民布道、在特定情形中与原住民相邻定居，以及在受到阻挠时对其发动战争。[28] 因此，维多利亚的著作可被用于证明当原住民拒绝与欧洲进行贸易或抵制信仰基督教时，西班牙对其实施的征服和镇压行为是正当的。[29] 毫无疑问，受这种观念的影响，西班牙征服者早在 1514 年便向其遇到的原住民宣读了一份正式公告（requerimiento），该公告直接阐明了原住民拒绝信仰天主教的后果——包括战争、没收财产以及被奴役。[30]

然而，西班牙并非唯一不承认原住民的完整法律人格的国家。英国王室在向英国探险家授予特许状时毫不犹豫地将"不被基督徒所有之土地"的所有权授予了这些探险者们。[31] 因此，一般来说，即使加勒比地区存在原住民，欧洲殖民者也并不将其视为获得主权的障碍。因此，无论是基于瓦特尔提出的无效占有理论、约翰·洛克主张的更高用途原则，还是仅仅基于不被承认拥有国际法律人格，原住民的土地被视作"无主地"，其可由他人发现并占领。[32] 然而，在遭到原住民抵抗时，欧洲会与原住民群体达成条约和非正式联盟；其后，当欧洲取得军事优势时，其再通过征服获得所有权。[33]

欧洲各国依靠两种不相一致的方式获得所有权的行为体现出其与尊重原住民法律地位的理论存在根本矛盾。[34] 发现和占有是原始取得所有权的方式，其在法律上被认为在无主的土地上行使。征服和割让则是继受取得所有权的方式，其必

[28] *The Epochs of International Law* (n 5)146 - 147,205,242.

[29] 例如 F. de Vitoria, 'De indis et de jure belli relectiones' (1696 edn) in J. B. Scott (ed.) *The Classics of International Law* (Carnegie Institution Washington DC 1917)151 - 162（西班牙取得原住民土地所有权的合法依据），165 - 187（反对对原住民的战争的理由）。关于西班牙对原住民的掠夺，参见 *History of the British West Indies* (n 4)120 - 122。

[30] 例见 'Requerimiente (Proclamation Read to the American-Indian Natives by the Conquistadores After their Landing)' (1513)重印于 *Fontes Historiae Iuris Gentium* (n 9) vol 2, at 68 - 70。

[31] 例见引用于上述《第一批专利证书》(n 15)中的约翰·卡博特(John Cabbot)的专利证书。

[32] 例见 *The Epochs of International Law* (n 5) 400 (Vattel); J. Tully, 'Aboriginal Property and Western Theory: Recovering a Middle Ground' in E. F. Paul, F. D. Miller Jr. and J. Paul (eds.) *Property Rights* (CUP Cambridge 1994) (Locke); *Lords of All the World* (n 13) ch 3。

[33] 关于欧洲-原住民联盟的复杂属性及其对种族概念的影响，参见 N. L. Whitehead, 'Carib Ethnic Soldiering in Venezuela, the Guianas, and the Antilles, 1492 - 1820' (1990)37 *Ethnohistory* 357 - 385。

[34] 参见 D. Berry, 'Legal Anomalies, Indigenous Peoples and the New World' in B. Saunders and D. Haljan (eds.) *Whither Multiculturalism? A Politics of Dissensus* (Leuven University Press Leuven 2003) 235 - 271; *Lords of All the World* (n 13) ch 3。

须由国际上认可的权力机构实施。前者推定原住民无法律地位，而后者却假设原住民有完整的法律地位。[35] 欧洲大国同时使用两种方式，这正是对国际法规则的无视或敷衍。

时至今日，加勒比地区的原住民的地位问题仍然十分重要，其在原住民所有权以及国际人权法领域突显出来。该问题值得进一步研究，尤其是在英语为母语的加勒比地区，比如英属殖民地宪法中涉及征服效力的规则规定，只要现行法律不与英国法律中的基本原则相抵触或未被征服国的立法所取代，即可保留既有法律（可能包括原住民权利的规定）。[36]

（四）其后西班牙主张所有权与征调制

在前两次航行中，哥伦布代表西班牙王室以发现的方式主张圣萨尔瓦多（即巴哈马群岛）、古巴、海地、伊斯帕尼奥拉、牙买加和波多黎各的所有权。但是，在第三次航行中，当哥伦布于 1498 年从特立尼达返回后，他发现伊斯帕尼奥拉岛地区的西班牙殖民地公开反抗他的兄弟巴托洛梅（Bartolomé）。这次反抗引发了原住民的地位问题，此问题后来通过利用征调制（the *repartimiento* system）将原住民划分为殖民者的仆人与地役人才得以解决。1503 年，皇家敕令给予征调制以法律效力，其以强制进贡与强制劳动换取原住民皈依并接受保护。

西班牙对那些反抗者发动战争。甚至那些表示服从的原住民也大批死亡，有的是因为绝望和自杀，有的是由于欧洲疾病和其他原因。[37] 由此造成的原住民劳动力锐减阻碍了伊斯帕尼奥拉岛的早期发展，同时也推动西班牙在其他岛屿加强了殖民，如西班牙于 1509 年殖民牙买加。西班牙于 1511 年殖民古巴后，其又于 1512 年试图殖民波多黎各，但它遭到了原住民（即加勒比人民）的强烈抵抗。然而，1513 年，由于巴尔博亚（Balboa）发现穿越中美洲的达里恩地峡（the Isthmus of Darien，后称"卡斯蒂利亚·德尔·奥罗"[Castilla del Oro]）可以到达后来被称为"太平洋"的区域，所以西班牙对加勒比岛屿的关注有所转移。此后，在西加勒比海

---

〔35〕关于认为最初之缺陷已被某种药方治愈之观点，参见 *Lords of All the World* (n 13) ch 3。

〔36〕例如 Sir K. Roberts-Wray, *Commonwealth and Colonial Law* (Stevens & Sons London 1966) at 541。

〔37〕*A Short History of the West Indies* (n 8) 6 - 10.

和墨西哥湾的探险成为了葡萄牙和西班牙为了到达东方而进行的竞争。[38]

三、制糖业与奴隶制

(一) 西班牙与葡萄牙

据说,糖在哥伦布于 1493 年进行的第二次航行中被带至加勒比地区。[39] 但是,西班牙在此几年后才开始制糖。第一家制糖厂于 1508 年在伊斯帕尼奥拉岛建成,第一批样糖于 1515 年左右被送至西班牙。1523 年时,岛上大约有 24 家制糖厂,其投资占比巨大。[40] 尽管抓捕了巴哈马和帕努科(Pánuco)的原住民参与制糖,但劳动力短缺始终是一个严重的问题。

西班牙转而将西非奴隶作为劳动力的主要来源,西班牙政府于 1510 年下令将250 名奴隶送至伊斯帕尼奥拉岛的金矿工作。[41] 其后不久,安东尼奥·德·蒙特西诺斯(Antonio de Montesinos)修士发起了反对肆意剥削原住民的运动,且圣多明各和西班牙法院也都禁止奴役原住民的行为。由此产生了第一部殖民法典——1512年的《美洲印第安人法》(Laws of Burgos),虽然该法仍允许以一种较缓和的方式实行征调制,但其明确规定原住民在法律上是自由的,而并非奴隶。[42]《美洲印第安人法》承认西印度群岛的原住民是卡斯蒂利亚国王的臣民,因此其不能被奴役。然而,该法并未改变西班牙关于可以奴役西非人民的观点,其只是在形式上将西非人民视作其他国王的臣民。正如帕里(Parry)等人总结的那样,在西印度群岛代表印第安人的抗议声虽然响亮,但却基本无效;对于西非奴隶来说,"根本无人发声"。[43]

这些发展推动了非洲奴隶贸易。这种贸易的性质须与早期的奴隶制相区分,因为它规模巨大、采用三角贸易模式,并且在本质上带有种族歧视色彩。[44] 早期的奴

---

[38] *A Short History of the West Indies* (n 8) 12–13.

[39] 例如 *History of the British West Indies* (n 4)132。

[40] *A Short History of the West Indies* (n 8)17.

[41] 同上,第 18 页。

[42] 同上,第 23 页。尽管原住民奴役在实践中持续到这一时期之后,例如 'Carib Ethnic Soldiering in Venezuela' (n 33)。

[43] *A Short History of the West Indies* (n 8) 25.

[44] *A Cassese International Law in a Divided World* (Clarendon Press Oxford 1986) at 52; A. M. Trebilcock, 'Slavery' in R. Bernhardt (ed.) *Encyclopedia of Public International Law* (Elsevier Amsterdam 1992–2000) vol 4, 422–426 at 422.

役行为通常将战争中的战败者全部充为奴隶，无论其肤色、性别、社会出生或宗教，而大西洋奴隶贸易只看重利润，并建立在种族歧视的基础上。[45] 只有非洲黑人才在跨洋贸易中被奴役。

西班牙通过 1503 年成立的皇家"贸易署"（*Casa de Contratación*）来管理与加勒比的奴隶贸易，作为政府部门，该"贸易署"负责检查往来西印度群岛的船只、货物、商人、乘客和船员，并授予许可。自 1518 年起，为了防范葡萄牙的走私行为，西班牙王室开始向贸易商颁发个人许可，从而允许其向西印度群岛进口奴隶。然而，由于奴隶供应量不足且缺乏计划性，加之向远方市场运输糖存在切实困难，所以制糖业在很久以后才成为西印度群岛的主导产业。[46]

（二）英国、法国与荷兰

意识到自己在烟草种植方面无力与弗吉尼亚竞争后，法国殖民者和英国在加勒比地区的殖民地开始关注甘蔗的商业化种植。甘蔗只能在热带地区生长，其是当地的优势作物。然而，法国和英国殖民者均不具备甘蔗商业化种植的相关技能、知识或设备，于是他们向荷兰寻求帮助，因为荷兰在巴西有这方面的经验。荷兰因此于 17 世纪 30 年代成为英国与法国在西印度群岛的制糖业中的先锋，其向巴巴多斯岛提供技术性知识与设备，并在法属西印度群岛开拓新的殖民地。[47]

加勒比地区的四个殖民国家——葡萄牙、荷兰、英国和法国——均在西非获得了奴隶基地并试图对其殖民地的奴隶贸易进行垄断，并将多余的奴隶卖给西班牙。[48] 荷兰于 17 世纪 30 年代俘虏了大量葡萄牙位于西非的奴隶禁闭营的奴隶，这对于满足加勒比地区巨大的奴隶劳动力需求而言发挥了至关重要的作用。[49] 加勒比殖民地用当地生产的商品来交换奴隶，而这些商品则运往欧洲出售，从而完成了奴隶贸易的三角贸易模式，该模式始于欧洲，即欧洲先用工业品和武器在非洲进行奴隶贸易，然后用这些奴隶在加勒比和美洲交换商品。[50]

---

[45] *International Law in a Divided World* (n 44)52－53.
[46] *A Short History of the West Indies* (n 8)18.
[47] 同上，第 61—63 页。
[48] 同上，第 83—84 页。
[49] 同上，第 66—67 页。
[50] 'Slavery' (n 44) 422.

1595 年起,西班牙试图通过一种被称为"阿西恩托"(*Asiento*)的特许证(即奴隶贸易许可制度)来管理奴隶贸易。[51] 这一制度一直延续到葡萄牙于 1640 年反对西班牙统治为止。其后,荷兰接管了奴隶贸易以及其他非法买卖。在英国,查理二世于 1663 年向一家名为"英国向非洲贸易皇家探险者公司"(the Company of Royal Adventurers of England Trading into Africa)的英国公司授予许可,其以奴隶贸易为经营目的。1672 年,规模更大且更具实力的皇家非洲公司继续从事该贸易,之后,根据 1713 年的《乌德勒支和约》,南海公司(the South Sea Company)获得了西属美洲的许可证。[52]

英国殖民地通过三部法律以严格管制糖类贸易:1660 年的《航海法》(the Navigation Act of 1660)、[53] 1663 年的《主要商品法》(the Staple Act of 1663)[54]以及 1673 年的《种植税法》(the Plantation Duties Act of 1673)。[55] 这三部法律一方面大大限制了殖民地与英国以外的国家进行贸易,另一方面为殖民地货物提供了一个有保障的市场。根据 1696 年的《航海法》,在殖民地设立的附属海事法院(Courts of Vice-Admiralty)负责执行这些法律。[56]

法属西印度群岛也遵循了类似的模式,法国西印度公司(the Compagnie des Indies Occidentales)从 1664 年起对包括奴隶贸易在内的所有贸易实施垄断,直至 1674 年公司倒闭。1679 年起,非洲公司(Compagnie d'Afrique)以及其他公司一同控制了奴隶贸易的垄断权,他们禁止外国船只驶入法属岛屿,并对参与违禁贸易的外国贸易者和法国殖民者进行严厉处罚。[57]

这些限制贸易政策总体上对荷兰西印度公司造成了巨大影响,使其损失严重。在 1654 年的《威斯敏斯特条约》(the Treaty of Westminster,条约将荷兰的奴隶站归

---

[51] *A Short History of the West Indies*(n 8)84.

[52] 同上,第 85—86 页;'Empire and State'(n 14)203 - 204.

[53] 'Navigation Act(1660)'in A. Browning(ed.)*English Historical Documents*(Routledge London 1966)vol 6(1660 - 1714),533 - 537.

[54] Staple Act(1663)15 Car II c 7.

[55] Plantation Duties Act(1673)25 Car II c 7.

[56] J. H. Parry and P. M. Sherlock(eds.)*A Short History of the West Indies*(3rd edn MacMillan Press Ltd London 1971)at 77.

[57] J. H. Parry and P. M. Sherlock(eds.)*A Short History of the West Indies*(3rd edn MacMillan Press Ltd London 1971)at 77 - 79.

还葡萄牙,从而允许英国在该地进行贸易)、[58]英国于1664年收复戈雷岛和海岸角的奴隶禁闭营以及英法战争的多重因素影响下,荷兰西印度公司于1674年破产。[59]

(三) 财富与影响

加勒比殖民地的奴隶生产的财富对其帝国的影响不容小觑。[60] 比如,英属西印度群岛地区通过制糖所得的巨大利润在伦敦形成了代理商和大种植园主的游说团体,而这些很久以后才在美洲殖民地出现。[61] 早在1680年,巴巴多斯岛的甘蔗种植者就是"英属美洲最富有的一群人",其出口量"比所有美洲大陆殖民地向英国的出口总量还要多"。[62] 18世纪中叶,加勒比甘蔗种植者在下议院已经占有了几十个席位,其代表了伦敦最有权势的殖民地游说团体。[63] 此外,奴隶种植带来的利润直接影响了英国的外交政策,并为其扩张殖民地以及发动战争提供资金支持。如此丰厚的利润甚至诱发了战争,事实上,英国劫掠法国与西班牙的种植园是为了抢夺这些国家的殖民地贸易。[64] 奴隶在战争中也发挥了直接的作用,在七年战争、美国独立战争与法国大革命期间,奴隶均为美洲的英国军队效力。正如克里斯托弗·布朗(Christopher Brown)所说,"奴隶制不仅产生了政治权力,还为个人和国家带来了政治利益"[65]。

(四) 废除奴隶贸易的开端

18世纪中叶,经济层面遭遇的挑战促使英属加勒比殖民地通过势力强大的压力集团来巩固其权力,并保护其在伦敦的利益,这些压力集团包括西印度商人协会

---

〔58〕 Treaty of Westminster (5 April 1654) Dum VI ii 74.

〔59〕 *A Short History of the West Indies* (n 56) 79.

〔60〕 关于奴隶对英国工业化的经济影响,例见 W. Darity Jr, 'British Industry and the West Indies Plantations' (1990) 14 *Social Science History* 117 – 149。

〔61〕 'Empire and State' (n 14) 208 – 209.

〔62〕 D. W. Galenson, 'The Atlantic Slave Trade and the Barbados Market, 1673 – 1723' (1982) 42 *Journal of Economic History* 491 – 511 at 492;亦见 H. McD Beckles, 'The "Hub of Empire": The Caribbean and Britain in the Seventeenth Century' in N. Canny (ed.) *The Origins of Empire: British Overseas Enterprise to the Close of the Seventeenth Century* (OUP Oxford 1998) 218 – 240。

〔63〕 C. L. Brown, 'The Politics of Slavery' in D. Armitage and M. J. Braddick (eds.) *The British Atlantic World 1500 – 1800* (2nd edn Palgrave Macmillan New York 2009) 232 – 250 at 235.

〔64〕 同上,第235页和第242页。

〔65〕 同上,第235页。

（the Society of West Indian Merchants）以及西印度种植园主与商人协会（the Society of West Indian Planters and Merchants）。于 1766 年通过《自由港法》（the Free Ports Act）后，英国试图在牙买加和多米尼加建立自己的自由港，其希望借此与法国和荷兰相抗衡。[66]

然而，在经济与人道主义的双重施压下，英国的奴隶贸易开始衰退。英国经济学家呼吁公众重视奴隶贸易导致的经济衰退，并强烈抨击奴隶贸易。例如，有学者质疑对西印度糖业系统的垄断行为将造成其高价。也有学者注意到英国的竞争者（包括法国、西班牙、葡萄牙在加勒比和美洲的殖民地在内）正利用奴隶贸易攫取巨额财富，这令英国利益遭受重创。[67] 此外，制糖产生的利润大幅下降，并且在征服印度后产生了一个廉价的劳动力来源，因而不必再仅仅依靠奴隶制。废除奴隶贸易前夕，对于制糖业能否维持下去仍存在不同观点，赖登（Ryden）认为，海地革命后的英国种植园主在决定扩大贸易量时面临着两大挑战，即产量过剩以及与其他生产者（包括西班牙在古巴和波多黎各的领地、法国在瓜德罗普岛和马提尼克岛的领地）之间激烈的竞争。[68] 因此，奴隶贸易的废除发生于"外部竞争与重商主义政策均不利于奴隶经济时"。[69]

经济动机并非遏制奴隶贸易的唯一动因。废除奴隶贸易本身花费昂贵，但安全因素与战略利益等其他政治目标均支持废除。[70] 比如，海地革命使人们开始关注从非洲运出的奴隶数量不断增加。[71] 此外，废奴行动为英国登临和检查外国船只提供了合理理由，从而确保了其海上霸权地位。[72]

另外，人道主义批评家也在政治上和法庭上攻击蓄奴制。他们以基督教的平

590

---

[66] *A Short History of the West Indies* （n 8）112 – 114.

[67] *International Law in a Divided World* （n 44）52 – 53.

[68] D. B. Ryden, 'Does Decline Make Sense? The West Indian Economy and the Abolition of the British Slave Trade' （2001）31 *Journal of Interdisciplinary History* 347 – 374 at 368.

[69] 同上，第 374 页。

[70] J. S. Martinez, 'Antislavery Courts and the Dawn of International Human Rights Law' （2008） 117 *Yale Law Journal* 550 – 641 at 557 – 558.

[71] B. Brereton, 'Haiti and the Haitian Revolution in the Political Discourse of Nineteenth-Century Trinidad' in M. Munro and E. Walcott-Hackshaw （eds.） *Reinterpreting the Haitian Revolution and Its Cultural Aftershocks* （University of the West Indies Press Kingston 2006） 123 – 149 at 125.

[72] *The Epochs of International Law* （n 5）564 – 566.

等原则为基础,正是这一原则在 16 世纪帮助改善了西班牙对待原住民的态度,且作用甚大。在贵格会、莫拉维弟兄会(Moravian Brethren)与清教徒接受废奴议程后,三个世纪以来都未阻止非洲奴隶制的基督教义才开始发挥作用。法国大革命与《人权宣言》中的原则也引发了公众对奴隶制的反思(尽管并未在法属殖民地立即产生作用)。[73] 种植园奴隶制的残酷更加为人所知。[74]

早期法律层面的质疑(有几个涉及加勒比地区)作用有限。比如,在奴隶凯瑟琳·奥克尔(Katherine Aucker)受其巴贝多男主人与女主人折磨一案中,凯瑟琳·奥克尔虽得以脱离这一家人,但是由于其未被解雇而不能在英国任何其他地方服务,因此该案并未彰显正义。米德尔塞克斯县法院法官仅仅给予凯瑟琳·奥克尔"在其主人从巴巴多斯返回前服务于任何人的权利"。[75] 然而,在著名的萨默塞特案(Somerset v. Stewart)中,曼斯菲尔德勋爵支持了一名奴隶——詹姆士·萨默塞特——的诉求,判决在他逃跑又被抓回后不得再被强制送往牙买加被卖为奴隶。[76] 首席大法官认为,在这种情形中,英格兰的实在法并不支持将奴隶送回的诉求,因此释放了萨默塞特,并总结道:"奴隶制具有如下性质,其无法出于任何道德或政治原因而被采用;奴隶制是如此可憎,能够忍受支持它的,除实在法以外,别无他物。"[77] 然而,首席大法官的判决影响范围有限,并被其后的裁判所更改。[78] 但是,这并不能阻止上述案件对英国社会产生的深远影响,当时大约有10000 名作为西印度的财产的黑奴居住在该地。[79]

然而,直至《废除奴隶贸易法》出台后,英国及其殖民地内的奴隶贸易之非法性才得以明确。[80] 由于当时一半以上的奴隶贸易均由英国控制,所以此法的意义深远。在之后的几年中,英国法律对奴隶贸易的规定日益严苛。1811 年,奴隶贸易

---

[73] *International Law in a Divided World* (n 44)52 – 53.

[74] 例如 'Hub of Empire' (n 62) 232 – 233。

[75] Middlesex Country Records, Sessions Books no 472 (February 1690).

[76] *Somerset v Stewart* (1772) Lofft 1,98 ER 499.

[77] 同上,第 510 页。

[78] 例如 The *Slave, Grace* (1827) 2 Hag Adm 94,166 ER 179 (尽管一个奴隶在英国是自由的,但他若回到奴隶未获解放的辖区内,则他将会恢复奴隶身份)。

[79] *A Short History of the West Indies* (n 8)153.

[80] 47 Geo III c 36 sess I (1807).

行为被定为重罪;1827 年,奴隶贸易被作为海盗行为之一,并可处以死刑。[81] 此外,在与法国交战期间,英国军舰搜查外国船只以确保其未违反中立规则,并将其用于遏制奴隶贸易。正如阿美得依(Amedie)案所表明的,若发现船上有奴隶但不能证明抓捕奴隶的合法性,则应释放奴隶并将该船只作为战利品。[82] 其后,福布斯案(Forbes v. Cochrane)扩大了上述原则的适用,其判决若奴隶在国际水域踏上英国船只并随船来到英国,则奴隶将被给予自由。[83]

在加勒比地区有相关利益的其他国家也在同一时期陆续废除了奴隶贸易,丹麦、荷兰、法国和西班牙分别于 1804 年、1814 年、1818 年和 1820 年废除了奴隶贸易。美国于 1808 年禁止向其境内进口奴隶,但其南部仍有大规模的非法交易进行。奴隶贸易在古巴持续到 1865 年,巴西则更久。[84] 早在 1814 年就出现了旨在制止奴隶贸易的双边条约,包括英法两国缔结的《巴黎和约》附加条款(the Additional Articles to the Paris Peace Treaty)以及 1815 年的第二份《巴黎和约》。[85] 1815 年的《维也纳会议总议定书》(the General Act of the Congress of Vienna)缔结了一份多边法律文件——《反对奴隶贸易宣言》,其签署国承诺采取一切手段废除各自领土内的奴隶贸易,并尽一切可能说服他国政府采取类似措施。[86] 英国与荷兰、葡萄牙、西班牙之间于 1817 年缔结了更多双边条约,他们赋予各缔约方相互之间搜查船只的权利,并建立了混合法庭以对被搜查到的奴隶船只进行审判和定罪。[87] 更多国家加入了这些混合法院或混合委员会,其在短暂的存续期中共审理了逾 600 起案件,释放了逾 8 万名奴隶。[88] 此后,各国于 1841 年缔结了《禁止非洲奴隶贸易条约》(the Treaty for the Suppression of the African

592

---

[81] *A Short History of the West Indies* (n 8)156.

[82] *Amedie，Johnson，Master* (1810)1 Act 240,12 ER 92 (B);亦见 United States v Libellants of Schooner Amistad 40 US 518,15 Pet 518 (1841)。

[83] [1824 - 1834] All ER Rep 48 (KB).

[84] *A Short History of the West Indies* (n 8)156;'Slavery' (n 44) 423.

[85] Additional Articles to the Paris Peace Treaty of 30 May (签订于 1814 年 5 月 30 日) (1814) 63 CTS 193;Additional Article to the Treaty of Vienna (签订于 1815 年 11 月 20 日) (1815) 65 CTS 257;*The Epochs of International Law* (n 5)558。

[86] *The Epochs of International Law* (n 5)512,554.

[87] 'Antislavery Courts' (n 70)576.

[88] 'Antislavery Courts' (n 70)595 - 596.

Slave Trade),其要求四个大国禁止受其控制、用其资金或使用其国旗而从事的所有贩卖非洲奴隶的活动。[89] 该条约试图将奴隶贸易定义为一种国际海盗行为,但未获成功。1890 年,《与非洲奴隶贸易有关的布鲁塞尔会议总议定书》(the General Act of the Brussels Conference relative to the African Slave Trade)推动更大范围、更正式也更有效地废除奴隶贸易。[90]

(五) 废除奴隶制

英国如火如荼的废奴运动在加勒比地区遭到抵制。19 世纪 20 年代,巴巴多斯、圭亚那和牙买加相继发生奴隶暴乱,牙买加于 1831 年又发生一起大暴乱。[91] 1833 年,《解放法》(the Emancipation Act)于英国及其殖民地生效。[92] 该法以一个四至六年的"学徒期"(apprenticeship)代替奴隶制,其时间长短取决于工作类别,"学徒期"要求以往为奴者每周无偿工作三分之一时间(即 40.5 个小时),有偿工作三分之一时间。[93] 奴隶可用所获工资在"学徒期"结束前换取自由。

十五年后,法国也废除了奴隶制,其先是于 1836 年颁布一项法律,以此释放了所有被带到法国的奴隶,最后于 1848 年在法国殖民地实现了对奴隶的彻底解放。[94] 葡萄牙、荷兰和美国分别于 1858 年、1863 年和 1865 年废除奴隶制。西班牙于 1870 年废除其殖民地古巴的奴隶制,巴西则于 1871 年废除奴隶制。然而,五十年后,随着 1926 年的一部多边公约——《禁止奴隶贸易与奴隶制公约》(the Convention to Suppress the Slave Trade and Slavery)——的制定,奴隶制的废除才上升至全球层面。[95]

四、走私者、海盗与私掠船

在加勒比地区最早时期,"友好线之外"的国家利益很大程度上依靠私人行为

---

[89] *The Epochs of International Law*(n 5)561 – 562；Treaty of London for the Suppression of the African Slave Trade(签订于 1841 年 12 月 20 日)(1841)92 CTS 437。

[90] General Act of the Brussels Conference Relating to the African Slave Trade(签订于 1890 年 7 月 2 日)(1890)173 CTS 293；'Slavery'(n 44)423；*The Epochs of International Law*(n 5)567 – 568。

[91] *A Short History of the West Indies*(n 8)157 – 161.

[92] 同上,第 161 页；Slavery Abolition Act 1833(UK)3 and 4 Will 4 c 73.

[93] *A Short History of the West Indies*(n 8)168. 这一学徒期随后减少,并于 1838 年终结。

[94] 同上,第 162 页。

[95] 'Slavery'(n 44)423 – 424；Slavery Convention(达成于 1926 年 9 月 25 日,于 1927 年 3 月 9 日正式生效)60 LNTS 253。

体表现出来,包括个体贸易商、特许贸易公司以及私掠船(国家批准的雇佣兵)。因此,西班牙与葡萄牙对新世界主权的激烈争夺最后却由英国、法国与荷兰的商人冒险家、探险家、私掠船与海盗完成。[96] 这些私人进行的活动通常不为法律所允许,他们承担了政府无法承担也不会承担的风险。[97]

(一) 早期的违禁品贸易商

为了满足对奴隶的巨大需求,16 世纪初期,走私者与违禁品贸易商在未获许可的情况下将奴隶从西非带到西属加勒比地区。[98] 英国从 16 世纪中叶也加入了他们的行列,例如约翰·霍金斯(John Hawkins)于 1562 年至 1568 年间组织了四次贸易航行,他将布料、一般商品以及奴隶从西非带至加勒比,其间完全无视西班牙和葡萄牙的规定。[99]

(二) 法国海盗与私掠船

法国水手或许是加勒比地区最早的海盗。在西班牙于 1519 年至 1521 年征服墨西哥后,法国海盗便将精力转向劫掠价值连城的西班牙宝藏船。为此,西班牙政府于 1525 年下令要求所有船只必须有舰队护航,并于 1552 年要求商船自费配备武装。1561 年时,西班牙建立了一种双年度船队或舰队制度。西班牙皇室并不承担这种保护措施的费用,其不愿为"友好线之外"的海军提供资金。[100]

法西之间的敌对行动以及 1536 年的《里昂条约》(the Treaty of Lyon)所建立的葡萄牙与法国的防御联盟开启了西印度群岛的一个新时代——由私掠船(即国家批准的雇佣兵)所主导的新纪元。[101] 私掠船与海盗的区别在于前者具有合法地位(但实际上并非如此容易区分),私掠船在国家权力的庇护与支持下行事,而且其并不完全为了私人利益。

虽然最终才获得国家批准,但是根据中世纪有关"报复"的法律,私主体历来被

---

[96] 'Empire and State'(n 14)199.

[97] 例如 K.E. Lane, *Blood & Silver : A History of Piracy in the Caribbean and Central America* (Ian Randle Kingston Jamaica 1999) at 202。

[98] *A Short History of the West Indies*(n 8) 29;*History of the British West Indies*(n 4) 129 - 131,指出这一地区的海盗活动是西班牙贸易垄断政策以及违反政策将面临严峻处罚的直接结果。

[99] *A Short History of the West Indies*(n 8)34 - 35.

[100] *Blood & Silver*(n 97)16 - 18.

[101] *A Short History of the West Indies*(n 8)30.

允许对外国人实施暴力行为。例如,关于"特殊报复"(special reprisals)的法律允许未能从违法者所属的政府成功获得救济或赔偿的受损害国民在获得报复许可状(*lettres de représailles*)后,可以向违法国家的国民以武力方式取得补偿。被合法报复的受害者则可向其主权者主张赔偿。[102]"特殊报复"是私掠制度的历史渊源之一。[103]"私掠船"即获交战一方私掠许可证(*lettres de marque*)授权,为该方参加海上战争的私人船只及船长。[104]

私掠船对 18 世纪后才拥有足够海军力量的欧洲大国至关重要,因为此前他们依靠私人雇佣兵补充海军力量。私掠船制度同时也满足了其参与者的利益需求。商船在任何情况下都被要求武装起来以进行自卫,若成功防御海盗船并将其捕获,则私掠船(并非普通商船)便可对捕获品获得合法的所有权。[105] 海盗与私掠船均被视为敌船,因此皆可被当作捕获品,且任何国家均可查获海盗船。[106]

16 世纪,法国私掠船对西班牙船舶——尤其是对装载银制品返回西班牙的舰队——发动的攻击使得塞维利亚被征收了沉重的税费。不仅与加勒比地区的贸易需要动用巡洋舰队进行大范围且费用昂贵的海军保护,而且为了应对私掠船和海盗的攻击,在西属加勒比殖民地也需要设立重型防御以及其他保护措施。公元1552 年后,法国私掠船在皇家军舰的参与下驶至巴哈马群岛并针对西班牙船舶进行巡航对抗。[107] 先前的海盗被正式认可为私掠船,其中便包括著名的弗朗索瓦·克莱尔(Francois Le Clerc),其也被称为"木头腿"(*Jambe de Bois*),他是第一位以假肢闻名的海盗。[108] 1553 年,弗朗索瓦·克莱尔与其队员同由十艘法国军舰组成的舰队穿过大西洋,并有计划地焚烧并洗劫了加勒比的港口城镇。1554 年,他们摧毁了古巴圣地亚哥。1555 年,雅克·德索雷(Jacques de Sores)摧毁了哈瓦那,并将其夷为平地,这给西班牙造成了极大恐慌。[109] 1555 年至 1556 年,由佩

---

[102] *The Epochs of International Law* (n 5) 201.
[103] 关于 17 世纪中叶到 19 世纪的一般报复之运用,见同上,第 368—370 页。
[104] 同上,第 203 页。
[105] 同上,第 312—313 页。
[106] 同上,第 306 页。
[107] *A Short History of the West Indies* (n 8) 30 – 31; *Blood & Silver* (n 97) 23.
[108] *Blood & Silver* (n 97) 23.
[109] *A Short History of the West Indies* (n 8) 32; Blood & Silver (n 97) 23 – 24.

德罗·梅嫩德斯·德阿维莱斯(Pedro Menéndez de Avilés)指挥的西班牙巡洋舰分队被命令保护返航舰队。1564 年至 1566 年,西班牙法律要求护航舰与军舰同行,在加勒比地区设立巡洋舰分队(armadillas)基地,以及在主要殖民地港口修筑防御工事并部署卫戍部队。[110]

(三) 充满暴力的违禁品贸易

同时,法国海盗还在西班牙殖民地进行了充满暴力的违禁品贸易,这是一种由英国人于 1558 年至 1568 年进行的贸易形式。[111] 一位名叫约翰·霍金斯的英国人的"壮举"恰能说明这种违禁品贸易。1564 年,在其向西印度群岛的第二次航行中,约翰·霍金斯突袭了西非海岸,并带走了 400 名在葡萄牙政府羁押下的奴隶。霍金斯航行到加勒比地区从事奴隶贸易,但玛格丽塔岛拒绝向其授予奴隶贸易的许可。霍金斯随后前往下一个港口——布尔布拉塔(Burburata)殖民点(位于委内瑞拉海岸),但当地居民并不欢迎他,霍金斯只好向总督提出申请待其批准交易。约翰·霍金斯不耐烦地等了十天才得到总督的贸易许可,但相关条件却毫无吸引力。约翰·霍金斯对那些条款感到愤怒,他在沿岸派驻了 100 名武装人员迫使总督免除税款要求。由此形成的贸易利润更高。[112]

弗朗西斯·德雷克(Francis Drake)在陪同约翰·霍金斯进行第三次奴隶贸易航行时延续了这种做法。弗朗西斯·德雷克到达里奥阿查(Riohacha)时遭到了西班牙的攻击,他展开反击,并摧毁了总督的住处。德雷克让其船员登陆当地,在扣押人质的同时将镇民赶进山里。在此等暴力行为下,贸易条款得以确定,弗朗西斯·德雷克成功用其大量奴隶换取了珍宝和当地特产。然而,弗朗西斯·德雷克与约翰·霍金斯在其航行结束时受到了西班牙舰队的重创,损失严重。航行的无利可图导致英国违禁奴隶贸易中断,并直到下个世纪才重新开始。[113]

596

(四) 英国海盗

英国政府选择直接借助海盗的力量。弗朗西斯·德雷克等英国海盗与法国海

---

[110] *A Short History of the West Indies* (n 8) 36.
[111] *Blood & Silver* (n 97) 27 – 28 and 31 – 32.
[112] 同上,第33—34 页。
[113] 同上,第36—38 页。

盗结盟以共同对抗其天主教敌人,由于他们在该地区没有港口,因而他们也与逃亡的非洲奴隶(将其称为 camaroons 或 *cimarrones*)建立了联盟。1573 年,弗朗西斯·德雷克与一名法国海盗经尧姆(Guillaume Le Testu)以及非洲奴隶联合起来攻击并掠夺了一辆装载珍宝的骡子火车,从而大发横财。1570 年至 1574 年间,有大概十场海盗行动袭击了西属加勒比地区的港口和船只。1575 年,一位大胆的英国人——约翰·奥克斯纳姆(John Oxenham)——穿过巴拿马地峡(the Panamanian Isthmus),在太平洋上不断袭击西班牙人,由此扩大了海盗的活动范围。[114]

(五) 英国、法国与荷兰私掠船

在与西班牙交战后,英国在加勒比地区开始私掠行为。1585 年至 1603 年间,英国共向西印度群岛发起约 76 次远征。[115] 弗朗西斯·德雷克于 1585 年带领一支由二十艘船只组成的舰队返回。德雷克成功夺取了圣多明各和卡塔赫纳,虽然他未能扰乱西班牙珍宝护航队的护航行动,但却严重破坏了西班牙的财产和威望。[116] 西班牙设立了更频繁的海军巡逻,增加了商船的军备并建造了沿海防御工事加以应对。[117] 弗朗西斯·德雷克与约翰·霍金斯于 1595 年返航时遭受了西班牙的顽强抵抗,因而未能占领波多黎各的圣胡安。[118]

然而,法国、英国与荷兰于 1596 年缔结了《海牙条约》(the Treaty of The Hague),从而形成了一个联盟以及"一个英国与荷兰联合舰队,其迅速摧毁了位于加的斯海港的美洲护航队,从而斩断了西班牙与印度群岛的联系近两年时间"。[119] 1598 年,法国于《韦尔万条约》(the Treaty of Vervins)中与西班牙握手言和;1604 年,英国于《伦敦条约》(the Treaty of London)中表明相同立场。17 世纪中叶,西班牙与葡萄牙通过一系列条约放弃了对欧洲以外世界的霸权主义主张。[120] 在加

---

[114] *Blood & Silver* (n 97) 38 – 41.
[115] 同上,第 47—48 页。
[116] *A Short History of the West Indies* (n 8)39 – 41.
[117] *Blood & Silver* (n 97) 48.
[118] *A Short History of the West Indies* (n 8) 41 – 42.
[119] 同上,第 43 页。更多关于荷兰私掠船和海盗,包括派特·海恩于 1628 年俘虏西班牙宝藏舰队的信息,参见 *Blood & Silver* (n 97) at 62 – 68.
[120] 'Empire and State' (n 14) 202 – 203.

勒比地区的和解正是受到私掠船行动的影响。

（六）私掠船与海盗的没落

私掠船与海盗之间的界限愈加难以区分，因为他们只是在不同时间扮演了相同角色的同一批人，而且他们并不完全听命于各大国，也不受这些国家政府的控制。例如，英国派往牙买加的总督托马斯·马佛（Thomas Modyford）基于维护岛屿安全的考量而拒绝执行向私掠船停发私掠许可证的命令。[121] 1668 年，托马斯·马佛委任著名的海盗领袖亨利·摩根（Henry Morgan）在古巴开展侦察，其后攻击波多贝罗（Puerto Bello）。亨利·摩根与其队员突袭波多贝罗，他们将守卫部队封锁在堡垒里，再将堡垒炸掉。他们实施掠夺，虐待囚犯，并将 25 万件西班牙古银币带回牙买加皇家港口（Port Royal），该地之后成为其作战基地。[122]

或许正是由于该事件，1670 年的英西《马德里条约》(the Treaty of Madrid)[123]不仅承认了英国在加勒比的地位，还"约束双方不得从事掠夺行为并撤回所有私掠许可证与报复许可证"。[124] 然而，直至 1685 年，制止海盗的努力才获得成功，当时一支小型护卫舰分队被派往牙买加追捕海盗。1692 年地震后，皇家港口被海水吞没。[125]

其他岛屿（如托尔图加岛）也是海盗的基地。[126] 1665 年，西印度公司任命多杰隆（d'Ogéron）为托尔图加岛长官，这一行为导致海盗自觉集结到某一殖民地。伊斯帕尼奥拉岛西部的圣多明各成为了多杰隆领导下的殖民中心，而托尔图加岛则成为了海盗基地。海岸兄弟会（*la confrérie de la côte*）从该海盗基地洗劫了西班牙位于加勒比地区的大量财产。[127]

然而，随着 1697 年的《里斯维克和约》[128]之签署，至 18 世纪末，海盗时代走向

---

[121] 'Empire and State' (n 14) 203.

[122] *A Short History of the West Indies* (n 8) 75. 关于皇家港口，以及亨利·摩根和其他牙买加海盗，参见 *Blood & Silver* (n 97) at 102－126。

[123] Treaty of Madrid (签订于 1670 年 7 月 8 日) (1670) 11 CTS 383。

[124] *A Short History of the West Indies* (n 8) 76.

[125] 同上，第 77—78 页；亦见 *Blood & Silver* (n 97) at 172－173［幸存者的叙述］。

[126] *Blood & Silver* (n 97) at 97 认为"buccaneers"一词的源头是"boucaniers"，后者是指生活在海地岛北海岸的肉制品制造者（viande boucanée）。

[127] *A Short History of the West Indies* (n 8) 78－79；*The Epochs of International Law* (n 5) 309.

[128] Treaty of Ryswyck (签订于 1697 年 9 月 20 日) (1697) 21 CTS 409.

终结。[129] 正如帕里等人所述，"西方历史上鲜有这样的时期：几千个暴徒在如此庞大的地区进行恐怖统治，并对文明国家的政策施加了如此巨大而持续的影响"[130]。海盗的行为造成了加勒比地区的重大损失，比如 1655 年至 1661 年，亨利·摩根与其队员洗劫了加勒比地区的 18 个城市、4 个城镇和接近 40 个村庄。[131]

五、特许贸易公司的作用

特许贸易公司于 15 世纪出现，但其直至 17 世纪才扮演日益重要之角色。特许贸易公司既非纯粹的私营商事企业，也非国家机关，但其在"友好线之外"的国际关系中占据了不可或缺的中间位置。特许贸易公司根据皇家特许状行使被授予的权力，包括与指定领土或地区进行贸易的排他性权利和垄断权。在某些情况中，特许贸易公司代表其主权国家行使完全的行政权力，包括行使派遣及接受使者；派遣军舰、士兵及军事物资；建造和维护防御工事；（对非基督徒及其他贸易公司）发动战争；铸造钱币等主权权力。[132]

格鲁威认为，这些特许贸易公司的模糊法律地位使其介于完整的国家主权与私人所有权之间的中间地带。因此，不同帝国得以在世界的边远角落有所接触（或者冲突）。若不存在特许贸易公司，那么在欧洲地区有可能产生更加严重的国家层面的冲突。这些公司之间可相互开战，但不会自动导致各自的主权国家进入战争（虽然时有发生），同理，这些贸易公司亦可在母国之间发生冲突时仍旧与彼此维持和平关系。[133]

荷兰西印度公司便是一个例证，它成立于 1621 年的《十二年停战协定》（Twelve Years' Truce）结束之际，其被授予了在美洲和西非（当时荷兰奴隶已经占领了一家"工厂"）进行贸易的垄断权，荷兰利用该公司来掠夺与占领西班牙和葡萄牙的利益。[134] 荷兰在加勒比地区的袭击使得西班牙接连遭受重创。例如皮尔

---

[129] *The Epochs of International Law* (n 5)314 - 315. 参见 *Blood & Silver* (n 97) at 167 - 195（描述了最后的海盗，从 17 世纪 80 年代到 1730 年）。

[130] *A Short History of the West Indies* (n 8) 82.

[131] 同上，第 82 页。

[132] *The Epochs of International Law* (n 5) 299 - 303.

[133] 同上，第 303—304 页。

[134] *A Short History of the West Indies* (n 8) 48.

特·海恩(Piet Heyn)于 1628 年指挥 31 艘船突袭了从马坦萨斯出发的返航舰队，他捕获了所有船只，共获 1500 万荷兰盾的利润。此次捕获使得荷兰得以具备充足资金以抵御巴西的反击，并"摧毁了西班牙在欧洲的声望"。[135] 1630 年至 1640 年间，荷兰西印度公司对殖民虽无兴趣，但是其占领了库腊索(Curaçao，其盐田极具价值)、萨巴(Saba)、圣马丁(St. Martin)以及圣尤斯泰希厄斯(St. Eustatius)群岛的主要岛屿。

1626 年，法国成立了美洲群岛公司(*the Compagnie des Isles d'Amérique*)，该公司活跃于圣克里斯多夫和其他西印度群岛，并于 1635 年在马提尼克岛和瓜德罗普岛建立殖民地。[136] 由于这些岛屿上居住的都是好战的加勒比人，所以这些殖民地发展缓慢。尽管瑞典、丹麦、葡萄牙以及普鲁士均设立了贸易公司，但其对国际关系的影响却并不显著。[137]

六、加勒比地区的关键革命

(一)美国独立战争

或许令人惊讶的是，英属加勒比殖民地对美国独立战争表现出消极的态度，他们认为 1776 年的美国独立战争将危及其利益。虽然加勒比殖民者同情美国的反叛者，并与之有着类似的观点和不满，但由于迫切需要帝国的防御，所以他们对税款事宜并未怀有太多敌意。加勒比群岛物产丰富，易受攻击。群岛上人口不多，但忠心耿耿，身份自由，且深受众多海外土地所有权人的影响。因此，除了少数百慕大人外，英属西印度人普遍拒绝加入美国革命者的队伍之中。[138]

然而，这些英国殖民地却未能在冲突中置身事外。法国与西班牙分别于 1778 年和 1779 年加入了战争，其目的并非仅在于协助北美革命，而更在于攫取与掠夺英国在加勒比地区的所得。法国和荷兰还通过马提尼克与圣尤斯泰希厄斯等岛屿

599

---

〔135〕 *A Short History of the West Indies* (n 8) 50.
〔136〕 同上，第 51 页；*The Epochs of International Law* (n 5)301。它于 1644 年被西印度群岛公司所取代。
〔137〕 *The Epochs of International Law* (n 5)301.
〔138〕 *A Short History of the West Indies* (n 8)116.

向美国独立战争中的反叛者提供火药、弹药、服装和材料等支持。[139] 然而,英国海军舰队正忙于应对北美大陆的混乱,因而一些英属加勒比殖民地面临着粮食短缺和巨大的贸易困境。数个英国领地在战争中被占领,其他领地(如牙买加和巴巴多斯)则由于法国和西班牙军队在加勒比的主导地位而被实施商业封锁。

战争结束后,英国根据《凡尔赛条约》收复了一些殖民地。但是,总体而言,敌对行动的结束并未给英属加勒比殖民地或美国带来任何好处,前者面临着与美国这一刚刚脱离于英国殖民体系的国家展开争夺贸易优先权的局面,而美国则丧失了它在加勒比地区的贸易特权。[140] 但是,无论如何,美国作为一个独立的国家,其在加勒比获得了自己的领土所得。[141] 同时,美国还通过扶持弱势政府和建立新政府以最大限度地保护自己的商业利益,从而继续对拉美和加勒比各国施加深远影响。[142]

(二)海地革命

1789 年,惊慌的圣多明各(即海地)种植园主在美国独立战争打响后纷纷向法国三级会议(the French Estates General)派送代表,以寻求更多"自由"来应对自由的有色人种和奴隶可能发起的起义行动。[143] 当地的白人种植园主仅占人口的一小部分,大约 3 万人,自由有色人种有 3 万人,奴隶则有 45 万人。[144] 然而,革命后的法国国民议会拒绝了他们的要求,转而支持"黑人之友"(*Amis des Noirs*)——类似于英国的"克拉克森废奴主义协会"(Clarkson's abolitionist society)的一个团体。议会于 1791 年 5 月 15 日颁布法令,规定若有色人种的父母皆为自由民,则其拥有在省级议会与殖民地议会的投票权。这项法令使得殖

---

[139] R. J. Singh, *French Diplomacy in the Caribbean and the American Revolution* (Exposition Press Hicksville NY 1977) at 7 – 8.

[140] *A Short History of the West Indies* (n 8) 120; C. W. Toth, 'Anglo-American Diplomacy and the British West Indies (1783 – 1789)' (1976) 32 The Americas 418 – 436.

[141] 例见 Treaty of Peace Between Spain and the United States (签订于 1898 年 12 月 10 日) (1898) 187 CTS 100 (*inter alia*, *Puerto Rico*); Convention Between the United States and Denmark Providing for the Cession of the West Indies (签订于 1916 年 8 月 4 日) (1916) USTS No 629 (US Virgin Islands)。

[142] 例如 *A Short History of the West Indies* (n 8) ch 17。

[143] 同上,第 138—139 页。

[144] R. Forster, 'France in America' (2000) 23 *French Historical Studies* 239 – 258 at 247.

民者勃然大怒,他们拒绝遵守该法令,总督也拒绝执行,甚至频频出现与法国脱离的言论。[145]

1791 年 8 月,多地奴隶公开抗议以表达不满,抗议先是发生于北方平原,其后蔓延到大部分省份。由于社会混乱频发,法国于 1792 年派出雅各宾派革命军。面对保皇党的抵抗,雅各宾派的领导人桑托纳克斯(Sonthonax)决定与起义奴隶结盟,于是,在桑托纳克斯的教唆下,起义奴隶于 1793 年进攻并洗劫了一个叫做卡普·弗朗西斯(Cap Français)的城镇。当年 8 月,有条件的解放奴隶的法令颁布,且其于 1794 年得到了法国国民议会的确认。[146]

这些事件引起了在圣多明各的西班牙政府和在牙买加的英国政府的严重关切。在两国与法国开战后,他们纷纷于 1793 年派遣军队入侵圣多明各。英国军队占领了圣多明各的一部分领土,但在牙买加的第二次马龙人战争(maroon war)——开始后,由于缺乏增援,其未能取得完全胜利。[147]

杜桑·卢维杜尔(Toussaint L'Ouverture)脱颖而出,并逐渐取得了圣多明各的领导权。杜桑·卢维杜尔集中对抗英国,并于 1796 年将英国驱逐出圣多明各。其后,杜桑·卢维杜尔转而对抗西部和南部的穆拉托派(the mulatto faction)并击败了穆拉托派的领导人里高德。由于杜桑·卢维杜尔的赫赫战绩,他于 1799 年被法国任命为总督,并于 1800 年成为该殖民地的最高统治者。但是,在 1801 年违抗命令入侵西属圣多明各后,杜桑·卢维杜尔失去了拿破仑的信任与支持。拿破仑派勒·克莱尔(Le Clerc)将军收复圣多明各并逮捕杜桑·卢维杜尔,将其带回欧洲囚禁。[148]

拿破仑军队未能完全收复圣多明各岛。相反,山区作战、黄热病、粮食匮乏和部队缺乏补给等挑战都使法国损失惨重。此外,在法国收复瓜德罗普岛(Guadeloupe)并重新施行奴隶制与奴隶贸易后,拿破仑军队遭受了更猛烈的抵抗。

601

---

[145] *A Short History of the West Indies* (n 8)140.
[146] 同上,第 141 页。1794 年的公约在法国废除了奴隶制与奴隶贸易,但是该公约于 1802 年被拿破仑推翻;'Slavery'(n 44) 423。其间法国对殖民地奴隶制的政治观点,参见 *Lords of All the World* (n 13) ch 6。
[147] *A Short History of the West Indies* (n 8)142.
[148] 同上,第 142—144 页。

1803 年末,法国军队向牙买加的英军投降。在圣多明各,原本跟随杜桑·卢维杜尔的将军之一——德萨林(Dessalines)开始清除残余白人势力,并且他于 1804 年宣布自己是独立的统治者——海地皇帝。在德萨林于 1806 年去世后,新国家被其互不相让的继任者瓜分。[149] 然而,海地用了几十年才得到广泛的国际承认。比如,法国于 1825 年承认海地(并要求海地向其支付 1.5 亿法郎),而美国直至 1862 年才承认海地。

海地革命对广大加勒比地区产生了巨大影响,其鼓舞了该地区的奴隶起义与反抗,例如 1795 年至 1796 年间的牙买加的马龙人起义与圣文森特岛的加勒比人起义;1798 年的苏里南(Surinam)地区的奴隶及马龙人奋起反抗;1795 年至 1797 年的格林纳达(Grenada)起义;1796 年至 1797 年的圣卢西亚的"强盗"战争;多米尼加岛于 1802 年和 1809 年、牙买加于 1808 年以及巴巴多斯于 1816 年相继爆发叛乱和动乱。[150] 海地确立了通过奴隶起义来建国的典范,从而震动国际社会,并对反奴隶运动的双方都产生了深刻影响。[151] 正如杰里米·波普金(Jeremy Popkin)所言,海地革命"直接挑战了殖民时期伊始便在整个大西洋世界盛行的种族等级制度"。[152]

七、结论

加勒比地区的历史向我们呈现了一个更为宽泛的国际法史和国际关系史中的一些重要发展。尽管传统观点认为加勒比地区及其民众是野心勃勃的帝国竞相追逐的对象,但事实上他们促使欧洲人改变了对世界和对国际法之性质及界限的认识。哥伦布的航行拉开了欧洲列强争霸的序幕,他们试图将新世界与旧世界相区分。教皇敕令(如亚历山大六世教皇敕令)奠定了双方针锋相对的理论背景,其后出现了诸多具体的行动对其予以补充,从《托尔德西里亚斯条约》的签订到竞争对手国家间的"友好线",再到新形式的重商主义(特许贸易公司)与军国主义(私掠

---

[149] *A Short History of the West Indies* (n 8)144 – 145.

[150] *A Short History of the West Indies* (n 8)138.

[151] 例见 'Haiti and the Haitian Revolution' (n 71)。

[152] J. D. Popkin, *Facing Racial Revolution*:*Eyewitness Accounts of the Haitian Revolution* (University of Chicago Press Chicago 2007) at 1.

船）。这些发展反映出并型塑了欧美的帝国政策与行动。加勒比地区的经济发展推动了被当今社会视为最严重的违反国际法规则之罪行——奴隶制与奴隶贸易，其后他们又积极斗争要求结束奴隶制。在奴隶制下，约有 1500 万非洲人被俘获、奴役并送往新世界，从而给非洲地区的人民和国家留下难以磨灭的烙印，而如今这些行为为国内法和国际法所禁止和严惩。[153] 加勒比也是两大成功革命的发生地，这两次革命对加勒比地区乃至欧洲都产生了深远影响。美国独立战争瓦解了英属加勒比殖民地的特权贸易地位，而第二次革命——奴隶起义——产生了海地这个国家。这两次革命均动摇了奴隶制并为加勒比黑人国家的独立建立了先例，可谓震惊世界。鉴于上述历史发展，可以说，加勒比不仅塑造了我们的世界观，还形成了我们对自身的观照。

推荐阅读

Burns, Andrew Sir *History of the British West Indies* （2nd edn George Allen & Unwin London 1965）.

Grewe, Wilhelm G. *The Epochs of International Law* （Michael Byers trans）（de Gruyter New York 2000）.

Lane, Kris E. *Blood & Silver: A History of Piracy in the Caribbean and Central America* （Ian Randle Kingston Jamaica 1999）.

Parry, John H., Philip M. Sherlock, and Anthony P. Maingot *A Short History of the West Indies* （4th edn MacMillan Education London 1987）.

Rose, John H., Arthur P. Newton, and Ernest A. Benians （eds） *The Cambridge History of the British Empire* （CUP Cambridge 1929）.

Southey, Thomas Captain *Chronological History of the West Indies* （3 vols 1st edn 1827, repr Frank Cass & Co London 1968）.

Trebilcock, Abigail M. 'Slavery' in Rudolf Bernhardt （ed） *Encyclopedia of Public International Law* （Elsevier Amsterdam 1992 – 2000） vol 4, 422 – 426.

---

〔153〕 'Slavery' （n 44） 423 – 425.

第二十五章 从中世纪晚期到《威斯特伐利亚和约》

马丁·金青格（Martin Kintzinger）

607

一、引言

在分析中世纪史并将其作为国际法演进过程中的一个阶段时，西欧存在着两种截然不同的方式：一是从法史的角度予以分析，二是从中世纪通史的角度来研究。两者之间的差异似乎显而易见，因为严格地说，整个前近代时期——特别是中世纪时期——并不必然是国际法史的一部分，国际法被认为是自17世纪的《威斯特伐利亚和约》之后才开始出现。那么，此前的国际法研究是否无法进行呢？

建立在系统性法学概念和规范性秩序基础上的成文国际法于1648年才开始出现。但是，事实上，在前近代和中世纪时期，甚至从更广义的角度来说，自不同的政治秩序和社会秩序形式出现时，国际法的含义及重要性就已经引起关注。

608

两个学科对国际法史的观点差异更加复杂。中世纪是否该被归为国际法史的一部分取决于由谁来提出这个问题，因为历史本就不是一个待发现的事实，而是讲述过往的一种叙事。

从中世纪通史和中世纪文化史的角度来看，国际法当然也是史实的一部分，尽管国际法在当时既不在大学的课程列表中，也没有相应的出版物。但是，毋庸置疑的是，一些中世纪时期的智者已经开始思考国际法的问题，而且在当时的政治实践和外交实践中也已经出现了国际法。总之，在正式的文字概念形成之前，国际法在中世纪的西欧已然存在，这是一种客观事实。

很多国际法史著作在阐述国际法的发展进程时,依旧会把中世纪时期考虑进来。威廉·格鲁威在写于二战时期并在之后于 1984 年出版的一部著作中描述了国际法自中世纪至 1494 年间的主要特点,并用"万民法(*Ius gentium*):中世纪国际法的特点"加以概括。随后,格鲁威将国际法从 1494 年至 1648 年间的发展归纳为下一个时期,即"万国法(*Ius inter gentes*):西班牙时期的国际法"[1]。还有一本至今仍被频繁援引的著作,其出版于 1994 年,由卡尔海因茨·齐格勒所著。作者从古希腊和古罗马时期开始写起,分别描述了国际法在古代社会和中世纪(400—800 年)的形态、在中世纪早期和中期(800—1300 年)以及中世纪晚期(1300—1500 年)的特点,继而讨论了西班牙时代(1500—1648 年)的国际法之发展。[2]

最近一部关于该问题的著作由多米尼克·戈里耶于 2005 年出版,他首先介绍了古希腊和古罗马时期(*les apports grecs et romains*)对国际法的贡献,在介绍 14 世纪晚期至 16 世纪和 17 世纪时论述国际法理论的国际法奠基人(*les grandes fondatrices*)前,戈里耶考察了中世纪时期(*les temps médiévaux*)的国际法。[3] 除此以外,还有很多其他的著述也谈及该问题。很明显,中世纪国际法的研究方法已经从对时间段和某种假设的历时性发展的关注转移到对作者本人及一些思想观念的研究。戈里耶在之后的章节中还谈到了主要议题(*les grands thèmes*)、著名事件(*quelques grands moments*)以及国际法的古代理想目标的延续(*la permance d'un rêve ancien*)。如今,国际法史已是一个独立的跨学科研究领域,它不再仅仅讨论当今国际法的历史,而是也开始致力于分析前近代时期以及近代至今的一些国际性规范的形成问题。

609

---

〔1〕 W. G. Grewe, *Epochen der Völkerrechtsgeschichte* (Baden-Baden 1984). 关于这本书的历史,参见 B. Fassbender, 'Stories of War and Peace: On Writing the History of International Law in the "Third Reich" and After' (2002) 13 *European Journal of International Law* 479 – 512。引自 H. Steiger, 'Völkerrecht' in O. Brunner, W. Conze, and R. Koselleck (eds.) *Geschichtliche Grundbegriffe* (Klett-Cotta Stuttgart 2004) vol 7, 97 – 140。

〔2〕 K. H. Ziegler, *Völkerrechtsgeschichte* (CH Beck München 1994).

〔3〕 D. Gaurier, *Histoire du droit international. Auteurs, doctrines et développements de l'Antiquité à l'aube de la période contemporaine* (Presses Universitaires de Rennes 2005).

二、年代顺序

毫无疑问,历史研究的兴趣和关注点取决于同时期的历史学家自身的阅历和当时影响历史学家的一些难题。在 20 世纪的最后几十年中,有关和平概念的思想史与实现和平的实践史是当时历史研究的主要趋势。始料未及的大规模国际政治冲突使东欧部分地区陷入战争,从而转变了研究的关注点。于是,战争史成了最受欢迎的研究主题。战争史不再只是研究战争原因的传统军事史,而是在新方法论的基础上研究冲突、暴力和战争的文化史。"9·11"事件后,国际恐怖主义新维度的出现再次转移了国际冲突史的研究重点,包括战役和战争、媾和以及维持和平的策略与行动。

这些历史研究的主线影响着历史学科内的不同分支,尤其是中世纪史。虽然有些媒体还保持着先前的一些偏见,即认为中世纪是一个失控和无序的黑暗时代,但中世纪史的研究已经摒弃了这样的观念。对中世纪史的研究已经试图去证明战争与和平在中世纪文化中的具体情态及其发展。是否可能存在一个规范性法律秩序的问题也因而与国际法框架息息相关。海牙国际法院的地位愈重要,且外交和政策愈发引起公众关注,则跨学科研究对前近代时期的国际法史研究就愈感兴趣。但是,有关政治决策形成的历史研究往往没有将国际法作为中世纪史的一部分,而有关国际法史的研究也同样没有将中世纪史作为法律史的一部分。

本章的标题是"从中世纪晚期到《威斯特伐利亚和约》",这样的标题看上去具有非常确切的年代顺序,但事实上仍然需要进一步的阐述。编年史记录本身和人们试图划分时期的做法应该引起我们的特别思考。首先,"公元 1648 年之前"的时期究竟是怎样定义的?我们不能满足于给历史进程确定某一个固定的日期,或者划分一个所谓的间隔。公元 1648 年后,历史的车轮继续前进,国际法从那时不断发展至今。1648 年这个日子是否如此重要?把国际法史上的"之前"与"之后"严格区分开来是否真有益处?甚至于 18 世纪后的国际法著述中援引的例证和继受的术语与历史例证都始自中世纪。但是,把 1648 年作为一个时间节点已经成为跨学科讨论中的一个被广为接受的观点。

另一个问题似乎更加令人困惑,即中世纪的国际法史从何时开始?即使认识到它在正式的文字概念形成前就已出现,也还是无法得到正解,即究竟哪些史实要素,哪些政治文件和外交实践,又或者哪些学术理论可以证明中世纪的国际法发挥了功能并产生了更深远的影响?

本书在其他章节中对国际法史在世界史视野中的起始问题有所阐述。在全球文化史中,欧洲中世纪肯定不是国际法的起源。对于欧洲中世纪研究者而言,本书有关非欧洲史的文章十分有趣且颇具价值。至今为止,两个学科围绕这个话题已经进行了大量讨论。

如今,全球史显然是国际法史研究中的一个重要研究主题。但是,在文化史和政治史中却并非如此。更确切地说,虽然全球史在美国以及尤其是在亚洲已经成为历史研究中一个标准的方法论,但欧洲却很难接受,并且在德国也尚未得到广泛普及。

另外,全球史主要关注当代史,而不是前近代史。2009 年,法国出版了一本主题为 15 世纪世界史的著作,其内容翔实丰富,[4]并提出了很多深刻的见解,尤其是围绕外交史、维持和平和国际关系,但是其中没有涉及到国际法的问题。2010 年,德国出版了一本以中世纪世界史为主题的著作,其在史学史的框架下确定了一种新标准。因为该著作把信奉基督教的欧洲和信奉穆斯林的东方都涵盖了进来,并涉及到他们各自的文化和文化之间的影响,因此呈现出文化间性的理念。[5] "伊斯兰神学、法律与哲学"就是其研究成果之一,而以中世纪欧洲为题的文章只局限于政治理论、神学教义、救赎和经院知识所形成的学科以及解放理性,而几乎未考虑国际法,其既没有关注国际法的实践也没有国际法的理论。

总而言之,在欧洲中世纪史的框架内研究国际法的发展是一个相对较新的方法。但是,正如之前所言,这主要取决于我们提出何种问题以及我们想要从对史实的分析中得到什么,因为答案从不会自动显现出来。海因哈德·施泰格尔(Heinhard Steiger)于 2010 年出版的一部近 800 页的杰作《世界秩序——加洛林时期的国际法史》就是这个结论的有力佐证。[6]

611

---

〔4〕P. Boucheron in collaboration with J. Loiseau, P. Monnet, and Y. Potin (eds.) *Histoire du Monde au XVe siècle* (Fayard Paris 2009).

〔5〕J. Fried and E. D. Hehl (eds.) *Weltdeutungen und Weltreligionen 600 bis 1500* (Wissenschaftliche Buchgesellschaft Darmstadt 2010).

〔6〕H. Steiger, *Die Ordnung der Welt. Eine Völkerrechtsgeschichte des karolingischen Zeitalters (741 bis 840)* (Böhlau Köln 2010).

施泰格尔在他的作品中写道,为了避免曲解,他非常谨慎地寻找对所研究对象进行了充分描述的证据和基于同时期渊源的术语环境,并力求忠于当前历史和法学研究中的术语。比如,不加解释地使用"国际法"一词是有问题的,因为这个术语在中世纪时期其实是并不存在的,其实际上是在公元1648年后才被有规模地使用。简而言之,施泰格尔既没有研究某一确定的秩序,也没有试图分析成文国际法。施泰格尔描述的是那些掌握政治权力之人的外交关系,因此他并未专注于国际法的系统架构,而是着眼于来自中世纪历史研究的大量证据。

施泰格尔给中世纪早期和中期的国际法创设了一个实用主义风格的定义,即"权力实体间关系的规范"。这种权力实体间关系既包括法律规范,也包括皇帝、君主、贵族及其权力代理人在进行外交时必须遵循的其他文化规范。施泰格尔首先区分了"权力实体"(Mächten)之间的差异以分析不同形式的接触与沟通,继而区分权力、法律、外交、谈判和条约,并对当时的交往方式进行描述。最后,施泰格尔着眼于战争、秩序、和平和友谊,以探寻当时权力政治实践中的主导性思想观念。施泰格尔并没有首先将关注点放在古代到中世纪间的学术传统和一系列文献引证上,也没有聚焦于主流理念的历史发展,而是重点分析国际交往、政治和法律的实际功能。

加洛林时期和欧洲中世纪初的国际法已不再不为人所知或被人低估为承接古罗马和前近代的黑暗时期。换言之,施泰格尔正在提供中世纪初存在国际法实践的证据,并对中世纪国际法的含义及理论予以解读。这是有关国际法史最新的叙述,其为人们的进一步研究奠定了坚实的基础。

612　从欧洲和全球视野进行的比较研究和对中世纪中晚期的国际法史的深入认识仍旧是当前迫切之需。此举有望增强法史与中世纪史或者前近代史的合作研究,而且国际法史涉及到其他领域,其是跨学科研究中非常有必要的一门学科。因此,目前对外交史、外交政策史和国际关系史的讨论和研究与国际法史有着密不可分的联系。他们都是史实的重要组成。[7] 在通史领域,跨学科讨论遇到的方法论问题甚至早于国际

---

〔7〕 参见 C. Märtl and C. Zey (eds.) *Aus der Frühzeit europäischer Diplomatie. Zum geistlichen und weltlichen Gesandtschaftswesen vom 12. bis zum 15. Jahrhundert* (Chronos Zürich 2008); D. de Villepin (ed.) *Histoire de la diplomatie française* (Perrin Paris 2005); S. Dünnebeil and C. Ottner (eds.) *Aussenpolitisches Handeln im ausgehenden Mittelalter: Akteure und Ziele.* (Böhlau Wien 2007)。

法史领域。中世纪时对"外交政策"和"国际关系"等术语的定义往往不甚明确,他们所代表的政治秩序并非指一个完善的国家体系,也不能处理各项具体的外交事务。

德国历史学家迪特尔·贝格在 1997 年时曾提出一个影响深远的观点,该观点经常被用到对此问题的讨论上,即任何统治者超越其统治边界的法律行为都应该被定义为外交政策。[8] 这一界定毫无疑问对相关历史研究颇有帮助,但是这对法史研究还尚显不足。中世纪的历史学家甚至到今天还常常持有这样的观点,即中世纪时期的国际法是不得而知的,因为在研究中世纪的材料里可以发现,他们仍处在探索组织国际交往和解决国际争端的规范的道路上。例如,当时的规范对以下问题有具体规定:在其他君主的宫廷上该有怎样的言行举止? 如何安排两个不同国家的君主会见? 怎样确保这些会见能产生切实的政治效果? 怎样通过一些象征行为在与外国人的交往中表达自己的观点? 若要促成成功的国际政治交流,那么这种文化实践活动确实不可或缺。但是,文化惯例并不能代替国际法规范。

事实上,中世纪时期尝试建立国际交流的概念并不意味着当时的人们就因此忽视了古代社会国际法的传统和理论。比如,宣布中立或颁发安全通行证的做法就是中世纪时期著名的外交实践。他们经由传统沿袭下来并且能够灵活适应当时的具体情况和具体挑战。他们都是中世纪政治行为的组成部分,这甚至到早期近代都未发生明显变化。[9]

这些规范不能由人类制定,其既不能由政府决策决定,也无法由两者的合意达成。君主和王公可能在交往实践中接受了此类普遍性规范,外交家可能在日常活动中应用这些规范,而博学的法学家也许解释过或者对其进行过评论——但是,事

613

---

〔8〕 D. Berg, *Deutschland und seine Nachbarn* 1200 – 1500(Oldenbourg München 1997)vol 40,at 1;关于国际法,参见第 4 页和第 55 页。令人惊讶的是,该书至今仍是唯一一对该问题进行讨论的著作。其他人虽有相关讨论,却尚未出版著作,如法国历史学家罗伯特·德洛特。

〔9〕 参见 J. F. Chanet and C. Windler (eds.) *Les resources des faibles. Neutralités, sauvegardes, accomodements en temps de guerre* (XVIe-XVIIIe siècle) (Presses Universitaires de Rennes 2009); M. Kintzinger, 'Cum salvo conductu: Geleit im westeuropäischen Spätmittelalter' in R. C. Schwinges and K. Wriedt (eds.) *Gesandtschafts und Botenwesen im spätmittelalterlichen Europa*(Thorbecke Ostfildern 2003) 313 – 363; M. Kintzinger, 'Der neutrale Ort: Konstruktion einer diplomatischen Realität. Ein methodisches Experiment' in N. Bock, G. Jostkleigrewe, and B. Walter (eds.) *Faktum und Konstrukt. Politische Grenzen im europäischen Mittelalter: Verdichtung—Symbolisierung—Reflexion* (Rhema-Verlag Münster 2011) 111 – 139.

实并非如此。在当时人们的观念中,国际规范(即国际法)必须由神创造。人类能做的就是发现它、描述它并将其转变为普遍性的知识和活动。从这个意义上来说,我们发现中世纪的人们曾苦苦探索国际法理念并把它作为指导行动的前提(*priorinorma*)就不足为奇了。

因此,中世纪时期与近现代社会具有紧密的连续性。即使是在 21 世纪初,国际机制的主要议题也依旧是探索国际法中被普遍接受的做法。这些程序沿袭至近代时期的明确佐证是统治者、君主或是总统间召开的国际会议。两国领导人间的私人性政治关系(至少是在公众面前的亮相)和会见的画面现如今被记录在照片中,而中世纪时则对其进行详尽记载和解释,并通常附在编年史文本之后——这常常被认为是友谊、和平与合意的象征。自公元 9 世纪以来就有对此类会见的记载,而在最近的历史研究中,中世纪晚期的会见成为了研究焦点。他们通常被认为是一种实现外交事务的最后环节。近来学术界主要关注亮相的仪式、礼仪和象征性行为。[10]

在近期研究中,君主、贵族间的会面被认为是不同国家的统治者之间的私人联系,但是同一疆域内的君主和贵族的会见却不在此列。初看上去,探索不同王国间的关系也许不会涉及对其内部体系的分析,但是这些内部架构对外部政治与外交活动的重要性不容小觑,例如封建体系内的服从等级、社会关系或相互联系。君主在其权威范围内能够宣称拥有建立外交关系的绝对权威。无论何时,当贵族、主教与其他国家的君主或者贵族达成协议时,如果被要求与之结盟,那么他们必须声明不支持也不参与任何有违本国君主利益的活动。这种忠诚来自于统治领域内部的服从秩序,但其却对外交关系产生了直接影响,这就是政治实践中的国际法元素。

上文提及的合意原则也是如此。中世纪的君主不可避免地要与其统治范围内的其他贵族达成约定,从而合法行事并换取贵族们的忠诚,因此他们并非完全不受法律制约。为了清晰地表明中世纪的君主并非免受法律控制,现代历史学家运用

---

〔10〕参见 G. Schwedler, *Herrschertreffen des Spätmittelalters: Formen—Rituale—Wirkungen* (Thorbecke Ostfildern 2008)。

了"合意制政府"这一术语。[11] 因此,适用于君主、贵族等内部政治秩序各方的合意原则逐步移转到国际关系领域。外交活动的程序和实践方式常常从内部政策中衍生出来,一些具体的外交机构(例如常驻使馆)和外交政策历经岁月而日渐成形。

甚至于取得合法性的方法也源于内部关系的传统。君主之间缔结的条约强调合意和友谊(amicitia)。表征此类观念的象征性行为愈加重要,而签订条约和结盟仪式也越来越多地公开进行。因此,当下有关中世纪国际政策的历史研究不仅研究外交理念、外交手段与政治决策,也研究象征性文化的传统及功能。这些象征性文化是在整个欧洲连接不同宫廷的君主们和贵族们以及连接世俗和神职的根本性纽带。由于他们对拉丁文的了解程度减弱,在法庭上的运用也逐渐减少,因此双方的贵族代表缺乏共同语言,所以以象征性行为、仪式及外交使节亮相等方式进行沟通就愈加重要,且他们也逐渐成为国际交流的主要方式。当然,接收使节与君主会面或者是双方使节公开宣布条约生效等事宜由双方的全权公使在幕后做了充分的事先准备。为了让双方都能将条约视为真实且有保障的承诺,君主间缔结的条约总是需要最终的公布行为以证明书面文件的价值。但是,那些公布方式侧重于精心描述双方君主的会见情况。因此,象征文化对国际交往中的外交和政治行为不可或缺。

同时,外交的其他方面也日趋正式化和法律化,比如不得妨害外交代表原则。不得侵犯使节的规定本是教会法的内容。此类规定的实际价值只能从其象征性意义来理解,即大使作为某些人的官方代表,如果其受到身体上的侵犯,那么就意味着他所代表的权威受到侵犯。侵犯一个君主的大使就意味着对君主本人的直接侵害,这不仅是因为大使在外观上代表了他的君主,而且也因为君主的人格、躯体和特性与其官方地位日益分离,从而被更加清晰地界定出来。正如有学理解释,君主有两个躯体,皇帝如此,甚至于教皇亦如此。这种特殊情况在当时引发了一些事

615

---

[11] B. Schneidmüller, 'Konsensuale Herrschaft. Ein Essay über Formen und Konzepte politischer Ordnung im Mittelalter' in P. J. Heinig et al (eds.) *Regionen und Europa in Mittelalter und Neuzeit*: *Festschrift Peter Moraw* (Duncker & Humblot Berlin 2000) 53 – 87; J. M. Moeglin, 'Le Saint Empire: contrat politique et souveraineté partagée' in F. Foronda (ed.) *Avant le contrat social*: *Le contrat politique dans l'Occident medieval*, *XIIIe-XVe siècle* (Publications de la Sorbonne Paris 2011)173 – 191.

件。比如在弗雷德里克一世于 1157 年在贝桑松宫廷上举行的一场会议中，有教廷代表呈上了一封来自教皇哈德里安四世的信，称隆德大主教在担任教皇特使出访时遭到了不明攻击，其指责皇帝没有保护好大主教。因为此前教皇已经赋予皇帝专有特权，以使其负责保护各地的教会。这场禁止侵犯特使的事件引发了广泛的对外交代表的保护行为，虽然这并不在外交代表的初衷内，但其却自然而然地成为了国际法的内容。

最后，在近期有关历史上文化间交往的争论中，欧洲君主和欧洲之外的统治者间的联系与会面成为了比较研究的对象，比如基督教统治者和穆斯林统治者的接触。这是一种新的前近代史研究方法，其需要新的历史分析和阐释方法，这也许会带来对全球史的一种全新解读[12]，它的新颖之处在于方法论。世界史的研究方法侧重于对个别国家进行研究，然而全球史尝试全面地描述世界视野下的互动、跨文化交往、流动与迁徙以及一种世界性活动领域的形成。

世界史与全球史的区别类似于"万国法"（*droit des gens*，*Völkrrecht*，由拉丁语中的"万民法"[*ius gentium*]翻译而来)和"国际法"（跨学科法律研究近期形成的术语)之间的对比。因此，当前法律史学科更倾向于把研究对象视为"国际法"而不再是"万国法"。

国际法在新的全球史概念中的重要性显而易见，其也为历史研究和法学研究带来一种方法论上的挑战：全球史作为一个研究对象，作为史实和现实的一部分，其非常需要具有国际效力的规范，即得到全世界遵守的规范。事实上，基于国际社会和政治舞台上的精英们之合意而形成的象征性文化相当于前近代欧洲的规范。象征性文化的重要作用在中世纪中期已然显现，直至 17 世纪和 18 世纪仍然意义重大。

在欧洲历史的前近代时期，随着历史的发展和转型，新经验、新发现和新挑战带来了知识的更新和对传统研究对象的新见解，从而使各种情况发生了翻天覆地

---

〔12〕参见 W. Drews, 'Transkulturelle Perspektiven in der mittelalterlichen Historiographie: Zur Diskussion welt und globalgeschichtlicher Entwürfe in der aktuellen Geschichtswissenschaft' (2011) 292 *Historische Zeitschrift* 31 - 59; C. Gratloup, *Faut-il penser autrement l'histoire du monde?* (Armand Collin Paris 2011)，有关中世纪的内容见第 88 页以及第 91—95 页。

的变化。如果把这些进程视为通往现代性的发展形式,则似乎还应该有所保留,即在中世纪和早期近代并不存在近代意义上的前近代国际法。但是,人们已经运用规范和具体的方法来进行国际交往和解决争端,其在理论和功能上都等同于国际法。

另外,进行历史分期又会产生如下新的问题:从 17 世纪以来,在其正式形成之前,国际法的起源能否追溯到中世纪?中世纪哪个阶段可以作为 10 世纪和 11 世纪被欧洲各王廷所普遍接受的国际象征文化的起点?国际法是否产生于 8 世纪和 9 世纪的加洛林统治下的欧洲首次建立政治秩序之时?从连续性发展的角度看,中世纪的国际法实践与"首个"国际法理论是否相辅相成?是否存在一种具有中世纪特征的国际法实践?国际法从中世纪晚期到早期近代是否发生了变化?国际法是否得益于 13 世纪初以来西欧王国日益集中的君权?还是由于 15 世纪和 16 世纪时的神圣罗马帝国内部新兴的封君领地?

三、归类

最新的相关研究表明,中世纪的国际法可以追溯到加洛林时期。前文援引的 617 海因哈德·施泰格尔于 2010 年出版的重量级著作更新了这方面的知识。但是,很多问题仍有待解决,比如国际法在 9 世纪中期到 16 世纪初以及再到 1648 年的西欧文明过程中的演进问题。首先,我们能做的是找出一种方法论和描述类型来有效地对中世纪和早期近代的国际法史进行界定。由施泰格尔建立的分类方式(实体间关系、实体间法、实体间联系)[13]对后世就欧洲前近代——特别是中世纪时期——的研究具有重要的实践价值。在此对其方法论进行三点评述。第一,搜集当时有关描述对象的关键词,比如 *ius gentium*、"international law"、*droit des gens* 或者 *Völkerrecht*。取自当时材料的关键词必须与近代研究中的关键词区分开来。我们有必要确定是否可以使用"国家"(nation)、国家的"(national)、"国际的"(international)以及"国家"(state)和"政府"(government)等词汇。他们在当时已经出现,但是众所周知的是,近代意义上的"国家"与"政府"在中世纪时还未出现。

---

〔13〕 "Inter-powers relations""inter-powers law""inter-powers associations"。

另一方面,我们必须通过所进行的描述和所使用的词语来明确指代对象。"国际的"(international)一词也许没有替换词,人们可以使用该词,但人们却未必意指中世纪已有政治意义上的国家存在。"国际法"在被使用时可以且应该被理解为中世纪"万民法"(*ius gentium*)这一拉丁词语的变体,虽然这之前使用的"万国法"或者"*droit des gens*"更加接近其拉丁文的初始含义。至今还没有其他术语具有相同的含义。我们可以用其他语境中的术语使用情况做个比较,如 *ius natural* 和 *ius positivum* 分别被翻译成"自然法"和"实在法",这样的译法已经被广泛接受。"实体间关系"的使用还未普及,但是在海因哈德·施泰格尔的新书对此进行深入研究后,这个术语毫无疑问也会被广为接受。事实上,该术语与"外交""联系""外交政策"和"国际关系"等都是不同的描述,其被用以界定根据中世纪国际法所采取的实践措施、方式以及行为结果有何意义。

其次,除了汇总关键词之外,着眼于词语描绘的外交与国际关系所发挥的实践功能,并对历史渊源带来的意外收获保持开放心态也很有必要。他们得出的结果也许会出人意料,但我们可以通过恰当的语言对他们进行描述,此种描述应该尽量符合其本意,不能本末倒置。谁曾想到过加洛林时期就存在实体间关系?但事实确实如此。

最后,作为历史学家,我们应该总是并且在分析所有问题时都应该关注研究对象所处的历史背景。显然,由于存在诸多的传统、挑战、秩序、规则以及预期因素,所以人们会做出符合特定历史环境的行为。中世纪的政治与外交举措和当今一样,他们都遵循了一定的目标。但是,他们在任何情况下都必须遵守礼仪、象征性含义、宫廷的规则和外交惯例。最后,中世纪的国际法史不应再被当作近代化过程中"多少有些黑暗"的前近代时期,而应被视为是一个对开启近代国际法非常重要的历史时期。[14]

四、引证和法典

中世纪末期之初应被视为国际法史的一部分,因为当时已经出现有组织的政

---

〔14〕 参见 M. S. Anderson,*The Origins of the Modern European State System*,*1491 - 1618*(Longman London 1998)。

府间政治体系，并且这些政府在 12 世纪至 13 世纪的中世纪中期已经建立了外交关系。然而，古代社会对国际法的定义却更为古老，并且该定义经由教会法传统从古罗马时期延续下来而为后人所接受，此传统即最初由西塞罗（公元前 106—公元前 43 年）创设出的万民法一词及其含义。简而言之，古罗马对国际法的解读与中世纪以及特别是近代的国际法阐释大相径庭，并且就连西塞罗也给出了两种不同的定义，即战争与和平法（ius belli ac pacis）和万民法（ius gentium），这十分有趣。对罗马人而言，万民法是为他们所俘虏之人制定的法律，从根本上来说，这是他们自己的法律，这是罗马人的法律，他们认为这是对全人类都适用的最佳选择。因此，当时的国际（私）法实质上是一种适用上的优先权。[15]

这就是为何了解万民法一词传统含义的中世纪学者在探寻如何界定公正与合法的秩序定义以描述和开展国际政治交往、建立外交联系和解决冲突时决定不采用该术语的原因。他们想要找寻一种尚未被人界定的秩序，这种秩序不为武力左右且足够强大，其可以不受任何政治影响。该种秩序应该是一个有效的普遍性秩序，每个人都必须服从。同时，由于这个秩序也必须有助于国际性、全球性和不同文化间的交往，所以通常为中世纪学者赞同的神学定义也并非他们所求。

他们在西塞罗的定义里找到了一个能够为之所用的适宜又简明的解释，即国际法以适用于所有人类、不同民族和国家的自然法为基础。因此，国际法作为自然法，其具有最大程度的正义。对于从 7 世纪初的塞维利亚的伊西多尔（Isidor of Sevilla）到中世纪末的政治理论，这一定义都具有正当性。14 世纪和 15 世纪的贵族群体普遍认为，对自然法的社会性解读有助于阐释贵族之间一律平等的观点，这是他们所理解的公平正义。在同一个概念框架下，11 世纪和 12 世纪之后的经院派哲学家使用了正义战争的神学概念。公元 5 世纪初，奥古斯丁（354—430 年）受罗马惨痛灭亡（410 年）的影响而创设出此概念。中世纪对正义战争思想的解读同样以西塞罗的著述为基础，其在正义和社会规范及政治规范之间系起了一条强有力的纽带。

在此有必要进行两点说明。第一，毫无疑问，以上引证的所有学者都不是简单

---

[15] 参见 M. Kaser, *Ius gentium*（Böhlau Köln 1993）at 4 and 10。

地引用别人的理论,而是根据传统理论,在呼应前人观点的同时延展自己的理论。第二,因为当时并不存在任何理论规范,所以他们不能从其他地方找到任何理论来支撑自己的政治行为。相反,他们自己挖掘出一套理论概念来描述一个已经存在的现实。因此,在国际法的发展过程中,实践先行而后有理论。一直以来,国际法的理论概念是对像交往和冲突这样亟待解决的问题的直接回应,在这种背景下,逐渐形成一系列概念,并成为了政治与外交实践的指南。

到了13世纪,奥古斯丁理论的继承者托马斯·阿奎那(1225—1274年)提出了有关正义战争和法律分类的精密理论,其将国际法也归入法律类别。14世纪和15世纪的经院哲学家们都沿袭了他的研究,16世纪初的一些著名西班牙晚期经院哲学家也是如此。他们从新的角度解读国际法。他们不再将国际法仅仅视为自然法的内容,而认为国际法也是制定法的一部分(最早由托马斯·阿奎那提出),并且他们认为国际法在全人类中平等适用,因此其与人权紧密联系。但是,对他们而言,国际法与自然法间的联系依旧非常重要,他们从奥古斯丁和托马斯·阿奎那长久以来的研究传统中寻找自己论点的终极合法性依据。

西班牙晚期经院哲学是在欧洲三十年战争和《威斯特伐利亚和约》之前对国际法理论阐述最为精深的学派。它源于13世纪的经院哲学思想,也因此而得名。遗憾的是,其思想的独立性和概念性还有些模糊。然而,托马斯·阿奎那的思想与16世纪研习他思想的那些经院哲学代表人物并没有直接关联。西班牙晚期经院哲学家们在面对当时的一些重大问题时回顾了前人在相同情况下所进行的论证。大约在一百年前的15世纪初也发生了几乎同样的情况,并得出了可资借鉴的类似结果。在康斯坦茨会议(1414—1418年)上,波兰王国和条顿骑士团间的冲突成了待解决的一个主要议题。1410年,波兰-立陶宛(由于君合,两国合并)在坦能堡战役(Grunwald/Žalgiris)中意外获胜。于是,波兰国王的法学家极力想证明骑士团是东欧地区的侵略者和占领者。

关于冲突,最重要的一点是非基督教国家的政府——当时立陶宛被视为非基督教国家——是否具有合法性,以及基督教国王与非基督教同盟国缔结的条约是否应当被遵守。波兰国王的首席法学家、克拉科夫大学的校长保罗斯·弗拉德米尔(1370—1435年)非常审慎地提出了以下几点:(1)无论君主还是教皇,亦或其他任何人,都没有凌驾于非基督教国家及其政府之上的更高级权威;(2)所有武装冲突和战争都须为正义战争,否则即属非法;(3)这些至关重要的论证材料全部引自国际法、自然法和人法。弗拉德米尔无疑通过理论建构以对波兰-立陶宛国王的利益进行了诠释,从而回应了现实问题。接下来,弗拉德米尔的表现就像庭审中巧妙应答对方那些似是而非问题的律师那样非常具有策略性。此外,弗拉德米尔试图从自己的理论中衍生出某种可以处理国际政治和外交事宜的指南。因此,弗拉德米尔是中世纪晚期首个明确运用国际法术语和含义来讨论国际政治冲突问题的学者。在更早些时候,发生类似冲突的双方所引证的论据是那些宣称具有权威之人或具有象征性权威且处于至高地位之人的观点。

弗拉德米尔的如此论证不仅结束了以往对至上性的定义,而且开启了对国际法问题的新一轮讨论,从而促使人们重新理解至上性与主权,并且在国际政治和外交的背景下重新认识各国政府相互平等的原则(不管这个政府居于帝国中心还是边缘,是否位于欧洲,以及是基督教国家还是非基督教国家)。当下文化史研究对全球史和后殖民时期的反思非常关注,如果人们想要找到新研究方法的源头,那么其可能就在 15 世纪初的这些争论中。[16] 后续发展从那时开始,且西班牙晚期经院哲学也是从那时开始发展的。

16 世纪的人类面临着完全不同的挑战,但智识作品中对国际法进行理论界定以为实践活动提供有益准备的方法延续了下来。这也是知识渊博的多明我会神学家弗朗西斯科·德·维多利亚在皇帝查理五世(1500—1558 年)的宫廷陷入困境的原因。维多利亚把国际法理论应用于皇帝在新大陆问题的政治实践中,其所得出的结论与罔顾法律和正义且只想最大化经济利益之人的意图当然不同。不幸的是,这些人用尽办法最终赢得了这场争论,并且他们将国际法边缘化为一种精深的规范主义理论。[17] 尽管皇帝本人支持维多利亚,但显然他无法让自己的个人观点影响政府对新世界的决策。查理五世以其独特的方式展现了他那个时代的基本变化:占领新世界

621

---

〔16〕参见 C. Gauvard, 'Contrat, consentement et souveraineté en France' in *Avant le contrat social*(n 11)230 – 232。

〔17〕参见 A. Brendecke, *Imperium und Empirie. Funktionen des Wissens in der spanischen Kolonialherrschaft*(Böhlau Köln 2009)。

之后,他先是极度自信地宣称自己是日不落帝国的唯一统治者,然后他于1520年宣布自己对全世界具有至高无上的权力。但是,在1556年时,因为无法接受巨变,查理五世成为了第一个退位的皇帝。

然而,维多利亚促使了对国际法史研究的回归。在最新的研究中,维多利亚被誉为全球哲学的奠基人。根据维多利亚的理论,自然法推衍出国际法,因为自然法平等地归属于全人类,自然法是每个人的权利。对维多利亚而言,当时最亟待解决的问题是如何把新世界融入到现有的社会政治秩序中。事实上,西班牙的征服者们发现了一个严密且封闭的社会与政府秩序,这个秩序不同于任何一个欧洲王国,因为他们并不知道基督教的上帝。扼杀生活在那里的人民的权利是不公正的,他们逐渐沦陷在欧洲统治者的权力和独裁之下。维多利亚也坚决抵制西班牙征服者假装尊重当地人民以求完全征服这块新殖民地的做法。令人惊讶的是,维多利亚不仅以神学论证作为基础以为全球性自然法和人权辩护,而且他还从法律的角度出发,援引罗马法著述并建立了国际法的新定义,从而从根本上明确了所有人皆得适用国际法的理念,即"国际法,存在于所有民族的自然理性之中"(*Quod naturalis ratio inter omnes gentes constituit，vocatur ius gentium*)[18]。因此,国际法不是自然法就是以自然法为基础之法。在这种语境下,"推衍"的提法很是新颖,其使维多利亚将对国际法的新定义与罗马的招待权(right to hospitality)结合在一起,并因此得出西班牙在新世界迫害印第安人的做法是非法的。此外,维多利亚将罗马法中的民族(*gentes*)一词更改为政治意义上的民族国家(*nationes*),而这个词在15世纪末之前还未在欧洲得到广泛使用。

维多利亚认为,国际法的合理性不仅因为条约数量众多和人类达成合意,而且因为整个世界就像一个特殊的政治共同体,在这个共同体内,各民族的一般性法律和规范在和平与战争期间都是有效的。[19]

基督教神学也产生了人权思想。然而,基督教神学并没有承认人权的至高无上性。因此,对一些先验价值和规则的非基督教观点的论述开始增加。他们使维

---

[18] F. de Victoria, *De Indis recenter inventis et de jure belli Hispanorum in Barbaros relectiones* (1539) at s 3 pt 2.

[19] F. de Victoria, *Relectio de potestate civile* (1528) at no 21.

多利亚真正地在全球角度下理解自然法,因而一个崭新的且具有持久性的国际法定义就此产生。

维多利亚是西班牙晚期经院哲学最著名也最具影响力的代表人物,他之后的耶稣会会士、博学的神学家弗朗西斯科·苏亚雷斯(1548—1617 年)也是西班牙晚期经院哲学的代表。苏亚雷斯对维多利亚的理念进行了反思和继承,尤其是维多利亚有关国际法理论的内容。[20] 维多利亚见证了西班牙对新世界的征服,并感受到对传统世界认识的严重不足,而苏亚雷斯则对欧洲征服的后果进行了诸多著名的评述,他是一位著名的评论家(*doctor eximius*)。在其理论著述中,苏亚雷斯着眼于对自然法进行历史解读和诠释,其研究对后来 17 世纪和 18 世纪的学者产生了巨大的影响。

苏亚雷斯在很长一段时间里都认为国际规则并非必然被人为制定或由任何权威制定,也并非必由合意达成。国际法规则应该被定义为一种"先验的"规则,即由上帝或者自然创造。因此,苏亚雷斯在其后来的著作中写道,普遍法高于所有的人法,每个人都必须服从神法(*lex aeterna*)或自然法(*lex naturali*)。神法和自然法对于人类来说是无形的,而国际法是实在法。因此,那些负责制定政府政策之人需要做出一个庄严承诺,从而在处理现实问题时负责地运用国际法。

甚至之前曾研究过该问题的经院学者也得到了几近相同的结论。显然,在中世纪晚期,关于国际法是否存在的问题需要一个答案。这个问题反复出现,并在经院哲学中达到顶峰,从而形成了概念上的独立性。此时期遇到了与西班牙晚期经院哲学家们相同的问题,即在一个全球性政治世界中,是否存在至高无上的权威,其与皇帝、国王与教皇之间众所周知的争论无关,而关系到如何阐述主权这一实质性问题的讨论。

"Aequitas"(即平等的正义)此时发挥了重要作用。14 世纪初,阿德蒙特的恩格尔贝特(Engelbert of Admont,1250—1331 年)就曾阐述道,因为世界是上帝创造之物,所以各种政治实体、皇帝和国王间进行的国际交流不存在任何等级或从属关

---

[20] 之后的文本参见 M. Kintzinger, 'Bellum iustum — gerechter Krieg oder Recht zum Krieg?' in U. Lappenküper and R. Marcowitz(eds.)*Macht und Recht. Völkerrecht in den internationalen Beziehungen*(Ferdinand Schöningh Paderborn 2010)3 - 30。

系。在任何政治秩序与社会秩序内部,总是存在上级,但是在外交关系中却并非如此。因此,至上性(*Superioritas*)不应该存在于全球政治中,皇帝与国王也因而不得不寻求如何合作以及达成一致的新方法。

虽然神学理性和自然法仍然占据着十分重要的地位,但此处的论证却有所不同,即至上性(*Superiotitas*)(之前未提及,但和国际法的实践性要素一样,都非常重要)并非仅仅由他者赋予,而是要通过普遍同意(*consensus omnium*)建立起来。这类似于近代的决策理念。

当时的政治实践及社会发展引发了经院哲学对至上性的讨论,即在那些情况下,实践已经先于理论。对于那些研究恩格尔贝特观点的人而言,他们的主要问题不是怎样建立一个复杂的模式,而是怎样回答一个日常性的政治实践问题:如果皇帝和国王产生冲突,应该怎么处理? 如何避免斗争,怎么解决冲突? 哪里可以找到停止纷争和重塑和平的权威? 14 世纪中期的意大利著名法学家巴尔杜斯·乌巴尔迪(Baldus de Ubaldis,1327—1400 年)给出了答案,他认为没有任何权威也没有任何人可以做到如此,因而只能接受一个普遍性的法律原则作为主导性规范。"人们所共同遵守的,总是合理有用的且人人平等"的规范就是我们所要寻找的,我们将其称为万民法。为了解决在意大利和整个欧洲都出现的冲突,人们为国际法找到了一种新的定义,其在原有语词的基础上被赋予了全新的含义,它虽延续了经院哲学的传统,但却以不同的形式表现出来,从而能够在实践中发挥功能。于是,万民法不再意味着优先权,而是成为达成合意之法律工具。

不得不承认,巴尔杜斯的真知灼见并没有被直接运用到政治实践中。但是,巴尔杜斯的这一理念与其他的一些见地被各个宫廷所熟知。比如,君主在自己的统治范围内就如同皇帝。尽管 13 世纪中期的勃艮第法学家让·德·布拉诺(Jean de Blanot,1281 年去世)的最初表述是"法国国王是其领土上的皇帝"(*Rex Franciae in regno suo princeps est*),但后世常常将其引用为"法国皇帝至高无上"(*Rex Franciae Imperator in regno suo*)。巴尔杜斯在此基础上提出了一个更具普遍性的表达,即国王是本国领土内至高无上的皇帝(*Rex in regno suo est imperator regni sui*)。[21] 按照这种方式来理解,则国王在其王国内是主权者的思想便被广泛接受。主权在严格意义上意味着不接受或不容忍任何其他政治权威凌驾于其上,并且拒绝其他君主或统治者在其王国内发挥影响力,甚至于教皇也不得凌驾于其上,当然其尤为不能接受神圣罗马帝国皇帝的影响。因此,"国王就是在其统治范围的皇帝"这一理念使得法国国王得与皇帝平起平坐。

中世纪的主权仍旧是那些成功地宣称在其王国内享有皇帝之尊的君主们的个人权力,这不同于1648年的《威斯特伐利亚和约》所确立的"国家"特征。在中世纪晚期和早期近代,有关主权的讨论几乎无处不在。此讨论有助于巩固君主在自己国家的统治,同时也使他们获得了与其他外国君主平等的地位,这从根本上重构了国际政治和外交事务的环境。

虽然这个发展还没有理论上的解释,但是编年史中的文字和图像佐证了当时两个或两个以上的贵族和君主的会见情况,或者他们与皇帝的会面情况。一些自我宣告主权的方式也由此出现。比如改骑白马来代替黑马,又如遵守或要求遵守某些宫廷仪式。在这些情形下,中世纪晚期的国际法以一些相当奇怪的方式呈现出来。在当时看来,国际法作为一门博学精深的理论,其全然不能脱离于政治和外交实践。

早期近代依旧如此。近代国家的概念开始建立在愈加详尽的主权理论之上。但是,宫廷礼节和仪式作为国际法惯例,其表现方式的重要意义依然存在,甚至有增无减。

皇帝查理五世和法王弗朗索瓦一世(1494—1547年)之间复杂的关系只能通过对他们一同出现时的表现进行详细考察后才能理解。[22] 德意志国王作为神圣

625

---

[21] 参见 M. Kintzinger, 'Der weisse Reiter. Formen internationaler Politik im Spätmittelalter' (2003 -2004) 37 *Frühmittelalterliche Studien* 315 - 353 at 337 - 338, 344 - 345, and 352; M. Kintzinger, 'Superioritas: Rechtlichkeit als Problem bei internationalen Konflikten' in S. Esders (*ed.*) *Rechtsverständnis und Konfliktbewältigung: Gerichtliche und auflergerichtliche Strategien im Mittelalter* (Böhlau Köln 2007) 363 - 378 at 373 - 374; M. Kintzinger, 'Rex superior: Die Internationalität der Hofkultur und die Regionalität ihrer Konfliktlösung im westeuropäischen Spätmittelalter' in S. Dauchy and M. Vec (eds.) *Les conflits entre peuples: De la résolution libre à la résolution imposée* (Nomos Baden-Baden 2011) 23 - 50。

[22] M. Kintzinger, 'Inszenierungen der Kaiserherrschaft bei Karl V.: Überlegungen zum Verhältnis von imperialer Tradition and universalen Herausforderungen' (2011) 38 *Francia* 207 - 227.

罗马帝国皇帝与法王之间有关特权的冲突其实早在 10 世纪就已开始,且其之后常常在多种情形下被重新提起。[23] 16 世纪时也是如此。当时的历史情况虽然有所不同——欧洲地区的冲突双方是基督教徒,即天主教徒和新教徒——但是根本问题没有变化,其显现方式也与之前无异。[24] 代表职能的公开施行和外交代表之间的冲突给这个古老的问题一个最新的回答,即外交何以体现国际法?

从现在的观点来看,这样的结果似乎不甚完美。因此,我们绝不能忘记那些曾经尝试推动国际法发展但不幸失败的人。例如,波西米亚国王(Georg Podiebrad,1420—1471 年)曾于 1462 年公布了一个设立国际法庭以调解欧洲各国君主间纷争的方案。与彼时的制度相比,这个想法具有强烈的近代性。波西米亚国王提出建立一个君王贵族们组成的委员会(类似于现在的法院)来评判"同僚"的行为。平等对这个和平计划而言至关重要,正义、维持和平、国际合作与合意也都是必不可少的因素。当然,遵守国际法的根本性原因是源于自然法。

那为什么这个设想在实际的政治生活中却没有得到实现呢?答案显而易见,我们可以借助当时对国际法的实践功能之理解来知晓原因。比如法国君主路易十一世(Louis XI,1423—1483 年)被任命为这个国际法庭的主席后,对他这般强大的君主而言,如果"平等"意味着与其他人平起平坐,那么他是绝不会同意的。我们可以得出一个明确的结论,即中世纪晚期的国际法依旧延续着"实践先行,理论随后"的路径,因而当时的理论概念并不能影响政治实践。

在威斯伐利亚和会之前,国际法理论和实践的关系几乎没有发生任何变化。在对中世纪和早期近代的国际法史问题进行归纳后可以发现,公元 1648 年之前是否存在根本性变化尚不确定。法国于 1494 年对意大利的入侵长期以来被视为新纪元开始的标志。但是,外交关系史的研究并不重视这个时刻。在 15 世纪的最后

〔23〕 J. M. Moeglin, *Kaisertum und allerchristlichster König*, *1214 - 1500*(Wissenschaftliche Buchgesellschaft Darmstadt 2010); R. Große, *Vom Frankenreich zu den Ursprüngen der Nationalstaaten*, *800 - 1214*(Wissenschaftliche Buchgesellschaft Darmstadt 2005).

〔24〕 R. Babel, *Deutschland und Frankreich im Zeichen der habsburgischen Universalmonarchie*, *1500 - 1648*(Wissenschaftliche Buchgesellschaft Darmstadt 2005); L. Schorn-Schütte, *Konfessionskriege und europäische Expansion*: *Europa 1500 - 1648*(CH Beck München 2010); J. Hélie, *Les relations internationales dans l'Europe Moderne*: *Conflits et équilibres européens*, *1453 - 1789*(Armand Colin Paris 2008).

几十年，意大利在北部设立了常驻使馆，但此举却不再被认为是外交史上的实质性改变。

16世纪开始的宗教改革及其深远的政治影响——基督教内部各方的教派冲突在中世纪并不突出——不容忽视。这些冲突为各方的分歧和对彼此的排斥增加了新的层面，在国内如此，在国际舞台上的交流与沟通中亦如此，从而引发了17世纪最严重的一场冲突。

如前所述，在殖民、扩张和发现新大陆的背景下，以及在国际社会围绕如何从这些发现中获益而爆发了严重冲突的背景下，查理五世于1556年的出人意料的退位也应该引起关注。在16世纪上半叶，西班牙晚期经院哲学最终建立起一个界定和解释国际法的理论。自此，这些理论逐渐发展，直到三十年战争于1618年爆发，从而使欧洲受到重创。从那以后，越来越多的研究侧重于对国际法进行理论诠释或者试图从实践上讨论国际法的外交问题和政治手段，这最终开启了国际法新阶段，即伴随着胡果·格劳秀斯等学者的思想理念和于1648年在明斯特/奥斯纳布吕克签订的条约中的新规范，国际法进入古典近代时期。

但是，必须指出，中世纪的国际法理论与实践对研究和理解中世纪后期乃至近现代的国际法而言至关重要。不仅因为这是之后国际法发展的渊源所在，也不仅因为它是某种意义上的"先驱"，而更是因为在这段漫长的时期内，鉴于当时的实际情况，逐渐发展出一个内容丰富且具有实用性的国际法，而且还形成了一套独特的国际法诠释框架。

五、结论

中世纪欧洲史上的国际法不同于公元1648年后的成文国际法律规范。但是，君主之间的合作和冲突屡见不鲜，且共同行动的各方也常常因此出现问题。例如，在会面时该如何表现？如何与对方进行沟通？如何达成协定？如何停战媾和？又如何确保这些协定能够在一定时间内维持效力？在国际政治和外交中探寻法律规范成为了加洛林时期至15世纪的主要政治主题，且其贯穿整个中世纪。一直以来都是现实的挑战先行，而国际规范的理论紧随其后。宫廷中运用象征文化的手段对开展外交非常有益，例如贵族会面或一些接待仪式上的礼仪。罗马万民法的古

627

老传统没有延续。中世纪不得不重新发掘国际法——通过描述上帝或自然给予每个人的自然法。13 世纪后的经院哲学著述以自然法为基础,并论述国际法的发展。与此同时,有关王权以及主权定义的辩论接连不断。拥有主权意味着不再承认任何凌驾于其上的权威。享有主权之君主既可不听命于皇帝或教皇,也不必接受任何其他人的凌驾,他们只须服从于一种先验的且更高层级的普遍性规则。这个观点最先由意大利法学家于 14 世纪末提出,并出现在 15 世纪初东欧的国际争端中。最终,西班牙晚期经院哲学家发展出第一套国际法学说,并以之解决发现新大陆后随之而来的一系列问题。

推荐阅读

Gaurier, Domenique *Histoire du droit international*:*Auteurs*,*doctrines et développement de l '*Antiquité à l'aube de la période contemporaine* (Presses Universitaires de Rennes Rennes 2005).

Heneccius, Johann G. *Grundlagen des Natur- und Völkerrechts* (Peter Mortzfeld trans, Christoph Bergfeld ed) (Insel Frankfurt am Main 1994).

Jucker, Michael,Martin Kintzinger,Rainer Schwinges,et al (eds) *Rechtsformen internationaler Politik*:*Theorie*,*Norm und Praxis vom* 12. *bis* 18. *Jahrhundert* (Duncker & Humblot Berlin 2011).

Kaser,Max *Ius gentium* (Böhlau Köln 1993).

Laghmani,Slim H*istoire du droit des gens du jus gentium impérial au* jus publicum europaeum (Pedone Paris 2003).

Lappenküper,Ulrich and Reiner Marcowitz (eds) *Macht und Recht*:*Völkerrecht in den internationalen Beziehungen* (Ferdinand Schöningh Paderbom 2010).

Steiger,Heinhard *Die Ordnung der Welt. Eine Völkerrechtsgeschichte des karolingischen Zeitalters* (*741 bis 840*) (Böhlau Köln 2010).

第二十六章　从《威斯特伐利亚和约》到维也纳会议

海因茨·杜赫哈特（Heinz Duchhardt）[*]

一、引言

有很多方法能够重构长时段内的国际法史，例如可以追随该领域的"主流"学者，以时间顺序列出他们的理论框架，并以一种更加注重区别的方式对其进行比较和对比研究。该方法的缺陷在于，某些"相对非主流"的学者会因此被忽视，且其对理论与实践的关联性也没有给予足够的重视。一种解决方法是，将关注点放在国际法史中所谓的转折点上。比如以从《明斯特和约》（1648 年）——包括《明斯特条约》和《奥斯纳布吕克条约》——至维也纳会议（1814—1815 年）[1]这段时期内举行的重大和平会议为关注对象。该方法的不足之处在于，国际法的理论无法得到足够的关注。威廉·格鲁威在《国际法简史》（*Epochen der Völkerrechtsgeschichte*）（这是一本国际法史的权威著作）中采用了另一种方法。格鲁威不再以不同国家为研究对象，而是以时间顺序来研究导致各国产生冲突而需要规制的问题。[2]本章作者决定

---

[*]　由犹他·普罗茨(Uta Protz)译为英文。

[1]　The Peace of Münster: Treaty of Peace between Spain and the Netherlands（签订于 1648 年 1 月 30 日）(1648) 1 CTS 1。The Treaties of Münster: Treaty of Peace between the Holy Roman Empire and France（签订于 1648 年 10 月 24 日）(1648) 1 CTS 271；以及 Osnabrück: Treaty of Peace between the Holy Roman Empire and Sweden（签订于 1648 年 10 月 24 日）(1648)1 CTS 198。他们共同被称为《威斯特伐利亚和约》。

[2]　W. G. Grewe, *Epochen der Völkerrechtsgeschichte* (Nomos Baden-Baden 1984).

在此也采用类似的方法，即以主题研究的方法来集中分析国家关系及其法律基础。至少在本章作者看来，这种方式能最大程度地将政治和理论结合在一起。

二、国际法的基础：国与国之间的关系

和格鲁威一样，本章作者想先从国家间关系对国际法的影响开始讲起。[3]《威斯特伐利亚和约》(1648 年)没有实现黎塞留(1585—1642 年)曾经呼吁的欧洲安全体系，也没有解决当时所有凸显出来的国家间矛盾，但它至少成功地使中欧地区恢复了均势，即它将这个从来没有特别强大过的神圣罗马帝国引入了一个新秩序中。和约的两大主要保证国——法国和瑞典——之间形成的一系列安排影响深远，并且其在多个重要领域限制了神圣罗马帝国的地位。例如，宣战和媾和自此需要经过帝国议会(*Reichstag*)的同意。此外，德意志的所有封臣均被赋予了结盟权(*ius forderis*)。封臣们对此项权利期待甚久，从某种程度上来说，他们已经有过类似尝试。总而言之，在旧制度(*ancien régime*)结束之前，《威斯特伐利亚和约》始终是调整中欧地区国家关系最重要的法律文本，其被毫无争议地作为参照——除有几处细微修改——《威斯特伐利亚和约》是公元 1790 年前缔结所有和平条约时的参考范本。不过，是否可以将《威斯特伐利亚和约》称为是"威斯特伐利亚体系"的起点(许多英国和美国社会科学家倾向于这种表述)则仍有待商榷。可以明确的一点是，历史学家不无保留态度，即使他们意识到一些出版物——例如《国际条约集》(*Consolidated Treaty Series*)和鸿篇巨著《法国大使指南集》(*Recueil des instructions données aux ambassadeurs de France*)——已将《威斯特伐利亚和约》视为起始点。[4]

---

〔3〕一部至今仍具有参考价值的文献是 D. McKay and H. M. Scott, *The Rise of the Great Powers 1648 - 1815* (Longman London 1983)；同样重要的是 H. M. Scott, *The Birth of a Great Power System 1740 - 1815* (Pearson Longman Harlow 2006)；一部国际关系史上的权威之作，参见 H. Duchhardt and F. Knipping (eds.) *Handbuch der Geschichte der Internationalen Beziehungen* (Schöningh Paderborn 2007)，其卷二涉及威斯特伐利亚和会前的时期，卷四(1997)涉及 18 世纪至北方大战的内容，卷五(2004)涉及 1785 年至 1830 年，卷三即将出版，涉及威斯特伐利亚和会至北方大战时期。

〔4〕H. Duchhardt, '"Westphalian System". Zur Problematik einer Denkfigur' (1999) 269 *Historische Zeitschrift* 305 - 315. 亦见 B. Fassbender, 'Westphalia, Peace of (1648)' in R. Wolfrum (ed.) *The Max Planck Encyclopedia of Public International Law* (Oxford University Press Oxford 2012) at⟨http://www.mpepil.com⟩.

《威斯特伐利亚和约》的签订当然不代表和平的黄金时代就此开始,尤其是它既没能终止法西战争(1635—1659年)——1659年的《比利牛斯条约》(Treaty of the Pyrenees)〔5〕才最终为此画上句点——也没有实现欧洲安全体系所担保的普遍和平。〔6〕这主要是因为和约的两大保证国正是很快对德意志帝国展开侵略之人:瑞典虽有意囤积过量的军备,但却无法从国内获取足够的税收收入,于是其决定从国外攫取其他收入。法国在新国王路易十四(1638—1715年)的统治下提出领土主张并谋求欧洲的领导权。也难怪一些文章——如格鲁威的著述——称《威斯特伐利亚和约》后的这段时期为"法国时期",其主要特点是法国军队侵略了所有近邻(英国除外,因为它有英吉利海峡的保护),在全欧范围内建立了外交使节关系,以及在凡尔赛宫实施充满说教意味的宫廷礼仪,并引来其他国家纷纷效仿。〔7〕不过,有利就有弊,虽然凡尔赛宫被视为"典范",但它也引发了欧洲天主教和新教力量的抵抗。不过,他们的联合抵抗没能阻止路易十四在西班牙王位继承战争(1701—1714年)结束后在西班牙哈布斯堡王朝势力的基础上扩大波旁王朝的版图。此外,《威斯特伐利亚和约》的第二大保证国瑞典在行为上与法国未能保持一致,但也暴露出其作为一股力量,希望改变欧洲均势的企图。如果说第一次北方战争(1655—1660年)证实了该观点,那么北方大战(Great Northern War)(1700—1721年)——波罗的海沿岸的所有国家都参与其中,战争导致了瑞典的衰弱和俄国的崛起——更是再一次的证明。

另外,奥斯曼帝国的野心给欧洲均势施加了额外的阻力,正如横跨17世纪和18世纪的英荷战争那样。奥斯曼帝国在17世纪60年代首次展露势力,并于17世纪80年代进一步发动侵略,但其遭到了来自欧洲的顽强抵抗,如1683年的维也纳

---

〔5〕Treaty between France and Spain(签订于1659年11月17日)(1659)5 CTS 325("《比利牛斯条约》")。

〔6〕关于《比利牛斯条约》,参见下列两次会议记录:H. Duchhardt (ed.) *Der Pyrenäenfriede 1659. Vorgeschichte, Widerhall, Rezeptionsgeschichte* (Vandenhoeck & Ruprecht Göttingen 2010)以及 M. Gantelet et al (eds.) *La paix des Pyrénées et son impact en Lorraine et au Luxembourg/Der Pyrenäenfriede und seine Auswirkungen auf Lothringen und Luxembourg* (Presse Universitaire du Luxembourg Luxembourg 2010)。

〔7〕对于路易十四及其在凡尔赛宫廷生活的著述数不胜数,最近的一部参见 C. Quaeitzsch, 'Une société de plaisirs'. *Festkultur und Bühnenbilder am Hofe Ludwigs XIV. und ihr Publikum* (Deutscher Kunstverlag Munich 2010)。

之战。神圣同盟(1684 年)和《卡洛维茨条约》(Treaty of Karlowitz，1699 年)[8]是公认的转折点：他们向高门(Sublime Porte，公元 1923 年以前的奥斯曼帝国政府的正式名称)传递出这样一个讯号，即在中欧冲突的氛围下，对外扩张的难度与日俱增，因此土耳其帝国最好遵守构成国际法基础的那些规则。此外，欧洲在面对东欧冲突的同时，其也见证了西欧冲突的升级。为了追求对海洋和对利润丰厚的海上贸易的控制，海上争端开始兴起。另外，英荷战争也事关欧洲均势，其对国际法学者而言构成了一个特别的挑战。

《乌德勒支和约》(Treaty of Utrecht)、《拉施塔特条约》(Treaty of Rastatt)、《巴登条约》(Treaty of Baden，1713—1714 年)[9]以及《尼斯塔特条约》(Treaty of Nystadt，1721 年)[10]最终为欧洲带来了和平。[11] 英国可能是其中最大的受益国，但饱受战争之苦的欧洲大陆在那时也只有一个愿望，即重新恢复和平。正是在这种背景之下，18 世纪 20 年代被称为"英国统治下的和平"(pax britannica)。在这段时间内，伦敦控制和主导着其他国家，而欧洲的国家也首次尝试——通过康布雷会议(congresses in Cambrai，1722 年)和苏瓦松会议(congresses in Soissons，1728—1729 年)——预防未来的冲突。身为法国首相和红衣主教的弗勒里(Fleury，1653—1743 年)为此多方奔走，但收效甚微，因为波旁王朝统治下的西班牙极力想改变西班牙王位继承战争的结果。与奥斯曼帝国一样，西班牙因此也成为了战后秩序的挑战者。法国从路易十四生前最后一场战争的惨重损失中恢复过来，并借选择波兰国王之机，再次企图扩张领土。在这些事情发生之际，均势原则这一伟大的政治理念自《乌德勒支和约》(1713 年)之后几乎已经成为了国际法的

632

---

[8] Treaty of Peace between the Ottoman Empire and the Holy League (签订于 1699 年 1 月 26 日) (1699)22 CTS 219 ("《卡洛维茨条约》")。

[9] Treaty of Peace and Friendship Between France and Great Britain (签订于 1713 年 4 月 11 日，于 1713 年 4 月 18 日正式生效) (1713) 27 CTS 477 ("《乌德勒支和约》")；Treaty of Peace Between the Emperor and Spain，and France (签订于 1714 年 3 月 7 日) (1714)29 CTS 1 ("《拉施塔特条约》")；Treaty of Peace between the Emperor and Spain and France (签订于 1714 年 9 月 7 日) (1714)29 CTS 141 ("《巴登条约》")。

[10] Treaty of Peace between Russia and Sweden (签订于 1721 年 8 月 30 日) (1721) 31 CTS 339 ("《尼斯塔特条约》")。

[11] 关于《乌德勒支和约》，参见 L. Bély 的决定性研究 Espions et ambassadeurs au temps de Louis XIV (Fayard Paris 1990)。遗憾的是，没有对《拉施塔特条约》与《巴登条约》的相关研究。

一项原则,但其并没能阻止这些战争的爆发。在哈布斯堡王朝奥地利分支的男嗣断绝(1740 年)后,冲突再次出现。德国的野心(尤其是普鲁士对这部分遗产的追求)以及波旁王朝和英国对海外利益的争夺加剧了冲突的爆发,从而第一次将重大的欧洲冲突带到欧洲外的战场。之后不久,这一新情况就变为常态:欧洲国家的冲突常常会对欧洲以外的区域产生影响,并由此形成了殖民政治;反之亦然,欧洲国家在欧洲外发生的冲突也常常会被第三方所利用,以推进其在欧洲的利益——此处最主要的例子就是美国独立战争,两个波旁国家在此期间都直接或间接地介入以削弱英国在欧洲的地位。

《亚琛条约》(Aix-la-Chapelle,1748 年)[12]与其说是一个转折点,不如说是一个里程碑。英法七年战争(1756—1763 年)影响了法国大革命时期(1789—1799 年)以前的欧洲均势,它明确肯定了普鲁士和俄国是主要的欧洲国家,确定了英国对海洋的控制及其作为殖民国的主导地位,同时也确认了法国的衰败(一些历史学家认为此事件为法国大革命的起源)。七年战争因此构成了欧洲新秩序的基础,即其结束了维也纳和凡尔赛之间长期以来的对抗(*renversement des alliances*,外交革命),从而开启了奥地利和法国结盟的新时代。同时,七年战争首次暴露出柏林和圣彼得堡同盟的嫌隙,并令普鲁士在腓特烈大帝(1712—1786 年)去世后陷入孤立无援的境地。普鲁士随后寄希望于与德意志那些势力微弱的封臣结盟,但这个于 1785 年创立的君主联盟(*Fürstenbund*)至 1790 年时便再次瓦解。尽管存在与不同盟友的承诺,但欧洲各国并未放弃合作行动(通常是在保持均势的前提下)。最极端的例子当属 1772 年对波兰的第一次瓜分,在此事件中,俄国、普鲁士和奥地利均确保了自身的关键性长远利益。奇怪的是,这一后来被国际法学者所诟病的行动,在当时却并未引起太多的谴责。[13]

法国大革命的爆发彻底改变了欧洲的均势状态。一方面,其他国家纷纷利用了这一形势,这表现为于 1793 年和 1795 年瓜分波兰。另一方面,他们错误估计了革命运动的力量,革命很快在法国以外的地区得到了回应。此外,一种新的战争形

---

〔12〕 Treaty of Aix-la-Chapelle(签订于 1748 年 10 月 18 日)(1748)38 CTS 297("《亚琛条约》")。
〔13〕 参见 T. Cegielski, *Das Alte Reich und die Erste Teilung Polens 1768 – 1774* (Steiner Stuttgart 1988)。

式在欧洲萌芽,而其他各国对此有所低估,但很快他们便不得不承认,其训练有素的军队却难以成功抵挡住生机勃勃的人民军。当然,若非来自科西嘉岛的拿破仑·波拿巴(Napoleon Bonaparte,1769—1821 年)——他是一位魅力超凡的军队统帅——这场革命的"幽潮"可能早已消逝。拿破仑曾自封为法国领袖,其在接下来的十五年间征服了除英国和俄国之外的基本上所有的欧洲国家,并最终使巴黎成为当时的政治中心。拿破仑于 1804 年自封为帝,并建立了前人所称的"普遍性帝国"(universal monarchy)——这是一个在政治上和文化上都控制了欧洲大陆的超极大国。不可避免地,其他国家最终联合一致扼杀了这一梦想。总之,该帝国的原则有违"统一性寓于多样性"的理念。第六次反法同盟战争(1813—1814 年)宣告了拿破仑统治的终结。虽然维也纳会议并未恢复革命前的秩序,但除了旧制度时期的欧洲主要国家所追求的不平等政治之外,会议产生了深远的影响,即它引入了一个各方和睦相处的框架——一个明显的范式转换(paradigm shift)[14]——虽然这一框架不无问题,但它为欧洲带来了数十年的和平。

三、国际法理论的动力和主题:战争

(一) 发动战争的权利

国际法可以被理解为调整主权国家间关系的法律。16 世纪和 17 世纪的国际冲突在国际法的发展过程中不可或缺。西班牙王室——如果当时就可以使用这个术语描述伊比利亚联合君主国(composite monarchy)的话——参与其中的海外战争以及法国宗教战争(1562—1598 年)催生出对超越圣经和古典时代晚期(Late Antiquity)法律中的道德准则之规则的需求。早期国际法的重心已经反映了这点,即在继西班牙新经院哲学及胡果·格劳秀斯(1583—1645 年)[15]之后的巴洛克时代和启蒙运动时期,国际法主要侧重于诉诸战争权(*ius ad bellum*)和战时法(*ius in*

---

〔14〕 此观点主要见于 P. W. Schroeder, *The Transformation of European Politics*, *1763 - 1848* (Clarendon Press Oxford 1994);该书引发了激烈的国际争论,例见 P. Krüger and P. W. Schroeder (eds.) '*The Transformation of European Politics*, *1763 -1848*': *Episode or Model in Modern History?* (Lit Verlag Münster 2002)。

〔15〕 H. Grotius, *De iure belli ac pacis libri tres* (Paris 1625),也可见 J. B. Scott (ed.) *Classics of International Law* (Clarendon Press Oxford 1925) vol 3;参见本书中由皮特·哈根马歇(Peter Haggenmacher)撰写的第四十八章"胡果·格劳秀斯(Hugo Grotius, 1583—1645 年)"。

bello)。三十年战争几乎摧毁了大半个欧洲,从而凸显出建立战时法的紧迫性。诉诸战争权则规定了哪些政治实体有发动战争的权利。在对荷兰独立战争(Dutch War of Independence,1568—1648 年)的同期讨论中,这一权利仅限于"主权"的所有者(该词由法国法学家、政治学家让·博丹所创造)。因此,无主权统治者及有限主权的政治单位没有发动战争的权利。这一定义改变了邦国们(territorial estates)的现状,如波西米亚邦国,他们仍参加了一系列缔结《威斯特伐利亚和约》的会议。[16] 从神圣罗马帝国皇帝手中获得封邑的封臣和自由城也是如此,他们不再被视为主权统治者。《威斯特伐利亚和约》使得曾经泾渭分明的区分再次变得模糊不定:它赋予德国封臣所谓的"结盟权"(Bündnisrecht),即自主处理外交事务的权利,而一些法学家很快便将之解读为"主权"。这一问题一直是最为复杂的议题,直到威斯特伐利亚和会后的几次大型和会才解决德国封臣是否可以被视为主权统治者这个问题。与此相关的是他们是否有权接受或派遣大使(ius legationis)的问题。这一问题充满争议,以至于在奈梅亨会议(Congress of Nijmegen,1678—1679 年)上引发了一场激烈的宣传册大战。[17] 最终,德国封臣丧失了以独立身份参与多边和谈的权利。17 世纪 50 年代建立的并代表帝国诸侯(Reichskreise,帝国行政区)的联盟也丧失了以公认的政治单位身份参与国际事务的权利。与之相似,代表国际上一大批商业城市利益的汉萨同盟曾长期以一个"法人"的身份活跃在国际舞台上,而其现在——由于不是主权国家,以及该联盟的部分解散——在多数情况下都被排除在国际事务之外。不过,这一事实并不阻碍汉萨同盟在 18 世纪参与缔结国际条约。[18] 帝国议会成员的地位也最终确定下来:倘若他们能证明自己是独立的政治单位(通常通过戴上与帝国无关的皇冠来证明),那么他们也可以参加多边和会。

---

[16] H. Langer, 'Die pommerschen Landstände und der westfälische Friedenskongreß' in H. Duchhardt (ed.) Der Westfälische Friede. Diplomatie — politische Zäsur — kulturelles Umfeld—Rezeptionsgeschichte (Oldenbourg Munich 1998)485 – 499.

[17] H. Bots (ed.) The Peace of Nijmegen 1676 – 1678/79/La paix de Nimègue 1676 – 1678/79 (Holland Universiteits Pers Amsterdam 1980)(《奈梅亨条约》三周年会议记录,1978 年 9 月 14 日至 16 日于奈梅亨)。

[18] H. Duchhardt, 'Die Hanse und das europäische Mächtesystem des frühen 17. Jahrhunderts' in A. Grassmann (ed.) Niedergang oder Übergang? Zur Spätzeit der Hanse im 17. Jahrhundert (Böhlau Cologne 1998)11 – 24.

(二) 欧洲大战——海外战争?

威斯特伐利亚和会之后,国际法上唯一的"国家间性"之例外是国家与贸易公司签订的协议。在某些地区,贸易公司享有某种隐性的主权,且欧洲王室甚至承认他们有宣战权和媾和权以及接受和派遣大使的权利。渐渐地,一些贸易公司的领导层商人们身着华丽服饰,且排场与他们背后所代表的王室也相差无几,此类情形并不少见。这展现了英国东印度公司和荷兰东/西印度公司在国际政治中的强有力地位。据格鲁威所言,此类公司的主要作用在于阻止欧洲有关国家的理念适用于欧洲之外的领土。[19] 确实,一些欧洲贸易公司存在交战的情形,但这并未影响到欧洲地区的和平。这一现象说明,自 18 世纪末开始,欧洲冲突在欧洲地区外延续的情形常有发生。虽然并非总是如此,但是海格力斯之柱(Pillars of Hercules)之外的半球一直以来被认为是一个适用自身法律的地方,这个地方"在友好线之外",而"欧洲政治领域所确立的严格的国际法规范"在此并不适用。[20] 不过,欧洲地区的几个主要对手——哈布斯堡国王除外,自西属尼德兰于 1713 年并入其领土后,他便潜心于殖民扩张和世界贸易——也是殖民国家,那么欧洲各国的决定必须考虑到欧洲之外的利益,例如为争夺非洲、美洲和亚洲地区的丰厚资源所进行的战争。甚至有些欧洲的战争(如 1739 年和 1755 年的战争)正是源于殖民地和海上的冲突。于是,贸易公司要求在和会上具有发言权,并突显出各方签署不同协议的必要性,以便应对海外的复杂形势——海外的世界只有那些切身经历过的人才能理解。

三、战争的类别

交战权利只是一方面,另一个经久不衰的问题是发动战争的正当理由,即根据国际法,在何种时候及何种情况下发动的战争才合法的问题。在回顾了晚期经院哲学学者的理念后,格劳秀斯设定了如下标准,即发动战争的正当理由包括保卫领土、人民和重大财产不受侵犯,收复被侵占的领土、人民和重大财产,以及实施报

---

[19] *Epochen* (n 2) 351;进一步参见 W. G. Grewe and C. Schmitt, *Der Nomos der Erde im Völkerrecht des Jus Publicum Europaeum* (Greven Cologne 1950),亦见 J. Fisch, *Die europäische Expansion und das Völkerrecht. Die Auseinandersetzungen um den Status der überseeischen Gebiete vom 15. Jahrhundert bis zur Gegenwart* (Steiner Stuttgart 1984).

[20] *Epochen* (n 2) 346.

复。与之相反,格劳秀斯把扩大领土、寻求政治独立和统治他国视为非正当的宣战理由。

虽然格劳秀斯的理论并未在当时的政治领域得到明确的适用,但其很快成为判断战争合法性的标准。路易十四发动的战争(1667—1668 年的继承战争;1672—1678 年的荷兰战争)以及腓特烈大帝发动的战争(1740—1742 年的第一次西里西亚战争)都只是为了攫取领土,而对这些战争的愤怒指责可以追溯至格劳秀斯的影响。另一方面,这两位统治者也通过主张下列观点来证明他们的行为具有合法性,分别是继承布拉班特公国和霍亨索伦家族主张自己在西里西亚地区的封邑。

格劳秀斯反对预防性战争。举个最明显的例子,腓特烈大帝于 1756 年进攻萨克森并开启七年战争时就用了这一理由。根据定义,此类战争只是出于假想。在格劳秀斯看来,它让统治者在没有正当理由的时候也能发动战争。到了 20 世纪,预防性战争已然是军事行为合法化的惯常借口。

不管出于何种理由,预防性战争就是一国对他国事务的干涉和介入。虽说国际法的早期学者——如克里斯蒂安·沃尔夫(Christian Wolff, 1679—1754 年)[21]以及艾默·德·瓦特尔(Emer De Vattel, 1714—1767 年)[22]——认为宗教动机也是一个不正当的干涉理由,但瓦特尔——尽管他尊崇自由和自治权——认为解放暴君统治下的人们是一个正当的干涉理由。这一观点在革命者群体中得到回应,正如介入问题——现在主要涉及大国——在法国大革命后仍旧在议程上一样。

1635 年的法西大战仍然以传统方式宣战(由使者在敌方边境的宣战仪式上诵读宣战书),但现如今的通常做法是法律通知宣战。虽然它已经是一种行政行为,

---

[21] C. H. Wolff, *Ius gentium methodo scientifica pertractatum* (Magdeburg 1749),参见 J. B. Scott (ed.) *Classics of International Law* (Clarendon Press Oxford 1934) vol 13 和 M. Thomann et al (eds.) *Christian Wolff: Gesammelte Werke* (Olms Hildesheim 1972) vol 25;亦参见本书中由努德·哈孔森(Knud Haakonssen)撰写的第五十章"克里斯蒂安·沃尔夫(Christian Wolff, 1679—1754 年)"。

[22] E. de Vattel, *Le droit des gens, ou principes de la loi naturelle* (1758),参见 J. B. Scott (ed.) *Classics of International Law* (Carnegie Institution Washington 1916) vol 5;亦参见本书中由艾曼纽·儒阿特(Emmanuelle Jouannet)撰写的第五十三章"艾默·德·瓦特尔(Emer De Vattel, 1714—1767 年)"。

但也需要(在战争开始前)召回外交代表。同时,没有宣战就发动战争的情形也不少见。在 18 世纪,各国更多地采用报复形式,即在战争开始后很久才进行宣战。不过,在某些情形下,报复行为被认为是宣战的形式之一。[23]

虽然围绕战争的礼仪有所减少,但其仍是国际关系的重要部分,尤其是在寻求机会与他国交恶的时候。一个典型的例子是英国坚持要求向国旗致敬,因此非英国船只在经过英国领海时不得不向英国船只致敬。由于荷兰海军拒绝致敬,所以英荷爆发了至少三场战争。确实,英国在 1659 年的宣战中称荷兰拒绝致敬是英国发动战争的主要理由。不论外交中的名份称谓与优先权如何界定,总之在海上都要向国旗致敬。

(四) 中立地位

国际法学者历来对那些没有参与战争的国家(*Qui in bello medii sunt*,并非站在交战任何一方的国家)颇有兴趣。为何格劳秀斯不使用"中立国"(*neutralitas*)的拉丁文术语(虽然"中立"在他的那个时代已众所周知)至今仍是未解之谜。可能是因为格劳秀斯致力于以古典拉丁文写作,而其中尚无"中立"的概念,这当然不得而知。格劳秀斯在所有的作品中区分了正义战争和非正义战争,而中立国可自己判定一场战争是否出于正当理由。如果一个国家发动战争的理由被认定为不正当,那么它将得不到任何支持。反之,若这个国家发动战争的理由是正当的,那么它可以不受阻碍地进行战争。对于有些不那么明朗的情形,格劳秀斯建议中立国规避风险,并在与每一交战国签订协议时明确各自关系的细节之处。

有关中立国的战时地位的话题已经屡见不鲜,马基雅维利对此早已有过深思,且博丹也对此有过积极论述。1625 年,格劳秀斯的《战争与和平法》(*De jure belli ac pacis libri tres*)出版,在此五年前,约翰·威廉·诺伊迈尔·冯·拉姆瑟(Johann Wilhelm Neumayr von Ramssla)[24]也写过相关专题论文。从现存文本的主要内容来看,法国大革命前的国家间关系主要表现为法律协议调整的中立关系。仍有争议的一点是,这是否(如果是,那么在多大程度上)是受格劳秀斯的

---

[23] *Epochen*(n 2)432.

[24] J. W. Newmayr von Ramsla, *Von der Neutralitet und Assistentz oder Unpartheyligkeit und Partheyligkeit in Kriegszeiten*(Erfurt 1620).

影响。不过,在后威斯特伐利亚时代,战争是否出于正当理由对中立国而言已经不再重要,这个问题也不会在中立国和交战方之间的协议中提及。中立国开始不持立场,并以平等和公正的姿态与所有交战国签约。如果有人认为国家利益取代了道德利益或宗教利益并决定了后威斯特伐利亚时代的秩序,那么这是完全符合逻辑的。对于这一发展,科内利斯·范·宾刻舒克(Cornelis van Bynkershoek,1673—1743 年)、[25]艾默·德·瓦特尔和马丁·许布纳(Martin Hübner,1723—1795 年)[26]均有过讨论,他们分别论证了交战国穿越中立国领土的权利。这一发展是中立制度确立的前提,也是"武装中立"出现的先决条件,正如一些国家于1780 年组建了"中立联盟,通过武力捍卫中立国的权利"。[27] 只有到了法国大革命时期,公开宣布(confessions)——即向某些国家公开表明立场——才再次发挥重要作用,且"中立地位"一词又找到了适用的语境。

(五) 战争法

格劳秀斯是否可以被视为近代论述战时法的权威,这目前来看仍有待商榷。在《战争与和平法》的前言中,格劳秀斯详细地记述了法国宗教战争时期的交战行为的灾难性倒退和对道德与法律的严重损害,正如巴尔塔萨·阿亚拉(1548—1584 年)[28]在 1582 年所讨论的。接下来,人们会希望格劳秀斯讨论战争的人性化。确实,格劳秀斯描写了"战争的堕落行为",他认为此等行为甚至会令野蛮人都感到羞愧。解决争端的两重方法应运而生。一方面,制止统治者发动战争,尤其是出于无关紧要的理由发动战争,通过协商、和解、第三方裁定、抽签,甚至是统治者决斗的方式来解决双方的矛盾。另一方面,如果所有的预防性措施都失败,则推动存在一系列在战争时期适用的法律的共识。其最主要的目标是缓和并人性化战争

---

[25] C. van Bijnkershoek, *Quaestionum iuris publici libri duo* (1737),参见 J. B. Scott (ed.) *Classics of International Law* (Clarendon Press Oxford 1930) vol 1; 亦参见本书中由明石钦司(Kinji Akashi)撰写的第五十一章"科尔内利斯·范·宾刻舒克(Cornelius van Bynkershoek,1673—1743 年)"。

[26] M. Hübner, *De la saisie des bâtiments neutres ou droit qu'ont les belligérantes d'arrêter les navires des peuples amis* (The Hague 1759).

[27] *Epochen* (n 2) 450.

[28] B. Ayala, *De iure et officiis bellicis et disciplina militari libri tres* (1582),参见 J. B. Scott (ed.) *Classics of International Law* (Carnegie Institution of Washington Washington 1912) vol 2.

行为,以限制其在时间上和空间上的扩张。但是,此方法并没有明确保证公民个人的安全,也没有明令禁止对敌国财产和宗教场所的破坏。因此,拟建立的这一法律体系只是部分地符合格劳秀斯在其他地方所称的"可接受的战时法"。

仔细研读格劳秀斯的巨著后我们会发现,他在后面几页开始援引现有的法律、基督教的慈悲,以及交战方需控制行为的必要性,而不再提议建立之前设想的法律体系。有人可能会批判格劳秀斯的思维缺乏连贯性,也可能赞赏他能调和自然国际法(*ius gentium naturale*)和实在国际法(*ius gentium voluntarium*)之间的张力。不管观点如何,后格劳秀斯时代的战争法思想以及公民保护理念自此获得极大发展。腓特烈大帝后来炫耀称,平民们甚至意识不到他所发动的战争。新发展起来的战争形式(如"内阁战争")致力于在谋略上取胜,而非在战场上打败敌人,此类战争形式反映了在战时保护平民的理念。这并不意味着像七年大战这样的大规模战争彻底消失。在后格劳秀斯派时期,有关战争法的著作一致反对杀俘行为。理论再次被付诸实践,不久之后,"卡特尔"(Cartel)被建立,其被用以管理战俘的交换。每个等级的战俘都被明码标价,而"卡特尔"意图达成尽可能公平的交易。[29] 反之,长期关押战俘的情形并不多见,尤其是像海员这类具有专门技能的人,敌方通常会将他们编入自己的军队之中以发挥其专长。从另一方面来说,战争法的发展远远超出了格劳秀斯的预见:在《海牙公约》(1899 年的第一次商议)的明文规定出台之前,人们早已在谴责化学武器和集束武器的使用。

四、国际法史的转折点:《威斯特伐利亚和约》

大多数历史学家和国际法史学家都认为,《威斯特伐利亚和约》的签订对和平法的发展起到了至关重要的作用。[30] 人们很难对此提出异议,除了在国际法范围

---

〔29〕 相关例证,参见 H. Duchhardt, *Krieg und Frieden im Zeitalter Ludwigs XIV* (Schwann Düsseldorf 1987) at 46 - 52。

〔30〕 在 1998 年的纪念威斯特伐利亚和会召开 350 周年的庆典前后,大量非常重要的著述得以出版。对于这些文献的回顾,参见 J. Arndt, 'Ein europäisches Jubiläum: 350 Jahre Westfälischer Friede' (2000) 1 *Jahrbuch für Europäische Geschichte* 133 - 158;十年后,即 2008 年时,在奥斯纳布吕克举办了一场会议,该会议总结了关于该问题的研究动向。关于会议情况,参见 J. Schmidt-Voges et al (eds.) *Pax perpetua. Neuere Forschungen zum Frieden in der Frühen Neuzeit* (Oldenbourg Munich 2010)。

内缔结和约以构筑和平的方式有所改变。[31] 如果说战争有仪式,那和平也是如此,且其也许更胜一筹。

《威斯特伐利亚和约》由《明斯特条约》和《奥斯纳布吕克条约》构成,它对何方有权出席和平会议作出了规定。但是,其并没有规定神圣罗马帝国的诸侯或者如帝国自由城市和帝国骑士之类的低级别主体是否可以参加会议。同时,人们存在期待,即希望各诸侯和各下级单位参加会议能成为一个规则,希望军事冲突中涉及的各政治单元——不论其强弱,不论其信仰新教还是天主教,不论其是君主制国家还是共和制国家,以及不论其军事实力强大还是弱小——都有权提出自己的诉求。奈梅亨会议重新修改了这一规则:诸侯的与会权利被取消,小型的和会(比如1667年的布雷达会议)也不再征询其意见,即使在和会开始前便已达成和解协议的情况下(比如1713年的乌德勒支和会,以及1763年和1783年的巴黎会议)他们也无法参与协商。尽管如此,《威斯特伐利亚和约》将和会确立为解决争端的主要平台,至少在维也纳会议之前,和会的地位举足轻重。

此外,明斯特会议和奥斯纳布吕克会议确立了维也纳和会前的国际法实践中主要采取的协商形式。如果说查理五世时期的统治者还要亲自出席会议并协商和平事宜,那么在公元1648年之后,他们已经无需亲自出席和会了。伴随着这一发展,秘密会议取代了全体大会,职业政治取代了盛典仪式。只有在维也纳和会上,皇帝、君主和其他政客才再次相聚一堂。全权代表代替统治者出席会议,每个大国通常会派三名不同等级的代表,他们具有不同的资质。相应地,他们享有所代表国家的头衔、仪式和其他权利。这也经常引发一些争议,比如书面授权的形式和语言、头衔的使用及优先次序。毫无疑问,争议主要源于此类细节问题,且维也纳和会召开之前的会议无限漫长。与此同时,各方锱铢必较的不是虚名荣耀,而是真正重要的一国权力与权利的基础。

回到我们的主要论点,即那些全权代表从不出席全体大会,他们相反地是在秘密会谈中提出自己的主张和利益诉求。这一过程的关键在于记录下每一件提到的

---

[31] 参见 H. Duchhardt, 'Peace Treaties from Westphalia to the Revolutionary Era' in R. Lesaffer (ed.) *Peace Treaties and International Law in European History: From the Late Middle Ages to World War One* (CUP Cambridge 2004) 45 - 58。

事的书面文件,正因如此,近代早期的和会才会有如此之多的文件。对于历史学家来说,系统地汇编和解释其他和会的文件仍旧是最重要的任务之一,如《威斯特伐利亚和约集》便是近五十年来最大的编辑工程。不管有怎样的雄心壮志,此类工程最终会止步于历史学家获得的一堆杂乱的文件——这些文件通常会于事件发生后不久悄然公布。谈判着眼于各方论点以及(相互交换的)书面保证文件中所持的立场。直到维也纳和会,协商方式才变得简单。会议针对特定议题成立了专门的委员会,而各委员会只包含那些对此议题具有明确利益诉求的全权代表。他们互相回应和反驳,他们所谓的"抗议"可以使某一诉求或反诉无效。这一实践效仿了几个世纪前的高等法院的程序。

(一)调停者

在交战各方谈判与草拟送达意见书及条约文本方面,调停者发挥了重要的作用。在《威斯特伐利亚和约》签订后,调停者的地位发生了实质性改变。教廷大使法比奥·希戈(Fabio Chigi,1599—1667 年)和维也纳外交官阿尔韦塞·康塔里尼(Alvis Contarini,1597—1651 年)被公认为明斯特和会中的调停者,他们不光是信使,还在实质上促成了和平谈判(教廷代表所提出的建议被认真审议后,对其有所影响)。在国际法史的"荷兰时期"(除《卡洛维茨条约》外,[32]17 世纪 60 年代至西班牙王位继承战争时期的所有条约都在荷兰签订),[33]调停者的法律地位成为一个引发国际争议的问题。据那时的一些文件记载,[34]这种争议导致了调停者的权威严重受损。那时的学术著作也表达了对调停者能力的质疑:只有为数不多的学者——除公认的塞缪尔·冯·普芬道夫(Samuel von Pufendorf,1632—1694

年)[35]外,还有年轻的约翰·弗里德里希·威廉·诺伊曼(Johann Friedrich Wilhelm

---

〔32〕 Treaty of Karlowitz (n 8)。

〔33〕 "荷兰时期"这一术语取自于 C. G. Roelofsen,'Von Nimwegen (1676 - 1679) bis Utrecht (1712 - 1713):Die "niederländische Epoche" in der Geschichte des europäischen Kongreßwesens' in H. Duchhardt (ed.) *Städte und Friedenskongresse* (Böhlau Cologne 1999)109 - 116。

〔34〕 H. Duchhardt, *Studien zur Friedensvermittlung in der Frühen Neuzeit* (Steiner Cologne 1979) at ch 10,89 - 117 ('Friedensvermittlung im Völkerrecht des 17. und 18. Jahrhunderts:Von Grotius zu Vattel')。

〔35〕 S. von Pufendorf, *De jure naturae et gentium libri VIII* (Lund 1672);亦见本书中由努德·哈孔森(Knud Haakonssen)撰写的第四十九章"塞缪尔·普芬道夫(Samuel Pufendorf, 1632—1694 年)"。

Neumann)、[36]厄恩斯特·弗里德里希·莫伊雷尔(Ernst Friedrich Meurer)[37]以及弗里德里希·冯·斯特凡尼(Friedrich von Stephani)[38]——认为调停者不仅是公证人和信使,也应该是仲裁者和决策者。因此,在17世纪后半期,调停者的作用愈发模糊。而且,因为大国太过于骄傲,所以他们不愿将自己的命运交于"小人物"之手;另一方面,调停者并不具有以往教廷代表那样的道德权威,从而其并不能够将冲突各方都带到谈判桌前。[39] 在政治领域和国际法相关文献中能很明显看出,这一发展导致调停者失去了存在的必要。在西班牙王位继承战争之后,18世纪已经基本上不再需要调停者了。一个难得的例外是《特申条约》(Treaty of Teschen, 1779年),[40]法国和俄国——分别与敌手结盟——在此就扮演了"调停者"的角色。

至于《威斯特伐利亚和约》是否从根本上改变了和平条约中的用语则仍有所争议。虽然人们普遍认为和约应由拉丁文来撰写,就如同1648年的和约一样(西班牙和荷兰之间的和约是一个例外,其以西班牙语和荷兰语所写),但在明斯特和奥斯纳布吕克谈判期间却尚不存在"有约束力的"谈判语言。不过,法国在公元1648年之后代替了拉丁语的推论并不成立,因为从《奈梅亨条约》(1678/1679年)到《里斯维克条约》(Treaty of Ryswick,1697年)[41]再到《拉施塔特条约》和《巴登条约》(1714年),[42]和约有时候又是以拉丁语撰写的。尽管如此,法语在公元1648年之后成为主要的语言这一观点或许是正确的。[43]

(二) 和平条约

和平条约通常是长达数年的口头协商与书面协商的结果,不管其是用拉丁语、

---

[36] J. P. Felwinger and J. F. W. Neumann, *De Mediatoris officio, eiusque requisitis* (Altdorf 1676).

[37] E. F. Meurer, *Mediator* (Jena 1678).

[38] F. von Stephani, *De officio et jure mediatorum pacis* (Frankfurt [Oder] 1702).

[39] 例见 *Studien zur Friedensvermittlung* (n 34) at ch 10, 23–88 ('Arbitration, Mediation oder bons offices? Die englische Friedensvermittlung in Nijmwegen 1676–1679').

[40] Treaty of Teschen (签订于1779年5月13日) (1779)47 CTS 153。

[41] Treaty of Peace Between France and The Netherlands (签订于1697年9月20日) (1697)21 CTS 347。

[42] Treaty of Rastatt (n 9); Treaty of Baden (n 9).

[43] G. Braun, 'Verhandlungs und Vertragssprachen in der "niederländischen Epoche" des europäischen Kongresswesens (1678/79–1713/14)' (2011)12 *Jahrbuch für Europäische Geschichte* 103–130.

法语、西班牙语或者甚至是德语撰写，它都必须满足一定的形式要求。最理想的条约前言是模仿中世纪的约章形式，它通常包括求告文（*invocatio*）——求助超自然力量和缔约方（及其全权代表的姓名与衔位等级）。直至 18 世纪，缔约方所扮演的角色更像是在法律上享有人格的组织（legal person），而非政治单位。此种前言还包括某种演说文（*arenga*）——他们会哀叹战争造成生灵涂炭和基督徒血流成河，其有时也会用含蓄的语言描述各自的统治者是如何在此时达成缔约决定的（英法签订的《乌德勒支和约》就是如此）。[44] 曾在超教派和跨教派语境下使用的固定短语——基督教共同体（*Respublica Christiana*）——在《威斯特伐利亚和约》之后的数十年间逐渐被其他短语所取代。有趣的是，那些短语并没有过多提及政治小册子中常常出现的均势原则，[45]而是强调将要被重建的欧洲的和平与安全。[46] 前言之后是和约的正文，其列明缔结和约的前提条件——在公元 1648 年之后，和约的条款变得尽可能详细。之后是条约的批准、违约裁决、外交代表签字、条约签署日期和地点等细节。

在中世纪时期和近代早期的前半段时期，和平条约只在签署者在世期间或者一段固定期限内（通常是 5 年、9 年、12 年或 100 年）有效。在近代早期的后半段时期，和平条约不但不约定任何责任和补偿，而且还被视为永久有效。[47] 确实，只有奥斯曼帝国参与的和约才依旧受限，不过这些和约后来只带来了短期的停战而非长期的和平。就和平的保障而言，除《亚琛条约》外，[48]人质条款在《威斯特伐利亚和约》后被废除。第三方国家偶尔会提供和平的保障，但其绝不再是一个惯例。反之，签约方只相信自己的实力或是同盟方的实力足以保障和平。事实上，只有当签

---

[44] Treaty of Utrecht (n 9).

[45] H. Duchhardt, 'The Missing Balance' (2000)2 *Journal of the History of International Law* 67 – 72.

[46] H. Duchhardt, 'Europa als Begründungs und Legitimationsformel' in W. E. J. Weber and R. Dauser (eds.) *Faszinierende Frühneuzeit. Reich, Frieden, Kultur und Kommunikation, 1500 – 1800. Festschrift für Johannes Burkhardt zum 65. Geburtstag* (Akademie Verlag Berlin 2008)51 – 60.

[47] "谅解"被认为是最高法；亦见 J. Fisch Krieg, *und Frieden im Friedensvertrag: Eine universalgeschichtliche Studie über Grundlagen und Formelemente des Friedensschlusses* (Klett-Cotta Stuttgart 1979)。

[48] Treaty of Aix-la-Chapelle (n 12).

约方之间的力量相差悬殊时,弱小的一方才想让强大的同盟方提供保障。举例言之,在西班牙王位继承战争(1701—1714 年)之后,各保证国支持葡萄牙与波旁王朝缔结和约。

和平条约也有助于委员会的建立。委员会通常由来自两国的代表们所组成(《亚琛条约》就推动设立了一个英法委员会),其用以执行和约中已约定的事项(如新边界等),或是协商在和会中无法讨论的事项(例如建立一个卡特尔来管理战俘的交换)。[49] 到 17 世纪的最后几十年,有观点呼吁教皇应该主导仲裁(或者甚至是作为超仲裁者)。[50] 虽然仲裁并未完全在国际关系中消失(17 世纪时,英国在某些情形下重新使用起了仲裁),但它远不如政治媒体中所描述的那般意义重大。

在经批准后,和约必须由各签约方、各统治者或议会(如荷兰)正式公布。在此期间所涉及的事务可能非常复杂,如 1649 年 2 月的《明斯特条约》便是如此。条约文本随后交由议会(*parlement*)批准,在英国、西班牙和葡萄牙则交由众议院批准。虽然条约文本中通常未明确提及裁军——如削减士兵数量和军队预算——但和约缔结后通常会伴随着裁军。例如,在英国,国库紧张和议会施加的压力都确保了其在和约签订以后裁军。

(三) 奥斯曼帝国

奥斯曼帝国与西欧、中欧、南欧和东欧各国在国际法下的关系也值得一提。[51] 基督教世界中的各国间关系建立在平等(*aequalitas*)的原则之上,尽管他们有时会有分歧(比如就仪式问题的分歧)。但是,毫无疑问,奥斯曼帝国与欧洲间的关系与此肯定不同。平等原则在此并不适用,且国际法中没有条款规定奥斯曼帝国和欧洲各国间的平等交往。相反,奥斯曼帝国宣称自己高于那些基督教伙伴们,而这一理念反映出奥斯曼帝国并不情愿签订永久性和约和划定边界。仅仅在奥斯曼帝国于惨败后缔结的《卡尔洛夫奇条约》中[52],高门——在奥斯曼历史上被称为"郁金

---

[49] A. Reese, ' Den Krieg verschieben — verkürzen — ersetzen? Die französisch-englischen gemeinsamen Kommissionen vor dem Siebenjährigen Krieg ' in H. Duchhardt (ed.) *Zwischenstaatliche Friedenswahrung in Mittelalter und früher Neuzeit* (Böhlau Cologne 1991) 245 - 260.

[50] *Epochen* (n 2)424.

[51] 参见本书中由乌穆特·厄兹叙(Umut Özsu)撰写的第十八章"奥斯曼帝国"。

[52] Treaty of Karlowitz (n 8).

香时期"——才向欧洲的国际法理念靠拢,并接受"西方"的影响。

(四) 保卫和平会议

除了战争时期为促成和平而举行的会议,也有些会议在战争一触即发前召开以保卫和平。最著名的两个例子当属 18 世纪 20 年代召开的康布雷会议以及苏瓦松会议。这两个会议都寻求在放弃领土扩张的基础上建立一个欧洲安全体系。但是,谈判失败,因而会议最终没能取得持久的成果。不过,他们仍然为百年之后的梅特涅时期(1773—1859 年)的外交官提供了一个模型。

五、外交

欧洲"正常"的国际关系——以及其与奥斯曼帝国之间的关系——是由"常驻"外交官来确立和维持的。外交官带着国书从自己所代表的主权国家出发,他们居住在被派遣国,并向国内报告该国的相关情况。[53] 实际情况远比书面描述复杂:一方面,"外交官"一词代表了有着不同等级的各类官员;另一方面,"外交官"一词通常和"间谍"相联系,这使得外交官更像是敌人,而非和平的倡导者。由于外交官大多都是贵族出生,所以在国外任职的他们更加希望能在国内有着光鲜的职业。这就是外交官中的绝大部分人对继续待在国外缺乏兴致的原因。[54] 许多贵族甚至不愿意接受在国外的职位,或者不情愿地工作,因为外交官的薪水不足以供养他们在国内需承担的社会责任。对很多人而言,成为一名外交官意味着带来经济困境,这对他们的个人资产影响巨大。

至于那时适用的外交官级别,亚伯拉罕·德·威克福特(Abraham de Wiquefort,1598—1682 年)和弗朗索瓦·德·卡利埃(François de Callières,1645—1717 年)编撰的《外交官手册》提供了很多有价值的信息。[55] 和让·鲁塞·德·米西(Jean Rousset de Missy,1686—1762 年)的《欧洲主权国家位次排名回忆录》(*Mémoires sur le rang et la préséance entre les souverains de l'Europe*,阿姆斯特丹,1746 年)

---

〔53〕 M. S. Anderson, *The Rise of Modern Diplomacy 1450 - 1919* (Longman London 1993).

〔54〕 参见 A. Pečar, *Die Ökonomie der Ehre. Höfischer Adel am Kaiserhof Karls VI.* (Wissenschaftliche Buchgesellschaft Darmstadt 2003)。

〔55〕 J. C. Waquet and François de Callières, *L'Art de négocier en France sous Louis XIV* (Editions Rue d'Ulm Paris 2005).

一样，他们都被列为外交官的"必备读物"。外交官的最高级别是大使（ambassadeur），而只有大国才可以派遣此等高级官员。中小国家只能派遣公使（envoyé），或者甚至只能派遣代办（resident），而这两者都不再需要贵族身份。确实，在英国的外交官体系内，贵族是特例而不是常态。外交关系的根本在于相应的岗位需要派遣相应级别的外交官，即驻维也纳的法国大使和驻凡尔赛的帝国大使应享有相同的权力及特权。如果一个国家决定派遣低级的外交官——比如派遣代办而不是公使——那么这通常意味着两国关系已经恶化。

此外，还有向国外派遣"临时"外交官——即所谓的特别公使——的实践。他们不但能履行特殊的职责，还可在盟国可能变节时插手其中。在教会选举期间，神圣罗马帝国宫廷便派遣特别公使以确保亲法派候选人不会被选举上位，并确保新选任者会在选举之后马上接受皇室的承诺。[56]《〈威斯特伐利亚和约〉后的所有国家的外交代表名录》（Repertorium der diplomatischen Vertreter aller Länder seit dem Westfälischen Frieden，一个从 20 世纪 30 年代开始的出版项目）展示了过去派遣特别公使的各种理由。[57]

外交官必须定期以公开或秘密的形式向本国报告被派遣国的发展情况和民众情况。除必须保留的正式通信外，一些外交官也会保持和其他官员的联系，有时甚至会和其所代表的君主联系。例如，萨沃伊的尤金（Eugene of Savoy，1663—1736年）就曾建立了一个秘密通信网络。[58]

如前所述，每一位外交官都享有与其所代表的主权国家一样的礼节性权利。这经常引发冲突，如西班牙大使和法国大使于 17 世纪 60 年代在伦敦因为优先次序问题而发生激烈冲突，并在最后引发了流血事件。避免冲突的最佳策略是避开其他外交官。尤其是在和平会议上，外交官们每天见面，许多官方活动就像火药桶一样随时可能引发冲突，这一原则在此就更是适用。

---

〔56〕 H. Wolf, 'Der kaiserliche Wahlkommissar und die Entwicklung von Verfahren und Zeremoniell bei der frühneuzeitlichen Bischofswahlen' in C. Dartmann et al（ed.）Technik und Symbolik vormoderner Wahlverfahren（Oldenbourg Munich 2010）183 – 200.

〔57〕 L. Bittner（ed.）Repertorium der diplomatischen Vertreter aller Länder seit dem Westfälischen Frieden（1648 – 1715）（Stalling Oldenburg 1936）vol 1.

〔58〕 M. Braubach, Die Geheimdiplomatie des Prinzen Eugen von Savoyen（Westdeutscher Verlag Cologne 1962）.

在路易十四时期,法国建立的外交网络远比其他任何国家都更加庞大。《法国大使指南集》中的许多章节就证实了这段历史。与许多其他国家不同,考虑到一些小国有重要的政治地位或者出于战略考量,法国也向这些小国派遣大使。其他大部分国家难以负担这一政策,尤其是向德国的众多宫廷派遣外交官。其他一些国家——如俄国等——存在着另一问题,即他们首先需要建立一个外交体系,而这是一大挑战,因此他们不时地向自己的邻居取经。高门在那时已经停止向欧洲派遣常驻外交官,这给所有在博斯普鲁斯海峡的外交官造成了严重后果,即如果说他们本来就已经处境危困的话,那么现在更是面临着长期确立的规则将被废除,且外交官的豁免权岌岌可危。[59] 威克福特的反复记述都是为了说明奥斯曼帝国并不尊重国际法。

在和平会议之外,外交官有时候也可以成功地确立国际法规则。沿海国家的主权在毗连海域可以延伸多远的问题就是一个典型的例子,18 世纪以来,它引起了激烈讨论。占主导地位的海洋大国在过去曾多次(但未成功)试图对整个海洋提出权利主张,在 18 世纪 80 年代末,他们最终同意界定领海。那时存在对二海里或三海里标准的讨论,而国际法专家埃尔曼·康林(Herman Conring,1606—1681年)以及约翰·格里菲亚安德(Johann Gryphiander,1614—1652 年)则认为这一问题应根据当地惯例而定,或者使用视线距离或大炮射程作为标准。[60] 最终大家达成协议,且其很快被接受为国际法规则,即英国、法国和俄国采用炮距标准划分领海。这一标准适用了二十年,直到 19 世纪的三海里标准之确立。[61] 这个例子证明了外交官在和平时期的巨大作用,他们可以推动战时无法解决的重大国际法争议之解决。最有力的证据当属 1794 年的《杰伊条约》,[62] 美英两国外交官在伦敦举行洽谈,并解决了两国间的诸多争端。[63] 最重要的是,他们将圣克洛伊河作为美英两国于北美东北部的利益分界线。

---

[59] L. S. Frey and M. L. Frey, *The History of Diplomatic Immunity* (Ohio State University Press Columbus OH 1999).

[60] 大炮射程论的首次提出是在 C. van Bynkershoek, *De dominio maris* (The Hague 1703)。

[61] *Epochen* (n 2)387.

[62] Treaty of Amity, Commerce and Navigation between Great Britain and the United States (签订于 1794 年 11 月 19 日) (1793 - 1795)52 CTS 243 ("《杰伊条约》")。

[63]《杰伊条约》得名于美国的首席谈判代表约翰·杰伊(1745—1829 年)。

六、学术领域下的国际法

在近代早期，国际法学著作专注于某些地理区域。不约而同的是，法律人士和法律学者都将荷兰作为首选。出于宗教和社会原因，荷兰屡遭战争破坏，其不得不在国际舞台上维护自身利益。相应地，海洋法滥觞于荷兰也绝非偶然。格劳秀斯的几部国际法巨作都着眼于海洋，[64]而宾刻舒克的著作也是如此，[65]且后者尤为关注海盗行为。[66] 在近代早期后半阶段，国际法学著作的特点或许是着眼于更小的政治单位，且他们的存亡取决于法律细节，而非军队武力。[67] 通过几代人的努力，莱顿大学培养出了一大批主流的国际法学者。一些德语大学也纷纷效仿，比如哈雷大学（与克里斯蒂安·沃尔夫有渊源）、基尔大学（学校于 1665 年成立后马上就设立了国际法讲席）以及哥廷根大学（与格奥尔格·弗里德里希·冯·马滕斯 [Georg Friedrich von Martens，1756—1821 年]有渊源）。在瑞士，让·雅克·布拉玛奇（Jean-Jacques Burlamaqui，1694—1748 年）对国际法的贡献尤其突出，还有瑞典的约翰内斯·洛克森纽斯（Johannes Loccenius，1598—1677 年）以及丹麦的马丁·许布纳。洛克森纽斯[68]专注于研究海盗问题，而许布纳[69]则就战时中立国船舶的保护问题创作了见解深刻的著作。

但是，国际法专著并非仅仅出自于大学，比如戈特弗里德·威廉·莱布尼茨（Gottfried Wilhelm Leibniz，1646—1716 年）于 1693 年撰写的《国际法外交法典》（*Codex juris gentium diplomaticus*），以及艾默·德·瓦特尔于 1758 年撰写的《国际法，或适用于各国和各主权者的行为与事务的自然法原则》（*Le droit des gens，ou principes de la loi naturelle*）便是最好的证明。瓦特尔出生于瑞士的纳沙泰尔（Neuenburg）公国，他后来为萨克森选帝侯效力。瓦特尔的《国际法》是近代早期最受欢迎的著作，这一具有里程碑意义的著作首次使用了"国际社会"（*société des*

---

[64] 例如 H. Grotius, *De mari libero* (Leiden 1633)。

[65] *De dominio maris* (n 60)。

[66] *Epochen* (n 2)356.

[67] 有必要援引学者格鲁威的论述（*Epochen* [n 2]411）："国际法历史的法国阶段没有任何典型代表活动，这无疑是稀奇的。"但是，牛津大学法学家苏支（Richard Zouch，1590—1661 年）不同意这一观点。

[68] J. Loccenius, *De iure naturae et navali libri tres* (Ex Officina Joannis Janssonii Stockholm 1652).

[69] *Epochen* (n 2)439 fn 37.

nations)这一术语,而非一些带有基督教含义的术语,并且此著作确立了这样一个基础,即信仰不同宗教的臣民对道德或者对国家不会产生任何威胁。[70]

如果没有那些致力于编辑早期理论文献和重要大会记录的学者,那么国际法将无法发展。值得一提的是胡格诺派的国际法学家让·杜蒙特(Jean Dumnont,1667—1727 年),他活跃于维也纳的帝国宫廷,其巨著《国际法一般外交文件汇编》(*Corps universel diplomatique du droit des gens*)于 1726 年至 1739 年间出版。从某些方面看来,杜蒙特的作品在今天仍具有不可或缺的参考价值。卡尔·威廉·加特内(Carl Wilhelm Gärtner,1700—1760 年)和汉诺威档案馆的负责人约翰·戈特弗里德·冯·梅恩(Johann Gottfried von Meiern,1692—1745 年)见证了对《威斯特伐利亚和约》档案的早期汇编工作。[71] 最后,马滕斯在 18 世纪末的著作《关键条约汇编》(*Recueil des principaux traités*)也很值得一提。

七、新时期下的国际法

(一)法国大革命及其对国际法的影响

如果有人将法国大革命和拿破仑时代仅仅视为国际法史上的一小段插曲,那么这便是大题小作了。不管怎么说,革命者们努力推动国际法的进步,并且有时还会直接援引他们所推崇的瓦特尔。[72] 革命者们积极推动解决的一个问题是争议已久的"自然国界"问题。已有国家就此达成了国家间协议。此外,革命者们对干涉权问题颇有兴趣,他们表面上是为了保证自由和人权,但实则是为了扩张法国霸权。正如前文所述,干涉权在维也纳会议之后重新兴起,尽管此时的背景已然不同。战争因此呈现出十字军东征的性质,这使得不成文法律调整"受控制的"战争行为的情形成为过去式。并且,法国在 18 世纪 90 年代末签订了一系列中立协议,其中明确允许法国军队穿越中立国的领土,业已建立的中立概念由此遭到

---

[70] *Epochen* (n 2)332 f.

[71] A. Oschmann, 'Johann Gottfried von Meiern und die Acta pacis Westphalicae publica' in H. Duch-hardt (ed.) *Der Westfälische Friede：Diplomatie，politische Zäsur，kulturelles Umfeld，Rezeptionsgeschichte* (Oldenbourg Munich 1998)778 – 803.

[72] 一个被瓦特尔经常引用的表述,参见 *Epochen* (n 2)381.

破坏。[73]

(二) 国际法史的转折点：维也纳会议

国际法的未来发展进程因此只能在维也纳会议中确定。毫不夸张地说，从法国大革命爆发到拿破仑下台之间的这二十五年是一个"特殊的过渡时期"，其主要特点是出现了许多非法的行为，如当甘公爵（Duke of Enghien，1772—1804 年）在任法国领事期间被处决，以及英国舰队在 1807 年对哥本哈根进行轰炸。[74]

最重要的创新可能是"文明国家"（*nations civilisées*）[75]一词被引入了国际法。该词首次出现是为了反对奴隶贸易以及替代基督教共同体概念，其突出了"国际的统一精神"。[76] 然而，通过由"文明国家"组成的且更为全面包容的共同体来规制国际关系的做法在某些国家看来却很难接受。

如前所述，"文明国家"一词最初是为了使奴隶贸易非法化[77]，但它并未完全废除奴隶贸易，而只是努力朝此方向发展。废除奴隶制这一可贵的理念对一些殖民国家（尤其是西班牙和葡萄牙）而言却是一大挑战。但是，英国在 18 世纪 80 年代已经开展了反对奴隶制的运动，并且其已于 1807 年宣布奴隶贸易违法。私主体也开始关注国际法。自此，他们也开始在政治领域中寻求影响力。国际法著作开始颂扬维也纳会议的主要成果之一是对奴隶贸易的谴责。[78] 确实，这是人权首次受到国际法的保障。不过，需要明确的一点是，英国推动废除奴隶贸易的国际协议究竟是出于人道主义考虑还是出于经济原因。[79] 值得一提的是，"中立"一词也在维也纳会议上有了新的含义。长期以来避免卷入各种争端的瑞士被授予中立国的地位。在很长一段时间内，瑞士是唯一的中立国家，而且其为后来的中立国（如梵蒂冈）提供了范例。

---

[73] *Epochen*（n 2）446.

[74] 同上，第 485 页。

[75] 参见本书中由利利阿纳·奥夫雷贡（Liliara Obregón）撰写的第三十八章"文明的与不文明的"。

[76] *Epochen*（n 2）335.

[77] 参见本书中由西摩·德雷舍（Seymour Drescher）和保罗·芬克曼（Paul Finkelman）撰写的第三十七章"奴隶制"。

[78] 关于国际法学术著作的概述，参见 K. Strupp and H. J. Schlochauer（eds.）*Wörterbuch des Völkerrechts*（De Gruyter Berlin 1960 - 1962）vol 3，at 276.

[79] 关于此问题的著作，参见 H. Duchhardt, *Gleichgewicht der Kräfte*，*Convenance*，*Europäisches Konzert*（Wissenschaftliche Buchgesellschaft Darmstadt 1976）at 146。

另一个重大创新体现在 1814 年 6 月 24 日的《维也纳议定书》中,它是在维也纳会议召开不久前签署的一份文件。据此,荷兰共和国、奥属尼德兰(今比利时部分)以及列日采邑主教区(Prince-Bishopric of Liège,今比利时部分)合并为荷兰联合王国,其规定所有公职面向所有公民,而不考虑宗教派系。理论上,这是一个宪法性问题,但是其对国际法产生了直接影响:对于一个要成为"文明国家"的国家来说,从此以后,其必须对宗教事项保持中立。

第三大创新是重新设置了外交衔级,这个问题在过去常常引发争议。法国大革命无疑为此提供了意义非凡的基础,即如果国家平等,那么各自的外交官衔级也应平等。因此,维也纳会议任命了一个委员会,并且让其在三年后的亚琛会议(1818 年)上进行报告。如果说之前的位次由外交官派遣国的实力决定,那么现在外交官们的位次是按照到会时间和字母顺序排列。只有作为首席的教廷大使才享有优先于所有人的位次。

在维也纳会议结束后的几十年间,欧洲协调起到了至关重要的作用。欧洲协调最初由奥地利、英国、普鲁士和俄国于 1815 年 11 月 20 日在巴黎(《巴黎和约》)组建。后来,法国在亚琛会议中也加入其中。欧洲协调的第一次会谈在沙蒂隆会议(Congress of Châtillon,1814 年)上举行,之后定期召开会议,以用洽谈而非武力的形式来解决国际纷争。然而,干涉权仍然存在。不过,不同于前几个世纪的合作倡议,欧洲协调并未无疾而终,而是产生了直接效果:基于合法性原则,亚琛会议(1818 年)、莱巴赫会议(1821 年)和维罗纳会议(1822 年)建立了一个新的国际秩序,并将干涉他国美化为"正义"的手段。这遭到了来自约翰·卡斯帕·伯伦知理(Johann Caspar Bluntschli,1801—1881 年)等自由主义法学家的强烈批判,这便又是另一码事了。

维也纳会议——和后续的会议——为未来奠定了基础。因此,约翰·路德维格·克吕贝(Johann Ludwig Klüber,1762—1837 年)等当时的国际法学者立即着手公开会议文件工作也就不足为奇了。[80] 后世秉持不同观点,即虽然承认该等会议对人道主义(废除奴隶贸易)和经济(提出迁徙自由,尤其是在河流上)的作用,但

---

[80] J. L. Klüber, *Acten des Wiener Kongresses* (9 vols Erlangen 1816 – 1835).

是他们也质疑大国所主张（和实践）的干涉权。特别是当此种干涉权被用于镇压可能或实际上会颠覆一个政权的自由民主运动时，其对干涉权的争议尤为显著。[81]

八、结论

本章论述的国际法时期可能是国际法史上最激动人心的时期之一。本章说明从 16 世纪起至近代早期，国际关系需要一系列新的规则（如仲裁等）来超脱"旧的"处理国际关系的方式。从 16 世纪初开始，在西班牙晚期经院主义的引导下，在诉诸战争权和战时法问题上产生了激烈的争论，其主导者便是"近代国际法之父"格劳秀斯。这在当时也成为了政客们关注的焦点。分析《威斯特伐利亚和约》的谈判过程，我们会发现采取行动的必要性变得更为紧迫：一方面存在"调解"的必要性，另一方面也需要像"和平条约"这样的书面文件。欧洲的扩张和殖民帝国的出现呼吁制定进一步的规则。从长远角度来看，人们无疑会发现，七年战争（涉及绝大部分大国的全球武装冲突）和革命使得国际法的关注点从战争转移到了和平（康德在1795 年出版了有关永久和平的经典巨作）。其主要关注从国际竞争转变为国际合作。国际大家庭由此超越了欧洲世界，并将北美和南美也纳入其中。此外，自法国大革命时期开始，在私人利益集团的推动下，国际法促进了人道主义的发展和 17世纪的那些主要关注战争法的法学家们原本绝不会关注的一些社会-政治问题。可以得出结论，即国际法在这一百五十年间从其传统领域发展——如武装干涉和外交代表衔位次序问题——并迈向了新的领域，这是一项时至今日仍然具有影响的发展。

推荐阅读

Anderson, Matthew S. *The Rise of Modern Diplomacy 1450 - 1919* (Longman London 1993).

Duchhardt, Heinz and Franz Knipping (eds) *Handbuch der Geschichte der Internationalen Beziehungen* (9 vols Schöningh Paderbom 1997 -), in particular vol 2 by Heinz Schilling

---

[81] M. Vec, ' Intervention/Nichtintervention. Verrechtlichung der Politik und Politisierung des Völker-rechts im 19. Jahrhundert ' in U. Lappenküper and R. Marcowitz (eds.) *Macht und Recht. Völkerrecht in den internationalen Beziehungen* (Schöningh Paderborn 2010)135 - 160.

(2007), vol 3 by Klaus Malettke (forthcoming), vol 4 by Heinz Duchhardt (1997) and vol 5 by Michael Erbe (2004).

Fisch, Jörg *Krieg und Frieden im Friedensvertrag : Eine universalgeschichtliche Studie über Grundlagen und Formelemente des Friedensschlusses* (Klett-Cotta Stuttgart 1979).

Grewe, Wilhelm G. *Epochen der Völkerrechtsgeschichte* (Nomos Baden-Baden 1984).

Lesaffer, Randall (ed) *Peace Treaties and International Law in European History : From the Late Middle Ages to World War One* (CUP Cambridge 2004).

Schmitt, Carl *Der Nomosder Erdeim Völkerrechtdes Jus Publicum Europaeum* (Greven Cologne 1950).

Steiger, Heinhard Von der *Staatengesellschaft zur Weltrepublik? Aufsatze zur Geschichte des Völkerrechts aus vierzig Jahren* (Nomos Baden-Baden 2009).

第二十七章　从维也纳会议到 1919 年《巴黎和约》

米洛斯·维克（Miloš Vec）

654

一、引言

本章论述的历史时期之始末以两次著名的会议以及会后通过的条约为标志，而会议召开的地点也常常被用来指称会议本身，即 1815 年的维也纳和会和 1919 年的巴黎和会。欧洲在此期间召开过一些小型的会议，这些会议被用以处理现在已鲜为人知的条约、稀疏的战事以及较大规模的干预行动。在此期间，欧洲国家间的冲突开始蔓延到欧洲以外的地方。同时，国际法学显著发展。该时期被视为欧洲法学研究的黄金时期之一，且德国法学家在这个进程中举足轻重，尤其在国际法方面，他们发挥了非常重要的作用。[1] 欧洲法学家构建的国际法——从实践到理论——在世界范围内蔓延开来，并在规制事宜和适用范畴上都有所拓展。国际法是这一个世纪内的欧洲政治活动和全球政治活动的合法性叙事框架，且其对法律思想和政治实践都有影响。[2] 这里的"合法性叙事"是指国际法的规范性秩序不仅预设了正当性，而且这些正当性的先决条件正

655

---

[1] M. Koskenniemi, 'Between Coordination and Constitution: International Law as a German Discipline' (2011) 14 *Redescriptions* 45 – 70; A. Carty, 'The Evolution of International Legal Scholarship in Germany during the Kaiserreich and the Weimarer Republik (1871 – 1933)' (2007) 50 *German Yearbook of International Law* 29 – 90.

[2] 例见 M. C. R. Craven, 'What Happened to Unequal Treaties? The Continuities of Informal Empire' in M. C. R. Craven and M. Fitzmaurice (eds.) *Interrogating the Treaty* (Wolf Legal Publishers Nijmegen 2005) 43 – 80。

是由此产生。国际法的合法性叙事因此包含了实证主义法学所不能完成的批判、排斥和抵制。[3]

国际法史需要解决欧洲中心主义[4]和霸权主义[5]研究视角所产生的问题，这点不难理解。另外，19世纪的国际法发展常常与对近代社会的主流叙述相互关联，其中一些著名的概念包括普遍化、专业化、科学的兴起、合法化以及实证主义。通过讲述有关19世纪的国际法的故事，本章作者将对国际法进行批判性的讨论，以检视这些推断是否全部成立，以及倘若成立，那么其又是怎样产生的，并且付出了何种代价。

二、概念、学说的基础及变化；国际法的拓展

19世纪被视为现代世界的开端，全球史学家尤尔根·奥斯特哈梅尔[6]将其称之为"世界变革"的时代。国际法参与到这场全球性巨变中，它的广泛传播和日益显著的重要性证明了19世纪不仅是民族主义和民族国家的时代，也是国际主义的时代。[7]

656

（一）术语与对象

首先，国际法的语言发生了变化。[8] 拉丁文不再作为学界讨论国际法问题的语言。只有少数作者还在19世纪出版拉丁文的国际法著作。此外，法学家们意识到使用"万民法"指称该研究领域将造成很多问题。因此，他们不再使用"万民法"

---

〔3〕R. Forst and K. Günther, 'Die Herausbildung normativer Ordnungen' (2010) 1 *Normative Orders Working Papers* 2–3.

〔4〕M. Koskenniemi, 'Histories of International Law: Dealing with Eurocentrism' (2011) 19 *Rechtsgeschichte* 152–176.

〔5〕A. Kemmerer, 'The Turning Aside: On International Law and Its History' in R. A. Miller and R. M. Bratspies (eds.) *Progress in International Law* (Martinus Nijhoff Leiden 2008)71–93 at 77.

〔6〕J. Osterhammel, *Die Verwandlung der Welt. Eine Geschichte des 19. Jahrhunderts* (CH Beck München 2009).

〔7〕J. Paulmann, 'Reformer, Experten und Diplomaten: Grundlagen des Internationalismus im 19. Jahrhundert' in H. von Thiessen and C. Windler (eds.) *Akteure der Außenbeziehungen* (Böhlau Köln 2010) 173–197; J. Paulmann, 'Searching for a "Royal International"' in M. H. Geyer and J. Paulmann (eds.) *The Mechanics of Internationalism: Culture, Society, and Politics from the 1840s to the First World War* (OUP Oxford 2001)145–176.

〔8〕H. Steiger, 'Völkerrecht' in O. Brunner, W. Conze, and R. Koselleck (eds.) *Geschichtliche Grundbegriffe* (Klett Cotta Stuttgart 1992) vol VII, 97–140.

一词。18世纪末,杰里米·边沁用"国际法"代替了"万国法"。[9] 法国、意大利以及西班牙的法学家也相继仿照此做法而创造了一些至今仍在使用的术语,比如 *droit international*、*diritto internazionale*、*derecho internacional* 等替代词,在大多数情况下,他们被用来形容国家间的法律秩序。

虽然很多德国法学家把边沁奉为法哲学家,但是"万民法"(*Völkerrecht*)这个德语词还是沿用了下来,康德曾建议使用"万国法"(*Staatenrecht*)一词代替"万民法"(*Völkerrecht*),他指出国际法的调整对象不是人而是国家。[10] 康德的学说受到了广泛的称赞和讨论。[11] 例如,康德提出的"自由是法律的唯一原则"以及"法律是社会的基础"等观点得到了同时期学者的支持与肯定。国际法理论也受其影响颇多,但程度远远不及其他法学思想领域。没有人反对根据调整对象的名称来为一个法律领域命名,然而根据18世纪末至19世纪的国际法学说,只有国家是国际法的主体。在德语中,"*Volk*"和"*Staat*"经常被当作同义词使用,但是仅仅就理论而言,使用万国法这个术语更加准确。其他的作者也曾提出过使用 *ius cosmopoliticum*、*ius publicum civitatum*、*Internationalrecht*、*StaatsVölkerrecht*、*äusseres Staatsrecht*、*internationales Staatsrecht* 等词语命名国际法。诸如此类的讨论持续了近几十年,但语言是很难改变的,19世纪的权威学者罗伯特·冯·莫尔(Robert von Mohl)总结道,"国家法"(*Staatsrecht*)和"万国法"(*Staatenrecht*)这两个词听起来就很容易混淆。[12] 因此,德国是仍旧从该理论的研究对象的名称来推导理论名称(*Völkerrecht*,国际法)的为数不多的国家之一(在18世纪和19世纪,"*Volk*"和"*Staat*"被认为是相同的),而荷兰(使用 *Volkenregt*)[13]和一些斯堪的

---

〔9〕 M. W. Janis, 'Jeremy Bentham and the Fashioning of "International Law"' (1984) 78 *American Journal of International Law* 405 – 418.

〔10〕 I. Kant, *Die Metaphysik der Sitten. Erster Theil, metaphysische Anfangsgründe der Rechtslehre* (2nd edn. Friedrich Nicolovius Königsberg 1798) at 246.

〔11〕 J. Rückert, 'Kant-Rezeption in juristischer und politischer Theorie' in M. P. Thompsen (ed.) *John Locke und/and Immanuel Kant* (Duncker & Humblot Berlin 1991) 144 – 215.

〔12〕 R. von Mohl, *Encyklopädie der Staatswissenschaften* (2nd edn Laupp Tübingen 1872) at 405.

〔13〕 G. de Wal, *Inleiding tot de Wetenschap van het Europesche Volkenregt* (J Oomkens Groningen 1835); H. Cock, *Natuur-Staats-en Volkenregt* (Lau Leyden 1837).

纳维亚国家（使用 *Folkeret*）[14]也是如此。但是，在英语世界中，早期近代的术语——比如 *droit des gens*、*droit des nations* 以及"law of nations"——虽然不太常见，但仍然可以被交替使用。

droit des peuples、*droit des nations*[15]、*droit public d'Europe*[16] 以及 *droit public externe/ius publicum externum* 等名称最晚的也在 20 世纪初消亡了。法学家们仍有这样的推断，即国际秩序主要处理一国的对外关系（与国内法律秩序相对）。这种根本上的分化所导致的一点负面影响是两者的相互依存关系被遮蔽起来。在这种二元主义结构中，国内秩序与国外秩序、国内法与国际法似乎彼此独立，毫无关联（二元论是由海因里希·特里佩尔[Heinrich Triepel]于 1899 年首次提出的）。[17] 事实上的联系被隐藏，且概念上的关联也变得越来越模糊。[18] 19 世纪的大多数学者都信奉国内/外相区分的二元论，但至少有些学者注意到了这种区分将产生的损失。[19] 伴随着国际法术语的变化，国际法开始作为一门独立的法律学科，其不仅独立于其他学术领域，而且在法律领域内也与其他学科相区分。19 世纪的大多数海事法学家认为，"国际法"完全不包括国际私法和国际刑法。[20]

在法学家看来，这些术语的消失和变革标志着一种缓慢但影响深远的变化。那么这些转换是怎样发生的？有哪些实现转换的途径？形成了怎样的普遍性规范呢？

（二）（欧洲）国家社会：标准、准入和排斥

欧洲不仅是这一法律秩序的地理中心，其也是国际社会准入标准的制定者。古典国际法由 17 世纪和 18 世纪的欧洲法学家建立起来，他们认为只有国家才是国际法的合法主体。因此，谁能被视为是享有主权者就成了国际法上的关键问题。

---

[14] J. L. A. Kolderup-Rosenvinge, *Grundrids af den positive Folkeret* (Gyldendal Kjøbenhavn 1835); H. Matzen, *Forelaesninger over den positive Folkeret* (JH Schultz Kjøbenhavn 1900).

[15] S. Algernon, *Discours sur le Gouvernement* (Louis et Henri van Dole La Haye 1702) vol I, at 26.

[16] H. Steiger, 'Ius publicum Europaeum' in F. Jaeger (ed.) *Enzyklopädie der Neuzeit* (Metzler Stuttgart 2007) vol 5, 1148 - 1154.

[17] H. Triepel, *Völkerrecht und Landesrecht* (Hirschfeld Leipzig 1899).

[18] J. E. Nijman and A. Nollkaemper, 'Beyond the Divide' in J. E. Nijman and A. Nollkaemper (eds.) *New Perspectives on the Divide between National and International Law* (OUP Oxford 2007) 341 - 360 at 341.

[19] C. Frantz, *Der Föderalismus* (F. Kirchheim Mainz 1879) at 372.

[20] F. von Liszt, *Das Völkerrecht* (M. Fleischmann ed.) (12th edn. Springer Berlin 1925) at 1.

法律上的评判标准也伴随着文化预设、准入和排斥。联邦、邦联等法律上的建构之物和非独立的政治主体在 19 世纪的政治秩序中备受质疑。

虽然欧洲国家被认为是独立的行为体,但与此同时,他们也组成了一个法律共同体,旨在将外部其他行为体整合进来。这个观点意味着 18 世纪的沃尔夫、瓦特尔以及康德等人建立普遍性国家的乌托邦幻想没有得到延续,且有时甚至被批评和谴责。这一国际共同体的基础和范围在地理范围上非常清晰,其仅限于欧洲(中欧和西欧)国家和美国[21];然而,这种内在的划分标准却饱受争议。法学家们常常提及他们共同的历史和基督教信仰、[22]既有的条约渊源、法律理念共识以及互相认可作为组成"该"国际社会的共同基础。[23]

这一定义引发了两大问题。首先,严格来说,哪些国家属于这个国际法律共同体? 在 19 世纪,俄国和奥斯曼帝国对欧洲的边界问题构成巨大的挑战,而 1856 年的《巴黎和约》[24]承认奥斯曼帝国也是国际社会中的一员,这使国际社会的涵盖范围由"欧洲"拓展至了"文明国家"。[25] 非洲和亚洲也被纳入了国际法的范围内,但只有中国、日本、暹罗、波斯等少数亚洲国家被视为不断壮大的国际社会的合法成员。拉美国家进入该体系时似乎没有遇到如此之多的困难。但是,印第安部落和游牧民族一致被排除在体系之外。

其次,被国际社会排除在外并不等同于不与这些行为体交往。国际法学说提出了各种建议,并对他们所认为的"他者"或者说那些处于边缘位置的国家设计了不同程度的排斥与歧视。[26] "非文明的"或"野蛮人"等大量歧视性概念并不允许这些被打上标签的国家享受"文明国家大家庭"的平等互惠的待遇(参见"不平等条

659

[21] M. W. Janis, *America and the Law of Nations*, 1776 - 1939 (OUP Oxford 2010).

[22] C. M. Kennedy, *The Influence of Christianity upon International Law* (Macmillan Cambridge 1856); M. F. Lucas, 'De l'influence et du rôle du christianisme dans la formation du droit international' (1893) *Revue des Facultés catholiques de l'Ouest* 556 - 584.

[23] J. Fisch, *Die europäische Expansion und das Völkerrecht* (Steiner Stuttgart 1984) at 285.

[24] General Treaty for the Re-Establishment of Peace between Austria, France, Great Britain, Prussia, Sardinia, and Turkey, and Russia (签订于 1856 年 3 月 30 日) (1856)114 CTS 409 ("《巴黎和约》")。

[25] E. Augusti, 'The Ottoman Empire at the Congress of Paris' in L. B. Varela, P. G. Vega and A. Spinosa (eds.) *Crossing Legal Cultures* (Meidenbauer München 2009)503 - 517.

[26] L. Nuzzo, 'Un mondo senza nemici. La costruzione del diritto internazionale e il controllo delle differenze' (2009)38 *Quaderni Fiorentini* 1311 - 1381.

约"的实践）。换言之,欧洲国家以条约关系为基础,但是毫无疑问,条约的规制对象却并不属于国际社会。

三、作为多边政治途径的外交和和会

维也纳和会建立起来的持续运行几十年的欧洲秩序被克里米亚战争终结。维也纳会议将"友爱"和"合法性"作为权威性叙事语言,并强调统治者间的个人联系。可以说,维也纳会议形成了一个以外交、国际法和干预威胁为基础的体系。埃里克·韦茨(Eric Weitz)认为"维也纳会议的主要议题是王朝合法性和具有明确边界的国家主权",[27]而马赛厄斯·舒尔茨(Mathias Schulz)则指出,在某种程度上,维也纳协调就是 19 世纪的安全理事会。[28]一些国家从法律上建立起了政治霸权,从而使国家间的政治地位之不平等甚至得到了正式认可。国际法学家对这个国际秩序抱有疑虑。他们认为维也纳秩序中的一些法律原则(比如均势原则)仍值得商榷,有人甚至认为这些原则是"非法"的。[29]只有部分内容——比如要求禁止贩卖奴隶的宣言与条约(1815 年 2 月的宣言和 1841 年 12月 20 日的条约)、[30]"流经不同国家的河流"自由航行原则(108 条和 113 条)和大使及全权代表外交等级划分问题的解决[31]——被后世视为是当时对国际法的真正推动。[32]

---

[27] E. D. Weitz, 'From the Vienna to the Paris System: International Politics and the Entangled Histories of Human Rights, Forced Deportations, and Civilizing Missions' (2008) 113 *American Historical Review* 1313 – 1343 at 1314.

[28] M. Schulz, *Normen und Praxis. Das Europäische Konzert der Grossmächte als Sicherheitsrat 1815 – 1860* (Oldenbourg München 2009).

[29] M. Vec, 'De-Juridifying "Balance of Power"' (2011) *European Society of International Law Conference Paper Series* ⟨http://papers. ssrn. com/sol3/papers. cfm? abstract_id = 1968667⟩,访问于 2012 年 2 月 15 日。

[30] Treaty of Vienna Act XV, Declaration Relative to the Universal Abolition of the Slave Trade (达成于 1815 年 2 月 18 日) 63 CTS 473 ("《维也纳和约》"); Treaty of London between Austria, Great Britain, Prussia and Russia for the Suppression of the African Slave Trade (达成于 1841 年 12 月 20 日) 92 CTS 437。

[31] M. Vec, '"Technische" gegen "symbolische" Verfahrensformen? Die Normierung und Ausdifferenzierung der Gesandtenränge nach der juristischen und politischen Literatur des 18. und 19. Jahrhunderts' in B. Stollberg-Rilinger (ed.) *Vormoderne politische Verfahren* (Duncker &. Humblot Berlin 2001) 559 – 590.

[32] J. C. Bluntschli, *Das moderne Völkerrecht* (CH Beck Nördlingen 1868) para 312 at 182.

在维亚纳和会后,根据当时的政治需求(均势考量),[33]旨在维护和调整国际秩序的会议陆续召开。处理多边国家利益的代表性政治事件包括 1818 年的亚琛会议、1820 年的特拉波会议(Troppau)、1821 年的卢布尔雅那会议(Laibach)、1822年的维罗纳会议、1830 年至 1833 年的伦敦会议、1850 年至 1852 年的伦敦会议、1856 年的巴黎会议、1878 年的柏林会议、1884 年至 1885 年的柏林会议以及 1899年和 1907 年的两次海牙和平会议。因此,19 世纪的欧洲政治中已经形成了利益谈判和解决纷争的机制模式,尽管此时尚没有建立起解决这类争端的法庭。国际法的效力等级不应该被认为低于其他法律,[34]事实证明,国际法能够形成真正的争端解决模式。国际法使政治和经济纷争不断的欧洲大陆维持了一段时间相当长的和平。[35] 与此同时,使用武力成为解决国际争端的合法手段甚至有效手段。但是,在 20 世纪初,随着 1907 年的《波特公约》(Drago-Porter Convention)限制了使用武力的情况,上述观念有所变化。

多边会议和均势的概念早已出现(与均势概念密切相关的时期是 18 世纪[36],特别是《乌德勒支和约》)。此后,上文提及的会议被作为工具,其将国际法与国家理性相结合,以预防未来可能发生的革命性颠覆。在这种背景下,干涉被认为是保护欧洲大陆利益的一种合法性政治手段。附着于合法性叙事框架的前提下,各国开始寻找五花八门的借口实施干预,范围覆盖从政治稳定和人道主义[37]到经济利益(对债务国内政的干涉)。

然而,国际法并不完全支持这些政治性的国家间实践。其中有些实践并不具有合法性。这意味着某些政治行为体试图避免以新出现的国际法来规范自己的行

---

[33] W. P. Schroeder, 'The Nineteenth Century System: Balance of Power or Political Equilibrium?' (1989) 15 *Review of International Studies* 135 – 153.

[34] M. Vec, 'Verrechtlichung internationaler Streitbeilegung im 19. und 20. Jahrhundert?' in S. Dauchy and M. Vec (eds.) *Les conflits entre peuples* (Nomos Baden-Baden 2011)1 – 21.

[35] J. Dülffer, M. Kröger, and R. H. Wippich, *Vermiedene Kriege* (Oldenbourg München 1997).

[36] F. Dhondt, 'Law on the Diplomatic Stage: The 1725 Ripperda Treaty' in V. Draganova and S. Kroll (eds.) *Inszenierung des Rechts* (Meidenbauer München 2011)303 – 323.

[37] D. J. B. Trim and B. Simms (eds.) *Humanitarian Intervention: A History* (CUP Cambridge 2011); I. Kreutzmann, *Missbrauch der humanitären Intervention im 19. Jahrhundert* (Baltica Glücksburg 1999); M. Swatek-Evenstein, *Geschichte der 'Humanitären Intervention'* (Nomos Baden-Baden 2008).

为。比如,在国际债务规制等领域,他们总是避免自己的行为被归入一般性法律模式。[38] 所以,当时适用的法律规则并不代表在将来也会被适用。这样,国家得以保持其政治行动自由。

但是,在其他的政治领域,各行为体则希望通过国际法实现目的以使自己的行为合法化。因此,在维也纳协调采取干涉行动时,他们声称自己的行为具有合法性。但是,这也受到了诸多批评,一些政客和国际法学者认为这种干涉是非法的。因此,同时期的国际法学说积极为国际秩序制定法律原则和规范。这些规则的出发点依旧是主权问题(禁止他方干涉本国内政),且这时的法学理论认同自由主义者对 18 世纪的政治推论,即"个体本质上的分离"[39]。国际法学者没有对此表示质疑,且早期的古典国际法也很少讨论"国家自由和国际秩序间的矛盾"。[40] 但是,国际法学者也认为例外在所难免,主权在特定情况下也受规限。因此,关于 19 世纪时主权和干涉权的争议,问题并不在于是否存在例外,而是究竟存在何种例外,以及这些特殊情况是否会引起特定问题。就最后一点而言,国际法学者仍未达成一致。[41] 他们试图建立起一个标准以列举可能有效确立普遍性规则的所有情况。在很多时候,史例可以很好地说明干涉的合法性或非法性以及干涉主义者的规则。但是,迄今为止,法学家还未对不干涉原则的合法例外达成一致。卡尔纳扎·阿马里(Guiseppe Carnazza Amari)于 1873 年写道:"没有任何一个法律问题可以像不干涉原则这样被如此广泛地研究、激烈地讨论、迅速地发展。"[42]

在维也纳秩序建立后的几十年时间内也召开了一些其他标志性会议,例如 1856 年的巴黎会议、1878 年的柏林会议、1884 年至 1885 年的柏林西非会议以及

---

[38] L. Heimbeck, 'Law, Finances and Politics: The Significance of Economic Contexts for the Formation of Norms' in *Inszenierung des Rechts* (n 36)253 – 273.

[39] M. Koskenniemi, *From Apology to Utopia* (CUP Cambridge 2009) at 74.

[40] 同上,第 119 页。

[41] M. Vec, 'Intervention/Nichtintervention. Verrechtlichung der Politik und Politisierung des Völkerrechts im 19. Jahrhundert' in U. Lappenküper and R. Marcowicz (eds.) *Macht und Recht. Völkerrecht in den internationalen Beziehungen* (Schöningh Paderborn 2010)135 – 160.

[42] G. Carnazza-Amari, 'Nouvel exposé du principe de non-intervention' (1873)5 *Revue de droit international et de legislation comparée* 352 – 389 and 531 – 565 at 352.

1899 年[43]和 1907 年[44]召开的两次海牙和平会议。欧洲开始运用法律和多边外交来协商政治秩序和国际事务。这些方法至少在预防战争外化方面取得了相当大的成效,并防止了大量争端。因此,约斯特·杜尔费(Jost Dülffer)指出,当时的欧洲各国运用了各种外交手段和法律手段来防止冲突。[45] 直到 1914 年,日益扩张的帝国野心和一触即发的战争情绪淹没了和平的呼声,从而使这个秩序最终覆灭。

(四) 会议

"17 世纪和 18 世纪的欧洲外交已经运用了多边会议方式"这一有名的论断可能掩盖了一些重要的观察,即这个外交手段自那时起已经发生了翻天覆地的变化。和会以及以之为名的其他会议不仅仅只是政治手段。[46] 随着国际成员间的联系日益紧密,一些新的议题和主题在会议上得到讨论和解决。会议的召开变得更加频繁,与会者不仅有闻名于世的政客、法学家和外交家,而且还有其他领域的专业人士。1851 年,[47]为了将国际检疫规范标准化,各国在巴黎举行了第一次卫生会议。这是一个典型的突破。这里"更加频繁"的含义是指在 19 世纪 30 年代前每年只召开一次会议,而在公元 1900 年之后几乎每年都要召开数百次会议。[48]工业革命以及交通和通讯领域的科技进步都是导致这一变革的原因,其影响不容小觑。[49]

(五) 更新、更宽的规制领域

这些会议涉及商事、经济、科技等不同的领域。因此,重量、度量和时间单位的标准化等问题都成了国际法的一部分。领事的作用、领事法以及领事管辖权的地位获得提升。诸如商业等古老的调整对象以及商事条约也都成为了国际法和国际政

---

[43] A. Eyffinger, *The 1899 Hague Peace Conference*; '*The Parliament of Man, the Federation of the World*' (Kluwer Law International The Hague 2000).

[44] A. Eyffinger, *The 1907 Hague Peace Conference*; '*The Conscience of the Civilized World*' (Judicap The Hague 2007).

[45] *Vermiedene Kriege* (n 35).

[46] R. G. Gruber, *Internationale Staatenkongresse und Konferenzen* (Puttkammer & Mühlbrecht Berlin 1919).

[47] C. Tapia and J. Taieb, 'Conférences et Congrès Internationaux de 1815 à 1913' (1976) 5 Relations Internationales 11 – 35 at 31.

[48] 同上,第 12 页。

[49] M. Vec, *Recht und Normierung in der Industriellen Revolution* (Klostermann Frankfurt 2006)21 ff.

治的关注对象,且合作成为了该领域的主导性理念。[50] 1856 年的《巴黎和约》宣布,国际社会向海盗行为宣战,并正式取缔私掠行为。[51] 越来越多的友好、通商、航海条约被缔结,其数量之多前所未有。法学家、经济学家和政治学家对其为人类社会可能做出的贡献寄予厚望。[52] 他们对"自由贸易"的讨论在国内经济和国际法领域呈现出对立的立场。但是,似乎各方都同意国际法能够作为实现经济目标的一种重要手段。其他在世界范围内联系愈加紧密的领域也是如此,在这些领域中,随着人类社会的发展,诸如合作、组织和制度化等新国际主义萌生,而所有这些都与国家和市民社会等行为体有关。

国际法的适用范围之扩大给规制带来了新的挑战,而国际会议正是解决途径。很多议题旨在使既有的国内规范和国际规范标准化,并通过削减交易成本促进商业,比如税收和铁路领域[53]或是糖的运输。[54] 在通信和经济领域,得益于国内立法和国际立法,国际合作与竞争同时涌现。[55]

国际法不仅受到科技发展和经济发展的影响,博爱理念和道德因素也扩大了它的适用范围。对黑奴贸易的谴责(1815 年的《维也纳和约》;奥地利、英国、普鲁士和俄国于 1841 年签订的打击非洲奴隶贸易的条约)以及战争中的人道主义(1859 年的索尔费里诺战役后建立的红十字会;改善战俘状况的 1864 年的《日内瓦公约》[56];

[50] R. Pahre, *Politics and Trade Cooperation in the Nineteenth Century：The 'Agreeable Customs' of 1815 - 1914* (CUP Cambridge 2008). 亦见 G. Thiemeyer, *Internationalimus und Diplomatie. Währungspolitische Kooperationen im europäischen Staatensystem 1865 - 1900* (Oldenbourg München 2009)。

[51] M. Kempe, *Fluch der Weltmeere—Piraterie, Völkerrecht und internationale Beziehungen 1500 - 1900* (Campus Frankfurt 2010).

[52] R. Klump and M. Vec, 'Große Erwartungen. Völkerrecht und Weltwirtschaft im 19. Jahrhundert' in R. Klump and M. Vec (eds.) *Völkerrecht und Weltwirtschaft im 19. Jahrhundert* (Nomos Baden-Baden 2012)1 - 16.

[53] W. Kaufmann, *Die mitteleuropäischen Eisenbahnen und das internationale öffentliche Recht* (Duncker & Humblot Leipzig 1893).

[54] W. Kaufmann, *Welt-Zuckerindustrie* (F. Siemenroth Berlin 1904).

[55] G. Ambrosius, *Regulativer Wettbewerb und koordinative Standardisierung zwischen Staaten* (Franz Steiner Stuttgart 2005); I. Hont, *Jealousy of Trade. International Competition and the Nation-State in Historical Perspective* (Harvard University Press Cambridge MA 2001).

[56] Convention for the Amelioration of the Condition of the Wounded in Armies in the Field (达成于 1864 年 8 月 22 日,于 1865 年 7 月 22 日正式生效)129 CTS 361.

1874 年的《布鲁塞尔宣言》[57]）都被纳入了 19 世纪的国际法议程中。[58] 另外，跨国层面的活动首次出现，并将一国的社会政策和福利国家政策纳入国际法。[59] 公元 1900 年前后，国际法还打击白人奴隶贩卖（*traité des blanches*）[60]以及淫秽作品，由此将欧洲市民社会的道德观念带入了国际法，并成为国际法实证主义规范和普遍性原则的一部分。

这些议题之间往往毫无联系，或者牵强相关。因此，相关规范都是依据不同领域的需要而制定的，从而导致了近现代国际法规范的碎片化趋势。

与此同时，国际法的边界以及对相冲突的利益之规制都受到了明确的限制。确立法律制度常常与强大的政治利益相冲突，因为它可能会在一些重要领域削弱统治者的主权。涉及军事利益时尤其如此，因国际法对军队数量的限制并不利于大国谋取军事利益（英国拒绝限制军舰数量）。[61] 又如一些国家依旧使用高科技武器，尽管这些武器极度残忍或是具有杀伤性（比如达姆弹、潜水艇等）。推动规范的实施通常意味着相关领域的政治利益尚未一致，比如战争领域。

（六）国际组织

随着新规制领域的发展，一系列国际组织应运而生。但是，从他们的名称上就可以看出，这些组织的管辖范围很有限。比如成立于 1815 年的莱茵河航运集中管理委员会，[62]它被认为是第一个国际组织。[63] 后来的红十字国际委员会（Committee of the Red Cross，1863 年）以及万国邮政联盟（Universal Postal Union，1874 年）虽然不是家喻户晓，但是他们对国际规则的制定和执行产生了重要影

---

[57] 'Project of an International Declaration Concerning the Laws and Customs of War，adopted by the Conference of Brussels（27 August 1874）' in（1907）1 *American Journal of International Law Supplement* 96 – 103.

[58] F. Lentner，*Das Recht im Kriege*（LW Seidel & Sohn Wien 1880）.

[59] E. Francke，'Der internationale Arbeiterschutz'（1904）10 *Jahrbuch der Gehe-Stiftung* 35 – 70.

[60] L. A. Zapatero，'Vom Kampf gegen die Sklaverei und den Mädchenhandel hin zum Verbot des Men-schenhandels' in F. von Herzog and U. Neumann（eds.）*Festschrift für Wilfried Hassemer*（CF Müller Heidelberg 2010）929 – 944.

[61] V. Ritter-Döring，*Zwischen Normierung und Rüstungswettlauf. Die Entwicklung des Seekriegsrechts，1856 - 1914*（Nomos Baden-Baden 2012）.

[62] M. Vec，'Das Prinzip der Verkehrsfreiheit im Völkerrecht'（2008）30 *Zeitschrift für Neuere Rechtsgeschichte* 221 – 241.

[63] B. Reinalda，*Routledge History of International Organizations*（Routledge London 2009）3 ff.

响。[64] 特别是行政联盟都具有常设机构(bureaux),[65]其拥有一定的自治权,可能包括司法管辖权,[66]甚至是强制实施的权力。这些机构是现代国际组织的雏形,1856 年建立的国际电信联盟(International Telecommunication Union)就是其中最早的国际组织之一。[67] 莱茵河航运集中管理委员会建立的时间更早。在泛美会议上成立了美洲共和国国际联盟,其将区域一体化的设想付诸实践,并于 1890 年成立了代表联盟的机构。[68]

我们由此可以得出第二个结论,即 19 世纪的国际法开始朝制度化方向发展。从政治学家的观点来看,在国际组织时代到来之前就已经出现过某种形式的国际机构。沃尔夫冈·弗里德曼(Wolfgang Friedmann)[69]认为,这是共存国际法迈向合作国际法的一个重要转变。

国家间日益增加的合作推动了国际法理论范式的发展。19 世纪中期的很多学者开始批判前辈和同仁的一些观点,他们认为先人的理论在当前的国际关系中已经不适用了。他们认为国际法理论应该奉行共存模式和主权原则,且应该认识到国际关系的转变需要更强有力的合作。因此,国际社会应该是国际法学科中一个崭新而具有决策性的理论。该理念得到了卡尔·冯·卡滕伯恩(Carl von Kaltenborn)、罗伯特·莫尔、洛伦茨·斯坦(Lorenz von Stein)以及费多尔·马尔顿斯(Fedor Martens)[70]的支持。然而,也有一些作者对此观点以及其相关解释提出反对,他们

[64] C. A. Riches, *Majority Rule in International Organization* (Johns Hopkins Press Baltimore 1940).

[65] G. Moynier, *Les bureaux internationaux des Unions universelles* (Cherbuliez Genève 1892).

[66] S. Kneisel, *Schiedsgerichtsbarkeit in Internationalen Verwaltungsunionen* (1874 – 1914) (Nomos Baden-Baden 2009).

[67] M. Herren, *Internationale Organisationen seit 1865* (Wissenschaftliche Buchgesellschaft Darmstadt 2009).

[68] C. Graf Fugger Kirchberg-Weißenhorn, *Der Panamerikanismus und das amerikanische Völkerrecht* (GJ Manz München 1931) at 4; R. Büchi, *Die Geschichte der panamerikanischen Bewegung* (JU Kern Breslau1914) at 44.

[69] W. Friedmann, *The Changing Structure of International Law* (Stevens & Sons London 1964) at 60 – 63.

[70] C. Baron von Kaltenborn von Stachau, *Kritik des Völkerrechts* (Gustav Mayer Leipzig 1847); R. von Mohl, 'Die Pflege der internationalen Gemeinschaft als Aufgabe des Völkerrechts' in R. von Mohl (ed.) *Staatsrecht, Völkerrecht und Politik* (Laupp Tübingen 1860) vol 1, 579 – 635; W. Załeski, *Zur Geschichte und Lehre der internationalen Gemeinschaft* (Laakmann Dorpat 1866); L. von Stein, 'Einige Bemerkungen über das internationale Verwaltungsrecht' (1882) 6 *Schmollers Jahrbuch* 395 – 442; F. von Martens, *Völkerrecht* (C. Bergbohm ed.) (Weidmann Berlin 1883 and 1886).

认为这些观点的法律性有所欠缺。[71] 早在 1900 年,国际法史就已经认可了国际社会这一划时代的理念。20 世纪,国际社会的概念在法理学和社会学理论中得到复兴。[72] 此后,对国际社会的讨论之多已经可以同主权问题相提并论。

三、国际法的实证主义普遍化?

666

不过,人们经常听说的国际法故事不仅仅局限于规制范围的扩展。首先,它预设了实证主义转型;其次,它体现了国际法的全球化。

(一) 渊源:条约、编纂、国际立法

19 世纪的国际法有着多重渊源,但没有类似于《国际法院规约》第 38 条规定的正式定义或官方定义。当时的法学家的经典学说中列举了以下几个渊源:条约、议定书、大国宣言、国内法律法规、国际法庭的司法管辖权、法学家的著作以及习惯国际法。[73] 国际立法进程中存在大量不同的渊源,而且这些渊源没有明确的等级划分,因此国际秩序得以呈现横向和纵向的多元化发展。[74]

从 1870 年的权威百科全书中可以发现,自然法已经被这些渊源排除在外,或者说自然法在国际法中已经被"隐而不见"(自然法被认为只残留在"法学家的著作"中)。自然法和国际法的分离是一个长期而复杂的过程。但是,实证主义国际法渊源和方法于公元 1800 年之后形成。[75]

至少在意大利和法国,19 世纪中期前的国际法研究在理论法学研究的推动下是以自然法为背景的。[76] 一些作者甚至把国际法视为国际道德。[77] 19 世纪 60 667

---

[71] P. Heilborn, *Das System des Völkerrechts* (J Springer Berlin 1896) at 397.

[72] A. L. Paulus, *Die internationale Gemeinschaft im Völkerrecht* (CH Beck München 2001).

[73] A. F. Berner, 'Völkerrecht' in J.C. Bluntschli and K. Brater (eds.) *Deutsches Staats-Wörterbuch* (Expedition des Staats-Wörterbuchs Stuttgart 1870) vol XI, 76 – 96 at 94 – 96.

[74] S. Besson, 'Theorizing the Sources of International Law' in S. Besson and J. Tasioulas (eds.) *The Philosophy of International Law* (OUP Oxford 2010) 163 – 185 at 164.

[75] J. Schröder, *Recht als Wissenschaft* (CH Beck München 2001) at 189 ff.

[76] 关于法国,包括 G. de Rayneval, *Institutions du droit de la nature et des gens* (Leblanc Paris 1803); C. L. S. Michel, *Considérations nouvelles sur le droit en général* (Delaunay Paris 1813); L. B. Cotelle, *Droit de la Nature et des Gens* (Gobelet Paris 1820);关于意大利,例如 P. Baroli, *Diritto Naturale Privato E. Publico. Volumes V-VI: Diritto Naturale Pubblico Esterno* (Feraboli Cremona 1837)。

[77] G. Atkinson, *International Morality*; *or, the Touchstone of the Law of Nations* (G Woodfall and Son London 1851); P. D. Pontsevrez, *Cours élémentaire de morale* (Hachette Paris 1886) at 120: 'La morale internationale ou droit des gens'.

年代前,瓦特尔和布拉玛奇作品的重印和再版[78]也生动地说明了自然法学说受到广泛关注。

但是,国际法的发展路径在英国却大不相同。在19世纪早期,有关法律教育的论述比较缺乏,国际法基本"以实践为导向"。[79]

公元1870年后,这些国家才开始出现"自发的"国际法研究。其他19世纪晚期的国际法学家通过在作品中论述"社会性"理念或某些价值观来阐述自然法思想。在某种程度上,法理学被蒙上了道德的色彩。很难在19世纪的国际法中区分法律实证主义和自然法理念,[80]似乎"这两者之间不能找到明确的界限"。[81] 这一时期,国际法与其他领域的分离也是有迹可循的。自启蒙运动晚期起,国际法学家强调[82]国际法应该与国际道德[83]以及国际外交[84]区分开来,国际法学科就此形成。同时,这些法学家反驳了所谓的国际法否定者的观点,这主要体现在国际法渊源的理论和合法性的排除方面。"否定者"认为国际法规范的唯一渊源见于国内法律秩序,因此他们认为不存在自发性国际法领域。这个观点由古斯塔夫·胡果(Gustav Hugo)[85]、格

---

〔78〕两个后来的版本,参见 J. J. Burlamaqui, *The Principles of Natural and Politic Law* (J Nourse London 1763,7th edn JH Riley & Co Columbus Ohio 1859); E. de Vattel, *Le droit des gens ou principes de la loi naturelle* (Aillaud Paris 1863)。

〔79〕C. Sylvest, 'The Foundations of Victorian International Law' in D. Bell (ed.) *Victorian Visions of Global Order* (CUP Cambridge 2007) 47 – 66 at 50; M. Lobban, 'English Approaches to International Law in the Nineteenth Century' in M. C. R. Craven, M. Fitzmaurice and M. Vogiantzi (eds.) *Time, History and International Law* (Martinus Nijhoff Leiden 2007) 65 – 90.

〔80〕参见关于布尔麦林克(Bumerincq)的典型案例研究 L. Mälksoo, 'The Context of International Legal Arguments' (2005) 7 *Journal of the History of International Law* 181 – 209 at 208。

〔81〕C. Sylvest, 'International Law in Nineteenth-Century Britain' (2004) 75 *British Year Book of International Law* 9 – 70 at 12.

〔82〕D. H. L. von Ompteda, *Literatur des gesamten sowohl natürlichen als positiven Völkerrechts. Erster Theil* (Montag Regensburg 1785) at 6.

〔83〕G. F. Martens, *Einleitung in das positive Europäische Völkerrecht* (Dieterich Göttingen 1796) at ix and 2; C. Welcker, 'Encyklopädische Uebersicht der Staatswissenschaften' in C. von Rotteck and C. Welcker (eds.) *Staats-Lexikon* (Hammerich Altona 1834) vol 1, 1 – 42 at 39; A. W. Heffter, *Das Europäische Völkerrecht der Gegenwart* (2nd edn Schroeder Berlin 1848) at iv; L. A. Warnkönig, *Juristische Encyclopädie* (Enke Erlangen 1853) at 557.

〔84〕参见 F. von Liszt, *Das Völkerrecht* (5th edn Haering Berlin 1907, 12th edn M. Fleischmann ed. Springer Berlin 1925) at 117 ('internationale Courtoise'与'international law'之争)。

〔85〕G. Hugo, *Lehrbuch eines civilistischen Cursus* (8th edn August Mylius Berlin 1835) vol 1, at 73.

奥尔格·弗里德里希·普赫塔(Georg Friedrich Puchta)[86]、格奥尔格·威廉·弗里德里希·黑格尔(Georg Wilhelm Friedrich Hegel)[87]、约翰·奥斯丁(John Austin)[88]、乔治·康沃尔·刘易斯(George Cornewall Lewis)[89]、阿道夫·拉森(Adolf Lasson)[90]、菲利普·索恩(Philipp Zorn)[91]等法学家提出。他们中的一些人——比如黑格尔和索恩——更倾向于用"对外公法"(*Außenstaatsrecht*; *droit public externe*; *diritto pubblico esterno*)这个术语替代"国际法"。

国际法与自然法学说的分离对法律渊源具有直接影响。19 世纪的学说已经避免把"自然法"作为一种合法性渊源,但是它认为"理性""理性的法""正义"或是"事物的本质"都可以作为法律渊源,至少在谈论存在某项国际法原则规定时,可以将其作为合法性论证依据。因此,自然法的消失和祛除主要是在术语上,而自然法从功能上来说仍然存在于一些隐含的层面。

就渊源而言,理论和实践都开始更加关注条约、习惯法等国际行为常常参照的对象。对国际法的认识体现在地理空间的转移上,此时的欧洲历史比强调普遍主义的自然法学说时期受到更多的关注和讨论。人们普遍认为国际法是源于欧洲的一系列普遍规范,而 19 世纪的国际法史研究也证实了这一观点。[92] 从这些历史地理的称谓就可以看出国际法的范围发生了变化:欧洲万国法(*droit des gens européen*)意味着国际法与作为其来源的大陆具有文化关联性。[93] 此外,有人明确将国际法与文明和基督教世界联系起来,其认为国际法也可以被称为"基督教万

[86] G. F. Puchta, *Das Gewohnheitsrecht*, *Erster Theil* (Palm Erlangen 1828) at 142 'man sollte von einer Völker-oder Staatenmoral, aber nicht von einem Völkerrecht sprechen'.

[87] G. F. W. Hegel, *Grundlinien der Philosophie des Rechts* (Nicolaische Buchhandlung Berlin 1821) para 330 and addition 191.

[88] J. Austin, *The Province of Jurisprudence Determined* (Murray London 1832) at 147 ("万国法或国际法"是对"一个法律的不正当之称谓")。

[89] G. C. Lewis, *A Treatise on the Methods of Observation and Reasoning in Politics* (Parker London 1852) vol 1, at 44 ("国际法并非严格意义上的法律")。

[90] A. Lasson, *Princip und Zukunft des Völkerrechts* (Hertz Berlin 1871) at 22.

[91] 参见 J. Schmidt, *Konservative Staatsrechtslehre und Friedenspolitik*. *Leben und Werk Philipp Zorns* (Aktiv Druck und Verlag Ebelsbach 2001).

[92] R. Lesaffer, 'International Law and its History: The Story of an Unrequited Love' in *Time*, *History and International Law* (n 79) 27 – 41.

[93] K. H. Lingens, 'Europa in der Lehre des "praktischen Völkerrechts"' in I. Dingel and M. Schnettger (eds.) *Auf dem Weg nach Europa* (Vandenhoeck & Ruprecht Göttingen 2010) 173 – 186.

国法"(*christliches Völkerrecht*)。[94] 欧洲的习俗、政治和文化关系成为国际法诞生的理论中心。

　　国际法拓宽和发展的"进程"[95]是十分清晰的——正如伊桑贝尔(Isambert)、惠顿、伯伦知理、皮耶兰托尼(Pierantoni)、卡尔沃等学者所称,国际法的"发展"必须以条约为基础。习惯法不再能满足制定历史目的论前提下的新原则的需要,此时非常需要新规则的出现。条约必须迎接这些规制需要所产生的挑战,因此条约以前所未有的数量不断被缔结。[96] 国际性协议亦与日俱增。相较之下,早先几个世纪的仅仅涉及战争与和平的国家实践却明显减少。新的条约汇编相继出现,且其内容范围不断扩大。[97] 弗多尔·费尔多罗维奇·马尔顿斯(Fedor Fedorovitch Martens)称"社会-商事条约"时代来临。[98] 这也证实了"19 世纪的缔约革命"之存在。[99]

　　不仅国际协议签订的频率、密度和议题有所增加,有关条约的理论也发生了变化。多边开放性条约作为新规制模型开始出现。19 世纪的国际法立法和法典编纂都尚不可行,而这些条约化的法律(*traités-lois*)能够发挥替代物的作用。一些历时长久的条约——比如成立万国邮政联盟的条约——被缔结。当时的法学家认为

---

[94] L. Freiherr von Neumann, *Grundriss des heutigen europäischen Völkerrechtes* (1st edn Kaiserlich-königliche Hof und Staatsdruckerei Vienna 1856, 2nd edn W. Braumüller Vienna 1877, 3rd edn W. Braumüller Vienna 1885).

[95] F. A. Isambert, *Tableau des progrès du droit public et du droit des gens* (Paulin Paris 1823); H. Wheaton, *Histoire des progrès du droit des gens en Europe et en Amérique* (3rd edn Brockhaus Leipzig 1853); J. C. Bluntschli, *Die Bedeutung und die Fortschritte des modernen Völkerrechts* (CG Lüderitz Berlin 1866); A. Pierantoni, *Il progresso del diritto pubblico e delle genti* (Nicola Zanichelli Modena 1866); C. Calvo, *Le droit international théorique et pratique précédé d'un exposé historique des progrès de la science du droit des gens* (4 vols 3rd edn Guillaumin Paris 1880–81); S. Brie, *Die Fortschritte des Völkerrechts seit dem Wiener Congress* (Schletter Breslau 1890); Sir H. E. Richards, *The Progress of International Law and Arbitration* (Clarendon Press Oxford 1911).

[96] M. Lachs, 'Le développement et les fonctions des traités multilatéraux' (1957) 92 *Recueil des cours* 226–333 at 233; A. Nussbaum, *A Concise History of the Law of Nations* (revised edn Macmillan New York 1961) 196–200.

[97] P. Macalister-Smith and J. Schwietzke, 'Literature and Documentary Sources relating to the History of Public International Law' (1999) 1 *Journal of the History of International Law* 136–212.

[98] *Völkerrecht* (n 70).

[99] E. Keene, 'The Treaty-Making Revolution of the Nineteenth Century' (2012) 34 *International History Review* (即将出版,与本章作者合著)。

这种模式是"国际立法"的开端，[100]也可以说是"世界法"的开端。[101]

然而，"真正的立法"很难实现，而且屡遭挫折。很多人做过这类尝试，比如弗朗西斯·利伯于 1883 年撰写了《美国军队战时管理指令》(*Instructions of the Government of Armies of the United States in the Field*，1883 年)，阿方斯·多曼(Alphonse de Domin-Petrushevecz)于 1861 年撰写了《国际法典纲要》(*Précis d'un code du droit international*，1861 年)，以及约翰·卡斯珀·伯伦知理于 1868 年撰写了《文明国家近代国际法法典》(*Das moderne Völkerrecht der civilisirten Staaten als Rechtsbuch dargestellt*，1868 年)。他们都是进一步尝试将国际法法典化的先驱，而这些设想后来由国际机构、政府以及国际社会实现。特别是在海牙会议上，代表们提议就裁军、和平解决国际争端、陆地战争法和习惯以及相关规则订立有约束力的协议。虽然各国未能就裁军问题达成一致，但其过程和结果都具有显著意义——运用人道主义原则和以和平方式解决争端的方法开始在国际社会被广为关注。

(二) 何种实证主义？何种普遍主义？

在此意义上，国际法基础愈加宽泛。很多新订立的条约都出现了实证主义转向，并开始规范国际关系。一些多边条约几近成为全球性条约。

这个进程是否构成实证主义和普遍主义的发展？这一发展是否意味着国际法步入了一个可以以之为名的新纪元？

19 世纪的国际法学者的乐观态度和对进步的叙述不应妨碍我们注意到当时大部分规制事项的主题和目的都十分具体。从实证主义角度来看，他们在主题和范围上都很难被称为普遍主义。比如 1882 年的有关葡萄根瘤蚜(vine fretter)的公约就是很好的说明。

(三) 自然法的启示

那么，处理国际关系的一般性规则源于何处？在 19 世纪，国际法学家已经论

---

[100] A. S. Hershey, *The Essentials of International Public Law* (Macmillan New York 1914) at 21; J. B. Moore, 'International Law: Its Present and Future' (1907) 1 *American Journal of International Law* 11–12 at 12; W. G. Miller, *Lectures on the Philosophy of Law* (C Griffin & Co London 1884) at 88.
[101] R. L. Bridgman, *The First Book of World Law* (Ginn Boston 1911).

670

述了有助于将冲突和利益概念化的一般性原则和概念。[102] 18 世纪的规则和元规则来源于道德哲学，尤其是自然法且直到 19 世纪仍是如此。虽然自然法在术语层面已经逐渐被法律哲学以及继而被法律理论所代替，但本章作者发现很难将其称之为学术领域的实证主义转向。国际法理论这个新兴学科的确不再使用"自然法"一词，但非实证主义的概念仍是国际法的基础。这些概念有的来源于罗马法，有的来源于私法。但是，赫福特、[103]惠顿等很多学者仍然倾向于使用"普遍性公法"（*ius publicum universale*）这个德语词，他们常常援引早期欧洲启蒙运动中的格劳秀斯学派继承者布拉玛奇、瓦特尔以及沃尔夫等人的著作。所谓的国家基本权利和义务逐渐形成。[104] 那么，在 19 世纪的国际法中，普遍主义和实证主义究竟彼此分离到什么程度？这是一个值得思考的问题。

四、法制化

19 世纪的国际关系之法制化应该说并无先例可循。上文已经对国际法在新领域的扩张以及新规范性制度的出现有所论述。

（一）学科转向

这一发展和国际法学科的转向息息相关。法学家在构建国际法和国际秩序时将其他学科排除在外。比如，他们垄断了对和平的定义。国际法的地位愈加重要，并且其被赋予了新的任务，其发声也愈加有力。国际法正努力争取自主性，就如同其他法律学科或者非法律学科一样。

（二）与政治学的相似及区别

国际法寻求与政治学的近似之处，但又试图与之保持距离。相近是指国际法和政治学都是国家维护自身权利、进行权力政治或希望达到其他目的的有益工具。同时，两者间的距离被强调是为了突出法律和学术观点的自主性。国际

---

[102] M. Vec, 'Rechtsprinzipien in der Völkerrechtswissenschaft des 19. Jahrhunderts' in R. Lieberwirth and H. Lück (eds.) *Akten des 36. Deutschen Rechtshistorikertages* (Nomos Baden-Baden 2008) 445 – 463.

[103] I. J. Hueck, 'Pragmatism, Positivism and Hegelianism in the Nineteenth Century' in M. Stolleis and M. Yanagihara (eds.) *East Asian and European Perspectives on International Law* (Nomos Baden-Baden 2004) 41 – 55.

[104] M. Vec, 'Grundrechte der Staaten. Die Tradierung des Natur und Völkerrechts der Aufklärung' (2011) 18 *Rechtsgeschichte* 66 – 94.

法应该与国家间的实践有所区分。国际法宣称自身是一种独特的正当性叙事（*Rechtfertigungsnarrativ*），[105]而这种有选择的碎片化正当性建构可能招致批评。因此，国际法学者尝试在国际法和政治科学之间划出明确的分割线。[106]

（三）灵活的法律学说

对"主权"等概念的构建与解读是庞大法律体系的一部分。他们必须与学科的方法论标准保持一致。因此，这些对核心概念和一般性国际法原则的讨论保障了学科的一致性。

然而，学说构建和核心概念之解读实际上远远没有听起来那么清晰明了。理论常常非常灵活多变，从而给解释和例外留有余地。[107]古典国际法学说创立了程序法"而不是提出实质性规则"。[108]另外，当时的国际生活呈现霸权主义架构，而法律规范的实施不仅挑战了这种所谓的"真实国际生活"，其也将"平等"等标准带入其中。在"真实国际生活"中，关于优势地位的主张显然具有长期的法学传统和政治传统，从而使这种努力似乎具有了合法性。因此，国际法的核心概念和一般性原则既有利于学科一致性，也可以在一定程度上补充国际法并且填补其漏洞。[109]

（四）国际司法和仲裁

伴随法制化进程的是"对国际司法制度和仲裁制度的热情"。[110]彼时认为美英于1872年成功解决"阿拉巴马号"争端的例子正是国际仲裁制度的里程碑事件。可以说，1794年的《杰伊条约》是国际仲裁制度复兴的标志。但是，这仍是一个有待考证的历史问题。[111]"阿拉巴马号"案使得法学家和公众对国际争端的解决方式寄予厚望。1900年前后，海牙和平会议成为文化发展的制高点，其使实证主义政治

673

---

[105] 'Die Herausbildung normativer Ordnungen' (n 3)10.

[106] *Literatur des gesamten sowohl natürlichen als positiven Völkerrechts* (n 82) para 2, at 6.

[107] L. Benton, 'From International Law to Imperial Constitutions: The Problem of Quasi-Sovereignty, 1870－1900' (2008)26 *Law and History Review* 595－619.

[108] *From Apology to Utopia* (n 39)155.

[109] S. Besson, 'General Principles in International Law—Whose Principles?' in S. Besson and P. Pichonnaz (eds.) *Les principes en droit européen—Principles in European Law* (Schulthess Zürich 2011) 21－68 at 49(原书重点)。

[110] D. Kennedy, 'International Law and the Nineteenth Century: History of an Illusion' (1996)65 *Nordic Journal International Law* 385－420 at 415.

[111] K.-H. Lingens, 'Der Jay-Vertrag (1794) als Geburtsstunde der modernen internationalen Schiedsgerichtsbarkeit?' in *Les conflits entre peuples* (n 34)65－82.

者与和平主义者的愿望均被满足,且这个期望愈加强烈。国际法的伦理层面日益突出。不同于 19 世纪初的古典国际法学者马尔顿斯和克吕贝非常专业且高度技术性的观点,20 世纪前后的人们更加关注将道德规则和道德价值引入国际法。

(五) 非法制化领域

但是,也有部分领域不能以国际法为规制手段,比如涉及国家债务[112]或者是之后的武力介入。规避法律的问题非常值得研究。

国际关系的法制化存在很多限制。因此,仔细区分不同的规制机制是很有必要的。对 19 世纪的法律关系和政治关系进行归纳实属不易。领事裁判权[113]、混合法庭以及殖民主义国际法[114]清晰地阐释了法律制度如何被用于政治目的,以及他们是如何改变政治秩序的。在殖民时期,会议、条约(1884 年至 1885 年的《柏林条约》)以及法律学说(无主地和占领)被用来为获取和占有土地正名,其将正当性法律程序和攫取海外领土权利的政治利益相结合。国际法不仅能限制政治权力,而且它也被广泛运用于政治利益斗争中,从而影响了国际法的语言和公理性认识。[115]

674

五、科学的兴起和专业化的发展

国际法学说在 19 世纪获得了巨大的发展。这部分内容如果要详细论述的话要占据很大的篇幅,所以本章作者不准备着墨过多描述性细节。读者可以从教科书、[116]条约汇编、期刊(1869 年的《国际法和比较立法期刊》[*Revue de droit*

---

[112] L. Heimbeck, 'Das Gleichgewicht wahren' in *Frankfurter Allgemeine Zeitung* (Frankfurt Germany 29 December 2011)8.

[113] J. Berchtold, *Recht und Gerechtigkeit in der Konsulargerichtsbarkeit. Britische Exterritorialität im osmanischen Reich 1825 - 1914* (Oldenbourg München 2009); J. Ulbert and L. Pijac (eds) *Consuls et services consulaires au XIXe siècle* (DOBU Hamburg 2010).

[114] L. Nuzzo, 'Kolonialrecht' (2011) *European History Online* (EGO) ⟨http://www.ieg-ego.eu/ nuzzol -2011 - de⟩,访问于 2012 年 2 月 15 日; L. Nuzzo, *Origini di una Scienza. Diritto internazionale e colonialismo nel XIX secolo* (Klostermann Frankfurt 2012); L. Nuzzo, 'A Dark Side of the Western Legal Modernity: The Colonial Law and Its Subject' (2011)33 *Zeitschrift für neuere Rechtsgeschichte* 205 - 222。

[115] A. Anghie, *Imperialism, Sovereignty and the Making of International Law* (CUP Cambridge 2005).

[116] 'Literature and Documentary Sources' (n 97); P. Macalister-Smith and J. Schwietzke, 'Bibliography of the Textbooks and Comprehensive Treatises on Positive International Law of the 19th Century' (2001) 3 *Journal of the History of International Law* 75 - 142.

international et de législation comparée〕；1894 年的《国际公法概述》〔*Revue générale de droit international public*〕)[117]以及国际法教育的增加、大学以及国际学术机构设立的讲席和研究会(1873 年成立的国际法学会和国际法改革与编纂协会，即后来的国际法学会)感受这方面的发展。[118] 越来越多的欧美国际法学家对这一发展深感欣慰，他们期望各种国际法组织"成为文明世界法律意识的机构"(*de devenir l'organe de la conscience juridique du monde civilisé*)。[119] 建立多边政治实体却并没有妨害他们对某些欧洲大国及国家利益的忠心耿耿。

一方面，主流的海外法学家——比如安德烈斯·贝洛、亨利·惠顿以及卡洛斯·卡尔沃——推崇欧洲法律学说，他们积极参与推动全球化和国际法的全球化。[120] 另一方面，他们通过改变国际法的标准以支持其自身的政治利益，比如支持拉丁美洲独立和构建区域性国际法(如亚历杭德罗·阿尔瓦雷兹)。国际法史开始作为一个研究主题，且很多学科都开始阐述国际法形成于 1648 年的神话。[121]

同时，法学家仍然拒绝将一些领域纳入国际公法范畴内。19 世纪末 20 世纪初，他们称国际私法和国际刑法不再属于国际法学科。这种观点是历史的、实用的，同时也是实证主义的。因此，这种自我定位是因为他们援引欧洲历史和拒绝乌托邦理论。国际法学家不再只聚焦于永久和平或世界国家(*civitas maxima*)。但是，价值观念和政治理念在其著作中依旧非常重要。"国际道德"有时甚至被认为是国际法的同义词。[122] 如今，这些观点并不总是能够得到政治学的支持。

675

---

〔117〕 I. J. Hueck，'Die Gründung völkerrechtlicher Zeitschriften in Deutschland im internationalen Vergleich' in M. Stolleis (ed.) *Juristische Zeitschriften* (Klostermann Frankfurt 1999)379 – 420.

〔118〕 G. Rolin-Jaequemyns，'De la nécessité d'organiser une institution scientifique permanente pour favoriser l'étude et le progrès du droit international' (1873) 5 *Revue de droit international et de législation comparée* 463 – 491；A. H. Fried，'Organisiert die Welt!' (1906) 8 *Die Friedens-Warte* 1 – 3.

〔119〕 Art 1 of *the Institute de Droit International's 1873 Statute*.

〔120〕 A. Becker Lorca，'Universal International Law: Nineteenth-Century Histories of Imposition and Appropriation' (2010) 51 *Harvard International Law Journal* 475 – 552；S. Kroll Normgenese, *durch Re-Interpretation—China und das europäische Völkerrecht im 19. und 20. Jahrhundert* (Nomos Baden-Baden 2012)；U. M. Zachmann, *Krieg und Ordnungsdenken im völkerrechtlichen Diskurs Japans 1919 – 1960* (Nomos Baden-Baden 2012).

〔121〕 A. Osiander，'Sovereignty, International Relations, and the Westphalian Myth' (2011) 55 *International Organization* 251 – 287 at 265.

〔122〕 G. Atkinson, *International Morality；or, the Touchstone of the Law of Nations* (G Woodfall and Son London 1851)；P. D. Pontsevrez, *Cours élémentaire de morale* (Hachette Paris 1886) at 120 ('La morale internationale ou droit des gens').

一些支持该理论的人士被贴上了自由国际主义者的标签，[123]但另一些学者却对此并不认同。另外，尽管一些学者仍旧以高度专业性的角度研究国际法的技术性概念，而另一些学者则开始侧重于所谓"国际共同体"等理念——随着时间的推移，这些趋势后来也有所变化。但是，这些概念无非是基督教世界、文化以及文明。[124] 使用武力被视为一种广泛推广这些目标的合法手段，而无主地学说为扩张领土提供了借口。

第一次世界大战爆发后，很多国际法学家成为了本国民族主义的拥趸。本国人违反规范的行为被予以正当化，且凡是敌人的行为都受到无情的诽谤。当时的局势和需要促使国际法研究进一步增强。此后，原本与一些国家达成的国际合作被迫终止，而与其他国家的合作反倒加强。

《巴黎和约》构造了一个与《维也纳和约》截然不同的秩序。《维也纳和约》建立起的旧秩序被打破，民族自决[125]等新原则开始出现，这不仅使"正义和平"这个概念有可能普及大众，同时也迫使破坏和平的国家承担战争责任。

在 19 世纪，被称为国际法的规则和规范变得更加紧凑、连贯且密切。但是，始终没有一个条约可以被称为或者被释为欧洲宪法。条约和学术著作仍然面临着很多难题，其试图在政治、社会、经济框架中解决之。很多国际规范在外观上都极其具体，但各个领域中的实在条约法的发展程度不一。但是，还是有些普遍性规则和原则被很多国际法学家和政治行为体视为全球性宪法，或者说是国际法宪法化的

676

---

[123] M. Koskenniemi, *The Gentle Civilizer of Nations* (CUP Cambridge 2001) at 4.

[124] E. Keene, *Beyond the Anarchical Society: Grotius, Colonialism and Order in World Politics* (CUP Cambridge 2002) at 109 – 119; G. Gozzi, *Diritti e civiltà. Storia e filosofia del diritto internazionale* (I. l. Mulino Bologna 2010) at 133 – 166; G. W. Gong, *The Standard of 'Civilization' in International Society* (Clarendon Press Oxford 1984); B. Bowden, *The Empire of Civilization: The Evolution of an Imperial Idea* (University of Chicago Press Chicago 2009); J. Osterhammel, '"The Great Work of Uplifting Mankind": Zivilis ierungsmission und Moderne' in J. Osterhammel and Boris Barth (eds.) *Zivilisierungsmissionen* (UVK Konstanz 2005) 363 – 425.

[125] J. Fisch, *Das Selbstbestimmungsrecht der Völker* (CH Beck München 2010); J. Fisch (ed.) *Die Verteilung der Welt. Selbstbestimmung und das Selbstbestimmungsrecht der Völker. The World Divided: Self-Determination and the Right of Peoples to Self-Determination* (Oldenbourg München 2011); L. Palleit, *Völkerrecht und Selbstbestimmung. Zum Begriff des Selbstbestimmungsrechts der Völker in der deutschen und österreichischen Völkerrechtswissenschaft 1918 – 33* (Nomos Baden-Baden 2008).

基础、要素和先驱。但是，法治在当时并非被推动的主流观念。1900 年前后，法学家的主要关注点仍在"组织化"上。[126] 组织化被认为是各领域的新规则和新机构出现的基础，而国际法和国际秩序则旨在通过"组织化"获得更高程度的一体化。[127] 国际行政尤其如是，它要求更加密切的国际合作（国际主义）以满足当时的政治需求。[128] 拉伦茨·冯·施泰因[129]、马尔顿斯等国际法学者提出的"国际行政法"新领域得到了其他国际法学者的高度认可，甚至他们对其寄予厚望。人们希望这种实用主义的国际主义表现形式能够加强国际合作，从而避免战争爆发。这是 19 世纪的国际法学者的一种憧憬和幻想，正如第一次世界大战爆发时所显现的。[130] 至少，很多国际合作在战争期间仍然持续进行，并且其在两次世界大战的间隔期中转化为国际联盟的法律与政治制度。

六、结论

19 世纪的欧洲是一个充满了矛盾情绪、紧张局势，以及大量共同利益的政治与法律共同体。这种说法似乎有些令人费解，但这的确说明在当时——即所谓的第一次全球化时期——将国际主义、帝国主义和法律相结合是如何艰难。国际法及其制定者在此过程中发挥了至关重要的作用。一方面，国际法的适用范畴得到拓宽，且国际关系开始走向法制化；但在另一方面，有些理论学说在结构上歧视了某些行为体。

叙述这个问题就必须意识到这种规范性秩序的特点。与其他法律领域相比，国际法制度未免软弱，因为通过法庭解决争端收效甚微且国际法立法少之又少，所以其贻笑大方。然而，国际法史的构建必须摆脱 19 世纪以国家为中心的传统分类。应该指出，各个时代的国际关系都存在令人不甚满意的法律和规范多元主义，

677

---

[126] P. Kazansky, 'Les premiers éléments de l'organisation universelle' (1897) 29 *Revue de droit international et de législation comparée* 238 - 247；E. Duplessix, *L'Organisation Internationale* (Larose & Forcel Paris 1909)；W. Schücking, *Die Organisation der Welt* (Kröner Leipzig 1909).

[127] P. S. Reinsch, *Public International Unions* (Ginn and Co Boston and London 1911).

[128] J. Claveirole, *L'Internationalisme et l'Organisation Internationale Administrative* (Waton Saint Étienne1910).

[129] 'Einige Bemerkungen' (n 70).

[130] 'International Law and the Nineteenth Century' (n 110)385 - 420.

本章作者称之为"多重规范性"（*Multinormativität*[131]）。

现在，法律理论的焦点已不再是民族国家及其制定法，现代法律理论鼓励的是一种碎片式的规范体系，其包括国家层面、国际层面和私主体性质的规范。[132] 法律史研究有助于我们认识到 19 世纪的国际法学家之认识并非总是正确。事实上没有出现一个普遍的实证主义进程。进步和和平都是意识形态下的认知，而国际法规范性的拓展以及国际关系的法制化是非常复杂的活动，其艰难地朝向现代性前行。

推荐阅读

Anghie，Anthony *Imperialism，Sovereignty and the Making of International Law*（CUP Cambridge 2005）.

Dülffer，Jost *Regeln gegen den Krieg? Die Haager Friedenskonferenzen von 1899und 1907 in der internationalen Politik*（Ullstein Frankfurt am Main 1978）.

Dülffer，Jost，Martin Kröger，and Rolf-Harald *Wippich Vermiedene Kriege：Deeskalation von Konfliktender Großmächtezwischen Krimkriegund Erstem Weltkrieg*（Oldenbourg München 1997）.

Fisch，Jörg *Die europäische Expansion und das Völkerrecht：DieAuseinandersetzungen um den Status der überseeischen Gebiete vom 15. Jahrhundert bis zur Gegenwart*（Steiner Stuttgart 1984）.

Kennedy，David 'International Law and the Nineteenth Century：History of an Illusion' （1996）65 *Nordic Journal International Law* 385 – 420.

Koskenniemi，Martti *The Gentle Civilizer of Nations：The Rise and Fall of International Law 1870 – 1960*（CUP Cambridge 2001）.

Koskenniemi，Martti *From Apology to Utopia：The Structure of International Legal Argument. Reissue with New Epilogue*（CUP Cambridge 2009）.

Schroeder，Paul W. *The Transformation of European Politics 1763 – 1848*（Clarendon Press Oxford 1994）.

Schulz，Matthias *Normen und Praxis. Das Europäische Konzert der Großmächte als Sicherheitsrat，1815 – 1860*（Oldenbourg München 2009）.

Steiger，Heinhard Von der *Staatengesellschaft zur Weltrepublik? Aufsätze zur Geschichte*

---

[131] M. Vec，'Multinormativität in der Rechtsgeschichte'（2008）16 *Jahrbuch der Berlin-Brandenburgischen Akademie der Wissenschaften* 155 – 166.

[132] U. Sieber，'Rechtliche Ordnung in einer globalen Welt. Die Entwicklung zu einem fragmentierten System von nationalen，internationalen und privaten Normen'（2010）41 *Rechtstheorie* 151 – 198.

des Völkerrechts aus vierzig Jahren (Nomos Baden-Baden 2009).

Vec，Miloš *Recht und Normierung in der Industriellen Revolution. Neue Strukturen der Normsetzung in Völkerrecht，staatlicher Gesetzgebung und gesellschaftlicher Selbstnormierung* (Klostermann Frankfurt am Main 2006).

Weitz，Eric D. 'From the Vienna to the Paris System：International Politics and the Entangled Histories of Human Rights，Forced Deportations，and Civilizing Missions' (2008) 113 *American Historical Review* 1313 – 1343.

第二十八章　从《巴黎和约》到第二次世界大战结束

彼得·克罗格（Peter Krüger）

一、引言

1918 年至 1919 年的第一次世界大战的结束具有划时代的深远意义。在近现代历史中，几乎没有什么事件像它一样暴露出新问题可能造成的危害如此之严重，同时它也说明过往建立保障和平的国际秩序的努力已经归于失败。此外，它还加速了全世界的现代化进程。一个非常重要的影响是，随着科技的发展以及原材料和食品的大幅稀缺，国际成员的相互依赖程度与日俱增。这种发展显著拓宽了治理工作、治理机制与治理权力的范围，也为国际法创造了巨大的工作任务。对此很难予以全方位评判，只有各国政府都参与其中并共同承担，才能解决出现的困境。因此，需要一个有效促进国际合作的框架，以便在该框架中设计具体的和平保障措施，促进跨国或国际行动，以及提升政治、经济、社会和文化领域的合作。一国内政外交政策的相互影响趋于紧密，并且在涉及战争与和平的问题时，进行有效内部结构改革的意愿前所未有地紧迫，尤其是对于战败国而言。抵制这种现代化改革成为最严重的问题之一，因为越来越多的抗议声将矛头指向了国际社会的相互依赖性，它被视为对一国政治和文化自主性的威胁，且在有些情况下，其甚至是对种族身份的威胁。然而，这些对现代化的抗议声中也不乏合理性，他们反对现代化打破不同人类社会的隔离状态，从而使不同社群各自的生活千篇一律。因此，国际法和国际政治面临着一项新任务，即以尊重民众的意愿作为各项法律活动的指导方针，不仅要承认人类尊严、自由和自决是最基本的价值观,也必须强调保障文化多样性。缺乏安全感很大程度缘于战争的骤然结束,由于从指日可待的胜利者一落千丈为战败方,所以 1918 年时的战败国民众的这种感觉尤为强烈。军事上的失利给战败国及其宪法带来深远且重大的普遍性危机,且德国的危机经 1918 年 11 月的改革而进一步加深。德国境内爆发的危机及其遭受的重创波及世界,并使与之相关的国际法也受到影响。

二、缔结和约

1918 年 10 月 3 日,德国政府请求美国总统威尔逊根据其在 1918 年 1 月 8 日提出的"十四点原则"以及之后的宣言重建和平。[1] 这一步非常明智,德国人为威尔逊提供契机,以实现威尔逊雄心勃勃的和平计划,即建立第一个普遍性国际组织——国际联盟,它意味着国际法的巨大进步。威尔逊向德国政府施压,他强调德国必须实行民主化改革,并且主张建立民选议会是实现和平的必要前提条件与营造现代国际秩序的基本元素。这种关联对国际法的发展意义重大,也使一国的对外和对内政策的关联性更加密切。为了避免经济危机,以及重建金融和经济关系,银行业和商业间的紧密联系必不可少,它不仅对信贷体系的发展大有裨益,而且有助于就相对自由的经济政策达成共识。"最惠国条款"呼之欲出。

在停战后(1918 年 11 月 11 日),各国于 1919 年 1 月 18 日召开了巴黎和会作为准备会议。英国使团作为所有英联邦国家的代表参加会议,加拿大、澳大利亚、南非、新西兰和印度作为英联邦成员也派员出席。这些国家成为和约的缔约方和国际联盟的成员。英联邦是一个特殊的机制,但这种国家联合的新形式却没有成为国际法的范式。俄国根本没有受邀参会,因为一战的战胜国无法就如何对待这个"革命的温床"达成共同立场。作为最重要的对立方的德国代表于 1919 年 5 月 7 日被要求到会接受条约草案。口头谈判遭到了拒绝。战胜国发出最后通牒,并且

681

---

[1] W. Wilson, 'Wilson's Address to Congress, Stating the War Aims and Peace Terms of the United States (Delivered in Joint Session, 8 January 1918)' in A. Shaw (ed.) *State Papers and Adresses by Woodrow Wilson* (George H Doran Company New York 1918) 464 - 472.

各方于 1919 年 6 月 28 日签署了《凡尔赛和约》。[2] 获胜方希望让德国一尝苦果的态度可以理解,因为战争过程艰难漫长、战争与武器都出现了新的形式、伤亡惨重、德国违反了国际法,并且基础设施遭到大规模损毁,而这一切都是德国发起的战争所致。

战胜国还与德国的各同盟方分别签署了和约。如同《凡尔赛和约》一样,这些条约也由战胜国秘密谈判准备,这么做的其中一个原因是为了避免公开谈判可能产生的影响——这一点原本体现在威尔逊总统的计划中——有可能导致一些强权性条款无法生效。《圣日耳曼昂莱条约》(Treaty of Saint-Germain-en-Laye,签订于 1919 年 9 月 10 日)[3] 即为强行要求奥地利接受的条约。在奥匈帝国解体后,奥地利只是一个小国家。奥地利希望与德国合并但遭到拒绝,特别是遭到了法国的强烈反对,尽管各民族得享自决权此时已然成为国际法中最为瞩目的一项新原则,但围绕其具体含义和范围还是有很多争议。威尔逊将该项权利提升为战后重建和平的基本原则之一。由于匈牙利的情况更加复杂,所以随后缔结的和约是协约国于 1919 年 11 月 27 日在纳伊(Neuilly)与保加利亚缔结的和约。[4] 该和约要求保加利亚履行的义务并非如此苛刻。与之形成对比的是,根据《特里亚农条约》(Treaty of Trianon,1920 年 6 月 4 日)[5],匈牙利不得不痛苦地接受损失大片领土的结果,而这与停战条件背道而驰。新的领土边界带来了严重的少数民族问题。大约有三分之一的匈牙利人不得不生活在临近的战胜国。最晚达成也是最短命的《巴黎和约》是于 1920 年 8 月 10 日在色佛尔(Sèvres)与土耳其缔结的。[6] 该和约大大缩减了土耳其的领土,并使其必须接受外国对其领土的托管。1920 年 4 月,和

682

---

〔2〕 Treaty of Versailles(签订于 1919 年 6 月 28 日)(1919)225 CTS 188. A. Sharp, *The Versailles Settlement:Peacemaking in Paris 1919*(Macmillan London 1991)ch 5. 历史框架提出,参见 W. G. Grewe, *The Epochs of International Law*(M. Byers trans)(de Gruyter Berlin 2000)at 573 – 598。

〔3〕 Treaty of Saint-Germain-en-Laye(Treaty of Peace between the Allied and Associated Powers and Austria)(签订于 1919 年 9 月 10 日)(1919)226 CTS 8。

〔4〕 Treaty of Neuilly-sur-Seine(Treaty of Peace Between the Allied and Associated Powers and Bulgaria)(签订于 1919 年 11 月 27 日)(1919)226 CTS 332。

〔5〕 Treaty of Trianon(Treaty of Peace Between The Allied and Associated Powers and Hungary)(签订于 1920 年 6 月 4 日,于 1921 年 7 月 26 日正式生效)6 LNTS 187。

〔6〕 Treaty of Sèvres(The Treaty of Peace Between the Allied and Associated Powers and the Ottoman Empire)(签订于 1920 年 8 月 10 日)113 BFSP 652。然而,此条约从未被土耳其政府正式批准,且其最终为《洛桑条约》所取代。

约草案已经形成。凯末尔将军组织抗议反对条约,他于 1920 年春天在安卡拉建立了新议会,即"土耳其大国民议会",并且经由议会选举,他于 1921 年当选总统。这些事件都可以称为名副其实的政变。希腊是条约的主要受惠方之一。在希腊进攻土耳其遭遇失败后,经过复杂艰难的外交斡旋,和平谈判得以重启,并最终缔结了《洛桑条约》(Treaty of Lausanne, 1923 年 7 月 24 日)[7]。不同于《色佛尔条约》,《洛桑条约》对土耳其的限制较为宽松。[8]

和约在波罗的海和爱琴海之间建立了一系列新国家或领土实际上大幅增加的国家,且几乎所有条约都均衡了各方利益需求与主要争议焦点。鉴于公元 1918 年后的国际法的主要目标之一是提供具有普遍性的法律框架和问题解决方式,所以和约后的法律活动大幅增加,以使一些出现变化的条款规定互不矛盾。应对这种情况的唯一可行性方案是使国际联盟成为一种高于所有既有国家的组织,并同时维持各国的独立。对于一些亚洲和欧洲国家而言,融入这一世界秩序——相当于一种现实政治——可以促进国内现代化改革,而且也能确保其在一战之后身处一定的国际秩序之中并受到保护。在某种程度上,成为和约的缔约方非常具有吸引力,甚至看上去很有必要——当然,这要站在获胜一方,而且只有在国内文化没有被损害时才是如此。例如,暹罗(于 1939 年 4 月之后被称为"泰国")实行的就是这种政治,它竭力提高自己的实力,并恢复了部分领土。暹罗通过加入协约国来向德国和奥匈帝国宣战(1917 年 7 月 22 日),它派出一小支部队前往欧洲,从而开始了国家和社会的现代化改革,以提升自己的地位。暹罗因而成功地成为和约的缔约方,并成为国际联盟的创始国之一。[9]

中国也于 1917 年 8 月采取了相似的行动,其希望争取国际社会的支持来对抗日本——但徒劳无果,[10]因为协约国认为日本非常强大也非常重要。英国需要日

---

[7] Treaty of Lausanne (Treaty of Peace with Turkey)(达成于 1923 年 7 月 24 日,于 1924 年 8 月 30 日正式生效)28 LNTS 11。

[8] *The Versailles Settlement* (n 2) 39, 142 – 152, and 168 – 175; *Documents on British Foreign Policy* first series, vol XVIII, 972 – 973.

[9] K. Strupp and J. Hatschek (eds.) *Wörterbuch des Völkerrechts und der Diplomatie* (de Gruyter Berlin 1929) vol 3, at 444.

[10] 同上,第 751—762 页。相关背景参见 M. Stolleis and M. Yanagihara (eds.) *East Asian and European Perspectives on International Law* (Nomos Baden-Baden 2004); C. Aydin, *The Politics of Anti-Westernism in Asia* (Columbia University Press New York 2007);亦见本书中由川岛真 (Shin Kawashima)撰写的第十九章"中国"。

本海军的协助，因此它只能承诺维持现状，并支持日本的占领政策以及日本在中国的政治和经济主导地位。这样的交易还有更多。协约国一方甚至表现出对国际法的公然藐视。就长远来看，这种态度导致了全面革命运动。1921 年，毛泽东和周恩来已然是重要的中国共产党奠基人，而胡志明在 1930 年的越南也是如此。两大未来的革命阵地和国际斗争阵地就此形成。在第一次世界大战中，日本取得了重要的国际地位，其随后成为国际联盟理事会的常任理事国。[11] 日本在东亚进行迅猛而野蛮的扩张而缺少制衡，直至中国在第二次世界大战的最后阶段奋起革命。美国影响下的太平洋地区则是另一番景象。

中东地区也有自己的问题，在《贝尔福宣言》(1917 年 11 月 2 日)[12]签订后，一个犹太国家在巴勒斯坦地区建立起来，这引发了国际势力在该地区的竞相角逐，从而重建了地区秩序。此时，在这个地区中只有沙特阿拉伯(Hijas)是独立国家。从国际法和国际政策的角度来看，中东地区的结构非常不均衡，其是一个高度不稳定的地区。中东地区是第一次世界大战遗留下的危险遗产，其也为二战的爆发埋下了隐患。[13]

在拉丁美洲，国际合作的环境相对较好，尽管也不乏障碍[14]。泛美会议从 1889 年起得到了美国的支持。鉴于利益分化，美国在旧金山召开的泛美会议(1923 年 3 月 25 日至 1923 年 5 月 3 日)中的做法是合适的——侧重于在国际法的保障下推动调解与和平解决争端，并且着眼于在税收与贸易方面推动更深层次的合作(《贡德拉条约》，1923 年 5 月 3 日)[15]。但是，这一想法并没有继续深入推行。

最后，在 1918 年至 1921 年的过渡期中，欧洲波罗的海区域中的一些纷争不断的小国正渴望成为独立的主权国家，比如爱沙尼亚、拉脱维亚和立陶宛。在俄罗斯与德国、奥地利-匈牙利缔结的《布列斯特-立陶夫斯克条约》(Treaty of Brest-

---

[11] 参见本书中由柳原正治(Masaharu Yanagihara)撰写的第二十章"日本"。

[12] 'The Balfour Declaration' in J. N. Moore (ed.) *The Arab-Israeli Conflict* (Princeton University Press Princeton 1974) *vol III*, *at 32*.

[13] *Versailles Settlement* (n 2)175 - 183.

[14] 参见本书中由乔治·埃斯基罗(Jorge L. Esquirol)撰写的第二十三章"拉丁美洲"。

[15] Treaty to Avoid or Prevent Conflicts Between the American States (Gondra Treaty) (签订于 1923 年 5 月 3 日，于 1924 年 10 月 8 日正式生效) (1923)33 LNTS 25; U. S. Department of State (ed.) *Foreign Relations of the United States 1923* (U. S. Government Printing Office 1935) vol I,297 - 320。

Litovsk，1918 年 3 月 3 日）〔16〕中，波罗的海各省从俄罗斯分离出去，从而给予了这些国家去实现这个目标的协会。战争（1918 年 11 月 11 日停战）〔17〕结束后，这些国家饱受局势动荡和外界干预之扰而未能于 1921 年 9 月以国际联盟成员身份成为国际社会公认的独立国家。〔18〕

三、国际联盟

《国际联盟盟约》〔19〕作为与德国及其盟国缔结的和平条约之第一部分，其是国际法与第一次世界大战后的重要创新。首先，盟约突破了欧洲国家体系的范围而向普遍性国家体系发展。其主要任务是创造一个在将来能够确保和平秩序、解决国际问题以及促使成员国共同行动的制度，包括裁军和军备控制、集体安全、保护少数群体以及和平解决国际争端（第 8 条至第 17 条）。但是，第 15 条关于禁止战争的规定仍然不完整。此外，这是第一次以一种非常谨慎的方式来建立和推动国际组织的运行，并为社会、经济和文化事务以及交通问题提供解决方法。另外，在国际联盟的监管下对德国和奥斯曼帝国的前殖民地实施委任管理，并谨慎地推动去殖民化和当地发展。委任管理的目标是给予争议领土上的当地居民以公正平等的对待，采取措施禁止"贩卖妇女儿童、贩运鸦片和其他危险物质"以及"军火和军火贸易"，并赋予管理国"确保和维持男性、女性和儿童得享公平和人道之劳动条件"的义务（《国际联盟盟约》第 22 条、第 23 条和第 25 条）以扩大"文明世界"的范围。

自决和人权问题未在盟约中被明确提及，但其却是贯穿盟约的核心指导理念。国际联盟的机构包括由所有会员国代表组成的大会、由"主要协约国及参战国家"的代表以及大会最初选定的另外四个成员国代表共同组成的理事会。还有一个机构是重要性和实际工作常常被低估的秘书处。这种组织架构模式被作为国际联盟

〔16〕 Treaty of Brest-Litovsk（签订于 1918 年 3 月 3 日）(1918) 223 CTS 81。

〔17〕 'Conditions of an Armistice with Germany，1918' (1919) 13 *American Journal of International* Law Supplement 97 - 108.

〔18〕 J. Hiden，*The Baltic States and Weimar Ostpolitik* (CUP Cambridge 1987) pt I.

〔19〕 参见前引注释 2；亦见本书中由安妮·彼得斯和西蒙妮·皮特（Anne Peters &. Simon Peter）撰写的第七章"国际组织：技术与民主之间"。

继任者的 1945 年的联合国所采纳。此外，国际联盟还在海牙建立了国际常设法院，并由其负责审判依据法院规约提交到该法院的所有国际性案件[20]。国际常设法院于 1920 年设立。其规约中的一项任择条款（第 36 条）要求各国政府通过单方面的声明形式承认在涉及国际法问题的所有法律纠纷中，如无特别约定的情况，则必须接受法院管辖[21]。根据盟约第 18 条，国际联盟成员缔结的所有条约或者达成的国际性协定必须在秘书处登记并由其公示，以便使其对当事国具有约束力。1920 年 1 月 10 日，国际联盟于《凡尔赛和约》生效时正式成立，直至其于 1946 年宣告解散。但是，国际联盟的鼎盛状态实际上自 1930 年起就开始衰退了。

公元 1914 年以前，随着工业化和现代化的发展，国际间的相互依存程度日益增加，而这种密切的国际联系导致了一战后的国际法出现了重大问题。[22] 并且，战争巨大的破坏性所造成的战败国背负的沉重负担和各方所处的敌对状态导致问题加剧。最重要的问题是如何实现战胜国和战败国在今后的共存，这尤其是针对欧洲。从长远角度来看，国际组织理念的实现似乎提供了一个基本答案，但还是不能在两个国家集团之间达成务实性安排。德国及其盟友被当成违法者。似乎是为了加强这种状态，国际法还含有另一项根本性修改。长久以来的"谅解"条款被《凡尔赛和约》中完全相反的规定所取代，[23] 即所谓的"惩罚条款"，其包括对违反法律和军事法庭所规定之战争习惯的行为的制裁（《凡尔赛和约》第 227 条至第 230 条）。德国前皇帝威廉二世被作为战犯，他被控"违反国际道德和条约神圣性的最高罪行"（第 227 条）。但是，这些条款中规定的裁判庭都没有发挥效力。一个令人警醒的新增条款是对私有资产的侵占，以作为"对协约国以及参战各国的平民造成的所有损害、各协约国以及参战国为反抗德国从海陆空三方面的侵略而在交战期间

---

〔20〕 参见本书中由柯尼利斯·罗洛夫森(Cornelis G. Roelofsen)撰写的第六章"国际仲裁和法院"。O. Spiermann, *International Legal Argument in the Permanent Court of International Justice: The Rise of the International Judiciary* (CUP Cambridge 2005).

〔21〕 德国是为数不多的依据任择条款作出声明的大国（1927 年 9 月 23 日），*Reichsgesetzblatt 1928* pt II, 19 – 20。

〔22〕 M. Vec, *Recht und Normierung in der Industriellen Revolution: Neue Strukturen der Normsetzung in Völkerrecht, staatlicher Gesetzgebung und gesellschaftlicher Selbstnormierung* (Klostermann Frankfurt 2006) at 388 – 398（英语概要）。

〔23〕 Treaty of Versailles (n 2).

所实施的行动所造成的所有财产损害"(第 232 条)的赔偿。[24] 这比传统的战争赔款负担更加沉重。总之,这是一种不公正的和平。就目前情况来看,这场现代世界战争是如此可怕,以至于战后秩序的崩溃是不可避免的。

四、国际法与谅解时期

通过梳理国际法于 1918 年至 1920 年的调和期间取得的进步与国际法和国际政治秩序中的不足,我们会发现有必要认真反思一个重要问题——尽管和约带来了一些创新,但是欧洲缺少真正的新秩序。这种具有危险性的漏洞很快就凸显出来。从 1923 年和 1924 年开始,各方试图填补这一漏洞,尤其是发展国际法的新契机以加强欧洲的合作与共同行动。这十分有必要,因为战胜国宣称的高标准国际法准则与很多国家在实践中的置若罔闻形成了鲜明对比,这预示着国际法面临衰落的危险。第一次世界大战及其结果开启了一个全新的变革时期,这不仅仅限于欧洲。日益增加的势力和亚洲新出现的共产主义运动所带来的根本性变革预示着国际法衰退将产生的爆炸性影响。

和约和国际联盟建立的新国际秩序的高标准需要一个持久性基础。这一点对毗邻德国的法国尤为重要。法国与美国、英国于 1919 年 6 月 28 日达成的安全条约成为法国安全体系的基石。但是,两项条约都未能发挥效力,因为美国参议院没有批准通过《凡尔赛和约》,也没有批准美国加入国际联盟。[25] 这不仅使法国的安全陷入困境,甚至也给整个战后国际秩序蒙上了阴影。

法国政府不断寻求必要性替代方案以防御德国,而此时国际联盟的活动以及国际政策的内容也都围绕这方面进行。法国强势地逼迫德国赔款,并对德国采取日益强硬的措施,直至 1923 年秋天酿成了"鲁尔危机"。欧洲国际关系岌岌可危,尤其是可能产生的经济和政治后果使得英国和美国决定为德国赔款确立一个新的

687

---

[24] 关于 1918 年 11 月 5 日的停战前协议,参见 *Versailles Settlement* (n 2) 12 - 18。亦见 H. J. Schröder (ed.) *Confrontation and Cooperation: Germany and the United States in the Era of World War I, 1900 - 1924* (Berg Providence 1993)。

[25] *Versailles Settlement* (n 2) 110 - 113; S. Jeannesson, *Poincaré, la France et la Ruhr 1922 - 1924* (Presses universitaires de Strasbourg 1998) at 27 - 29; C. Fischer, *The Ruhr Crisis 1923 - 1924* (OUP Oxford 2003) at 11 - 12.

基础。一个明确的信号是英国于 1923 年 8 月 11 日写给法国政府的信件，其中质疑法国占领鲁尔地区的合法性。[26] 在美国的支持下，对过渡期安排的讨论从消除欧洲地区内部威胁逐渐转向实现相互谅解的可能性。

对国际法愈加重要的另一个因素是内政对外交政策的影响与日俱增。德国几乎无法面对突如其来的失败、帝国的坍塌以及从君主制到共和制的巨变。究竟由谁来为这一灾难性后果和意义深远的宪制变革承担责任？围绕这一问题产生了巨大的政治分歧。这场宪制变革可能本来需要很多年甚至几代人才能被接受并被融入本国文化传统，但其却在短短几个月内就发生了。由于这些原因，外交政策也成为了国内政治的一部分。为了平衡昔日敌对国家之间的利益，国际政治中的理性的地区合作甚至更加重要和紧迫，否则 1919 年至 1920 年建立起来的体系将面临威胁——和约、国际联盟和国际法的新标准。战胜国中有忽视新国际秩序要求的趋势，而且德国势力非常强大，使其足以挑战该体系。

在这种非常困难的局面下，法德双方都应当从鲁尔危机中汲取教训，并就当时最迫切的问题——赔偿——达成一致。1923 年 10 月，英国外交部向美国提出一项旨在解决赔偿问题的建议。一个专家组由此成立并致力于研究德国赔款问题的所有重要方面，从而拟定出一项解决赔款问题的计划，史称"道威斯计划"。该计划制定于 1924 年 1 月 14 日至 1924 年 4 月 9 日，其标志着解决经济和金融问题以及长期赔款问题的国际法新方法。该计划旨在实现旧敌之间的和解。伦敦会议（1924 年 7 月 16 日至 1924 年 8 月 16 日）[27] 上正式采用了道威斯计划。国际法出现的变化包括出现了许多仲裁条款以及对德国经济的控制，如改组德意志国家铁路和德意志银行。此外，与会各国决定委派美国公民西摩·帕克·吉尔伯特（Seymour Parker Gilbert）担任"德国赔偿事宜的总代表"，以解决凡尔赛和会上最棘手问题之一，这也是国际法向实用主义发展的一个表现。赔偿委员会不再只是获得胜利的欧洲国家的工具，而仲裁条款肯定了德国自 1921 年以来的政策（德国

---

〔26〕 P. O. Cohrs, *The Unfinished Peace after World War I: American, Britain and the Stabilisation of Eruope* (CUP Cambridge 2006) ch7；亦见前引注释 25。

〔27〕 *Die Sachverständigen Gutachten. Die Berichte des von der Reparationskommission eingesetzten Sachverständigen komitees vom 9. April 1924* (Deutsche Verlagsgesellschaft für Politik und Geschichte Berlin 1914)（法文、英文及德文文本）；*Unfinished Peace* (n 26) ch 10。

与瑞士缔结的仲裁条约)[28],并致力于推动国际法框架下的仲裁争端解决机制。战胜国与战败国之间的关系出现了根本性转变,这提供了一个非常好的机遇,以促使各国朝向合作前进。这在欧洲开启了一个强调国际成员互相谅解的时期,其侧重于保障和平、政治合作和经济复苏。正如有专家在 1924 年 4 月 9 日的报告中所强调的,"我们没有自欺欺人,德国的重建不是最终目标,它只是重建欧洲的一部分,而重建欧洲才是重中之重"[29]。

这段谅解期从 1923 年和 1924 年开始,直至 1939 年的春天,它使国际法取得了巨大的进步。一些新条约被缔结,并且这些条约与国际联盟的盟约规定相一致。在"道威斯计划"生效(1924 年 8 月 30 日)几天后,英国首相詹姆斯·拉姆齐·麦克唐纳在国联大会上要求德国加入国际联盟。但是,德国的成员申请(1924 年 9 月 29 日)引发了大范围的论争。法国的安全问题再次凸显。德国外交部的主要官员对此并非毫无准备。自 1923 年 4 月以来,一份《洛迦诺公约》的蓝图已经出台,且其拟被作为向法国提出的要约,但当时的德国外交部长弗里德里克·罗森伯格却不同意。新外长古斯塔夫·施特雷泽曼就任后,德国为中欧的安全倡议于 1925 年的 1 月和 2 月在伦敦和巴黎提出,并稍晚一些在罗马和布鲁塞尔提出。[30] 这项倡议得到了英国驻柏林大使馆的支持。协商结果的关键点是德国建议在莱茵兰地区实现永久非军事化。这确实需要与法国和比利时讨论,因为莱茵兰的地位关系到该地区内曾经的敌对国家,以及英国、意大利等欧洲强国。此外,德国和它在东部及西部的邻国纷纷进行谈判,以商讨制定仲裁条约应对战争威胁的可能性。

有两个方面可以说明莱茵兰非军事化的问题在洛迦诺公约体系中格外重要。首先,法国一再要求非军事化。一旦德国试图对波兰和捷克斯洛伐克进行任何军

689

---

[28] *Akten zur deutschen auswärtigen Politik 1918－1945* series A，vol V，478－479.

[29] *Sachverständigen-Gutachten*（n 27）49.

[30] *Documents on British Foreign Policy* first series，vol XXVII；*Akten zur deutschen auswärtigen Politik* series A，vol XIV，at xxxix-xlvi；M. Breuer and N. Weiß（eds.）*Das Vertragswerk von Locarno und seine Bedeutung für die internationale Gemeinschaft nach 80 Jahren*（Lang Frankfurt 2007）at 77－110. 相关背景参见 M. Habicht，*Post-War Treaties for the Pacific Settlement of International Disputes*（Harvard University Press Cambridge MA 1931）；以及 J. L. Brierly，*The Law of Nations：An Introduction to the International Law of Peace*（Clarendon Press Oxford 1950）ch III。

事行动,那么莱茵兰是法国能第一时间作出回应的地区。非军事化对法国而言似乎是唯一有效的保护方法。因此,所谓的《莱茵协定》正是《洛迦诺公约》的核心。[31] 莱茵兰的非军事化对国际法也有促进作用,因为这一新策略的制定意味着形成非军事化地区是确保和平的一种手段。其次,这一系列事件强调国际联盟还是一个侧重于欧洲的组织。国际联盟是国际法能提供给欧洲的最好礼物。在第一次世界大战的毁灭性灾难后,国际联盟似乎能够为欧洲提供保障和平、和解冲突、平衡利益及深化合作的机制与规范。国际联盟创造了一个可为诸多国家所用的共同的法律领域,它为国际法引入了一系列不同层级的规范,且国际联盟的盟约在其中居于最高级别。[32]

国际法的一个新方面体现在它终于不再只是军事同盟与反同盟的力量对比。以和平方式实现利益平衡的协定愈加重要。《洛迦诺公约》的规定[33]——特别是关于去军事化、维持领土现状以及边界不可侵犯等方面的条款——与《国际联盟盟约》的条款有机交织。这是国际法的一个创新,并加强了它在国际政治中的有效性——前提是各国尊重彼此的折中意见、进行合作以及和平解决争端。《莱茵协定》还在《国际联盟盟约》规定之外加入了法国、比利时和德国在任何情况下都不得相互进攻、侵略或发动战争的承诺(第2条)。与盟约相比,"侵略战争"的概念更加被明确。联盟理事会的作用被《洛迦诺公约》加强。德国明确表示《凡尔赛和约》及其补充约定(特别是"道威斯计划")中所规定的权利和义务不受《洛迦诺公约》影响。《莱茵协定》对欧洲政治非常重要,其签署国中包括四个欧洲强国,且联盟理事会五大常任理事国中有四席在其中。德国加入联盟之后(1926年9月8日)成为

690

---

〔31〕 Arbitration Convention between Germany and Belgium, done at Locarno, 16 October 1925(签订于1925年10月16日,于1926年9月14日正式生效)54 LNTS 305；Arbitration Convention between Germany and France, done at Locarno, 16 October 1925(签订于1925年10月16日,于1926年9月14日正式生效)54 LNTS 317；Arbitration Treaty between Germany and Poland, done at Locarno, 16 October 1925(签订于1925年10月16日,于1926年9月14日正式生效)54 LNTS 329；Arbitration Treaty between Germany and Czechoslovakia, done at Locarno, 16 October 1925(签订于1925年10月16日,于1926年9月14日正式生效)54 LNTS 343；Final Protocol of the Locarno Conference(签订于1925年12月1日)54 LNTS 297。

〔32〕《国际联盟盟约》第20条规定:"联盟会员国各自承认凡彼此间所有与本盟约条文相抵触之义务或谅解,均因本盟约而告废止并庄严保证此后不得订立类似协约。如有联盟任何一会员国在未加入联盟以前,负有与本盟约条文相抵触之义务,则应采取措施以摆脱此项义务。"

〔33〕 参见前引注释30。内容参见 Reichsgesetzblatt 1925 pt II, 975 - 1009。

第五个常任理事国。洛迦诺时代将大国政治同国际组织相关联,其无愧为国际联盟最成功的时期。洛迦诺时代体现出了主权国家间的国际政治与一般性法律及和平制度之间存在的结构性对抗关系是如何得到协调的。但是,前提是存在推动此类机制的普遍愿意。公元1930年以后,这种意愿极速下降,特别是德国国内在重重压力下发生了剧烈的政治变革。

《洛迦诺公约》对筹备召开普遍性裁军会议具有重要作用。条约的经济意义常常被忽略,但他们却确实有效地促进了欧洲地区的国际商事与金融朝着自由化的方向发展,并且《洛迦诺公约》以国际法为依据,以致力于改善国际经济体系。在日内瓦召开的第一次世界经济会议(1927年5月4日至1927年5月23日)获得巨大的成功。这是一个旨在推动引导国际经济的强制性原则、探索促进生产和贸易发展的多样性选择的专家会议。[34] 国际社会成员的相互依存日趋迫切,而与之相伴而生的则是各国意识到发展本国国力的必要性。第一次世界性会议丰富了国际联盟的经济活动并且为国际法提出了新任务。新的委员会得以成立,外交会议也相继召开,并禁止各国发布进出口禁令。之后的关税与贸易总协定(GATT,1947年10月30日)[35]的一大主要根源正是这一发展。洛迦诺会议的最后议定书在结尾处的表述证明这不是空谈,即洛迦诺会议达成的协议极其有力地推动了当时的政治和经济问题的解决。

洛迦诺政治最后一方面的成功——同时也是利用国际法解决艰难而极具技术性的问题的典型例证——体现在最终制定了以"杨格计划"(1929年8月和1930年1月的海牙会议)[36]为基础的战争赔款偿还规定。根据该协议,在巴塞尔成立国际结算银行(BIS)作为赔偿金的管理人,由其推动赔偿债券的商业化发

691

[34] M. Schulz, *Deutschland, der Völkerbund und die Frage der europäischen Wirtschaftsordnung 1925–1933* (Krämer Hamburg 1997) at 89–107. 背景参见 D. H. Aldcroft, *Europe's Third World: The European Periphery in the Interwar Years* (Ashgate Aldershot 2006) chs 1 and 3; D. H. Aldcroft, *The European Economy 1914–2000* (4th edn Routledge London 2001) chs 1–3; H. Berding (ed.) *Wirtschaftliche und politische Integration in Europa im 19. und 20. Jahrhundert* (Vandenhoeck & Ruprecht Göttingen 1984) at 149–168。

[35] General Agreement on Tariffs and Trade (签订于1947年10月30日,于1948年1月1日被暂时适用)55 UNTS 194。

[36] 'Report of the Committee of Experts Settlement of the Reparation Problem (7 June 1929)' (1930) 24 *American Journal of International Law Supplement* 81–143 ("杨格计划")。

展，[37]并推动各中央银行亟待进行的合作，从而"在合理使用信贷的范围内，促进国际财政稳定和世界贸易增长"[38]。德国中央银行董事亚尔马·沙赫特本希望国际结算银行成为一种世界性银行，正如 1944 年的布雷顿森林体系所建立的世界银行。虽然这一愿望没有实现，但无论如何，成立国际结算银行是第二次世界大战后形成的世界银行体系的关键性环节。[39]

国际联盟的第一次普遍性经济协调会议（关税休战会议，于日内瓦，1930 年 2 月 17 日至 1930 年 3 月 24 日）本来是 1927 年的世界经济会议开启的经济协调进程的下一个重要阶段。但是，在世界性经济危机与急速发展的贸易保护主义的重压下，会议并没有取得很大的成果。这是两次世界大战之间的国际法衰落的第一个迹象。联盟在伦敦召开的最后一届世界经济会议（1932 年 6 月 12 日至 1932 年 7 月 27 日）宣告失败，其将无限期休会。[40]

五、衰落时期：20 世纪 30 年代的国际法与国际政治

第一次世界大战后，欧洲的政治舞台出现了三大重要任务。其中的两项已经得到解决——推动国际合作、恢复邦交、重建和平与安全，以及制定规则以加强市场导向的国际经济。第三项任务因为其巨大的影响力而被证明对国际关系最为重要——错综复杂的裁军问题。裁军是国际联盟成员国需要履行的一项重要义务（《国际联盟盟约》第 8 条）。与其他两个领域一样，洛迦诺会议上也讨论了这个问题。1925 年 12 月，联盟理事会邀请了包括德国、苏联和美国等非成员国在内的若干国家参加裁军会议筹备委员会。[41] 对苏联的邀请显示了它自 1919 年以来的国

---

〔37〕 Hague Agreement Regarding the Complete and Final Settlement of the Question of Reparations, with Annexes and Protocol Concerning the Approval in Principle of the Report of the Experts（签订于 1930 年 1 月 20 日）104 LNTS 243；Convention Respecting the Bank for International Settlements（签订于 1930 年 1 月 20 日）104 LNTS 441。

〔38〕 P. Krüger, *Die Aussenpolitik der Republik von Weimar*（Wissenschaftliche Buchgesellschaft Darmstadt 1985）at 483 – 506（被引用于第 484 页）。

〔39〕 D. Lefort, 'Bank for International Settlements（BIS）, Basel, Switzerland' in R. Blanpain and M. Colucci（eds.）*International Encyclopaedia of Laws：Intergovernmental Organizations—Suppl 36*（Kluwer Alphen aan den Rijn 2009）at MN 44.

〔40〕 *Europäische Wirtschaftsordnung*（n 34）210 – 227 and 325 – 332.

〔41〕 *Aussenpolitik*（n 38）336.

际地位之显著变化,苏联的地位在接下来的几年里发生了更加显著的变化,例如缔结 1928 年的《凯洛格-白里安公约》时。[42] 法国希望将国家安全作为裁军的先决条件,并以《和平解决国际争端日内瓦议定书》(1924 年 10 月 2 日)为基础。[43] 由于英国的反对,日内瓦议定书未得到批准,但是直到阿里斯蒂德·白里安于 1929 年至 1930 年制定的欧洲计划——欧洲在第二次世界大战前的最后机会[44]——出台前,它仍然是一个参考标准。议定书建立起一套全面的和平解决争端制度,其规定各成员有义务以和平方式解决争端,并在违反规定时接受制裁。根据议定书,"侵略者"是那些不遵守议定书规定的国家。

第一次裁军会议在互相谅解的时代结束后才召开(1932 年 2 月 2 日)。1932 的夏天,由于德国要求军事平等,从而使裁军会议陷入困境,且国际法的前景堪忧。此时的关键问题包括:裁军是否仍存在取得进展的可能? 更普遍意义上的国际合作是否还能取得进展? 未能就裁军达成协议是否会开启国际关系的衰退期,并最终导致纳粹德国愈加严重地违反国际法?

相比于欧洲各国和国际联盟,美国是更加成功的。在华盛顿海军会议上(1921 年 11 月 12 日至 1922 年 2 月 6 日),美国在联盟框架之外成功地实现了对主要海军力量的军备限制,从而遏制了充满威胁性的军备竞赛。[45] 它与太平洋地区的信心重建措施相结合,保证了美国、英国、日本和法国在太平洋地区的所得,并确保"门户开放"政策的进行(允许所有欧洲国家和美国经济进入中国)。日本必须将它根据《凡尔赛和约》获得的对山东和胶州湾的控制权归还给中国。伦敦海军会议(1930 年 1 月 21 日至 1930 年 4 月 22 日)进一步扩大了军备限制的范围,其将较小

693

---

[42] Kellogg-Briand Pact (达成于 1928 年 8 月 27 日,于 1929 年 7 月 24 日正式生效) 94 LNTS 57; *Aussenpolitik* (n 38) 409 – 410. 背景参见 J. Jacobsen, *When the Soviet Union Entered World Politics* (University of California Press Berkeley 1994); C. Baechler, *L'aigle et l'ours. La politique russe de l'Allemagne de Bismarck à Hitler 1871 – 1945* (Lang Bern 2001) ch V。

[43] 'Geneva Protocol on the Peaceful Settlement of International Conflicts' (1924) *Société des Nations Journal Officiel Spec Supp* 23, 502 – 506.

[44] J. Bariéty (ed.) *Aristide Briand, la Société des Nations et l'Europe 1919 – 1932* (Presses universitaires de Strasbourg 2007) at 339 – 396.

[45] U. S. Department of State (ed.) *Foreign Relations of the United States 1921* (U. S. Government Printing Office Washington 1938) vol I, 18 – 87; 1922, vol I, 1 – 384.

型的战舰也包括了进来。[46]

总而言之,在 1930 年初,1919 年至 1920 年的和平条约和国际联盟受到重创。以国际法为基础建立起来的欧洲战后秩序面临危机。具体表现是各方对国际联盟及其以和平方式解决冲突的任务逐渐兴趣索然,甚至充满敌意。日本对国际社会对其侵略满洲里(1931 年)并成立满洲国(1932 年)的指责置若罔闻,并宣布退出国际联盟(1933 年 3 月 27 日)。意大利也在被谴责吞并埃塞俄比亚(阿比西尼亚)后,于 1937 年终止了国际联盟成员身份。对国际联盟来说更致命的是德国于 1933 年 10 月决定退出裁军谈判会议和国际联盟。[47] 这一举动十分不利于既有的欧洲秩序和国际法,包括双方缔结互不侵犯协定和类似条约。希特勒损害裁军谈判会议的惊人举动被认为是对德国军事平等要求被反对的回应。由于德国的国际联盟成员身份是《莱茵协定》生效的先决条件,因此德国退出国际联盟后也宣布不再受该条约的拘束。国联理事会对此并没有立即采取强硬的应对措施。1935 年,英国与德国缔结了海军条约。即使后来希特勒违背了所有的条约义务,并派兵进入非军事化的莱茵兰地区(1936 年 3 月 7 日),但其也没有受到相应的遏制,尽管法国、波兰和捷克斯洛伐克的安全依赖于该地区的非军事化。随后,德国与日本依据《反共产国际协定》(1936 年 11 月 25 日)建立同盟,[48] 同时德国对墨索里尼统治下的意大利也变得更加重要。意大利退出国际联盟,加入到德日同盟(1937 年 11 月 6 日),并在德国吞并了奥地利(1938 年 3 月)、苏台德区(1938 年 9 月 29 日的《慕尼黑协定》)[49] 并且占领捷克斯洛伐克(1939 年 3 月)[50] 从而成为意大利最强大的邻国后,与德国签订了《友好同盟协定》(Stahlpakt, 1939 年 5 月 22 日)[51]。

---

[46] *Documents on British Foreign Policy* second series, vol 1, chs 1 and 3 and app I.

[47] *Akten zur deutschen auswärtigen Politik* series C, vol I/2, 905 – 912.

[48] Agreement Against the Communist International (Komintern) (签订于 1936 年 11 月 25 日) 140 BFSP 529。

[49] Germano-Italian Pact of Amity and Alliance (签订于 1939 年 5 月 22 日) (《德意同盟条约》) 重印于 W. G. Grewe (ed.) *Fontes Historiae Iuris Gentium: Sources Relating to the History of the Law of Nations* (De Gruyter Berlin 1988) vol 2, 1118 – 1121。

[50] Agreement for the Cession by Czechoslovakia to Germany of Sudeten German Territory (签订于 1938 年 9 月 29 日) 142 BFSP 438 ("《慕尼黑协定》")。

[51] A. P. Adamthwaite, *The Making of the Second World War* (Allen & Unwin London 1985); C. Joerges and N. S. Ghaleigh (eds.) *Darker Legacies of Law in Europe: The Shadow of National Socialism and Fascism Over Europe and Its Legal Tradition* (Hart Oxford 2003).

六、第二次世界大战

虽然日本和意大利率先蔑视并破坏国际法,但德国的毁灭性行为带来的危害却更为严重。德国于1939年9月1日入侵波兰,并开始了第二次世界大战。波兰受袭与1939年8月23日的德国与苏联的协定——即"希特勒–斯大林协定"(或称为Molotov-Ribbentrop Pact)——有很大关系。[52] 作为独立国家的波兰、爱沙尼亚、拉脱维亚和立陶宛消失了。[53] 整个地区被苏联和德国瓜分。芬兰成功地进行了抵抗,直到它被迫在莫斯科签署和平条约(1940年3月12日)。斯大林没有占领芬兰,因为他想避免英国和法国的干涉。苏联在1939年时被排除在国际联盟之外。在德国和苏联境内,针对少数群体和反对当局的异议人士的残暴行为不断。在德国,纳粹分子的反犹太主义达到高潮,并进而导致对犹太人的大屠杀——对犹太人的大规模歧视、迫害、驱逐和谋杀。希特勒援引了美国的"门罗主义",称德国的"大空间"(Grossraum)应该得到尊重,且不应该被其他国家——尤其是美国——所干涉。[54] 德国的这一大空间政策是国际法衰败的另一个表现。

富兰克林·德拉诺·罗斯福总统强调一国的宪法秩序与外交政策原则之间存在联系并相互作用。[55] 在1941年1月6日的国会演讲中,罗斯福指出民主社会应争取的"四大自由",即言论自由、信仰自由、免受贫困的自由和免于恐惧的自由。[56]

---

[52] Treaty of Non-Aggression between Germany and the Union of Soviet Socialist Republics'(签订于1939年8月23日,于1939年8月23日正式生效) in J. A. S. Grenville (ed.) *The Major International Treaties 1914 – 1945: A History and Guide with Texts* (Methuen New York 1987) at 195。

[53] 参见 *Europe's Third World* (n 34); E. Mühle (ed.) *Germany and the European East in the Twentieth Century* (Berg Oxford 2003); L. Mälksoo, *Illegal Annexation and State Continuity: The Case of the Incorporation of the Baltic States by the USSR* (Nijhoff Leiden 2003)。

[54] M. Schmoeckel, *Die Grossraumtheorie: Ein Beitrag zur Geschichte der Völkerrechtsgeschichte im Dritten Reich, insbesondere der Kriegszeit* (Duncker &. Humblot Berlin 1994); P. M. R. Stirk, *Carl Schmitt, Crown Jurist of the Third Reich* (Edwin Mellen Press Lewiston NY 2005); B. Fassbender, 'Stories of War and Peace: On Writing the History of International Law in the "Third Reich" and After' (2002) 13 *European Journal of International Law* 479 – 512.

[55] R. Dallek, *Franklin D. Roosevelt and American Foreign Policy, 1932 – 1945* (OUP New York 1995); R. Dallek, *The American Style of Foreign Policy: Cultural Politics and Foreign Affairs* (Knopf New York 1983).

[56] U. S. Department of State (ed.) *Foreign Relations of the United States 1941* (U. S. Government Printing Office Washington 1958) vol I, doc 1.

罗斯福提出国际法中有关集体安全的新概念,其主张应该捍卫这些人类自由,并反对独裁者的残暴政策。相比于 1919 年至 1920 年的状况,美国现在已经是全新的世界秩序的驱动力量。但是,美国必须接受苏联作为盟友并支持其对德国的战争。

在 1941 年 8 月 14 日的《大西洋宪章》中,[57]罗斯福总统和英国首相温斯顿·邱吉尔倡导建立一个自由主义的政策秩序,以使全世界所有人类得享自由生活的保障和自决权。根据宪章第四项原则,美国和英国将努力促使所有国家——不分大小,不论战胜者或战败者——都有机会在同等条件下,为了实现他们经济的繁荣而参加世界贸易和获得世界的原料。随着"建立一个更普遍和更持久的全面安全体系"(宪章的第八项原则)的誓言,他们为建立一个替代国际联盟的新世界组织和创造一个新的国际法铺平了道路。包括苏联在内的协约国政府在 1941 年 9 月 24 日的伦敦会议上一致通过了《大西洋宪章》。[58] 然而,苏联仍然坚持虽对其影响深远但显然不符合"四个自由"的战争目标。这对战后的国际法和联合国组织的有效性产生了一定的影响。

1942 年 1 月,26 个盟国在华盛顿发表了一项名为《联合国家宣言》的共同声明,[59]其中阐述了与德国、日本和意大利作战的原则与目标,直至取得完全胜利。"完全胜利"从国际法角度来看意味着允许深入干涉敌国的国内政治结构。为了进一步说明这些目标的合法性,各盟国称其是在为人类的命运而共同战斗。1942 年的《联合国家宣言》之后又出现了一些更加具体明确的战争目标,特别是敌方无条件投降、战争罪行审判以及为了确保和平与安全建立一个新的普遍性组织。在华盛顿召开的敦巴顿橡树园会议上(1944 年 8 月 21 日至 1944 年 10 月 7 日),美国、苏联、英国和中国通过了《联合国宪章》草案。但是,一些争议点——特别是关于国联理事会的替代者安理会的表决程序——仍然无法统一。[60] 这表明了苏联不断

---

〔57〕Declaration of Principles(签订并正式生效于 1941 年 8 月 14 日)204 LNTS 381("《大西洋宪章》")。

〔58〕同上,第 341—378 页。

〔59〕Declaration by United Nations(达成于 1942 年 1 月 1 日,于 1942 年 1 月 1 日正式生效)204 LNTS 381。

〔60〕参见 B. Fassbender,'Dumbarton Oaks Conference(1944)' in R. Wolfrum(ed.)*The Max Planck Encyclopedia of Public International Law*(Oxford University Press Oxford 2008)at＜www.mpepil.com＞。

在中欧长驱直入的过程中产生的影响十分显著。[61] 四个大国在新的世界经济秩序方面取得了比政治问题更快的进展。在联合国的 44 名代表出席新罕布什尔州的布雷顿森林会议(1944 年 7 月 1 日至 1944 年 7 月 22 日)后,各方决定通过固定作为储备货币的美元的汇率、建立国际货币基金组织[62]和成立国际复兴发展银行(IBRD,或世界银行)[63]来稳定世界货币。成立国际货币基金组织和世界银行的协议于 1945 年 12 月 27 日生效,他们为开放市场理念下的世界经济体系提供了新的发展动力。

当罗斯福、斯大林和丘吉尔在克里米亚的雅尔塔举行会谈(1945 年 2 月 4 日至 1945 年 2 月 11 日)[64]时,"三巨头"的主要议题是划分各自的势力范围——这对于国际法而言也是一次创新——以及划定边界,尤其是划分各自在德国的占领区内的势力范围。《大西洋宪章》的原则被明确规定在《被解放欧洲宣言》[65]中。据此,所有被解放的人民都应该被允许"摧毁纳粹主义和法西斯主义的遗毒并创建自己选择的民主制度"。宣言还说,"这是《大西洋宪章》的原则——各国人民有选择他们愿意生活于其下的政府形式之权利"[66]。三位政治家在即将成立的新世界组织中的安理会投票权问题上达成了妥协。苏联争取到它所要求的否决权,并在诸多事项上得以对其他常任理事国行使,同时苏联在联合国大会中为乌克兰和白俄罗斯苏维埃社会主义共和国额外争取到两个席位。此时,四大国拟邀请世界各

[61] U. S. Department of State (ed.) *Foreign Relations of the United States 1942* (US Government Printing Office Washington 1958) vol I,1 - 38 and 1944 vol I,614 - 923.

[62] Articles of Agreement of the International Monetary Fund (达成于 1944 年 7 月 22 日,于 1945 年 12 月 27 日正式生效) 2 UNTS 39。

[63] Articles of Agreement of the International Bank for Reconstruction and Development (达成于 1944 年 7 月 22 日,于 1945 年 12 月 27 日正式生效) 2 UNTS 134; U. S. Department of State (ed.) *Proceedings and Documents of the United Nations Monetary and Financial Conference*, *Bretton Woods*, *New Hampshire*, *July 1 - 22*, *1944* (U. S. Government Printing Office Washington 1948).

[64] U. S. Department of State (ed.) *Foreign Relations of the United States*: *Diplomatic Papers*. *The Conference of Berlin* (US Government Printing Office Washington 1960) vol II, 1567 - 1581 (Protocol of Proceedings and Communiqué of Yalta Conference).

[65] Declaration on Liberated Europe made by President Roosevelt, Prime Minister Churchill, and Premier Stalin at the end of the Yalta Conference and released to the press on 12 February 1945; U. S. Department of State (ed.) *Foreign Relations of the United States*: *The Conferences at Malta and Yalta*, *1945* (US Government Printing Office Washington 1945) at 971.

[66] Declaration of Principles (n 57).

国前往旧金山参加联合国国际组织会议（UNCIO，1945 年 4 月 25 日至 1945 年 6 月 26 日）的函件可以发出了。在会议的最后一天，55 个国家签署了《联合国宪章》。[67] 经过条约批准程序后，《联合国宪章》于 1945 年 10 月 24 日生效。国际联盟于 1946 年 4 月 19 日正式解散。德国于 1945 年 5 月 7 日在法国兰斯投降[68]，签署仪式于 1945 年 5 月 9 日在柏林举行。紧接着，日本于 1945 年 9 月 2 日投降。[69] 在墨索里尼于 1943 年 7 月倒台[70]后，意大利已于 1943 年 9 月 3 日与盟军达成停战协议。

697

七、结论

联合国的组织结构与国际联盟一脉相承，它的主要机构包括大会、安全理事会、经济及社会理事会、秘书处和国际法院。然而，与《国际联盟盟约》相比，《联合国宪章》的内容更加全面连贯，特别是有关战争的概念更符合现代国家间的冲突局势。《国际联盟盟约》第 19 条蕴含"和平变革"的理念，[71]而《联合国宪章》却更倾向于维持现状。1945 年，在战争的恐怖与恣意的暴行之后，国际法必须被重建以使之适应新的局势。二战后，不同国家、不同文化和不同的意识形态间都存在巨大的分歧，从而影响到地区之间甚至几大洲之间的权力结构。各方能否和平共处俨然是一个高危问题。彼时，东欧和中欧在苏联的统治之下，而西方的自由国家却以社会开放、实行民主宪政著称，两者之间的冲突可想而知。"冷战"的结果并不出人意料。分割欧洲的分界线贯穿德国，并横亘在当时的德国首都——柏林。

---

〔67〕Charter of the United Nations（达成于 1945 年 6 月 26 日，于 1945 年 10 月 24 日正式生效）59 Stat 1031；TS 993；3 Bevans 1153。

〔68〕Act of Military Surrender（8 May 1945）（1945）Gazette of the Control Council for Germany Supp 1,6.

〔69〕Instrument of Surrender（签订并正式生效于 1945 年 9 月 2 日）139 UNTS 387。

〔70〕'Italian Military Armistice, 3 September 1943'（1946）40 *American Journal of International Law Supplement* 1.

〔71〕《国际联盟盟约》第 19 条如下："大会可随时请国际联盟会员国重新考虑已经不适用之条约以及长此以往将危及世界和平之国际局势。"参见《联合国宪章》第 14 条。

推荐阅读

Aldcroft，Derek H． The *European Economy 1914 - 2000* (Routledge London 2001).

Aydin，Cemil *The Politics of Anti-Westernism in Asia* (Columbia University Press New York 2007).

Breuer，Marten and Norman Weiß (eds.) *Das Vertragswerk von Locarno und seine Bedeutung für die internationale Gemeinschaft* (Lang Frankfurt am Main 2007).

Cohrs，Patrick O． *The Unfinished Peace after World War I：America，Britain and the Stabilisation of Europe*，1919 - 1932 (CUP Cambridge 2006).

Jacobson，Jon *When the Soviet Union Entered World Politics* (University of California Press Berkeley 1994).

Joerges，Christian and Navraj Singh Ghaleigh (eds.) *Darker Legacies of Law in Europe：The Shadow of National Socialism and Fascism over Europe and Its Legal Traditions* (Hart Oxford 2003).

Lappenküper，Ulrich and Reiner Marcowitz (eds.) *Macht und Recht：Völkerrecht in den internationalen Beziehungen* (Schöningh Paderbom 2010).

Sharp，Alan *The Versailles Settlement：Peacemaking after the First World War*，1919 - 1923(2nd edn Palgrave Macmillan London 2008).

Steiger，Heinhard Von der *Staatenwelt zur Weltrepublik? Aufsätze zur Geschichte des Völkerrechts aus vierzig Jahren* (Nomos Baden-Baden 2009).

Stolleis，Michael and Masaharu Yanagihara (eds.) *East Asian and European Perspectives of International Law* (Nomos Baden-Baden 2004).

698

第二十九章　中国—欧洲

唐启华(Chi-hua Tang)

一、引言

中国自古以来是东亚的文化、经济与军事领袖。中国在这一地区的特权性地位使周边民族和文化深受中国影响。两千年来,东亚已经形成了自己独特的世界秩序。

随着地理知识的迅速增长和人类交往的巨大进步,近代西方世界日益参与到东亚事务中。16世纪初,西方和东方的世界秩序开始接触,并带来了观念和实践的交流与碰撞,其中的一些交流与碰撞引发了冲突,还有一些则促进了文化的融合。

中英鸦片战争(1839—1842年)是中国和欧洲关系的一个分水岭。在此之前,中国的世界秩序在中西交流中占主导地位。随着中英《南京条约》(1842年8月29日)〔1〕的签订,西方的国际法观念成为中西方的世界秩序中更具主导性的"世界秩序"。中国在甲午战争(1894—1895年)中溃败于日本,加之义和团运动以签署《辛丑条约》(1901年9月7日)〔2〕告终,从而使中国摒弃了传统的世界秩序观念,并全面接受了西方的国际法和国际秩序观念。

---

〔1〕《南京条约》(签订于1842年8月29日)(1842) 93 CTS 465。

〔2〕'Final Protocol between the Powers and China'(签订于1901年9月7日)(1907) 1 *American Journal of International Law Supplement* 388–396 ("《辛丑条约》")。

为了维护主权和提高国际地位,中国参与到国际组织中并采用西方的国际法原则。尽管如此,中国从"不平等条约"中所遭受的压迫几乎甚于所有其他大国。从江河日下的晚清(1644—1911 年)到北洋政府(1912—1928 年),再到国民政府(1928—1949 年),直至中华人民共和国的成立,中国历经数十年艰苦卓绝的抗争才终于挣脱了不平等条约的桎梏,并重新取得完整的主权和平等的国际地位。在此过程中,中国参与国际事务,并在国际法社会取得了显著的发展。中国日益融入国际社会的事实也影响了国际法的全球化发展。

本章旨在详述中欧在国际法方面的关系。第一,本章探索中国与国际法相遇的过程。第二,本章将探讨中国以国际法为依据进行的修约活动及其对国际法的影响。最后,本章着眼于中国参与国际公约和国际组织的进程,以及中国在国际社会中地位的提升。

二、中国和国际法的相遇

传统的中国世界秩序基于明显不同于欧洲的观念和架构。由于中国曾被弱小且文化发展水平较低的国家包围,所以中华帝国的主要理念是"普天之下"皆听命于"天子",即中国的皇帝。据此,世界上没有任何人能与之比肩或匹敌,因此东亚世界没有国际法。中国和其他国家间的关系由中国的礼制规制调整。[3]

费正清描述中国和周边地区及非中华民族的关系通常笼罩着中国中心主义的观点和天朝上国的思想。在其看来,中国人往往认为,他们的对外关系是对外运用国内的社会和政治秩序原则。因此,中国的外交关系如同其内部社会结构,强调的是等级和非平等主义。

中国对外关系的等级以中国为中心,呈现同心圆式的等级制度,其他民族和国家被分为三种主要区域,即华化地区、内陆亚细亚区域和外部地区。所有周边非中华国家和民族在理论上都是天子所在的中央之国的(附属)朝贡国。[4]

702

703

---

[3] 王铁崖:"中国与国际法:历史与当代",《王铁崖文选》,北京:中国政法大学出版社 2003 年版,第229 页。

[4] J. King Fairbank (ed.) *The China World Order:Traditional China's Foreign Relations* (Harvard University Press Cambridge MA 1968) at 2.

在所谓的朝贡制度之下,中国以外的统治者在与天子的接触中应遵守恰当的形式和礼节("礼"),以参与到中国的世界秩序中。综合来说,这些实践构成了朝贡制度,根据清朝朝贡制度:

> 他们获赐委任状和用于通信的官印;被清统治阶级封赏贵族衔位;使用清朝历法,即冠以清王朝的年号以用于公文通讯;在合宜的法定场合呈上各式各样的朝贡品;呈上当地特产作为象征性贡品;这些统治者及其特使被皇家御差护送至朝廷;他们履行符合清廷要求的礼仪,尤其是磕头;获得皇家的礼品作为回赐;并被准许享有在边境和京城进行某些贸易的特权。[5]

费正清的朝贡制度分析将朝贡和贸易相结合,从而指出中国要求每一个欲与之进行贸易往来的国家都成为中国的朝贡国。唯有如此,那些希望和中国进行贸易的国家才能成为中国世界秩序的一部分。换言之,中国通过提供贸易的便利来说服其他国家向中国朝贡,并同意中国对其实行一定程度的松散控制,从而加深在所有国家朝贡制度中都附属于中国的政治观念。

然而,费正清的理论最近已经被许多学者所质疑和修正。有人质疑朝贡制度开始的时间,也有人主张费正清的朝贡制度分析过于简单,其与实际情况相较不免夸张。从根本上来看,学者们大致认为费正清的模式呈现出一个停滞不前和骄傲自大的中国。若按这种观点,那么这样的中国应当对中欧冲突承担首要责任。费正清的观点显示了西方世界的话语霸权和"西方冲击-中国回应"的模式。

日本学者也质疑费正清的西方影响理论。滨下武志(Takeshi Hamashita)认为,欧洲国家与中国进行了贸易,并在之后加入了传统的以中国为中心的东亚贸易体系。日本学者提出,这个系统从没被打破,其即使面临欧洲的重重压力也能迅速恢复。[6]

廖敏淑(Liao Ming-shu)质疑了朝贡交易的观点,她认为清朝的贸易制度是

---

[5] *The China World Order* (n 4) 10 – 11.
[6] 参见 T. Hamashita, *China, East Asia and the Global Economy: Regional and Historical Perspectives* (Routledge London 2008) ch 2。

互市（一种相互交易的制度），而不是朝贡制度。与费正清关于朝贡制度在《南京条约》后转变成条约制度的观点相反，廖敏淑认为互市制度在《南京条约》后仍然被保留。[7] 费正清的中国传统世界秩序理论近年来仍在被修正。

中国接触欧洲国际法制度始于17世纪。最明显的例证是郑成功在一场历时9个月的围剿后迫使荷兰投降，并与荷兰东印度公司指挥官揆一（Frederick Coijett）于1662年2月1日在台湾热兰遮城签署条约。该条约几乎完全以欧洲盛行的形式起草。[8]

1689年9月7日的中俄《尼布楚条约》是更著名的例子。[9] 此条约的最初版本使用拉丁文，副本使用满文、蒙古文和俄文。该条约的形式、签名、封印和交换都严格遵循了欧洲的习惯，其内容体现出近代国际法的主权平等原则。清朝代表团的翻译——葡萄牙传教士徐日升（Thomas Pereira）——在日记中写道，他将一些国际法的观点介绍给康熙皇帝。然而，这种说法缺乏直接证据。中国学者认为国际法原则确实影响了《尼布楚条约》的谈判，但很难证明康熙皇帝接受了国际法而以之取代传统中国世界秩序。康熙没有打算将《尼布楚条约》作为和外国签订条约的先例。事实上，在公元1839年之前，在所有清朝官方文件中，均没有记录证明中国接受了国际法。[10]

在鸦片战争之前，钦差大臣林则徐于1839年春到达广东开展禁烟运动。为了更好地理解欧洲战争规则，林则徐聘请在广东的医学传教士伯驾（Peter Parker）翻译了瑞士人瓦特尔所著的《万民法》中涉及战争、封锁和扣押的部分内容。林则徐在之后与英国人的谈判中运用了从这部著作中获知的一些原则，但林则徐组织翻译的国际法未能充分发挥作用。这些翻译过来的段落被魏源的著作《海国图志》（关于海洋王国的图解著作）所吸收。[11] 鸦片战争之后，中国似乎失去了对国际法的兴趣。

705

---

〔7〕廖敏淑："清代对外通商制度"，《近代中国、东亚与世界》，社会科学文献出版社2008年版，第2卷，第443—466页。

〔8〕'Treaty between Koxinga and the Dutch Government' in W. Campbell (ed.) *Formosa Under the Dutch : Described from Contemporary Records* (Kegan Paul, Trench, Trubner London 1903) 455 - 456.

〔9〕《尼布楚条约》（签订于1689年9月7日）(1689) 18 CTS 503.

〔10〕《中国与国际法》（见前引注释3），第238页。

〔11〕同上，第239页。

第二次鸦片战争（1856—1860 年）后,清廷决定集中平定内部叛乱,对欧洲列强则采取"限制和约束"(羁縻)政策,并且设立了总理衙门(外交部)来处理和西方的关系。在总理衙门的支持下,一所新学校——京师同文馆——于 1862 年设立,其旨在培养中西外交中所需的翻译人员。同文馆的校长丁韪良于 1864 年将亨利·惠顿的《万国公法》翻译成中文。这本书是第一部全文翻译过来的欧洲国际法著作。[12]

1864 年春,普鲁士公使乘坐战船前往北京。到达中国时,普鲁士公使发现了三艘丹麦商船,他们随即将其捕获为战利品。总理衙门对这种行为提出抗议,并指出捕获地点是中国领海,因此此事属于中国的管辖范围。最终,普鲁士公使让步,他们释放了两艘船,并对第三艘船进行了赔偿。这个案件通过国际法的原则得以和平解决。总理衙门深深感叹于国际法的作用,并随即大量印刷丁韪良的中文版译著。[13]

丁韪良与他同文馆的同事及学生后又翻译了其他几部国际法著作。丁韪良在同文馆教授国际法,这引起了一些高官的关注。然而,这段时期的国际法实践非常有限。

在 1894 年至 1895 年的中日甲午战争和 1900 年的义和团运动后,清政府决定改革政治和法律制度,并派大量学生出国留学。数百名在日本学习的学生将近代国际法理论带回了中国。在 20 世纪初期,国际法频频被作为中国收回主权运动的一种工具。

三、中国的修约运动和国际法

从 1842 年至 1943 年,中国的主权受制于不平等条约。[14] 在接受国际法后,中国依据主权平等的原则,致力于摆脱条约的束缚。对此大致有两条解决途径,即

---

[12] L. H. Liu, *Clash of Empires*: *The Invention of China in Modern World Making* (Harvard University Press Cambridge MA 2004);参见本书中由刘禾(Lydia H. Liu)撰写的第五十六章"亨利·惠顿(Henry Wheaton, 1785—1848 年)"。

[13]《中国与国际法》(见前引注释3),第243—244 页。

[14] A. Peters, 'Unequal Treaties' in R. Wolfrum (ed.) *The Max Planck Encyclopedia of Public International Law* (Oxford University Press Oxford 2008) at⟨http://www.mpepil.com⟩.

废除不平等条约和修改不平等条约。孙中山先生在 20 世纪 20 年代提出的"废除不平等条约"成为强有力的政治宣传工具,其有助于革命党人(中国国民党和中国共产党)获取民众支持,以赢得政权,但这条道路的实践性较为有限。就国际法而言,中国的修约运动有着更重要的意义。

晚清时期,有 18 个国家和中国建立了条约关系并享有诸多特权,这严重损害了中国的主权。中华民国于 1912 年建立后不久,政府内阁通过了一项决议,即任何新签署的条约都应当给予各缔约方平等的权利和特权。然而,日本强迫中国接受"二十一条"并于 1915 年 5 月 25 日[15]签署《中日条约》,这严重侵犯了中国的主权。该条约成为众所周知的民族耻辱,进而激起了近代中国的反日民族主义运动。

在第一次世界大战后,中国政府要求参加 1919 年的巴黎和会和 1921 年的华盛顿会议,以便修订有损中国主权的条约之条款,但中国的提议并没有获得西方国家的普遍支持,也没有达成具体的解决方案。在此期间,苏联宣布无条件放弃原沙俄在中国的条约特权。孙中山先生和许多中国人接受了苏联的提议,并在反帝国主义和废除不平等条约的前提下与苏联结盟。

北洋政府——当时的中央政府——采用重大情势变更原则(*clausula rebus sic stantibus*)作为修约运动的手段。在巴黎和会上,作为中国政府代表之一的顾维钧与日本就德国在山东的条约权利进行辩论时援引了这一原则。1919 年 1 月 28 日,在"十人会"上,顾维钧主张 1915 年的《中日条约》无效,即使条约具有效力,中国对德国宣战的事实(在第一次世界大战期间)也已经改变了相关情况,根据情势变更原则,这些条约现在已经不能再被执行。[16] 两周后,中国代表提交了山东问题的备忘录并再一次强调该原则。然而,会议决定德国在山东的条约特权应该被日本继承。

中国援引这一原则的第二个例子是解决中国在蒙古的权利问题。1911 年的辛亥革命之后,外蒙古宣布独立于中国。中国、俄国和蒙古在协商后于 1915 年 6 月签署了一份三方协议。外蒙古由此成为中国的自治区,且许多商贸特权也及于

707

[15] 'Sino-Japanese Treaties and Exchanges of Notes of 25 May 1915' (1916) 10 *American Journal of International Law Supplement*: *Official Documents* 1-66.
[16] 金光耀、马建标(编):《顾维钧外交演讲集》,上海:上海辞书出版社 2006 年版,第 20 页。

俄国。两年后,在俄国革命爆发时,中国政府渐渐地恢复了其在外蒙古的势力。1919 年末,通过援引情势变更原则,北洋政府宣布三方协议失效,并宣布取消外蒙古的自治。

在 1921 年至 1922 年的华盛顿会议期间,该原则在涉及中国的问题上又被数次提及。在那次会议上,中国的主要目的是废除 1915 年的《中日条约》。公众舆论支持北洋政府援引重大情势变更原则。中国代表要求会议宣布该条约无效,因为它违反了《九国公约》。日本代表于 1922 年 2 月 2 日宣布日本政府不能接受中国关于 1915 年的《中日条约》无效的主张,然而鉴于该条约达成后发生重大情势变更,所以日本将自愿放弃条约中的三个条款。

1923 年初,中华民国国会决议废除 1915 年的《中日条约》。此外,北京大学一位著名法学教授认为,单方面宣布废除一个双边条约于法无据,他建议中国采用重大情势变更原则来废除条约。

在 1925 年 5 月 30 日的五卅惨案后[17],中国的公众舆论日益将矛头指向条约体系。北洋政府给各缔约国发送备忘录,称因为所有的中外条约缔结于数十年前,所以在中国和世界局势均发生重大变更的情况下,这些条约应当被重新修订。缔约各国答称愿意考虑中国的要求,但前提是中国政府能证明其履行条约义务的决心和能力。

由于修约的请求遭到拒绝,加之中国民众废除不平等条约的渴望日益强烈,所以北洋政府采取了其他措施。时任外交部长的王正廷于 1926 年初召集外交事务委员会设计了一种方案,其将重大情势变更原则与每一个条约中的修订条款(通常设置为每十年)相结合,以要求缔约国修改条约。这种形式成为中国之后的修约运动的主要工具。

1926 年,有三则条约到了修订时间。北京政府相应地通知了法国、日本和比利时,并表达了希望与这些国家修订条约的愿望。中国的目标不仅是根据国际惯例修改商贸条款,而且还坚持旧约在修订日即告终止。法国和日本接受了提议,但

---

[17] 1925 年 5 月 30 日的五卅惨案得名于这一天,在上海的英国捕头调集巡捕杀害了 13 名反对帝国主义的游行示威者。

却以无数借口推迟协商。比利时基于 1865 年的《中比条约》第 46 条——只有比利时有权利提出修约——拒绝了中国的请求,并主张中国没有权利拒绝履行一个双边条约。

修约的最后日期(1926 年 10 月 27 日之前)没有达成任何折衷方案。北洋政府于 1926 年 11 月 6 日宣布《中比条约》终止。重大情势变更原则是中国果断行动的主要原因之一。比利时强烈抗议,并根据 1865 年的《中比条约》第 46 条向海牙国际常设法院提起诉讼。

北洋政府处于一个尴尬的位置。它考虑将该案提交到国际联盟大会上,并援引《国际联盟盟约》第 19 条关于不合理条约的修订权。北洋政府咨询了四位顶尖的国际法专家——瓦尔特·许金(Walther Schücking)、朱塞佩·莫塔(Giuseppe Motta)、尼古拉斯·波利蒂斯(Nicolas Politis)和罗伯特·兰辛(Robert Lansing)——以为其在海牙进行辩护。许金认为中国可援引重大情势变更原则,并且其将在海牙赢得相当的支持。

波利蒂斯写了一个非常详细的备忘录,他认为比利时基于第 46 条有很大的优势,而中国应该依据重大情势变更原则诉请 1865 年条约不再具有法律依据。中国还应当进一步证明其在协商中已经穷尽所有可能方式以一个更合适的新条约取代过时的旧约,并且只有确定比利时没有修订旧约的意图之后,中国才将宣布以废除旧约作为最后的解决方案。比利时很快改变了立场,其正式宣布欲与北京协商新约,并撤回了在海牙的诉讼。[18]

这个案件大大提高了中国的地位,并为中国推翻那些过时的条约创立了一个非常重要的先例。从 1926 年到 1928 年,北洋政府致力于其新的修约方案,并取得了可观的积极成果。北洋政府宣布废止了两个条约,并促使许多国家与中国协商新约。

国民政府在取代北洋政府成为中国新的中央政府后,其继承了北洋政府的修约方案,并坚持废除所有不平等条约。在于 1928 年中期统一中国后,国民政府于

709

---

[18] 唐启华:《被“废除不平等条约”遮蔽的北洋修约史(1912—1928)》,北京:社会科学文献出版社 2010 年版,第 367—406 页。

7月7日发表关于签署新约的宣言。宣言在废除不平等条约的前提下，实际上采用了重大情势变更原则和每个条约中的修约条款。在六个月的时间内，国民政府已经与很多国家签署了新约。

1931年9月18日的满洲里事变[19]是中国修约运动的分水岭，因为它使中国不再首先采用外交努力抵抗日本侵略。中国指控日本非法侵犯中国满洲里，从而违反了《国际联盟盟约》。国际联盟派出李顿调查团来调查和提出解决方案。在国际联盟大会肯定李顿调查团的报告，并认为满洲国是日本关东军的傀儡政权，因此不应当被承认时，日本宣布退出国际联盟。大多数的国际联盟成员国拒绝承认满洲国的地位，并促使中国与他们发展友好关系，以制衡日本侵略中国，然而修约运动也不得不被推迟。

随着中日矛盾的不断激化，卢沟桥事变于1937年爆发。[20] 中国援引《九国公约》（1922年2月6日）[21]，布鲁塞尔会议随即召开。中国代表以条约义务神圣原则为依据，指控日本违反《九国公约》，其侵略中国领土并侵犯中国主权。中国寻求各大国们的帮助以对日本进行制裁。在条约问题上，中国从援引重大情势变更原则转变为采用条约义务神圣原则。

日本却反其道而行之。当中国致力于条约修订时，日本坚持条约义务神圣原则；当中国坚持条约义务神圣原则时，日本却开始呼吁重大情势变更原则。1938年10月，日本军队占领了中国的两个主要城市（即汉口和广东），美国政府指控日本违反门户开放原则。日本首相声称，日本正在建立东亚"新秩序"，其他国家应当认可这个新秩序。日本外相称东亚出现了重大情势变更，从而拒绝了美国的抗议。由此，《九国公约》被摒弃。

中国外交部长指出，日本所称东亚的重大情势变更是由日本军队的不法行为引起，因此其使用重大情势变更原则废除《九国公约》是不成立的。美国和英国政府也均持有相同观点并抗议日本的声明。

---

〔19〕满洲里事变指日本军队在满洲里地区的炸弹袭击，其通常被视为日本侵略中国的开端。

〔20〕卢沟桥事变指引发第二次中日战争（1937—1945年）的中日军队交火事件。

〔21〕'Treaty between all Nine Allied Powers Relating to Principles to be Followed in Matters Concerning China 6 February 1922'（1922）16 *American Journal of International Law Supplement：Official Documents* 64 - 68.

回顾 20 世纪 20 年代和 20 世纪 30 年代的中国修约运动,我们可以发现其主要变动趋势是条约修订方案的发展,即结合了重大情势变更原则并利用各个条约的修约条款。这种方案巧妙地结合了重大情势变更原则的效力和每个条约中已存在的修约条款。后者清楚地显示出每一部条约的修订日期。因为大多数条约每十年将被重新修订,所以中国致力于在这十年内修改所有不平等条约。然而,诉诸修约条款确实有一定的局限性,因为一些条约没有包含这一条款,或者根据国际惯例,它只影响了商事条约和与税收业务有关的条约。情势变更原则为中国提供了坚实的法律基础,并表明了这些不平等条约的过时性和不道德性,这也是当时中外冲突的主要原因,因此必须全面修改条约。

在 20 世纪 20 年代中期,北洋政府在中国人民的广泛支持下形成了这个有力的方案,且国民政府关于"废除不平等条约"的主张和对平等权利的追求在国际舞台上稳步推进。起初,北洋政府只是希望在条约到期后逐一修订条约,但这种方案逐渐发展成若另一缔约方拒绝修改条约,则单方终止条约的这种做法。比利时的案例树立了一个成功的先例。国民政府遵循这种方案,即使其没有明确承认此做法。

中国对重大情势变更原则的运用与中日关系产生紧密联系。在"二十一条"谈判之后,中国政府和公众坚决抵制 1915 年的《中日条约》。在巴黎和会上,顾维钧第一次尝试采用该原则与日本围绕山东权利问题据理力争。在华盛顿会议上,中国代表请求废除 1915 年的《中日条约》。20 世纪 20 年代中期,许多学者建议中国采用这一原则废除《中日条约》。相反,日本采用条约义务神圣原则来反驳中国的主张。1931 年的满洲里事变后出现了相反的局面。中国选择强调条约义务神圣,而日本则坚持重大情势变更。国际法不仅发生在中国和欧洲间,也发生在中国和日本之间。更加引人思考的是,中国在 20 世纪初是从日本引入了大部分的国际法知识。

重大情势变更原则在国际法学界内确实是一个争议很大的原则。第一次世界大战后,德国、土耳其和波斯都尝试采用这一原则减轻他们的条约负担,这些案例已被研究透彻。然而,中国采用这一原则修订条约的行为却被忽视,且直到最近才引起人们的注意。主要原因是中国国民党和中国共产党自 1927 年来统治中国,他

711

们虽然理解北洋政府修约方案的重要性,但更强调孙中山的"废除不平等条约"的口号。这种意识形态偏见阻碍了对中国国际关系史和国际法的研究。

四、中国参与国际组织和国际法

(一) 海牙和平会议

另一项涉及中国与国际法相遇的话题是中国参与国际组织。中国的国际地位因签署 1901 年的《辛丑条约》而降至谷底。中国几乎没有逃脱被瓜分的命运,其在列强的剥削下变成了一个所谓的"半殖民地"。因此,一方面,清政府努力改革其法律制度,希望能跻身文明国家之列;另一方面,中国以主权国家的身份积极参与到国际社会的活动中,其希望被列强们视作是国家体系下的平等成员。

在 20 世纪之交,帝国主义已成为国际政治的主流。同时,国际和平运动也积极开展,两次海牙和平会议即为突出的范例。中国积极参与两次会议,并希望借此摆脱帝国主义的压迫。

第一次海牙和平会议由俄国沙皇尼古拉斯二世于 1899 年召集举行。26 个国家派出代表讨论限制军备和国际仲裁事宜。清政府派公使杨儒赴圣彼得堡参加会议。杨儒的随行人员中包括时任翻译的陆征祥。虽然此次会议在限制军备问题上没有形成具体解决方案,但其就和平解决国际争端和尝试以一种更加文明的方式进行战争达成了协议。在会议结束时,中国签署了若干公约,包括 1864 年的《红十字公约》。这是中国积极参与国际公约和国际组织的开端。

第一次海牙和平会议的主要成果是建立了常设仲裁法院。其费用支出由成员国根据万国邮政联盟确立的份额共同承担。中国自愿承担了很大一部分费用。

第二次海牙和平会议于 1907 年举行,包括当时几乎所有主权国家在内的 44 个国家参会。中国派出当时的公使陆征祥赴海牙参会。陆征祥对会议持保守谨慎的态度。1907 年初,陆征祥建议清廷派出一个特使参会并宣称:

> 本次会议关系到世界各国⋯⋯国际性会议对各国而言都是一场没有硝烟的战争⋯⋯这种情况下最重要的是比其他国家占据上风。一个国家在此情况

中的排位意味着其在世界上的排位。[22]

最后,陆征祥主张中国也应当派出大使以便应对其他国家。清廷随即任命陆征祥为此次海牙和平会议的大使,并提拔中国驻荷兰大使馆的随行人员钱恂陪同陆征祥。清廷还邀请了负有声望的前美国国务卿和中国驻美使馆顾问约翰·沃森·福斯特(John W. Foster, 1836—1917 年)代表中国参加会议。

第二次海牙和平会议于 1907 年 6 月召开,并于同年 10 月结束。中国代表赞同大多数议题,但陆征祥反对所有关于中国主权的问题,尤其是美国提议建立新的国际法庭。美国称之前的常设法院由于太过低效,所以其既非常设也不是一个法庭。因此,美国提议设立一个新的法庭,其由 17 名法官组成。常设法官的任期是 12 年。在 45 个成员国中,美国、德国、法国、英国、奥地利、意大利、俄国和日本均可派一名常设法官。剩余 37 个国家可选派法官填补剩余 9 个席位。这些国家法官的任期因各国法律制度的发展程度而从 1 年、2 年、4 年至 10 年不等。土耳其法官的任期为 10 年而中国法官的任期仅为 4 年。中国被视为三等国。陆征祥认为法庭的制度安排反映了所有国家对中国的偏见。在讨论中国的问题时,如果没有中国法官在法庭上,那么会是一个严重的问题。陆征祥在会议上提出,考虑到人口和领土规模,中国一直是一个一等国。在旧的法庭中,中国、俄国和德国一直各占 25％的席位。新的排位应当也给予各方平等席位,否则中国不会接受新的排位。除中国外,巴西和墨西哥也反对这一提案,因此提案未被通过。

陆征祥向外交部报告称,日本致力于使中国成为一个"三等国",陆征祥称:

> 我已读了会议的第一份草案。之前中国被排为一等国。日本议员认为中国的司法制度和其他文明国家从根本上是不同的。这是各国在中国都有领事裁判权而中国官员没有权利干涉外国事务的原因所在……如果一个国家不能在其国土上对一个外国人进行审判,但其却在审理国际事务时和其他国家有

---

[22] 陆征祥致外交部,1907 年 3 月 13 日,外交部档案,02 - 21 - 002 - 02 - 043(台湾台北:中央研究院)。

平等的司法权,这未免太过荒谬。[23]

会议结束后,陆征祥提交了一份备忘录,其中称在会议上一些公约已被签署,但各国互相猜忌、彼此怀疑。

> 我认为我们无法期待和平;战争迫在眉睫……我能预见三个大陆(即欧洲、美洲和亚洲)蓄势待发……日本看似作为警察在负责看管外国列强在中国的利益。

陆征祥认为中国的唯一出路是使列强彼此反目,合纵连横,并且他建议中国同美国和德国结盟。[24]

这是中国第一次在国际社会中积极地发挥作用。中国外交官对中国国际地位极度敏感,其震惊于中国沦为"三等国"。1907 年秋,中国公使在欧洲致信国内,以敦促外交部呈交他们的联合备忘录,并提请清廷修改司法制度,从而成为宪政国家。他们称:

> 因为南北美洲的各个国家都认为中国有最不文明的司法制度,且欧洲国家也同意此观点。现在中国必须修改制度以保护主权完整,从而令其他国家停止批评。我们必须调研其他国家的法律制度,同时修改我们自己的法律制度。我们应当聘请法律专家帮助我们。如果我们想成为强国,那么我们的宪法必须达到同大多数国家宪法相同的水准。如果我们不修改司法制度,那么宪法将不具效力。我们不知道中国在第三次海牙和平会议中将处于何等级。[25]

陆征祥于 1908 年再次被任命为公使前往荷兰,并于 1911 年与荷兰公使在北京签署《中荷领事协议》。之后,陆征祥被命令前往俄国修改 1881 年的《中俄(彼得

---

[23] 陆征祥致外交部,1907 年 7 月 22 日,外交部档案,02 - 21 - 010 - 01 - 002。
[24] 陆征祥致外交部,1908 年 1 月 16 日,外交部档案,02 - 21 - 004 - 01 - 003。
[25] 陆征祥及其他在欧洲的公使,1907 年 8 月 15 日,外交部档案,02 - 21 - 002 - 03 - 051。

堡)通商条约》并被任命为驻俄国公使。在 1911 年革命期间,陆征祥成为第一个支持共和政府的公使,并且他发出一份电报劝说清廷退位。陆征祥被任命为中华民国的外交部长,并改革了外交部,从而奠定了中华民国外交事务的基础。

第三次海牙和平会议定于 1914 年召开。各国被要求于 1912 年向海牙提交所有提案以便讨论。在第二次海牙会议之后,钱恂继续提交备忘录以提请清廷尽快准备第三次会议。钱恂建议大刀阔斧地修改司法制度,并在召开第三次会议前的数年时间内培养专家。钱恂也提请研究和出版第二次会议上签署的所有公约。然而,清政府对此并未作出回应。

在 1911 年革命之后,外交部长陆征祥致力于准备第三次会议。1912 年 9 月 24 日,陆征祥从总理之位退下并组织了一个国际法的协会。1912 年 9 月 30 日,陆征祥称各国的法学家对此前海牙和平会议上的国际问题都有所评论,且各项国际事务也都能迅速地得到解决。陆征祥想终生致力于研究国际法,以帮助中国获得与其他国家平等的地位,并发起建立这个国际法协会和准备第三次海牙和平会议。外交部提请总统袁世凯命令高层官员准备第三次海牙和平会议。1912 年 10 月 2 日,袁世凯命令陆征祥负责参会筹备事宜。

陆征祥之后组织了第三次海牙和平会议筹备委员会,他认为:

> 第三次海牙和平会议的建立是为了制止战争,但这显然不可能,所以其目的转变为增强战争规则的文明性,且陆军与海军均被涉及在内。法律领域也被涉及,因为一些国家指责中国的法律制度不是那么发达。

陆征祥接着派员邀请陆军、海军和司法部派出懂外语的官员共同出席委员会会议。筹备委员会于 1912 年 12 月 12 日召开会议。根据陆征祥的报告,筹备委员会的主要目的是因为中国代表没有充分准备第一次和第二次的海牙和平会议,所以未能有效参与讨论。因此,陆征祥认为中国必须充分准备即将到来的第三次会议。陆征祥随后制定规章,并收集文件和相关著作。

委员会会议从研究第二次海牙和平会议上未被所有成员国签署的公约开始,

715

首先研究的是 1864 年的《为改善战地武装部队伤者病者境遇日内瓦第一公约》。[26] 到 1913 年 3 月,所有相关议题的准备工作已经完成,总统命令相关公使进行必要的修改。筹备委员会继续讨论,并于 1913 年 6 月 5 日通过《尊重战时法规和惯例公约》。[27]

委员会随后讨论《战争爆发时敌国商船之地位公约》,并于 1913 年 10 月 23 日予以通过。陆征祥也曾称:

> 清朝担心国家不能承担新的义务以及人民不能遵守国际性协定,因此其决定不参加任何国际组织。民国政府应当友好对邻,并允许外国人增强对其之了解。如果有新的公约在会议中被通过,则中国应当立即签署。[28]

1913 年 11 月 6 日,委员会讨论《商船改充军舰公约》和《敷设机器自动触发水雷公约》。[29] 1913 年 12 月 18 日,后者被通过。1914 年 2 月 19 日,《海战中限制行使捕获权公约》被讨论,并于同年 3 月 27 日被签署。[30] 1914 年 4 月 3 日,委员会讨论《设立国际捕获法院公约》,[31]但其于 1914 年 6 月 8 日被决定不予批准。到 1915 年初,每个 1907 年的海牙公约都被讨论和呈交至总统。最后,所有通过的公约均于 1916 年初被批准,并于 1917 年 5 月送交至海牙。

716　　1917 年 8 月 14 日,民国总统对德国和奥地利宣战,并宣布中华民国政府将遵循海牙和平会议上制定的战时规则。彼时,中国已经将经签署的公约发送给荷兰

---

[26] Convention（I）for the Amelioration of the Condition of the Wounded and Sick in Armed Forces in the Field（达成于 1864 年 8 月 22 日,于 1865 年 6 月 22 日正式生效）129 CTS 361。

[27] Convention（IV）Respecting the Laws and Customs of War on Land and its Annex: Regulations Concerning the Laws and Customs of War on Land（达成于 1907 年 10 月 18 日,于 1910 年 1 月 26 日正式生效）187 CTS 227。

[28] Record of 25th meeting, 23 October 1913, Waijiaobu Archives, 03 - 35 - 003 - 01 - 025.

[29] Convention（VII）Relating to the Conversion of Merchant Ships into War-Ships（达成于 1907 年 10 月 18 日,于 1910 年 1 月 26 日正式生效）205 CTS 319；Convention（VIII）relative to the Laying of Automatic Submarine Contact Mines（达成于 1907 年 10 月 18 日,于 1910 年 1 月 26 日正式生效）205 CTS 331。

[30] Convention（XI）Relative to certain Restrictions with regard to the Exercise of the Right of Capture in Naval War（达成于 1907 年 10 月 18 日,于 1910 年 1 月 26 日正式生效）205 CTS 367。

[31] Convention（XII）Relative to the Creation of an International Prize Court（达成于 1907 年 10 月 18 日）205 CTS 381。

外交部,而这些公约将于 60 日后全部生效。北洋政府印刷了海牙和平会议所有公约的合集,并发给所有国家的外交部一份副本,以确保他们能实施这些公约。

从 1899 年到 1917 年,中国参与并筹备海牙和平会议,并签署了一系列国际性公约。海牙和平会议是中国第一次参与国际性会议和国际组织。《海牙公约》和《红十字公约》是中国第一次作为签署方签署的国际性协定,这是近代中国外交史上的一个分水岭。在准备第三次和平会议的过程中,中国积攒了足够的经验,从而使得其能够参加第一次世界大战,并参加 1919 年巴黎和会。在此期间,中国尝试国际化并进入西方主导的国际社会,从而表明中国是一个文明的主权国家,且其能够运用西方模式的国际公约和国际法来参加国际事务并承担国际义务。这些努力和国内尝试的立宪主义及司法改革使得外国列强平等对待中国并同意修改不平等条约。

(二) 国际联盟

在民国建立三年后,第一次世界大战于 1914 年爆发。中国宣布其中立地位,并要求所有交战国在解决他们的冲突时不要涉及中国。日本以美日联盟为借口对德国宣战,且其无视中国的中立并攻击胶州湾。日本甚至攻击中国政府划定的交战区以外的地方,并占领青岛-济南铁路。最后,日本还于 1915 年 5 月强加"二十一条"给中国。中国被迫与日本协商谈判,当时由外交部长陆征祥作为主要谈判代表。1915 年 5 月的《中日条约》签署后,[32]陆征祥向袁世凯建议,称参加第一次世界大战是拯救中国的唯一机会。然而,袁世凯的继任者段祺瑞接受了日本的条件,从而导致在袁世凯过世后,日本对中国的控制增强。

在 1917 年时关于北洋政府是否应当参加第一次世界大战的讨论中,梁启超强烈主张中国应当效仿意大利,意大利以提高国际地位的目的加入克里米亚战争。梁启超提出,我们必须非常积极地遵循国际趋势以筹划我们国家的未来发展,并致力于站在国际社会的一边。协约国提出有利条件劝说中国加入战争。1917 年 8 月 14 日,中国对德国和奥地利宣战,对此英国代理公使回应称中英关系由于此决定得以极大促进,且英国能帮助中国成为强国。然而,彼时正在内战的中国无法为

717

---

[32] Sino-Japanese Treaties (n 15).

协约国做出很多贡献。这激怒了协约国,从而导致中国的国际地位在战后下降。

在中国加入第一次世界大战后,北洋政府外交部开始准备战后的和会。1918年1月8日,美国总统伍德罗·威尔逊在国会宣讲"十四点和平原则"。[33] 驻伦敦公使顾维钧和驻华盛顿公使施肇基都建议中国和美国合作,他们二人都对"十四点原则"很感兴趣,即"为了保障相互政治独立和领土完整,无论大国小国,一个普遍的国家联盟必须根据具体的盟约所建立"。

在1919年的巴黎和会期间,中国代表团为使中国在新的国际秩序下赢得更高的地位而积极参与国际联盟委员会。委员会主要负责起草盟约。五大国各派出两名代表,其他九个国家则各派出一名代表(中国代表是顾维钧)。美国总统威尔逊为委员会主席。

在起草《国际联盟盟约》并讨论理事会组成时,顾维钧提出理事会不仅应代表强国的利益,也应当代表弱国的利益。顾维钧也支持日本关于"种族平等"的提议。在盟约通过后,威尔逊将其带回美国以接受国会的讨论修改,并继续在巴黎讨论盟约。

除了关注盟约的内容外,中国也努力争夺理事会的一席之位。国际联盟的主要机构是大会、理事会和秘书处,而理事会是首要决策机构。理事会常任成员是美国、英国、法国、意大利和日本,并且由这五国选出四席以作为第一任非常任理事会成员。顾维钧提出,遴选非常任理事会成员的标准应根据各国的人口数量、国土面积和在其所在洲的商业发达情况。但是,这一提议被日本等国家投票否决。比利时、巴西、希腊和西班牙当选。中国人对此非常不满意,有专家建议中国如果不能在理事会占得一席,那么就应当不参加国际联盟。

第一次联盟大会于1920年11月召开。北洋政府将顾维钧的职位从华盛顿转至伦敦,因此他能同时担任中国在国际联盟的代表。顾维钧希望改变中国的不平等地位,降低日本在山东问题上在理事会中的影响,[34] 并致力于争取理事会席位。

----

[33] W. Wilson, 'Wilson's Address to Congress, Stating the War Aims and Peace Terms of the United States (Delivered in Joint Session, 8 January 1918)' in A. Shaw (ed.) *State Papers and Addresses by Woodrow Wilson* (George H Doran Company New York 1918) 464–472.

[34] 山东问题涉及《凡尔赛和约》(签订于1919年6月28日,于1920年1月10日正式生效)(1919) 225 CTS 188) 第156条的争议,关于将德国在山东半岛的领土权利、所有权和特权转移给日本。这一争议导致中国拒绝签署《凡尔赛和约》。参见 F. Schorkopf, 'Versailles Peace Treaty (1919)' in *The Max Planck Encyclopedia of Public International Law* (n 14)。

718

在委员会的分属委员会讨论如何选举非常任成员时，顾维钧认为每个大陆应当有一定数量的代表。这个提案被称为"分洲主义"。有赖于顾维钧的努力，该建议在大会上初步达成一致，中国和西班牙、巴西、比利时共同当选为四个非常任理事国。一位学者提出，中国当选非常任理事国成员是西方国家视中国为国际大家庭一员的象征。[35] 这被视为卓越的成就。

除了委任顾维钧为理事会的中国代表外，北洋政府还在日内瓦设置了一个办事处并由顾维钧担任主席。理事会第十四次会议召开于 1921 年 8 月。此次会议的结果是顾维钧也担任 1921 年 9 月的第二次大会的代理主席，并且他将于开幕式上向每个成员国祝酒。大会上，中国再次当选为非常任理事国成员。

顾维钧在华盛顿会议（1921—1922 年）后返回北京，并担任外交部部长一职。中国驻罗马公使唐在复则继任顾维钧在联盟的职位。在第三次大会期间，很多国家都致力于争夺理事会的席位，从而威胁到中国的席位。然而，顾维钧得到足够的支持。大会将非常任理事国成员席位增至六个，而中国仍然位列非常任理事会成员。

1923 年，由于国内局势动荡，中国的国际声望恶化。在 1923 年 9 月的第四次大会期间，中国代表就"分洲主义"发表演说，但中国没能保住其在理事会的席位，该席位落入波斯手中。在 1924 年的第五次大会中，中国代表再一次发表有关"分洲主义"的演讲，甚至宣布如果没能得到理事会一席，则中国将从国际联盟中脱离，但遗憾的是再次失败。1926 年，德国寻求国际联盟成员资格和理事会常任席位。同年 3 月，特别会议召开以讨论此问题，但西班牙、巴西和波兰也希望获得理事会常任席位。北洋政府命令中国代表抓住机会寻求席位。然而，巴西反对提案，从而使德国未能加入国际联盟。随后，重新组成的委员会在讨论德国的问题时决定德国应当加入理事会，并享有常任席位。最终，非常任席位的数量增至 9 个，前提是其中 3 个席位每年要被重选分配，而分洲主义被作为席位分配的准则。当年中国被选为两年期理事会成员。

719

---

[35] Z. Yongjin, *China in the International System*, 1918 - 1920: *The Middle Kingdom at the Periphery* (Macmillan London 1991) at 193 - 194.

1928 年,在名义上重新统一中国后,南京国民政府高度关注其国际地位。不幸的是,南京国民政府在第九次国际联盟大会上第一次代表中国,但中国却没有当选为理事会成员,这令其非常尴尬,此事被南京国民政府视为严重的侮辱。在 1929 年的第十次大会上,中国代表伍朝枢被选为六个副主席之一,这被南京国民政府视为中国国际地位提高的证据。在 1930 年的第十一次大会上,中国致力于争得理事会一席,然而结果依旧令人失望。

自 1931 年 9 月,南京国民政府已经稳固了中国的主权地位,且国际社会对其认可度有了相当提高。中国当年被选为三年期理事会非常任成员。1934 年,中国任期到期,中国由于日本的强力反对(尽管日本申明 1933 年起脱离国际联盟,但根据盟约,退出需要两年才生效)而未能重新当选。国际联盟无力阻止 1937 年爆发的中日战争,且其同样也没能阻止 1939 年的第二次世界大战之爆发。国际联盟未能成功维护国际安全。

中国也加入了位于海牙的国际常设法院。1920 年 2 月,联盟理事会讨论建立国际常设法院的提案。1920 年 12 月,国际联盟第一次大会通过了《国际常设法院规约》。[36] 1921 年 9 月,在国际联盟第二次大会上,11 位法官和 4 位候补法官被选出。大理院(最高法院)院长王宠惠当选为候补法官。王宠惠作为中国代表于 1921 年初赴欧洲参加盟约修订委员会。

1924 年 9 月 22 日的国际联盟大会提出建立一个由 17 名专家组成的常设机构,其被称为"国际法逐渐编纂专家委员会",该委员会准备一系列最"适宜和最有可能实现""以国际协定加以调整"的主题,然后研究各国政府对这一系列主题的评论,并就"足够成熟"的问题以及筹备会议解决这些问题应采取的程序作出报告。这是在世界范围内第一次尝试对所有领域的国际法进行编纂和发展,而非仅就个别和具体的法律问题制定规则。

1925 年 4 月,国际法逐渐编纂专家委员会在日内瓦召开会议。王宠惠作为专家参加并提出"国家对外国人的人身或财产在其领土内所受损害承担的责任"之议

---

[36] Statute of the Permanent Court of International Justice (于 1921 年 8 月 20 日正式生效) 6 LNTS 379。

题。此议题于 1927 年被接受和深入讨论,但是未能在 1930 年 3 月 13 日至 1930 年 4 月 12 日的海牙会议上通过。

(三) 联合国

1941 年 12 月,太平洋战役爆发后,中国的抗日战争被认为至关重要。富兰克林·罗斯福和温斯顿·丘吉尔于 1941 年 8 月在纽芬兰会晤并签署了《大西洋宪章》。《大西洋宪章》提出建立一个常设安全组织。1942 年 1 月,26 国代表签署了《联合国宣言》,他们决定共同反抗法西斯并在战后继续合作。1943 年 1 月,中美和中英不平等条约被废除。成员国计划建立一个战后国际性安全组织,并且在罗斯福的坚持下,中国被列为世界强国。1943 年 10 月 30 日,美国、苏联、英国和中国代表签署《莫斯科宣言》,其中承认中国为四大强国之一。1943 年 11 月的开罗会议进一步肯定了中国作为四强之一的地位。

四大强国于 1943 年 8 月 21 日至 1943 年 10 月 7 日在敦巴顿橡树园进行华盛顿对话,以计划国际和平和安全组织。事实上,英国、苏联和美国于 1943 年 8 月 21 日至 1943 年 9 月 28 日在会议的第一阶段就已决定了所有事项。中国仅被允许同美国和英国参加 1943 年 9 月 29 日至 1943 年 10 月 7 日的会议第二阶段,其仅是确认在第一阶段已经做出的决定。然而,中国在第二阶段会议中提出七个关于联合国的修正案。他们是:(1)在和平解决争端方面,国际组织必须依据正义和国际法原则以防止新建立的国际组织成为强权政治的工具;(2)保证各国政治独立、领土完整,增强各国自信心,尤其是弱小民族;(3)尽可能详细地定义"侵略";(4)组织国际性空军作为安理会的标志和方式;(5)为更好地依据国际法原则维护安全,允许大会提出或修改国际法;(6)国际法庭应当强制性仲裁;(7)促进教育和文化合作。讨论结束后,美国和英国接受了上述的(1)、(5)和(7)三点,并且将这三点写入了《联合国宪章》。三国同意(6),但推迟就(3)表决,并否绝(2)和(4)。[37]

中国不仅将自身与国际法相关联,而且参与此次会议标志着其跻身四强之列。此外,这很大程度上促使中国成为联合国安理会常任理事国。国民政府任命驻英

---

[37] 金光耀:"顾维钧与中国参加敦巴顿橡树园会议",载于金光耀编《顾维钧与中国外交》,上海:上海古籍出版社 2001 年版,第 294—298 页。

国公使顾维钧、驻美国公使魏道明、外交部副部长胡世泽和驻美军事代表团团长商震作为中国驻联合国代表团成员。

中国最大的关注点是其在国际社会中的地位。其是否有资格被列入四强？中国在这个国际组织中处于何种地位？顾维钧和王宠惠都主张中国应当加入四强以获取被赋予的特权，但王世杰表示反对。王世杰认为四强不应当享有特权，因为这会滋生其他国家对中国的不满。中国不必争取四强资格，因为中国无法享有与美国、英国和苏联等同的诸多特权。当代表团召开内部会议时，魏道明主张中国最好不再只被视为普通成员。最后，顾维钧提出一个折衷方案，即必须保住中国的四强地位，同时致力于提高中国的国际地位。

旧金山会议于 1945 年 4 月召开，会上起草《联合国宪章》。在会议后期，王世杰和顾维钧仍在辩论。王世杰依旧坚持认为中国不应当成为四强之一，作为二等国的发言人将更能保障中国的国际地位。但是，顾维钧认为成为四强对中国才最有利。在旧金山会议上，中国强调推翻帝国主义和殖民主义，并积极推动殖民地摆脱宗主国争取独立。在托管委员会会议上，中国强调每个殖民地的最终目标是独立而非自治。这个建议不被美国、英国、法国、荷兰和澳大利亚接受，但却得到了弱国的支持。提案最终通过，并被写入《联合国宪章》。

中国在参加海牙和平会议、国际联盟和联合国后，其致力于运用国际法维护其主权和保护中立国的安全。中国对国际法寄予厚望并认为国际法能通过国际社会的力量制止侵略和保护弱国。

五、结论

本章讨论了始于 15 世纪并终于 1945 年的三阶段中的中欧国际法关系。第一部分描述中国对世界秩序的传统观点，介绍了中国引入国际法的历史。第二部分关注中国如何摆脱不平等条约。最后讨论中国参与国际性组织的进程，包括对国际法的简要讨论。

中国的近代世界观从天朝上国的传统观念演进，并逐渐形成了对西方国家平等性的全面认识。尽管签署了西式条约，但中国仍然和其他东方国家维持着朝贡制度。1895 年至 1901 年后，中国被迫摒弃天朝上国的传统观念，并毫无保留地接受了西方国际法的观点。这使中国利用国际法来保护自己的主权和独立,并提升国际地位。

中国政府和人民致力于摆脱不平等条约的束缚,其尤其受到美国外交理想主义的鼓舞。在 1919 年的巴黎和会上,中国代表呈交了待重新调整问题的备忘录,但其却被完全忽视。中国在华盛顿会议上再次提交此议题,但仅获得口惠而实不至。

对美国不再抱幻想的中国转向苏联。1923 年至 1927 年间,国民党和共产党致力于"打倒帝国主义"和"废除不平等条约"。同时,北洋政府继续修约,并留下许多引人思考的运用国际法准则的案例。

中国在进入国际法世界的过程中伴随着帝国主义的外交。然而,对中国最大的威胁并非来自西方,而是日本成为东亚领导国所带来的挑战。日本在冲绳、台湾和朝鲜运用西方国际法以挑战中国宗主国的地位。在晚清时期,中国从日本获取国际法知识,并借此修改自身司法制度以提高其国际地位。此后,中国运用西方国际法对抗日本,并在国际法舞台上与日本竞争。在第一次世界大战后,中国成为联合国安理会常任理事国。

一些学者提出,日本的大东亚共荣思想是传统东亚世界的传承。目前,中国和日本仍在竞争东亚的领导地位。如果中国重获其在东亚的最高地位,其会恢复传统的中国世界秩序的辉煌吗?

本章作者认为,对一战后的中国国际法方法之研究应该跳出中欧交往的框架,对此有必要探析中俄和中日的交往关系。

推荐阅读

Hamashita, Takeshi *China*, *East Asia and the Global Economy*: *Regional and Historical Perspectives* (Routledge London and New York, 2008).

King Fairbank, John (ed) *The China World Order*: *Traditional China's Foreign Relations* (Harvard University Press Cambridge MA 1968).

Liao, Minshu 'Qingdai Duiwai Tongshang Zhidu' (Foreign Trade System of Qing Dynasty) in *Jindai Zhongguo*, *Dongya yu Shijie* (Modern China, East Asia and the World) (Shehui Keshue Wenshian Press Beijing 2008) vol 2, 443–466.

Lin, Shuezhong *Cong Wangguo Gongfa dao Gongfa Waijiao*: *Wanqing Guojifa de*

Changru, *Quanshi yu Yuniong* (From International Law to International Law Diplomacy: The Importation, Interpretation and Practice of International Law in the Late Qing Dynasty) (Shanghai Kuji Press Shanghai 2009).

Svarverud, Rune *International Law as World Order in Late Imperial China: Translation, Reception and Discourse, 1847 – 1911* (Brill Leiden 2007).

Tang, Chi – hua *Beijing Zhengfu yu Guoji Lianmeng, 1919 – 1928* (The Beijing Government and League of Nations, 1919 – 1928) (Dongda Press Taipei 1998).

Tang, Chi – hua *Bai 'Feichu Bupinden Tiaoyue' Zhebi de Beiyang Xiuyueshi (1912 – 1928)* (Treaty Revision Campaign of the Beijing Government, 1912 – 1928: Out of the Shadow of the 'Abrogation of Unequal Treaties') (Shehui Keshue Wenshian Press Beijing 2010).

Wang, Dong *China's Unequal Treaties: Narrating National History* (Lexington Books Lanham 2005).

Wang, Tieya 'International Law in China: Historical and Contemporary Perspectives' (1990 – II) 221 *Hague Academy of International Law, Recueil des cours* 195 – 369.

Zhang, Yongjin *China in the International System, 1918 – 1920: The Middle Kingdom at the Periphery* (Macmillan London 1991).

第三十章　日本—欧洲

明石钦司（Kinji Akashi）

一、引言

本章主要讨论了日本在"遇到"国际法之后，其对国际法发展的贡献。有人提出，自地理大发现以来，欧洲国际法的适用范围扩大到欧洲以外的地区。正如本书其他几章所示，欧洲国际法扩张的时间段和适用的模式因地而异。[1] 在18世纪之前，前往东亚地区的欧洲人尽力适应该地区的区域性国际法体系，而没有试图将欧洲国际关系和国际法观念加于当地的统治者和民众[2]（"东亚"在本章中指中国和其他受中国著述和儒家思想等中华文明直接影响的政治实体；因此，该区域覆盖了今日的中国、日本、朝鲜、韩国、越南等）。日本人和欧洲人的相遇也是如此，即使在19世纪中期，在拜见日本幕府将军时，荷兰使节依旧遵循了日本的传统礼节。

随着帝国主义在19世纪的扩张，欧洲人的态度发生了变化。欧美国家向当地 的统治者解释了国际法的存在，并宣称应该用国际法调整他们之间的关系。对东亚的统治者和官员们而言，这些主张无异于胁迫。因此，与西方使者谈判如何打开

---

[1] 例如，在"发现"新大陆之后，国际法很快就被适用于南美洲。不过在东亚国家，虽然欧洲人在很早之前就与东亚人有所接触，但同样的情形在19世纪中期才发生。这是因为欧洲人在此区域的态度不同，他们最初并没有宣称其法律体系和文明在此区域有任何优越性。

[2] J. Fisch, *Die europäische Expansion und das Völkerrecht* (Steiner Stuttgart 1984) at 37-38.

封闭国门的日本官员们会对适用国际法流露出一种消极的态度也就不难理解了。

在国际法史的背景下评价这种消极态度时，我们往往得出结论认为日本在国际法的发展过程中没有起到任何积极的作用。可能的确如此。但是，我们也必须记住，一个国家被迫融入国际法与发挥影响力的世界是一回事，而这个国家将会如何运用国际法又是另一回事。日本历史即呈现了这两个不同的方面。

本章的目的正是通过描述这些方面来分析日本在与国际法相遇后，其是否以及如何对国际法的发展做出贡献。为此，我们首先回顾日本对"国际法"和"法律"的传统理解，进而考察日本官员和学者如何接受和利用国际法。

在切入正题之前，我们必须明确本章中所谓"相遇"的时间段。本章作者认为这段时期从美国战舰在海军准将马休·卡尔布莱斯·佩里的命令下于1853年到达位于江户湾口的浦贺海峡开始，结束于德川幕府于1868年倒台后建立的日本帝国政府的第一个十年（直到19世纪70年代末）。

二、"相遇"之前：日本对"国际关系"和"国际法"的传统理解

（一）"相遇"之前，日本对"国际关系"的理解

欧洲人抵达日本的最初记录可以追溯到1543年，彼时在一艘漂向种子岛海岸的中国船只上发现了两名携带武器的葡萄牙人。1549年，一个耶稣会传教士来到鹿儿岛；次年，一艘葡萄牙船只在靠近长崎的平沪港口抛锚（这些地方都位于日本的西南部）。日本以这种方式在16世纪中期开始和欧洲人交往。

然而，日本的"国际"关系却并非始自这样的"相遇"。有无数的历史记录证明，在东亚区域内的政治实体间存在着更古老与更紧密的联系。我们能找到日本（彼时被称为"Wa"，以下称为"古日本"）的第一个书面记录出自《汉书》，这份关于前汉朝（即西汉）的官方记载编写于公元1世纪，其被视为最重要的中国古代史料之一。据此，在公元前1世纪，古日本时期的民众分散居住在一百多个小地区，并且经常向西汉的统治者进贡。记录后汉朝（东汉）的官方史书编辑了大约423份记录，其中记载了古日本时期的一位国王于公元57年派使节到汉朝都城，中国的皇帝赐其王印。该史书还记载了一位古日本时代的女王——卑弥呼——于239年派遣使团到带方郡，该地位于朝鲜半岛中西部，并从3世纪初到公元313年受中国控制。次

年,带方郡的首领派遣代表团到古日本。此外,据记载,古日本时期有国王于243年派遣使节到魏朝。[3]

这些例证说明,在有文字记载的历史初期,"国际"关系就已经存在于东亚的政治实体间。然而,他们与基于国家主权的近代国际关系相距甚远,这是一个以中国为中心的朝贡体系,其存在的前提是中国在该区域的经济、军事甚至文化都占据支配地位。这种先决条件正是"中国中心主义"(Sinocentrism)的基础(当代历史学家对该词汇的意义、架构与性质的讨论持续进行,因此本章避免对其作出任何确切的解释)。[4]

公元502年(一位古日本国王被授予"东征将军"头衔)到公元600年(日本派遣了第一位使者到隋朝),中日关系有所停滞。但是,这并不意味着古日本在此时期彻底切断了所有的国际关系。恰恰相反,古日本在朝鲜半岛的内部冲突中积极地谋求武力介入。这段时期形成了日本式的"小型中国中心主义"时期。[5] 以下事实可以佐证。

根据448年编写的宋朝官方史录,一位古日本国王于公元5世纪侵略并征服了居住在日本北部和南部地区的人民。那些被征服的人民被迫臣服于古日本并备受日本人的歧视。古日本国王由此居于日本式中国中心主义秩序的概念中心。

除了这些古老的例子,早期近代日本"小型中国中心主义"的表述在丰臣秀吉

---

[3] 从中国正史的描述中发现有关日本的记录并被译为英文,这有赖于以下人的工作:R. Tsunoda and L. C. , *Japan in the Chinese Dynastic Histories*:*Later Han through Ming Dynasties* (P. D. & I. Perkins South Pasadena CA 1851);另见英译版的 *Nihongi* (or *Nihonshoki*),该书是日本于8世纪初编撰的最重要的史料之一;W. G. Aston (ed.) *Nihongi*:*Chronicles of Japan from the Earliest Times to A. D.* 697 (W. G. Aston trans) (Allen & Unwin London 1896; repr Routledge Abingdon 2011)。

[4] 关于"中国中心主义",见本书中由川岛真(Shin Kawashima)撰写的第十九章"中国"和由柳原正治(Masaharu Yanagihara)撰写的第二十章"日本"。有关"中国中心主义"的理论受费正清的影响较大。参见 J. F. Fairbank (ed.) *The Chinese World Order*:*Traditional China's Foreign Relations* (Harvard University Press Cambridge 1980); D. Twitchett and J. K. Fairband, *The Cambridge History of China* (CUP Cambridge 1980) vol 2;不过费正清的观点,尤其是他对"夷"的理解,遭到刘禾的强烈反对,参见 L. H. Liu, *The Clash of Empires*:*The Invention of China in Modern World Making* (Harvard University Press Cambridge 2004)。

[5] M. Sakayori, 'Kai-shisō no Shosō' (Some Aspects of the Idea of 'Flowery'-'Barbarous') in Y. Arano, M. Ishii and S. Murai (eds.) *Ajia no naka no Nihonshi V* (The Japanese History in Asia V.) (Tokyo University Press Tokyo 1993)27 - 58 at 44 - 46.

将军的对外政策中也清晰可见,丰臣秀吉在 16 世纪末征服了日本大多数地方统治者(15 世纪中期以来,日本饱受"战国时代"的战乱)。丰臣秀吉要求统治琉球群岛(主要的岛屿是冲绳)的王国和朝鲜半岛承认日本对其享有宗主权。

琉球群岛于 1429 年统一为一个王国。琉球群岛一直和明朝保持着朝贡关系,而这也是中国中心主义秩序的一部分。因此,当丰臣秀吉准备入侵朝鲜和中国时,琉球国王拒绝了他提出的派遣军队要求(丰臣秀吉执掌下的日本军队入侵朝鲜的本意在征服中国,此时中国正是明朝[1592—1598 年],其与日本处于休战时期[1593—1597 年])。丰臣秀吉死后(1598 年),萨摩(如今的鹿儿岛,日本本岛最南边的封地)的领主于 1609 年发动进攻并且征服了这个王国。被征服者被要求向征服者进贡,并派遣使节到德川幕府统治日本时的都城江户(东京的旧称)。与此同时,琉球王国同明朝和清朝依旧保持着朝贡关系。通过这种方式,琉球王国在两种(甚至三种)宗主权的统治下,被同时纳入到"中国中心主义"和"小型中国中心主义"的秩序之中,而其从外观上还保持着一个独立主权国家的身份。

朝鲜的"国际"地位比琉球群岛更为复杂,因为朝鲜王朝宣称其在领土范围内享有至高无上之权,此即朝鲜式的"小型中国中心主义",但与此同时,朝鲜和中国也保持着朝贡关系。这导致了朝鲜与日本关系的诸多问题。

自丰臣秀吉统治时期,日本和朝鲜通过地处两者之间的马岛领主宗氏家族(Sō)进行谈判。宗氏家族承认日本和朝鲜的宗主权,而两国则均声称对该区域享有至高无上之权。因此,宗氏家族的基本策略是避免两个大国间的冲突。丰臣秀吉曾要求朝鲜派遣使节到日本以示朝鲜臣服之意,因此朝鲜最终于 1590 年派遣第一个使节出使日本,但双方对此的理解截然不同。丰臣秀吉认为这表示朝鲜已经服从,而朝鲜人认为出访日本不过是为了"庆祝"丰臣秀吉完成一统日本的大业。当日本统治者不断要求朝鲜"成为其征服中国的棋子时",同样的状况再次发生。朝鲜人认为,这是在要求授予日本通行本国领土以到达中国之权利。这些相互的误解皆由宗氏家族的操纵而起,宗氏家族为了避免两大宗主产生矛盾而给了双方不同的解释(这里值得一提的是,中国作为东亚地区中的中国中心主义核心,其在西方列强将帝国主义侵略扩张到东亚地区之前并未参与到日本与朝鲜的冲突中,因为中国并不关心其朝贡国和其他非朝贡国之间的关系)。

　　日本和朝鲜通过共同的从属性实体进行交流的方式在日本闭关锁国[6]时期依然照旧。1635 年,德川幕府下令禁止日本人出国旅行;1639 年,德川幕府下令禁止葡萄牙船只进入日本,从而使上述政策得以实行。自那时起直到日本再次打开国门的 19 世纪中期,日本与除中国、荷兰、朝鲜及琉球群岛以外的世界都断绝了联系。

　　由于本书其他章节已对闭关锁国时期的日本展开讨论[7],所以本章作者将仅分析日本和荷兰之间的关系。荷兰是该时期这个远东国家唯一的欧洲伙伴,其接受日本传统观念逻辑的调整。[8]德川幕府对荷兰打开自己的国门,这是因为它认为荷兰民众没有任何在日本传播基督教的意图。荷兰人的活动完全受到日本政府的控制,并且他们与日本统治者的关系也适用"小型中国中心主义"的观念。[9]

　　以上讨论肯定了在从古代至 19 世纪中期与西方国家"相遇",日本并没有类似于近代主权概念和以主权平等观念为基础的"国际"关系观念。

(二)"相遇"之前,日本的"法律"观念

　　在中世纪——特别是镰仓时期(1192—1333 年)——"法律"在日本的概念同等于"理性"(Dōri,字面意义是"方式"和"理性",它表示一种"应然状态")。这种"法律"不能由统治者随意制定。换言之,"理性"限制了统治者的权威。"理性"在当时意味着道德规则,其中最重要的部分指自平安时代(794—1185 年)起不断发展而来的武士(Bushi 或 Samurai)日常生活中的常识。

　　然而,在近代早期,我们发现了"法律"的另一番图景,它与日本中世纪对法律的理解截然不同。这个新概念可以用"非理法权天"的日本谚语加以概括,即"非理

[6] "锁国政策"一词在官方文献中的首次使用是在 1858 年,一位负责海防的日本高级官员就哈里斯问题作出汇报。哈里斯是美国派往日本的首位总领事,他想要再次造访江户。可以得出基本可靠的结论,即在德川政府倒台之前,通常使用的是"禁止航海"而不是"锁国"。参见 Y. Arano, 'Kaikin to Sakoku' (The Prohibition of Voyage and the Seclusion) in Y. Arano, M. Ishii, and S. Murai (eds.) *Ajia no nakano Nihonsi II* (The Japanese History in Asia II) (Tokyo University Press Tokyo 1992)191 - 222 at 207 - 213.

[7] 关于日本的闭关锁国,参见本书中由柳原正治(Masaharu Yanagiharu)撰写的第二十章"日本"。

[8] 在闭关锁国时期,尤其是 18 世纪时期,日本学者根据描述古代史(以日本皇室和国家的建立为顶峰)的书面材料(如 712 年的《古事记》和 720 年的《日本书纪》)整合并发展了日本传统的宇宙观。

[9] 阿礼国是第一个被派往日本的英国大使(1859 年 7 月至 1864 年 12 月被派往江户),他在德川幕府倒台前的几年间发挥了重要的作用。阿礼国描述称,甚至在闭关锁国政策被废除之后,"美国、荷兰和俄国的使节往返于首都寻求谈判时,有时也会从长崎或函馆过来,如同荷兰人以往觐见朝贡的路线"。参见 R. Alcock, *The Capital of the Tycoon: A Narrative of a Three Years' Residence in Japan* (Longman London 1863; repr Scholarly Press St. Clair Shores MI 1969) vol 1, at 400。

性、情理、法令、权力和天理"。"非理性"表示违反情理之物，而"情理"是指被每个人的常识所确认之物。"法令"并非指佛教法，也不是自然法，而是由德川幕府所制定的法律。"权力"是指皇帝和幕府的权力和权威。"天理"源于中国古代哲学，其指代至高无上和万能的上帝。[10] "非理法权天"表明"非理性"受"情理"的制约，"情理"受"法令"的制约，"法令"受"权力"的制约，"权力"受"天理"的制约。[11]

在这个等级秩序中，我们发现了两个特征。首先，"法令"胜过"情理"，这两者的次序在中世纪的日本有所变化；其次，"法令"和"情理"都低于统治者的"权力"。这些都是日本早期近代"法律"概念的特征，而第二点显然与近代欧洲法的原则相矛盾，近代欧洲法崇尚"法律至上"，甚至统治者也应当受制于法律。

730

三、"相遇"和日本对欧洲国际法的"接受"

(一)"相遇"

我们已经在前几节中了解了欧洲列强在 17 世纪初试图使这个奉行闭关锁国政策的国家打开国门时的日本的观念性前提条件。

在美国战舰于 1853 年和 1854 年出现在江沪湾后，日本被迫加入与西方列强的外交关系。如前文所述，荷兰和日本一直保持着正式的商业合作关系。其他国家同样派遣使者到日本，如俄罗斯于 1792 年派遣使节亚当·克拉克斯曼（Adam K. Laksman）和于 1804 年派遣使节尼古拉·帕扎诺夫（Nikolaj P. Rezanov），以及法国战舰于 1844 年和 1846 年分别在福尼耶·杜普兰（Bénigne E. Fornier-Duplan）船长和海军上将让·巴蒂斯特（Jean-Baptiste T. M. Cécille）的指挥下前来日本。但是，美国率先决定诉诸武力强迫日本改变长期维持的闭关锁国政策。[12] 此外，美国还是第一个逼迫日本以国际法来调整两国外交关系并以西方的方式缔结条约的国家。

---

〔10〕 S. Takigawa, *Hi-Ri-Hō-Ken-Ten*（非理性、情理、法令、权力和天理）（Seiabō Tokyo 1964）at 19 - 25。

〔11〕 H. Asako et al(eds) *Nihon Hōseishi*（日本法律史）（Seirin Shoin Tokyo 2010）at 108。

〔12〕 1846 年，在马修·佩里远征日本的七年前，美国海军准将詹姆斯·比德尔带领两艘美国军舰来到浦贺水道，其试图在美国和日本之间建立贸易关系，但他的努力最终失败了。佩里似乎从比德尔失败的教训中学会了如何"摆平"日本官员。关于佩里舰队的远征，参见 M. C. Perry, *Narrative of the Expedition of an American Squadron to the China Sea and Japan Performed in the Years 1852, 1853, and 1854*（F. L. Hawks ed.）（AOP Nicholson Washington 1856）vol 1。

鉴于前文所述的日本传统"国际法"和"国际关系"之观念,与美国人谈判的日本官员一定对欧美国际法感到很困惑。但是,长期以来闭关锁国的日本人民很快意识到他们的传统政策不能再继续下去,因为他们并非完全对世界形势一无所知。事实上,即使在闭关锁国时期,德川幕府依然可以通过不同的渠道获得外部世界的信息。[13] 因此,当幕府将军及其幕僚有意打开日本国门时,他们已经考虑到了当时世界的现实状况,特别是西方列强对中国的侵略。

这种认识越来越强烈,但是在决定与美国签订条约并打开国门后,日本国内的混乱也愈演愈烈。"尊王攘夷"被倒幕派作为推翻德川幕府的口号,其标志着日本民众对西方列强的恐惧和厌恶。然而,在西方人和倒幕派的日本封建领主大名(Daimyō)发生冲突之后,倒幕派很快意识到西方列强在军事上的优越性。

认清现实后,日本所有政治派系都认识到废除锁国政策的紧迫性。无论是保幕派还是倒幕派都对吸收西方"文明"和"科学"知识热情高涨。应当指出,这并不是日本民众第一次试图获取此类知识。不仅荷兰人向幕府提供了很多材料,汉译西方著作也为日本打开了通向欧洲文明的路径。除了描述基督教的书籍之外,德川幕府从中国输入了很多介绍西方科学技术的书籍。[14] 但是,"相遇"时期输入的科学和技术书籍中有一个重要的特征,即虽然在闭关锁国时期输入的汉译书籍都与自然科学和技术相关[15],但日本人民在"相遇"时期尝试获取的知识却不仅限于如此"纯粹"的科学及其适用。可想而知,法律、政府、经济等领域的西方知识对日本和西方列强的"交际"而言是至关重要的。国际法理所当然地成为了那些正在发生急剧变革的国家应该学习的一项重要新课题。

---

[13] 举例而言,在闭关锁国期间,日本的信息来源之一是位于长崎的荷兰工厂厂长(代表)所提供的 *Oranda Fūsetsu Gaki*(荷兰新闻报导)。

[14] 关于日本在德川时期输入的中文书籍,参见 O. Ōba, *Edojidai niokeru Tōsen Mochiwatasisho no Kenkyū*(Studies on Chinese Books Imported to Japan by Chinese Vessels in the Yedo Period)(The Institute of Oriental and Occidental Studies [Kansai University] Suita 1967);M. Kawakatsu, *Nihon Kinsei to Higashi Ajia Sekai*(早期现代日本与东亚世界)(Yoshikawa Kōbun-kan Tokyo 2002)at 259 – 330。

[15] 在中国创造和发展起来的有关法律制度、政府治理和经济制度的作品被允许输入。

(二)"继受"

让闭关锁国中的日本民众去接受建立在国家主权平等之上的国际法体系,这当然很困难,因为"相遇"之前的宇宙学——建立在区域性"国际"同心圆体系基础之上,圆心是日本——与欧洲人的普遍理解大相径庭。对于与外界隔绝已经超过两个世纪的日本人而言,"遇到"国际法只会让他们在心理上感到是被迫打开国门,并为了新形成的国际关系而被迫接受欧洲的法律概念。然而,这种"被强迫"的感觉并不必然表示他们对国际法的适用抱着不情愿的消极态度。日本人民——特别是和西方人直接打交道的日本官员——事实上已经在积极地汲取知识,且宇宙学观念的根本转变似乎已经很顺利地完成了。

日本对获取西方文明知识以及尤其是学习国际法的热情主要通过以下四个渠道完成:外国书籍、派去西方国家学习的日本学生和官员、受雇于政府的外国人(Oyatoi Gaikokujin)以及西方派遣到日本的使节。

首先,就国际法书籍而言,主要输入了两类著作,即中文译著和以欧洲语言书写的教科书。在"相遇"时期,前一种输入到日本的作品中,最重要的是亨利·惠顿的《万国公法》。该书首先由美国新教传教士丁韪良译成中文,并于19世纪60年代中期在中国出版。[16] 中译本大概在1865年或1866年输入日本,并且英文原本和中译本随后均被译成日文。通过同样的方式,吴尔玺(T. D. Woolsey)的《公法便览》(*Introduction to the Study of International Law*)[17]和伯伦知理(J. C. Bluntschli)的《公法会通》(*Das Modene Völkerrecht als Rechtsbuch*)分别于1878年和1881年在日本流通。第一部从英文直接译成日文的著作是马尔顿斯的《星轺指掌》(*Guide diplomatique*),该书由福地源一郎(Gen-ichirō Fukuchi)翻译并于1869年出版。詹姆斯·肯特和亨利·哈列克(Henry Halleck)的著作也被译成日文,并先后于1876年和1878年出版,这两部译著都是在没有中文译本的帮助下完成的。赫福特(1877年)、阿莫斯(1879年)和霍尔(1888年)的教科书也都先后出版了日译本。

其次,在出国留学的日本学生和官员中,对国际法史最为重要的人当属西周

---

〔16〕 有关于此,也可参见本书中由刘禾(Lydia H. Liu)撰写的第五十六章"亨利·惠顿(Henry Wheaton, 1785—1848年)"及由川岛真(Shin Kawashima)撰写的第十九章"中国"。

〔17〕 不过,吴尔玺的教科书由箕作麟祥于1873年首次从原著直译为日文。

(Amane Nishi)。西周和津田真道(Mamichi Tsuda)[18]一起被派往欧洲,并在荷兰的莱顿学习。在教授西蒙·菲塞林(Simon Vissering)的指导下,西周对包括国际法在内的多个领域都有所研究。从欧洲学成归来后,西周将他在莱顿学习时的课堂笔记译成了日文并在 1868 年以《万国公法》(Bankoku Kohō)为题出版发行。

第三,德川幕府和封建领主们雇佣的外国人在日本西化的进程中发挥了重要作用。如上文所述,日本的锁国政策并不意味着完全与世隔绝,其获取当时外交事务信息的官方渠道仍然存在。朝鲜人、中国人、荷兰人,甚至是其他国家来日并在荷兰工厂工作的西方人都提供了这样的信息,例如德国人恩格尔伯特·凯姆珀(Engelbert Kaemper,1651—1716 年)和菲利普·弗兰茨·冯·锡伯德(Philipp Franz von Siebold,1769—1866 年)。然而,此时还有一批外交官之外的外国人也来到了日本。在德川幕府统治后期(1854—1868 年),大约 200 个外国人被德川幕府或者封建领主雇佣为语言老师或教授技术者。[19] 长达两个半世纪的极权垮台后,西方人继续为新建立的帝国政府服务,包括出任顾问或从国际法的视角对外交政策提出建议。受日本外交部门雇佣的外国人包括美国人皮塞·斯密斯(Peshine Smith),他于 1871 年至 1876 年在外交部门任职,他也是第一个受雇于日本政府的外国人;德国法学家海尔曼·罗斯勒(Hermann Roesler),他于 1878 年(直到 1893 年)受日本政府邀请担任国际公法顾问,他对日本法律“近代化”贡献颇多,并在宪法、民法和商法典的起草中发挥了关键作用;美国人亨利·丹尼森(Henry W. Denison),他于 1880 年至 1914 年担任国际公法顾问。[20]

---

[18] 津田真道后来出版了 Taisai Kokuhō-ron(关于西方公法)。该书翻译了津田真道对菲塞林在莱顿演讲的注解笔记,其是首部向日本人介绍西方法学的著作。

[19] 在德川幕府雇佣的外国顾问中,大部分都是法国人。德川政权倒台时,政府部门中有 84 位法国雇员(这是因为被派往江户[1664 年 4 月至 1868 年 6 月]的法国公使莱昂·罗切斯与正在衰亡的政府成功建立起了良好的关系)。A. W. Burks, ‘The West's Inreach: The Oyatoi Gaikokujin’ in A. W. Burks (ed.) The Modernizers: Overseas Students, Foreign Employees, and Meiji Japan (West View Press Boulder Co 1985)187 – 206 at 190。

[20] 在制定外交政策时,新日本帝国政府最关心的是前任政府与西方列强签订的“不平等”条约。参见 A. Peters, ‘Unequal Treaties’ in R. Wolfrum (ed.) The Max Planck Encyclopedia of Public International Law (OUP Oxford 2008) at〈www.mpepil.com〉。这些条约中的不平等之处主要在于领事裁判权问题(千九鹤太郎[Tsurutarō Senga]向柏林大学提交专题论文以便解决这个问题,这一事实说明了领事裁判权问题的重要性)。参见 T. Senga, Gestaltung und Kritik der heutigen Konsulargerichtsbarkeit in Japan (Phd thesis Frederick William University Berlin 1897)。来自意大利的外国顾问亚历山德罗·帕特诺斯特罗(Alessandro Paternostro)向西方人呈现出 （转下页）

上文提及的三种渠道在"相遇"初期非常重要,但是对于获取国际法实践知识而言,最关键的还是第四种渠道——来日的西方外交官。

第一个根据条约被派到日本的西方使节是美国总领事哈里斯(Townsend Harris),他参与建立两国间一种实质性改进的条约关系。[21] 哈里斯在日志中[22]记录了驻日经历,从其每天的日常生活到外交谈判中(1856年8月至1859年6月在下田,1859年7月至1862年5月在江户),我们见证了他驻日期间作为一个信息传递者和一个国际法专家对日本官员的影响力,尤其是在使节法方面。下文的例证出自哈里斯的日志,此例证可以成为做出这种评价的依据。[23]

日本官员在多个场合接受了相互致敬、递交全权证书等仪式,以此来回应汤森・哈里斯提出的遵守国际礼仪的要求。[24] 自从两国建立外交关系以来,将美国总统的信件转交给日本将军(Tycoon)所应遵守的礼节就饱受争议,但最后日方还是遵照了美国使节的要求。[25] 汤森・哈里斯向日本官员解释了他"根据国际法享有的毋庸置疑的权利"[26]以及驻日使节和领事的权利[27]。最后,哈里斯让日本官

(接上页)该问题,参见 A. Paternostro, 'La revision des traités avec le Japon au point de vue du droit international' (1891) 23 *Revue droit international et législation comparée* 5 - 29 and 176 - 200)以及日本缺少关税自治权问题。为了修改他们,日本应当证明自己与西方国家处在平等的地位。因此,日本的国家政策主要在于成为一个"文明的"(亦即"西化的")国家,而国际法的适用便是证明日本可以被"文明化"的关键证据之一。从逻辑结果来说,各条约于20世纪初被"平等化"后(领事裁判权于1899年被废除,关税自治权于1911年恢复),外事领域(包括国际法领域)便不需要外国顾问了。不过,事实上,直到第二次世界大战之前,日本政府还是继续雇佣西方人参与其外交关系。英国人托马斯・巴蒂(Thomas Baty)便是其中之一,他就职于外事部门,并于1954年在东京去世。

[21] 哈里斯的努力促成了两国于1857年6月17日在下田签订条约,以及1858年7月29日在江户(东京)签订有关和平关系和商业贸易的条约。

[22] T. Harris, *The Complete Journal of Townsend Harris* (M. E. Cosenza ed.) (Doubleday, Doran and Company New York 1930).本章中使用的版本是其修订版 (Rutland Vermont 1959) at xix and 616。

[23] 另见亨利・豪伊斯肯(Henry Heusken)的日志,他是一位荷兰人,为哈里斯担任英荷翻译(在那时候,唯一能和日本人交流的欧洲语言是荷兰语)。不过,实际上,在官方任务之外,豪伊斯肯还为其他西方使节及许多日本熟人提供建议和帮助。H. Heusken, *Japan Journal: 1855 - 61* (J. C. van der Corput and R. A. Wilson eds. and trans.) (Rutgers University Press New Brunswick NJ 1964).该日志也证实了哈里斯的描述之可靠性。

[24] 参见 *The Complete Journal of Townsend Harris* (n 22),尤其是第344—345页。

[25] 同上,第447—458页。

[26] 同上,第456—457页。

[27] 同上,第507页。

员了解了仲裁者的地位以及中立法的内容。[28]

根据哈里斯的日志,日本官员眼中的国际法概念更多的是指"西方国家的实践或是在各国普遍适用的法律",在他们看来,国内法和国际法的概念区别模糊不清,[29]并且日本官员十分热衷于收集有关国际法的具体知识。简而言之,日本官员对抽象性或者概念性的国际法问题不太感兴趣,他们真正想要的是实践知识,这种知识对于与西方列强维持"和平"关系而言是必不可少的。

在废除闭关锁国政策后,日本成功地通过各种渠道快速汲取了国际法知识。这个国家开始将新学到的知识运用到外交实践中。

(三) 运用

萨道义(Ernest Mason Satow)是一个在日本居住了超过 20 年的外交官(1862—1883 年),他见证了日本迅速利用国际法知识的历程。其在驻日期间记载的日志[30]中提到了 1862 年 9 月 14 日在横滨附近发生的生麦事件(Namamugi),而此时距离哈里斯离开日本仅仅过了几个月。在该事件中,有权势的萨摩藩封建领主的封臣用剑刺死了一个英国商人(他的两个同伴也受了伤)。在此事件之后,德川幕府替萨摩国的领主出面与英国的外交官谈判。[31] 萨道义也记录了"中央"政府秉持同样态度的下关事件。下关(属于日本西部长州番的一部分)的一座堡垒向西方船只开火引发了此事件,[32]而德川幕府承担了地方领主的责任。[33] 这些事件或许展现了日本准确而迅速地认识到"中央"政府应该如何根据国际法行事。此外,继哈里斯之后,派驻日本的其他西方外交官在报告和日志中称教授国际礼节

---

[28] 参见 *The Complete Journal of Townsend Harris* (n 22),尤其是第 515 页。哈里斯还提议(日本官员也同意)将美国总统的角色规定为"在有需要时,日本人的调解人",并提议称"在中立法允许的范畴内,美国士兵和领事应当帮助日本船只及其船员"。

[29] S. Kōzai, 'Bakumatsu Kaikoku-ki niokeru Kokusaihō no Dōnyū' (Japan's Initial Encounter with International Law in the Late Tokugawa Period [Kōzai's translation]) (1975) 97 *Hōgaku Ronsō* (*KyōtoLaw Review*) 1 - 38 at 31.

[30] E. M. Satow, *A Diplomat in Japan* (Seeley London 1921).

[31] 萨道义记录了生麦事件及其所导致的幕府支付赔偿款的后果(*A Diplomat in Japan* [n 30] 50 - 83)。不过,萨摩藩的首都鹿儿岛随后还是遭到了英国舰队的轰炸和来自英方的赔款勒索(同上,第 84~94 页)。由此可知,虽说幕府极力想证明其作为日本唯一代表的合法性,但欧洲公使馆发现一些实力强劲的封建领主实际上还是独立的。

[32] 萨摩藩和长州藩在后来成为倒幕派和封臣(大部分是低级封臣)的重要成员,他们控制了新帝国政府的关键力量。

[33] *A Diplomat in Japan* (n 30) 135.

和法律的场合大幅减少，[34]这同样表明日本在吸收新知识时的迅捷性以及哈里斯在"相遇"初期的重要性。

　　上文均是德川幕府运用国际法的例子。萨道义还谈到了斯东瓦尔-杰克逊案，

在该案件中，新帝国政府援引国际法来对抗前政府和西方列强。该案发生于幕府派和帝国政府持续不断的战事中，后者系于 1868 年 1 月 3 日根据《王政复古大号令》（Imperial Declaration of Restoration）而成立。[35] 在倒台前，幕府已经签订合同，决定从美国购买装甲舰斯东瓦尔·杰克逊号，以及从法国人处购买另外两艘装甲舰。当美国制造的船只准备向初始购买者发货时，帝国政府根据中立法，要求供应商不要将其交付给幕府派。帝国政府的遵守中立法之请求也同时向其他西方国家政府提出。[36] 美国批准了该请求并中止交付。还有其他例子同样可以证明日本政府积极运用国际法规则。[37]

　　此外，榎本武扬案也很有趣（武扬后来在帝国政府中身居要职，他成功地与俄罗斯进行谈判并缔结了交换千岛群岛［Kuril Islands］和库页岛［Sakhalin］的 1875年条约）。虽然幕府派被击败（1868 年），但德川幕府的封臣和保幕派的封建领主们仍在顽固抵抗。效忠德川幕府的武扬曾于 1862 年到 1867 年在荷兰学习，他是一名训练有素的海军官员。武扬掌管着已经倒台的德川幕府的海军，并在北海道南部的函馆（Hakodate）负隅顽抗。据说武扬计划在北海道成立一个独立的共和国，根据国际法，他要求西方使节保持中立，并认可他作为国际法上的交战者地位。虽然武扬的计划最终没有奏效，但他的请求确实得到了一些使节的认可。[38]

（四）对国际法的热情

　　上述论证表明，尽管日本在与国际法"相遇"之后很快便被迫废除锁国政策，并在日本和西方列强间适用国际法，但日本官员和学者们热衷于获取这些实践性规则（而不是国际法中观念性或者抽象性的问题），并且迅速地学以致

---

[34] *The Capital of the Tycoon* (n 9).
[35] 斯东瓦尔-杰克逊案记录于 *A Diplomat in Japan* (n 30) 404。
[36] 据说，要求西方各国根据中立法承担义务的想法出自英国公使馆。*A Diplomat in Japan* (n 30) 330。
[37] 诸如此类例子，可以在日本官员和西方使者就承认帝国政府问题的谈判中获知。参见 *A Diplomat in Japan* (n 30) 307 - 325。
[38] 关于武扬的抵抗，参见 *A Diplomat in Japan* (n 30) 395 - 408。

用于现实案件中。[39] 日本为何能够立即改变其传统政策并热衷于适应西方列强
带来的新现实？其中有诸多原因。本章所做的分析表明，日本通过上述渠道获取
的信息非常重要。在"相遇"初期，日本一直保持着与荷兰之间的关系，日本由此认
识到东西方权力关系发生了彻底转变，而这对日本非常关键。[40] 与此同时，西方外
交官向日本官员介绍了一系列的国际法实践知识和具体规则，这对日本也很重要。

下一节的讨论将阐述日本在"相遇"时期后对西方列强和国际法保持着相同的
态度，它的动机也基本和之前一样，都是为了证明自己是符合西方要求的礼仪之
邦。然而，其修订不平等条约的目标愈加突出。

四、"相遇"之后

(一) 第一次世界大战之前：守法

1. 参与国际组织

在"相遇"时期之后，为了证明自己与西方列强处于同等地位，日本政府开始参
与西方主导的国际组织活动。

1877 年，由于内战中出现的反人道主义暴行（西南战役是旧封臣发动的最后
一场同时也是规模最大的暴动，其由西乡隆盛领导，并表达了对帝国政府的不满），
慈爱社（Hakuai-sha）得以建立，并且其于 1887 年改名为"日本红十字会"。就在国
际红十字会承认日本正式加入该组织后，作为第一个亚洲参与者，日本红十字会应
邀于 1887 年 9 月参加在卡尔斯鲁厄举办的第四届国际红十字会会议。与此同时，
日本于 1886 年加入了《日内瓦公约》（Geneva Conventions）。[41]

---

[39] 另外值得一提的是，无论是哈里斯的日志还是西方使者编撰的其他编年史，其中均未出现任何明
确提及国际法抽象性理论的语句。

[40] 阿礼国记载如下："我们似乎有理由相信，日本接受了中肯的劝告，或许可以很好地理解和重视那
些导致欧洲和东方的相对地位变化的改变。部分原因是日本人很快意识到当前所发生的事实的
正确意义和重要性。但这也归功于他们与荷兰保持的持续关系。一扇门打开了，通过这门，他们
可以获取到世界上所发生事件的可靠消息。毋庸置疑的是，早自 1845 年，在与中国的第一次战争
结束之后，荷兰便正式致力于改变日本人的思想观念，以使其接受这些无可避免的改变。"*The
Capital of the Tycoon*（n 9）205 - 206。

[41] 关于日本红十字会的早期历史，参见 N. Ariga, *La Croix-Rouge en Extrême-Orient : exposé de l'
organisation et du fonctionnement de la Société de la Croix-Rouge du Japon*（Présenté àl'
exposition universelle de 1900 par la Société de la Croix-Rouge du Japon）（A Pedone Paris 1900）。

在建立慈爱社的同年,日本作为第一个亚洲参与国加入了 1874 年建立并于 1878 年更名为"万国邮政联盟"的"总邮政联盟"(General Postal Union)。就 1865 年创立且最初名为"国际电报联盟"的国际电信联盟而言,日本先是于 1871 年以观察员的身份参加会议,并最终于 1879 年正式加入该组织。

2. 日本和战争

日本企图利用战争向西方列强彰显其文明,而这项任务也由日本国际法学家负责。在中日甲午战争(1893—1894 年)期间,精于战争法的顾问们(有贺长雄与高桥作卫)随日本帝国军队和海军出征,并且他们用欧洲的语言出版了描述战争经历的书籍。[42]

这些出版物实现了他们的目的。西方人对于日本人守法的态度给予了高度评价,[43]其中包括牛津大学教授托马斯·霍兰德,他是为日本辩护的领军人物。在 1898 年出版的著作中,霍兰德宣称"日本以一种西欧国家最为文明国家的方式遵守战争法,不论是在对待敌人的态度中,还是在其和中立国的关系中都有所体现"[44]。

然而,日本遵守战争法的决定不仅仅是为了向西方国家表明自己的清白。在战争期间,日本利用中国的港口(特别是上海)来保证其中立贸易不受干扰,并由此显示对贸易利益的尊重。[45] 日本以这种方式来推行外交政策,其着眼于和西方国家保持良好的外交关系,并且其守法态度也符合它的外交策略。这是日本对当时西方列强主导下的国际政治所采取的现实主义策略。

---

[42] 尤见 N. Ariga, *La guerre sino-japonaise au point de vue du droit international* (Pedone Paris 1896) 以及 S. Takahashi, *Cases on International Law during the Chino-Japanese war* (CUP Cambridge 1899)。

[43] 高桥就他的著作出版了一本书评汇编。S. Takahashi, *Äusserrungen über völkerrechtlich bedeutsame Vorkommnisse aus dem Chinesisch-Japanischen Seekrieg und das darauf bezügliche Werk*:'*Cases on International Law during the Chino-Japanese war*' (Reinhardt München 1900)。

[44] T. E. Holland, *Studies in International Law* (Clarendon Oxford1898) at 128;相较之于日本,霍兰德认为中国人虽然"已经展现了自己对大使礼节和外交行为的精通",但中国"没有任何迹象表明接受文明战争的使用",第 129 页。最后,霍兰德总结称"他们还没取得对战争法的尊敬"。

[45] W. M. Langer, *The Diplomacy of Imperialism 1890 - 1902* (2nd edn Knopf New York 1951) at 173 - 174.

在日俄战争（1904—1905 年）期间，日本政府更大规模地采取了相同的策略[46]来获得西方的肯定，而且该策略也的确相当成功。[47]

(二) 两次大战的间隔期：挫败

在第一次世界大战之前，日本一直保持着守法的态度，它作为一个新的大国参加了凡尔赛会议。但是，这种自信却逐渐减少，并徒留下挫败感。

第一个明显的例子是日本在起草《国际联盟盟约》期间产生的不满情绪。日本代表团作为一个非白人的新兴力量，其在凡尔赛会议谈判时要求增加一则"所有人类种族皆平等"的条款到盟约中。[48] 这个来自东方的新兴国家在后白人时期或后欧美主导时期一直倡导着这一观念。日本致力于首先在这个问题上创立一个特殊的条款，其次希望在盟约的序言里加上一段文字。虽然当时的美国总统威尔逊略表现出对日本的支持，但这些要求最后还是为西方国家所彻底拒绝，从而徒留给日本国挫败感。[49] 日本不得不承认当时的国际政治依旧由白人主导。[50]

---

[46] 参见 H. Nagaoka, 'La guerre russo-japonaise et le droit international' (1904) 36 *Revue droit international et législation comparée* 461 – 515; H. Nagaoka, 'Étude sur la guerre russo-japonaise au point de vue du droit international' (1905) 12 *Revue générale de droit international public* 603 – 636; N. Ariga, *La guerre russo-japonaise au point de vue continental et le droit international d'après les documents officeils du grand état-major japonais* (P. Fauchille pref) (Pedone Paris 1908); S. Takahashi, *International Law Applied to the Russo-Japanese War with the Decisions of the Japanese Prize Court* (Stevens and Sons London 1908).

[47] 尤见 S. Takahashi, *Reviews of Dr. Takahashi's Recent Work*, '*International Law Applied to the Russo-Japanese war*' (Tokyo Print Tokyo 1909); A. S. Hershey, *The International Law and Diplomacy of the Russo-Japanese war* (Macmillan New York 1906); J. A. White, *The Diplomacy of the Russo-Japanese War* (Princeton University Press Princeton NJ 1964).

[48] 日本提出该倡议的背景如下：自 19 世纪末起，对日本移民的抵制在美国愈演愈烈，尤其是在诸如加利福尼亚等西部各州（对中国移民的抵制热潮早在 19 世纪 70 年代便燃起了）。1907 年，美国的移民法修改，日本于是与美国签订《日美绅士协约》。根据该协约，除非重新进入美国或者属于特殊工种，否则日本政府不再向日本移民工人发放进入美国大陆的护照。由于"白色澳大利亚政策"之故，日本和澳大利亚间也存在类似性质的问题。

[49] 关于日方提议的文本，参见 S. Tachi, *Kokusai-Renmei Kiyaku Ron*（关于《国际联盟盟约》的评论）(Kokusai Ren-mei Kyōkai Tokyo 1932) at 11 – 14。

[50] 日本政府是否真的相信所有种族平等这一普世价值观以及是否反对种族歧视，这点仍有疑问。以美国抵制亚洲移民工人为例，中国政府与美国签订条约以正式阻止中国移民前往美国。日本政府则坚持反对此等条约，因为签订此类条约意味着日本承认自己与中国和其他非白人国家处于同一地位。作为亚洲的一个新兴帝国主义国家，日本无法接受该等侮辱性的待遇。显然，日本歧视其他亚洲国家。参见 YŌnuma, 'Harukanaru Jin-ken Byōdō no Shisō' (The Far Distant Idea of the Equality of Human Rights) in Y. Ōnuma (ed.) *Kokusai-hō, Kokusai-Rengō to Nippon* (International Law, the United Nations and Japan) (Kōbundō Tokyo 1987) 427 – 480 at 436 – 439 and 475。

虽然有这段苦涩的经历,但日本依旧位列国际联盟 45 个初始成员国之内,并成为其理事会的常任理事国,而日本也因此跻身到世界的强国行列。基于日本的声望和地位,它在国际联盟存在的前十年里,在国际舞台上表现得十分活跃。例如,松田道一是国际联盟中负责国际法编纂的法律专家之一,而杉村阳太郎是在海牙起草空战规则的法律委员会成员之一。此外,在新成立的国际常设法院中,1942年前总是有日本法官的身影。[51]

然而,日本刚获取的国际地位并没有消除其在国际政治中的挫败感。国际联盟不仅是一个国际合作的舞台,更是一个帝国主义的竞技场。日本参与到世界范围内的帝国霸权竞争中。日本帝国主义在东亚不断扩张时,日本在台湾和朝鲜半岛实行殖民统治,并于 1931 年 9 月挑起了"九一八事变"。1932 年 3 月 1 日,所谓的满洲国宣布建立;同年 9 月 15 日,日本宣布承认这一新国家。面对日本在中国的军事扩张,国际联盟派出一支调查团并最终向国际联盟递交一份报告(李顿调查团的报告书),该报告后来于 1932 年 10 月初公布。报告不承认满洲独立并反对日本的观点,但其中也承认了日本在这个区域的"特殊利益"。[52] 次年,德国、意大利和日本陆续退出国际联盟并继续帝国主义扩张的脚步。

同时,日本帝国主义的发展不无理论支撑,它在国际法领域中的理论根据和法律

---

〔51〕国际常设法院中的第一位日本籍法官是小田滋(Yorozu Oda),他自常设法院成立后便担任法官一职(1921—1930 年)。第二位是安达(Mineichirō Adachi),在前往常设法院之前,他不但在日本大使馆工作,而且还是一位国际法专家,尤其是他曾于 1920 年担任国际常设法院的法律起草法学专家顾问委员会的成员。安达于 1930 年 9 月被选任为国际常设法院法官,并于次年 1 月就任常设法院院长(1934 年 12 月 28 日,安达在阿姆斯特丹去世,其在常设法院的任职终止;荷兰政府为他举行了国葬,表达了哀悼)。第三位,也是最后一位,是长冈(Harukazu Nagaoka)。在安达去世后,哪怕日本已于 1935 年 3 月 27 日退出国际联盟,但长冈还是于 1935 年接任安达的职位(由于日本保留其作为国际常设法院公约缔约国的身份,并且参加选举常设法院法官的国联大会和理事会,所以这一情形才可能发生)。参见 M. O. Hudson, *The Permanent Court of International Justice 1920 - 1942: A Treatise* (Macmillan New York 1943) 254 ff. 长冈的任期应于 1939 年(即安达原本的任期终结时)终止。但是,事实上,明显由于第三次法官大选的推迟,长冈保留自己的席位至 1942 年 1 月 15 日,当其辞职书由常设法院院长转呈至国联秘书长时,其任期终结。关于常设法院的日本籍法官,参见 K. Akashi, 'Japanese Predecessors of Judge Oda in the World Courts: Works and Method' in N. Andō, E. McWhinney and R. Wolfrum (eds.) *Liber Amicorum Judge Shigeru Oda* (Kluwer Law International The Hague 2002) vol 1, 9 - 22。

〔52〕关于国际联盟内部就李顿报告书的审议意见,参见 H. Kobayashi, *Kokusai Chitsujo no Keisei to Kindai Nippon* (The Formation of International Order and the Modern Japanese State) (Yoshika Koubun-kan Tokyo 2002) 185 - 206。

术语来自大东亚国际法(Dai-Tōa Kokusai-hō)理论,对此本书将在别处展开论述。[53]

五、结论

自古以来,日本对"国际关系"和"法律"就有着特殊的理解,该理解从本质上与建立在国家主权平等基础上的国际法并不相容。闭关锁国的政策不可避免地被迫废除之后,日本迅速地适应了西方列强强加于其上的现实,并在没有被殖民的情况下迅速调整了政策。在短短半个世纪内,至少从外观上,日本已经进入了"文明国家"的行列。日本意识到国际法对于使其在西方主宰的世界中生存而言至关重要,然而这个国家有时从国际法中不免期许过多。

从"相遇"时期直至第二次世界大战,日本官员和学者不断学习西方列强制定的国际法。甚至于"大东亚国际法"的理论也似乎是德国"大空间"(Grossraum)或者"生存空间"(Lebensraum)理论的翻版。从这个意义上来讲,虽然日本尝试(并且有效地)利用国际法,并且其与西方国家一起加入到了国际组织和国际行动中,但它对国际法的发展一直态度消极。因此,如果有人问到日本对"国际关系"和"国际法律秩序"的最初理解是否"影响到相遇后的国际法制度",那么答案应该是否定的。

然而,日本在接受国际法时的历史经历之重要性不容小觑。日本官员和学者一直被灌输一个截然不同的宇宙学,其对"法"的认识与西方社会也全然不同,但是他们却能迅速地理解国际法的内容并加以利用。除了日本自身的特殊原因之外,[54]

742

---

[53] 参见本书中由柳原正治(Masaharu Yanagiharu)撰写的第二十章"日本"。另见 K. Akashi, 'Dai-Tōa Kokusai-hō Riron-Nihon niokeru Kokusaihō Riron Juyō no Kiketsu' (The Theory of the Great East Asian International Law: A Result of the Acceptance of International Law in Japan) (2009) 82 *Hōgaku Ken-kyū* (Journal of Law, Politics and Sociology) 261 - 292。关于该理论的简要英文总结,参见 K. Akashi, 'Methodological Aspects of Japan's Encounter with the Modern Law of Nations: A Brief Outline for Reconsidering the Function of the "Persistent Spectre"' (2010) 11 *Keio Law Review* 1 - 13 at 9 - 13.

[54] 阿礼国指出日本人在接受国际法过程中所展现的特殊智慧。阿礼国强调,"长期的闭关锁国让世界大家庭的这一分支有所发展,而这些发展或许可以归功于他们自身独特的一些原因。他们的外部生活,他们的法律、习惯以及机构设置都有些特别之处——这是他们自身的标记,或许一直都是那么优秀。无论是中国人还是欧洲人,或是我们所能提及的所有种族,都不能称之为纯正的亚洲人。日本人似乎更像是古时的希腊人,他们构成了欧洲与亚洲的连接线。他们某些最佳的品质丝毫不输于亚洲和欧洲这两大种族,而奇怪的是,他们却没有吸收这两大种族的许多劣根性"。*The Capital of the Tycoon* (n 9) 222 - 223.

国际法本身的一些内在特征可以解释其能够被日本人迅速接受的原因。本章作者认为,国际法的结构逻辑连贯且规则具体明晰,这些特征都有助于日本人领会国际法的内容。换言之,这些特征确保了国际法的普遍适用性。

有些批评针对国际法的本质和意识形态性,即"欧洲中心主义"。他们的批评主要集中于西方主导论或者按照所谓的"跨文化方法"或者"跨文明视角"片面强调西方价值观并将西方价值观为相对基准。[55] 不可否认,国际法的扩张伴随着"文明"幌子下的武力。但是,日本顺利地接受了国际法之事实恰恰证实了国际法概念和逻辑的普遍适用性。换言之,值得我们反思的一个问题是,东亚地区传统意义上的"国际关系"和"法律"概念是否有可能得到普遍适用?

最后,本章得出结论,尽管日本在与国际法相遇后并没有对国际法具体规则的创设或者原则的发展做出特别的贡献,但日本与国际法的相遇过程以及日本对国际法的接受也体现了国际法逻辑中的普遍实用性,虽说国际法固有的欧洲中心主义特征也容易招致批判。

743   **推荐阅读**

Akashi, Kinji 'Japanese Predecessors of Judge Oda in the World Courts: Works and Method' in Nisuke Andō, Edward McWhinney, and Rüdiger Wolfrum (eds.) *Liber Amicorum Judge Shigeru Oda* (Kluwer Law International The Hague 2002) vol 1, 9-22.

Akashi, Kinji 'Japanese "Acceptance" of the European Law of Nations: A Brief History of International Law in Japan c. 1853-1900' in Michael Stolleis and Masaharu Yanagihara (eds.) *East Asian and European Perspectives on International Law* (Nomos Baden-Baden 2004) 1-21.

Burks, Ardath W. (ed.) *The Modernizers: Overseas Students, Foreign Employees, and Meiji Japan* (West View Press Boulder CO 1985).

Fairbank, John King (ed.) *The Chinese World Order: Traditional China's Foreign Relations* (Harvard University Press Cambridge 1968).

---

[55] 关于"跨文化方法",参见 Y. Onuma, 'When was the Law of International Society Born? An Inquiry of the History of International Law from an Intercivilizational Perspective' (2000) 2 *Journal of the History of International Law* 1-66; Y. Onuma, 'A Transcivilizational Perspective on International Law' (2009) 342 *Recueil des cours de l'Academie du droit international* 81-418。

Fisch，Jörg *Die europäische Expansion und das Völkerrecht*（Steiner Stuttgart 1984）.

Liu，Lydia H. *The Clash of Empires：The Invention of China in Modern World Making*（Harvard University Press Cambridge 2004）.

Onuma，Yasuaki 'When was the Law of International Society Born? —An Inquiry of the History of International Law from an Intercivilizational Perspective'（2000）2 *Journal of the History of International Law* 1－66.

Onuma，Yasuaki 'A Transcivilizational Perspective on International Law'（2009）342 *Recueil des cours de l'Académie du droit international* 81－418.

Schirokauer，Conrad *A Brief History of Chinese and Japanese Civilizations*（Harcourt Brace Jovanovich New York 1978）.

Schmitt，Carl *Der Nomos der Erde im Völkerrecht des Jus Publicum Europaeum*（Duncker und Humblot Berlin 1950）.

Sims，Richard *French Diplomacy towards the Bakufu and Meiji Japan 1854－1895*（Curzan Press Richmond 1998）.

Svarverud，Rune *International Law as World Order in Late Imperial China：Translation，Reception and Discourse，1847－1911*（Brill Leiden 2007）.

第三十一章　印度—欧洲*

翁佩拉·巴西(Upendra Baxi)

一、引言

"印度"与"欧洲"的关系已经被很多传统学科——特别是哲学、宗教、文化、历史领域——所讨论,并取得了非常丰硕的成果。即便如此,从印度学视角[1]出发的研究还远远不够,而就印欧交往对国际法形成之影响的著述则更是少之又少。这方面仅有的著作也未能详尽地阐明印度和其他殖民地人民对"欧洲"国际法与法律发展的贡献。唯一值得一提的是查尔斯·亨利·亚历山大罗维茨(Charles Henry Alexandrowicz)的著作,印度对现代国际法形成的贡献研究正是在他的引领下进行的。[2] 谨以本章表达对他的追思。

"国际法"有诸多其他的表述,如"国际公法""万民法"[3]"跨国法""人类共同法"[4]

---

* 特别感谢清华大学陈王龙诗博士的校对与查证。——译者注

[1] 参阅 W. Halbfass, *India and Europe: An Essay in Understanding* (State University of New York Press Albany 1998)。

[2] 参阅 C. H. Alexandrowicz, *An Introduction to the History of the Law of Nations in the East Indies*(16ᵗʰ,17ᵗʰ,18ᵗʰ *Centruries*)(Centruries Press Oxford 1967);另见 C. H. Alexandrowicz, *The Afro-Asian World the Law of Nations: Historical Aspects*(1968)123 *Recueil des cours* 117 – 214 at 123 – 124。

[3] 参阅 E. de Vattel, *The Law of Nations of Principles of Natural Law* in J. B. Scott (ed.) *Classics of International Law* (Carnegie Institution Washington DC 1916);另见 J. L. Brierly, *The Law of Nations: An Introduction to the International Law of Peace* (Clarendon Press Oxford 1928)。

[4] 详见 C. W. Jenks, *The Common Law of Mankind* (Prager New York 1958)。

"万民法"[5]等。"国际法"历史悠久,但其主要指规范"文明国家"间交往行为的原则、标准与规范。如今,"国际法"这一表述适用于全球各国。"国际公法"突出了国际法相对于国际私法或冲突法的公法性。尽管"公法"与"私法"的分类标准饱受争议,[6]但"国际公法"已经成为一个专有术语。

第二种表述引入了"民族"的概念,而不再固守原有的"国家"概念。在一些学者(如詹姆斯·莱斯利·布莱尔利)看来,这种区分意义重大。因为殖民国家或帝国在国际法上作为单一的主体,但其却统治着很多民族,因此万民法必须考虑被统治民族关于承认其国际法人格或者地位的诉求。与之形成对照的是,1773 年出版的艾默·德·瓦特尔的著作对万民法概念的省察从适用自然法原则的正当性视角出发,其认为自然法原则能够超越国家的同意或国家习俗的限制而适用。[7] 无论如何,"万民法"的内涵较之"国际法"更丰富:"民族"(包括其诞生、归属、语言、宗教、共同的文化以及无处不在的文明传统)比"国家"更早出现。而且,一些欧洲国家与土著民族签署"条约"(包括侵略性条约)的史实意味着欧洲国家承认这些民族平等的法律地位。

此外,从人类历史的角度来看,殖民时期的意义无论如何重要,都不过是被殖民地区历史上的一小段插曲。这样看来,就会明白当前有关"新兴民族国家"及其接受国际法的表述中有关"新""老"的区分并没有多大意义。只有基于狭隘的国际法史视角而非万民法史层面,这些在 20 世纪中叶后参与国际政治组织与经济组织的国家才是"新兴"的。殖民时期被殖民国剥夺了政治自由不等于丧失了民族身份,而且也没有必要将西方国家和殖民国家视作重要的"老牌"国家。历史是个伟大的平衡器,在现实面前,在后威斯特伐利亚国际法和当代人权规范和标准面前,一切民族都是初来乍到。

"人类共同法"(威尔弗雷德·詹克斯提出)的表述标志着一个真正的体现文化多元性的国际法概念的重要性。詹克斯提出了一个问题:"世界各国的法律体系各

---

[5] J. Pawls, *The Law of Peoples* (Harvard University Press 1999).

[6] 对于对这一区分的批判,参见 U. Baxi, "Mass Torts, Multinational Enterprise Liability and Private International Law"(1999)276 *Recueil des cours* 297—426.

[7] 参见本书中由艾曼纽·儒阿特(Emmanuelle Jouannet)撰写的第五十三章"艾默·德·瓦特尔(Emer De Vattel, 1714—1767 年)"。

不相同且千变万化,如伊斯兰法、印度法、犹太法、中国法、非洲法、苏联法等,那么我们要如何从纷繁的法律体系中提炼出关于国际法一般原则的共识,以构成国际法基础?"[8]

此处的追问只是假设。直至今天,这样的设想仍有意义,但也许更重要的是美国哲学家哈特利·伯尔·亚历山大的见解:"普通法源自人类之意志,发端于民众之生活。"[9]

与之形成对照的是,约翰·罗尔斯力图寻找国际法的道德基础(引自他的第二原初状态),各民族从中可阐明万民法的基本原则。在这一理论推想中,人们被蒙上"无知之幕",他们不知自己出生或居住在何种社会内,并在此前提下达成各国都应当遵循的基本正义原则和公平的社会合作方案。罗尔斯认为,万民是道德主体的集合,其是国家的组成部分,而不是在一国领域内由法律构造出的被动静止的元素。这样的主体有能力甄别何为理性及何为合理。如果一些学者或他们所构建之秩序的忠实拥趸认为自己颂扬老牌欧洲帝国的建立是基于理性,那么万民法能够提供方法和立场来批判这些帝国为不合理。虽然罗尔斯专注于道德基础而忽视了历史原因和法律原因,但瑕不掩瑜,罗尔斯的卓越贡献足以把历史上对他的各种批判搁置一旁。因为"万民法"的概念标志着重大转变,由此提出了"理性的法庭"(借鉴康德提出的概念),其被用于审判国际性国家行为的合法性。

因此,国际法学科的命名实则关系到诸多更深层的问题——国际法史能叙述什么样的历史?国际法史叙述谁的历史以及背后的原因为何(有何正当原因)?

二、"国际公法"的多重视角

研究印欧关系的第一步依旧是探求诞生于欧洲的"国际法"出自何人。我们不能否认"国际法"一词在非欧洲地区缺乏语义上的对应词汇,但我们反对社会语言学上的某种固化理解。"印度没有国际法概念,因为'国际法'术语来自西方"的说

---

[8] *The Common Law of Mankind* (n 4) 3.

[9] 这句引文来自位于华盛顿特区的司法部主楼东面的题词,在西北街9号抬头就可以看到。这幢建筑建成于1935年。完整的引用应当是:"普通法生于人类之意志,源自民众之生活,由相互信任而形塑,由理性之光所照亮。"根据美国国会图书馆的说法,这句题词来自诗人、思想家、学者、建筑肖像画家哈特利·伯尔·亚历山大(1837—1939年)。

法和"欧洲没有宗教概念,因为欧洲没有'达摩'一词"的说法一样荒谬。显而易见,关于宗教或者法律的理念都不会因语言和白话上的命名实践而穷尽。"人权"也是一样。非欧洲地区有自己表达"人权"的方式——一种关乎自然、主权以及国与民关系的概念。因此,我们不应单一地着眼于国际法在欧洲的起源和发展,并且必须摈弃单一的国际法历史学习方法。

从区域史的角度看,仅仅在欧洲发生了孕育威斯特伐利亚"国际法"的重大事件的说法无可厚非,但如果说这是唯一的历史叙事,那么无疑具有误导性。当然,一些思想见解与重大事件孕育了欧洲早期的理论观念。现实统治与精神统治的区分形成了近代国家观念。这无疑是一个重要事件。威斯特伐利亚国际法使对人之灵魂的统治转向对人之肉身的统治。同样不可否认的还有美国、法国和马列主义这三大革命之间存在重要的历史关联性,尽管研究国际法与人权的历史学家常常认为前两大革命更具意义。进一步来看,纷繁复杂的犹太基督教传统在经过启蒙运动的重述后,提供了对自由、权利与正义之发展进程的新叙事,并充分证明公共理性的普遍化将产生巨大影响力。

欧洲历史学家和法学家认为这种区域性历史叙事能够更好地呈现"国际法"的起源,这并不难理解。但是,对其他区域历史的同等尊重意味着我们必须质疑对"国际法"价值、标准与规范的垄断性主张。这种理解势必涵盖了不同的文明概念:土著民族和千年前的部落民族也曾经并且现在依旧为我们提供了一些意义深远的理由以质疑"西方"对文明的理解,即将文明视为一种对人性与自然特性的"掌控"形式。此外,这些非欧洲"他者"有着全然不同——但非劣等——的历史,佛陀和大雄充分证明了这些地区所理解的"启蒙"之含义。非布道式的宗教传统(如佛教和印度教)没有创造依靠武力建立的帝国。进行国际法史研究时,我们不应该将这种全球范围内的文化融合直接抹杀,也不应该忽视欧洲内部对启蒙概念的多元化理解或对"文明"国家间形成的威斯特伐利亚国际法的内在评判。正如弗朗西斯科·德·维多利亚在论著中所进行的讨论。[10]

---

[10] 关于维多利亚,参见本书中由安纳贝尔·布赖特(Annabel Brett)撰写的第四十六章"弗朗西斯科·德·维多利亚(Francisco De Vitoria, 1483—1546 年)与弗朗西斯科·苏亚雷斯(Francisco Suárez, 1548—1617 年)"。

不断有人试图通过一系列规范来限制伦理规范主权权力,这已经成为一种贯穿于国际法的普遍现象,并且这实际上改变了国际法的许多面向。[11] 只有认识到国际法的产生并不是纯粹的西方事件,也并不是基督自然法和"启蒙运动"下的思想实验,才能理解这种史实。事实上,"欧洲"与"非西方地区"民众的文明文化传统和史实彼此呼应,这一点将在后文强调。

今天,我们都已熟知查尔斯·亨利·亚历山大罗维茨的观点——公海自由论依旧是东印度群岛地区民众所熟悉的理论与实践,而胡果·格劳秀斯对此也完全支持。[12] 我们也必须注意到,印度早在千年前便确立了外交豁免原则以及其他在非欧洲地区同样重要的原则。印度前殖民时期的经济史学家认为,商人法并非欧洲特有之物,而商业票据、银行、保险、仲裁解决争端等在"印度"也并非无人知晓。[13]

在这种背景下,我们必须摒弃傲慢的欧洲中心论,并采纳新的历史研究方法和谦逊的认识方法,以探求多重视角下的国际法形成及纠正国际法"唯一来源"的错误观点。

三、不同的"历史"

书写印欧的国际法交流史能促使我们进一步探索历史,尤其是探索与各种制度安排和制度实践互为影响的思想史。本章作者将从以下六个方面来阐释一些关注点(研究方法与研究动向)。

首先,法理或法史——研究因循于惯例、条约或相关国家实践的强制性责任所包含的规范与标准的发展过程。第二,制度史——主要介绍促进国家间基于特定国际条约或惯例在科技与政治领域合作的各种内部机制,包括裁判机构、仲裁组织

---

〔11〕 例见 A. Nussbaum, *A Concise History of the Law of Nations*(Macmillan New York 1947)。

〔12〕 例见 C. H. Alexandrowicz, *An Introduction to the Hisroty of the Law of the Law of Nations in the East Indies* (OUP Oxford 1967);C. H. Alexandrowicx, "Grotius and India" 3 (1954) *The Indian Year Book of International Affairs* 357‐367;进一步参见本书中由皮特·哈根马歇(Peter Haggenmacher)撰写的第四十八章"胡果·格劳秀斯(Hugo Grotius, 1583—1645 年)"。

〔13〕 详见 T. Raychaudhry, I. Habib, and D. Kumar, *The Cambridge Economic History of India c. 1200‐c. 1750*(CUP Cambridge 1982) vol 1;C. A. Bayly Rulers, *Townsmen and Bazaars:North Indian Society in the Age of British Expansion*, 1770‐1870(OUP Oxford 1988)。

以及其他争议解决机构。这也被称作"国际组织史"。第三,价值论史——从公平正义等价值角度阐释对国家行为和国际条约及惯例所确立之准则与标准的各种评判方式。从某种程度上来看,这种研究方法提供了当今"国际法"规范的标准与未来的发展动向。第四,国际关系史——对不断发展的国际关系史进行探索能够带领我们来到一个超越"法律"限制的领域,从而放眼政府间行为以及跨政府行为。虽然并不总是如此,但不同国家间的政治关系史和经济关系史往往形成或改变了"国际法"史的其他方面。第五,观念史——这也是一个不同的类型,如近期的人权观念史研究。第六,一些独具特色的"次区域"历史——它会使我们更清晰地听到身处苦难中的人类和反抗社群所发出的声音。

当然,这些类别还能再进行细分,但是本章在此不再继续深入叙述。即便如此,本章作者认为,上述第二种至第五种研究方法如若只被视为欧洲的"现代性"产物,则将完全有违历史。那些认为印度与中国比欧洲历史悠久,认为土著民族最为古老的谨慎认真的古代文明历史学家们势必会反对这样的观点。换言之,"万民法"并非不为非欧洲他者所知。

与此同时,综合上述第一、第二和第四种方法,我们只会得出"权力"与"统治"的文化产物与人为结果,例如威斯特伐利亚国际公法的产生被认为是划分主权与平等国家(他们的习惯、行为、实践、程序和机制)之"国际法"理论与实践的标志。按照这一观点,那些被剥夺或不被承认自治权与自决权的政治共同体毫无疑问只能属于国际法的客体。哪怕是以最浅显的方式提出这个问题,也会暴露出这个方法论带有的帝国主义与殖民属性。国际法的规范史、学说史或法理史仍旧属于欧洲中心主义的理论范畴,其受到欧洲中心主义的局限,也受到欧洲中心主义的挟制。简而言之,他们基本上很少考虑到——甚至根本罔顾——其他地区类似的规范性历史演进,尤其是忽略了古代原住民和被殖民地的历史。

当今,气候变化的威胁促使人们认识到我们生活在一个共同的环境中。我们不得不钦佩古代民族的智慧及其文明所蕴含的价值观。这些价值观鼓励对大自然最基本的尊重,而非试图掌控自然。亨廷顿所谓的"文明的冲突"从根本上忽视了包含"地球母亲权利"的人权宣言所呈现的另一种"冲突"形式,而奥戈尼、萨帕塔主义者以及尤其是2010年的《科恰班巴宣言》都体现了这种"冲突"形式。在气候变

750

化和全球变暖的恶劣环境下,国际法的生态史才开始出现。

"国际法"起源与渊源的"元历史"体现了自称是威斯特伐利亚体系下的欧洲"文明国家"对叙事话语的垄断地位,这种地位渐渐被取代、弱化甚至消失。日益兴起的新"法律确信"与全球共同感开始改变以往对人类困厄和社会疾苦之声充耳不闻的情况。

国际法史的研究方法也许不能再忽视社会伦理,也不应该对由语言、逻辑甚至是对当代人权的误读所表现出来的集体性道德情感的稳步发展置之不理。现在,人们已经认识到威斯特伐利亚国际法的形成是一场种族灭绝式的历史叙事,且爱德华多·加莱亚诺就是这样一针见血地指出该问题。[14] 针对南亚的底层研究运动足以提醒我们"欧洲中心"的背景或思维习惯已被人们默认。这道裂痕——或运用"遗传标记"的科技隐喻——削弱了非欧洲民众的话语权,其不仅掩盖了殖民地承受苦难之民族的声音,也打压了反殖民与反帝国主义思想家的反抗活动。

在更宽广的人类历史中,国际法的价值、准则和原则之形成与改变依旧无法引起人们的过多关注,他们不过是对人类抗争活动的一种陪衬。这提醒我们注意到"国际法"的边缘,但前提是"国际法"史学家更加深入地追问国际法中的历史而非仅仅探讨国际法的历史。[15] 在此背景下,更加充分地关注对人权的人类学分析和对帝国的经济人类学分析等新兴领域显得尤为重要。[16]

751

四、方法论的问题

这些论述让我们开始思考一些方法论的问题。"印度"和"欧洲"依旧是"想象的共同体",而非稳定不变的"实在"(essence)。历史上有太多实体都以"欧洲"或"印度"命名,这不免尴尬,因"印度"和"欧洲"至今依旧具有历史模糊性,其前后不甚连贯。这种命名存在固有的问题,而不是简单的"预设"。换言之,如果说

---

[14] 详见 D. Fischlin and M. Nandorfy (eds.) *Eduardo Galeano: Through the Looking Glass* (Black Rose Books Montreal 2002).

[15] 详见 M. Craven, "Introduction: International Law and Its Histories" in M. Craven, M. Fitzmaurice, and V. Maria (eds.), *Time, History and International Law* (Martinus Nijhoff Leiden 2007) 1–27.

[16] 至于后者,例见 R. Birla, *Stages of Capital: Law, Culture, and Market Governance in Late Colonial India* (Duke University Press Durham 2009)。

今天的"印度"与古代和中世纪的"印度"及伊斯兰政治社群不存在相似性,那么"欧洲"在自己的历史段落中也是如此。如果"地方化欧洲"仍旧是史学想象的必要推论(正如迪佩什·查卡拉巴提所言),[17]那么将殖民时期前的印度予以"世界化"也同样非常重要。一个新的"国际法"史必须对"欧洲"和"印度"内的时间与空间给予平等的尊重。对殖民地空间的叙事范式性地描绘了这些地区的无正义与缺乏权利,并且这种不公主要见诸对被征服与被占领的领土、资源和民众的研究和著述中。然而,如果从一个宏大的历史视角来看,殖民前的帝国——甚至一些后殖民时期的地理区域——使我们看到了一种不同类型的殖民空间,若基于人权对后殖民时期的统治提出的批评,那么我们能够更加清晰地得出后一种结论。那么,国际法史学家能够从这些缺乏正义的区域以及就拒绝给予"享有权利之权"所产生的争论中得到什么收获呢(这里需要援引汉娜·阿伦特一段有争议的话)?[18]

殖民国家的国际法为殖民者对非欧洲他者的生活空间持续不断的掠夺性占领行为提供了理由。这种对空间的剥夺呈现出多种形式——如种族灭绝、制度上的种族隔离及征服被殖民地区民众的"外部空间"和"内部空间"(以"基督教"或"文明教化"的方式进行控制征服)。对威斯特伐利亚国际法史的书写如何能够更加充分地考虑"空间性"的多种形式呢?这仍是一个开放性问题。

"威斯特伐利亚"国际法的价值、规范和标准之形成的时间维度也需要进一步加以阐明。研究时间问题的人类学家提供了诸多的时间类别,诸如"持久的""周期性的""不稳定的""延迟的""加速的""欺骗性的"以及"爆炸性的"。[19] 我们如何以这种时间性来书写国际法的"历史"?在欧洲的"文明教化使命"之上加诸"弥赛亚"时间如何能够帮助我们重新挖掘印欧之间的交往?在此背景下,"文明性"时间的概念——即"深层时间",其跨越了地域和历史的限制,并融合了不同的文明时期——

752

---

〔17〕详见 D. Chakrabarty,*Provincializing Europe*:*Postcolonial Thought and Historical Difference* (Princeton University Press Princeton 2000).

〔18〕详见 P. Birmingham,*Hannah Arendt and Human Rights* (Indiana University Press Bloomington 2006).

〔19〕详见 A. Gell,*The Anthropology of Time*:*Cultural Constructions of Temporal Maps and Images.* (Berg Oxford 2001).

平添了问题的复杂性。[20]

五、重塑国际法第三世界方法

国际法第三世界方法(Third World Approaches to International Law,简称TWAIL)的学者们批判了"欧洲中心主义"概念的空洞性。欧洲中心论主张欧洲殖民国家秉持所谓的启蒙主义价值观、准则与为自己设立的标准,因此其当属"文明"国家。国际法第三世界方法的学者极力批判全球性知识的生产模式。在这种模式下,推行殖民政策的"欧洲"将自己视为文艺复兴的巨人,而将非欧洲地区描绘成不知伦理道德的婴儿,并且其已经成范式地将被殖民的他者称为"野蛮人"、"未开化之人"、没有历史(该臭名昭著的言论来自格奥尔格·威廉·弗里德里希·黑格尔[21])并且不适合也无能力自我统治和自决的民族。就连康德似乎也为"道德监管"提供了合法性依据,其认为从长远来看,道德的管束将为这些不开化之人带来"共同的文明标准"。毋庸置疑,这些根深蒂固的种族主义思想在印欧交往中不断出现,这至少从欧洲殖民国家自称"由帝国授予的神圣权利"的说法中即可见一斑。

事实上,对于国际法与国际关系编纂史中占主导地位的欧洲中心主义传统而言,国际法第三世界方法的研究仍属边缘,其仍旧被归入意识形态的表述。然而,他们提供了一种全新的历史叙述方式,且国际法的历史也开始被承认具有合法性。例如,安东尼·安吉认为,我们承担着讲述故事的任务——"反抗殖民国家的历史……站在被征服者的角度书写非欧洲地区民众自己独特的历史"。[22] 格里·辛普森阐释了在"列强"和"法外国家"之间的双向而辩证之关系中所体现出的合法化霸权。两位学者都抨击了站在殖民者角度的叙史方式。安吉认为"殖民地的国际

753

---

[20] W. C. Dimock, *Through Other Continents: American Literature across Deep Time* (Princeton University Press Princeton 2006); R. Higgins, "Time and the Law: International Perspectives on an Old Problem" (1997) 46 *International and Comparative Law Quarterly* 501 - 520; M. Koskenniemi, "Why History of International Law Today?" (2004) 4 *Rechtsgeschichte* 61 - 66.

[21] 参见本书中由阿明·冯·波格丹迪(Armin Vor Bogdandy)与塞尔吉奥·德拉瓦莱(Sergio Dellaralle)撰写的第五十五章"格奥尔格·威廉·弗里德里希·黑格尔(Georg Wilhelm Friedrich Hegel, 1770—1831年)"。

[22] A. Anghie, *A Imperialism, Sovereignty, and the Making of International Law* (CUP Cambridge 2005).

法史正在不断地被遮蔽,即使它已经重现出来";而辛普森也反对传统的"线性"叙史,其主张发展国际法与国际关系的理论史与智识史,并强调国际社会的两种概念之斗争——"多元主义与反多元主义"研究方法间的矛盾。[23]

本章作者挑选了国际法第三世界方法的这两大贡献(本章未详述国际法第三世界方法的著述与马克思主义研究的关系),因为他们不仅阐述并批判了欧洲文明教化使命在"现代"国际法形成过程中的错误观点,而且同时提供了一种新的模式或路线图:通过质疑前五种国际法史研究方式来阐述第六种国际法史研究方式,即如何构想和践行主流历史叙事之外的架空历史。[24] 这些国际法第三世界方法的分析虽然不乏一些来自内部的友善批判,但其开启了研读主流"国际法"史的趋向。[25] 不过,国际法第三世界方法能在多大程度上影响或重塑主流的叙史方式仍有待观察。因此,本章作者不仅从主流框架入手,同时也从更为广阔的殖民地民众的文化和文明渊源中汲取养分,从而形成架空历史的观点。这些殖民地的民众借文学和艺术来为我们批判主流话语提供新的材料。尤其在涉及政治领域时,架空历史必须考虑到被压迫的非欧洲他者中逐渐形成的新的群体情感。爱德华认为汤普森、爱德华多·加莱亚诺、雅克·朗西埃都是这方面的典范。换言之,国际法第三世界方法接下来的任务是号召我们从人类学和人种学角度理解后威斯特伐利亚国际法的形成。

六、不同的路径

全球性原始积累的国际法有以下一些共同点:含有针对土著人的种族屠杀(大屠杀),尤其是在征服"新大陆"的过程中;[26]认为被殖民者低人一等,并缺乏理性和意志;伴随着全球性文明教化使命("白人的负担");大量记载了为了"西方"的工业革命而过度掠夺资源(土地、资本和劳工);毫无悔意地将掠夺性殖民"统治"自

754

---

[23] G. Simpson, *Great Powers and Outlaw States*: *Unequal Sovereigns in the International Legal Order*(CUP Cambridge 2004).

[24] 详见本章第三节。

[25] U. Baxi, "New Approaches to the History of International Law" (2006) 19 *Leiden Journal of International Law* 555 - 566.

[26] E. Galeano, *Open Veins of Latin America*: *Five Centuries of a Pillage of a Continent* (C. Belfrage trans) (Monthly Review Press New York 1973).

诩为正当而大加赞扬。

我们不能否认殖民有许多不同面向的历史。客观而言,并非所有"欧洲"的国家和人民都同等程度地参与到了建立新帝国的混战中。那些参与掠夺的各国列强对被殖民者的构建方式不尽相同——如"英美式"或"法兰西式"的殖民模式。希冀建立全球性帝国的竞争对手们提供了不同的征服与统治路径。为了分析"印欧"的交流,本章作者在此只想探讨一下欧洲掠夺形式中的"4C"——征服(Conquest)、商贸(Commerce)、宗教(Christianity)和文明教化(Civilization)。这些简洁的词语却充满着复杂性和矛盾性。

第二个 C——商贸——不能被排除在殖民征服的形式之外。新型奴隶制的建立(在田野、农场、工厂、帝国战争等方面)必然伴随着印度人口的大量离散,即各种形式的契约劳工迁居各处以服务于大英帝国。大英帝国因此发展为跨民族帝国,而这一刚刚形成的跨国性帝国常常被国际劳动法的历史学家反复加以思考。

欧洲人(包括葡萄牙人、法国人和英国人)对"印度"的征服主要借助商贸公司进行,而这些商贸公司必须服从于(殖民国家的)国内立法与行政监管。英国东印度公司有其自身的军事力量,其通过 1757 年至 1818 年的几场战争与战役逐渐征服了"印度",并且其在该过程中与许多印度统治者签订了条约。这种新发明的以"公司"形式在印度(以及亚洲的其他地方)进行统治的大英帝国主义应该引起那些尝试从多种其他视角研究国际法史的学者的高度重视。国际法学史为何至今仍坚持(带有实证主义者的无知)只有"国家"才是国际法的主体? 他们为什么拒绝承认那些有权利发动战争和签署条约的"类国家"或"超国家"的欧洲商贸公司具有国际法主体地位? 这么多杰出的国际"历史学家"如何用"正义战争"的理论去论证公司对合法建立之"印度"的主权者的敌对行为? 我们如何能在所有的证据都表明欧洲在商贸外衣下对印度实施了掠夺的情况下,将这一时期的国际法学史称为"文明"国家之法?

同样有问题的还有这样一种主张,即与被视作"不知伦理的婴儿"甚至"野蛮人"的其他非欧洲地区不同,"印度"从不是无主地。莫卧尔人对印度的征服和统治(公元 13 世纪至 16 世纪)与东印度公司的统治有什么差别? 两者都带有帝国的残暴统治,他们之间的差别只是历史相关性的问题。因此,本章作者主张"研读"(改编自雅克·德里达的开创性说法)史料,从而在全球性原始积累的国际"法"意象中理解威斯特伐利亚体系的形成。

另外两个 C 也相互交织,并共同孕育出了这种"法"。文明等同于基督教。基督教福音派的主旨是推动基督教的世界化,并使之成为一项具有历史价值的世界性工程,原始积累的国际法则由于基督教福音派向世界传播基督教而生机勃勃。[27] 欧洲的"唯利是图"与"福音传教"对被征服的殖民地人民采取了不同的方式。如果说后者热衷于将基督教发展为世界性宗教,那么前者则专注于掠夺那些历史比所谓"文明的欧洲"悠久数千年的国家。当然,尽管传教士也批判早期和中期的欧洲在"印度"以及其他地区的殖民掠夺,但他们对原始积累的国际法并不全然反对,因为正是这样一种国际法为其"救赎"事业提供了必不可少的保护和帮助。

显然,这 4C 标志着一个对合作和共谋的路径更加详尽的理解或叙事,除此以外,全球性原始积累的国际法形式及其话语仍旧难以掌握。换言之,在上述意义上,即使是国际法史学家也需要审慎地解读欧洲"基督教"与"文明"交汇时的背景。

七、"世界性"帝国统治中的国际法

也许欧洲国际法的第二阶段出现在帝国时期——彼时,帝国政府开始直接管理殖民地。"印欧"国际法的交流至少从某些角度阐释了这一模式的形成。在本章作者看来,对沃伦·黑斯廷斯的审判标志着东印度公司对印度达一百五十年之久的统治寿终正寝。英美历史学家把这段历史称作"印度大叛乱",与之形成鲜明对比的是,在印度民族主义历史学家眼中,这是印度独立的第一战。

维多利亚女王于 1858 年 11 月 1 日颁布的《公告》[28]中宣布结束东印度公司对印度的统治,这是世界性帝国国际法的一个重要的标志性文件。第一,《公告》预见性地体现了国际法的承继性。《公告》"向所有印度的王公宣布,东印度公司与印度缔结的所有条约和协议都将为英国接受,并将予以继续履行,我们将继续遵守"。

---

[27] 详见 S. Moyn, *The Last Utopia*:*Human Rights in History* (Belknap Press Cambridge MA 2010).

[28] 《公告》于 1858 年 11 月 1 日在枢密院由女王向印度王公、首领和人民颁布,并重新收录于 A. Berriedale Keith (ed.) *Speeches and Documents on Indian Policy*,*1750–1921* (Oxford University Press London 1922) vol I,382–386。

第二，保证"我们将给予印度王公等同于英国王室的权利、荣誉和尊重"。第三，保证了宗教宽容，"任何人不因宗教信仰而受到优待、羞辱或欺凌。每一种宗教得受法律同等公正的保护"。第四，赦免1857年的"受到误导，但是希望回归正道"的叛乱者，而且在赦免之前还有一个间接的道歉，即"我们对印度因野心勃勃之人的行为所遭受的苦难深感不幸"。第五，保证为了所有居住于印度之人的利益而管理政府，因为印度的繁荣和安定与英国的强盛和安全息息相关。这份《公告》的历史、其解释上的复杂性以及之后的法律、宪法性和统治方式之转型不在本章的讨论范围内。[29] 但是，有必要对其进行简短的评论，以解释本章作者为何把它称作世界性帝国国际法的标志。

《公告》的第一点帝国性表征在于——至少从文本规范上——印度统治者被视为能够签署国际条约的国际法主体，第二点表征在于扩大了欧洲国际法的承继范围。此后，双方"最高统治者"之间签订的包括外交、国防及货币方面的条约使五百余个实体具有了帝国国际法上的"准主体"地位。准予印度各土邦王公自治的方式产生了一个特殊的印度国际私法史，这甚至影响了当前历史学家对这一领域的关注。

757　　除此之外，1947年的《印度独立法》[30]等文件标志着这些实体恢复了主权身份，且新的主权国家就其他文件进一步协商谈判（《加入协定》，*Instrument of Accession*），并接受与印度民主共和国这一后殖民宪制国家合并。众所周知，查谟和克什米尔王公决定其土邦加入印度（新成立的巴基斯坦侵略克什米尔，并最终形成了一个单独的实体，称为"阿扎德克什米尔"）仍旧是世界性帝国法形成中的悲剧性遗产，其破坏了国际法上的国家承认制度先例，也破坏了战争法与和平法的相关制度。

---

[29] 例见 T. R. Metcalf, *The Aftermath of Revolt：India 1857 - 1870*（Princeton University Press Princeton 1964）；B. Chandra, A. Tripathi, and B. De, *Freedom Struggle*（National Book Trust New Delhi 1972）；B. Chandra et al, *India's Struggle for Independence*（Penguin Books New Delhi 1989）；A. R. Desai, *Social Background of Indian Nationalism*（Popular Book Depot Bombay 1959）；S. Sarkar, *Modern India：1885 - 1947*（Macmillan Delhi 1983）。

[30] 规定在印度设立两个独立自治领的法案，以替代1935年的《印度政府法》中的某些规定。这些规定适用于这些自治领以外的地区，并规定与建立这些自治领相关的或与之有联系的其他事项，1947 (UK) 10 & 11 Geo 6 c 30（"《印度独立法》"）。

《公告》的第三点保证着实使传教士们困惑不已,他们一方面将 1857 年的反叛行为视作自己传教事业的失败,另一方面对"世俗化"治理模式十分不满。[31]

《公告》的第五点标志着在新的英属印度统治中引入新的宗主国合法性标准。虽然这与同时期的"国际公法"的标准联系不大,但其还是以社会再生产的方式造就了大批忠诚子民,并且在之后的第一次世界大战所带来的不可名状的恐怖中,无数人献出了生命。我们要如何从新"国际法"史的角度理解这一从商贸时代向全球性殖民统治时期的范式转变? 而且这一新发现的"国际法"史是为了满足世界性帝国统治的需要。

八、寻源国际法

印欧关系为我们梳理和平时期与战争时期的国家行为之责任提供了丰富的土壤。古代"印度"的思考方式揭示了印度历代统治者的治理准则——能做什么、应做什么以及不能做什么。"欧洲"有神论与世俗自然法理论中同样蕴含了丰富的历史。非常宽泛地说,如果说有神论的自然法传统从对上帝(他的意志或理性)的义务中而来,那么大量世俗自然法传统就源于人类理性或自然法则的约束性规范。完全基于国家同意(意志)产生义务性规范、信条和原则的实证主义直到近代欧洲才出现。[32]

达摩思想对"印度"而言至关重要,它蕴含了大量哲学性与文化性的解释,同时又具有丰富的政治主张。复杂艰深的达摩思想与实践在此不多赘述,本章作者仅从以下角度分析与本章背景相关的内容。

首先,达摩是统治宇宙的永恒(Sanatan)法(大致与圣托马斯·阿奎纳的表达一致),其不受人类意志与思维左右。第二,达摩也是自然法,人们因"万物本质"而负有义务,其亦不受人类意志与思维左右。第三,达摩对人类行为的规范是一种实际理性的命令,其因地制宜,因时制宜;四个"时代"(yuga)的表述确实将宇宙上千

[31] 一位阿尔及利亚学者如此完整地描述道。详见 B. Belkacem, "A Wind of Change: The New British Policy in Post-Revolt British India" (2008) 30 *Atlantis—Journal of the Spanish Association of Anglo-American Studies* 111 - 124。

[32] J. Bernstorff, *The Public International Law Theory of Hans Kelsen: Believing in Universal Law* (CUP Cambridge 2010)。

758

年循环往复的历史形象化地体现了出来,并由此强调了永恒法持续不断地重新定义达摩的义务。第四,达摩并不存在于单一圣书中记载的那个唯一最高存在的启示性话语中,而是来源于大量的神圣经典与文学著作(例如《罗摩衍那》和《摩诃婆罗多》这样的史诗)。

第五,达摩论著为许多道德暴力的行为提供了正当性理由之叙事范围(包括正义战争的论述),但是另一方面,达摩又主张非暴力主义(Ahimsa)——既包括了非暴力的行动,也包括了非暴力的反抗。在佛教徒与耆那教徒传统的推动下,这一观点不断被丰富,且适用范围更加广泛,尤其是在圣雄甘地的形象照耀下的今天。除了甘地独创的非暴力不合作运动外,我们对印欧关系仍然知之甚少。另外两大传奇——曼德拉、马丁·路德·金以及其他民族自决和争取人权的英勇斗争(越南、柬埔寨以及缅甸的佛教僧侣)也都体现出大规模的公民非暴力不服从行为。

达摩的概念何以能够延伸拓展,并作为"印度"各主权者和各民族都必须遵守的义务来源呢? 一种关于限制主权者权力与被统治者义务之规范性渊源的解释是印度的种姓制度与世袭的社会等级制度。印度有四大种姓:婆罗门、刹帝利、吠舍、首陀罗。如果四大种姓代表着一种永久的"阶序人"(homo hierarchicus)分布,那么不同种姓之人即被划分为了不同的社会等级。这与《薄伽梵歌》中的刹帝利达摩和"王法"(君王之法,Rajdharma)的意象完全不同。《薄伽梵歌》中有一段克里希那神与阿周那王子在战场上的对话,内容是克里希那神劝告王子遵照刹帝利达摩报复其家人亲眷背信弃义的行为。但是,这一基于社会等级的义务规范不断发展,并在之后又纳入了更广的"王法"概念,且对享有主权之统治者的行为也予以规范性限制。在《薄伽梵歌》中,"王法"融合了认识论(了解真相的方式)、本体论(自我与存在的本质)、形而上学(宇宙论)等各个方面的内容。

另一方面,达摩概念也反过来构成了它的他者,即臣民达摩(praja-dharma,主权者子民的虔诚义务),其作为统治者与被统治者的规范性义务之主要来源。此外,如果臣民达摩的构成要素没有明确基于社会契约"理论"或所谓的"反抗权",那么在关于臣民达摩的零散的渊源中是否还包括"自然"权利的叙述呢? 这个问题依旧存在。中世纪末的天主教"教会至上"理论中盛行的"诛杀暴君"的正当性问题并非臣民达摩的特征。

一种解读《薄伽梵歌》的方式是由分析"正义战争"的隐喻入手。《薄伽梵歌》中多次提及正义战争,并以之作为最后诉诸不完美手段的途径,战争中可以对"他者"大动干戈和使用欺诈而不必接受任何公正的"调停"。当然,《薄伽梵歌》同样颂扬"正义战争"的极端形式——允许背离战争的规则。这让我们认识到许多"人道主义国际法"框架下的标准与规则已经在古印度有充分的体现。[33] 印度教义提倡避免战争中不必要的死亡,这要比格劳秀斯的相似观点早上千年。不过,一味对消逝的"印度斯坦"的怀旧与对"欧洲"法学家及公共知识分子的"傲慢"的简单批判都不可取。

如果阿育王是非暴力(禁止统治者对其他统治者与人民的暴力行为)的代表,那么阿克巴大帝则以一种深度融合的世俗主义形式为尊重与包容少数群体的权利奠定了基础。在对考底利耶的《政事论》进行囫囵吞枣的阅读后,有人可能认为这两人只是将处理皇室关系等同于治国之术,但并非如此。"正义战争"涉及的问题在"印欧"关系中也有所体现,但其又超越了印欧关系。中世纪时期的莫卧尔人对印度的统治异曲同工,它带来了伊斯兰教法中的正义统治概念。如此一来,研究战争与和平的"国际法"史学家以及甚至于新老几代国际法第三世界研究方法的学者要如何理解印欧关系历史观念的范式转换呢? 任何关于变动有神论自然法优势地位的考量都至少需要认真对待这两种影响印度文明传统形成的形式。

"印度"与欧洲都诉诸高级法来作为"国际法"的渊源。然而,本章作者认为,印度不同于欧洲之处在于,其"高级法"的性质与形式代表着程度上而非类型上的区别。必须承认,"王法"的概念宽广宏大,其能够适用于很多类型的"实证主义"研究方法。例如,考底利耶谈及多种类型的条约与协议(*sandhis*),其中有的属于正义条约,有的则属于掠夺性条约(贪婪),还有些含有恶魔般的征服;而《政事论》则充分地发展了权力同心圆(曼荼罗理论)的概念,并为印度统治者的行为加诸规范性

---

[33] 详见 *An Introduction to the History* (n 2); J. W. Spellman, *Political Theory of Ancient India: A Study of Kingship from the Earliest Times to circa A. D.* 300 (Clarendon Press Oxford 1964); U. N. Ghosal, *A History of Indian Political Ideas: The Ancient Period and the Period of Transition to the Middle Ages* (OUP London 1959).

限制。[34] 今天的《联合国宪章》将自卫及无论有无授权的各种"人道主义干涉"之外的战争都归于非法，在这样的背景下，印度的这一贡献不应该被认为只具有考古价值。此外，关于多极世界秩序中的权力均衡问题，古今国际关系理论也能从这部公元前4世纪的经典论著里找到意想不到的深刻洞见。

空间的局限性妨碍了运用实证主义传统来研究"王法"，在此也不可能详述他们如何促进或阻碍了长达三个世纪的与莫卧尔帝国之交流，而只能说这个新帝国内出现了一系列单独的国家实践与行为。早期的印欧交流并不完全发生在"印度"。印度长期与英国接触，其南部（本地治里）被作为法国的飞地，而其西南部的果阿和西部的达德拉-纳加尔哈维利是葡萄牙的飞地（甚至到了印度独立后的前二十年，情况也一直如此）。研究世界性帝国法的历史学家一定会问：在长期与英国实证主义"国际法"传统的接触中，被殖民前的印度与英属印度该做何应对？一份令人惊喜的档案记载了"印度"对国际法实证主义传统的理解，引人注意的是，其展现出"印度"广泛参与了联合国国际法院审理的诸多诉讼，尤其是其就针对葡萄牙的多个主张给予了意见。

甚至于在去殖民运动前夕，印度作为国际劳工组织初始成员所发挥的作用也需要我们更审慎地看待。事实上，如果我们的叙述范围包括几次战争之间（一战、二战和冷战），那么我们会发现印欧关系还有一段非常不同的"历史"。确实，印度在当代国际法的形成中不乏复杂又矛盾的事例。例如，现代印度是第一个反抗大英帝国和主张行使自决权的国家；印度创造出"尼赫鲁主义"[35]来对抗以往的"门罗主义"；印度是第一个早在1951年便将其与巴基斯坦的领土争议（克什米尔）提交解决的民族国家；印度和埃及与印尼共同创造了共处的五项原则；印度推动了去殖民地化运动，包括倡导自决权；在朝鲜战争期间，印度推动联合国大会通过"联合一致共策和平"决议；印度积极参与联合国制定和发布人权保护文件的工作，并与其他前殖民地国家与人民一起推动全球性的人权立法；印度领导并积极参与了联

---

[34] C. H. Alexandrowicz, "Kautilyan Principles and the Law of Nations" (1965 – 1966) 41 *British Year Book of International Law* 301 – 320 at s 3 and 4.

[35] 尼赫鲁主义的主要特征是反对殖民主义和种族主义，反对非亚洲国家干涉亚洲事务，反对继续对亚洲进行殖民或侵略，中立不结盟……详见 Richard Falk, Samuel S. Kim, and Saul Mendolvitz (ed.) *International Law* (Transaction Press Somerset NJ 1966)。

合国在南美及相关国家发动的反种族隔离与反种族歧视运动;印度积极参加联合国维和部队……这些已经由比马尔·帕特尔在本书其他章节提及。我们很难在一章中展现联合国框架下的当代印欧关系。

九、并非结论的评论

"印欧"交往的历程为"国际法"史提供了许多不同的视角。学理或法学方面的历史著作仍然认为"国际法"是西方对"其他地区"的"馈赠"！这样的解读无疑忽视了非欧洲地区几千年来的历史或所谓的"深层"时间。虽然其他历史叙述方法倡导应该更加关注一些主导性和霸权性概念在生成与改变过程中的文明多样性,但这些方法仍旧没有考虑到非欧洲他者对国际法核心规范的早期实践。

本章作者并不想在本章中追溯威斯特伐利亚时代与后威斯特伐利亚时代的各个区域以及新老"帝国"的"谱系",也不想援引马克思主义对国际法的解释方法,从而将国际法的实质归于社会关系的生产与再生产。这些现有的研究将国家间以及跨国关系的重点引向帝国主义,并将帝国主义作为威斯特伐利亚国际法的核心主旨。直至今天,几乎所有的历史著述依旧回避架空的"国际法"史,并拒绝叙述前社会主义国家和现有的社会主义国家的"国际法",就仿佛这段历史不曾存在。马列主义的"国际法"研究方法可能被认为不过是"意识形态"层面的研究,但无可否认的是,自由主义视域下的"国际法"研究也并非全无意识形态。苏珊·马克思、切姆林、比尔·鲍林(和许多其他杰出的国际法第三世界研究方法的学者)都在提醒我们,"国际性"历史著作的偏颇困厄正是由此而来。本章作者的研究不过是上述学者的丰硕成果的一个微小注脚,即使身处全球性经济衰退和欧元区危机的复杂环境中,本章作者也仍然主张一种新的"国际法"史研究方法,其不同于通过全球性原始资本积累所形成的国际法史,也不同于世界性帝国法律的形成史或是当下的"新自由主义"国际法演进史。这些历史不允许加入一些更具震动性的转折性事件,例如捷克的天鹅绒革命与阿拉伯之春运动,但是他们却呈现出了一些"后罗尔斯学派"的万民法叙述。

本章作者对叙史的技巧与方法一无所知,但还是意识到研究"国际法"的"历史学家"只有忽略这些,才能在该领域有所贡献。尽管如此,许多问题仍有待解答:

底层"国际法"的渊源如何能为我们提供研究国际法史的新方法？我们如何通过研读被遮蔽起来的古今史料来"弱化"主权与国家的概念？研读印欧交往中——甚至印欧交往之外——的劳工运动与抗争之历史资料对我们来说有何意义？国际法第三世界研究方法的学者如何架空历史？古代文明传统（至少在思想史和运动史方面）如何能够重塑国际法的未来？这些视角是否提供了富有成效的出发点？

总而言之，任何新的"国际法"史学研究都存在三种问题：赫拉克勒斯般的艰巨、需要普罗米修斯般的独创性以及付出西西弗斯般近乎徒劳的努力。本章作者认为，相比之下，清理"古典"国际法的积弊没有这般困难。但是，对任何建议国际法第三世界研究方法和后国际法第三世界研究方法应该包括西西弗斯般的努力之观点，本章作者并不乐观。普罗米修斯的意象也许标志着我们今天所知的国际人权研究之未来路径，甚至标志着其日后消亡之轨迹。简而言之，印欧间的交流反映并标志着改变与重塑国际法史的进程有了新的发展，而这对于未来的历史学家来说无疑任重而道远。

推荐阅读

Alexandrowicz, Charles H. 'Doctrinal Aspects of the Universality of the Law of Nations' (1961) 37 *British Year Book of International Law* 506 – 515.

Alexandrowicz, Charles H. 'Kautilyan Principles and the Law ofNations' (1965 – 1966) 41 *British Year Book of International Law* 301 – 320.

Anand, Ram P. *New States and International Law* (Vikas Publishing House Delhi 1972).

Belmekki, Belkacem 'A Wind of Change: The New British Colonial Policy in Post – revolt India' (2008) 30(2) *Atlantis – Journal of the Spanish Association of Anglo – American Studies* 111 – 124.

Chimni, Bhupinder S. *International Law and World Order: A Critique of Contemporary Approaches* (Sage Publications New Delhi 1993).

Crawford, James *The Creation of States in International Law* (Clarendon Press Oxford 1979).

Curtis, Michel *Orientalism and Islam: European Thinkers on Oriental Despotism in the Middle East and India* (CUP Cambridge 2009).

Gong, Gerrit W. *The Standard of Civilization in International Society* (OUP Oxford 1984).

Ishay, Michelin *The History of Human Rights: From AncientTimes to the Globalization Era* (2nd edn University of Califomia Press Berkeley Califomia 2008).

Kennedy, David 'International Law and the Nineteenth Century: History of an Illusion' (1997) 17 *Quinnipiac Law Review* 99 - 136.

Koskenniemi, Martti *From Apology to Utopia: The Structure of International Legal Argument* (Finnish Lawyers Pub Co Helsinki 1989).

Martinez, Jenny S. *The Slave Trade and the Origins of International Human Rights Law* (OUP Oxford 2012).

Otto, Dianne 'Subalternity and International Law: The Problem of Global Community and the Incommensurability of Difference' (1996) 5 *Social & Legal Studies* 337 - 364.

Pagden, Anthony 'Human Rights, Natural Rights, and Europe's Imperial Legacy' (2003) 31(2) *Political Theory* 171 - 199.

Thomas, Jeremy 'History and International Law in Asia: A Time for Review?' in Ronald Saint John Macdonald (ed.) *Essays in Honour of Wang Tieya* (Nijhoff Dordrecht 1994) 813 - 858.

Westlake, John *Chapters on the Principles of International Law* (CUP Cambridge 1894).

Young, Robert J. C. *Postcolonialism: An Historical Introduction* (Blackwell Publishers Oxford 2001).

第三十二章　俄罗斯—欧洲

劳里·玛科索*（Lauri Mälksoo）

一、引言

研究国际法史视野下的俄罗斯与欧洲之相遇有两种方法。一种方法是将俄罗斯视作欧洲国家的一员——当然，俄罗斯是一个独特的欧洲国家，但那时的众多欧洲国家本来就有着各自独特的历史进程。这样一来，研究俄罗斯与欧洲在国际法上的相遇就可能与研究其他国家——如波兰、西班牙、斯堪的纳维亚甚至英国——在国际法发展中的作用没有什么根本区别了。这种方法把俄罗斯声称的或它真正存在的"欧洲性"作为研究重点，其不关注俄罗斯与其他欧洲国家的差异，而是强调两者的相似性与同一性。俄罗斯对国际法发展的贡献是其以一个欧洲国家的身份做出的，尽管它是如此独特的欧洲国家。另一种角度是突出俄罗斯的独特性——换言之，即其与欧洲其他国家的差异。国际法旨在解决国家间的争议，且争议通常由差异性——不论感知上的还是真实存在的——而非相似性导致。在国际关系史上，俄罗斯在很多方面都有其自身的独特性，它是世界上领土最大的国家，地跨波罗的海、西伯利亚与远东，其直至今天仍被视为独立自主的国际社会成员之一。与英国、法国、德国及其他曾经的欧洲大国不同，

＊ 本章的研究得到欧洲研究委员会和爱沙尼亚科学基金的资助。本章作者希望向参加 2011 年 1 月的因特拉肯工作坊的专家和符号学家尤里·米哈伊洛维奇·洛特曼对初稿的有益评论表示感谢。

俄罗斯至今未加入欧盟。有观点认为,俄罗斯既是欧洲的一部分,又自成一体,且这种观点在俄罗斯和其他欧洲国家中一直很有影响力。许多俄罗斯的杰出思想家长期以来主张俄罗斯形成了独特的"欧亚"文明。[1] 本章认为,俄罗斯与欧洲的相遇实际上是两个"世界"的相遇,是两个自治的文化政治空间的相遇。

我们无需立即在两种对立的研究方法之间做出非此即彼的选择,意识到两者具有持续的关联性就已足够。希望下文的讨论会对俄罗斯的欧洲身份问题给出一个与以往有些微差别的最终答案。但是,我们也必须承认,本章在某些方面所采用的方法代表了波罗的海国家对俄罗斯历史的认识,因此对本章的一些观点和解释会具有的争议性也就不难理解了。如果本章可以抛砖引玉地引发其他研究者不同的声音与观点,那对俄罗斯国际法史的研究只会大有裨益。

俄罗斯与欧洲的相遇在过去的三个世纪中始终是被俄罗斯社会讨论的一大中心议题。[2] 我们必须承认,在这段时期内,俄罗斯对欧洲的关注超过了欧洲对俄罗斯的热衷。在认识到这一背景的基础上,借助"中心"与"边缘"的概念能更好地分析俄罗斯与欧洲在国际法上的交流。当然,"中心"和"边缘"的概念并未直接出现在过往的国际法文件与法律原则中,也未被直接用于当今的国际法语言中。在本章中,"中心"和"边缘"的概念及其在论述俄罗斯历史背景时的使用均借鉴于尤里·米哈伊洛维奇·洛特曼(1922—1993 年,塔尔图-莫斯科符号学派的创始人)[3] 的符号学著作以及相关的俄罗斯历史研究。[4]

尽管如此,就国际法史而言,"中心"和"边缘"不仅仅是隐喻。欧洲国家主导下的国际法具有一个特定的"标准"来区分"中心"与"边缘"。这种标准由"文明"话语

〔1〕例见 S. S. Sulakshin, 'Civilization Genesis in Global Historical Time' (Draft of speech given at the 'Forum of Civilizations' conference October 2010)。

〔2〕M. Malia, *Russia under Western Eyes. From the Bronze Horseman to the Lenin Mausoleum* (Harvard University Press Harvard 1999); I. B. Neumann, *Russia and the Idea of Europe* (Routledge London 1996).

〔3〕Y. M. Lotman, *Istoria i tipologia russkoi kul'tury* (History and Typology of the Russian Culture) (Iskusstvo St Petersburg 2002) at 254 f.

〔4〕参见 A. Toynbee, *A Study of History. A New Edition Revised and Abridged by the Author and Jane Caplan* (OUP Oxford 1972); D. Lieven, *Empire. The Russian Empire and its Rivals* (Nota Bene Yale 2002) at 226 - 7; G. S. Starodubtsev, *Istoria mezhdunarodnogo prava i ego nauki* (History of International Law and Its Scholarship) (Izdatel'stvo Rossiiskogo universiteta druzhby narodov Moscow 2006) at 45。

构建起来,其界定了何谓发达的"常态"以及何谓欠发达的野蛮,从而区分出谁能取得所谓的文明地位以及谁又因不够资格取得一个完全的文明地位而被边缘化。[5]

二、17世纪末以前的俄罗斯和国际法

(一)与拜占庭的交往及受拜占庭的影响

俄罗斯在过去的三个世纪中与欧洲保持着文明间的对话,但更多的是它对欧洲与现代化的反思。俄罗斯的一大特点是,虽然斯堪的纳维亚的维京人对于在罗斯的土地上构建国家之过程发挥了非常重要的作用,但它的首个重要交流对象却是拜占庭帝国,即东罗马帝国。基辅罗斯与东罗马帝国的交流混杂着合作与冲突。公元10世纪,基辅王室对东罗马帝国进行了一系列的军事行动,而这些行动所导致的结果之一是拜占庭与基辅罗斯分别于907年、911年、944年(945年)与971年(972年)签署了四项条约。第一项条约只在编年史中留下记录,而其他条约的文本则保留了下来。

这些条约表明,东罗马帝国主观上并未平等地对待基辅罗斯的王公,尽管北方"蛮族"在对"文明的"东罗马帝国的军事行动中取得多次胜利。[6] 907年的条约规定了基辅人出访以及在君士坦丁堡居住的方式。其中一条限制是要求基辅人必须由一名帝国官员陪同。[7] 911年的条约涉及定居于东罗马帝国的基辅人可能遇到的刑事问题和民事问题,其沿袭了罗马万民法(即"国际私法")的范式。似乎很明显的是,这些条约的签署参照了东罗马帝国的做法,即遵循了罗马法传统。[8]

945年的条约对前两份条约做出了修改;972年的条约包括了基辅罗斯的斯维亚托斯拉夫国王作出的与东罗马帝国永远和平共处的承诺。

东罗马帝国对基辅罗斯最深远的影响是基辅罗斯于公元988年从拜占庭接受了基督教。对大众而言,受洗最初主要影响统治者,并且这种影响只是形式上的。

---

[5] G. W. Gong, *The Standard of 'Civilization' in International Society* (Clarendon Press Oxford 1984).

[6] M. de Taube, 'Études sur le développement historique du droit international dans l'Europe orientale' (1926-I) 11 *Recueil des cours* 341 – 535 at 406.

[7] V. M. Shumilov, *Kratkii kurs istorii mezhdunarodnogo prava* (Short Course in the History of International Law) (State University Voronezh 2006) at 17.

[8] 拜占庭于公元716年与保加利亚人缔结了一个非常类似的条约。

1054 年，基督教会分裂成天主教与东正教，两教分别由罗马和君士坦丁堡领导。1453 年，土耳其人征服了君士坦丁堡，东正教会总部落入穆斯林之手，莫斯科公国（Muscovy）成为了当时世界上唯一的东正教国家。

对莫斯科公国与西欧间的关系深有影响的一件大事是莫斯科公国拒绝签署 1439 年的《联合法案》（Act of Union）。希腊籍的全俄罗斯大主教伊西多尔（Isidore）签署了该法，从而承认了教皇在整个基督教教会中的最高地位。东罗马帝国皇帝约翰八世帕里奥洛格斯也签署了该法。[9] 但是，莫斯科公国的民众拒绝联合，并将 1453 年的君士坦丁堡之沦陷视作上帝在惩罚东罗马帝国于 1439 年背弃真正的信仰。莫斯科公国决定与罗马天主教徒势不两立，其不仅不承认教皇在基督教世界中的至高地位，而且也将自己置于所谓的基督教共同体之外。因为欧洲王公之间在当时形成的共同体正是以宗教统一为基础的。在拉丁欧洲，宗教改革紧随其后，基督教统一体分裂成天主教徒与新教徒。然而，莫斯科公国从基督教共同体分立而出似乎还具有历史、文化和地理上的特别意义。沙皇伊凡四世发动利沃尼亚战争（1558—1583 年），其企图征服波罗的海地区，这同样无助于与西欧天主教徒建立友好关系。1570 年，在什切青召开会议解决波罗的海相关法律问题时，莫斯科公国作为敌对势力未收到与会邀请。[10] 苏利公爵（1560—1641 年）所提出的"宏伟计划"是一个致力于推动"高度基督教化"欧洲共同体的乌托邦计划（1638 年），它明确地把莫斯科公国的"斯基泰国王"排除在"团结的欧洲"之外。[11]

在中世纪后期，主要的规范性争议是宗教。彼时政治实体之间的神学争议从某种程度上预示了后来的国际法理争论。莫斯科公国作为唯一的东正教国家，其在很长一段时间内宣扬"东正教弥赛亚信仰"（莫斯科是"第三个罗马"）。教皇使者波西维诺在伊凡四世统治时期访问莫斯科公国并评论道："这些人认为伊凡四世统治了全世界，而所有人都是他的奴隶。"[12] 这一观点在当时的莫斯科公国十分盛行，但与此同时，莫斯科沙皇努力向他的西方邻国承诺其没有拜占庭皇帝们广泛扩张

---

〔9〕 *A Study of History* (n 4) 271.
〔10〕 'Études sur le développement' (n 6) 485.
〔11〕 同上，第 487 页。
〔12〕 同上，第 479 页。

领土的野心。1576 年,伊凡四世命令被派往哈布斯堡家族统治下的神圣罗马帝国的使节解释"沙皇"称号的缘由——因为他征服了喀山和阿斯特拉罕沙皇国。1582 年,伊凡四世对教皇使者的评价回应道:"我们并不想征服全世界。"[13]卡尔·施密特(1888—1985 年)[14]有一个著名的观点,他认为现代国家理论的所有政治学概念其实都是世俗化的神学概念。[15] 有人可能会问,俄国后世对待国家主权的态度是否能溯源于它在 15 世纪时拒绝承认拉丁世界在宗教上的至高无上地位。无论如何,拒绝基督教教会统一的可能性导致了俄国此后对西方规范性主张的不信任。直至今日,也许源于对西方基督教世界不信任的历史传统,俄罗斯依然不愿毫无保留地接受某些西方的国际法观念(例如人权法)。

(二)拉丁欧洲:联系与影响

被排除在基督教共同体以外的一大结果是莫斯科公国未能参加 1648 年的威斯特伐利亚和会。威斯特伐利亚和会是欧洲天主教徒与新教徒之间的重大事件,而地处欧洲东面边缘地带的东正教莫斯科公国并没有参与三十年战争,因此其也没有被邀请参与会议。不过,在《奥斯纳布吕克条约》中,"瑞典的部分"提及了莫斯科大公[16],但其中确切的历史背景尚不清楚。中世纪晚期,俄罗斯王室与拉丁欧洲的关系出现了巨大裂缝。主要原因是蒙古在 13 世纪 40 年代至 1480 年征服了罗斯。唯一一个相对独立于蒙古的俄罗斯重要公国是诺夫哥罗德(然而,诺夫哥罗德于 1478 年被莫斯科公国吞并)。诺夫哥罗德在 1189 年与哥特兰岛协商缔约,此后,其于 1270 年与德国汉萨诸城和哥特兰岛缔约,于 1323 年与瑞典缔约,于 1326 年与挪威缔约,以及于 1440 年与立陶宛缔约。[17] 除了诺夫哥罗德,斯摩棱斯克在 1229 年与里加和哥特兰岛缔约。迈克尔·陶布特别指出,蒙古对罗斯的入侵抑制

---

[13] *A Study of History* (n 4) 273.

[14] 参见本书中由巴多·法斯本德(Bardo Fassbender)撰写的第六十四章"卡尔·施密特(Carl Schmitt, 1888—1985 年)"。

[15] C. Schmitt, *Politische Theologie. Vier Kapitel von der Lehre zur Souveränität* (9th edn Duncker & Humblot Berlin 2009).

[16] Treaty of Peace between Sweden and the Empire (24 October 1648) (1648) 1 CTS 198, art 17, para 11 'ex parte serenissimae reginae regnique Sueciae omnes eius foederati... rex Poloniae, rex et regnum Lusitaniae, magnus dux Muscoviae'.

[17] *Istoria mezhdunarodnogo prava* (n 4) 47 – 54.

了罗斯的政治与法律发展,否则这些发展可以推动罗斯与拉丁欧洲进行往来融合。[18] 陶布认为,蒙古入侵以前的东正教罗斯与拉丁西方在神学规范性上的差异不应被过分强调。自由的诺夫哥罗德与汉萨同盟之间仍能够进行商贸往来并且与德国和瑞典缔结复杂的贸易协议,然而罗斯大部分地区被蒙古征服,因而其无法有类似发展。这似乎证明了迈克尔·陶布的观点。从俄罗斯的内部政府结构之发展来看,诺夫哥罗德及作为其对手的莫斯科公国之间的对比也十分有趣。中世纪的诺夫哥罗德建立了一种民粹主义的人民议会(veche)民主制度,而莫斯科公国采纳了两种专制统治传统。一种是"拜占庭主义",即沙皇的地位当然高于任何独立的教会权威,这对于分权制度并非是一个良好的开端;另一种是蒙古传统,即统治者对其人民无情压迫并随时企图向邻国开战。莫斯科公国似乎比其他在蒙古人统治之下的俄罗斯公国更成功——比如其主要对手弗拉基米尔——部分原因是其最为有效地借鉴了蒙古传统。俄罗斯的统一路径不是协商与和平合并,而是血腥残酷的暴力。自此建立起来的独裁统治给几个世纪之后的俄罗斯刻下了深深的烙印。尤里·洛特曼在其玄思式的历史哲学框架下比较了诺夫哥罗德与莫斯科公国,他认为,如果历史改写,前者战胜了后者,那么由于汉萨同盟在诺夫哥罗德的影响力,可能会有一种更具有"契约精神"的法律文化在俄罗斯出现。[19] 莫斯科公国的一项传统是沙皇不受任何法律约束,也不受宫廷成员和王公贵族约束。但是,一种契约型的封建法律在西欧不断发展,至少国王对贵族的权力受到法律限制。在莫斯科公国,独裁统治凌驾于一切世俗法律,且国王的权力绝对不容动摇。伊凡四世深信其统治的绝对性与神圣性,因而他认为自己天生就凌驾于其他西欧政权之上。例如,伊凡曾在写给伊丽莎白女王的信中表达了对后者极其失望,他原以为女王是一个真正的最高统治者,但后来发现她不仅依赖于他人的建议,而且更糟糕的是,她不得不接受商人们的建议,这样看来,很明显她只是一个"普通的小女孩"。[20] 在写给瑞典国王埃里克十四世的信中,伊凡把自己比作天,而把瑞典国王比作地,

---

[18] 'Études sur le développement' (n 6) 481.

[19] Y. Lotman, *Semiosfera* (Semiosphere) (Iskusstvo St Petersburg 2000) at 385. 更多莫斯科公国视角的观点,参见 Y. Alekseev, '*K Moskve khotim*': *Zakat boyarskoi respubliki v Novgorode* (Lenizdat Leningrad 1991)。

[20] F. de Martens, *Recueil des traités et conventions* (St Petersburg 1892) vol 9, at 23.

并认为他们之间的差距就是一个天上，一个地下。[21] 但是，冯·马尔顿斯正确地指出，英国在 16 世纪与莫斯科公国建立了具有特权性的且不对等的贸易关系[22]，这在现在看来具有中心-边缘关系的特点。此时，国际法语言开始出现在西欧与俄罗斯的交往中。1583 年，在讨论莫斯科公国所期望的友好同盟协定时，英国使者杰里米·鲍斯运用华丽的词藻提出了"基督教、国际法与诚信的精神"[23]，但是两国关系仍然动荡。例如，1588 年，费奥多尔沙皇对英国使者弗莱彻极尽羞辱，以至于伊丽莎白女王写信给沙皇道："欧洲没有一个君王敢对我们有如此行为。"[24]莫斯科公国与诺夫哥罗德的另一点差异在于，莫斯科公国的一切土地都直接或通过东正教教会间接地属于沙皇，这意味着政治权力与国家财产同属于一人[25]，因而没有任何个人对土地享有自治权。不知如何分立政治权力与经济资源所有权的传统甚至对 20 世纪以后的俄罗斯民主制度的发展都造成了明显的不利影响。[26] 那么，俄国的国内特点与国际法研究有什么联系？赫希·劳特派特认为，由于国际法形成于欧洲，所以君主与学者们从罗马私法中借鉴了诸多概念。[27] 这并不一定是刻意决定或是任意为之。在注释法学派和评论法学派的推动下，罗马法已经成为拉丁欧洲历史与文化的一部分。国际法中的国家相当于国内法律秩序中的自然人，因此其享有至高无上的主权。类比私法，条约如同契约，从而适用"契约必须遵守"原则。由于国际社会上不存在常设法庭，所以接下来将是国家间的纠纷解决、协商与仲裁机制。公元 1648 年后的欧洲国际法基于国际法主体——国家——在法律上的平等地位，这是最基本的底线。其他在国内没有遵循该罗马法传统而加入或重新加入"欧洲大家庭"的国家不得不在某种程度上接受另一种文化所孕育的理念与方案。国际法上一个不仅影响俄罗斯而且引起其他非西欧地区国家重视的

---

[21] 'Études sur le développement' (n 6) 480.

[22] *Recueil des traités et conventions* (n 20) vol 9, 69.

[23] 同上，第 37 页。

[24] 同上，第 61 页。

[25] R. Pipes, *Russia under the Old Regime* (2nd edn Penguin Books London 1995).

[26] E. Lukasheva, *Chelovek, pravo, tsivilizatsii: normativno-tsennostnoe izmerenie* (Human Being, Law, Civilizations: Normatibe and Value-related Dimension) (Norma Moscow 2009) at 326.

[27] H. Lauterpacht, *Private Law Sources and Analogies of International Law* (Longmans Green & Co London 1927).

历史问题是,国内法的概念与民众对待它的方式对理解国际法来说有何影响? 如果"人人须接受法治"的思想在一国国内没有得到高度的重视与发展,那么如何建立起该国与他国均须遵守的法律? 这些国家如何看待国际法? 在国内没有与私主体缔结平等契约的国家如何尊重与其他国家缔结的条约? 在国际关系理论上,现实主义者把主权国家视作"黑盒子",而自由主义者认为一国国内对法律规范的理解无可避免地影响了该国对国际法的理解。[28] 尤里·洛特曼解释道,在俄罗斯的深层文化"密码"中,其历来倾向于用道德规范或宗教学说替代法学。在俄罗斯文学中,英雄们将法律与恩典相对立,并追求后者而非前者。洛特曼认为这种"法律-恩典二分论"反映出俄罗斯站到了浸润法治精神的拉丁欧洲的对立面。洛特曼主张,在俄罗斯文学中有一种强烈的趋势,即认为法律中的空洞且非人道的原则,与恩典、牺牲和爱等友好且积极的观念相对立,其强调了国家法律与个人道德、政治及神性的对立。[29] 甚至于俄罗斯主流自由主义法学家们在 1989 年仍然哀叹俄罗斯没有停止其"法律虚无主义"的历史传统。[30] 由当代著名的俄罗斯保守派爱国主义电影导演尼基塔·米哈尔科夫拍摄的电影《12》(中文片名为《12 怒汉:大审判》——译者注)中,一位作为陪审员的天真的俄罗斯男人宣称俄罗斯永远不会"遵循法律",因为这意味着枯燥的人生。无论如何,17 世纪中期的俄罗斯在西欧的势力日益强大,而"加入"国际社会并不仅仅代表它接受了"国际法"以及接受了欧洲内部事务中源自主权平等原则的理念与实践,而且也意味着它开始质疑国内的法律和秩序,并将其与欧洲的法律秩序作比较。接受普芬道夫和瓦特尔理论的国家通常也经历了在国内吸收欧洲法律的过程。[31] 就接受欧洲法律思想与宪政观念而言,俄罗斯、日本和土耳其(分别是在彼得大帝、明治维新和阿塔图尔克时期)都

---

[28] 参见 D. Armstrong, T. Farrell, and H. Lambert (eds.) *International Law and International Relations* (CUP Cambridge 2007)。纲领性陈述,参见 A. M. Slaughter and W. Burke-White, 'The Future of International Law is Domestic' (or 'the European Way of Law') (2006) 47 *Harvard Journal of International Law* 327–352。

[29] *Semiosfera* (n 19) 143.

[30] V. A. Tumanov, 'O pravovom nigilizme' (On Legal Nihilism) (1989) *Sovetskoe gosudarstvo i pravo* 20–27.

[31] 参见本书中由努德·哈孔森(Knud Haakonssen)撰写的第四十九章"塞缪尔·普芬道夫(Samuel Pufendorf, 1632—1694 年)"和由艾曼纽·儒阿特(Emmanuelle Jouannet)撰写的第五十三章"艾默·德·瓦特尔(Emer de Vattel, 1714—1767 年)"。

曾相当积极。于是,欧洲与国际社会的新成员之间的"中心－边缘"关系由此建立。

三、17 世纪末至 1917 年的俄罗斯与国际法

(一) 彼得大帝:结束封闭,成功入欧

对俄罗斯而言,莫斯科公国在沙皇彼得大帝(1672—1725 年)的统治下加入了欧洲国家体系,并开始以国际法作为对话的介质。彼得大帝向欧洲打开大门是一个持续的过程,而非一个一蹴而就的事件(甚至大北方战争或结束这场战争的1721 年的《尼斯塔德条约》[32]也持续多时)。陶布强调了国际法在彼得大帝统治时期的一个重要变革——欧洲大国在莫斯科以及莫斯科公国在欧洲国家首都分别设立了常驻使馆。[33] 另外,在彼得大帝统治时期,俄国集中地与外国签订了大量协议,从而使其成为了欧洲联盟体系的一部分。例如,俄国与波兰在 1686 年签署了"永久和平"协议,从而加入了反土耳其联盟[34],原先的孤立主义者以及甚至是反欧的莫斯科公国如今被称为"俄国"。俄国与奥地利于 1697 年签订了针对土耳其人与鞑靼人的联盟条约,然而条约关系并不局限于欧洲国家,俄国早在 1689 年就在尼布楚与中国签订了边界协议。[35]

彼得大帝曾隐姓埋名游学荷兰,此后便致力于推动俄国的现代化。彼得大帝认为俄国急需的是欧洲的法律,他所指的法律应该包括法哲学、宪法和国际法。但是,这些领域在当时都混同在自然法领域中,例如塞缪尔·普芬道夫(1632—1694年)的观点。彼得深深感叹于普芬道夫在欧洲的影响,甚至自称为"俄国的普芬道夫"[36],可见俄国的法律现代化建设在其心目中的重要地位。但是,另一方面,彼得也希望保留俄国的专制制度,欧洲的公法观念对他就某种程度上来说就如同

接触一门新的"语言"。彼得在访问伦敦时看到上议院里有些身着法袍、头戴假

---

[32] Treaty of Peace between Russia and Sweden (签订于 1721 年 8 月 30 日) (1721) 31 CTS 339。

[33] 'Études sur le développement' (n 6) 489.

[34] 同上,第 490 页。

[35] Treaty between China and Russia (签订于 1689 年 9 月 7 日) (1689) 18 CTS 503;进一步参见 H. Scheu, *Das Völkerrecht in den Beziehungen Chinas zu den europäischen Seemächten und zu Russland. Ein Beitrag zur Geschichte des Völkerrechts* (difo-druck schmacht Frankfurt aM 1971)。

[36] D. W. Treadgold, *The West in Russia and China. Religious and Secular Thought in Modern Times Volume I: Russia 1472－1717* (CUP Cambridge 1973) at 89.

发并且在表达自己观点的人们,他非常惊讶地问这些人是谁,得到的回答是"律师"。据记载,彼得开玩笑地回应道:"在我的整片国土上只有两个律师。我想,等我回国时应该绞死一个。"[37]

彼得大帝统治的俄国加入了欧洲国家体系,并且他也第一次运用"欧洲国际法语言"表达了观点。在俄国向瑞典发动的大北方战争(1700—1721 年)中,沙皇委派外交官之一的沙菲罗夫(1670—1739 年)写了一本小册子,旨在从历史、法律和道德角度来为俄国的行为正名。这本名为《论俄国-瑞典战争的正当理由》[38]的小册子于 1717 年发表。这本小册子实际上是一个边缘国家在寻求中心国家的认可与承认。条约则是向"所有基督教国家和文明国家"发出的请求。沙菲罗夫哀叹道俄国被欧洲边缘化,就仿佛俄国并不属于文明国家,而是如同"印度与波斯"这样的东方国家。[39]

沙菲罗夫向西欧国家传达的讯息直截了当,即我们也是一个文明国家,我们希望获得中心国家的认可,我们想要成为其中一份子。但是,沙菲罗夫以一个边缘国家的名义来谈论欧洲公法的方式非比寻常。首先,面向"文明国家"的话语与国内所使用的话语不同。例如,在俄文版小册子中,沙菲罗夫自称为俄国沙皇的"奴隶",但是这一称谓在小册子的英文版中被有意删除了。[40]沙菲罗夫的历史主张——即古代俄罗斯编年史中提到了利沃尼亚在几个世纪以前曾属于罗斯——有着强烈的道歉意味,但很难去查证。值得注意的是,虽然俄国的胜利已成事实,因此征服了之前的瑞典/德国的波罗的海地区,但是它却依旧感觉必须诉诸"文明国家"话语,无论其论证中含有多么强烈的道歉意味。这就是欧洲文明话语的两面

---

[37] J. Quigley, *Soviet Legal Innovation and the Law of the Western World* (CUP Cambridge 2007) at 60.

[38] 参见 P. P. Shafirov, *Rassuzhdenie, kakie zakonnye prichiny Petr I, tsar i povelitel' vserossiiskii, k nachatiu voiny protiv Karla XII, korolya shvedskogo, v 1700 godu imel* (A Discourse Concerning the Just Causes of the War between Sweden and Russia:1700－1721) (Zertsalo Moscow 2008).

[39] P. P. Shafirov, *A Discourse concerning the Just Causes of the War between Sweden and Russia:1700－1721* (Oceana Publications Dobbs Ferry NY 1973) at 2 (of the Russian text).

[40] *Rassuzhdenie* (n 38) 8, 10. 关于"奴隶"一词在莫斯科公国和俄国的词源,参见 M. T. Poe, 'A People Born to Slavery'. *Russia in Early Modern European Ethnography, 1476－1748* (Cornell University Press 2000).

性——衡量一种文明比其他文明更加优越的最终标准就是强盛的武力,随之再以一种"文明"的合法性方式为武力正名。中世纪时期,蒙古武力强盛,但是他们并不在乎欧洲的规范性话语(就像莫斯科公国的伊凡四世在 16 世纪时也不在乎)。17世纪中叶的俄国沙皇还没有力量打开欧洲的大门,如果他们有此军力,那么不知道他们会不会用欧洲的规范性语言来为之正名。彼得大帝的智慧在于他意识到若要跻身欧洲国家体系或文明国家之列,则俄国必须两者兼有——强大的军事力量和使用欧洲的规范性与合法化之话语来为征服行为正名的意愿。无论如何,显而易见的一点是,彼得大帝的俄国需要适应现实情况,因此其开始运用西欧已经使用了四百年的国际法语言。[41]

(二) 俄罗斯自 18 世纪初至 1917 年在国际法中的作用:国际法实践

1721 年,俄国与战败的瑞典签订了《尼斯塔德条约》[42],从此俄国加入欧洲强国行列,并在欧洲各方均势中发挥了举足轻重的作用。就国际法史而言,我们应区分关涉规范的外交史——国际法本身的历史——和国际法学说的历史。我们首先探讨国际法本身的历史。

俄国罗曼诺夫王朝的皇帝们在波罗的海圣彼得堡建立了新的都城后,开始了几近全面欧洲化的进程。赫赫有名的叶卡捷琳娜二世有着德国血统,19 世纪上半叶的俄国大帝——尤其是尼古拉一世——都希望以训练有素的新教国家普鲁士为样板来塑造俄国。圣彼得堡当时许多主要的外交官和举足轻重的政府高官都是波罗的海的德国人,他们从文化和历史背景上都是俄国皇帝最具"欧洲性"的国民。但是,我们注意到,俄国自称的欧洲性主要指精英阶层,而大部分俄国人民仍然遵循其既有的生活方式和传统。

在 18 世纪和 19 世纪,俄国对欧洲的国际法发展做出了非凡贡献,且作为首屈一指的军事强国,俄国改变了欧洲战争与和平的进程和走向,并塑造了欧洲的历史。俄国对国际法发展的贡献包括以下诸多方面。

---

[41] V. E. Grabar, *Materialy k istorii literatury mezhdunarodnogo prava v Rossii* (1647 - 1917) (Materials on the History of International Legal Writings in Russia 1647 - 1917) (Zertsalo Moscow 2005) at 1.
[42] Treaty of Peace (n 32).

1779 年,俄国在事实上保证了中欧的势力平衡,尤其是对于普鲁士与奥地利这两个对德意志领土主导权不能达成一致的国家而言。叶卡捷琳娜二世受邀成为德意志国家之间所签订的《特申条约》[43]的保证人。由于《特申条约》重申了《威斯特伐利亚和约》的有效性,因此也可以说俄国于 1779 年成为了《威斯特伐利亚和约》的保证人。

1780 年,叶卡捷琳娜二世成功宣告了武装中立原则,即在军事冲突(例如当时爆发的美国独立战争)期间,中立国的船只不受交战方侵犯。尽管主要的海上强国英格兰感到因而受限,但这一原则立即得到其他同样受之影响的欧洲国家的支持。[44]克里米亚战争(1853—1856 年)结束后,中立方权利的原则被写入《巴黎和约》[45]并成为条约法的一部分。

国际法令人质疑的另一面是普鲁士、俄国与奥地利于 18 世纪末共同瓜分波兰。从今天的角度看来,这三个国家对波兰的瓜分经由一系列非常细致的条约来完成,且读起来如同地籍登记图册中密密麻麻的条目那样令人瞠目结舌。[46]

俄国的另一大贡献是其在 1815 年击败拿破仑后召开的维也纳会议上所发挥的作用。[47] 建立一个能够平衡未来数十年内欧洲各方势力的非常设国际组织的尝试史无前例。俄国与普鲁士及奥地利一起,在维也纳组成了反革命的、保守的神圣联盟。陶布试图得出结论称,虽然叶卡捷琳娜于 1780 年提出的武装中立原则使俄国推动了国际法的发展,但是亚历山大一世统治下的俄国在维也纳会议上以及此后的保守做法产生了消极影响。[48] 与此同时,俄国扮演着"欧洲警察"的保守形象,其镇压匈牙利的革命和被吞并的波兰的起义,这并不令人意外。沙俄对外的规范观念不过在照搬对国内牢固的专制统治的认识。以赛亚·伯林(流亡俄国的

---

〔43〕 Treaty of Teschen(签订于 1779 年 5 月 13 日)(1779) 47 CTS 153。

〔44〕 参见 C. Bergbohm, *Die bewaffnete Neutralität. Eine Entwicklungsphase des Völkerrechts im Seekriege* (Laakmann Dorpat 1883).

〔45〕 General Treaty for the Re-establishment of Peace(签订于 1856 年 3 月 30 日,于 1856 年 4 月 27 日正式生效)(1856) 114 CTS 409("《巴黎和约》")。

〔46〕 F. de Martens, *Recueil des traités et conventions* (St Petersburg 1875) vol 2, 305 – 358.

〔47〕 D. Lieven, *Russia against Napoleon. The True Story of the Campaigns of 'War and Peace'* (Viking London 2010).

〔48〕 'Études sur le développement' (n 6) 494 – 495. 关于同一点,参见 *Istoria mezhdunarodnogo prava* (n 4) 67。

犹太人)语气强烈地描述那段时期的俄国:"俄国对当时的民主主义者如同此时的法西斯主义,其是自由与启蒙的大敌,充满了黑暗、残酷和压迫,其以最迅速和最残暴的方式被其流放的子民所推翻。"[49]

在 18 世纪以及尤其是 19 世纪,俄国也曾为人道主义干涉原则而斗争,尤其是为了保护那些居住在奥斯曼帝国的东正教徒。有意思的是,人道主义干涉兴起时,在欧洲对国际法的理解中,主导思想却是不干涉,至少是不干涉其他欧洲大国的事务。然而,陶布指出,俄国是为了东正教信徒的利益而从拜占庭帝国借鉴了干涉权原则。[50] 1783 年,在格鲁吉亚国王的要求下,俄国成为了格鲁吉亚的保护国,其保护这个古老的基督教国家免受波斯和奥斯曼帝国的侵犯。但是,1801 年时,格鲁吉亚被俄国吞并了。而且,早在 1711 年,彼得大帝就与摩尔多瓦总督兼奥斯曼帝国封臣坎特米尔签署了秘密协定,其中承认俄国作为摩尔多瓦的保护国之地位。在 1774 年于开纳吉与库丘克签订的和平条约[51]中,奥斯曼帝国承认了俄国对其国内的东正教徒享有特殊权利和特权。[52] 在克里米亚战争(1853—1856 年)结束后签订的《巴黎和约》中,这种"干涉权"被扩大为"欧洲协调"诸国的普遍权利,而非俄国一国专属。

19 世纪下半叶,沙俄在战争法的发展中发挥了极大的作用。1868 年的《圣彼得堡宣言》[53]禁止使用 400 克以下的爆炸武器。俄国也是 1874 年的布鲁塞尔会议上主张修订战争法的发起国之一。最终,布鲁塞尔会议虽然未成功制定战争法,但却奠定了基础。最后,著名的 1899 年的海牙和会在俄国沙皇尼古拉二世的倡导下召开。俄国主要的国际法学者冯·马尔顿斯(1845—1909 年)在国际会议上起到了举足轻重的作用,他通过著名的"马尔顿斯条款"以促成了欧洲强国与小国之间的和谈。在 1907 年的第二次海牙和平会议中,俄国代表继续扮演了重要的角色。这一年,俄国的立场也有了细微变化,它不再自动地代表理想的和平主义者。

---

[49] I. Berlin, *Russian Thinkers* (Penguin Books London 1994) at 11.

[50] 'Études sur le développement' (n 6) 493.

[51] Treaty of Perpetual Peace and Amity between Russia and Turkey(签订于 1774 年 6 月 10 日)(1774) 45 CTS 349("开纳吉与库丘克")。

[52] 同上,第 493 页。

[53] Declaration Renouncing the Use in Time of War of Explosive Projectiles under 400 Grammes Weight(签订于 1868 年 12 月 11 日)(1869) 138 CTS 297("《圣彼得堡宣言》")。

（三）俄罗斯自 18 世纪初至 1917 年在国际法中的作用：学说（以尤里·洛特曼学说为例）

冯·马尔顿斯令俄国在国际法领域和国际法学说上有了话语权。[54] 没有任何人能够像兼具学者与外交家身份的马尔顿斯一样完全代表沙俄在 19 世纪 70 年代至 20 世纪初对国际法的影响与作用。俄国经历了漫长的时间才完成从沙菲罗夫到马尔顿斯的飞越。马尔顿斯最令人赞叹的一点在于，从 1717 年的沙菲罗夫之尝试到马尔顿斯于 19 世纪 70 年代出版的大量著述，其间俄国并没有很多国际法学说。多帕特大学的波罗的海德籍教授[55]——尤其是奥古斯特·布尔梅林克——几乎没有以俄国的名义在国际上发出任何声音，而只是在波罗的海地区致力于推动德意志文化议程。至少从这个角度而言，这些多帕特大学的波罗的海德国籍教授不能称为真正的"俄国"学者。

为什么在沙菲罗夫时代后，马尔顿斯时代到来前的这段时间里俄国的国际法学说没有得到高度发展？但是，我们也可以反过来问：为什么国际法应该得到发展？国际法发展是通过何种方式？如果国际法是一种产于西欧的语言，那么边缘国家的理念是去获得它，而不是去教授或宣扬它。毕竟，俄国的第一所大学——莫斯科大学——于 1755 年才建立，重要的思想需要时间加以孕育。在马尔顿斯时代，俄国人感到自己的国家已经在被动地学习并得到了充分的刺激，因而是时候逆转信息流向了。无论如何，世界各地——无论文明地区还是未开化地区——对马尔顿斯学说的继受是俄国同时代公共知识分子无法企及的，而唯一能与之媲美的只有伟大的俄国小说家。

如果说国际法是一门语言，且沙菲罗夫使用它时还带着口音，那么马尔顿斯对这门语言已经炉火纯青。曾经沙菲罗夫需要努力证明俄国"也"是一个文明国家，而马尔顿斯已经以（欧洲基督教）文明的名义发声。马尔顿斯所提出之国际法理论

---

[54] 亦见本书中由劳里·玛科索（Lauri Mälksoo）撰写的第五十九章"弗里德里希·弗罗霍尔德·冯·马尔顿斯（Friedrich Flomhold von martens）[费奥多·费多罗维奇·马尔顿斯（Fydor Fyodororich Martens）]（1845—1909 年）"。

[55] 参见 L. Mälksoo, 'The Science of International Law and the Concept of Politics: the Arguments and Lives of the International Law Professors at the University of Dorpat/Iur'ev/Tartu 1855 – 1985' (2005) 76 *British Year Book of International Law* 383–501.

的一大核心理念是国际法只约束文明的(欧洲基督教)国家,而未开化的(亚非)国家则被排除在外。尽管马尔顿斯时代的大多数其他欧洲国际法学家也遵循着"文明-未开化"两分的逻辑,但这种区分在马尔顿斯的研究方法中尤为显著。在追求欧洲文明与帝国主义这一点上,赞同马尔顿斯观点的俄国人甚至"比教皇更天主教化"。至少在国际法论著中,当时主要的帝国主义国家英国似乎已经不想多花心思去证明这一点。这就如同一个新近皈依的人也是最热情的布道者,其渴望改变他人的信仰。

矛盾之处在于,马尔顿斯的人生恰恰反映出对欧洲文明的追寻与比照。圣彼得堡大学法律学院院长伊凡诺夫斯基劝说年轻的马尔顿斯放弃他最初更偏爱的刑法而攻读国际法——"这才有了我们的马尔顿斯"。[56] *nomen was omen* 不仅仅是一种形象的说法。马尔顿斯计划出版十五卷俄国与其他欧洲强国——奥地利、德国、英国和法国——缔结的条约合集,其的确于 19 世纪早期进行了大量的条约汇编工程(遗憾的是他于 1909 年逝世,因而未能完成这一浩大工程)。

马尔顿斯强烈认为,俄国是一个欧洲文明国家,土耳其、中国、日本等国注定落后不开化,这一观点反映了俄国对自己真正身份的不安全感,且不利于规范观念的形成。这就是俄国的历史定位与宿命吗?专长于吸纳他国的思想?斯拉夫派与俄国民主主义者开始反思模仿西欧是否为俄国的宿命。对于这个话题,陀思妥耶夫斯基曾有过著名论断:"在欧洲,我们是依附者也是奴隶;而在亚洲,我们将会成为主人。"[57]想想俄国的国内环境,马尔顿斯的学说不乏矛盾。作为自由主义者,马尔顿斯以国家对个人权利的尊重来定义文明的标准。这在当时的沙俄是一个爆炸性与颠覆性的观点,要知道即使当时的爱国主义保守分子也认为帝国中的个人权利——说得好听点——还有很大的提升空间。但是,问一个经典的俄国问题:这是谁的过错呢?悲观地来看,批判的自由主义者承认许多俄国人似乎根本不在意自己的权利。车尔尼雪夫斯基就曾于 1859 年哀叹道:"没有一个欧洲国家,其绝大多数的人民对自身权利是如此漠然,从而使权利成了只有自由主义者关注的

---

〔56〕18 世纪晚期的德国实证主义领军者——乔治·弗里德里希·冯·马尔顿斯(1756–1821 年)。
〔57〕*Empire* (n 4) 220.

目标。"[58]

在马尔顿斯的俄文国际法教科书中,有一个段落建议俄国仍要向其他"受教育程度更高的民族"学习。[59] 虽然由于马尔顿斯宣扬本国"对外政治司法政策"而使西方对他褒贬不一,但其日记中流露出反对沙皇统治的态度(尽管他依然为沙皇服务)。马尔顿斯的日记也提到他来自(被过度代表的)帝国边缘地区(马尔顿斯的父母族裔是爱沙尼亚人,他的童年在利沃尼亚的波罗的海地区度过,所以他只能在"政治上"算是俄国人)。在日记的一章中,马尔顿斯抱怨沙俄已不再想改善非俄罗斯族裔的状况。[60] 事实上,在 1917 年,后沙皇时代的大部分国际法学者被迫移居国外,他们当中的许多人——尤其是圣彼得堡学派的学者——都代表了俄国化的德国或波罗的海家庭,例如鲍里斯、迈克尔·陶布、曼德尔施塔姆等。[61]

18 世纪和 19 世纪,俄国以"文明国家"的语言与"非文明国家"对话的实际考量是这一时期俄罗斯帝国向东和向南猛烈扩张。[62] 在英国与法国进行海外殖民的同时,俄国继续向远东、中亚和高加索地区扩张。国际法只属于文明民族的理论实用又便捷,而且它确实使俄国从中受益。矛盾的是,19 世纪末的国际法推崇进步、文明和战争法法典化,但其同时也认可征服(只要其他国家出于均势的逻辑愿意认可)。

此时,我们应该重新探讨俄国在国际法上与欧洲的关系,特别是从中心-边缘关系的角度。我们必须牢记,国际法从来都不是孤立的现象。在这里,我想借助尤里·洛特曼著作中的观点来类比说明,他最为关注西方与俄罗斯在文学上的对话。

---

[58] *Russian Thinkers* (n 49) 3.

[59] F. F. Martens, *Sovremennoe mezhdunarodnoe pravo tsivilizovannykh narodov* (Contemporary International Law of Civilized Nations) (Yuridicheski kolledzh MGU Moscow 1996) vol 1, at 158.

[60] Archive of the Foreign Policy of the Russian Empire Moscow Fond no 340, opis no 787 entry of 13 March 1907 at 113.

[61] 参见 G. S. Starodubtsev, *Mezhdunarodno-pravovaya nauka Rossiiskoi emigratsii* (International Legal Scholarship of the Russian Emigration) (Kniga i biznes Moscow 2000); M. A. Taube, 'Zarnitsy'. *Vospominania o tragicheskoi sud'be predrevolyutsionnoi Rossii* (1900 – 1917) (Lightnings. Memoirs on the Tragic Fate of Russia before Revolution 1900 – 1917) (Rosspen Moscow 2007).

[62] 19 世纪,康斯坦丁·冯·德·佩伦伯爵宣称欧洲文明的优越性,并以此为俄罗斯征服中亚正名。参见 Empire (n 4) 219。

洛特曼认为对话通常是不对称的。[63] 在对话交流中,人们可以发现下列模式:第一个参与者(传递者)掌握了大量积累而来的经验(记忆),而第二个人(接受者)则对获取这些经验感兴趣。[64] 初期,新的外来文本对接受者形成了刺激,并让接受者摆脱了长期以来的行为惯性。之后则是被动的浸润阶段。接受者获取了新的语言,并适应了新的内容,从而使这些内容从一种"外来的"语言(指更广义的符号学意义上的"语言")转移为"自身的"语言。与此同时,这些内容会根据接受者文化中的法律规则有所改变。接受者的记忆中也会将这些内容储存为"外来语",而不是直接可理解的语言。

下一个阶段是掌握外来语言并熟练运用它,从而在此基础上产生新内容。但是,这一阶段过后才是真正关键的时刻——外来传统基于接受者"本土的"符号内容进行转换。外来语成了"自己的语言",并对本土的方式方法造成了影响与改变。此时,角色可能发生了转换,即接受者变成了输出者,而原先的输出者反而变成了接受者。[65] 这种反应也可能指向另一个接受者,而非原来的那个刺激发出者。

洛特曼坚称,文化交流以争取精神独立的激烈斗争为特征。再一次强调,交流通常是不对称的。一开始,声称处于中心地位的主导方认为接受者处于边缘地位,而接受者也认同这种定位(同时指他们资历尚浅、只是初学者等)。[66] 然而,在逐步迈向顶峰的过程中,"新"文化开始强调其"长者年资"并宣称其在文化世界中的中心位置。

洛特曼曾写到符号学领域中"边缘地带对中心区域的反抗"。[67] 当文本接受者突然改变方向而成为了活跃的翻译者,那么随之而来的将是民族自我意识的觉

---

[63] Y. M. Lotman, *Universe of the Mind : A Semiotic Theory of Culture* (Introduction by U. Eco) (IB Tauris & Co, Ltd London 1990) at 268.

[64] Y. M. Lotman, *Istoria i tipologia russkoi kul'tury* (History and Typology of the Russian Culture) (Iskusstvo St Petersburg 2002) at 47.

[65] Y. M. Lotman, *Istoria i tipologia russkoi kul'tury* (History and Typology of the Russian Culture) (Iskusstvo St Petersburg 2002) at 48.

[66] 同上,第 49 页。

[67] 同上,第 51 页。

醒和对原先主导力量的敌意。[68] 两种不同语言相互碰撞时可谓爆炸,即由此出现同化与被同化的情况。[69] 当思想从中心区域向边缘地带传播时,有时仅仅是统一的表象。如果在中心区域是元结构作为自身语言,那么其在边缘地区就好似"外来"语言,从而不能恰当地反映该区域真正的符号使用实践。这就好像是一门外语的语法。在边缘地区,符号使用实践与规范之间的关系是存在矛盾的。[70]

参照洛特曼的模式,我们可以认为彼得大帝(以及其思想的代表人物沙菲罗夫)将欧洲国际法引入俄国之初是将其作为一种外来语,那么马尔顿斯时代的俄国已经学会了完美地运用这种语言,甚至可能比同期历史中心区域的任何人运用得都好。后来,在斯大林发动去西方化运动的背景下,苏联国际法学者弗塞沃洛德·尼古拉耶维奇·杜尔杰涅夫斯基曾于 1949 年这样形容俄国在 19 世纪后期对国际法的贡献:"在那个意义上,俄国的角色改变了。早先我们翻译德国克吕贝和赫福特的论著,现在却是德国的伯格博姆翻译马尔顿斯的著作,年轻的布斯塔曼特学习马尔顿斯的学说,以及经验丰富的李斯特向赫拉巴尔学习。俄国学界开始登上国际舞台,其达到并超越了西方学界的水平。"[71]

781

在马尔顿斯时代,俄国运用的国际法语言与其他地方建构起来的语言并无不同。这没有减少沙俄在 19 世纪末对发展战争法的贡献。然而,俄国作为前边缘地带,其对前中心区域在国际法上的"回应"和"爆炸"在马尔顿斯时代后——俄国于 1917 年爆发共产主义革命后——才出现。此时的新苏联不再对国际法做出"贡献",而是从根本上改变了国际法。

(四) 1917 年的俄国十月革命对国际法的影响

1917 年,俄国布尔什维克十月革命对国际法的发展有着非常重要的影响。参照洛特曼的模式,我们可以称之为原边缘地带对中心区域的反叛。俄国革命所发

---

[68] Y. M. Lotman, *Istoria i tipologia russkoi kul'tury* (History and Typology of the Russian Culture) (Iskusstvo St Petersburg 2002) at 52.

[69] 同上,第 118 页。

[70] *Universe of the Mind* (n 63) 259.

[71] V. N. Durdenevskii, 'Vklad russkoi nauki v mezhdunarodnoe pravo, Vestnik Moskovskogo Gosudarstvennogo Universiteta.' (Contribution of the Russian Scholarship to International Law; 引自 Starodubtsev's *History of International Law and Its Scholarship*) 1949 at 79 in *Istoria mezhdunarodnogo prava* (n 4) 117.

出的信号不仅直指欧洲中心("超文明地区"),更指向世界其他地方(原"未开化地区")。

在俄国布尔什维克革命中,革命者否认了国际法的普遍性。他们主张欧洲主导的国际法从来就没有普适性,因为国家被区分为诸如"文明"与"未开化"等不同类别。这是第一次有人脱离中心并反叛西方。苏联意欲创造以苏联为新中心的自成一体的"苏联国际法"。最早一批原创性的苏联国际法学家之一叶夫根尼·亚历山德罗维奇·柯罗文在 20 世纪 20 年代明确地拒绝了国际法普遍性的观点。[72]这并非欧洲公法的最终目的,但 1917 年,俄国退出欧洲公法,且这种状况可能要持续约一个世纪之久。

当代西方学术界重新拾起了对苏联国际法理论与实践的研究兴致[73],且不时有论述规范性基础的新马克思主义论著强调苏联对国际法的积极而富有革命性的挑战和修正。这一新研究与非常符合冷战氛围的苏联时期的法学子学科东方法研究形成了鲜明的对比,后者与苏联的国际法研究方法相悖。

从某种角度而言,公元 1917 年以后的俄国掀起了第一股去殖民化的风潮,即猛烈地跳脱出西欧自由资本主义的法律概念与美好社会(good society)概念,并拒绝旧规范体系中的非人道主义规则。在苏联时期,马尔顿斯本人及其思想几近被遗忘,甚至成为禁忌。[74] 马尔顿斯被新俄国排除出局。当然,列宁和其他革命者所借鉴的马克思和恩格斯的思想起初也是"欧洲的"。但是,正如俄国哲学家尼古拉斯·贝德叶夫所说,布尔什维克在马克思主义运动中的信仰热情与活力体现了俄国自古以来的弥赛亚情结……[75]

---

[72] E. A. Korovin, *Das Völkerrecht der Übergangszeit. Grundlagen der völkerrechtlichen Beziehungen der Union der Sowjetrepubliken* (Stilke Berlin 1929) at vii, 7 - 8, and 13. 俄文版最早出版于 1923 年。

[73] 例见 B. Bowring, *The Degradation of the International Legal Order? The Rehabilitation of Law and the Possibility of Politics* (Routledge New York 2008); J. Quigley, *Soviet Legal Innovation and the Law of the Western World* (CUP Cambridge 2007); C. Miéville, *Between Equal Rights. A Marxist Theory of International Law* (Brill Leiden 2005); M. Head, *Evgeny Pashukanis. A Critical Reappraisal* (Routledge London 2007).

[74] V. V. Pustogarov, *Our Martens. F. F. Martens, International Lawyer and Achitect of Peace* (Introduction by W. E. Butler) (Kluwer The Hague 2000) at 3 - 4.

[75] N. A. Berdyaev, *Istoki i smysl russkogo kommunizma* (Sources and Meaning of the Russian Commu-nism) (YMCA-Press Paris 1955).

仿佛俄国历时两个世纪才跻身"文明国家"之列,但却仍因不够"文明"或不够欧洲化而只能得到偶尔的欢迎,并且还要不时忍受羞辱,因而最后只能得出结论:"你们的文明/国际法是错误的。"也许,需要一些位置尴尬、半内半外(居于边缘而非中心),并且把"欧洲文明"优越性论点主要作为战略妥协之人来挑战旧有规范性秩序的权力结构。

公元 1917 年后,布尔什维克抛弃了资产阶级法律,包括资产阶级国际法。约翰·奎格利称之为"苏维埃法律革新"的具体例子包括以下方面。

首先是强调人民的自决权和拒绝武力吞并。布尔什维克政府于 1917 年 10 月 25 日颁布《和平法令》,该法令宣扬其理想目标是实现一个没有吞并的民主世界。苏联政府呼吁"公平、民主的和平"和"没有吞并的"和平,这意味着"不掠夺他国领土,不武力吞并其他民族"。苏联政府反对"势力雄厚的大国未经弱小民族明确、清楚且自愿的同意而吞并后者的行为,无论该民族是居住在欧洲还是遥远的海外国家"[76]。而且,《和平法令》宣扬单支军队也能争取和平,不一定要依赖于政府,这表现了布尔什维克革命性的无政府思想。

783

在《俄国人权宣言》(1917 年 11 月 15 日)中,苏联政府规定各民族都有权决定自己的政治方向。[77]

另一点革命性的表现是废除原先的治外法权。殖民国家在非西方国家曾有许多重要的域外权利(当时,马尔顿斯写过一本关于该制度的重要著作以强烈为之正名)。[78] 沙俄在波斯、中国、土耳其和阿富汗都有领土性权利。但是,苏联政府于 1919 年发表单边声明,宣布放弃这些权利并废除治外法权制度。[79] 苏联政府谴责治外法权是对这些国家权利的侵犯,而彼时几大国在这些国家都有治外法权。

---

[76] 引自 J. Quigley, *Soviet Legal Innovation and the Law of the Western World* (CUP Cambridge 2007) at 137。

[77] 引自 J. Quigley, *Soviet Legal Innovation and the Law of the Western World* (CUP Cambridge 2007) at 47 – 48。

[78] F. F. Martens, *O konsulakh i konsul'skoi jurisdktsii na Vostoke* (On Consuls and Consular Jurisdiction in the East) (St Petersburg 1873); F. F. Martens, *Das Consularwesen und die Consularjurisdiction im Orient* (H. Skerst Berlin 1874).

[79] *Soviet Legal Innovation* (n 76) 52.

在于 1921 年与土耳其[80]和波斯[81]订立的条约中,苏联废除了治外法权制度,并且其他国家也纷纷效仿。1924 年,苏联结束了其在中国的治外法权制度,而其他欧洲国家于 1928 年以及英美两国于 1943 年也先后终结了在中国的治外法权制度。[82]

苏联政府同时废除了其与帝国主义国家签订的不平等条约和秘密协定。在马尔顿斯从 1874 年开始出版的条约集中,俄国与其他欧洲国家签订的秘密协定比比皆是。一战中,签署秘密协定一直是欧洲国家的惯常做法。例如,法国与英国于 1916 年签订的《赛克斯-皮科协定》[83]中就两国在前奥斯曼帝国的势力范围达成一致。布尔什维克在俄国执政后,公开了一百多份在沙俄档案馆保存的此类条约[84],公众对各国在公开场合与秘密协定中表里不一的做法大为震惊。[85] 于是,《国际联盟盟约》第 18 条就是苏联公开一战中的秘密条约的直接结果,苏联法学家认为苏联在其中发挥的作用值得肯定。[86] 1918 年 8 月,苏联政府宣布终止瓜分波兰的"非正义条约",并承认波兰的国家地位。[87]

因此,苏联可能是使欧洲殖民主义时期的国际法消亡的主要力量,它成功且令人信服地指出了"旧"国际法的问题。而且,苏联施加的压力改变了西方,从而使其政策更关注社会民生,比如国际劳工组织于一战后的建立可以归因于对苏联势力的恐惧。之后,苏联对 1966 年的《联合国人权公约》之出台具有决定性影响,尤其是该人权公约中包括了社会和经济权利。

然而,近期大力赞扬苏联对国际法之积极推动作用的西方著述往往淡化了苏联的负面影响。其中一点是,布尔什维克革命者实际不是"法治之人",至少他们将

---

[80] Treaty of Friendship between Turkey, the Socialist Soviet Republic of Armenia, the Azerbaijan Socialist Soviet Republic, and the Socialist Soviet Republic of Georgia, with participation of Russia (达成于 1921 年 10 月 13 日,于 1922 年 9 月 11 日正式生效) 120 BFSP 906 ("《卡尔其条约》")。

[81] Treaty of Friendship between Persia and the Russian Socialist Federal Soviet Republic (签订于 1921 年 2 月 26 日) (1922) 9 LNTS 383.

[82] *Soviet Legal Innovation* (n 76) 136.

[83] Sykes-Picot Agreement (签订于 1916 年 5 月 16 日) 221 CTS 323。

[84] *Soviet Legal Innovation* (n 76) 49.

[85] 同上,第 133 页。

[86] *Soviet Legal Innovation* (n 76) 134.

[87] *Kratkii kurs istorii mezhdunarodnogo prava* (n 7) 35.

自己视为是"正义之人"。换言之,他们把法律看作是一种权宜工具,而不是战略目标。他们希望凭借心中的正义观而非"新的法治"来重塑这个世界。这种想法透露出苏联在批判西方殖民主义时没看到自己国内也存在着殖民主义,这导致苏联外交政策的虚伪性。尤其在前沙俄的领土问题上,苏联政府于 1921 年以武力吞并了格鲁吉亚,于 1924 年支持爱沙尼亚军队政变,以及签订了领土吞并的秘密协定(1939 年的《苏德互不侵犯条约》[88]),从而违反了苏联自己曾庄严发起的条约,如 1933 年的《侵略定义公约》。

赞扬苏联对国际法贡献的新马克思主义著述没有充分考量的另一点是,苏联的体制对俄国人民和前沙俄帝国中其他民族造成的伤害。从纯粹理性角度来看,列宁理论的某些方面确实值得称颂,但是这不能抹杀俄国为了实现其理想付出的这一史无前例的代价。

因此,苏联革命对国际法的影响难以一言蔽之。布尔什维克党人在改变国际法上有很多非常重要的实质性贡献,但他们采用了一种反个人主义的革命方式。至少从理论上来说,苏联的方案使 20 世纪的国际法变得更人道主义(从"社会"角度来看)。约翰·奎格利说得很对,正是苏联首先在近现代历史上迫使崇尚个人主义的西方达成了意识形态上的妥协,从而改变了 20 世纪的国际法之走向和其他很多情况。但是,甚至俄国也于 1991 年结束了这种尝试。因此,从沙俄流亡海外的保守派波罗的海德国法学教授阿克塞尔·巴伦·弗赖塔格-洛林齐霍芬在 1919 年的言论可能预言正确了:"文明世界应该感谢俄国,因为它付出了难以想象的高昂代价来证明其理论在实践中是行不通的。"[89]

四、结论

俄国与欧洲(和西方)在国际法框架中的历史关系具有边缘与中心关系的特征。从 18 世纪早期开始,俄国是欧洲的边缘地带,其成功地依附于西欧中心。俄

---

[88] Treaty of Non-Aggression Between Germany and the Union of Soviet Socialist Republics(签订并正式生效于 1939 年 8 月 23 日)in J. A. S Grenville(ed.)*The Major International Treaties 1914 - 1973*(Methuen London 1974)195 - 196("《苏德互不侵犯条约》")。

[89] A. F. von Freytagh Loringhoven, *Russland*(Max Niemeyer Halle 1919)at 34.

国从跻身"文明"欧洲民族之中受益良多,而持续向中亚、远东和高加索地区进行的领土扩张使俄罗斯帝国成为了世界上领土面积最大的国家。18世纪后期至19世纪,俄国对国际法的贡献是巨大的。1899年的海牙和会在沙俄的倡议下召开,俄国国际法先驱——特别是马尔顿斯——成为国际法的主要推动者。但是,随着俄国在欧洲的发展,俄国对国际法的态度变得矛盾——俄国统治者乐于接受国际法的外在面向,但是却无法接受硬币的另一面,即给予人民权利。统治者醉心于维护国家主权,但其却忽视了"国民"的权利。某些文化与历史特质在国家(尤其是精英)"欧洲性"的名义下被抹杀压制。

因此,1917年所发生的事件是一次边缘对中心的反叛。俄国布尔什维克批判了殖民主义国际法的腐败与不公。这在某种程度上是布尔什维克给"文明国家"的古老国际法带去了致命一击。在此过程中,他们的革命能量也鼓舞了欧洲海外殖民地的精英阶层。当自决权原则开始发挥其历史性作用时,国际法主要主体——国家——的范围不断扩大。苏联很快就继承了沙俄帝国的传统,且从不承认俄国也是一个殖民国家,而布尔什维克的领导者希望他们的反殖民主义运动将从地域范围上主要影响西欧国家。但是,俄国最终不得不在自己国内适用相同的反殖民主义原则,这最终导致了1991年的苏联解体。于是,中心与边缘的立场互换,就如同历史万花筒中相互影响的大碎片。

推荐阅读

Bergbohm, Carl *Die bewaffnete Neutralität* 1780 - 1783. *Eine Entwicklungsphase des Völkerrechts im Seekriege* (C Mattiesen Dorpat 1883).

Butler, William E. *Russia and the Law of Nations in Historical Perspective. Collected Essays* (Wildy, Simmonds & Hill Publishing London 2009).

Grabar, Vladimir *The History of International Law in Russia, 1647 - 1917: a bio-bibliographical study* (William E. Butler ed and trans) (OUP Oxford 1990).

Grzybowsky, Kazimierz *Soviet Public International Law: Doctrines and Diplomatic Practice* (Sjithoff Leiden 1970).

Lieven, Dominic (ed.) *The Cambridge History of Russia. Volume II: Imperial Russia 1689 - 1917* (CUP Cambridge 2006).

Mälksoo, Lauri 'The Science of International Law and the Concept of Politics. The Arguments and Lives of the International Law Professors at the University of Dorpat/Iur' ev/ Tartu 1855 – 1985' (2005) 76 *British Year Book of International Law* 383 – 501.

Mälksoo, Lauri 'The History of International Legal Theory in Russia: a Civilizational Dialogue with Europe' (2008) 19 *European Journal of International Law* 211 – 232.

Martens, Fyodor (ed.) *Recueil des Traités et Conventions conclus par la Russie avec les puissances étrangères* (Imprimerie du Ministère des Voies de Communication St Pétersbourg 1874 – 1909) vols 1 – 15.

Quigley, John *Soviet Legal Innovation and the Law of the Western World* (CUP Cambridge 2007).

Taracouzio, Timothy A. *The Soviet Union and International Law. A Study based on the Legislation, Treaties and Foreign Relations of the Union of Socialist Soviet Republics* (Macmillan New York 1935).

Taube, Michel de 'Études sur le développement historique du droit international dans l' Europe orientale' (1926) 11(1) *Recueil des cours* 341 – 535.

Taube, Michel de 'L'apport du Byzance au développement du droit international occidental' (1939) 67 *Recueil des cours* 233 – 339.

Triska, Jan F. and Robert M. Slusser *The Theory, Law, and Policy of Soviet Treaties* (Stanford University Press Stanford 1962).

第三十三章　北美原住民与国际法的相遇

肯·科茨（Ken Coates）

一、引言

法律在北美原住民与欧洲人的相遇过程中起着至关重要的作用。从两者最早在东海岸相遇至今，一直如此。欧洲殖民者在进行殖民统治时期曾宣称对原住民的土地有所有权。但是，长久以来被视为由欧洲人主导的单方面决定事实上非常复杂，它涉及多方的交流与互动，包括原住民对法律和土地所有权的理解、军事与商业结盟、缔结正式条约和非正式条约、欧洲殖民者试图界定原住民的法律权利，以及原住民为个人和集体的法律地位进行抗争。可见，原住民和欧洲人的交往从一开始就在法律预设（legal assumption）、协议、斗争和谈判中进行。[1]

进行国际法史研究并将历史分析应用到法庭，对此很少有其他国际法领域能像研究原住民与欧洲人的法律交往那样充满活力。从首批欧洲人跨越大西洋并入侵一个未知的海域时起，学者们就开始思考殖民国法律责任的性质、原住民的法律地位以及如何设立适当的法律框架来调整原住民、殖民者以及新世界中

---

[1] 这部分最完善的相关研究是 J. Analya, *Indigenous Peoples in International Law* (OUP New York 1996)；亦见 R. Williams, *The American Indian in Western Legal Thought: The Discourse of Conquest* (OUP New York 1990) 以及 A. Anghie, *Imperidism, Sovereignty, and the Making of International Law* (CUP Cambirdge 2005)；相关历史背景，参见 K. Coates, *A Global History of Indigenous Peoples: Struggle and Survival* (Palgrave Macmillan London 2004)；G. Bennett, *Aboriginal Rights in International Law* (Royal Anthropological Institute London 1978)。

的各欧洲殖民地之间的关系。[2] 在这漫长且复杂的历史过程中,北美原住民与欧洲人的法律关系研究深受国际社会的核心观念、核心价值以及法律关系的影响。[3]

从 19 世纪中期开始,当欧洲各国及其殖民地试图理解北美大部分地区的原住民的政治及社会宿命时,对国际原住民法(international Indigenons law)的研究模式还相当简单。学者们纷纷颂扬欧洲法律,认为他们天然地优越于任何形塑土著社会的非正式法律理念。从这个意义上来说,将北美原住民纳入欧洲法律与政治体系既是殖民统治过程中自然而然的结果,也是新大陆上的这些落后的异教原住民走向文明的关键阶段。

然而,20 世纪的学者开始对法律在原住民与新移民相遇过程中的地位持相反观点。历史学家和法律史学家接受了许多基督教传教士所强烈主张的观点,他们认为殖民统治者不仅滥用权力,没有公正对待原住民的权利和诉求,而且将法律视为实施统治的工具。历史学家们收集了许多有关原住民与新移民交往的资料,以证明欧洲殖民统治者如何无视国内法和价值观念,以及如何通过法律程序剥夺原住民的合法地位。从这个意义上来说,殖民地法和国内法是殖民者进行统治的工具。[4]

20 世纪 60 年代的历史学和法史学对国际法在北美原住民事务中发挥作用的认知出现了显著变化。研究者们发现原住民领导人往往提出大量权利主张,他们谈判协商能力突出,能够理解同盟和条约的政治作用和理论性地位,并且致力于与殖民国以及新兴的北美民族国家发展持久性法律关系。这期间的学术发展强调原住民对新移民社会的影响,并记录了原住民如何与欧洲国家在贸易、战争和政治等方面发展伙伴关系。此外,这期间新出现的著述强调了原住民社会中的各类机构

---

〔2〕有关他们最初相遇的其他观点,参见 C. Sale, *The Conquest of Paradise*:*Christopher Columbus and the Columbian Legacy* (Plume London 1991)。

〔3〕C. Tennant,'Indigenous Peoples, International Institutions, and the International Legal Literature from 1945 - 1993'(1994),16 *Human Rights Quarterly* 1 - 55.

〔4〕关于北美原住民与外来人关系的文献非常丰富。如果想要了解他们当时的相遇与交往,可参考 F. P. Prucha, *The Greal Father*:*The United States Government and the American Indians*(2 vols University of Nebraska Press Lincoln 1984 and 1986);和 J. Miller, *Skyscrapers Hide the Heavens*:*A History of Indian - White Relations in Canada* (University of Toronto Press Toronto 2000);亦见 R. Nichols, *Indians in the United states* & *Canada*, *A Comparative History* (University of Nebraska PressLincoln 1998);对原住民的更为广泛的论述,参见 S. Totten and R. Hitchcock, *Genocide of Indigenous People*:*A Critical Biographical Review* (Transaction Publishers New Brunswick NJ 2011)。

及其参与解决北美的跨文化关系和国际关系的难题。[5]

在北美原住民为了自身权利和土地诉求而斗争时,历史学家和法律史学家们也直接加入到了围绕原住民的冲突与争论中。这反而导致相关的学术研究颇具政治色彩,尤其是在更加直接地运用原住民语言和文化传统的学者进入该领域后。[6] 不过,对原住民权利及原住民与欧洲人如何交往的国际法史所展开的丰富而多元的学术研究,对理解法律史的全球意义以及当代世界中的历史、法律和政治间的互动具有重要价值。[7]

二、原住民与欧洲的相遇

原住民与欧洲人对抗的复杂性尚未被全面充分认识。从最早接触开始——可追溯到北欧海盗于公元 1000 年抵达东北部——不同的欧洲国家陆续与北美大陆上的原住民建立联系。其中,原住民与西班牙人、法国人以及英国人的关系基本上已经得到较为清晰的认识。相较而言,人们对其他殖民国(如荷兰在东北部以及俄罗斯在沿太平洋海岸)与原住民的关系了解甚少。事实上,欧洲与原住民交往的多样性非常丰富。北美大陆上有几十种说着不同语言的群体和上百种不同的地域文化。范围包括从东北部和五大湖区的半定居社会,到北极圈和亚北极地区的人口高度流动民族。平原上的民族根据野牛的迁徙来判断季节性循环,而西海岸的人们则依靠鲑鱼每年的流动周期来判断季节性循环。有些文化植根于多年来不断壮大的家族群落,而有些文化则形成于由千百人共同组成的社群之中。尽管欧洲研究者和国际法律社会都知道不同族群的原住民文化间存在很多差异,但是他们仍然尝试着将所有原住民归为单一的文化。此外,他们之间交往的性质也发生了急

---

〔5〕有关毛皮贸易和其他早期情况的重要研究,可参考 R. White, *The Middle Ground*: *Indians, Empires, and Republics in the Great Lakes Region, 1650 – 1815* (CUP Cambridge, 1991); B. Trigger, *Natives and Newcomers*: *Canada's 'Heroic Age' Reconsidered* (McGill – Queen's Montreal 1986); A. J. Ray, *Indians in the Fur Trade*: *Their Role as Trappers, Hunters, and Middlemen in the Lands Southwest of Hudson Bay, 1660 – 1870* (University of Toronto Press Toronto 1998); 以及 R. Fisher, *Contact and Conflict*: *Indian – European Relations in British Columbia* (University of British Columbia Press Vancouver 1992).

〔6〕K. Coates, 'Writing First Nations into Canadian History: A Review of Recent Scholarly Works' (2000) 81 *Canadian Historical Review* 99 – 115.

〔7〕对北美原住民与新移民关系中的历史问题和史学史问题有充分介绍的是 B. Trigger and W. Washburn (eds.) *The cambridge History of the Native Peoples of the Americas* (2 vols CUP Cambridge 1997).

剧转变。早期的接触在某种程度上对于原住民而言充满毁灭性,伴随他们的往往是痛苦,是暴力冲突、土地掠夺、外来疾病的传入以及最终被欧洲人统治。但是,当欧洲政治斗争波及北美时,一些欧洲国家与第一民族结成了强大而长期的同盟,从而形成了牢固的政治和军事合作关系。至于其他新移民与原住民的关系——特别是在英属北美地区——则更具有合作性,他们致力于发展互利贸易关系。一些偏远的地区(如高北极地区、广阔的亚北极地区、沙漠地区以及西部近沙漠地区)由于与世隔绝,所以没有争夺土地的情况,但也因此限制了欧洲与原住民的交往。总之,在这块大陆上,无论是欧洲人与原住民的交往特征,还是政府间、法律上或组建同盟的协定,都不存在一个可一言蔽之的单一模式。

三、原住民对欧洲人的看法

北美大多数地区的原住民已在此居住了 7000 余年,并形成了一套较为健全的社会、文化和经济体系。与大多数人描述的野蛮及原始形象不同,土著文化具备成熟的世界观以及稳固的政治制度和治理体系,其与相邻部落之间具有复杂的同盟关系。但是,欧洲人并未立即注意到原住民的内部文化结构之丰富程度,当他们直接将其与新兴的欧洲国家体系相比较时,也没有什么发现。

之后,第一民族和新移民在很多方面相互依赖,这迫使双方寻求一种能有效调整双方关系的政治途径。结盟所使用的语言和仪式——比如典礼、互赠礼物、确保提供持久性援助——确立了国与国关系的实践。酋长和长老会受到殖民官员的尊敬,他们具有很高的地位,这主要是因为殖民者大量依赖原住民士兵以及他们提供的后勤支持。原住民领导者对殖民机制背后的国家体系了解甚少,他们只知道这些同盟者需要支持,并且严重依赖于他们的贡献。[8]

早期的这种良好关系巩固了原住民对其与欧洲人的伙伴关系及双方所缔结之正式协定的效力和地位的设想。他们被编纂为同盟条约或投降条约,且在对大陆

791

---

〔8〕 C. Calloway, *New Worlds for All : Indians, Europeans, and the Remaking of Early America* (WW Norton New York 1998); F. Jennings, *The Founders of America : How Indians Discovered the Land, Pioneered in it, and Created Great Classical Civilizations, How They were Plunged into a Dark Age by Invasion and Conquest, and How They Are Reviving* (Norton New York 1994).

两翼均发挥了重要作用的长期性贸易伙伴关系中也有所体现。条约谈判的形式、收取年度费用以及同盟仪式巩固了这种关系,并且也加强了原住民领导者的权力。最重要的是,在北美大陆的东部和东北部占主导地位的军事和贸易同盟使不同民族之间的谈判成为现实,同时也给予了原住民一个清晰的预期,即在北美新兴社会中,其将永久保有一席之地,且同 19 世纪才"发现新大陆"的移民平起平坐。彼时的美国深信应该由部落控制保留地,并且此理念在 19 世纪得到法律的背书,但是这种理念在当时的英属北美(加拿大)却难有立足之地。[9]

到了 19 世纪,民族间协定曾经的重要性以及原住民与新移民之间显而易见的形式平等(主要对第一民族而言)不复存在。随着欧洲国家间在北美的冲突暂时解决——大陆东北部的 1812 年战争宣告结束,俄罗斯和西班牙也就远西和南部的领土争夺达成和解,从而使原住民与新移民的关系突然丧失了紧迫性。英国政府及殖民统治者对美国大地上的侵略不再忧心忡忡。于是,美国政府将目光从美欧关系转向快速拓展疆域。专断的美国政府依靠军事行动以及与原住民的单边条约一路向西部扩张其控制范围。酋长依旧能够参加条约谈判,也能处理与条约有关的常规事项。但是,军事力量的威胁导致了他们之间的权力并不平衡,这种不对等的关系正在取代曾经的伙伴关系。[10]

在两个世纪内,最先定居的那些民族(First Nations)已从军事政治的结盟者变成了乡土的守望者。曾经依靠原住民征战沙场以维护其欧洲中心主义地位的欧洲政府和殖民统治者,如今不得不为第一民族在北美大陆寻找一个长久的栖身之所。许多人都认为原住民将会就此消亡,尤其是当其人口数量因为传入的疾病而大量削减时。幸存者发现他们居住的地区除了耕作生活方式盛行的偏远地区以外,其他区域都处于政府统治之下。政府的专断统治取代了同盟与平等,从而使"贫穷文化"开始形成,且殖民化统治模式日趋固定。虽然原住民及其领导人既没有放弃他

〔9〕 F. Jennings, *The Invasion of America: Indians, Colonialism, and the Cant of Conquest* (WW North New York 1981); J. Axtell, *TheInvasion Within: The Contest of Cultures in Colonial North America* (OUP New York 1986);以及 J. Axtell, *Natives and Newcomers: The Cultural Origins of North America* (OUP New York 2000)。
〔10〕 H. Berman, 'The Concept of Aboriginal Rights in the Early Legal History of the United States' (1977-1978) 27 *Buffalo Law Review* 637-667.

们的尊严,也没有在政治上(如果说不是在军事上)妥协屈服。[11] 然而,如果从占主导性的欧洲社会体系的视角来看,原住民的法律、道德以及政治权利已经为殖民政府和中央政府所控制。

四、涉及原住民的国际法关键要素

19世纪中后期,欧洲国家和北美地区的新欧洲社会并没有关注原住民的法律权利。对北美地区的征服和占领只是欧洲全球扩张的一部分。尽管殖民扩张披着合法性的外衣,但其还是充满法律争议,因为无论以和平方式还是暴力方式取得那些非欧洲民族占领的土地,都会引发一系列的法律问题和道德问题。这些问题至关重要:这些生活在与欧洲相距甚远的土地上的原住民按照欧洲的标准能否被称为"人民"或"文明的"?有关国家主权和私有财产的法律准则能否适用于没有农业和畜牧业,并且缺乏成文法典、结构严密的法律体系和正式土地记录的原住民身上?

早期的一些学者——尤其是巴托洛梅·德·拉斯·卡萨斯和弗朗西斯科·德·维多利亚[12]——已经强烈主张原住民应当得到法律的公平对待。德·拉斯·卡萨斯严厉斥责了欧洲政府残忍对待原住民及向其课税的行为。[13] 与德·拉斯卡萨斯一样,维多利亚也强调了原住民作为人类的共通性,以及其应得到与欧洲人相同的待遇。[14] 当时正处于国际法作为一个专业领域的形成时期,因此这些法学家的著述为未来对不同国家相遇(international encounter)的研究奠定了重要基础。[15] 作为国际法发展史上的关键人物之一的胡果·格劳秀斯在一定程度上

793

[11] F. P. Prucha, *American Indian Treatis*: *The History of a Political Anomaly* (University of California Press Los Angeles 1997); *The Great Father* (n 4).

[12] 有关弗朗西斯科·维多利亚的生平和作品,参见本书中由安纳贝尔·布赖特(Annabel Brett)撰写的第四十六章"弗朗西斯科·德·维多利亚(Francisco De Victoria, 1483 - 1546年)与弗朗西斯科·苏亚雷斯(Francisco Suárez, 1548 - 1617年)"。

[13] B. de las Casas, *History of the Indies* (A. M. Collard ed and trans) (Harper Row New York 1971); P. S. Vickery, *Bartolomé de las Casas*: *Great Prophet of the Americas* (Paulist Press New York 2006).

[14] A. T. Serra (ed.) *The Principles of Political and International Law in the Work of Francisco de Vitoria* (Ediciones Cultura Hispánica Madrid 1946). F. de Vitoria De, *indis et de jure belli relectiones* (1696) in J. B. Scott (ed.) *The Classics of International Law* (The Carnegie Instiution of Washington Washington 1917).

[15] 对维多利亚的深入评论,亦见 *Imperialism, Sovereignty, and the Making of International Law* (n 1) ch 1.

吸收了德·拉斯·卡萨斯和维多利亚的成果。[16]

多年以后，法学家们复归到维多利亚等学者的著作中，并证明对原住民权利的智识支持埋藏于欧洲的历史中。然而，政府在当时有其他更重要的关切。几个主要的欧洲殖民国家在西半球——尤其是墨西哥、秘鲁和巴西——发现了大量的贵重金属和宝石，而正是这些财富将西班牙和葡萄牙的国际地位提升至第一阵营，同时也令其他国家认为新大陆上蕴含着有助于巩固其在欧洲的君主统治的巨大财富。早期对原住民法律和道德权利的讨论往往具有很强的基督教色彩，一些支持者（如德·拉斯·卡萨斯和维多利亚）认为，由上帝确定的自然秩序必然优先于那些更加世俗的政治考量。然而，反抗欧洲统治原住民的声音却难以在那些帝国中获得支持，因为在他们看来，向新世界扩张是基督教给他们的馈赠。[17]

基督教教会将原住民描述为原始的异教徒，因此他们可以理所当然地忽略原住民要求平等对待的主张。土地"无效益"的使用在欧洲人看来就是未能发展农业和畜牧业，因此欧洲国家认为他们当然可以取得这些土地。"发现权"和"无主地"理论也加速了对原住民土地的占领。"发现权"的含义是，第一个发现并主张对这片土地有所有权的欧洲国家即可以拥有并开发该土地。可以预见，这必然将促使欧洲国家进一步探索和发现新土地。"无主地"理论则描述了一个被广泛接受的理念（法院和政府强化了这种观点），即原住民土地是未被占领之土地，因此可以依据"发现权"理论对它主张权利。[18]

16世纪和17世纪时，包括格劳秀斯[19]和多明戈·索托[20]在内的一些法学

---

[16] 尤其参见 J. B. Scott，*The Spanish Origin of International Low* (Clarendon Press Oxford 1934)；G. Marks，'Indigenous Peoples in International Law：The Significance of Francisco de Vitoria and Bartolomé de las Casas'(1992) 13 *Australian Year Book of International Law* 1 – 51。

[17] 要想详细地了解这些观点，可参见 R. Williams，*The American Indian in Western Legal Thought：The Discourse of Conquest* (OUP New York 1990) 和 L. C. Green and O. Dickason，*The Law of Nations and the New World* (University of Alberta Press Edmonton 1989)。

[18] 对此概念最深入的一些研究，以澳大利亚为例是 Henry Reynolds 的研究，包括 *Frontier：Aborigines，Settlers and Land* (Allen and Unwin Sydney 1987)；*Dispossession：Black Australia and White Invaders*(Allen and Unwin Sydney 1996)；和 *The Law of the Land* (Penguin Sydney 2003)。

[19] H. Grotius，*De jure belli ac pacis libri tres in* J. B. Scott (ed.) *The Classics of International Law* (2 vols Clarendon Press Oxford 1913 – 1925).

[20] D. de Soto，*De iustitia et iure*(Salamanca 1556).

家提出基督教教义、军事力量以及利己主义不能成为占领原住民土地的正当理由。无论是与原住民签订条约还是通过战争征服他们,尊重其人权的规定仍应予以遵守。在他们看来,仅仅声称对原住民行使主权并进行统治是不可取的。因此,在欧洲向北美殖民之初的关键时期,欧洲国家(常常是最小程度地)考量与其权威有关的道德、伦理和法律问题。如果与原住民爆发冲突或者原住民拒绝新移民的到来,那么殖民者也为征服准备了各种正当性理由(包括广义的"正义战争")。

《威斯特伐利亚和约》(1684 年)时期出现的近代国家为重新审视并提高原住民权利创设了新的智识环境。由瓦特尔[21]及其他学者提出的"万国法"(law of nations)理论侧重于个人和国家的法律分野。作为一个次国家社群,原住民很难融入体现西方法律传统特征的统治模式和法律原则。在这个意义上,原住民个人能够享有权利并具有平等的法律地位,然而他们却没有作为群体的权利,也无法享有如同以往原住民首领所争取到的被视为一个民族国家的权利。北美原住民缺少发展工业、城市和农业的能力,其甚至无法和中美地区的原住民相比,这使得大多数学者都不认为他们是法律意义上的"国家"。[22]

五、主权国家伙伴

政治上和军事上的需要使得原住民和欧洲政府形成了一种与众不同的关系。从 18 世纪后半期开始,殖民政府在一系列条约和一则重要的英国宣言的基础上出台了一系列法律标准,这成为后来原住民权利的基础。初期的东部殖民边界陆续签订了一系列条约,这些条约主要是为了平息原住民与殖民者的暴力冲突,并促使原住民参与欧洲殖民者争夺北美的争斗。这些条约提供了许多方面的保障,例如土地、和平共存以及政府援助。但是,很多条约中的援助与保护规定非常暧昧含糊。这些条约为大部分的第一民族的民众与英国君主和美国政府及其人民建立了直接

---

[21] E. de Vattel, *Le droit des gens ou Principes de la loi naturelle: appliqués à la conduite et aux affaires des nations et des souverains* (Carnegie Instiution of Washington Washington 1916 reprint of the 1758 den).

[22] L. Gross, 'The Peace of Westphalia, 1648 - 1948' (1948) 42 *The American Journal of International Law* 20 - 41.

而强有力的关联。[23] 大多数的早期条约很快被欧洲人民、政府以及原住民废除或直接搁置。尽管如此,在条约缔结过程中,这一时期的第一民族被视为政治当局,而原住民也被认为是一个共同体,其对传统的领土已经进行过权利主张,并且提供过某些承诺性的帮助。[24]

1763 年发表的《皇家宣言》为正式承认原住民的权利主张奠定了更加稳固的基础。[25] 这份著名的声明作为点燃了独立战争的导火索的《不可容忍法令》(Intolerable Acts)之一,其试图平息西部边疆的暴力冲突。随着与法国的七年战争的结束,英国政府决定停止向西部继续扩张,以与原住民和平共处,同时也可节约财政。《皇家宣言》有效地防止了西部地区被当然地作为殖民地,其要求新移民迁居进这片土地之前必须与原住民签订条约。宣言肯定了原住民对其传统领地有控制权,尽管该控制权不是国际法上承认的"主权",但两者也非常相近。原住民领导人将该宣言视为对其控制权的重要保障,并认为这标志着日后主导他们之间关系的不再是军事统治,而是伙伴关系。当然,边疆的一些新移民和开拓者却认为这份宣

---

〔23〕英国殖民政府与北美大地东部的一些土著部落签订的条约包括 The Great Treaty of 1722 Between the Five Nations, the Mahicans, and the Colonies of New York, Virginia, and PennsylVania; Deed in Trust fron Three of the Five Nations of Indians to the King, 1726; A Treaty Held at the Town of Lancster, By the Honourable the Lieutenant Governor of the Province, and the Honourable the Commissioners for the Province of Virginia and Maryland, with the Indians of the Six Nations in June, 1744; Treaty of Logstown, 1752; The Albany Congress, and Treaty of 1754; Treaty with the Western Nations of Indians, at the Camp before Pittsburgh, 12th Day of August 1760; the Treaty of Fort Stanwix, or The Grant from the Six Nations to the King and Agreement of Boundary Line – Six Nations, Shawnee, Delaware, Mingoes of Ohio, 1768。上述条约能在〈http://earlytreatiesunl.edu〉中找到,访问于 2012 年 4 月 5 日。从 1725 年到 1779 年,英国政府也与米克马克人签订了一些和平条约。美国政府从 1778 年与特拉华签订协议,并在之后陆续与 Chickawa、Six Nations、Wyandot、Cherokee、Chocktaw、Shawnee、Creeks 以及 Oneida 签订了条约。有关米克马克条约的激烈争论,参见 K. Coates, *The Marshall Decision and Aboriginal Rights in the Maritimes* (McGill – Queen's Montreal 1999); W. Wicken, *Mi'kmaq Treaties on Triad: History, Land and Donald Marshall Junior* (University of Toronto Press Toronto 2002)。

〔24〕要想对这些关系有更深的了解,参见 H. Berman, 'Perspectives on American Indian Sovereignty and International Law, 1600 – 1776' in O. Lyons and J. Mohawk (eds.) *Exiled in the Land of the Free: Democracy, Indian Nations, and the US Constitution* (Clear Light Santa Fe 1992) 125 – 188; 亦见 F. Jennings, *The Ambiguous Iroquois Empire: The Covenant Chain Confederation of Indian Tribes with English Colonies from its Beginnings to the Lancaster Treaty of* 1744 (WW Norton New York 1900)。

〔25〕Royal Proclamation (7 October 1763) reprinted at RSC 1985 App II No1.

言侵犯了他们的独立和自由。[26]

公元 1763 年后,《皇家宣言》的实施并非一帆风顺。独立战争的爆发终结了这份文件在美国的效力。虽然美国政府与南部及西部的诸多印第安族群都签订了条约——尤其是在武装冲突之后——但开疆拓土仍在继续,且新移民的需求和利益也被优先考虑。在英属北美地区(逐渐被合并为加拿大的领土),《皇家宣言》仍然具有效力,但这更多的是因为生活在五大湖区以西的移民数量有限,而非因为人们笃信于该宣言的效力。19 世纪 50 年代,在上加拿大地区签订的《罗宾逊条约》为原住民提供了一系列保护措施。[27] 从这一时期开始,不列颠哥伦比亚地区面临着巨大的移民压力,其认为自己不应再受到宣言的约束,因为这块土地在 1763 年时还未被欧洲人发现。19 世纪 70 年代,加拿大向西部开拓的活动如火如荼地进行着,此时加拿大决定与原住民签订一系列有关西部平原的条约,这么做的部分原因是为了继续遵守《皇家宣言》的规定,但更主要的考量是为了避免高代价和毁灭性的印第安战争——它曾给美国西部带来巨大灾难。[28]

不仅受条约约束的地区逐渐从美国扩展到加拿大,而且政治和法律的演变也重新界定了原住民的法律权利。原住民群体曾经没有机会将他们遇到的问题诉至法院。后来,美国最高法院首席大法官约翰·马歇尔在一系列判决中(Johnson v. M'Intoch,[29]1823 年;Cherokee Nation v. Georgia,[30] 1831 年;Worcester v. Georgia,[31] 1832 年)为长期承认原住民在美国享有法律权利奠定了基础。这些判决承认了印第安民族具有从属合法性(subordinate legitimacy),也承认了部落政府

---

[26] B. Gremont, *The Iroquois in the American Revolution* (Syracuse University Press Syracuse 1972);R. Allen, *His Majesty's Indian Allies:British Indian Policy in the Defence of Canada 1774 - 1815* (Dundrun Toronto 1996),他从加拿大边境的角度来阐述这个问题。

[27] 这些条约包括:与苏必利尔湖畔的奥吉布瓦族签订于 1850 年 9 月 7 日的关于将一些土地让与国王的《罗宾逊条约》;与休伦湖畔的奥吉布瓦族签订于 1850 年 9 月 9 日的关于将一些土地让与国王的《罗宾逊条约》。条约内容可以在〈http://www.aadnc-aandc.gc.ca/eng/1100100028978〉上获得,访问于 2012 年 4 月 5 日。

[28] J. R. Miller, *Compact, Contract, Covenant:Aboriginal Treaty - Making in Canada* (University of Toronto Press Toronto 2009).

[29] *Johnson v M'Intoch* 21 US (8 Wheat) 543 (1823 年).

[30] *Cherokee Nation v Georgia* 30 US 1,5 Pet 1,8 L Ed 25 (1831 年).

[31] *Worcester v Georgia* 31 US 515 (1832).

在他们保留地上的权威。这些关键性判决很大程度上借鉴了瓦特尔[32]的观点,并且解决了以下四个问题:原住民在与新移民相遇时期的法律地位、因被征服而丧失对其土地的主权、自愿投降而交出土地的问题以及民族国家的至高无上性问题。重要的是,当时马歇尔和其他法学家认为各族群之间有很大不同,比如切罗基族就展现出他们对土地的强烈控制,而很多在广袤土地上不断迁徙的民族却没有对土地进行实际的控制。因此,土著群体不被认为是"国家"(即使是附属国),除非他们建立起欧洲式的生活方式、经济体系和政治结构。[33] 在英属北美/加拿大,法律的走向则有所不同,其主要是限制土著民族自治政府的权力、确保国家在有效的防卫关系中居于支配地位以及否认原住民及其社群有独立于政府之外的法律权力。[34]

六、统治原住民的法律

19 世纪后期,有关原住民权利的问题已经逐渐淡出了国际法的讨论范围。此时的国际法更关注国与国之间的关系。由于原住民族不具有民族国家的地位,因此他们的诉求及相关法律问题只能由国内或者帝国法律体系来解决。快速发展的国际法领域更加关注新国家的出现、前殖民地的独立以及日益复杂的全球性政治法律秩序。在这种智识和法律环境中,原住民的权利和诉求几乎无法引起注意。国际法成为民族国家的专属物,而不适用于那些受国内法和帝国法规制的从属性政治实体。[35]

那些在 19 世纪初之前调整原住民与新移民关系的条约安排、同盟协议以及和平共处的原则皆不复存在。在大规模移民和工业化进程的双重作用下,北美大部

---

[32] 参见 *Le droit des gens*(n 21)。

[33] *Cherokee Nation v Georgia* 30 US 1,5 Pet 1,8 L Ed 25(1831);R. K. Newmyer,*John Marshall and the Heroic Age of the Supreme Court*(Louisiana State Umiversity Press Baton Rouge 2001);R. Faulkner,*The Jurisprudence of John Marshall*(Princeton University Press Princeton 1968)。

[34] 可以比较了解新西兰的发展情况,参见 J. Belich,*Making Peoples:A History of the New Zealanders:From Polynesian Settlement to the End of the Nineteenth Century*(University of Hawaii Press Honolulu 2002);亦见 C. Orange,*The Treaty of Waitangi*(Allen & Unwin Auckland 1987)。

[35] 想要了解更多这一时代的背景,参见 D. Kennedy,'International Law in the Nineteenth Century:History of an Illusion'(1997)99 *Quinnipiac Law Review*;以及 A. Carter,*The Decay of International Law?:A Reappraisal of the Limits of Legal Imagination in International Affairs*(Manchester University Press Manchester 1986)。

分地区出现了巨大变化。原住民遭到成千上万的新移民、农民、农场工人、矿工等的冲击。此时的原住民沦为发展进程中不幸的牺牲品,他们也被视为影响国家繁荣兴旺的障碍。原住民群体目睹条约和协定或是被废除撕毁,或是没有得到顺利实施。更严重的是,原住民被迫背井离乡,甚至遭到军事干涉。在这一时期,人们将原住民视为牺牲品的思想已经根深蒂固。传教士力图教育原住民的孩子,以使他们融入新的经济发展之中。

政府和慈善机构一边为原住民提供基本的生存需要,一边又谴责原住民缺乏适应能力。如果说原住民是发展过程中的受害者,那么这似乎是他们的文化缺陷所造成的,由此反映出土著文化如何与科技、工作以及机遇格格不入。因此,在弗朗西斯·詹宁斯有关马萨诸塞州殖民时代的著作中,他所描写的"伪善的征服"[36]已生根发芽,人们试图将对原住民土地贪婪掠夺的行为正当化。原住民难以在保留地上生存的事实使人们更加确信他们注定要灭亡。有些人认为保留地给了原住民重组部落和重建家园的机会,以使其免受其他人的掠夺,但更多的人认为这些仅存的土地正是原住民走向灭亡的开始。

面对当时的不利处境,许多土著部落试图寻求法院的救济,他们希望借助法院来解决其冤屈和诉求,但是大部分原住民已经意识到前景黯淡且情况堪忧,因此他们对法律救济所寄予的期望也大大减少。法院当然坚定地站在政府和立法机构一方,因此法院拒绝承认原住民的权利主张并且认为政府具有管理他们事务的权力。关于如何最好地处理这个问题,加拿大和美国的做法并不相同。1887 年,美国政府颁布了《道斯法》[37],从而试图将对土地与资源的共有产权转变为个人所有的产权并取消土著居民特殊的法律地位。[38] 加拿大则于 1876 年通过了《印第安法》[39],该法明确了第一民族具有类似于守卫者的地位,其可对印第安自治政府实行行政监管,并且该法给予联邦政府管理土著事务的权力。[40]

---

〔36〕 *The Invasion of America* (n 9).

〔37〕 Dawes General Allotment Act(1887) US Statutes at Large,vol XXXIV,388 - 391.

〔38〕 W. Washburn,*The Assault on Indian Tribalism:The General Allotment Law(Dawes Act)of* 1887(Lippincott New York 1975).

〔39〕 Indian Act SC 1876 c18.

〔40〕 对原住民的法律规定介绍得比较完善的著作,参见 F. S. Cohen,*Handbook of Federal Indian Law* (R. Strickland ed.)(University of New Mexico Press Albuquerque 1971)。

原住民(尤其在加拿大)并不具备完整的法律权利(他们直到 1960 年才有选举权)[41]。实际上,政府运用他们类似于监护人的权力来宣布印第安的一些主要文化习惯不受法律保护——例如冬季赠礼节和太阳舞节——在保留地上驱赶土著政府,并控制其经济活动。在 1927 年的一次重大立法举措中,加拿大政府拒绝了第一民族人民聘请律师的权利,甚至不批准其以集会来挑战政府权威。[42] 美国则援引了马歇尔的关键判决,从而接受了原住民作为"国内依附族群"(domestic dependent nations)的地位,并承认原住民的自治权。[43] 但是,这并不包括对原住民进行经济资助。因此,土著群体几乎没有任何资源来取得发展。可见,两国实施的旨在削弱原住民文化的侵略性措施均强烈地显示出政府的统治目的。20 世纪初,北美原住民日益认识到法律是实施殖民和文化控制的工具,其被用来确保他们不会对政治和法律现状造成任何威胁。

七、原住民寻求国际法的帮助

早在原住民领教到欧洲法律制度的强大威力之前,他们就已经认识到国际条约可能产生的重要作用。由于原住民与其欧洲同盟建立了国家间的伙伴关系,所以一些族群会直接向欧洲的君主主张自己的权利诉求,他们认为国王或者女王会承认并尊重同盟协议或者条约文件中的语言。然而,此类诉求没有也不能改变殖民的优先性和殖民政策本身。尽管如此,土著群体还是将自己视为欧洲的政治和法律伙伴,而这清晰地体现出,在他们的理解中,自己与欧洲国家已经建立了正式关系。[44]

随着新的国际体制逐渐形成——尤其是在第一次世界大战之后——原住民领导人发现了另一个契机。当时的国际联盟(为了控制军事冲突和解决国际纠纷而形成的松散的国家联盟)为原住民的抗议提供了平台。但是,迪斯科赫(Deskaheh)

---

[41] Act to Amend the Canada Elections Act SC 1960, *c* 7.

[42] Act to Amend the Indian Act RSC 1927 c 98; *Skyscrapers Hide the Heavens* (n 4),阐明了加拿大印第安政策的演变。

[43] *Cherokee Nation v Georgia*, 30 US 1 (1831).

[44] 关于这一长期且复杂过程所做的最完善的调查是 *Indigenous Peoples in International Law* (n 1)。

及易洛魁联盟为了争取国际联盟的注意力而做的努力遭到冷遇。[45] 尽管如此,这些行动警醒了政府、他们的支持者以及其他土著民族,并使其意识到运用国际法解决诉求的可能性。新兴的民族国家体系因为欧洲殖民地的独立运动而有所改变,且在早期轰轰烈烈的反殖民运动下甚至有所动摇,因此显然需要一些国际机制维持秩序以应对后帝国时代日益复杂的国际局势。因此,在 20 世纪 30 年代时,一些北美土著群体已经在尝试利用这些国内制度和国际体系。游说活动和法律层面的努力收效甚微,但却说明原住民已经具有了一种很重要的意识,即法律也可以作为政治斗争的一种手段。

然而,显而易见的是,美加两国政府及其法律界几乎没有考虑其与原住民之间的法律关系之概念界定与理论层面。虽然这些政府(至少部分上)尊重 19 世纪所缔结之条约的义务,但是他们基本上无视 19 世纪前做出的保证和承诺。政府所做的努力更多的是出于一些实际考量,比如提高原住民的医疗健康、教育以及经济发展机遇。几乎没有欧洲人去关注全球范围内或北美范围内有关原住民事务的法律。不过,原住民生活质量的缓慢提高至少使原住民及其文化必然消亡的讨论偃旗息鼓。迄今为止,政府最重要的工作还是同化原住民。

八、具有政治影响力的国际性原住民法律

在第二次世界大战以后,原住民的法律状况和现实发生了急剧变化。纳粹德国灭绝其他种族和民族的恐怖行径以及太平洋战争使全世界都认识到种族歧视可能产生的毁灭性力量。在尝试利用国际治理在全球范围内创建公平和正义的努力失败后,各国政府开始寻求创建一个更强大的国际治理体系。1945 年的联合国之成立标志着个人权利与集体性权利的成文化及提高呈现了分水岭式的发展。《世界人权宣言》[46]强烈批判了种族歧视性法律制度的存在基础;同时,《禁止大规模种族屠杀公约》[47]也让我们注意到政府曾经针对那些限制不同文明群体的权利、

---

[45] L. Hauptman, *The Iroquosi Struggle for Survival* (Syracuse University Press Syracuse 1986).

[46] UNGA Res 217 A (III) (10 December 1948) UN Doc A/810, 71 – 77.

[47] Convention on the Prevention and Punishment of the Crime of Genocide(于 1948 年 12 月 9 日开放签署,于 1951 年 1 月 12 日正式生效)78 UNTS 277.

降低其生活水平甚至影响其生存的行为所做的努力。新的国际制度拓宽了人们对法律的理解，人们最初认为法律只用于调节个人与其国家之间以及国家之间的冲突，后来逐渐认识到法律也应该保护次国家（subnation）群体的法律权利、满足其需求并尊重其发展。[48]

原住民群体很快意识到这一新国际政治体制的重大意义。包括加拿大和美国在内，曾反复利用国内法和地区法限制原住民自由及其公民权利的政府如今也开始将注意力转向提高原住民的生活水平，并消除对其人口数量的过分控制。[49] 例如，加拿大于 1951 年对《印第安法》作出重大修改，[50]从而使其契合了新时代的精神，并移除了对印第安人政治和法律权利的限制，而且不再赋予政府限制其文化与社会活动的权利。美国和加拿大过去有大量原住民都自愿去军队服役，而他们返回家乡后所享有的权利会比在军队时大大减少。这样的情况使我们注意到国内规范及国际人权协定与原住民的实际生活情况间还存在着巨大差距。

相比之下，国际层面的进展较为缓慢，这很大程度上是因为高度的政治关注侧重于与民族国家相关的人权争论。在全球范围内，战后各国更加重视反殖民运动的影响。大量亚非殖民地陆续得到解放，且历史上一些曾经的独立国家终于重新获得政治上的独立地位，这无不引起政治上与法律上的关注。世界历史上几乎从未有如此之多的松散关联的政治转型运动均是与新的国际权利制度和日益增长的民族自决愿望相关联的。世界范围内的大部分殖民体系之覆灭也为仍在争取获得承认及解决其所处困境的少数群体和原住民群体提供了典范。[51]

一些小的进展亦不容忽视。长期以来致力于维护原住民权利的机构组织成员

---

[48] 例见 A. Bozeman，*The Future of Law in a Multicultural World*（Princeton University Press Princeton 1971）；R. P. Anand，*New States and the Development of International Law*（Vikas Publishing House New Dehli 1972）；以及 P. Thornberry，*International Law and the Rights of Minorities*（Clarendon Press Oxford 1993）。

[49] 关于美国的情况，参见 C. Wilkinson，*American Indians，Time，and the Law：Native Societies in a Modern Constitutional Democracy*（Yale University Press New Haven 1988）；关于加拿大的情况，参见 J. R. Miller，*Letheal Legacy*（McClelland and Stewart Toronto 2004）。

[50] Indian Act（'An Act Respecting Indians'）SC 51 *c* 29.

[51] G. Alfredsson，'International Law，International Organizations and Indigenous Peoples '（1982）36 *Journal of International Affairs* 113 - 124；关于次国家民族团体的权利的一个有趣视角，参见 T. Franck，'Postmodern Tribalism and the Right to Secession' in C. Brölmann，R. Lefeber，and M. Zieck（eds.）*Peoples and Minorities in International Law*（Martinus Nijhoff Leiden 1993）。

有所增加，而且这些机构越发世俗化，且各种游说活动也更加有效。例如，国际土著事务工作组和国际生存等组织便注意到了一些具体的法律冲突和文化冲突。这些组织提供了一个持续发展的世界性平台，从而使原住民问题从国家政治领域上升到更具影响力的基本人权层面，并由此成为全球性的政治与法律议题。

1957 年，国际劳工组织（ILO）就原住民权利发表了一份宣言。国际劳工组织的第 107 号公约[52]体现了 20 世纪 50 年代仍然普遍盛行的家长式统治，并反映出"国内政府和一些占据国内主导地位的社会阶层更清楚什么对原住民来说最好"这样一种观点。该宣言强调原住民作为工人的权利，强调他们的社会和经济地位，并且呼吁各国政府进行更多投入来改善他们的教育、医疗健康以及基本生活水平。宣言也体现出加拿大和美国的一些进展，即政府开始侧重于改善民生。这些措施和国际劳工组织的宣言都有一些共同之处，即充满了政府控制、社会民主以及同化主义的元素。他们主要向那些曾经忽视原住民群体而后来对此心怀愧疚的具有基本社会正义的发达国家发出呼吁。然而，第 107 号公约并未能改变原住民权利在国际法律框架内被对待的方式。

在一些富裕国家，政府花费巨额资金解决了原住民的一些实际问题，并设立了行政机构，但其在法律层面上却不打算让步。他们并没有完全承认原住民的法律权利或提高其法律地位的意图。既有的权威仍得到保留，特别是美国的"国内依附族群"主权概念。国际社会也顺应国内的社会正义思潮，其尝试利用国际公约来迫使政府进一步提高原住民的权利，此外他们还寻求通过国际监督组织以使公众注意到哪些行为违反了围绕原住民权利与需求而正在形成的全球共识。

20 世纪 60 年代，情况发生了急剧变化，这主要是因为原住民行动主义（Aboriginal activism）的大幅增加。"美国印地安人民运动"（American Indian Movement）等群体开始质疑国家政府的合法性。[53] 在加拿大，政府于 1969 年出人意料地建议取消原住民的特殊法律地位，并废除支持印第安人与其他加拿大人完全

---

[52] Convention Concerning the Protection and Integration of Indigenous and Other Tribal and Semi-Tribal Populations in Independent Countries（达成于 1957 年 6 月 26 日，于 1959 年 6 月 2 日正式生效）328 UNTS 247。

[53] D. Banks and R. Erdoes, *Ojibwa Warrior：Dennis Banks and the Rise of the American Indian Movement*（University of Oklahoma Press Norman OK 2004）。

平等的《印第安法》，这引起了一向温和的第一民族的强烈反对。[54] 第一民族的反抗引起了加拿大政府态度的一百八十度大转变。这些原住民的反抗活动受到弗朗兹·法农的作品、格瓦拉的革命成果以及不断扩大的反殖民主义运动的鼓舞。[55]

遍布北美的政治抗议蕴含着浓厚的法律色彩。因此，那些未签订过条约的土著群体积极游说政府。原住民首领威胁政府，表示其将采取措施妨碍开发那些还没有让与中央政府的土地资源。旨在加快阿拉斯加普拉德霍湾石油储备区发展的1969年的《阿拉斯加原住民权利法案》之签署开辟了一个新纪元——其推动了从法律及宪法上对原住民和政府之关系进行讨论。[56] 同样，加拿大的第一民族也被许多限制其人身自由的措施所激怒。20世纪60年代后期，他们依然没有选举权，不能购买酒类，不能基于传统目的狩猎和捕鱼，也当然不能保留自己的土地。原住民在这一系列的法律斗争中寻求法院救济，他们不仅维护自己作为加拿大人或美国人得享之权利，也主张其作为原住民应享受的集体性权利。

到了20世纪70年代，土著权利成为了国内法和国际法的一个重要分支，这不仅因为在北美出现了诸多的现实性问题，也因为有一些深远的概念问题和理论问题关系到原住民的权利和诉求。因此，学者们和律师们都投入了更多的精力来研究和解释这些问题。原住民组织纷纷涌入法院，并且毫不夸张地说，他们带去了成千上万的案件。他们想要通过法院和相应的政治方法来确定原住民在国际法和宪法框架下的权利。北美原住民的努力吸引了全球范围内的诸多关注，他们参与并形成了一些国际性原住民政治组织，而法院也开始参考加拿大和美国的立法以及可作为先例的判决。[57]

世界性的关注折射出原住民还在进行的行动主义运动。"美国印地安人民运动"的活动广泛开展，加之世界原住民委员会和国际印第安条约委员会的建立，这些

---

[54] H. Cardinal, *The Unjust Society* (Hurtig Edmonton 1969).

[55] R. Torres, 'The Rights of Indigenous Populations：The Emerging International Norm' (1991) 16 *Yale Journal of International Law* 127 - 175.

[56] 想要了解对阿拉斯加有关情况的评论，参见 T. Berger, *Village Journey；The Report of the Alaska Native Review Commission* (Greystone Books Vancouver 2010).

[57] 想要了解对全球性土著权利运动的最完整评价，参见 J. Berger, *Report from the Frontier：The State of the World's Indigenous Peoples* (Zed Books London 1987)；亦见 *A Global History of Indigenous Peoples* (n 1)。

都使人们注意到其他国家对原住民的不公行为。正如原住民首领所指出的,目前的法律、条约和政府承诺令原住民毫无安全感可言。有评论指出,在行使和保护原住民权利时,政府常常以"无法可依"搪塞过去,从而使那些规定详细的条约、立法和判决未能落到实处。原住民政治家们还指出了加拿大政府和美国政府在处理土著问题时两面三刀的伪善。然而,这些政府却在猛烈批评南非的种族隔离现象,他们视自己为基本人权的捍卫者,支持扩大其他国家少数族群的权利,并且主张提高国内女性和同性恋者的法律地位。[58]

原住民意识到不断增加的国际关注将产生重要的政治价值。将案件置于国际舆论的审判下,这将能有效地获得广大政治家和公众的注意。事实上,国际社会对原住民及其法律权利的支持在政治层面的影响远大于法律层面。作为维护人权的领导者,加拿大和美国都因未能解决土著居民的法律诉求而凸显尴尬。其中一个最生动的例子是一个叫做桑德拉·勒夫雷斯的密克麦克女性于 1977 年诉诸联合国以抨击加拿大的《印第安法》中的歧视性规定。[59] 根据该《印第安法》,如果一名原住民女性和一名非原住民男性结婚,那么她就会自动丧失其印第安民身份;而如果是一名印第安男性和一名非印第安女性结婚,则他能继续保持其印第安人的身份,且他的妻子也能获得该身份。公众对加拿大法律的遣责引起了政治上的回应。加拿大通过了 C-31 号法案,[60]该法案宣布保留印第安身份的规定及于女性和儿童。

这些来自各个层面的共同行动给原住民的法律地位和宪法地位带来了翻天覆地的变化。一些历史意义重大的条约效力得到恢复,并且在某些情况下,政府承认了条约实施过程中的违法行为。在美国,圣地保护立法活动给予印第安人对一些重要文化地点的控制权。在《阿拉斯加原住民权利法案》签署后,一个有关魁北克北部的詹姆斯克里海湾的平等协议得以形成,从而为一个大型水电工程的建设扫清了障碍。[61] 之后又陆续进行了涉及整个加拿大北部的谈判,而不列颠哥伦比亚

---

〔58〕 George Manual,*The Fourth World:An Indian Reality*(Collier - Macmillan Toronto 1974)的作者,他是全球性运动的奠基人之一。

〔59〕 *Sandra Lovelace v Canada*,UN Doc CCPR/C/13/D/24/1977(观点于 1981 年 6 月 30 日被采纳)。

〔60〕 Bill C - 31:An Act to Amend the Indian Act SC 1985 *c* 27.

〔61〕 B. Richardson,*Strangers Devout the Land:The Cree Hunters of the James Bay Area versus Premier Bourassa and the James Bay Development Corporation*(Chelsca Green Publishing Toronto 2008).

的谈判协商活动则更加复杂。一些关键性的法院判决——如华盛顿州的博尔特判决——承认了原住民获取资源的权利，从而使其得以狩猎、捕鱼以及获取其他资源。[62] 这些法律上的斗争也使得土著政府的权威以及自治权被重新确立。与此同时，一些土著社群获得了组建警察机关和法院的权利。

805

20 世纪 90 年代，原住民权利及法律上的承认才真正取得了巨大的进步。国际劳工组织的第 169 号公约(1989 年)[63](对第 107 号公约的修改)明确承认其早期表达带有家长主义和同化主义。第 169 号公约为原住民的土地与资源权利、政治自治和完全参与国内事务决策提供了更为有力的支持。[64] 作为"世界原住民国际十年发展计划"的 1993 年宣言标志着对原住民诉求的认可已经发展到一个新高度。[65] 在加拿大，1982 年的宪法程序也出现了急剧变化，包括在宪法上认可《加拿大宪法》第 35 条土著民族的权利，即保护"土著民族现有的和条约规定的权利"。[66] 宪法中的这一条款使全国都注意到原住民权利的存在和权威。

围绕原住民的法律斗争给北美的法律环境和法律程序带来了巨大改变。由于文化主要靠口口相传，所以原住民并没有成文的法律文件、土地协议和条约。但是，恰恰是口口相传的传统构成了原住民法律、社会和政治生活的核心要素。因此，要将这些口述的历史和文化规范呈送到法院作为证据相当困难，但最终他们还是成功了。法官最初拒绝认可这些证据，但许多部族长者、首领以及学者都很快出面提供证词，从而促使法院接受这些证据并作出最终判决。在一系列有关资源管理、条约在现代的适用、对违法的原住民的量刑问题、原住民群体内部的管理架构、人员安置、文化惯例以及圣地问题的判决中，法院在很大程度上都依赖于对这些土

---

[62] A. Harmon, *The Power of Promises：Rethinking Indian Treaties in the Pacific Northwest* (University of Washington Seattle 2008).

[63] ILO Convention C169：Indigenous and Tribal Peoples Convention (Convention Concerning Indigenous and Tribal Peoples in Independent Countries) (达成于 1989 年 6 月 27 日，于 1991 年 9 月 5 日正式生效)。

[64] L. Swepston, 'A New Step in the International Law on Indigenous and Tribal Peoples：ILO Convention No. 169 of 1989' (1990) 15 *Oklahoma City University Law Review* 677–714.

[65] UNGA A/Res/48/163(达成于 1993 年 12 月 21 日)。这被收录到 a Second Decade of the World's Indigenous Peoples。

[66] R. Dussault and G. Erasmus, *Partners in Confederation：Aboriginal Peoples, Self-Government, and the Constitution* (Royal Commission on Aborginal Peoples Ottawa 1993).

著文化和社会习俗的评估。

原住民与欧洲民族及政府的相遇催生了新的法律,在国内层面上如此,在国际层面上亦如此。20 世纪 70 年代,学者们主张原住民法律体系和政治体系产生的影响要比预想的更加显著。尽管在欧洲人到来之前,北美最强大的联盟易洛魁联盟曾被认为给予了美利坚合众国宪法以灵感,但后续的分析并不支持这一论断。[67] 由原住民原告提起的上百起案件在混乱的渐进主义进程中改变了加拿大和美国的法律。

法律上和政治上的斗争促使人们重新认识原住民在北美历史、法律和政治中的地位。在北美的发展演进中,原住民所发挥的作用要远远大于人们的预期,这一点愈加清晰。为了改变自己的境遇并申诉自己的权利,原住民迫使国内政府和法律体系做出改变。数十年来,他们迫使政府重新考量法律法规,并且在很多情况下修改法律以满足原住民意愿。这也使得原住民基于其土著民族身份及北美最初民族的特殊地位所应享有之权利得到更加广泛的承认。加拿大政治家艾伦·凯恩斯认为原住民是"公民之上"(Citizens Plus),他们不仅有加拿大国民得享之权利和义务,还享有由一系列单独的条约、原住民特别法、政府承诺所产生之法律权利。[68] 美国的情况有所不同,这很大程度上是因为长期以来已经认可的印第安主权,即印第安人及其族群具有不同于普通公民的地位。通过印第安政府的努力和反复的文化宣传,印第安人的特殊身份日渐形成,从而使得公众也逐渐承认印第安人的特殊地位,然而有些讽刺的是,印第安人地位提高的最初表现是他们的赌场迅速扩张。[69]

北美原住民对全球范围内的原住民权利的长期关注,促使其积极参与到原住民申诉权利的活动中。联合国防止歧视及保护少数民族委员会也展开调研,旨在为原住民权利另外单独起草一份宣言。初始工作早在 20 世纪 70 年代已经着手,但是由琼斯·马丁尼·库伯负责的主要报告直到 1981 年至 1983 年才完成,报告进一步提升了原住民权利在国际法中的地位。[70] 1982 年,联合国成立了原住民

806

---

[67] E. Tooker, 'The United States Constitution and the Iroquois League'in J. A. Clifton(ed.) *The Invented Indian: Cultural Fictions and Government Policies* (Transaction Publishers New Brunswick NJ 1990).

[68] A. Cairns, *Citizens Plus: Aboriginal Peoples and the Canadian State* (UBC Press Vancouver 2000).

[69] Y. Belanger (ed.) *First Nation Gaming* (University of Manitoba Winnipoeg 2011).

[70] J. Martinez Cobo, *Study of the Problem of Discrimination Against Indigenous Populations* (United Nations New York 1981–1984).

族工作组。这一行动为加拿大和美国所反对,但却得到了北美土著群体的强烈支持和积极推动,其历经了二十余年的谈判与国际合作。1993 年的《联合国原住民权利宣言草案》[71]之出台是具有里程碑意义的时刻。宣言草案极具说服力地展现了发展中国家的原住民境遇,即他们中的许多人正处于水深火热之中,并且缺少最基本的法律保护。

联合国宣言草案在国际政治舞台上进展缓慢,且一度使人以为该草案将胎死腹中。四个主要反对国——加拿大、美国、新西兰和澳大利亚——在处理原住民权利时最倾向于"自由主义",且他们认为该宣言草案可能使他们与原住民在过去几十年间签订的条约、法律和政治协议全部无效。土著首领则认为该宣言草案徒具"愿景",而并非是一个能够在各个国家均得适用的"法典"。2007 年的联合国大会在就此表决时,该草案以压倒性的优势获得通过。[72] 加拿大、美国、澳大利亚和新西兰依然保留反对意见并拒绝签字。不过,由于持续不断的压力,加之认识到该宣言缺乏法律约束力而不会对国内政治和法律体系造成影响,加拿大和美国分别于2009 年和 2010 年在宣言上签字。[73]

该联合国宣言是原住民法律史上的一个转折点,包括加拿大和美国等持反对意见的政府在内的联合国各成员国政府都已接受原住民的"愿景",这标志着与以往解决原住民事务之方法的割裂。当然,加拿大和美国并不会很快将联合国宣言应用到北美的法律斗争中。毕竟,既有法律结构和程序已经塑造了原住民法律的基本框架,这些原住民法一方面对一般性原住民权利和条约权利都保持了足够的尊重,另一方面也在某些方面承认了土著政府的主权和自治权。[74]

---

[71] Draft Declaration on the Rights of Indigenous Peoples(1994)UN Doc E/CN. 4/Sub. 2/1994/56.

[72] United Nations Declaration on the Rights of Indigenous Peoples (达成于 2007 年 9 月 13 日)UNGA A/Res/61/295。

[73] J. Gilbert, 'Indigenous Rights in the Making: The United Nations Declaration on the Rights of Indigenous Peoples'(2007) 14 *International Journal on Minority and Group Rights* 207 – 230.

[74] 参见 A. J. Ray, 'Native History on Trial: Confessions of an Expert Witness' (2003) 84 *Canadian Historical Review* 253 – 273; A. J. Ray, 'Aboriginal Title and Treaty Rights Research: A. Comparative Look at Australia, Canada, New Zealand, and the United States' (2003) 37 *New Zealand Journal of History* 5 – 21; A. J. Ray, 'Regina v. Marshall: Native History, the Judiciary and the Public' (2000) 29 *Acadiensis* 138 – 146.

九、结论

尽管已经有所进步，并且也出现了一些法律上的变化，但是原住民的法律地位依旧模糊不清。加拿大政府屡屡质疑"土著民族在欧洲人到来之前就已经生活在一个有组织的社会"的说法，而这令原住民感到愤怒。[75] 法院和政府最终承认，在双方相遇之前，土著文化已具备了稳定性和结构性。这也成为原住民法律事宜的一个重要转折点，其将法律面前的平等性推到了一个新高度。这一改变的意义及其对土著居民具有的长期法律意义还有待时间去考证。

北美原住民权利在法律史和国际法中的地位以及与此二者间的互动仍是重要问题。[76] 数百年来，原住民和欧洲人的交往史都被集中在一小段历史进程上，包括军事冲突、政治结盟、经济联系以及传教士在当地人民生活中的作用等。至于更广泛和更抽象的国际法问题以及法律问题与国内现实之间的互动却很少得到关注。通过创设规定、条约、立法以及向原住民作出保证而形成的规则建立过程引发了诸多理解和误解，这需要我们记录下来，并予以更加准确地界定。此外，理解原住民的法律概念和法律结构如何与欧洲及北美的国家法律体系互动是非常重要的。[77]

国际法在全球秩序的演变中——特别是在原住民和非原住民之间的关系上——起到了至关重要的作用。法律最根本的目的在于界定关键性法律关系的结构，并明确维护土地和私有财产以及调整社会关系的条款与条件。国际法调节和规范不同政治实体之间的关系。欧洲人和原住民之间在历史上的不平等导致了其法律关系上的不平衡，这意味着原住民不得不承受这一体系的固有弊病之冲击。

808

---

[75] R. Fisher, 'Judging History : Reflections on the Reasons for Judgment in Delgamuukw vs. B. C. ' (1992) 95 *BC Studies* 43 - 54；以及 A. McEachern, *Reasons for Judgement : Delgamuukw vs. B. C.* (Supreme Court of British Columbia Smithers 1991)。

[76] S. Razack, *Looking White People in the Eye : Gender, Race, and Culture in Courtrooms and Classrooms* (University of Toronto Press Toronto 1998)。

[77] 关于国际法与美国国内原住民事务的关系，参见'International Law as an Interpretative Force in Federal Indian Law'(2003) 116 *Harvard Law Review* 1751 - 1773; J. Corntassel and T. H. Primeau, 'Indigenous "Sovereignty"and International Law: Revised Strategies for Pursuing "Self - Determination"'(1995) 17 *Human Rights Quarterly* 343 - 365。

法律本身所扮演的角色——以及原住民与欧洲人之间的法律交往——为我们分析社群融合时的复杂社会局势提供了行之有效的方式。

长期以来，对峙、冲突、胜利和失败等军事用语一直被用来形容法律前沿领域。就原住民与国际法而言，继续使用军事隐喻来形容其法律交往的性质将有失公正。这一过程所涉及的问题更加微妙，其涉及对原住民权利及其文明的妄加断言，涉及欧洲法律价值整合到行政统治中以及在跨文化交流过程中难以避免的文化误解。[78] 偶尔会出现一些正式的案例，这些案例一般因原住民寻求对自身权利之保护而向法院提起。然而，这些诉讼中的法律规则之适用非常有限，其中更多的是法庭之外的复杂的社会、政治与文化互动因素。

法律史学家和法律史研究能够对理解北美原住民和欧洲的相遇以及解决其中突出的法律诉求和法律争议做出重大贡献。法律的复杂性以及相遇过程中的微妙细节贯穿了欧洲价值观的持续影响、原住民的回应以及当地在面对欧洲体系广泛加诸北美大陆时的多重应对方式。这些历史影响在当代的法律发展中仍旧非常重要，其只会使我们更加明白历史研究模式以及内蕴其中的文化价值观念和文化预设之价值所在。法律史学家已经意识到，法律框架与程序一方面是权力体系中的一个工具，另一方面是反映社会内部以及不同社群间的社会、经济和文化变革的窗口。

20世纪80年代，一系列的进程最终促成了《联合国原住民权利宣言》[79]，而土著民族的意愿和诉求成为了一股强大的全球性驱动力，并成为了现代国际法中的一个重要议题。《联合国原住民权利宣言》的公布标志着原住民为争取权利所做的努力象征性地告一段落。然而，原住民在北美依然继续主张他们作为土著民族所应享有的权利，并争取自决权和自治权，以试图在现有的民族国家体制中找到其特殊地位。在这种情况下，国际法的理论和基本概念远比国内和国际的法律实践超前。原住民首领在政治层面取得的巨大成功能否转变成现实的权利和程序，并在国际法框架下为原住民问题提供适当的解决方式，我们对此将拭

---

[78] J. Borrows, *Recovering Ganada*：*The Resurgence of Indigenous Law* (University of Toronto Press Toronto 2002).

[79] Declaration on the Rights of Indigenous Peoples (n 72).

目以待。[80]

推荐阅读

Anaya, James *Indigenous Peoples in International Law* (OUP New York 1996).

Bennett, Gordon *Aboriginal Rights in International Law* (Royal Anthropological Institute London 1978).

Coates, Ken *A Global History of Indigenous Peoples: Struggle and Survival* (Palgrave Macmillan London 2004).

Cobo Martinez, José *Study of the Problem of Discrimination Against Indigenous Populations* (United Nations New York 1981 – 1984).

de las Casas, Bartolomé *History of the Indies* (Andrée M. Collard ed and trans) (Harper Row New York 1971).

Green, Leslie C. and Olive Dickason *The Law of Nations and the New World* (University of Alberta Press Edmonton 1989).

Tennant, Chris 'Indigenous Peoples, International Institutions, and the International Legal Literature from 1945 – 1993' (1994) 16 *Human Rights Quarterly* 1 – 57.

Truyol Serra, Antonio (ed.) *The Principles of Political and International Law in the Work of Francisco de Vitoria* (Ediciones Cultura Hispánica Madrid 1946).

Vattel, Emer de *Le droit des gens ou Principes de la loi naturelle: appliqués à la conduite et aux affaires des nations et des souverains* (Camegie Institution of Washington Washington 1916 repr of the 1758 edn).

Williams, Robert *The American Indian in Western Legal Thought: The Discourse of Conquest* (OUP New York 1990).

810

---

[80] J. Anaya, 'Divergent Discourses About International Law, Indigenous Peoples, and Rights Over Lands and Natural Resources: Toward a Realist Trend' (2005) 16 *Colorado Journal of International Environmental Law and Policy* 237 – 250.

OXFORD

UNIVERSITY PRESS

Great Clarendon Street,Oxford,ox2 6DP
United Kingdom

Oxford University Press is a department of the University of Oxford.
It furthers the University's objective of excellence in research, Scholarship,
and education by publishing worldwide. Oxford is a registered trade mark of
Oxford University Press in the UK and in certain other countries

© Oxford University Press 2012
The moral rights of the authors have been asserted
First Edition published in 2012
Impression:1

Crown copyright material is reproduced under Class Licence
Number Co1Poooo148 with the permission of OPSI
and the Queen's Printer for Scotland

British Library Cataloguing in Publication Data
Data available

ISBN 978-0-19-959975-2

Printed and bound in Great Britain by
CPI Group(UK)Ltd, Croydon, CR0 4YY

The Oxford Handbook *of*
THE HISTORY OF
INTERNATIONAL LAW

牛津国际法史手册

（下册）

［德］巴多·法斯本德　安妮·彼得斯 ◎ 主编

李明倩　刘　俊　王伟臣 ◎ 译

上海三联书店

"十三五"国家重点图书出版规划项目

国家出版基金资助项目

下册

第四部分
互动与强加

第三十四章　外交

亚瑟·艾亚芬格(Arthur Eyffinger)

一、引言

(一) 相关问题

一位睿智的外交官在很久以前就洞察到,[1]外交是一种权力的工具。几个世纪以来,欧洲权力运作的基础始终是国土以及由此产生的财富。拥有土地的所有权以及购买土地的财力是行使排他性权利的前提。值得注意的是,它为统治者的主权、外交特权以及宣战权提供了合法性,这也就意味着外交需要依靠其他强力手段才能够延续。几个世纪以来,国家实际上排他地占有着这些特权。学者们认为,国家是社会最完美的形态。外交则在国家的争霸竞赛中起到周旋和平衡的作用。

半个世纪以来,这一切发生了巨变。历史已经扭转了乾坤。作为财富最重要的发动机,国土的地位已经被贸易和资本市场所取代,最近几十年又完全是信息科技和第三产业的天下。新的竞争因素在新的领域以各种方式来宣告自己的权利,而且他们相互之间"外交式"的博弈过程也划定了各自的势力范围。伴随着社会革新的进程,有着悠久传统的国家主权在思想上遭受了普世人权概念的质疑,其在组织结构方面也面临着国际组织和地区组织以及全球治理和市民社会的挑战。

---

[1] F. de Callières, *De la Manière de Négocier avec les Souverains* (Pour la Compagnie Amsterdam 1716).

同以往一样,大千世界从不抱残守缺。在从未停止向前的脚步中,它已经跨越了公与私的边界。国际交往也远远超出了国家关系的层面,而它又反过来突破了经典的传统外交的维度。正如我们所说,政府间国际组织、市民社会的代言人(非政府组织,即 NGOs)以及金融和经济机构都成为了这个利益交错的全球综合网络的参与主体,他们构成了当今世界的外交。他们在辩论气候变化、生物多样性、预防性外交,或者战后和平重建等问题上建立了伙伴关系。非国家参与主体所带来的政治挑战也导致了全新冲突类型的出现。全球结构正在重建,而人类也在找寻新的方向和规范守则。

正是由于其结果难以预测,所以这个过程是不可逆转的。我们这代人正在见证威斯特伐利亚国家体系的解体吗?我们正在重返那个银行家、行会、汉萨同盟以及骑士可以同国王与皇帝坐下来谈判的多阶层的中世纪社会吗?我们正在走向一个全球的"市民社会"吗?或者我们的时代正处于这个体系中的一段崭新的过渡阶段,就好像帝国统治让位于宪法权利,而最终的结果却是议会掌握了实权吗?这个国际体系能够消化掉所有的改变,从而勇敢地挑战全球性问题吗?[2]

只有上帝才能回答这些尖锐的问题,我们不能也不准备提供这些答案。但是,反过来看,上述这番评论恰好解释了本章的目的。制度化的外交是国家为了彰显和保护自己的主权而有意创造的,它是通过有资质的官员而在一个持续不断的过程中对国际关系的一种满足。本章旨在讨论该领域可以不受影响地发挥其全部功能的完整过程,即起源于国家体系的形成阶段并一直延续到当前模糊状态的出现(1450—1950 年)。

(二) 外交: 一个政治工具

外交的首要目的在于,面对着外部势力以保护并扩大自己的利益。这就像霍布斯或格劳秀斯等学者所说的,人类有两大驱动力——自我保护与社会需求。所有的市民社会和商业贸易皆来源于此。因而,外交的出现远远早于有记载的历史。[3] 相应地,这两大驱动力也反映了外交的全貌,即时而进入战争模式,时而转

---

〔2〕J. Black, *A History of Diplomacy* (Reaktion London 2010) at 248 - 263.
〔3〕同上,第 17—22 页。

为商业模式。纵观整个历史,这两种模式都有无穷无尽的表现形式。早期评论家常常认为这些形式与国家特点有关,认为他们是由气候、地域以及领土大小所决定的。[4] 尽管如此,由于与自身利益息息相关,所以外交是一个政治问题,因而也就无关道德哲学。[5] 外交活动是以政治权力为前提的,而且它总是跟在政治权力的后面亦步亦趋。[6]

旧有的三个相辅相成的元素组成了这门学科——代表、协商以及信息收集,即所谓的"情报"工作。[7] 从根本上讲,这些元素的比例权重是随机的,它受制于整体的政治气候、相互关系的强度以及当时主流的外交类型。

(三) 外交法

作为对外政策的执行工具,尽管外交在本质上是一种政治手段,但是法律一直伴其左右。外交法实际上是国际法中最古老、最显赫,可能也是公认的最复杂的领域之一。人们自古以来就明白,只有为其背书并确保人身安全,外交官才能发挥应有的作用。在国家交往的过程中,外交惯例逐渐固定下来。这其中形成了一套独特的具有法律约束力的规则,而且也发展出另一套有趣而混合的没有约束力的习惯做法,比如外交礼仪。它的核心概念是外交豁免和不受侵犯,其秉持着便于外交官工作的立场,明确派遣国和接受国各自的法律权利和义务。[8] 1961 年,备受赞誉并得到广泛适用的《维也纳外交关系公约》[9]收录了这些伟大传统。他们是人类最为珍贵的习惯法则。

(四) 外交: 它的立法和执行分支

审视国际关系,我们可以发现,传统的国家间外交有着两个不同的分支,即形

---

[4] 关于外交国家传统的精彩评价,请参见 H. Nicolson, *Diplomacy* (Thornton Butterworth London 1939) at 127 - 153。

[5] 同上,第 50 页。

[6] 同上,第 60 页。

[7] 1964 年的《维也纳公约》第 3 条(签订于 1961 年 4 月 18 日,于 1964 年 4 月 24 日正式生效)(《联合国条约库》第 500 卷,第 95 页)增加了对国家利益的保护,回应了《联合国宪章》,明确表达要促进友好关系。

[8] M. S. Anderson, *The Rise of Modern Diplomacy 1450 - 1919* (Longman London 1993) at 24 - 26; *A History of Diplomacy* (n 2) 62 - 63.

[9] Vienna Convention on Diplomatic Relations (n 7).

成政策的决策方面以及落实政策的执行方面。[10] 决策方面由一国的核心机关——政府——来主导。执行方面通常委托给一个专门的工作小组，就是我们今天所看到的外交部及其外交人员。从便于理解的角度出发，每个分支部门都需要特定的技能，而这些技能按照定义也各不相同。正如评论家所指出的，恰恰由于决策和执行这两个方面存在模糊，所以才会几次三番地危及国际关系。

（五）利益的平衡

专业外交拥有特殊的技术和工具，其能够反映全世界所积累下来的关乎人类天性与人类处境的经验。为了实现它的目标，外交致力于采用和平的手段，很少使用武力，除非只有通过武力才能获得和平。尽管如此，由于商业和贸易得益于和平，所以从历史上看，外交通过定分止争和利益均衡而尽到了应有的责任并有效地服务于国际社会。并非巧合的是，西方外交中最重要的概念构成了权力制衡理论。[11] 波利比奥斯（Polybius，约公元前 150 年）时代的国内政治就有了权力制衡的思想，其类似于医学中的"体液平衡"。在近代史上，15 世纪的意大利城邦首次使用了这个概念。

西班牙哈布斯堡王朝和法国波旁王朝先后主导世界霸权之后，在乌德勒支（1713 年），制衡开始成为欧洲政策制定的首要考量。对于那个鼓吹牛顿和波义耳（Boyle）思想的世界而言，这个观念具有特殊的吸引力。理性观念与"政治经济学"提出要建立一个良性的政治秩序。在实践中，国家主体发现其中的机制非常难以捉摸，学说理论也没有太多的帮助。从本质上讲，制衡是以长期均衡为基础的一个容易倾斜且并不稳定的机制。它的立场在于避免任何改变，保护既得利益，并阻碍社会自然发展，因此这种机制无法实现社会正义。[12] 在最佳的条件下，以和平的方式实现利益均衡都难说容易。它从来就不是一个单一文明的问题，而且自 1850 年以来，全球范围内的各个传统之间的交往互动只是进一步加大了它的困难。

817　　**（六）保密和精英主义的传统**

成见难改。人们常常认为外交与"秘密"和"精英主义"有关。这两个看法都不

---

〔10〕 *Diplomacy* (n 4) 12 - 13.
〔11〕 *The Rise of Modern Diplomacy* (n 8) 149 - 203.
〔12〕 关于早期均衡体系的阐释，参见 *A History of Diplomacy* (n 2) 20。

太能站得住脚,但却都有各自的道理,前者说的是本质问题,后者则与历史环境有关。对政治家而言,媒体可能是一笔宝贵的财富。比如,俾斯麦就深谙此道,他熟练地操控反复无常的法国媒体去点燃群众的火种,从而迫使拿破仑三世不得不让法国贸然地对普鲁士宣战(1870 年)。相比之下,外交官则并不愿意显露锋芒。颇为类似于法庭审理的不考虑舆情民意,外交官们对此也能做得很好。隐私有利于言论自由,还能促成妥协。[13] 这个世界要求所有事情都要公开,这使得我们极易忽视秘密谈判的价值。

人们不能理解秘密的作用,也搞不明白政策与外交其实分属不同领域,伍德罗·威尔逊(Woodrow Wilson)悲剧性地成为了这一误解的受害者。为了推行他的"十四点计划"(1918 年),威尔逊远赴法国去终结"欧洲的秘密外交"。威尔逊在凡尔赛很快发现,高效外交与民主统制难以协调——于是乎,此次出行最后变成了一次个人的欧洲旅行,战败国、大多数的同盟国以及媒体都没有被他说服。这么草率地否定"秘密",威尔逊并非第一人。从北美独立与法国大革命到社会主义和共产主义,所有的革命运动在积极地革故鼎新的过程中都声称对传统外交不屑一顾,但是他们很快都改变了观点。会议桌上的排兵布阵是一门专业学科,还是交给专家吧。

二、现代外交的兴起

(一) 国际关系: 三个概念[14]

三个政治概念主导了欧洲的国际关系史——帝国或世界帝国(universal monarchy)、国家体系以及超国家秩序。第一个和第三个概念体现了固定不变的且由来已久的观念,而国家体系则完全不同。它是社会危机和政治需求强加的产物,无法被替代,而且也背离了传统。

直到近代早期以前的欧洲,世界霸权帝国——罗马梦的遗产——都是一个乌托邦式的主题(*Leitbegriff*)。查理曼帝国解体之后,其对故国家园不忘,这个观念

818

---

[13] *Diplomacy*(n4)14.
[14] H. Spruyt, *The Sovereign State and Its Competitors. An Analysis of Systems Change* (Princeton University Press Princeton 1994).

在虚幻的帝国交替（*Translatio Imperii*）中得以延续。但丁在《论世界帝国》（*De Monarchia*，约 1300 年）中仍然对其称颂，而后似乎是不情愿地逐渐退出了历史舞台，但是其从未真正丢掉称霸的野心。

超国家秩序和国际组织的概念同样可以追溯到近代早期的（空想家）的作品。[15] 直到 19 世纪末，这个概念才开始成形（*salonfähig*）并成为了前沿政治利益的一环——而后在 20 世纪贯彻得颇为成功。

面对着现代民族国家的兴起和社会经济的复兴，中世纪时分处权力两极的帝国与教会这对双子星在政治和道德两个方面皆已垮塌，国家体系的概念由此而生。这个概念能够成立的理由及其理论基础均在于它可以预防世界霸权。正是这个概念促成了现代稳定的且可在之后几百年依然发挥作用的外交秩序。因此，这个概念也为我们接下来的叙述做好了铺垫。

（二）常驻使节（Resident Envoys）与常驻使团（Sedentary Missions）

现代外交的兴起与 15 世纪时的意大利这个神奇的世界有着错综复杂的关系。[16] 这里是翻越阿尔卑斯山并挺进欧洲的门户，其与地中海东部有着贸易往来，还控制着丝绸之路与国际银行业务，繁荣昌盛之下，主权城邦的结构已经显现。16 世纪早期的理论家——如佛罗伦萨的尼可罗·马基雅维利（Niccolò Machiavelli）与弗朗切斯科·圭契尔迪尼（Francesco Guicciardini）等人——的灵气之作展现了这个地区敏锐的政治眼光和积极的政治理想。

或许这是一个由王室、野心家以及独裁者所统治的唯利是图的世界，也是一个长期充满了阴谋诡计的恣意妄为的大熔炉。均势和平之下各方互相看齐，然而商人和银行家靠着常识还是能够轻松地捕捉到其中的商机。政治扩张和激烈的商业竞争导致"权力制衡"这个经典概念首次登上现代舞台。

基于相同的历史背景以及相似的务实性之考虑，常驻使馆（sedentary embassies）的构想得以萌发。古典时代和中世纪时其实已经出现了偶发性的外交

819

---

〔15〕 C. L. Lange, *Histoire de l'internationalisme* (3 vols Aschehoug Kristiana 1919); J. Ter Meulen, *Der Gedanke der internationalen Organization in seiner Entwicklung* (3 vols Nijhoff The Hague 1929–1940); *The Rise of Modern Diplomacy* (n8) 204–290.

〔16〕 *Diplomacy* (n4) 26–30; *The Rise of Modern Diplomacy* (n8) 1–40; *A History of Diplomacy* (n2) 43–46.

活动,比如加冕或婚礼仪式上的特使代表,再比如突发冲突或缔结条约与协商结盟,他们都具有临时性的特征。他们没有必要长期存在,更不需要有什么具体的功能以及确定的资格、任务或身份。然而,鉴于对可靠的日常化情报工作的迫切需求,意大利的市政委员会们已经不再满足于旧有的模式。

常驻使节与常驻使团(permanent mission)的概念在15世纪30年代的出现应当归功于佛罗伦萨、米兰以及威尼斯之间的扩张竞赛。[17] 它的雏形或许来自于威尼斯。从1197年开始,威尼斯就向地中海东岸派驻过领事。这个概念很快在意大利蔓延开来。1460年,萨伏依公国(Savoy)向罗马派驻了名为"演说家和常驻大使和代理人"(orator et ambaxiatorcontinuus et procurator)的官员。1500年,威尼斯有两名商人在伦敦充当常驻使节。

在最早的时候,阿尔卑斯山以北地区的国家之间觉得没有必要互相交往。[18] 在现实中,他们本来就没有什么交流,而且也缺乏成熟的国家制度。实际上,当时的情况就是他们互相看不上,对外表达的是敌意而不是友善,即退避三舍而不是互相帮助。弗朗索瓦一世之前,法国不承认有外交的概念,并将外交视为猜忌和软弱的象征,而且还积极地排查使节,把他们当成侦探和间谍。因而,在今天的观察者看来,这并非到了模式转型的时刻。[19] 只有随着时间的推移,这种制度才能被广泛接受。最初,常驻使节的社会背景和社会地位要比那些传统大使或统治者身边的贵族低得多。[20] 统治者总是依赖特设使臣(ad hoc embassies)来与亲密盟友们打交道。所以,常驻使节这个新制度在起源和目的上多少有些可疑,这也为以后的发展埋下了伏笔。

常驻使节有各种各样的头衔。从演说家到代理人,从司令官(legatus)到大使,不一而足。[21] 1600年,贞提利(Gentili)将其区分为三个等级。[22] 常驻使节的"队伍"包括各色人等。彼特拉克(Petrarch)、薄伽丘(Boccaccio)、马基雅维利、圭恰迪

〔17〕 *A History of Diplomacy* (n 2) 30 假设米兰发挥了重要作用。
〔18〕 *The Rise of Modern Diplomacy* (n 8) 10.
〔19〕 *A History of Diplomacy* (n 2) 47.
〔20〕 同上,第26页以及第47—48页。
〔21〕 *The Rise of Modern Diplomacy* (n 8) 6.
〔22〕 A. Gentili, *De jure belli libri tres* (1598). 参见 *The Rise of Modern Diplomacy* (n 8) 5。

尼（Giucciardini）、乔登斯（Jordaens）、鲁本斯（Rubens）等人都曾经做过外交官。作为长期的外交中心，[23]罗马诞生了第一部关于这一崭新职位的专著，即伯纳德·杜·罗兹埃（Bernard du Rosier）的《大使的小故事》（*Ambaxiator Brevilogus*，1436年）。1490年，埃尔莫劳·巴尔巴罗（Ermolao Barbaro）在威尼斯出版了《职权的遗产》（*De Officio Legati*）一书。直到过了很多年之后，让·霍特曼（Jean Hotman）和弗朗西斯·锡恩（Francis Thynne）才分别在法国（《大使的费用和尊严》[*La charge et la dignité de l'ambassadeur*]，1604年）和英国（《完美的大使》[*The perfect Ambassadar*]，1652年）出版了相似的作品。[24]

意大利战争（1494—1559年）预示着一个外交新纪元的到来。哈布斯堡家族妄图吞并奇萨尔皮尼共和国（The Cisalpine Commonwealth），这使得法国开始介入意大利的权力纷争。查理八世（Charles VIII）发动的战争皆无正义可言。如果不考虑公平正义，那么这场战争所呈现出的规模——就其实际花费的成本而言——只有国家能打得起，其已经远超城市、行会或者骑士的承受能力。[25] 为了遏制哈布斯堡帝国，查理八世主要仰仗着热那亚的银行家。这是一个历史的拐点，即国家"订立协议的必要性"与资本将被牢牢地捆绑在一起。

只有打垮敌人才能换来和平。法兰西为了生存而将历史导向了反对霸权帝国的进程，并且加速推动了主权国家体系的发展。在一系列各种各样的短命联盟中，外交也得到了长足的发展。这些联盟或许可以被视为是一个欧洲均衡体系的开端。[26] 现代国家、资本主义以及政治上的相互依存都呈现出了新的维度。

（三）制度框架

从1550年开始，互派常驻使团以及职业外交官的兴起改变了这门学科。首先，它产生了一个外交官僚机构。[27] 其不仅建立了教区秘书处，还建立了档案馆

---

〔23〕 *A History of Diplomacy*（n 2）28 - 29.

〔24〕 *The Rise of Modern Diplomacy*（n 8）26 - 27.

〔25〕 参见 G. P. Geoffrey, *The Military Revolution. Military Innovation and the Rise of the West*, 1500 - 1800（CUP Cambridge 1988）ch 1; C. Tilly Coercion, *Capital and European States*, AD 990 - 1990（Basil Blackwell Cambridge Massachusetts 1990）; R. Bonney, *The European Dynastic States 1494 - 1660*（OUP Oxford 1990）.

〔26〕 M. Sheehan, *The Balance of Power. History and Theory*（Routledge London 1996）.

〔27〕 *The Rise of Modern Diplomacy*（n 8）20 - 23.

用于保存资料，比如关于威尼斯大使的传奇报告(*Relazione*)就储存于该处。教皇尚书院(The Papal Chancery)颁布了以法律专业知识而著称的教令集。其次，作为"情报"收集的外交滋生了一个间谍网。对敏感信息的追逐使得外交官的信函成为了情报截获的众矢之的。早期的记载是绘声绘色的：急件都是一式两份，有着不同的分发路线，或者缝到衣服里。信使乔装打扮成商人或者游历的学者。

代号和密码无处不在。[28] 早在 1550 年，罗马就已经雇佣了一名秘书为教廷大使专司处理密码系统。[29] 作为专业的密码破译机构，位于巴黎或伦敦的黑室(cabinets noirs)显然与此有关。[30] 16 世纪诞生了一批讨论此问题的专著，比如冯·特里滕海姆(Von Trittenheim)的《多表加密》(*Polygraphia*，1516 年)，德拉·波尔塔(Della Porta)的《书写中的隐蔽字符》(*De furtivislitterarumotis*，1563 年)，以及德·维吉尼亚(De Vigenère)的《数字的条约》(*Traité des chiffres*，1586 年)。后来流行的是安托万·罗西尼奥尔(Antoine Rossignol)的《大数字》(*Le grand chiffre*，约 1650 年)。外交法的时代已经到来。

(四) 特权与豁免

直到 15 世纪以前，外交法的全部内容就是关于外交代表人身不受侵犯，或者维护外交代表的尊严。常驻使团的兴起使得保护的范围扩展到了特使的亲属、家庭、住宅以及通信。这将被证明是一个诱人的谜题。

1575 年，法国法学家彼埃尔·埃罗(Pierre Ayrault)首先提出了"治外法权"(extraterritoriality)的概念，这是为了解决上述问题而出现的第一种法律手段。[31] 治外法权的概念容易被滥用，从而导致整个使馆区变成了所谓的"专属区域"(*franchise de quartier*)，那里充斥着的走私和轻微犯罪不免让当局十分头痛。所以，这个概念很快就被摒弃了。另一项权利——即使馆内享有的礼拜权(the droit de chapelle)——在宗教冲突的年度显得弥足珍贵，但是其同样难敌阴谋诡计。当这种曲解将整个使馆变成了庇护区时，治外法权的概念就彻底失去了意义。

---

[28] *The Rise of Modern Diplomacy* (n 8)22-23.
[29] 同上，第 34—35 页。
[30] *A History of Diplomacy* (n 2)108-109.
[31] *The Rise of Modern Diplomacy* (n 8)24；*A History of Diplomacy* (n 2)18；E. R. Adair, *The Exterritoriality of Ambassadors in the Sixteenth and Seventeenth Centuries* (Longmans London 1929).

特使个体上的神圣不可侵犯最早可以追溯到巴托鲁斯(Bartolus，1354 年)和达·雷格纳诺(Da Legnano，1360 年)。但是，实际情况却千差万别。亨利八世曾因间谍罪逮捕了一名教廷大使。格朗韦勒(Granvelle)因得罪了弗朗索瓦一世而身陷囹圄。外交的声望、以"国家秘密"为核心的保密制度，以及这些"持证间谍们"的德性(virtú)都受到了广泛的质疑。这些质疑并非空穴来风。马德里当局曾遣使密谋反对伊丽莎白一世。此外，荷兰起义的魅力领袖——奥兰治的威廉(William of Orange)——于 1584 年遇刺身亡，[32]以及英国大使在巴黎私通胡格诺派。人身豁免权一直都是一个烫手山芋，直到格劳秀斯时代(约 1625 年)，法律才确定了它的内涵和外延。但是，还是存在着大量的滥用。最晚到 1717 年，瑞典驻伦敦和海牙的大臣还因涉嫌煽动而遭到逮捕。直到 20 世纪，它才成为一个普遍适用的规则。

传统的贵族式的精英外交基于两点务实的理由，即可靠和财富。常驻使节往往严重受制于毫无规则可言的经费拨款。包括格劳秀斯本人在内的外交官们都是怨声载道。充任特使的学者或商人经常入不敷出，从而背负债务且受制于债主。民事或刑事诉讼豁免的概念就是在这种情况下产生的。[33] 经济上的穷困也使得特使容易收受驻在国的贿赂。礼物(免费的住宿、车马、金项链)极易导致腐败。但是，外交官们却要在之后因此而担责。古往今来，他们都错误地把豁免关税当成了持证走私。

理论与实践以及主张与滥用之间的相互影响同样可以适用于外交馆舍。在圣巴托罗缪之夜大屠杀(St. Bartholemew's Day massacres，1572 年)时，法国胡格诺派避难于荷兰大使馆。[34] 大使馆被当成了持不同政见者的避风港和暴动者的窝点。因而，馆舍的豁免权也是一个逐渐被接受的过程。总而言之，经过几个世纪的发展，在双边协定和特殊协议的基础上，豁免制度终于被建立起来了。

三、威斯特伐利亚的经验

(一)国家体系

威斯特伐利亚和会(1644—1648 年)终结了三十年战争在意识形态上的冲突，

---

〔32〕*A History of Diplomacy* (n 2)59 - 60.
〔33〕*The Rise of Modern Diplomacy* (n 8)53 - 55.
〔34〕同上，第 53—55 页。

从而为欧洲外交史定下了一个重要基调。作为一项外交成果,这是一个前所未有的壮举。[35] 它极大地提高了外交的声望,增长了学识,而且还精炼了技术,改进了程序。

陷入军事僵局的交战各方的默认和无奈都变成了白纸黑字——出于疲惫不堪而并非什么崇高的和平理想——就其本身而言,这有着重要的历史意义。它结束了欧洲最为复杂的一个危机时代。一个多世纪以来,王室、民族以及宗教基于各自的利益而陷入无情的争斗,包括新教向天主教提出了挑战、波旁王朝和瓦萨王朝反抗哈布斯堡王朝的霸权,以及德国贵族争夺帝国中央的统治权。

威斯特伐利亚和会是一个分水岭,它打消了教皇和帝国称霸的念头,终结了天下皆为天主教的美梦。主权重合这种现象如果还有残余的话,那也只是体现在各种各样的称谓上,并且最终变成了中世纪的遗产。威斯特伐利亚和会接受了领土主权的独占原则,并将外交关系列为国家的特权。威斯特伐利亚和会使得政治联合体正式取代了普世主义,这些联合体在互动交往的过程中秉持相同的规范和价值观,并适用相同的法律规则,比如不干涉原则。威斯特伐利亚和会认为——或者口头承认——国家形式上一律平等,从而引入了一个全方位的、意识形态鲜明的国际秩序,即国家体系。

总而言之,从本质上讲,应该指代的《威斯特伐利亚和约》(1648 年)是一个协商的结果,其仰仗于均衡的外交机制,如今有大量的反思和理论都涉及这个问题。与霍布斯主义一脉相承的"无政府社会"[36]这个标签已经难以匹配这个崭新的体系了。激烈的政治和经济竞争已经被老谋深算的结盟战略所掌控。

体系的建立并非轻而易举,或是出于什么诚心实意。它是在别无选择的情况下被迫产生的。在行使"内部"主权的国内领域,当权者仍然坚持专制主义和不可协商的高压政治。鉴于霸权争夺难以根除,国家体系需要不间断的对话,并且循环往复地调整以重铸平衡——从 1713 年的乌德勒支和会到最近的 1990 年的巴黎会议。历史学家一般将这个过程分为三个阶段:第一个阶段是旧制度(*theancien*

---

[35] *A History of Diplomacy* (n 2)66.

[36] H. Bull, *The Anarchical Society. A Study of Order in World Politics* (2nd edn Macmillan Basingstoke 1988).

régime)下的王朝政治(1648—1815 年);第二个阶段是协同合作的议会政治,终结于 1914 年;最后一个阶段是民族自决原则指导下的国际组织阶段。三个世纪以来,国家体系抑制着霸权野心,并避免着无序状态——当然,其中也有过几次休克。威斯特伐利亚和会中的外交官以坚决的行动和果断的方式为这个雄伟的大厦打下了基础。

(二) 谈判程序

在事后看来,就谈判的策略和技术而言,和会留有很大的改进空间。反正协商也不是与会各方的第一选择。他们花了很长时间才明白原来还可以坐下来谈判。17 世纪 30 年代的罗马教廷曾有过安排,1640 年的神圣罗马帝国皇帝也有类似的安排,但是都没有得到落实。借由丹麦的调停,非正式的对话开始于 1641 年。即便如此,在旷日持久的谈判过程中(1644 年至 1648 年),代表们仍然是纯粹的机会主义者,他们在谈判桌上一拖再拖,热切地等待着战场上能传来什么一锤定音的消息。他们每个春天都把谈判搁置一边,并转而等待当季的军事进展。

政治角逐和恐吓被视为既完美又合法的施加压力的方式。代表团并没有求同存异,他们倾向于竞争而不是合作。激烈的分歧还包括与会人员血淋淋的遭遇。代表团看重名头而不是实际利益。因为席位安排的问题,正式开幕期被推迟了六个月。交战双方剑拔弩张,挥舞着主权和荣耀,不愿因丝毫的让步而丧失颜面。因为法国、瑞典和教廷绝对不可能出现在同一张谈判桌上,所以会场被一分为二:明斯特(Münster)专门讨论天主教和国际问题,而奥斯纳布吕克(Osnabrück)则是新教各方和穷途末路的神圣罗马帝国的会场。[37] 威斯特伐利亚和会也并非一个多边会议,其中所有的讨论都是双边的,而且绝大多数都是间接的。在明斯特,教廷大使居中调解;在奥斯纳布吕克,由于各方不接受教皇的干预,所以威尼斯人充当了调解员的角色。

法律并没有规定调解的手段和标准。[38] 怀着不可告人的目的,调停者并没有做到完全的中立。尽管如此,居中调停依然是个艰难的工作。法国故意侮辱威尼

---

[37] 参见 K. Hamilton and R. Langhorne (eds.) *The Practice of Diplomacy* (Routledge London 1995)80。

[38] T. Princen, *Intermediaries in International Conflict* (Princeton University Press Princeton 1992).

斯,且其还因反对教皇的政治野心而不断地给教廷大使拆台,这差点导致会议彻底失败。

没有得到授权的代表们必须要等待后方的指示,从而延误了议程。这也导致他们没有妥协的余地,而且要完全依赖于缓慢的且经常被截获的与后方之联系。前方就是代表们的互相争吵。根据胡安·德·维达(Juan de Vera)在《大使》(*El Ambajador*,1620 年)[39]一书中的记载,那时的达官贵人很少费心地亲自参加辩论,而是都心甘情愿地把技术性问题留给助手。这些助手大多数是杰出的律师,他们因为缺乏政治天赋而不被上司所待见。法国、瑞典以及荷兰代表团的组成反映了他们国内也存在着利益纷争。整个会议弥漫着狐疑和诡计的气息。随着礼品或美色成为了完全可以接受的左右权势之手段,贿赂和间谍在当时十分猖獗。

可能威斯特伐利亚的谈判仍然比较初级,但是代表们却证明了他们都是这门微妙艺术的名副其实的专家。不可否认,谈判的目的可能在于定分止争,但是它也可以成为延缓更坏方案的一个有效借口。隐藏问题或提出怀疑都可能将谈判的过程带入歧途。在文化传统相异的国际舞台上,谈判从定义上讲是一个需要八面玲珑的不可预知的过程。最大利益往往欲求不得,但从长远来看,眼前稍作让步也许会获得更大的回报。[40]

一位被派驻法国的聪明的荷兰外交官很轻松地看出了问题。在《大使的职责》(*L'ambassadeur et ses fonctions*,1681 年)一书中,作者亚拉伯罕·德·威克福(Abraham de Wicquefort)呼吁切断政治和外交的关系,并主张招募称职的职业外交官,因为在全权授权之下,他们能够做出具有约束力的决定。[41]

四、强权政治

(一)国家利益(Raison d'état)

追逐权力是政治的本性,它有着多种表现形式。16 世纪,哈布斯堡家族之所

---

[39] *A History of Diplomacy* (n 2) 72.

[40] W. F. G. Mastenbroek, *Negotiate* (Basil Blackwell Oxford 1989); F. C. Iklé, *How Nations Negotiate* (Harper New York NY 1964).

[41] *A History of Diplomacy* (n 2) 83 and 112.

以能够称霸,其靠的是通婚和继承。海上的葡萄牙人、荷兰人以及英国人为了商业利益而拓展殖民地。《威斯特伐利亚和约》之后,在欧洲首屈一指的法国是一个陆生型霸权,其霸权的累积方式是获取领土。[42] 1630 年,在反抗哈布斯堡集团的苦战中,因为担心会受到包围,信奉天主教的路易十三迈出了关键一步,其跨越了教义的边界而与信奉路德教的瑞典和信奉加尔文教的荷兰组成联军,从而打破了一个世纪以来的僵局。红衣主教黎塞留(Richelieu)和马萨林(Mazarin)竟然置教皇于不顾,他们在奥斯曼帝国中找到了一个心甘情愿的盟友。从此以后,法国的国策除了国家利益之外再无其他。这孕育了一个新的时代,显露了波旁王朝对霸权的渴望。直到公元 1713 年之前,波旁王朝都试图统治欧陆,乃至称霸全球。

(二) "英雄"外交

政治目的决定了外交的类型。法国时代着重展现了"英雄"类型。按照罗翰(Rohan)的《王子的兴趣》(*De l'interest des princes*,1638 年)一书中的观点,法国时代的外交基本上相当于"另外一种战争",即对身份和荣誉异常敏感,所以丝毫的让步或者任何调解的倾向都被当成是软弱的象征。

法国的英雄外交取得了一些成绩。欧洲在很大程度上被统一口径和外交文化所主导。这种局面真是前无古人,后无来者。法语取代了拉丁语而成为了外交语言,且其直到公元 1945 年以前都居于支配地位。[43] 不过,法国的英雄外交从一开始就埋下了怨愤。时任荷兰总督并在后来成为英格兰国王的奥兰治亲王威廉三世(William III of Orange)率先在海牙挑起了反抗的大旗,从而成为了"欧洲的回音壁"。[44] 在乌德勒支(1713 年),欧洲反法联盟落实了均势机制。

从费利佩·杜普莱西斯(Philippe Duplessis)的《莫纳的演说》(*Mornay's Discours*,1584 年),巴勃罗·帕鲁塔(Paolo Paruta)的《政治演说》(*Discorsi politici*,1599 年)以及吉奥瓦尼·波特罗(Giovanni Botero)的《报告》(*Relazione*,1605 年)到阿尔贝里科·贞提利(Alberico Gentili)的《战争法》(*De jure belli*,1612 年)和保罗·德·利索拉(Paul de Lisola)的《国家防御》(*Bouclier d'Etat*,1667 年),他们都曾讨论过

---

[42] *Diplomacy* (n 4) 51 – 54.
[43] 同上,第 226—233 页。
[44] *A History of Diplomacy* (n 2) 71.

均势的概念。[45] 因而,威尼斯在 16 世纪时声称要平衡瓦卢瓦-哈布斯堡(Valois-Habsburg)的敌对关系。从 1659 年起,英国为自己谋得了调停者的角色,并执掌了关于均势的"发言权"。1713 年,均势机制作为欧洲宪章之事实在这场高端政治运动中得到了检验,而且还成为了"基于理性"化解权力冲突的一剂"天然"良药。霸权野心被当成了"反欧洲的"和"野蛮的"而遭到了弃绝。当时大家都坚信,人类能够引领国际"局势"并监控集体安全,所以乌德勒支的气氛非常乐观。[46] 后来,这个机制在实践中被证明是有危险的,且在理论上有争议。批评者认为,它缺乏道德的因素,而且也缺乏活力。在现实的政治中,均势也难以维持。

(三) 位次优先权(Préséance)和声誉[47]

到了 1650 年,国家间的外交已经成熟,并出现了名副其实的外交使团。[48] 外交已经成为贵族精英的附属物,他们公开享受特权,并践行相同的礼仪规范。使馆成为了知名的艺术中心。当时的欧洲社会等级分明:教皇之下是皇帝及其准继承人、世袭君主、选帝侯,接下来才是以威尼斯和荷兰为代表的共和国。在海上,英国海军和荷兰海军就鸣炮和降旗问题展开了激烈的竞争。使节中也有相似的等级规定,大使的头衔最为珍贵。职业外交官大多由律师担任,他们的级别并不高。商人则被授予领事职位。[49]

"法式"外交成了一种表演,繁文缛节,穷工极态。身份就是一切。外交官主要代表着君主。因为"朕即国家"(l'état, c'est moi),所以哪怕是最低等级的特使都代表着太阳王。一位大使的出现就能博得公众的眼球。修建凡尔赛宫就是为了炫耀。位次优先权——这个"最为雅致的政治信条"——成为了全世界的第一要务。条约签订、列队行进、宴会席位,所有集会都有"理由"变成仪式的战场。在因伦敦马车事件爆发的法西战争中,法国以仅伤亡 50 人的代价重创西班牙,并且为了纪念路易十四的这场名垂千古的胜利,法国还专门打制了一枚徽章。[50] 为了全面解决位次优

---

[45] *The Rise of Modern Diplomacy* (n 8) 149 – 158.

[46] *A History of Diplomacy* (n 2) 85 – 89.

[47] *Diplomacy* (n 4) 178 – 201; *The Rise of Modern Diplomacy* (n 8) 15 – 20 and 56 – 68.

[48] *A History of Diplomacy* (n 2) 67 – 68.

[49] 同上,第 74 页和第 115 页。

[50] *A History of Diplomacy* (n 2) 76.

先权的问题,《雷斯威克和约》(Peace of Ryswyck, 1697 年)发明了"圆桌会议"。从塞尔登(Selden)的《荣誉头衔》(*Titles of Honour*, 1614 年)、菲内特(Finet)的《斐罗圣尼斯》(*Philoxenis*, 1656 年)、豪厄尔(Howell)的《论大使》(*Treatise of Ambassadors*, 1664 年)或者德·威克福德(De wicquefort)的《大使的职责》(1681 年)中都能看到这种文化。[51] 这其中最有意思的当属约翰·纽霍夫(Johan Nieuhof)所记载的荷兰东印度公司(*Vereenigde Oostindische Compagnie*)与中国的接触(《巴达维人的使者》[*Legatio Batavica*], 1656 年)。[52]

(四) 职业化的兴起

乌德勒支和会(1713 年)之后恢复了常识。仪式和位次开始退居二线,寻求共识取代了斤斤计较。从弗朗索瓦·德·卡利埃(François de Callières)的《如何与统治者谈判》(*De la manière de négocier avecles souverains*, 1716 年)或者安托万·佩凯(Antoine Pecquet)的《关于谈判艺术的演讲》(*Discours sur l'art de négocier*, 1737 年)中都能够看出,这门谈判的艺术取到了长足的进步。[53] 作为一名优秀的外交官,卡利埃(1645—1717 年)曾在《雷斯威克和约》上留下大名,他把欧洲各国视为同一个共和家庭的成员,即各国应该穷尽一切理性的办法之后才能选择动武。卡利埃呼吁外交官职业化和坚持诚实守信,[54]并且还建议禁止外交官参与内政。

卡利埃关于职业化的呼吁在犹疑不决中得到了贯彻。从下列新鲜事物中可以看到视野的变化和技术的进步:地图上第一次显示了边界协定(1718 年);[55]出现了条约的系列汇编,比如莱昂纳德(Léonard)的《法国汇编》(*Frenchcollection*, 1435—1690 年),莱布尼茨(Leibniz)的《万国外交法典》(*Codex juris gentiumdiplomaticus*, 1693 年)或者杜蒙(Dumont)关于欧洲的出色的调研成果(1721 年)。[56] 1701 年,第一个外交官培训中心在罗马开业;1712 年,巴黎也成立了政治学院(*Académie politique*)。法国大臣柯尔贝尔(Colbert)雇佣了翻译,而柏林也拥有自己的内阁大臣

---

[51] *A History of Diplomacy* (n 2) 76.
[52] 同上,第 67 页。
[53] 同上,第 112 页。
[54] 关于外交官狡猾和正直的评价,参见 O. Maggi, *De Legato* (1596) to J. Cambons, *Le Diplomate* (Hachette Paris 1926) in *Diplomacy* (n 4) 106 – 112.
[55] *The Rise of Modern Diplomacy* (n 8) 97 – 98.
[56] *A History of Diplomacy* (n 2) 80; *The Rise of Modern Diplomacy* (n 8) 94 – 96.

（Kabinettsministerium，1733 年）。尽管如此，一些秘密外交机关（比如路易十五的国王机密局(Secret du Roi)）依然故我，其认为溜须拍马比真才实学更重要。[57]

在一个平稳发展的过程中，豁免的范围得到了扩展，且内容也更加规范。宾刻舒克（Bynkershoek）的《司法管辖权》（*De forolegatorum*，1721 年）和瓦特尔（Vattel）的《万国公法》（*Le Droit des Gens*，1758 年）都体现了这种趋势。从 1750 年起，位次优先权由资历来决定。在海上，鸣炮敬礼取代了降旗。[58] 即便如此，《维也纳规约》（The Vienna Règlement，1815 年）对诸多旷日持久难题的清算还是让大家如释重负。

（五）美国独立战争与法国大革命

美国独立战争与法国大革命完全颠覆了传统的外交世界。英国殖民地谋求独立是一个史无前例的事件（1775—1783 年）[59]，它成功地把欧洲的国家模型移植到了西半球。尽管如此，体现了共和精神的美国独立战争是对包括传统外交在内的旧制度的一次反抗。曾任驻法大使的杰弗逊（1801—1809 年）因担心腐败问题而废止了外事机关。[60]

法国大革命（1789—1814 年）的性质则完全不同。[61] 一个欧洲大国推翻了一个著名的王朝，从而导致思想上发生剧变，并产生了更为激进的主张。吉伦特派直接断绝了同外国政府的交往，废除了之前所签订的条约，并把所有的外交都当作"秘密"而废除。在热月政变时期（1794 年），军队弥漫着狂热的扩张主义和战略上的机会主义。完全凭借着其军事天才，拿破仑成为了挑衅型外交官的始作俑者。[62] 拿破仑的外交政策不仅是一种恃强凌弱的帝国主义，也是一种任人唯亲的封建主义。这场风暴最后留下了遗产，即民族国家。这个概念因身份上的标识性和坚实的凝聚力而得到了广泛的接受。

828

---

〔57〕 *The Rise of Modern Diplomacy*（n 8）73 - 80 and 90 - 91；*A History of Diplomacy*（n 2）100，107，and 113.

〔58〕 *The Rise of Modern Diplomacy*（n 8）68.

〔59〕 *A History of Diplomacy*（n 2）127 - 131.

〔60〕 同上，第 119 页。

〔61〕 同上，第 131—144 页。

〔62〕 同上，第 140—144 页。

五、欧洲协调

（一）维也纳会议

滑铁卢战役之后，到处弥漫着反战情绪和革命思潮。在维也纳会议（1814—1815年）上——威斯特伐利亚体系历史上第一次真正的多国会议，可能也是最为成功的一次重要会议——几个大国以"欧洲的名义"，在沙皇亚历山大的神圣同盟（1815年）的基础上创设了一个关于集体安全的协调体系。[63] 尽管听上去很夸张，但从近年来的经验来看，它不失为一个明智的提议。从坚守秩序的角度来看，它倾向于保守主义[64]；从确保稳定的角度来看，它又有些高调。通过授予自身以道德权威，它甚至颐指气使地去监控弱小国家，并部署强制性的干预措施。同时，它又是现代的，因为它很明智地承认了国家之间的差异，并通过推进共识、信任以及互相尊重来弥合这种差异。但是，关键在于，沙皇亚历山大一世、卡斯尔雷（Castlereagh）以及梅特涅（Metternich）都没有认识到革命性的民族概念所带来的持久影响——而且他们也从未咨询过外交官们。

（二）《维也纳规约》

作为决议附件的所谓的《维也纳规约》（1815年）之通过是一个历史性的时刻。[65] 这是经过几个月的讨价还价而达成的一份具有争议的文件，它首次对千差万别的各国外交习惯进行了编纂，随后的《亚琛协议》（Aix-la-Chapelle Protocol，1818年）对其进行了修订。《维也纳规约》采用了交替签署条约的方式，最重要的是，它对庞杂的外交官衔进行了全面的整理，从而结束了几个世纪的争论。

规约按照优先权区分了三个等级的外交代表：大使（ambassadors）、公使（envoys）以及代办（*chargés d'affaires*）。1818年的《亚琛协议》又插入了另一个类别，即常驻公使（minister resident），其位居第三等。大使衔（"特命全权"）严格适用

829

---

[63] 关于这一问题的经典研究，参见 H. Nicolson, *The Congress of Vienna. A Study in Allied Unity, 1812-1822* (Constable London 1946); P. Schroeder, *The Transformation of European Politics 1763-1848* (Clarendon Press Oxford 1994).

[64] *A History of Diplomacy* (n 2) 144-150.

[65] Congress of Vienna, Final Act (1815) 64 CTS 453 annex 17; *Diplomacy* (n 4) 31-33; *A History of Diplomacy* (n 2) 153-154.

于大国之间互派的代表。第二级的公使同样也是全权代表，其作为使团长官派驻小国。直到二战之前，很多外交官都享有这个头衔。随着《联合国宪章》(1945 年)中的国家一律平等原则之确定，多数公使馆升级为大使馆。因而，在公元 1945 年以后，第二等和第三等官衔几乎已经不再使用了。规约还规定，根据服役或者递交国书的日期，授予外交使团中的最高级别的外交官以最高的位次优先权和领袖公使(doyen)之称号。在罗马天主教国家，担任此衔的则是教廷大使。

(三) 商业外交

"漫长"的 19 世纪(1815—1919 年)经常被视为是外交的经典时代。[66] 英国在国际舞台上扮演着最重要的角色。英国的政策深刻改变了外交，它不动声色地确立了自己的利益，并以最优的方式来攫取商业利润。英国采取了务实的自由放任的政策，其鼓励商业竞争和公平交易，并且接受妥协与和解。派驻柏林威廉街的那些铁杆的"英雄"外交官们如果误以为这是一种软弱，那么它将证明自己远比法国的帝国主义更为有效。所以，这个世纪经历了长久的和平，克里米亚战争(1853—1856 年)和普法战争(1870—1871 年)所持续的时间都很短暂。

大国对欧洲内部均衡体系的恪守使得他们在欧洲之外开始一试身手。顺着殖民主义的历程，外交藉由工业化而加速发展。因而，19 世纪的外交之首要特征就是全球扩张和文化多样性。一直以来，时间和距离对外交都至关重要。[67] 数字时代提出的挑战如同印刷物之于 15 世纪，杂志之于 18 世纪，电报、蒸汽机和铁路之于 19 世纪或者飞机之于 20 世纪中叶。在 19 世纪，西方的外交传统扩展全球。一开始，这是一个近乎单方面的过程。[68] 随着时间的推移，对非西方文化的越发敏感推动了双方开始进行互动式的接触。标准化的训练打造了熟悉某一地区的专业外交官。

830

(四) 对权力平衡的质疑

现代化给外交带来的并不仅仅只有好处。事实上，恰恰相反，它对社会结构产

---

[66] 即使从西方的角度来看也是如此。*A History of Diplomacy* (n 2) 152.

[67] 同上，第 95—98 页。对欧洲早期的条件进行了讨论。

[68] 同上，第 158 页。关于中国、日本以及朝鲜的不同反应，参见 A. Eyffinger, 'Caught between Tradition and Modernity: East Asia at The Hague Peace Conferences' (2008) 1 *Journal of East Asian and International Law* 1-48.

生了深刻的影响,并奏响了改革的号角。维也纳会议试图通过创造一个双层系统来简化复杂的权力平衡体系。然而,这样的权力平衡之可靠性在 1815 年已经被严重削弱了。评论家认为,权力平衡明显有悖于政治现实,其不过是武力干预的借口。这个概念在思想上受到了各个方面的挑战。[69] 每一个方面都促成了旧制度(ancien régime)的覆灭。

科布登(Cobden)和边沁的自由贸易思想发起了第一个挑战,这代表了英国的传统精神。英国自由主义者认为,权力平衡不过是好战君主的妄想,而且他们也难以接受外交的秘密性和贵族的特权。正如孟德斯鸠之前所指出的,英国人凭借商品的交换和智识的交流来促成国家间的和谐相处。没有对外政策就是最好的政策。

在欧洲大陆,更为乌托邦式的和激进的理论在用阶级斗争来解释历史。他们坚决要求打破权力平衡,且他们对国家的边界和外交也持相同的态度。社会主义、共产主义以及无政府主义汇集到一起,也不管是否受到倍倍尔(Bebel)、马克思或者巴枯宁(Bakunin)的启发,这种"国际主义"发动了作为社会基石的群众参与革命。

第二种"国际主义者"的思想与第三种民族主义的思想格格不入,因为后者更加的激进,有趣的是,它对群众有着更大的吸引力。作为其代表思想家,黑格尔把家国与欧洲实现世界和平的使命联系到一起。经过诸如马志尼(Mazzini)和冯螳(Von Treitschke)等传教士的传播,这一思想使公共舆论更加激进。[70] 公共舆论呼吁民主,并要求终止由精英主义者所把持的秘密世界。[71]

(五) 超国家秩序

而且,这还远远没有结束。滑铁卢战役也为超国家秩序打下了基础。这场前所未有的浩劫引发了巨大的反应,并导致世界各地出现了一种和平运动。门诺派(Mennonite)和辉格党传统中的宗教和道德关怀与自由主义社会学和康德主义学说中的功利主义之概念开始融合。和平主义质疑高额的税收,其要求裁军,并鼓励

---

[69] *The Rise of Modern Diplomacy* (n 8) 189 – 196.
[70] 同上,第 136—141 页。
[71] 同上,第 142—148 页。

仲裁。它主张组成联盟、制定法典、建立法院，并且启动了几个世纪的理论探索。在巴拉克拉瓦（Balaklava）和葛底斯堡的两场战役中，都出现了远远超过"战争必要性"的过分杀戮，由此诞生了《利伯守则》（Lieber Code，1863 年）、红十字会（1864 年）以及《圣彼得堡宣言》（Petersburg，1868 年）。在二十年的时间里，人道主义法发展出了"海牙"和"日内瓦"两大分支，即遏制战争与照顾伤员。1874 年，布鲁塞尔会议首次尝试制定陆战法规，但是并未成功。

在此过程中，作为法律改革开创性研究的两大智库——即国际法学会（*the Institut de droit international*）和国际法协会（the International Law Association）（均成立于 1873 年）——发挥了举足轻重的作用。当时，人们大都醉心于民族主义，但这些机构却认为，真正的时代精神应该是国际主义精神。人类应从各自为战发展到互相依存，从爱国主义扩展到国际团结。如果民族主义为国王和王朝而服务，那么国际主义的着眼点就是人类和民主；如果前者导致分歧与对立，那么后者则鼓励团结与协作；如果前者意味着战争和军队，那么后者则代表了和平与福祉。内阁战争（cabinet wars）和幕后外交的时代已经过去，具有普遍适用性的规范法典体现了各国人民共同的价值观，并彰显了人类的集体良知。在经历了一次新的浩劫之后，国际联盟才把这一思想落到实处。

（六）文化的侵蚀

社会政治变革的一个直接且显著的后果是传统外交文化受到了侵蚀。外交事务在过去一直都是君主的特权，其手下的行政官员和外交官都来自王室侍从，没有人会对此觉得奇怪。这种任免权导致欧洲各地均有外交家族，比如赫茨莱特家族（Hertslets）、尼立多夫家族（Nelidovs）或者康邦家族（Cambons）。[72] 外交集团构成了一个国际阶级，他们有着明确的群体意识。这些外交官们毕业于伊顿公学、维也纳特蕾西亚学校（Theresianum）或者圣彼得堡的帝国学院（*Imperial Lycée*），并受训于诸如海德堡的萨克索普鲁士人（*Saxoborussians*）这样著名的大学军团，他们浸淫于一个彬彬有礼、规范着装、温文尔雅——以及艺术收藏——的世界。[73] 德

---

[72] 同上，第 120 页。

[73] 这一传统有着悠久的历史。*A History of Diplomacy* (n 2) 70.

语系的外交官之所以能够平步青云,靠的是古老贵族和受封贵族(*Uradel and Briefadel*)的优良血统。每年的 7 月中旬之前都是"无所事事"的疗养季,7 月中旬一过便开始制造国际危机,这就是传统外交世界的运作模式。

因为总是因袭陈规,所以这个外交使团秉持着一种特殊的世界主义(cosmopolitanism),他们使用着复杂的语言,并且有着高超的社交技巧。近年来,832历史学家开始强调外交在这一特定阶段的文化内涵。[74] 公元 1870 年之后,法兰西共和国的"资产阶级"外交官令人震惊地登上了历史舞台,并解构了这种文化。他们的商业纽带和经济利益直指贵族世界的贪腐——否则就是这些贵族们的经济嗅觉惊人的灵敏。

内部的改良尝试并无太大的起色。[75] 到最后,来自外部的改革压力和议会的上位(遵照所出版的蓝皮书)[76] 把贵族们赶出了这块他们长期盘踞着的领域,并且剥夺了他们的特权。到了 1890 年,随着工业化和资本主义对土地财富的削弱,这一过时而平庸的世界最终臣服于中产阶级所带来的压力。在外交部门扩张的过程中,专业的武官、海军、经济以及文化参赞作为一个新的阶层登上了历史舞台。[77] 职业官僚取代了业余的绅士。它也向大众政治和疯狂的民族主义敞开了大门,从而将欧洲带向深渊。

(七) 海牙和平会议[78]

1899 年和 1907 年的两次海牙和会是 19 世纪的外交传统之缩影。和会囊括了之前对法典编纂、人道主义以及设立法院和特别法庭的所有的尝试和努力。继续批判过去这些不太成功的运动并没有什么意义,他们之所以没有成功,主要还是

---

[74] T. G. Otte, '"Outdoor Relief for the Aristocracy"? European Nobility and Diplomacy, 1850 – 1914' in M. Mösslang and T. Riotte (eds.) *The Diplomats' World. A Cultural History of Diplomacy, 1815 – 1914* (OUP Oxford 2008) 23 – 57.

[75] *The Rise of Modern Diplomacy* (n 8) 110 – 128.

[76] 同上,第 114 页。

[77] 同上,第 129 – 136 页;*A History of Diplomacy* (n 2) 171 – 172。

[78] J. Dülffer, *Regelngegen den Krieg? Die Haager Friedens-Konferenzen* 1899 *und* 1907 *in der internationalenPolitik* (Ullstein Berlin 1981); A. Eyffinger, *The 1899 Hague Peace Conference*: '*The Parliament of Man, the Federation of the World*' (Kluwer Dordrecht 1999); A. Eyffinger, *The 1907 Hague Peace Conference*: '*The Conscience of the Civilized World*' (Judicap The Hague 2007).

因为公元 1870 年以后导致欧洲政治陷入瘫痪的相互猜忌之总体氛围。然而，海牙和会却卓越不凡，它是第一次由"文明"国家（1899 年有 25 个国家，1907 年因为拉美共和国的参加而达到了 44 个国家）参加的商讨那个时代的政治难题的世界性峰会。在这场会议上，文化与思想进行了一次全球性的碰撞；在民主式的讨论中，专制国家的代表发现他们四面楚歌，政治家、外交官、军人以及法律专家之间的交锋令人紧张不安。

他们之间的分歧太深，很难在一夜之间得到修复：保守的奥利地外交官不承认律师的身份，而是仅仅把他们当成技术人员；美英的海军代表极尽嘲笑人道主义的概念；作为德国代表的律师们草率地拒绝了强制管辖权。然而，在海牙的森林中与世隔绝了三个月之后，这"百位天选之子"（Hundred Chosen）还是同意要尊重个人的境遇，并珍惜长期对话的成果——而且轻松地就敲定了下次会议的召开时间。经过几次会议，他们发现，只有精心准备并且尊重程序，才能够取得成效。在为了达成共识的一次次徒劳的努力中，他们注意到，在此原则下，一个最大的障碍就是全体一致原则（*the unanimity principle*）：一个小国就能够让数周的辛苦劳动化为乌有。在创建国际法院的过程中，他们又因代表和选举的问题而陷入难以摆脱的窘境。法律专家们围绕着仲裁究竟是确保和平的手段还是实现正义的方法而争论得不可开交。经过了大国与小国之间、豪强新贵与昔日霸主之间的几番鏖战之后，会议结束于对国家主权的崇拜之中。然而，大家还是达成了一个最低的共识，即一致认可"来源于文明国家间所制定的惯例、人道主义法规和公众良知的要求之国际法原则"。[79] 一战之后，会议体制和国际组织的制度化算是之前所积累的经验教训的开花结果。不偏不倚地讲，海牙会议标志着国际化时代的到来。

六、新型外交与国际联盟

（一）旧秩序与新秩序的相互排斥

巴黎和会被誉为外交的新时代，其宣告了新列强的诞生。美国总统威尔逊在

---

[79] 参见 the preamble of the Convention (IV) Respecting the Laws and Customs of War on Land and its Annex: Regulation concerning the Laws and Customs of War on Land（签订于 1907 年 10 月 18 日，于 1910 年 1 月 26 日正式生效）(1910) 187 CTS 227（"1907 年《海牙公约》"）。

其"十四点计划"的演讲(1918 年)中,把"旧式外交"丢到一旁,转而拥护盎格鲁-撒克逊传统下的自由主义的国际政治思想。[80] 按照其道德法制主义的路径,威尔逊倡导建立一个国际联盟,主张"签订公开合约,杜绝秘密外交",呼吁裁军,并且把国族当作国家主权的基准。国际联盟在诸多方面都树立了全新的典范,比如集体安全、国际法院以及对非法入侵者的(经济的)制裁措施。对国家主权的崇拜仍未消退,但是只有经过国联秘书处备案和发布的条约才能够生效(这也引出了密约和附加条款)。为了对会员国进行道德指引,威尔逊付出了诸多心血。[81]

834

把国际联盟的失败原因归结到轴心国和共产主义,归结到巴黎和会留下的悬案、战争赔偿、经济萧条以及金融市场的崩溃,这都是老生常谈之论。[82] 显然,在共产主义、法西斯和纳粹的集权统治之下,威尔逊的理想主义是不可能成功的。他们在意识形态上不考虑道德问题,因而刻意制造冲突以作为对 1930 年代的理想主义者所推出的绥靖政策的一种恶意的挑衅。[83]

然而,这些以自我为中心的民主国家的半心半意却影响了超国家秩序的可靠性和稳定性。美国国会否决了威尔逊的议案,从而给这个历史性的尝试造成了致命的打击。在英国的领导下,国际联盟通过《凯洛格-白里安公约》(Kellogg-Briand Pact,1928 年)和《萨阿维德拉·拉马斯条约》(Saavedra Lamas Treaty,1933 年)彰显着自己的地位和价值。然而,英国自己却是三心两意,一方面口头上表示要实现威尔逊的目标,另一方面却在维持权力均衡,洛迦诺会议(1925 年)就是一个力证。英国考虑的并非什么集体安全,而是通过与法国缔结双边条约来维护自己的海洋权益,这样一来也就帮助法国成为了欧洲大陆(1928 年)的军事主导者。同时,法国也反过来建立了针对德国的封锁线。

这样的结果就是出现了一个双循环的平行线,其有着相互重叠的运行轨迹和

---

[80] G. Kennan, *American Diplomacy* (University Chicago Press Chicago 1984); K. A. Clements, *The Presidency of Woodrow Wilson* (University Press Kansas State Lawrence Kansas 1992); M. W. Janis, *America and the Law of Nations 1776 - 1939* (OUP Oxford 2010) 167 - 175. On the pitfalls of 'public diplomacy',参见 *Diplomacy* (n 4) 84 - 103; *A History of Diplomacy* (n 2) 188 - 189。

[81] 战时关于建立联盟的主张,参见 *The Rise of Modern Diplomacy* (n 8) 280 - 287。

[82] *A History of Diplomacy* (n 2) 201 - 204.

[83] 同上,第 192—194 页。

制度架构。[84] 国联理事会没有起到应有的作用,而是变成了由各国首相所进行的一次政治表演。由小国参加的一年一度的全体大会主要讨论意识形态上的问题。利用理事会内部的不合,小国的代表们在全体大会上哗众取宠,以尽可能地增加自己在媒体面前的曝光机会。各个国家在国际联盟的各个部门内都在进行激烈的争斗,从而使整个国际联盟就这样被架空了。秘书长对服务于国际联盟的各国官员之间的互相倾轧也负有责任。国际联盟从建立伊始就面临着艰难险阻,旧秩序与新秩序难以协调。

(二) 必然的失败

然而,随着国际联盟的出现,外交也发生了改变。在火星四溅的政治环境中,国家很快就认识到了组织机构的调停作用。伴随着技术性委员会的兴起以及法律、社会和行政组织的涌现,日内瓦诞生了一个职业专家的新阶层,他们取代了旧式的声名狼藉的外交官。二十年内,国际机构和多边会议就取得了巨大的进展。国际法的编纂也取得了跨越式的发展。在人道主义法,特别是托管、难民以及少数族群的保护方面,国际联盟的贡献是有目共睹的。

但是,国际联盟的尝试必然会走向失败。它崩溃于缺乏能够涵盖共同利益的政治意愿和政治认同。但是,历史不会重蹈覆辙,1945 年成立的联合国在思想上取得了重大进展,其规定了国家需要承担积极的合作义务,而且将普世人权凌驾于国家主权之上,这样一来就取代了国际联盟所建立的那个态度含糊的共存体。联合国的方案把自己的宪章变成了一部全人类的宪法——否定了威斯特伐利亚体系。

(三) 首脑外交

不管利弊如何,新外交的时代已然来临。威尔逊与克列孟梭(Clémenceau)、劳合·乔治(Lloyd George)以及奥兰多(Orlando)的对话打开了一个新的时代。1950年,温斯顿·丘吉尔(Winston Churchill)将之称为"首脑外交"。政治领导人把开放性和指令带上了会议桌,从而加速了谈判的进程,并打破了官僚主义所造成的僵局。

在过去的一个世纪中,首脑峰会已经成为了政客们的玩物。然而,这个概念却

835

---

[84] J. Kaufmann, *Conference Diplomacy* (Macmillan London 1996).

有着悠久的传统,其产生于常驻代表制度之前,而且其本身也是一个独立的制度。尽管如此,它却一直备受争议。诸如德·科米纳(De Commines,1559 年)[85]和卡利埃(Callières,1716 年)等早期的评论家曾尖锐地指出,用激情的政治家代替谨慎的外交官是非常危险的。

亨利八世和弗朗索瓦一世在金缕地(The Field of the Cloth of Gold,1520 年)举行的传奇峰会可能首先是一场仪式盛典。[86] 与之相比,威廉二世与尼古拉二世于 1905 年在驶离比约克岛(Björko)的沙皇舰艇上所签订的秘密条约则远没有那么单纯。自己充任外交大使的独裁者们经常引发灾难性的后果,拿破仑、斯大林和希特勒就是几个典型的例子。希特勒与墨索里尼和弗朗哥的会面不过都是虚假的政治宣传。然而,诸如劳合·乔治和丘吉尔这样的民主领袖也很喜欢私人对话,他们也许有些高估了"人们之间的化学作用"以及仪式和声望在心理学上的影响,他们以为这些东西能够促成目标的达成。

首脑外交得益于科技的进步、航空旅行和大众传媒的发展。然而,外部影响暂且不提,首脑外交受欢迎的程度反映了外交官的矫揉造作与政客们的自命不凡之对决——它正在毁掉一个历史悠久的行业。首脑外交存在很多风险:因语言上的缺陷或是对卷宗材料不经意的忽略都有可能造成误解和失败,历史上这样的惨痛教训比比皆是。[87] 政客们害怕被人笑话,所以他们发布的都是含糊其词、不置可否的会议公报。大众舆论的反复无常葬送了很多职业。然而,媒体的炒作会影响到竞选的结果或者政治晴雨表的波动,所以政客们很容易就沉迷其中。

为了化解危机,同盟国领导人于战时召开的四次会议极大地提高了公众的信心。然而,斯大林还是要确保会议举办地都在苏联的势力范围之内。[88] 作为一项规则,政客们要小心谨慎地挑选会场。长久以来,外交会面都是在界河进行的。法国和西班牙的《比利牛斯条约》(The Peace of the Pyrenees,1659 年)就签订于界岛中的一座行宫,这个界岛所在的界河还有单独的桥梁通向两国。拿破仑与亚历山

---

〔85〕J. Bastin (ed.) *Les mémoires de Philippe de Commynes* (Bruxelles 1944).

〔86〕*The Rise of Modern Diplomacy* (n 8) 10;*A History of Diplomacy* (n 2) 24 and 53.

〔87〕R. Cohen, *Negotiating Across Cultures:Communication Obstacles in International Diplomacy* (US Institute of Peace Washington DC 1997).

〔88〕*A History of Diplomacy* (n 2) 209.

大一世的著名会面就在涅曼河靠近蒂尔森（Tilsen）的一条竹筏上（1807 年）。^[89]基于此点考虑，那些小型的中立国家（比如瑞士、比利时或者挪威）的首都皆以承办首脑峰会而闻名。海牙目前所获得的"司法首都"之美誉还要追溯到海牙和会时期。然而，会议地点的选择都是最后一刻才决定的，因为列强要排除大国首都，还会因各种原因考虑日内瓦、布鲁塞尔和奥斯陆是否合适，所以会陷入僵局。

七、习惯法汇编

《剑桥规则》（Cambridge Regulation，1895 年）是国际法学会首次就外交惯例的编纂所进行的尝试。随后的标杆是泛美联盟所订立的地区性的《哈瓦那公约》（Havana Convention，1928 年）以及哈佛研究项目于 1932 年提出的《哈佛公约草案》（Draft Convention）。1954 年，国际法委员会（International Law Commission）又开始重新起步。在它的努力之下，产生了举足轻重的《维也纳外交关系公约》（Vienna Conventions on Diplomatic Relations，1961 年）和《维也纳领事关系公约》（Consular Relations，1963 年）。^[90] 考虑到二战以后新兴的主权国家林立，他们也没有什么外交经验，这两部公约都可谓异常重要的及时雨。1961 年的《维也纳外交关系公约》包罗万象，层次丰富，它脱颖而出地成为了一块凝聚着法律精华的瑰宝，也是联合国时代最突出的成就之一。^[91]《维也纳外交关系公约》以普遍接受的法律原则为基础，实现了现行惯例与法律渐进发展的完美结合。正如公约所规定的（第 2 条），使馆本身没有什么"权利"。外交关系基于相互的同意，即对等原则（reciprocity）是传统外交的一个基本特征。^[92] 建立正式外交关系的前提是相互承认——外交关系并不会自动产生。"同意"意味着接受国通过授予一定的特权和豁免权以许可派遣国在其领土内行使国家职能，这些职能包括代表派遣国、保护派遣

837

---

[89] 更多的例子，参见 *The Rise of Modern Diplomacy*（n 8）10。

[90] Vienna Convention on Consular Relations（签订于 1963 年 4 月 24 日，于 1967 年 3 月 19 日正式生效）596 UNTS 261。

[91] E. Denza，*Diplomatic Law：Commentary on the Vienna Convention on Diplomatic Relations*（3rd edn OUP Oxford 2008）；M. Hardy，*Modern Diplomatic Law*（Manchester University Press Manchester 1968）；I. Brownlie，*Principles of Public International Law*（7th edn OUP Oxford 2008）ch 17；G. V. McClanahan，*Diplomatic Immunity，Principles，Practices，Problems*（Hurst London 1989）。

[92] *A History of Diplomacy*（n 2）68 – 69.

国利益、与接受国政府办理交涉、调查接受国之状况及发展情形，以及促进派遣国与接受国间之友好关系（第 3 条）。接受国的首要职责是向派遣国工作人员提供充分的保护（第 1 条）。

派遣国向接受国派遣使馆馆长的前提是，该人选已获得接受国的正式同意（*agrément*）和认可。接受国有权自由决定是否接受该人选，而且无须解释此人被列为不受欢迎的人（*persona non grata*）之理由（第 4 条）。这条同样适用于离职程序，即派遣国可以向接受国告知其官员的离任。东道国可以不经进一步证实就通知派遣国其使馆工作人员被列为不受欢迎人员。

接受国承诺不仅要给予使馆执行职务以充分便利（以其国家安全为限，第 25 条），还要尽其所能地保护其馆舍（第 30 条），避免外界的干扰、入侵、破坏或其尊严受损。这包括馆舍或交通工具（第 22 条）以及使馆的档案文件和通信均免受搜查——外交邮袋不得予以开拆或扣留（第 27 条）——以及外交代表的私人文件同样免受搜查（第 31 条）。

公约保证了外交代表人身不受侵犯（第 29 条），以及不受任何方式之逮捕或拘禁，接受国对外交代表应特示尊重，并应采取一切适当步骤以防止其受到侵犯。除此之外，外交代表享有地方法院的司法管辖豁免权，不过他们均负有尊重接受国法律规章的义务（第 41 条）。外交代表对接受国之刑事管辖享有豁免（第 31 条），但其如果构成了刑事犯罪，则可能被宣布为不受欢迎的人。这样的豁免也适用于民事诉讼和行政诉讼，虽然这一豁免权是有条件的，但是官方行为不受此限。此外，外交代表无须缴纳捐税（第 23 条和第 24 条）和关税（第 37 条），也没有出庭作证的义务（第 31 条）。

外交代表所享有的豁免权的期限自其进入接受国国境或其委派通知到达外交部开始至其离境为止（第 39 条）。召回、国家宣战或是一国的消亡都可能会导致使团任务的终了（第 39 条）。

八、结论

1961 年的《维也纳外交关系公约》集中展现了长达千年的动荡不安的关于人类交往的知识成果。更贴切地讲，《维也纳外交关系公约》蕴含了威斯特伐利亚时代和五百年来国家实践的外交遗产。因而,论述到维也纳这里,我们这一章自然也要画上句号了。我们刚刚进入到了一个有着无限挑战和极端复杂的新时代,而赢得全球赞誉的《维也纳公约》或许可以作为人类上下求索的一个固定的港湾。《维也纳公约》开创性地指引了未来的方向,它是一盏智慧的明灯。然而,也不可否认,面对着当代问题,《维也纳公约》也存在着缺陷。外交问题还有很多其他方面亟待编纂。过去五十年中所发生的那些事件表明,外交本身也在褪去那个不受亵渎的光环。使馆的象征意义正在消失,禁区已被摧毁。总而言之,我们有足够的理由为这门学科的未来而感到担心。然而,它的历史却恰好展现出一副悠然自得的样子,甚至比任何公约都要乐观。首先,历史肯定可以摘掉外交那顽固的保守主义的帽子。几个世纪以来,面对着错综复杂的国际环境,这门学科展现出了非凡的适应性和灵活性。而且,更有甚者,外交自身已经蜕变成了一只真正的变色龙。

推荐阅读

Anderson, Mathew S. *The Rise of Modern Diplomacy*, 1450–1919 (Longman London 1993).

Black, Jeremy *A History of Diplomacy* (Reaktion London 2010).

Bull, Hedley *The Anarchical Society. A Study of Order in World Politics* (2nd edn Basingstoke Macmillan London 1977).

Denza, Eileen *Diplomatic Law: Commentary on the Vienna Convention on Diplomatic Relations* (3rd edn OUP Oxford 2008).

Grewe, Wilhelm G. *The Epochs of International Law* (De Gruyter Berlin 2000).

Hamilton, Keith and Richard Langthorne *The Practice of Diplomacy: Its Evolution, Theory and Administration* (Routledge London 1995).

Holsti, Kalevi J. *Peace and War; Armed Conflicts and International Order 1648–1948* (CUP Cambridge 1991).

Koskenniemi, Martti *The Gentle Civilizer of Nations. The Rise and Fall of International Law 1870–1960* (CUP Cambridge 2002).

Lauren, Paul G. (ed.) *Diplomacy: New Approaches in History, Theory, and Policy* (Collier Macmillan London 1980).

Mattingly, Garrett *Renaissance Diplomacy* (Cape London 1970).

Morgenthau, Hans *Politics Among Nations: The Struggle for Power and Peace* (Brief edn McGraw-Hill New York 1967).

Mowat, Robert B. *A History of European Diplomacy*, 1815–1914 (Arnold London 1927).

839

Nicolson, Harold *Diplomacy* (OUP Oxford 1939 reprinted 1963).

Roberts, Ivor (ed.) *Satow's Guide to Diplomatic Practice* (6th edn OUP Oxford 2009).

Sheehan, Michael *The Balance of Power: History and Theory* (Routledge London 2000).

Visscher, Charles de *Théories et réalités en droit international public* (Pedone Paris 1953).

Watson, Adam *The Evolution of International Society* (Routledge London 1992).

第三十五章　领土的发现、征服与先占

安德鲁·菲茨莫里斯（Andrew Fitzmaurice）

一、引言

从哥伦布的首次远航到 20 世纪的帝国解体，这是一段持续了五百多年的帝国和殖民扩张的历史，但是欧洲人却使用了一套法律学说来为自己辩解。尽管这些学说被不断地重新解读，但是在这五百多年中，他们却保持了非凡的稳定性。其中，最重要的学说就是发现、征服、割让以及先占。政论家和国王经常主张一种发现权，但是法学家对此却总是不以为然。先占与割让在这些学说中最有说服力。殖民者的头衔往往通过征服而获得，但是征服却没有发展成为一种法律学说。这种情况在一定程度上是因为征服极易使人回想起西班牙在黑色传奇时期对阿兹特克和印加的征服，而且先占和条约也更加适合农业殖民。"和平先占"这个更容易 被接受的概念遮掩了征服的本质。因而，国家法律语言与国家行为之间存在着巨大的鸿沟。就帝国而言，与其说国际法关乎正义，倒不如说它更像是华丽词藻的堆砌。当然也有一个例外，那就是当万国法与国际法被反过来用于对抗欧洲殖民的时候。伴随着过去三十年来后殖民研究的兴起，历史学家们试图展现国际法是如何同欧洲帝国扩张沆瀣一气的。[1] 结果他们发现，国际法对帝国主义的批判其实

---

〔1〕例见 A. Anghie, *Imperialism, Sovereignty and the Making of International Law*（CUP Cambridge 2005）; M. Koskenniemi, *The Gentle Civilizer of Nations. The Rise and Fall of International Law 1870 - 1960*（CUP Cambridge 2001）; R. A. Williams, *The American* （转下页）

都是一种修辞上的除垢,其反而是在为帝国主义进行辩护。然而,先占论却经常被用来说明非欧洲人的土地并非无主之地。因而,不论是征服还是先占,都不能为侵略行为进行辩护。国际习惯法和万国法的公约也因此转化成一种工具,并产生了一系列各种各样甚至有时相互矛盾的结果。

二、发现

当国家为帝国扩张进行辩护的时候,"发现理论"可能简单又有效,但是若用其探究国际法史则会引人误解,因为国际法一直以来在很大程度上对发现原则持否定态度。[2] 因而,从哥伦布的航行开始一直到 19 世纪,王公贵族都以优先发现为基础来主张领土权利。但是,法学家们却不以为然。西班牙人以 1494 年的教皇诏书所承认的发现权来主张对整个美洲西海岸的占领。即便是其竞争对手国内的政论家,有时也会认可这些主张。作为一位杰出的航海报告编纂家,英国人萨穆埃尔·帕切斯(Samuel Purchas)并不承认教皇御赐的效力,但是他却认可西班牙发现的合法性:

> 我并不质疑西班牙王室在那些方面的权利……在西班牙人的这场事业中,我最欣赏的"在原有关系框架之下"的一种权利可能就是他们实际占有的、无需教皇诏书的,甚至在诏书(亦即《亚历山大御赐教产谕》[*the Donation of Alexander*])编写之前他们就已经获得了的发现权。[3]

然而,从伟大的西班牙学者弗朗西斯科·德·维多利亚(Francisco De Vitoria)开始,国际法学界就转而质疑教皇御赐以及发现理论的合法性。[4] 维多利亚的作

(接上页)*Indian in Western Legal Thought*(OUP Oxford 1990).

[2] 关于法律史学家对"发现原则"的使用,例见 *The American Indian*(n 1)325;L. Behrendt, R. J. Miller, and T. Lindberg(eds.)*Discovering Indigenous Lands:The Doctrine of Discovery in the English Colonies*(OUP Oxford 2010).

[3] S. Purchas, *Hakluytus posthumus or Purchas his Pilgrimes*(London 1625)vol 1, book 2, ch 1, at 20.

[4] 参见本书中由安纳贝尔·布赖特(Annabel Brett)撰写的第四十六章"弗朗西斯科·德·维多利亚(Francisco De Vitoria, 1483 – 1546 年)与弗朗西斯科·苏亚雷斯(Francisco Suárez, 1548 – 1617 年)"。

品"从美洲印第安人的角度"来评价这种理论,其认为这是征服者为侵略行为所作出的辩护。有人认为,"西班牙国王的称号以及领主的身份均源于"教皇的授权,但是维多利亚却认为,教皇"并没有管辖这些野蛮人或者任何其他异教徒的世俗权力"。[5] 随即维多利亚就转到了发现的问题上,对维多利亚而言,"第三项非正义的权利"就是"这些国家通过发现权而拥有的领地"。维多利亚认为,"最初只有发现权这一种权利,而且仅凭这个理由,热那亚的哥伦布就起航了"[6]。维多利亚进而提出,这个权利似乎是正义的,因为"根据自然法和国际法,所有无主物或者遗弃物都可以成为占有者的财产",而且西班牙人"首先发现并占领了这些国家"。按照其一贯的辩证思路,维多利亚总结道,"但是另一方面,我们无需多言就可以驳倒这第三项权利",因为"野蛮人于公于私都是实际的主人",所以"我们这里所讨论的财产都是有主物"。[7] 此后的法学家们使用先占权来反对发现权,但维多利亚却认为他们半斤八两。因为先占(occupatio)创造了权利,所以发现权(inventio)似乎是正确的。维多利亚并非是从权利的角度来反对发现说,他只是认为,当美洲土地上明显已经有人安家立业的时候,它就不再是有待发现的处女地了。因而,按照维多利亚对万民法的理解,"发现"是一个合法的权利来源,但是当一块土地已经被占有的情况下,他人不能主张发现权。

另一方面,当翻开格劳秀斯的国际法著述的时候,我们会看到,他对发现也可以产生权利的观点抱有深深的怀疑,而且这种怀疑在万国法和国际法中一直持续到 20 世纪与 21 世纪。[8] 格劳秀斯区分了发现说与先占说,并且用后者来反对前者。在关于东印度群岛的论述中,针对葡萄牙人和西班牙人对群岛所主张的所有权和统治权,格劳秀斯专辟一章以逐个对其进行驳斥:所有权首先来自于发现,而后来自于"教皇的馈赠",接着是"以战争之名"或者征服,最后是凭借宗教。针对所谓的"创造权"或发现,格劳秀斯接着维多利亚的思路指出,"印第安人""拥有,而且

---

[5] F. de Vitoria, 'On the American Indians' in F. de Vitoria, *Political Writings* (A. Pagden and J. Lawrance eds) (CUP Cambridge 1991) 231 - 292 at 262.

[6] 同上,第 264 页。

[7] 同上,第 265 页。

[8] 参见本书中由皮特·哈根马歇(Peter Haggenmacher)撰写的第四十八章"胡果·格劳秀斯(Hugo Grotius,1583 - 1645 年)"。

一直拥有自己的王国、国王、法律以及自由",它是一个守法的社会,从业已形成的规则来看,"印第安人"也是懂得自然法的。[9] 但是,格劳秀斯并没有止步于维多利亚的分析,而是进一步指出,"发现一个事物(亦即拥有)并非只是看在眼里而是要握在手里",所以权利从来都不能基于发现。[10] 通过看在眼里与握在手里的对比,格劳秀斯揭示了发现与先占的区别,前者只是观看,后者则是拥有。格劳秀斯总结道:"因此,维多利亚讲得很对,西班牙人无权统治印第安人,否则如果某些印第安人更早到达西班牙的话,那么印第安人就可以统治西班牙人了。"[11]

格劳秀斯对发现和先占的区分恰好是为了抵制西班牙帝国的巨大诉求。格劳秀斯明白,国际法承认发现权将会阻碍而不是促进欧洲的殖民扩张。如果欧洲列强可以通过发现权而在他们不曾开发的大片领土上宣布主权,那么这将大大减少其他列强染指这块土地的可能性。发现权有碍于帝国扩张,在几个世纪以来的对发现权的批评中都提到了这一点(尽管这并不意味着所有批评发现权的人都在为殖民扩张进行辩护)。格劳秀斯对发现和先占的区分引发了这些批评。比如普芬道夫,正如我们将看到的,他使用了一个更为严格的概念来定义先占权,而不仅仅只是说握在手里,尽管这么做拉大了发现与先占的差别,但他还是重复了格劳秀斯的论断,即"单纯看见一个东西,或者知道它的位置,并不足以创设一种所有权"[12]。

就在法学家对发现与先占作出区分的同时,殖民家们把这种区分贯彻到了现实之中。萨穆埃尔·沃顿(Samuel Wharton)认为先占与割让是取得领土的唯一合法方式。沃顿是宾夕法尼亚州的一个土地投机商群体的领袖,他们因为七年战争和独立战争而被称为"苦难商人"。尽管投机商可以购买先占权以及其他的权利,但是沃顿认为合法有效的土地权只掌握在美洲土著的手里。因而,对沃顿而言,最重要的是欧洲君主对美洲土地所主张的权利都不成立。沃顿认为,即使欧洲王室

---

〔9〕 H. Grotius, *The Free Sea: With W. Welwod's Critique and Grotius's Reply* (D. Armitage ed. and R. Hakluyt trans) (Liberty Fund Indianapolis 2004) 13 – 15.

〔10〕 同上,第 13 页。

〔11〕 同上,第 15 页。

〔12〕 S. Pufendorf, *De jure naturae et gentium libri octo* (C. H. Oldfather and W. A. Oldfather trans) (OUP Oxford 1934) vol 2, at 391.；参见本书中由努德·哈孔森(Knud Haakonssen)撰写的第四十九章"塞缪尔·普芬道夫(Samuel Pufendorf, 1632 – 1694 年)"。

发现了土地,也不能因此而产生权利,"所有公民以及诸如此类的人都会同意这一点"。[13] 沃顿明白,国王的发现权将会阻碍殖民扩张(而且实际上《1763年宣言》[Declaration of 1763]恰好就体现了国王的意图)。沃顿的恐惧并非空穴来风。1823年,首席大法官马歇尔为了禁止公民个人购买美洲土著的土地,他将美利坚合众国的主权基础定义为发现权和征服。

艾默里克·德·瓦特尔(Emerich De Vattel)继续讨论了发现与先占的区别。[14] 然而,瓦特尔却认为,作为创设权利的第一步,发现也并非一无是处,所以在这个意义上,他已经不再坚持格劳秀斯和普芬道夫所提出的绝对怀疑论。瓦特尔也同意,如果没有实际占领,那么一国是不可能根据发现来主张权利的。然而,瓦特尔同样认为,如果紧接着就进行占领的话,发现就可以成为一个初级宣告,进而排除其他主体对这块领土主张权利。关于发现权,瓦特尔写道:"已经得到了广泛的认可,因为发现之后就进行了实际占领。"在瓦特尔看来,真正的拥有就意味着开垦。然而,瓦特尔警告说,一国不应试图利用发现权而将其占为己有,亦即"并不实际占有,而是以这种方式为自己保存远远超过自己能够移民和开垦之程度的土地"。[15]

在18世纪和19世纪,很多哲学家和法学家都接受了瓦特尔的观点,从而认可了发现在权利创设过程中的次要作用。亚当·弗格森(Adam Ferguson)在讨论殖民扩张时认为,如果各国有着共同认可的行为原则,那么在宣告新领土的时候,各种各样的象征物以及所谓的发现权在短期内可以被视为一种先占。然而,弗格森又补充道,这种共同认可的公约无法有效地"排除""任何非缔约方"的权利,"更不用说凭借一个借口就能够剥夺当地人与生俱来的所有权,不管他们是多么粗鲁或野蛮"。弗格森认为,"无论是出于占有原则亦或是劳动原则",这种象征的行为和先占都无法自圆其说。[16]

根据格劳秀斯和瓦特尔关于发现的讨论,19世纪的国际法学家大体可以分为

[13] S. Wharton, *Plain Facts* (Printed and sold by R Aitken Philadelphia 1781) at 10.
[14] 参见本书中由艾曼纽·儒阿特(Emmanuelle Jouannet)撰写的第五十三章"艾默·德·瓦特尔(Emer De Vattel, 1714–1767年)"。
[15] E. de Vattel, *The Law of Nations* (S&E Butler Northampton MA 1805) at 159.
[16] A. Ferguson, *Principles of Moral and Political Science* (Edinburgh 1792) vol 2, at 212.

两派,即怀疑派和次要作用派。前者否认发现可以为发现人创设任何权利,而后者认为发现是先占权的开始。不论是认可先占的自然法还是承认现实的实证主义论,至少他们都认为发现行为及其附带的象征意义的法律地位在逐渐提高。19世纪前半叶的德国民法学家——比如格奥尔格·弗里德里希·冯·马尔顿斯(Georg Friedrich von Martens, 1756 - 1821 年)、约翰·路德维希·克吕贝(Johann Ludwig Klüber, 1762 -1837 年)以及奥古斯特·威廉·赫福特(Auguste Wilhelm Heffter, 1796 - 1880 年)——皆是怀疑派。作为一位伟大的国际法学家,马尔顿斯写道:"首次发现或抵达一个岛屿或者其他地方,随后又即刻离开,这个简单的行为似乎并不足以(创设权利),所有国家都会这么认为。"马尔顿斯补充道,在一个"我们并没有开垦"的国度中,"画个叉号、加个碑座以及到此一游的题词"并不意味着获得或保有财产。[17] 与三月革命前时期(Vormärz)的公法历史学派的观点一致,克吕贝认为,"发现……并不足够"。[18] 克吕贝把发现与长期声名狼藉的教皇御赐相提并论。作为波恩大学、哈勒维腾贝格大学以及柏林大学的法学教授,赫福特观察到,"单纯宣告以及关于预期占有的模糊标识"不能"被视为一项有效的权利,虽然各国在实践中有时也承认类似的方式"。[19]

法学家也会认可类似的方式。英国民法与国际法学家特拉弗斯·特维斯爵士(Sir Travers Twiss)在 1846 年的作品中认为,发现"既没有罗马法上的依据,在格劳秀斯或普芬道夫的论述中也没有地位"。但是,在特维斯看来,"在先占的附属行为中,最重要的就是发现。然而,源于发现的这种权利却只是一种有瑕疵的权利"[20]。特维斯作出这番论断的背景正是美洲西北部的俄勒冈领土争端。当时,俄、英、美三国在北纬 51 度到北纬 65 度的范围内争夺这块领土的主权。就在特维斯作出这番表述的同一年,纽约州参议员丹尼尔·狄金森(Daniel Dickinson)在于

---

[17] G. F. von Martens, *Précis du droit des gens moderne de l'Europe* (JP Aillaud Paris 1831) vol 1, at 118 - 119.

[18] J. L. Klüber, *Droit des gens* (JP Aillaud Paris 1831) at 211.

[19] A. G. Heffter, *Le droit international public de l'Europe* (Cotillon et Fils Paris 1866) at 143;关于赫福特,参见 E. Nys, *Droit international. Les principes, les théories, les faits* (2nd edn Alfred Castaigne Bruxelles 1904) vol 1, at 289 - 290。

[20] T. Twiss, *The Oregon Territory* (D Appleton & Co New York 1846) at 115;参见 T. Twiss, *The Law of Nations* (OUP Oxford 1861) at 162;'Discovery is only an inchoate title'。

美国参议院所发表的关于俄勒冈争端的演说中赋予了发现以同等的地位。狄金森的讲话改述了门罗主义："但是,先生们,这不仅仅只是在争夺俄勒冈……它是两大体系——君主制度与自由政体——之间,以及黑暗的旧世界与光明的新世界——欧洲的矿山和工厂与美洲西部的肥沃土地——之间的斗争。"[21]具有讽刺意味的是,美国对这块领土的权利诉求的依据之一就是西班牙就美洲西海岸北纬42度所主张的发现权,后来美国根据1819年2月22日签署的《亚当斯-欧尼斯条约》(Adams-Onís treaty)继受了这块领土。美国的权利诉求还来自于18世纪末19世纪初时美国探险家和商人在俄勒冈的开发。因而狄金森才得以声称:"第一次发现……具备了一次完美发现的所有优点。尽管接下来就应当占有,但是也不要求即刻进行。不过,在意图上,应当是发现之后进而占有。"[22]

与前代学者一样,19世纪下半叶的法学家们也同样持怀疑态度,而且他们在认真编纂国际法和推动专业化的过程中,确定了发现之于国际公约的最低作用。846罗伯特·菲利莫尔爵士(Sir Robert Phillimore)可能是当时英国最为优秀的国际法学家,他与瓦特尔以及他的同行特维斯观点一致,即"发现……为发现者的占有提供了一种初步权利"。菲利莫尔补充道,"事实上的正式发现可以被视为找到了一种可以占有的权利",但是如果没有行使这种权利,那么就会失效。[23] 亨利·萨姆纳·梅因(Henry Sumner Maine)以一种历史的视角论述道:"所有的发现如今都不被认可,除非其随后的行为表明它带有统治一国的意图。"[24]在奥托·冯·俾斯麦(Otto von Bismarck)举办的由殖民列强参加的柏林会议(1884—1885年)上,发现的法律地位遭到了进一步的打压,从而引发了关于瓜分非洲之殖民规则的讨论。《柏林会议总议定书》(the General Act of the Berlin Conference)第35条规定,一个缔约国必须在占有并且建立"足以保护现有各种权利的统治权力"[25]时,才可以拥

---

[21] D. S. Dickinson, 'On the Oregon Question',在参议院的演讲,1846年2月24日(Washington 1846) 1–15 at 15.

[22] 同上,第4页。

[23] R. Phillimore, *Commentaries upon International Law* (2nd edn Butterworths London 1871) vol 1, at 269.

[24] H. S. Maine, *International Law* (Henry Holt New York 1888) at 67.

[25] 'The General Act of the Berlin Conference' in H. M. Stanley, *The Congo and the Founding of its Free State* (Sampson Low London 1885) vol 2, 378–458 at 457.

有一块领土。针对长期以来国际法所反对的发现权,第 35 条在国际外交层面被予以承认。

在柏林会议的余波中,国际法学会召开了多次会议并发表了很多成果,以致力于讨论国际法中究竟确立了哪些原则。作为参加柏林会议的法国全权公使,爱德华·恩格尔哈特(Edouard Engelhardt)在这些讨论中非常突出。恩格尔哈特认为这次会议的召开为过去很多模糊的法律问题画上了句号,他轻蔑地写道,因为"某些探险家声称是他们首先看到了那些领土",所以"事实上的发现"才引发了"奇怪的争议"。[26] 杰出的法学家和政治理论家约翰·卡斯帕·伯伦知理(Johann Caspar Bluntschli, 1808 - 1881 年)在会议结束后的那一年写道:"临时或虚拟的先占只能创设一种虚拟的权利。"伯伦知理准确地意识到,发现权将会阻碍而不是推动帝国主义:

> 如果一个列强——比如殖民美国或澳大利亚的英格兰,比如殖民南非的西班牙和葡萄牙,比如殖民太平洋群岛的低地国家——将他们所谓的主权扩展至大片的疆域,但是那里却是野蛮人生活和拥有的土地,而且它在事实上既没有开垦也没有统治,那么这个国家的目的就不是为了人类共同的福祉。相反,他们的真实目的在于阻碍其他国家染指这片区域。[27]

伯伦知理在此提醒读者注意,他所论述的这些原则的基础正是《柏林会议总议定书》。

法国法学家查尔斯·萨洛蒙(Charles Salomon)的作品《无主领土的先占》(*L'occupation des territoires sans maître*)直接回应了柏林会议所通过的那些公约。萨洛蒙的这篇论文的很大篇幅都在梳理为欧洲扩张进行辩解的历史,并将其分为三个阶段:第一个阶段是教皇诏书;第二个阶段是发现权(比如升旗、立碑),但与此同时也开始出现了先占说;第三个阶段就是萨洛蒙的时代,此时先占说升级成为

847

---

[26] E. Englehardt, 'Etude sur la déclaration de la Conférence de Berlin relative aux occupations' (1886) 18 *Revue de droit international et de législation comparée* 573 – 586 at 575.

[27] J. C. Bluntschli, *Le droit international codifié* (Guillaumin Paris 1886) at 178.

有效占领说。[28] 在萨洛蒙所谓的第二个阶段中,发现已经取代了诏书而成为帝国主义最主要的辩护工具,不过萨洛蒙承认,这个阶段的起止时间不太"确定"。实际上,据萨洛蒙的观察,直至 19 世纪,仍然有国家主张发现权并且使用标识来宣告发现(旗帜、叉号、立碑),虽然没有一位法学家承认他们在国际法中的效力。[29]

瓦特尔对格劳秀斯发现理论的继承和加工成为了 20 世纪的主流。拉沙·奥本海(Lassa Oppenheim)认为,发现"创造了初级权利"[30],如果一国不能在合理的一段时间内对该领土实施"有效占领",那么这项初级权利将会"失效"。对西奥多·劳伦斯(Theodor J. Lawrence)而言,这项权利甚至不值一提。劳伦斯注意到,"先占不受发现的影响。""如今关于发现最值得说道"的就是,其他国家可能会"礼让地"等待一段时间,看看发现之后是否伴随着占领。[31]

三、征服

所有国际法学者都会承认战争也有其正当的理由,征服亦是如此,但是很少有人认为欧洲的帝国主义能用得上这些理由。对自然法学家而言,肯定存在正义的战争和征服,因为从定义上讲,违背自然法就是动武的借口。在万民法的研究中,对托马斯主义的信徒而言(比如 16 世纪的萨拉曼卡学派[Salamanca]),首要的自然法就是人类的社交性,对其的任何忤逆都可以被施之以武力。因而维多利亚声称,如果美洲印第安人公开拒绝西班牙人友好通商的请求,那么为此开战也是正当的。[32] 维多利亚因这一言论而经常被视作西班牙帝国的辩护人,但其实这是断章取义的(正如我们以后将看到的,之所以出现这个误解可能和普芬道夫有关)。维多利亚并不认为印第安人不愿意友好通商,恰好相反,他认为一直是西班牙人违反了社交的法则。[33]

848

---

[28] C. Salomon, *L'occupation des territoires sans maître* (A Giard Paris 1887) 31 – 101.
[29] 同上,第 78 页。
[30] L. Oppenheim, *International Law* (Longmans London 1920) vol 1, at 386.
[31] T. J. Lawrence, *The Principles of International Law* (DC Heath and Co Boston 1915) at 152.
[32] 'On the American Indians' (n 5) 278 – 280.
[33] F. de Vitoria, 'Letter to Miguel de Arcos' in *Political Writings* (n 5) 331 – 333.

牛津大学民法学钦定教授阿尔贝里科·贞提利（Alberico Gentili）[34]认为，完全可以用战争去讨伐那些"衣冠禽兽"，这里他引用的是西塞罗在《论义务》（De officiis）中所说的，即"有些人与禽兽相比并无太多不同。他们身着衣冠，但实际上却是禽兽"[35]。然而，对西班牙谎称的友好通商之权遭到了侵犯，贞提利予以了谴责：

> 西班牙人在世界的某个角落所发动的战争似乎是正义的，因为当地人禁止别人和西班牙通商；如果事实果真如此，那么这个论断完全可以站得住脚……但西班牙的目的并非为了通商，而是占领。他们认为可以合法地占领一个无人知晓之地，这一点是毋庸置疑的；就好像无人知晓与无主之地是一回事一样。[36]

胡果·格劳秀斯重复了贞提利的这一论断，而且他也赞同维多利亚的观点，即对美洲的征服是非正义的。按照格劳秀斯的理解，自然法作为一种自我保护的法律，其同时也是一种关于社会交往的法律。因此，格劳秀斯认为自然法是赞成战争权的，即"战争的目的在于保护生命和肢体以及保留或获得对生命有益的事物，所以战争完美地契合了第一自然法则"[37]。多年的学习将格劳秀斯培养成了一名人文主义学者，而且他所处的时代还有马基雅维利以及以里斯普斯奥斯（Lispsius）和蒙田（Montaigne）为代表的 16 世纪的塔西陀主义者（Tacitists），所以这代人常常被冠以"新人文主义思潮"的称号。基于这个背景，格劳秀斯认为当我们谈到"正义战争"时，必须要有一个开阔的视野来判断什么是"道德之善"和正义。这些问题并不是"非黑即白"的，大多数法律以及大多数人类的行为都介于二者之间。实际上，格劳秀斯指出，"从对方的角度来看，战争可能是正义的"[38]。尽管有道德相对论的

---

〔34〕 参见本书中由梅里奥·斯卡特拉（Merio Scattola）撰写的第四十七章"阿尔贝里科·贞提利（Alberico Gentili, 1552 - 1608 年）"。

〔35〕 A. Gentili, *De jure belli libritres* in J. B. Scott（ed.）*The Classics of International Law*（OUP Oxford 1933）vol 1, at 41.

〔36〕 同上，第 89 页（特别强调）。

〔37〕 H. Grotius, *De jure belli ac pacis* in J. B. Scott（ed.）*The Classics of International Law*（OUP Oxford 1925）at 52.

〔38〕 同上，第 566 页。

庇护,但是格劳秀斯依然认为西班牙人为了征服美洲而发动的一系列战争并没有什么正义可言。关于这一问题,格劳秀斯转述了贞提利的论断:

> 真的没有什么借口能让他们伪装成战争。对于那些试图与野蛮人一战的侵略者而言,正如侵略美洲的西班牙人,他们常常会假称两件事情:野蛮人不愿意通商,或者野蛮人不接受他们的宗教教义。由于葡萄牙人已经从印第安人那里获得了通商的权利,所以他们就没有理由再坚持这一借口了。[39]

至于"其他的借口",即以宗教的名义进行征服,格劳秀斯引用了维多利亚曾采纳过的卡耶坦(Cajetan)的学说,即对于这些异教徒的国家来说,"虽然其领主是异教徒,但那也是合法的领主,不管统治他们的政府是君主制的还是其他政体的,都不能因为异教徒的身份而剥夺他们土地或财物的所有权"。[40] 格劳秀斯借鉴了很多维多利亚的观点,并且他在《战争与和平法》(On the Law of War and Peace)中专辟了一章"论非正义的战争理由"来详述这些问题。[41]

万民法和国际法领域的学者们谴责了西班牙殖民者的自我辩护,但与此同时,这些学者的观点却被反过来当成了征服的理由。弗吉尼亚公司的宣传官罗伯特·盖瑞(Robert Gray)在他的声明中重复了贞提利所说的,"一个基督教国王可以合法地对野蛮人和原始人发动战争"。弗吉尼亚州的殖民官威廉·斯特雷奇(William Strachey)同样借助罗马法的权利条款来以暴制暴,即"抽出宝剑,以武力来对抗武力"。同时,诗人约翰·邓恩(John Donne)也以格劳秀斯的口吻指出,美洲殖民者可以使用自保原则来合法地诉诸武力,"国际法也会认可某些暴力,因其是为了寻求"必要的生存条件。[42]

或许正是殖民地宣传官对征服的美化,才使国际法学界对于他们的批判开始

---

[39] *Free Sea* (n 9) 18.

[40] 同上,第18—19页;亦见'On the American Indians'(n 5) 263 - 264。

[41] *De jure belli ac pacis* (n 37) 546 - 556.

[42] R. Gray, *A Good Speed to Virginia* (London 1610) [C4]r; W. Strachey, *The Historie of Travell into Virginia Britannia* (L. B. Wright and V. Freund eds.) (Hakluyt Society London 1953) at 25 - 26; J. Donne, *A Sermon Preached to the Honourable Company of the Virginian Plantation* (London 1622) at 25 - 27.

不绝于耳。当我们的论述从格劳秀斯转到普芬道夫时,明显地可以看到这种越发怀疑的态度。他们之间的一个重要区别在于如何理解维多利亚。在格劳秀斯看来,维多利亚一直不遗余力地批评西班牙的殖民征服,但是普芬道夫却认为,维多利亚是帝国主义的辩护人,并且普芬道夫形成了一套复杂的殖民理性批判理论。按照普芬道夫的说法,"当弗朗西斯科·德·维多利亚在充分论述为何西班牙人觉得自己有权镇压印第安人时,他的《关于东印度群岛人的陈述》(*Relectio de Indis*)之第三章并没有提供足够的证据"[43]。普芬道夫接着指出,"试图赋予别人一种模糊的权利,他们想来就来,想留就留,完全不管来多少人、来干嘛,以及其他什么问题……他们可以短暂逗留也可以永久定居。这实在是一种荒唐的想法"[44]。普芬道夫之所以质疑维多利亚所讨论的"自然交往"权是因为同现代自然法学家一样,他所理解的自然法很少基于一种普遍的人类关系之假设,而是更多地依赖于普遍的自利规则。

850　　　伊曼努尔·康德(Immanuel Kant)加入了这场争论并反驳了普芬道夫。康德的立场十分坚定,他认为"普世的待客之道"(universal hospitality)就是一项"普适权利"。[45] 在康德看来,与他人通商的可能性打开了一扇窗户,使得人们可以"相互缔结友好关系",还可以推动"人类更加接近一个大同世界"。然而,重要的地方在于,康德同样也进行了反思,他认为欧洲殖民者滥用了与他人进行交往的权利,"他们在抵达异邦并且接触他国居民时(无异于征服)所展现出来的罪恶达到了骇人听闻的程度"。同时,正是对商贸权的滥用才造成了在观念上将他人的土地当成了无主物,即土地不归于任何人。康德紧接着指出,"当美洲、非洲、东印度群岛、好望角等地被发现的时候,对于殖民者而言,他们皆是无主之地,因为殖民者根本就不把土著居民放在眼里"[46]。

　　　到了 19 世纪的法学家那里,征服成了一个争论不休的问题。国际法学家们据

---

〔43〕 *De jure naturae et gentium* (n 12) 364.

〔44〕 同上,第 364—365 页。

〔45〕 参见本书中儒阿特(E. Jouannet)关于"伊曼努尔·康德(1724—1767 年)"的介绍。——此处有误,本书中"伊曼努尔·康德"一章的撰稿人为波琳·克莱因盖尔德(Pauline Kleingeld),而且康德的卒年为 1804 年。——译者注

〔46〕 I. Kant, 'Toward Perpetual Peace' in I. Kant (ed.) *Practical Philosophy* (M. J. Gregor trans) (CUP Cambridge 1996) 328 – 330.

理力争地表示,他们几乎无法想象帝国主义可以通过征服获得合法性。柏林会议进一步明确了这一立场,其将"有效占领"作为样板殖民地的基础。"这是值得怀疑的",保罗·普拉蒂·弗德烈(Paul Pradier-Fodéré,1827－1904年)在柏林会议召开之前论及征服时写道,"武力能够产生权利"[47]。亨利·邦菲斯(Henry Bonfils,1835－1897年)写于会议之后的作品概述了获得领土的合法方式,这篇副标题写着"征服"的文章自信地声称:"征服并非是一种获取的方式。暴力占领是客观存在的,其简单而残忍。"[48]尽管在关于合法获取帝国领土的理论中,征服正越发地受到质疑,但是正如邦菲斯所言,征服仍然在继续。国际法不仅研究理论问题,有时也要解决具体的现实问题。就征服而言,主要有两个问题。首先是关于如何处理敌方物资的争论。在许多国际法学家看来,当敌方的物资在战争中处于战胜方支配之下时,征服并不是一个复杂的问题。他们倾向于认为,无论被征服者是否属于"文明社会",被征服者的所有权都应该得到认可。

关于征服的第二个问题是认可长期征服的合法性,不管它事实上有多么的不正义。大多数法学家都会同意如下观点,即如果某人持有某物的时间足够长,那么不管该物取自何方,其所有权都应归于持有人。这就是我们所知的"取得时效原则"或者"时效原则",而且它起到了与事实相符的有效功能。时效来自于罗马法,格劳秀斯将它纳入到国际法的讨论当中。[49] 瓦特尔宣称,时效是国际关系中的"一个著名问题",到了19世纪依然如此。[50]

首席大法官马歇尔在1823年的约翰逊诉迈金托什案(Johnson v M'Intosh)中使用了时效原则,在该案件中,美国联邦最高法院作出了里程碑式的判决,该判决认为美国联邦政府对印第安人的土地拥有绝对的所有权。马歇尔承认,对北美并非只是一种占领而是征服,尽管美洲土著受到的待遇"违背了自然权利",但是经过岁月的流逝,这里已经建立了一个不可推翻的"既成事实":

---

[47] P. Pradier-Fodéré, *Principes généraux de droit*, *de politique et de legislation* (Guillaumin Paris 1969) at 561.

[48] H. Bonfils, *Manuel de droit international public* (3rd edn Rousseau Paris 1901) at 300.

[49] *De jure belli ac pacis* (n 37) 227－229.

[50] *The Law of Nations* (n 15) 251－256; *Manuel de droit international public* (n 48) 299.

发现了一个有主之国,但是却借口对其进行征服,不管这种行为虚伪到何种程度;如果起初就声明这一原则,而且自始至终保持不变;如果根据这一原则取得并占领一国;如果社会主要群体的财富来自于此,那么它就可以成为一项不容置疑的土地法则。[51]

这份判决作出后没过多久,美国杰出的国际法学家亨利·惠顿(Henry Wheaton)[52]就在其关于时效问题的讨论中引用了约翰逊诉迈金托什案。在惠顿看来,欧洲殖民者轻易地认为"土著印第安人享有的是二等权利",以至于"印第安人的原始权利完全被忽视了",但是这些权利后来"被用武力或者自愿缔约的形式消灭了"。与此同时,国际法在当时的实践中否定了征服理论,但时效却成了"久远的"征服之基础。[53]讽刺的是,当近代国家借助先占之名来继续行征服之实的时候,这些19世纪的侵略行为(比如对澳大利亚、新西兰以及非洲)后来在法律上却被界定为征服(某些当代的评论家也持这种看法)。由于回溯起来显然在合法性上存疑,所以便借用时效法则来加以掩饰。

四、先占

臣民或个人理应拥有权利,这是中世纪晚期的欧洲政治思想中的一个核心观念。权利理论以自然法为基础,并进而主张普遍适用。正是这种普适的权利观阻碍了发现与征服学说的发展。为了不受到这种权利观的指责,欧洲人需要另辟蹊径来掩饰其对他人土地的实际占领。如此一来,最好的辩护理由可能就来自于权利本身的传统,这就是欧洲扩张的辩护人都盯上先占说的原因。在哥伦布发现新大陆之后的五个世纪里,先占成了欧洲帝国最为重要的辩护理由。然而,先占最初被用于有关欧洲帝国的讨论时,其目的并不是为帝国进行辩护,而是对西班牙殖民美洲提出批评。

852

---

[51] *Johnson's Lessee v M'Intosh* 21 US 543,8 Wheat. 543 (1823) at 591-292.

[52] 参见本书中由刘禾(Lydia H. Liu)撰写的第五十六章"亨利·惠顿(Henry wheaton,1785—1848年)"。

[53] H. Wheaton, *Elements of International Law* (6th edn Little Brown and Co Boston 1855) at 218-220.

罗马法中的先占原则是指,首位占有者可以"根据自然理性"取得任何无主物的所有权,即"不属于任何人之物,根据自然理性而归先占者所有"[54]。中世纪的法学家在民法研究中也开始讨论先占问题,这或多或少地可以用来解释所有权的起源。他们使用术语"无主物"(res nullius)来表示这个法律概念。可是,罗马法关于先占问题的规定绝不是看上去这么简单,因为"无主"(nullius)在古拉丁文中并不需要"物"(res)的搭配,它本身就已经将"物"包括在内了(尽管已经出现了共和国[res publica]的概念)。由于很多欧洲语言在语法上的要求,所以在中世纪拉丁文中,"无主"和"物"变成了固定搭配。[55] 在现代的万民法和国际法中,语法革新是先占理论实体化进程的第一步。

弗朗西斯科·德·维多利亚是第一位使用罗马法中的先占原则来讨论欧洲扩张之合法性的学者。在维多利亚看来,合法的征服美洲存在着数个可能的借口,"发现权"(拉丁文为 in iure inventionis)就是其中之一。维多利亚认为,发现权来自于罗马法中的先占,即"根据自然法与国际法(万民法),任何无主物或遗弃物皆可被占用并所有,就像罗马法关于野生动物归属的界定一样"(《法学阶梯》第二编,第 1.12)。正如我们在上文中所看到的,维多利亚接着指出,"野蛮人于公于私都是实际的主人"[56]。作为一位亚里士多德主义者,对维多利亚而言,一个社会公正与否取决于该社会是否展现出了对自然法规律的认识,以及是否利用这种法律来建立社会。先占的问题展现了亚里士多德主义者对社会交往的理解。

维多利亚为非欧洲社会的辩护容易被反过来加以攻击。如果衡量一个公正社会的标准是看它是否理解和使用自然法的话,那么就有可能简单地颠倒黑白,从而把居住在自己领土上的文明的非欧洲人说成是野蛮的。其逻辑是,原始人或野蛮人并不了解自然法——因违反自然法而获罪——因而他们就不能占有其所生活的土地。17 世纪早期的学者敏锐地发现了维多利亚观点的实质并且加以利用,且对

853

---

[54] T. Mommsen (ed.) *The Digest of Justinian* (University of Pennsylvania Press Philadelphia PA 1985) vol 4, at 487a.

[55] 从 12 世纪注释法学派的博洛尼亚的阿佐(Azo)及其追随者亨利·布拉克顿(Henry Bracton)那里就可以很明显地看到这种趋势。参见 H. Bracton, *De legibus et consuetudinibus angliæ* (London 1569) f. 8r-v * ;以及 Azo, *Summa perutilis* (Constantin Fradin Lyon 1530) book 2, folio 273。

[56] 'On the American Indians' (n 5) 264 – 265.

维多利亚所框定的范围他们也照单全收。约翰·邓恩在对弗吉尼亚公司的布道演讲中声称："按照自然法和国际法的规定，一块土地若未被开垦，或被原住民彻底丢弃已达足够长的时间，那么它便可归占有人所有。"[57]在英国的政论家看来，北美就是这样的一块土地。"谁会认为"，殖民官威廉·斯特雷奇问道：

> 这是一种违法行为？还能发挥我们的特长（本来也该这样）……他们生活在一个无法用双脚走遍的广袤无垠的世界，但是却没有好好地开发利用，他们知道如何从这片土地中获得收益吗？如果知道，为何要搁置这么一大片被荒废掉的土地？[58]

土地的先占论成为了一个公正社会的基础，同时其也为欧洲扩张提供了合法性依据，这一点在洛克的著作《政府论》（*Two Treatises*）的"论财产"这一章中表现得尤为明显。尽管洛克的财产论是先占思想的延续，但是其有时却被拿来与"先占论"进行对比。[59]洛克改变了占有某物的意义，从原来的仅仅表示一种存在状态，发展到对事物的改变以使其变成财产。按照这一理解，财产就不再是一种与某物之间的简单关系了。事物本身发生了改变，财产的意义也随之发生变化。洛克不仅发明了财产，也创造了价值。以价值为基础的理论就是洛克相较于维多利亚而取得的进展。在洛克看来，对自然施加更多的劳动，则财产就会获得更多的价值。通过这一过程，一个人乃至一个社会超越同类的程度就取决于开发自然的程度。因而，洛克得出了如下著名的结论：

> 年产二十蒲式耳小麦的一英亩土地和在美洲的另一英亩土地，如采用同样的耕作方法可以获得相同的收成，则他们无疑具有同样的内在价值。然而，人类从这块土地上一年所得的好处为五英镑，但是印地安人的那块土地可能

---

[57] *A Sermon*（n 42）25 - 27.

[58] *Historie*（n 42）25.

[59] 关于先占理论与洛克财产理论的对比，参见 J. Waldron, *The Right to Private Property*（OUP Oxford 1988）at 173. 沃尔德隆（Waldron）将洛克对财产的起源之解释视为是对其"第一占有理论"（First occupation Theory）的一种诠释。

是一文不值……劳动对土地附加了最大部分的价值。[60]

从洛克的时代一直到 20 世纪,这种所谓的"农学家理论"(agriculturalist argument)成了欧洲帝国合法辩护论的话语基础,它不仅适用于农业社会,也适用于商业和工业帝国。在这一哲学理论的基础上,万国法与国际法领域的法学家们854便试图推导并编纂出先占法。

然而,这一努力并不顺利,17 世纪的法学家和哲学家对自然法的理解已经发生了根本性的改变,这是对先占论的一大挑战。对于中世纪以及 16 世纪的自然法学家而言,财产起源于先占,因为人们的首次获得均来自于自然。他们不用考虑身处的社会是否是一个正式建立的市民社会,即使这个社会是自发形成的,他们也依然可以凭借人与自然的关系而取得所有权。

由于宗教战争的影响,包括格劳秀斯、霍布斯以及普芬道夫在内的 17 世纪的自然法学家都认为自然法的首要问题并不是社会交往,而是自我保护。根据"非社会的社会性"(unsociable sociability)理论,自然是残酷的,社会建立的基础并非来自于相互之间的友爱,而是出于相互之间的恐惧,人们为了躲避一切形式的战争所带来的威胁而需要建立社会。对于这些"现代"的自然法理论家而言,所有权只能由契约或法律来创造,它只能作为市民社会的产物而存在。[61] 在一种自然状态下,如果其他人可以随时从她或他那里拿走某物,那么此人就不能称某物是属于他(她)的。如果所有权源于法律,那么所有权的具体形式也取决于法律的规定。在所有权体系中,先占已经不再那么重要了。实际上,托马斯·霍布斯在关于所有权的论述中就丝毫没有提到先占的问题。在现代自然法学家的眼中,先占的作用大为减弱,但是吊诡的地方在于,先占反而随即成为了证明欧洲帝国主义合法性的核心依据。在所有权的体系中,先占之所以尚有一席之地主要有两个原因:第一,民法的法典化运动;第二,格劳秀斯和普芬道夫有关现代自然法学的著述中对先占进行了重新讨论。这两位学者坚持认为法律是所有权的根源,而后几乎倔强地认为,

---

[60] J. Locke, *Two Treatises of Government* (P. Laslett ed.) (CUP Cambridge 1960) at 298.
[61] *De jure belli ac pacis* (n 37) 189; *De jure naturae et gentium* (n 12) 366.

所有社会的第一部财产法都会规定"一切的所有权都来源于先占"。正如普芬道夫所指出的,"因而,我们应当这样来理解第一条契约,人类是这样规定的,任何人一旦占有了某类原始公共的财产……其他任何人都不能抢走它"[62]。奇怪的地方在于,格劳秀斯和普芬道夫的理论中并不需要先占,但是他们却再次把先占摆到了所有权体系中的核心位置。这或许是因为,他们必须要创造一个规模庞大的所有权体系,而这个体系必须要遵守民法的一般原则,先占由此得以保留其核心的位置。当然,霍布斯没有直接讨论民法问题,因为英国的法律实践主要以普通法为基础(民法只适用于教会法院和海事法院)。

尽管普芬道夫承认先占是处理财产的第一项法律,但是他仍然坚持认为,任何社会都有权以其认为合适的方式处置财产和领土。因而,普芬道夫指出,一个社群可以合法地宣布行使所有权制度,人们借此就可以拥有供自己使用的东西或者可以占有某些或全部的物品,从而与土地组成一个"积极的利益共同体"(positive community),亦即公有制。普芬道夫坚持认为,在以上两种情况中,外界不能对社群内的财产主张权利。[63] 普芬道夫由此间接地对殖民者提出了批评,因殖民者认为,土著人由于没有私有制,所以对其土地也就不能建立统治权。克里斯蒂安·沃尔夫(Christian Wolff)[64]将普芬道夫的批评进一步明确化,他承认"以使用为目的可以进行占有",但是他又反驳道:

> 实际上,如果分散的家庭组织能够自发地以斯基泰人(Scythians,现代早期社会中典型的野蛮人)的游荡方式穿越未开垦的荒野……以使用土地为目的的游荡足以证明他们对所使用的土地是一种先占,尽管他们没有建立永久的定居点。[65]

---

[62] *De jure belli ac pacis* (n 37) 189 – 190; *De jure naturae et gentium* (n 12) 367.

[63] *De jure naturae et gentium* (n 12) 536.

[64] 参见本书中由努德·哈孔森(Knud Haakonssen)撰写的第五十章"克里斯蒂安·沃尔夫(Christian Wolff, 1679 – 1754 年)"。

[65] C. Wolff, *Jus gentium methodo scientifica pertractatum* (1764) in J. B. Scott (ed.) *The Classics of International Law* (OUP Oxford 1934) vol 2, at 158.

中世纪用"无主物"来解释"先占"，并将其作为"先占"原则的缩写。到了 18 世纪，法学家和哲学家也开始使用"无主物"这个术语，因而罗马法教科书以及国际法的论著中都有"无主物"这个副标题。在艾克塞斯郡劳福德（Lawford in Essex）的校长约翰·泰勒（John Taylor）于 1772 年出版的罗马法摘要的教科书中就包含了"无主物"这个大写的副标题。泰勒将其解释为"共有的事物；世界尚未发现的角落，野生动物"。[66] 正如泰勒所指出的，无主物就是无人占有的物，其所有权归首位占有者所有。按照这种理解，无主物这个概念也适用于欧洲列强所开创的广阔的帝国。但是，无主物也可以参照格劳秀斯对海洋的解释，亦即由于它是公共的，所以不能被任何人所占有。正如我们在上文中从沃尔夫、康德以及弗格森那里所看到的，无主物原则与维多利亚的先占理论一脉相承，其也可以被用来论证不管占有人是否为欧洲人，其他任何人都不能再占有前人已经占有的事物，亦即就算是野蛮人的领土也不能被当成无主物。格奥尔格·弗里德里希·冯·马尔顿斯曾表示，"所有权适用于所有人，自然法并没有授权基督徒不顾原始人的反对去占领他们已经实际占有的领土，尽管现实中有太多强取豪夺的例子"[67]。关于强取豪夺，马尔顿斯引用了雷纳尔神父（Abbé Raynal）所提到的案例，后者与别人合作完成的（与狄德罗等人）《欧洲人在远东和美洲的机构与贸易史》（*The Histoire philosophique des établissements des Européens aux Indes*）一书对欧洲帝国提出了堪称启蒙时代最为尖锐的一种批评。[68]

在 19 世纪的国际法创制之背景下，先占原则达到了理论巅峰。19 世纪的法学家将自然法、实证主义以及历史法学观进行了综合，但是更加严格的实证主义者承认先占法则只是因为万国法认可这一传统。与此同时，在关于帝国合法性的辩论中，先占成为了核心话题。在此背景之下，先占不仅可以论证帝国的合法性，而且还可以被用来说明如果一块领土已经被人占据，那么就不能再被欧洲列强所染指。德国法学家克吕贝认为，"一国可以以先占方式取得无主之物（无主物）"[69]。

856

---

[66] J. Taylor，*Summary of the Roman Law* (Printed for T Payne London 1772) at 244.

[67] *Précis du droit des gens* (n 17) 117.

[68] 关于雷纳尔神父的帝国怀疑论，参见 S. Muthu，*Enlightenment against Empire* (Princeton University Press Princeton NJ 2003) at 72.

[69] *Droit des gens* (n 18) 209；亦见 *Précis du droit des gens* (n 17) 117。

但是,克吕贝也提出了警告,即"一国不论其国力如何,都不可因文化更为高级,就去掠夺他国的财产,就算是对野蛮人或游牧部落也不可以"。赫福特也作出了同样的表述:

> 先占只适用于容易创设所有权的无主物。"先占"不能扩展到被动的一方(以如下的方式)……不管是自愿的还是被迫的。先占尤其适用于无人居住或没有被彻底占领的地区或岛屿,但是世界上没有任何一种权力能够将自己的法律强加给游牧民族,甚至是野蛮部落。[70]

关于帝国合法性的争论之焦点逐渐明晰,那就是,究竟是什么构成了先占。在维多利亚看来,先占和发现几乎没有区别。格劳秀斯对两者进行了区分,一个是看在眼里,一个是握在手里。洛克为握在手里赋予了劳动和价值的内涵。1873年,世界上第一个由国际法学家组成的专业机构——国际法学会——得以成立,它致力于对国际法进行编纂,由此也对先占进行分类。先占的对象不仅包括无主物,也包括无主领土(*territorium nullius*)和无主地(*terra nullius*)。这些术语不仅可以对先占可能出现的具体情况进行划分,而且也可以区分出这些具体情况的不同程度。

在19世纪80年代的瓜分非洲之背景下,国际法(尽管之前教会法也使用过)首次使用了"无主领土"的概念。从17世纪70年代开始,欧洲列强急于瓜分非洲,并纷纷将非洲各地宣布为他们的新殖民地或保护国,他们也由此逐渐加入到了这场殖民竞赛之中。德国宰相奥拓·冯·俾斯麦召集列强齐聚柏林,旨在商讨制定增设领土主权的宣示规则。柏林会议成功地通过了"有效占领"原则,并将其作为宣示领土主权的基础条件。国际法学会的法学家们也纷纷召开学术会议以讨论柏林会议所创立的新原则。一些学者认为,是否占有一块领土的判断标准可能取决于该领土之上的人民是否拥有领土主权。如果没有领土主权,那么其就是无主领土,后来占有者可以介入。无主领土这个概念所发挥的作用如同民法中的无主物。

1885年9月,国际法学会在布鲁塞尔召开会议,会议委托了一位名叫费迪南

---

[70] *Le droit international* (n 19) 142.

德·马里茨(Ferdinand Martitz)的德国教授成立一个专门委员会来研讨有效占领的问题,马里茨相对而言比较年轻,他主攻教会法和国际法。根据马里茨的报告,"所有未在主权有效统治之下的区域都可被归为无主领土……不管这个地区有无定居者"。马里茨提到"对于野蛮人或半开化人而言,显然涉及不到主权问题"。再者,"国际法并不承认这些独立部落的权利"。基于这一原因,马里茨得出的结论是"无主领土不同于无主物"[71]。任何物品都可能成为无主物,但是无主地却仅限定为主权问题,它只能围绕着主权问题展开讨论,先占问题也与此相关。在国际法中,一块土地不能成为无主物,这意味着生活在那里的人民可以拥有财产(除非像不少人所认为的,所有权源自主权),但是,如果缺少领土主权,那么它将变成无主领土。

无论是帝国怀疑论,还是帝国支持论,无主领土都是其中的焦点问题。爱德华·恩格尔哈特对此持反对态度,他表示把这种规则适用于定居区域是非常危险的。[72] 恩格尔哈特问道,在何种情况下,一国才可能被接纳为国际大家庭的一份子? 在何种情况下,像摩洛哥这样的国家会认可国际法中的某些规则而同时却不接受其他一些规定? 恩格尔哈特坚持认为,国际法通行之外的其他国家依然值得尊重。恩格尔哈特补充道,这一典型的案例就是 16 世纪时西班牙对美洲大陆的征服。恩格尔哈特认为,就算是对完全排除于国际法之外的"野蛮人",也不能"欺人太甚地把他们的领土当成无主领土"。[73]

不论是殖民非洲的反对者还是拥护者都会同意如下观点,即只有在缔结条约的前提下才能占领非洲的土地。因此,条约和割让并非旨在替代关于先占的法律学说,而是对它的发展。对于拥护者而言,无主领土的思想中就已经蕴含了订立条约的观念。尽管在一块被占有的领土上可能缺少领土主权,但是这并不必然意味着这里没有主权或者所有权。而且,为了保护既存利益,主权和所有权的拥有者也会同意订立条约。无主领土就成了对被保护国进行占领的一种法律掩护,换言之,

858

---

[71] M. de Martitz, 'Occupation des territoires—Rapport et projet de résolutions présentés à l'Institut de droit international' (1887) 19 *Revue de droit international et de législation comparée* 371 – 376 at 373 – 374;马里茨的报告亦发表于 (1888) 9 *Annuaire de l'Institut de droit international* 243 – 251。

[72] 'Sixième commission—Examen de la théorie de la conférence de Berlin sur l'occupation des territoires' (1889) 10 *Annuaire de l'Institut de droit international* at 177.

[73] 同上,第 178 页;亦见 'Etude sur la déclaration de la Conférence de Berlin' (n 26)。

哪怕一国的领土被外国占领，该领土之上也有些主权和所有权，但是在该国主权之上还有着一个所谓的更高形式的主权。对于反对殖民非洲的学者而言，只有双方完全自由地缔结了已经充分了解的契约，那么占有别人的领土才有可能谈得上正义。[74] 这一时期的非洲出现了不计其数的条约，特别是以刚果的布拉柴（Brazza）和斯坦利（Stanley）为代表的殖民代理人都在争先恐后地寻求与属民达成协议，这充分反映了法学家们已经达成了共识，即如要占领人口稠密的领地，则必须要缔结条约。19 世纪末 20 世纪初，各国对南北极地区兴趣渐增，先占的理论体系也随之扩展。在极地主张权利所带来的法律和政治上的挑战显然不同于近期的非洲实践。在非洲，寻找法律依据一直以来是为了论证可以合法地占领人口稠密地区，而在极地，比如处于争论焦点的斯匹次卑尔根岛（Spitzbergen），其几乎或者完全没有人居住。法学家通过使用术语"无主地"以把无人区描绘成一块处女地，其所有权归首位占有人所有。[75] 同无主领土一样，"无主地"这个术语常见于 18 世纪的教会法，但是从 19 世纪后半叶开始，国际法已经很少使用这个术语了。不过，现在其却又被拿出来解释极地的归属问题。[76] 当然，像南极洲这样广袤的极地实际上是不可能有效占领的，所以无主地就被用来描述不属于任何人的一块区域，因无法被占领，所以这种状态将持续下去。[77] 但是，大家对斯匹次卑尔根岛和东格陵兰岛

859

---

[74] G. Jèze, *Étude théorique et pratique sur l'occupation* (V Giard Paris 1896) at 103；*L'occupation des territoires sans maître* (n 28).

[75] C. Piccioni, 'L'organisation du Spitzberg' (1909) 16 *Revue générale de droit international public* 117 - 134 at 118；J. B. Scott, 'Arctic Explorationand International Law' (1909) 3 *The American Journal of International Law* 928 - 941 at 941；F. Despagnet, *Cours de droit international public* (4th edn. L. Larose Paris 1910) at 590 - 591；F. B. Sayre, *Experiments in International Administration* (Harper New York 1919) at 92；R. Redslob, *Histoire des grands principes du droit des gens* (Rousseau Paris 1923) at 528；G. Smedal, *Acquisition of Sovereignty over Polar Areas* (ch. Meyer trans) (I Kommisjon Hos Jacob Dybwad Oslo 1931) Skrifter om Svalbard og Ishavet no 36,6.

[76] 在 1885 年可以找到一个早期的例子，与 1850 年时西班牙和美国关于康特里群岛（Contoy Islands）的冲突有关：H. E. von Holst, *The Constitutional and Political History of the United States* (J. Lalor trans) (Callaghan and Co London1885)vol 4,at 51. 赫斯特（Holst）声称，"美国驻西班牙大使巴林格（Barringer）说得很对，按照国际法的理解，康特里群岛是一个废弃之地，即它是一个弃岛，所以是无主地"。

[77] 例见 D. H. Miller, 'Political Rights in the Polar Regions' in W. L. C. Joerg (ed.) *Problems of Polar Research：A Series of Papers by Thirty-one Authors* (American Geographical Society New York 1928) 240 * 。

这样的地方依然兴趣不减,并且他们还在那里建立了一些据点,于是欧洲列强再次陷入了竞争。[78] 无主领土用来形容那些没有主权但是有人定居的领土,无主地则用来描绘那些真正的无人区或者某种国家,就像康德所说的,它不归于任何人,因为生活在那里的人们可以忽略不计,比如因纽特人。直到 1930 年代,无主地这个概念都一直被用来讨论极地区域。就在这一时期,哥伦比亚大学组织成立的国际法双边研讨会开始探讨无主地这个概念的扩展适用。这个讨论小组包括菲力普·杰赛普(Philip C. Jessup,1897 - 1986 年)、查尔斯·切尼·海德(Charles Cheney Hyde,1873 - 1952 年)以及他们的学生詹姆斯·辛沙里安(James Simsarian)和奥利弗·列斯金(Oliver J. Lissitzyn)。这个小组以杰赛普的名义给那些前殖民地国家的法学家和历史学家写信,以此来调研无主地这个概念是否被用来论证占领他国领土的合法性问题。澳大利亚历史学家欧内斯特·斯科特爵士(Sir Ernest Scott)于 1938 年收到杰赛普的来信,于是他专门撰写了一篇文章作为回信,其中解释了无主地原则在殖民澳大利亚的过程中是如何被使用的。[79] 为了回答杰赛普的问题,斯科特首次用这个术语讨论了澳大利亚的先占问题。在过去,人们用先占理论来论证殖民澳大利亚的合法性,那么今天也非常容易错误地使用无主地这个较新的国际法术语来解释相同的一段历史。掌握了无主地可以广泛应用的证据之后,哥伦比亚大学的教授们出版了一系列的研究成果,在他们那里,无主地不再只是一个关于极地的问题,而是在更广泛的意义上成为了先占原则的典型案例。[80] 哥伦比亚研讨会的学生们也出版了一套作品,旨在研究"1400 年至 1800 年间,先进的欧洲海洋国家努力取得对无主地的统治"。[81] 随着适用范围的扩大,无主地失去了本来的意义,然后其在重要性上迅速取代了无主领土这个概念上的竞争对手,并且使后者在国际法的词典中逐渐消失。无主地被证明是一个强

---

[78] L. V. Staël-Holstein, *Norway in Arcticum*:*From Spitzbergen to Greenland*?(Levin and Munksgaard Copenhagen 1932).

[79] 参见 Sir E. Scott, 'Taking Possession of Australia—The Doctrine of terra nullius(No-Man's Land)'(1940)26 *Journal and Proceedings*.*Royal Australian Historical Society* pp 1,1 - 19。

[80] 例见 J. Simsarian, 'The Acquisition of Legal Title to terra nullius'(1938)53 *Political Science Quarterly* 111 - 128。

[81] A. S. Keller, O. J. Lissitzyn, and F. J. Mann(eds.)*Creation of Rights of Sovereignty through Symbolic Acts*(Columbia University Press New York 1938)at v.

有力的概念工具。在与斯科特通信的二十年后,杰赛普出版了(与霍华德·陶本菲德[Howard J. Taubenfeld]合作)《外层空间的控制以及与南极的类比》(*Controls for Outer Space and the Antarctic Analogy*)。正如题目所暗示的,杰赛普与陶本菲德检视了南极与太空法律冲突的相似性,而且他们使用了"无主地"和"无主物"来辅助这种类比。[82] 正是在这一历史时期,去殖民化运动风起云涌,国际空间则打开了一扇新的窗口。法律和政治的火药桶同欧洲的扩张一起,都转移到了这个新的前沿领域,而且在这个新的法律背景之中,先占论依然是核心问题。

五、结论

从 16 世纪到 20 世纪,欧洲在扩张的过程中使用了多种习惯和公约以作为论证其合法性的依据,最后是先占理论打败了发现和征服这两个竞争对手。在对帝国进行法律解释的问题上,先占之所以能够取得最后的胜利,原因在于先占理论在发展过程中始终同渐进的或者间歇的(stadial)历史观捆绑在一起。当阐述开发自然的必要性时,先占理论代表了欧洲人对历史时间的态度和理解。先占理论所坚持的循序渐进的历史观意味着它能够根据占领区的实际状态,对不同的政治权利进行分类,并能够发现他们之间的一系列细微的差别。这样一来,以发现和征服为基础的权利诉求便可以放弃了,在欧洲人的心目中,世界上有大片区域有待开发。

最后,先占成功地成为了国际法中的一项公约,这是因为它不仅可以被用来论证欧洲扩张的合法性,还可以反过来对这种扩张进行谴责。帝国的反对者和代言人一致认为,先占理论能够对领土进行合理的分配,因而这一理论的地位得到了提升。他们之间的分歧更多的在于如何定义那些可能被占领的民族,而非去讨论怎样才能促成合理的分配。

因此,改变国际法的形象是十分有必要的,国际法并非仅仅只是欧洲扩张的代言人。毫无疑问,国际法曾经为帝国进行过辩护,但是作为一种话语,它也参与到了关于帝国合法性的复杂辩论当中,而且它被打造成了一种工具,既打击了非欧洲

---

[82] P. C. Jessup and H. J. Taubenfeld, *Controls for Outer Space and the Antarctic Analogy* (Columbia University Press New York 1959)at 18,34 - 39,181, and 257 - 258;亦见 P. C. Jessup, *The Use of International Law* (University of Michigan Press Ann Arbor 1959) at 148 - 149。

人,也被受害者拿来捍卫自身的权利。因而,帝国在国际法中的位置反映了对帝国的矛盾心理,这一点在西方政治思想史中表现得更加明显。我们所看到的这种自由主义的传统是一把双刃剑,既砍向帝国,又为它提供保护。

推荐阅读 861

Anghie, Antony *Imperialism, Sovereignty and the Making of International Law* (CUP Cam-bridge 2005).

Bell, Duncan (ed.) *Victorian Visions of Global Order: Empire and International Relations in Nineteenth Century Political Thought* (CUP Cambridge 2007).

Benton, Lauren *A Search for Sovereignty: Law and Geography in European Empires, 1400–1900* (CUP Cambridge 2010).

Haakonssen, Knud *Natural Law and Moral Philosophy: From Grotius to the Scottish Englight-enment* (CUP Cambridge 1996).

Kingsbury, Benedict and Benjamin Straumann (eds) *The Roman Foundations of the Law of Nations: Alberico Gentili and the Justice of Empire* (OUP Oxford 2010).

Koskenniemi, Martti *The Gentle Civilizer of Nations. The Rise and Fall of International Law 1870–1960* (CUP Cambridge 2001).

Pagden, Anthony *The Fall of Natural Man* (CUP Cambridge 1982).

Pagden, Anthony *Lords of all the World: Ideologies of Empire in Spain, Britain and France c 1500–c 1800* (Yale University Press New Haven 1995).

Tuck, Richard *The Rights of War and Peace: Political Thought and the International Order from Grotius to Kant* (OUP Oxford 1999).

Williams, Robert A. *The American Indian in Western Legal Thought* (OUP Oxford 1990).

第三十六章　殖民与统治

马修·克雷文(Matthew Craven)

一、引言

在今天提起"国际法起源于殖民",其应该不再属于异端学说或者某种激进的观念,它已经成为了国际法史的中心议题。[1] 这种认识在本质上并非是无关痛痒的一家之言,而是体现了一种普遍认同的观念,亦即在后威斯特伐利亚时期,欧洲国家体系的兴起、商业帝国的扩张、殖民地的占领等事件的同时出现并非只是一种巧合,他们之间有些密切的内在关联。今天再来解读格劳秀斯,肯定要知道他的很

多作品似乎是为了"寻找荷兰在东印度群岛进行商业扩张的合法性"[2] 而探讨战争、主权以及领土观念的历史形成过程的,必须要注意他们在欧洲帝国的暴力扩张中所发挥的作用。

当然,在某些阶段,新生法律学说的发展同殖民统治的实践之间有着异常明显的关联。正如维多利亚于1532发布的著名讲义——《关于最近发现的美国印第安

---

〔1〕整体情况请参见 A. Anghie, *Imperialism，Sovereignty and the Making of International Law* (CUP Cambridge 2004)；C. Mieville, *Between Equal Rights：A Marxist Theory of International Law* (Brill Leiden 2005)；J. Fisch, *Die europäische Expansion und das Völkerrecht* (Steiner Stuttgart 1984)；W. G. Grewe, *The Epochs of International Law* (M. Byers trans) (De Gruyter Berlin 2000)；M. Koskenniemi, *The Gentle Civilizer of Nations：The Rise and Fall of International Law 1870 - 1960* (CUP Cambridge 2002)。

〔2〕R. Tuck, *The Rights of War and Peace：Political Thought and the International Order from Grotius to Kant* (OUP Oxford 1999) at 79.

人》(*De Indis Noviter Inventis*)和《关于西班牙人对野蛮人的战争法》(*De Jure Bellis Hispanorum in Barbaros*)[3]——致力于分析西班牙人所主张的权利,而这些权利皆是为了论证其对新大陆的统治之合法性。所以在大约过了三百六十年之后,新成立的国际法学会的韦斯特莱克(Westlake)、马丁斯(Martitz)、霍尔农(Hornung)以及其他成员也在讨论使用什么术语才能掩盖对非洲的殖民统治。[4]在其他场合,更常见的情况是,殖民主义仍然是个重要的背景议题,其为公海自由、武力使用、领土诉权、承认以及国家地位等问题的争辩提供了理论框架。当然,在20世纪,不管是创新性的制度举措(托管),还是如民族自决、自然资源主权、人权、武装冲突法、国家继承以及划界"保持占有原则"(*uti possidetis iuris*)等新兴学说,他们首先要做的都是处理殖民主义的遗产。这可能也说明,国际法的所有领域都不可能完全撇开这段历史。

尽管很多人都认为国际法史同殖民统治史关系密切,但是正如本章作者上文所提到的,大家在"如何"清楚地描述或解释这种关系上并没有达成一致。在某些人看来,这种关系是相当偶然的——欧洲帝国的扩张与国际法的发展都是欧洲内部竞争的产物,且竞争的重心仍然在欧洲。[5]对于另外一些人而言,这种关系却是过去几百年来的一个关键问题。所以就形成了两种不同的观点。例如,在托尼·安吉(Tony Anghie)看来,欧洲国际法不仅为帝国主义提供了一种合法化工具,而且也深受现实世界的影响,其学科框架(特别是主权问题)本身就展现了歧视文化差异的特征。[6]与之相对的,在柴纳·米耶维(China Mieville)看来,研究殖民问题不应只看其表面,而应该通过帝国主义的形式来加以认识:

> 那些生来就不平等的政体之间的国际贸易决定了殖民主义的特定形式以
> 及国际法的结构,其特有的商品类型说明了这是一种不平等的暴力性的强制

---

[3] F. De Victoria, *De Indis et De Iure Belli relectiones* (E. Nys ed.) (Carnegie Institution Washington 1917).

[4] 参见 *The Gentle Civilizer of Nations* (n 1) 149–152。

[5] 例如 *The Epochs of International Law* (n 1); C. Schmitt, *The Nomos of the Earth* (Telos Press Publishing New York 2006)。

[6] *Imperialism* (n 1) 6–7.

贸易。这种不平等的强制贸易被强制性地写入了法律。[7]

⁸⁶⁴一个奉行主权平等与互惠原则的国际法律秩序在实践中就会以新兴的重商主义为中心内容,因而在资本主义/帝国体系中,位于其核心位置的殖民地只是其中最显眼的那台发动机。

尽管众说纷纭,但是大家仍然达成了两个一致的见解:其一,国际关系领域并不是知行合一的——国家实践同国际法话语之间并不协调(潜在的对立)。[8] 其二,从《威斯特伐利亚和约》开始,接受国家和主权的观念就成为了处理国际关系的"前提",并一直"持续"至今。[9] 这两个见解有着明显的关联性——在民族国家这种特殊的权力结构出现之前,国际法律思想的上层建筑与秉持理性的实践活动之间确实存在差异。但是,问题在于,这些见解没有对统治的知识形式与技术形式提供理论化的解释,因此也就不能贸然地把"国家"当成研究对象。可是我们不禁要问:国际法是怎样被当成向帝国统治卑躬屈膝的奴仆的? 从历史上看,国际法不是和帝国主义一同产生的吗?

因而,本章希望能够为16世纪至19世纪的国际法与殖民进程之间的这种假定之"关系"勾勒出一个轮廓,既不能想当然地认为国际法完全取材于殖民统治(从这个层面上来看纯粹是意识形态方面的),也要清醒地认识到"国家"或"主权"制度是一种有着发展脉络的历史现象。[10] 一方面,这意味着我们试图在管理与统治技术进化论的表述"之下"来分析国际法的话语,而不是进行一种外部的批评或者模型的验证。另一方面,这也表明我们在对殖民进程的理解上,并非只是简单地将其视为早熟的欧洲主权对非欧洲世界的一种简单的"延伸",而是将其看成一种动态

---

〔7〕*Between Equal Rights*（n 1）178.

〔8〕例如 J. Fisch, 'The Role of International Law in the Territorial Expansion of Europe 16th-20th Centuries'（2000）3 *International Center for Comparative Law and Politics Review* 4－13；D. Armitage, *The Ideological Origins of the British Empire*（CUP Cambridge 2000）；A. Pagden, *Lords of All the World：Ideologies of Empire in Spain, Britain and France, c. 1500－c. 1800*（Yale University Press New Haven 1995）。

〔9〕例如 H. Wheaton, *History of International Law in Europe and America*（Gould New York 1842）；*Between Equal Rights*（n 1）169。

〔10〕参见 M. Foucault, *Security, Territory, Population：Lectures at the Collège de France, 1977－1978*（M. Senellart ed., G. Burchell trans）（Picador New York 2007）at 277。

的相互塑造的过程,因为它反过来又改变了统治权威的性质与特征。

具体来说,本章作者想提醒大家注意到这段历史的两个方面:其一,1500 年至 1900 年是一段由主权观念的形成和变异所推动的缓慢发展的历史进程——从以君主强权为中心的至高无上的主权观念发展到"民族国家"的现代想象。其二,这也是一段从后封建商品经济向以工业生产和金融资本为中心(至少在欧洲是这样)的经济模式的转换进程。按照其本来的意思——尽管不够具体,但是我们仍然认为应当把这段历史视为一种概念上的司法政治空间的转换——其标志之一就是所有权(*dominium*)在观念上转变为统治权(*imperium*)。当然在本章中,本章作者会同时使用所有权和统治权这两个概念,这不仅是因为他们有利于设定"殖民地"的司法等级,而且也是因为他们在词源上有着直接的关系——一方面是统治(domination),一方面是帝国(empire)。

二、发现和征服

差不多在哥伦布发现新大陆的一个世纪之前,卡斯蒂利亚联合王国(the Crowns of Castile)和葡萄牙王室就一直在赞助探险队沿着非洲的西海岸航行于那利群岛(Canary Islands)、佛得角群岛以及亚速尔群岛,其公开的目的是为了找到黄金、香料以及丝绸的原产地,从而打破阿拉伯、威尼斯和热那亚等地的商贾垄断。在这一过程中,他们秉承着复国运动(*reconquista*)之精神,在教皇的祝福[11]之下周而复始地出海远航,按照奥斯蒂恩西斯(Hostiensis)条款,"寻找并征服所有的异教徒,奴役他们并征用他们的土地和财物",并且他们分别获得了王室的授权。[12]

在这个意义上,寻找另一条通往东印度群岛航线的哥伦布的远航也并不新奇。随后,卡斯蒂利亚和葡萄牙分别对"发现"的领土主张权利,而教皇随后也被请来"裁决"卡葡两国的争议。不过,教皇亚历山大六世于 1493 年 5 月 4 日所发布的著名的《教皇子午线》(*inter caetera divinae*)却非常重要。按照这一诏书,教皇旨在

---

[11] F. G. Davenport, *European Treaties Bearing on the History of the United States and its Dependencies* (Carnegie Institution Washington Washington DC 1917) vol 1, at 11; E. Nys, *Les Origines du Droit International* (Thorin Paris 1894) at 284 – 286.

[12] 'The Bull Romanus Pontifex (Nicholas V), 8 January 1455' in *European Treaties* (n 11) 9 – 26 at 12.

"给予并分配给"卡斯蒂利亚和葡萄牙王室对"由你以及你的使者已经发现或者今后将会发现的所有的……遥远的和未知的大陆和岛屿……"以永久专属管辖权,教皇以亚速尔群岛和佛德角群岛以西 100 里格的子午线为分界线,把该线以西的一切土地都划归给卡斯蒂利亚,以东的一切土地归葡萄牙。[13] 这次的划界虽然非常清晰明确,但并没有解决所有问题,因为它把那些已经被其他欧洲列强所占有的领地排除在外,且对葡萄牙向东统辖的问题也没有做出规定。因而,这两个大国被迫达成了划定各自领地的协议——继受卡斯蒂利亚的西班牙与葡萄牙所签订的《托德西拉斯条约》(the Treaty of Tordesillas,1494 年 6 月 7 日)[14]用一条相同的直线再次划分了世界,只不过该线稍微向东挪动了一些。为了明确各自在太平洋上的势力范围,西葡两国又签订了一个条约——《萨拉戈萨条约》(the Treaty of Saragossa,1529 年)——西班牙由此可以合法地将非常富饶的香料群岛(摩鹿加群岛,the Moluccas)以 35 万达卡金币的价格"卖给"葡萄牙,并正好以此为分界线。[15]

这些事件足以表明,在一开始,教皇的介入似乎说明在中世纪晚期的基督教共和国(*Respublica Christiana*)中,教皇依然凭借余威而处于道德和政治的中心位置。但是,与之形成对照的是,随后出现的那些条约不仅预示着教皇已经逐渐失去了权力与司法的话语权,而且也标志着因海外贸易的盛行所带来的领土诉求正越发地引起争议。在法律和政治思想中依旧存在的神学思维似乎说明教皇授权的成规依然重要,但情况很快就发生了改变(弗朗索瓦一世随后主张建立新法兰西就是一个绝佳的例证)。单就教皇授权而言,它并不是凭空产生的,其一般先要通过"发现"和先占的方式对土地进行象征性的占领,然后才会在此基础上进行授权。

第二点,正如施密特所指出的,在拉雅(rayas)地区所设的这条分界线并非是对教皇管辖区域的一种划分,而是一种全球性的切割,其体现了"两个基督教王室在同一个空间秩序的框架之内对土地占有的内部瓜分"[16]。在这个意义上,《教皇

---

[13] *European Treaties*(n 11)64 and 68.
[14] 同上,第 84 页。
[15] 同上,第 146 页和第 169 页。
[16] *The Nomos of the Earth*(n 5)92.

子午线》的内容已经背离了 1443 年和 1456 年所划定的最远只抵达印度河的分界线,并且其野心勃勃地试图将整个地球置于(欧洲)政治权威的笼罩之下。第三,它充分显示了政治权威概念的盛行有利于巩固这种获取。莱昂(Leon)和卡斯蒂利亚的国王们来自于中世纪教权所营造的神学世界,所以他们不得不讨论教皇所宣告的"赠与、给予和分配"。同时,封建的授权观念[17]以及为复国运动奠定基础的十字军东征也受到了教皇宣告的影响。然而,为了谋划扩张,在王权的理论体系中出现了领土主权的概念,它源于罗马民法中的所有权理论。就这种目的而言,主权和所有权可以画上等号。

这些思想都是当时更广泛的社会运动的反映。最明显的就是封建主义正在瓦解,尽管进程忽快忽慢,但整体上却大势已去。与此同时,出现了城镇和市场、商人、金融业以及行会,货币介入了农业经济,商业中也出现了新兴技术(汇票、股份公司、公证),当然还有其他新生事物,这一切共同推动了欧洲向前发展。[18] 尽管农村经济的商品化以及领主地租的减少预示着封建政治经济正在消亡,但是在刺激之下,它也在寻找新的收入来源——一方面,通过中央集权来建立专卖权和税收体系;另一方面,通过赞助远洋公司而在已有的贸易航线中分一杯羹,以求获得高价值和高回报的商品。[19]

维多利亚曾对西班牙征服东印度群岛一事作出过著名的评价,考虑到商业专制主义时代即将到来,这种评价显然带有过渡时期的特征。[20] 秉承着巴托洛梅·德拉斯·卡萨斯(Bartolomé des las Casas)的观点,维多利亚否认了西班牙人所主张的基于教皇授权或者发现而获得的所有权,他认为在征服的过程中,不仅教皇的权威受限(教皇并非全世界的主人[21]),而且从人类本质上看,西印度群岛的定居者与西班牙的征服者都是平等的。然而,维多利亚的创新性——构想了一个由自然法则来统一的世界——被抵消了,因为在他看来,西班牙人有着合法的开战理

---

[17] 参见 *The Epochs of International Law* (n 1) 231 – 232。

[18] 基本情况请参见 F. Braudel, *The Wheels of Commerce* (S. Reynolds trans.) (Collins London 1982)。

[19] P. Anderson, *Lineages of the Absolutist State* (NLB London 1974) at 15 – 42.

[20] *Between Equal Rights* (n 1) 174 – 175.

[21] 'First Relectio' in *De Indis* (n 3) 115 – 162, s II – 1 ('The Emperor is not lord of the whole world', translation at 337).

由,所以他随后便为西班牙人的征服进行辩护。然而,维多利亚所理解的一场正义战争所需要具备的条件至关重要。在维多利亚的想象中,帝国主义的扩张、帝王追逐个人荣誉或者强迫异教徒改变信仰皆不是开战的理由。[22] "被不当对待"才是唯一有效的宣战理由,因为正义的施行原则是互通有无而不是单方面的指派。然而,这里的关键问题就是怎样理解这种"不当",于是维多利亚就回到了万民法所设定的"自然"戒律。我们知道,罗马人创造万民法是为了调整世界各地不同民族之间的相互关系。在众多自然法则中,维多利亚把社会性和商业交往视为首要原则。维多利亚声称,西班牙有权"出于好奇而航行至世界各地,还可以做短暂的逗留"。[23] 维多利亚进一步指出:

868

> 只要不危害他们的国家,西班牙人就可以合法地与印第安土著进行贸易。比如,对于那些印第安人所缺少的东西,西班牙人可以出售之,对于那些印第安人已经充裕的黄金或白银或者其他商品,西班牙人可以购买之。印第安酋长不能妨碍其子民同西班牙人进行贸易;同样,西班牙王室也不能妨碍其子民与印第安人进行贸易。[24]

然后,如果印地安人妨碍西班牙人行使这种旅行或者贸易的权利,那么西班牙人就可以动用武力以"保卫自己"的权利,可以建立堡垒并且最终宣战,以攻城夺寨作为对印地安人的报复。[25] 维多利亚还认为,如果印第安人阻碍西班牙人传教的话,那么后果同上。[26]

正如其他地方所提到的那样,尽管维多利亚将这些原则称为普遍原则,但他似乎并不认为印第安人可能拥有类似的权利。[27] 当然就传教而言,几乎无法想象摩尔人(Moors)或撒拉逊人(Saracens)也能为捍卫信仰而拥有同样的权利来发动战

---

[22] 'Second Relectio' in *De Indis* (n 3) 163 – 187 at 170.
[23] 'First Relectio' (n 21) 151.
[24] 同上,第 152 页。
[25] 同上,第 154—156 页。
[26] 同上,第 157 页。
[27] 参见 *Imperialism* (n 1) 26 – 27; *The Role of International Law* (n 8) 8。

争。[28] 进一步分析，在某种程度上，维多利亚重点强调的应该是商业和所有权制度，而不是宗教问题。如果在与非基督教世界打交道时，信仰以及教皇的统治无法成为可控的条件，那么这里就需要其他的分析框架。所以，维多利亚接下来选择了——想象了一个由个人产权与集体产权所组成的世界，通过它可以解决几乎所有相关的问题（从发现的意义到征服的合法性）——两种明显不同的方式。

第一点，维多利亚想象的世界不是一个纯粹的臆想世界，它在很多层面上是对预先存在的现实世界之反映。几个世纪以来，全球的贸易航线为欧洲带来了黄金、丝绸以及香料，哥伦布曾经为此穿越了整个大西洋。[29] 要想理解其中的逻辑则必须从一开始就要树立一个全球区划的视野，这样才能知道这些贸易与交流的前因后果。[30] 个人和君主都可能会对自己所拥有的事物主张"所有权"，而商业应该是最能为此创造条件的领域了。因而，这不仅对根深蒂固的基督教的思想规范（禁止高利贷，关于"上帝创造之一切皆为众人所有"的观念）提出了挑战，而且也成为了以格劳秀斯和洛克为代表的随后几个世纪的法学家和政治理论家所关注的内容。

第二点，维多利亚似乎打开了一个全新的帝国愿景，它并不追求正式的吞并和占领，[31] 而是希望通过财产与交易的私法关系来促成对资源的"非官方"控制。所以，就此而言，它同时也是一种视觉共鸣，体现了对封建主义的独特想象。尽管维多利亚明白强有力的政法手段掌握在君主的手里（在这个意义上，他认为只有君主才有权发动战争），而且统治者也无权干涉其臣民的私人所有权（除了为共同利益之外），但是政治权力和经济权力并没有彻底分离。所有权（dominium）这个概念既公且私，[32] 其涵盖了管辖权和所有权，由此导致权力和占有彼此交织在一起。在第二篇陈述中，维多利亚提到：

869

> 即使我们假设印第安土著是这片土地真正的主人，他们也可能有更高的

[28] 'Second Relectio' (n 22) 173.
[29] 参见 *The Wheels of Commerce* (n 18) 114 – 134; J. L. Abu-Lughod, *Before European Hegemony* (OUP New York 1989)。
[30] 基本情况请参见 M. Koskenniemi, 'Empire and International Law: The Real Spanish Contribution' (2011) 61 *University of Toronto Law Journal* 1 – 36 at 16 – 29.
[31] 同上，第 32 页。
[32] 'First Relectio' (n 21) in *De Indis* (n 3) 128.

领袖,如同低级贵族之上有国王,一些国王之上还有皇帝。按照这种结构,很多人可能对同一事物都拥有所有权,这就解释了我们经常听到的法学家对统治作出的各种区分,如高级和低级、直接和有效以及纯粹与混合。[33]

因而,就有可能完全按照领主对其庄园的管理方式来构想国王对其领地的管辖方式,就像以前把国王的领地视为是教皇世俗"领地"的附属物一样。在某种程度上,一切都密不可分地存在于统一秩序当中,而(假想的)私有产权制度仍然模糊不清。同样,维多利亚似乎也在反思西班牙殖民体系自身的半封建的特征。西班牙国王同殖民者之间有一份约定相互关系的协议——殖民者向王室缴纳税赋以换取对土地和战利品的所有权以及授封的头衔——这份协议实际上设计了一个"帝国的朝贡体系"[34]。在这个体系中,权力掌握在地主精英的手里,他们通过封建土地制度来管理并经营他们的小封地,而土著居民被按照地产进行分配(监护征赋制,*the economienda*)。如果产量没有达到要求,则他们就会被贬为奴隶。[35] 随后,西班牙国王建立了一个庞大的殖民官僚体系,其通过设立西印度交易所(*Casa de Contratación*)和监护征赋制而垄断了大西洋的海上贸易,而且整个体系依赖于忠诚的纽带,唯一可能对此构成威胁的就是在某种程度上会分割区域的奴隶贸易。

870

三、商业殖民主义

如果说维多利亚对西班牙殖民的反思显示了教皇的权威正在下降,那么它很难揭示出随后一个世纪兴起的统治逻辑(governing rationality)的本质问题:一方面,它是一种中央集权制度(国家利益);另一方面,它通过鼓励竞争的重商主义来实现富国的目标。[36] 孟克列钦(Montchrestien)、孟(Mun)以及塞拉(Serra)等人的作品大致描述了什么是重商主义,它包括各种各样的制度和政策:监控进出口、营造一个自由的"内部"市场(通过打击城市保护主义)、对外国商品征收关税(例

---

[33] 'First Relectio' (n 21) in *De Indis* (n 3)130(重点补充)。
[34] R. Blackburn, *The Making of New World Slavery* (Verso London 2010) at 129 – 134.
[35] E. Wood, *Empire of Capital* (Verso London 2003) at 42.
[36] *Security, Territory, Population* (n 10) 285 – 306.

如，1664 年与 1667 年的科尔伯特改革［Colbert reforms］）、控制航运（例如 1651 年的《航海法案》［The Navigation Act of 1651］）[37]、货币兑换和贵金属出口管制的规定、垄断授予，以及通过建立中央银行来控制公共财政。然而，它有着两点核心思想：第一，通过贸易顺差来增加财富，特别是贵金属的积累，这也是政府本身所追求的目标；第二，竞争的条件需要欧洲各国势力均衡，而势力均衡最终需要通过军事外交手段才能够实现。

这种新的统治逻辑对于殖民扩张而言有着诸多意义。首先，它以贸易问题为中心，比如法国在贸易的过程中可以单方面地增加国内产量并且鼓励对外出口，但是在整体上，它考虑的是海外贸易对财富积累所起的作用。很明显，这种长途贸易提供了无与伦比的能够"快速生产并且增加资本"[38]的方法。此外，这种方法并没有否定征服和占领海外领地。它只是认为殖民运动并没有绝对的必要性，[39]而且实际上，在很多人看来，殖民运动并没有推动商业的发展，其反而成为了一种阻碍。[40] 因而，法国人、英国人以及荷兰人都随着维多利亚的思路，对教皇是否拥有根据葡萄牙和西班牙的要求来划分世界的权力提出了质疑，而且他们也在尽可能地设法限制西班牙人和葡萄牙人的领土诉求，以打破西葡两国对西印度群岛和东印度群岛的商业垄断。[41] 在缔结 1559 年的《卡托-康布雷齐和约》（Treaty of Cateau-Cambresis of 1559）[42]时，法国的谈判代表们秉持的就是这一观点，而英国人[43]和荷兰人在授予其本国的探险家以《英王制诰》（letters patent）或特许状时也有着同样的诉求。亨利七世授予给卡博特（Cabot）[44]以及伊丽莎白一世授予给吉

---

［37］Navigation Act (9 October 1651) reprinted in H. Scobell（ed.）A Collection of Several Acts of Parliament，Published in the Years 1648，1649，1650，and 1651（John Field London 1653）pt 2, at 165 – 169.

［38］The Wheels of Commerce（n 18）408.

［39］G. Arrighi，The Long Twentieth Century：Money，Power，and the Origins of our Times（Verso London 1994）at 141.

［40］涉及海事活动的意义，请参见 G. N. Clark，'Grotius's East India Mission in England'（1935）20 Transactions of the Grotius Society 45 – 84；C. H. Alexandrowicz，'Freitas Versus Grotius' （1959）35 British Yearbook of International Law 162 – 182 at 165 – 166。

［41］A. Pearce-Higgins，'International Law and the Outer World 1480 – 1648' in J. Holland Rose et al （eds.）Cambridge History of the British Empire（CUP Cambridge 1929）vol I，183 – 184.

［42］European Treaties（n 11）219 – 221.

［43］The Ideological Origins（n 8）107 – 108.

［44］Letters Patent，3 February 1498.

尔伯特(Gylberte)[45]的《英王制诰》与荷兰联合王国于1614年发布的统一特许状一样,[46]仅仅只是规定那些已经被其他欧洲列强所占领的土地就不能再加以授权了。因而,尽管西班牙对西印度群岛部分地区的统治已经成为了既定事实,但其统治的权利基础却在逐渐收窄。发现权已经不足以论证这种统治了——特别是它仅仅只是象征性地竖立起一块石碑或者一面旗帜。[47] 发现之后需要实际占领,否则将会受制于"商业权利",[48]在随后的以有效利用土地为前提的话语讨论中,它成为了一个核心议题。

其次,由于重商主义成为了全面理解国家财富观念的起点,所以它不仅对财富的内部分配漠不关心,而且还鼓励商人阶层与整个国家结成利益与物质财富的共同体。事实上,在特许贸易公司(其中第一家就是1555年成立的莫斯科公司[Muscovy Company])的发展中,寻求体制上的认可在过去两个世纪的殖民扩张中发挥了至关重要的作用。虽然结成贸易伙伴关系一直是海外贸易的主要特征,但特许公司是一种创新型的政治-经济综合体:一方面,其以股份公司的形式而组建[49];另一方面,其还被赋予了处理公共事务的特权——通常是一种垄断的权利,其可以借此进行征服和殖民,这是殖民时代一种较为普遍的制度。殖民公司有很多,比如东印度公司(1600年)、伦敦和普利茅斯公司(1606年)以及荷属东印度公司(1604年),剩下的就不再一一列举了。可以说正是凭借着殖民公司所享有的公共特权,荷兰和英国极大地扩展了各自的海外领地。然而,这种以明显的"利益共享"[50]为基础的殖民方式[50]却产生了诸多后果。第一,它明显在掩盖贞提利关于公战与私斗、海盗与劫掠以及公产与私财之间的区分。[51] 这种殖民方式契合了维多利亚对征服者的想象:一方面,民间商人可以享受旅行与商贸之权;另一方面,

---

[45] *Letters Patent*, 11 June 1578.

[46] M. Brumbaugh and J. Walton (eds.) *Inducements Offered by the States General of Holland to Settlers on the Hudson* (Christopher Sower Philadelphia 1898) at 4–5.

[47] *The Nomos of the Earth* (n 5)131.

[48] *The Epochs of International Law* (n 1)249–250 and 396.

[49] *The Wheels of Commerce* (n 18)439–455.

[50] 参见 E. H. Carr, *The Twenty Years' Crisis 1919–1939* (Macmillan London 1940) at 42–61。

[51] A. Gentili, *De Iure Belli Libri Tres* (1612 edn J. R. Rolfe trans) (Clarendon Press Oxford and Milford London 1933) vol II, at iii and 15.

公共权利也可以贯彻落实。格劳秀斯在后来的《捕获法》(*de jure praedae*)中也提倡个人(当然也包括私营公司)有权诉诸暴力来惩罚"逆行"。这意味着私营贸易公司有权积极追求在东印度群岛的商业利益,并且如果这种追求受到了不合情理的对待,那么他们可以从事敌对行动并可以获得奖赏。[52] 从中我们可以看出,对(公共战争与私人企业)问题进行区分并没有什么意义。这种"利益共享"的观念为后来整个帝国主义的发展蒙上了一层阴影——最典型的例子可能就是众所周知的由伯克(Burke)一手操纵的对印度总督沃伦·黑斯廷斯(Warren Hastings)的弹劾[53]——因而,在后来的发展过程中就出现了"公共腐败"的概念,其被用来表示(提倡)一种区分,即政府官员履行职责和私人积累财富不可混为一谈。

再次,海外贸易兴起也引起了人们对其必要条件的关注,特别是关于公海的地位以及能够开拓新市场的航海路线。尽管长期以来,在欧洲海域的管辖问题上一直存在着争议(亚得里亚海、波罗的海、利古里亚海,或者英国海[*The Oceanus Brittanicus*]),但是解决西班牙和葡萄牙领土诉求的教皇诏书却只是偶尔提及了海外领地的先占或者管辖问题。《教皇子午线》仅仅只是规定了在未得到卡斯蒂利亚王室的许可之情况下禁止航行于印度群岛,与之相比,尼罗拉斯五世于1455年发布的《大敕书》(*Romamus Pontifex*)授予了葡萄牙王室专有权以从事几内亚贸易,包括对陆地和海洋行使专属管辖权。[54]

格劳秀斯的《海洋自由论》(*Mare Liberum*)在1609年的出版引发了一场讨论,其关乎两个问题。第一个问题似乎是关于圈占(enclosure)的可能性,其中的首要问题是邻近海洋资源的所有权(主要指鱼类)以及地方安全。英国学者塞尔顿(Selden)在与格劳秀斯对话的过程中特别受启发,从而完成了自己的作品。[55] 然而,按照格劳秀斯自己的话说(以及对他提出批评的葡萄牙人德·弗雷塔斯[de Freitas[56]]),第二个问题更加明确,它讨论的是远途航海与商贸,以及对殖民地的

---

[52] *The Rights of War and Peace* (n 2) 79 – 90.

[53] 参见 N. B. Dirks, *The Scandal of Empire:India and the Creation of Imperial Britain* (Belknap Press Cambridge MA 2006)。

[54] *European Treaties* (n 11) 72 – 74.

[55] J. Selden, *Mare Clausum* (excudebat Will. Stanesbeius, pro Richardo Meighen London 1635).

[56] S. de Freitas, *De justo imperio Lusitanorum Asiatico* (1627).

统治诉求与通往殖民地航海路线的影响。然而,这两个问题显然是相关的,因为他们似乎都涉及到了所有权。在格劳秀斯(当然他是根据荷属东印度公司的要求来写的)看来,由于不能通过占有而被消耗或改变,所以海洋不受所有权的约束。[57] 像空气一样,"大海是人们共同所有的,因为它是无限的,它不能为任何特定个人所拥有,而且因为所有人都可以使用,所以无论我们站在航海业的立场上还是捕鱼业的立场上,得出的结论都是相同的"[58]。

正如一个人不能对被定义为无限的东西建立所有权,所以共和国也不能做同样的事情。[59] 相反,在塞尔顿看来,海洋也可以通过海军与警务的方式被封闭起来,就像对内河与水域的统治一样——问题并非在于"控制海水,而是控制一个不变的地理范围"。[60]

或许这里最重要的问题就是通过什么样的政治和法律组织才能控制海域。塞尔顿和格劳秀斯之间的分歧似乎是关于管辖权和所有权的区分——罗马人关于统治权(君主的公共权力)与所有权(私人的所有权利)的划分。这种区分似乎未能充分地认识到(而且事实上格劳秀斯立刻予以明确否认)它只能继续确认这种本质上仍然封建的政治与经济权力的运行状态(不管博丹[Bodin]怎么讨论,这时的"主权"仍然等同于所有权)。然而,与此同时,新生事物显然已经登上了历史舞台,正如施密特所指出的,问题的实质并不在于海洋是无主物还是共有物(res omnium),而在于他们究竟归属于法律世界还是(无法无天)的自由国度。因而,一旦海洋在法律意义上被确认为具有"自由"的性质,那么就需要创设两套彼此独立的全球秩序,以及两套关于"敌对、战争、战利品和自由"的概念。[61] 从某种意义上讲,施密特对陆海规范秩序之间的对立观点可能与帝国主义的两种不同的逻辑有关——一种是关于领土扩张和殖民统治的政治逻辑,另一种是关于商业贸易和航海自由的

---

[57] H. Grotius, *Mare Liberum* (1608) (J. B. Scott ed.) (OUP New York 1916) at 22 – 29.

[58] 同上,第 28 页。

[59] Contra, H. Grotius, *De jure belli ac pacis* (J. B. Scott ed.) (Clarendon Press Oxford 1925) vol II, ch iii, siv, at 206 – 207 and s xiii, at 212 – 213.

[60] *The Epochs of International Law* (n 1) 268.

[61] *The Nomos of the Earth* (n 5) 172 – 184.

经济逻辑。[62] 然而,他们当然并非毫无关联,比如在商业社会看来,(海外)殖民统治或者传统的海洋诉求所带来的垄断和壁垒就是他们的贸易对手。所以,显而易见的是,航海自由论将逐渐依附于殖民统治,因为海洋霸权将最终导致垄断控制。就这一点而言,英国王室在公海的统治状况与其商队所展现出的实力和规模完全一致。[63] 或许更为重要的是,海洋作为法治领域而出现,但是它又无法创设完全的所有权,因而海上列强便越来越多地试图扮演海上警察的角色——其中一个表现就是随后对领海的封锁,而且在另一方面,无论是因葡萄牙的航海令状(cartaz,一种17世纪的航海执照)之规则,[64] 还是受愈演愈烈的海盗与奴隶贸易之影响,[65] 总之,列强们都在逐渐地扩大他们在公海上的监督权。

四、移民殖民主义

如上文所提到的,重商主义思想一方面强调对外贸易,另一方面侧重于增强地方上的生产条件——增加就业率(通过规范移民流动以及引入"济贫法")、控制生产对象(通过补贴和土地整治)以及最大限度地提高土地产出率(通过新的农业技术)。正如福柯所指出的,这不仅使得人口成为了政府活动范围内的生产资源,[66] 而且也对土地利用产生了影响。必须要最大化地提高土地产出率,这并非什么革新的观点,只要简单地回顾历史就会发现,英国以及欧洲其他地方所经历的漫长的圈地运动史就有着相同的逻辑,为了提高生产率,公共土地被让渡给私人所有。[67] 英国的土地"改良"导致农业人口失去了土地,这对17世纪的移民殖民主义之发展有着特殊意义——这表现在它并非仅仅只是提供了安顿(失去土地的"剩余"农业人口前往殖民地,从而成为契约劳工)的动机和方式,而且还展现了其

---

[62] 关于帝国主义的领土和资本逻辑之对立面的讨论,请参见 D. Harvey, *The New Imperialism* (OUP Oxford 2003) at 26 - 30 and 183; A. Callinicos, *Imperialism and Global Political Economy* (Polity Cambridge and Malden MA 2009) at 71 - 73。

[63] 有人可能会注意到,英国在17世纪末所采取的立场发生了重大变化。参见 *The Nomos of the Earth* (n 5) 177 - 178; *The Ideological Origins* (n 8) 100 - 124。

[64] 'Freitas Versus Grotius' (n 40) 176 - 180.

[65] 参见 L. Benton, *A Search for Sovereignty* (CUP Cambridge 2010) at 104 - 161。

[66] *Security, Territory, Population* (n 10) 67 - 69。

[67] 参见 K. Polanyi, *The Great Transformation* (Beacon Press Boston 1957) at 34 - 38。

内在逻辑。

　　由英国和荷兰在 17 世纪早期所发展出的移民殖民主义同葡萄牙早期的商业殖民主义有所不同，因为它不仅关乎地方贸易站点的设置，而且还涉及国家统治的扩大以及耕地数量的增加。[68] 由于新一代的殖民商人试图控制蔗糖或烟草的生产，[69]所以西印度群岛、弗吉尼亚、新英格兰以及新荷兰的那些殖民地和种植园首先成为了生产和消费的基地。他们负责提供（奴隶）劳工、生产资料以及安保设施，[70]并且通过这种以帝国为中心的生产消费以及新原料的供给来促进经济在总体上的繁荣。然而，殖民者在融入欧洲的政治经济体系的过程中，却总是依赖于后者对贸易的控制——以英国为例，其在 1651 年之后颁布了一系列的《航海条例》（Navigation Acts）——随着自治条件的强化，殖民者与宗主国之间的关系越发紧张。尽管大家都是为了服务并扩大本国的统治，但是这种殖民地的运行方式与直接征服或吞并显然有着不同的逻辑[71]，其依靠的是土地私有化的技术和实践（或者就是马克思所谓的"原始积累"）。

　　从表面上看，早期颁发给美洲移民的特许状颇为吊诡。从某种意义上讲，它几乎相当于是一种土地分封制度，这种分封制度是以基督教教义和文明能够传播给土著居民为前提的。[72] 比如，詹姆士一世颁发的第一份弗吉尼亚特许状授权移民者可以在那些"或属于我们，或现在实际上没有被其他任何基督教王室及其人民所占领的"土地或岛屿上"进行定居、耕作乃至拓展一个殖民地"。"授权"明确规定，他们可以拥有殖民地五十英里范围内的"所有土地、森林、土壤、牧场、避风港、人造港、河流、矿山、矿物、沼泽、水域、鱼类、货物以及遗产"[73]，而且这块土地设有永佃权，其上五分之一的金银矿产需要上交给王室。[74] 这里我们感到好奇的并不只是

---

〔68〕 *Empire of Capital*（n 35）103.

〔69〕 参见 R. Brenner, *Merchants and Revolution*（Princeton University Press Princeton 1993）。

〔70〕 例见 'Charter of Privileges to Patroons, 7/17 June 1629' in W. MacDonald（ed.）*Select Charters and other Documents Illustrative of American History, 1606-1775*（Macmillan New York）43-49。

〔71〕 *The Rights of War and Peace*（n 2）120-126.

〔72〕 同上，第 110 页。

〔73〕 'First Charter of Virginia, 10/20 April 1606' in *Select Charters*（n 70）1-11 at 3.

〔74〕 *Select Charters*（n 70）1,2, and 3. 亦见 'Patent of the Council for New England, 3/13 November 1620' in *Select Charters*（n 70）23-33 at 28 and 'First Charter of Carolina, 24 March/3 April 1622/3' in *Select Charters*（n 70）120-125.

它全然无视本地居民(除了暗示之外),[75]也不是殖民地不能被"拓展",而是它根本没有提到授权本身需要什么条件。这似乎表明这种授权背后反映了一种观念,即这些领土其实都是无主物。[76] 然而,无主物只能说明某人可以通过先占的方式获得其所有权,[77]但这不代表他一定可以获得原始取得。换言之,这种授权的背后有着一种倒置,即在公共权力建立之前就已经以公共权力的名义颁布了土地特许状——一种先行占有。

然而,这种倒置却凸显出移民过程中的一个具体层面上的问题——在这一过程中,主权和管辖的诉求与土地私人占有和/或土地购置几乎无法区分。[78] 这是由两个显而易见的原因所导致的:首先,即使这些殖民地最初是由王权国家所设计的,但是最终的落实依靠的却是民间的勤劳的移民,而不是公共权力所掌握着的军队。[79] 其次,显而易见的是,尽管在某些情况下,在移民之前就已经"颁发"了特许状或许可证,[80]但他们也大多明确地将其当成是一种事后确认。[81] 然而,无论依靠哪种方式,对那些尚处于殖民当局统辖之外的土地,如果不能建立私有产权,那么也就不可能实现统治逻辑。正是在这里,土地-改良成了一个突出的问题。

维多利亚一直认为,土地首先应归当地人所有——他也因此把辩护的重点放在征服的前提上——格劳秀斯不仅将此发扬光大(除了其他之外,还有权惩罚那些"不孝之人"[82]),而且他还进一步说明,占用他人土地的前提在于怀着何种使用目的:

> 如果一个民族的领土之内有任何荒废闲置的土地,那么理应根据外国人

---

[75] 然而,有人指出,一场"奇妙的瘟疫"给新英格兰地区的原始居民带来了"毁灭、浩劫以及灭绝",使得这里变成了一块开放之地。参见'Patent of the Council for New England'(n 74)25。

[76] 例如 J. Elliott, *Empires of the Atlantic World: Britain and Spain in America 1492–1830*(Yale University Press New Haven 2006)at 32;*Lords of All the World*(n 8)76–77。

[77] 参见 L. Benton, 'Acquiring Empire through Law'(2010)28 *Law and History Review* 1–38。

[78] 参见'Grant of Province of Maine, 3/13 April 1639' in *Select Charters*(n 70)65–67(特许状还伴随着以下内容:"我们这样做了……占有……同一种的事物")。

[79] E. M. Wood, *The Origin of Capitalism: A Longer View*(Monthly Review Press New York 2002)at 164.

[80] 例如'Charter of Maryland, 20/30 June 1632' in *Select Charters*(n 70)53–59。

[81] 例如'First Charter of Carolina'(n 74)120。

[82] *De jure belli ac pacis*(n 59)vol II, ch xx, s xl, at 505.

的要求授予给他们。即使外国人占有这块土地也没问题，因为闲置的土地就可以被当成无人占有之地，除了关乎主权（统治权）的问题之外，这样做对本地人也没有伤害。[83]

在某种程度上，格劳秀斯只是引用了自摩尔时代以来业已成熟的思想传统，众所周知，摩尔在《乌托邦》中曾主张在未开发的外国海岸建立殖民地。[84] 但是，在更深的层次上，格劳秀斯却解释了同时代的荷兰人在圭亚那和曼哈顿建立殖民地的合理性。[85] 比如，在1629年的《庄园特许状》（Charter of Privileges to Patroons of 1629）中，荷属西印度公司宣称，私人"可以尽可能多地占有土地，只要有能力对其进行开发"。[86] 尽管这份特许状还规定了他们"有义务使印第安人满意他们的所作所为"，[87]但这也只是为了强调什么叫做授权，且只适用于在荷兰直接管辖之外的地域建立殖民地。

有两个问题值得注意。首先，需要反思伴随着发现权而出现的那些"象征性"的占领行为。如果无人区可以被占领，那么由前人发现并标识的领土与新发现的领土之间就没有区别了。[88] 那么，单纯的发现权就会失去效力。此外，有权征用"遗弃"或"荒凉"之地，其背后的逻辑不仅契合了重商主义（为了使国内生产最大化），而且隐含着一个更为深刻的原理，即有权征用利用不善的土地。这一点在之后洛克的作品中得到了明确，洛克在提到美洲问题时认为，就算一块土地归他人所有，但如果他"弃之不用"，那么别人仍然可以对其进行占有。[89] 正因为有着这样一种逻辑，所以偶尔对土地的强占（普利茅斯）或者非法购买（罗得岛与普罗维登斯）[90]或许就不足为奇了。其次，格劳秀斯对先占进行了公私区分（他所谓的双重

---

[83] *De jure belli ac pacis*（n 59）vol II, ch ii, s xvii, at 202.

[84] T. More, *Utopia*（1516）（P. Turner trans.）（Penguin London 1972）at 81.

[85] *The Rights of War and Peace*（n 2）104–108.

[86] 'Charter of Privileges'（n 70）s xxi, at 49.

[87] 同上，s xxvi，第49—50页。

[88] 参见 *The Epochs of International Law*（n 1）395–401。

[89] J. Locke, *Second Treatise of Government*（1690）（C. B. Macpherson ed）（Hackett Indianapolis 1980）at 24；进一步参见 *Empire of Capital*（n 35）109–115 and 157–161。

[90] 参见 E. Keene, *Beyond the Anarchical Society：Grotius Colonialism and Order in World Politics*（CUP Cambridge 2002）at 66。

先占），而且还认为占有（所有权）可能不会影响到土著居民的管辖（统治权），由此他似乎搁置了一个问题，即荷兰或英国如何在各自于美洲的殖民地上建立自己的主权？在格劳秀斯关于管辖权（统治权）形式的分类中似乎可以找到这个答案。管辖权首先是对人的管辖，其次才是对领土的管辖。[91] 在某种程度上，这种管辖权的次序似乎显示了格劳秀斯对美洲殖民地的态度，即随着殖民地的建立，对荷兰殖民地和英国殖民地的属人管辖权也巧妙地转化为属地管辖权——不管是通过个人的"先占"行为，还是集体地从土著人那里购买土地。然而，不管哪种方式，主权都是通过私人征用而产生的，这个顺序不能颠倒。

在将近一个世纪以后，艾默·德·瓦特尔也关注了这个相同的主题，他在格劳秀斯的框架内进行讨论，尽管看上去略有变化：

> 我们已经认识到了（第 81 段）这个开发土地的责任，因为那些国家不能排他性地占领超出需求之外的或者无力安置和开发的土地。将人口密集地区的居民迁移过来并不能成为一个事实上和法律上的占领，但如果那些国家对某些土地并无特别的想法，而且也没有实际且不间断的使用，那么寸步难移的欧洲人就可以合法地占有之，并且建立殖民地。我们已经说过，地球属于全人类，其旨在为人类提供生计。如果每个民族从一开始就拥有一个广袤的国土，但其国民却只能依靠打猎、捕鱼以及采集野果为生，那么我们的地球可能连现在十分之一的人口都养不起。限制印第安人的生活区域符合自然法则。[92]

虽然瓦特尔仍然在讨论同一个核心问题，但是在其论述的过程中却出现了几个显著的变化。首先，最明显的是，同时期的世界各国的权利和义务构成了瓦特尔的论证框架，即它不再是一个私人占有的问题，而是相当于一种官方意义上的征用，但又有别于征服。当一国对空置领土主张权利时，它在获得"统治权"的同时也

---

[91] *De jure belli ac pacis* (n 59) vol II, ch iii, s ix, at 206 – 207. 关于这种解释，参见 *The Rights of War and Peace* (n 2) 107 – 108.

[92] E. de Vattel, *The Law of Nations or Principles of Nature Applied to the Conduct and Affairs of Sovereigns* (Samuel Campbell New York 1796) book I, ch xviii, s 209，at 160 – 161.

获得了"君权"或"主权"——"它并不打算,"瓦特尔解释道,"在一国定居时,把统治权拱手相让与他人。"[93]但是,在强调主权方面权利的同时,瓦特尔也对领土取得的官方模式与民间模式进行了区分,这样一来,实际操作机构的问题就变得非常重要:殖民者在何种权限下可就有争议的土地进行安排?他们是否具有宗主国的国民身份,还是仅仅只是移民?究竟是打算在帝国霸权的统治之下建立一个殖民地,还是在一块空置的土地上建立一个新的国家?

其次,瓦特尔对这些问题的关注不仅反映了殖民地日益增长的自治要求,而且还标志着当时的统治逻辑发生了一个微妙的转变,即它将政府行为与私人交往划分成两个不同的领域,从而使它自身越发地受到重视。由于当时经济制度尚未完全从普遍的社会关系中分离出来,所以瓦特尔的贡献颇为瞩目,他不仅仅主张通过生产循环的组织化和扩大化来加强国家的统治,而且还认为应该遵照相同的规则来限制国家的权力。正如瓦特尔所说的那样,这并不是为了殖民和生产而去征用别人的领土,而是因为之前"霸占"土地的那些土著都是在尸位素餐。如果这样做是为了强调"有效控制"对权利诉求的重要性,那它同时也是在暗示殖民政府已经产生了一个全新的统治逻辑——在一个独立的并能自我调节的市场经济体系之内来开发和使用土地。

五、帝国主义、政治经济以及非洲争夺战

如果说早期的研究帝国主义的学者(霍布森[Hobson]、列宁[Lenin]、考茨基[Kautsky]、卢森堡[Luxemburg]、布哈林[Bukharin]以及阿伦特[Arendt])对他们的研究对象并无一致看法的话,那么有一点他们倒可以达成一致,即这种现象一定与19世纪的最后三十年有关。[94]因为在此期间掀起了殖民扩张的浪潮,大英帝国获得了近450万平方英里的领土以及6600万人口;法国获得了350万平方英里的领土以及2600万人口;德国获得了100万平方英里的领土以及2600万人口;比

---

[93] E. de Vattel, *The Law of Nations or Principles of Nature Applied to the Conduct and Affairs of Sovereigns* (Samuel Campell New York 1796) book I, ch xviii, s 205.

[94] 参见 A. Brewer, *Marxist Theories of Imperialism : A Critical Survey* (Routledge London 1980); *Imperialism and Global Political Economy* (n 62).

利时通过利奥波德的刚果自由邦获得了 90 万平方英里的领土以及 850 万人口。[95] 瓜分争夺战的确切原因并不明朗,不管是欧洲的商品价格暴跌以及内需不足,[96] 还是 1860 年的《科布登–谢瓦利埃条约》(the Cobden-Chevallier agreement of 1860)之后自由贸易协定的取消,抑或是伴随着"巨额融资"[97]兴起而出现的信托、卡特尔以及垄断,这些都可能是其中的原因。然而,毫无疑问,显然是欧洲资本的过度积累增长了海外贸易的投资(贸易、采矿、制造、铁路、电报等行业),同时它又反过来促成了一种自我强化的扩张逻辑,即鉴于竞争对手的垄断或保护主义政策所带来的风险,为了"保护"本国的海外贸易和投资而必须要吞并殖民地和保护国。

在 19 世纪末"迈向"殖民掠夺的过程中,处于核心地位的当属 1884 年至 1885 年的柏林会议。从很多方面来讲,柏林会议标志着一个崭新的帝国时代的到来。[98] 值得讨论的是总议定书的第 34 条和第 35 条,因为他们试图对殖民列强"占领"非洲的前提作出规定:

> 第 34 条　今后占据目前在其领地外的非洲大陆沿岸地区某领土的国家,或迄今没有这类领地而即将获得这类领土的国家,以及将要承担保护权的国家,应该向本议定书的签字国呈送与此有关的相应文件及声明,以便使后者在必要时有可能申述自己的要求。

> 第 35 条　本议定书签字国承认有义务确保在他们占领的非洲大陆沿岸地区的领土上建立一个足以保护他们的既得权利,又能在必要时根据为贸易和过境运输的自由而订立的条件之下保护贸易和过境运输自由的政权。[99]

[95] C. Hayes, *A Generation of Materialism*, *1871－1900* (Harper New York 1941) at 237.

[96] R. Luxemburg, *The Accumulation of Capital* (Routledge London 2003).

[97] J. A. Hobson, *Imperialism*: *A Study* (J Pott New York 1902); R. Hilferding, *Finance Capital*: *A Study in the Latest Phase of Capitalist Development* (M. Watnick and S. Gordon trans) (Routledge London 1981).

[98] 基本情况请参见 *Between Equal Rights* (n 1) 250－256; *The Gentle Civilizer of Nations* (n 1) 121－127.

[99] General Act of the Berlin Conference Respecting the Congo (签订于 1885 年 2 月 26 日) (1885) 165 CTS 485。

后来,当国际法学会的成员们讨论它的意义时,这些条款的局限性就显露出来:首先,他们的适用范围有限(特别是在非洲的海岸);其次,关于被殖民的一方,这些条款不仅没有讨论是否需要获得他们的同意(美国的会议代表卡森[Kasson]坚持认为要加上这一条),也没有规定就维护"统治权威"而言他们也有着同样的义务,就像主权肯定会保护所有权一样。在某些人看来,这些规定似乎认可了一种观念,即本着殖民的目的,非洲的土地实际上可以被视为无主领土。然而,另一些人则否定这种观点。[100] 实际上,从整体上看,这份总议定书充满了矛盾性:一方面,它毫不纠结地主张殖民扩张;但是,另一方面,它又体现了一种独特的反殖民主义。[101] 就"维持刚果现状"(横跨西非和东非)的方案而言,这一点显然是成立的。该方案旨在于中部非洲建立一个"中立"的自由贸易区,并且由利奥波德的刚果自治邦负责该区域的管理。但是,这个自由贸易区并未真正落实,并最终沦为了殖民争夺最为残酷的一个地区。或许这个自由贸易区只是柏林会议矛盾性的一个象征而已,其主要功能还是为了缔结总议定书。[102]

柏林会议有两个问题值得一提。第一,会议试图对殖民地和保护国的两种吞并模式进行精确的区分,但是显然没有成功,而且这一问题同时也引发了对"土著主权"的性质和意义之思考。第二,两种殖民参与模式之间似乎存在着奇怪的勾连——一方面是官方的殖民运动,另一方面则追求自由贸易。

在谈到19世纪的殖民主义之国际法框架的两个维度之前,还要阐明两个背景知识。首先,作为一种激励哲学的重商主义开始衰落,全新的统治逻辑开始崛起,它的核心内容包括自我调节的市场以及自由贸易的制度。斯密(Smith)、里卡多(Ricardo)以及萨伊(Say)标榜一种自由放任的统治精神,他们认为经济生活的自然规律中本身就存在着一种新的治理方式,它是经济生活"不可或缺的

---

[100] J. Fisch,'Africa as terra nullius:The Berlin Conference and International Law'in S. Förster, W. Mommsen, and R. Robinson(eds.)*Bismarck, Europe and Africa:The Berlin Africa Conference 1884 – 1885 and the Onset of Partition*(OUP Oxford 1988)347 – 374 at 355;A. Fitzmaurice,'The Genealogy of Terra Nullius'(2007)129 *Australian Historical Studies* 1 – 15.

[101] R. Robinson,'The Conference in Berlin and the Future in Africa 1884 – 1885'*in Bismarck, Europe and Africa*(n 100)1 – 34.

[102] S. E. Crowe,*The Berlin West African Conference 1884 – 1885*(Longmans, Green and Co London 1942)at 4 – 5.

基础".[103] 这预示着形式化殖民垄断的逐渐衰败、旧式特许经营公司的终结(东印度公司于 1858 年被直接统治所取代)以及日益高涨地崇尚自由贸易的商业集团之崛起。[104] 然而,吊诡的是,伴随着殖民进程的加快,在该世纪的最后几十年中,"新重商主义"却加速发展。

其次,成型于欧洲的工业革命不仅导致了汉娜·阿伦特(Hannah Arendt)所谓的"资产阶级的政治解放"[105],而且还引发了作为一种政治意识形态和实践构想的民族主义的兴起。面对着城市中日益增多的产业工人的集体觉醒,"民族主义"被用来当作一种缓和剂,且其同时也被作为一种实践构想,它还试图塑造一批熟练的具有流动性的劳动力。但是,无论如何,"民族主义"不仅谈到了同文同种的内在价值,而且还要求政府的决策须以人民的同意为依据(就是欧内斯特·勒南[Ernest Renan]所谓的"公民每天都要投票")。[106] 这给殖民扩张带来了两个潜在的制约因素:一方面,它似乎要求那些被外国征服的民族接受这种统治;另一方面,它又指出,在民族国家的司法-政治观念中,殖民领土不可能被彻底同化。

(一) 殖民地的取得程序

如果说在瓦特尔时代,就殖民地取得而言,其形式合法性的讨论已经大大地简化为征服或先占的问题,那么领土的概念和范畴由于可以类比于财产权(围绕着领土取得的主要方式及其衍生方式而展开),所以其越发地成为了一个棘手的难题。从政治和经济因素来看,主权权威与私人产权应该进行分离。所以,统治权(主权或管辖权)与所有权(财产权)的分离至关重要。此外,主权行使的前提条件(获得人民的同意)与主权行使的空间地域(人民都是谁)之间的关系受到了民族主义精神的强化。正如阿伦特所说的,这是对帝国扩张的巨大障碍:由于一个殖民列强"只能借助吞并而非联合的方式,所以它很难获得被征服对象的认可"[107],没有任

---

[103] M. Foucault, *The Birth of Biopolitics*:*Lectures at the Collège de France 1978 – 1979*(M. Senellart ed. , G. Burchell trans)(Palgrave Macmillan New York 2008)at 16.

[104] B. Porter, *Critics of Empire*:*British Radicals and the Imperial Challenge*(Macmillan London 1968).

[105] H. Arendt, *The Origins of Totalitarianism*(Harcourt New York 1968)at 123.

[106] E. Renan, *Qu'est-ce qu'une nation? Conférence faite en Sorbonne*, *le 11 mars 1882*(Lévy Paris 1882)at 27.

[107] *The Origins of Totalitarianism*(n 105)at 125.

何一个民族国家,阿伦特指出,"在征服其他民族之后还能问心无愧",他们将自认为优越的法律强加到被征服者的身上,但殊不知这种法律"根源于该国特有的实质,不能简单地适用于其他国家"[108]。

当然这不是说就不再可能进行征服了——否则,对缅甸(1826 年)、马六甲(1824 年)、新加坡(1819 年)、阿尔及利亚(1830 年)、纳塔尔(1843 年)、巴斯托兰(1868 年)、新西兰(1840 年)和德兰士瓦(1901 年)等国家的强行吞并行为是无论如何也得作出掩饰的。但是,阿伦特的观点依然成立:由于宗主国与其殖民地在司法-政治统一的过程中存在着理论和实践上的重重困难(法国对阿尔及利亚的吞并几乎是失败的),所以殖民列强转而采用联邦主义的模式,或者采用具有替代作用的且更具弹性的统治模式以实现能够囊括任何形式的吞并。因而在大英帝国于该世纪末的扩张过程中,我们不仅可以发现多种体制类型(保护领、保护国、皇室殖民地、白治领、租借地、共管地、领主国等)——他们全部都被削弱了同宗主国的关联——而且也可以观察到一个内部分裂而外在统一的帝国"联邦"之观念。比如,在对英属印度的法律形式进行反思时,韦斯特莱克解释道:

> 殖民地以及其他附属国并非处于一个共主联邦当中⋯⋯他们也并非是与母国或者上位国(supreme State)建立了一个真正意义上的联盟,因为他们之间并不是平等的关系⋯⋯他们共同形成了一个统治权或者一套统治权,对外由母国或者上位国来代表。[109]

从某种意义上来讲,这是一种关于主权的弹性表述,它有着不同的含义,取决于帝国统治对内还是对外,对内它就发掘多种"统治"形式,对外它便寻求"上位国"的统一。然而,有一点却很清楚,国家和主权在概念上正日益定型,而对公私行为的明确划分似乎促成了这两者的结合。[110] 但是,帝国就其自身而言似乎不受这种

---

[108] *The Origins of Totalitarianism* (n 105) at 126 – 127.
[109] J. Westlake, *International Law* (CUP Cambridge 1904) vol I (Peace) at 41.
[110] 参见 *The Epochs of International Law* (n 1) 467。

趋势的影响,它仍然是一系列具有排他性的统治权或司法权的松散集合。[111]

这种帝国扩张似乎依赖于越发多样化的殖民模式,部分原因是由于他们开始考虑本地人的感受了。然而,问题在于,柏林会议召开之时,殖民列强就已经越来越多地试图寻找瓜分非洲的法律依据,那就是与当地的主权政府签订割让条约或保护协定。[112] 当然,这其中的逻辑并非是说非洲的地方政府具备完整的法律机能,且不说别的,仅它们在形式上就不是"法律技术的适格主体"。正如托马斯·劳伦斯(Thomas J. Lawrence)曾指出的,"期待达荷美国王建立一个军事法庭,或者要求中非森林里的矮人接受外国使团"都是荒谬的。[113] 相反,他们被归入到应当或注定被文明开化的原始社会之中,[114]但他们仍然有权决定是否从属于宗主国。哪里有包容哪里就有排斥。即便是那些始终否认土著主权的人也会同意如下观点,即为了将土著纳入体制之内,土著的非法律行为也仍然能够按照法律机能的各种类型来划分。因此,欧洲国家同非文明国家之间在法律关系上可能适用不同的标准,因为后者在统治国家时主要依靠非法律的、道德的或伦理的规则。[115] 在国际社会中享有完整成员地位的国家与享受部分成员地位的国家在治理模式上也并不相同。[116]

当地人之所以不具备完整的主体性是因为它以社会形态的目的论秩序(teleological ordering)为基础,这一点在两个方面对殖民运动产生了重要影响。首先,它要适应于殖民统治的实践。如果文明国家的标志就是我们在西欧所看到的那些各种各样的政府机构、私法以及公共行政的话,那么殖民统治所追求的目标也应该是建立这些制度和机构。[117] 如果之前没有主权国家的标志,那么就要帮助

884

---

[111] 例如 J. Westlake, *Chapters on the Principles of International Law* (CUP Cambridge 1894) at 128 – 133。

[112] M. Lindley, *The Acquisition and Government of Backward Territory in International Law* (Longmans London 1926).

[113] T. J. Lawrence, *The Principles of International Law* (DC Heath and Co Boston, 1895) at 58.

[114] 参见 G. Gong, *The Standard of Civilization in International Society* (Clarendon Press Oxford 1984)。

[115] *Chapters on the Principles of International Law* (n 111) 137 – 140.

[116] H. Wheaton, *Elements of International Law* (Clarendon Press Oxford 1866); L. Oppenheim, *International Law: A Treatise* (Longmans London 1905).

[117] 参见 S. Humphreys, *Theatre of the Rule of Law: Transnational Legal Intervention in Theory and Practice* (CUP Cambridge 2010) at 109 – 121。

他们生产出来。第二,它为殖民地的取得提供了一个新的理念基础。这个基础既不是征服,也不是占领空地(无主之地),而是把当地人改革(文明化)的能力控制在手里。欧洲人不仅仅控制了土地和资源(就像移民殖民主义所展现的),而且还控制了或许更为重要的人口和市场。然而,从另一个角度来看,事实也并非如此,因为他们似乎同时扮演着实际生产者以及最终消费者的角色,所以土著居民仍然没有受到重视,而且殖民占领似乎遥遥无期且没有尽头。正如出席柏林会议的美国代表约翰·卡森(John Kasson)所坚持的:

> 我们全体的商人都可以平等地从土著人的手里购买石油、树胶以及象牙,这显然是不够的⋯⋯必须要努力促进非洲殖民地的生产劳动,也要加大文明国家向非洲出口商品的渠道。[118]

从这个角度来看,柏林会议其他方面所呈现出来的断裂在这里被完美地融合在一起,即他们之所以关心“奴隶制”问题或者土著居民的福祉,其原因既不是出于一种纯粹的人道主义价值观,也并非自诩清高地为殖民扩张进行辩护,而完全是基于经济学的考虑,因为市场经济的前提条件就是自由的劳动力。

如果土著居民在一开始就被视为潜在的生产者和消费者,那么可以肯定地说,殖民统治在落实的过程中根本无需他们的“自愿同意”,尽管卡森持不同意见。[119]之所以这样讲,并不仅仅是因为这种所谓的同意实在是值得怀疑,而且也因为当时的观念认为,不管主权的内涵怎样广泛,其都绝对不能包括“所有权”。我们在柏林会议中可以找到一个鲜明的例证,他们曾讨论第 35 条所规定的“确保建立政权”的义务在多大程度上适用于“保护国”。与德国不同,和法国也不太一样,英国在政策上追求的并不是殖民并管理每一个处于其保护之内的领土,在很多情况下,它只是试图以协议之名来垄断贸易。所以,在这种情况下,英国对国民只能行使领事裁判权

---

[118] Berlin General Act, Annex 14, Protocol 5 in R. Gavin and J. Betley (eds.) *The Scramble for Africa: Documents on the Berlin West African Conference and Related Subjects 1884/1885* (Ibadan University Press Ibadan 1973) at 220.

[119] Protocol of 31st January 1885 in *The Scramble for Africa* (n 118) 240.

（根据 1843 年的《海外司法管辖法》[the Foreign Jurisdiction Act of 1843]之规定，[120]不管那些地方采用何种政体，这些条款均可以适用）。[121]尽管英国在这一方面独树一帜（以及威廉·格鲁威[Wilhelm Grewe]所声称的"存疑的合法性"），[122]但是它的逻辑却是显而易见的。首先，它认识到殖民统治至少有可能采用这样一种治理模式，也就是既不明确自己的"所有权"问题，也不主动对领土进行管理。正如韦斯特莱克所解释的，已经出现了一种新型的殖民保护国（比如冈比亚、塞拉利昂、乌干达、南北尼日利亚以及索马里兰），尽管其他殖民列强尚未来得及把这些地方当成"国际领土"，但是他们在规划上就已经"把其他所有国家的所有行为排除在外了"。[123]如果这种排除管辖权的诉求因缺少所有权的内涵而很难被视为一种领土取得的有效类型，那么这恰好说明，正是由于对殖民地取得类型的限制，才塑造了帝国统治的特征。

其次，这种殖民方式揭示了不同形式的帝国统治之间的内在连续性。如果我们把以所有权为基础的殖民统治当成一种结构类型而搁置不论并转而讨论管辖权的问题的话，那么我们很快就会看到，帝国统治其实是按照等级系统来运作的，其一方面建立领事裁判权，而另一方面则对其国民、土著以及外国人实行直接管理和统治。包括领事裁判权在内的管辖权在理论和实践中具有高度的一致性，其可以适用于领土之内，也可以适用于领土之外。如此一来，它就成了商业帝国扩张的完美补充，因为商业帝国主义无法解决其自身与统治人口密集型殖民地的内在矛盾性。

（二）帝国自由贸易

柏林会议的核心张力就是在讨论的过程中始终贯穿着一个显而易见的矛盾，即扩大商业贸易（对于很多国家而言，只有自由化才能扩大）与扩大并强化殖民统治之间出现了冲突。可以说，正是这个冲突进一步强化了殖民保护国的原始状态，它一方面进行殖民统治，另一方面又在中国、日本、暹罗、桑给巴尔（Zanzibar）、马斯喀特以及奥斯曼帝国等地设立治外法权或领事裁判权，这是两种完全不同的制度

886

---

[120] Foreign Jurisdiction Act of 1843, 6 and 7 Vict c 94.

[121] W. E. Hall, *A Treatise on the Foreign Powers and Jurisdiction of the British Crown* (Clarendon Press Oxford 1894).

[122] *The Epochs of International Law* (n 1) 473.

[123] *International Law* (n 109) 123-124.

类型,他们之间的差异似乎意义深远。首先,殖民地的特征就是建立在其领土之上的政权乃宗主国的组成部分,但与之相反的是,领事裁判权却不具备这一特征——它无意于宣告主权,而且外国人仅仅只是享有地方法律的豁免权。[124] 其次,殖民统治建立了国家特惠制,禁止了关税壁垒,也不允许出现非正式的但客观存在的贸易垄断,而领事裁判权则似乎与之完全相反。因此,以中国为例,在1842年的第一次鸦片战争之后订立的一系列双边条约都是为了保证通商自由而必需的前提条件。按照领事裁判权的规定,不管是民事案件还是刑事案件,亦不管是家事案件还是商事案件,一律都适用当事人国籍国的法律,并由常驻领事来审理(有时是独立审理,有时是在会审公廨审理)。于是,在领事裁判权的呵护之下,欧洲商人可以放心地进行商业交易。条约规定以欧洲的方式来管理关税,而征收则交由欧洲的报关员来完成。与欧洲几大列强所签订的条约不仅有着相似的内容(通过自由使用最惠国待遇),而且其也广泛应用于其国民和教徒(这些人可能来自殖民帝国的其他地区),这表明大多数的对外贸易都是在这种制度之下进行的。[125]

从理论上讲,这种殖民活动与同步的官方殖民进程相比显然是大相径庭的,但是他们之间也并非毫无关系。[126] 这从一开始就很明确,即领事裁判制度与严格意义上设立的殖民地并不相同,后者一般包括租界(阿瑟港、威海卫)、保护国(摩洛哥)或者单纯的占领(埃及)。随着时间的推移,地区划分变得越发的富有弹性,于是欧洲列强正式或非正式地划定了各自的"势力范围",且他们相互之间在指定的区域内承认彼此的商业特权。比如,英法以此为基础实际瓜分了暹罗,他们虽然在对方的势力范围内仅享有领事裁判权,但是在自己的势力范围内都享有殖民统治的特权。正如韦斯特莱克所指出的,势力范围本身并非"一种公认的扩张方式",其对第三方并没有什么特别的影响[127],它最多只是一种"模糊的暗

---

[124] 参见 F. Piggott, *Extraterritoriality*: *The Law Relating to Consular Jurisdiction and to Residence in Oriental Countries* (Kelly & Walsh Hong Kong 1907); F. E. Hinckley, *American Consular Jurisdiction in the Orient* (WH Lowdermilk and Co Washington 1906); G. Keeton, *The Development of Extraterritoriality in China* (Longmans London 1928)。

[125] 参见 P. K. Cassel, *Grounds of Judgment*: *Extraterritoriality and Imperial Power in Nineteenth-Century China and Japan* (OUP Oxford 2012)。

[126] 参见 *The Epochs of International Law* (n 1) 474 – 477。

[127] *Chapters on the Principles of International Law* (n 111) 188.

箱操作"。[128] 但是,韦斯特莱克也注意到,势力范围有时也被巧妙地改造为主权宣告——他举的例子是 1894 年 5 月 12 日签订的"非凡"条约,即英国授予刚果自由邦一项领土的租界权,它唯一的要求就是把该地区划入自己的势力范围之内,而这个势力范围已经通过条约获得了德国和意大利的认可。韦斯特莱克的结论认为,英国实际上无权作为相关领土的出租人,它只不过确认了一个具体的发展方向而已。也就是说,势力范围随着时间的推移会逐渐"强化",并且发展成为一个被保护国,[129]正如被保护国本身也有可能发展成一个严格意义上的殖民地。

六、结论

在本章的论述过程中,本章作者展现了统治思想与实践在运作规则上发生的一系列转变:经济方面是从封建主义到重商主义再到现代的政治经济;政治方面是从专制主义的兴起到以领土为基础的民族国家和帝国的多重结构;法律方面是从维多利亚的经院哲学到人文主义学者的自然法再到 19 世纪由人类学所启发的实证主义。这些转变就其自身而言都是很重要的,但是本章作者试图发现这其中的起承转合,即通过对各种殖民统治技术的阐述,表明他们在各个时代中塑造了殖民统治的形式和内容。

本章作者试图勾勒的核心问题是殖民统治在观念上的转变,即从以所有权为中心到以统治权为中心。在某种程度上讲,讨论从所有权到统治权的过渡意味着对罗马法词汇表的理解绝不能停留在表面。当然我们知道,19 世纪的殖民主义并非经历了一种罗马帝国主义式的复兴,而罗马法的词汇表对于殖民统治而言也并非必不可少。然而,这却是一种有用的表达方式,它帮助本章作者揭示出了殖民统治话语与实践的转变过程,一开始是通过直接获取财产(无论是原创的还是衍生的)而进行技术性的扩张,后来则是财产关系成为了殖民统治所追求的目的而并非其前提条件。殖民主义并非只是获取作为财产的事物,而是试图把事物变成财产。如果说一开始的时候,所有权和统治权混在一起难以分辨,那么后来他们不仅被分

888

---

〔128〕 *International Law*（n 109）128.
〔129〕 *A Treatise on the Foreign Powers*（n 121）230.

割开来,而且为了保护私有化和商业贸易,统治权的规则得到了长足的发展。从纯粹的管辖权的角度来理解,帝国是没有边界的,它"温驯地追随着金钱输出的途径"[130],但与此同时,它关于"所有权"的认识又必须回归到一种新封建主义,因为对外投资需要以统治者的权威为前提。

推荐阅读

Alexandrowicz, Charles H. *An Introduction to the History of the Law of Nations in the East Indies* (Clarendon Press Oxford 1967).

Anghie, Antony *Imperialism, Sovereignty and the Making of International Law* (CUP Cambridge 2004).

Arendt, Hannah *The Origins of Totalitarianism* (Harcourt, Brace & World New York 1968) 123 – 157.

Armitage, David *The Ideological Origins of the British Empire* (CUP Cambridge 2000).

Benton, Lauren *A Law and Colonial Cultures: Legal Regimes in World History, 1400 – 1900* (CUP Cambridge 2002).

Benton, Lauren A. 'Acquiring Empire through Law' (2010) 28 *Law and History Review* 1 – 38.

Cassel, Pär K. *Grounds of Judgment Extraterritoriality and Imperial Power in Nineteenth-Century China and Japan* (OUP Oxford 2012).

Fisch, Jörg *Die europäische Expansion und das Völkerrecht* (Steiner Stuttgart 1984).

Grewe, Wilhelm G. *The Epochs of International Law* (M. Byers trans) (De Gruyter Berlin 2000).

Koskenniemi, Martti *The Gentle Civilizer of Nations: The Rise and Fall of International Law 1870 – 1960* (CUP Cambridge 2002).

Koskenniemi, Martti 'Empire and International Law: The Real Spanish Contribution' (2011) 61 *University of Toronto Law Journal* 1 – 36.

Mieville, China *Between Equal Rights: A Marxist Theory of International Law* (Brill Leiden 2005).

Pagden, Anthony *Lords of all the World: Ideologies of Empire in Spain, Britain and France, c. 1500 – c. 1800* (Yale University Press New Haven 1995).

Schmitt, Carl *The Nomos of the Earth* (Telos Press Publishing New York 2006).

Tuck, Richard *The Rights of War and Peace: Political Thought and the International Order from Grotius to Kant* (OUP Oxford 1999).

---

[130] *The Origins of Totalitarianism* (n 105) 135.

第三十七章　奴隶制

西摩·德雷舍(Seymour Drescher)

保罗·芬克曼(Paul Finkelman)

一、引言

奴隶制是人类社会最古老的制度之一,在考古遗迹和古代的法律典籍中皆可以看到它的身影。除了极个别的例外,奴隶制曾广泛存在于世界上所有的文化和社会之中。包括美索不达米亚法、巴比伦法、罗马法以及圣经在内的几乎所有的古代法典都曾规定并认可奴隶制的合法性。只是在18世纪和19世纪——在人类历史上存续了四千年之后——奴隶制才受到了司法和政治上的抨击。

虽然不同地区的奴隶制在本质上各不相同,但随着时间的推移,奴隶制度一般包括下列事项中的大多数或全部:(1)奴隶是一种财产,可以出售、交易、丢弃、遗赠、继承或与其他有价值的东西进行交换;(2)奴隶的身份具有继承性的特征,一般按照母系来传承;(3)官方法律框架或民间私人协议均规定了逃亡奴隶的俘获与归还;(4)奴隶不具有完全的(或者完全没有)法律权利或保障;(5)奴隶主(或其代理人)惩罚奴隶一般不受或者完全不受法律限制;(6)奴隶主可以按照自己的意愿对待或者虐待奴隶,尽管有些社会要求奴隶主须以"人道的方式"对待奴隶,还有些社会禁止杀害奴隶,也不允许以极端或野蛮的方式施加惩罚和酷刑;(7)奴隶主可以随意地与奴隶发生性行为;(8)奴隶几乎没有或完全没有向官方司法机构提起诉讼的权利;(9)奴隶无权提供反对其主人或(通常)其他自由民的证言,而且一般而言,他们的证词在证明效力上低于自由民的证词；(10)奴隶的行动自由受制于奴隶主，通常也会受制于国家；(11)奴隶主能够通过正式的法律程序(奴隶解放)使奴隶成为自由人，但这些被解放的人并不享有完全的法律权利；(12)针对奴隶的所有权受到法律、法规、法院以及立法机构的支持，包括特殊法庭和惩罚奴隶、俘获与归还逃亡奴隶，以及管理奴隶买卖等规定。在国际法对奴隶制进行规范的过程中，处处可以见到上述内容。

在所有的法律体系中，奴隶都被视为可移动财产——用法律英语的专门术语来表示就是动产或"物"——私人奴隶主、公司或者机构(通常是教会)皆可进行奴隶买卖。在某些地区，国家也可以拥有奴隶，但是在这种情况下，国家实际上相当于私人奴隶主，正如国家可能拥有房产或车辆一样。1890年，欧洲和美洲的动产奴隶制就已经消失了，同时，国际法规则也排斥这种制度。然而，19世纪末至20世纪中叶，欧洲的非洲殖民地、后来的苏联以及纳粹德国却赫然出现了"国有奴隶制""公司奴隶制"以及"置于奴隶状态"(slave-like condition)等新型奴隶制度。他们都是一种残酷的大规模劳役体系，首先是比利时、法国、德国以及英国殖民地的矿山和农场使用大量的非洲黑奴，后来在苏联古拉格和纳粹德国也建立了大量的劳改集中营，那些被关押的犯人其实也是奴隶。美国南方的劳改制度尽管在影响力上不如前面几个，但其也是一种新型的国家劳役。

即使奴隶制本身已被禁止，奴隶的身份在很多国家的公法和私法观念中却依然有效。因而在英国的萨默塞特案(*Somerset's Case*)中，[1]首席大法官曼斯菲尔德(Mansfield)裁决认为，英国不接受蓄奴行为，但与此同时他却表示，"买卖奴隶的协议是有效的。买卖的问题可以很容易地依靠法律来解决，所以根据协议维持原价不变"[2]。类似地，英国高等海事法院的威廉·斯科特爵士(Sir William Scott)(后来被擢升为斯托威尔男爵[Lord Stowell])在路易斯案(*Le Louis*)中承认，尽管非洲奴隶贸易违反了英国法，但是其却受到国际法的保护。斯科特认为，"人是法律的主体，但是贩奴行为却把人当成、视作和归类为法律客体，这显然违背

---

〔1〕 *Somerset v. Stewart* (1772) Lofft 1, 98 ER 499.
〔2〕 同上，第509页。

了法律。不过,只有在最极端的情况下,国际法院才会承认贩奴是一种法律意义上的犯罪行为"[3]。

美国首席大法官约翰·马歇尔(John Marshall)在安特勒普案(*The Antelope*)[4]中展现了相同的逻辑:非洲奴隶贸易违背了美国法,且"有悖于自然法则",但是它却"符合国际法",而且"它也不同于海盗"。[5] 宾夕法尼亚(1780年)和纽约(1799年)均严令禁止进口新奴,但是通过国际礼仪和国际法的相关规定,来访的奴隶主及其奴隶可以短暂逗留。

在我们这个时代,人们被非法地如奴隶般地强制劳役以及限制自由,但这并不是真正意义上的奴隶制。尽管有人被绑架、被贩卖,或者在违背其意志的情况下使其处于奴隶状态,但是这些奴役不为官方制度所认可,而且一旦他们逃离魔掌,法律会保护他们免受再次奴役。两者的区别在于,奴隶制是一种法律和经济体系,而个人奴役行为则基于非法的私人强制和暴力。

二、国际法对奴隶制的态度

国际法对奴隶制的态度可以分为以下八种类型:(1)根据国际公认的准则,把奴役视为一种合法状态;(2)根据冲突法和国际礼节的理论,自愿承认其他司法管辖区内的奴隶身份;(3)国际社会接受奴隶贸易;(4)古代世界有种普遍的看法认为,根据国际公认的战争、习俗以及经济法则,无论其种族、民族、信仰或者经济地位如何,任何人皆可被奴役;(5)在西方世界,何人可被奴役的观念不断改变,从凡人皆可被奴役到只奴役非基督徒,再到只奴役非欧洲人,再到仅奴役非洲人,最后是全世界范围内禁止任何奴役行为;(6)国际规章终结了奴隶贸易;(7)全面谴责奴役,外国奴隶主也不再受国际礼节的庇护,因为奴隶制违反了自然法则和大多数的国内法,只有某些地方性法律还会接受它的存在;以及(8)按照当代国际法的理解,奴役是一种无法容忍的剥削行为,构成反人类罪。

上述八种类型展现了奴隶制在国际法中的历史演化过程。所以就第(1)类而

---

[3] *Le Louis* (1817) 12 Dods 210, 165 ER 1464 at 1477.

[4] *The Antelope* 23 US 66, 10 Wheat 66 (1825).

[5] 同上,第 101 页和第 122 页。

言,在古代世界,几乎无人质疑奴役的合法性。圣经中关于约瑟的故事(不管是真实的还是完全虚构的)就是一个例证。约瑟的兄弟们将他卖给一个商队,买家接受了要价,这说明约瑟的兄弟们这样做是合法的。奴隶制是如此普遍,以至于没有理由质疑任何人的奴隶身份。当然,大多数古代奴隶并不会被心胸狭隘的兄弟所出卖。相反,奴役在更常见的情况下应该是战争或负债的结果。根据古代世界普遍接受的国际规则,获胜方可以合法地处死在战争中被俘的士兵和平民,不过他们也可以选择更加人道的奴役。但是,在第(6)种类型的阶段,不管是战俘还是被捕的平民都不可能被迅速处死,用奴役替代死刑不仅算不上什么人道主义的宽赦,反而被视为是侵犯了基本人权的一种反人类的犯罪行为。因而在二战之后,德国和日本的领导人因奴役平民和战俘而被指控构成反人类罪。

同样,按照第(2)种类型,当国际法和国际礼节普遍接受奴隶制的时候,奴隶主可以与其奴隶一起旅行,因为他们知道不论去哪里,这些奴隶与其他形式的财产一样,都是他们依法所享有的财产。从 18 世纪起,奴隶制已不为各国所普遍接受了[第(7)种类型],因此,按照国际礼仪来对待携带奴隶到访非奴隶制国家的奴隶主就成了一个越发棘手的难题。18 世纪时,法国和英国的法庭释放了跟随奴隶主一起造访的奴隶,其理由是没有任何一部既存的城市法规会认可奴隶的身份。从 19 世纪 30 年代开始,美国北方法院经常解放从南方来的奴隶。当代世界已经普遍禁止了奴隶制,就算一个国家重新出现了奴隶,其他国家也不会承认。

一开始是普遍接受[第(4)种类型],后来开始限制奴役,使其只能适用于某些宗教、民族或种族[第(5)种类型],这种变迁反映了奴隶制的国际观念从古代世界到近代世界的转变。在古代世界,凡人皆可被奴役。一名罗马士兵——哪怕是将军——也可以被俘获并被奴役;同样,一名奴隶也可以重获自由并且提升社会地位。正如摩西斯·芬利(Moses I. Finley)所说的,尽管大多数古代奴隶都是来自于其他文化中的“野蛮人”,但是“古希腊也有希腊人当奴隶(而且)古罗马也有意大利人当奴隶……”。[6]在整个古代世界,欧洲人一直都在互相奴役,且在进入近代世界之后,他们也依然故我。随着罗马帝国的解体,奴役制度逐渐收窄,其被限制

---

[6] M. I. Finley, *Ancient Slavery and Modern Ideology* (Penguin Books New York 1983) at 118.

在欧洲异教徒的身上。随着欧洲的基督教化,只有非欧洲人才能成为奴隶。在扩张到非洲和美洲之后,奴役的范围便以种族为基础——一开始是非洲人和印第安人,到了 18 世纪,则只剩下了非洲人。到了 19 世纪末,整个西方世界在国际法的观念上已经达成了共识,从而全面废除了奴隶制。德国、日本以及苏联于 20 世纪 30 年代和 20 世纪 40 年代复兴了奴隶制,这不仅违反了国际法的普遍规则,而且也轻易地攻陷了一个旧有的类型,即按照民族、种族和地位对平民和战俘进行奴役。讽刺的是,在当代世界,贩卖人口不仅为各国所禁止,而且也不为国际法所认可,但是它却使各个民族、文化和种族的人们都可能处于奴隶状态。

奴隶制走向衰落的第一个突破点就是跨太平洋的奴隶贸易〔第(3)种类型到第(4)种类型的过渡〕。奴隶制持续地成为了全民所关注的一个政治焦点,所以欧洲和美洲此后便发起了一场废奴运动。1815 年,奴隶贸易成为了被国际条约所明令废止的第一项经济活动,因为它违背了人类的基本原则和普适的道德法则。[7] 奴隶贩子也是第一类在国际法庭上受到宣判的违法者。

在二战之后的纽伦堡审判中,有众多行为被控构成"反人类罪",堪当其首的就是奴役行为。1948 年的《世界人权宣言》中所列举的第一项对人权的具体侵犯就是奴隶制,这从侧面说明了禁奴绝非一日之功。奴隶制突出地成为了各方一致谴责的对象,这样一来,许多其他领域的人权运动者也都把奴隶状态当成了斗争的对象。

三、反奴隶制和废奴主义之前

(一) 奴役的逐渐限制

奴隶制对世界历史和国际法的重要性源于它的古今中外无处不在。几乎在每一种文化中都可以看到它的不同形态,甚至可以一直追溯到人类的起源。正如威廉·斯科特爵士在路易斯案中所指出的,从"迄今为止有史可考的文献中"可以发现,"在人类诞生之初,强制拘禁就已经导致了私人奴隶制的出现",而且它还是古典文明时期"高等"民族的一个必备传统。[8] 最重要的是,奴隶制是古代最具声望

---

〔7〕Declaration Relative to the Universal Abolition of the Slave Trade (签订于 1815 年 2 月 8 日) (1815) 63 CTS 473.

〔8〕*Le Louis* (n 3) 1477.

且最为悠久的司法遗产之一部分——古罗马民法承认奴隶制的普适性。"罗马法认为奴隶制并不符合自然规律（contra naturam）"，但是它接着又表示奴隶制是一种"万民法（适用于所有人的法律）的制度，其体现了全人类所共有的天赋理性"。[9] 战争和贸易是最常见的获得和分配奴隶之方式。理论上认为，征服者有权处死或宽恕并处理被征服者，这一原理就成了奴役的核心基础。地方刑法乃至民事法规也可能会产生奴役，因为债务人若无力还债，那么债权人有权将其（或其家属）卖为奴隶。一旦处于奴役状态，那么奴隶就变成了可以被买卖的商品。

895　　　　在中世纪时期，奴役的范围逐渐受到了宗教信仰的限制，但是正义战争中对异教徒的奴役却为这种制度的延续提供了足够多的可能性。在一开始，奴役这些外国俘虏几乎不存在合不合法的问题。当维京人把不列颠人、凯尔特人或者斯拉夫人贩卖到地中海时，很少有买家会质疑怎么能把这些人当成奴隶。按照罗马法的规定，一个外国俘虏的地位应由初始奴役行为发生地的市民法来确定。非洲人被贩卖到欧洲和美洲之后也按照这种方式来处理。[10] 进入近代之后，在南地中海盆地、撒哈拉以南非洲地区、中亚地区以及整个穆斯林世界中，奴役和奴隶贸易都有增无减。

　　　　地中海地区是奴隶制的大本营，那里战争不断，基督教及穆斯林同非洲和欧亚大陆的多神论宗教也会发生暴力冲突，于是在整个欧洲境内，只有远离此地，奴隶制坚固的堡垒才可能有所松动。从 16 世纪初开始，在欧洲的西北部地区，奴隶制已经让位于契约劳工制。随着欧洲城市的"自由空气"之风在中世纪时愈刮愈烈，其司法领域开始考虑在其统治范围内释放所有奴隶。不论是由自治地方、皇家还是宗教力量所推动，英国、荷兰以及法国的法学家与市政厅均宣称，一旦有奴隶踏上他们的土地并呼吸他们的空气，那么这些奴隶就可以获得自由。[11]

---

〔9〕Cicero, *De officiis* 3. 5. 23，引自 *Ancient Slavery and Modern Ideology*（n 6）99 - 100。

〔10〕Y. Rotman, *Byzantine Slavery and the Mediterranean World*（Harvard University Press Cambridge MA2009）at 26.

〔11〕S. Drescher, *Abolition：A History of Slavery and Antislavery*（CUP New York 2009）at 23；亦见 S. Peabody, 'There are No Slaves in France'：*The Political Culture of Race and Slavery in the Ancien Régime*（OUP New York 1996）；以及 S. Peabody, 'An Alternative Genealogy of the Origins of French Free Soil：Medieval Toulouse'（2011）32 *Slavery and Abolition* 341 - 362；有关美国的背景，参见 P. Finkelman, *An Imperfect Union：Slavery, Federalism and Comity*（University of North Carolina Press Chapel Hill 1981）。

(二) 战俘奴隶

与古代不同的是,基督教国家已经废除了所有平民和战俘皆可交由相邻交战国处置的原则,在大家意识到这种转变之后,便更加珍惜作为奴隶的战俘。虽然有人提出,只有废除奴隶制才能提高土地的生产率,但不管这种认识如何发展,它仍然只被视为一种地方上的特殊做法。在这些观念的影响之下,当时的国际法就认为,可以合法地对那些处于基督教欧洲"范围之外"的非基督徒进行奴役。公元1450年之后,伊比利亚半岛的法学家们自然就开始用这种法律思维来讨论葡萄牙和西班牙的殖民帝国,也自然地将成型于都会地区的制度化的奴隶制推广至海外殖民地。在宗教战争和互相倾轧的过程中,人类的奴役行为得以延续——无论是在事实上,还是在法律意义上。

葡萄牙是非洲奴隶被贩卖至欧洲的始作俑者,在美洲人看来,葡萄牙人和非洲人似乎正在进行着一场宗教战争。在教会法的影响下,罗马民法认为正义战争的胜利者有权奴役俘虏。基于国内法的这一立场,从国外贩卖来的俘虏之法律地位也早已获得了法律的认可。随着葡萄牙人入侵到非洲沿岸,当地居民和撒拉逊人(Saracens)也不分彼此地融合到一起。早在1452年,以归化为目的,教皇授予葡萄牙君主"可以完全自由地入侵、搜查、俘虏和征服撒拉逊人、异教徒、任何的无信仰者以及基督教的敌人,而无论他们在哪里……还可以把他们变成永久的奴仆"。[12] 但是,葡萄牙人又无力大规模入侵非洲,这样一来,奴隶贸易就自然地成为归化和救赎非洲人的最佳方式。对于葡萄牙人而言,购买非洲奴隶成了万民法的组成部分,特别是与葡萄牙刚刚建立正式外交关系的刚果王国,其情况更是如此。[13]

(三) 非洲和美洲的奴隶贸易

之所以会出现跨大西洋的奴隶贸易,以及之所以非洲奴隶制在美洲也具有法律上的正当性,其中一个重要的原因在于,非洲最初相对于欧洲而言是独立的。这与西班牙对美洲土著所实行的奴役政策形成了鲜明的对比。尽管对美洲印第安人

---

[12] J. F. Maxwell, *Slavery and the Catholic Church* (Barry Rose Chichester 1975) at 53.

[13] J. K. Thornton, *The Kingdom of Kongo: Civil War and Transition, 1641–1718* (University of Wisconsin Press Madison WI 1983);以及 D. Birmingham, *Portugal and Africa* (St Martin's Press New York 1999)。

的奴役始于哥伦布的第二次航行,但是在 16 世纪中期,整个西班牙帝国就达成了共识,停止了进一步的奴役。西班牙人以迅雷不及掩耳之势占领了美洲大陆上人口最为稠密的地区,加上疾病和压榨所造成的巨大死亡率,目睹这一切的巴托洛梅·德拉斯·卡萨斯(Bartolomé de las Casas)和其他西班牙神父开始公开谴责西班牙对印第安人的奴役,并且上书国王建议道,如果美洲印第安人自愿归降西班牙,那么就应该停止奴役行为。但是,按照正义战争的惯例,如果一个土著人拒绝投降并归化,那么他仍然可以被合法地奴役。此后,在西班牙帝国的那些尚未被征服的周边地区,对印第安人的奴役依然存续。16 世纪中叶至 19 世纪初,跨大西洋的奴隶贸易增长了十倍以上,所以对于伊比利亚帝国而言,奴隶制的合法性从来不是一个太大的问题。对非洲奴隶贸易或者奴隶制本身的合法性问题从未有过公开的讨论,因为他们在西班牙帝国和葡萄牙帝国中是一种司空见惯的合法交易。[14]

897　　　　在 17 世纪的海外殖民地运动兴起之前,利比里亚北部的奴隶制就已经消失了。曾几何时,对于欧洲北部的城市而言,海外奴隶或者蓄奴是一种"超越底线"的行为,政治、法律以及宗教权威均予以反对,但是这种反对却并没有持续下去。如此一来,这便与这些城市所标榜的"自由原则"相互矛盾,因而他们针对奴隶制制定了双重法律体系。模仿葡萄牙,法国君主也正式发布授权,表示若以归化为目的,则可以进行奴隶贸易。鉴于葡萄牙并没有制定一部地方性的且可以适用于城市地区的奴隶法典,所以法国国王颁布了适用于殖民地的《黑人法典》(Black Codes)。在巴黎,设立于索邦的"良心法庭"(court of conscience)裁定,《圣经》、教会法或者罗马法的万民法并没有任何反对奴隶所有权的规定。[15] 荷兰和英国则明确授权贸易公司和殖民公司可以制定适合海外发展的规章制度。大家都渴望建立新的殖民地,因而这些新的欧洲殖民地都已经"超越了底线"。1584 年,英格兰允许殖民地可以在"四海八荒、异教之邦以及野蛮之地"制定"与英国法一致的"特殊的法律法规。在接下来的两个世纪中,所有的英国政府都发现他们所有领地内的奴隶制

---

[14] *Abolition* (n 11) 64 - 66.

[15] D. B. Davis, *The Problem of Slavery in Western Culture* (Cornell University Press Ithaca NY 1966)at 197.

和奴隶贸易都"没有违背英国法"。[16]

（四）奴隶制和国际法

近代早期欧洲的国际法学家认为，海外奴隶制的发展相对而言无关大局。奴隶制在国际法中是一个不可或缺的且为各方所共同认可的经典元素，这与中世纪时它在国内法中之定位大致相当。奴隶制符合自然理性，其在逻辑上起源于近乎普遍存在的战争、俘虏以及贫困。阿亚拉·巴尔萨泽（Ayala Balthazar）、科尔内利斯·范·宾刻舒克、胡果·格劳秀斯、塞缪尔·冯·普芬道夫以及其他法学家都认为奴隶制是一种为国际法所接受的现象。托马斯·摩尔爵士（Sir Thomas More）认为奴隶制是社会的组成部分，在他的《乌托邦》（1516 年）中，每户家庭都有奴隶，而这些奴隶或是来自于外国，或是来自于当地的罪犯。[17] 同样，英国自由主义哲学家约翰·洛克在他参与起草的《卡罗莱纳宪法》（fundamental Constitution of Carolina）[18]中保留了奴隶制，他的代表作《政府论》也认可了奴隶制。[19] 胜者为王，败者为寇，获胜的一方拥有当然的生杀予夺之权，但是这种权力可能会受到奴役的限制。因而，欧洲人开始限制奴役权的行使，但考虑到奴隶制仍然是一种国际流行的制度，所以这种限制其实是一种幸运的例外。但是，问题在于，如果国内法可以对奴隶制进行限制或修改，那么我们就可以说，奴隶制在全世界范围内依然是一种合理的法律秩序。[20] 曾几何时，征服者可以获得无限的奴役权，但是现在欧洲却开始对其加以限制。值得注意的是，虽然近代早期的国际法学家对这种限制纷纷拍手叫好，但是他们的视野却完全限于欧洲之内。

尽管大西洋上的奴隶制和奴隶贸易的规模与日俱增，但国际法学界对世界历史的这一新发展却几乎置若罔闻。所以法学家对奴隶制和海盗持有两种完全不同的态度。这种不同态度是近代早期国际法的经典设定。国内法毫不含糊地宣称海盗皆为"人类之公敌"（*hostis humani generis*）——人类共同的敌人。海盗冒犯了普

898

---

[16] *Abolition* (n 11) 75.

[17] T. More, *Utopia* (Printed for Richard Chiswell London 1684) at 68 and 138.

[18] J. Locke, *The Fundamental Constitution of Carolina* (London 1670) para 109.

[19] J. Locke, *Two Treatises on Government* (Printed for Whitmore and Fenn and C Brown London 1821) at 1 and 205 – 207 et passim.

[20] *The Problem of Slavery* (n 15) 114 – 120.

遍接受的国际法准则,其可以被立即处死。[21]

只要涉足国际法中的海事问题,那么就很难回避一个现实,即欧洲正越发积极地参与奴隶贸易。查尔斯·马洛依(Charles Malloy)的《海商与航海法》(*De Jure Maritimo et Navali*,1682 年)仍然自信地宣称,奴隶制虽然不是一种普适性制度,但它也并不算罕见。马洛依重申,在某些情况下,奴役或是"基于自然法的你情我愿"(自愿),或是"一种违法的强迫"(非自愿)。[22] 欧洲王室一致认为(当然会一致),"奴隶、农奴或者恶棍都是野蛮人才会挂在嘴边的词"。[23] 在英格兰,哪怕是一位"摩尔人或其他印第安人"丢失的财物,捡拾者都不能将之据为己有。[24] 然而,英国人却堂而皇之地在非洲和美洲之间进行着奴隶贸易。这种差异只能靠"超越底线"来解释。因为人类行为容易受到不同地区之不同"特性"的影响,所以民法要比自然规律和数学公理更有特殊性。[25] 根深蒂固的法律传统以及奴隶制的普遍存在给法学家和哲学家提出了难题。从全球视野来看,美国革命的爆发是一个重要的分水岭,但是欧洲统治者们似乎无动于衷,这和葡萄牙人在 300 年前在非洲海岸购买第一批奴隶时没有什么区别。1772 年,据一位政治统计学家亚瑟·杨(Arthur Young)的估计,全世界 7.75 亿人口中,只有 3300 万人是自由的。那一年,弗朗西斯·哈格雷夫(Francis Hargrave)作为詹姆斯·萨默塞特(James Somerset)的代理律师向曼斯菲尔德勋爵(Lord Mansfield)以及全体英国人发出警告,即对于斯图尔特(Stewart)所主张的萨默塞特是其奴隶的诉求,如果其得到英格兰法庭的认可,那么奴隶制将"携带着其罄竹难书的罪恶"侵入不列颠岛,而且"任何一位外国人或英国人都可以随时发动这种奴隶制的侵略"。哈格雷夫预言这种侵略可能"来自于我们以及其他欧洲国家的殖民地,也可能来自于波兰、俄罗斯、

---

[21] 一方面,艾默·德·瓦特尔由于不得不将奴隶制当成是万民法的一部分来加以讨论而倍感苦恼;另一方面,他又积极地反对顺其自然地解决奴隶问题。E. de Vattel, *The Law of Nations, or the Principles of Natural Law Applied to the Conduct and to the Affairs of Nations and Sovereigns* (1758) art 152 and 233.

[22] C. Molloy, *De Jure Maritimo et Navali; or a Treatise of Affairs Maritime, or of Commerce* (3rd edn printed for John Bellinger and George Dawes London 1682) at 353.

[23] 同上,第 355 页。

[24] 同上。

[25] 同上,第 426—427 页。

西班牙以及土耳其,来自于巴巴利海岸,来自于非洲大陆,来自于世界上的任何一个地方,这种制度是对全人类的折磨和侮辱"[26]。同样,亚当·斯密(Adam Smith)在格拉斯哥大学法学院授课时也告诫其弟子,不能因为周遭没有奴隶制就忽视奴隶制的普遍性,毕竟他们这些英国学生只是偏居世界一隅而已。奴隶制仍然盛行于世界各地,就算不是永恒的,也很有可能我们终此一生也难以看到它的终结。[27]

四、废奴与国际法

(一) 奴隶制导致的法律冲突

在亚当·斯密发表这番言论的半个世纪之后,法律冲突学说以及国际商贸的发展对国际法中的奴隶制理论产生了深刻的影响。关于非洲奴隶贸易的争论越激烈,对国际法的影响就越大。但是,在此之前,欧洲和美国的司法和立法层面就已经出现了法律冲突的问题。

按照传统的国际法与国际礼让之观念,一个人的身份并不会因为它进入到另一个司法管辖区而发生改变。比如,人们在一国缔结婚姻之后自然也会获得其他国家的承认,就算这个国家当初可能不允许他们结婚。举一个现代的例子,甲国规定女性结婚必须年满 16 周岁,但是在乙国,一名 21 周岁的男子与一名 15 周岁的女子可以合法登记结婚,那么就算他们婚后进入甲国,甲国也无可奈何。但是,如果这种身份违背了法院所在国的公序良俗或者制定法,那么这种想当然的国际礼节观和特定身份也就难以存续了。因而,即便一夫多妻制在某些国家是合法的,其他国家也不会接受这种婚姻制度。[28]

18 世纪时,随着欧洲人、殖民者或者异邦人将奴隶带入城市地区,法律冲突的问题便浮出水面。法国和英国的法院裁定,在其管辖范围内不得违背其意愿而蓄

---

[26] Francis Hargrave, *An Argument in the Case of James Sommerset a Negro*, *Lately Determined by the Court of King's Bench*: *Wherein it is Attempted to Demonstrate the Present Unlawfulness of Domestic Slavery in England*. *To Which is Prefixed a State of the Case* (Printed for the Author London 1772) at 11, reprinted in P. Finkelman (ed.) *Slavery*, *Race and the American Legal System*, *1700 – 1872* (Garland New York 1988) series 1, vol 1, at 11.

[27] A. Smith, *Lectures on Jurisprudence* (R. L. Meek, D. D. Raphael, and P. G. Stein eds) (Clarendon Press Oxford 1978) at 186 – 187.

[28] 参见 *Reynolds v. United States* 98 U. S. 145 (1878) upholding polygamy prosecutions。

养奴隶,因为这些地区从未建立过奴隶制。在缺乏制定法依据的情况下,这种身份无法得到承认。在萨默塞特诉斯图尔特案中,曼斯菲尔德勋爵提出了一个著名的准则,从而解释了为什么一名奴隶被带入英国之后便会获得自由身:

> 如此高强度的控制行为(把人当成奴隶)必须获得所在国法律的认可。在不同国家,奴隶主的权力差别很大。奴隶制的性质决定了不能因任何道德或政治理由而从其他国家引入这种制度;但是实在法却不同,哪怕人们早已忘记当初创立这部法律的因由、时机以及具体的颁布时间,它也依然具有执行的效力:奴隶制是一种可恶的制度,任何东西都不能为其辩护,除了实在法。[29]

到了 1840 年,美国大多数自由州都已经采纳了萨默塞特原则,尽管其中少数几个州还是为来访的奴隶主提供了有限豁免权。在公元 1840 年之前,南方的不少蓄奴州也认可这一原则,他们认为如果奴隶自愿被带到自由州,那么其将获得自由身。然而,在美国内战前夕,大多数的南方州已经不再依照萨默塞特原则来对待已经生活在自由州的奴隶了。在德雷德·斯科特诉桑福德案(Dred Scott v Sandford)[30]中,美国联邦最高法院裁定联邦地区或联邦法院不再适用萨默塞特原则。[31]

尽管萨默塞特原则最初主要适用于大英帝国以及美国各州之间,但是它却引发了国际冲突。美国独立战争结束后,大约有两万名黑人跟随英国军队一同撤离。在 1783 年的《巴黎和约》(Treaty of Paris)和 1794 年的《杰伊条约》(Jay's Treaty)中,英国政府同意返还这些属于美国人的"财产"。但是,最后还有几千人并未返还,英国政府的理由是这些人在离开美洲时就已经获得了自由。1841 年时出现了类似的案例,一艘名为"克里奥尔号"(Creole)的美国内航船被一群奴隶挟持并航

---

[29] *Somerset v. Stewart* (n 1) 510.

[30] *Dred Scott v. Sandford* 60 US 393;19 How 393 (1857).

[31] 参见 P. Finkelman, *An Imperfect Union*: *Slavery*, *Federalism and Comity* (University of North Carolina Press Chapel Hill 1981);关于此议题在美国的历史以及关于德雷德·斯科特诉桑福德案中法律观点的争论,参见 P. Finkelman, *Dred Scott v. Sandford*: *A Brief History* (Bedford Books Boston 1995)。

行至英属巴哈马群岛。英国当局返还了船只,但是却拒绝遣返奴隶,其理由在于,根据萨默塞特原则,他们已经获得了自由。英国政府拒绝对美国适用国际礼让原则,所以这个事件持续发酵了很多年,美国当局要求遣返奴隶的要求迟迟未能如愿。

国际法中最典型的发生于两国之间的奴隶制冲突当属约翰·安德森一案(*John Anderson*)。这名奴隶从密苏里州逃走时杀死了一名白人。安德森逃亡加拿大,美国政府试图以谋杀罪为由将其引渡回国。英国和加拿大的废奴主义者辩称,由于奴隶制违反了自然法,所以安德森有权为其自由而战。这个案件在英国和加拿大造成了轰动,最后安德森被送往英国并且获得了自由。[32] 美国也发生过类似的案件,其似乎属于"国内国际法"的范畴,比如自由州政府拒绝遣返被指控犯有罪行的逃亡奴隶或者被指控为奴隶逃亡提供帮助的自由人。在内战前夕发生的肯塔基州诉丹尼森案(Kentucky v. Dennison)[33]中,一名拥有自由民身份的黑人被指控在肯塔基州犯有盗窃罪行,而后其逃往俄亥俄州,但是名叫"丹尼森"的俄亥俄州州长却拒绝遣返此人,原因在于这名自由民黑人曾经帮助一名奴隶逃离过肯塔基州,虽然这位州长的袒护行为并未获得美国联邦最高法院的认可,但是最高法院也没有强迫其必须配合引渡嫌犯。

所有这些案件的前提在于奴隶制是非法的,不过实在法或成文法有规定的除外。国际法理论或国际礼让原则并没有要求一州或一国必须要认可其他法域所创设的奴隶制度。之前在国际礼让原则的支配之下,所有国家和地区都承认了奴隶制并认可了奴隶的身份,但现在的情况却发生了天翻地覆的变化。

(二) 废奴运动

这一时期的另一个与奴隶制有关的重要国际法问题涉及到废除非洲奴隶贸易。反对奴隶贸易第一次成为了一个主权国家的国策,这个国家就是当时全世界经济、军事以及外交实力均首屈一指的英国。这一运动与英国本土的废奴运动相契合,其先是兴起于大英帝国,而后扩展至全球。尽管大西洋两岸(在美国、英国以

---

[32] 参见 P. Finkelman,'International Extradition and Fugitive Slaves: The John Anderson Case'(1992) 18 *Brooklyn Journal of International Law* 765 – 810。

[33] *Kentucky v. Dennison* 65 U. S. 66;24 How 66 (1860).

及法国)同时对奴隶贸易发起了攻击,但是英国却成为了这场运动中最重要、最持久和最不可或缺的变革者。这场运动在美国受到了极大的抵制,因为这个国家的政权掌握在奴隶主的手里。对于这个国家而言,奴隶是仅次于土地的最珍贵的私有财产,而且美国宪法在许多方面都在保护奴隶制度。1794 年,法国革命政府宣布在帝国境内释放所有奴隶。然而,拿破仑于 1802 年又全面恢复了奴隶制,当然海地是个例外,那里的奴隶革命取得了成功,这在历史上也是唯一一次。到了 19 世纪后半叶,美国和法国成为了全球废奴运动的两只拦路虎。[34]

反对奴隶制的全球斗争脱胎于英国的废奴运动。1787 年,英国开始取缔奴隶贸易,在此后的半个世纪里,与其他任何英国的改革运动相比,此运动都更得人心。美国也发起了类似的斗争。在美国独立战争期间,所有新独立的州均基于经济、政治以及思想上的原因而明令禁止奴隶贸易。到了 1787 年,五个州已经废除了奴隶制或者通过了逐步废奴的法案。在制宪会议期间,与会代表针对黑奴贸易问题进行了激烈的辩论,影响深远。有的代表谴责黑奴贸易违背人性,有的代表则不以为然,而是认为其有着历史、经济以及国际法上的依据。来自南卡罗来纳州的查尔斯·平克尼(Charles Pinckney)援引古罗马和古希腊的案例,宣称奴隶制"是一种放之四海而皆准的制度"。[35] 最终,宪法规定,输入美国的奴隶贸易可以一直合法存续至 1808 年,但是也并未规定年限届满后就要废止奴隶贸易。从 1794 年到 1803 年,美国国会通过了三部法案,旨在禁止美国公民和船只参与奴隶贸易。但是,从外商(一般都是英国人)那里进口奴隶却是合法的。到了 1808 年,国会终于废止了这项经济活动。1822 年,美国政府把黑奴贸易界定为海盗行为,违者将会被处以极刑。[36] 尽管如上所述,但是在安特勒普案中,首席大法官约翰·马歇尔并没有对那些因过失而将奴隶带入美国的外籍商人施以禁令。[37]

1807 年,英国禁止其国民从事跨大西洋的奴隶贸易,从而结束了对其美洲大

---

[34] *Abolition* (n 11) 115 – 180.

[35] 平克尼引自 P. Finkelman, *Slavery and the Founders: Race and Liberty in the Age of Jefferson* (2nd edn ME Sharpe Armonk NY 2001) at 28。

[36] P. Finkelman, 'The American Suppression of the African Slave Trade: Lessons on Legal Change, Social Policy, and Legislation' (2008 – 2009) 42 *Akron Law Review* 433 – 467; 以及 P. Finkelman, 'Regulating the African Slave Trade' (2008) 54 *Civil War History* 379 – 405。

[37] *The Antelope* (n 4).

陆殖民地的出口,但是非洲和亚洲却不在此限。1814 年的另外一场公众事件导致了英国政府将废除奴隶贸易推向国际领域。[38] 维也纳会议的第一项功绩就是取缔了奴隶贸易,其认为该行为"违背了人道主义原则以及普适的道德观"。[39] 大会直言不讳地承认,其态度不仅严重背离了现行实践和理念,而且也向奴隶贸易受益者的"利益、习惯,甚至某些偏见"发起了挑战。因而,该声明并没有"设定每个列强所认为的最终取缔奴隶贸易的最合适的截止日期"。因而,从国际法的角度来看,奴隶贸易依然合法。[40]

英国还迫使很多国家与其签订了相互授予搜查权的双边条约。这实际上意味着,作为规模最大且实力最强的废奴武装,英国海军可以搜查悬挂外国国旗的航行船只。在拿破仑战争期间,英国海军行使了一种特殊的交战权,即可以搜查和扣押载有奴隶的敌方船只。在废奴主义者的强大压力之下,设立于塞拉利昂的海军中将法院(Vice-Admiralty Court)作出裁定,凡捕获奴隶船只的海军舰艇皆可以获得奖赏。[41]

战争结束以后,国际法的传统势力又开始显现出来。在 1817 年的"路易斯判决"(Le Louis)中,法院认为和平时期不能适用相互搜查的双边条约,外国贩奴商船有权受到"国际法"的保护,其不能被随意扣押。一艘英国舰艇扣押了"路易斯号",理由是滑铁卢战役之后法国就已经禁止了奴隶贸易。法官威廉·斯科特爵士(Sir William Scott)在判决中认为,针对扣押法国船只的行为,英国法院不能给予支持,因为在和平时期,所有主权国家都有权平等地航行于"未被占领"的海洋。尽管英国公众强烈抵制这种野蛮和可怕的勾当,但是威廉·斯科特爵士还是努力压制了其个人的"道德关怀"。不管公众怎样反对非洲的奴隶贸易,英国国会都并没有宣布它是一种海盗行为。历史问题确实非常复杂。奴隶制"起源于一种强迫性的囚禁,其在人类诞生之初就已经出现了"。在斯科特的时代,国际条约、经济垄断

903

---

[38] *Abolition* (n 11) 205 – 244.

[39] *Declaration* (n 7).

[40] J. S. Martinez, 'Antislavery Courts and the Dawn of International Human Rights Law' (2008) 117 *Yale Law Journal* 550 – 641 at 575.

[41] D. Eltis, *Economic Growth and the Ending of the Transatlantic Slave Trade* (OUP New York 1987) at 102 – 111.

以及公法制度都滋养了奴隶贸易,可是当我们把时针拨回到中世纪早期,再往前追溯到古代最文明的民族以回顾人类"真实的档案史"时,我们就会明白,奴隶制从未受到过谴责。世界各国都曾参与过奴隶贸易,这些国家也有权根据自己的情况延续或终止奴隶贸易。万国法乃由各国协商一致所达成,这无疑给反对奴隶贸易的运动造成了极大的障碍。[42]

19世纪的法律条约和法律教材继承了斯科特法官在"路易斯判决"中的观点。由于"万国法"反映了各国对奴隶制度的普遍认同,所以对于国际法而言,废奴运动其实只是主权国家所进行的一场被动的"变更登记"而已。在"路易斯判决"作出八年之后,美国联邦最高法院首席大法官约翰·马歇尔就在安特勒普案中重申了斯科特的逻辑。马歇尔指出,这种"令人深恶痛绝的""变态交易"其实"每天都在增长",然而他却表示,违背自然法或者公序良俗并不能影响一位法官的裁判。万国法是"万民之法",而且万国法提供了这场"贸易的合法性"。因而这种贸易"不能被认为违反了万国法"。只有所有国家的一致同意才能修改国际法。[43]

作为废奴运动的发动机,英国政府在公元1815年之后实施了一揽子计划来绕开国际法的现存障碍。首先,英国试图以维也纳会议模式来缔结多国协议。陆续出现的1818年的亚琛会议(The Congress of Aix-la-chapelle)、1822年的维罗纳会议(The Congress of Verona)以及1840年的《伦敦条约》均以搜查权为由,干涉了被搜查船只国的主权。与此同时,从1815年到19世纪末,英国缔结了一百多项双边条约来打击奴隶贸易,其主要方法包括允许互相搜查或者联合宣告奴隶贸易是一种海盗行为。美国拒绝接受相互搜查权,而法国也阳奉阴违,这使得直到19世纪末,跨大西洋的奴隶贸易才彻底被终结。

(三)多边法院(Mixed Commissions)

为了处理贩奴船只以及重新捕获奴隶等问题,各国缔结了有关多边法院(又称为"多边委员会")的国际条约。作为一种创新性的条约体系,它对国际法产生了重要影响。法院的法官来自于各缔约国。如果两名法官不能就某一案件达成一致意

---

[42] *Le Louis* (n 3) 1476 and 1477.
[43] *The Antelope* (n 4) 115,116, and 120 – 121.

见,那么将通过抽签的方式选出第三名法官以作出最终裁决。反奴运动现在为国际法增加了一个前所未有的维度——把奴隶贸易视作海盗而打击之。于是,国际法的兵器谱上增列了一个正式机构,它由国际代表组成,并适用固定的审判规则。美国最后也加入了该条约,但是法国依然无动于衷。该法院共审理过600起案件,涉及到8万非洲人。[44]

多边法院一直被誉为20世纪的国际法院之先驱。然而,其中有两个重要的多边法院设立于哈瓦那和里约热内卢,那里可是英美废奴运动之后新大陆的贩奴大本营。于是,这两个多边法院安置了许多非洲自由民(西班牙语所谓的 *emancipados*)以学徒的身份长期进行工作,这在当地都是前所未见的。更为重要的是,这些多边法院似乎对后来的国际法理论之发展并未产生太大的影响。在这个意义上,对于国际司法制度的发展而言,多边法院更像是实践者而不是发起人。

多边法院是自大英帝国打败拿破仑之时起半个世纪之后的产物。[45] 如上所述,这种模式导致国际法的理论和实践发生了重大变化。它既是不列颠治世的扩展,又是一种被各方所接受的国际法运作方式的变革。大多数国际法学家只盯着斯科特和马歇尔所阐述的废奴理论的局限性,而没有关注哈瓦那和里约热内卢这些热带城市中奴隶制问题的复杂化。不列颠治世和英国废奴运动也以更为重要的方式影响了国际法的进程。在英国的压力之下,弱国统治者虽然签订了条约,但是他们阳奉阴违,并不着意于执行,几十年皆是如此。同时,英国政府为了确保各国能够兑现废奴的诺言而不惜将外交活动升级为武力战争,其派遣海军进行封锁,甚至直接轰炸——比如1842年对葡萄牙、1850年对巴西,还有对西非的很多地区也不例外。

(四) 阿米斯特德案(The Amistad Case)

作为终结非法的非洲奴隶贸易的另一个重要分支,美国人的国际法观念进一步复杂化。被南方人所控制的美国拒绝兴建一支足以有效巡逻至非洲沿岸的海军部队,但与此同时,他们又援引国际法以拒绝英国海军搜查悬挂美国国旗的船只。

905

---

[44] 'Antislavery Courts' (n 40) 579 ff.

[45] L. Benton, 'Abolition and Imperial Law, 1790 – 1820' (2011) 39 *Journal of Imperial and Commonwealth History* 355 – 374.

如此一来，走私船就假借悬挂美国国旗来逃避英国海军之搜查，那些参与非法贸易的真正的美国船只自然也是畅通无阻。

国际法以及设立于哈瓦那的英国当局左右了美国诉阿米斯特德案[46]的结果，所以该案件就成为全美国——亦或许是整个大西洋世界——最具戏剧性的贩奴案。1839 年，"阿米斯特德号"在古巴国内的一次转运奴隶的航行中，刚刚从非洲非法劫掠的奴隶发动了叛乱，他们杀死了船员，控制了舰船，并要求幸存的奴隶主掉转方向，开回非洲。奴隶主白天时答应了奴隶的要求，但是到了晚上他们又改变了航程，驶向了东北方，希望能够抵达美国的南岸。但是，美国海岸警卫队却在长岛海峡发现了该船，并将其拖回康涅狄格州。于是，长达两年的肥皂剧就此开始，并最终惊动了美国联邦最高法院。按照 1795 年缔结的《圣洛伦索条约》(Treaty of San Lorenzo)之规定——该条约的另一个更为知名的名称是《平克尼条约》(the Pinckney Treaty)[47]——西班牙要求遣返这些非洲人(他们被称为"阿米斯特德人")回古巴，在那里他们会因谋杀和叛乱遭到起诉或者再次被贬为奴隶。古巴的奴隶主们主张对阿米斯特德人拥有所有权，而美国海岸警卫队则主张对该船只及其货物行使救济权，当然也包括这些非洲人。在某种程度上，美国康涅狄格州法院采纳了驻扎在哈瓦那的英国官员所提供的证据，并且作出裁定认为，阿米斯特德人是被非法贩运至古巴的，所以他们的奴隶身份并不合法，因而该案件不适用《平克尼条约》。美国联邦最高法院维持了这一判决，所以阿米斯特德人恢复了自由身并且得以重返非洲。这个案例展示了当时国际法的复杂性和强制性。因为古巴不再允许奴隶贸易，所以新近从非洲贩运的奴隶可以恢复自由。然而，根据《平克尼条约》，"阿米斯特德号"上的一位出生于古巴的担任服务生的奴隶却被遣返回古巴，因为根据古巴法律和国际法，他的奴隶身份是合法的。

五、新的分界线：文明与开化

欧美发起的废奴运动终结了跨大西洋的奴隶贸易，而且也在欧洲人的"文明"

---

[46] *United States v. The Amistad* 40 US 518；15 Pet 518 (1841).

[47] Treaty of San Lorenzo (签订于 1795 年 10 月 27 日) 53 CTS 9 ("《平克尼条约》")。

社会与亚非的"半开化"社会或者"野蛮"社会之间划上了一条全新的理念和外交上的分界线。[48] 直到 1840 年,英国废奴运动的领导者还提议将禁止奴隶贸易的双边条约体系扩展至非洲沿岸国家。他们主张可以在这些非洲国家沿海的国内水域——甚至是通航河流内——追踪和逮捕可疑的奴隶主。一些非洲国家的统治者在第一次同英国代表谈判时,试图援引国际海洋法来限制英国皇家海军的势力范围。于是,英国海军胁迫他们签订条约,并肆意焚毁关押奴隶的临时集中营。不过这些来自文明社会的欧洲人还是觉得如此违反国际法实属不妥,于是他们改变了模式,即海军官员同意通过谈判来缔结条约。如果这样不能奏效,那么他们将动用武力,然后再缔结废奴条约。这与西班牙早年在美洲建立帝国的模式没有什么不同。

甚至如达荷美共和国这样有着悠久历史传统的非洲国家都受到了威胁。与之前打击巴西不同,这次英国国会没有要求或者授权海军进行军事行动。解决法律上的后顾之忧总比制造国际法的障碍要好。几代英国政府都在考虑要宣布奴隶制等同于海盗,但是基于更为常见的理由,他们还是放弃了这种观点。"尽管它是一种比海盗更为严重的无视道德之犯罪行为",但是奴隶制并不"等同于海盗,因为按照由来已久的且为大家所普遍接受的国际法规则,无论哪个国家的海盗,任何国家皆可打击之"。[49]

英国的这种专横模式所产生的最为重要的后果是,到了 19 世纪 40 年代末,欧洲社会的公共舆论认为,按照国际法,非洲国家根本就不是主权国家。进入文明社会的入场券来自于文明国家的许可与互惠。另一方面,欧洲社会还公开讨论了与亚洲国家签订不平等条约的意义,由此也产生了一条排他的分界线。由于他们认为非洲国家比亚洲国家更不开化,所以这个排他的逻辑对非洲国家施加了更大的影响。

到了 19 世纪 60 年代和 19 世纪 70 年代,国际法的专业化强化了由文明分界线所导致的万国法之局限性。[50] 国际法学家们提出了一系列特征来判断一国是

---

[48] 关于文明的概念,参见本书中由利利阿纳·奥夫雷贡(Liliana Obregón)撰写的第三十八章"文明的与不文明的"。

[49] R. Law, 'Abolition and Imperialism: International Law and the British Suppression of the African Slave Trade' in D. R. Peterson (ed.) *Abolitionism and Imperialism in Britain, Africa, and the Atlantic* (Ohio University Press Athens OH 2010) 150 - 174.

[50] M. Koskenniemi, *The Gentle Civilizer of Nations: The Rise and Fall of International Law 1870 -1960* (CUP Cambridge 2001) ch 1.

否属于那个神话的文明社会,包括共同都有着千年的历史和知识传统(古典/基督)、世俗的宗教文化、共同的礼仪、共同的法律文化,以及有时还有着共同的血缘关系或家族谱系,当然还共享着一个科学的国际法协会。就此而言,奴隶制和反奴隶制成为了 19 世纪末时划分文明社会的关键因素。

到了 19 世纪 50 年代,所有的欧洲和美洲国家都禁止了奴隶贸易。古巴事实上仍在从事奴隶贸易,其对大规模的走私奴隶行为又视而不见了十年之久。到 1875 年时,所有蓄奴的美洲国家或是解放了奴隶,或是承诺要逐步废除奴隶制。这样一来,标榜"自由土地"的西方世界同亚非国家的分界线越发明显,后者的奴隶制复杂、持久而多变,从摩洛哥到太平洋地区皆是如此。在公元 1840 年以后的半个世纪中,文明的废奴世界同野蛮的奴役社会的分界被固定下来。从 19 世纪 40 年代初的英非外交活动中就可以看出端倪:当时外交大臣巴麦尊勋爵 (Palmerston)把英非条约视为"协议"或"安排",因为"同野蛮人的酋长所签订的是协议,与文明国家所订立的是国际公约"。[51] 在非洲巡逻的海军官员不知道应当把非洲的奴隶贩子当成罪犯还是孩童,但是无论如何,在他们看来,"对这些小野蛮人适用文明国家的人权法以及外交程序是非常荒谬的"。因为非洲人从未接受过"国际法",所以他们既不适用国际法,也不会受到国际法的保护。19 世纪末,欧洲人在与非洲人签署条约/协议的同时,其实也在贬低他们的人格。把奴隶贩子视同海盗的观点遭到了教科书和国家主义的双重质疑,而这种质疑又难以克服,所以英国索性就把奴隶制当成原始人或野蛮人的习俗。

六、国际法和反奴隶制

(一) 奴隶制的慢性死亡

在公元 1875 年之前的国际法中,反奴隶制只是欧美内部的一场运动,其是万民法原始规则的一个例外。从国际法的角度来看,全世界的海洋及其沿岸都成了终结奴隶贸易的舞台。奴隶制度依然横卧于帝国主义对外扩张的轨道上。然而,

---

〔51〕James Stephen's minute on the Kataba Treaty of 6 September 1841,引自 *Abolition and Imperialism* (n 49) 166。

讽刺的是,当西方列强进入到那些依然盛行奴隶制的地区时,奴隶解放运动反而成为一种阻碍。

公元 1870 年之前,英法帝国主义对热带非洲和亚洲并无多少兴趣。到了 1880 年,英国人宣称他们建立了人类历史上前无古人的庞大帝国。但是,它在北美西部、东南亚以及太平洋地区的扩张既不属于对奴隶地区的解放,也没有打着废奴主义的旗号。在奴隶贸易被终结之后,反对奴隶制在法律逻辑上鼓励着英法帝国主义入侵热带非洲。在这种法律原则的指引下,英法两国于 19 世纪 30 年代和 19 世纪 40 年代在各自的殖民地内废除了奴隶制,所以在他们看来,未来他们所掠夺的领土也需要废除奴隶制。因而英法列强每迈出一步,都要安抚地方上的奴隶主精英,以让他们接受欧洲人的规则,同时,在另一方面,他们还要重新调整奴隶主同奴隶的关系。所以,官方层面更倾向于不露声色地解放而不是大张旗鼓地动员,从而就使这种复杂而微妙的关系促成了一种最为简单的奴隶解放运动。[52]

在瓜分非洲前夕,这种渐进主义的"奴隶制慢性死亡"的方针与一批新兴的国际法学家的观点不谋而合。他们希望国际法能够参与到西欧帝国主义从贩卖奴隶到解放奴隶的转变过程之中。19 世纪 60 年代时,随着美国和俄国的奴隶和农奴的解放,以及 19 世纪 60 年代和 19 世纪 70 年代时,随着西班牙帝国和巴西开始逐渐废除奴隶制,似乎整个西方文明在反奴隶制的问题上均达成了一致。对于 19 世纪 70 年代和 19 世纪 80 年代的国际法学家而言,个体自由和人权成为了国际法最为基本的和公认的保护对象。这意味着公民的个体自由同迁徙自由、通商自由以及宗教信仰自由等人权联系到了一起。这一系列权利现在得到了"所有文明国家法律的保护"。[53]

按照这种表述,正因为西方国家经过了长期的文化洗礼,所以其才首次形成了一种集体的反奴意识。受到进化论的影响,国际法学家们很容易做出如下判断,即认为很多亚洲国家以及尤其是非洲国家都是未开化地区,因为他们缺乏政治组织、文化传统(包括反奴主义)以及加入国际法律共同体的意识,所以他们自然低人

---

[52] *Abolition* (n 11) 387 – 396.
[53] *The Gentle Civilizer of Nations* (n 50) 54 – 56.

一等。

(二) 瓜分非洲和《布鲁塞尔协定》

英国在废除奴隶贸易期间曾对非洲统治者们表达过类似的看法,到了欧洲列强开始"瓜分非洲"的19世纪80年代,这种认识更是风靡一时。不管是欧洲大国之间公开的外交活动,还是涉及非洲和西欧的小型利益集团之间的勾当,其中都可以找到瓜分非洲的线索。第一次讨论非洲问题的国际会议(1884年的柏林会议)同早年的废奴会议不同,它并非出于什么人道主义的关怀,而是试图尽可能地解决主权争端并在刚果实行通商自由。从某种意义上讲,这是为了改变欧洲内部传统的关于殖民冲突的解决模式。以前都是"超越底线就开战",现在则变成了就算开战,欧洲国家也不能"超越底线"。正如罗纳德·罗宾森(Ronald Robinson)所言:"列强们……显然不希望殖民地的负担过重。"除了其他的一些好处之外,帝国主义国家也不希望在殖民地立即实施废奴法案。费了九牛二虎之力,会议最后才讨论了奴隶制和奴隶贸易的问题。英国人则左右开弓,一方面确保其殖民地没有被其他列强所染指,另一方面在本国反奴隶制协会的鼓动之下,重申其反奴宣言,并把奴隶贸易界定为"一种反人类的罪行"。《柏林会议总议定书》宣布"国际法禁止"奴隶贸易,但它只是一纸具文,因为根本没有机制来落实。[54]

柏林会议及其遗产使得新一代的国际法学家们再次确信国际法只能是欧洲独特历史文化的产物。国际法学会尽管始终小心翼翼地回避着欧洲内部问题,但是到涉及泛欧利益的话题时它却能够积极参与,比如刚果的航行自由或者有效占领非洲的条件。万国法传统上认为奴隶贸易并不违法,不管现在的国际法学家们是否改变了看法,他们都仍然没有为奴隶贸易提供支持。他们赞同英国人的提议,即把奴隶制视为"一种反人类的罪行"。

然而,现在的国际法学家的核心思想却是文明排除论。"不文明国家"的国民在国家动荡之际之所以能安享太平完全得益于文明国家的良知。因此,19世纪末的教科书尽管在努力增加个体人权的篇幅,但是其却把不文明国家之国民排除在

---

〔54〕 R. Robinson, 'The Conference in Berlin and the Future in Africa, 1884-1885' in S. Förster, W. J. Mommsen, and R. Robinson (eds.) *Bismarck Europe, and Africa: The Berlin Africa Conference 1884-1885 and the Onset of Partition* (OUP Oxford 1988) 1-34 at 22-23.

国际法之外。在文明开化的进程中,帝国主义进行了重构,他们虽然减少了个体依附关系,但是取而代之的却是一个永恒的集体奴役制。[55]

欧洲人占领非洲之时正是国际化的创新思维在柏林大放光彩之日——在刚果国际协会(Association International du Congo)的授权之下建立了一个独立的刚果共和国。在比利时国王利奥波德二世的统治下,文明开化变成了恐怖统治,比利时人逼迫成千上万的刚果人参加没有个人所有权的类似奴隶制的强制劳役。尽管这种由国家主导的强制劳役可能比奴隶制更加残忍,但是利奥波德政权罄竹难书的罪行被曝光之后,国际法学界对此却几乎保持沉默。同样,大多数国际法学家对法国和德国在各自殖民地的暴行也置若罔闻,哪怕对德国于 1906 年在西南非洲进行的种族灭绝行为亦是如此。英国殖民公司和企业所采用的劳动方式也趋向于奴隶制,但是不论是英国政府还是国际法学家,都对这种新式奴役选择视而不见。之所以不允许对这些问题提出质疑,是因为有个前提性的假设/追求,即欧洲人的公法肯定是文明的。所以,对这些罪行的曝光和批判只能由其他组织来完成了。[56]

柏林会议四年之后,反奴势力再次成为民众运动的导火索。1888 年,在第一次由民众发起的反对英国奴隶贸易的请愿运动的一个世纪之后,一位名叫查尔斯·拉维热里(Charles Lavigerie)的红衣主教发动了一场新的反奴运动,该运动像十字军东征一样讨伐中东的奴隶主。从西欧到中欧,查尔斯·拉维热里的巡回演讲促成了国家间的合作。该运动在 1889 年的布鲁塞尔会议上达到高潮,包括十三个欧洲国家、美国、利奥波德的刚果自由邦、奥斯曼土耳其帝国、桑给巴尔以及波斯在内的多个国家的外交官均参与其中。1890 年的《布鲁塞尔公约》[57]是第一个专门针对非洲奴隶贸易的综合性多边条约。公约明确了欧洲帝国主义是推动国际反奴运动的中坚力量,此外,公约还创立了逮捕和审判奴隶贩子的程序。按照英国的多边法院模式,判决仍然由国内法院来执行。对此,法国一如既往地表示反对,其

910

---

[55] The Gentle Civilizer of Nations (n 50) 127 引自 J. Westlake, Chapters on the Principles of International Law (CUP Cambridge 1894).

[56] 参见 A. Hochschild, King Leopold's Ghost (First Mariner Books New York 1999); The Gentle Civilizer of Nations (n 50) 165 - 166; 以及 K. Grant, A Civilised Savagery (Routledge New York 2005); L. J. Satre, Chocolate on Trial: Slavery, Politics, and the Ethics of Business (Ohio University Press Ohio 2005)。

[57] General Act of the Brussels Conference (签订于 1890 年 7 月 2 日) 173 CTS 293。

认为这种模式是对国家主权的侵犯。另外，英国还提议创建一个监管机构来收集信息并监督执行，不少欧洲国家以及奥斯曼帝国对此也并不感冒。[58]

尽管规定了许多反奴隶制的条款，但是《布鲁塞尔公约》却展现了国家主权至上的观念。《布鲁塞尔公约》的主要条款在落实的时候总是会加上"尽可能地"。《布鲁塞尔公约》在序言中承诺要推动非洲的文明进步，但是它并不反对以废止奴隶贸易为由，通过武力去征服他国。为了加快殖民地经济的发展，公约也没有阻止对土著居民的大规模的强制劳役。[59] 讽刺的是，废除非洲的奴隶制之努力却导致了新型的奴隶制之出现——强制劳役和剥削压迫。

（三）一战之后

一战之后，国际化的反奴运动进入到了一个新的阶段。随着传统奴役制度逐渐退出历史舞台，在国际联盟的支持下，一项新的反奴公约取代了之前的《柏林公约》和《布鲁塞尔公约》。1926 年的《禁奴公约》（The Slavery Convention of 1926）旨在全面终结不文明世界的奴隶贸易，它还要求缔约国"从各个方面"禁止奴隶制，包括拐卖儿童、纳妾、卖身抵债以及强制劳役。[60] 把强制劳役算作奴隶制遭到了抵制，理由是会侵犯国家主权，所以公约起草人就把皮球踢给了国际劳工组织。1926 年的《禁奴公约》取代了所有先前关于奴隶制和奴隶贸易的条约。法国在过去的一个世纪里概不接受搜索权，这次则依然反对把海上奴隶贸易等同于海盗。[61]

奴隶制现在被定义为"对一人行使附属于所有权的任何或一切权力之地位或状况"。这个基本定义至今没有改变。当 1956 年的《补充公约》（The Supplementary Convention of 1956）[62]对 1926 年的《禁奴公约》进行修改时，其也没有改变这个关于奴隶制的定义。该公约只要求各国废除相关的债务奴役制或者农奴制、买卖妇

---

〔58〕 S. Miers, *Britain and the Ending of the Slave Trade* (Africana Publishing New York 1975) ch 6.

〔59〕 S. Miers, *Slavery in the Twentieth Century* (Altamira Press New York 2003) at 20 – 25.

〔60〕 Convention to Suppress the Slave Trade and Slavery（达成于 1926 年 9 月 25 日，于 1927 年 3 月 9 日正式生效）60 LNTS 253。

〔61〕 同上，第 124—126 页；R. C. Redman, 'The League of Nations and the Right to Be Free From Enslavement: The First Human Right To Be Recognized as Customary International Law' (1994) 70 *Chicago-Kent Law Review* 759 – 802。

〔62〕 Supplementary Convention on the Abolition of Slavery, the Slave Trade and Institutions and Practices Similar to Slavery（签订于 1956 年 9 月 7 日，于 1957 年 4 月 30 日正式生效）266 UNTS 3。

女制,以及通过继承或其他任何方式以剥削为目的而拐卖儿童之行为。[63]

在两次世界大战期间,包括美国在内的大多数国联成员都签署了1926年公约。这是第一个既针对奴隶制又反对奴隶贸易的国际条约。该公约所使用的模糊术语——比如"一切形式"——让"奴隶制"成为一个开放性的概念,这些术语现在都成为了对是否属于"类似奴隶制"的判断标准。就其签订背景而言,该公约旨在彻底消除世界各地的奴隶贸易和奴隶制之余孽,哪怕这些国家已经承诺要废除奴隶制,所以它仍然被视为一种由欧洲主导的方案,并凌驾于不文明国家的主权之上。殖民列强于1926年向国际联盟提交的报告中对本国歌功颂德,并认为自己以开明的统治促进了人类的自由。面对土著人的愚昧、懒惰以及落后的文化,他们的帝国主义依然结出了累累硕果,所以他们倍加欢欣鼓舞。正式废止奴隶制如今成为了国际法公认的组成部分,在不久的将来,该制度就将彻底消亡。[64]

912

对于任何一位国际法的研习者而言,既然已经签订了1926年的《禁奴公约》,那么奴隶制的下一段历史则是不可思议的。在二十年间,欧洲中心出现的"各种形式的"奴隶制之规模比一个世纪之前的美洲还要庞大。1931年,重现于苏联的劳役集中营——就是后来所谓的古拉格群岛(Gulag Archipelago)——引起了英国上议院的关注。数百万的奴役劳工被赶到了横跨欧亚大陆数千英里之外的集中营。纳粹统治下的欧洲所奴役的劳工之规模更是有过之而无不及,西至大西洋沿岸,东抵苏联腹地,都成了奴役的世界。在1939年入侵波兰之后,德国立刻根据征服者的单边条款把强制劳役变成了一项基本义务。在接下来的四年中,大约有1200万外国人被掠至德国参加劳动。这并不包括在德意志第三帝国官方边境之外的为德国军队、政府以及民间机构强制服役的劳工,或者在纳粹死亡集中营和劳改集中营中服苦力的成千上万的犹太人、罗马尼亚人以及东欧人。[65]

对纳粹德国所推行的奴役制,只有历史上的古罗马奴隶制能够与之相提并论。

---

[63] D. Weissbrodt and Anti-Slavery International, 'Abolishing Slavery and its Contemporary Forms' (2002) UN Doc HR/PUB/02/4;亦见 J. Allain, 'A Legal Consideration "Slavery" in the Light of the Travaux Préparatoires of the 1926 Convention' (paper delivered at WISE Hull 23 November 2006) at 4。

[64] D. B. Davis, *Slavery and Human Progress* (OUP New York 1984) at 311.

[65] 同上,第309—315页;以及 *Abolition* (n 11) 426 - 449。

罗马因不断扩大的对外战争而导致其公民的负担日益加重,所以被奴役的俘虏就填补了公民-士兵外出作战所留下的空白,成为了替代的劳动力。相同的军国主义、易受奴役以及经济因素在 20 世纪的中欧死灰复燃。随着 1400 万德国人被征召到了前线,大量的劳工必须及时填补这个空白。在五年的时间中,被强掠至德国的欧洲劳工在人数上并不亚于四百年间通过奴隶贸易被拐至美洲的非洲人。[66]

德国人公开地将劳工比作奴隶。纳粹在观念上认为,超过 2 亿的欧洲人在种族上注定要成为奴隶或者直接被灭绝。德国领导人直截了当地表示他们对欧洲的征服就是为了捕获奴隶。1942 年,海因里希·希姆莱(Heinrich Himmler)对党卫军高级军官说道:"我们的集中营需要塞满奴隶——我觉得我的意思表达得非常清楚——还需要劳工,让他们来修建我们的城市、我们的村庄以及我们的农田,不用考虑任何成本。"劳工组织的负责人们当然知道纳粹的暴行已经偏离了国际法刚刚设定的轨道。实际上,关于被纳粹粗暴对待的那些人,不论被当成劳工还是直接屠杀,历史学家只能发明一个新的概念——种族灭绝——一个比"奴隶制还要残酷"的新类型。[67]

交战的双方——无论是德国、日本还是苏联——复活了战俘可被奴役的古代传统。同古罗马有所不同,欧洲东部(或者亚洲)的战俘既不能出售给个人,也不能成为士兵的合法战利品。相反,战俘和难民被送到集中营或工厂,并像奴隶一般地工作直至死亡。公元 1945 年以后,苏联拒绝遣返数以万计(或更多)的德国战俘和其他在战争期间被缉获的战俘,甚至到了 20 世纪 50 年代,苏联古拉格集中营中仍然存在着大量的奴隶劳工。这种行为显然违反了国际法和战争法,但是没有国际组织调查此事,也没有任何力量能够左右苏联的政策。

七、战后

二战结束之前,盟军就明确表示将会以战争罪名起诉敌犯。为了将那些犯下奴役以及其他罪行的战犯绳之以法,美国、英国、苏联以及法国于 1945 年 8 月成立

---

[66] *Slavery and Human Progress* (n 64) 430 - 431.

[67] B. Ferencz, *Less Than Slaves：Jewish Forced Labor and the Quest for Compensation* (Harvard University Press Cambridge MA 1979).

了一个国际军事法庭。在 1945 年 10 月的一场最著名的审判中,德国领导人被控犯下"反人类罪",因为他们违反了德国作为缔约国而参加的 1926 年的《禁奴公约》。[68] 由于没有前例可供参考,所以新成立的联合国组建了审判庭。

被告们自认为自己是种族革命的企划人和推动者。一个多世纪以来,废奴主义者、革命家以及帝国主义的拥护者都一致谴责奴隶制,尽管种族优劣论很有市场。可是德国领导人却不肯接受这种观点,哪怕他们明明知道这种大规模的奴役和种族灭绝会让他们倾家荡产。在纽伦堡审判中,希特勒政府的劳动力调配全权总代表弗里茨·绍克尔(Fritz Sauckel)被提起公诉,因为他涉嫌主导了一场使超过 500 万劳工被驱逐的募工计划,"很多人因此颠沛流离,痛不欲生"。绍克尔辩称,他曾私下提醒希特勒注意这种募工计划已经违反了国际法。[69]

毫无疑问,欧洲内部奴隶制的复活是对战前国际法文明限制论的一次毁灭性打击。重要的是,在对战争的反思之下,奴隶制成为了 1948 年的《世界人权宣言》中所列的第一项侵犯人权的行为。[70] 随着越来越多的呼吁,联合国大会于 1948 年时作出决议,要建立一个国际法庭,以用于审判违反国际法的特定犯罪。经过多年的讨价还价,《国际刑事法院罗马规约》(the Rome Statute of the International Court)[71]终于建立了这个法庭。国际刑事法庭很快就表示禁止奴隶制是("各国对国际社会所承担的")两个具体责任之一("源于人权法")——因为国际社会是一个整体。[72]

20 世纪 90 年代,国际法关于奴隶制的规制又增加了一个新的维度。在美洲推动奴隶解放的过程中(美国是主要的例外),奴隶主会因财产损失而获得补偿。补偿的方式一般为二选一——国家对其提供一段时间的免费劳动力或者直接对其发放现金。逐步解放方案则为被解放的奴隶或出生为自由身的奴隶子女提供了一

914

---

[68] Convention to Suppress the Slave Trade (n 60).

[69] *Abolition* (n 11) 449.

[70] Universal Declaration of Human Rights(于 1948 年 12 月 10 日被采纳)UNGA Res 217 A(III)(UDHR) art 4.

[71] Rome Statute of the International Criminal Court (达成于 1998 年 7 月 17 日,于 2002 年 7 月 1 日正式生效) 2187 UNTS 90。

[72] *Barcelona Traction*, *Light and Power Company*, *Limited* (*Belgium v. Spain*) (Second Phase, Judgement) [1970] ICJ Reports 3 para 34.

个过渡期,他们或者做契约劳工,或者当"学徒"。奴隶主也会因劳动力的损失而获得国家赔偿。甚至在海地,政府最后还是同意就1791年至1804年的革命期间之损失向法国奴隶主的后裔提供补偿。[73]

在20世纪末,受纳粹奴役的欧洲受害者以及受日本奴役的西方战俘和韩国劳工开始要求私人公司和德日政府提供赔偿。原告的索赔请求试图填补由纽伦堡法庭所开创的国际制裁所留下的空白。国际刑事法庭可以审理国家机构所犯下的反人类罪行,但是它却拿银行家没有办法,尽管后者曾资助各类公司售卖铁丝网、生产毒气或者使用无偿劳工。原告们则寻求制定类似的法律规范模式,从而杜绝任何人从反人类罪行中获利的可能性。和往常一样,只有政府的强制力以及原告律师雄辩的辞令才可能推动此类索赔获得进展。当然,这种后大屠杀时代(post-Holocaust)的诉讼模式究竟应参考跨大西洋奴隶贸易时代还是亚非奴隶制时代则有待观察。[74]

八、结论

过去五个世纪以来,奴隶制和奴隶贸易在国际法的形成和转型中发挥了重要作用。古代的万民法认为奴隶制是一种合法的制度,在法律话语的表达上,奴隶制的地位在慢慢改变。在公元1450年之后的四个世纪里,欧洲的一些大城市开始在其统辖范围之内不再适用万民法关于奴隶制的规定。但是,与此同时,欧洲人却在新大陆创建并营造了一个全新的奴隶帝国。法学家们为了论证这种分裂的合理性而创造了诸多理论,他们谴责奴隶制"超越了底线",并进而主张欧洲内部要消灭这种制度。美国、法国和海地的革命以及更为重要且温和的英国废奴革命慢慢地消解了欧洲奴隶帝国的地理、制度以及文化基础。大西洋革命之后的一个世纪里,奴隶制帝国变成了反奴隶制帝国。在国际法中,反奴隶制变成了文明的试金石,虽然它在慢慢地消灭个体奴役制,但是却助长了集体奴役制的发展。一战之后,

---

〔73〕 S. L. Engerman, *Slavery, Emancipation and Freedom: Comparative Perspectives*（Louisiana State Press Baton Rouge 2007）ch 2.

〔74〕 B. Neuborne, 'Holocaust Reparations Litigation: Lessons for the Slavery Reparations Movement'（2003）58 *New York University Annual Survey of American Law* 615 - 622;以及 S. L. Engerman, 'Apologies, Regrets and Reparations'（2009）17 *European Review* 593 - 610。

奴隶制似乎已经寿终正寝。

　　下一个阶段的重大变化则是奴隶制意外地在欧洲腹地死灰复燃。二战之后，19 世纪的欧洲扩张主义者所发明的"文明"阶层论被钉在了历史的耻辱柱上。仅仅只有个体自由以及权利和义务的平等是不够的，在其形成和发展的过程中，还需要国家层面的独立以及权利和主权的平等，他们都是国际法的组成部分。废止奴隶制依然是国际法处于转型中的象征，既是动力，也是警示。

推荐阅读

Bethell，Leslie 'The Mixed Commissions for the Suppression of the Transatlantic Slave Trade in the Nineteenth Century' (1966) 7 *Journal of African History* 79 – 93.

Davis，David B. *The Problem of Slavery in Western Culture* (Cornell University Press Ithaca Ithaca NY 1966).

Davis，David B. *Slavery and Human Progress* (OUP New York 1984).

Drescher，Seymour *From Slavery to Freedom：Comparative Studies in the Rise and Fall of Atlantic Slavery* (New York University Press New York 1999).

Drescher，Seymour *Abolition：A History of Slavery and Antislavery* (CUP New York 2009).

Eltis，David *Economic Growth and the Ending of the Transatlantic Slave Trade* (OUP New York 1987).

Engerman，Stanley L. *Slavery，Emancipation and Freedom：Comparative Perspectives* (Louisiana State Press Baton Rouge LA 2007).

Engerman，Stanley L. 'Apologies，Regrets and Reparations' (2009) 17 *European Review* 593 – 610.

Ferencz，Benjamin B. *Less Than Slaves：Jewish Forced Labor and the Quest for Compensation* (Harvard University Press Cambridge MA 1979).

Finkelman，Paul *An Imperfect Union：Slavery，Federalism and Comity* (University of North Carolina Press Chapel Hill NC 1981).

Finkelman，Paul 'The American Suppression of the African Slave Trade：Lessons on Legal Change，Social Policy，and Legislation' (2009) 42 *Akron Law Review* 433 – 467.

Finley，Moses I. *Ancient Slavery and Modern Ideology* (Penguin Books New York 1983).

Martinez，Jenny S. 'Antislavery Courts and the Dawn of International Human Rights Law' (2008) 117 *Yale Law Journal* 550 – 641.

Maxwell，John F. *Slavery and the Catholic Church* (Barry Rose Chichester 1975).

Miers，Suzanne *Britain and the Ending of the Slave Trade* (Africana Publishing New York New York 1975).

Miers，Suzanne *Slavery in the Twentieth Century* (Altamira Press New York 2003).

Peabody, Sue ' *There are No Slaves in France* '. *The Political Culture of Race and Slavery in the Ancien Régime* (OUP New York 1996).

Quirk, Joel and David Richardson ' Anti-slavery, European Identity and International Society. A Macro-historical Perspective' (2009) 7 *Journal of Modern European History* 68 – 92.

Redman, Renee C. 'The League of Nations and the Right to Be Free From Enslavement. The First Human Right to Be Recognized as Customary International Law' (1994) 70 *Chicago-Kent Law Review* 759 – 802.

Rotman, Youval Byzantine *Slavery and the Mediterranean World* (Harvard University Press Cambridge MA 2009).

第三十八章　文明的与不文明的

利利阿纳·奥夫雷贡(Liliana Obregón)

一、引言

"文明"这个成型于 18 世纪的词具有复杂的历史、多重的含义,以及很多过时的观念。[1] 该词通过描述社会自我理解的"文明"以评价那些他们所认为"半开化""野蛮"或"未开化"的一个过程、目标、标准、事实或典范。"文明"是了解 19 世纪的虚构的政治共同体之价值及其同国际法关系的核心概念。

同 19 世纪的其他重要概念一样,"文明"同进步的观念以及各国不同发展阶段的理论密切相关。"文明"一词的使用在欧洲知识分子阶层之间得到快速传播,在他们看来,欧洲以及其他社会有着最高的社会复杂性,而处于最下层的就是那些"半开化"民族,如果他们遵循某种价值观,那么他们也可能获得文明,但"野蛮人"被宣告永远不能获得文明。

作为一个具有政治时效性的概念,其随着新的"期待视野"(horizons of expectations)的出现[2]而发生了改变。关于"不文明的"社会通过怎样的价值观或方法才能变得"文明"的问题,那些自认为"文明的"社会却并没有形成一致的看法。

---

[1] 参见 B. Bowden, *The Empire of Civilization*: *The Evolution of an Imperial Idea* (The University of Chicago Press Chicago 2009)。

[2] R. Koselleck, *Futures Past*: *On the Semantics of Historical Time* (Columbia University Press New York 2004) at 160.

"文明"被赋予了多重内涵,从而使其成为烦扰国际法史的一个持久的、无处不在的,且不可回避的概念。[3] 而且,国际法承载着重要的任务——宣告文明的最终产品,以使之成为一个能给世界带来进步与和平的乌托邦式的跨国法律体系。

19世纪时,"文明"与"不文明"这对互为反义词的形容词出现在了公法学家的学说、司法判决、条约以及机构档案之中。他们被用来描述和评价种族、民族或者国家之与主权的关系。当文明/不文明被适用于国际法时,世界被简化为两部分。当"文明"被用来描述一个种族、民族或者国家时,它由作为其对立面的"不文明"构成。文明的社会——即那些被赋予文明的社会——被视为国际法的适格主体;不文明的社会——即那些欠缺文明的社会——被排斥于国际法之外。

这种标签式的概念也有其积极和正面的意义,即在没有自然干扰的情况下,通过人类的智力和劳动以实现共同繁荣之可能性。这种前瞻性的运动使规范性结果的可接受性和可持续性成为可能。[4] 但是,其不足之处是,那些以为自己"文明的"群体打着自认为正义的教化使命去奴役、征服和统治那些"不文明"的群体,或者使其屈服于持久、稳固和分等级的法律、经济、社会以及/或政治关系之中。

一方面是积极和进步,另一方面则是消极和倒退,这种二元分立使得他们之间不存在比较或相互认同的可能性,从而也给国际法的普遍适用性原则和国家的平等性造成一种内在的矛盾。这些描述表明,不同地域和不同时代的情况各不相同,因而基于此情况下的诉求既难以解决,也前后不一。[5] 通过排除"不文明的"政治或社会组织,让国际法的领域只有"文明"国家才能够进入。那些"不文明的"群体之反抗或政治行动都会使他们处于非法、反动、野蛮或者至少是边缘的地位。[6]

二、16世纪与17世纪的基督徒和无信仰的野蛮人

19世纪时的文明与不文明之分立可以从16世纪与17世纪的基督徒与非基

---

〔3〕布雷特·鲍登(Brett Bowden)关于文明的四卷本的文献汇编也显示了其对人文社会科学史的重要性。参见 B. Bowden (ed.) *Civilization* (4 vols Routledge New York 2009)。

〔4〕J. Fisch, 'Zivilisation, Kultur' in O. Brunner, W. Conze, and R. Koselleck (eds) *Geschichtliche Grundbegriffe: Historisches Lexikon zur politisch-sozialen Sprache in Deutschland* (Klett-Cotta Stuttgart 1992) vol 7, 679 – 774。

〔5〕*Futures Past* (n 2) 156.

〔6〕*Futures Past* (n 2) 158.

督徒之划分中找到先例。随着欧洲人征服并殖民美洲大陆及其人民,基督教世界的法律和道德观受到了新的规范性问题的挑战。在《论最近发现的印第安人和西班牙人对野蛮人的战争法》(*On Recently Discovered Indians and On the Law of War Made by the Spaniards against the Barbarians*)这份讲义中,弗朗西斯科·德·维多利亚(Francisco De Vitoria,1483 – 1546 年)建议西班牙王室将印第安人纳入神学研究和西班牙主权(支配权)问题的视野之下。[7] "所有的争议……都已经出现了",维多利亚指出,"因为这些新大陆上的野蛮人——通常叫做印第安人——已经被西班牙人征服了四十多年的时间,但是在此之前,我们对他们一无所知"[8]。

维多利亚把印第安人认定为居于西班牙人世界之外的野蛮人,这是一种基于高贵、聪慧、善良和神圣的希腊人和野蛮、低能且不能说希腊语的无逻辑唠叨者的分类之上的亚里士多德式的区分。[9] 在古希腊时期,道德和法律秩序的基础是由高尚之士组成的社会和文化的统一体,这些人遵守基本规范(*prima praecepta*)以追求幸福生活(*eudaimonia*),乃至实现人生的最高境界(*telos*)。[10] 基本规范用来区分善和恶,以及涉及从禁止杀人、盗窃或通奸到饮食、沟通或衣着等行为规范。野蛮人则是无法获得幸福的外来人,因为他们被认为缺乏语言能力、不会建造、不居住于城市、或不遵守基本规范。[11]

和亚里士多德一样,维多利亚的普通法律/道德秩序(万民法)被划分为两个世界,即"我们的世界"中的西班牙人是"我们",新大陆上的野蛮人或印第安人是"他们"。但是,这两个世界及其人民被假设处于同一个基督教世界和一个独特的规范性的道德或法律秩序中。对于基督徒而言,非基督徒就是外来人,就像原始人一样,其以"不文明的"方式表现粗鲁,且他们因崇拜邪神和对上帝律法的无知而无法取得进步。[12] 然而,同希腊人不同的是,基督徒允许异教徒通过洗礼来进入他们

920

---

[7] A. Pagden, *The Fall of Natural Man*:*The American Indian and the Origins of Comparative Ethnology* (3rd edn CUP Cambrige 1990) at 64.

[8] F. de Vitoria, 'On the American Indians' in A. Pagden and J. Lawrance (eds) *Vitoria*:*Political Writings* (CUP Cambrige 1991) 231 – 292 at 233.

[9] *The Fall of Natural Man* (n 7) 16.

[10] 同上,第 69 页。

[11] 同上,第 94 页。

[12] *The Fall of Natural Man* (n 7) 20 – 24.

的世界。一旦野蛮人受洗,其就会脱离野蛮的生命,进而可在上帝的律法之下过上合乎道德的生活,并获得所有基督徒的终极追求,即上帝的荣耀。[13]

西班牙人之所以将自己同野蛮人进行区分是为了明确统治的边界。[14] 维多利亚认为,印第安人"并非彻底的愚钝",因为他们"对事物有着精确的观念",而且在婚姻仪式、家庭生活、法律制度以及地方法官等方面均秩序井然。但是,维多利亚认为,印第安人仍然是野蛮人,因为他们缺乏"文字、艺术、手工艺、系统化的农业、制造业以及其他……可为人类所使用的东西"。[15] 而且,由于教化不足且崇拜邪神,在自我管理或饮食方面,印第安人"与野兽无异"。维多利亚总结道,更加睿智的西班牙人有义务对印第安人提供基督教式的教育和施洗,并管理他们的国家。[16] 教化和皈依并没有使印第安人获得平等的对待,因为他们依然作为被教化的对象而处于西班牙人的统治之下。

三、人文主义的 18 世纪与文明的启程

"文明"这个概念在 18 世纪时登上了历史舞台,"文明的/不文明的"这对形容词也通过启蒙运动的语言而进入了法律的话语。克里斯蒂安·沃尔夫(Christian Wolff,1679 - 1754)在其《国际法》(*Jus Gentium*)一书中把文明国家界定为应符合如下标准:理性、文雅、有教养、完美的理智德性和受过训练的思维。野蛮国家则缺乏智慧,遵从"他们的自然倾向和厌恶情绪"。对于沃尔夫而言,基督徒和基督教民族有了一个新的目标,即变得文明并"为之付出所有"。[17]

后来,伊曼努尔·康德(Immanuel Kant,1724 - 1804 年)在《永久和平论》(*Perpetual Peace*)中指出,"种族和民族被视为国家"且可被当成"类似个体的人"来评判,即他们要么是"野蛮的",要么是"文明的"。文明的民族制定宪法、崇尚"理

921

---

〔13〕 *The Fall of Natural Man* (n 7) 21.

〔14〕 A. Anghie, 'Francisco de Vitoria and the Colonial Origins of International Law' in E. Darian Smith and P. Fitzpatrick (eds) *Laws of the Postcolonial* (The University of Michigan Press Ann Arbor 1999)89 - 108.

〔15〕 'On the American Indians' (n 8) 290.

〔16〕 同上,第 290—291 页;亦见 *The Fall of Natural Man* (n 7) 79 - 93。

〔17〕 C. Wolff, *Jus Gentium Methodo Scientifica Pertractatum* (Oceana Publications for Carnegie Institution Washington 1964) at 33.

性自由",且"依靠自律以形成法律的约束",通过宪法来避免"互相伤害"有利于维护自身的安全。但是,原始国家无意于制定宪法,而是安享于他们的"野蛮状态"以及"无法无天的自由……从而陷入彼此无休止的冲突之中"。文明国家对野蛮国家"极为不屑",并将他们的状况描述为"野蛮、劣等,是一种人性的野蛮堕落"。康德为文明国家所设定的目标比沃尔夫更进一步,即"一个由不同民族所组成的不断壮大的国家(即世界国家[*civitas gentium*]),且最终将涵盖全世界的所有民族"。康德意识到所谓的世界国家是一个不切实际的目标,因此他也提出了更多可行的,并且通过文明过程可达到的替代方案:一个国家联盟、自由国家的邦联,或者可限制及避免战争的联盟。[18]

四、19 世纪与 20 世纪早期的教化使命

整个 19 世纪与 20 世纪初成为"文明的"和"不文明的"这对概念在其与国际法——特别是与承认主义以及为欧洲的"教化使命"推行一项内在标准——的关系上进行使用的缩影。

(一)废除奴隶贸易的宣言

列强于 1815 年颁布的废除奴隶贸易的宣言是确定文明国家的首批国际文书之一,其表明"在古往今来的正义之人和有识之士看来,这项通称为'奴隶贸易'的商业活动违背了人性原则和普适道德",并且违背了所有文明国家内的民意,因此亟需尽快对其予以抑制。[19] 这份宣言把"基督教列强"和"欧洲国家"视作"文明国家"。按照文本,"古往今来的正义之人和有识之士"以及"所有文明国家的民意"都认为奴隶贸易——未必是奴隶制——违背了人性原则和普适道德。[20]

922

---

[18] I. Kant, 'Perpetual Peace' in Hans Reiss (ed) *Kant's Political Writings* (CUP Cambrige 1996);也请参见本书中由波琳·克莱因盖尔德(Pauline Kleingeld)撰写的第五十四章"伊曼努尔·康德(Immanuel Kant,1724 - 1804 年)"。

[19] Congress of Vienna, 'Déclaration des Puissances sur l'abolition de la Traité des Nègres (8 février 1815)' in *Congrès de Vienne：Acte principal et traités additionnels, édition, complète collationnée sur les documents officiels* (Imprimerie de Gerdès Paris 1874) 119 - 120 at 119.

[20] 关于奴隶制和国际法,请参见本书中由西摩·德雷舍(Seymour Drescher)与保罗·芬克曼(Paul Finkelman)撰写的第三十七章"奴隶制"。

（二）新国家的承认

进入 19 世纪以后,新成立的美利坚合众国试图加入"文明国家的共同体"以争取使其独立地位得到承认。一个未获承认的前殖民地会被当成一个原始的或野蛮的政体。因此,获得欧洲国家的承认——特别是获得其"母国"的承认——有两个用途,即避免其再殖民地化以及为缔结商业条约留出余地。美国(1787 年)、海地(1805 年)以及美洲的前西班牙殖民地(公元 1811 年之后)的首部宪法均表示他们并非"无法无天的原始国家",所以他们要组建自己的政府。[21]

美国的国父们把国际法的原则直接写入宪法,以此来标榜他们的制宪会议乃文明之举。[22] 法国于 1777 年承认美国独立,英国和荷兰于 1782 年也对此予以承认,紧接着就是西班牙、瑞典和丹麦纷纷效仿。然而,因为奴隶制以及新国家中被观察到的种族构成问题,美国对其美洲邻国的承认颇为复杂。

事实上,在 1791 年,法国殖民地圣多米尼克有 50 万奴隶起义,他们宣布解放自己以及为独立而奋斗,他们连续十几年抗击西班牙、英国和法国的军队。1802年,为了夺回殖民地并且恢复奴隶制,拿破仑·波拿巴发动了最大的一次军事行动,但是却未能如愿。于是,起义的奴隶们便宣布独立,并将他们的国家重新命名为"海地"。这样一来,海地就成为了整个美洲大陆上仅次于美国的独立国家,但是各国对海地的承认却颇为曲折。

923

1804 年的海地《独立宣言》与 1805 年的首部宪法颠倒了文明/野蛮的标签,即法国人被描述为"剥削我们达两个世纪的野蛮人",而海地人民则是"一个自由、文明且独立的民族"。这两份文件声称"将与法国人不共戴天",而且把法国的语言、习俗以及律法比喻成一种野蛮的入侵,与之相比,"永远"废除奴隶制的海地人却是伟大的人民,而且他们还把自己界定为"黑人",所以任何"白种"男性将来都不可能获得财产的所有权。

---

〔21〕R. Gargarella, *The Legal Foundations of Inequality: Constitutionalism in the Americas*, 1776 - 1860 (CUP Cambrige 2010); J. Gaffield, 'Complexities of Imagining Haiti: A Study of National Constitutions 1801 - 1807' (2007) 41 *Journal of Social History* 81 - 103; D. M. Golove and D. J. Hulsebosch, 'A Civilized Nation: The Early American Constitution, the Law of Nations, and the Pursuit of International Recognition' (2010) 85 *New York University Law Review* 932 - 1066.

〔22〕'A Civilized Nation' (n 21).

西语美洲的领袖们钦佩海地人竟然能打败欧洲强敌,但同时也极度担心他们的国家会变成下一个"海地",这一点在西蒙·玻利瓦尔(Simón Bolívar)邀请各国参加 1826 年的巴拿马大会这个问题上表现得非常明显。这次大会旨在联合新独立的国家以增强地区影响力,从而寻求获得西班牙的承认。大多数新国家均反对邀请海地参会,他们认为这相当于在事实上承认了海地的国家地位,且如此一来将会给西语美洲的独立事业带来负面影响,"只有文明国家才会……按套路出牌",所以它将"在这个大陆上煽动一场灾难性的种族革命"。[23] 他们也不想引起美国代表的反感,美国代表反对海地与会,因为奴隶制和奴隶贸易对于美国经济而言是十分重要的。

法国于 1834 年承认海地独立,但只是为了换取于 1826 年达成的海地向法国种植园和奴隶主支付 1.5 亿法郎的赔偿协议。[24] 美国在 1862 年的内战之后承认了海地,巴西于 1865 年也承认了海地,而后,西语美洲国家才陆续对海地予以承认。1934 年,墨西哥成为最后一个承认海地的美洲国家。[25]

西语美洲国家所关心的是他们的文明地位将如何影响对他们的承认,并指望通过各种方式对此加以证明。比如,西蒙·玻利瓦尔(1783—1830 年)促进政府和机构组织原则的统一就是为了向西班牙和其他欧洲国家证明他们的稳定性以及文明开化的程度。安德雷斯·贝略(Andrés Bello,1781—1865 年)则提倡研习国际法以及(西语)美洲文学、语法和法律以"达到文明",从而实现西班牙人未竟的事业。[26]

(三)"文明"的定义

19 世纪后半叶,国际法继续以文明的形象出现。在 1885 年出版的《国际公法

---

[23] 引自 P. Verna, *Petión y Bolívar:Cuarenta años(1790‒1830)de relaciones haitianovenezolanas y su aporte a la emancipación de Hispanoamérica*(Ministerio de Educación—Dirección General Departamento de Publicaciones Caracas 1970).

[24] 在首次违约之后,海地随即就被迫向法国银行(以及后来的美国银行和德国银行)贷款,以将赔偿转换为"双重债务"。海地花了一个多世纪才付清了对法国的赔偿债务。

[25] I. M. Wallerstein,*The Modern World-System*(University of California Press Berkeley 2011)fn 308.

[26] L. Obregón,'Construyendo la región americana:Andrés Bello y el Derecho Internacional' in B. González Stephan and J. Poblete(eds.)*Andrés Bello y los Estudios Latinoamericanos*(IILI University of Pittsburgh 2009)189‒218.

词典》(*Dictionnaire de droit international public et privé*)中,卡洛斯·卡尔沃(Carlos Calvo,1824—1906 年)把"文明"定义为:

> 人的社会状态,与野蛮相对。文明是工业、艺术、科学、文学、道德和宗教相互作用的结果,一言以蔽之,文明能够影响到人的精神,有助于发挥其潜能,并满足其基本需求和福祉。国际法是文明最珍贵的成果之一,因为它已成为社会组织的基础之一,而且也是人类迈向大同世界的必备要素。[27]

在卡尔沃看来,文明国家之所以"赋有"文明是因为他们"乃礼仪之邦,接受过特定的道德、政治和经济教育",而且"整个社会建立在稳定和理性的基础之上,以有序、公正和人性为基本原则"。由于"同野蛮或原始之民族截然相反",所以文明国家有着特定的使命,即"教化和指导,总之就是促成原始人的文明开化,尽可能地扩展文明国家的领土,以及在野蛮地区组建文明的政体"。尽管如此,此处还是加上了一个限制,即"文明国家无权驱逐原始人或野蛮人,无权消灭他们,也无权把他们赶尽杀绝或者夺走他们居住的土地"[28]。

19 世纪末的拉丁美洲、日本、中国、奥斯曼帝国以及其他边缘地区的法学家们通过援引卡尔沃的定义而把他们的国家纳入到了文明的世界之中,但与此同时,他们也利用文明使命来征服并控制他们本国区域之内的"不文明民族"。[29] 作为边缘世界的法学家,日本人千贺鹤太郎(Tsurutaro Senga,1857 - 1929 年)对文明的话语提出了富有远见的批判:

> 每个宗教派别或哲学流派都有其珍视的文明观。当欧洲国际法学家提到"文明"或"文明国家"时,他们的出发点也都是来自于其特有的世界观。[30]

---

〔27〕C. Calvo, *Dictionnaire de droit international public et privé* (Puttkammer & Muhlbrecht Berlin 1885) vol 1, at 149 (重点补充)。

〔28〕同上,第 148 页。

〔29〕A. Becker Lorca, 'Universal International Law: Nineteenth-Century Histories of Imposition and Appropriation' (2010) 51 *Harvard Journal of International Law* 475 - 552 at 497.

〔30〕同上,第 482 页。

(四)《柏林议定书》与文明的裨益

1885 年的《柏林会议关于非洲的总议定书(柏林议定书)》标志着 19 世纪的终结。这份文件展现了反映 19 世纪时构成文明与不文明关系的殖民话语,尽管它有着多种文明观且欠缺一致的标准。《柏林议定书》的缔约国一致同意"确定发展非洲某些地区的贸易和文明的最惠条件",并且 925

> 有责任时刻关心和保护土著居民,改善他们生活的精神和物质状况,并且保护和协助……制度或措施……以便使土著人能够理解和重视文明的裨益。[31]

非洲的"特定地区"被认为是可以被占领的自由区域,因为那里还处于不文明的状态,或是因土地"空置"而不可能被视为一个国家。[32]《柏林议定书》以文明使命为手段而将占领合法化,所以在"瓜分"非洲的过程中,它把欧洲的私人利益擢升为公共利益。"文明的裨益"将惠及保护国,这样一来,就无需全面而正式的统治了。没有确定的领土规则也就不存在违反规则的可能性,而且同时也否定了土著人的主权诉求。[33]

(五) 国际常设法院中的文明国家

1920 年,国际联盟理事会任命一个由法学家组成的委员会起草国际常设法院的规则和规约。尽管规约第 38 条——今天依然有效——授权法官在审理案件时可以适用"为文明国家所承认的基本法律原则",但起草委员们对文明和文明国家的概念依然抱有不同的看法,且他们也没有解释这些概念。[34] 在委员会报告起草

---

〔31〕 General Act of the Conference at Berlin (签订于 1885 年 2 月 26 日) (1885) 165 CTS 485。该议定书由英国、奥匈帝国、比利时、丹麦、法国、德国、意大利、荷兰、葡萄牙、俄罗斯、西班牙、瑞典、挪威、土耳其以及美国代表联合签署。

〔32〕 M. Koskenniemi, *The Gentle Civilizer of Nations: the Rise and Fall of International Law, 1870–1960* (CUP Cambridge 2002) at 121–127.

〔33〕 J. Fisch, 'Africa as Terra Nullius: The Berlin Conference and International Law' in S. Forster, W. Mommsen, and R. Robinson (eds.) *Bismarck, Europe, and Africa: the Berlin Africa Conference 1884–1885 and the onset of partition* (OUP Oxford 1988) 347–375.

〔34〕 League of Nations, Advisory Committee of Jurists, *Procès-verbaux of the Committee, June 16th–July 24th 1920, with Annexes* (Van Langenhuysen The Hague 1920).

人莱昂·布儒瓦（Leon Bourgeois，1851－1925 年）看来，"进步与文明日益相互依存，而且对政治、经济、金融以及社会问题的监管对于每个和所有国家的和平与繁荣而言都是不可或缺的"[35]。布儒瓦视国际法为文明的终极标志，而国际法院则是实现这一目标的新工具。国际法院将会执掌"人类的司法权"并成为"正义之王"，"作为最高的司法机构，其判决将在世界各地建立司法主权"。[36] 谈到四年战争的苦难以及数百万人的死亡，布儒瓦认为这是"文明和自由的胜利……被征服的人民已经获得了自由，那些国家也有权获得承认"。布儒瓦希望实现"人类的大同"，在此基础上，未来的国际司法和"普世文明"将不再被区分为"新""旧"两个世界。

　　在委员会主席、比利时代表爱德华·德康（Édouard Descamps，1847－1933年）看来，这个世界之所以被划分为文明的和不文明的，原因在于人们实现法律和正义的程度不同。德康提议第 38 条第 3 款应改为可以授权法官适用"为文明国家法律良知所认可的国际法规则"。[37] 德康觉得势力均衡体系并不可靠且缺乏新意，因而他认为委员会可以基于正义法则来建立一个国际事务的协作体系。这个体系的核心应该是国际法，而英雄将是能够解释源于"文明发自公众良知"的正义原则的"权威法律专家"。德康指出，当一名法官根据传统的规范和习俗未能作出有效裁决之时，他必须适用一般的法律原则与"文明民族的法律良知"，前者来自于"大法官肯特（Kent）"[38] 所阐述的"权威的公法学院"，后者来自于马尔顿斯（Martens）所起草的海牙第二公约。德康认为这样解释会限制法官裁判的随意性，因为"正义与邪恶的基本法则——深深镌刻在每个人的心中——……可以在文明国家的法律良知中找到最完美且最权威的答案"[39]。唯一对德康提出异议的是法

---

[35] League of Nations, Advisory Committee of Jurists, *Procès-verbaux of the Committee*, *June 16th-July 24th 1920*, *with Annexes* (Van Langenhuysen The Hague 1920)，第 9 页。

[36] 同上，第 5 页和第 11 页。

[37] 同上，第 306 页。

[38] 德康提到了詹姆斯·肯特（James Kent）在一个世纪之前所发表的观点，即"……所有文明国家，都不把普通国家的法律和正义放在眼里，随便地就忽略了过往国际法学家的研究成果"。J. Kent, 'Of the Law of Nations: Lecture 1' in *Commentaries on American Law* (O Halsted New York 1826) vol 1, pt 1, 1－20 at 18.

[39] *Procès-verbaux of the Committee* (n 34) 306－311.

国代表阿尔伯特·茹弗罗·德·拉帕瑞德（Albert Geouffre De Lapradelle，1871 - 1955 年），后者认为第 38 条第 3 款可以写上"一般法律原则"，但"文明国家"这个术语却稍显冗余，因为"法律本身就蕴含着文明之意"。[40]

在关于法官提名和遴选的讨论中再次涉及到了"文明国家"的作用。西班牙法学家拉菲尔·阿尔塔米拉（Rafael Altamira）提议，法官应该代表"不同的文明类型"，而这一点需要不同的语言以及"不同的法系类型"来彰显。[41] 德康同意阿尔塔米拉的看法，并且他认为这种修改会增加条款的精确性，因为"区分不同法系的基础在于法律和文明之间的关系，这反映着……一种深植于历史的区别"。[42]

在常设法院法官布儒瓦看来，:

> 在遴选时看重的并非是他的国籍，而是他的个人权威、过往的职业生涯，以及如雷贯耳的知名度。这些法官代表着一种国际主义的精神，在此之下，他们可以在合法的范围内捍卫其"本国的"利益。[43]

美国代表伊莱休·鲁特（Elihu Root，1845 - 1937 年）对此却持不同意见，他坚持认为世界和平是基于"主要大国"与其他国家的共存，而且"从各方面来看，人口、领土、财富、贸易和商业、金融、历史、种族、文明和司法体系、重大利益、区域利益等都要考虑在内……五大国在法庭上都有代表……是十分必要的"。[44] 依鲁特之见，司法平等与基于民族的国计民生的实际利益不平等并不冲突。鲁特认为，他"本着有用的态度，找到了一个文明的方案来解决各方的政治分歧，那就是仿照美国在 1787 年的设计，创设两个议院，一个基于各州平等，一个基于人口规模"。[45]

阿尔塔米拉认为，与会委员所提出的一些建议体现着"某些大国的经验和意愿"，所以应当重视这些建议，因为法院的建立离不开这些大国的支持。然而，阿尔

---

[40] *Procès-verbaux of the Committee*（n 34）335.

[41] 同上，第 370 页。

[42] 同上。

[43] 同上。

[44] 同上。

[45] 同上。

塔米拉仍然认为法官的遴选人数取决于社会舆论以及法官的道德品质,因为弱国唯一的防卫武器就是法律,所以他们更需要正义的实现。阿尔塔米拉最后总结道,实事求是地讲,大国之所以"大",就是因为他们武器先进、经济发展,以及对文明做出了更大的贡献。阿尔塔米拉认为,如果遴选原则只考虑能力和人品本身,那么大国也不用担心,因为他们的文明程度更高,所以理应为常设法院输送更多的人才。[46]

事实证明,国际常设法院委员会是公元 1945 年之前对"文明"和"不文明"这对概念进行过讨论的唯一国际法场合,尽管与会委员们对其含义的个人看法不一。直到 20 世纪后半叶,法律人才开始分析"文明"这一概念在国际法史中的意义、用法及后果。

五、20 世纪关于文明霸权的反思

(一) 战后的文明标准

20 世纪初,两次世界大战的惨剧使得"文明"和"文明国家"的概念受到质疑。1947 年,沙特阿拉伯代表团向《世界人权宣言》起草委员会提出抗议,理由是该委员会"主要采纳的是西方文明所设定的标准,而忽视了更为久远的且经过了历史考验的古代文明",而且委员会也无权去"宣布一种文明优于其他文明或者为世界各国设定一个统一的文明标尺"。[47]

在 1950 年出版的《欧洲公法之国际法中的大地秩序》(*Der Nomos der Erde im Völkerrecht des Jus Publicum Europaeum*)中,卡尔·施密特(Carl Schmitt, 1888 - 1985 年)将"文明"这一概念视为让 19 世纪的历史观黯然失色的一种产物。[48] 施密特指出,从 16 世纪到 20 世纪,

> 欧洲的国际法认为基督教国家创造并代表了一个普适性的全球秩序……文明是欧洲文明的代名词……在这个意义上,欧洲仍然是地球的中心。随着

---

[46] *Procès-verbaux of the Committee* (n 34) 135.

[47] J. Morsink, *The Universal Declaration of Human Rights: Origins, Drafting, and Intent* (University of Pennsylvania Press Philadelphia 1999) at 24.

[48] 参见本书中由巴多·法斯本德(Bardo Fassbender)撰写的第六十四章"卡尔·施密特(Carl Schmitt, 1888 - 1985 年)"。

"新大陆"的出现,欧洲变成了旧大陆。[49]

在施密特看来,"国际法的第一个问题就是,如果说非基督徒和非欧洲人处于文明的低级阶段,那么其是否应该接受处于高级阶段之民族的统治"。[50] 施密特举例指出,对于 16 世纪的西班牙神学家胡安·希内斯·德·塞普尔韦达(Juan Ginés de Sepúlveda,1489–1573 年)和弗朗西斯科·德·维多利亚而言,这就是一个关键问题。这两位神学家都认可对外征服和传教,但是他们却对"人性"有着不同的看法。塞普尔韦达援引亚里士多德的理论来处理土著的品质问题,他认为征服者具有更高级的人性,而美洲土著与原始人和野蛮人无异。通过这种理论,西班牙人取得了侵占领土和征服土著的合法性。[51] 施密特写道:"吊诡的是,正是人文主义学者和人道主义学者提出了这种不近人情的理论,因为人性观本来就具有两面性,所以常常适用于一种令人惊奇的辩证法。"[52]

与之相反,维多利亚却以一种神学的和历史的维度来看待野蛮人和基督徒的区分。施密特指出,不论维多利亚怎么证明土著人野蛮,他都仍然认为土著具有人格,且应当同基督徒享有同等的权利。施密特写道,维多利亚之所以支持征服和殖民并不是因为土著人的野蛮,而是为了论证"正义战争"的合法性。依照万民法,西班牙人有权在新大陆自由通行、自由传教、自由宣讲以及自由贸易,且不受野蛮人的干涉。只有通过正义之师"才能合法地占领和吞并美洲领土,并且合法地征服土著人"。然而,施密特却指出,必须要在其历史背景中审视维多利亚,他不仅是天主教会的代表,还服务于西班牙王室,为他们侵占新大陆的行为树立一种道德(和法律)权威。[53] 施密特写道:"事实上,纵然维多利亚认为印第安人道德低劣,但是到头来,他对征服的看法却是完全正面的。对维多利亚而言,最重要的是基督教化已经成为既成事实而无法更改了。"[54]

929

---

[49] C. Schmitt and G. L. Ulmen, *The Nomos of the Earth in the International Law of the Jus Publicum Europaeum* (Telos Press New York 2003) at 86 (原书重点)。

[50] 同上,第 137 页。

[51] 同上,第 103 页。

[52] 同上。

[53] 同上,第 111 页。

[54] 同上,第 109 页(原书重点)。

在施密特看来,塞普尔韦达或维多利亚为征服而进行的辩护本无可厚非,但是后人对这两位学者的解读却存在问题。在施密特所谓的"人道主义的18世纪",塞普尔韦达对征服者的人性区分变成了非黑即白的二元论,一边是绝对的人性,另一边就是"野蛮"或是新的敌人。从格劳秀斯到沃尔夫的17世纪与18世纪的哲学家将学院派的道德教义发展成一种更为中立的"万民自然法"(*ius naturale and gentium*),该学说不再对信教和不信教进行区分,所以维多利亚的基督徒/非基督徒这种歧视性的道德神学便服务于其他政治目的。

施密特指出,19世纪同16世纪相比,其在思想上发生了深刻的变革,"超人同他的孪生仇敌——非人——一同登上了历史舞台"[55],在历史的思维模式之下,"超人"包括人道主义、文明,以及黑格尔所论证的"唯心主义历史哲学的自我意识之傲慢"。[56] 施密特抱怨道,尽管"维多利亚并没有说一个高级文明、高级文化或文明民族有权统治半开化的或野蛮的民族或者有权促进其'文明'",但是当时的学者却把他误读为一名进步和文明论的笃信者。施密特指出,自18世纪的启蒙运动以来,基督教的历史观已经受到了破坏,对文明的信仰之所以被广泛接受,是因为文明"成为了欧洲国际法中的一个关键概念"[57],此外,对"进步"的信仰也流行起来,并导致"当时的学者对(维多利亚)产生了误解",其实维多利亚"同'进步'和'文明'这样的概念……根本不沾边"。[58]

据施密特的观察,19世纪时形成了一个"共同的和毫无问题的欧洲人的文明观",而且

930   国际法从概念上讲其实就是欧洲人的国际法。这在欧洲大陆——特别是在德国——是不言而喻的。"人类"、"文明"和"进步"等世界性的普适概念也是如此,以他们为基础还产生了一些基本的外交理论和专业术语。然而,这一切的核心却是"欧洲中心主义",因为"人性"首先被理解成欧洲的人性。显然,

---

[55] C. Schmitt and G. L. Ulmen, *The Nomos of the Earth in the International Law of the Jus Publicum Europaeum* (Telos Press New York 2003) at 104 (原书重点)。

[56] 同上,第108页。

[57] 同上,第107页。

[58] 同上。

只有欧洲文明才能称得上"文明",而且"进步"也必须跟随欧洲文明发展的脚步……这一时代的伟大的英语和法语作品均有着一种欧洲中心主义的文明观,他们把人类世界划分为文明人、半开化人和野蛮人。但是,他们将这个问题留在了背景之中……在他们名为"国际法"或"万国法"的书中。[59]

施密特指出,在惠顿、卡尔沃或者佛德雷(Fodéré)的教科书中,尽管新成立的美国被视为文明国家,但是仍存在一个"统一欧洲文明"的概念,这是一个不言自明的标准,其被预设成为国际法的基本原则。在欧洲人的意义上,它相当于自由宪政和"文明"。[60] 柏林会议之后到一战之前,对文明和进步的信仰有所减退,当它

已经不能被用于构建国际法的制度……欧洲不再是地球神圣的中心……对"文明"和"进步"的信仰已经沦落至只是一种意识形态……在混乱中,由欧洲人统治地球的旧秩序坍塌了。[61]

在施密特的《秩序》一书出版后不久,格奥尔格·施瓦曾伯格(Georg Schwarzenberger, 1908 - 1991年)对其所谓的"文明的标准"进行了反思。[62] 同身为天主教徒且支持过纳粹的施密特不同,施瓦曾伯格是一名于1934年逃离德国的犹太人。[63] 尽管差异明显,但是施瓦曾伯格毫不掩饰他对施密特的欣赏:"他不仅是一位'天才',还是一位真正的天赋异禀之人,尽管是邪恶的天才……和许多其他我不能苟同的天才一样,他至少让我思考我这样做的原因。"[64] 实际上,施瓦曾伯格并不同意施密特所认为的对"文明"的信仰在柏林会议之后有所减弱,所以他指

931

[59] C. Schmitt and G. L. Ulmen, *The Nomos of the Earth in the International Law of the Jus Publicum Europaeum* (Telos Press New York 2003) at 228(原书重点)。

[60] 同上,第228页。

[61] 同上,第226页。

[62] G. Schwarzenberger, 'The Standard of Civilisation in International Law' (1955) 8 *Current Legal Problems* 212 - 234.

[63] C. Green, 'Georg Schwarzenberger (1908 - 1991)' (1992) 86 *The American Journal of International Law* 341 - 342.

[64] S. Steinle, *Volkerrecht und Machtpolitik: Georg Schwarzenberger* (1908 - 1991) (Nomos Baden-Baden 2002) at 171.

出,"文明同国际法的关联……仍然是当前最重要的一个法律问题",尽管它改变了作用方式。[65]

施瓦曾伯格担心"分析实证法学家"将难以解读《国际常设法院规约》第38条第3款中的"文明国家",所以常设法院必须尽快解释什么是"文明国家",因为"数代以来……历史学家、哲学家以及社会学家已经形成了对'文明国家'的理解和看法"。[66] 所以,施瓦曾伯格认为"分析实证法学家"有三个选择:不要解释这个"尴尬的形容词"、用特别的社会学知识去解释,或者意识到"所有学问的相互依存",并且采纳别人的研究成果以用跨学科的工具来澄清其含义。[67]

施瓦曾伯格对"文明群体"给出了自己的定义,即"获得一种成熟的思想和行动,以理性行为模式为主要特征"。[68] 尽管施瓦曾伯格意识到存在"一个多元的文明",但他也没有将其绝对化,因为某些文明是"脆弱的和相对的",并且"包含了野蛮的元素"[69],所以把其他类型的文明界定为"在理性上不大可靠的群体"过于正式也无法涵盖该术语的全部含义。施瓦曾伯格认为,用"文明"来识别某种文明是一种以自我为中心的天真念头,充其量只是做到接近一种理想状态,"一种永远持续但总是靠不住的努力"。施瓦曾伯格虽然承认这个概念缺乏确定性,但他仍然总结认为,"任何文明的根基都是宗教和道德",并以合意、互惠以及自愿合作为基本原则。低等文明社会的特点是依赖于人与人之间或群体与群体之间的剥削或强迫,正是出于对这种赤裸裸的暴力的认识,所以民主国家是文明的,而集权或专制国家是不文明的。[70] 施瓦曾伯格对"原始人"和"野蛮人"进行了区分,前者尚未迈入文明的门槛,后者则被文明所遗弃。但是,施瓦曾伯格同时也忧心忡忡,因为大屠杀刚刚过去,冷战所划分的两极世界就在眼前,且全球核战争已拉响了警报。[71]

(二) 1984 年的三本关于"文明"和国际法史的著作

1984 年时出版了三本关于国际法史之文明观的书籍:威廉·格鲁威(Wilhelm

---

[65] 'The Standard of Civilisation in International Law' (n 62) 212.

[66] 'The Standard of Civilisation in International Law' (n 62).

[67] 同上。

[68] 同上。

[69] 同上,第 296 页。

[70] 同上,第 297 页。

[71] 同上。

G. Grewe)的《国际法的历史时期》(*Epochen der Völkerrechtsgeschichte*)、[72]约格·费什(Jörg Fisch)的《欧洲扩张与国际法：从 15 世纪至今关于海外地区之地位的争论》(*Die europäische Expansion und das Völkerrecht：Die Auseinandersetzungen um den Status der überseeischen Gebiete vom* 15. *Jahrhundert bis zur Gegenwart*)，以及江文汉(Gerrit W. Gong)的《国际社会中的文明标准》(*The Standard of Civilization in International Society*)。

威廉·格鲁威(1911—2000 年)曾供职于由第三帝国政府资助的外交政策研究所，该书是他于二战期间完成的教授资格论文，直到 1984 年才公开出版。[73] 在"全球国家体系中的文明理念与普遍的国际法"这一章中，格鲁威将英语和法语中的"文明"同德语中的"文化"(*Kultur*)和"文明"(*Zivilisation*)进行了区分，并指出德国的知识精英是由于反感以西方文明之名义而进行的一战，所以创造了这两个德语词汇。[74] 格鲁威深知，"文明"是西欧以及英法文化意识的产物，它"塑造了欧洲的文化精神"，具有高人一等的地位。作为一个概念，"文明"与智力和技术/产业的进步和发展之理念紧密相连，当它在 19 世纪可以识别出"文明之举和文明国家"之时，[75]其具有了充分的精确度。

格鲁威总结道："19 世纪的国际法律共同体与国际文明社会的关系状态首先反映了英国政策以及英国人对国际法的实践与理论之思考。"根据格鲁威对英国政策的观察，一国欲成文明之国，就必须废除奴隶贸易，皈依基督教，并且接受欧洲人的社会和文化风俗。格鲁威引用了理查德·科布登(Richard Cobden，1804 - 1865 年)的作品，并将其作为"文明世界"的典型标准：

> 土耳其无法融入欧洲的政治体系，因为土耳其人不是欧洲人。近四个世纪以来，该民族享受着大陆地区最为肥沃的土壤，其远离基督教大家庭之外，

---

[72] 2000 年，迈克尔·拜尔斯(Michael Byers)把格鲁威的这本书翻译为《国际法的时代》(*Epochs of International Law*)并且加上了一个新的跋，还做了些许修改。

[73] B. Fassbender, 'On Writing the History of International Law in the "Third Reich" and After' (2002) 13 *European Journal of International Law* 479 - 512 at 491.

[74] Oswald Spengler's Decline of the Occident in G. Grewe, *The Epochs of International Law* (M. Byers trans.) (Walter de Gruyter Berlin 2000) at 447.

[75] 同上。

也没有接受欧洲人的风俗。他们的习惯依然是东方式的，就像他们第一次越过博斯普鲁斯海峡一样。他们提倡男尊女卑，身穿亚式裙装，盘腿而坐，或者倚靠沙发，不坐椅子也不睡在床上；他们剃光额头却留下胡须；他们仍然用手抓饭，而不使用刀叉这些文明的工具……土耳其人不知印刷机为何物，如果在君士坦丁堡找到了一台印刷机，那一定是外国人的。蒸汽机、煤气、水手的指南针、纸币、接种的疫苗、运河、珍妮纺纱机、铁路等都是奥斯曼帝国学者们做梦也想不到的奇迹。土耳其人中找不到文学和科学的信徒，这些人两次被誉为文化的破坏神：破坏了君士坦丁堡里虽败坏但辉煌的希腊文学之遗产；推翻了哈里发的统治之后，熄灭了实验哲学的曙光。[76]

933　　在格鲁威看来，英国的文明论向欧洲大陆传播的顶峰，就是把欧洲的国际法当成了"文明国家共同适用的世界法"。以基督教为背景的欧洲国际法逐步发展成为一个全球法律秩序或普适法律体系，"只有'文明国家'……才有资格加入"。这套体系——由于实证主义的崛起而失去了自然法的基础——通过文明的标准创设了差序格局，并为新一轮的殖民国际法之出现奠定了基础。[77] 就此，格鲁威对施密特提出了质疑，后者认为国际法律秩序的扩张和转型始于19世纪末。格鲁威批评施密特的作品是无稽之谈，"与史实不符……也没有文献的支持"[78]。

　　作为战后的一代，约格·费什于1984年出版的作品聚焦于欧洲扩张和国际法，并且以百页的篇幅讨论了莱因哈特·科泽勒克（Reinhart Koselleck）在《历史的概念》(Geschichtliche Grundbegriffe)[79]中所提到的德语中的"文明"和"文化"。关于扩张问题，费什专设两章来反驳施密特的观点，其中表示欧洲以外的殖民地不

---

〔76〕 R. Cobden, *Political Writings* (Wiliam Ridgway London 1867) vol 1, at 270 – 271, 或者 R. Cobden, *Russia and the Eastern Question* (John P Jewett &- Company Boston 1854) at 86 – 87.
〔77〕 同上。
〔78〕 同上，第466页。
〔79〕 在2004年版的《历史的概念》的一篇书评中，凯瑞·帕罗内(Kari Palonen)把费什的文章誉为"一部伟大的作品，就整体而言做出了令人吃惊的原创贡献"。K. Palonen, 'A Train Reading Marathon. Retrospective Remarks on Geschichtliche Grundbegriffe' in H. Buchstein (ed.) *Redescriptions: Yearbook of Political Thought and Conceptual History* (Lit Verlag Berlin 2006) vol 10, 160 – 175 at 162.

仅在空间上越过了赤道,在法律上也越过了底线,其处于战乱不止的状态,与之相比,欧洲国家却都遵守法律(欧洲公法,*Jus Publicum Europaeum*),并且通过向殖民地输出战争的方式换来了和平及抑制了战争(对战争的限制,*Hegung des Krieges*)。关于殖民地的中立性,费什指出,"在理论上和实践中都不可能实现",因为欧洲列强经常在彼此产生冲突时由自己来宣布这些殖民地的法律地位。[80]

在费什看来,16世纪至20世纪的欧洲扩张同世界上其他帝国的发迹史有所不同,其独特性在于它以欧洲人自身的法律和道德观为基础。纵然其法律和道德观在几个世纪里有所变化,但是它却有着一个不变的主题,即"将历史视为一种普遍化过程的目的论",并信仰着一种根据自身形象来塑造世界的布道精神。费什指出,欧洲帝国扩张的主要工具就是道德和法律的优越性。从16世纪至18世纪,基督教的传播促成了这种单边的优越性。弗朗西斯科·德·维多利亚认为,基督徒拥有一种可以在异教徒的领土上定居和通商的普适权利。进入18世纪后,沃尔夫、康德以及德·瓦特尔等学者对这种以宗教为基础的不受限制的单边权利提出了质疑,他们认为欧洲人不能随意地先占他人的领土并且统治非欧洲人。在19世纪后半叶,"欧洲和北美的国际法学家、政治家以及社会公众……有意或无意地接受了"[81]"文明"这个全新的且影响深远的优先性诉求。

934

按照费什的解释,文明不是一种权利,而是一个新的目的论信念,即"现代国家被视为现代文明的产物和代理人……其着力于推动文明的国家比对此毫无兴趣的国家有着更多的权利……在这种表述下,'文明'明显意味着'文明的生活'"[82]。

另一方面,文明还隐含了一种以无主权学说为基础的权利。[83] 按照罗马法中关于无主物的先占原则,国际法主体可以在一个无人居住的领土上施行统治权(主权)。"文明的"欧美国家只能对"不文明的"政治体行使统治权,但是问题的关键在于,要判断"不文明的"权利掌握在"文明国家"的手里。按照费什的解释,进一步占领之所以是合法的,是因为文明的(欧洲的)国民在不文明的国土上可能会遭遇危

[80] J. Fisch, 'The Role of International Law in the Territorial Expansion of Europe 16th-20th Centuries' (2000) 3 *International Center for Comparative Law and Politics Review* 4-13.
[81] 同上,第9页。
[82] 同上,第11页。
[83] 同上,第11页。

险,所以要保护文明的生命。

费什指出,对文明的信念或由于"文明缺失"的干预,其优人一等的价值在欧洲帝国主义之后仍继续存在,并且 20 世纪时通过一项以"民主缺失"为由而干预的正义权利,更新成为了新的先验性诉求:

> 起初,这个世界被认为属于基督徒,后来被认为属于文明国家,而现在则被认为归属于合法的……在民主和人权传播意义上的平等主义。[84]

在 1984 年的三本书中,尽管费什的作品在历史研究上做得最为扎实,但是江文汉的作品却获得了更高的引证率。江文汉是《无政府社会》(*The Anarchical Society*)的作者赫德利·布尔(Hedley Bull)的关门弟子之一。此书是在其博士论文的基础上完成的。江文汉对"文明标准"这个 19 世纪的国际法原则进行了系统的梳理,并解释了其如何随着两次世界大战而最终失败。江文汉分别考察了中国、日本、暹罗、俄国、阿比西尼亚(Abyssinia)以及奥斯曼帝国的遭遇,这些国家曾期望能够符合欧洲人的"文明标准",但其却总与本国的标准相"冲突"。[85]

按照江文汉对"文明标准"的解释:首先,它是"一种或暗示或明示的假设,用于区分某一群体是否属于某一特定社会";其次,它是"确定国际法范围并界定'文明的'国际社会的特征与界限"的一个基本概念。[86] 江文汉指出,该标准是 19 世纪末发展出来的一个具体的法律原则。一国如能满足五个标准,那么其就被视为一个文明国家。这五个标准"反映了自由欧洲的文明规范,尽管它仍然深深地扎根于基督教的道德观"。[87] 这五个标准包括:(1)保障自由、尊严、财产、通行自由、商

---

[84] J. Fisch, 'The Role of International Law in the Territorial Expansion of Europe 16th-20th Centuries' (2000) 3 *International Center for Comparative Law and Politics Review* 5.

[85] 江文汉的书这样开篇道:"19 世纪和 20 世纪初,欧洲扩张至非欧洲世界时所引发的冲突并不仅仅只是政治问题或经济问题,更不只是军事问题。从本质上讲,这是各种文明及其文化体系之间的冲突。这场冲突的核心是文明标准,这些不同文明通过该标准来识别自己和规制他们的国际关系。"G. W. Gong, *The Standard of 'Civilization' in International Society* (Clarendon Press Oxford 1984) at 3. 亨廷顿(S. P. Huntington)在其 1993 年的文章以及 1998 年的专著《文明的冲突与世界秩序的重建》(*The Clash of Civilizations and the Remaking of World Order*)中采纳了这一观点。

[86] *The Standard of 'Civilization' in International Society* (n 84).

[87] 同上。

业、宗教，特别是外国国民的基本权利；(2)一个组织严密并富有效率的政治官僚体系，且具有自卫的能力；(3)遵守国际法（包括战争法）、国内司法体系、法典以及公开颁布的法律，以保证对外国人和国民一视同仁；(4)充分和永久的对外交往；以及(5)遵照"文明的"国际社会之文化规范和做法，所以像一夫多妻制和奴隶制就是不可接受的"不文明"之举。[88]

在江文汉看来，"文明"就是"符合特定社会的文明标准的那些群体"，而不文明的群体既不符合上述文明的标准，又被排除在文明社会之外，所以是"不太文明的"或者"非文明"。[89] 江文汉认为，他的这个标准既适用于个别国家和社会，又适用于国家联合体或国际社会。

江文汉的这本书可以从两个方面来解读。首先，可以将江文汉的研究视为是一名现实主义者对国际关系的解释，其评述了 19 世纪的国家在世界体系中是如何排序和互动的。按照这种观点，"文明的标准"兴起于 19 世纪，蛰伏于冷战期间，在 1989 年柏林墙倒塌之后开始重现，于 2001 年 9 月 11 日以后再次复兴。以上这些学者认为，"文明的标准"并非一无是处，它也有着正面的意义，但是必须基于人权保护或国际组织中的政治、经济、民主以及善政等标准更为广泛的"成员资格条件"进行更新。[90]

第二种理解江文汉的思路就是，他的文明标准更像是话语权力的运用，而不是作为一项国际法律原则或自然法则。《国家文明士绅》(*The Gentle Civilizer of Nations*)的作者马蒂·科斯肯涅米(Martti Koskenniemi)认为，19 世纪末根本就不存在这样的标准：

> "国际法共同体"中并不存在一个稳定的文明……就像一个全有全无的石蕊试验，这个概念从未起作用而且也不打算起作用……这个"标准"就像是一个神话，乃水中之月而已。任何让步都是谈判问题，任何地位都取决于合意，

---

[88] *The Standard of 'Civilization' in International Society* (n 84).

[89] 同上。

[90] J. Donnelly, 'Human Rights: A New Standard of Civilization?' (1998) 74 *International Affairs* 1–23; D. P. Fidler, 'Return of the Standard of Civilization, The International Human Rights Law in Practice' (2001) 2 *Chicago Journal of International Law* 137–157.

乃是一种等价交换(*quid pro quo*)。但是,关于这套标准的话语却装出一副公平和尽责的模样,这是……一种虚构的策略……如果没有这种话语,它绝无可能去……解释,更不用说还要回应为什么非欧洲人要遭受大规模的殖民……这就是悖论:如果没有一个外在的文明标准,那么一切都是欧洲人说了算。欧洲人认可什么……取决于有上进心的群体在何等程度上愿意以欧洲的规则行事。但是,这些非欧洲人越是急于证明他们已经施行了欧洲规则,就越会受到欧洲人的怀疑和排挤。[91]

科斯肯涅米在上文中所强调的主要是殖民以及非欧洲人对文明标准的使用问题,而安东尼·安吉(Antony Anghie)和布雷特·鲍登(Brett Bowden)则在此基础上更进了一步,他们剖析了文明标准的"黑暗面",并揭示了文明话语的负面作用,即那些自认为文明或者至少"更文明"的民族和国家可以合法地对外征服和殖民。[92] 还有一些学者探讨了非欧洲国家的法学家如何使用"文明"的概念以及如何将这个概念塑造成为推进他们国内法和国际法事业的证据。[93]

最近,江文汉又讨论了标准的问题,他表示这"不是新问题,但也不会……过时。文明的某些标准依然是所有国际社会的一个特征"[94]。尽管费什提醒我们注意,要防止利用新的文明标准去干涉弱国内政,但是江文汉却坚持认为,关于人权、

---

[91] M. Koskenniemi, *The Gentle Civilizer of Nations: the Rise and Fall of International Law, 1870 -1960* (CUP Cambridge 2002) at 134 - 135.

[92] A. Anghie, *Imperialism, Sovereignty and the Making of International Law* (CUP Cambridge 2005); B. Bowden, *The Empire of Civilization: The Evolution of an Imperial Idea* (The University of Chicago Press Chicago 2009).

[93] L. Obregón, 'Completing Civilization: Creole Consciousness and International Law in Nineteenth-Century Latin America' in A. Orford (ed) *International Law and its Others* (CUP Cambridge 2006) 247 - 264; A. Becker Lorca, 'Universal International Law: Nineteenth-Century Histories of Imposition and Appropriation' (2010) 51 *Harvard International Law Journal* 475 - 552; P. Singh, 'Indian International Law: From a Colonized Apologist to a Subaltern Protagonist' 23 *Leiden Journal of International Law* 79 - 103; L. Mälksoo, 'The History of International Legal Theory in Russia: A Civilizational Dialogue with Europe' (2008) 19 *European Journal of International Law* 211 - 232; U. Özsu, 'A Subject Which Excites the Deepest Interest throughout the Civilized World: The Greek-Turkish Population Exchange and the Craft of Diplomatic Nation-Building' (2011) 24 *Leiden Journal of International Law* 823 - 847.

[94] G. W. Gong, 'Standards of Civilization Today' in M. Mozaffari (ed.) *Globalization and Civilizations* (Routledge London 2002) 77 - 96 at 94.

人道主义法、可持续发展、环境、国际贸易以及投资法规的标准都是积极的,所以当今国际社会所公认的"文明国家"必须遵守这些标准。在江文汉看来,当今国际社会探索并寻求一个"文明标准"的目的在于将一个本来无政府主义的国际社会继续组织起来,并为未来的持续改进展现一条规范路径。[95]

六、结论

从 16 世纪到 19 世纪初,用来区分种族、民族或国家的"文明的/不文明的"这对概念(以及其他类似的组合,比如进步/落后、开化/野蛮、现代/原始、白人/黑人)在非正式的欧洲帝国主义的话语中处于关键地位。到了 19 世纪末,以国际法为纽带,正式的帝国主义继承了文明的话语。尽管几个世纪里的法律和道德学说千变万化,但在一个法律共同体内,对内部人和外来人、目的论及其传教精神的分层式描述对于理解国际法史而言仍然是至关重要的。

在 16 世纪和 17 世纪,基督教关于法律和道德的整体理念就是欧洲扩张的正当性,因为美洲土著迈入了欧洲人的世界。因宗教信仰以及特殊的社会交往方式,欧洲人自诩处于人类进化序列的高级阶段,所以他们有权统治美洲人并且侵占他们的土地。作为野蛮人,美洲人可以通过洗礼并学习欧洲人的文化语言习俗来进入基督教的世界。于是,作为个体,他们具备了获得上帝荣耀的可能性,但是他们仍然是欧洲人教化的对象。非洲人的命运一样悲惨,因为他们被置于而且将永远处于人类进化序列的最初级阶段,因此,对他们进行奴役无论在道德上还是法律上都具有合理性。

进入 18 世纪后,启蒙思想提出了"人"与"他者"("非人"或"下人")的概念,这样就取代了先前的基督徒/非基督徒的世界观。本世纪结束时又有两个理论被提出,即个体要为国家的文明进程做出贡献,以及人类要致力于通过法律来联合所有文明国家。然而,从本质上讲,其中的"全人类"和"国际法"是指欧洲人和欧洲的国际法。

---

[95] G. W. Gong, 'Empires and Civilizations: The Search for Standards Continues' (2010) 12 *International Studies Review* 144 - 146.

到了 19 世纪,"文明"成为欧洲扩张的一种新的优先诉求,它基于一种公认的方式,即通过一套虚构的价值来区分民族或国家。"文明"是建立在情境变量和一种信念基础上的推测性策略,这种目的论信念将现代国家视为现代进化发展的一种产物和代理人。用法律术语来表述就是,基于其地位和身份,文明国家在无人定居的领地或"不文明的"政治体上具有与生俱来的优先权利。国际法律共同体是"文明国家的共同体",欧洲的国际法就是文明国家的习惯法。

到了 19 世纪末,"文明"的使命被用作"瓜分非洲"的理由。两次世界大战期间,《国际常设法院规约》第 38 条将文明国家的理念制度化,并将其视为国际法律原则的渊源,尽管其没有明确定义何谓"文明国家"。二战之后,一些学者意识到"文明"概念与国际法史的相关性,并着手研究是否存在一个"文明的标准"。有的学者持批判态度,他们认为,作为一个具有影响力和统治力的或从属性的工具,文明的标准缺乏连贯性和适当性,而另外一些学者则认为这是推动社会普遍进步的必要方式,所以应当根据当代的标准观念对文明的标准予以更新。

20 世纪中期,由于两次毁灭性的战争,这一术语陷入危机。在欧洲"文明"形象衰落的背景下,该世纪末兴起的比如自由贸易、民主、人权等诸多进步观念带来了新的变量。[96]

总而言之,正是凭借着划分"文明"和"不文明"之内外边界的一股张力,国际法才得以以一门学科的身份兴起于 19 世纪。标志着国际法历史和起源的事件,以及作为文明进步终极成果的国际法之最终的乌托邦,均在此范围内得到界定。被国际法接受就是文明的,相反,被国际法排除就是非法的和原始的。对于许多 19 世纪及以后的学者而言,从国际法的角度来解读文明就意味着没有国际法的时代就是野蛮的时代,而不接受国际法的民族就是野蛮的民族。这样一来,国际法的主要责任——规制和平与战争——也受困于文明/不文明的二元对立之中。作为一个扩展中的课题,国际法学者以及相关学者基于规制和平与战争的规范性发展理念建立了一套学科编年史,但却受困于以主权的限度和条件为中心的二分法。然而,国际法中的"文明"这一概念的全面历史,以及"文明的/不文明的"这对附随的形容

---

[96] 'The Role of International Law' (n 79) 6.

词,仍有待继续编写。这篇综述主要是从法律学者对此话题的反思之角度来撰写的,希望对争论有所贡献,并能为更深入的研究起到抛砖引玉的作用。

推荐阅读

Anghie, Antony 'Francisco de Vitoria and the Colonial Origins of International Law' in Eve Darian-Smith and Peter Fitzpatrick (eds.) *Laws of the Postcolonial* (*Law, Meaning, and Violence*)(The University of Michigan Press Ann Arbor 1999) 89 - 107.

Anghie, Anthony *Imperialism, Sovereignty and the Making of International Law* (CUP Cambridge 2005).

Bowden, Brett 'The Colonial Origins of International Law: European Expansion and the Classical Standard of Civilization' (2005) 7 *Journal of the History of International Law* 1 - 23.

Bowden, Brett (ed.) *Civilization: Critical Concepts in Political Science* (4 vols Routledge New York 2009).

Bowden, Brett *The Empire of Civilization: The Evolution of an Imperial Idea* (The University of Chicago Press Chicago 2009).

Fisch, Jörg *Die europäische Expansion und das Völkerrecht: die Auseinandersetzungen um den Status der überseeischen Gebiete vom 15. Jahrhundert bis zur Gegenwart* (Steiner Verlag Stuttgart 1984).

Fisch, Jörg 'Zivilisation, Kultur' in Otto Brunner, Werner Conze, and Reinhart Koselleck (eds) *Geschichtliche Grundbegriffe: Historisches Lexikon zur politisch-sozialen Sprache in Deutschland* (Klett-Cotta Stuttgart 1992) vol 7, 679 - 774.

Fisch Jörg 'The Role of International Law in the Territorial Expansion of Europe 16th-20th Centuries' (2000) 3 *International Center for Comparative Law and Politics Review* 5 - 15.

Gong, Gerrit W. *The Standard of 'Civilization' in International Society* (Clarendon Press Oxford 1984).

Grewe, Wilhelm G. *Epochen der Völkerrechtsgeschichte* (Nomos Baden-Baden 1984); *The Epochs of International Law* (M. Byers trans.) (de Gruyter Berlin 2000).

Koskenniemi, Martti *The Gentle Civilizer of Nations: the Rise and Fall of International Law, 1870 - 1960* (CUP Cambridge 2002).

Pagden, Anthony *The Fall of Natural Man: The American Indian and the Origins of Comparative Ethnology* (CUP Cambridge 1990).

Schmitt, Carl *Der Nomos der Erde im Völkerrecht des Jus Publicum Europaeum* (Duncker & Humblot Berlin 1950); *The Nomos of the Earth in the International Law of the Jus Publicum Europaeum* (Telos Press New York 2003).

Schwarzenberger, Georg 'The Standard of Civilisation in International Law' (1955) 8 *Current Legal Problems* 212 - 234.

第五部分
方法与理论

第三十九章　国际法史学史

马蒂·科斯肯涅米(Martti Koskenniemi)

一、引言

1893 年,第一位职业国际法史学家欧内斯特·内耶斯(Ernest Nys,1851 - 1920 年)在《国际法的起源》(*Les origines du droit international*)一书中自信地宣称国际法的发展势头一片大好。关于国家与世界的黑格尔主义的二元划分将被一劳永逸地解决。主导世界史的三大思潮——进步、自由和"人性观"——或许不会立刻改变这个世界,但是他们却带来了一个希望,即用政治手段可以彻底地消灭战争。[1]虽然内耶斯把国际法的起源追溯到欧洲文艺复兴时期,但是他仍然认为早在"腓尼基"时期就已经出现了国际法。事实上,在内耶斯的老师弗朗索瓦·洛朗(François Laurent,1810 - 1887 年)所著的 18 卷的《国家与国际关系的法律史》(*Histoire de droit des gens et des relations internationales*)中,前四卷都是关于"东方"帝国的讨论。不过,洛朗所谓的"东方"帝国主要是指希腊、罗马以及早期基督教。[2]在内耶斯、洛朗以及其他同时期致力于推动职业化的国际法学家看来,国际法史不仅等同于人类史,而且"人类的历史就是不断迈向统一的过程"。[3]从历

---

[1] E. Nys Les, *origines du droit international* (Castaignes Bruxelles 1894) at 404 - 405.

[2] F. Laurent, *Histoire du droit des gens et des relations internationales. Tôme Premier：L'Orient* (Durand Paris 1851) Volume 1 (L'Orient).

[3] F. Laurent, *Histoire du droit des gens et des relations internationales. Tôme Quatrième—Etudes sur l'histoire de l'humanité* (Durand Paris 1855) at v. *Both titles are also included in the* （转下页）

史上看，人类从分离走向统一，其内在之目的论（teleology）是通过国际法来表达和实现的。

这两段历史的世界主义传统可以从 1873 年时设立于比利时的国际法学会（都是男性教授）的思想背景中找到线索。它受到了历史巧合的启发，即无论现状多么糟糕，都会有一个光明的未来和一个更加进步的大同世界。他们一致同意康德的观点，即世界历史和法律制度均把"世界公民"当作共同追求的目标：建立一个由独立国家组成的联邦，乃至拯救所有的自由公民，从而完成历史所赋予的使命。[4] 想要成为一名国际法学家，就不能留恋于外交或军事的奇技淫巧，而是要以法治原则来兼济天下——每个世俗国家都平等地参与国际社会的管理，所有人都拥有公民权以及其他基本权利。这是一个致力于推动全球现代化的进步方案——它梦想着有一天全世界都能变成欧洲人为自己所刻画的模样。[5]

按照这种思路，如果不知道国际法已经为全人类描绘了一个可以获得救赎的未来，那么也就不可能了解国际法的本质。因而，20 世纪教科书的导论和开篇的几章与洛朗的著作并无太大差别，只不过加上了苏美尔人的城市国家或古印度的《摩奴法典》，接下来就是讨论希腊城邦国家的"国际"关系，且还会从罗马法中的随军祭司法（*ius fetiale*）和万民法的角度概述罗马帝国的扩张。而后是法律虚无主义的中世纪，接着转向了 16 世纪的西班牙经院哲学、新教改革以及标志着现代国际体系兴起的《威斯特伐利亚和约》（1648 年），这些都是国际法史背后的主线。[6]

（接上页）*second edition of the work*, published in Brussels by Méline, in Paris by Librairie internationale 1861 – 1870。

[4] I. Kant, 'Idea for a Universal History with a Cosmopolitan Purpose' in I. Kant, *Political Writings* (H. Reiss ed and H. B. Nisbet trans) (CUP Cambrigde 1991) 尤其参见第七题至第九命题, at 47 – 53；亦见 M. Koskenniemi, 'On the Idea and Practice for Universal History with a Cosmopolitan Purpose' in B. Puri and H. Sievers (eds.) *Terror, Peace and Universalism. Essays on the Philosophy of Immanuel Kant* (OUP Oxford 2007) 122 – 148。

[5] T. Skouteris, *The Notion of Progress in International Law Discourse* (Springer The Hague 2010).

[6] 因而，在斯特鲁普和肖赫奥尔（Strupp-Schochauer）所主编的《词典》（*Wörterbuch*）中，"国际法史"（*Völkerrechtsgeschichte*）这个词条有着十分详尽的解释，其目的十分明显，即在关于西方古代和中世纪的讨论中，重点关注的是（现代）国家的缓慢出现。所谓国家，就是形式上独立和平等的实体。所以，关于中世纪的部分总结道："通往一个完善的主权国家的道路依然非常遥远。"W. Preiser, 'Völkerrechtsgeschichte' in K. Strupp and H. J. Schlochauer(ed.) *Wörterbuch des Völkerrechts. Dritter Band* (De Gruyter Berlin 1962) 680 – 703 at 690；一个类似的讨论, 例见 A. Wagner, *Geschichte des Völkerrechts* (Kohlhammer Stuttgart 1936)。

（后威斯特伐利亚）"现代"法律叙述的重点则是艾默·德·瓦特尔对世界联邦（Civitas Maxima）假说的质疑，然后再转向1814年到1815年的维也纳和会上之欧洲外交联盟。19世纪时，国际法在欧洲殖民扩张过程中的相对和平期快速发展。该时期的法学家倾向于"夸大"国家的主权，并转向"实证主义"，从而忽视了国际法在普遍目的论（Universal teleology）中的自然属性。然而，19世纪末出现的一些机构——比如红十字会（1864年）、国际工会（The International Unions）以及两次海牙和平会议（1899年和1907年）——被描述成是为国际联盟和联合国的建立以及这门学科的历史发展奠定了基础。如果说20世纪60年代以来的时代特征是"结构转变"，[7]那么这就意味着国家身份正转化为国际身份——比如"全球化"——尽管其法律形式尚未得到明确。

当然，这种叙事如果不是一组漫画式的展示，那么也只算是一个梗概。但是，这种叙事却试图捕捉"现代"学院派国际法教材所展现的那种目的论。这种叙事是对"进步"这个更大的历史进程的部分解释。在19世纪末，只有欧洲精英才知道"进步"的意义，但是今天我们这些高校的学者们都已经对其耳熟能详了。这种叙事试图在专业的学术圈内树立一种特定的关于世界及其历史地位的反思方式。诸如"古代""文艺复兴"或者"全球化"这样的历史标志同"大炮射程说""欧洲协调"或"人道主义干预"这种技术概念同样重要。尽管这些概念均起源于欧洲，但是世界各地的法学家却可以充分地进行互动和交流。其原因有二：第一，他们加入了相同的学术组织；第二，他们共享着同一个规范性目的论，即通过"民族""资本主义""现代性"或"法治"来构建一个理想化的欧洲，由此也决定了他们的视野和想象力。[8]

一个完整的国际法史学史需要准确地描述国际法的发展史，以及国际法公开或隐含的自我历史化进程，其制度蕴含了特定的目的论，其规则能够转化为先例或者"总结成"惯例，并创造一些专业词汇。这明显超出了本章的范围。[9] 所以，本

---

〔7〕W. Friedmann, *The Changing Structure of International Law* (Stevens & Sons London 1964).

〔8〕理想化的欧洲是现代历史意识中不可或缺的组成部分，详情参见 D. Chakrabarty, *Provincializing Europe. Postcolonial Thought and Historical Difference* (Princeton University Press Princeton 2000)。

〔9〕关于国际法史学简史，参见 A. Nussbaum, *A Concise History of the Law of Nations* (2nd edn Macmillan New York 1954) at 291–295。最近关于这门学科历史地位的讨论，参见 M. Craven, 'Introduction: International Law and its Histories' in M. Craven, M. Fitzmaurice and M. Vogiatzi (eds.) *Time, History and International Law* (Nijhoff Leiden 2007) 1–25, 以及（转下页）

章作者做出以下安排：首先简要概述从基督教早期到 17 世纪的自然法兴起这一阶段中的历史意识之形态，而后讨论（漫长的）19 世纪中的国际法史的职业化（第二节至第四节），最后对 20 世纪与 21 世纪的国际法史之类型进行梳理（第五节）。本章的重点在于探讨不同的史学类型如何产生了不同的历史叙事，从而展现出人类社会如何借助国际法来描绘自身的政治起源以及相互交往的行为方式。

二、作为法律史的万民法

罗马人是在自然法的（自然界对所有动物的启示）[10]语境中界定万民法的，他们假定人类的历史必然短于自然的历史，也短于植物或动物的历史。然而，另外一些罗马法学家则认为万民法是一种实在法，其来源于罗马人和外国人关于战争、民族分离以及商业和私法制度的处理方式，它说明世界各地都需要相对稳定的治理规则和商业规则。[11] 在早期基督教时代，万民法的定义徘徊于亘古不变的自然法则与人类文明的基本制度（或为大多数人类社会所接受）之间。索费拉脱的巴托鲁斯（Bartolus of Saxoferrato）坦率地指出，国际法有两大渊源：一条是自然理性（这种追求理应继续保持），另一条则是不同国家的习惯风俗（通常指万民法）。[12] 关于初级万民法（*ius gentium primaevum*）和次级万民法（*ius gentium secondarium*）的区分对后世多有启发，比如格劳秀斯在其基础上把法律制度划分为"源于上帝意志的正当理性"和世俗的但却为"各国所普遍接受"的基本法则。[13]

在罗马教廷的统治之下，末世观限制了政治或法律的历史性。比如，按照丹尼

（接上页）R. Lesaffer，'International Law and its History：The Study of an Unrequited Love'，同上，第 27—47 页，以及 I. Hueck，'The Discipline of the History of International Law'（2001）3 *Journal of the History of International Law* 194 - 217。

[10] *Justinian's Institutes*（P. Birks and G. McLeod trans. and Introduction）（Cornell University Press 1987）lii（37）.

[11] "根据万民法，产生了战争，分裂了民族，建立了王国，区分了所有权，划定了边界，建造了建筑物，形成了通商、买卖、租赁以及债的关系，由市民法所引进的债的部分除外。"Dig. 1. 1. 5.

[12] M. Scattola，*Das Naturrecht vor dem Naturrecht. Zur Geschichte des 'ius naturae' im 16. Jahrhundert*（Niemeyer Tübingen 1999）at 205 - 207.

[13] 例如 H. Grotius，*Commentary on the Law of Prize and Booty*（M. J. von Ittersum ed.）（Liberty Fund Indianapolis 2006 [1605 - 1607]）Prolegomena at 25。

尔(Daniel)在其著作中所阐述的四大君主制学说(巴比伦、波斯、希腊和罗马)的观点,当时人们曾预言罗马帝国的崩溃就是世界末日。这种观点不仅延续了帝国的生命,而且还阻碍了超越末世论的历史意识的出现。中世纪的思维仍然处于唯皇帝马首是瞻的古罗马时代。[14] 直到 14 世纪和 15 世纪,诸如马基雅维利和他的法学同仁圭恰迪尼等人道主义学者为了描绘政体变革的历史进程并总结"经验教训"而开始撰写古罗马和意大利的历史之时,这种基督教式的历史观才被彻底终结。[15]

　　人道主义历史学从两个方向进入到国际法领域。16 世纪的西班牙天主教改革派倾向于从学术的角度来讨论印度群岛的殖民、世界商贸体系的创建等当时的热点问题。按照《创世记》的记载,人人生而自由平等,并拥有共同的所有权。[16] 然而,欧洲王室却主张在他人的领土之上拥有至高无上的统治权,并通过私人产权制度构建了全球的商贸体系。为了解决社会现实同基督教理想的矛盾,神学家们开始争辩道,自然法在规定共同所有权的同时并不禁止私人所有权的存在。[17] 他们认为,"大多数的"社会成员在长期生活过程中所达成的(默示)共识反映了一种符合历史规律的万民法,而通过这种万民法便可以证明公私权力的合法性。[18] 弗朗西斯科·苏亚雷斯在其巨著《法律篇》(*Tractatus de legibus*,1612 年)[19]中解释

[14] C. Fasolt, *The Limits of History* (University of Chicago Press 2005) at 18 – 20.

[15] N. Machiavelli, *The Discourses* (on Livy) (B. Crick ed.) (Penguin Harmondsworth 2003); F. Guicciardini, *The History of Italy* (S. Alexander ed. and trans.) (Princeton University Press Princeton 1969). 这两份文献用于说明贞提利所描绘的一位优秀的外交官需要具备的品质——既有历史视野,又具思辨精神。再举一例,他可能会提到圭恰迪尼在《意大利史》(*History of Italy*)中对洛伦佐·德·美第奇(Lorenzo de Medici)的称赞,后者的势力均衡政策使意大利直到 15 世纪末之前都维持着独立。A. Gentili, *De Legationibus Libri Tres, Volume Two. The Translation* (G. J. Laing trans) (OUP Oxford 1924) at 158,161.

[16] F. de Vitoria, *Comentarios a la Secunda secundae de Santo Tomás* (V. Beltrán de Heredia ed.) (Salamanca 1934/1952) vol III: De justitia Q 62, A 9, at 67; D. de Soto, *De iustitia et iure libri decem — De la justicia y el derecho en diez libros* (P. V. D. Carro Introduction, P. M. G. Ordonez trans) (Seccion Teo logos Juristas Instituto de Estudios Políticos Madrid 1967) book IV Q 3 A 1 (295a-b).

[17] 'Concedimus ergo quod nullius fuit praeceptum quod omnia essent communia, sed solum fuit concessio' in *Comentarios* (n 16) Q 62, A 1, para 20, at 77;关于早期教会法起源的观点,参见 B. Tierney, 'Permissive Natural Law and Property: Gratian to Kant' (2001) 62 *Journal of History of Ideas* 384 – 388.

[18] *Comentarios* (n 16) Q 62, A 1, fn 23, at 79.

[19] 参见本书中由安纳贝尔·布赖特(Annabel Brett)撰写的第四十六章"弗朗西斯科·德·维多利亚(Francisco De Vitoria, 1483 – 1546 年)与弗朗西斯科·苏亚雷斯(Francisco Suárez, 1548 – 1617 年)"。

了外交、职业战争以及全球商贸网是如何

　　在没有取得大家一致认可或同意的前提下，持续不断地通过国家间的传播和相互模仿……逐渐推广到全世界的。因为法律同自然现实密切相关，对所有个人、组织乃至国家都大有裨益，所以法律史是与人类同步发展的自然生长的历史。[20]

　　与此同时，在法国和英国的一些省份——特别是在新教徒的阵营当中——出现了一种"精致的法学"，它强调罗马（民）法的历史性，并且把旧有的风俗视为民族主义（以及反基督徒）思想的复兴。与西班牙学者（让他非常佩服）一样，年轻的胡果·格劳秀斯[21]也学会了区分历史性的万民法与自然法。在其于 1625 年出版的那部成熟的作品中，格劳秀斯把万民法同各民族共识（*consensus gentium*）相结合，并提倡使用其所谓的先验方法来研究该问题。[22] 格劳秀斯强调历史的启发性，就古希腊和古罗马的历史来说则是如此。[23] 正因为如此，格劳秀斯的作品才类似于后来的人道主义类型——国家理性说（*raison d'état*）。该学说在前耶稣会士乔万尼·博泰罗（Giovanni Botero，1544－1617 年）等反宗教改革学者那里颇为流行，其主要观点就是让马基雅维利调转矛头——亦即用马基雅维利的学说来区分国家理性的"恶"与"善"，只有"善"才符合基督教的伦理观。[24] 作为国家理性说的信奉者，格劳秀斯为荷属东印度公司的辩护理由是，此乃上帝做出的美好安排，到了一

<hr>

〔20〕 F. Suárez, 'On Law and God the Lawgiver'〔'De legibus'〕in F. Suárez, *Selections from Three Works* (G. L. Williams trans) (Clarendon Oxford 1944) book II, ch XX, para 1, at 351.

〔21〕 参见本书中由皮特·哈根马歇(Peter Haggenmacher)撰写的第四十八章"胡果·格劳秀斯(Hugo Grotius，1583－1645 年)"。

〔22〕 H. Grotius, *The Rights of War and Peace* (R. Tuck ed.) (Liberty Fund Indianapolis 2005) book I The Preliminary Discourse XVIII, at 94.

〔23〕 同上，The Preliminary Discourse XLVII，第 123－124 页；另外，参见本书中由凯厄斯·图奥里(Kaius Tuori)撰写的第四十二章"近代早期国际法对古代法律思想的继受"。

〔24〕 关于总体情况，请参见 R. Bireley, *The Counter-Reformation Prince. Anti-Machiavellianism or Catholic Statecraft in Early Modern Europe* (University of North Carolina Press 1990) 以及 R. Descendre, *L'état du monde. Giovanni Botero entre la raison d'état et géopolitique* (Droz Genève 2009)；更详细的耶稣会士的国家理性理论，参见 H. Höpfl, *Jesuit Political Thought* (CUP Cambridge 2004) at 84－185。

定的时候,就会发挥其意义。无论如何,在支持荷属东印度公司入侵东印度群岛的导论中,格劳秀斯写道:"上帝凭借其独有的恩惠,在荷兰的商业贸易行将覆灭之际为其打开了通往世界另一端的大门。"[25]

三、自然-法的历史

自然法的问题在于其表面上一直具有历史性的特征。相比之下,作为格劳秀斯的晚辈,萨克森的塞缪尔·普芬道夫[26]深谙自然法的历史性,他认为这是人类理性的产物。因为人不为己天诛地灭,所以自然法反映了人类的弱点;但与此同时,为了生存,他们也要抱成一团。[27]普芬道夫提出了一种新的社会性理论,该理论在自然的状态下自然有效。普芬道夫从历史的角度把人类社会视为人为的产物,这样就摆脱了基督教的末世论和罗马法的桎梏。在发表于 1667 年的关于神圣罗马帝国之地位的分析中,普芬道夫使用这一观点来驳斥所谓永恒的亚里士多德式的宪政类型。所谓帝国,无非就是各组成单位在历史中形成的相互关系。[28]在几年之后发表的一部重要作品中(《论自然法与万国法》[De jure naturae et gentium],1672 年),普芬道夫将这种观点概括为"现代国家论"。自私自利的个体利用国家来追求个体的安全和福利。[29]为了实现这一目的,他们需要清楚地了解国家及其敌国的历史。所以,普芬道夫后来能够效力于瑞典和普鲁士宫廷并为他们编写国家政治史并不是偶然。如果国际法真如普芬道夫所言,其乃人类在洞察外部环境(空间)的基础上所得出的理性结论,那么以史为鉴就是明智之举。[30]这种观点成就了 18 世纪的一门经典课程——"普世史"(universal histories)。在新成

949

---

[25] *Commentary on the Law of Prize and Booty* (n 13) ch XV, 465. 正如格劳秀斯指出的,"没有什么真正有利的基础,也没有什么体面的东西会因为它是可敬的而成为权宜之计",参见 *Commentary on the Law of Prize and Booty* (n 13) ch XV, 463。

[26] 参见本书中由努德·哈孔森(Knud Haakonssen)撰写的第四十九章"塞缪尔·普芬道夫(Samuel Pufendorf, 1632 - 1694 年)"。

[27] 一个有用的解释,参见 P. Laurent, *Pufendorf et la loi naturelle* (Vrin Paris 1982) at 117 - 145。

[28] S. Pufendorf, *The Present State of Germany* (E. Bohun and M. J. Seidler eds.) (Liberty Fund Indianapolis 2007).

[29] S. Pufendorf, *De jure naturae et gentium*, *libri octo* (trans as On the Law of Nature and Nations, in eight books) (W. Oldfather trans) (Oxford Clarendon Press 1934).

[30] A. Dufour, 'Pufendorfs föderalistisches Denken und die Staatsräsonlehre' in F. Palladini and G. Hartung (eds.) *Samuel Pufendorf und die europäische Frühaufklärung* (Akademie Verlag Berlin 1996) 122.

立的哈勒-维腾贝格大学(*Halle*)和哥廷根大学(*Göttingen*)中,自然法教授主讲这门课程,[31]并且面向全体欧洲人开放。

其中,哥廷根大学的约翰·雅各布·施茂斯(Johann Jakob Schmauss)于1751年出版了一部近700页的,且时间涵盖14世纪至18世纪的欧洲条约史。施茂斯所阐释的欧洲史贯穿着一条主线,即法国不断谋求"普适君主制",而其他国家则希望维持势力均衡。[32]两年后,施茂斯又出版了一部三卷本的关于批判和建构自然法的著作。施茂斯引述了从古希腊到18世纪中叶的诸多学者之观点,并不时加入了他个人的解读和批评。在施茂斯看来,自然-法学说在发展过程中反映了两种哲学思想的对立,一方面是唯意志论和理性主义,另一方面则是学者们对"本能"在社会性法则中的功能和作用有着不同的理解。[33]对施茂斯而言,自然法不仅是一个"社会性体系",还是一个彻头彻尾的新教科学。尽管普芬道夫把理性纳入了社会性,从而成功地提出了一种类似于普适法学的理论,但其忽视了约束力的一面,因而存在逻辑上的瑕疵。所以,人类在理智上必须要掌握一套关于社会性的科学法则并对其施加意志,以使其具有约束力。[34]

正当德国法学家在大学里研习历史之际,法国学者们则利用国家理性的概念提出了一种社会学观点,即作为个体的欧洲国家有时也可以使用法律术语来彰显自己的存在。[35]比如,在《以条约为基础的欧洲公法》(*Droit public de l'Europe fondé sur les traités*,1757年)一书的第二版的"谈判原则"(*Principes de négociations*)这一章中,作者阿贝·德·马布里(Abbé de Mably)梳理了自中世纪以来的欧洲国际关系史,描绘了欧洲君主过度和荒谬的"野心、贪婪和恐惧"。马布

---

[31] 特别参见 N. Hammerstein, *Ius und Historie. Ein Beitrag zur Geschichte des historischen Denkens an deutschen Universitäten im späten 17. und 18. Jahrhundert* (Vandenhoeck & Ruprecht Göttingen 1972)。

[32] J. J. Schmauss, *Einleitung zu der Staats-Wissenschaft I: Die Historie der Balance von Europa, der Barriere der Niederlande* (Göttingen 1751).

[33] J. J. Schmauss, *Neues System des Rechts der Natur* (Göttingen 1753).第一部是关于该主题漫长历史的梳理;第二部(对自然法的质疑[*Dubia juris naturae*])回应了对自然法的批评;在第三部(自然法的新体系[*Neues Systema des Rechts der Natur*])中,施茂斯阐述了自己的理论,简言之,自然法源于人类的意志,而人类意志在理智的指引下会洞悉神圣而基本的社会法则。

[34] 同上,第274—276页。

[35] 参见 E. Thuau, *Raison d'état et pensée politique à l'époque de Richelieu* (Albin Michel Paris 1966/2000)。

里在"谈判科学"的基础上提出了一种欧洲公法说。该学说认为,如果所有的君王只关心其"根本利益",那么其他所有人才能共享利益。[36] 为了做到这一点,政治家显然有必要研习国家条约史,从而总结出经验教训。和孟德斯鸠一样,马布里也认为一个理性政府应该密切关注国家的"实际利益"。当欧洲君主们的冲动超过理智之时,作为案例库的历史就会发挥有效的警示作用。

在艾默·德·瓦特尔的《万国法》(Droit des gens,1758 年)一书中,历史同样也扮演着一个相当稳健的角色。瓦特尔展示了理性规则的运作方式,即在历史的警示之下,君主们会抑制"冲动的激情",转而构建理性的政府,以求实现"完美"之目的。[37] 历史可以是关于自然法研究的学说史,也可以是过往的经验史,其用于证明冲动的危险以及冷静的好处。在苏格兰启蒙运动——特别是亚当·斯密——的影响下,自然-法传统又增加了一个新的学说。该学说认为,所有的人类社会都有着从狩猎采集到和平商业的四个发展阶段。但是,如此一来,学界关注的重点就从法律转向了政治经济,自由竞争所带来的好处将实现自然法学家梦寐以求的目标——国家福利和国家安全。[38]

"商业转向"标志着抽象理性主义的自然法传统宣告终结。新一代学者对提交给巴黎国民议会的新《人权宣言》(Déclaration de droits des gens)进行了猛烈地抨击,认为其不过是"空洞的言语堆砌"。[39] 这批学者的代表人物当属同样出身哥廷根大学的格奥尔格·弗里德里希·冯·马尔顿斯。在马尔顿斯看来,历史教会了我们什么是现实政治(Realpolitik)。换言之,无论在抽象层面怎样设计国家的独立和平等,其在现实中也难以落到实处。没有这种历史意识,就难以避免悲剧的发

---

[36] G. B. de Mably, *Principes des négociations pour servir d'introduction au droit public de l'Europe* (M. Belissa ed.) (Kimé Paris 2001) at 45 – 50.

[37] E. de Vattel, *Le droit des gens ou principes de la loi naturelle appliqués à la conduite & aux affaires des nations & des souverains* (London 1758). 关于瓦特尔的生平与作品,请参见本书中由艾曼纽·儒阿特(Emmanuelle Jouannet)撰写的第五十三章"艾默·德·瓦特尔(Emer De Vattel,1714 - 1767 年)"。

[38] I. Hont, 'The Languages of Sociability and Commerce: Samuel Pufendorf and the Theoretical Foundations of the "Four-Stages" Theory' in I. Hont, *Jealousy of Trade. International Competition and the Nation-State in Historical Perspective* (Harvard University Press Harvard 2005) 159 - 184.

[39] G. F. von Martens, *Einleitung in das positive europäische Völkerrecht auf Verträge und Herkommen gegründet* (Dieterich Göttingen 1796) at ix.

生。[40] 世界各地的人民根本就不可能期待着出现一部统一的普适(理性的)国际法。比如,欧洲人的政治空间发轫于古典时代,其后陆续经历了宗教运动、航海发现以及政治分层和均衡体系的兴起。《威斯特伐利亚和约》与《乌德勒支和约》开创了"一个国际法成文化的著名的新纪元"。[41]

> 因此,我们应当在世界历史长河中——尤其是在欧洲各国历史中——探寻到协定国际法和习惯国际法的源头乃至进步历程。尽管我们已经开始着手研究这段历史,但它其实并没有受到应有的和足够的重视。[42]

在这段话的脚注中,马尔顿斯提到了罗伯特·沃德(Robert Ward)于1795年所出版的两卷本著作。这两部作品首次对后自然主义的国际法史进行了完整的梳理。开篇伊始,沃德便感慨地表示,一旦他收集了所有的条约、案例和其他事实材料,他就不得不回答有关其约束力的问题。[43] 尽管沃德发现基督教国家的行为可能受到基督教的约束,但是没有理由证明这种约束具有普适性。此外,不同民族对"自然法"的内涵有着不同的认识,所以将其视为一种普适性概念是徒劳无益的。唯有宗教才能提供确定性,那么既然存在不同的信仰,也就不可能实现统一了。因此,"世界各地必然有着不同的国际法"[44]。沃德的国际法史的第一卷以特定的"国家群体"有着"共同的道德和宗教"(第1—5章)为基础阐述了基本理论,而第二卷(第6—18章)则侧重于基督教欧洲的国际法。[45]

沃德的(欧洲)国际法史是关于欧洲进步历史的一种相对主义的叙事。它开始

---

[40] 同上 xvi;进一步参见 M. Koskenniemi, 'Into Positivism: Georg Friedrich von Martens (1756 - 1821) and Modern International Law' (2008) 15 *Constellations* 198 - 200。

[41] G. F. von Martens, *Précis du droit des gens moderne de l'Europe fondé sur les traités et l'usage* (Dieterich Göttingen 1801) at 15.

[42] 同上,第16页和第18页。

[43] R. Ward, *An Enquiry into the Foundation and History of the Law of Nations from the Time of the Greeksand the Romans to the Age of Grotius* (2 vols Butterworth London 1795).

[44] 同上,第1卷,xii-xv at xiv。

[45] 正如沃德所言,"基督徒,亦即欧洲国家所遵守的法则之根基"只能来自于基督教。*An Enquiry into the Foundation* (n 43) vol 1, at xl, xxxi-xxxiii. 关于沃德所谓的对国际法普适观的"破坏",具体请参见其著作的第2章,第35—119页。

于古希腊和古罗马时期,而后是"斯堪的纳维亚人"的暴行,接下来就是"极端残忍"和"血腥野蛮"的中世纪。[46] 但是,哪怕处于国际法还不为人所知的原始时代,个别统治者(比如查理曼大帝)以及诸如骑士团、封建主义以及基督教等单个制度仍然能够展现出文明的力量——尽管其所透露出的和平信号经常受到教皇野心和蛮族暴行的破坏与扭曲。[47] 晚近以来,条约和外交手段压制了战争,甚至还为跨洋"国家集团"之间的交流提供了渠道。这种"科学化"的叙事首先由格劳秀斯开创,而后经过普芬道夫、瓦特尔以及其他伟大的法学家的不断发展,到沃德那里达到了顶峰。[48]

四、漫长的 19 世纪

对马尔顿斯和沃德而言,自然法已经退至背景层面,现在需要的是务实地审视(欧洲的)国家行为。稍后,阿克·曼宁(Ake Manning)在其《万国法评论》(*Commentaries on the Law of Nations*,1839 年)中认为,上帝希望人类获得幸福,所以人类必须行最有用之事。只有认识到这一事实,才能发现历史的意义。[49] 这种以有用性为基础的法律效力已经"获得了欧美国家的认可"——于是就有了足够的理由专注于实践。[50] 美国外交官亨利·惠顿(Henry Wheaton)于 1839 年提交给法兰西学院(*Institut de France*)的一篇获奖论文就是这种叙事的完整呈现。[51] 该文章并非是一篇文献综述,而是对欧洲外交、战争与和平协定的历史记录。此外,该文章还对当时的主流法学家的作品进行了回顾。由于惠顿是美国人,所以这篇文章格外重视海洋法也并不让人感到奇怪。惠顿所提到的海洋法之内容包括:捕获法、中立与违禁品、搜查权以及海战。惠顿还讨论了卢梭和边沁的和平理论,

[46] *An Enquiry into the Foundation* (n 43) vol 1.

[47] 例如,同上,第 2 卷,第 111—114 页和第 125—143 页。

[48] 同上,第 606—628 页。

[49] O. Manning, *Commentaries on the Law of Nations* (S Sweet London 1839) at 58 - 60.

[50] 同上,第 76 页。

[51] H. Wheaton, *Histoire de progrès de droit des gens depuis la Paix de Westphalie jusqu'au congrès de Vienne* (Brockhaus Leipzig 1841). 从国际法的角度来看,在《威斯特伐利亚和约》之后,各国的竞争重点只有进步问题(显示出 1648 年对这门学科的重要影响),但是早年的惠顿还提到了其他内容,并在其后续作品中继续扩展。关于惠顿的生平和作品,请参见本书中由刘禾(Lydia H. Liu)撰写的第五十六章"亨利·惠顿(Henry Wheaton, 1785 - 1848 年)"。

但是他到最后却勉强接受了一个悖论,即只有存在一个强大的联盟才能实现和平,但强大的联盟对于其中弱小的成员而言却是一个威胁。[52] 与马尔顿斯一样,惠顿认为,法国的革命战争已经显示了对国家独立性的事实上之限制。尽管惠顿对法国抱有同情的态度,但是伴随着国际法向北美和中美洲国家的传播,以及"东方的伊斯兰国家"对自己暴行的否认,他还是从维也纳和会上觉察到了一种正在发生的量变。[53]

以约翰·路德维希·克吕贝和奥古斯特·威廉·赫福特为代表的德国法学家在其广为传诵的教科书的开篇中不厌其烦地重复了这种观点。在他们看来,欧洲文明包括基督教文化、道德力量以及欧洲国家的条约与惯例,而最后一项又是国际法史的组成部分。如果说欧洲列强在政治斗争中常常把法律降格为文学,那么,这也没有阻碍格劳秀斯的著作成为欧洲人的"国际法典"(Völker-Codex)。[54] 欧洲公法来源于欧洲人自身以及欧洲的国家行为。因此,它从历史上讲就不适用于"东方国家"(应当注意,1856 年的土耳其被视为是"欧洲国家"的一个例外)。[55] 克吕贝指出,国际法之所以走到今天,其离不开习惯风俗的文明开化与欧洲政府之间的密切交往,也离不开大学教授、政治家、记者、科学家以及公共舆论的影响,而其中的新闻出版自由的推广也发挥了重要作用。[56]

这一阶段的国际法史有两部不可忽视的学术综述,即海因里希·路德维希·冯·奥普迪达(Heinrich Ludwig von Ompteda)的《关于自然和实证国际法的全部文献》(Literatur des gesammten sowohl natürlichen als positive Völkerrechts,1785 年 2 卷本)和卡尔·冯·卡滕伯恩(Carl von Kaltenborn)的《自然法和万民法领域

---

〔52〕 H. Wheaton, *Histoire de progrès de droit des gens depuis la Paix de Westphalie jusqu'au congrès de Vienne*(Brockhaus Leipzig 1841)258.

〔53〕 同上,第 444—445 页。

〔54〕 A. W. Heffter, *Das europäische Völkerrecht der Gegenwart*(Schröder Berlin 1867)at 12. 克吕贝把"文献史"和外交史进行了区分。而且和其他学者一样,克吕贝视格劳秀斯为国际法之父。克吕贝对学者的介绍也是按标准顺序:苏支(Zouche)、霍布斯、普芬道夫、沃尔夫,以及卓越的现代学者冯·马尔顿斯。奇怪的是,克吕贝只字不提瓦特尔。J. L. Klüber, *Droit des gens moderne de l'Europe*(Aillaud Paris 1831)at 22 - 27.

〔55〕 同上,第 13 页。克吕贝把它分为三个阶段:古典时代、(中世纪)的教皇和皇帝时代,以及自 15 世纪末 16 世纪初以降的现代。与马尔顿斯和赫福特不同的是,克吕贝并不强调《威斯特伐利亚和约》或《乌德勒支和约》的重要性。

〔56〕 同上,第 29 页。

的胡果·格劳秀斯教授》(*Vorläufer des Hugo Grotius auf dem Gebiete des ius naturae et gentium*，1848 年)。这两部作品都与国际法的进展有关，且都将国际法发展为真正的"科学"(虽然他们对科学的理解并不相同)。奥普迪达从法律社会学的视角来审视国家，并在此基础上强调一种折中的"天然改良"的国际法：如果不能对周边有所洞察，任何国家都寸步难行，而法律存在的意义就是为了解决这个问题。[57] 在对国际法的组成部分及其相互关系的理想状态进行了一番勾勒之后，奥普迪达完成了一部内容广泛的文献综述(第 328 段)，其是从广义研究史到法律史和国际法史，从一般作品、条约集合以及其他官方文本到教科书、宣传册以及相关法律制度和规则的越发详细的操作规范。奥普迪达对奥尔登多普(Oldendorp)、巴斯克斯(Vázquez)以及苏亚雷斯等人的作品赞赏有加，并对格劳秀斯做出如下评价：尽管不乏卖弄学问之举，但格劳秀斯的确为这门学科树立了一个牢固的社会性基础。奥普迪达还认为，直到克里斯蒂安·沃尔夫[58]与冯·莫泽尔(J. J. von Moser)的出现，国际法科学化的两大线索——即自然进路和实证进路——才正式开始。[59]

自然法的危机始自 18 世纪末，且在当时看来似乎永远不会结束。这种观点成为了卡滕伯恩的论说资源。正如其广为传诵的《国际法之批判》(*Kritik des Völkerrechts*)中所言，卡滕伯恩把这种现状归因于缺乏严谨的方法论以及缺乏系统化和历史性的研究意识。应当把这种包含了自然法和国际法在内的双重科学视为一个"有机整体"。对于整体而言，其每个组成部分都有其特定的功能。[60] 然而，这在天主教时期是不可能做到的。那时，宗教和法律相混淆，自然法和实在法也难以区分。[61] 即便是阿奎那(Aquinas)的研究也是"含混不清、难以理解并且充

---

[57] H. L. von Ompteda, *Literatur des gesammten sowohl natürlichen als positiven Völkerrechts* (2 vols MontagsRegensburg 1785) at 9 – 12.

[58] 参见本书中由努德·哈孔森(Knud Haakonssen)撰写的第五十章"克里斯蒂安·沃尔夫(Christian Wolff, 1679 – 1754 年)"。

[59] *Literatur* (n 57) 171 – 173.

[60] C. von Kaltenborn, *Vorläufer des Hugo Grotius auf dem Gebiete des ius naturae et gentium* (2 vols Mayer Leipzig 1848) vol 1, at 27："……作为一个有机整体而出现，其基本内容由单个教义而组成。特别是在发展时期形成了它的主体、四肢和头，或者是躯干、基底、心脏或肾脏。"

[61] 同上，第 1 卷，第 185—190 页。

满了跳跃和矛盾"。[62] 只有"宗教改革时期"（大致为 1517 年至 1625 年）的学者才能有所变革。[63] 现在，宗教自由和人权自由已经成了自然法和国际法科学体系的一个自律性的根基。[64] 格劳秀斯之于政治和法律，相当于路德之于宗教，即在法律的世界（Rechtsleben）开打一扇通往自由的大门。总而言之，卡滕伯恩贬低了天主教对国际法的贡献，并且希望通过他自己的作品来强调新教的作用。[65]

但是，惠顿、卡滕伯恩、马尔顿斯、克吕贝以及赫福特都是旧世界的法学家。公元 1848 年以后，自由主义者越来越多地利用法律来影响欧洲现代化的进程。其背景在于，在普法战争（1870—1871 年）的影响下，一批法学家决定开始推广世界主义思潮，并且通过国际法学会的建立来推动"国际法"的职业化改革。正是在这种背景之下，内耶斯和洛朗从人类进步的角度编写了国际法的历史。内耶斯任教于布鲁塞尔自由大学（Université Libre de Brussel），他于 1885 年至 1898 年主授法律史和法理学，后来又被任命为该校的国际法教授。内耶斯的作品包括《被认为与国际法有关的教皇》（The Papacy Considered in Relation to International Law，1879 年）、《战争法及其先驱格劳秀斯》（Le droit de la guerre et les précurseurs du Grotius，1884 年）、《18 世纪之前的法国的政治理论与国际法》（Les theories politiques et le droit international en France jusqu'au XVIIIème siècle，1890 年）、《法学家和法院视野下的黑人奴隶制》（l'Esclavage noir devant les jurisconsultes et les cours de justice，1893 年）以及《国际法的原则、理论及其实践》（Le droit international，les principes，les theories，les faits，1904—1906 年，三卷本；1912 年）。内耶斯还把詹姆斯·拉里默（Jamer Lorimer）和约翰·韦斯特莱克（John Westlake）的作品翻译成法语。同国际法学会的同行一样，内耶斯认为国际法是欧洲对世界文明的一大贡献。内耶斯还与同事一同就"东方"文化的性质以及他们未来进入国际法的主体条件进行了长时间的辩论。在 1903 年出版的《独立国家刚果与国际法》（L'état indépendant de Congo et le droit international）中，内耶斯极力为

---

[62] C. von Kaltenborn, *Vorläufer des Hugo Grotius auf dem Gebiete des ius naturae et gentium*（2 vols Mayer Leipzig 1848）vol 1，at 43.

[63] 同上，第 1 卷，第 24 页。

[64] 同上，第 1 卷，第 49—50 页。

[65] 因此，第二卷皆是关于新教学者学说的汇编。参见 *Vorläufer*（n 60）vol 1，231 - 249 and vol 2。

国王利奥波德二世辩护,认为对其国王的恶毒指责源于英国的商业动机。[66]

《国际法的起源》(1893 年)的叙事类型为后来的法律史学家所效仿。内耶斯首先追溯到古罗马法的万民法,接着讨论 12 世纪至 15 世纪的罗马法和教会法,还提到了教皇和神圣罗马帝国关于管辖权的争议。14 世纪的奥卡姆的威廉(William of Ockham)与帕多亚的马西里乌斯(Marsilius of Padua)畅想了"未来的世界"——独立的世俗国家的兴起。[67] 国际法一方面起源于天主教关于正义战争的讨论,另一方面来自于主权国家的商业、仲裁、外交以及海洋开发行为。西班牙经院哲学家是国际法的创始人,但格劳秀斯才是"科学国际法的奠基人",因为他明确废弃了统一帝国论,并加入了人道主义和世俗主义的价值观。[68] 内耶斯还承认他信奉英国的自由主义和"进步"思想,因为在他看来,他们代表着文明、世俗主义、人道主义以及普适性的自由贸易。教皇以及宗教战争是进步最大的障碍。但是,随着人道主义和新教思想的传播,教会终于习惯了势力均衡并将其视为欧洲秩序的新——有利——原则。[69]

同内耶斯一样,亨利·萨姆纳·梅因也是一位专业的史学家。1887 年,梅因被任命为剑桥大学的休厄尔讲习教授(Whewell Chair),他短暂的执教生涯就此起步。在就职演说中,梅因从罗马法在欧洲传播的角度描绘了国际法的发展史。就科学性而言,只有格劳秀斯和瓦特尔值得一提。[70] "我们可以自信地表示,国际法已经进入到了为各文明国家所接受的快速发展阶段,尽管罗马法在欧洲的传播已经快要结束了。"[71]于是就出现了一个基督教的国际法:

---

[66] 关于这些争论,参见 M. Koskenniemi, *The Gentle Civilizer of Nations. The Rise and Fall of International Law 1870 - 1960* (CUP Cambridge 2002) at 11 - 178 and especially at 155 - 166。

[67] "他们曾经梦想的改革已经顺利结束;世俗社会越来越多地摆脱了教会的束缚;在教会的外部,现代国家已经建立起来。"*Les origines du droit international* (n 1) 42.

[68] 同上,第 10—12 页和第 401—405 页。

[69] 同上,第 164 页。

[70] 梅因对别人的批判相当犀利:"……必须承认有些人是徒有其表,有些人则是卖弄和迂腐,有些人想要表达清楚,有些人则几乎无视由人性不断发展所导致的道德评判的变化,有些则只是倒行逆施。"H. S. Maine, *International Law. A Series of Lectures Delivered before the University of Cambridge 1887* (2nd edn Murray London 1915) at 2.

[71] 同上,第 16 页。

他们通过宗教、礼仪、道德、人性和科学组成了一个国际社会，当然，把他们联合起来的纽带还包括商贸往来的互利共赢、结成联盟和缔结条约的惯例、互派大使的传统，以及同一批学者研究相同的一套公法体系。[72]

和亚当·斯密一样，梅因认为人类社会（或"进步社会"）的历史经历了由简单到越发复杂的各个"阶段"，即著名的"从身份到契约"。[73] "原始的"非洲人和"野蛮的"东方人（借用了拉里默的表述）展现了欧洲人很久以前的生活方式。正如洛克所言，"在开始的时候，世界上所有的地方都是美洲"。[74] 梅因虽然同意这种观点，但是他更关心的是一个地层比喻，亦即可以从早期更为原始的阶段看到后来法律的初期形态。梅因认为，法律史的任务就是考察这些初期形态，并以此归纳出放之四海而皆准的法律发展规律。考虑到逐步扩大的国际交往已经引起了欧洲公众的注意，社会各界因此对文化形式的多样性感到焦虑。为了解决这个问题，梅因通过归纳而把整个世界联系到了一起。这样一来，就可以在一个统一的发展过程中把这种多样性解释为不同的发展阶段。这样也就恢复了原有的秩序和等级，而且欧洲人满意地发现他们依然位于塔尖。[75]

或许这一时期关于国际法史的最为著名的成果应该是保罗·维诺格拉多夫（Sir Paul Vinogradoff）爵士从 1923 年起在莱顿大学所作的一系列讲座。维诺格拉多夫总结了五种国际法的历史类型，从希腊城邦国家到罗马万民法、教会法、主权国家，以及由主权国家发展而来的"政治联盟"。最后一种类型可能"比绝对领土主权更有普适性，也更加公正"。[76] 在维诺格拉多夫的模型中，国际法的最高阶段是"集体组织"。[77] 维诺格拉多夫借用了大量的战争社会学的观点来对个人自由主

957

---

〔72〕 H. S. Maine, *International Law. A Series of Lectures Delivered before the University of Cambridge 1887* (2nd edn Murray London 1915) at 34.

〔73〕 H. S. Maine, *Ancient Law* (Dorset Press 1968 [1861]) at 141.

〔74〕 J. Locke, *Two Treatises on Government. Second Treatise* (introduction by W. Carpenter) (Everyman's London 1984) para 49, at 140.

〔75〕 参见 J. W. Burrow, *Evolution and Society* (CUP Cambridge 1966) 以及 *The Gentle Civilizer of Nations* (n 66) 74 - 76。

〔76〕 P. Vinogradoff, 'Historical Types of International Law' (1923) 1 *Bibliotheca Visseriana* 1 - 70 at 69.

〔77〕 同上，第 5 页。

义的破坏性进行批判,并在此基础上构建了他所谓的五个阶段。学院派知识分子理想中的社会并非是亚当·斯密的"商业社会",而是一个由中央发号施令的现代的官僚体系。[78]

维诺格拉多夫的分类反映了国际法学家关于一战成因的普遍认识,即过度强调国家主权与无耻荒谬的自利主义。他们指出,这已经成为这个时代最大的毒瘤。经济和科技把各国联系在一起,形成了一系列越来越强的依赖关系,并把一切关系"纳入体制"。[79] 两次世界大战之间的国际法史都在一边倒地呼吁要加强联合,以及组建国际组织并赋予其更多的管辖权。

国际联盟背后所隐含的现代化思潮假定整个世界将随着欧洲的步调进行发展,而国际法的任务就是协助这一进程。职业化的国际法学家们将这种观点解读为经济和科技是统一世界的因素。法律的发展应该有助于他们反对刻板和落伍的主权所造成的障碍。[80] 但是,很少有人质疑这一点。保守的德国学者——如埃里希·考夫曼(Erich Kaufmann)——的确认为,没有太强的国际主义根基的西方法律缺乏"社会理想"。像海因里希·特里佩尔(Heinrich Triepel)一样,考夫曼认为国际法最多只是一个协调机制,即民族国家是人类历史的最高阶段。卡尔·施密特将这些假说写入了他于1950年出版的《大地法》。该书消解了英美帝国主义关于技术和经济进步的热情。[81] 苏联法学家同样没能在"资本主义的"国际法中看到任何有着历史根基的未来。如果他们接受西方人的做法,那也仅仅只是一种战略妥协,因为他们所信奉的是一种迥然有别的目的论,即通过阶级斗争和生产力的客观性来实现革命理想。[82]

---

[78] 例如 P. Wagner, *History and Theory of the Social Sciences* (Sage London 2001) at 7 – 53。

[79] D. Kennedy, 'The Move to Institutions' (1987) 8 *Cardozo Law Review* 841 – 988.

[80] 例如 A. Alvarez, *La codification du droit international — ses tendences, ses bases* (Pedone Paris 1912) 以及 G. Scelle, 'Théorie du gouvernement international' (1935) *Annuaire de l'institut international de droit public* 41 – 112。

[81] E. Kaufmann, *Das Wesen des Völkerrechts und die Clausula rebus sic stantibus* (Mohr Tübingen 1911); C. Schmitt, *Der Nomos der Erde im Völkerrecht des Ius publicum europeaum* (Duncker & Humblot Berlin 1950);关于这些讨论,参见 *The Gentle Civilizer of Nations* (n 66) 249 – 265 and 415 – 437. 也请参见本书中由巴多·法斯本德(Bardo Fassbender)撰写的第六十四章"卡尔·施密特(Carl Schmitt, 1888 – 1985 年)"。

[82] 关于此讨论,参见 C. Miéville, *Between Equal Rights. A Marxist Theory of International Law* (Brill Leiden 2005) at 75 – 289。

但是,只有去殖民化运动才能真正地对西方法律的目的论提出挑战。公元1960 年以后,非西方世界在主权独立的过程中所展现出的热忱经常被贬低为后殖民精英追求权力的一种反映。然而,五十多年来,对普适价值观或同一个国际社会等"虚构的普适性"之批评却经常被拿来用于质疑以西方优越主义为基础的关于文明和进步的叙事。

五、20 世纪和 21 世纪的国际法史

20 世纪上半叶,国际法史充满了关于其性质或约束力的法理争辩。[83] 在撰写国际法史之前,首先要知道国际法究竟属于什么学科。于是,构思严谨的"意志说"(will theory)和偏重伦理学或社会学的观点形成了对峙,后者认为国际法的义务根源在于某些普遍道德或人类的基本需求。每种学说都有其特定的哲学背景,这说明国际法能够反映出一些深刻的关于世界的规范性真理——或是"国家主权"(意志说侧重于此),或是关于经济或技术进步、文明或人道主义动机的潜在趋势。历史学成为了哲学信念的受害者,因每一方都可以从历史的长河中各取所需地来证明自己所认为的决定法律史发展之关键力量。

按照意志说,国际法一直都是且在可以预见的未来里也将会是国家意志的产物。那么,"它的约束力呢"? 为了回应这个问题,19 世纪 80 年代,奥地利公法学家格奥尔格·耶里内克(Georg Jellinek)通过国际法与宪法的比较,提出了影响深远的"自限论"(*Selbstverpflichtungslehre*)。没有人能够在忤逆国会的前提下执行宪法,如果做不到这一点,宪法也就名存实亡了。[84] 还有人把国际法与"原始法"进行比较,据说后者也没有制度上的约束,但是其出于习惯却能行之有效。这两种认识背后的历史观都很明确,就是类比宪法的观点复兴了一种传统认识,即视国际法为国外公法(external public law)并认为国际法一直以来都符合(欧洲的)国家主

---

[83] 本章作者曾经深入讨论过这种研究,参见 M. Koskenniemi, *From Apology to Utopia. The Structure of International Legal Argument* (Reissue with a new epilogue CUP Cambridge 2005) at 307 – 325。在 19 世纪的最后几年里,德国学者的辩论尤其激烈。关于该主题的当代评述,参见 J. L. Kunz, 'On the Theoretical Basis of the Law of Nations' (1925) 10 *Transactions of the Grotius Society* 115 – 141。

[84] G. Jellinek, *Die rechtliche Natur der Staatenverträge* (Hölder Vienna 1880).

（*Staatsgewalt*）的要求。类比原始法的观点则认为国际法在形式上正越发复杂化。但是，这些类比论往往都不严肃，所以在 20 世纪 30 年代，赫希·劳特派特（Hersch Lauterpacht）轻而易举地就把他们当成是意志说的一种肤浅的自我辩护。具有复杂外交规则和精致司法技术的国际法与"原始法"相比绝对有着天壤之别。在劳特派特看来，通过强调国际法的"特殊性"来挽救意志说（以及主权说）的企图并没有什么逻辑：国际法没有效力是因为它起源于虚构的"国家意志"，但是它又反映了国际社会的需要。[85]

作为一位自然法学家，劳特派特不仅仰慕约翰·洛克，还向往英国"自由主义和进步"的传统。[86] 就此而言，劳特派特与两次世界大战期间的绝大多数国际主义者并无太大差异。在自然主义者——比如维也纳学者阿尔弗雷德·菲德罗斯（Alfred Verdross）——看来，既然我们的法律知识来源于经典，那么国际法史就是一部文献史。在《统一的法律世界观》（*Die Einheit des rechtlichen Weltbildes*）一书中，菲德罗斯指出，19 世纪的"实证主义"与普适性思维一同摧毁了横亘于国内法同国际法之间的壁垒。菲德罗斯的目的（这一点师承于汉斯·凯尔森［Hans Kelsen］）在于论证由于普适的道德-法律秩序已经统治了全世界，并被当成了（实际中的）世界宪法，所以"主权"已经变成了一种由国家所掌握的纯粹的技术能力。[87] 与 16 世纪至 17 世纪的自然主义者的观点类似，在菲德罗斯看来，在这个意义上根本就不存在国际法史——只有一个缓慢形成的关于法律统一意识的历史，其反映了人类的道德同一性。这种观点将历史转化为了道德进步论。1932年，科内利斯·范·沃伦霍芬（Cornelis van Vollenhoven）指出，推动政治发展的主

---

[85] H. Lauterpacht，*The Function of Law in the International Community* (Clarendon Oxford 1933) at 403 - 423.

[86] H. Lauterpacht，*International Law and Human Rights* （Prager New York 1950）；H. Lauterpacht，'The Grotian Tradition of International Law' (1946) 23 *British Yearbook of International Law* 1 - 53；进一步参见 M. Koskenniemi，'Hersch Lauterpacht 1897 - 1960' in J. Beatson and R. Zimmermann（eds.）*Jurists Uprooted. German-Speaking Emigré Lawyers in Twentieth-Century Britain*（OUP Oxford 2004）601 - 662，以及本书中由伊恩·斯科比（Iain Scobbie）撰写的第六十五章"赫希·劳特派特（Hersch Lauterpacht，1897 - 1960 年）"。

[87] A. Verdross，*Die Einheit des rechtlichen Weltbildes auf Grundlage der Völkerrechtsverfassung* (Mohr Tübingen 1923). 关于凯尔森，请参见本书中由巴多·法斯本德（Bardo Fassbender）撰写的第六十三章"汉斯·凯尔森（Hans Kelsen，1881 - 1973 年）"。

要动力来自于和平组织的扩大以及国家自利主义和战争对其的不断破坏：

> 国际法的历史就是一篇史诗,其反映了两股基本力量之间的宏大斗争。一方面,我们发现和平的权利在一开始是非常微弱的,但是它有要存活下去的意志,这种根深蒂固的信念扎根于它的使命和未来之中。另一方面,我们发现了战争以及有关战争权利的粗暴与强大的力量。[88]

"两个基本动力⋯⋯"这当然属于学术文献,但并非经典文献。范·沃伦霍芬笔下的国际法史像一个钟摆,徘徊于对未来和平的希望与失望之间。[89] 像许多其他人一样,范·沃伦霍芬认为国际联盟迈向人类和平组织之路虽然前途光明,但也乌云密布,因为它仍然受到成员国的民族主义之威胁。作为一位荷兰人,虽然范·沃伦霍芬认为腓力四世(Philip the Fair)同弗拉芒的民兵(the Flemish peasants)之间的 1302 年战争展现了历史伟大的对立统一性,虽然他所列举的负面案例均来自于西班牙,虽然他在结尾处用格劳秀斯和奥兰治的威廉(William of Orange)的语录来升华主题,但是他绝无讽刺之意![90]

德裔学者阿瑟·努斯鲍姆(Arthur Nussbaum)的《简明国际法史》(*A Concise History of the Law of Nations*)可能是最为知名的关于战后国际法史的著作。这部 1947 年首次出版于美国的作品有着迥然不同的写作意图。[91] 在努斯鲍姆看来,除了外交行动、条约以及判例法之外,其余皆为乌托邦式的道德准则。所以,要

---

〔88〕C. van Vollenhoven, *Du droit de paix. De iure pacis* (Nijhoff La Haye 1932) at vii-viii.

〔89〕在范·沃伦霍芬看来,在 1492 年至 1780 年这么漫长的一段时间里,和平的进程没有任何进步。瓦特尔作为此种观点的代言人指出:"⋯⋯正如皮萨雷(Pizarre)、克洛特(Cortés)以及阿尔瓦公爵(duc d'Albe)的作品对和平权利的破坏一样。他揭露了另一种原始的罪恶,那就是在高尚的施舍下隐藏罪恶的意图。"*Du droit de paix* (n88) 99.

〔90〕目睹自然主义者和实证主义者之间永无休止且无关痛痒的争论,许多法学家倍感沮丧。因此,像德·洛特尔(de Louter)就试图在范·沃伦霍芬完全并列的两个问题之间获得妥协。洛特尔认为,主权和联合就像相反的电流一样,都是系统运行的必备要素。自然主义和实证主义,一个崇尚联合,一个试图独立,他们都真实反映了国际法的存在状态。尽管分属两端,但是两者却有着同等重要的地位,正如人类自身的状态。J. de Louter, *Le droit international public positif* (2 vols Imprimerie de l'Université Oxford 1920) at 13,15.

〔91〕A. N. Nussbaum, *A Concise History of the Law of Nations* (2nd edn Macmillan New York 1954).

警惕"理想和期望的负面影响"。[92] 于是，努斯鲍姆只是尽可能清楚而简单地阐明了"盛行于独立国家的法律规则"。[93] 这部作品跳出了目的论的束缚，也完全不同于之前范·沃伦霍芬之类的"文明"论，它只是"如实直书"（*wie es eigentlich gewesen* [*ist*]）国际法的历史。像许多逃离欧洲的知识分子一样，努斯鲍姆也接受了现实主义政治观。与此同时，欧洲的法学家们正在告别过去，迎接未来。乌尔利希·舒依讷尔（Ulrich Scheuner）在 1962 年发表的"最新发展"的综述中认为，尽管遇到共产主义集团以及新独立国家的挑战（正如他所观察到的），但是以道德原则为基础的关于法律统一的主流思想（特别盛行于战后德国）仍然没有改变。在舒依讷尔以及其他不少学者看来，"实证主义"和"欧洲中心主义"已经被克服了。通过联合国的各种机构，国际法现在将有助于构建一个普适的"法律共同体"（*Rechtsgemeinschaft*）。[94]

20 世纪后半叶的国际法史对国家制度发展演变的介绍通常采取详述与简介相结合的方式，从而有了一个界定清楚的规范文本。主流观点具有了社会学的立场，即"有社会，必有法"（*Ubi societas，ibi ius*）——虽然说法律乃社会发展与变革之"反映"，但是这一点并没有被充分发掘。这种观点认为，这段历史的大部分时期都是以政策为导向的，从而为各种改革拉开序幕。这是一种危险的知识论，因为国际关系的历史社会学视野下的所谓"反思"其实只是陈词滥调，且其没有提出什么新的观点。当前的国际法史有着两大并不相同的叙事套路，一种套路可能对过去的某些方面大书特书，而另一种套路却可能对这些内容闭口不谈。

第一种套路认为，国际法似乎完全处于一个由战争与和平、外交、"发展"以及各国政权更替所组成的世界。按照这种观点，国际法是人类社会统治活动的组成部分，它包括国家行为的人性化、维持权力平衡、促进外交活动或者建立殖民地等。对于这种由国际关系文献所展示的"政治史"而言，法律往往只是国家政策的一个次要方面。我们知道，两次世界大战间隙，阿尔弗雷德·齐默恩（Alfred Zimmern）

961

---

[92] A. N. Nussbaum，*A Concise History of the Law of Nations*（2nd edn Macmillan New York 1954）x.

[93] 同上 ix。

[94] U. Scheuner，'Völkerrechtsgeschichte. Neueste Entwicklung（seit 1914）' in *Wörterbuch des Völkerrechts*（n 6）754 - 755.

曾把国际法形容为"官员们为了方便起见所发明的一个好听的名词",当"法律和强权能够和睦相处时",国际法才能发挥最大的作用。[95] 齐默恩关于国联与国际法之关系的叙述为这一时期已陷入绝望的"理想主义"之最终覆灭敲响了丧钟。[96] 后来,"英国学派"在"秩序"和"正义"的辩证统一体系中对国际法进行了考察,展现了其对国际社会所发挥的(虽然并非必需的)"作用"。[97] 这个作用经常被视为在"无政府"的状态下坚守着一个"国际社会"的观念。[98]

按照过去所形成的规范性框架,很难把国际法当成是考察政治的过程中的因变量(dependent variable)。用法律概念来追溯战争和政治关系能有什么用?三千年前,历史发轫于苏美尔人、亚述人、古印度以及"中国人的天下"。但是,正如斯泰格(Steiger)所质疑的,如果在一种体制中,某一方把自己视为其他人都要围绕着的"太阳",那么这种体制与1969年通过的《维也纳条约法公约》(Vienna Convention on the Law of Treaties)相比难道没有任何差别吗?[99] 关于这个时空错乱的问题,历史学家回应道,就算那些时代可能不存在"国际法"的概念,但是古代文献却证明了确实存在一种与今天的国家关系颇为类似的群际关系,所以这种对比没有问题。但是,与此同时,我们通常也认为调整(欧洲)国际体系的法律产生于15世纪与16世纪。虽然它在当时呈现出了地方性的特征,但是却代表了"一种永恒的法律秩序",其是国际关系发展的终极模式。由此可见,这些熟悉的概念依然有着较强的说服力[100],而且轻易不会受到质疑。

不过,第一种套路的历史分期却存在问题。这一点在其叙述由大国霸权所主

---

〔95〕A. Zimmern, *The League of Nations and the Rule of Law*（1918 - 1935）（Macmillan London 1936）at 94,95.

〔96〕同上,第445—446页。

〔97〕H. Bull, *The Anarchical Society. A Study of Order in World Politics*（Macmillan London 1977）at 127 - 161,159.

〔98〕H. Bull, 'The Importance of Grotius in the Study of International Relations' in H. Bull, B Kingsbury, and A Roberts（eds.）*Hugo Grotius and International Relations*（OUP Oxford 1990）71 - 75.

〔99〕H. Steiger, 'From the International Law of Christianity to the International Law of World Citizen—Reflections on the Formation of the Epochal History of International Law'（2001）3 *Journal of the History of International Law* 181 - 193.

〔100〕例如 K. H. Ziegler, *Völkerrechtsgeschichte*（Beck Munich 1994）at 4,12 - 42；A. Truyol y Serra, *Histoire de droit international public*（Economica Paris 1995）at 1 - 3,5 - 18；S. Laghmani, *Histoire du droit des gens. Du jus gentium imperial au jus publicum europaeum*（Pedone Paris 2003）at 7.

导的重要"时期"的过程中表现得最为明显。受到政治现实主义(或"韦伯式"或"马克思主义"或后殖民)理论的启发,这种套路认为"帝国"是推动历史发展的决定性因素,"帝国"之影响遍布(法律)世界的每一个角落。这种类型的当代主流作品当属威廉·格鲁威(Wilhelm G. Grewe)于1984年出版的《国际法的历史时期》(*Epochen der Völkerrechtsgeschichte*)。此书受到了卡尔·施密特的《大地法》中的观念以及其他学者的启发。[101] 为了避免沦为"乌托邦式"的推断,这些学者提出一种关于理智治国的"现实主义的"伦理学,甚或是一种作为法律分析视角的"政治神学"。但是,问题在于,现实主义的治国方式从来都不会明确承认是因其自身有着强烈的道德关怀,所以对外才总是表现出一副中立和客观的样态。这种表里不一就构成了一个非常值得进行历史分析的切入点。

按照现实主义的历史观,宗教、文化和意识形态乃至法律制度的自主性其实就是一种思想观念的上层建筑,它在背后决定了政治、经济以及军事力量的结构。因此,这种历史观仍然不了解(政治、经济、军事)知识的结构。但是,这种知识结构却产生、促进并有助于凝固统治的优势和困境。这种历史观幻想着一个同质性的"时代",但是却不懂得哪怕是强大的帝国对如何维系统治也并无定论。帝国内部是分裂的——就是说在正式帝国和非正式帝国的两种策略之间——所以反对霸权主义的因素往往可以取得相对独立的位置,或者可以利用帝国内部的分歧进行反击。这就是为什么后殖民主义的历史叙事无法自洽的原因。这种叙事把全世界的所有问题都归结为帝国主义或殖民剥削。可是,自19世纪末以降,拉丁美洲、日本、土耳其以及中国这些"半开化的国家"一直都在学习源于欧洲的国际法,他们不仅努力地使自己适应这套体系,而且还反过来限制欧洲人,并改变欧洲人的法律规则。[102] 与国

963

---

[101] W. G. Grewe, *The Epochs of International Law* (M. Byers trans.) (de Gruyter Berlin 2000). "分段式叙事"也在其他作品中被使用,例如'Völkerrechtsgeschichte' (n 94)。主要的灵感当然来自 *Der Nomos der Erde* (n 81)。本章作者在一篇书评中曾评论过格鲁威的这本书,参见 book reviews in (2002) 51 *International and Comparative Law Quarterly* 746 - 751 and in (2002) 35 *Kritische Justiz* 277 - 281。也请参见本书中由奥利佛·迪格尔曼(Oliver Diggelmann)撰写的"国际法的历史分期"。

[102] 对近期研究的一个非常全面的梳理,请参见 A. B. Lorca, 'Universal International Law: Nineteenth-Century Histories of Imposition and Appropriation' (2010) 51 *Harvard International Law Journal* 475 - 552; L. Obrégon, 'Completing Civilization: Creole Consciousness and International Law in Nineteenth-Century Latin America' in A. Orford (ed.) *International* (转下页)

际法的单一中心论或单一起源论相反,这些历史观试图把国际法理解成是各方基于相互矛盾之目的而使用的一套平台或话语体系。

现实主义历史学也倾向于把非欧洲社会视为是欧洲政策的被动的接受对象。诚然,历来不乏涉及古代近东文明、中国和印度的外交关系之研究。[103] 但是,正如伯德曼(Bederman)所言,这些关于古代世界的研究或许只是为了考察今日"成熟"国际法的"知识起源"。[104] 查尔斯·亚历山大罗维茨(Charles H. Alexandrowicz)、阿南德(R. P. Anand)以及伊莱亚斯(T. O. Elias)等人为了修正欧洲中心论,甚至考察了纳入欧洲视野之前的亚洲君主的法律行为以及非洲社会之间的条约关系。[105] 就此而言,这些研究为了证明"他们也有国际法",可能会再次把欧洲标准普适化,这样一来就又会受到批判。林德利(Lindley)和戈贝尔(Goebel)于20世纪20年代所出版的成果不仅值得称赞,而且坦率地讲,其就某些细节描写而言具有不可替代的意义,但是他们的写作视角依然是帝国主义的。[106] 最近的一些研究集中于欧洲自身的遭遇上,其试图引入一种非欧洲的视野或者强调征服者别有用心

964

(接上页)*Law and its Others*(CUP Cambridge 2006)247 - 264;U. Zachmann,*Krieg und Ordnungsdenken im völkerrechtlichen Diskurs Japans*,*1919 - 1960*(Habilitation thesis Ludwig Maximilians University Munich 2010);亦见 T. Ruskola,'Legal Orientalism'(2002)101 *Michigan Law Review* 179 - 234 以及 U. Özsu,'Agency, Universality, and the Politics of International Legal History'(2010)51 *Harvard International Law Journal* 58 - 72;关于一个纲领性的表述,请参见 Y. Onuma,'When was the Law of International Society Born? An Inquiry of the History of International Law from an Intercivilizational Perspective'(2000)2 *Journal of the History of the International Law* 1 - 64。

[103] 例如 W. Preiser,*Macht und Norm in der Völkerrechtsgeschichte*(Nomos Baden Baden 1978);D. J. Bederman,*International Law in Antiquity*(CUP Cambridge 2001);A. Altman,'Tracing the Earliest Recorded Conceptions of International Law'(2001)11 *Journal of the History of International Law* 125 - 186 and 333 - 356。

[104] *International law in Antiquity*(n 103)1.

[105] C. H. Alexandrowicz,*An Introduction to the History of the Law of Nations in the East Indies*(16th, 17th and 18th Centuries)(Clarendon Oxford 1967);R. P. Anand,*Studies in International Law History：An Asian Perspective*(Nijhoff Leiden 2004);R. P. Anand,'Maritime Practice in South-East Asia until 1600 and Modern Law of the Sea' in R. P. Anand(ed)*International Law and the Developing Countries*(Nijhoff Dordrecht 1987)53 - 71;R. P. Anand,*Development of Modern International Law and India*(Nomos Baden Baden 2005);T. O. Elias,*Africa and the Development of International Law*(Oceana Leiden 1972).

[106] M. F. Lindley,*The Acquisition And Government Of Backward Territory In International Law：Being A. Treatise On The Law And Practice Relating To Colonial Expansion*(London 1926);J. Goebel,*The Struggle For The Falkland Islands. A Study of Diplomatic History*(Yale University Press New Haven 1927).

的谎言,即由欧洲人言说并操练的"虚假的普适性"。[107]

"国际法和帝国"可能是现在国际法史最为热门的话题。当约格·费什(Jörg Fisch)于 1984 年出版《欧洲扩张与国际法》(*Die europäische Expansion und das Völkerrecht*)之时仍然具有开创意义——尽管由于盎格鲁中心主义(Anglocentrism)对该领域的垄断而导致他的这部奠基之作未能获得广泛的重视。[108] 目前关于帝国的新兴研究仍然主要集中于英语世界。[109] 最近,关于欧洲入侵北美和南半球的写作重点是对土著人口的驱逐。[110] 卢西亚诺·佩雷纳(Luciano Pereña)关于西班牙帝国的研究在西班牙之外依然没有影响。尽管并没有完全摆脱帝国主义的致歉立场,但是这些西语作品以及佩雷纳主编的 29 卷本《西班牙和平史料集》(*Corpus Hispanorum de Pace*)依然是非常珍贵(再次强调,其不为人知)的文献资料。[111] 在意大利,路奇·鲁佐(Luigi Nuzzo)以后现代的视角来审视殖民和征服的法律语言,戈齐(Gozzi)和奥古斯蒂(Augusti)的最新成果则讨论了欧洲法律同非欧洲世界

---

[107] 经典作品包括 A. Anghie, *Imperialism, Sovereignty and the Making of International Law* (CUP Cambridge 2005);亦见 E. Jouannet and H. Ruiz-Fabri (eds.) *Le droit international et l'impérialisme en Europe et aux Amériques* (Société de droit et de législation comparée Paris 2007)。其他短篇作品还包括 J. T. Gathii, 'Imperialism, Colonialism and International Law' (2007) 54 *Buffalo Law Review* 1013 - 1066。伯曼(Berman)的很多作品也应当被归入此类。当前应尤其参见 N. Berman, *Passions et ambivalences:le nationalisme, le colonialisme et le droit international* (A Pedone Paris 2008),其英语版本为 *Passion and Ambivalence. Colonialism, Nationalism and International Law* (Brill Leiden 2011)。

[108] J. Fisch, *Die europäische Expansion und das Völkerrecht* (Steiner Stuttgart 1984)。

[109] 例如 C. Sylvest, 'Our Passion for Legality:International Law and Imperialism in Late Nineteenth-Century Britain' (2008) 34 *Review of International Studies* 403 - 423;D. Armitage, *The Ideological Origin of the British Empire* (CUP Cambridge 2000);K. MacMillan, *Sovereignty and Possession in the English New World. The Legal Foundations of Empire 1576 - 1640* (CUP Cambridge 2006);the essays in D. Bell (ed.) *Victorian Visions of Global Order. Empire and International Relations in Nineteenth-Century Political Thought* (CUP Cambridge 2007) and S. Dorsett and I. Hunter (eds.) *Law and Politics in British Colonial Thought. Transpositions of Empire* (Palgrave-Macmillan London 2010)。

[110] 关于对印第安人的剥削,有两部基于法律视野的研究作品,请参见 R. A. Williams, *The American Indian in Western Legal Thought* (OUP Oxford 1990);S. Banner, *How the Indians Lost their Land. Law and Power on the Frontier* (Harvard University Press Harvard 2005)。

[111] 关于佩雷纳自己的总结,参见 L. Pereña, *La idea de justicia en la conquista de América* (Mapfre Madrid 1992)。一部研究国际法在法西斯西班牙中使用的相当不同的作品,参见 Ide La Rasilla, 'The Fascist Mimesis in Spanish International Law and its Vitorian Aftermath (1939 - 1953)' (2012) 14 *Journal of the History of International Law* 2。

的遭遇。[112] 在德国,之前和最近的一些史学成果主要关注西班牙征服的法律和道德问题,特别是关于西班牙神学家的作品。但是,德国自己的殖民史(1880 年至 1919 年)却有待国际法史学的研究。最后,许多关于帝国政治和经济史的研究充斥着法律概念,"世界史"领域的最新成果也是如此,尽管这些研究都不太系统。关于帝国"意识形态"以及维持帝国统治的法律行为的叙述也是这种情况。[113]

专注于政治事件和帝国霸权的历史观往往无法确定史料的选择标准。其实,历史叙述的第一步就是"选择",但是某一种叙事套路却回避这一点。因而,就需要第二种历史叙事类型,努斯鲍姆认为这种类型的内涵非常丰富——亦即作为学术传承的国际法史。哲学家、神学家、外交家、政治思想家以及法学家的作品都可以归为此类。这些作品是对当时法律实践的一种概念化的表述(而且往往都是批判性的)。学说史(或者"国际法的科学史")是一种源远流长的史学类型。[114] 18 世纪末 19 世纪初的大多数历史学皆是如此,甚至到了 20 世纪 90 年代,图约尔·塞拉(Truyol y Serra)关于普遍主义思想家的讨论范围依然是从琐罗亚斯德(Zoroastrian)哲学家到斯多葛学派,以及从格劳秀斯到康德。[115] 虽然这些作品有时对其笔下的主人公采取了理想化的叙述方式,但是也并没有把他们当成超人。当然,如果对某位特定的学者进行样本分析,从而展现出其所处阶段的国际法之发展趋势,那么这也可能是一种有趣的研究。[116] 比如,厄恩斯特·鲁宾斯坦(Ernst Reibstein)于 1949 年出版的一部关于 16 世纪的西班牙法学家费尔南多·巴斯克斯·德·门查卡(Fernando Vázquez de Menchaca)的作品。巴斯克斯为现代法律打下了自然主义的根基,他是一位举足轻重的学者,但是却几乎被学术界所遗忘。

---

[112] L. Nuzzo, *Il linguaggio giuridico della conquista. Strategie di controllo nelle Indie spagnole* (Jovene Napoli 2004); G. Gozzi, *L'Occidente e l'ordine internazionale* (Giappichelli Bologna 2008); E. Augusti, 'The Ottoman Empire at the Congress of Paris: Between New Declensions and Old Prejudices' in L. Back-Varela (ed) *Crossing Legal Cultures* (Meidenbauer Munich 2009) 503–519.

[113] 尤其参见 A. Pagden, *Lords of All the World. Ideologies of Empire in Spain, Britain and France c.1500–1800* (Yale University Press New Haven 1995); L. Benton, *Law and Colonial Cultures. Legal Regimes in World History 1450–1900* (CUP Cambridge 2002)。

[114] 例如 A. de Lapradelle, *Maîtres et doctrines du droit des gens* (2nd edn Éditions internationales Paris 1950)。

[115] A. Truyol y Serra, *Histoire du droit international public* (Economica Paris 1995).

[116] 这就是本章作者在《国家的文明士绅》(n 66)这本书中试图解决的问题。

然而,鲁宾斯坦的目的是通过对巴斯克斯的研究来梳理格劳秀斯之前的全世界范围的万民法学说(以及 18 世纪的自然法)。[117] 无独有偶,皮特·哈根马歇(Peter Haggenmacher)于 1983 年出版的《格劳秀斯与正义战争论》(*Grotius et la doctrine de la guerre juste*)也远远超出了格劳秀斯关于正义战争的论述,它实际上是为了考察格劳秀斯于 1604 年至 1606 年以及于 1625 年发表的作品中所使用的关键概念,从"正义战争"到"万民法"再到"主权",从罗马法和教会法到 17 世纪初。[118]

提到国际"法律的思想史",必须要提到西方政治理论的经典作家,他们对国际法的发展至关重要:西班牙经院学派、维多利亚、萨托以及苏亚雷斯、自然法学家普芬道夫和沃尔夫、哲学家康德和黑格尔,以及其他学者。他们虽然涉猎广泛,但有时我们只需要关注那些与国际法相关的内容。[119] 理查德·塔克(Richard Tuck)、安东尼·帕戈登(Anthony Pagden)、伊恩·亨特(Ian Hunter)以及安娜贝尔·布雷特(Annabel Brett)等主攻现代早期政治思想史的学者对国际法史的研究也有着重要意义。[120] 除了佩雷纳和图约尔之外,还有一批西班牙学者和德国学者也在研究西班牙的经典作品。[121] 今天已经出现了关于国际"法律"思想史的新兴领域。格劳秀斯全集博大精深——除了做出重要贡献的哈根马歇之外,还应该提

966

---

[117] "我们首次在自然法的学术谱系中考察巴斯克斯,而此时该学说已经出现了一百五十多年的时间。"E. Reibstein, *Die Anfänge des neueren Natur-und Völkerrechts*(Haupt Bern 1949)at 22.

[118] P. Haggenmacher, *Grotius et la doctrine de la guerre juste*(Presses universitaires de France Paris 1983).

[119] 例如 S. Goyard-Fabre, *La construction de la paix — le travail de Sisyphe*(Presses universitaires de France Paris 1994)以及 A. Lejbowicz, *Philosophie du droit international. L'impossible capture de l'humanité*(Presses universitaires de France Paris 1999)。

[120] R. Tuck, *The Rights of Peace and War. Political Thought and the International Order from Grotius to Kant*(OUP Oxford 1999);*Lords of All the World*(n 113);I. Hunter, *Rival Enlightenments. Civil and Metaphysical Philosophy in Early Modern Germany*(CUP Cambridge 2001);A. Brett, *Liberty, Right and Nature. Individual Rights in Later Scholastic Thought*(CUP Cambridge 1997);A. Brett, *Changes of State. Nature and the Limits of the City in Early Modern Natural Law*(Princeton University Press Princeton 2011)。

[121] A. Truyol y Serra, *Actualité de la pensée juridique de Francisco de Vitoria*(Brussels 1988). D. Deckers, *Gerechtigkeit und Recht. Eine historische Untersuchung der Gerechtigkeitslehre des Francisco de Vitoria*(Universitätsverlag Freiburg 1991),此书是关于维多利亚最全面的一部研究作品,还以较大篇幅讨论了国际法的相关问题。关于苏亚雷斯和国际法的代表性研究,请参见 J. Soder, *Francisco Suárez und das Völkerrecht:Grundgedanken zu Staat, Recht und internationale Beziehungen*(Metzner Frankfurt 1973);进一步参见 K. Seelmann, *Theologie und Jurisprudenz an der Schwelle zur Moderne. Die Geburt des neuzeitlichen Naturrechts in der iberischen Spätscholastik*(Nomos Baden-Baden 1997)。

到马丁·伊特萨姆（Martine Ittersum），他分析了格劳秀斯为荷兰商业帝国的辩护。[122] 关于阿尔贝里科·贞提利的研究规模也非常可观。随着学术界对（法律）人道主义的兴趣逐渐加强，对贞提利的关注也将持续下去。[123] 艾曼纽·儒阿特（Emmanuelle Jouannet）与皮特·雷麦克（Peter Remec）对格劳秀斯和瓦特尔的研究遍及各个方面——儒阿特在自然主义传统的视野下讨论瓦特尔，并且最近还将其称为"以福利为导向"的国际法之奠基人。[124] 马克·贝里沙（Marc Bélissa）以法国哲学家以及 18 世纪末的大革命为背景撰写了一部国际法史，其还把讨论的范围扩展到了拿破仑时期。[125] 本章作者的《文明士绅》（*Gentle Civilizer*）一书主要关注的是 1870 年至 1960 年间的欧陆法学家的法律思想。斯特凡诺·曼诺内（Stefano Mannone）的《权力和理性》（*Potenza e ragione*）考察了 19 世纪的法学家为和平与战争制定"现代"方案的努力。[126]

　　思想史大都强调历史背景，特别是这些历史人物的"民族"背景，但是早年的一些作品却流行把他们视为"世界性的"知识分子，就此形成了鲜明的对比。这种矛盾和探究现代（一般就是进步的）思想的起源一样有趣。比如，不管是威廉·巴特勒（William Butler）关于俄罗斯的研究，还是图约尔·塞拉对西班牙传统的梳理，他们都关注历史背景，但与此同时他们却强调历史人物的"独立性"，从而把这些历

---

[122] M. van Ittersum, *Profit and Principle. Hugo Grotius, Natural Rights Theories and the Rise of Dutch Power in the East Indies* (Brill Leiden 2006)；亦见 E. Wilson, *Savage Republic. De Indis of Hugo Grotius, Republicanism and Dutch Hegemony within the Early modern World-System* (Nijhoff Leiden 2008)。

[123] 尤其参见 D. Panizza, *Alberico Gentili, Giurista ideologico nell'Inghleterra Elisabettiana* ('La Garangola' Padova 1981)；但也有如以下作品中的文章，参见 B. Kingsbury and B. Strauman (eds.) *The Roman Foundationof the Law of Nations. Alberico Genrtili and the Justice of Empire* (OUP Oxford 2010)。

[124] E. Jouannet, *Emer de Vattel et l'emergence doctrinale du droit international classique* (Pedone Paris1998)以及例如 P. P. Remec, *The Position of the Individual in International Law According to Grotius and Vattel* (Martinus Nijhoff The Hague 1960)；亦见 E. Jouannet, *Droit international providence. Une histoirede droit international* (Bruylant Brussels 2011)。

[125] M. Belissa, *Fraternité universelle et intérêt national (1713－1795). Les cosmopolitiques du droit des gens* (Kimé Paris 1998) and M. Belissa, *Repenser l'ordre européen 1795－1802* (Kimé Paris 2006).

[126] S. Mannone, *Potenzae ragione. La scienzia del diritto internazionale nella crisi dell'equilibrio Europeo 1870－1914* (Giuffre Milan 1999).

967

史人物刻画成典型的人道主义者或和平主义者。[127] 晚近的一些作品则倾向于在地方性的生存环境中考察这些经典的法学家,他们或是大学教授,或是外交官或政府顾问,总之都有属于自己的体制内的"事业"。托尼·凯蒂(Tony Carty)甚至试图对其中的一些人进行心理学或现象学的分析。[128] 卡斯伯·西尔维斯特(Casper Sylvest)和詹姆斯·克劳福德(James Crawford)对 19 世纪和 20 世纪的英国学者的研究背景进行了概括和总结,马克·贾尼斯(Mark Janis)展示了美国传统从建立到 20 世纪的发展历程,而艾曼纽·儒阿特的长篇论文则详细阐述了 20 世纪的法国国际法学说史。[129] 劳里·马科索(Lauri Mälksoo)梳理了 19 世纪末 20 世纪初的波罗的海地区的国际法学家以及俄罗斯的国际法学理论。与之类似的梳理至少还包括日本、土耳其以及希腊学界。[130] 还有不少关于两次世界大战之间的德国国际法的发展史,重点则是纳粹时期。[131] 对拉沙·奥本海和赫希·劳特派特等中欧学者的研究也已经渐成气候——不仅如此,最近还有学者讨论了詹姆斯·莱斯

968

[127] W. Butler, *Russia and the Law of Nations in Historical Perspective* (Simmonds & Hill Wildly 2009).

[128] A. Carty, 'Interwar Theories of International Law: The psychoanalytical or phenomenological Perspectives of Hans Kelsen and Carl Schmitt' (1995) 16 *Cardozo Law Review* 1235 – 1292.

[129] 例见 C. Sylvest, 'International Law in Nineteenth-Century Britain' (2004) 75 *The British Year Book of International Law* 9 – 70; C. Sylvest, 'The foundations of Victorian International Law' in D. Bell (ed) *Victorian Visions of Global Order: Empire and International Relations in Nineteenth-Century Political Thought* (CUP Cambridge 2007) 47 – 66; J. Crawford, 'Public International Law in Twentieth-century England' in J. Beatson and R. Zimmermann (eds.) *Jurists Uprooted. German Speaking Émigré Lawyers in Twentiethcentury Britain* (OUP Oxford 2004) 681 – 708; M. Janis, *The American Tradition in International Law. Great Expectations 1789 – 1914* (OUP Oxford 2004); E. Jouannet, 'A Century of French International Law Scholarship' (2009) 61 *Maine Law Review* 83 – 132。

[130] L. Mälksoo, 'The Science of International Law and the Concept of Politics. The Arguments and Lives of the International Law Professors at the University of Dorpat/Iur'ev/Tartu 1855 – 1985' (2005) 76 *British Year Book of International Law* 383 – 502 and L. Mälksoo, 'The History of International. Legal Theory in Russia: a Civilizational Dialogue with Europe' (2008) 19 *European Journal of International Law* 211 – 232. 关于两次世界大战间希腊国际主义者 Stelios Seferiades 将国际法作为"资产阶级现代化"的工具来使用的相关情况,参见 T. Skouteris, *The Notion of Progress in International Law Discourse* (TMC Asser Press The Hague 2010), 39 – 92。进一步参见 A. Becker Lorca, *Mestizo International Law: A Global Intellectual History, 1850 – 1950* (CUP Cambridge 2013 forthcoming),以及本章前引注释 102 中所列作品。

[131] 此处的经典著作是 D. A. Vagts, 'International Law in the Third Reich' (1990) 84 *American Journal of International Law* 661 – 704。

利·布赖尔利(James Leslie Brierly)。[132]《欧洲国际法杂志》策划了一系列的名家专题,涉及到的国际法学家包括迪奥西尼·安齐罗蒂(Dionisio Anzilotti)、马克斯·胡伯(Max Huber)、汉斯·凯尔森、赫希·劳特派特、阿尔夫·罗斯(Alf Ross)、乔治·塞勒(George Scelle)以及沃尔瑟·舒克(Walther Schücking)。但是,到目前为止,国际法史领域就学说、理论以及个人传记而言,令人印象最为深刻的成果当属马克·普朗克研究所的国际法史系列。该系列目前已经涉及到的学者包括亚当·格莱芬(Adam Glafey)、埃利希·考夫曼(Erich Kaufmann)、汉斯·凯尔森、弗里德里希·李斯特、格奥尔格·施瓦曾伯格(Georg Schwarzenberger)、沃尔瑟·舒克、卡尔·斯特鲁普(Karl Strupp)、赫尔穆特·斯特雷贝尔(Helmut Strebel)、汉斯·韦贝格(Hans Wehberg)。除了学者专题之外,其中还有一系列的具有德国本土特色的史实汇编与专题研究。[133] 这反映了德国法学界对其本国历史的浓厚兴趣。

　　然而,有个别学者、民族传统或思想史(*Ideengeschichte*)并不认为"法律的"历史就是法律概念、原则或制度的历史——或许这说明了他们都是聪明绝顶之人,可以按照自己的意愿来判断什么是法律。在某种程度上,上文所提到的还原论(reductionism)思想与"划时代的"历史观截然相反,因为后者只考虑集体行动。当然,确实存在(而且也需要)一种概念史(*Begriffsgeschichte*)或观念史是用于审视"主权""豁免""仲裁"和"正义战争"等法律概念的变迁,或联合国、红十字会、大赦国际等国际组织的兴衰的。还有很多国际法的专门史,包括富顿(Fulton)、阿南德(Anand)以及其他几位学者的海洋法史,内夫(Neff)的战争法史,辛普森的大国争

---

[132] 关于奥本海,例见 B. Kingsbury, 'Legal Positivism as Normative Politics: International Society, Balance of Power and Lassa Oppenheim's Positive International Law' (2002) 13 *European Journal of International Law* 401 – 435; M. Schmoeckel, 'The Internationalist as a Scientist: Lassa Oppenheim and his "International Law"' (2000) 11 *European Journal of International Law* 699 – 712. 也请参见本书中由马赛厄斯·施默克尔(Mathias Schmoeckel)撰写的第六十章"拉沙·奥本海(Lassa Oppenheim, 1858 – 1919 年)"。相关简述,参见 C. Landauer, 'J. L. Brierly and the Modernization of International Law' (1992 – 1993) 25 *Vanderbilt Journal of Transnational Law* 881 – 917; 关于劳特派特,参加本章前引注释86中所列作品。

[133] B. Fassbender, M. Vec, and W. G. Vitzthum (eds) *Studien zur Geschichte des Völkerrechts* (Nomos Baden-Baden 2001 –). 出版物清单,参见〈http://www.nomos-shop.de/reihenpopup.aspx? reihe＝254〉,访问于 2012 年 3 月 26 日。

霸史,勒萨弗(Lesaffer)的和平条约史,这里提到的仅仅是最近出版的几部英语作品。[134] 但是,这些作品都很少遵循某种具体的方法——以莱因哈特·科泽勒克(Reinhardt Koselleck)为例,他在使用了何种正式的"观念史"研究方法这一问题上根本就不置一词,这样的好处就是可以加强术语的模糊性,如此一来,法律概念和范畴就可以根据政治发展的现状而在其内涵和适用性上被加以调整。[135]

需要再次提醒各位注意。有种历史观念认为,对于国家及其统治者而言,法律概念或法律制度一直处于稳定的状态,他们不会随着时间的推移而改变,因而可以肆意妄为地加以利用或应付。这绝非思想史的叙事,而是阿尔萨斯公法学家罗伯特·雷德罗普(Robert Redslob)的历史观。1923 年,雷德罗普构想出了国际法四大基本原则的历史,他们包括:条约效力、国家独立、各国平等以及国际团结。雷德罗普考察了每种原则的发展轨迹,从古典时代经中世纪再到《威斯特伐利亚和约》,从王朝战争到法国大革命(1789 年),从《维也纳和约》到第一次世界大战。[136]在雷德罗普的笔下,就算这些原则有所发展,那么也是处于既不均衡也不连续的状态。不过,从更长远的历史来看,他们仍然是进步的,现在德国引发的这场战争之祸已然平息,这些原则在国际联盟那里找到了最终的归宿,即"这座大厦的基石正是国际法的四大原则"。[137] 这种叙事把现有的概念或制度视为先天形成的,并且试图把之前的历史压缩为"原始"根源。这将会是迂腐的错误——它无法为处于每个特定时代的人们阐明那个时代的法律概念和法律制度的意义,当然,如果今天也是这种观念,那么我们也无法知晓我们这个时代的法律概念的现代性及其丰富的内涵。

观念史则倾向于把法律词汇和法律制度视为一种开放性的平台,从而在不同

---

[134] T. Fulton, *The Sovereignty of the Sea* (Blackwood London 1911);R. P. Anand, *The Origin and Development of the Law of the Sea* (Kluwer Boston 1982);S. C. Neff, *War and the Law of Nations:A general History* (CUP Cambridge 2008);G. Simpson, *Great Powers and Outlaw States* (CUP Cambridge 2005);R. Lesaffer (ed.) *Peace Treaties and International Law in European History* (CUP Cambridge 2004).

[135] 参见 R. Koselleck, '*The Historical-Political Semantics of Asymmetrical Counterconcepts*', in *Futures past. On the Semantics of Historical Time* (Columbia University Press New York 2004), 155 - 191.

[136] R. Redslob, *Histoire des grands principes du droit des gens depuis l'Antiquité jusqu'à la veille de la grande guerre* (Rousseau Paris 1923).

[137] 同上,第 559 页。

时期能够进行纵向的意义比较。每个平台都是自洽的，都拥有具体问题具体分析的能力。观念史的兴趣在于考查意义是如何形成的（"一个特定的概念如何具有这个意思"），而不关心已经确定的意义是什么。在这种历史观看来，在一个针锋相对的激烈冲突中，法律制度被不断地进行重塑，即法律就变成了一种政治斗争。纳撒尼尔·贝尔曼（Nathaniel Berman）对两次世界大战期间的国际法之研究就是这种类型的典型代表。贝尔曼回顾了经典作家的世界观、偏见以及体制内的野心，并提醒我们注意，经典学者的国际法研究与他们矛盾的政治追求是密切相关的。[138] 历史写作本身不可能具有完全中立的态度，也不可能不产生偏见性的影响。关于人权史的持续争论就足以说明这个问题。权利没有任何变化吗？是不是只有在观念中他们才有历史性可言？他们究竟是 18 世纪的学术想象之产物还是 20 世纪的政治学说制度化之结果？[139] 对这些问题的回答不仅为历史研究设定了明确的目标，而且还指明了现行权利术语和权利政策的政治意义和发展方向。

六、结论

上文所考察的万民法、自然法以及国际法的历史——不论是 14 世纪的问题还是 21 世纪的理论——都处于欧洲所划定的时间轨道之中。他们都采用了欧洲的"进步"和"现代化"的视野。例如，国家的兴起和全球化，如同"政治"与"经济"以及"公"与"私"的区分一样，都是这段历史的基础，也是欧洲经验和概念化的具体表现。即使殖民主义在国际法史的新叙事方式中已成为一个核心议题，"欧洲规则乃历史经验的客观标准"的情况仍然没有改变。[140] 除了鼓励涉足越发宽泛的法律术语领域，并考虑在政治和传记，以及语境和概念之间切换视角之外，很难看出还可以做些什么。我们研究国际法史的前提在于我们如何理解"国际法"，只是这一次，关于这个问题，再也没有任何单一的霸权主义的答案，而国际法也可以从过往的那

---

[138] *Passions et ambivalences* (n 107).

[139] 关于这三个问题，参见 P. Lauren, *The Evolution of International Human Rights. Visions Seen* (3rd edn University of Pennsylvania Press Philadelphia 2008)；L. Hunt, *Inventing Human Rights* (Norton New York 2004)；S. Moyn, *The Last Utopia* (Harvard University Press Cambridge MA 2009).

[140] *Provincializing Europe* (n 10) 28.

条斑驳之路中抽出身来，并把目光投向于迄今为止仍然无人涉及的经验规则。

推荐阅读

Anghie，Antony *Imperialism，Sovereignty and the Making of International Law*（CUP Cambridge 2005）.

Berman，Nathaniel *Passions et ambivalences：le nationalisme，le colonialisme et le droit international*（Pedone Paris 2008）；*Passion and Ambivalence. Nationalism，Colonialism and International Law*（Brill Leiden 2011）.

Craven，Matthew，Malgosia Fitzmaurice，and Maria Vogiatzi（eds）*Time，History and International Law*（Nijhoff Leiden 2007）.

Fisch，Jörg *Die europäische Expansion und das Völkerrecht*（Steiner Stuttgart 1984）.

Gaurier，Dominique *Histoire de droit international. Auteurs，doctrines et développement de l'Antiquité à l'aube de la période contemporaine*（Presses universitaires de Rennes 2005）.

Gozzi，Gustavo *Diritti e civiltà. Storia e filosofia del diritto internazio nale*（il Mulino Bologna 2010）.

Grewe，Wilhelm G. *The Epochs of International Law*（M. Byers trans）（de Gruyter Berlin 2000）.

Haggenmacher，Peter *Grotius et la doctrine de la guerre juste*（Presses universitaires de France Paris 1983）.

Jouannet，Emmanuelle *Emer de Vattel et l'emergence doctrinale du droit international classique*（Pedone Paris 1998）.

Koskenniemi，Martti *The Gentle Civilizer of Nations. The Rise and Fall of International Law 1870–1960*（CUP Cambridge 2004）.

Nussbaum，Arthur *A Concise History of the Law of Nations*（2nd edn Macmillan New York 1954）.

Paz，Reut Yael *A Gateway between a Distant God and a Cruel World. The Contribution of Jewish German Scholars to International Law*（Brill Leiden 2012）.

Preiser，Wolfgang *Macht und Norm in der Völkerrechtsgeschichte*（Nomos Baden-Baden 1985）.

Redslob，Robert *Histoire des grands principes du droit des gens depuis l'Antiquité jusqu'à la veille de la grande guerre*（Rousseau Paris 1923）.

第四十章　学说与国家实践

安东尼·凯蒂（Anthony Carty）

一、引言

第五编"方法与理论"之所以会出现"学说与国家实践"这一章,说明主编当初构思体例时肯定想到了一个老问题,即对于国际法史学家而言,究竟应该侧重于学说(过往国际法学家的著述)还是国家实践。比如,努斯鲍姆在其《简明国际法史》[1]的前言中阐述了这个问题,同样地,格鲁威在其《国际法的历史时期》[2]中也认为过去的研究大都忽视了国家实践。本章的标题可以解读为"国际法学史中的学说与国家实践"。不过,现在的这个标题比较开放,方便我们对历史学之外的二分法进行更广泛的分析——亦即讨论国际法实践与学说在过去是如何互动的。有种观点认为,国际法学说在 19 世纪的发展过程中创造了国家实践的概念,不仅如此,他们还对国家实践难以理解的特征进行了分析。这种观点虽然有悖常识且令人困惑,但却点出了我们工作的关键。从法律汇编、外交书信、报纸等资料中,我们可以看到"学说"(从广义和狭义的角度来看,报纸文章乃政论家的"一家之言",并不能展现国家实践)与"国家实践"之关系的几个重要维度。当我们对"学说"和"国家实践"进行比较时,对这两个概念本身进行批判式的分析对国际法史的"实

[1] A. Nussbaum, *A Concise History of the Law of Nations* (Macmillan New York 1958) at vii.
[2] W. G. Grewe, *Epochen der Völkerrechtsgeschichte* (Nomos Baden-Baden 1984) at 25.

践"是非常重要的。

二、法律学说与国家实践的发明

学者的构想、国家的行为,以及学者试图描述的国家实践与国家实践本身,这几个概念之间的区别是比较明显的。如果只对后两者进行比较,那么问题就比较简单,比如,一个学者描述了武力层面的国家实践,或者该学者可以直接描述这种实践,而不考虑任何学说观点,当然,如此一来,他的描述就变成了描述本身,亦即成为了一种新的学说。学者可以论述正义战争理论,而国家则寻求无限制的宣战权,或者反过来,国家可以在实践中贯彻正义战争理论,而学者则采取严格的实证主义,认为国家主权理应不受约束。

然而,当一位学者把描述国家实践本身当成自己明确的研究目标时,一个令人意想不到的困难就出现了,也就是说,用于研究国家实践的概念框架存在严重的问题。比如,有人用外交史来研究国家实践。但是,如佩里(Parry)所言,人们不可能从条约或外交实践中构建出一套有着明确特征的国际法。[3] 那些伟大的欧洲条约属于政治史,而不是法律史,更不是观念史。[4] 可是,上至古代社会下至 1918 年的《马克·普朗克国际公法百科全书》(*Max Plack Encyclopedia of Public International Law*)就是这样做的。[5] 他们似乎意识不到霍埃克(Hoeck)和施托莱斯(Stolleis)所认为的裁剪相关史料对科学的国际法史之重要性。[6] 虽然完全可以将国际法视为外交的附属物,但至少需要一种理论来解释国际法究竟发挥了什么作用。这可能意味着需要了解这种作用的发挥机制和时间。[7] 否则,就失去

974

---

〔3〕C. Parry, *The Sources and Evidences of International Law* (Manchester University Press Manchester 1965) at 34 – 35 and 37 – 38.

〔4〕同上,第 37—38 页。

〔5〕尤其是 W. Preiser, 'History of International Law, Ancient Times to 1648'; S. Verosta, 'History of International Law, 1648 – 1815'; 以及 H. U. Scupin, 'History of International Law, 1815 to World War I' in R. Wolfrum (ed.) *The Max Planck Encyclopedia of Public International Law* (Oxford University Press Oxford 2008) at⟨www. mpepil. com⟩。这些作品都完成于 20 世纪 80 年代。

〔6〕I. J. Hueck, 'The Discipline of the History of International Law, New Trends and Methods on the History of International Law' (2001) 3 *Journal of the History of International Law* 194 – 217.

〔7〕格鲁威认为,学者和实践反映了同一种时代精神,*Epochen* (n 2)。在讨论 19 世纪的历史(转下页)

了基本的判断力，从而把所有包含法律文件的条约都当成了像《维也纳和约》一样的国际法文献。正如佩里所言，1815 年的《维也纳和约》或者 1856 年的《巴黎和约》的重要性"并不在于他们在特征上类似于法律的制定过程……而在于他们可以凭借其政治-军事地位以通过其他手段来制定法律"[8]。伟大的《联合条约丛书》(the Consolidated Treaty Series)[9]对《维也纳和约》有着特殊的评价，即"如果非要找到这个新阶段的起点，瓦特尔可能比《维也纳和约》更合适"[10]。由于自然法和实证主义由来已久的冲突已然油尽灯灭，所以学术界才开始关注大国强权的时代。那么只能这样来解释，即至少在政府官员和司法裁判的知识体系中，除了国际法学院之外，还有其他法律渊源。但是，这种解释却与事实不符。国际法律机构最早成立于 19 世纪末，而类似机构的大量出现更是一战以后的事情。[11] 司法判例涵盖的区域也比较狭窄，只有海事案件和外交豁免案件。[12]

事实上，国际法史之所以几乎无从下笔，原因在于大家对什么是国际法并没有达成共识。即使是对实在法的概念，大家也没有达成一致。从苏亚雷斯到宾刻舒克再到瓦特尔，根本就没有形成一个基本的习惯法概念。现在我们总算搞明白了，为什么迟迟未能产生所谓的国家实践。[13] 只有同意、正式或默示的概念，所以只能以条约为基础来构建一个为佩里所反对的国际法史。

总之，把佩里和施托莱斯的观点结合起来就可以看出当前国际法学家对国际法的认识，即这门学科的根基之一就是要展示一种方法，从而识别出法律意义上的重要的国家实践。当然也有例外。实际上，本章作者想强调的是，学科力量越强

(接上页)法学派同新兴的档案外交史之关系时，格鲁威大致提出了这种观点，并在后文中再次进行了解释。

[8] Parry's complaint, *The Sources* (n 3) 40.

[9] C. Parry (ed.) *Consolidated Treaty Series* (Oceana Publications Dobbs Ferry New York 1969 - 81).

[10] *The Sources* (n 3) 39.

[11] G. Marston, 'The Evidences of British State Practice in the Field of International Law' in A. Carty and G. Danilenko (eds.) *Perestroika and International Law* (Edinburgh University Press Edinburgh 1990) 27 - 47 at 40.

[12] A. Carty, *The Decay of International Law* (Manchester University Press Manchester 1986) at 12，以及其中的文献，尤其是 A. M. Stuyt 的作品，*The Sources* (n 3) 23.

[13] P. Guggenheim, 'Contribution à l'histoire des sources du droit des gens' (1958) 94 *Recueil des cours* 1 - 84 provides, in ch 3, 'La coutume'，这是从 15 世纪末至 20 世纪初的国际法史中关于习惯概念发展变迁的最博学也是最详尽的叙述。其是对该领域进行研究的起点。

974   牛津国际法史手册

975

大,其就越容易扩大自身的历史研究范围。或许这就是为什么处于上升期的德国历史学[14]会把国际法史追溯到亚述人,而狭隘的法国历史学却反过来反对这种追溯,其理由就在于亚述人没有可供辨识的法律思想。[15] 实际上,在这门学科自身的发展过程中,其总是能够在不同的学说之间进行切换,并不断地为探索国家实践史找到新的发力点。比如,以格劳秀斯为代表的自然法学派只要继续坚持"正义战争论",其就要比严格的实证主义更为宽容地对待国际关系行为。因为在实证主义看来,"高级政治"并不关心法律问题。法律实证主义的历史学派与外交史的德国学派关系密切,与古典实证主义相比,它能够更加令人信服地以更加宏大的历史视角来审视国家实践。原因在于,(实证主义的)历史法学派从研究习惯法的角度出发,把国家实践看作是国家整体行为的叙述,而不仅仅局限于他们所签署的条约。由此可以看出,这个领域对各种各样的研究进路都敞开大门。

因此,本章试图展现一系列的对立观点,并以此为线索来说明学说和国家实践在国际法史书写中的相互对立,无论是积极的还是消极的。按照佩里-施托莱斯的理论框架,这门学科(其实就是学说)主导了国家实践的创立,下面的例子可以说明这个问题。自霍布斯以降,国家在文艺复兴时期的重建过程中产生了一种观点,即认为主权国家胜于一切道德标准,除非进行自我限制,否则其具有高度的自主权。卡塞斯(Cassese)在其教科书中清楚地解释了这一点。[16] 与此同时,我们也可以像德国学派一样坚持认为,从与教皇或皇帝没有隶属关系的角度来考虑,《威斯特伐利亚和约》蕴含着一种反阶层的平等观。当然,这种观点把国际法史当成了外交史。[17] 然而,国家与个体类似,在形式上一律平等,这是瓦特尔提出的一种自然法理论。而后,在19世纪的国际法发展过程中,从惠顿到奥本海,该理论被不断重复,乃至成为一种公认的学说。[18] 从瓦特尔时代兴起的平等学说包括不干涉内政原则,以及自愿参加诉讼或仲裁的纠纷解决原则。由此可以看出,学说自身的发展也

976

---

[14] 从《马克·普朗克国际公法百科全书》关于国际法史的条目中可以看出。

[15] 比如罗伯特·科尔布(Robert Kolb)否定了古印度和中国对国际法的贡献,原因只是因为他们不符合自现代以来的现代西方的法律以及国际法思想。R. Kolb, *Ésquisse d'un droit international public des anciennes cultures, extra-européennes* (Pedone Paris 2010).

[16] A. Cassese, *International Law* (OUP Oxford 2001) para 16.

[17] 'History of International Law, 1648 - 1815' (n 5).

[18] *The Decay of International Law* (n 12) 89 - 93.

在塑造着国家的形象。此外，国际法学说自信地认为其观点——比如不干涉内政原则——来源于国际法惯例，如果这种自信是错误的，那么各国也都要一起为此买单。

然而，从表面上看，国际法史的德国学派决心摆脱传统学说，而从国家实践中书写历史，但其实际意图在于，他们并不认为国家主权在国际法的发展过程中受到了逐步限制。德国学派认为，国际法史也是真实的历史，因而对独立实体的统治者或管理者必须采取规范的研究态度，且诸如国家、民族或者其他任何单位在现实中必然会发生联系。[19] 就此而言，1648 年以及欧洲自身并无必要成为叙事的中心。[20]

与此同时，在另一方面，瓦特尔的学说在性质上与专注外交的国际法史形成了鲜明的反差，这实际上加大了外交法律史的研究难度。辛斯利（Hinsley）以及其他学者（赫德利·布尔[Hedley Bull]）表示，欧洲正在形成一个以基督教为历史背景的共同体，这个共同体将有利于营造一种专一化的法律形式主义，从而逐步推动国际法摆脱外交领域。[21] 实际上，由于这种法律形式主义脱胎于瓦特尔的学说，所以很难从中找到历史的研究兴趣。作为启蒙运动的产物，瓦特尔式的形式主义是反历史的。事实上，它体现着一个时代的学说。在整个 19 世纪——也就是瓦特尔的时代——大家根本就不相信存在所谓的国际社会，这种信念最后在《奥本海国际法》一书的阐释中却变成了纯粹的实证主义。[22] 在国家实践的意义上，如果确实存在着国际法史，那么它应该是一种关于逐步接受规则的辉格史（Whig-style history），这一点在 19 世纪最为明显。[23] 这种历史无需太强的驱动力，因为它本

---

〔19〕 尤其对德国学派的理论反思，请参见 H. Steiger, 'Universality and Continuity in International Public Law?' in T. Marauhn and H. Steiger (eds.) *Universality and Continuity in International Law* (Eleven International Publishing The Hague 2011) 13 - 44 at 14。

〔20〕 斯泰格（Steiger）仍然批评德国学派的欧洲中心主义，特别是 *Epochen* (n 2) 40。本章并没有重视这种批评，因为欧洲对这一学科的看法在全世界仍然占绝对主导地位，A. Carty and F. Lone, 'Some New Haven International Law Reflections on China, India and Their Various Territorial Disputes' (2011) 19 *Asia Pacific Law Review* 93 - 111。

〔21〕 F. H. Hinsley, *Power and the Pursuit of Peace*, *Theory and Practice in the History of relations Between States*, (CUP Cambridge 1967) 以及 H. Butterfield and M. Wight (eds.) *Diplomatic Investigations*, *Essays in the Theory of International Politics* (Harvard University Press Cambridge MA 1968)。

〔22〕 见前述 B. Kingsbury, 'Legal Positivism as Normative Politics: International Society, Balance of Power and Lassa Oppenheim's Legal Positivism' (2002) 13 *European Journal of International Law* 401 - 437。

〔23〕 尤其参见 'History of International Law, 1815 to the First World War' (n 5)。

身研究的就是过去的法律。

　　然而，在学说与实践的互动史中，有一个根本问题促进了学说的发展。历史法学派认为，国家实践以普遍习惯为基础；换言之，这门学科或者科学的国际法就是在习惯法的基础上构建的。可是，并没有关于国际习惯法概念的完整历史。部分原因可能在于，这门学科直到 19 世纪之前都被自然法观念所垄断。瑞士学者保罗·古根海姆（Paul Guggenheim）在 1958 年出版的法语作品中对 15 世纪至 19 世纪的习惯进行了最为全面的梳理。[24] 古根海姆认为，"习惯"这个概念首先来源于罗马法和教会法，它是一种由群众默认的立法。16 世纪的基督教神学家以及罗马法和教会法专家弗朗西斯科·苏亚雷斯认为，习惯是一种实在的万民法（人民之法），其表达了世界各国人民的默示意愿。尽管它不如自然法重要，但仍然不啻为一种有效而独立的渊源。在《法律篇》（De Legibus）中，特别是在第 2 册和第 7 册中，苏亚雷斯专门讨论了万民法，其中就包括了人民的一般习惯法。苏亚雷斯认为，不是所有的法律都直接来源于上帝或从上帝那儿被赋予理性，这种观点在当时显得十分激进。[25] 蒂尔尼（Tierney）还认为，苏亚雷斯把习惯法当成群体的意愿而归入制定法。[26]

　　实际上，正如古根海姆所指出的，18 世纪早期的国际法学家，像是科尔内利斯·范·宾刻舒克，其尽管被视为是一名实证主义者（之所以这么认为，是因为他认为实在法比自然法更重要），但是他仍然认为习惯是一种默示习俗。宾刻舒克在《论大使的司法管辖权》（De foro legatorum, or the Jurisdiction over Ambassadors）一书中表达了这种观点。该书的第 19 章对此阐述得较为明确：国际法只不过是种默契，总是无法对抗公开表达的意图，因为除了自觉遵守这种默契之外，就再也没有国际法了。[27]

---

[24] 'Contribution à l'histoire' (n 13).

[25] F. Suarez, *Selections from Three Works* in J. B. Scott (ed.) *The Classics of International Law* (Carnegie Institution Washington DC 1917).

[26] B. Tierney, 'Vitoria and Suarez on ius gentium, Natural Law, and Custom' in A. Perreau-Saussine and J. B. Murphy (eds.) *The Nature of Customary Law: Legal, Historical, and Philosophical Perspectives* (CUP Cambridge 2007) 101–124.

[27] C. van Bynkershoek, *De foro legatorum, or the Jurisdiction over Ambassadors* in J. B. Scott (ed.) *The Classics of International Law* (Clarendon Press London 1946).

古根海姆其实是在解释顺序问题,换言之,在 19 世纪的发展过程中,国际法学家开始认为所有法律都源于习惯,而不是包括国际社会在内的各种社会的惯例和习惯逐渐具有了法律约束力。然而,阿戈(Ago)更清楚地解释了习惯法对古罗马和教会传统的破坏,后者总是视习惯为自觉意志的产物。但是,阿戈认为,这正是现代国际习惯法思想之精髓所在。传统意识认为法律只能根据国家实践自发形成,但是自觉意志却能够创造法律,如此一来,国家就能够通过对其行为结果的反思而逐渐认识到习惯法的意义。阿戈指出,习惯法的显著特征恰恰在于,作为自发形成的法律,它来自于对各国相互之间诉求类型的归纳和推理,而不是源于表明国家遵守了默示立法形式的证据。[28]

值得注意的是,卡滕伯恩于 1847 年首次系统地阐述了这种习惯法学说,但是直到 19 世纪末,在古根海姆和阿方斯·里维尔(Alfonse Rivier)那里,它才获得了国际法学的正式认可。而后,该学说又通过里维尔的德国同行范·霍尔岑多夫而(von Holtzendorff)进入到奥本海的视野,并由此成为了国际法的主流观点。[29] 更为值得一提的是,科斯肯涅米认为,就 1969 年的北海大陆架案而言,该理论是主流国际法学所唯一承认的习惯法学说。[30]

有人认为,历史法学派的另外一面并未获得足够的重视,它对重述国际法史以及国际习惯法持续发酵的政治意义都有着重大影响。我们必须要在民族主义兴起的背景之下来解读卡滕伯恩的作品。那么首先就是公元 1815 年之后的德国民族主义。在这段背景中,不仅有历史的问题,也有法律的问题。启蒙运动之后重新发现了历史的价值,它源于一种简单的信念,即只有从一个主题的"内部"或主观经验中才能够知晓该主题能够怎样或应该怎样或期望怎样。日益增加的"科学的"历史研究与这种信念有关。[31] 在过去,人类主要依靠哲学来进行理性解释,但是到了 19 世纪初,哲学的这种作用为历史所取代。不论是前所未有地重视历史的变迁,

---

〔28〕 R. Ago, 'Science juridique et droit international' in (1956) 90 *Recueil des cours* 851–958. 在第 5 章中,阿戈(A90)将教会法中对习惯的立法传统与当前的习惯法进行了区分。

〔29〕 进一步参见 *The Decay of International Law* (n 12) 34–36。

〔30〕 M. Koskenniemi, 'History of International Law since World War II' in *The Max Planck Encyclopedia* (n 5) para 31.

〔31〕 A. Carty, 'International Law as a Science (The Place of Doctrine in the History of its Sources)' (1980) 18 *Indian Yearbook of International Affairs* 128–160 at 140 以及接下来的文本, at 140–141.

还是前所未有地追求真实的文献，其都表达了一种愿望，即试图从内部窥视过去，从研读历史的眼中重温过去的经验。[32] 作为这一时期最杰出的历史学家，利奥波德·兰克(Leopold Ranke)之所以能够用这种视角去研究国际关系，就是因为"贵族和教士"的档案已经逐渐公开了。[33] 与此同时，无论法学家还是历史学家都改变了角色，而这并非出于研究者的移情。在寻求规范性的过程中，与其说民族国家是启蒙运动的对手，不如说恰恰是民族国家成就了"启蒙运动"。政治国家是人类发展的核心。兰克认为，国家都是独一无二的个体。上帝曾打算让各个民族都展现出人类之光，所以国家也是神意的反映。如果国家只有一种存在方式，那么普遍君主制肯定是最佳选择。[34] 所以对萨维尼(Savigny)而言，法学家/历史学家的主要作用并非在于立法，而是把习惯的各种要素集合起来。只有通过反思历史经验，才能洞悉我们的时代。[35]

所以，历史法学派同兰克历史学就这样联系到了一起。他们结合的两个因素在观念上塑造了国际法学家。首先，他们将国家民族或民族国家的实际行为重新评价为具有历史道德意义的权力本身。他们并不仅仅是君主的行为，而是体现着国家的生命精神，并能够为历史赋予意义，所以应该尽可能地予以把握。同时，这项任务必须尽可能地科学化，只有通过合适的档案研究，才能让我们了解民族国家的心态和意图，并诠释出国际关系的规范性本质。这种观点不出意外地类似于斯泰格(Steiger)的学说。斯泰格认为，鉴于"种族-国家"(peoples-states)皆有规范性可言，所以应该不分时间和地点地对他们全部的历史进行开放式的研究。[36]

三、无法解读的关于国家实践的学说创造

正如刚才所描述的那样，正是这种历史的驱动力解释了一般习惯法在国家实践中持续存在着的至高无上的权威性。事实上，德国学派重述国际法史的运动虽

---

[32] 着重参见 A. Marwick, *The Nature of History* (Macmillan London 1970) at 35；亦见 H. Butterfield, *Man on His Past* (CUP Cambridge 1969) at 103。

[33] *The Nature of History* (n 32) 37 – 38。

[34] H. Kohn, *The Mind of Germany* (Macmillan London 1960) at 59 – 60。

[35] J. Droz, *Le romantisme allemand et l'état* (Payot Paris 1966) at 217 – 219，亦引用了萨维尼。

[36] 'Universality and Continuity' (n 19)。

说难以全面叙述学说史和法律思想史,但其也是为了论证相同的问题。尽管如此,就目前而言,把国际法史当成国家实践史依然难以自洽。国家实践肯定是重要的,因为它与人类在国际社会生活中的历史息息相关。然而,这些国际社会彼此之间却并不了解。

早在 1949 年,联合国秘书处就向国际法委员会(International Law Commission)提交了一份长达 100 多页的备忘录,因为后者有责任根据这份备忘录向联合国大会提交报告,以阐明提供习惯法证据的方式和方法。这份备忘录在结尾处清楚地表示,不提供"背景资料"的官方声明在法律意义上存在瑕疵。秘书处列出了四种可供参考的文献汇编顺序:标题、时间、国家、证据类型,比如国家法、司法裁判等。[37] 可是,国际法委员会于 1950 年作出的最终报告却并没有深入思考这个问题,只是建议各国和秘书处可以根据上述类型自行收集各类证据。国际法委员会为自己辩解道,它不可能劝说各国政府创造出更多的实践成果,即重要的"背景文献"。这是一个过于艰巨的任务。[38] 因而,国际法委员会表示,不要指望国家相互之间能够公开档案资料。但是,如果不公开,就无法构建一个完整的习惯法体系。

这就导致了识别习惯法的工作出现了分裂。根据《欧洲委员会准则》,不少国家的国际法年刊上发表了大量的由政治家执笔的声明,这反映了这些国家对国际法的认识。[39] 再加上各国的司法裁判、立法以及参与国际组织的活动——充满了大量的政治家的声明——国际法学说有太多需要整理和消化的内容。这是一种唯意志论的研究方法。各国在公开发表的声明中说国际法是什么,国际法就是什么。这不仅因为人们不可能知晓国家的真实想法,而且也因为这种声明近乎反映了国家"意志"。

然而,少数学者的观点更具挑战性,他们主张要用真正的兰克史学去研究国家

---

〔37〕International Law Commission,'Ways and Means of Making the Evidence of Customary International Law more Readily Available: Preparatory Work within the Purview of Article 24 of the Statute of the International Law Commission'(1949 年 4 月 12 日至 6 月 9 日)A/CN. 4/6 以及 Corr. 1。

〔38〕International Law Commission,'Report of the International Law Commission on the Work of its 2nd Session'(1950 年 6 月 5 日至 7 月 29 日)UN Doc A/CN. 4/34,367 - 374 at 373。

〔39〕Council of Europe,'Model Plan for the Classifi cation of Documents Concerning State Practice in the Field of Public International Law'(于 1968 年 6 月 28 日被采纳)Resolution 68(17)。

实践。佩里于 20 世纪 60 年代指出，想要在国家实践中找到法律确信（*Opinioiuris*）的线索，就必须通晓完整的历史背景。佩里并不赞同欧洲委员会的结论，他认为，离开了"背景文献"就很难对官方文件的意义和影响作出评价。通过政府官员公开的意图或态度根本不可能了解其真实的目的，而只有真实的目的才能解释国家行为的意义。国家在本质上是共同体，它的决策和执行过程可以通过不同材料来证明，而这些材料还能够展现出其决策过程的不同发展阶段。[40] 佩里于 20 世纪 60 年代和 20 世纪 70 年代出版了《英国国际法案例汇编》（*British Digest of International Law*）。在 1982 年去世之前，佩里一共完成了六卷，每卷达 800 页。这些作品可能仍然采用了按年代顺序对长期阶段的法律事件进行完整汇编的标准方法。比如，其中就提到了一个涉及外国人的问题，即寻求庇护和引渡。[41] 围绕着这个问题，佩里对英国相关的官方和非官方的文献进行了系统的考察，从而阐明了公元 1914 年之前的半个世纪里的相关做法，例如如何对待持不同政见的外国人。

在佩里的案例中，国际法学家处理这类史料时主要依靠的是表征技术（representational skills），即像记录信史一样记录国家实践。佩里信奉这种方法，因为国家作为共同体具有意图，其中某些意图还与法律相关，在这种表征技术足够严谨的情况下，就可以通过叙述的方式来了解这些法律意图。不过，从佩里的案例中可以看出，这种表征无法做到同步。由于这种方法试图在具体的国家实践中去解释国际习惯法的进化和发展，所以佩里研究的还真的是国际法的历史。

通过 19 世纪的德国历史学派，古根海姆和阿戈对一般习惯的现代国际法观念史进行了解释，由此使历史和法律汇聚到了一起。他们主张一种思维模式或国家意识，并强调必须从过去追溯到现在，从而使历史叙事成为法律演变的一个组成部分。然而，国际法委员会已经发现，恰恰是由于当代国家档案的封闭性，才使学界只能另辟蹊径，转而从国家实践的角度研究一般习惯法，如此一来就动摇了关于国际一般习惯法的整体观念，而这种整体观念如今被当成了国家实践，其代表着各国

---

[40] *The Sources*（n 3）67 - 68. "习惯或国家实践"这一章详细阐述了收集国家实践线索的问题，特别是在何时以及何种情况下会针对其他国家以及为了回应而发表法律意见。这些问题难以同史学问题进行区分：如何构建斯泰格所谓的叙事揭开了参与者的规范视角。

[41] C. Parry, *British Digest of International Law*（Stevens and Sons London 1965）vol 6, pt 6（The Individual in International Law, Aliens and Extradition 1860 - 1914）at xxxvii and 852.

对法律的看法。

　　换言之,学说的表征技术就是为了对抗"秘密状态"(sécret de l'état),尤其是对那些施行法治的现代自由的民主国家而言。这就是自《欧诺弥亚》(Eunomia)出版以来,阿洛特(Allott)反复强调的困难之所在。如要表征被阿伦(Aron)称之为"冷血怪物"的国家,则必然会带来一种历史导向的解释学。但是,为了解释国家实践而进行的档案研究又绝对不会获得国家的同意。用阿洛特的话说就是,现代国家把曾经很活跃的理性、信念、良知以及个体责任从法律制度中抽离了出来,那么法律制度的主体就不是主观性的主体,而是制定、识别、适用以及执行法律的机器人。阿洛特把这场灾难归因于他所谓的"后瓦特尔时代",即由西方所主导的时代。在这个时代,所谓的自由民主的政治家用源于群众的理论来证明他们参与国际体系的合法性。然而,国际事务在很大程度上并不接受选民甚至是知识精英的参与。在国际组织和国际法院的扩张中,仍然没有国际公众的参与。[42]

　　然而,国家实践史的确可以展现出历史事件真正的法律意义,虽然并非全部可行,但是它可以在某些方面设定标准从而获得真正有用的成果。比如,在《国际法》一书的1911年第二版的第一卷中,主流的或古典的实证主义者奥本海把日本吞并朝鲜视为一种自愿行为,理由是双方缔结了条约。紧接着,奥本海又把这种领土让与或者国家重建的方式视为自愿的征服。随后公布的历史记录显示,英国与日本于1905年签订了一项新的英日条约。根据这份条约的秘密条款,日本可以使用——而且的确使用了——任何必要的手段把朝鲜并入日本。这一记录显示,日朝条约是日方逼迫朝鲜官员签订的。与此同时,奥本海在《国际法》一书的1912年版的第二卷中表示,在日俄战争期间,日本之所以占领朝鲜,是因为后者无法抵抗俄国的入侵。日本出兵朝鲜是出于对日本自身利益的考量,是为了把朝鲜从俄国的铁蹄之下解放出来。如果历史学家的这种表征在法律上和历史上都是错误的,那么也只是因为他们无法获取外交档案,从而无法了解历史事件真正的决策过程。[43] 实际

---

[42] P. Allott, *Eunomia: New Order for a New World* (OUP Oxford 1990) at 239 - 252.

[43] A. Carty, 'The Japanese Seizure of Korea from the Perspective of the United Kingdom National Archive, 1904 - 1910' (2001/2002) 10 *Asian Yearbook of International Law* 3 - 24 以及其中所有引用的文献,尤其是奥本海的作品。

上，英国关于档案保密的 50 年和 30 年原则可能是全世界最具开放性的规定，但是据此所表述的国家实践依然不够全面。

矛盾的是，这种对国家实践的重新评价说明国家实践并非始于 19 世纪由学说所建构的概念。这意味着可以对国家的全部历史进行挖掘，从而揭示出它反映了人类怎样的法律意识。与此同时，虽然浪漫的、内在的以及以规范性为研究对象的解释学方法对抽象的和超越道德的自然法漠不关心，但是它依然会认为实践本身在性质上有好与坏的区别。正如沃顿(Wharton)在《美国国际法要略》(Digest)中 983所指出的，美国遵守国际习惯法。探寻国家和民族的法律良知意味着人们可以辨别良知的存在与缺失。通过历史分析来探寻良知，从而判断哪种行为具有真正的规范性因而需要被遵守，这种分析过程和自然法学家的研究方式如出一辙。佩里从沃顿的《美国国际法要略》中找到的一个例子可以很好地说明这一点。沃顿解释了美国法接受一般习惯法的原则。[44] 有趣的地方在于，佩里之所以批评沃顿，是因为后者编辑要略的方式非常有趣。在沃顿的这本书中，法律的渊源并非来自于美国的国家行为，而是来自于那些卓越的(美国)政论家——那些杰出的国务卿——的著作。[45] 佩里进而指出，依沃顿之见，美国国务卿为文明世界建立了一套法学理论。按照沃顿的表述，这种法学理论"就像所有真正的法律一样，它的持续存在取决于它对大众良知和需求的反应能力，通过其自身的本能进化而对社会和政治的每一次突发事件做出反应"[46]。在这里，历史和规范再一次结合起来。

由此我们也可以回到阿洛特具有历史意义的批评。阿洛特认为，国际秩序的民主化与国家秩序的民主化并不同步，这就是为什么会出现秘密状态。按照尤尔根·哈贝马斯(Jürgen Habermas)的公共空间理论，从学术上讲，可以构建一个更为广泛的公共话语空间，从而让国际法学家能够更有效地参与到规范性的论证当中。国际法学家在国家做出行为之前和做出行为之后都可以进行反思，因为这些

---

[44] C. Parry，'The Practice of States' (1958－1959) 44 *Transactions of the Grotius Society* 145－186 at 145，引自 F. Wharton, *A Digest of the International Law of the United States* (2nd edn Government Printing Office Washington 1887) at 149－150。

[45] 同上，第 151 页。

[46] 同上，第 152 页。

国家行为最终都会成为国际法律实践。[47] 也许,国际法学会在 1873 年成立时的初衷就是可以让国际法学家更为有效地参与国际法律事务的对话,并与国家领导人发表于国家之内和国家之外的观点进行互动。然而,在阿洛特看来,这种思想仍然是瓦特尔主义的国家关系结构的延续。作为个体的国际法学家在其母国之外并没有任何的国际地位,因而其对国际事务的重大问题也无法施加什么影响。

在为学说构建有效的表征功能的过程中,由于国际法学家难以系统解决由于缺乏权威性所带来的难题,所以更为合理的做法是,转而依靠某些规范性的法律哲学,比如自然法。然而,正是在这里,我们必须指出,只有国际法律史这门学科——实证主义者从中获取史料,诠释学依此阐释说明——才能解释为什么学说丧失了核心地位。从历史上看,总归有一种学说能够提供一种超验的标准,以把某些国家实践评价为事实上的无效行为。与实证主义截然不同的自然法似乎就可以做到这一点。但是,从国家的角度来看,不管它是否可以使用"无效"(null and void)这一当代技术术语来对学术活动进行评断,它都明确表示出国家实践的对错与否不容个体的言说。

奇怪的是,尽管实证主义否认法律义务存在任何超验的来源,但是自然法学说的主要障碍并非在于此,而在于自由民主的法律范式。几乎所有人都会同意,自然法已经失去了形而上学的基础。在自由民主理论看来,法律是国家的议会代表根据约定的宪法程序而制定的。没有代表们的讨论就没有法律。最重要的就是"实然之法"(lex lata)和"应然之法"(de lege feranda)的区分。国际宪政主义者认为,国际主义的"前进道路"就是在全球范围内复制约定的立法程序,而这些程序显然已经获得了国际社会的一致认可。

然而,对于国家实践的当代理论框架而言,尤其是对于欧洲委员会指定的官方模式而言,这恰恰是一种挑战。因为现代世界史(从 16 世纪至 21 世纪)的其他理论模型在知识结构和框架上完全超出了当代国际法学科的视野,所以通过与其他理论的互动和交流,国际法学家有机会再一次更为深刻地洞察到真实的国家实践

---

[47] 本章作者在对一般习惯法的批评中阐述了这个观点,参见 A. Carty, *Philosophy of International Law* (Edinburgh University Press Edinburgh 2007) at 51 - 59 以及接下来的文本。

之历史意义。然后,国际法学家可以找到一种方法来恢复自然法理论同规范标准之间的紧密关系,而这种规范标准可以用来判断国家实践的质量——由于历史实证主义也试图从真实的国家实践中去判断法律良知的存在与缺失,所以自然法的标准同实证主义的标准不太容易区分开来。这就需要跳出国际法学科自身的常规界限,通过摆脱狭义的学说范畴以进入一种融合了更多知识资源的综合领域,如同德国学派(包括《马克·普朗克国际法百科全书》的作者以及斯泰格、格鲁威以及努斯鲍姆)所主张的那种真实的国家实践研究。

冒险进入思想史或社会科学领域的主要目的并不在于探明国际法的学说史,而是为了发现真实的国际法史。它旨在寻找另外一种知识框架,从而呈现出一种真实的生活,即能够体现出现代种族、民族以及国家在互动过程中所展现出的真实的规范经验——这是一种在国家实践中被枯燥的历史法律实证主义所忽略的生活。实际上,正是这种情绪驱使德国学派对以下两种国际法史提出了挑战。第一种是把国际法史完全当成了思想史;第二种则认为国际法史就是独特的西方的国际法史,其起源于现代国家的建立以及 1648 年的《威斯特伐利亚和约》。问题在于,掌握国际习惯法学说话语权的主流思想不会因为这些新理论的反思就在一夜之间发生改变。尽管无法获取判断国家实践所必须的资料,尽管这主要是因为国际关系都是秘密进行的,但是我们仍然有可能通过新的框架来审视国际关系结构的现状,以便再次从国际法律传统中更为重要且更为独立的层面来挑战这种秘密状态。

四、另一种理解国家实践的知识框架:从自由欲望到国际行政法

理查德·内德·勒博(Richard Ned Lebow)的《国际关系的文化理论》(*A Cultural History of International Relations*)一书从历史的角度为国际社会展示了一种文化表征类型,它能够从意识形态或者结构的角度对自由民主现象进行解释,即关于欲望的政治理论和系统表征。[48] 然而,人类还有另外两种欲望或动机有助于理解这些行为,即追求荣誉和逃避恐惧。[49] 自由主义认为人类的欲望值得肯

---

[48] R. N. Lebow, *A Cultural History of International Relations* (CUP Cambridge 2008) at 72 - 76.
[49] 同上,第61—72页和第88—93页。

定,因为在一个和平富足的社会里,物质幸福代表了主流的价值。自由主义者认为他们的理论是对已经存在的或正在形成的社会之总结,而全球化的支持者则预言了自由民主商业国家在世界范围内的胜利。该理论的出发点是一种以福利为基本导向的消费主义,因此其在政治上是后现代的,是不愿公开表达立场的,甚至是库珀(Cooper)在《国家分裂时》(*The Breaking of Nations*)中所表述的不关心政治的"个体"。[50] 在名义上,人们可能是自身利益的最佳评判者,但是集体利己主义却在无形之中保护着公众的安全。除此之外,公众对强权政治并无公开且一致的兴趣,更不用提对侵略和征服的战争了。同时也没有必要依照"正当理性"(right reason)这个超验标准来对人类的行为进行评判,因为为了满足人类的欲望,必须要营造福利、发展经济和管理"事务",在这些任务面前,学说的超验标准根本就没有意义。

阿洛特关于国家有个比喻,即认为国家是启蒙时代所发明的一种自动运行的机器,"砰"的一声,法律、规则和条例就出现了,而凭借这些因素就可以实现基本的繁荣。[51] 国际社会也需要巧妙地加以治理,所以理所当然地就出现了用来描述当代世界发展现状的国际行政法,它不仅仅是一种国家实践,也是一种执政理念。[52] 事实上,科斯肯涅米似乎在强调,自亚当·斯密的政治经济学抛弃自然法学开始,国际法在经济调控的复杂化中失去了自然法的发展根基。[53] 阿洛特抱怨道,从1960 年起,国际法就不再是国家文明士绅的梦想了。因为欧洲法在这一年统治了全世界,法国国际法学家保罗·路透(Paul Reuters)也被派驻布鲁塞尔。也可以换一种表述,即国际法是关于国家之间社会经济摩擦的一种功能主义的治理,而不是在其命运的历史长河中去探寻他们发生的意义。[54]

"主流"国际法的困难在于,这种描述国家行为的框架不符合民主和/或大众民

[50] R. Cooper, *The Breaking of Nations: Order and Chaos in the Twenty-First Century* (Atlantic Books London 2003) at 62.
[51] P. Allott, 'International Law and the International Hofmafia: Towards a Sociology of Diplomacy' in W. Benedek et al (eds.) *Development and Developing International and European Law* (Peter Lang Berlin 1999) 3 – 19.
[52] 参见 the Global Administrative Law Project〈http://iilj.org/GAL/〉,访问于 2012 年 2 月 16 日。
[53] M. Koskenniemi, 'The Advantages of Treaties: International Law in the Enlightenment' (2009) 13 *Edinburgh Law Review* 27 – 67.
[54] M. Koskenniemi, *The Gentle Civilizer of Nations: The Rise and Fall of International Law 1870 – 1960* (CUP Cambridge 2002).

主主义的理想式的"混搭"。这种"混搭"倾向于认为民族国家具有法律信仰，并能够在相互交往的自我叙事中展现出来。国家如同一家管理公司，其可以满足另外一些不关心政治的员工的欲望。为国际公务员而打造的国际行政法可能就是致力于政治经济规制的理论学派所主导的一种"实践"。在对霍布斯的虚无主义抵制了几个世纪以后，国际法最后还是输给了商场购物和海滨度假逻辑。

这恰好就是米歇尔·福柯的结论。在《安全、领土和人口》(*Security, Territory and Population*)〔55〕一书中，福柯详细阐述了由福利激励的国家理性所推动的管理型国家对国际法的意义。《安全、领土和人口》提出了三种社会秩序范式，这也与福柯对现代性——即后笛卡尔时代——的客观知识之本质与有用性的理解有关。三种范式分别为：法律-司法(the legal-juridical)、规训(the disciplinary)以及安全配置(the security apparatus)。法律-司法体制的运作方式是制定法律，然后对违反法律的人进行惩罚。按照这种模式，法不禁止即可为。它体现了法治原则，以及个人的基本权利或特权。福柯认为这是现代性早期——也就是 16 世纪至 18 世纪——的法律思维。然而，在 18 世纪，我们就已经有了第二种范式——规训制度——以作为法律-司法体制的补充。潜在的罪犯/罪人似乎已经脱离了服从-不服从的二元对立。也就是说，在制定法律规范和司法程序的立法行为之外，还出现了其他的一些机制可以惩罚或已经惩罚了罪犯/罪人。他们是与法律相关的侦探、医学以及心理技术，其属于诊断领域，具有转变个体的能力。安全配置跨越了社会秩序的另外两种范式。在面临危机时，安全配置并不会舍弃法律，而是根据其自然逻辑来治理人口，以便在各国必然会开放边界的世界中促进沟通。安全配置会在一系列可能发生的事件中介入这些需要治理的现象或问题（比如传染病、犯罪、饥荒等）。〔56〕

这种配置实际上是在发展的方程式中计算出个体的自由，这不仅仅是法律意义上的某些事情可以为或某些事情不可为，而是指它把自由放任所激发的自然能

---

〔55〕 M. Foucault, *Security, Territory, Population Lectures at the Collège de France 1977 - 1978* (Palgrave Macmillan Basingstoke 2009).

〔56〕 首次演讲阐明了这个想法，尤见同上，第 5—8 页。必须要认识到，前后相继的范式体系并不会互相替代——对于国际法学家而言，困难之处可能就在于，他们必须要知道，特定形式的法律尽管依然存续，但是他们既不是主流，也没有决定性影响。

量同局部定向式的人口治理结合了起来。总而言之，根本问题在于，安全配置面对的不是由一系列个体所组成的一个人，而是全体人口，它是一种成规模的、自然的、物质的实体，通过对其自然逻辑的有效治理，可以使全体人民免于灾荒、瘟疫以及其他任何致命的危险。如何实现这些目标是一个需要运筹帷幄和精打细算的问题。不确定性并不危险，这是很自然的。但是，安全配置的前提在于对风险和成本的合理判断。个体的多样性已经不再重要，人口才是治理的对象。正如福柯所言：

> 在成本的计算中还考虑到了这种现象中的权力反应。最后，除了关于许可和禁止的二元划分之外，这里还有另外两种可能性。一方面要设定一个最优的平均值，另外一方面还要设定一个不可超越的上限。[57]

对福柯来说，最重要的是，在现代社会的组织中，政治的任务不是简单地推行一套由上帝施加的律法，也不是用一种规训制度来处理人类与生俱来的邪恶，而是在现实中运作的一套安全配置，通过一系列的分析，让现实生活的各个组成部分相互之间发生作用。[58] 福柯总结道：

> ……人口曾经是权利主体的集合。同时，作为主体意志的集合，它必须通过规章、法律、法规等媒介来表达对君主意志的服从。但是，我认为情况已经发生了改变。现在的人口管理应该是一组按照其自然本性来进行治理的过程。[59]

这种安全配置设想了什么样的国际法和国际秩序？在老套又熟悉的国家理性的观念中，福柯看不到构建国际规范秩序的任何希望。因为国家更加强大，所以国家理性的观念不会屈服于任何实在、道德、自然以及神圣的法律。这些法律只是把

---

〔57〕 M. Foucault, *Security, Territory, Population Lectures at the Collège de France 1977 - 1978* (Palgrave Macmillan Basingstoke 2009)6.

〔58〕 同上，第 47—49 页。

〔59〕 同上，第 70 页。

国家纳入到由国家自己参与的游戏之中而已——国家只会为了自己考虑。[60] 君主需要了解的不是律法,而是一组统计要素,这些要素能够在特定时刻组成彰显其国家存在的力量和资源。如果没有国家,那么诸如个人救赎、世界和平或者终极帝国都将不复存在。[61]

福柯与主流国际法学家的思想相左,他认为国际法的确存在过——至少君主受制于万民法——但是到了 1648 年就被废除了。这就是为什么安全配置能够最终战胜法律体制和规训制度的原因。国际体系的基本单位是国家的自我发展的动力以及它所展现的失调和紊乱所带来的威胁。在中世纪,战争可能与权利有关,因为君主们可能会因为继承以及婚姻家庭规则而产生纠纷。公元 1648 年之后的战争都是国家间的战争。战争不需要有合法的理由,就算有合法的理由也没有什么意义。只要是出于外交上的考虑,就可以发动战争;均衡体系陷入危机,所以需要重建。1648 年的欧洲版图并不是根据权利确定的,而是旨在实现权力的均衡。它根本就不考虑什么由来已久的继承权,甚至是征服权,而是在物理法则的基础上以最可能实现稳定的方式来实现国家间的均衡。[62]

人们普遍认为,作为自发力量的国家在永久的竞争和敌对关系中需要常备武装,且在外交上也要时刻保持警惕。因而,需要有一种常规的均衡协商机制来压制独立的安全配置的活力,尽管福柯实际上没有使用这个概念来表示权力均衡[63]。福柯只是认为欧洲和世界其他地区的唯一关系就是商业利用、统治或剥削。[64]

因此,福柯的结论是国家理性意味着国家之间是完全的道德真空状态,这种状态将永远持续下去,其没有任何合法性的基础或动机,一切都是为了自己。因此,国家间的关系是不会变化的。它只能以这种形式永远存在下去,而不能成为其他任何东西,比如在基督教末世论意义上的一个世界国家或终极帝国。人权、法治原则以及民主等法律或规训制度并没有被打上一等或二等的标签,但是他们不可能

989

---

[60] M. Foucault, *Security, Territory, Population Lectures at the Collège de France 1977 - 1978* (Palgrave Macmillan Basingstoke 2009)262.

[61] 同上,第 260 页和第 274 页。

[62] 同上,第 300—302 页。

[63] 同上,第 303 页。

[64] 同上,第 298 页。

获得稳定的存在状态。国际法仍然存在,但只有在复杂的条件下它才能发挥作用,这意味着它几乎总是被束之高阁。

所以,没有一系列前后相继的元素,因为新元素的产生就会导致旧元素的消失。没有法律时代,没有规训时代,更没有安全时代。安全机制不会取代规训机制,但是规训机制将会取代司法-法律机制。当然,现实是非常复杂的,这些机制自身也在发生改变,他们会变得更加完善,或者变得更加复杂,但其中最为重要的是关于其主要特征的变化,更确切的讲就是司法-法律机制、规训机制和安全机制之间的相互关系。[65]

五、重新纳入正当理由的国家实践的知识结构

如果有可能在勒博和福柯所展示的结构主义的紧身衣中找到任何裂缝,那就是有可能重新引入经典的自然法则。有必要指出,在当代国家实践中,在个人选择和责任方面,有一些地方可以根据某种合理标准或测量方法对事件进行结构性的塑造,正如他们所理解的那样。实际上,勒博对欲望社会进行了对比。勒博发现,自由民主的西方社会主要是一种"精神社会",其主要推动力就是尊重,除了自我尊重之外,还包括根据公认的规则从其他人和其他社会那里所获得的尊重。这种对自我价值的追求在强度上并不亚于欲望,且如果一旦获得了某种程度上的满足则它还会超过欲望。[66]一个明显的例子就是自由主义的西方事实上正受困于恶劣的经济和金融环境,但同时却想象自己被伊斯兰激进分子和恐怖主义的幽灵所困扰。

由于竞争是国家之间的主要交往方式,所以缺乏绝对权威的国际社会一直处于风雨飘摇之中,因而人心惶惶。但是,在勒博看来,似乎奇怪的是,以国家利益为基础的自由主义范式在追求个体福利的同时,却并没有提供什么担保来抵御这种

---

〔65〕 M. Foucault, *Security, Territory, Population Lectures at the Collège de France 1977－1978* (Palgrave Macmillan Basingstoke 2009)8.

〔66〕 *A Cultural Theory of International Relations* (n 48) 61 ff.

风险。这是因为自由主义没能认识到欲望,就像以精神为基础的社会一样,虽有其根源于人类的动机——即使具有社会传染性——但归根结底也还是个体的问题。关于人类的动机,勒博指出:

> 精神和欲望的世界本质上是不稳定的。他们之间的竞争异常激烈,怂恿着人们为了获得荣誉和财富而违背规则。如果有足够多的人这样做,那么那些继续遵守规则的人可能会受到严重的打击。[67] ······很难抚慰精神或满足欲望,也很难在竞争的欲望之间进行有效的区分,所以这两种人以及相应的制度迟早会走向暴政。暴政最初极具诱惑性,因为暴君不受法律约束。但是,在现实中,暴君是一个真正的奴隶,因为他被他的激情所统治,所以他不是他自己的主人。[68]

当然,暴政的另一个来源就是恐惧。恐惧是一种消极的情绪,其具有派生性,典型的表现就是人们对失去自尊、他人的尊重以及财富的担心。[69] 随着恐惧的加剧,相应的保护措施也将变得弄巧成拙并加剧威胁。对安全——通常意义上的安全,并非是福柯的安全——的追求是没有边界的,所以与此同时,它也在散播恐惧,不管是国内社会还是国际社会都不能幸免。这是因为这种派生性情绪的最终根源来自于"不受约束"地追逐名或利,或者名利双收。弱势群体可能因为获取名利的规则没能兑现而奋起反抗,但不受约束地追名逐利本身就是精英阶层领导的失败。[70]

对追名逐利施加限制的理性(也就是勒博所谓的"实践智慧"[*phronēsis*]),并不属于工具理性——大卫·休谟(David Hume)笔下的激情的奴隶——而是在反思的基础上对行为进行调整的能力。这是一种深刻的反思,它能够让行为更具效率,能够洞察一个人的生存环境及其运作方式,从而使他明白只有在一个健全的社

---

[67] *A Cultural Theory of International Relations*(n 48)82.

[68] 同上,第 83 页。

[69] 同上,第 88 页及以下。

[70] 同上,第 83—86 页。

会里,欲望和精神才能够获得满足。反过来,这也取决于自我实现过程中的情感以及亲密关系所发挥的作用,有意义的合作关系正是来自于此。亚里士多德、苏格拉底以及柏拉图都讨论过这个问题。在亚里士多德看来,秩序崩溃的根本原因在于盲目追求派系利益,每个派系都需要实现其目标的特殊能力,所以不具备这些能力的其他派系就会产生恐惧。对苏格拉底来说,对话是让我们认识到我们目标之狭隘和肤浅的最可靠的方法。柏拉图认为,爱欲(eros)可以接受理性的教化,从而向善与至美,甚至具备关于国家和社会秩序的那种智慧。[71]

设定了这种规范框架之后,勒博搬出了整个西方的历史,其中也包括过去百年中的东亚国家。纵观国际外交史,他们总是会用"追名"来掩盖"逐利",这种虚伪的高潮时期发生在 1660 年至 1789 年。当然,这一时期的重要意义在于,法律历史学家们一致认为,不管当时格劳秀斯传统的国际法学说有什么影响,当时的情况都是如此。尽管国家正日益凝固成一个单一的组织,但显而易见的是,他们仍然听命于君主个人,尤其是路易十四、彼得大帝和腓特烈二世,他们都在寻求并获得了"伟大"的称号。勒博并不是说这些统治者都应该认真研读并遵照格劳秀斯的格言。恰恰相反,他们所展现出的主要问题在于对荣誉的追求不受限制。在宗教战争结束之后,公共意识已经觉察到这种缺陷。理性(此处指正当理性)的古典伦理学的作用并不在于确保权力均衡——在恐惧氛围中的一个不稳定的概念——而是为了恢复和维持道德均衡,从而让欧洲精英保持心态平衡。虽然战争往往源于王朝的更迭和对抗,但是历史学家一致认为,王朝在冲突中也会避免同归于尽。[72]

六、勒博关于专制主义时代国家实践的古希腊式的框架

勒博认为,任何一个时代都需要理性来平衡欲望与追逐荣誉,而专制主义时代只不过最为典型而已。现在和过去没有区别,都一样地渴望地位、荣誉或称号。因而,格劳秀斯的思想依然最适合用来讨论学说和国家实践的对立关系。然而,在详

---

[71] *A Cultural Theory of International Relations* (n 48)76—82.
[72] 同上,第 262—304 页。从太阳王到大革命。

细阐述这一重点问题之前,讨论专制主义时代学说和国家实践的更加密切的关联无疑是大有裨益的。吕西安·贝利(Lucien Bély)在其巨著《法国外交史》(*Histoire de la diplomatie française*)[73]中对黎塞留和马萨林(Richelieu and Mazarin)的治国方略与路易十四的统治政策进行了对比,由此我们得以窥见诸如"正当理性"(right reason)这种抽象概念是如何发挥作用的。贝利认为他在黎塞留那里似乎看到了尺度和理性。这是因为,作为知识分子,黎塞留有能力提出合理而连贯的目标和计划,以使其获得路易十三以及其他同样持怀疑态度的法国人的支持。当时的法国内忧外患。一方面,天主教阵营林立;另一方面,哈布斯堡家族已经统治了神圣罗马帝国和低地国家。在贝利看来,黎塞留的方案是法国应当充当古德意志、荷兰和意大利自由邦的保护者,同时也要推进欧洲集体安全计划。黎塞留巩固并扩大了法国的领土,但是其并不试图称霸,也无计划继续维持德国屡弱和分裂的状态。以正当理性为基础的国家理性来源于对现实环境的谨慎反应。

相比之下,贝利对路易十四的刻画则极为挑剔——名为"现代概况"(*Temps modernes*)的章节专门讨论了路易十四的"为了伟大而征服"。路易十四斩钉截铁地表示,他就是要统治欧洲,并成为基督教世界首屈一指的国王,而基督教又统治着世界,所以他就是世界第一。路易十四先是入侵尼德兰(联合省),而后又对普法尔茨地区(Palatinate)进行入侵,这导致荷兰、奥地利、许多德意志邦国、西班牙以及英国联合起来反对他昭然若揭的霸权野心。路易十四的法学家主张恢复旧制,重新分封土地。实际上,有一百多位法学家出席了威斯特伐利亚和会与乌德勒支和会。但是,人多并不意味着什么,比如奥地利代表团就反驳了路易十四的法学家代表,认为其所谓的恢复旧制其实还是一种普遍君主制。路易十四不顾格劳秀斯在其最新作品中的告诫,命令军队在欧洲制造恐怖,但结果却是巩固了反法同盟。贝利的结论是,法国确实巩固了其在阿尔萨斯、西班牙以及奥属尼德兰的边境。西班牙王位继承战争确实结束了法国人对哈布斯堡家族包围的恐惧。乌得德勒支和会上提出的放弃王位继承权的要求没有什么特别之处,这是

---

[73] L. Bély, 'Les temps modernes (1515 – 1789)' in F. Autrand et al, *Histoire de la diplomatie française* (Perrin Paris 2005) vol 1, 253 – 400.

法国波旁王朝与西班牙及奥地利哈布斯堡家族联姻时的习惯做法。尽管如此，路易十四的肆意妄为还是毁掉了法国。

从路易十四的统治中可以总结出一个经验教训，那就是法律的诉求同接受者的看法之间必须要建立合理的联系。国际法和国际关系的核心问题——外交史学家不太关心——在于任何行为要以法律权利以及对法律权利的合理追求为合理依据，否则其他一切行为都将使其他国家揭竿而起。当他们把法律诉求当成一种宏大的霸权战略的组成部分时，且他们追求的是一场针对人民的恐怖战争时，其他国家将组成有效的联盟，从而使得这个不自量力的君主只得以失败收场。路易十四去世时，法国已经破产，同时也大大失去了黎塞留和马萨林治下的荣光。

七、在专制主义时代以正当理性为标准的作为国家实践批判的法律学说

在了解了格劳秀斯的种种优点和缺点之后，我们不能盲目地崇拜他或反对他。此外，我们也要深刻地理解为什么说格劳秀斯与专制主义时代具有明显的一致性。儒阿特(Jouannet)曾提出了一个疑问，即是否可以这样认为，在 17 世纪，所有的国际法都可以要求国家在一定程度上规范自己的行为。对此，儒阿特认为答案是否定的。实际上，儒阿特的观点是，从 16 世纪至 18 世纪，哪怕是作为学说的国际法史都缺乏连贯性。儒阿特引述了黎塞留引用马基雅维利的观点，即撕毁束缚国家的公约并不丢人。儒阿特认为，到了 18 世纪就不会有人再发表这种观点了，因为有一种法律良知成为了国际法的基本规则，即"契约应当遵守"（*pacta sunt servanda*）。[74]

不过，在为国际法学说寻找案例时，唯一的考验就在于该学说在自身的知识体系上是否存在破绽，因为不仅学说需要理论基础，从本质上理解国家实践也需要理论的支持。像格劳秀斯这样的人物是否准确地描述了国家实践或者当权者是否倾听了他的描述，这都并不是问题的关键。重要的是格劳秀斯提出的所要解决的各种难题中是否包括对当权者决策性质之分析。正如勒博所展示的，按照格劳秀斯

---

[74] E. Jouannet，'Vattel ou le droit des dens des modernes' in Y. Sandoz (ed) *Emer de Vattel's 'Law of Nations'* (Bruylant Brussels 2010) 5 – 16 at 14.

的分析,当权者的决策依据正是基于他们所面对的各种难题。

17世纪20年代,在格劳秀斯撰写巨著之际,黎塞留迎来了其漫长的职业生涯中的第二春。格劳秀斯和黎塞留只有过一次会面。黎塞留坚持主张天主教国家大使的外交优先权,所以格劳秀斯拒绝了法王的征召转而成为了瑞典派驻巴黎的大使。黎塞留要求瑞典召回格劳秀斯,还要求寻找能够绕开格劳秀斯的办法。所以,在17世纪20年代之后的法瑞外交关系的重要发展阶段中,格劳秀斯并没有参与。这也被认为是格劳秀斯最大的遗憾。在格劳秀斯的作品中看不到关于法国、瑞典、德意志邦国、西班牙以及奥地利哈布斯堡家族相互争论的细节描述,他关于正义战争和财产权利等问题的研究都是以罗马法为基础的抽象分析。贝利提到,在17世纪20年代,奥地利哈布斯堡家族和西班牙人决定要镇压德国的宗教改革,他们打算驱逐新教君主,并用天主教徒来加以代替。这种策略直到1629年都是奏效的。与此同时,西班牙人和哈布斯堡家族又一次镇压了荷兰起义。法国和瑞典有着共同的利益,他们不希望看到哈布斯堡家族获得胜利,否则后者将统治全欧洲,神圣罗马帝国境内将兴起一个强大的国家,西班牙也将巩固在法国东北边界的优势。

994

在公元1642年以后的黎塞留和马萨林当政阶段,以及公元1661年以后的路易十四执政阶段,在官方的指派下,有一些法学家和时事评论员参与了关于法国东部边界乃至关于神圣罗马帝国的封建分封和效忠的讨论。他们的分析追溯到了查理曼大帝时代,并似乎准备复兴查理曼帝国。同时,在德意志邦国的领主依照神圣罗马帝国的律法所享有的权利方面,也出现了一些复杂的法律学说。但是,不论是格劳秀斯,还是《马克·普朗克国际法史百科全书》都没有讨论这些法律学说在何种意义上具有合理性,反倒是法国历史学家康内特(Cornette)在其《战争之王,论伟大世纪的法国君主》(*Le roi de guerre*, *essai sur la souveraineté dans la France du grande siècle*)中对这个问题进行了阐述。[75]

然而,在三十年战争期间,交战双方的法学家和时事评论员对合法的宣战理由与真实的潜在动机进行了区分,这与格劳秀斯关于利益的区分如出一辙。格劳秀

---

[75] J. Cornette, *Le roi de guerre*, *essai sur la souveraineté dans la France du grande siècle* (Payot Paris 2000).

斯认为,如果用无用的抽象概念来表示,那么正义战争就是为了捍卫被侵犯的财产权而发动的战争。这里的财产权源于罗马法中基本的私法观念。格劳秀斯使用罗马法的这个抽象体系得出结论认为,只有在捍卫一项可靠的法律权利时,才可以动用武力或者发动战争。换言之,出现了一个需要判断的问题。在格劳秀斯看来,针对一项权利,有的主张是合理的或可靠的,有的主张是不合理的或不可靠的。这种区分激发了贝利关于黎塞留和路易十四之差异的反思。在物质世界的意义上,这种差异也类似于勒博在追名逐利的问题上所提出的关于克制与放肆的区分。

格劳秀斯的判断标准是模糊的,因为它需要具体问题具体分析。说到对复杂具体问题的具体分析,现在和 17 世纪相比没有区别,都需要使用学说去分析。另外一点也和格劳秀斯时代一样,那就是无论是学说理论还是国际司法,都无法获得所有必要的信息来做出最佳的判断。然而,正如佩里所强调的,尽管难以获得国家档案,但是一国外交政策的大致轮廓很快就会为世人所知——看看美英两国对伊拉克的入侵就知道了。

格劳秀斯之所以经久不衰——在整个国际法的传统中,格劳秀斯应该被视为是国际法学说优先于国家实践的典型代表——在于他重申了古希腊关于正当行为的标准,就像勒博一样。这就是说,在勒博的帮助下,我们看到了格劳秀斯的意图及其持久的生命力。本章作者认为,这一点在《战争与和平法》第二编的第 22 章和第 23 章中体现得尤其明显。[76] 格劳秀斯将当权者公开发表的所谓的辩护理由与他们的真实动机区分开来。理性似乎可以为战争提供一系列连贯的论断,但其背后的动机仍然是对财富、荣耀和帝国的渴望。但是,正当理性应该有能力辨别各种论断的优劣。因为既然纯粹是判断的问题,那就应该独立于国家实践的野心和妒忌。格劳秀斯认为,一种公正的理性可以判断出论断的优点,比如,但丁(Dante)有个论断认为皇帝的普遍统治是为了人类的利益。格劳秀斯认为但丁的论断难以让人信服,因为在帝国的统治之下弊大于利。但是,不论帝国统治有着什么优点,都

---

[76] 格劳秀斯的这部作品有无数的版本,这里使用的是 Law Book Exchange,H. Grotius, *The Rights of War and Peace*, in Three Books(J. Barbeyrac ed.)(Innis and Manby London 1738, Law Book Exchange Clark New Jersey 2004)。第二编第 2 卷是关于捍卫财产权利的抽象讨论,第 22 章和第 23 章还讨论了借口和正当理由。

不能成为其统治的合法源泉，真正的统治权只能来自于民众的同意。在第 22 章的开篇，格劳秀斯分析了亚历山大对波斯大流士的战争。格劳秀斯认为，所谓为希腊人报一箭之仇都是幌子，亚历山大的真正动机是对帝国荣耀的渴望。以上都是许久以前的关于知识体系与国家实践互动关系的案例。然而，有一点是显而易见的，后人可以如法炮制地使用这种方法去构建普适君主制或是一个全球帝国。

八、结论

国际法的历史表明，国家实践的观念是一种学说的建构，是对习惯法秩序的一种信念，在这种秩序中，人们于相互交往中展现了规范态度和规范行为。这种对 19 世纪的民族主义和民主制度之信念使得自然法对国家实践的批判失去了意义。然而，各国之间互不信任，这使得真实的国家意图和国家实践难以公开，从而使国家实践的概念飘忽不定。但是，学说仍然坚持不懈地构建这种非科学的国家实践，正如国际法学一样。

在国际法学科之外（文化史/勒博与话语理论/福柯），还有一些关于国家行为 ₉₉₆ 史的知识结构，他们认为与其对国家实践进行批评，还不如把它当成是一种对大众群体的欲望和需求的全球治理。福柯解释说，这种治理需要安全配置制度，这种制度并不会废除国际法，但是却会让国际法处于次要地位，并会不定期地中止它的适用。与此同时，勒博揭示了人们对欲望缺乏节制的追求。当个体的预期利益无法实现时，其就会滑向恐惧的边缘。所以，勒博重新引入了作为古典理性的实践智慧。在这里，格劳秀斯以及坚持超然批判的自然法传统对限制和引导当代"君主"的一切行为仍然具有意义。

推荐阅读

Carty, Anthony 'International Law as a Science (The Place of Doctrine in the History of its Sources)' (1980) 18 *Indian Yearbook of International Affairs* 128 – 160.

Carty, Anthony 'The Practice of International Law' in David Armstrong (ed) *Routledge Handbook of International Law* (London: Routledge 2009) 81 – 100.

Foucault, Michel *Security, Territory, Population: Lectures at the Collège de France 1977 – 1978* (Palgrave Macmillan Basingstoke 2009).

Guggenheim, Paul 'Contribution à l'histoire des sources du droit des gens' (1958) 94

Recueil des cours 1 – 84.

Hueck, Ingo J. 'The Discipline of the History of International Law' (2001) 3 *Journal of the History of International Law* 194 – 217.

Marston, Geoffrey 'The Evidences of British State Practice in the Field of International Law' in Anthony Carty and Gennady Danilenko (eds.) *Perestroika and International Law* (Edinburgh University Press Edinburgh 1990) 27 – 47.

Parry, Clive 'The Practice of States' (1958 – 1959) 44 *Transactions of the Grotius Society* 145 – 186.

Parry, Clive *The Sources and Evidences of International Law* (Manchester University Press Manchester 1965).

Tierney, Brian 'Vitoria and Suarez on ius gentium, Natural Law, and Custom' in Amanda Perreau-Saussine and James B. Murphy (eds.) *The Nature of Customary Law: Legal, Historical, and Philosophical Perspectives* (CUP Cambridge 2007) 101 – 124.

第四十一章　国际法的历史分期

奥利佛·迪格尔曼(Oliver Diggelmann)

一、引言

(一) 国际法学史与历史分期

任何史学研究都需要进行历史分期。只有在差不多确定了起点和终点的时间框架内才能对历史事实进行分析。正如波兰历史学家克日什托夫·波米安(Krzysztof Pomian)所言,分期让史实成为"可能"。[1] 本章旨在探索国际法学史的历史分期之重要性。

从字面上看,"周围-道路"(peri-hodos)——"时期"和"分期"的词源——在古希腊语中意味着"周围的路"。从古典时代到 18 世纪,人们普遍认为,历史会循环往复地按照既定道路来发展。历史事件都是命中注定的、不断重复的,且不以人的意志为转移——如同滚动的车轮。今天所使用的"时期"概念早已没有到了当初的 含义。[2] 它现在表示的是历史时间轴上具有一定跨度的一个概念。

我们可以明示或默示地划定历史分期。比如,有人研究"埃及在两次世界大战期间对巴勒斯坦问题的回应",[3]这表明研究者明确使用了一个公认的时期。这

---

〔1〕K. Pomian, *L'ordre du temps* (Gallimard Paris 1984) at 162.

〔2〕关于"时期"观念的发展,请参阅 M. Kranz, 'Periode, Periodisierung' in J. Ritter and K. Gründer (eds.) *Historisches Wörterbuch der Philosophie* (Schwabe und Co Basel 1989) vol 7,259-262。

〔3〕J. Jankowski, 'Egyptian Responses to the Palestine Problem in the Interwar Period' (1980) 12 *International Journal of Middle East Studies* 1-38.

种时期的开始与结束的时间都是明确的，不需要进一步加以解释。然而，如果有人研究的是"国际法下的自决权和分离权"，[4]那么这种时间框架就是不确定的。不过，确实有人这样做。这是因为包括分离权在内的自决权得到承认的时期与其在国际法中存在的时期在时间跨度上是重合的。

构建前所未有的"新"时期是史学创新的重要组成部分。新的历史分期是为了提供新的研究视角。不同的分期对史实有不同的认识，不仅包括对新发现的事实会有不同认识，对众所周知的事实也会产生不同的认识。他们重组了史学知识。例如，我们究竟把联合国机构的成立看作是"联合国时代"的开始，还是"现代国际法时代"的重要事件，其意义完全不同。我们把今天这个时代看作是"联合国时代"还是"后冷战时代"，这也会产生不同的影响。

芬兰国际法学家马蒂·科斯肯涅米的名作《国家文明士绅》提供了一个绝佳的案例。[5]该书旨在重新认识国际法史。从其副标题"1870 年至 1960 年的国际法之兴衰"来看，科斯肯涅米划定的分期还是有些出人意料的。科斯肯涅米研究的是国际事务越发谨慎的发展历程。但是，把时间划定在"1870 年至 1960 年"还是挑战了国际法史的主流观点。[6]比如，科斯肯涅米改变了"古典国际法"同"现代国际法"的划分传统。科斯肯涅米的历史分期表明，他对史实的解读完全不同于主流学术所发明和使用的"进步叙事"。[7]

本章所讨论的这个问题的意义与国际法学史对它的关注形成了鲜明的对比。关于这个问题，几乎没有任何成规模的研究，也就谈不上有何影响了。在国际法学史中，划定分期就是一个"必须要做"的工作，不需要什么理论。因此，本章的论点在于，如果不考虑分期的划定问题，国际法学史就不可能对自身的发展有充分的了解。

研究空白可能源于两个原因。一方面，作为一个理论课题，研究分期问题似乎

---

[4] V. P. Nanda, 'Self-determination and Secession under International Law: Validity of Claims to Secede' (2001) 29 *Denver Journal of International Law and Policy* 305 – 326.

[5] M. Koskenniemi, *The Gentle Civilizer of Nations. The Rise and Fall of International Law 1870 –1960* (CUP Cambridge 2002).

[6] 更为细致的分析，请参阅 G. R. B. Galindo, 'Martti Koskenniemi and the Historiographical Turn in International Law' (2005) 16 *European Journal of International Law* 539 – 559 at 552 – 553。

[7] 关于国际法学史中"进步叙事"的作用请参阅本章第二节第（五）小节。

不会有什么回报。无论对法律学科而言，还是对历史学科而言，这个问题看上去都"太理论了"。另一方面，这也可能与人们对"世界历史"和"宏大叙事"的怀疑态度有关。这种怀疑态度的基本内核是，不可能用任何有意义的方来式讨论大的时间跨度。[8]"宏大叙事"或"主导叙事"（master narratives）——都需要"主导分期"——在很多人看来，要么是意识形态的观点，要么就是幼稚的做法。阿诺尔德·汤因比（Arnold J. Toynbee）创作于 20 世纪 30 年代的《历史研究》(*A Study of History*)就是这种叙事的典型代表，它长达 5500 页，其中把整个世界史解释为文明进化史。

（二）兴趣和价值

时期并非事实，而是一组有助于知识构建的概念。研究者认为历史时间需要框架的包裹，而这种框架来于对"相关"事实的挑选，以此为基础就可以对历史进行分期。时期是对事实的阐释，而并非事实本身。对公认时期的挑战就意味着对公认历史学说的质疑。[9] 像"启蒙时代"或"国联时代"这样的公认时期在实践中已经达到了某种准客观的地步。然而，他们在本质上还是一种阐释。时期不过是种智力游戏，这导致一些学者认为不存在所谓的"时期"或"时代"之类的东西。[10] 还有一些学者——反思得没有这么彻底——把时期比喻成"网格"，将其套用在现实中，能够帮助我们构建知识。德国历史学家约翰·古斯塔夫·德罗伊申（Johann Gustav Droysen）就试图寻找一个比喻来形容他们，因为时期虽不是客观现实，但也需要从结构上予以把握。德罗伊申写道，历史没有时代之分，如同赤道和子午仪没有线条；时代是一种来源于现实经验的思想观念，其有助于更好地理解现实经验。[11] 在很大程度上，学者们可以任意地划定时期。即使我们承认——正如汉斯-格奥尔格·伽达默尔（Hans-Georg Gadamer）所言——历史上确实存在着一些不连贯

1000

---

[8] J. Osterhammel, 'Über die Periodisierung der neueren Geschichte' (2006) 10 *Berlin-Brandenburgische Akademie der Wissenschaften. Berichte und Abhandlungen* 45–64 at 46.

[9] 在一般的史学研究中，法国年鉴学派的"长久"(*longue durée*)的分期-概念就是一个例证。参见 F. Braudel, 'La longue durée' (1958) 13 *Annales d'histoire économique et sociale* 725–753.

[10] K. H. Stierle, 'Renaissance—Die Entstehung eines Epochenbegriffs aus dem Geist des 19. Jahrhunderts' in R. Herzog and R. Koselleck (eds.) *Epochenschwelle und Epochenbewusstsein* (Wilhelm Fink München 1987) 453–492 at 453.

[11] J. G. Droysen, *Texte zur Geschichtstheorie* (Vandenhoek & Ruprecht Göttingen 1972) at 20.

的现象，[12]也绝对没有划定时期的客观标准。哪个标准具有意义？从新生事物出现之时就要划分出新的时期吗？如果事实上在新生事物出现之前就已经划定了新的时期，那么时期本身是否就变成了主导因素？我们是否应该认为这种"只能前进不能后退"的观点具有决定一切的意义？

分期的划定主要受两个因素的影响。第一，如果研究课题可以接受，那么历史学家倾向于使用公认分期。很多研究都是在一个既定的时间框架内进行的。每个史学领域都有其标准的或"传统的"分期以及附属的基本术语。[13]这些分期无须任何解释就可以直接使用。使用这些分期有着研究成本上的考虑，所以也产生了某些保守性的因素。第二个因素是个人的价值观。我们的价值观影响着我们的认知兴趣。在这个意义上，分期具有主观性。[14]无论一个人对"国际安定"还是"国家司法"更感兴趣——无论这两者之间有什么区别——到头来都取决于这个人的价值观，由此也塑造了其认知兴趣。它塑造了我们对时间维度的感知力，也决定了历史学家感兴趣的内容以及选择忽略哪些问题。

比如，在 20 世纪的学说中占一席之地的所谓"国际法社会主义理论"，其主要关注阶级冲突。它以阶级斗争的"透镜"来审视国际法，期望着通过劳动阶级的不断努力直至取得最后的胜利。按照社会主义的视角，布尔什维克革命不仅是广义的世界史，也是国际法史的重要转折点。有种激进的观点宣称，在布尔什维克革命之前，根本就没有国际法的历史。[15]温和一些的学者认为，在布尔什维克革命之前，确实存在着国际法，但是其在本质上还处于"原始状态"。同时，在他们看来，布尔什维克革命在严格意义上的确标志着国际法史的"开端"。历史分期构成了我们看待国际法史的"透镜"，从而再现了我们的世界观。

致力于国际法"第三世界方法"的学者也提供了例证。如果他对帝国统治感兴趣并打算从"非洲的视角"来讲述国际法史，那么他将不得不使用一套与社会主义

---

〔12〕 H. G. Gadamer, *Wahrheit und Methode* (Mohr Tübingen 1986) at 142.

〔13〕 本章第二节第（二）小节讨论的是国际法学史上的"传统分析"问题。

〔14〕 F. Graus, 'Epochenbewusstsein—Epochenillusion' in *Epochenschwelle und Epochenbewusstsein* (n 10) 531 – 533 at 532.

〔15〕 O. Boutkevitch, 'Les origines et l'évolution du droit international selon l'historiographie soviétique' (2004) 6 *Journal of the History of International Law* 187 – 207 at 187.

1001

学者或者西方学者完全不同的历史分期。社会主义学者的分期前已述及，而西方学者关心的是现代国家体系的具体制度史。从非洲的角度来看，我们似乎可以这样划分，比如"古代和中世纪之前的非洲""非洲地方国家""欧洲贸易的开始"以及"殖民统治时期"。[16] 这将不可避免地陷入困境。一方面，历史时期应该是"正确的"和"真实的"；但另一方面，任何勤奋的学者都必须要承认他所划定的分期依然不可避免地带有主观性。

二、基本问题

（一）传统分期的核心

在国际法学史中，存在着大量的"传统"时期或分期。就本章的目的而言，本章作者之所以把这些时间阶段称之为"传统的"，是因为他们都采用了这门学科的基本时间-术语，因此或多或少都有着确定的开始和结束。传统分期可以即时使用，因为他们不证自明。他们有助于构建某种知识体系。作为历史研究的时间框架，在经过相对大量的实践检验后，他们的意义得以被证明，并由此获得了今日的特权地位。

哪些时期可以归入此类？国际法学史中最为重要的传统时期和广义历史学中的传统时期是一样的。首先要提到的是关于古代、中世纪以及现代的历史三段论。它首先由克里斯托弗卢斯·塞拉里厄斯（Christophorus Cellarius，1634－1707 年）提出。[17] 同时，在国际法学史中，三段论也是标准的时间术语，其提供了基本的时间结构。在广义历史学中，与三段论地位差不多的另外一个分期应该就是"启蒙时代""十九世纪"以及"二十世纪"。

就此而论，国际法和国际关系领域也发明了不少"传统"时期。下面需要特别提到的是："经典国际法"时期、"现代国际法"时期、从《威斯特伐利亚和约》到拿破仑战争时期（"法国时代"）、从维也纳和会到一战时期（"英国时代"）、从一战到二战时期（"国联时代"或者"战间期"）。后三个时期通常用阿拉伯数字来表示（1648—

1002

---

〔16〕 T. O. Elias, *Africa and the Development of International Law* (AW Sijthoff Leiden 1972).

〔17〕 C. Cellarius, *Historia universalis in antiquam et medii aevi ac novam divisa* (Jena 1704－1708).

1815 年,1815—1914 年,以及 1919—1939 年)。[18] 他们有着相同的基本结构。他们首先以一场大战后的和平会议开始,最后以国际秩序的崩溃告终。[19]

如果不服从传统分期,那么就要被迫接受一种"辩解的负担"。比如,有学者计划研究"1700 年至 1800 年的奴隶贸易和国际法",但是在开始研究之前,他必须要解释为什么要这样分期。如果这种分期没能提供令人信服的理由,那么他应该预期到很可能有人将会质疑这项研究的科学性。在《国家的文明士绅》中,马蒂·科斯肯涅米就被迫解释了为什么他要采用"1870 - 1960 年"这种分期。此外,科斯肯涅米还从经验事实上进行了解释,在他看来,一种"新的"分期能够为特定的研究领域提供有意义的时间框架。"新"时期的出现并不会导致旧时期的消失。即使我们不采用传统分期,他们也依然是背景性的时间结构。当我们解释为什么要使用"新"分期的时候,不管是明示还是暗示,都会涉及到传统分期。

(二) 作为单位的时期

在某种程度上,时期被想象成"连续的"时间单位。按照我们的想象,一段时期内的事实都是"联系在一起的"。[20] 当我们提到一个时代的"精神"或思潮——孟德斯鸠时代精神(*esprit du siècle*)的继承者——或一种特定的文化意识时,我们就为这段时期赋予了具体的特征。[21] 然而,任何历史分期都存在固有的问题,因为任何时期都是对历史过程的抽象解读。[22] 他们没有任何"基本思想"作为基础,也没有任何"意义"。当然,也并不排除他们所囊括的一些事实的确具有同质性。然而,同期性并不必然意味着同质性。它就是一个纯粹的正式标准。一般而言,同一时期的某些事实相互之间并不协调。所以不可避免的是,历史分期在某种程度上

---

[18] 对这些历史分期的批评,请参阅 H. Steiger, 'From the International Law of Christianity to the International Law of the World Citizen—Reflections on the Formation of the Epochs of the History of International Law' (2001) 3 *Journal of the History of International Law* 180 - 193.

[19] 对强调历史转折点的分期的批评,请参见 I. J. Hueck, 'The Discipline of the History of International Law' (2001) 3 *Journal of the History of International Law* 194 - 217 at 197。

[20] R. Koselleck, 'Das achtzehnte Jahrhundert als Beginn der Neuzeit' in *Epochenschwelle und Epochenbewusstsein* (n 10) 269 - 282 at 278.

[21] 与时代和权力结构描述相关的几个问题,请参阅 M. Gamper and P. Schnyder (eds.) *Kollektive Gespenster. Die Masse, der Zeitgeist und andere unfassbare Körper* (Rombach Freiburg im Breisgau 2006)。

[22] M. Mandelbaum, *The Problem of Historical Knowledge* (Harper and Rowe New York 1967) at 312.

总是显得不够严谨。[23] 时期在本质上是一种过度包含(over-inclusive)。为了主导知识取向,他们被过度地合并在一起。时间跨度越大,过度包含的内容就越多。

国际法学史中有一个众所周知的惯例可以很好地说明这一点。这个惯例就是把某段时期的"实践"同"理论"进行区分。例如,关于战间期的学术著作一般包括两个章节,一个是实践,另一个是理论。然而,战间期的许多重要的理论作品在客观上其实都"源于"一战中的极端案例。他们在很多方面都是对战争的"反思",以试图重新找回迷失的方向。起初他们并不试图描述他们所处的那个时代。很自然地,考虑到这些因素,"理论"往往会让人觉得自己与时代现实相脱节。理论永远都不是某个特定时代的附属物,它同时应对过去、现在和将来。这使得我们很难将其归属于某一个精确的时代。例如,乔治·塞勒在 20 世纪 30 年代的著作中所展现的乐观精神与这些年来的现实形成了鲜明的对比。如果只把塞勒的时代当成一种理论来解读,则肯定无法获得深刻的理解。因而,包括理论和实践在内的历史分期是否有意义是值得怀疑的。[24]

时期也倾向于突出历史的不连贯性,这是历史分期的一大硬伤。分期把时间轴分段切割,这本身就说明了它偏好不连贯性,而不是连贯性。在划定一个新的时期时,首先要解释为什么要把一个特定的时间段视为一个"单位"并将之区别对待。这种机制强调的是不连续性,比如审视"之前"和"之后"之间的差异。与之相比,分期很少关注连贯性。如果我们用"时代的界限"来代替"时代的改变",那么这个问题可能会好很多,因为"界限"(threshold)这个概念在这里显得更加的谨慎。然而,从本质上讲,分期带来的危险将会腐蚀连贯性——尽管它是如此微妙。[25] 文化历史学家雅各布·布克哈特(Jakob Burckhardt)对这个问题深恶痛绝——为了在某种程度上把握大量出现的历史事件——他声称分期破坏了长期的连贯性,并对历史随意地进行切割。所以在布克哈特看来,这是其所属学科的最大毒瘤。[26] 广义

1004

---

[23] 'Das achtzehnte Jahrhundert als Beginn der Neuzeit' (n 20) at 269.

[24] 'The Discipline of the History of International Law' (n 19) at 198.

[25] 关于连贯性的问题,请参阅 S. Kadelbach, 'Wandel und Kontinuitäten des Völkerrechts und seiner Theorie' (1997) Beiheft 71 Archiv für Rechts-und Sozialphilosophie 178 - 193。

[26] J. Burckhardt, Die Cultur der Renaissance in Italien. Ein Versuch (Schweighausersche Verlagsbuchhandlung Basel 1860) at 1 - 2.

历史学——以及国际法学史——都在反思这个相同的根本问题。比如,旧制度同法国大革命的区分就模糊了这样一个事实,即领导阶层其实根本没有发生改变。[27] 关于国际法时代的"古典"和"现代"之区分——回到我们的学科——忽略了这样一个事实,即欧洲在机制上一直都在维持和平并尽量降低战争的成本。一战之后确实发生了一些变化,但同时——从表面上看——仍然延续了传统。

威廉·格鲁威的那个著名的分期概念也可以说明这个问题。[28] 在其巨著中,格鲁威区分了数个霸权时代:西班牙时代、法国时代、英国时代等。格鲁威用列强来命名相应的时代。这种方法有很多明显的优点,包括它突出了列强对相应时代的基本规则和文化之强大影响力。比如,当法国在 17 世纪和 18 世纪成为霸主之后,法国的文化和语言对当时的国际秩序产生了深刻的影响。特别是,它塑造了国际外交的文化。然而,格鲁威的概念破坏了很多连贯性。17 世纪晚期和 18 世纪的很多基本规则都有历史传统,在法国成为霸主之后,他们也没有发生深刻的变化。在接下来由英国所主导的时代中,这些基本规则依然存在着。欧洲君主制有着长期相同的政治、文化和精神传统,但是格鲁威的分期对此却视而不见。

(三)"第一段"时期

国际法史从何时"开始"?"第一段"时期是什么时候?显然,对此——当然这不是一个新——问题,没有一个客观的"正确"答案。判断何为"第一"取决于我们采纳什么样的"国际法观念",因为"国际法观念"可以提供判断的标准。然而,"国际法观念"又取决于我们的认知兴趣和价值观。答案总是相对的。比如,如果我们感兴趣的是国际法中领土主权国家的历史,那么开始的阶段很有可能就是中世纪晚期或现代早期。现代国家体系的核心是在中世纪后期发展起来的。然而,如果我们关注的是相对独立的政治实体之间的法律和准法律关系之历史,答案则完全不同。比如,沃尔夫冈·普赖泽尔(Wolfgang Preiser)使用了三个标准来研究——"国家关系""国家的相对独立"以及"法律义务的意识"——并得出结论认为,公元

---

[27] 'Das achtzehnte Jahrhundert als Beginn der Neuzeit' (n 20) at 272.

[28] 关于格鲁威的分期概念在学界推广的一份调查,请参阅'The Discipline of the History of International Law' (n 19) at 196;关于格鲁威著作的背景与观点,参见 B. Fassbender, 'Stories of War and Peace. On Writing the History of International Law in the "Third Reich" and After' (2002) 13 *European Journal of International Law* 479 – 512。

前 1450 年至公元前 1200 年的近东地区之国家规则体系应该是世界上最早的国际法体系。[29] 安东尼奥·图约尔·塞拉（Antonio Truyol y Serra）以"条约"为判断标准，他把公元前 3010 年当做国际法的诞生日，因为古美索不达米亚在这一年缔结了第一份条约。[30]

国际法的"起源"问题显然与欧洲中心性有关，这里不宜展开。欧洲中心主义主要是一个认知兴趣和主观价值的问题，当然这也反映在分期的问题上。欧洲中心主义的历史分期是欧洲中心主义的认知兴趣之表现。如果一位学者对欧洲国际法在全球范围内的扩张感兴趣，他很可能会以相应的历史分期来写一部"欧洲"的国际法史。他的视野决定了他的分期划分。然而，如果一位学者感兴趣的是"国际法的非洲贡献"——回到前面提到的例子——相关时期可能就是"古代非洲""非洲地方国家"等。[31] 作者们也可能建议分别对每个文化区域的国际法历史进行叙述，即地中海地区、近东地区、阿拉伯世界、印度的国家体系和东亚地区等。[32] 这些地区对国际法的历史都有着属于自己的看法，因此也都有属于自己的"开始"和分期。

（四）"最后一段"时期

"最后一段"时期也有其特定的难题。棘手的问题在于，现在——尚无固定的终点——是否可以归入一段历史时期，以及这种历史分期是否具有意义。历史经验由"之前"和"之后"构成。[33] 一些学者认为"现在"太不具体，不能归入一段历史时期。分期需要距离，而且历史上有太多的例子表明对同时代的评价并没有获得后人的认同。同时代的人们所认为的那些特殊的现象——残暴的战争和风云变幻的国际关系——从史学的意义上来看不一定具有特殊性。同时代的人们所谓的"革命"，在更激进的意义上看根本就不是革命。例如，我们并不知道"1968 年的文

1006

[29] W. Preiser, 'Die Epochen der antiken Völkerrechtsgeschichte' (1956) 11 *Juristen Zeitung* 737 - 744.

[30] A. Truyol y Serra, *Histoire du droit international public* (Economia Paris 1995) at 5.

[31] *Africa and the Development of International Law* (n 16) 3 - 33.

[32] S. Verosta, 'Regionen und Perioden der Geschichte des Völkerrechts' (1979) 30 *Österreichische Zeitschrift für Öffentliches Recht und Völkerrecht* 1 - 21; S. Verosta, 'Die Geschichte des Völkerrechts' in A. Verdross(ed.) *Völkerrecht* (Springer Wien 1964) 31 - 62.

[33] R. Koselleck, *Vergangene Zukunft* (Suhrkamp Frankfurt am Main 1989) at 145.

化革命"是否会在未来某个时候被视为社会历史新时期的开端。在未来人看来,现在的很多事情其实都是短暂的现象。事实上,同时代的人们眼中的属于他们那个时代的革命特征其实也是相对的。当然,那些年发生的事件在叙述中都被视为转折点,如此一来,事件发生"之前"的历史就具备了连贯性和完整性。我们对未来的了解不够充分,所以也就无法为研究当下提供背景。在某些情况下,整代人都相信他们的时代是特殊的。例如,在 14 世纪,黑死病被认为是末日审判的标志。然而,后人却采取了不同的看法。没有人能见证时代的变迁。一个新时代的开端——正如德国哲学家汉斯·布鲁门贝格(Hans Blumenberg)所言——"看上去是隐形的"。[34]

例如,在 1914 年,人们不可能认识到事件的连贯性。但是,这些事件却挑起了世界大战并构建了一个新的世界秩序。[35] 同时代的人几乎无法想象那些看似毫不相干的事件所引发的事态发展。他们影响了 20 世纪的发展进程,并改变了许多国际法的重要规则。需要特别强调的是时代边界的隐形特征。如今,我们动辄就会说"新时代"和"历史时刻"。这个物质世界正在急速地变化,而且这种变化还在不断加速,这提醒我们,新老更替是历史的必然。

国际法学史有时也是犹豫不定的,比如关于冷战结束的重要性。它应该被视为一个新时代的开端吗? 还是说现在仍然处于 1945 年开始于旧金山会议的,甚至是 1919 年部分禁武的那个时代? 国际法学家普遍倾向于认为铁幕的落下意味着新时代的开始。许多人认为,国际环境已经发生了变化——两种势如水火的意识形态的斗争已经结束——这是一个新时代开始的明确迹象。他们认为,被集权主义意识形态的出现、二战的爆发以及铁幕的兴起所中断的国际化事业将重新起步。[36] 例如,莱因哈德·斯泰格(Heinhard Steiger)把目前的这种过渡时期称之为"世界公民的国际法"阶段。[37] 安东尼奥·卡塞斯(Antonio Cassese)认为,分裂世界的三大障碍之瓦解是迈向新时代的决定性一步。在这个新时代中,一个超级大

1007

---

〔34〕 H. Blumenberg, *Aspekte der Epochenschwelle* (Suhrkamp Frankfurt am Main 1976) at 20.
〔35〕 *Vergangene Zukunft* (n 33) 145.
〔36〕 M. Koskenniemi, 'Why History of International Law?' (2004) 4 *Rechtsgeschichte* 61 – 66 at 63.
〔37〕 'From the International Law of Christianity' (n 18) 183.

国带领着西方国家并充当着世界警察的角色。[38] 有些学者之所以宣称已经开启了一个新的且更有希望的时代，是因为在他们看来，联合国安理会发挥了更积极的作用，维护人权的法律手段不断丰富，而且还出现了非政府组织等新的要素。

这些显然都是重要的变化。但是，这足以称为史学意义上的新时代之开端吗？其他一些——令人困惑的——事实又怎么解释，比如北约对前南斯拉夫的未经授权的攻击，以及美国及其盟友对伊拉克的攻击？遣责这些战争公然违反了国际法的基本原则似乎并不困难。困难的地方在于，这些攻击对 1989 年以来的乐观思潮提出了挑战。还有一些学者的观点则截然相反，他们认为这些战争是一个新的黑暗时代的开端，在这个时代，武力的禁令已经被解除，超级大国可以公然违背《联合国宪章》。[39] 此外，又怎么解释"9·11"事件？这是否意味着已经进入了国家同恐怖分子之间不对称战争的时代，或者仅仅只是一个短暂的暴力阶段？我们无法判断。无论怎样对当代进行分期——打一个比方——都可能存在错误。

（五）进步叙事

历史分期也涉及到历史哲学的问题。阶段的排列顺序——就其整体而言——是否反映了国际法史的"基本模式"？在我们所采用的分期中，是否要凸显出国际法的发展方向？这个问题可能有四种答案。第一种就是否定。某人可以主张说，如果历史是一个偶然的过程，则每个时期都是一个独立的单元。因此，根本谈不上规律或者模式。如果假设其发展方向是进步的或者倒退的，那么答案也可以是肯定的。此外，也可以把国际法的历史解释为"进步叙事"或"倒退叙事"。第四种答案则认为，国际法的发展史是"循环"模式。

作为一门学科的国际法明显倾向于"进步叙事"。本章作者在这里提到的是一个相当广泛的共识，即"现在"——尽管也有缺点——应该被认为比"过去"处于更高的进化阶段，而国际法史就是这样叙述的。比如，国际法的标准术语就明显地体现了这种进步叙事的倾向。上文所提到的关于国际法史的"经典时期"和"现代时期"之区分是极具说服力的。如果用"现代"这个概念来描述最近的一段时期，那么

1008

---

［38］A. Cassese，*International Law*（OUP Oxford 2005）at 44.

［39］N. Paech，'Epochenwechsel im Völkerrecht? Über die Auswirkungen der jüngsten Kriege auf das UNO-Friedenssystem'（2004）43 *Aus Politik und Zeitgeschichte* 21 - 29 at 24.

之前的一段时期就被默认成为了"前现代的"——尽管它其实是"古典的",且"古典的"这个词听上去更加文雅。很明显,与现代性相关的语义和进步思想之间存在着密切的联系。类似的想法也适用于上世纪 90 年代中期以来的趋势,他们把当代的重要发展描述为"宪法化过程"的一部分。[40] 把当代视为"宪法化的时代",那么过去就自动成为了"前宪法化的时代"。宪政主义的术语同进步思想也存在着明显的联系。一些国际法史学家甚至明确表达了他们对进步叙事的坚持。比如,美国学者道格拉斯·约翰斯顿(Douglas M. Johnston)区分了"走出迷雾"与"视野清晰"这两个重要的时期。[41] 他认为人类有能力总结过去的经验。[42] 当然,大多数学者都没有这么明确。但是,他们的基调都是一致的。甚至在"困难时期",他们也非常明显地倾向于进步叙事。比如,科内利斯·范·沃伦霍芬在 1932 年时把过去和现在划分为"战争主导时期""战争与和平时期"和"和平时期"。[43]

为什么会有这种倾向?其中几个因素在起作用。从整体上讲,他们创造了一种特点明显的"学科乐观主义",这也反映在对时代的划分上。第一个因素就是,这门学科有一种习惯,即把国际法的运行甚至加速扩张——侵入到了之前专属于国家的领域——视为一种进步。它被解读为一种迹象,用以表明国家的自我主义失去了根基,且国际社会的集体利益变得越发重要。另一个重要因素就是学科自身利益的重要性。国际法的成功史也是国际法学科的成功史。国际法学家立志投身于伟大的文明事业。所以,国际法只许成功不能失败。他们自觉或不自觉地被这种可怕的意念所摆布。在某种程度上,进步叙事使这门学科在一定程度上免疫于相关的挑战,即它是一副安慰剂。第三个因素是广义的西方文化有着进步叙事的悠久传统。其核心是 18 世纪和 19 世纪的历史哲学之遗产,同时也结合了对基督教传统理性和精神的信念。[44] 有影响力的历史哲学,如黑格尔哲学、马克思历史

---

〔40〕 例见 B. Fassbender, *The United Nations Charter as the Constitution of the International Community* (Martinus Nijhoff Leiden 2009); J. Klabbers, A. Peters, and G. Ulfstein (eds) *The Constitutionalization of International Law* (OUP Oxford 2009)。

〔41〕 D. M. Johnston, *The Historical Foundations of World Order. The Tower and the Arena* (Martinus Nijhoff Leiden 2008) at 143 - 319 and 321 - 772.

〔42〕 明确同上(n 41) xvii。

〔43〕 C. van Vollenhoven, *Du droit de paix. De jure pacis* (Martinus Nijhoff The Hague 1932).

〔44〕 *Vergangene Zukunft* (n 33) 33.

唯物主义,以及孔德对神学、形而上学和科学时代的区分,都可以被认为坚持了绝对乐观主义的立场。

(六) 时期的命名

本章最后要讨论的是时期的命名问题。他们应该是生动且"强的",还是含糊且"弱的"? 强命名旨在尽可能准确地捕捉时代的"精神"。他们通过突出一个关键特征来直指"核心"或"本质"。如"西班牙时代"或"20年危机时期"[45]就属于强命名。强命名经常使用"时代"(epoch)这个术语,以强调各自时间跨度的独特性和关键特征的相关性;这个术语顶着一个高级的光环,其似乎可以让时期成为一种准客观的时间单位。另一方面,弱命名则是为了保持模糊性或中立性。他们不对时期进行"定性",也避免对其中包含的事实产生偏见。他们不使用更有建设性的抽象概念。诸如"中世纪晚期"和"古代"就是典型的不带色彩的弱命名。同样,诸如"1815年至1914年间的阶段"也是一种弱命名。分期中的精确日期通常被认为是时代变化的象征,而不应该完全按字面意思来理解。[46]

两种命名方式各有利弊。强命名使人民容易看到"宏大图景",其提供了一种解释性的框架,从而指引着未知领域的知识取向。从命名上看,一个名为"西班牙时代"的时期,其本质或多或少是比较清晰的。强命名提供了快速的洞察力,从而有助于研究者组织知识体系。然而,其缺点在于,他们倾向于自主开发出一种独立的发展动力。他们常常背离了当初为命名提供灵感的那些事实。[47] 强命名不接受模糊的、分层次的历史现象,而是把某一时期的某个特定方面提升为整个时期的代表。任何一种命名都不能严格地按照字面意思来理解,否则将不可能准确地理解它的含义。弱命名的优点在于,它有助于中立的史学研究。他们较少具有意识形态上的意义,而且能够容纳模糊性和连续性。然而,他们无法像强命名一样提供相同的第一判断(prima facie)。对未知领域,他们也无法发挥"指南针"的作用。文化历史学家约翰·赫伊津哈(Johan Huizinga)推荐弱命名[48],他认为这种命名

1010

---

[45] 关于经典作品的命名,参见 E. H. Carr, *The Twenty Years Crisis* (Macmillan London 1939)。

[46] 'Das achtzehnte Jahrhundert als Beginn der Neuzeit' (n 20) 269.

[47] 'Renaissance' (n 10) 453.

[48] J. Huizinga, *Wege der Kulturgeschichte* (Drei Masken Verlag München 1930) at 76.

在实际研究中最有用,因为第一眼就可以发现他们无色彩的、朴实无华的特征。[49]

三、结论

在国际法学史中,历史分期是最基础的,但也是最易被忽视的一个问题。时期绝不是实践中常常被当成的那种研究工具。分期是我们对世界的一种解释,并且它与我们的兴趣和价值观相联系。我们被社会改造的过程以及我们的兴趣决定了我们对过去的哪些方面感兴趣。分期反映了这些兴趣,因而对过去的历史进行分期往往也是当代的历史。试图建立新的分期就是试图通过改变过去的观点来重塑现在,并为当代世界书写一种新的家谱。分期的发明者同分期所提到的历史人物一样值得研究。形象地说,历史分期有两个主人——一个是对过去的认识,另外一个则是历史学家对历史的起源及其自身作用的自我认知。[50]

推荐阅读

Craven, Matthew, Malgosia Fitzmaurice, and Maria Vogiatzi (eds) *Time, History and International Law* (Martinus Nijhoff Leiden 2007).

1011 Grewe, Wilhelm G. *Epochen der Völkerrechtsgeschichte* (Nomos Baden-Baden 1984).

Herzog, Reinhart and Reinhart Koselleck (eds.) *Epochenschwelle und Epochenbewusstsein* (Wilhelm Fink München 1987).

Hueck, Ingo J. 'The Discipline of the History of International Law. New Trends and Methods on the History of International Law' (2001) 3 *Journal of the History of International Law* 194–217.

Huizinga, Johan *Wege der Kulturgeschichte* (Drei Masken Verlag München 1930).

Kadelbach, Stefan 'Wandel und Kontinuitäten des Völkerrechts und seiner Theorie' (1997) *Beiheft 71 Archiv für Rechts-und Sozialphilosophie* 178–193.

Koselleck, Reinhart *Vergangene Zukunft. Zur Semantik geschichtlicher Zeiten* (Suhrkamp Frankfurt am Main 1989).

Koskenniemi, Martti 'Why History of International Law?' (2004) 4 *Rechtsgeschichte* 61–66.

Onuma, Yasuaki 'When Was the Law of International Society Born? An Inquiry of the

---

[49] 有趣的是,赫伊津哈并不总是严肃地对待自己的建议,参见 J. Huizinga, *The Autumn of the Middle Ages* (E Arnold & Co London 1924);荷兰文标题为 *Herfsttij der middeleeuwen*。

[50] K. Schreiner, 'Diversitas Temporum' in *Epochenschwelle und Epochenbewusstsein* (n 10) 381–428 at 383.

History of International Law from an Intercivilizational Perspective' (2000) 2 *Journal of the History of International Law* 1 – 66.

Osterhammel, Jürgen 'Über die Periodisierung der neueren Geschichte' (2006) 10 *Berichte und Abhandlungen der Berlin-Brandenburgischen Akademie der Wissenschaften* 45 – 64.

Paech, Norman 'Epochenwechsel im Völkerrecht? Über die Auswirkungen der jüngsten Kriege auf das UNO-Friedenssystem' (2004) 43 *Aus Politik und Zeitgeschichte* 21 – 29.

Preiser, Wolfgang 'Die Epochen der antiken Völkerrechtsgeschichte' (1956) 11 *JuristenZeitung* 737 – 744.

Steiger, Heinhard 'Probleme der Völkerrechtsgeschichte' (1987) 26 *Der Staat* 103 – 126.

Steiger, Heinhard 'From the International Law of Christianity to the International Law of the World Citizen—Reflections on the Formation of the Epochs of the History of International Law' (2001) 3 *Journal of the History of International Law* 180 – 193.

Teschke, Benno *The Myth of* 1648. *Class, Geopolitics and the Making of Modern International Relations* (Verso London 2003).

Van der Pot, Johan Hendrik Jacob *Sinndeutung und Periodisierung der Geschichte. Eine systematische Übersicht der Theorien und Auffassungen* (Brill Leiden 1999).

Verosta, Stephan 'Regionen und Perioden der Geschichte des Völkerrechts' (1979) 30 *Österreichische Zeitschrift für Öffentliches Recht und Völkerrecht* 1 – 21.

第四十二章　近代早期国际法对古代法律思想的继受

凯厄斯・图奥里(Kaius Tuori)*

一、引言

在现代早期的法律科学之人文主义复兴中,学者们从古典的——大多是古罗马的——资料中寻找材料和汲取灵感。一般来说,法律的继受或者将一种法律文化的要素转移到另一种法律文化的过程涉及到转移的要素以及继受者文化的改变,所以继受古代法是一项复杂的工程,不仅因为其涉及到古代的法律内容,而且也因为古代法律的文化威望也被学者们用来推动相关的研究。此外,在法律移植的过程中,转移的法律也发生了改变。[1]

1013 本章旨在探讨近代早期的国际法学家对古代法及其法律思想的继受,[2]时间

---

* 感谢本杰明・施特劳曼(Benjamin Straumann)博士和编辑们的评论。

[1] 欧洲自中世纪以后对罗马法的继受是继受和适用古代法的最典型案例。相关研究非常充分,例见 P. Stein, *Roman Law in European History* (CUP Cambridge 1999); F. Wieacker, *A History of Private Law in Europe* (OUP Oxford 1995); J. Q. Whitman, *The Legacy of Roman Law in the German Romantic Era* (Princeton University Press Princeton 1990); P. Koschaker, *Europa und das römisches Recht* (4th edn Beck München 1966)。

[2] R. Lesaffer, 'Roman Law and the Early Historiography of International Law: Ward, Wheaton, Hosack and Walker' in T. Marauhn and H. Steiger (eds.) *Universality and Continuity in International Law* (Eleven International Publishing The Hague 2011) 149–184; B. Straumann, *Hugo Grotius und die Antike* (Nomos Baden-Baden 2007); L. Winkel, 'The Peace Treaties of Westphalia as an Instance of the Reception of Roman Law' in R. Lesaffer (ed.) *Peace Treaties and International Law in European History* (CUP Cambridge 2004) 222–240; A. Nussbaum, 'The Significance of Roman Law in the History of International Law'(1952) 100 *University of Pennsylvania Law Review* 678–687; H. Lauterpacht, *Private Law Sources and Analogies of International Law*.

上大致分为两个阶段。前一个阶段的学者包括阿尔贝里科·贞提利和胡果·格劳秀斯[3]，后一阶段的学者主要有塞缪尔·普芬道夫、科尔内利斯·范·宾刻舒克以及克里斯蒂安·沃尔夫。[4]

首先，有几个问题需要澄清。首要的一个问题就是，古代世界是否存在着一种可以成为近代早期的继受对象的国际法。国际法的古老传统自然是远远超过了希腊罗马世界的成果，[5]但是其后来的影响是有限的。近代早期的学者们曾广泛使用古希腊和圣经的资料，但是他们的影响力却不及罗马法。大家应该都会同意如下观点，即从主权国家之间的条约等概念中可以明显地看到希腊传统对国际法的影

〔3〕A. Gentili, *The Wars of the Romans*: *A Critical Edition and Translation of De armis romanis* (D. Lupher trans, B. Kingsbury and B. Straumann eds) (OUP New York 2010); B. Straumann and B. Kingsbury (eds.) *The Roman Foundations of the Law of Nations*: *Alberico Gentili and the Justice of Empire* (OUP New York 2010); K. Tuori, 'Alberico Gentili and the Criticism of Expansion in the Roman Empire. The Invader's Remorse' (2009) 11 *Journal of the History of International Law* 205 – 219; D. Panizza, 'Political Theory and Jurisprudence in Gentili's De iure belli' (2005) 15 *International Law and Justice Working Paper*; D. Panizza, *Alberico Gentili*, *giurista ideologo nell'Inghilterra elisabettiana* (La Garangola Padova 1981); Centro Internazionale Studi Gentiliani, *Alberico Gentili e la dottrina della guerra giusta nella prospettiva di oggi. Atti del Convegno*, II. I. *Giornata Gentiliana*, 17 *Settembre* 1988 (Giuffré Milano 1991); Centro Internazionale Studi Gentiliani, *Il diritto della guerra e della pace di Alberico Gentili. Atti del Convegno*, IV*Giornata Gentiliana*, 21 *Settembre* 1991 (Giuffré Milano 1995); G. H. J. Van der Molen, *Alberico Gentili and the Development of International Law* (Leyde 1968); *Hugo Grotius und die Antike* (n 2); F. Mühlegger, *Hugo Grotius*: *Ein christlicher Humanist in politischer Verantwortung* (Walter de Gruyter Berlin 2007); C. A. Stumpf, *The Grotian Theology of International Law* (Walter de Gruyter Berlin 2006); R. Tuck, *The Rights of War and Peace*: *Political Thought and the International Order from Grotius to Kant* (OUP Oxford 1999); D. J. Bederman, 'Reception of the Classical Tradition in International Law: Grotius' De jure belli ac pacis' (1996) 10 *Emory International Law Review* 1 – 50; Y. Ōnuma (ed) *A Normative Approach to War*: *Peace*, *War*, *and Justice in Hugo Grotius* (Clarendon Press Oxford 1993); B. Kingsbury, H. Bull, and A. Roberts, *Hugo Grotius and International Relations* (OUP New York 1990); H. Vreeland, *Hugo Grotius* (Rothman Littleton 1986); C. Gellinek, *Hugo Grotius* (Twayne Publishers Boston 1983); E. Dumbould, *The Life and Legal Writings of Hugo Grotius* (University of Oklahoma Press Norman 1969); C. van Vollenhoven, *The Framework of De iure belli ac pacis* (Noord-Hollandische Uitgeversmaatschappij Amsterdam 1931); W. S. M Knight, *The Life and Works of Hugo Grotius* (Sweet and Maxwell London 1925).

〔4〕*The Rights of War and Peace* (n 3); D. Hüning (ed.) *Naturrecht und Staatstheorie bei Samuel Pufendorf* (Nomos Baden-Baden 2009); A. Kinji, *Cornelius van Bynkershoek*: *His Role in the History of International Law* (Kluwer Hague 1998).

〔5〕D. J. Bederman, *International Law in Antiquity* (CUP Cambridge 2001) at 16 – 47; A. Altman, 'Tracing the Earliest Recorded Concepts of International Law—The Early Dynastic Period in Southern Mesopotamia' (2004) 6 *Journal of the History of International Law* 153 – 172; A. Altman, 'Tracing the Earliest Recorded Concepts of International Law—(2) The Old Akkadian and Ur III Periods in Mesopotamia' (2005) 7 *Journal of the History of International Law* 115 – 136.

响,但是罗马法传统却并非如此。虽然罗马法毫无疑问对现代早期——不论是广义上的欧洲法律传统,还是专门的国际法领域——产生了强大的影响,但是对国际法是否存在所谓的罗马传统则是有争议的。[6]然而,对于学术研究而言,诸如斯多葛学派对国际法的影响、严格区分希腊或罗马传统等都是没有必要深究的。[7]

罗马人把法律分为市民法和万民法,前者适用于罗马市民,而后者是罗马法院适用于外国人(*peregrines*)的法律。因此,就目前的意义上来说,罗马万民法并不是国际法,而是由罗马裁判官应用和发展的具有实质意义的罗马法,其具有一些类似于国际私法的特征。[8]事实上,最初真正适用于国家之间的法律其实是罗马战争法,包括战争法(*ius belli*)和随军祭司法(*ius fetiale*),它调整着罗马与其盟友和敌人之间的关系。

关于罗马法对现代国际法的影响主要有两种解释。第一种观点认为,的确存在国际法的罗马法传统,而且从罗马法到现代可谓一脉相承。第二种观点也是现在被广为接受的解释,其认为古罗马法律传统在近代的确被接受并影响了国际法的发展,但这种传统只包括罗马的私法传统。当然,是否存在连续性也取决于国际法的定义。[9]

---

〔6〕C. Baldus, 'Vestigia pacis. The Roman Peace Treaty: Structure or Event?' in *Roman Law and the Early Historiography of International Law* (n 2) 103 – 146 at 107 – 113; K.-H. Ziegler, 'The Influence of Medieval Roman Law' in *Roman Law and the Early Historiography of International Law* (n 2) 147 – 161; N. Grotkamp, *Völkerrecht im Prinzipat* (Nomos Baden-Baden 2009); K.-H. Ziegler, 'Zum Völkerrecht in der römischen Antike' in *Iurisprudentia universalis: Festschrift für Theo Mayer-Maly* (Böhlau Köln 2002) 933 – 944; *International Law in Antiquity* (n 5); C. Phillipson, *The International Law and Custom of Ancient Greece and Rome* (Macmillan London 1911).

〔7〕H. W. Blom and L. C. Winkel (eds.) *Grotius and the Stoa* (Van Gorcum Assen 2004); M. von Albrecht, 'Fides und Völkerrecht von Livius bis Hugo Grotius' in *Livius, Werke und Rezeption, Festschrift für Erich Burck* (CH Beck München 1983) 295 – 299; W. Preiser, 'Die Philosophie der Stoa in ihrer Bedeutung für das moderne Völkerrecht' (1949 - 1950) 38 *Archiv für Rechts-und Sozialphilosophie* 364 – 370.

〔8〕Gaius, *Institutiones* 1. 1.

〔9〕*Roman Law and the Early Historiography of International Law* (n 2) 2 - 5. 据勒萨弗的研究,关于这种不连贯性的支持,请参见 *inter alia International Law in Antiquity* (n 5) 4 - 6 'Significance of Roman Law' (n 2) 681; W. G. Grewe, *The Epochs of International Law* (M. Byers trans) (Walter de Gruyter Berlin 2000) at 9, while W. Preiser, *Die Völkerrechtsgeschichte* (Franz Steiner Wiesbaden 1964) 以及 K.-H. Ziegler, 'Die römische Gründlagen des europäischen Völkerrechts' (1972) 4 *Ius Commune* 1 - 27,他们几位都是这种连续性的支持者。

在近代早期,古代法重新获得重视是多种文化、政治和社会因素共同作用的结果。在这一时期,宗教出现了极化现象(religious polarization),教会的知识权威遭到了打压。比如,有人声称格劳秀斯利用罗马法创造了一种教派中立的学说,从而替换了作为自然法基础的基督教道德。[10] 与此同时,在法律研究中,大家普遍信奉罗马法律科学的优越性,并认为研习罗马法就是当时法学研究的典范。这体现了一种关于古典时代和古典主义的泛化的理想观念。[11]

本章将首先探讨古典文化对新兴的国际法研究的大致影响。第一个问题是,本章将从目前所看到的罗马法资料以及近代早期的学术研究中,梳理罗马法传统中的万民法概念及其转化为国际法概念的发展和演化的过程。第二个问题是关于具有巨大文化威望的古典文化和广泛应用于教育的古典文献的使用。这在何种程度上导致了对古代惯例和古代法的继受?

梳理完近代早期国际法的经典作品之后,本章还会列举几个古代法的移植及转化的案例。[12] 其中,三个案例涉及古代国际公法,另外三个案例则展示了私法观念的移植是相当随意的。当然,本章的目的在于提醒大家注意这个有待继续发掘的广泛的研究领域。许多有趣的话题将留给未来的研究去解决。

在古代法向近代国际法过渡的六个案例中,前三个是比较传统的国际法,而后三个则是国际法中关于罗马私法的类推适用。近代早期国际法学说是怎样继受罗马人的正义战争观、外交特使神圣不可侵犯以及公海航行自由的?怎样通过对诸如契约应当遵守(pacta sunt servanda)、无主地(terra nullius)以及边界占有保持(uti possidetis)等罗马私法概念的类推来创设新的规则以适应近代早期社会环境变革的?就所有案例而言,有趣的地方在于,哪怕援引的古代先例已不复适用,但是据此而设立的规则却依然有效。

---

[10] B. Straumann, 'Is Modern Liberty Ancient?' (2009) 27 *Law and History Review* 55‐85 at 61; B. Straumann, '"Ancient Caesarian Lawyers" in a State of Nature: Roman Tradition and Natural Rights in Hugo Grotius' De iure praedae' (2006) 34 *Political Theory* 328‐350.

[11] K. Tuori, *Ancient Roman Lawyers and Modern Legal Ideals* (Klostermann Frankfurt 2007).

[12] 对早期现代学术的引用将以两种形式出现。如果可能的话,可以参考目前最常见的英译作品,国际法经典系列(在诸如 HeinOnline 这样的在线数据库中都可以找到)。每本书、每一章以及每一节的参考资料都可以找到它所对应的拉丁原文的出处。

二、从罗马万民法到近代早期万民法

(一) 盖尤斯(Gaius)与学说汇纂

从罗马法的文献中,我们可以发现,虽然万民法一开始起源于适用于外国人的实体法,但是在后来的发展过程中,其已经开始转变成一种与万国法较为接近的概念。[13] 马库斯·图留斯·西塞罗(Marcus Tullius Cicero,公元前106年—公元前43年)将市民法与万民法划分为两个重叠的领域,并指出国家间的法律源于自然社会,而国内法源于人类社会。[14] 尽管西塞罗关于万民法和自然法的观念并不清晰,但是从定义上讲,万民法是适用于全人类的一种不成文法。[15]

盖尤斯创作于2世纪中叶的罗马法教科书给出了一个相似的概念,但是表述却更为详细:

> 所有受法律和习俗调整的民众共同体都一方面在使用自己的法,而另一方面则在使用一切人所共有的法。每个共同体为自己制定的法是他们自己的法,并且称为"市民法",即市民自己的法;根据自然原因而在一切人当中制定的法为所有的民众共同体所共同遵守,并且称为"万民法",就像是一切民族所使用的法。因而,罗马人民一方面使用它自己的法,另一方面又使用一切人所共有的法。我们将分别在有关部分介绍这些法是怎样的。[16]

---

[13] 'The Peace Treaties of Westphalia' (n 2) 225; M. Kaser, *Ius gentium* (Böhlau Köln 1993).

[14] Cicero, *De officiis* 3.17.69:"因此,我们的祖先认为,万民法和市民法是有区别的;市民法不可能同时是万民法,但万民法应该同时也是市民法。"亦见 Cicero, *De officiis* 3.5.23:"这就是万民法的本质。"

[15] Cicero, *Tusculanae disputationes* 1.13.30:"然而,在所有事务当中,所有族群的同意应该被认为是自然的法则";Cicero, *De partitione oratoria* 37.130:"并且这些是自然法(natura)和习惯法(lex)所共有的,但是习惯法既有写下来的,也有没写下来而是通过各族群的权利或前人的习惯来保持的。"

[16] Gaius, *Institutiones* 1.1: 'Omnes populi, qui legibus et moribus reguntur, partim suo proprio, partim communi omnium hominum iure utuntur: Nam quod quisque populus ipse sibi ius constituit, id ipsius proprium est vocaturque ius civile, quasi ius proprium civitatis; quod vero naturalis ratio inter omnes homines constituit, id apud omnes populos peraeque custoditur vocaturque ius gentium, quasi quo iure omnes gentes utuntur. Populus itaque Romanus partim suo proprio, partim communi omnium hominum iure utitur. Quae singula qualia sint, suis locis proponemus.' Gaius, *The Institutes of Gaius* (W. M. Gordon and O. F. Robinson trans) (Duckworth London (转下页)

盖尤斯的万民法思想显然具有世界主义的特征，[17]与他同时代的奥卢斯·格利乌斯（Aulus Gellius）也把万民法同自然法联系到一起。[18]

　　公元3世纪早期的法学家乌尔比安（Ulpian）把自然法融入到了西塞罗和盖尤斯的二元划分体系之中，并成为其第三部分：

> 　　私法由三部分组成，即自然法规则、万民法规则和市民法规则。万民法是全体人类使用的法。显而易见，它与自然法相区别，因为自然法是所有动物的共同法，而万民法仅仅是人与人之间的共同法。[19]

　　乌尔比安特别提到了奴隶制和奴隶解放，并认为他们都属于万民法领域。[20]虽然市民法同自然法和万民法有重合的部分，但其却是专属于罗马人民的法律。[21] 公元212年颁布的《安东尼努斯敕令》（The Constitutio Antoniniana）规定，罗马帝国范围之内的所有居民全部享有罗马公民权。这样一来，除了涉及帝国外的游牧民族之情况以外，市民法和万民法的传统区分已经失去了意义。

　　公元3世纪的法学家赫尔莫杰尼安（Hermogenian）还给万民法下了一个不同寻常的定义，该定义在《学说汇纂》中夹在乌尔比安的两段语录之间：

> 　　根据万民法，产生了战争，分裂了民族，建立了王国，区分了所有权，划定了边界，建造了建筑物，形成了通商、买卖、租赁以及债的关系（由市民法所引

（接上页）1988）at 19.——译者注：此处是正文引述的拉丁文原文。

[17] 'The Peace Treaties of Westphalia' (n 2) 225.

[18] A. Gellius, *Noctes Atticae* 6. 3. 45："合法的自然法就成了万民法。"

[19] *Digest* 1. 1. 1. 2：'Privatum ius tripertitum est：collectum etenim est ex naturalibus praeceptis aut gentium aut civilibus. 4. Ius gentium est, quo gentes humanae utuntur. Quod a naturali recedere facile intellegere licet, quia illud omnibus animalibus, hoc solis hominibus inter se commune sit. ' 英文译本请参见 *The Digest of Justinian* (G. E. M. de Ste Croix trans, A. Watson ed) (University of Pennsylvania Press Philadelphia 1985) at 1.——译者注：此处是正文引述的拉丁文原文。

[20] *Digest* 1. 1. 4.

[21] *Digest* 1. 1. 6："市民法不是完全脱离于自然法或万民法而存在的法，也不是在任何事情上都追随他们的法，因此，当我们增加或者删除共同法时，就创造了自己的法，即市民法。"

进的债的部分除外）。[22]

这个不同寻常的概念可能说明人们对万民法的认识已经发生了根本性的改变，但同时也可以将其理解为是早期研究的延伸，而且这种断章取义也不能代表整体的思想。从李维的罗马历史文献中，我们可以看出，万民法已在国家之间适用规则的意义上被加以使用。在法学研究中，按照现在的术语，公元2世纪的法学家彭波尼（Pomponius）把涉及外交特使的规则称为万民法。[23]

对万民法的新解释逐渐流行起来，一直到古典时代晚期，主流观点都把它视为适用于国家之间的法律。圣依西多禄（Isidore of Seville, 560 - 636年）再次把万民法定义为在大多数国家中具有共性的且包括了各种各样规则的混合体：

1018

> 万国法（万民法）是指对居住地的占有和建设修护、战争、俘虏、奴役、恢复权利、结盟、休战、对"不侵犯来使"的遵守，以及禁止异族间的通婚。之所以称其为"万国法"是因为几乎所有国族（民族）都采用这一法律。[24]

与乌尔比安相比，圣依西多禄的重要改变在于其理论中的万民法不再是所有国家的习惯，而是几乎所有国家的习惯。[25] 此外，赫尔莫杰尼安的定义中的人与人间的契约也被遗漏了。乌尔比安的定义反映了斯多葛学派的普遍性和平等性的思想，而圣依西多禄的定义则为万民法作为文明国家之实践的现实和有限的解释铺平了道路。

---

[22] *Digest* 1. 1. 5：'Ex hoc iure gentium introducta bella, discretae gentes, regna condita, dominia distincta, agris termini positi, aedifi cia collocata, commercium, emptiones venditiones, locationes conductiones, obligationes institutae：exceptis quibusdam quae iure civili introductae sunt.' 英文译本请参见 *Digest of Justinian* (n 19) 2. ——译者注：此处是正文引述的拉丁文原文。

[23] *Digest* 50. 7. 18(17).

[24] *Isidore of Seville Etymologiae* 5. 6：'Quid sit ius gentium. Ius gentium est sedium occupatio, aedificatio, munitio, bella, captivitates, servitutes, postliminia, foedera pacis, indutiae, legatorum non violandorum religio, conubia inter alienigenas prohibita. Et inde ius gentium, quia eo iure omnes fere gentes utuntur.' *Isidore of Seville The Etymologies of Isidore of Seville* (SA Barney et al trans, eds) (CUP Cambridge 2006) at 118. ——译者注：此处是正文引述的拉丁文原文。

[25] 'The Peace Treaties of Westphalia' (n 2) 226.

（二）万民法在中世纪的转变

在中世纪时，宗教学说接受了圣依西多禄的定义。《格拉蒂安教令集》(*The Decretum Gratiani*)广泛借鉴了圣依西多禄的定义中所包含的人类和自然之规则，甚至还对万民法的定义进行了些许修改。[26] 后来，《教会法大全》(*Corpus Iuris Canonici*)也收录了圣依西多禄的定义。圣依西多禄的定义被采纳的原因尚不明晰，但是肯定存在文本传播的因素。因为古典时代晚期的文献在中世纪有着更高的知名度。

阿奎那也受到了圣依西多禄定义的启发，但是他却把万民法置于自然法之下，因为万民法只适用于大多数国家，而自然法则适用于全人类。[27] 所以，阿奎那就把圣依西多禄的理论与同样流行于中世纪的西塞罗的理论结合了起来，当然，他同时也结合了乌尔比安的理论。

（三）近代早期对万民法的认识

近代早期关于万民法主要有两派解释传统，一派是中世纪的经院传统，另一派是新式的人文主义思潮。后者更偏爱于古典时代而不是古典晚期。[28]

1019

维多利亚认为，万民法处于自然法和实在法的中间阶段，其不依赖于国内法的有效性，而是基于理性以及全体人民的共同信念。[29] 我们并不确定维多利亚是否已经完成了从盖尤斯的国际私法到国际公法的范式转移，但是他的这种故意的模

---

[26] *Decretum Gratiani*, Distinctio 1, c. 9: 'Quid sit ius gentium. [Isidor. eod. c. 6.] Ius gentium est sediumoccupatio, edifi catio, munitio, bella, captiuitates, seruitutes, postliminia, federa pacis, induciae, legatorumnon uiolandorum religio, conubia inter alienigenas prohibita. § 1. Hoc inde ius gentium appellatur, quia eo iure omnes fere gentes utuntur. '——译者注：同前引注释 24 的拉丁文原文。

[27] Aquinas, *Summa Theologica* 2.1.95.4：“圣依西多禄所提出的关于人类法律(leges humanae)之分类似乎不够恰当。圣依西多禄将万民法包括在这一法律之下。如圣依西多禄所说，万民法之所以叫万民法，是因为几乎所有国家都使用它。但是，也如圣依西多禄所说，自然法是所有国家所共有的。因此，万民法不应该包括在人类的实在法之下，而是最应包括在自然法之下。然而，万民法与自然法是不同的，尤其与那种所有动物所共有的东西是不同的。”

[28] *The Roman Foundations of the Law of Nations* (n 3) 1 – 18.

[29] F. de Vitoria, 'Relectio de Indis' (J. B. Scott trans.) in J. B. Scott (ed.) *The Spanish Origin of International Law* (Clarendon Press Oxford 1934) Appendix A, at xxxvi (3.1)；A. Pagden and J. Lawrance, 'Introduction' in A. Pagden and J. Lawrance (eds.) *Francisco de Vitoria*, *Political Writings* (CUP Cambridge) xv-xvi.

糊化处理却留下了一个广泛的解释空间,从而能够同时涵盖国家以及国家中的人民。[30]

贞提利从考古的立场出发,首先提出了万民法为罗马的祭司法提供口头上的支持,并适用于国际条约、战争与和平以及外交使节等领域。而后,贞提利又指出,在罗马共和国早期的祭司法中就已经出现了这些制度,但是进入帝国时期以后,他们全部消失了。所以,寻找国际法的源头需要另辟蹊径。于是,贞提利从《学说汇纂》、巴尔多斯(Baldus)、德纽(Doneau)、安布罗斯(Ambrose)、圣哲罗姆(St. Jerome)等文献材料中对万民法的概念进行了追溯。虽然贞提利认识到所有国家达成共识是实现国际法的前提,但是其中还有着一个更深层面的基础,那就是天生的正义感,即对正义的本能渴望。作为国际法之渊源的《查士丁尼法典》或《圣经》就体现着这种自然正义。然而,我们讨论的是一个世俗的人类社会及其习惯法,这才是最重要的。[31]

格劳秀斯将国际法定义为从所有国家或许多国家的意志中获得效力的法律。后面之所以加上了限定,是因为在格劳秀斯看来,除了自然法则之外,很少有某种法律可以适用于所有国家。从历史学家所记录的从未间断的风俗习惯中可以看到国际法的内容。[32]

温克尔(Winkel)认为,万民法定义的改变对早期国际法继受罗马私法概念而言是至关重要的。在这一转变过程中,格劳秀斯以及《威斯特伐利亚和约》的影响至关重要。就在同一时期,法学界也开始普遍继受罗马法。[33]

努斯鲍姆早年曾梳理过万民法概念的进化史,他从罗马国内法一直追溯到"国际法"(international law)(这个词本身就是由边沁于 1789 年创造的),最后落

---

[30] 关于这场讨论的概况,参见 R. Lesaffer, 'The Grotian Tradition Revisited: Change and Continuity in the History of International Law' (2002) 73 *British Year Book of International Law* 103 – 139 at 124。

[31] A. Gentili, *De jure belli* (J. C. Rolfe trans.) in J. B. Scott (ed.) *The Classics of International Law* (Clarendon Press Oxford 1933) vol 2, at 5,8,10 – 11 (book 1, ch 1 pt 5,10 – 11,14 – 17); B. Straumann, 'The corpus iuris as a Source of Law Between Sovereigns in Alberico Gentili's Thought' in *The Roman Foundations of the Law of Nations* (n 3) 101 – 123.

[32] H. Grotius, *De jure belli ac pacis libri tres* (F. W. Kelsey trans) in J. B. Scott (ed.) *The Classics of International Law* (Clarendon Press Oxford 1925) vol 2, at 44 (book 1, ch 1, pt 14).

[33] 'The Peace Treaties of Westphalia' (n 2) 237.

1020

脚于苏亚雷斯和霍布斯。在努斯鲍姆看来，苏亚雷斯首次把万民法划分为普遍法（universal law）和国际法两个层面，而霍布斯则专门使用万民法讨论了国际关系。[34]

在新生的自然法的研究中，古典血统的重要性显著下降。普芬道夫怀疑在自然法之外是否还有国际法的存在。尽管普芬道夫承认罗马人的确使用了一种万民法来调整非罗马公民的权利关系，但是在人们和国家之间适用的国际法只可能存在于自然法的范围之内。[35]

与其他自然法学家一样，沃尔夫也放弃了对古典传统脉络的细节展示，只提到了格劳秀斯和他自己。沃尔夫把万民法分为四类：源于普遍共识的自愿法、国与国之间的协定法、基于长期使用的习惯法以及源于国家意志的实在法。[36]

三、近代早期的国际法学家对古典传统的运用

（一）贞提利

只要稍微看一下近代早期的主要国际法学家的作品就会发现，古典世界的影响无处不在。[37] 比如，在贞提利的《战争法》（De jure belli）一书关于宗教的一段表述中，首先出现的是一些中世纪的历史人物，比如达戈贝尔特（Dagobert）与弗里斯兰人（the Frisians），以及查理大帝（Charles the Great）与撒拉逊人（the Saracens），而后又莫名其妙地转到了《圣经》中的朱迪思和霍洛芬（Judith and Holofernes），接着又出现了古代史中的冈比西斯（Cambyses）和安条克（Antiochus），最后出场的是罗马皇帝埃拉伽巴路斯（Elagabalus）。[38] 对贞提利而言，古典世界是人类行为的典范，尽管圣经故事中的以及更当代的例子比比皆是，

1021

---

[34] 'Significance of Roman Law' (n 2) 682.

[35] S. Pufendorf, *De jure naturae et gentium libri octo* (C. H. Oldfather and W. A. Oldfather trans.) in J. B. Scott (ed.) *The Classics of International Law* (Clarendon Press Oxford 1934) at 226 - 227 (book 2, ch 3, 23).

[36] C. Wolff, *Jus gentium methodo scientifica pertractatum* (J. H. Drake trans.) in J. B. Scott (ed.) *The Classics of International Law* (Clarendon Press Oxford 1934) vol 2, at 17 - 19 (paras 22 - 26).

[37] 参见本书中由梅里奥·斯卡特拉（Merio Scattola）撰写的第四十七章"阿尔贝里科·贞提利（Alberico Gentili, 1552 - 1608 年）"。

[38] *De Jure Belli* (n 31) 340 (book 3, ch 11, pt 555).

但他最中意的还是古希腊以及特别是古罗马的案例。比如，当贞提利提到野蛮人同文明人相比在战争中可能会受到更加严厉的对待时，第一个提到的例子就是罗马人在征服野蛮人的同时，用仁慈赢得了文明。除此之外，贞提利只提到了一个例子，那就是安波罗修（Ambrose）提醒大家注意的，摩西（Moses）为何没有放过一个米甸人（Midianites）。[39]

与同时代的许多其他学者不同，贞提利并非是一位古典主义学者，但是他仍然做到了引经据典，以重视其他古典主义学者的意见。与格劳秀斯等后辈学者也不相同，贞提利热衷于对古代和现代的行动政策和方针进行比较。比如，贞提利曾讨论过一个棘手的问题，即统治者是否可以诉诸战争来维护宗教信仰。贞提利还是从圣经、古希腊和古罗马的材料入手，但他很快就放弃了这条线索，转而讨论路德的宗教改革。尽管罗马的例子一再被拿来用于证明宗教的宽容与和谐，但是其言外之意却是针对当下的问题。不管是宽容还是不宽容，贞提利都提到了古罗马的例子，与之类似的还有奥斯曼土耳其和奥地利。[40] 在《罗马军队两卷书》（*De armis romanis*）中，贞提利讨论了古罗马的实例与国际法的范例，并示范性地演示了如何用经典材料论证一个问题的两个方面。[41]

（二）格劳秀斯

格劳秀斯精通古典文献。作为一位机敏的古典语言学家，格劳秀斯针对卢肯（Lucan）、普鲁塔克（Plutarch）、欧里庇得斯（Euripides）、塔西佗（Tacitus）以及塞内加（Seneca）等人发表了一系列的翻译、评论以及其他类型的作品。[42] 尽管为后人所铭记的是他的法学家身份，但除了法学研究之外，格劳秀斯还广泛涉猎神学、历史、诗歌、政治，并留下了数套书信集。如何利用如此丰富的文献？从文本到文本，以及从文本到主题都有着很大的不同。比如，在讨论国王的义务时，格劳秀斯援引了巴斯克斯（Vásquez）和苏亚雷斯关于国王作为国王的行为与国王作为普通人的行为之间的划分。在随后一章中，当格劳秀斯讨论国王是如何受到自然法而不是

1022

---

〔39〕 *De Jure Belli*（n 31）293（book 3, ch 2, pt 478）.

〔40〕 同上，（n 31）第42—48页（第1册，第10章，第66—78页）。

〔41〕 *The Wars of the Romans*（n 3）；'Alberico Gentili and the Criticism of Expansion'（n 3）.

〔42〕 参见本书中由皮特·哈根马歇（Peter Haggenmacher）撰写的第四十八章"胡果·格劳秀斯（Hugo Grotius，1583 - 1645 年）"。

国内法的约束时,《学说汇纂》和《查士丁尼法典》以及巴尔多斯的评注又成了他的论说资源。[43] 此外,在《战争与和平法》中,不少章节专门介绍了某问题在希伯来法或罗马法中是如何处理的。

除了格劳秀斯的人文主义法学家的背景之外,施特劳曼(Straumann)还分析了格劳秀斯采纳罗马法传统的四个原因。首先,格劳秀斯提倡一种世俗的且基于宗教的自然法则,其并非基于圣经的传统。其次,罗马法已经提出了关于公海自由的学说。第三,罗马法有着为帝国主义服务的倾向,这正好可以被拿来证明荷兰扩张的合法性。第四,在罗马法的万民法中,契约法救济比较发达且不限于罗马公民。因而,格劳秀斯以罗马法而不是中世纪学说为基础提出了主观自然权利理论。[44] 当然,格劳秀斯并没有完全限于罗马法的传统之中,他的方法非常功利,即只要是能找到的且能够证明其推论的材料,他全部加以使用。[45]

(三) 普芬道夫和沃尔夫

普芬道夫同样重视古典世界,但在程度上却不及贞提利或格劳秀斯。[46] 普芬道夫继续从古典文献中汲取实例和名言警句,但是其理论框架却是近代早期的法律和哲学研究之路数。比如,关于人人生而平等的理论,普芬道夫援引了斯塔提乌斯(Statius)、塞内加、弗吉尔(Vergil)、西塞罗、西西里的狄奥多罗斯(Diodorus Siculus)、昆体良(Quintilian)以及欧里庇得斯等古代学者的看法,但是这个论断本身却是针对托马斯·霍布斯和米歇尔·德·蒙田(Michel de Montaigne)的。[47]

从几乎完全缺乏对古典文献和资料的引用中可以看出,沃尔夫与古典世界的关联与前述几位迥然不同。[48] 比如,在关于万民法的问题中,沃尔夫唯一一次使用古典资料之处就是对罗马人的宣战方式进行阐述。[49] 有人认为,贞提利和格劳

---

[43] *De jure belli ac pacis libri tres* (n 32) 383 (book 2, ch 14, pt 5 - 6); R. Tuck, *Philosophy and Government* (CUP Cambridge 1993) at 155.

[44] 'Is Modern Liberty Ancient?' (n 10) 59 - 60, 62 - 63.

[45] 'Reception of the Classical Tradition in International Law' (n 3) 4, 29.

[46] 参见本书中由努德·哈孔森(Knud Haakonssen)撰写的第四十九章"塞缪尔·普芬道夫(Samuel Pufendorf, 1632 - 1694 年)"。

[47] *De jure naturae et gentium libri octo* (n 35) 330 - 332 (book 3, ch 2, pt 1 - 2).

[48] 参见本书中由努德·哈孔森(Knud Haakonssen)撰写的第五十章"克里斯蒂安·沃尔夫(Christian Wolff, 1679 - 1754 年)"。

[49] *Jus gentium methodo scientifica pertractatum* (n 36) 365 (para 707).

秀斯广泛倚重于罗马法学家的学说而并非他们的权威身份,而以沃尔夫和瓦特尔为代表的自然法学派由于对罗马法不甚熟悉,所以导致罗马法对国际法的影响力有所下降。[50]

四、国际法：正义战争、特使神圣不可侵犯以及公海自由

(一)正义战争

关于罗马正义战争(*bellum iustum*)之传统,最为清晰的描述可能要追溯到西塞罗所记录的随军祭司法。其过程就像法庭审判一样,罗马人首先提出主张(提出要求,*rerum repetitio*),包括罗马人受到的伤害以及要求对方进行赔款。三十天之后,罗马人会发布一个可能开战的告知(*denuntiatio*)或通告,随后就是发布诏示(*indictio*),即宣战。需要注意的是,该程序的历史准确性存疑,且只存在于共和国早期。[51]

在其他地方,西塞罗也经常把自助和自卫视为合法、正确且正义之举。众所周知,在《为米洛辩护》(*Pro Milone*)中,西塞罗认为在穷尽一切补救措施之情况下的自卫就是一种自我保护。[52] 弗洛伦丁(Florentinus)在《查士丁尼学说汇纂》中认为,万民法赋予的权利可以抵御伤害与暴力。[53]

在中世纪和经院传统中,一个关键的问题就是一个基督徒是否能参与到战争中去,以及一场战争在何种条件下是正义的。战争的正义性也是维多利亚以及同时期的其他西班牙学者所主要关注的问题。[54] 同时,这也是近代早期的国际法学之核心问题。

---

[50] 'Significance of Roman Law' (n 2) 686.

[51] Cicero, *De officiis* 1. 36; Cicero, *De re publica* 2. 31, 3. 35; *Livy* 1. 32. 5 - 14. 参见 'Is Modern Liberty Ancient?' (n 10) 349. 最近,安多(Ando)已经指出,随军祭司法是奥古斯都创立的。参见 C. Ando, 'Empire and the Laws of War: A Roman Archaeology' in *The Roman Foundations of the Law of Nations* (n 3) 30 - 52.

[52] Cicero, *Pro Milones* 10.

[53] *Digest* 1. 1. 3:"我们抵制暴力和非正义;实际上,由于这个法的出现,任何人为了保护自己的身体而做的行为都被认为是依法而做的;由于大自然在我们之间建立了某种血亲关系,因而一个人陷害另一个人被认为是反神法的。"

[54] *Spanish Origin of International Law* (n 29) 200 - 201; J. D. Tooke, *The Just War in Aquinas and Grotius* (SPCK London 1965); J. A. Fernandez-Santamaria, *The State, War and Peace: Spanish Political Thought in the Renaissance 1516 - 1559* (CUP Cambridge 1977).

贞提利认为,正义战争的先决条件可以分为三个来源,分别是神圣的、自然的以及人为的原因。但是,通过贞提利所收集的案例,我们很难判断他实际上是否遵循了任何具体的先例。比如,关于宗教能否成为正义战争的条件,贞提利引用了古代和当代的权威机构几乎一致认可的惯例,并且还提到了以宗教理由发动战争的持续行为,但是他最后却笔锋一转,回到了宗教宽容的问题。贞提利认为,虽然对那些扰乱国家公共和平的人发动战争是合法的,但在向其他国家宣战之情况下,如果该国人民的宗教行为或生活方式对本国没有迫在眉睫的威胁,那么就不能发动正义的战争。[55]

1024

关于先发制人的攻击,贞提利使用了与罗马私法类似的一种推理,即如果出现这种情况,就需要有一个正当的恐惧理由,并允许采取适当的预防措施。有些人可能不会因为仅仅具有加害的意图就受到惩罚,但是在罗马人看来,如果一个人既有加害的意图又有加害的手段,那么这种危险就是迫在眉睫的。典型案例就是,当阿利奥维斯塔(Ariovistus)羽翼丰满之时,凯撒就在高卢对其发起了攻击。[56] 在《罗马军队两卷书》中,贞提利关于罗马正义战争传统的讨论充满了矛盾性。贞提利使用了矛盾的罗马案例,同时攻击并捍卫了罗马人的做法,也同时捍卫又批评了帝国的扩张。[57]

在《战争与和平法》中,格劳秀斯首先提出,如果满足自然法和国际法所规定的某些条件,那么就可以发起战争。只是在该书的第二编中,格劳秀斯把战争的正当理由表述为:捍卫自身和财产、防止契约违反以及抵御不法行为。在这里,格劳秀斯详述了罗马人的观点,因为他们为研究战争的正义理论付出了巨大的努力。格劳秀斯指出,按照李维的表述,罗马人认为只要战争是正义的就一定可以获得胜利。然而,格劳秀斯还提到了由塞内加所创造的另一条相反的罗马传统,即批评大屠杀和战争的残酷性,并认为其违背了限制杀戮的社会目的。格劳秀斯把战争的正义理由与诉讼的正义理由进行了比较,诉讼的正义理由包括自卫、获得赔偿以及

---

〔55〕 *De Jure Belli*(n 31)40(book 1, ch 9, p 66).

〔56〕 同上,(n 31)第 62—66 页(第 1 册,第 14 章,第 99—107 页)。

〔57〕 'Alberico Gentili and the Criticism of Expansion'(n 3);*The Wars of the Romans*(n 3). 西班牙人在关于殖民扩张合法性的辩论中采用了类似的双重罗马传统,参见 D. Lupher, *Romans in a New World*(University of Michigan Press Ann Arbor 2003)。

施加惩罚。于是，格劳秀斯就把战争的正义理由与罗马私法中的加害行为（iniuriae）联系了起来。同时，格劳秀斯也提到了罗马的祭司法传统及其提出要求的做法，即在敌对行动开始之前提出的主张。与贞提利的观点相反，格劳秀斯倾向于禁止对可能攻击者先发制人地发起攻击。尽管格劳秀斯援引了相同的古罗马和古希腊的资料，但是他更为重视的是中世纪和现代早期学者的思想，由此导致他产生了一种相反的解释。[58]

格劳秀斯在讨论非正义的战争理由时碰到了一个特殊的问题，即教会所主张的建立统一帝国的权利。但是，格劳秀斯对这种统一帝国论的驳斥都是基于纯粹的神学理由。[59]

1025   后来的学者逐渐减少了对古典先例及其论点的介绍，与此同时，正义战争也不再是一个为大家所重点关注的问题了。比如，宾刻舒克根本就没有提到正义战争论[60]，他的战争论著直接讨论宣战的必要性以及战争中允许采取什么样的行动。前一个问题的答案是，如果能够宣战是最好不过了，因为罗马人确实发布过这样的声明，但这并不是必要的。后一个问题的答案是，战争中所有的暴力行为都是合法的，尽管罗马人不喜欢尔虞我诈。[61]

然而，学说在本质上仍然没有发生重大变化。普芬道夫主张，尽管战争只能是最后的手段，但是受害者却可以动用武力进行反击，也可以诉诸武力来获得赔偿。[62] 沃尔夫认为，正义战争的合法理由源于对错误行径及其预期的一种反应。[63]

(二) 特使神圣不可侵犯

经典罗马法学家彭波尼曾清晰地表达了特使神圣不可侵犯的观念：

---

[58] De jure belli ac pacis libri tres (n 32) 169 – 175 (book 2, ch 1, pt 1 – 5); 'Is Modern Liberty Ancient?' (n 10) 338 – 341; Just War in Aquinas and Grotius (n 54) 195 – 230.

[59] De jure belli ac pacis libri tres (n 32) 553 – 554 (book 2, ch 22, pt 14).

[60] 参见本书中由明石钦司(Kinji Akashi)撰写的第五十一章"科尔内利斯·范·宾刻舒克(Cornelius Van Bynkershoek, 1673 – 1743 年)"。

[61] C. Bynkershoek, Quaestionum juris publici libri duo (T. Frank trans.) in J. B. Scott (ed.) The Classics of International Law (Clarendon Press Oxford 1930) at 15 – 20 (book 1, chs 1 – 2).

[62] De jure naturae et gentium libri octo (n 35) 386 (book 3, ch4, 6).

[63] Jus gentium methodo scientifica pertractatum (n 36) 314 – 315 (para 617).

> 如果有人斩杀了敌方的特使,那么这种行为就公然违背了万国法,因为特使是神圣不可侵犯的。[64]

彭波尼进而引述了昆塔斯·穆修斯(Quintus Mucius)的观点,即斩杀特使之人必须被献给敌方。

在《使节三卷书》(*Embassies*)中,贞提利介绍了希腊人和罗马人是怎样重视特使的神圣性的,并展示了从西塞罗到罗马法学家的各种事例。然而,当这种普遍原则在实践中被加以应用时,就会出现一幅微妙的图景,其与古代学者所描述的场景不太一致。尽管所有论点都基于古典资源,但学界还是广泛讨论了冒充使节、匪徒派出的使节以及其他例外情况。[65]

格劳秀斯认为,特使的神圣性已经被罗马人当成是一种不可侵犯的国际法规则。通过援引《查士丁尼学说汇纂》中彭波尼(《学说汇纂》第 50 卷第 7 章第 18 节)和乌尔比安(《学说汇纂》第 48 卷第 6 章第 7 节)的意见以及古典时期和古典晚期的罗马历史学家的其他事例,格劳秀斯得以指出,古人几乎一致认可特使的神圣性。正如古代的实例所证明的,特使的权利包括被承认权和不受伤害权。同时,只有在对那些派遣特使的人产生了强烈的仇恨或厌恶的情况下,才能剥夺特使的上述权利。[66]

宾刻舒克承认主权国家在理论上具有派遣特使的权利,但他同时指出,这种权利通常受到了侵犯。比如,在荷兰脱离西班牙的独立战争中,荷兰声称西班牙人杀害了他们的特使从而侵犯了特使的神圣性。但是,宾刻舒克认为,西班牙人的行为实际上并不违法,因为当时的荷兰并非是一个主权国家,而是一群叛乱分子。甚至罗马人也有过相似的行为。[67]

沃尔夫也坚定地捍卫了特使的神圣性以及对各种违法行为的豁免权。在沃尔

1026

---

[64] *Digest* 50.7.18(17):"……为了保证其他国家使节在我们中的安全,应禁止对他们开战,这是因为他们仍然属于自由之身,这种做法符合万民法对这方面的规定。昆塔斯·穆修斯的副将伤害了特使,所以他就把副将献给了敌人。"英译本参见 M. Crawford, *Digest of Justinian* (n 19)。同样关于保护大使和处罚违法者方面,参见 *Ulpian Digest* 48.6.7。

[65] A. Gentili, *De legationibus libri tres* (OUP New York 1924) 57–58 (book 2, ch 1).

[66] *De jure belli ac pacis libri tres* (n 32) 438–441 (book 2, ch 18, pt 1–3).

[67] *Quaestionum juris publici libri duo* (n 61) 156–157 (book 2, ch 3).

夫看来,这种神圣性并非源于某种故意的安排或某些经典先例,而是来自于上帝所设定的万国法。[68]

(三) 公海自由

近代早期的国际法学中的重要议题还包括公海自由。为教宗诏书(papal bulls)所确认的中世纪的法律学说明确反对公海自由的思想,所以贞提利和格劳秀斯都援引了罗马法律学说(《查士丁尼法学阶梯》第1卷1章)并进而指出,没有人可以宣称对海洋拥有排他性的权利或所有权。在英国与西班牙的外交通信中,以及在荷兰与葡萄牙政府的往来中,都采纳了这种论点。[69]

格劳秀斯指出,海洋的所有权需要排他性的占领,而没有人能够占领海洋,所以这种所有权是不可能实现的。此外,如果某物在本质上不具有排他性,那么任何人都不能对其主张排他的权利。格劳秀斯对非排他性下了一个颇为复杂的定义,即如果某物在被某人利用的同时,又可以被其他人利用,且该种利用不会影响到前人的利用,那么该物在本质上就具有非排他性。正如罗马法学家所提出的,这种物在本质上就是共有物。[70]

五、罗马私法的类推

(一) 契约应当遵守

尽管"契约应当遵守"是罗马法中最经典的术语之一,但它的概念却是由格劳秀斯而不是罗马人加以定义的。罗马法规定了契约合意原则,比如买卖契约虽然在形式上完全自由,但是必须符合法律的规定才能够生效。[71] 有人认为,应当从教会法传统来探寻国际法的学说根基,因为在宗教改革之前,教会法才是为欧洲普遍接受和应用的法律体系。[72]

在承诺的义务上,格劳秀斯遵循了罗马法学家的论点,即合同义务应该得到尊

---

[68] *Jus gentium methodo scientifica pertractatum* (n 36) 539 (para 1065).

[69] 参见 'Significance of Roman Law' (n 2) 683 – 684。

[70] H. Grotius, *The Freedom of the Seas* (OUP New York 1916) at 26 – 27 (ch 5); *Digest* 7. 4. 13 and 41. 1. 14.

[71] D. Johnston, *Roman Law in Context* (CUP Cambridge 1999) at 77 – 84.

[72] R. Lesaffer, 'The Medieval Canon Law of Contract and Early Modern Treaty Law' (2000) 2 *Journal of the History of International Law* 178 – 198.

重。这个论点的核心部分就是善意的观念,它认为人们应该保持对彼此的承诺。罗马法学家保罗(Paul)也坚持认为,按照万民法的规定,如果一个人承诺给付,那么他就必须给付,由此也就产生了一个给付的道德义务。[73] 其实,保罗所提到的万民法指的还是罗马的实体法。在格劳秀斯之后,"契约应当遵守"成为了自然法的一项基本原则。[74]

勒萨弗(Lesaffer)声称,只有"契约应当遵守"被普遍视为条约生效的基础时,公元 1660 年之后的欧洲秩序以及新兴的主权国家才能正常运转。这些条约受到了自然法的认可,如果有必要便可以被强制执行,所以其也就超越了国家意志本身。[75] 普芬道夫甚至宣称,如果有人故意不履行一项具有法律约束力的协议,那么这将成为发动战争的一项正当理由。[76]

宾刻舒克指出,履行合同属于国内法的范畴,其依赖于善意,但他所援引的经典文献并不包括罗马法学家的作品。宾刻舒克认为,所有人都会同意如下观点,即按照善意原则,应当遵守国际条约,但他又引述塞内加的话说,在不适宜的情况下,善意是不可靠的。国家在法律上不受条约的约束,其遵守条约与否取决于是否违背国家的利益。这是一个道德义务,而并非法律意义上的强制力。[77]

尽管沃尔夫还是没有提到古典先例,但他仍然认为遵守条约的善意具有神圣性。所以,条约的不可侵犯与善意的不可侵犯不可分离。[78]

1028

(二)无主地

罗马法规定,通过先占而获得的物是无主物,亦即不属于任何人的财产。[79] 这种物的所有权可以通过捕获取得,比如它适用于野生动物。然而,如果这只动物逃脱,或者引用一句困扰罗马法学家的话说就是蜜蜂不回蜂房,则因捕获而获得的任何所有权都会丧失。同样的规则也适用于战利品,即通过占有,我们从敌人的手

---

[73] *De jure belli ac pacis libri tres* (n 32) 329 (book 2, ch 11,1,4).

[74] 'Medieval Canon Law' (n 72) 181 – 182.

[75] 'Grotian Tradition Revisited' (n 30) 131.

[76] *De jure naturae et gentium libri octo* (n 35) 441 (book 3, ch 7,9).

[77] *Quaestionum juris publici libri duo* (n 61) 190 – 191 (book 2, ch 10).

[78] *Jus gentium methodo scientifica pertractatum* (n 36) 282 (para 550).

[79] 也请参见本书中由丹尼尔·伊斯谟斯·罕(Daniel-Erasmus Khan)撰写的第九章"领土和边界"以及由马修·克雷文(Matthew Craven)撰写的第三十六章"殖民与统治"。

中获取的财产可以成为我们自己的财产,但是一旦丢失这些财产,我们也就随之失去了对这些财产的所有权。[80] 国际法采纳了这种学说,并把它称之为"无主地"。[81] 当然,在实践中,这种采纳在形式上更多地表现为对罗马学说的类推和重新解释。无主地学说和其他理论一样,都服务于帝国主义的合法侵占政策。[82]

虽然持不同宗教信仰的人民的财产权或其他权利并不总是得到充分的承认,但维多利亚起码还是接受了阿奎那的观点,即宗教问题与所有权或主权无关。阿奎那表示,即使是异教徒也可以合法地享有所有权,如果剥夺他们的财产则无异于盗窃。[83] 因此,就西班牙在美洲的扩张而言,剥夺当地人的所有权其实是不合法的。[84]

格劳秀斯指出,罗马法学家的观点是,按照万民法,只有通过先占才可以获得无主物的所有权。在《战争与和平法》中,关于无主物的讨论主要涉及到野生动物、由冲积矿床形成的新岛屿,以及淹没消失的旧岛屿,这些对于当时的荷兰而言都是非常重要的问题。[85] 然而,相比之下,还是《海洋自由论》(*Mare liberum*)中提到的欧洲以外的土著人领地的归属问题更为重要。根据罗马法理论,格劳秀斯声称,只有当这块领土属于无主物的情况下,葡萄牙人才可以通过发现以获得所有权。由于葡萄牙既不能宣称是他们首先发现了这块新领土,也不能声称他们已经拥有了这块领土,因此其对领土主权的排他性主张是毫无根据的。[86]

另一个广为流传的理论是原始公有制。该理论认为,不存在无主物,只存在所有权尚未分配到个人的阶段。比如,普芬道夫反对霍布斯的先占学说,因为已经存

1029

---

[80] *Gaius* 2. 66 – 69, similarly *Digest* 41. 2. 1. 1 and 41. 1. 5. 7:"同样,从敌人那里所缴获的战利品,也可以建立所有权"; *Digest* 41. 1. 1. 1,关于从万民法中衍生出的规则。

[81] R. Lesaffer, 'Argument from Roman Law in Current International Law: Occupation and Acquisitive Prescription' (2005) 16 *The European Journal of International Law* 25 – 58 at 45. B. Straumann, 'Is Modern Liberty Ancient?' (n 10) 78 勒萨弗关于罗马法的理论中并未将占有视为是一种取得的方式,因而其理论具有局限性。

[82] L. Benton and B. Straumann, 'Acquiring Empire by Law: From Roman Doctrine to Early Modern European Practice' (2010) 28 *Law and History Review* 1 – 38.

[83] 'Relectio de Indis' (n 29) v-ix, xi (s 1, sub-ss 4 – 7, 19); *Summa Theologica* 2. 2. q 10, a 12.

[84] 'Acquiring Empire by Law' (n 82) 22 – 23 et passim.

[85] *De jure belli ac pacis libri tres* (n 32) 296 – 296 (book 2, ch 8, 1).

[86] *Freedom of the Seas* (n 70) 13 (ch 2); *Philosophy and Government* (n 43) 176 – 179.

在了一种原始的共同所有权。[87] 但是,涉及到占领无人居住的土地时,这种占领只能延伸到占用者所能使用和保卫的土地。如果有人声称要在对整个岛屿进行极为有限的开发的基础上安插无数的人口,那么这就是一种无效的主张。[88]

沃尔夫同意通过先占可以获得无主物的所有权,但他也指出,是否创设所有权取决于国家意志。沃尔夫提到,罗马人已经创造了涉及先占推定的具体法律,但是这种推定也是自然形成的,所以也符合自然法的精神。任何国家都平等地享有对无人居住土地的先占权利。在这里,沃尔夫再次提到了罗马人建立殖民地的做法。[89] 作为一位典型的自然法学家,沃尔夫习惯性地指出,诸如取得实效(usucapio)这种源于罗马法的制度也符合自然法。[90]

(三) 保持占有

"保持占有"原则起源于罗马市民法中的现状占有令状(interdictum uti possidetis)。[91] 这是一种法律救济制度,是罗马公民在诉讼以及开庭期间要求禁止对现有财产使用暴力的一种法律手段。[92]

国际法上的"保持占有"原则最初成形于 17 世纪初。有人认为,《威斯特伐利亚和约》首次在国家实践中采纳了这一理论。格劳秀斯坚持认为,针对在战争中取得的不动产之所有权需要实行严格的占有,这意味着可以通过可靠的防御手段来加强这一地区的防御工事。[93] 作为《威斯特伐利亚和约》的组成部分,西班牙与荷兰共和国缔结的《明斯特条约》(the Treaty of Münster)明确采用了保持占有原则来划定双方的领土。双方都将有效地占有和享有当时所管辖的领土。[94]

普芬道夫指出,罗马法规定了可以通过占有的方式从敌人的手中获得财产权利,即无主物规则。然而,普芬道夫又指出,只有当原所有权人在战争结束后放弃主

1030

---

[87] *De jure naturae et gentium libri octo* (n 35) 338 (book 3, ch 2,5).

[88] 同上,第 386 页(第 4 册,第 6 章,第 3—4 节)。

[89] *Jus gentium methodo scientifica pertractatum* (n 36) 142 – 143,147 – 148 (paras 280,291).

[90] 同上,第 184—185 页(第 358 小节)。

[91] 也请参见本书中由丹尼尔·伊斯谟斯·罕(Daniel-Erasmus Khan)撰写的第九章"领土和边界"以及由马修·克雷文(Matthew Craven)撰写的第三十六章"殖民与统治"。

[92] *Gaius* 4.160:"作为占有者,我禁止你们使用暴力来实行像现在这样占有。" 'The Peace Treaties of Westphalia' (n 2) 229 – 230.

[93] *De jure belli ac pacis libri tres* (n 32) 667 (book 3, ch 6,4).

[94] 'The Peace Treaties of Westphalia' (n 2) 230 – 231.

张权利时,关于战利品的所有权才可以获得完全的合法性。[95]

宾刻舒克接受了保持占有原则,并且遵循了保罗在《学说汇纂》(《学说汇纂》第41卷第2章第3节)中关于占有程度的意见,即基于掠夺的意图,如果占有了局部,那么也就占有了整体。尽管这与杰尔苏斯(《学说汇纂》第41卷第2章第18节第4项)的观点相左。[96]

沃尔夫还是没有提到什么经典学说,不过他捍卫了国家的所有权和主权,因为没有一个国家可以把另外一国从其领土之上驱逐出去。不管是国家还是个人,其基本权利和所有权均受到国际法的保护。[97]

六、结论

近代早期对古代国际法的继受是当时更大范围内继受古典法运动——特别是罗马法——的组成部分。与广义的继受古代法运动一样,国际法的继受原因是多种多样的:古典先例可以发挥古代世界的文化威望,还可以从罗马私法的技术规则中寻求指导,这在当时是放之四海而皆准的做法。

当然,所继受的并不一定是古代国际法的规则,也可以是适用于国际法背景的罗马私法规则。目前,是否存在着一个罗马的国际法体系还有待讨论。举个例子,在近代早期的学术研究中,自然法理论主要依赖于古希腊的哲学思想,所以是否存在着古代国际法这个问题实际上并无太大的意义。

本章通过几个观点,考察了古代对近代早期国际法的影响:第一,万民法概念的嬗变;第二,以古典文献为例证和背景;第三,通过六个案例展现了古代罗马法律规则向近代早期国际法学说的转变。

万民法起源于罗马的实在法概念,换言之,这是一种适用于异邦人或非罗马公民的法律。在罗马帝国时期,公民权的扩大使得这种解释失去了意义,而万民法也越发被当成国家之间的法律。这种解释诞生于公元1世纪,虽然在当时没有什么影响力,但是其在古典时代的后期却越发受到重视,直至被中世纪的教会法学完全吸

---

〔95〕 *De jure naturae et gentium libri octo* (n 35) 584 – 585 (book 4, ch 4, 14).

〔96〕 *Quaestionum juris publici libri duo* (n 61) 44 – 45 (book 1, ch 6).

〔97〕 *Jus gentium methodo scientifica pertractatum* (n 36) 144 (para 282).

收。近代早期的法学研究热衷于返古，所以他们会回归古典文献。但是，他们仍然坚持认为，万民法是一种为大多数国家所接受的法律，从圣经到《查士丁尼法典》，随处都可以看到它的身影。一直到自然法学诞生之后，这个概念才发生了改变。虽然古典学说的影响力被淡化了，但是其规则却被保留了下来。

在近代早期的学术研究中，对古典文献传统的使用既有广泛性，又有选择性。贞提利和格劳秀斯均精通古代历史和学说，所以他们在说明和解释相关规则时能够信手拈来地列举古代的事例。他们清醒地认识到，单靠罗马法的规则不可能讲述完整的故事，所以他们还引用了古代历史学家和哲学家的观点来阐明古代的实践。古典事例之所以屡试不爽，是因为他们不像经历过教会极端争论的宗教材料那么复杂。这些例子也为贸易自由、帝国主义和侵略扩张等商业帝国的建立过程提供了充足的支持。然而，经典事例也为批判帝国主义提供了资源。

本章还通过以下三个案例展示了国际法对罗马法的继受：正义战争、特使神圣不可侵犯以及公海自由。罗马的正义战争观是一个颇为复杂的问题，但是后来的学者大都接受了自卫权。这种权利通过任意的解释而可以出现在任何地方。比如，通过扩大解释，它可以用来证明军事扩张的合法性。再比如，需要攻击那些持不同宗教信仰国家的时候，通过狭义解释，它就不会得到承认。罗马法明确规定了特使的神圣性，这一点在几个例子中都得到了证实。近代早期的学者在采纳这一原则时，还提出了几个例外情形。尽管对于罗马人而言，公海自由属于私法制度，但是它却被解释为一种主权规则或者主权不适用于公海规则，并且其有助于推翻长期以来的相反观点。

通过以下三个案例，本章探讨了新兴国际法学说对罗马私法类推的重新解释：契约应当遵守、无主地以及保持占有原则。"契约应当遵守"是指契约通常是有效的和可执行的。这并非是一种古典的罗马法规则，因为按照罗马法的规定，契约必须满足一定的条件才具有效力。格劳秀斯采纳了另外一种罗马法观念，即善意，并在此基础上提出，因为有道德义务的存在，所以契约义务应该受到尊重。按照罗马法的规定，无主物规则是指可以通过先占取得无主物的所有权。这种规则被转化为国际法上的无主地原则。该原则为两种主张提供了解释。一种主张就是在欧洲扩张时期用来宣告对发现的领土拥有主权。由于土著人也有权利，所以另一种主张就是

1032

反过来否认其主权的存在。对保持占有原则的继受更有创意,因为它起源于只适用于罗马公民的市民法领域。在近代早期,不管是格劳秀斯在学术上还是新兴国家在实践中都把这一原则解释为,在武装冲突之后,可以根据双方的实际占有范围划定边界。

在继受罗马法的过程中,其主要趋势是,只有如贞提利和格劳秀斯等第一代学者倾向于介绍古代法律的渊源,而后一代学者则不太关注学说的起源,他们主要援引的还是第一代学者的观点。

推荐阅读

Bederman, David J. 'Reception of the Classical Tradition in International Law: Grotius' De jure belli ac pacis' (1996) 10 *Emory International Law Review* 1 – 50.

Benton, Lauren and Benjamin Straumann 'Acquiring Empire by Law: From Roman Doctrine to Early Modern European Practice' (2010) 28 *Law and History Review* 1 – 38.

Lauterpacht, Hersch *Private Law Sources and Analogies of International Law* (Longmans, Green and Co. London 1927).

R. Lesaffer 'Roman Law and the Early Historiography of International Law: Ward, Wheaton, Hosack and Walker' in T. Marauhn and H. Steiger (eds.) *Universality and Continuity in International Law* (Eleven International Publishing The Hague 2011).

Nussbaum, Arthur 'The Signifi cance of Roman Law in the History of International Law' (1952) 100 *University of Pennsylvania Law Review* 678 – 687.

Straumann, Benjamin '"Ancient Caesarian Lawyers" in a State of Nature: Roman Tradition and Natural Rights in Hugo Grotius's De iure praedae' (2006) 34 *Political Theory* 328 – 350.

Straumann, Benjamin *Hugo Grotius und die Antike* (Nomos Baden-Baden 2007).

Straumann, Benjamin and Benedict Kingsbury (eds.) *The Roman Foundations of the Law of Nations: Alberico Gentili and the Justice of Empire* (OUP New York 2010).

Winkel, Laurens 'Les origines antiques de l'appetitus societatis de Grotius' (2000) 68 *Legal History Review* 393 – 403.

Winkel, Laurens 'The Peace Treaties of Westphalia as an Instance of the Reception of Roman Law' in Randall Lesaffer (ed) *Peace Treaties and International Law in European History* (CUP Cambridge 2004) 222 – 240.

1033

第四十三章　国际法史中的欧洲中心主义

阿努尔夫·贝克·洛尔卡(Arnulf Becker Lorca)

一、引言

国际法史学家在动笔之前会碰到各种各样的关于国际法史的定义：国际法史是规则的历史，还是法律思想的历史？国际法史是主权国家的历史，还是国际法学家的历史？鉴于国际法同时涵盖了规则、国家、法学家以及国际关系，所以历史学家还要考虑另外一个方法论的问题：应该从西方的角度还是世界的角度来看待国际法史？或者说这种历史叙事还需要照顾世界边缘地区的国际法吗？传统上，国际法的历史一直是以欧洲为中心的。[1] 以西方为中心的主流历史观限定了研究的边界：从格劳秀斯到劳特派特，从三十年战争到世界大战，从《威斯特伐利亚和约》到国际联盟和联合国。[2] 但是，欧洲中心主义的问题是什么呢？

比如，大多数国际法学家认为，1648 年的《威斯特伐利亚和约》所调整的是独立主权国家之间的相互关系，所以它是确定国际法核心议题的里程碑。然后，撰写

---

[1] 马蒂·科斯肯涅米最近阐释了国际法史的欧洲中心主义的本质："欧洲为历史研究提供了本源、动力和目标。"M. Koskenniemi, 'Histories of International Law: Dealing with Eurocentrism' (2011) 19 *Rechtsgeschichte* 152 – 176 at 158.

[2] 比如，德国历史学家沃尔夫冈·普莱瑟(Wolfgang Preiser)在其著作中试图研究非西方法律秩序的历史："到目前为止，国际法史的核心议题是欧洲的法律如何发展成为一种国家间秩序并且在进入近代以后扩展至全球。"W. Preiser, *Frühe völkerrechtliche Ordnungen der außereuropäischen Welt: Ein Beitrag zur Geschichte des Völkerrechts* (F Steiner, Wiesbaden 1976) at 7. 只有与欧洲人的世界有所接触时，才会考虑到非欧洲的国际法秩序。同上，第 8 页。

历史的国际法学家不得不解释是因为在明斯特和奥斯布鲁克订立了《威斯特伐利亚和约》，所以欧洲国家体系就出现了。这就是欧洲中心主义的历史，它从西方的角度叙述了一个故事。但是，这并不是一个问题，因为书写历史总是需要一个视角来涵盖和解释相关材料，并且排除那些被认为与过去无关的材料。

然而，如果欧洲中心主义的视角在历史叙事中出现了歪曲，那么问题就出现了。所谓歪曲，就是过分强调西方实践的中心地位——包括学者、思想以及事件——并且轻视西方以外的国际法实践。[3] 识别出这种欧洲中心主义的歪曲并不容易。这需要站在欧洲之外来构建一个与传统观点截然不同的关于国际法起源和演变的叙事结构。此外，作为对过往历史的一种合理的叙事，它与西方的国际法史也会发生某些交汇和重合。

以西方为中心的国际法史应该是狭隘的、枯燥的且以民族为中心的。虽然这种历史叙事有着极强的政治背景，但是如果它承载着一种意识形态上的功能——将西方视角普遍化并合法化——那么国际法学家就应该致力于创造另外一种叙事，从而揭示出这种欧洲中心主义的歪曲。本章展示了国际法律思想史中的两个特殊的阶段，在此期间，非西方的国际法学家为了应对欧洲中心主义的问题，他们通过不同的历史叙事，揭露了传统国际法史的歪曲。

第一个阶段大致为 20 世纪 50 年代到 20 世纪 80 年代。此时的国际法学家在历史叙述中展现了国际法本质上的普遍性以及多地起源的事实，并否定了国际法是一种起源于欧洲的且专属于欧洲人的法律。第二个阶段差不多是 20 世纪 80 年代到公元 2000 年前后。过往的传统史学带有强烈的进步叙事的特征，其宣称国际法追求的是和平、商业和人权。但是，这一阶段的学术研究却展示了国际法同殖民主义的关系。

二、国际法律思想简史与欧洲中心主义的兴起

国际法史之所以会出现欧洲中心主义，其得益于国际法在地理意义上的普遍

---

〔3〕关于欧洲中心主义思想的歪曲性，参见 S. Amin, *Eurocentrism* (Monthly Review Press New York 1989) at vi-viii。

性。只有国际法具有普遍的有效性,且只有西方同非西方进行了接触,地缘政治的立场才会成为历史叙事的中心。另一方面,如果只在西方世界中讨论国际法的西方性,那么更适合这种历史类型的概念就不是欧洲中心主义而是民族中心主义或狭隘主义,因为它根本就不知道在西方之外还存在其他的地方性的国家间关系。因而,国际法史学家经常会遇到一些问题,其中涉及到如何识别欧洲中心主义的兴起。比如,当代的国际法律秩序是怎样以及如何具有全球有效性的? 当代国际法律秩序起源于欧洲吗?

在不少历史学家看来,国际法是一种法律规则体系,其用于调整相对独立与平等的主体之间的相互关系。于是,他们回顾了近代之前的西方和非西方的国际法,某些学者还研究了西方政体同非西方政体之间的交往。[4] 当这些学者决定追溯现代国际法的历史根源时,他们通常认为国际法只是一种补充性制度,而位于社会核心的是一种更为高级的法治体系,其关涉世俗主义,并且追求公平正义以及形式平等。

大多数历史学家认为,欧洲人最先提出了国际法是一种在平等基础上调整国家间关系的法律,因而国际法可以风靡全球。在 19 世纪,一些非欧洲的政体也被国际社会所接受,从而成为了"文明"国家大家庭的一员。在 20 世纪 60 年代,去殖民化运动将国际法转变成了一种具有包容性的全球秩序。在去殖民化运动之后,出现了一个包括非西方的国际主义学者在内的跨国学术团体,他们通晓国际法,并能够参与学科的中心议题和从事学术生产,这其中就包括对国际法史的研究。

上文所提到的这种叙事展现了一条从欧洲的国际法发展到世界的国际法的清晰的轨迹。但是,当来自新兴独立国家的国际法学家登上国际舞台时,这种叙事中的很多观点遭到了质疑。比如,1961 年,一位来自印尼的年轻学者对国际法的欧洲化发起了挑战,他就是后来的著名国际法学家塞塔乌(J. J. G. Syatauw)。有些学者坚持认为,现代国际法"是根据 16 世纪至 17 世纪的欧洲国家之实践做法构想出来的,而亚洲国家没有做出任何贡献"。塞塔乌对此提出了批评,他认为这种叙

─────────────────────

〔4〕大约从公元前 5 世纪到公元 19 世纪之间,国际法史学家在世界各地发现了一系列的法律制度,他们可以调整半独立的政体之间的相互关系。其他可参见 *Frühe völkerrechtliche Ordnungen*(n 2)以及 D. Bederman, *International Law in Antiquity*(CUP Cambridge 2001)。

事就是一种"严重的歪曲"。[5]

随着国际法的扩大,地缘政治的立场问题就变得越发重要,因为它可以确定历史叙事的出发点。但是,直到 20 世纪 60 年代,在国际法学科"普遍化"的过程中才出现了欧洲中心主义的问题。因为在这个时候,以塞塔乌为代表的非西方学者尝试"从亚洲的视角"审视国际法史,从而揭示了传统史学对历史的歪曲,并提出了一种完全不同的叙事——对"欧洲中心主义的观点"提出了挑战。[6]

在国际法普遍化的 20 世纪 60 年代以前,国际法史就已经被书写完毕了。国际法学家过去所考察的是一种区域性制度,即欧洲的法律秩序,所以从 18 世纪末就开始被书写的国际法史自然会以西方为中心。比如,德国学者弗里德里希·卡尔·莫泽(Friedrich Karl Moser)的《万民法的历史》(*History of the Law of Peoples*,1764 年)或者英国学者罗伯特·沃德(Robert Ward)的《万国法的历史》(*History of the Law of Nations*,1795 年)所记录的其实只是欧洲的法律史。[7] 但是,随后的其他一些学者——比如比利时法学家弗朗索瓦·劳伦特(François Laurent)——却遵循了一种百科全书式的方法,其无意于讨论欧洲传统的特殊地位,而是着眼于记录包括非西方世界在内的全人类的历史。[8]

1038　　　　直到很久以后,当非欧洲国家开始作为主权国家加入国际社会时,关于历史起源的问题才浮出水面。在过分强调欧洲经验的基础上创造一个欧洲中心主义的历史观其实是相当晚近才有的事情。直到 19 世纪末,比利时国际法学家欧内斯特·内耶斯(Ernest Nys)才明确表示国际法起源于欧洲。从奥本海(Oppenheim)出版于 1905 年的《国际法教科书》(*International Law, A Treatise*)中可以看出,这种观点在 20 世纪初期开始逐渐成形。在此之前,根本就不存在这种特殊的欧洲起源论。比如,伯

---

〔5〕J. J. G. Syatauw, *Some Newly Established Asian States and the Development of International Law* (Martinus Nijhoff The Hague 1961) at 29–30.

〔6〕此外,塞塔乌还向他假想的法学家提问道:"近代国际法中有多少这样的历史错误?"答案是"非常多"。同上,第 29 页。

〔7〕"我所说的万国法,只是我们自己的万国,即欧洲。"R. Ward, *An Enquiry into the Foundation and History of the Law of Nations in Europe, from the Time of the Greeks and Romans, to the Age of Grotius* (Butterworth London 1795) at 162 (原书重点). F. C. von Moser, *Beyträge zu dem Staats und Völker-Recht und der Geschichte* (JC Gebhard Franckfurt 1764).

〔8〕劳伦特的这部历史著作包括很多卷,而第一卷就讨论了"东方"问题。F. Laurent, *Histoire du droit des gens et des relations internationales L'Orient* (Durand Paris 1851).

伦知理(Bluntschli)声称万民法起源于亚洲的古老民族,而霍尔岑多夫(Holtzendorff)则认为,不管是世界历史还是国家间关系的历史,他们都起源于东方。[9]

当非西方国家加入国际社会时,以及当非西方的知识精英成为职业法学家-外交官时,就出现了这种欧洲中心主义的历史观。第一代非西方国际法学家虽然也编著了教科书,并撰写了广义的国际法史,但是他们仍然采纳了西方的叙事,并且也没有发现欧洲中心主义的歪曲。比如,阿根廷学者卡洛斯·卡尔沃(Carlos Calvo)和爱沙尼亚/俄国学者弗罗霍尔德·马尔顿斯(Fromhold Martens)并没有对国际法起源于西方的传统叙事提出挑战,他们反而倾向于把他们的国家融入这种熟悉的欧洲的国际法史当中。本章作者在其他地方也讨论过非西方法学家如何借用古典国际法的问题。俄罗斯帝国或拉美国家的历史学家之所以在西方国际法史的范围内书写本国的历史,是因为这些国家只有满足了所谓的文明标准,才能被西方认可为是文明国家。[10]

在 20 世纪的头几十年里,来自非欧洲国家的新一代国际法学家意识到,传统国际法所给予的独立和平等远低于他们的预期。他们摒弃了前任的融入传统国际法的方案,转而主张在现代全球化国际法的框架下瓦解西方的文明标准,并构建多元并存的地方性法律秩序。[11] 历史的写作方法也随着这批非西方学者的观点而发生了改变。比如,智利法学家、国际法院法官以及地方特殊主义的杰出倡导者亚历杭德罗·阿尔瓦雷兹(Alejandro Alvarez)通过对地区独特性的历史叙述,从而在某种程度上证明了存在一种"拉丁美洲的国际法"。[12] 在国际法的普遍历史中,中国、日本、印度、伊斯兰或者拉美的国际法史并未被提及,所以他们也不打算纠正传

1039

---

[9] E. Nys, *Les origines du droit international* (Castaigne Bruxelle 1894); L. Oppenheim, *International Law, A. Treatise* (2 vols 1st edn Longmans Green London 1905); J. C. Bluntschli, *Das moderne Völkerrecht der civilisirten Staten* (CH Beck Nördlingen 1872) at 12 ff; Franz Holtzendorff, *Handbuch des Völkerrechts: Auf Grundlage europäischer Staatspraxis* (Habel Berlin 1885) 157 – 392.

[10] 参见 A. Becker Lorca, 'Universal International Law: Nineteenth Century Histories of Imposition and Appropriation' (2010) 51 *Harvard Journal of International Law* 475 – 552 以及 A. Becker Lorca, *Mestizo International Law: A Global Intellectual History 1850 – 1950* (CUP Cambridge 2012)。

[11] 本章作者在这篇文章中提出了这一看法,参见 A. Becker Lorca, 'Sovereignty beyond the West. The End of Classical International Law' (2011) 13 *Journal of the History of International Law* 7 – 73 以及 *Mestizo International Law* (n 10)。

[12] A. Alvarez, *Le droit international américain, son fondement, sa nature, d'après l'histoire diplomatique des états du Nouveau Monde et leur vie politique et économique* (Pédone Paris 1910)。

统的西方历史。这些地方的历史在文化、政治或者宗教方面均有其特殊之处,他们展现了独特的以及在某种程度上来说是多元的区域性国际法律秩序。[13]

二战之后,国际法律思想史中的这股区域性思潮渐趋消退。这一方面是因为这股思潮使人联想到了纳粹、法西斯主义以及民族主义的国际法思想;另一方面则是因为从西方世界到非西方世界的国际法学家们都在努力重构战后的国际法律秩序,在此过程中,他们重新找到了反映国际规则和权利的普适性话语,从而抛弃了战间期的区域主义。于是,国际法再次成为一种具有全球有效性的普适话语,从而也就再次出现了关于历史书写的立场问题。但是,如今的国际法已经非常开放,因而西方与非西方国际法学家第一次在学科的范围内对欧洲中心主义展开了辩论。

三、20 世纪 50 年代到 20 世纪 80 年代:对国际法西方起源和西方性质的挑战

从"普适的"这一立场来看,传统国际法史过分地强调西方的实践背景以维护国际法的西方起源和西方本质,这就是欧洲中心主义对国际法史书写的第一种歪曲。20 世纪 50 年代时关于国际法的起源和本质的学术争论反映了国际法律秩序在 20 世纪上半叶的深刻转变。

1040

一战结束后,虽然民族自决原则登上了国际舞台,但是大多数被殖民的或受到不公平对待的民族并没有享受到这种权利。二战之后,再次兴起的民族自决权不再考虑文明的标准。此外,还存在一种形式上的——而不是实质的——承认原则作为补充。[14] 这些变化标志着国际法的根本转型,即从一种判断主权地位的识别秩序发展为调整主权国家之间相互关系的包容秩序。去殖民化运动现在得到了国际法的支持,从而不仅使新独立的国家融入了国际社会,而且也培养了新一代的非

---

[13] 例见 P. Bandyopadhyay, *International Law and Custom in Ancient India* (University Press Calcutta 1920); S. V. Visvanātha, *International Law in Ancient India* (Longmans Bombay 1925); M. Khadduri, 'Islam and the Modern Law of Nations' (1956) 50 *American Journal of International Law* 358 - 372; N. Armanazi, *L'Islam et le droit international* (Picart Paris 1929); T. Ch'eng, 'International Law in Early China 1122 - 249 b. c. ' (1927) 11 *Chinese Social and Political Science Review* 38 - 55 and 251 - 270 at 44; S. Takahashi, 'Le droit international dans l'histoire du Japon' (1901) 3 *Revue de Droit International et de Legislation Comparée* 188 - 201.

[14] *Mestizo International Law* (n 10).

西方学者,他们渴望参与一个日益国际化的研究领域,并为构建一个更加公正的国际秩序做出贡献。[15] 这些转型既改变了国际法史的宗旨和意义,也改变了国际法学家书写历史时所追求的目标和利益。

对于大多数欧洲法学家而言,书写历史成为了一种重申国际法之西方性质的工具。他们害怕失去话语权,同时也在批判国际法的扩张。与之相反,非西方法学家认为,撰写包容性的历史将使他们的国家融入国际社会。广义的国际法史必须要提及非西方的国际法秩序。

(一) 在国际法普遍化之后寻找一个欧洲起源

欧洲国际法学家把国际法的扩张描绘成一种数量上的改变,其认为越来越多的国家融入了国际社会。在此基础上,欧洲学者声称,不管出现了多少非西方的国家,国际法仍然牢牢地扎根于西方文明之中。[16] 如果要证明国际法在本质上是西方的,那么问题的关键就是要在历史叙事中找到其起源于西方的证据。比如,作为英语世界最具影响的教科书,《奥本海国际法》在 1905 年版的开篇中对国际法下了定义,且随后就在这一段中提到了它的起源,其声称国际法在本质上是"基督教文明的产物"。[17]

奥本海接受了 19 世纪的传统观点,他以文明的标准来判断各国是否有资格加入国际社会。[18] 在后来的版本中,我们看到,新国家也得到了承认,文明的标准已经褪色,国际法也越发普遍化。[19] 但是,该书仍然重申了西方起源论:"国际法是一种为主权平等国家所接受的并用以调整其相互关系的法律制度,它是基督教文明的产物,至少有四百多年的历史。"[20]

1041

---

[15] "国际法需要证明自己有能力面对时代的挑战并继续扩张,以完成其历史使命。" T. O. Elias, 'Expanding Frontiers of Public International Law' in W. Jenks (ed.) *International Law in a Changing World* (Oceana New York 1963) 97 – 104 at 103.

[16] 威廉·格鲁威声称,尽管国际法实现了扩张,但是其核心依然是西方基督教的秩序。W. G. Grewe, 'Vom europäischen zum universellen Völkerrecht' (1982) 42 *Zeitschrift für ausländisches öffentliches Recht und Völkerrecht* 449 – 479;总体参见 W. G. Grewe, *Epochen der Völkerrechtsgeschichte* (Nomos Baden-Baden 1988) ch2, pt4, at 541 ff.

[17] *International Law, A Treatise* (n 9) vol 1 at 2.

[18] 同上,第 31 页。

[19] 在 1948 年由劳特派特执笔的第七版中,本书写道:"宗教以及文明的程度标准已经不再是判断某国是否被'国际大家庭'所接受的标准了。" L. Oppenheim, *International Law, A Treatise* (7th edn Longmans Green London 1948) vol 1, at 47.

[20] *International Law, A Treatise* (n 9) (1st edn) vol 1,48;这一表述在多个版本中被予以保留,参见 *International Law, A Treatise* (n 19) (7th edn) vol 1,68。

像卡尔·施密特(Carl Schmitt)这样保守的体制外学者也要捍卫国际法的西方起源论,他认为国际法脱胎于欧洲的国家间关系体系。当然,施密特唯一和别人不一样的地方在于,他并没有用西方起源论来捍卫国际法的西方性,而是咬牙切齿地表示,普遍化并不仅仅只是地理意义上的扩张,而是从"欧洲公法"(*Ius Publicum Europaeum*)向自由国际法律秩序的根本改变,这种新秩序是"无限的普遍主义",它已经不再区分西方和非西方了。[21] 相反,作为一名坚定的国际主义者,荷兰国际法学家和法律史学家菲奇尔(J. H. W. Verzijl)认为,国际法是"欧洲思维"的一种特殊的产物。[22] 在菲奇尔看来,这种普遍的国际法将仍然是西方的,这不仅是因为它起源于西方,更因为在其发展过程中,始终没有非西方国家的实质性参与。[23] 从保守主义学者到自由的国际主义学者再到法社会学的拥趸,20世纪中叶的西方国际法学家的观点大致如此。[24]

国际法的扩张让很多西方法学家忧心忡忡。[25] 非西方国家融入国际社会以后,西方国家可能会丧失特权地位(施密特),国际法的内容可能会被稀释(斯通[Stone]、菲奇尔),国际秩序协调不同国家之间的差异的能力可能会被削弱(威司乔[Visscher]、詹宁斯[Jennings])。[26] 于是,以西方为中心书写历史就成了西方法学家的一种重要的反抗方式。另一方面,非西方学者明白,正是由于他们的历史叙

---

[21] C. Schmitt, 'Die Aufl ösung der europäischen Ordnung im "International Law" (1890 - 1939)' in C. Schmitt (ed.) *Staat, Großraum, Nomos. Arbeiten aus den Jahren 1916 - 1969* (Duncker & Humblot Berlin 1995) 372 - 387;以及参见 C. Schmitt, *Der Nomos der Erde im Völkerrecht des Jus Publicum Europaeum: Im Völkerrecht des Jus Publicum Europaeum* (Duncker & Humblot Berlin 1988) at 111 - 186。

[22] "国际法的实际主体……不仅是欧洲人意识活动的产物,而且还从欧洲人的共同信仰中汲取了重要的精华,从这两个方面来看,它主要源于西欧。"J. H. W. Verzijl, *International Law in Historical Perspective* (Sijthoff Leyden 1968) at 435 - 436.

[23] "没有任何一个非欧洲国家(对现代国际法的发展)做出了实质性贡献……相似……也是偶然……"同上,第446页。

[24] 作为一名法社会学家,斯通相信国际法的扩张将会造成"对其内容的不断稀释,因为它必须要照顾新成员的利益"。J. Stone, *Quest for Survival: The Role of Law and Foreign Policy* (Harvard University Press Cambridge 1961) at 88.

[25] 菲德罗斯(A. Verdross)认为,危险的地方在于新兴国家不属于基督教-欧洲文化,所以他们的法律观念显然有别于西方。A. Verdross, *Völkerrecht* (Springer Wien 1950) at 39 ff.

[26] 威司乔认为,国际法的扩张将会削弱国际社会的团结。C. de Visscher, *Théories et réalités en droit international public* (Pedone Paris 1953) at 182; R. Y. Jennings, 'Universal International Law in a Multicultural World' in M. Bos and I. Brownlie (eds.) *Liber amicorum for the Rt. Hon. Lord Wilberforce* (Clarendon Press Oxford 1987) 39 - 51 at 40 - 41.

事对西方中心性的挑战,才换来了国际法的普遍化这种来之不易的胜利,所以他们必须要捍卫胜利果实。[27]

(二) 从欧洲起源论的争议到国际法普遍化

作为国际法第三世界方法(The Third World Approaches to International Law)的代表人物,印度学者阿南德(R. P. Anand)深谙历史写作的重要性,其把矛头直接指向欧洲中心主义。在1983年发表的一篇文章中,阿南德对过往的研究进行了回顾。在过去二十多年的时间里,阿南德及其同仁一直都在积极地挑战国际法的传统历史观。[28] 阿南德认为,国际法的发展显然落后于其所调整的社会关系。但是,它又满足了"不同的社会关系中的人的基本需求",从而维护了国际社会的稳定。除了历史自身的发展之外,阿南德认为法律是从相互矛盾的变革需求的斗争中产生的。法律是灵活的,因此能应对新的挑战,而且也反映了人们在努力获取"新的法律原则,以满足日益增长的需求"。[29] 所以,法律具有双重本质,一方面是维护稳定,另一方面是谋求变革。以此为论点,阿南德在超越西方的基础上展示了一部广义的国际法史,并将国际法引向了一个更加公平且更具包容性的法律秩序。

另一方面,阿南德指出,研究一个特定范围内的国家间关系并不足以解释国际法的起源,但是能让这种国家间关系具有稳定性和可预测性。在阿南德看来,国际法是一种普适性现象。只有当人们认识到国际法其实是由法律规则所调整的自发性政治结构时,人们才能回溯过往,并从不同层面上探寻其广义的发展历程:"毫无疑问,在某种程度上,调整国家间关系的规则或我们现在所谓的国际法可以追溯到一些最古老的文明,如中国、印度、埃及和亚述。"[30]

1043

---

[27] "对于新兴国家而言,主权是对他们艰苦卓绝的解放斗争的奖赏。"G. Abi-Saab, 'The Newly Independent States and the Rules of International Law'(1962) 8 *Howard Law Journal* 95 - 121 at 103.

[28] 在这篇文章中,阿南德明确使用了"欧洲中心主义"这个概念。此概念主要是指,在以自然法为基础的万民法向以实证主义和文明标准为基础的国际法的转变过程中,国际法的适用范围在缩小。R. P. Anand, 'The Influence of History on the Literature of International Law' in R. St. J. MacDonald and D. M. Johnston (eds.) *The Structure and Process of International Law:Essays in Legal Philosophy, Doctrine, and Theory* (Martinus Nijhoff The Hague 1983) 341 - 380 at 352.

[29] 同上,第341—342页。阿南德有意识地将萨维尼(Savigny)和耶林(Jhering)联系到了一起。

[30] 同上,第342页。

因此,传统历史的第一个缺陷就是认为国际法是完全西方的。阿南德的批评在表达上看起来像是对《奥本海教科书》的直接回应:

> 以下这种观点是不……正确的,即国际法只是在过去四五百年间才发展起来,而且只存在于欧洲,或者说,基督教文明在制定管理国家间的关系规则方面享有垄断地位。[31]

阿南德很清楚传统的观点,即非西方的国际秩序是不合法的,因为他们是政教合一的前现代秩序,其对现代欧洲的国家间关系体系并没有任何影响。可是,阿南德认为,以基督教神学和自然法为基础的欧洲万民法并不比当时非欧洲的国家间秩序更世俗。于是,阿南德直接对国际法的欧洲单一起源论发起了挑战。

在西方殖民扩张之前,以及在以欧洲为中心的世界秩序兴起之前——阿南德坚持认为——欧洲的国家间体系其实只是一个区域性秩序,其与其他区域性秩序并存且不时地发生过一些联系。例如,在 16 世纪至 18 世纪,调整欧洲与亚洲之间国家关系的法律被认为具有普遍的适用性以及公认的平等性。这些法律关系之所以重要,是因为他们不仅展示了如公海自由、外交豁免等国际法的基本原则在西方以外也有效力,还因为他们影响了西方的法律传统。阿南德强调:"亚洲的航海业和商贸自由不仅对格劳秀斯,甚至对其他的欧洲国际法'之父'都产生了重要影响。但是,这一点却被很多法学家忽视了。"[32]

阿南德发表于 1983 年的论文展示了西方历史与非西方历史的差异,他揭示出正是由于欧洲中心主义的歪曲,才导致西方学者提出了两个核心观点,即只有西方世界才有国际法,以及国际法的发展过程中没有非西方世界的参与,所以它完全起源于欧洲。阿南德的文章也展示了通过两种完全不同的历史叙事——国际法的普遍历史和国际法史的多地起源——之对比可以揭示出欧洲中心主义的歪曲程度。

---

[31] R. P. Anand, 'The Influence of History on the Literature of International Law' in R. St. J. MacDonald and D. M. Johnston (eds.) *The Structure and Process of International Law: Essays in Legal Philosophy, Doctrine, and Theory* (Martinus Nijhoff The Hague 1983) 342.

[32] 同上,第 347 页。引用了亚历山大罗维茨的作品。

1. 国际法的普遍历史

1972 年,后来成为国际法院法官和主席的尼日利亚学者特斯林·奥拉瓦莱·伊莱亚斯(Taslim Olawale Elias)出版了《非洲和国际法的发展》。这本书开篇指出:"如果想要在当前的国际事务中寻找非洲的影响,我们必须简要回顾一下,在有记载的历史中,所谓的'黑色大陆'的不同地区在对内和对外关系中所发挥的作用。"[33]

伊莱亚斯从遥远的古代开始追溯这段历史。伊莱亚斯从迦太基开始追溯,其中还提到了希罗多德(Herodotus)所记载的迦太基人同北非部落的"默商交易"(silent trade)。这一点都不突兀,因为这种历史叙事就是为了要凸显出国际法的普遍性本质,即哪里存在独立政体之间的相互关系,哪里就存在对这种关系进行调整和保护的规则。[34] 伊莱亚斯用迦太基来论证国际法的非洲起源,这是因为迦太基已经在历史叙事中占有一席之地。[35] 将非洲带回国际法的历史版图,这揭示了一段被遗忘的国家间关系。从西非的金矿穿越撒哈拉沙漠抵达地中海,这条北上的贸易路线连接了数个帝国和王国。进入中世纪以后,除了奢侈品贸易之外,诸如加纳帝国、马里帝国或者桑海王国(the kingdom of Songhai)等非洲国家之间还出现了更为复杂的商业和外交往来。此外,这些国家同欧亚商人和政府也有着交往关系。[36]

一部以国际法的普遍性为基础的历史重新展现了"默商交易"的历史,以及非西方帝国和王国按照规则相互交往的历史。然而,正如欧洲学者所指出的,这种超越西方的国家间秩序虽然在功能上与西方一致,但是它的存在本身并没有改变国际法学说机制中的欧洲本质,那么国际法依然是西方化的。然而,非洲学者对普遍

1045

---

[33] T. O. Elias, *Africa and the Development of International Law* (2nd edn Martinus Nijhoff Dordrecht 1988) at 3;关于伊莱亚斯的作品,请参见本书中由詹姆斯·瑟·加西(James Thuo Gathii)撰写的第十七章"非洲"。

[34] "默商交易"是指迦太基人在非洲海岸登陆之后,在海滩卸货并且以烟火为信号;当地人会检查货物,而后留下金子作为交换;如果价格合适,那么迦太基人将带走金子,否则他们将不断重复上述做法直到双方达成协议为止。如果说国际法的理念就是为了共同的利益和目标而把国家团结在一个遵守法律的社会当中,那么《奥本海国际法》(*International Law, A Treatise* [n 9] vol 1, 49)援引的是古希腊的例子,而《非洲和国际法的发展》(*Africa and the Development of International Law* [n 33])则援引了古代非洲的案例。

[35] 例见 K. Strupp, *Urkunden zur Geschichte des Völkerrechts* (Perthes Gotha 1911)(全书始于一部罗马与迦太基之间的条约);一个当前的例子,参见 S. Neff, 'A Short History of International Law' in M. Evans (ed.) *International Law* (3rd edn OUP Oxford 2009)。

[36] *Africa and the Development of International Law* (n 33) 15.

历史的重述不仅重新发现了"默商交易",而且还发现了非洲对国际法学说发展的"无声贡献"。即使欧洲和非洲的交往改变了国际法的历史,但是这种学说上的改变依然是以——加纳学者梅萨-布朗(A. K. Mesah-Brown)所指出的——"欧洲为中心的",它仍然不承认非洲的贡献:"非洲没有诞生出苏亚雷斯、格劳秀斯或苏支。"[37]不管欧洲中心主义如何表述,梅萨-布朗还是重申了非洲的"无声贡献":

> 说非洲对国际法的学说发展没有做出任何积极的或个人的贡献,这可能没有考虑以下情况:在非洲本土政治的发展过程中,无论其处于何种阶段,都有一种调整国家间关系的法律,也有着关于这些法律的知识或者实践,他们与欧洲的调整国家间关系的法律相比,就算不是一模一样的,那也是极为相似的。[38]

因而,在梅萨-布朗看来,非洲在国际法史中占有一席之地并非因为它也有着一种调整国际关系的规则,其历史贡献在于"非洲国家始终致力于促进和平的国际关系"。欧洲传统赋予了主权太多的意义,而非洲传统应该有助于重新调整国际法的基本结构。[39]

尽管"书本里的国际法"是欧洲人撰写的——梅萨-布朗继续指出——但是前者所依赖的"行动中的国际法"却是欧洲和非洲国家实践的产物。这两种实践在很大程度上是一致的,因而在殖民时代之前的很长一段时间里,他们促进了欧非关系的发展。[40] 比如,伊莱亚斯在其专著的开篇中,为了回顾历史而罗列了一份超越非洲本土的国际关系大事表,其中不仅包括——"几个世纪以来加纳和马里同摩洛哥组成攻守联盟"——以及外交往来——"葡萄牙国王和贝宁国王……以及15世纪的刚果",还有"非洲王室同西班牙、埃及以及很多亚洲国家之间"所缔结的

1046

---

〔37〕A. K. Mesah-Brown, 'Notes on International Law and Pre-colonial History of Modern Ghana' in K. Mensah-Brown (ed.) *African International Legal History* (UN Institute for Training and Research New York 1975) 107 – 124 at 109.

〔38〕同上。

〔39〕同上,亦见 *Africa and the Development of International Law* (n 33) 45,以及 *Some Newly Established Asian States* (n 5)。

〔40〕这种国家的实践包括各种战争法、有限的征服权、通行权、外国人的承认和对待的规则、规范条约的制定和联盟的规则。参见 'Notes on International Law' (n 37) 109 and 123。

各种条约。此外,伊莱亚斯还提到了法律学者。比如,摩洛哥的伊斯兰法学家伊本·白图泰(Ibn Battuta)曾于 1333 年在环球冒险期间到达了德里(Delhi),他后来被任命为卡迪(Qadi)。[41]

在这些国家间关系的实例之基础上,伊莱亚斯提出了其核心结论,即存在着一个"由非洲习惯法原则所组成的法律集合体",这个法律集合体"同欧洲法律原则相比,并没有本质上的区别"。[42]

然而,这并非是一部历史作品。除了历史介绍之外,伊莱亚斯的这本书读起来更像是一部非洲视野下的各种国际法主题的教科书。该书从欧洲之外的角度重述了国际法史,并展示了不论是欧洲之内还是欧洲之外,都存在着一些具有普适性的特定元素。即使在去殖民化运动之后,这些元素依然可以用来改革以欧洲为中心的国际法。这种把时针拨回到前殖民时代的历史叙事,也为新兴的非洲国家提供了一个独立的历史,为新兴的非洲国际法学家提供了能够独立地对国际法进行批判的角度:"所以很明确,如今的新兴非洲国家愿意并做好了同其他国家建立崭新的国际关系的准备,他们丝毫不像是初入国际社会的陌生人。"[43]

不像陌生人的状态可以让非洲摆脱"过往少数人所设定的藩篱",从而塑造一个以"广泛共识"与"世界主要法律体系和文化"为基础的国际法。[44] 这就是伊莱亚斯同沃尔夫冈·普莱瑟这种学者的主要区别。后者是欧洲历史学家中的少数派,他们认为欧洲国际法只是一种区域性秩序,同时还存在着其他独立发展的国际法律秩序。[45] 伊莱亚斯在回顾历史之后又提出倡议,要求加强第三世界的参与,且不管是在"数量上还是质量上",都要为国际法的发展做出贡献。所谓"数量上",就是要为新兴国家提供平台。比如,伊莱亚斯赞同扩大安理会和经社理事会等联合国机构的成员国数量,并且对国际法院从亚非地区遴选法官给予了肯定。此外,为了满足新成员的特殊要求和愿望,伊莱亚斯提议扩大现有的联合国机构的范围和功能,并成立新的联合国机构(如联合国开发计划署)。关于质量上的改变,伊莱

---

[41] *Africa and the Development of International Law* (n 33) 5 and 42.

[42] 同上,第 43 页。

[43] 同上,第 45 页。

[44] 同上,第 33 页。

[45] *Frühe völkerrechtliche Ordnungen* (n 2) 参见其中的结论,esp 184.

亚斯提到,当时国际上正试图重新界定禁止使用武力的内涵,那么"武力"的含义是否应该包括施加的经济压力和政治压力?伊莱亚斯认为,"第三世界和苏联阵营说'可以',但是西方阵营却说'不行'"[46]。

普遍的历史提供了一个可供讨论的平台,从而合法地为包括欧洲和非欧洲传统在内的普遍国际法筛选出可以被纳入的材料,即可以接受民族自决,但不能接受文明标准。[47] 因而,书写普遍史就变成了一种立法。比如,可以在未得到新独立国家同意的情况下讨论业已存在的习惯法则的有效性。[48]

然而,还有一些国际法学家——尤其是在第一次"国际法第三世界方法"运动之后的那一代的非西方学者——对寻找普遍历史的课题非常不满。比如,大沼保昭(Yasuaki Onuma)将这项课题形容为"我们也有国际法的历史",这是西方普遍主义埋下的陷阱。[49] 但是,这里所提到的普遍历史并没有展现出对西方普适性的观念上或意识形态上的追求。正如印度学者契姆尼(B. S. Chimni)所建议的,书写普遍历史就是为了"创造普遍国际法的一种努力"。[50] 比如,喀麦隆学者约瑟夫-马里耶·比蓬-武姆(Joseph-Marie Bipoun-Woum)创作的历史叙事就重申了一种非洲的法律意识,其认为普遍的国际法应根据区域性的非洲国际法之要求进行调整。[51]

从 20 世纪 50 年代到 20 世纪 80 年代,在非洲各地、中国以及印度,国际法史的重述工作都在迅速开展。独立之后,印度的国际法学家在上世纪 50 年代就开始

---

[46] *Africa and the Development of International Law* (n 33) 56 and 58 ff.

[47] 比如,阿比-萨巴(Abi-Saab)直接考察了新独立国家对国际法规则的态度。"如果业已存在的国际法规则满足了这些国家的要求",那也是因为他们的法律人格早在前殖民地时期就已经得到了证明。'The Newly Independent States' (n 27) 97.

[48] 例如 G. I. Tunkin, *Theory of International Law* (W. Butler trans.) (Harvard University Press Cambridge 1974) at 28 – 29 and 123 – 133; T. Wang, 'The Third World and International Law' in *The Structure and Process of International Law* (n 28) 955; S. P. Sinha, 'Perspective of the Newly Independent States on the Binding Quality of International Law' (1965) 14 *The International and Comparative Law Quarterly* 121 – 131 at 128; 以及 R. P. Anand, *New States and International Law* (Vikas Delhi 1972)。

[49] Y. Onuma, 'When Was the Law of International Society Born? —An Inquiry of the History of International Law from an Intercivilizational Perspective' (2000) 2 *Journal of the History of International Law* 1 – 66 at 61.

[50] B. S. Chimni, 'The Past, Present and Future of International Law: A Critical Third World Approach' (2007) 8 *Melbourne Journal of International Law* 499 – 516 at 502.

[51] J.-M. Bipoun-Woum, *Le droit international africain: Problèmes généraux, règlement des conflits* (Librairie générale de droit et de jurisprudence Paris 1970) at 47,57, and 132 ff.

撰写国际法史。他们首先论证了早在古印度时期就已经存在着国际法,而后他们立刻回到了当代,展示出独立之后的印度对国际法的应用及其对国际法发展的贡献。比如,约瑟夫·查科(Joseph Chacko)首先对古代印度史进行了探索,而后又讨论了独立之后的印度法院对国际法的适用问题。[52]

20世纪60年代,塞塔乌在其专著的历史章节中表示,在殖民主义出现之前,亚洲国家的"国际组织和国际关系就已经发展到了很高的程度,他们承认彼此的——实际上的——国家地位,并且遵守当时那个世界的规则"。[53] 塞塔乌最后在结论中指出,在去殖民化运动之后,亚洲国家对国际法的发展做出了贡献,其中尤以去殖民化、民族自决、中立主义以及和平共处等方面为甚。[54] 这种国际法史的写作模式不仅超越了欧洲,而且还同过去的前殖民时代和现在的后殖民时代相结合。到20世纪70年代时,这种写作模式已经成为非西方世界的一种非常普遍的写作类型。同时,坚持这种写作模式的学者已经成为了专业的国际法学家,并开始在这个职业化的国际学术圈内崭露头角。

除了伊莱亚斯之外,我们还要提到后来成为国际法院法官的其他几位学者,比如纳根德拉·辛格(Nagendra Singh)、雷蒙德·兰杰瓦(Raymond Ranjeva)以及王铁崖。纳根德拉·辛格是印度法学家,他是国际法律委员会的成员,并在后来被任命为国际法院的法官和主席,他曾出版了一部关于古代印度国际法史的专著。[55] 更为年轻的雷蒙德·兰杰瓦是一位马达加斯加的学者。兰杰瓦在1972年提出,早在殖民统治之前,马达加斯加的君主国就已经获得了国家地位,并与欧洲和印度的主权国家建立了国际法律关系。这种国际法律关系一直延续到19世纪才被殖民主义所打断。去殖民化运动之后,马达加斯加恢复了国际法的历史。[56] 最后,上世纪80年代,当时还不为西方读者所了解的中华人民共和国最杰出的国际法学家

---

[52] C. J. Chacko, 'India's Contribution to the Field of International Law Concepts' (1958) 93 *Recueil des Cours de l'Académie de Droit International de La Haye* 117–222;查科归纳总结了确认国际法之普遍地位的历史研究。

[53] 参见 *Some Newly Established Asian States* (n 5) 49(原书重点)。

[54] 同上,第234—237页。

[55] N. Singh, *India and International Law* (Chand Delhi 1973).

[56] R. Ranjeva, 'The Malagasy Monarchy and International Law' in *African International Legal History* (n 37) 125–135.

王铁崖首次受邀参加了在西方举办的会议。王铁崖在海牙的首次演讲所选择的主题是"中国与国际法,一个历史视角"[57]。

2. 国际法的多元历史

书写普遍历史的目的之一就是为了揭示具有相同功能的且遍布全球的国际法秩序。另外一个目的就是,在这种平等的基础上,探寻非洲、亚洲和欧洲主权国家之间具体的互动关系。

虽然找到了欧洲国家和非欧洲国家所订立的条约,其中还包括承认两国正式平等的条约,但这只是证明国际法多地起源论的一小步。比这更重要的事是要证明某些法律原则诞生于西方之外。比如,阿南德提醒道,欧洲早就遗忘和否认了很久之前由罗马人和罗德西亚人(Rhodesian)施行的公海自由原则,而被称为国际法奠基人之一的格劳秀斯此时却声称重新发现了这一原则。格劳秀斯在考察印度洋的航海自由时发现,这种原则并不仅仅受到习惯法的约束,他们还是 13 世纪的《望加锡和马六甲法典》(the Codes of Macassar and Malacca)中的明文规定。[58]

尽管国际法的多地起源与书写普遍历史并无太大的关系,但如今它已成为热门话题,从而被当代学者重新利用,以确认欧洲国际法的混合特征——从而揭示出一种不同的且持续存在的以欧洲为中心的歪曲。[59] 这一领域的佼佼者当属波兰学者亚历山大罗维茨(C. H. Alexandrowicz),他的研究最富成效,但相对而言还不够深入。亚历山大罗维茨不仅要书写一部普遍历史——展现了南亚国家按照其当地的传统来调整国家关系,而且与欧洲相比,这种传统"更为古老,且不逊于欧洲文明的观念"——而且还展现了 16 世纪至 18 世纪的东印度群岛是和欧洲国家在相对平等的基础上进行交往的。调整这些关系的一系列条约反映了一种为双方所认可的跨国贸易原则,它不仅塑造了万国法的内涵,也塑造了国际法的学术观点,进而影响了传统上被认为纯粹源于欧洲的知识遗产。[60]

---

[57] T. Wang, 'China and International Law, a Historical Perspective' in T. M. C. Asser Instituut (ed.) *International Law and the Grotian Heritage* (TMC Asser Instituut The Hague 1985) 260 – 264.

[58] 'The Influence of History' (n 28) 347.

[59] 参见本书第五部分。

[60] C. H. Alexandrowicz, *An Introduction to the History of the Law of Nations in the East Indies：(16 th, 17 th and 18th Centuries)* (Clarendon Press Oxford 1967). 还记得《奥本海国际法》曾提到,"基督教和佛教"国家之间并没有持续的交往关系(n 9) 30。

西方历史学家首先忽视了这些国际关系以及他们对国际法的影响。亚历山大罗维茨指出，"正统的欧洲观点认为……大多数亚非国家直到最近才加入到国际大家庭当中，并成为了完全平等的一员，但无论如何，这都是一战以后的事情"[61]。

此外，西方历史学家也极为反对亚历山大罗维茨试图从历史真实的角度还原这种特殊的欧洲国际法之观念。他们尤其不承认国际法在 19 世纪之前是在欧洲和非欧洲国家之间的法律互动之基础上形成的。在亚历山大罗维茨看来，直到 19 世纪，当国际法从自然法转向实证主义之时，欧洲国际法学家才将国际法重新定义为欧洲所独有的法律。[62] 如果说文明的标准把国际法限定于欧洲之内，那么亚历山大罗维茨通过展现出欧洲之外就已经存在着法律互动关系以及自然主义向实证主义的转化，从而阐释了国际法范围的收缩是欧洲秩序同亚非秩序冲突的结果，而不是西方自身努力的产物。当然，西方国家通过武力赢得了这场冲突的胜利。

四、揭露黑暗的一面：20 世纪 80 年代到公元 2000 年前后的非西方世界的国际法史

亚历山大罗维茨所研究的最后一个问题——西方世界与非西方世界的冲突——成为了 20 世纪 80 年代到 20 世纪 90 年代的非西方学者所关注的核心问题。在"国际法第三世界方法"的第一代学者——他们在充满敌意的职业环境中努力成为国际法学家，对他们而言，主权和独立都是来之不易的胜利果实——看来，书写历史不仅意味着可以通过在国际法传统中创设一个独立的地位从而治疗殖民主义的创伤，而且也意味着这是一种初步的法律宣言，因为新独立国家也要接受国际法的调整，所以要么改变这种法律，要么就另起炉灶。对"国际法第三世界方法"的第二代学者而言，由于追求国家独立的斗争已经结束，所以殖民主义似乎颇为遥远，而帝国主义则近在眼前。

20 世纪 80 年代到 20 世纪 90 年代的非西方国际法学家更为关注的是国际法的局限性。比如，国际法向周边国家提供的是形式上的自主性和平等权，国际法也

---

[61] C. H. Alexandrowicz, 'The Afro-Asian World and the Law of Nations (Historical Aspects)' (1968) 123 *Recueil des Cours de l'Académie de Droit International de La Haye* 117 - 214 at 121.

[62] *An Introduction to the History* (n 60) 9 - 10 and 237.

妨碍了后殖民国家为第三世界的人民之生活带来实质性的改善。[63] 如果如今的国际法已变成了解放第三世界的障碍而不是工具，那么书写历史就成为一种表达诉求的重要渠道。[64]

1051　　与此同时，西方国际法学家以第三世界运动的终结为例，重申了国际法史的进步性。在第三世界和苏联阵营放弃其原有的分歧立场之后，西方法学家乐观地表示，他们开始融入一个恢复了普遍性的国际社会与一个恢复了进步模式的国际法体系：国际法所关注的重点从国家并存过渡到合作共赢，它增进了扩容后的国际社会的福祉。[65] 西方法学家认为这种新的国际法在全球化的世界中重新焕发了生机，与此同时，为了满足各种各样的功能上的需求——保护贸易、人权、环境、民主、发展等——而诞生了一系列的特殊机制，所以它的传统结构也面临着碎片化。在一个复原的西方普遍主义的基础上，西方学者看到了合作的可能性。[66]

　　在书写历史的过程中，学者们有机会揭示出国际法同殖民主义的关系、西方主权同西方帝国主义的关系，以及促进人权、国际贸易或发展同新式剥削的关系。[67]"国际法第三世界方法"的第一代学者坚持认为国际法具有促进民族解放的能力，西方法学家更是信奉国际法的进步价值并认为如今的国际法已经放弃了殖民传统而转为拥抱普适价值。但是，国际法的黑暗历史给这两派学者的乐观普适主义浇

---

[63] A. Anghie and B. S. Chimni, 'Third World Approaches to International Law and Individual Responsibility in Internal Confl icts' (2003) 2 *Chinese Journal of International Law* 77 - 103 at 84;契姆尼指出，"国际法第三世界方法"的学者并不寻求对国家的后殖民主义批判。'The Past, Present and Future of International Law' (n 50) 504.

[64] 比如，契姆尼提出，最近在国际法领域复兴的史学研究可能又是一种为霸权体系服务的工具，它对过去作出统一解释，从而为未来的资本主义全球化创造了条件。它也可能是一种解放运动，通过揭发国际法的黑暗历史来阻止全球资本主义的负面影响。'The Past, Present and Future of International Law' (n 50) 512 - 513.

[65] 这是20世纪90年代以及21世纪初在世界政治体系中重新界定国际法之地位的最为常见的方法，所以相关研究成果非常丰富。关于这种研究进路的梳理，参见 M.-H. Renaut, *Histoire du droit international public* (Ellipses Paris 2007)；关于对该进程叙述复现的解释，参见 T. Skouteris, *The Notion of Progress in International Law Discourse* (Asser The Hague 2009)。

[66] 关于全球化和碎片化的研究也是汗牛充栋。关于当代欧洲中心主义对普遍性的借用，参见 A. Bogdandy and S. Dellavalle, 'Universalism and Particularism as Paradigms of International Law' (2008) 3 *Institute for International Law and Justice Working Papers* 1 - 57。

[67] M. Koskenniemi, 'Why History of International Law Today?' (2004) 4 *Rechtsgeschichte* 61 - 66 at 65.

了一盆冷水。这盆冷水并非来自法学家,而是来自专门研究国际关系的历史学家。江文汉于 1984 年出版的《国际社会中的文明标准》堪称此类研究的力作。[68]

江文汉的作品为有志于重振"国际法第三世界方法"的国际法学家提供了一种研究方向,其展现了西方民族在与非西方民族遭遇之后,因文明标准有所不同而产生的冲突。此外,通过这种遭遇,西方法学家也创造了一种文明的标准,以用其判断哪些非欧洲国家有资格加入西方的国际社会。[69] 对于"国际法第三世界方法"的新一代学者而言,揭示出欧洲世界与非欧洲世界的遭遇史成为了——正如安吉和契姆尼所指出的——一个核心议题。这意味着

> 需要了解通过殖民活动来创造国际法理论到达了何种程度。国际法主要通过殖民扩张获得了它的第一个标志性特征,即普遍性。为了把非西方世界纳入到这个"普遍"体系当中,国际法学说——比如主权的基本概念,甚至是法律的概念——都不可避免地受到权力和服从这种殖民关系的影响。[70]

在征服非西方的过程中,国际法扮演了重要角色,从中就可以看出,所谓的进步叙事,其实是欧洲中心主义的歪曲。但是,这种进步叙事却是传统的自由国际主义历史的典型表述。从西方的角度来看,这种永不停歇的进步可以创造出一种发展模型,即从在欧洲国家间的关系中使用武力到禁用武力,从国家作为唯一合法的国际主体到插入国际人权法对个体的保护。[71] 对进步的过分强调掩盖了西方国际法在创造殖民主义和帝国主义,以及征服非西方世界的

---

[68] G. Gong, *The Standard of Civilization in International Society* (Clarendon Press Oxford 1984). 1984 年,除了江文汉之外,约格・费什也出版了一部专著,该书对国际法的扩张史进行了最为全面的解读。由于英语的霸权地位,所以影响力不及前者。参见 J. Fisch, *Die europäische Expansion und das Völkerrecht : Die Auseinandersetzungen um den Status der überseeischen Gebiete vom 15. Jahrhundert bis zur Gegenwart* (Steiner Stuttgart 1984).

[69] *The Standard of Civilization* (n 68) and G. Gong, 'China's Entry into International Society' in H. Bull and A. Watson (eds.) *The Expansion of International Society* (Clarendon Press Oxford 1984) 171 – 183.

[70] 'Third World Approaches to International Law' (n 63) 84.

[71] 就举一个例子,参见 A. Cassese, *International Law* (2nd edn OUP Oxford 2005) at 30 – 45.

过程中所发挥的作用。[72]

"国际法第三世界方法"的学者不仅建立了国际法同征服非西方人民的历史之间的关系,而且还认为这种关系具有超越历史的特征。[73] 安东尼·安吉的《帝国主义、主权与国际法的创制》(*Imperialism, Sovereignty and the Making of International Law*)一书作为同时代最具影响力的一部作品,其发现了一种深刻的结构。[74] 安吉认为,国际法的诸多方面在历史中不断重复,包括"差异动力"(dynamic of difference)和伪装的"文明使命"。一方面,国际法创造了一个文化差异和一个不可逾越的差距:西班牙同土著人(16 世纪的自然主义)、文明的与不文明的(19 世纪的实证主义)、[75]发达国家与发展中国家(20 世纪的实用主义),以及文明的与野蛮的/恐怖分子(今天)。另一方面,承载着文明使命的国际法还试图弥合差距,就这一点上分别出现过:承认印第安人也有普适理性从而让他们成为了权利和义务的主体、区分出开化的和未开化的、促进福利和自治,以及通过自卫战争促进文明。[76] 然而,事实证明他们不可能弥合差距,因为目标不断更替,且文化分歧也不断更新。安吉认为,最令人不安的是他发现无论任何时候"都存在帝国主义"。然而,这只是深层结构的表面问题。[77]

五、结论:国际法的全球史与当今欧洲中心主义的问题

关于安吉的作品对国际法学研究的影响,无论怎么评价都不算过分。国际法学家——不管具体研究什么内容,无论是国际人权法还是国际贸易,也无论是法律发展援助理论还是战争法——都已经普遍认识到其所从事的这项研究脱胎于殖民

---

[72] 不论从进步叙事的角度来记录历史,还是从政治现实主义的立场来书写历史,都会有意地淡化殖民主义。对格鲁威作品的翻译使得"国际法第三世界方法"对这种类型的欧洲中心主义产生了激烈的反应。在格鲁威的篇幅达 800 页的长篇历史叙事中,只有一页提到了去殖民化运动,参见 *Epochen der Völkerrechtsgeschichte* (n 16) 759 - 760。

[73] "'国际法第三世界方法'……认为国际法与殖民主义是一种共谋关系,这种共谋依然延续至今,其表现形式可谓多种多样。比如新殖民主义的兴起,比如西方国家谋求维护经济、军事和政治优势的可识别的系统模式。"'Third World Approaches to International Law' (n 63) 96.

[74] A. Anghie, *Imperialism, Sovereignty and the Making of International Law* (CUP Cambridge 2007).

[75] 参阅本书中由利利阿纳·奥夫雷贡(Liliana Obregón)撰写的第三十八章"文明的与不文明的"。

[76] 前引注释74,第 6 页、第 29 页、第 37 页和第 311—315 页。

[77] 同上,第 315 页(原书重点)。

运动,而且对国际法的促进民族解决的能力都持保守态度。"国际法第三世界方法"的第二代学者通过揭示国际法同殖民主义/新殖民主义的关系而为其研究赋予了强烈的历史维度。后殖民时代的国际法史已经成为今天最具活力和最有趣的研究领域之一。[78] 所以,我们在今天已经很难忽视国际法同殖民主义的关系,那么这是否意味着国际法史终于摆脱了欧洲中心主义?

曾几何时,欧洲法学家公开批评非西方国际法学家重述国际法史的努力。但是,无论是好是坏,这种时代已经一去不复返了。今天的国际法史中是否存在欧洲中心主义的歪曲,这取决于学术书写中占据主导地位的历史类型。尽管"国际法第三世界方法"的第二代学者已经拥有了一定的学术地位,但是在大多数国际法教科书中的历史介绍部分以及在国际法的教学中,仍然没有摆脱自由-国际主义历史中常见的进步叙事。然而,自威廉·格鲁威的《国际法的历史时期》于 2000 年被翻译成英文之后,国际法中根据西方霸权列强的利益演化而来的历史现实主义似乎出现了复兴之势。在今天的国际法中,后殖民主义、自由-国际主义以及历史现实主义三者并立,当过分强调西方的实践背景时,他们各自带来了一种并不相同的欧洲中心主义的歪曲。

尽管自由-国际主义的历史已经不再坚持国际法的西方起源论和西方本质论(在关于普遍化的进步叙事的框架内,他们甚至还会介绍古代法中的非西方法律秩序),但是他们却依然忽视国际法同殖民主义和帝国主义的关系。忽视这种关系不仅掩盖了国际法的肮脏过去,而且还歪曲了最近的去殖民化的历史以及国际法的全球化。不论是在追求民族独立的斗争中,还是在推动国际法转型的斗争中,非西方法学家均认为他们是西方国际法的征服对象,但是自由-国际主义却认为这都是为了促进国际法的普遍化而必须付出的代价。

在以西方为中心的历史叙事中,没有非西方国际法学家的声音、利益、成功和失败。最有意思的地方在于,不论是国际法的现实主义历史还是后殖民历史,他们

---

[78] 其他可参见 N. Berman, *Passion and Ambivalence: Colonialism, Nationalism, and International Law* (Brill Leiden 2011); M. Craven, *The Decolonization of International Law. State Succession and the Law of Treaties* (OUP Oxford 2007); E. Jouannet and H. Ruiz Fabri, *Impérialisme et droit international en Europe et aux États-Unis: Mondialisation et fragmentation du droit* (Société de législation comparée Paris 2007); S. Pahuja, *Decolonising International Law Development, Economic Growth and the Politics of Universality* (CUP Cambridge 2007).

都把非西方的国际法实践视为一种边缘性的存在。现实主义历史学家和后殖民历史学家都认为国际法是以权力为基础的上层建筑。所以,西方大国制定了国际法,以便合法地和持续地在全球范围内攫取利益。不过,现实主义历史学和后殖民历史学有着不同的侧重点。前者着眼于若干个位居国际体系核心统治地位的西方国家。后者虽然也关注同样的历史进程,但为了探明权力如何控制国际法的本质和发展,其力求发现长期存在着的差异化的主权模式,即西方在不断重申主权观念的同时,否认了非西方世界存在主权。发现国际法的永恒之支配结构对后殖民史学尤其重要。尽管后殖民历史已经开始为非西方世界重述国际法史,但是结构主义却提出了一个难题,即在国际法的体系内,不仅仅有西方的霸权主义,也有非西方在利用国际法来反抗霸权主义。

后殖民史学开辟了丰富的研究路径,从而超越了自由-国际主义的进步叙事。但是,深层次的结构主义却为后殖民研究带来了一个令人费解的且与历史无关的气息。后殖民史学的下一站是哪里? 本章作者认为,在当代历史学家意识到存在这些潜在的欧洲中心主义的——自由-国际主义、现实主义以及后殖民——歪曲之后,出现了三条不同的研究进程。[79]

首先,国际关系史学认为国际法不仅体现了西方列强的利益,而且还能让弱者采用这种普适的权利话语来反抗霸权。约格·费什对欧洲扩张史中的国际法之地位的分析就是此类研究的代表。[80] 费什展现了欧洲扩张与法律形式变迁之间的关系。通过直接征服或间接统治,欧洲实现了扩张。然而,法律形式的变迁则反映了非西方民族的从属地位。费什深刻地洞察到:一方面,国际法为殖民事业提供了合法性,其解决了西方国家关于海外领土的争端;另一方面,还有一些非西方政体,由于其过于强大或者过于遥远,亦或者无足轻重,而没有成为殖民地,所以西方国家就与他们建立了领导-从属关系。除了对国际政治中的法律作用的更加细致

---

[79] 关于这个相同的问题,科斯肯涅米(Koskenniemi)列出了四种避免欧洲中心主义的方案:(1)"仔细分析国际法律规则或制度的殖民起源";(2)"重点关注欧洲和新大陆的遭遇,因为对国际法学科而言,它是一个重要的,甚至是基础性的时刻";(3)"着眼于法律概念从欧洲国家向殖民地移植的过程中的混合";(4)"从他者的视角来审视欧洲和欧洲法(将其地方化)"。'Histories of International Law' (n 1) 170-175.

[80] *Die europäische Expansion und das Völkerrecht* (n 68).

入微的观察之外，非西方世界也书写了一部国际法史，这部国际法史展现的并不仅仅只是对非西方世界的统治。

其次，马蒂·科斯肯涅米的《国家文明士绅》的出版标志着法律学者对历史的书写出现了一个转折。[81] 因为该书以国际法学家作为主要的研究对象，所以科斯肯涅米的国际法史也是一部思想史。这种研究不仅超越了现实主义和后殖民结构主义，同时也摆脱了自由主义思想史所刻画的进步叙事。科斯肯涅米对国际法学家的国际主义"情感"（sensibilities）的兴起和衰落进行了解释。所谓国际主义"情感"，就是"对国际事务的态度和成见"。尽管如科斯肯涅米所言，这种情感以西方为中心，但是事实表明，它对超越欧洲中心主义的法律史学家极具吸引力。

按照科斯肯涅米的分析，主流国际法学家正在重新建立世界情感和政治关怀，为了实现这一目标，国际法学家不仅贡献了智慧和行动，而且还成功地为自由国际主义事业提供了制度类型。与此同时，科斯肯涅米还展示了国际法学家的职业失误以及自由国际主义情感的最终消逝。此外，国际法曾经的黑暗篇章、其对帝国主义的协助和推动文明之使命也已经一去不复返了。科斯肯涅米的历史展示了国际法律话语的相对独立性，它有能力塑造西方国家的利益和国际目标，科斯肯涅米的历史也展示了这种话语如何被引入统治和解放的事业当中，同时科斯肯涅米还开辟了一块新的史学领域，从而能够凸显出世界中心与边缘之间的互动和紧张关系。

再次，在这种思想史转向的引领之下，不少法学家也在探讨以中心和边缘的互动为线索以在全球层面重述国际法史，而不是仅仅停留于西方的维度。可以把这种最新的研究趋势称为"国际法的全球史"。《莱顿国际法杂志》（*Leiden Journal of International Law*）特别策划的由弗络·约翰斯（Fleur Johns）、托马斯·斯考特里斯（Thomas Skouteris）以及沃特·沃纳（Wouter Werner）所主持的"边缘地区的国际法"（International Law in the Periphery）就是此类研究的一股重要势力。其第四期专号就堪称一部集大成之作。在不少学者为边缘地区而重建的国际法史中，不仅有统治，也有反抗。其他学者则关注边缘地区同核心地区的关系，从而重新找

1056

[81] M. Koskenniemi, *The Gentle Civilizer of Nations. The Rise and Fall of International Law 1870 -1960* (CUP Cambridge 2002).

到了边缘地区对全球发展所做出的被人遗忘的或沉默无声的贡献。[82]

本章所回顾的学科争议已将国际法的历史转化为一个充满活力的探究领域。关于国际法西方本质论和西方起源论的分歧，以及国际法同殖民主义的关系，反映出书写历史的立场之间存在着冲突。但是，掩盖了国际法黑暗过去的以进步叙事为基础的纯粹起源论和传统历史观仍然比比皆是。该领域之所以充满活力是因为这些争议仍然没有得到解决。从某种程度上来说，以欧洲为中心的历史反映了国际法的霸权主义特征，而不同的叙事其实是在利用各种机会诉说这种特征，所以这些争议是无法解决的。

推荐阅读

Anand, Ram P. 'The Infl uence of History on the Literature of International Law' in Ronald St. J. Macdonald and Douglas M. Johnston (eds.) *The Structure and Process of International Law: Essays in Legal Philosophy, Doctrine, and Theory* (Martinus Nijhoff The Hague 1983) 341 – 380.

Gathii, James T. 'International Law and Eurocentricity' (1998) 9 *European Journal of International Law* 184 – 211.

Johns, Fleur, Thomas Skouteris, and Wouter Werner (eds.) 'Editors' Introduction: Alejandro Álvarez and the Launch of the Periphery Series' (2006) 19 *Leiden Journal of International Law* 875 – 877.

Johns, Fleur, Thomas Skouteris, and Wouter Werner (eds.) 'Editors' Introduction: Taslim Olawale Elias in The Periphery Series' (2008) 21 *Leiden Journal of International Law* 289 – 290.

Johns, Fleur, Thomas Skouteris, and Wouter Werner (eds.) 'Editors' Introduction: India and International Law in The Periphery Series' (2010) 23 *Leiden Journal of International Law* 1 – 3.

Johns, Fleur, Thomas Skouteris, and Wouter Werner (eds.) 'The League of Nations and the Construction of the Periphery. Introduction, (2011) 24 *Leiden Journal of International Law* 797 – 798.

Koskenniemi, Martti 'Histories of International Law: Dealing with Eurocentrism' (2011) 19 *Rechtsgeschichte* 152 – 176.

1057

---

[82] 可参见研究边缘地区的不同作者的著作。'Alejandro Álvarez' (2006) 19 *Leiden Journal of International Law* 875 ff; 'Taslim Olawale Elias' (2008) 21 *Leiden Journal of International Law* 289 ff; 'India and International Law' (2010) 23 *Leiden Journal of International Law* 1 ff; 'The League of Nations and the Construction of the Periphery' (2011) 24 *Leiden Journal of International Law* 797 ff.

第四十四章　国际法史中的区域识别

安东尼·安吉（Antony Anghie）

一、引言

今天，"区域主义"及其同国际法的关系已经具有了特殊而重要的意义。当代学者已经指出，区域组织的兴起以及与之相关的法律体系和法律制度可能会导致国际法走向分裂[1]——或者恰好相反，通过区域组织，国际法在某种程度上可以行之有效地落到实处。[2]"区域国际法"的观念以一种复杂的方式将主权国家和国际法联系了起来：一方面——就区域贸易协定而言——它代表着一个可喜的进步，即从狭隘的民族国家转为更国际化的体系。另一方面，对创建国际法的全球体系而言，它也代表着一种威胁，因为它的成功可能会导致国际法的分裂。正是由于区域主义的这种双重矛盾特征，才使许多当代学者都对其抱有浓厚的研究兴趣。此外，学者们也在暗示说一种"比较的"[3]国际法正在形成，比如如果你想全面地研究国际人权法，那么必须要研究美洲人权法院（the Inter-American Court of

---

[1] 关于对这一主题的探讨，参见 International Law Commission, 'Report of the International Law Commission of its 57th Session' (2 May-3 June and 11 July-5 August 2005) UN Doc A/60/10, ch XI, 204 – 205 ('Fragmentation of International Law: Difficulties Arising from the Diversification and Expansion of International Law').

[2] A. M. Slaughter and W. B. White, 'The Future of International Law is Domestic (or, the European Way of Law)' (2006) 47 *Harvard International Law Journal* 327 – 352.

[3] A. Roberts, 'Comparative International Law? The Role of National Courts in Creating and Enforcing International Law' (2011) 60 *International and Comparative Law Quarterly* 57 - 92.

Human Rights)、欧洲人权法院（the European Court of Human Rights）以及非洲人权委员会（the African Commission of Human Rights）等区域性机构的法律问题。由这些现象所引发的无数问题都是本世纪初的国际法律和国际制度的独特性之产物。但是，问题也同时源自我们在国际法的不同时期是如何理解（在大体上，我们可以暂时把它称之为）"区域"问题的。无论"区域"的基本含义是什么——毕竟从希罗多德（Herodotus）时就已经开始探究不同社会的不同风俗——都会不可避免地根据不同时代的法学理论以及学科所面对的主要问题而产生出不同的概念。

区域最基本的含义应该是指一个地理单元，比如"欧洲""亚洲"或"非洲"。然而，任何以国际法史为基础来构建区域概念的企图都会立刻遇到诺曼·戴维斯（Norman Davies）在研究"欧洲"这个概念的演变以及与这一术语相关的许多不同含义时所提出的问题。[4]"第三世界"这个词有时等同于"南方国家"这个地理概念，但是他们试图捕捉的其实就是一种政治、经济和社会经验——艰难、贫穷、欠发展以及帝国主义——从而与地理区域画上了等号。因而，构建一个特定的区域并不仅仅只是一个地理问题——当然，必须指出，地理问题也有其复杂的一面，它是一种政治和意识形态的建构，只有通过研究区域术语的具体语境，才能理解它的意义和用途。虽然世界上的几个主要的国际法学会均以区域为基础——比如，欧洲国际法学会（the European Society of International Law）和亚洲国际法学会（the Asian Society of International Law）——但是国际法是否有明显的"欧洲"或"亚洲"的问题则常常需要深入的思索，且很少有明确的答案。尽管对区域的概念之研究存在着诸多困难，但在适当的条件下，当其被以语境化的方式使用时，它确实扮演了一个有用的，且常常是不可或缺的角色，其有助于对国际法史的一些基本特征进行分析和探索。

二、区域法的概念

有一种极具说服力的、为大家所普遍接受的且经久不衰的观点认为，某个特定区域所制定的一套规则或惯例能够促进该区域内的成员间的持续不断的相互交往。不管古希腊的城邦国家之间打得如何不可开交，他们仍然构成了一个与波斯

---

〔4〕N. Davies, *Europe: A History* (OUP Oxford 1996) at 7 – 16.

帝国截然不同的集合体。[5]许多伟大且经典的史学作品均受到了这种观念的启发。从很多方面来看,它也延续了这样的一种观点,即每个群体或社会都有着其独一无二的风俗习惯和政治法律。鉴于这种广为流传的假说,问题就自然转化为这些区域系统如何同国际法发生关系——因为按照定义,国际法具有普遍性,因此不管每个区域多么特殊,其都要接受国际法的管辖,就好像每个国家尽管都有自己的法律体系,但是其也要接受国际法的约束。

通常而言,许多国际法教科书会以学科简史作为开篇。他们会把其中存在于希腊城邦国家、古代中国和印度以及其他地区的区域性体系称之为"国际法",而后才会指出现代国际法产生于欧洲。[6]从历史的角度来看,生活在一个相似的地理区域或邻近地区的所有民族,无论在其他方面有什么差异,他们都必然会在相互交往中孕育出一种共同的文化和经历着同样的故事,那么其法律制度自然也有其特殊之处。在这些区域的内部,不同实体的分裂甚至战争都不会动摇该区域的统一性;恰恰相反,这些变故甚至可以肯定并巩固一个地区的归属感,那么这样的结果就是形成了特定的制度或学说来处理这些实体之间持续的紧张关系。于是,"区域性"国际法的问题就出现在国际法最仓促的历史概要当中。

关于"区域"的另一进路侧重于特定政治实体所覆盖的地区。其代表人物就是斯蒂芬·维罗斯塔(Stephan Verosta),他的史学力作考察了罗马帝国和波斯帝国的关系,以及两大帝国为了处理他们之间的关系而创造的学说。[7]维罗斯塔声称,这些学说以不同的方式延续下去,且现代国际法中也可以找到他们的版本。在大多数的古代和中世纪的政治体系中,各实体之间在能力和权力上存在较大的差异——从帝国到藩属国再到部落。[8]结果就是这些不同的实体之间形成了一种

---

〔5〕此外,不同区域习俗和观念之间的碰撞会导致可怕的结果:"波斯人说,在希腊人把妇女拐跑时,他们亚细亚人根本就不把这当作一回事,可是希腊人却仅仅为了斯巴达的一个姑娘就纠合了一支大军侵入亚细亚并打垮了普里阿摩斯(Priam)帝国。"Herodotus, *The Histories* (A. de Sélincourt trans) (revised edn 2003 Penguin Books 1954) at 4.

〔6〕例见 P. Malanczuk, *Akehurst's Introduction to Modern International Law* (7th edn Routledge New York 1997) at 1 – 32.

〔7〕S. Verosta, 'International Law in Europe and Western Asia Between 100 and 650 AD' (1964 – III) 113 *Recueil des cours* 485 – 651.

〔8〕参见 S. Hamamoto, 'International Law: Regional Developments: East Asia' in R. Wolfrum (ed.) *The Max Planck Encyclopedia of International Law* (OUP Oxford 2011) at〈www. (转下页)

复杂的、特殊的、多样化的规范和义务体系。尽管如此,我们仍然可以认为,正是由这些实体才发展出了涉及外交关系、条约、战争行为和宗教宽恕的规则。

有种强势而持久的观点认为,国际法在本质上具有欧洲的特性,其实际上相当于欧洲公法,而且这也成为了近代国际法的一个几乎无法撼动的起点。[9] 然而,按照普莱瑟(Preiser)对国际法史的考察,真实的情况是传统国际法史把非欧洲的国际法排除在外。大多数历史叙事都有着一个预设,即认为国际法始于格劳秀斯和/或近代主权国家。[10] 普莱瑟对这种欧洲中心主义的国际法史学提出了批评,他认为,即使关注欧洲,但如果不了解欧洲之外的哪些思想影响了欧洲传统,那么也很难把欧洲的思想脉络解释清楚。其次,任何真正"普遍"的国际法史都会试图把古代中国或古代南亚、东南亚的区域性国际法纳入进来。因而,普莱瑟呼吁要考察"独立发展的功能性的国际法律秩序,因为他们可以影响各个时代的法律特征"。[11]

因而,《国际公法百科全书》(*Encyclopedia of Public International Law*)的第一版和第二版中都收录了由杰出学者执笔的区域国际法研究,比如纳根德拉·辛格的南亚和东南亚的国际法,特斯林·伊莱亚斯的非洲国际法,以及宫崎繁树(Shigeki Miyazaki)的东亚国际法。[12] 在接下来的讨论中,"区域"的概念将以一种复杂的方式与"文明"的概念联系起来,从而在国际法史中扮演了更为重要的角色。[13] 阿哈姆德·艾尔-克谢利(Ahmed El-Kosheri)的标题"国际法的区域发展史:伊斯兰"(*History of the Law of Nations Regional Developments: Islam*)也从

1062

(接上页)mpepil. com〉,以及 D. A. Desierto, 'Regional Developments: South and South-East Asia',出自同上。

[9] 参阅本书中由阿努尔夫·贝克·洛尔卡(Arnulf Becker Lorca)撰写的第四十三章"国际法史中的欧洲中心主义"。

[10] W. Preiser, 'History of the Law of Nations: Basic Questions and Principles' in R. Bernhardt (ed.) *Encyclopedia of Public International Law* (2nd edn Elsevier North-Holland 1995) vol 2, at 127.

[11] *History of the Law of Nations* (n 10) 129. 普莱瑟也明确表示,这种研究不会削弱欧洲的无可争议的成就,欧洲的成就将"永远稳固,因为世界国际法就是从欧洲国际法发展而来的"。

[12] 'History of the Law of Nations regional Developments' in *Encyclopedia of Public International Law* (n 10) vol 2; N. Singh, 'South and South-East Asia' (同上,第 824—839 页); T. O. Elias, 'Africa' (同上,第 793—802 页); S. Miyazaki, 'Far East' (同上,第 802—809 页)。

[13] 基于"文明"的概念对国际法的深入分析,参见 O. Yasuaki, *A Transcivilizational Perspective on International Law* (Martinus Nijhoff Publishers Leiden 2010);同时也参见本书中由利利阿娜·奥夫雷贡(Liliana Obregón)撰写的第三十八章"文明的与不文明的"。

另一个侧面展示了这个问题。[14]

区域问题在国际法史中所特有的分析性或启发式的框架要求对"国际法史"这一术语进行更深入的研究。我们知道,如何书写国际法是一个经久不衰的课题,而且其在最近一段时期内被讨论得尤其激烈[15]——比如,它应该侧重于国家实践还是侧重于国际法现存的学说和法理。[16] 普莱瑟在《国际公法百科全书》中对国际法史学进行了考察,他首先总结了早期国际法史学家的经验教训,并在最后成功地将国际关系同国际法律问题和国际法学家的理论结合到一起。普莱瑟指出,从这个学科的历史学家那里可以看到这个学科的法律理论,因为"国际法中的思想流派都是一个接着一个出现的"。[17] 在伟大的国际法学家的思维中,国际法中的"区域问题"可能有着完全不同的含义,而这些伟大学者的作品成为了历史学家的研究对象(诸如维多利亚、格劳秀斯和瓦特尔均属于伟大的法学家,但是有些学者却把他们视为国际法的自觉的历史学家。在普莱瑟看来,这种学者的代表人物当属罗伯特·沃德[18])。

尽管如此,很少有法学家或国际法律史学家——正如下文所指出的——有系统地识别出这个宽泛而又未经检验的概念所产生的具体而独特的困境和难题,以及它所产生的分析框架。正如上文所提到的,每个区域都有其特殊的法律形式,鉴于已经做出了这样的前提预设,那么对国际法而言,在其历史的书写中,区域的观念是否是一个重要的影响因素? 很难对此做出明确的回答。究竟什么是(姑且称之为)国际法的区域问题? 本章试图找到一些答案。本章作者的计划是,首先从

1063

---

[14] A. El-Kosheri, 'History of the Law of Nations regional Developments: Islam' in *Encyclopedia of Public International Law* (2nd edn Elsevier North-Holland 1995) vol 2, 809 – 818.

[15] 例如可参见 M. Craven and M. Fitzmaurice, *Time History and International Law* (Martinus Nijhoff Leiden 2007); I. de la Rasilla del Moral, 'International Law in the Historical Present Tense' (2009) 22 *Leiden Journal of International Law* 629 – 649; G. R. B. Galindo, 'Martti Koskenniemi and the Historiographical Turn in International Law'(2005) 16 *European Journal of International Law* 539 – 559。

[16] 格鲁威试图把这一问题表述为:"认识和界定法律理论与国家实践之间的密切联系是很重要的,要知道他们都是同一种权力的表现形式,共同构成了一个时代独特的政治风格,且对社会、经济和法律组织的原则也产生了相同的影响。"W. G. Grewe, *The Epochs of International Law* (Walter de Gruyter Berlin 2000) at 6.

[17] *History of the Law of Nations* (n 10) 126.

[18] R. Ward, *An Enquiry into the Foundation and History of the Law of Nations in Europe and from the Time of the Greeks and Romans to the Age of Grotius* (A Strahan and W. Woodfall London 1795).

16世纪的近代早期开始,按照时间顺序对国际法学理论进行一个大致的回顾,然后再考察威廉·格鲁威和卡尔·施密特的相关研究。他们自我设定了书写国际法史的任务,且在对法学理论和国家实践的考察中均讨论了区域的问题。与之相关的问题就是"区域"与"文明"或"文化"之间的复杂关系。

在本章的第二节,本章作者将展示出一种对国际法的"区域"问题之特殊研究——这种研究侧重于空间和地理。如果治理与空间的概念化和空间管理密切相关,那么理解国际法如何处理这些问题将是大有裨益的。卡尔·施密特的研究有助于我们识别出由此而产生的问题,包括空间、主权和国际法有着怎样的关系,以及这种关系将如何随着时间而变化。

三、区域与近代早期国际法的兴起

大多数著名的国际法史研究都试图将对国际法理论——比如像胡果·格劳秀斯这样的思想家所提出的——的考察同对当时国家实践的解释和分析结合起来。[19] 这两种研究将被不可避免地以各种各样的方式联系到一起。一方面,按照现存的法律理论,国家实践本身可能会有着另外一种意义。另一方面,迫于时代的紧迫压力,法学家也急于提出法律理论。格劳秀斯不仅是伟大的法学家,也是荷属东印度公司的重要法律顾问。[20]

1064 尽管本章作者承认该问题非常复杂,但是本章作者在本节中将侧重于介绍16世纪至17世纪的几位伟大的法学家。弗朗西斯科·德·维多利亚尽管栖身于基督教的体制内,且当时作为精神权威的教皇握有巨大的权力,但他仍然坚守自然法传统——哪怕他接受了诸如"人造法"或"人法"这种分类概念。在维多利亚看来,区域问题在理论层面上并不重要,因为所有民族都要受到普遍的自然法的约束。[21] 如

---

[19] 比如,正如格鲁威所指出的,"认识和界定法律理论与国家实践之间的密切联系是很重要的,要知道,他们都是同一种权力的表现形式,共同构成了一个时代独特的政治风格,且对社会、经济和法律组织的原则也产生了相同的影响"。*The Epochs*（n 16）6.

[20] 关于其参与程度的细节研究,参见 M. van Ittersum, 'The Long Goodbye: Hugo Grotius' Justification of Dutch Expansion Overseas, 1615 - 1645'（2010）36 *History of European Ideas* 386 -411。

[21] F. de Vitoria, *De Indis et De iure belli relectiones*（E. Nys ed. , J. P. Bate trans. ）（Carnegie Institute Washington DC 1917）.

果仔细分析,这种自然法可能只是一个西班牙天主教道德观念的理想化身。但是,不能忽视它的重要性。外国民族的风俗习惯,比如维多利亚所考察的新大陆的印第安人,其本身并不是维多利亚所关心的对象——除非他们不遵守自然法则的规定。

从格劳秀斯的早期作品中可以看出,他明显受到了维多利亚的影响,所以他和维多利亚一样,都认为自然法具有普遍性。然而,正如最近的学者们所指出的,很明显,自然法的普遍规则必须以不同的方式在世界的不同地区实施下去。所以,在欧洲,只有主权国家才能行使自卫权。然而,在东印度群岛,由于不存在任何共同的政治体系,所以自然法上的自卫权就交给了个人——与此同时,像荷属东印度公司这种企业也在努力保护自己的权利,其不仅镇压本土居民和统治者的反抗,而且还排斥诸如葡萄牙这样的欧洲列强。[22] 正如爱德华·基恩(Edward Keene)所指出的,格劳秀斯大致区分出了两种法律领域,其中一种是欧洲国家对内适用的法律,另外一种是欧洲对外适用的法律。[23] 尽管这种宽泛的区分与当代学者所认可的“区域问题”有一定的可比性,但是欧洲和非欧洲世界的区分更多地取决于文化或文明的差异,而不是指不同的区域。“区域”和“文化”之间的关系当然是非常复杂的:我们可以将区域的问题概括为本质上的空间管理,但是文明的问题却涉及到对文化差异的处理。

随着国际法理论逐渐转向实证主义,以约翰·韦斯特莱克为代表的欧洲实证主义学者提出了更为清晰的区域观念——尽管区域的问题仍然主要被理解为是文化的问题。[24] 因此,欧洲法学家区分出了“文明国家”和野蛮社会。前者主要是指在文明的形式上不同于欧洲的国家,所以其也就被排除于欧洲国家的群体之外——比如,中国就是此类国家。后者则是生活在非洲和大洋洲的其他区域的民族,欧洲人否认其中存在着复杂社会。对“文明”以及诸如“社会”这种相关概念的关注反映了达尔文主义社会进化论的影响。[25] 他们使用了不同的技术来论证欧洲国家对非欧洲民族的征服。以澳大利亚为例,英国在澳洲大陆的权利基础是所

1065

[22] I. Porras, 'Constructing the International Law in the East Indies' (2005 - 2006) 31 *Brooklyn Journal of International Law* 741 - 804; R. Tuck, *The Rights of War and Peace* (OUP Oxford 1999).

[23] E. Keene, *Beyond the Anarchical Society* (CUP Cambridge 2002).

[24] J. Westlake, *Chapter on the Principles of International Law* (CUP Cambridge 1894).

[25] 请参见本书第三十八章“文明的与不文明的”(n 13)中对该问题的进一步分析。

谓的"发现",但是在英国人的眼中,在这片土地上繁衍生息了数千年的土著居民却并不是"人"。[26] 正如查尔斯·亨利·亚历山大罗维茨在其作品中所揭示的,欧洲国家在非洲和亚洲的殖民活动中无所不用其极,其中不仅有征服,还有强制割让——欧洲国家和非欧洲国家缔结的"不平等条约"。[27]

而后,到了 20 世纪初,起源于欧洲内部的国际法消灭了其他区域的竞争对手,进而推广至全球——不管是以中华帝国及植根于其中的儒家价值观为基础建立的区域体系,还是非洲或南亚、东南亚的区域制度,都难逃此厄运。在以简·亨德里克·威廉·菲奇尔(Jan Hendrik Willem Verzijl)为代表的大多数欧洲学者看来,这种发展代表了欧洲逻辑的"胜利"。[28] 这就是欧洲国际法与"区域"问题的关系史。当然,这里的"区域"是指传统上由菲奇尔和阿瑟·努斯鲍姆等杰出的国际法学家在其学科简史中所呈现出的"区域"。这些历史的研究焦点几乎完全集中于文化和文明,而不是"区域"。

实际上,这些历史中的"区域"在某种程度上变成了关于文明的一个粗略的代名词。虽然欧洲国际法确立了"普世"地位,但美国作为世界大国的逐渐崛起也产生了一系列的与"区域国际法"有关的新问题。美国于 1823 年提出"门罗主义"。根据这种政策,美国宣称欧洲对美洲事务的任何干涉或干预都将被视为是一种战争行为。国际联盟的建立是人类历史上前所未有的且最具野心的一个工程,因为它追求的是普遍性,但就是这样的一个机制却明确认可了某种类似于区域国际法的制度。《国际联盟盟约》第 21 条声称,"像门罗主义这样的区域性谅解(regional understandings)"将不会受到盟约中关于维护和平原则的影响。[29] 当时的评论家立刻就指出,对地区差异的这种默认将引发很多问题。比如,对如何才能构成一种"区域性谅解"、谁来阐明这种谅解的性质、国际联盟对这种谅解有着何种限制等问

1066

---

[26] 关于此主题的讨论,可参见 M. F. Lindley, *The Acquisition and Government of Backward Territory in International Law* (Longmans, Green and Co London 1926)。

[27] C. H. Alexandrowicz, *The European-African Confrontation:A Study in Treaty Making* (AW Sijthoff Leiden 1973); C. H. Alexandrowicz, *An Introduction to the History and Law of Nations in the East Indies* (Clarendon Oxford 1967).

[28] J. H. W. Verzijl, *International Law in Historical Perspective* (AW Sijthoff Leiden 1968) vol 1.

[29] League of Nations Covenant (签订于 1919 年 6 月 28 日,于 1920 年 1 月 10 日正式生效) 225 CTS 195, art 21。

题,均没有明确的答案。[30] 当时的这些讨论表明,学界已经承认了区域发展对国际法的意义,并开始转而研究区域变迁同所谓的"普遍"国际法这个广义主体的关系。他们还提出了"区域"是如何被概念化的问题。然而,随着第二次世界大战的爆发,区域问题开始让位于广义问题,亦即国际法律和国际制度怎样才能建立一个有效的国际治理体系。《联合国宪章》第 53 条明确地将地区组织置于安理会的控制之下,从而解决了区域发展同国际法的关系问题。

伟大的智利法学家亚历杭德罗·阿尔瓦雷兹的力作代表了"区域问题"的另一个主要的研究进路。阿尔瓦雷兹的开山之作——1909 年发表在《美国国际法杂志》(*American Journal of International Law*)上的《拉丁美洲国际法》(*Latin American International Law*)[31]——概述了区域国际法概念的由来、起源以及其与欧洲人设计的"普遍"国际法的关系。阿尔瓦雷兹明确指出,拉丁美洲借鉴了美国和欧洲的经验。就公法而言,美国是新独立国家的典范;就私法而论,欧洲——特别是法国——提供了范本。正如阿尔瓦雷兹所指出的,拉丁美洲国家"受到了欧洲的直接影响,因为他们同属于一个文明,并通过强大的文化和商业纽带与旧世界联系在一起"[32]。阿尔瓦雷兹虽然承认拉美国家的多样性,但他仍然认为是地理因素、历史经验以及政治团结将他们统一起来。为了抵抗欧洲可能的干预,他们更是要团结在一起。他们深知拉美地区有着特殊的历史背景,所以他们要按照自身的传统、风俗以及需求来加强地区团结和解决地区冲突。[33]

阿尔瓦雷兹的国际法研究之所以与众不同,是因为他展现出了区域主义与欧 1067 洲国际法的双重关系,而拉美的国际法正是发轫于此。通过强调拉美国际法中的欧洲元素,阿尔瓦雷兹颇具策略性地指出,从根本上讲,拉美事实上也是"文明国家",因此其能够理所应当地被归入国际大家庭。[34] 然而,与此同时,拉美国际法

[30] G. G. Wilson, 'Regional Understandings' (1933) 27 *The American Journal of International Law* 310 – 311.

[31] A. Alvarez, 'Latin America and International Law' (1909) 3 *American Journal of International Law* 269 – 353.

[32] 同上,第 273 页。

[33] 例见同上,第 270 页。

[34] 阿努尔夫·贝克(Arnulf Becker)在其力作中把来自智利、阿根廷、土耳其和日本的法学家称之为"半边缘地区的法学家"。他们主张吸收并重塑"文明的标准",因为这个标准对于一个特(转下页)

在许多方面都是独一无二的,并且其正在寻求脱离欧洲国际法的束缚。在阿尔瓦雷兹看来,对拉美国际法及其自身的独特性之认识,能够丰富国际法的内涵。[35]从更大的层面上来看,这篇文章的发表时间是一个颇为有趣的问题。至 1909 年,欧洲国际法就已经成功地超越了地域的限制,并开始在全球范围内被推广适用。这也意味着它已经超越并取代了此前存在于东亚、非洲和南亚的"区域体系"。然而,正是在这一时期,阿尔瓦雷兹却指出了区域体系这种新现象的存在,从而向欧洲的高等性提出了质疑。这种区域体系源于欧洲,如果现在这样不是发起挑战,那么也至少是在试图超越它的发源地。这是一种令人不安的观点,因为它意味着国际法的普遍性受到了质疑。阿尔瓦雷兹所分析的门罗主义以及他所列举的拉美的独特元素成为了战后关于区域问题的讨论焦点。[36]

四、区域的概念化——第三世界的反应

直到近代以前,国际法史都是由"发达国家"的学者所书写的,而这些国家又都是西方帝国主义的继承者。然而,一旦第三世界国家获得了独立,则那些对发展中国家抱有关切与同情态度的学者们就开始从完全不同的角度来书写国际法史。对于像拉姆·阿南德、[37]特斯林·伊莱亚斯、[38]查尔斯·亨利·亚历山大罗维茨以及他们的同事这样的学者来说,为了更好地理解非洲和亚洲等非欧洲地区的法律体系,他们就需要重述国际法史。这一时期的许多论文和专著中的章节都涉及到了"区域"以及其与国际法的关系。比如,《国际法百科全书》(*Encyclopedia of International Law*)中由特斯林·伊莱亚斯执笔的一章题目即为"国际法的区域发展史:非洲"。[39]然而,从内容上看,这一章所使用的非洲"区域"是一个既定概

(接上页)定社会的法律地位而言是至关重要的。参见 A. Becker, 'Universal International Law: Nineteenth Century Histories of Imposition and Appropriation'(2010) 51 *Harvard International Law Journal* 475–552。

[35] 关于阿尔瓦雷兹提出的独特的拉美国际法以及相关背景所引发的争议,其详细情况请参见本书中由乔治·埃斯基罗(Jorge L. Esquirol)撰写的第二十三章"拉丁美洲"。

[36] 'Latin America and International Law'(n 31) 275.

[37] 例见 R. P. Anand, *Development of Modern International Law and India*(Indian Society of InternationalLaw New Delhi 2005)。

[38] T. O. Elias, *Africa and the Development of International Law*(AW Sijthoff Leiden 1972).

[39] 参见 *Africa*(n 12)。

念,它的历史包括非洲不同社会和王国之间的相互关系,也包括殖民主义的到来,而后才是去殖民化运动。由纳根德拉·辛格执笔的"国际法的区域发展史:南亚与东南亚"这一章[40]表明,印度文明的一些基本概念——比如源于佛教和印度教——塑造了国家间关系的原则,并进而影响了南亚和东南亚的大片区域。辛格进一步指出,早在公元前 4000 年至公元前 1000 年的吠陀时期,北印度地区就出现了不同的政治实体。一般认为,他们的地位因以各自的实力为基础而各不相同。然而,重要的是,他们制定了规则来调整相互之间的关系。比如,考底利耶(Kautilya)[41]在讨论国策的论文中就描述了这种关系。[42] 此外,从源于宗教的文献中——《摩奴法典》《罗摩衍那》以及《摩诃婆罗多》——都可以找到一些能够扩展适用于国家间关系的行为准则。在今天,我们可能把这些国家间关系称之为"条约法"和"战争法"。对于理解当时调整国家间行为的指导性原则而言,律法(dharma)或法的概念是至关重要的。

从许多方面来看,辛格的作品和另一位杰出的国际法学家拉姆·阿南德一样,都是以对写作期间的时代关切为创作动力的。对于第三世界国际法的这一代学者来说,历史分析颇为重要,因为它可以证明南亚——尤其是印度——对国际法的一些基本原则和学说"并不陌生"。所以,他们通过细节研究展示出古代印度调整国家间关系的规则同所谓的现代和西方学说中的战争法、条约法、国家责任以及使节地位等规则具有对应性。[43] 20 世纪 60 年代至 20 世纪 70 年代,发展中国家的学者试图书写他们所在区域的国际法史,其部分原因在于——几乎是从定义上来讲——为了阐明国际法的"原初史"(Proto-history),国际法学家就必须侧重于"区域"研究。因为只有某个区域内的不同政治实体之间出现了互动关系,我们才可以宣称存在着一个跨国的或国家间的体系。此外,可以把调整此类体系的原则视为

1069

---

[40] 'South and South-East Asia' (n 12).

[41] Kautilya, *The Arthashastra* (L. N. Rangarajan ed., rearranged, and trans.) (Penguin Classics India 1992).

[42] *History of the Law of Nations* (n 40) 825 – 826.

[43] 亦见 C. J. Chacko, 'India's Contribution to the Field of International Law Concepts' (1958) 93 *Recueil des cours* 117 – 221。

国际法的早期类型。[44] 毋庸赘言,历史书写在本质上是一种政治行为。因而,我们只能得出这样的结论,即当时的这种研究主要是为了反驳西方学者的观点。西方学者担心非欧洲国家进入国际社会以后,即使不造成破坏,也将有损于西方所主导的国际法体系——言外之意是非欧洲国家无法适应欧洲的法律体系。然而,从这些研究中可以清楚地看到,就算是"区域国际法"的概念也有着几个宽泛的议题:首先,一个区域的政治和文明——"区域"通常被当成是一个既定概念,很少有人发现它本身有什么问题——如何催生出某些原则,从而调整这些区域内的实体之间的关系;其次,欧洲扩张如何对一个区域产生影响,又怎么导致了它的殖民化;最后,这个区域内的实体是如何通过民族自决和去殖民化运动而实现国家独立的。在某种程度上,区域史中的重大理论问题必然与调整区域内的实体之间的关系之原则有关。具体来说,其中包括这些原则的性质、这些原则的宗教和文明根源,以及这些原则同当代国际法的关系。

五、区域和地缘政治:国际法和空间管理

关于"区域"问题,还有着另外一种研究进路,即侧重于从地理维度而不是政治建构的角度来分析区域的观念——用原初的空间术语来表述区域,而不是把它当成是政治实体或文明实体的一个粗略的同义词。[45] 通过对战争守则和冲突史的梳理,我们可以看出,在现代国家兴起之前,管理和控制空间对国家治理有着至关重要的意义。

国际法中最重要的几个问题都以地理为基础。国格的现代概念在本质上与有限领土的观念有关。领土是国家的根基。从更广泛的意义上来说,国际法的许多重大事件都与划界问题有关。因而,教皇亚历山大六世于 1493 年颁布的《教皇子午线》授予了西班牙对新发现的大陆所应享有的权利;[46] 西班牙和葡萄牙[47] 于

---

[44] 正如辛格所言:"如果说国际法的起源和发展需要什么必要条件的话,首先就是必须有独立的政治单位的存在。" *History of the Law of Nations* (n 40) 825.

[45] 参阅本书中由丹尼尔-伊拉斯谟·罕(Daniel-Erasmus Khan)撰写的第九章"领土与边界"。

[46] 参见 *The Epochs* (n 16) 233。

[47] Treaty of Tordesillas (签订于 1494 年 6 月 7 日) reprinted in W. G. Grewe (ed.) *Fontes Historiae Iuris Gentium: Sources Relating to the History of the Law of Nations* (De Gruyter Berlin 1988) vol 2, 110 – 116。

1494 年缔结的《托德西拉斯条约》[48]把整个非欧洲世界一分为二,即美洲归西班牙,而东印度群岛则归葡萄牙。虽然这种分割是为了避免大国之间再生事端,但这样做却不可避免地引起了非缔约国的反对。

地理提供了一种重要的防御模式。从孙子[49]到哈尔福德·麦金德(Halford Mackinder)[50],这些国际关系学者和军事家在对冲突和强权政治的分析中均以地理现实为核心。再比如,在讨论领土争端以及解决民族主义和种族冲突的国际法律手段时,学者们主要考虑的也是“自然边界”的观念。正如罗伯特·雷德斯洛布(Robert Redslob)所言,以自然边界作为界线做法在地理结构上和在划定国家资源方面具有优势。一方面,拥有自然边界就意味着拥有一块领土,同时也就意味着有了抵御外敌的大后方;另一方面,自然边界也是经济生活中的重要资源。[51]

“自然边界”的思想也导致了所谓的“地理边界”和“政治边界”之间的紧张关系。事实上,人们认为,一个国家为了确保安全,其需要控制或影响的区域并不限于其主权范围之内,由此便形成了“缓冲地带”和“势力范围”。关于海洋控制权的争议一直是国际法的另一个重要问题。从格劳秀斯到阿尔弗雷德·赛耶·马汉(Alfred Thayer Mahan)[52]再到其他学者,他们一直都在关注控制海洋的问题。

如果我们把区域的问题解释为空间的控制和管理,那么很明显,这是国际法的一个核心问题,因为它下辖的众多领域都是这门学科中的头等重要的问题——领土主权自身的概念、解决领土争端的相关法律、海洋法,以及外太空的法律演化等都关涉到这个核心议题。对这些领域的重要研究其实就是在讨论区域问题。所以,很自然地,且并不让人感到意外地,国际法上已经出现了无数的学说来讨论空间的控制问题。领土争端催生出了海量的法学理论,且所有的条约、公约以及领土解决机制都被用来处理涉及主权和空间权利的问题。因而,系统地梳理国际法上用于处理这些问题的不同学说显然是非常重要的。此外,值得注意的是,正如伊恩

1071

---

[48] *The Epochs* (n 16) 234.

[49] Sun Tzu, *The Art of War* (5th century B. C.) (J. Minford ed. and trans.) (Penguin Classics New York 2002).

[50] H. J. Mackinder, 'The Geographical Pivot of History' (1904) 21 *The Geographical Journal* 421 – 437.

[51] R. Redslob, 'The Problem of Nationalities' (1932) 17 *Grotius Society Proceedings* 21 – 34 at 21.

[52] A. T. Mahan, *The Influence of Sea Power on History, 1660 – 1783* (Little, Brown, and Co Boston 1860).

· 莫里斯(Ian Morris)[53]和约翰·达尔文(John Darwin)[54]在其作品中所指出的，地理解释——一直被用于讨论贫困和不平等发展等问题——如今再次变得突出起来。鉴于空间管理对国际关系有着如此明显的重要性，问题就变成了广义的国际法史如何处理这个问题。

卡尔·施密特或许是最为密切也最为明确地关注空间问题的国际法史学家。施密特不仅分析了国家实践，还梳理了该领域所有杰出学者关于空间问题的研究。施密特指出，空间管理是国际关系的核心问题。大地法的每一个区域都展现着空间秩序的基本问题：

> 这就是大地法在这里所表达的含义。在民族、帝国和国家的统治者以及权力形成的每个新的时代以及每个新的纪元，都是以大地的新空间、新边界以及新秩序为基础的。[55]

施密特最有影响力且最引人注目的解释在于，他试图证明所有的法律都源于对土地的占取："在任何情况下，对土地的占有——不管是内部的还是外部的——都是首要的法律权利，以此为基础才产生了其他法律。"[56]对土地的占取先于公/私的划分和私有制的出现，它是一个根本性的权利。[57]施密特指出，詹巴蒂斯塔·维柯(Giambattista Vico)、伊曼努尔·康德以及约翰·洛克都曾论述过土地占取的根本性意义。不过，施密特本人对这一议题的独创性贡献在于发现了战争与土地占取之间的密不可分的关系，而且《欧洲公法》(Jus Publicum Europaeum)一书的主要成就是提出了关涉土地占取的"战争之委托性"(the bracketing of war)。[58]

1072

---

[53] I. Morris, *Why the West Rules — for Now* (Mc Clelland & Stewart Ltd. Toronto 2010).

[54] J. Darwin, *After Tamerlane：The Rise and Fall of Global Empires 1400 - 2000* (Bloomsbury Publishing London 2009).

[55] C. Schmitt, *The Nomos of the Earth in the International Law of the Jus Publicum Europaeum* (Telos Press Publishing New York 2003) at 79；参见本书中由巴多·法斯本德(Bardo Fassbender)撰写的第六十四章"卡尔·施密特(Carl Schmitt，1888 - 1985 年)"。

[56] 同上，第 46 页。有趣的是，施密特援引了康德的观点(这里主要指康德的法哲学)。

[57] 同上，第 47 页。

[58] 律法(nomos)的核心在于把欧洲土地划分为具有稳定边界的国家领土。这立即产生了一个重要的区分。一方面，承认欧洲国家及其土地在国际上具有特殊的领土地位；另一方面，非欧洲 （转下页）

施密特凭借其雄辩的口才所推崇的律法(nomos)的支配性和必要性将地球划分为了两个区域——欧洲地区和非欧洲地区。非欧洲地区的"自由土地"之可用性是划分世界空间以及随后的战争能够获得委托性的基础。[59] 施密特冷静地发表了他的惊世骇俗之论,即非欧洲的领土皆为"自由土地",因此欧洲列强可以占取之。与这个体系结合在一起的还有另外一种观点,即尽管陆地世界被按照此种方式来加以划分,但是海洋却是自由的。像格劳秀斯——似乎没有得到施密特足够的尊重——这样的学者之意义就在于关于"海洋自由"的研究。

战争与和平的关键问题又是基于这种基本划分。施密特认为,"敌人、战争和掠夺"的不同概念是由这些划分所产生的。[60] 实际上,在施密特的法学理论中,"战争之委托性"的重要性在于它仅仅涉及"欧洲国家之间为了争夺欧洲的土地或具有同等地位的土地所进行的陆地战争"。[61] 施密特的意思是,通过这种空间划分可以实现"战争的——委托性——合理化、人性化以及合法化"。[62]

欧洲的空间秩序是施密特所推崇的主题,而且他实际上也是在怀念由欧洲列强所掌控的那个特定的权力结构。[63] 然而,这种体系具有足够的灵活性,从而可以适应崛起的新大国——比如美国,以及甚至是打败俄国的日本——的出现。在施密特看来,

> 对大国地位的承认是国际法中涉及土地占取的最为重要的法律制度。它代表着参加欧洲会议和谈判的权利,这是欧洲国家间国际法的现实基础。[64]

完全以空间和领土的观念为基础,这就是施密特用来分析重大国际事件的基 1073

(接上页)国家的统治者及其国民的"自由土地"可供欧洲人进行土地占取。同上,第148页。

[59] "广阔到似乎没有边界的自由空间使得这种调整欧洲秩序的国内法成为可能并且可行。"同上,第183页。

[60] 同上,第184页。

[61] 同上,第184页。

[62] 同上,第100页。

[63] "早期的欧洲会议表明,这种欧洲国家间的国际法被全面建立在以欧洲为中心的空间秩序的基础之上。通过共同的磋商和决议,它为所有重大的领土变更制定了方法和形式,并展现了均衡有益性的观念。"同上,第190页。

[64] 同上,第191页。

本框架。因而,1885 年的柏林会议不仅是这个体系的最高点,也是这个体系的终点。这是一次典型的欧洲会议,其意图就在于土地占取,并用和平的方式瓜分另外一个大陆上正等待着被占取的土地。其中,建立一套能够实现这一目标的程序是这一进程不可或缺的组成部分。然而,在施密特看来,刚果法律地位的不确定性[65]以及美国模棱两可的介入使得大家对非欧洲土地的地位出现了混淆,由此导致他所信奉的这个体系走向崩溃。

施密特认为,正是由于美国的出现才导致了这种空间体系的瓦解,所以他为"世界史提出了一个新的战争概念"。[66] 在施密特看来,美国并没有接受自己的新地位和相应的空间秩序规则——如今它已经有资格参与应用和管理——而是用另外一种秩序体系破坏了原有的秩序。关于门罗主义,施密特指出,"这条西半球的界线已经对欧洲特定的全球空间秩序的概念提出了一个有争议性的挑战"[67]。对施密特来说,当"这个欧洲秩序被分解成无限的普遍主义,而且也没有新秩序取而代之的时候"[68],随着国际联盟的建立,原有的体系就这样崩溃了。国际联盟基于一种虚构的普遍性而创建了一套法律体系。这种虚构的普遍性是一种"广义的普遍性,而且其也破坏了这个大地上的传统的全球秩序"。[69]

尽管施密特的观点备受争议且令人困惑——就算不是奇谈怪论——但是却值得关注,这不仅是因为他提出了许多原创性的见解,还因为他对空间问题和区域问题处理得非常认真。施密特的全面性以及在很多方面的令人不安的视野引发了一系列复杂的问题:施密特的法学理论的关键要素是什么?这些关键要素是怎样在结构上被联系到一起的?把世界划分为欧洲主权国家的地区和自由(可以占取的)的非欧洲地区的做法如何导致了战争之委托性?这个体系是如何运作和发展的?

---

〔65〕施密特指出,比利时通过娴熟的外交手腕获得了刚果的主权,而其并没有考虑既定的欧洲公法秩序——也没有获得欧洲列强的许可——而是依赖于"有效占领"原则。C. Schmitt, *The Nomos of the Earth in the International Law of the Jus Publicum Europaeum* (Telos Press Publishing New York 2003) at 223 – 225.

〔66〕同上,第 100 页。

〔67〕同上,第 191 页。

〔68〕同上,第 192 页。

〔69〕同上,第 227 页。

如果从地理和空间的角度来看，我们如何评价施密特的研究？[70]

在施密特看来，欧洲共和国（*res publicae*）体现了一种"具体秩序"。施密特认为，欧洲作为一个特定的区域，其已经创制了一套国际法体系，且因为它基于共同的历史和价值观，所以更加真实和有效。施密特的这一观点与之前许多学者相比没有什么本质上的不同。很明显，施密特强烈反对"普遍主义的"国际法。对施密特而言，这个"具体秩序"是由具有共同文化和意识的特定国家集合体所创造的一种秩序。最重要的是，这种秩序通过采用一套关于空间的共享原则来体现这种统一。[71] 因而，在施密特看来，对于一个特定的大洲或者更为具体的一个切实存在的共有的文化而言，"国际法"这个观念多少有些自相矛盾。因而，国际联盟是一个灾难，因为它缺乏这种共有的文化或社会基础——也没有区域性的根基——而且，相应地，它也无法展现出一个统一和具体的"空间秩序"。国际联盟是一个"由50多个不同国家所组成的乌合之众，其在空间或精神意识上缺乏共鸣"。[72] 因而，可以理解的是，尽管对门罗主义抱有截然不同的看法，但是施密特却赞赏阿尔瓦雷兹对区域国际法之重要性的认识。在后者看来，只有像美洲国际法这种区域国际法才有实现的可能性。[73]

施密特的许多观点与后殖民时代的学者和第三世界的学者关于国际法的特征和地缘政治的论点惊人的相似。施密特毫不犹豫地坚持认为，欧洲的国际法和国际关系体系其实就是欧洲秩序本身，其建立的基础在于永无休止地占取非欧洲的土地，以及毫无限制或节制地榨取非欧洲的人民。比如，国际法建立的基础就是对欧洲国家和非欧洲国家的划分；再比如，占取非欧洲世界对欧洲的福祉和生存是至关重要的。施密特轻描淡写地表达了一个惊人的观点，即任何政治体系都离不开征服和剥削，所以非欧洲土地理应被用于占取。例如，令人惊讶的是，施密特在原则上对门罗主义提出了批评，施密特认为它在本质上阻碍了欧洲对西半球土地的占取。

1074

---

[70] 聚焦于施密特这一研究领域的一系列启发性的论文，参见 S. Legg（ed.）*Spatiality, Sovereignty and Carl Schmitt*；*Geographies of the Nomos*（Routledge London 2011）。

[71] 这种消解预示着"一个具体秩序的崩溃，这个具体秩序首先是一个空间秩序，其中存在着一个由欧洲宫廷、国家和民族所组成的一个切实的共同体。"*Nomos of the Earth*（n 55）233 - 234.

[72] 同上，第 234 页。

[73] 同上，第 229 页。

施密特对这一秩序的崩溃感到惋惜,然而第三世界的批评则着眼于谴责这一秩序。

关于国际联盟的失败原因,施密特解释道,是因为它无法为这个大地构建一个"空间秩序"——这可能是由多个因素所造成的。威尔逊所倡导的"民族"自决原则打破了过去由大国决定领土问题的观念,而美国模棱两可的态度——美国在这个体系之内是一个大国,在这个体系之外,它也是一个大国——则使这个问题更为复杂。施密特指出了欧洲体系崩溃的开端——始于具有双重特征的柏林会议。一方面,柏林会议是对传统体系的肯定——欧洲列强汇聚一堂以讨论如何瓜分非欧洲世界的"自由土地";另一方面,比利时以一种特殊的方式获得了刚果的主权,这种方式也是对传统体系的破坏。此外,施密特还发现,在 1919 年的巴黎和会上出现了一种更为重要的形式,即在重大的国际谈判中,美国既在场又缺席。但是,施密特并没有指出这一体系的崩溃与一战的爆发有着什么直接的关系。[74] 不管怎样批判施密特的作品,单就本章的目的而言,他都是一位重要的学者。因为施密特指出了空间管理是任何特定秩序的核心任务,也是书写国际法史的前提。同时,施密特的重要性也是因为他提出了任何文明的一个关键层面都是其自身的概念化和空间管理——之所以关键是因为如战争与和平等诸多的其他问题都与之有着密不可分的关系。

六、区域与未来的国际法史

人们对国际法史重新产生了兴趣——不仅有着国际法学家的参与,还包括了政治理论家、历史学家以及哲学家的参与。从本质上讲,历史更关注时间问题,而不是空间问题。历史关心的是每个特定时期的事件、文明、帝国和思想的发展变迁。但是,很明显,国际法必然会涉及到主权、权力、治理和帝国的问题,而且这些问题都不可能在没有空间概念的情况下得到解决。对福柯来说,"区域"这个概念代表一种"财政、行政和军事观念"。[75] 正如杰出的殖民官员寇松侯爵(Lord Curzon)所指出

---

[74] 这里有一个暗示,即认为比利时再次偏离了欧洲体系的正常规则。因为比利时抗议德国刚刚入侵了他们的领土、撕毁了大量的条约,并发动了一场"不义之战"。*Nomos of the Earth*(n 55)259.

[75] M. Foucault, 'Questions on Geography' in J. Crampton and S. Elden (eds.) Space, *Knowledge and Power*: *Foucault and Geography* (C. Gordon trans) (Ashgate Hampshire 2007) 173 - 182 at 176.

的,另一个地理概念,即"所谓的'边境(frontiers)',实际上就是剃刀的边缘,因为它悬置在战争与和平,以及民族的生存或死亡这些现代问题之上"[76]。他们就是国际法的核心关切。

最近的一些作品试图展现出国际法同地理学的关系史。比如,劳伦·本顿(Lauren Benton)的研究就颇具启发。本顿展现出欧洲帝国为了应对现实中不同的地缘政治而提出了不同的主权版本。这些帝国很少在他们控制的领土和地区内建立一个明确的主权模式;相反,"即使在最典型的情况下,帝国的空间也展现出政治上的分散性、法律上的差异性,以及不规则的、渗透性的和常常是不确定的边界"。[77] 帝国需要设计出复杂多样的制度来控制海上路线、山区以及河口。这些制度的特点就是本顿的研究对象。

国际法同地理学的关系也是塔伊布·马哈茂德(Tayyab Mahmud)关于杜兰线(Durand Line)研究的中心议题。杜兰线不仅把阿富汗和巴基斯坦分割开来,而且还分裂了普什图人(Pashtun People)。正如马哈茂德所指出的,"19世纪所构建的国际法、地理学、地缘政治以及边界研究都具有帝国时代的特征,他们彼此交织在一起,从而为绘制如杜兰线这样的殖民边界创造了条件"[78]。本顿和马哈茂德等学者的研究为地理学和国际法的关系以及如何研究这种关系提供了范例。

对国际法和地缘政治的研究牵扯到国际法历来的一系列最为重要的问题。简单来讲,边界和区域是由外部的政治因素所决定的,他们被国际法吸收以后却很少能够为现实中的居民带来福利。关于种族和边界问题则有着大量的研究成果。通猜·威尼差恭(Thongchai Winichakul)[79]和詹姆斯·斯科特

---

[76] G. N. Curzon, *Frontiers*: *The Romanses Lectures*, 1907 (Clarendon Press Gloucestershire 1907, repr Elibron Classics New York 2006) at 7; 引自 Mahmud, 'Colonial Cartographies, Postcolonial Borders, and Enduring Failures of International Law: The Unending Wars Along the Afghanistan-Pakistan Frontier' (2010) 36 *Brooklyn Journal of International Law* 1–74。寇松还是一位著名的印度总督。

[77] L. Benton, *A Search for Sovereignty*: *Law and Geography in European Empires*, 1460–1900 (CUP Cambridge 2010).

[78] T. Mahmud, 'Colonial Cartographies, the Postcolonial Borders, and Enduring Failures of International Law: the Unending War Along the Afghanistan-Pakistan Frontier' (2010) 36 *Brooklyn Journal of International Law* 1–74.

[79] T. Winichakul, *Siam Mapped*: *A History of the Geo-Body of A Nation* (University of Hawai'i Press Honolulu 1994) at 2.

(James Scott)[80]等人类学家的研究以不同的方式审视了国家、治理以及领土问题,这可能会给地理和法律的关系带来不一样的视角。全球化进一步深刻影响了空间的概念化——现在商业被认为是"没有边界的",而且"政治归属"和"民族国家"的观念也发生了改变——这也引发了其他一些重要问题,而这些问题的线索还有待国际法学家的研究。

七、结论

　　但凡讨论"区域国际法"都会面临着一个难题,因为"区域"这个概念会根据地理、政治以及意识形态的标准而发生改变。然而,国际法史一直坚持着一个观点,即一个特定的区域制定了一种独一无二的国际法。如果说有什么影响的话,那就是"区域国际法"的重要性在近年来有所增加,这是因为出现了认真界定会员资格的地区实体以及相应的裁判体系。这种发展再次引起了"区域"国际法与普遍国际法之间关系的问题。本章认为,进一步研究国际法与区域的关系——被认为是一种空间管理——可以为国际法的历史和性质提供重要的启示。

推荐阅读

Alexandrowicz, Charles H. *An Introduction to the History and Law of Nations in the East Indies* (Clarendon Oxford 1967).

Alvarez, Alejandro 'Latin America and International Law' (1909) 3 *American Journal of International Law* 269‑353.

Anand, Ram P. *Development of Modern International Law and India* (Indian Society of International Law New Delhi 2005).

Benton, Lauren *A Search for Sovereignty: Law and Geography in European Empires, 1460‑1900* (CUP Cambridge 2010).

Elias, Taslim O. *Africa and the Development of International Law* (AW Sijthoff Leiden 1972).

Grewe, Wilhelm G. *The Epochs of International Law* (Walter de Gruyter Berlin 2000).

Legg, Stephen (ed.) *Spatiality, Sovereignty and Carl Schmitt: Geographies of the Nomos* (Routledge London 2011).

---

[80] J. C. Scott, *The Art of Not Being Governed: An Anarchist History of Upland Southeast Asia* (Yale University New Haven 2009).

Preiser, Wolfgang 'History of the Law of Nations: Basic Questions and Principles' in Rudolph Bernhardt (ed) *Encyclopedia of Public International Law* (Elsevier North-Holland 1995) vol 2, 716 – 721.

Schmitt, Carl *The Nomos of the Earth in the International Law of the Jus Publicum Europaeum* (Telos Press Publishing New York 2003) at 79.

Singh, Nagendra 'History of the Law of Nations: South and South-East Asia' in Rudolph Bernhardt (ed.) *Encyclopedia of Public International Law* (Elsevier North-Holland 1995) vol 2, 824 – 839.

Slaughter, Anne-Marie and William Burke-White 'The Future of International Law is Domestic (or, the European Way of Law)' (2006) 47 *Harvard International Law Journal* 327 – 352.

Verosta, Stephan 'International Law in Europe and Western Asia Between 100 and 650 ad' (1964) 113 *Recueil des cours* 485 – 651.

1078

第六部分
人物传记

第四十五章　穆罕默德·筛班尼
(Muhammad Al-Shaybani，749/750–805年)

马苏德·巴德林(Mashood A. Baderin)

一、简介

西方法学界有一种流行的观点,即常把16世纪至17世纪的荷兰法学家胡果·格劳秀斯(Hugo Grotius, 1583–1645年)视为"国际法之父",相比之下,伊斯兰法学家则认为,比胡果·格劳秀斯早8个世纪的穆罕默德·筛班尼就已经汇编并系统阐述了伊斯兰教的国际法,这个涵盖了沙里阿战争与和平法的专门领域被命名为"西亚尔"(al-Siyar)。18世纪至19世纪的一位名叫约瑟夫·弗赖歇尔·冯·哈默尔–普尔戈什塔里(Joseph Freiherr von Hammer-Purgstall)的奥地利外交官和东方学先驱在1827年时对筛班尼的一项重要作品的回顾中,将其称为"穆斯林的格劳秀斯"。[1] 曾任国际法院法官和副院长的克里斯托弗·维拉曼特里(Christopher Weeramantry)在更近的一项研究中确认了筛班尼的论著是早期对国际法的研究中最为详尽的,[2]其可以被视为是现代国际法的先驱,而胡果·格劳

---

[1] I. G. Hülsemann(ed.)*Jahrbücher der Literatur*(Carl Gerold Wien 1827)vol 40, at 48, 引自 M. Khadduri, *The Islamic Law of Nations*: *Shaybani's Siyar*(Johns Hopkins Press Baltimore 1966) at 56; 亦见 H. Kruse, 'The Foundation of Islamic International Jurisprudence: Muhammad al-Shaybani: The Grotius of the Muslims'(1955)3 *Journal of the Pakistan Historical Society* 231–267。

[2] C. G. Weeramantry, *Islamic Jurisprudence*: *An International Perspective*(Macmillan Hampshire 1988)at 132.

秀斯关于国际法的研究成果可能也受到了以筛班尼为代表的一批早期伊斯兰法学家的影响。[3] 这样看来,筛班尼无疑就是"国际法的祖父"。[4] 作为 8 世纪至 9 世纪时最伟大的伊斯兰法学家,筛班尼以伊斯兰法的视角对国际法的规则进行了系统化的阐述,这一贡献使其备受赞誉。筛班尼的著述对伊斯兰法的思维方式以及国际法学者的影响一直持续到当代。而且,筛班尼的学说一直都被哈乃斐派奉为圭臬,且对马立克派的一些重要的法学作品也有着影响,要知道,这两个学派的信众在当今的伊斯兰世界中占据着很高的比重。

二、生平和学业

筛班尼的全名是阿布·阿布杜·阿拉·穆罕默德·本·哈桑·本·法尔哈德·筛班尼(Abū Abd Allah Muhammad ibn al-Hasan ibn Farqad al-Shaybānī),他大约于 749 年至 750 年之间出生于中世纪的伊拉克军事和商业城市瓦西特(Wasit)。该城由倭马亚王朝(Umayyad)的统治者——哈查吉·本·优素福·阿尔-塞盖菲(al-Hajjaj ibn Yūsuf al-Thaqafi)始建于 702 年,当时是作为往来于巴士拉(Basra)与库法(Kufa)之间的一座军事要塞和行政中心。筛班尼的父亲是一位军人,他在倭马亚王朝的末期从大马士革的老家迁徙到了伊拉克,并最终定居于瓦西特。然而,筛班尼却在库法长大,并在那里首次接触了伊斯兰教法,并师从于伊斯兰法逊尼派的四大创始人之一的伊玛目阿布·哈尼法·努尔曼(Imām Abū Hanīfah al-Nu`mān)。在阿布·哈尼法死后,筛班尼跟随大师兄阿布·优素福(Abū Yūsuf)继续学习,而且也参加了当时库法几个较为知名的学术团体。在伊斯兰法哈乃斐派的发展过程中,筛班尼和阿布·优素福被公认为承前启后的两位巨擘。后来,筛班尼又搬到了希贾兹(Hijaz),在伊斯兰法马立克派的创始人伊玛目马立克·本·阿纳斯(Imām Mālik ibn Anas)的门下继续深造。

早在 20 岁的时候,筛班尼便开始在库法教授伊斯兰法学,伊斯兰法沙斐仪派的创始人伊玛目沙斐仪(Imām Al-Shāfi'i)就是他的学生。最后,在阿拔斯王朝的

---

[3] C. G. Weeramantry, *Islamic Jurisprudence: An International Perspective* (Macmillan Hampshire 1988) at 149 - 158.

[4] 必须指出的是,最近以来,国际法学界基本上已经不再把格劳秀斯视为"国际法之父"了。

(Abbasid)哈伦·拉希德(Harūn al-Rashīd)哈里发统治时期,筛班尼被任命为伊拉克辖区内一个省的法官,他为哈里发处理的不同国务问题提供了许多建议,其中就包括有关国际法的一些内容。[5] 通过当时一批顶尖法学家的传道授业,筛班尼在法律推理方面获得了细致而深入的历练。作为伊玛目·阿布·哈尼法和伊玛目·马立克的弟子,他在伊斯兰法学传统派和唯理派的研究方法上均有着很高的造诣,从而使其冠绝当时。

三、学识以及对国际法的贡献

与伊斯兰法的其他领域一样,西亚尔的规则同样来自于《古兰经》、先知的言行(圣训,the Sunnah)以及早期穆斯林哈里发的言行,所以筛班尼既不是伊斯兰国际法的创立者,也不是最早涉足此领域的法学家,他的老师阿布·哈尼法才是伊斯兰国际法的创始人。[6] 所以,尽管筛班尼以其对此领域深入而系统的研究成为当时最为多产的法学家,但是他在研究中却常常引用其老师阿布·哈尼法以及另一位亦师亦友的阿布·优素福的观点。但是,卡杜里(Khadduri)却认为筛班尼的贡献是无可估量的,"因为是他第一次将所有与此相关的法律素材加以整合并进行了细致而深入的研究"。[7]

筛班尼的很多著作都涵盖了伊斯兰法学的各个不同的领域,且大多都涉及到了国际法的问题,比如《阿尔阿萨尔之书》(*Kitāb alasl*,《法学的基础书》,也被称为《阿尔-马苏特》[*al-Mabsūt*,《教法大全》]),还有《贾米萨赫里之书》(*Kitāb al-jāmi' al-Saghīr*,《法学简编》)以及《贾米卡比尔之书》(*Kitāb al-jāmi' al-Kabīr*,《法学长编》)。此外,他还有两部关于国际法的专论,即《西亚尔萨赫里之书》(*Kitāb al-Siyar al-Saghīr*,《国际法简论》)和《西亚尔卡比尔之书》(*Kitāb al-Siyar al-Kabīr*,《国际法详述》),这两部作品都成书于 8 世纪。《国际法简论》受到了当时另一位杰

---

[5] M. Z. al-Kawthari, *Bulūgh al-Amānī fī Sirah al-Imām Muhammad ibn al-Hasan al-Shaybānī* (Authoritative Biography of Imām Muhammad ibn al-Hasan al-Shaybānī) (Maktabah Dār al-Hidāyah Cairo 1985) at 53 – 54.

[6] 根据一些早期伊斯兰资料的记载,阿布·哈尼法最早曾撰写了一篇名为《西亚尔之书》(*Kitāb al-Siyar*)的论文。

[7] *The Islamic Law of Nations* (n1) 56.

出的国际法专家阿布杜·拉赫曼·阿扎仪（Abd al-Rahmān al-Awzā'i）的批评,[8]
作为回应,筛班尼遂又完成了《国际法详述》,此书也被视为其在国际法领域的代
表作。

1084　　　　筛班尼关于西亚尔的论著主要集中于对战争与和平时期的国家行为准则之阐
述,其认为穆斯林国家(伊斯兰教地区)必须要保持与非穆斯林国家之间的睦邻友
好关系。尽管如此,筛班尼的研究仍然涉及到了其他当代国际法的诸多问题,比如
条约、属地原则、战争的性质种类和行为、和平关系、外交关系以及中立规则等。比
如,筛班尼在论著中提出,可以在穆斯林和非穆斯林国家之间建立一种永久的条约
关系,不应尔虞我诈与背信弃义,在战争中不能毁损尸体和屠杀儿童。勒萨弗
(Lesaffer)在最近的一篇关于国际法史的文章中明确指出,"如果我们想要了解国
际法的形成机制,那么我们需要认真地研究在格劳秀斯和威斯特伐利亚体系之前
又是什么",而格劳秀斯的"主要学说又来自于哪里,这个问题在国际法的历史地图
上尚属研究空白"。[9] 毫无疑问,筛班尼及其关于西亚尔的论著应该成为此项研
究的组成部分,因为我们需要充分地了解一个比胡果·格劳秀斯早 8 个世纪的法
学家对国际法的形成所做出的巨大贡献。

推荐阅读

al-Ghunaimi, Muhammad T. *The Muslim Conception of International Law and the Western Approach* (Martinus Nijhoff Publishers Hague 1968).

al-Kawthari, Muhammad *Zāhid Buūgh al-Amānī fī Sīrah al-Imām Muhammad ibn al-Hasan al-Shaybāni* (Authoritative Biography of Imām Muhammad ibn al-Hasan al-Shaybānī) (Maktabah Dār al-Hidāyah Cairo 1985).

al-Shaybani, Muhammad *Kitāb al-Siyar al-Kabīr* (The Longer Book on International Law) (Salah al-Din al Munajjid ed) (Matba'ah Sharikah al I'lānāt al-Sharqiyyah Cairo 1971).

al-Shaybani, Muhammad *Kitāb al-Siyar al-Saghīr* (The Shorter Book on International Law) (Muhammad Sarakhsi ed) (Dār al-Ma'rifah Beirut 1985).

al-Shaybani, Muhammad *The Shorter Book on Muslim International Law* (Mahmood A.

---

〔8〕 M. Sarakhis, *Sharh al-Siyar al-Kabir* (Commentary on the Longer Book on International Law) (S. Munajjid ed) (Matba'ah Sharikah al I'lānāt al-Sharqiyyah Cairo 1971) at 3.

〔9〕 R. Lesaffer, 'International Law and Its History: The Story of an Unrequited Love' in M. Craven et al (eds) *Time, History and International Law* (Martinus Nijhoff Leiden 2007) 27–42 at 40.

Gazi trans) (Adam New Delhi 2004).

al-Shaybani, Muhammad *Kitāb al-Asl*; *al-M 'arūf bi al-Mabsūt* (The Basic Book [of Jurisprudence] known as The Comprehensive) (Al-Afghāni Abū al-Wafā' ed) (Matba'ah Idārah al-Qur'ān Karachi nd.

Bsoul, Labeeb A. *International Treaties (Mu'āhadāt) in Islam*; *Theory and Practice in the Light of Islamic International Law (Siyar) According to Orthodox Schools* (University Press of America Maryland 2008).

Hamidullah, Muhammad 'Muhammad Al-Shaybani, A Contemporary of Charlemagne; The Greatest Jurist of the Time (8th Century CE)' (1969) 57 *The Islamic Review and Arab Affairs* 5 - 7.

Hamidullah, Muhammad *The Muslim Conduct of State* (7th edn Muhammad Ashraf Lahore 1977).

Kelsay, John 'Al-Shaybani and the Islamic Law of War' (2003) 2 *Journal of Military Ethics* 63 - 75.

Khadduri, Majid (ed.) *The Islamic Law of Nations*; *Shaybani's Siyar* (Johns Hopkins Baltimore 1966).

Kruse, Hans 'Al-Shaybani on International Instruments' (1953) 1 *Journal of Pakistan Historical Society* 90 - 100.

Kruse, Hans 'The Foundations of Islamic International Jurisprudence; Muhammad al-Shaybani; The Grotius of the Muslims' (1955) 3 *Journal of Pakistan Historical Society* 231 - 267.

Sarakhsi, Muhammad *Sharh al-Siyar al-Kabīr* (Commentary on the Longer Book on International Law) (S. Munajjid ed) (Matba'ah Sharikah al I'lānāt al-Sharqiyyah Cairo 1971).

Weeramantry, Christopher *Islamic Jurisprudence*; *An International Perspective* (Macmillan Hampshire 1988).

1085

第四十六章 弗朗西斯科·德·维多利亚(Francisco De Vitoria，1483－1546 年)与弗朗西斯科·苏亚雷斯(Francisco Suárez，1548－1617 年)

安纳贝尔·布赖特(Annabel Brett)

一、简介

16 世纪至 17 世纪时曾盛行着一个名为"萨拉曼卡学派"(School of Salamanca)或"第二波经院哲学"(Second Scholastic)的学术运动，而弗朗西斯科·德·维多利亚(1483－1546 年)与弗朗西斯科·苏亚雷斯(1548－1617 年)则是如今我们所知的该运动中的两位代表学者。维多利亚和苏亚雷斯都是职业神学家，而并非法学家(尽管苏亚雷斯曾研习过教会法)，且他们都在大学里度过了一生中绝大多数的时光。[1] 维多利亚和苏亚雷斯的主要智识贡献均是致力于天主教神学的革新和系统化，特别是在道德神学方面，这本身也体现了一种随着宗教改革而来的旨在从

思想上和政治上恢复天主教义的反宗教改革的努力。维多利亚和苏亚雷斯都继承了托马斯·阿奎那的神学自然法的传统，并通过引入其他经院哲学的流派来改造托马斯主义之教义，从而解决了前所未有的新问题。这种工作主要是通过在大学

---

[1] 关于维多利亚的详细生平，参见 J. B. Plans, *La escuela de Salamanca*（Biblioteca de Autores Cristianos Madrid 2000）at 313－398；关于苏亚雷斯的详细生平，参见 J. Soder, *Francisco Suárez und das Völkerrecht. Grundgedanken zu Staat, Recht und internationalen Beziehungen*（Metzner Frankfurt 1973）at 15－47；M. Kremer, *Den Frieden verantworten. Politische Ethik bei Francisco Suárez（1548－1617）*（Kohlhammer Stuttgart 2008）at 23－32。

里授课、与古往今来的其他学者进行对话以及常规性辩论来完成的。然而，维多利亚和苏亚雷斯的工作并非仅是狭隘的学术研究。萨拉曼卡学派的第一代成员曾深入参与了关于王室政策的神学合法性之讨论，其中不仅有针对东印度群岛的讨论，还有关于特利腾大公会议（Council of Trent）的讨论。[2] 苏亚雷斯所在的耶稣会也有着同样的政治背景，苏亚雷斯本人曾号召反对由英格兰国王詹姆斯一世所引发的誓约争议，以此来捍卫天主教的道德良知。[3] 维多利亚和苏亚雷斯的学术传统建立在宏大的视野之下，尽管这样讲可能过于简化，但其作品艰深晦涩，因而并不总是能够轻易地回答那些目的性较强的问题。

二、弗朗西斯科·德·维多利亚

维多利亚在讲解阿奎那的《神学大全》的常规授课中以及不时发表于学期末的《神学感想录》（relectiones）里都曾谈到过万民法的问题。我们知道，在《神学大全》的第二集下部中，阿奎那赋予了万民法一种与实在法相对的自然属性，因为它基于自然理性而创设。[4] 但是，维多利亚发表于1534年至1537年的评论却对此进行了突破。维多利亚认为，万民法的基础是人与人之间所订立的契约，所以它是一种实在法。[5] 这种契约的普适性特征意味着万民法非常接近于自然法，因为它既是自然理路演进的结果，又发挥着对自然法实施的保障功能。然而，万民法还有着一种来自于人世间的渊源，即"全人类、所有国家或者全世界的共识"[6]，但是维多利亚显然没有看到这两种语义之间的冲突，而只是认为需要做出一些解释而已。在维多利亚早期出版于1528年的《关于民事支配权的陈述》（Relectio de potestate

1088

---

〔2〕参见 A. R. D. Pagden, *The Fall of Natural Man. The American Indians and the Origins of Comparative Ethnology* (CUP Cambridge 1980) ch 1。

〔3〕参见 H. Höpfl, *Jesuit Political Thought. The Society of Jesus and the State*, c. 1540–1630 (CUP Cambridge 2004)。

〔4〕T. Aquinas, *Summa theologiae* (Forzani Rome 1894) 2a2ae, question 57, art 2. 相反，阿奎那在第一部分中将万民法视为一种与自然法相对的"人法"，尽管其因直接源于自然法原则或自然理性而仍与市民法有所差别。同上，1a2ae, question 95, art 4。

〔5〕F. de Vitoria, *Comentarios a la Secunda secundae de Santo Tomás* (V. B. de Heredia ed) (Apartado 17 Salamanca 1934) vol III, question 57 art 3, nn 1–5. 讨论可参见 D. Deckers, *Gerechtigkeit und Recht. Eine historisch-kritische Untersuchung der Gerechtigkeitslehre des Francisco de Vitoria (1483–1546)* (Herder Freiburg 1992) at 358–365。

〔6〕*Comentarios a la Secunda secundae* (n 5) vol III, question 57, art 3, nn 4 and 5。

civili)一书中,维多利亚认为万民法的创立者"在某种意义上将整个世界视为(拟制的)国家",[7]因而明显地可以看出他是在强调万民法与市民法是实在法类型上的一组类比概念,而不属于自然法的范畴。需要注意的是,这里的"拟制的"是一个非常重要的概念。维多利亚并没有将全世界看作是与法兰西或者西班牙类似的主权国家。否则就可能会出现一个世界皇帝,即人世间唯一的统治者。所以,后来在1539年发表的《关于东印度群岛人的陈述》(*Relectio de Indis*)一文中,维多利亚明确地否认了这种可能:根本没有也不可能有适用于所有人的普适的民事管辖权,因而也就没有普适的市民法。[8]在这部作品中,国际法的样态已经不再是罗马法意义上的"自然人之间的法"(*ius inter homines*),而是"国家之间的法"(*ius inter gentes*)。通过对定义的此般重述,维多利亚已经明确了万民法并非初始就在调整个体关系,但他也没有认为万民法就是适用于联邦或"国家"之间的法。[9]相反,维多利亚同时却在强调万民法极为接近于自然法,尽管二者并不完全一致。这样也并不意味着《关于东印度群岛人的陈述》就否定了之前的观点。因为,从本质上讲,万民法只是相互区隔的人们为"保持在"一个自发的人类共同体之内而使用的一种世俗的叙述方式,此种方式又有别于兴建一个国家。[10]这就是为什么维多利亚既可以宣称万民法是全世界所有国家共同的产物,又可以在实在法与自然法两种属性之间自由地进行切换。

维多利亚的所有学术工作均是在竭力为西班牙王室寻找征服东印度群岛的合法性。前已述及,维多利亚已经强调了这种合法性不可能依靠一个普适的帝国管

---

[7] F. de Vitoria, *De potestate civili* ('On Civil Power') in A. R. D. Pagden and J. Lawrance (eds) *Francisco de Vitoria. Political Writings* (CUP Cambridge 1992) question 3, art 4, para 21, at 40.

[8] F. de Vitoria, *Relectio de Indis* ('On the American Indians') in *Political Writings* (n 7) question 2, art 1, para 25, at 257 – 258.

[9] 关于这个有争议段落的讨论,参见 H. G. Justenhoven, *Francisco de Vitoria zu Krieg und Frieden* (Bachem Köln 1991) at 64 – 71; P. Haggenmacher, *Grotius et la guerre juste* (Presses Universitaires de France Paris 1983) at 313 – 325 and 334 – 341; S. Langalla, *Teologia e legge naturale. Studi sulle lezioni di Francisco de Vitoria* (Glauco Brigati Genova 2007) at 178 – 189。

[10] 本章作者曾经尝试过在下面这本书中勾勒出此种叙述方式,参见 A. Brett, *Changes of State. Nature and the Limits of the City in Early Modern Natural Law* (Princeton University Press Princeton 2011) at 196 – 198. 关于万民法的概念在中世纪晚期和近代早期的重要性,请参见 *Grotius et la guerre juste* (n 9) 326 and 343。

辖权来建立,同样,教皇的管辖权也没有普适性。[11] 东印度群岛人不论是在司法权意义上还是在财产权意义上均拥有真正的所有权,不能因为他们没有天主教信仰或者假定他们都是非理性的就剥夺这种所有权。[12] 然而,与欧洲国家一样,东印度群岛人的国家也在一个广义的"人类社会"之中,所以他们的言行也应当受到这一社会规范的制约。如果东印度群岛人违反了万民法,那么便可以对其进行征服,这种征服在维多利亚那里有着一系列的正义头衔,最首要的也是最具争议的就是所谓的"沟通法则"(*ius communicandi*),其意指人类之间沟通与分享的权利。[13] 沟通法则是人类社会分裂成不同国家的必要保障,否则人类共同体将彻底瓦解。沟通法则所涉范围较广,包括在他国领土内自由通行的权利、处置"无主"物的权利、跨国通婚的权利,以及获得公民认可的权利。[14] 如果东印度群岛人侵犯了这些权利,比如禁止西班牙人登陆,那么为此发动的战争就是正义之举。不过,维多利亚还是留了一些余地,即如果东印度群岛人只是因为害怕西班牙人而做出了这些违规之举的话,那么也不能将这些行为盲目地视为无端的挑衅。[15] 维多利亚也没有认为仅仅违背了自然法便可以发动征服。[16] 但是,维多利亚将司法普遍主义特殊适用于东印度群岛这种做法本身却毫无疑问地为欧洲人的入侵打开了大门。[17]

三、弗朗西斯科·苏亚雷斯

弗朗西斯科·苏亚雷斯在于 1612 年陆续发表的巨著《论法律以及作为立法者的上帝》(*On the Laws and God the Lawgiver*)中谈到了万民法的问题。[18] 在这部

---

[11] *Relectio de Indis* (n 8) question 2,art 2,para 27,at 259 – 261.

[12] 关于此讨论,可参见 B. Tierney,*The Idea of Natural Rights* (Emory Atlanta Georgia 1997) ch 11.

[13] *Relectio de Indis* (n 8) question 3,art 1,at 278 – 284.

[14] 关于此讨论,可参见 G. Cavallar,*The Rights of Strangers. Theories of International Hospitality*,*the Global Community*,*and Political Justice since Vitoria* (Ashgate Aldershot 2002) ch 2。

[15] *Relectio de Indis* (n 8) question 3,art 1,at 282.

[16] F. de Vitoria,*Relectio de temperantia* ('On dietary laws, or self-restraint') question 1,art 5 in *Political Writings* (n 7) 225 – 226.

[17] 关于这一观点的强烈主张,参见 A. Anghie,*Imperialism*,*Sovereignty and the Making of International Law* (CUP Cambridge 2002) ch 1。

[18] F. Suárez,*De legibus ac Deo legislatore* (L. Pereña ed) (CSIC Madrid 1971 – 1981) book II,chs 17 and 19.

作品中,苏亚雷斯进一步发展了维多利亚对《神学大全》第二集下部的观点,即万民法更倾向于实在法而并非自然法,这也得到了多明戈·德·索托(Domingo de Soto)以及苏亚雷斯在耶稣会的同僚路易斯·德·莫利纳(Luis de Molina)的认可。阿奎那在《神学大全》第二集上部中曾提到,万民法乃自然理性和自然法所总结出来的一系列成果。其实这是不能成立的,因为任何必然遵循自然理性或自然法的东西实际上都已经包含在法律之内了。因而,苏亚雷斯就割断了维多利亚曾努力维护的万民法与自然理性之间的联系。作为法律的一个单独领域,万民法的基础在于习惯规则而并非自然理性,所以它是一部实在法,而并非自然法。[19] 这里有一个维多利亚未曾论及的角度,就是苏亚雷斯所特别强调的,万民法实际上是"法"的一个领域,这也是对其同僚加夫列尔·巴斯克斯(Gabriel Vázquez)的观点之回应。后者认为,万民法充其量就是一组权利(宣战的权利、通商的权利等),行使这些权利的规范性渊源并非来自于国家法而是自然法。按照这种思路,自然法就成为了唯一的国际规范。对此,苏亚雷斯给予了强烈的反驳,他认为万民法包括各种各样的国际规范,并非只有权利。[20]

如果是这样的话,这些规范基于习惯而产生,那么究竟谁的习惯可以用来产生国际法呢?于是,苏亚雷斯就做出了一个重要的区分。有的习惯通行于所有国家,比如买卖商品。在罗马法中,这种习惯传统上被归为万民法的范畴。[21] 但是,苏亚雷斯否认了这一点,他认为这些习惯属于所有的国家,因而可以形成一种跨国性的规范(一个人在西班牙可能会希望以与法国差不多的方式进行商品买卖),但是他们并非是一种能够适用于国家之间的规范,所以他们是"国内法"(*ius inter gentes*)。然而,严格来说,万民法却是"国家间法",它是适用于独立国家之间的法

〔19〕 F. Suárez, *De legibus ac Deo legislatore* (L. Pereña ed)(CSIC Madrid 1971 - 1981) book II, chs 17 and chs 8 - 9. 参见如下讨论: *Francisco Suárez und das Völkerrecht* (n 1) 163 - 187; B. Tierney, 'Vitoria and Suárez on *ius gentium*, Natural law, and Custom' in A. Perreau-Saussine and J. Murphy (eds.) *The nature of customary law* (CUP Cambridge 2007) 101 - 124。

〔20〕 相关讨论,参见 J. P. Doyle, 'Francisco Suárez and the law of nations' in M. W. Janis and C. Evans (eds.) *Religion and international law* (Nijhoff The Hague-London 1999) 103 - 120; *Den Frieden verantworten* (n 1) 127 - 130; *Francisco Suárez und das Völkerrecht* (n 1) 199 - 203。

〔21〕 Hermogenianus D. 1. 1. 5。

律。[22] 这是一种能够规制国家行为的习惯,比如受害国有权通过战争来反击加害国,也正是这种习惯才能真正构建出国际法。因而,苏亚雷斯也被认为可能是向真正意义上的国际法迈出了重要一步。[23] 然而,还有两个问题没有解决。第一,苏亚雷斯在某种意义上仍然认为这些规范接近于自然理性。这从苏亚雷斯对阿奎那学说的微妙的处理态度上可以看出,比如他认为,尽管各国在交战权的问题上已经接受了其他方面的限制(服从第三方的仲裁),但是这种做法其实更加合乎自然法。[24] 第二,对苏亚雷斯而言,这种国际规范存在的必要性并非取决于其对国家的作用,而是来自于整个人类在本质上的统一。尽管各国都是独立的,但是他们始终是这个广义的人类社会的一部分,在这个社会当中,国家需要沟通与交流,但是其不能任意妄为,而应当受到共同的法律框架的约束。这种思路与维多利亚颇为类似。然而,与后者不同的是,苏亚雷斯将"gentes"理解为独立的联邦或国家,他们都位于广义的人类社会当中,且他们共同塑造了万民法,这样一来,"整个世界"与"所有国家"之间就不再像维多利亚所认为的那样可以随意地切换。[25] 因而,苏亚雷斯关于"国内法"与"国家间法"的区分是国际法理论构建过程中的重要创新,但与此同时,他又因深受人类普救说的影响而亲近自然理性,所以苏亚雷斯也并未超越他的前辈。

推荐阅读

Anghie, Antony *Imperialism, Sovereignty and the Making of International Law* (CUP Cambridge 2002).

Bunge, Kirstin, Anselm Spindler, and Andreas Wagner (eds.) *Die Normativität des Rechts bei Francisco de Vitoria—The Normativity of Law According to Francisco de Vitoria* (Frommann Holzboog Stuttgart-Bad Canstatt 2011).

Deckers, Daniel *Gerechtigkeit und Recht. Eine historisch-kritische Untersuchung der Gerechtigkeitslehre des Francisco de Vitoria (1483 - 1546)* (Herder Freiburg 1992).

Doyle, John P. *Collected Studies on Francisco Suárez S. J. (1548 - 1617)* (Victor Salas

---

〔22〕 *De legibus* (n 18) book II, ch 19, n 8.

〔23〕 *Francisco Suárez und das Völkerrecht* (n 1) 213.

〔24〕 *De legibus* (n 18) book II, ch 19, nn 3 and 8.

〔25〕 同上,第二册,第 19 章,n 9;其他相关讨论,参见 *Francisco Suárez und das Völkerrecht* (n 1) 220 -248 and 67 - 70 (contrast with the Jesuit Juan de Salas).

ed) (Leuven University Press Leuven 2011).

Haggenmacher, Peter *Grotius et la guerre juste* (Presses Universitaires de France Paris 1983).

Justenhoven, Heinz G. *Francisco de Vitoria zu Krieg und Frieden* (Bachem Köln 1991).

Kremer, Markus *Den Frieden verantworten. Politische Ethik bei Francisco Suárez (1548 – 1617)* (Kohlhammer Stuttgart 2008).

Tierney, Brian *The Idea of Natural Rights*: *Studies on Natural Rights*, *Natural Law and Church Law*, *1150 – 1625* (Scholars Press Atlanta Georgia 1997).

Soder, Josef *Francisco Suárez und das Völkerrecht. Grundgedanken zur Staat*, *Recht und internationalen Beziehungen* (Metzner Frankfurt am Main 1973).

第四十七章　阿尔贝里科·贞提利
（Alberico Gentili，1552－1608 年）

梅里奥·斯卡特拉（Merio Scattola）

一、生平与教职

1552 年，阿尔贝里科·贞提利出生于教皇国的圣吉内西奥（San Ginesio），他在佩鲁贾完成民法的学习之后，成为了当地的一名公职律师。贞提利后因涉嫌信仰异端学说，于 1579 年逃往神圣罗马帝国，一年后定居伦敦，并重拾律师旧业。贞提利在伦敦结识了罗伯特·达德利（Robert Dudley），在后者的提携之下，他于 1581 年在牛津大学圣约翰学院谋得教职，并于 1587 年受聘为钦定教授。

在牛津大学任职期间，阿尔贝里科·贞提利著述颇丰，其著述大致涵盖了四个领域。第一个领域是关于民法的研究，包括 10 篇系列学术论文、对《国法大全》中术士的评论、对《论词义》（On Meaning of Words）的注解等，这些研究均体现而且也捍卫了贞提利在佩鲁贾所学到的"意大利风格"（mos Italicus）。第二个领域是关于国际法的研究。《使节三卷书》（Three Books on Embassies，1585 年）是贞提利最早涉足此领域的成果，此书还专门介绍了"伯纳迪诺·德·门多萨（Bernardino de Mendoza，1540—1604 年）案"，即作为西班牙驻英国大使的门多萨于 1584 年因卷入针对伊丽莎白一世的阴谋而被驱逐出境。1589 年，在英国海军受到无敌舰队的攻击之后，贞提利连续发表了三篇有关战争法的论文，并在此基础上于 1598 年完成了他的代表作——《战争法三卷书》（Three Books on the Law of War）。一年后，贞提利又出版了最后一部国际法的研究成果——《罗马军队两卷书》(*Two Books on the Roman Armies*),书中坚持认为古罗马人不打不义之战。

貞提利的第三个研究领域涉及到的是政治神学,其基本观点认为,在一个人类共同体中营建出一种超验的秩序乃国王之责任。[1] 1587 年,貞提利发表了由 10 篇文章组成的论辩集,在其中一篇名为《论君主》(*On the Prince*)的文章中,他首次表达了对王权的看法[2],在 1605 年发表的《关于王权的三篇论辩》(*Three Royal Disputations*)中,貞提利又进一步阐述了这一观点,他认为国王拥有绝对权力,英伦三岛应当以合法的方式实现统一,且辖区之内无人可以抗辩英王之权力。在抗辩一个合法国王的问题上,貞提利对《查士丁尼法典》中的两个主题进行了评论,并以此发表了 10 篇论辩集。这些政治檄文有利于詹姆士一世的统治。貞提利所设计的尤西比安式(Eusebian)的君主政体既反对长老协约制,又不赞同规定教皇间接权力的天主教学说,这在早期流行于整个欧洲的一场大规模的论争思潮中占有一席之地。

貞提利的第四组作品是对各种法律知识的探讨。貞提利针对法律收集、罗马法的语言、历史分期的名称、法律主体的道德修养以及圣经问题等都曾撰写过著作。

貞提利握有牛津的教鞭直到离世,不过从 1590 年起,他经常出没于伦敦海事法庭,因为那里适用大陆法系的法律。1605 年至 1608 年,貞提利受聘为西班牙大使馆的顾问律师,凭借着这段工作履历,他又完成了第三部国际法的巨著——《西班牙代理人两卷书》(*Two Books of Spanish Attorneyship*),此书在他去世后的 1613 年被出版。

二、貞提利与国际法史

貞提利生前的名望不及他的弟弟斯皮翁(Scipione),且他去世后也很快被世人遗忘。直到 1874 年,托马斯·厄斯金·霍兰(Thomas Erskine Holland,1835—

---

[1] M. Scattola, *Teologia politica* (Il Mulino Bologna 2007).

[2] A. Gentili, *Disputationum decas prima* (Excudebat Iohannes Wolfi us London 1587) at 34.

1926 年)重新发现了贞提利,并于几年后再版《战争法》。从那时起,贞提利就被视为是"国际法之父"(father of the international law),尽管更准确的说法应当是"万国法之父"(father of the law of nations)。首先,我们现在所理解的国际法应当是自由且独立的国家之间所达成的理性协议,[3]而与此不同的是,贞提利眼中的"万国法"却归属于私法领域,它是为不同国家的人们所实践的一种通用法则,而且其也可以被适用于国家之间。其次,"万国法"是由一系列的固有观念所表达的一种自然或神圣秩序。再次,"万国法"在本体论上皆是独立的规则,它只有通过扩展式的论证才能够加以解释。在这个意义上,贞提利代表着一种法律传统,其可以追溯至古代和中世纪的法哲学与神学,且最终在胡果·格劳秀斯那里达到顶峰,而后全部或部分地被近代自然法学所取代。然而,在 16 世纪时却兴起了一种思潮,其认为有必要在广义的万国法中确定一套规则,从而将其适用范围局限于国家之间,亦即万国"公"法,而并非万国"私"法。此项工作的开创者便是萨拉曼卡的经院哲学家们,他们明确了国家关系中的一些具体问题,并且形成了一套特殊的文体以传道授业。

1094

在贞提利看来,这种经院传统的万国"公"法有着两大缺陷。第一,它的诞生背景具有天主教的传统,对于一个既要对抗教廷和西班牙,又要反对长老会和清教徒的王国而言显然是不合适的。第二,它是经院哲学所发明的一种学问,有其独有的问答体系、学术机制、行为准则和传播方式,就像在近代早期阶段,政治和法律研究也都会形成一个清晰可辨的和自成一家的话语共同体。[4]

贞提利希望以法律传统的方式为万国"公"法打造一套基础学说。首先,"战争"这个题目在中世纪后期的法哲学中颇为时髦,且诞生了大量的研究成果,从而成为 16 世纪的法律名著中的重要组成部分。但是,这些作品只讨论局部问题,难以涵盖战争的各个方面。同时,罗马法在《国法大全》中也介绍了关于战争的各种法则。同时,只要我们翻翻古代史,其实就可以有大量的收获:可以根据罗马人的战争史构建一种综合学说,几十年之后的胡果·格劳秀斯会将其发扬光大。

---

[3] A. Verdross, *Völkerrecht* (Springer Wien 1955) at 34 - 39.
[4] M. Scattola, *Krieg des Wissens—Wissen des Krieges* (Unipress Padova 2006) at 36 - 50.

贞提利的万国"公"法便建立在这三个传统之上，但是他未能提出一个"系统化"的理论，因为他缺乏后来由现代自然法学所形成的那种统一的认识视角。贞提利的万国法体系基于主流问题而建，并通过主题划分以获得统一，而非建立在一个单一的原则上。所以，贞提利把外交官法看成是"使节的明镜"(*speculum legati*)，他在一个紧跟冲突进程的三阶段内讨论战争法，并且在法律实务的基础上通过构建一个独立的体系来阐述海洋法。

三、贞提利与战争法理论

在早期的一些文献中，贞提利已经明确表达了希望凭借法学的传统观点来构建一个政治理论的意图。在关于王权的第二篇文章中，贞提利开篇便阐明了这一计划，即要援引罗马法的规则，并摒弃所有的哲学理论，[5]特别是摒弃约翰·凯西(John Case)之流的研究。约翰·凯西是贞提利在牛津的同事，主授亚里士多德政治学，其观点与贞提利针锋相对。

这种思路在《战争法三卷书》的开场白中体现得更是淋漓尽致。贞提利在文中声称，所有的哲学家都完全忽视了战争的问题，因为他们只求于一个共同体之内谋得幸福的生活，而没有解释敌手间的权利和义务。他们的作品都假定存在着一个更大的共同体，一个全人类的社区，[6]这种认识能够成立的唯一场合就是奉行罗马法或普通法的欧洲国家与秉持不同习惯的其他国家相互遭遇的时候。什么样的法律可以同时适用欧洲国家和非欧洲国家呢？理应存在着一种民法的核心规则，其不管在什么样的国家都是有效的。贞提利对此的解释是，这种对我们而言具有普适性和永恒性的规则在某种程度上可能已经被遗忘了。[7]所以，一种法律总是存在着全球通用的规则，不管以明示的方式还是暗示的方式。

古罗马人已经创造了一套完备的法律科学。当他们与外国人打交道以及对抗敌人的时候便会适用这套法律，《随军祭司书》(*Libri Fetiales*)中对此就有过专门记载。不幸的是，随着罗马共和国的覆灭，这套知识就消失了，只有《查士丁尼法

〔5〕*Disputationum decas prima* (n 2) 32.
〔6〕Gentili, *De iure belli libri tres* (Antonius Hanau 1612) book I, ch 1, at 2.
〔7〕同上，第8—10页。

典》保有一些只言片语。当今的法学家们可以重构这套保存于罗马法学之中的且经过历史检验的遗失的法律，并将这种法律至上的思想适用于历史文献，从而为古老的万国"公"法打造一个崭新的面貌。[8]

基于上述前提，贞提利在《战争法三卷书》中提出了一套源自法律传统的观点。贞提利认为战争始终乃正义之举，并且他将战争定义为"公共武装力量之间的正当冲突"，[9]而且他特别强调了"武装""公共"以及"正义"。

贞提利用亚里士多德的"四因说"来解释战争的正义性，从而为整部作品提供了框架。第一卷书的第1章至第6章将君主描述为"动力因"（Efficient Cause），剩余的第7章至第25章展现了"物质因"（Material Cause），即发动战争的理由。第二卷书讨论了"形式因"（Formal Cause），也就是发动战争的正确方式。第三卷书阐明了其"目的因"（Final cause），即和约的缔结以及随之而来的和平。[10] 尤其要注意的是发动战争的原因，因为它必须始终保持真正的正义。正当的战争起因只有防卫，包括对不义进攻的反击，或者权利诉求被非法剥夺或拒绝。[11] 在这个意义上，宗教绝不能成为发动正义战争的借口，神圣战争只可能存在于古代社会，那时上帝统治着他的子民，因而可以对他们耳提面命。然而，当臣民们反对公众崇拜以及反抗合法裁判时，国王可以因宗教问题来对其进行镇压，因为只有国王才有权决定一个国家的宗教信仰。[12]

1096

推荐阅读

Gentili, Alberico *De iuris interpretibus dialogi sex* (Wolfi us London 1582).

Gentili, Alberico *Lectionum et epistolarum, quae ad ius civile pertinent, libri IV* (Wolfi us London 1583 - 1584).

Gentili, Alberico *De legationibus libri tres* (Vautrollerius London 1585).

Gentili, Alberico *Disputationum decas prima* (Wolfi us London 1587).

Gentili, Alberico *De iure belli libri tres* (1st edn 1598, Antonius Hanau 1612).

---

〔8〕Gentili, *De iure belli libri tres* (Antonius Hanau 1612) book I, ch 1, at 2.

〔9〕同上，第2章，第17页。

〔10〕同上，第7章，第55—56页。

〔11〕同上，第5章，第45页。

〔12〕同上，第10章，第66—78页。

Gentili, Alberico *De armis Romanis Libri duo* (Antonius Hanau 1599).

Gentili, Alberico *Ad titulum Codicis De malefi ciis et mathematicis et ceteris similibus commentaries* (Antonius Hanau 1604).

Gentili, Alberico *Regales disputationes tres*: I. *De potestate regis absoluta*; II. *De unione regnorum Britanniae*; III. *De vi civium in regem semper iniusta* (Vautrollerius London 1605).

Gentili, Alberico *In titulos Codicis Si quis Imperatori maledixerit, Ad legem Juliam maiestatis disputationes decem* (Antonius Hanau 1607).

Gentili, Alberico *Hispanicae advocationis libri duo* (Antonius Hanau 1613).

Gentili, Alberico *In titulum Digestorum De verborum signifi catione commentarius* (Aubrius Hanau 1614).

Benedictis, Angela de 'Gentili, Alberico' in Mario Caravale (ed) *Dizionario biografi co degli italiani* (Istituto dell'Enciclopedia italiana Roma 1999) vol 53, at 245 – 251.

Haggenmacher, Peter 'Grotius and Gentili. A Reassessment of Thomas E. Holland's Inaugural Lecture' in Hedley Bull, Benedict Kingsbury, and Adam Roberts (eds) *Hugo Grotius and International Relations* (Clarendon Press Oxford 1990) 133 – 176.

Minnucci, Giovanni *Alberico Gentili tra mos Italicus e mos Gallicus. L'inedito commentario Ad legem Iuliam de adulteriis* (Monduzzi Bologna 2002).

Molen, Gezina van der *Alberico Gentili and the Development of International Law: His Life, Work and Times* (2nd edn Sijthoff Leyden 1968).

Panizza, Diego (ed.) *Alberico Gentili. Politica e religione nell'età delle guerre di religione* (Giuffrè Milano 2002).

Scattola, Merio 'Scientia Iuris and Ius Naturae. The Jurisprudence of the Holy Roman Empire in the Seventeenth and Eighteenth Centuries' in Damiano Canale, Paolo Grossi, and Hasso Hofmann (eds.) *A Treatise of Legal Philosophy and General Jurisprudence* (Dordrecht Springer 2009) vol 9 (A History of the Philosophy of Law in the Civil Law World, 1600 – 1900) 1 – 41.

1097

第四十八章　胡果·格劳秀斯
（Hugo Grotius，1583–1645 年）

皮特·哈根马歇（Peter Haggenmacher）

格劳秀斯在今天基本上被当成了一位法学家，其主攻法律和政治哲学，尤其擅长于国际法。其实在当时，格劳秀斯可谓名声籍甚，不仅是因为他在宗教争议问题上的立场，还在于他被公认为文坛的杰出一员。尽管黎塞留（Richelieu）发自内心地厌恶格劳秀斯，但是他仍然承认格劳秀斯是当时最伟大的三位学者之一。此言非虚，格劳秀斯一生著作等身，除了法律之外，他还曾广泛涉猎包括古典哲学、编史学、神学在内的各个领域。

格劳秀斯的一生大致可以分为三个阶段：青年时期，他是一位早熟的古典主义者和律师，也是祖国荷兰的一颗冉冉升起的政治新星，直到与他的导师奥尔登巴内费尔特（Oldenbarnevelt）一同遭遇劫难并锒铛入狱（1583—1618 年）；流放时期，他先是逃到了巴黎（1621—1631 年），后来复返祖国失败之后再次流落他乡而去了汉堡（1632—1634 年）；最后一个时期，他作为瑞典大使被派驻于法国宫廷（1635—1645 年）。

格劳秀斯死后的声誉主要来自于他从劳埃弗斯汀监狱（Loevestein Castle）逃到法国之后就着手创作并于 1625 年出版的一部作品。这部名为《战争与和平法》（*On the Law of War and Peace*）的巨著使其长期保有"国际法之父"的头衔。尽管这个独家创始人的名号正逐渐受到其他可能的先贤之挑战，但是大家仍然认为此书对于使国际法发展成为一个独立的法律领域而言具有里程碑式的意义。通常认为,格劳秀斯的主要贡献在于他明确提出了现代自然法的观念,从而摆脱了经院哲学的神学枷锁,而经院哲学随着中世纪基督教世界的崩塌已然失去了意义。在三十年战争期间,格劳秀斯的理论为那些一致呼唤和平的苦苦挣扎的参战各方提供了一个中立的平台,因而,在格劳秀斯死后,一个以其学说为理论基础的所谓的威斯特伐利亚体系被迅速建立了起来。然而,我们从格劳秀斯这部名作的字里行间中却很难能够体会到这种为人们所苦心经营的创世神话,及其所带有的19世纪的英雄崇拜和反教权论的味道。格劳秀斯既没有提出一个新的"世俗的"自然法观念,也没有建立一个真正的国际法体系。

格劳秀斯并不试图撇开上帝来营造自己的法律世界,也不试图超越西班牙的经院哲学家们,他的自然法概念基本上与苏亚雷斯一脉相承。[1] 如果格劳秀斯宣称这个事物"即使在没有上帝存在的情况下,其在某种程度上也是正当的",[2]这也仅仅只是为了强调它的内在正当性而做出的一种假设,那么这种正当性在上帝的眼中更是不言而喻的。但是,上帝作为造物主仍然保有终极的合法性权威,即他赋予了人类以理智和友善的本性,以及他必须推崇遵守本性的美德和惩治违背本性的恶行。格劳秀斯就是要证明蕴含在人性之中的不成文法是一种确定无疑的存在,其不依赖于任何的实在法则——不管是世俗的还是神圣的——即可将整个人类融为一体。这就是格劳秀斯对卡尔内亚德(Carneades)以及其他"唯实论者"的著名批判之核心要点,后者将这种普适的自然法观念视为纯粹的幻觉,因为对他们而言,所有法律存在的意义并非是正义,而只是对掌权者的实用性。[3]

从整体上看,格劳秀斯并没有否认实用性乃法律之基础,但是他却将其限定于实在法领域,因为法律的有效性并非源自天生,而是来自于某些立法决断。不仅是市民法(也就是国内法),万国法也是这种情况,因为它是各国基于自由意愿而达成的结果。格劳秀斯与苏亚雷斯一同将罗马法的万民法重新定义为一种适格的国际法(而不是像传统上那样仅仅将其视为一种普遍的国内法)。然而,对他们而言,这种国际法更多地是强调个体的义务而并非国家的责任,而且它也没有形成一个完

---

〔1〕H. Grotius, *De iure belli ac pacis* (1625) I, I, X.

〔2〕同上,Prolegomena,第11页。

〔3〕同上,Prolegomena,第3—27页。

整的体系,只是包括了一些用来补充那些广义的自然法原理的具体的规则和制度。只有合在一起讨论"自然法与万民法"(*ius naturae et gentium*)的时候,他们才能够创作一些与我们所了解的国际法相似的东西,这恰恰也是格劳秀斯这本巨著的副标题。至于能否根据其主要内容和基本精神来断定《战争与和平法》是一部国际法的作品,这还有待进一步的观察。

初看之下,书名似乎可以提供一个确定的答案,尽管有人可能更倾向于先说和平再论战争。然而,词语的顺序实际上说明了很多问题,因为格劳秀斯的这个书名(一种西塞罗式的传统)既不能用尚未诞生的经典国际法的视角来解读,也不能用已经登峰造极的旧式战争法的理论来分析。战争法构成了此书的主体框架,然后才是套入仅仅作为休战规则的和平法。

格劳秀斯的核心目的是要去证明存在着一种上位的法律秩序,它可以规制战争的开始、发展到结束的全部过程。这本书的整体架构就是对经院哲学的正义战争论之回应。在此书正式出版的二十年前,当格劳秀斯还是一位年轻律师的时候,他在为荷属东印度公司卷入的一起捕获案而撰写的一份实质上是学术著作的辩词中就已经深入研习了相关文献。因而,这篇题为《拿捕法论》(*De iure praedae*)的作品是格劳秀斯关于战争法的初探,除了第一章通过挂于著名的《海洋自由论》(*Mare liberum*)一书名下而得以于 1609 年发表之外,其余章节则在 1864 年被发现之前一直不为人所知。格劳秀斯在此书中所展现出的非凡的见地与学识为他二十年后出版的《战争与和平法》奠定了基础。于是,格劳秀斯重拾并发展了正义战争论的核心观点,即认为只有当惯常的法律救济无效之时,才可以诉诸武力来制裁恶行。"战争始于裁判失效之时"是格劳秀斯的基本论点,[4]哪里没有法律的权威,哪里就会发生战争。因而,主要问题就是要考察战争的合法依据。格劳秀斯主要的关涉之一就是要区分出发动战争究竟是基于合法合理的缘由,还是仅仅只是出于谨慎或者其他功利的动机。因而,格劳秀斯在占整本著作一半篇幅的第二编中构建了一个完整的实体法结构。该结构所展现的是一个有关主体权利的综合体系,这是人类与生俱来的一种权利,所以任何人不管在任何情况下一旦受到了妨碍

---

〔4〕H. Grotius, *De iure belli ac pacis* (1625) II, I, II, 1.

都可以将权利主张到底。

虽然这种权利体系直接就能够如此详尽无误地展现出什么可以成为战争的正当理由,但是格劳秀斯仍然赋予了其更为广泛的意义,[5]而且这就是为什么后人可以从多个角度对其进行解读的原因,除了私法的角度之外,还有宪法和刑法的角度,当然还包括国际法的角度。相当重要的是,现代人权法也能从中找到线索。尽管包罗万象,但是格劳秀斯的这部著作基本上还是一部广义的正义战争论。与其叫它国际法(二十五年之后苏支[Zouche]的《万国法的解释和一些有关的问题》[Ius feciale sive ius inter gentes]也是同样的情况),还不如称其为跨国冲突法。本章仅仅只是试图探寻这部著作的真实意图,丝毫无损于其在过去千年的法学作品史上的无可撼动之伟大地位。

推荐阅读

Grotius, Hugo *De jure belli ac pacis libri tres*, *in quibus jus naturae et gentium*, *item juris publici praecipua explicantur* (Three Books on the Law of War and Peace, Wherein Are Explained, the Law of Nature and Nations, and the Principal Points Relating to Government) in J. B. Scott (ed) *The Classics of International Law* (2 vols Clarendon Press Oxford, Humphrey Milford London 1913 – 1925).

Grotius, Hugo *De iure praedae commentarius* (Commentary on the Law of Prize and Booty) (2 vols Clarendon Press Oxford and Geoffrey Cumberledge London 1950).

Bull, Hedley, Benedict Kingsbury, and Adam Roberts (eds.) *Hugo Grotius and International Relations* (Clarendon Press Oxford 1990).

Dufour, Alfred, Peter Haggenmacher, and Ji Toman (eds.) *Grotius et l'ordre juridique international: Travaux du colloque Hugo Grotius, Genève 10 – 11 novembre 1983* (Payot Lausanne 1985).

Edwards, Charles S. *Hugo Grotius, The Miracle of Holland: A Study of Political and Legal Thought* (Nelson Hall Chicago 1981).

Foisneau, Luc (ed.) *Politique, droit et théologie chez Bodin, Grotius et Hobbes* (Editions Kimé Paris 1997).

Haggenmacher, Peter *Grotius et la doctrine de la guerre juste* (Presses Universitaires de France Paris 1983).

Haggenmacher, Peter 'La paix dans la pensée de Grotius' in Lucien Bély and Isabelle

---

[5] H. Grotius, *De iure belli ac pacis* (1625) Prolegomena, at 30 – 31.

Rochefort（eds）*L'Europe des traités de Westphalie：Esprit de la diplomatie et diplomatie de l'esprit*（Presses Universitaires de France Paris 2000）67 – 79.

Remec，Peter P. *The Position of the Individual in International Law according to Grotius and Vattel*（Nijhoff The Hague 1960）.

Straumann，Benjamin *Hugo Grotius und die Antike：Römisches Recht und römische Ethik im frühneuzeitlichen Naturrecht*（Nomos Baden-Baden 2007）.

第四十九章　塞缪尔·普芬道夫
（Samuel Pufendorf，1632－1694 年）

努德·哈孔森（Knud Haakonssen）

　　塞缪尔·普芬道夫生于萨克森，他先是就读于莱比锡大学，而后在耶拿大学师从于埃尔哈德·魏格尔（Erhard Weigel），魏格尔同时也是莱布尼茨的老师。1660年，普芬道夫受聘为海德堡大学哲学和万国法教授，接着他又很快地（于 1668 年）被瑞典新成立的隆德大学相中，并赴该校讲授自然法和万国法。1677 年，普芬道夫前往斯德哥尔摩，并成为瑞典皇家史官。1688 年，普芬道夫最终又接受了勃兰登堡普鲁士的邀请，从而继续效力于皇室宫廷。

　　普芬道夫是当时乃至之后的 18 世纪最著名的哲学家之一，他无论是在名声上还是在影响力上均可以轻松地比肩于约翰·洛克。[1] 普芬道夫的政治和法律理论可被归类为自然法，但要尤为注意的是，这里的自然法无疑不同于今日的自然法。此处的自然法不是一套条理分明或连贯统一的学说；相反，它是为各种哲学理论所通用的一种实践语言。由于其常用的许多法律和政治材料皆出自罗马法及其注释文献，所以它看上去前后也有所呼应。此种博采众长式的研究开创自伟大的人文主义学者胡果·格劳秀斯，所以后辈们才将其视为这一领域的奠基人。然而，

如果没有普芬道夫的代表作《论自然法与万国法》（*The Law of Nature and*

---

〔1〕最好的概述，参见 M. Seidler，'Pufendorf's Moral and Political Philosophy' in E. N. Zalta（ed.）*The Stanford Encyclopedia of Philosophy*（2010）at ⟨http://plato. stanford. edu/⟩.

Nations，1672 年)以及此书的概要《论人类和公民的义务》(*On the Duty of Man and Citizen*，1673 年)，则自然法也不可能被塑造成为遍及欧洲内外的哲学和法律之必修课，而这一过程本身也是教育、法律以及学术建制现代化的组成部分。[2]

首先需要指出的是，普芬道夫的万国法理论采纳了霍布斯的观点，即这种法律无非就是适用于国家之间的自然法。其次，在普芬道夫的自然法理论中几乎找不到今天所流行的自然法的观念。普芬道夫的自然法并不是一套建立在某种形式的至高权威之上的实质性的基本规范(*Grundnorm*)，其也没有提供一种可供道德准则和实体法规所检验的综合性的规范体系。尽管自然法源自上帝的安排，但是这种状态本身及其实际内涵却都是来自于经验观察以及基于观察而做出的推理。

在普芬道夫的路德式的观点看来，人类获得神圣心灵(Divine Mind)的唯一途径就是观察此种心灵的外部行为。通过观察可以发现，不论是出于能力还是意愿，人类都是一种社会动物。如果我们排除所有的社会关系来想象人类社会，那么这就是一种自然的状态，这种状态不仅能够展现出物种欲望与需求之间的完整差异以及满足欲望的办法，而且还可以使我们领会到由此导致的混乱将会使人类陷于万劫不复的深渊。如果包括人性在内的自然本性是神圣意图(Divine Intention)的外在表现，那么稍作思考就可以发现其中的关键就是社会化。当我们发现带有这种意图的造物主之力量可以压倒一切的时候，我们就不难想象当与之相违抗时将带来的后果。普芬道夫所理解的责任就是以下两种认识的结合：(1)以美好生活为宗旨；(2)强制性地服从。[3]

自然法的内涵其实很简单，就是我们必须生活在社会之中，但是这本身意味着什么却完全取决于我们身处的特殊环境以及我们对此的反应。社会生活源于人类的选择或是个人与集体的行为，通过规则、约束、区分、惯例以及喜好，我们将人类这种自然生物转换成为各种各样的以职责为标志的社会角色。用普芬道夫的话来

---

〔2〕参见 K. Haakonssen, 'Natural Law' in J. Skorupski (ed.) *Routledge Companion to Ethics* (Routledge London 2010) 76 - 87. 参见 K. Haakonssen, 'Natural Law' in J. Skorupski (ed.) *Routledge Companion to Ethics* (Routledge London 2010) 76 - 87。

〔3〕K. Haakonssen, 'Natural law and Personhood: Samuel Pufendorf on Social Explanation' (Max Weber Lecture Series No 2010/06) at〈http://cadmus.eui.eu/handle/1814/14934〉，访问于 2012 年 1 月 26 日。

讲,我们将"道德实体"强加于"自然实体"之上。由于可以概括地划分出这些不同种类的职责,所以普芬道夫有许多重要的自然法作品都是在研究这一问题,但是具体的职责却是由特定的社会情景所决定的,而那是历史学的研究领域。因此,普芬道夫既是一位历史学家,又是一位自然法学家。

对自私自利且欲求不满的人类而言,社会化生活的最重要的一种方式就是国家,而且这种"道德实体"用普芬道夫的契约论中的术语来解释就是一个国家的合成体,类似于一个自然人。将国家比作拟制的人,并且其与"操控"它的当权者以及其他自然人相比有着独立的身份,这种观念是普芬道夫的一大贡献。[4] 在服务于其国民经济活动的过程中,国家会处于一种自然的状态而且必须以基本的社会规则以及相关解释来规范其国民之间的私利交往。有一部分万国法可以简单而又"绝对地"被适用于国家之间,比如禁止不必要的战争;还有一些则属于"拟制的"规则,其假定国家之间存在着某种类型的关系,比如战争行为、互派大使等。这两种类型的法律之义务所产生的根源都是要实现社会性,即和平。拟制的法律的适用范围取决于特定的时空条件。然而,对普芬道夫而言,有一点是明确的,那就是万国法最多只能提供一套最基本、最普遍的道德秩序,因为人类会事无巨细地表达出他们的需求与兴趣,并且他们只能在具体的社会和政治情景中才能够得到满足。因此,纯粹由某国的立法机关以及个别国家之间所订立的协议所创立的那些所谓的自觉与自愿达成的或成文化的万国法,其实根本就算不上什么适格的法律类型。基于自然/万国法所提出的普遍的但也是最低限度的要求,任何人——天然的或结合而成的——必须有能力认清问题中的核心利益,并且在两种职责之间进行平衡。自然法和万国法施加给社会性的普世责任要求我们关注自身的特殊利益,且为了保护自身利益,我们必须要依法行事。于是,普芬道夫关于自然法和万国法的理论著述与其主要的历史研究成果之间就有了内在的关联。[5]

国家作为一个合成体有其特定的权利义务,只有把这些权利义务置于其国民

---

〔4〕D. Boucher, 'Pufendorf and the Person of the State' in D. Boucher (ed.) *Political Theories of International Relations* (OUP New York 1998) 223-254.

〔5〕参见 S. Pufendorf, *An Introduction to the History of the Principal Kingdoms and States of Europe* (M. Seidler ed., J. Crull trans.) (Liberty Fund Indianapolis 2011)中的导言。

之上,那么国家才能够有效地发挥其社会化的作用,即国家必须具有至高无上(无与伦比)的主权(绝对的或有限的,视情况而定)。主权在其领土范围之内拥有至高权力,这一观念使得普芬道夫的主权理论并没有仅仅限于欧洲国家,而是扩展到了美洲的部落社会。与此同时,自然法和万国法把国家的任务界定为实现和平,如此一来,其就限制了国家的其他职责,特别是对其国民精神生活的塑造。

普芬道夫的法哲学之理论内核包括了一系列的观念:国家的人格、国家所拥 1105有的至高无上的主权、国家的领土,以及国家对万国法应尽的义务如同在一个最小的社会秩序中对不断变化的自我利益之追逐。历史地看,普芬道夫试图解决的是《威斯特伐利亚和约》之后的欧洲秩序,尤其是神圣罗马帝国的问题。

推荐阅读

Pufendorf, Samuel *De officio hominis civis juxta legem naturalem*: *Libri duo* (1682) in J. B. Scott (ed.) *The Classics of International Law* (2 vols OUP New York 1927).

Pufendorf, Samuel *De jure naturae et gentium libri octo* (1688) in J. B. Scott (ed.) *The Classics of International Law* (2 vols Clarendon Press Oxford 1931).

Pufendorf, Samuel *An Introduction to the History of the Principal Kingdoms and States of Europe* (Michael Seidler ed., Jodocus Crull trans.) (Liberty Fund Indianapolis 2011).

Pufendorf, Samuel *On the Duty of Man and Citizen* (James Tully ed., Michael Silverthorne trans.) (CUP Cambridge 1991).

Pufendorf, Samuel *Gesammelte Werke* (Wilhelm Schmidt-Biggemann ed.) (Akademie Verlag Berlin 1996).

Boucher, David *Political Theories of International Relations* (OUP Oxford 1998).

Hunter, Ian *Rival Enlightenments*: *Civil and Metaphysical Philosophy in Early Modern Germany* (CUP Cambridge 2001).

Kingsbury, Benedict and Benjamin Straumann 'State of Nature versus Commercial Sociability as the Basis of International Law: Refl ections on the Roman Foundations and Current Interpretations of the International Political and Legal Thought of Grotius, Hobbes and Pufendorf' in Samantha Besson and John Tasioulas (eds) *The Philosophy of International Law* (OUP New York 2010) ch1, 33 - 51.

第五十章　克里斯蒂安·沃尔夫
(Christian Wolff，1679－1754 年)

努德·哈孔森(Knud Haakonssen)

克里斯蒂安·沃尔夫(1679—1754 年)先后就读于耶拿大学和莱比锡大学,而后他留校任教直到接受新成立的哈勒大学(University of Halle)的邀请(1707 年),并赴该校担任哲学教授,沃尔夫于 1723 年被普鲁士国王驱逐出境。在马尔堡大学(Marburg)从教 17 年后,沃尔夫又被腓特烈大帝召回到了哈勒大学。沃尔夫是当时德语世界最具影响力的哲学家,而且他在范围更大的启蒙世界中也有着相当大的影响。沃尔夫涉猎广泛,其研究范围从"逻辑学"或常识理论到理论哲学(本体论、宇宙论、实证和理性的心理学以及自然神学),再到实践哲学(伦理学、自然法、万国法、政治、经济),而且他将这些知识融会贯通,并进行了伟大的系统化的整理。沃尔夫一开始用德语完成了这个体系的架构,而后用拉丁文加以修订并推广至整个欧洲。[1] 之后,沃尔夫又通过《以科学方法详细阐明的自然法》(*Ius naturae*，*methodo scientifica pertractatum*，1740－1748 年)、《以科学方法详细阐明的万民法》(*Jus gentium*，*methodo scientific pertractatum*，1750 年)[2]以及《自然正义与万国法》(*Grundsätze des Natur-und Völckerrechts*，1754 年)等著作来构建自己的

---

〔1〕 关于沃尔夫的德语和拉丁语的作品集,参见 C. Wolff, *Gesammelte Werke*（J. École ed.）(Olms Hildesheim 1962) Abteilung I: *Deutsche Schriften* 24 vols; Abteilung II: *Lateinische Schriften* 38 vols.

〔2〕 C. Wolff, *Jus gentium*, *methodo scientifica pertractatum* (1764) in J. B. Scott（ed.）*The Classics of International Law* (2 vols Oxford Clarendon Press 1934).

理论版图。

同大多数早期的自然法学家一样,克里斯蒂安·沃尔夫也将他的自然法理论扩展适用于国家,尽管对他而言,这两者并不相同。这种自然法理论基本上是一种新经院哲学(Neo-Scholastics)的传统,其认为人类的自然征程具有完美性,故而该理论是以目的论的视角来审视包括个体和集体在内的人类生活,这与普芬道夫的意志社会性形成了鲜明的对比。这里的"完美性"应当理解为对我们自身原生能力的一种综合的领悟,这种能力能够让我们和其他人一起构建一个和谐的世界,而所谓的幸福则是必须理性地认识到,每一个完美的特定时刻其实都是一块命中注定的幸福拼图。追逐完美的驱动力就是对人类生存状态的理性的洞察力,它在整个自然系统中的位置也由命运来设定。自然法所给予我们的道德自由无非也包括在这种理性认识之中,只有智力残缺或者非理性的(情感上的)故意才会使我们丧失自由,从而不能尽责。沃尔夫的理论核心就是一方面对完美、幸福、道德自由以及自然法之责任反复地进行阐述,另一方面也为我们指明了实现自然法之目标的前进之路。

根据个人的洞察,每一个人都生而拥有追求完美的绝对权利,这种权利同时也是人类生而具有的寻求完美的责任。然而,这种洞察力可能带有一种倾向,即自己不履行自然权利,反而依赖于他人(们)的洞察力。前者属于天赋自由的"先天形态";后者则是后天形成的,亦即一种统治关系的形态。当后天形态成为实现完美和幸福最大化的最佳方式之时,自然法便要求人们放弃掌控未来的自由以行使他们的天赋自由。这就是沃尔夫提出的作为执政基础的契约论思想的基本内容。其关键在于,它不是一个周而复始的且带有历史感的判断,它阐明的是一种观念,即统治关系"意味着"统治者对集体的完美性拥有最终评判权。这种评判与达成契约的"原始"动机一样,可能是好的,可能是坏的,也可能是不好不坏的,这和其他所有的现实判断是一样的。

后天社会具有前政治性,它包括私人财产关系以及家庭与封建组织。之后的重要一步便是基于契约关系所建立的市民社会,契约的当事人不仅包括后天社会的个人,还包括群体,比如由户主和领主所代表的家庭以及(封建)庄园。在这种社会中,统治者需要探寻最有效率的获取完美的方法,沃尔夫为此创建了一套相当详细的关于一个完全的富足与安宁之国的理论体系。

尽管从历史的角度来看,市民社会或者国家是实现完美性的社会组织的最高形式,但是沃尔夫仍然在其自然法理论中构建了一个能够实现人类大同的普世社会。沃尔夫称其为"世界联邦"(*Civitas Maxima*),并认为其是最伟大的社会。"世界联邦"是关于完美性最基本的自然法则,它能够将五湖四海的人们汇集起来,从家庭社会到封建社会和集体社会,再到市民社会,最后就是属于全人类的伟大社会。就其原生潜质而言,或者理论上来讲,其整个道德生成系统井然有序、一丝不紊,因而所有追求"完美与幸福"的个人或集体在整个幸福或天福(beatitude)系统中都能够各尽其责,以发挥应有的作用。用沃尔夫的话来讲,这种关系就具有了逻辑上的必然性。客观地讲,总有正确的行事法则;在冲突中,可能这一方是对的,也可能另一方是对的。然而,在现实中,任何单独个体或者特定社会都要受制于源于无知和冲动的历史偶然性。所以,一方面,根据自然法,社会关系具有"必然性";而另一方面,个体却达成了聪慧或愚蠢的实际契约,但无论如何都必须要遵守过去社会所创造的自然法则。这对于万国法而言是重要的。

市民社会通过创造实在法来应对它所特有的历史局限性,这种实在法极为贴近于强制性的自然法。类似地,这个名为世界联邦的普世社会也在使用"自律的万民法"(*voluntary ius gentium*)来面对其特定的历史环境,这种自律的万民法也极为接近于"必要的万民法"(*necessary ius gentium*)。这里的万民法其实就是适用于全世界各个市民社会之间的自然法。除了必要和自律的万民法之外,沃尔夫认为万民法的渊源还包括各市民社会所订立的契约以及习惯规则,但是在他看来,最为重要的还是自律万民法。普适社会没有也不可能有实际的统治者,尽管它由独立自主的市民社会所组成,但是自律万民法的存在本身却意味着它"好像"也有一个统治者。这个统治者就是由市民社会遵照必要万民法来订立契约时所达成的宪章,所以世界联邦实现了直接民主。然而,因为全世界的市民社会实际上不可能聚集到一起去制定法律,所以自律万民法必须得到"更多的文明社会的认可"。如果进一步类比市民社会,世界联邦的主权就意味着它也有一位统治者或者总督,其掌控着主权的交替。世界联邦的主权与总督都是法律拟制的概念,之所以会出现这种拟制,是因为自然法开始推广至全世界的市民社会,而且自然法被赋予的基本责任就是要维持这些拟制概念,亦即保持其在现实世界中的有效性。

　　每个市民社会本身都是一种法律拟制,都被看作一个拥有主权的法人,其有着独立的行为能力。因此,所有的市民社会都是平等的。可以说,没有主权也就没有市民社会。因此,每个主权国家对其行为合法性的判断也应该是平等的。所以,尽管按照必要万民法的规定,国际争端中必然会有客观的错与对,但是如果根据自律万民法的原则,则任何争端中的双方(或者各方)可能都是对的。然而,主权社会按照必要万民法的规定在"行使"这些权利的时候,也可能会造成诸如非战斗人员死亡以及掠夺平民的后果,可是这都是为自律万民法所严格禁止的(尽管它已经成为一个既定惯例)。从这个意义上来说,必要万民法就"钳制住了"自律万民法。

推荐阅读

Wolff, Christian *Jus gentium, methodo scientifica pertractatum*（1764）in J. B. Scott（ed.）*The Classics of International Law*（2 vols Clarendon Press Oxford 1934）.

Wolff, Christian *Gesammelte Werke*（J. École ed.）（Olms Hildesheim 1962）Abteilung I：*Deutsche Schriften* 24 vols；Abteilung II：*Lateinische Schriften* 38 vols.

Cavallar, Georg *The Rights of Strangers：Theories of International Hospitality, the Global Community, and Political Justice since Vitoria*（Ashgate Aldershot 2002）208-221.

Haakonssen, Knud 'German Natural Law' in Mark Goldie and Robert Wokler（eds.）*Cambridge History of Eighteenth-Century Political Thought*（CUP Cambridge 2006）251-290.

Onuf, Nicholas G. *The Republican Legacy in International Thought*（CUP Cambridge 1998）60-70.

第五十一章　科尔内利斯·范·宾刻舒克
(Cornelius Van Bynkershoek，1673－1743 年)

明石钦司(Kinji Akashi)

一、生平与作品

科尔内利斯·范·宾刻舒克(1673—1743 年)出生于荷兰泽兰省省会米德尔堡的一户体面的中产阶级家庭。在家乡读完中学以后,宾刻舒克进入弗里斯兰省的弗拉内克大学(University of Franeker,该校于 1816 年关闭)继续学业,在那里他先修神学,而后攻读法律。1694 年,宾刻舒克在欧洲知名法学家优利克·胡伯(Ulrich Huber)等人的指导下取得博士学位(世俗法和教会法博士双学位)。在弗拉内克大学完成学业(其间经历了慈母离世的打击)之后,宾刻舒克选择定居海牙,那里是当时荷兰省、泽兰省以及西弗里斯兰省最高法院所在地。在海牙当了 10 年律师之后,宾刻舒克又于 1704 年被任命为法官,并于 1724 年起就任院长一职直至1743 年离世。

除了身为律师和法官之外,宾刻舒克还著有大量长短不一的法学作品,内容主要集中于罗马法与荷兰法领域。与这两个领域相比,其讨论国际法(万民法)的成果相对较少。宾刻舒克的著作主要包括:《论海洋统治权》(*De dominio maris dissertatio* [Dissertation on the Dominion of the Sea])、[1]《论大使在民事案件与刑

---

〔1〕 *De dominio maris dissertatio*（Apud Joannem Kerckhem Leiden1702）（*以下简称 DMD*）。

事案件中的司法管辖权》(*De foro legatorum tam in causa civili*，*quam criminali liber singularis* [Single Book on the Jurisdiction over Ambassadors in Both Civil and Criminal Cases]以下简称《论司法管辖权》)、[2]以及《公法问题研究》(*Quaestionum juris public libri duo* [Two Books on Questions of Public Law])。[3] 其中，第一部作品讨论的是海洋主权问题，这也是"很多战争的导火索"。[4] 除了论证所有权的起源以及综述前人观点之外，宾刻舒克还主张"陆地上的控制权终止在武器力量的终止之处"。[5]《公法问题研究》重申了这一观点，并表述为"领土主权的终点即武力的终点"。[6] 这一主张被称作"大炮射程论"，其成为测量"领海"宽度的理论基础。然而，必须要指出的是，宾刻舒克提出的并不是领海的宽度，而是领土主权所及的范围。这样一来，海滩上就真的应该建有要塞或炮台了，不过他的理论是否考虑到这一点我们还不清楚。第二部作品从外交官的起源和称谓入手，相当广泛地讨论了外交使节的司法权问题。尽管此书的灵感源自于一个真实的案例，但是宾刻舒克所讨论的外交使节的问题却是当时公法领域的一个热点。[7] 第三部作品包括两卷"书"。尽管从题目上看，此书意在探讨广义的公法问题，但是第一卷"书"主要考察的是战争法，第二卷则是关于公法的杂论。

二、评价

国际法史的教科书在评价宾刻舒克对国际法史发展的贡献时，提到的往往并不是他的学术成果，而是他的方法论。基于宾刻舒克在方法论上的三种面向，即自然主义、格劳秀斯主义以及实证主义，人们一直以来普遍将其视为国际法学实证主义学派的代表人物。宾刻舒克的确援引了很多先例和实例（"国家行为"）来证明特定案件中确实存在法律规则与合法判决。传统上所认为的宾刻舒克的实证主义可能就是因为方法论上的这种显著特征。然而，细读其文，我们很快就会发现这种先

1112

---

[2] *De foro legatorum tam in causa civili*，*quam criminali liber singularis*（Apud Joannem KerckhemLeiden 1721）（以下简称 *DFL*）。

[3] *Quaestionum juris public libri duo*（Apud Joannem Kerckhem Leiden 1737）（以下简称 *QJP*）。

[4] 'Ad lectorem' in *DMD*（n 1）。

[5] '*potestatem terrae fi niri*，*ubi finitur armorum vis*' *DMD*（n 1）ch ii。

[6] *QJP*（n 3）book I，ch viii；亦见 book II，ch xxi。

[7] 'Ad lectorem' in *DFL*（n 2）。

例和实例只不过都是二手材料。为了重新审视宾刻舒克的方法论，我们将主要考察以下两个问题："国际法"（万民法）的概念以及其理论中的"理性"（理由）之重要性。就前者而言，宾刻舒克（与格劳秀斯、普芬道夫、沃尔夫、瓦特尔［Vattel］等所谓的"奠基者"不同）没有使用具体的章节来阐述他本人的关于国际法的概念或定义。《论海洋统治权》对此语焉不详，《论司法管辖权》与《公法问题研究》中的概念或定义也只是散见于字里行间。然而，这种论述方式却可能体现了他对此问题的一种理解，而且其在这三部作品中的"转变"也可以看成是从前到后有着一个"发展"的概念。就国际法的概念而言，《论海洋统治权》尚显粗浅，所以宾刻舒克似乎应该是在《论司法管辖权》中构建了自己的概念，并在之后的《公法问题研究》中进一步阐明了其中的核心问题。《论司法管辖权》所论及的国际法的核心概念如下所述：国际法就是以惯例形式展现出来的默示契约，而惯例则包括理性和习俗（习性）。宾刻舒克在《公法问题研究》中重申了相同的观点："国际法就是源自理性和习俗的默示与推定的契约。"〔8〕因而，宾刻舒克的国际法定义可以稍有出入地表述如下：国际法就是以理性和习俗为基础的默示契约和惯例，而默示契约和惯例在内容上具有一致性。这里所援引的观点也涉及到了我们要讨论的第二个问题，也就是作为国际法基础之一的理性之重要性。事实上，宾刻舒克确实也提到，"因此，它有着两个基础，就是理性和习俗"〔9〕。然而，宾刻舒克的这番论断也许另有他意，因为按照其对国际法的定义，"永久习俗"基本上就等同于"那些各不相同的自权人（sui juris）所共同遵守的惯例"，而且这里的惯例"有着坚实而有力的理性基础，所以我们称其为'万民法'"。〔10〕 简而言之，永久习俗就是惯例，而且当这种惯例以理性为基础的时候，我们就可以称其为"国际法"。因而，判断惯例是否是国际法的一个前提条件就是该惯例是否"以理性为基础"。当我们审视理性与条约（国家间协议，pacta gentium）之间的相互关系时，便可以发现理性的重要性。在讨论"敌舰和敌货"的处理原则时，宾刻舒克先是引述了支持该原则的条约，而后其笔锋一转，又否定了这种条约的法律效力，并宣称"基于理性是绝对不能容忍这种法律

1113

---

〔8〕 *QJP* (n 3) book III, ch x.
〔9〕 '*Duo igitur ejus quasi fulcra sunt，ratio & usus*' DFL (n 2) ch iii.
〔10〕 'Dedicatio' in DFL (n 2).

制度的"[11]。因而,当条约与理性发生冲突的时候,宾刻舒克总是坚持后者优于前者。因而,不论是其关于国际法的定义,还是法律理论中对理性的倚仗,都会使我们怀疑宾刻舒克究竟是否是一个实证主义者。然而,我们也不能就此推翻这种公认的普遍评价。但是,应该指出的是,即使像宾刻舒克这种实践经验极其丰富的律师和法官,他在援引"理性"的问题上也没有丝毫的迟疑。这表明国际法中长期存在着一个与真正的实证主义方法有所不同的研究传统。

推荐阅读

Bynkershoek, Cornelius van *De dominio maris dissertatio* (Apud Joannem van Kerckhem Leiden 1702).

Bynkershoek, Cornelius van *De foro legatorum tam in causa civili, quam criminali liber singularis* (Apud Joannem van Kerckhem Leiden 1721).

Bynkershoek, Cornelius van *Quaestionum juris public libri duo* (Apud Joannem van Kerckhem Leiden 1737).

Akashi, Kinji *Cornelius van Bynkershoek: His Role in the History of International Law* (Kluwer Law International The Hague 1998).

Delpech, Joseph 'Bynkershoek' in Joseph Barthélemy et al (eds) *Les fondateurs du droit international* (V Giard & E Brière Paris 1904) 385 – 446.

Oudendijk, Johanna K. *Status and Extent of Adjacent Waters* (Sijthoff Leiden 1970).

Phillipson, Coleman 'Cornelius van Bynkershoek' in John Macdonell and Edward Manson (eds.) *Great Jurists of the World* (John Murray London 1913) 390 – 416.

Reibstein, Ernst 'Von Grotius zu Bynkershoek' (1953) 4 *Archiv des Völkerrechts* 1 – 29.

Star Numan, Oncko W. *Cornelis van Bynkershoek, Zijn Leven en Zijne Geschriften* (Cornelis van Bynkershoek, His Life and His Writings) (Hazenberg Leiden 1869).

---

[11] '*Ex ratione utique ejusmodi jus defendi non poterit*' QJP (n 3) book I, ch xiii.

第五十二章　让-雅克·卢梭
(Jean-Jacques Rousseau, 1712 – 1778 年)

格奥尔·卡瓦拉(Georg Cavallar)

　　1712 年 6 月,卢梭出生于日内瓦,他在法国度过了他生命中的大部分时光,他争议的一生可以被分为三个阶段:"学徒"期,截止到 1749 年他去万塞讷(Vincennes)路途中的"顿悟";成熟期(1750—1764 年),其间他完成了"三论"、《爱弥儿》以及《社会契约论》等代表作;暮年期,直到他于 1778 年去世。[1]

　　卢梭讨论国际法以及国际关系的作品都是在成熟期完成的。1756 年,卢梭搬到乡下,并退隐于蒙莫朗西(Montmorency),接下来的五年是他一生中创作精力最旺盛的时期。而且,那时卢梭还从 18 世纪早期的空想改革家阿贝·德·圣-皮尔(Abbé de Saint-Pierre)那里汲取灵感,随后出版了《阿贝·德·圣-皮尔先生永久和平计划摘录》(*Extrait du projet de Paix Perpétuelle de Monsieur L'Abbé de Saint-Pierre*, 1761 年)以及《永久和平之判断》(*Jugement sur la Paix Perpétuelle*, 1782 年)。这两部著作是卢梭关于国际法的专论,另外还有一些讨论散见于《战争状态》(*The State of War*, 首次出版于 1896 年)、《论政治经济学》(*The Discourse on Political Economy*, 1755 年)、《社会契约论》(1762 年)以及《关于波兰政府筹议》(*Considerations on the Government of Poland*, 完成于 1771 年)。卢梭终其一生都

---

〔1〕N. Dent, *Rousseau* (Routledge London 2005) 18 f.

没有完成关于战争权原则的写作计划。[2]

学界普遍认为,卢梭是一个强烈的反国际化的悲观主义者,其认为欧洲的国际社会应当解体,他还认为"在战争状态中实现道德复兴"是不可能的。[3] 然而,我们更应该看到的是,卢梭的理论中包括了两个基本要素,即"诊断人类和社会的疾病"以及"探寻医治之道"。[4]

先说诊断。卢梭认为国际法是人为的产物,所以它的基础并不是自然法,其与自然法也并不相同。[5] 尤其是欧洲公法,"从未就通过或认可达成过什么共识。它的建立基础也不是什么普世原则。它随着时间和地点的不同而不断地发生改变"[6]。国际法是一种错觉,因为这种瑕疵的"自然"(即刚才所提到的)法并没有(尚未)被真正的理性法所取代。因为那时既没有主权也没有"共识",所以国际关

---

〔2〕 J. J. Rousseau, 'Of the Social Contract' in J. J. Rousseau, *The Social Contract and Other Later Political Writings* (V. Gourevitch ed) (CUP Cambridge 1997) 39 – 152 at 40;参见法语版本的 J. J. Rousseau, *Oeuvres complètes* (Éditions Gallimard Paris 1964) vol III (*Du contrat social, écrits politiques*) at 116,349 and 431;参见 O. Asbach, 'Staatsrecht und Völkerrecht bei Jean-Jacques Rousseau' in R. Brandt and K. Herb (eds.) *Jean-Jacques Rousseau. Vom Gesellschaftsvertrag oder Prinzipien des Staatsrechts* (Akademie Verlag Berlin 2000) 241 – 469 at 241; F. Cheneval, *Philosophie in weltbürgerlicher Bedeutung. Über die Entstehung und die philosophischen Grundlagen des supranationalen und kosmopolitischen Denkens der Moderne* (Schwabe Basel 2002) at 365 f and 390。

〔3〕 D. P. Fidler, 'Desperately Clinging to Grotian and Kantian Sheep: Rousseau's Attempted Escape from the State of War' in I. Clark and I. B. Neumann (eds.) *Classical Theories of International Relations* (Macmillan Press Houndmills 1996) 120 – 141 at 131.

〔4〕 *Rousseau* (n 1) 80. 下文的大部分内容都是基于对这本书的解读,参见 *Philosophie in weltbürgerlicher Bedeutung* (n 2) 以及 'Staatsrecht und Völkerrecht' (n 2); M. Köhler, 'Einleitung zu Rousseaus Friedensschriften' in J. J. Rousseau, *Friedensschriften* (Felix Meiner Hamburg 2009) ix-lxxix; J. F. Thibault, 'Les relations internationales et la crise de la pensée politique moderne selon Jean-Jacques Rousseau' (2006) 37 *Etudes Internationales—Quebec* 205 – 222; and M. Forschner, 'Jean-Jacques Rousseau über Krieg und Frieden' in M. Kremer and H. R. Reuter (eds.) *Macht und Moral—Politisches Denken im 17. und 18. Jahrhundert* (Kohlhammer Stuttgart 2007) 306 – 320; 亦见 S. Goyard-Fabre, *La construction de la paix, ou le travail de Sisyphe* (Vrin Paris 1994);以及 F. Ramel and J. P. Joubert, *Rousseau et les relations internationals* (Harmattan Montréal 2000)。

〔5〕 J. J. Rousseau, 'Discourse on the Origin and the Foundations of Inequality Among Men' in J. J. Rousseau, *The Discourses and Other Early Political Writings* (V. Gourevitch ed.) (CUP Cambridge 1997) 113 – 222 at 174; *Oeuvres complètes* (n 2) 178.

〔6〕 J. J. Rousseau, 'Abstract and "Judgment" of the Abbé de Saint-Pierre's Project for Perpetual Peace' in E. Aksu (ed.) *Early Notions of Global Governance* (University of Wales Press Cardiff 2008) 95 – 131 at 100; *Oeuvres complètes* (n 2) 568 f.

系(独立国家之关系)必然处于战争状态。虽然卢梭否定了霍布斯所提出的战争就是一切人反对一切人的自然状态，但他认为，战争是以建立国家为最终目的的历史进程的必然结果，这样就使得公民的生活比以往还要悲惨。随着历史的发展，国家自己(而不是人类本性)在引发战争。"构成战争的，乃是物的关系而非人的关系……战争绝非是人与人的一种关系，而是国与国的一种关系。"[7]卢梭对霍布斯的自然状态理论进行了建构性的解释：不同国家各自为政，且缺乏统一的立法、执法与司法的制约，所以也就不可避免地发生了战争。

1116 卢梭在完成诊断之后并没有止步不前，而这一点也常常使其被归类为现实主义者的阵营。卢梭试图提供一种医治方案，亦即构建一个国际社会的契约，并使其成为真正的国际社会的基础。卢梭的这一方案包括两种模式，即小国联邦与欧洲国家联盟。前者的必要性在于小国处境比较危险，而且其国内的社会契约也要有所补充。[8]第二种模式就是要建立欧洲国家联盟。简而言之，卢梭认为，基于基督教、罗马法以及均势体系等传统，欧洲是一个集文化、法律与政治于一身的特殊的联合体。然而，由于他们并没有认识到这种"现实的优越性"，所以欧洲列强"全然处于交火状态"。[9]为了把欧洲变成"一个真正的联盟"，各国必须组建"一个永久的国会"，其服从联盟的裁判和强制力，并放弃对外主权。[10]

其实，卢梭对这两种模式持有深刻的怀疑态度。首先，卢梭并没有将历史条件理想化(不夸张地讲)。在18世纪的专制主义之下，各国对外巧取豪夺，对内鱼肉百姓，所以《永久和平之判断》对此进行了猛烈的抨击。所以，一个欧洲联盟既不具现实性(君主们并不渴望和平，而是力求扩张)，也不具可能性(联盟将会增加对国内的压榨)。其次，关于小国联邦的问题，卢梭似乎认为它相当于解散社会契约，而由于公共主权是不可剥夺且不可分割的整体，所以这也没有合法性。代表权就成

---

〔7〕'Of the Social Contract' (n 2) 46；*Oeuvres complètes* (n 2) 357；参见 J. J. Rousseau，'The State of War' in *The Social Contract* (n 2) 162 – 176 at 166；*Oeuvres complètes* (n 2) 169,601，and 605。

〔8〕'Of the Social Contract' (n 2) 115 f；*Oeuvres complètes* (n 2) 431；'Staatsrecht und Völkerrecht' (n 2)242 f and 261 – 266；*Philosophie in weltbürgerlicher Bedeutung* (n 2) 378 – 383.

〔9〕'Abstract' (n 6) 100；*Oeuvres complètes* (n 2) 572.

〔10〕同上，第106页；*Oeuvres complètes* (n 2) 573。

为了一个国际组织的关键问题。[11] 再次，卢梭似乎在倡导国家的自足和独立，以及公民的赤胆忠心与爱国主义（而不是完全成熟的民族主义）。[12]

最后，卢梭直面了国际组织的现实性问题。一方面，作为一个现实主义者，卢梭看到了暴力的作用，并且他认为暴力是不可避免的，甚至可以说暴力是一种"历史的必然"。另一方面，作为一个道德主义者，卢梭认为，"通过武力换和平"在道德上值得被高度怀疑，而且也自相矛盾。[13]

据让-弗朗索瓦·蒂博（Jean-François Thibault）的观察，卢梭对国际关系的思考引出了现代政治思想中的"矛盾"和"僵局"。[14] 作为一个革新者，卢梭对国际法和欧洲公法进行了全面的抨击，在这一点上他甚至比霍布斯和普芬道夫都要激进。作为一个理性主义者，卢梭希望在不同国家之间打下一个更加现实的法律基础。卢梭对规范性的个人主义以及法定自由（而不是法定保障）的强调成为了国际契约化发展的一个重大突破。[15]

1117

推荐阅读

Rousseau, Jean-Jacques 'Of the Social Contract' in Victor Gourevitch (ed.) *The Social Contract and Other Later Political Writings* (CUP Cambridge 1997) 39 – 152.

Rousseau, Jean-Jacques 'The State of War' in Victor Gourevitch (ed.) *The Social Contract and other later political writings* (CUP Cambridge 1997) 162 – 176.

Rousseau, Jean-Jacques 'Abstract and "Judgment" of the Abbé de Saint-Pierre's Project for Perpetual Peace' in Eref Aksu (ed.) *Early Notions of Global Governance* (University of Wales Press Cardiff 2008) 95 – 131.

Asbach, Olaf 'Staatsrecht und Völkerrecht bei Jean-Jacques Rousseau' in Reinhard Brandt and Karlfriedrich Herb (eds) *Jean-Jacques Rousseau. Vom Gesellschaftsvertrag oder*

---

[11] 'Of the Social Contract' (n 2) 57; *Oeuvres complètes* (n 2) 369; 'Staatsrecht und Völkerrecht' (n 2) 262; *Philosophie in weltbürgerlicher Bedeutung* (n 2) 381 – 386; 'Einleitung zu Rousseaus Friedensschriften' (n 4) lvi f and lx f.

[12] G. Cavallar, 'Educating Émile: Jean-Jacques Rousseau on Cosmopolitanism' (2012) 17 (4) *European Legacy* 485 – 499.

[13] 'Abstract' (n 6) 131; *Oeuvres complètes* (n 2) 599 f.

[14] 'Les relations internationales' (n 4) 217 and 221.

[15] *Philosophie in weltbürgerlicher Bedeutung* (n 2) 351, 369 f and 391; 'Einleitung zu Rousseaus' (n 4) XXII; and G. Cavallar, *The Rights of Strangers: Theories of International Hospitality, the Global Community, and Political Justice since Vitoria* (Ashgate Aldershot 2002) at 284 – 305.

Prinzipien des Staatsrechts (Akademie Verlag Berlin 2000) 241 – 269.

Carter, Christine J. *Rousseau and the Problem of War* (Garland New York 1987).

Cavallar, Georg '"La société générale du genre humain": Rousseau on Cosmopolitanism, International Relations, and Republican Patriotism' in Paschalis M. Kitromilides (ed.) *From Republican Polity to National Community* (Voltaire Foundation Oxford 2003) 89 – 109.

Cavallar, Georg *Imperfect Cosmopolis: Studies in the History of International Legal Theory and Cosmopolitan Ideas* (University of Wales Press Cardiff 2011).

Cheneval, Francis *Philosophie in weltbürgerlicher Bedeutung. Über die Entstehung und die philosophischen Grundlagen des supranationalen und kosmopolitischen Denkens der Moderne* (Schwabe Basel 2002) 351 – 399.

Fidler, David P. and Stanley Hoffmann (eds.) *Rousseau on International Relations* (Clarendon Press Oxford 1991).

Köhler, Michael 'Einleitung zu Rousseaus Friedensschriften' in Jean-Jacques Rousseau *Friedensschriften* (Felix Meiner Hamburg 2009) ix-lxxix.

Ramel, Fréderic and Jean-Paul Joubert *Rousseau et les relations internationales* (Harmattan Montréal 2000).

Roosevelt, Grace G. *Reading Rousseau in the Nuclear Age* (Temple University Press Philadelphia 1990).

Roosevelt, Grace G. 'Rousseau versus Rawls on International Relations' (2006) 5 *European Journal of Political Theory* 301 – 320.

Thibault, Jean François 'Les relations internationales et la crise de la pensée politique mo derne selon Jean-Jacques Rousseau' (2006) 37 *Etudes Internationales—Quebec* 205 – 222.

第五十三章　艾默·德·瓦特尔
(Emer De Vattel, 1714－1767 年)

艾曼纽·儒阿特(Emmanuelle Jouannet)

　　1714 年 4 月 25 日,艾默·德·瓦特尔出生于纽沙泰尔(Neuchâtel)省的一户新教难民家庭。[1] 1758 年,瓦特尔出版了《万国法,或适用于国家与主权者的行为与事务之自然法原理》(*The Law of Nations or the Principles of Natural Law Applied to the Conduct and to the Affairs of Nations and of Sovereigns*)。[2] 这部著作获得了超出作者本人想象的巨大声誉。所以,瓦特尔立刻被弗里德里希·奥古斯特三世(Augustus III)招至德累斯顿担任外交官,从而实现了他的夙愿。从第一版开始,瓦特尔的《万国法》就引起了广泛的关注。此书之后再版不断,且被译成多国文字,其影响也越过了英吉利海峡而直达英国,此书借此传播到了大洋彼岸,并被列进了美国大学的参考书目。从 18 世纪到 20 世纪初期,瓦特尔在国际法领域的权威地位无人可以撼动。

　　口碑载道的《万国法》绝非浪得虚名。瓦特尔首次将万国法描述为规制和平与
战争时期主权国家行为的一套规则。换言之,瓦特尔所塑造的国际法的范式通行

---

〔1〕关于瓦特尔生平的详细介绍,参见 E. Beguelin, *En souvenir de Vattel*, 1714－1767 (P Attinger Neuchâtel 1929)。

〔2〕E de Vattel, *Le droit des gens ou principes de la loi naturelle appliqués à la conduite et aux affaires des nations et des souverains* (Journal Helvétique Neuchâtel 1758; reprint Carnegie Institution of Washington Washington 1916)。这是瓦特尔的代表作,也是其唯一一部专治国际法的作品。在作者本人的监督之下,本书由赫尔维蒂杂志社(Journal Helvétique)首次出版于 1758 年的纽沙泰尔,共印刷了 1200 册。标题页也提到了伦敦,显然是在致敬英国。

达两个世纪之久。本章将重点讨论《万国法》中的三个基本问题。

第一，就万国法所有的相关问题而言，瓦特尔摆脱了前人所主张的人际概念，转而提倡一种严格的国与国的视角，所以万国法就是专门适用于国家间关系的法律。许多重要的结论皆源自于此。首先，瓦特尔将个人安排到了国内事务的层面，因此就否决了自然人在万国法上的主体地位。其次，瓦特尔比沃尔夫更加推崇以下原则，即国际社会由真正的主权平等以及独立的国家所组成，对于这个社会而言，万国法代表了法律秩序。再次，基于其主权意志，只有国家才有能力决定国际权利与义务的适用范围。[3] 最后，瓦特尔为经典国际法所构建的法律框架是几个世纪以来的法学家和政治学家的论说基础，因为他们都是围绕着主权国家乃国际法之主体的原则来讨论条约法、外交关系、中立法、开战条件(*ius ad bellum*)、沙场守则(*ius in bello*)的人道化以及责任权利等问题的。

第二，瓦特尔直言不讳地承认了存在着一种可以规制主权国家行为的双重标准，即自然法的规范与实在万国法的规范。[4] 此处，除了万国法的自然属性以外，瓦特尔还以其导师沃尔夫的一个主要学说为基础，重点强调了万国法的三个层面，即自愿性、约定性以及习惯性。尽管这样一来瓦特尔就通向了国际法中的唯国家意志论，但是乔治·塞勒(George Scelle)称其为"实证主义的王子"也有失公允。[5] 瓦特尔仍然是自然法学派的拥护者，对他而言，实在万国法依然处于自然万国法之下。[6]

第三，瓦特尔所论述的万国法兼具"自由主义和多元主义"[7]之特征，如此一来，这就不仅符合启蒙时代欧洲社会的现状，而且也契合了赫德利·布尔(Hedley

1120

---

〔3〕*Le droit des gens* (n 2) Preliminaries，at 22 and III，XII，at 163‑164.

〔4〕同上，Preliminaries，第27节，第15页。

〔5〕G. Scelle，*Manuel élémentaire de droit international public* (2nd edn Domat-Montchrestien Paris 1948) at 44.

〔6〕这是由自愿性的万国法的优先性所实现的。其外部完善的权利使其优于内部的自然法、习惯法和约定法。实际上，自愿性的万国法就是自然法。*Le droit des gens* (n 2) Preface，at xx ff and Preliminaries，at 4 ff. 关于这一点，参见 E. Jouannet，*Emer de Vattel et l'émergence doctrinale du droit international classique* (A Pedone Paris 1996) at 155 ff.

〔7〕我们这里指的是盖里·辛普森所划定的那个非常具有针对性的区别，参见 G. Simpson，*Great Powers and Outlaw States：Unequal Sovereign in the International Legal Order* (CUP London 2004) at 76 ff.

Bull)[8]所精心描写的"无政府社会"的多元性。在旧有的封建帝国体系行将崩溃之际,该理论为一些中小型国家提供了处理外交关系的途径与方法。此时的欧洲刚刚从可怕的宗教战争中摆脱出来,各个国家都有着不同的宗教信仰,他们对何谓"美好生活"也有着不同的观念,所以需要找寻一种调整其相互关系的规制之道。这时,瓦特尔的"自由主义和多元主义"的万国法便完美地契合了这种现状,因为它的基本原则就是保持中立,或是尊重不同国家的政治制度、风俗习惯以及宗教信仰。瓦特尔的万国法推崇国家多元主义原则(即国家有选择其政体和宗教的主权自由)、主权自由原则,以及国家不论大小一律平等原则。[9] 其基本宗旨并不复杂,可谓是个人自由体系的完美概括,即每个国家所主张的权利及承担的义务范围以其他国家有权享有的主权上的权利和义务为限。为了实现双重目标,就有必要建立一个界定国家关系的自由的法律体系,这些国家拥有着独立的和主权上的法律人格,他们相互之间平等对待,彼此互不干涉。对内而言,该体系旨在确保每个国家在其领土范围内任意行事的自由;对外而论,该体系是为了限制一个国家、教皇或者帝王对他国的霸权欺凌。

实际上,瓦特尔的《万国法》极为复杂。其目的是要建立一个幸福的概念,在瓦特尔看来,这不仅必不可少,而且将有助于国家增进人民的福祉。为此,瓦特尔认为有必要施加给其对内的法律义务。[10] 因此,瓦特尔的《万国法》并不是那种只顾一头的尽由天命(liberal-providentialist)的自由主义法,它不仅尊重国家的个体自由,而且还要实现其国民的幸福安康。[11] 在实现一个特定的政体、福祉以及至臻观念的过程中会体现出一种幸福意志,可是就幸福生活和政治体系而言,这种幸福意志同国家自由与国家主权决策多元化原则之间存在矛盾,于是便产生了一系列的难题。因为国家可能会发现自己基于各种目的而会产生相互矛盾的需求,所以瓦特尔必须为其进行排序,他主张应当先尽人事再听天命。在瓦特尔之后,国际法

1121

---

[8] H. Bull, *The Anarchical Society: A Study of Order in World Politics* (3rd edn Pallgrave Macmillan Basingstoke 2002).

[9] *Le droit des gens* (n 2) Preliminaries, at 9 and I, II, at 22 ff.

[10] 同上 I, II, 第23—24页。

[11] 参见 E. Jouannet, *Le droit international libéral-providence. Une histoire du droit international* (Bruylant Brussels 2011).

领域的其他学者很快就抛弃了这种"天命"意志,因为它对于法律而言既无效又无用。[12]

所以,瓦特尔的《万国法》长时期保有开创性的地位一点也不让人感到奇怪。这位来自纽沙泰尔的法学家为欧洲的君主以及法律研究者们提供了第一部标准意义上的国际法教科书,而且若按照他的思路,则不仅可以实现主权独立,而且也可以确保领土安全,夫复何求?

推荐阅读

Guggenheim, Paul *Emer de Vattel et l'étude des relations internationales en Suisse* (Georg et Cie Genève 1956).

Jouannet, Emmanuelle *Emer de Vattel et l'émergence doctrinale du droit international classique* (A Pedone Paris 1993).

Jouannet, Emmanuelle *The Liberal-Welfarist Law of Nations: A History of International Law* (Christopher Sutcliffe trans) (CUP Cambridge 2012).

Sandoz, Yves (ed.) *Réfl exions sur l'impact, le rayonnement et l'actualité du droit des gens d'Emer de Vattel* (Bruylant Bruxelles 2010).

---

[12] 参见 *Le droit international libéral-providence* (n 11)。

第五十四章　伊曼努尔·康德
（Immanuel Kant，1724－1804 年）

波琳·克莱因盖尔德（Pauline Kleingeld）

伊曼努尔·康德对包括伦理学、政治哲学以及法哲学在内的西方哲学的众多议题都起到了决定性的影响。康德对国际法领域的贡献包括倡导建立国际联盟（这也是其对国际法的贡献中最为人所知的）、认为"共和"国家会遵守和平，以及对所谓的"世界法"（cosmopolitan law）的极力维护。康德对这些问题的研究仍然留有争议，但是这也符合了其作品中所体现的一贯特征。

一、传略

1724 年，康德出生于东普鲁士的柯尼斯堡，他一生几乎从未离开过家乡。康德的第一份工作是家庭教师，后来他成为了一名大学讲师，主授哲学、数学以及自然科学等课程。在出版了几部哲学和科学著作之后，康德于 1770 年获得了柯尼斯堡大学逻辑学与形而上学教授一职。在长达十年的没有发表过任何一篇文章的沉寂期之后，康德出版了他在形而上学和认识论上的破土之作——《纯粹理性批判》（1781 年）。随后，康德又出版了两部关于道德理论的名著，即《道德形而上学基础》（1785 年）与《实践理性批判》（1788 年），而后他又在《判断力批判》（1790 年）中进一步发展了他的美学理论和生物哲学。尽管在 1784 年的论文《从全球的角度来阐述普遍历史观》（*Idea for a Universal History from a Cosmopolitan Perspective*）中，康德就已经开始涉足国际法的问题，但是直到法国大革命结束之后又过了十年,他才开始完整地阐述政治哲学与法律理论。其中值得一提的有:《论常识性说法:"这在理论上也许正确,但不适用于实际"》(*On the Common Saying: This May Be True in Theory, but It Does Not Hold in Practice*, 1793年)、《永久和平论》(*Toward Perpetual Peace: A Philosophical Sketch*, 1795年)以及《道德形而上学》(*Metaphysics of Morals*, 1797年)。在罹患老年痴呆症数年后,康德最终于1804年离开了这个世界。

二、康德在国际法史上的重要性

想要探讨康德之于国际法史的重要性,必须要了解他对国际法认识的三个基本问题。首先,康德认为,一国的内部结构与其对外是否会遵守和平是息息相关的。康德声称,专制国家易于宣战,因为他们可以肆意妄为,但是对于那些"共和"国家而言,由于其公民可以通过投票选出代表来决定是否参战,所以其轻易不会发动战争,因为最后买单的还是本国公民。迈克尔·道尔(Michael Doyle)将其简化为自由或民主国家"相互之间"不会发动战争,并认为这样一来就有了实证的依据。自此以后,康德的这一观点便成为了许多实证研究和理论思辨的议题,甚至被认为是美国外交政策的基础。[1]

其次,康德对国际联盟的倡导被认为对国际联盟和联合国的历史走向产生了影响。康德认为,构建一个国际法的规范理论的基础在于各国理应组成一个促进和平的联盟。这个联盟的目的并不是要干涉其成员的内部事务,而是要通过斡旋与调停来促进和平,并且联合起来抵抗外敌入侵。尽管康德是一个强烈的反现实主义者,但他还是认为成立一个联盟对国家来说也可以实现利益最大化。不管是国际联盟还是联合国都没有完全实现康德的理想(仅仅是因为常备军并没有被废除),但是基本上与康德的理想已经相差无几了。

再次,康德关于世界法的概念最近越来越受到人们的关注。此概念旨在调整国家与外国人(无论是个人,如难民或商人,还是集体,如民办组织或企业)之间的

---

〔1〕关于康德之主张的更加严格的版本应该称之为"民主和平论"或"自由和平论"。参见以下作品中收录的论文:M. W. Doyle, *Liberal Peace: Selected Essays* (Routledge London 2011)。

互动关系。因为康德将国际法严格地界定为调整国与国之间相互关系的法律,所以他就认为世界法是一个单独的公法领域。康德所提到的其中一些权利现在已经被归入了国际法的范畴。

康德在《道德形而上学》中曾讨论了国际法的诸多问题,比如国家有限的交战权、在战争中支配其国民的权利、正当的自我防卫手段等。可是在最近的一些讨论中,鲜有人关注上述这些问题。

三、当前的研究议题

在康德学以及康德主义传统的内部,对康德的国际政治理论存在着相互矛盾的解释,双方的说服力也大体相当。最为显著的分歧就是康德是否认为国际法应当变成强制性的公法。有些人声称康德认为国际法肯定是强制的,然而更多的人则认为康德对此是持强烈的否定态度的。这一分歧的根源在于,康德曾表示,从理性上讲,一个世界联盟需要具有强权,但是国际法要求建立的是一个自愿的联盟,因为没有国家会"愿意"加入这么强势的联盟。[2] 这一论断经常被解读为反常地倒向了"现实主义",而且很多学者认为康德可能转向于去支持建立一个联邦制的世界国家。本章作者倒是认为,康德对联盟的辩护是出于他对民族自决之重要性的坚持(如果他们不愿意加入联盟,那么就不能强迫之)。[3] 康德曾明确表达过一个愿望,即数个共和国迟早会自愿地将松散的联盟或国家的"议会"转化成为一个强有力的联邦。对此,结合刚才的问题可以发现,在国际法的层面上,康德对联盟的辩护与这个愿望是一脉相承的。

1125

康德对民族(此处是政治概念,而非民族主义的"人民")自决的坚持遭到了非议,他的国际法理论以及康德主义的继承者——比如罗尔斯(Rawls)的《万民法》(*Law of Peoples*)——被批评为错误的以牺牲个体权利为代价来追求国家利益。在"世界化"的批评者的眼中,一个全球化的正义理论需要明确的是可以治理全人

---

〔2〕I. Kant, '*Toward Perpetual Peace*' and other *Writings on Politics*, *Peace*, and *History* (P. Kleingeld ed., D. L. Colclasure trans) (Yale University Press New Haven 2006) 8: 357.

〔3〕参见 P. Kleingeld, *Kant and Cosmopolitanism*: *The Philosophical Ideal of World Citizenship* (CUP Cambridge 2012)。

类的正义原则,而不是那些仅仅适用于国家间相互作用的一般原理。同样,批评者认为,康德对民族自决权的大力提倡使人道主义干涉几乎不可能实现。康德与康德主义者可能会回答:"我们的确有责任去援助那些正在遭受贫穷和/或不公正对待的那些外国人,但是这种援助的实施方式不能违背民族自决的原则。"

就康德的世界法概念而言,学界对其中的许多细节问题倒是取得了共识。康德将其限定为"宾客权"(right to hospitality),但这个词并非按其字面意义被理解为被款待的权利,而是指当一个人身处他国时不被该国国民或国家敌视的权利。在不会造成来访者死亡的前提下,被访国有权拒绝与来访者的接触进一步或可以直接拒绝来访者入境。因而,世界法就包括了"不推回"(non-refoulement)的权利,而且也禁止将部落民族的领土吞并为殖民地。康德的这一观点所引发的难题就是世界法是否可以被实际执行,因为他很难解决这个问题。这个问题的答案十有八九要从康德的以下论断中来寻找,即永久和平的实现程度取决于公法的"全部三个"领域(宪法、国际法以及世界法)的实现程度。[4] 一旦国家成为共和国,他们就会趋向和平并建立一个国际联盟,这反过来又会为这些共和国提供安全和稳定的保障。联盟法及其成员的国内法中都含有世界法的条款。尽管世界法不对称地依赖于宪法和国际法所规定的那些制度,但这也为其提供了一种实现的途径。

推荐阅读

Kant, Immanuel 'Toward Perpetual Peace' and other Writings on Politics, Peace, and History (Pauline Kleingeld [ed.] David L. Colclasure trans. with essays by Jeremy Waldron, Michael W. Doyle and Allen W. Wood) (Yale University Press New Haven 2006).

Bohman, James and Matthias Lutz-Bachmann (eds.) Perpetual Peace: Essays on Kant's Cosmopolitan Ideal (MIT Press Cambridge MA 1997).

Brown, Garrett W. Grounding Cosmopolitanism: From Kant to the Idea of a Cosmopolitan Constitution (Edinburgh University Press Edinburgh 2009).

Byrd, Sharon B. and Joachim Hruschka Kant's Doctrine of Right: A Commentary (CUP Cambridge 2010).

Caranti, Luigi (ed.) Kant's Perpetual Peace: New Interpretive Essays (Luiss University

1126

---

[4] Toward Perpetual Peace (n 2) 8: 349; Metaphysics of Morals (n 2) 6: 311.

Press Rome 2006).

Cavallar, Georg *Kant and the Theory and Practice of International Right* (University of Wales Press Cardiff 1999).

Franceschet, Antonio *Kant and Liberal Internationalism* (Palgrave Macmillan New York 2002).

Höffe, Otfried *Kant's Cosmopolitan Theory of Law and Peace* (Alexandra Newton trans) (CUP Cambridge 2006).

Kleingeld, Pauline *Kant and Cosmopolitanism: The Philosophical Ideal of World Citizenship* (CUP Cambridge 2012).

Tesón, Fernando 'The Kantian Theory of International Law' (1991) 92 *Columbia Law Review* 53 – 102.

第五十五章　格奥尔格·威廉·弗里德里希·黑格尔
(Georg Wilhelm Friedrich Hegel，1770－1831 年)

阿明·冯·波格丹迪(Armin Von Bogdandy)

塞尔吉奥·德拉瓦莱(Sergio Dellavalle)

在从启蒙时代的国际秩序观向作为 19 世纪之标志的浪漫主义与反普适主义思潮的转变过程中，多位学者都在观念上起到了促进作用，而格奥尔格·威廉·弗里德里希·黑格尔被公认为是其中一员。如果说康德主义的观点是认为国际法的主要任务就是确保和平，那么黑格尔则持相反立场，他的国际关系理论的基础是国家的自我肯定以及弱规范性的国际法。

如果我们把这些法学家和哲学家的关于国际法最重要问题的阐述划分为两种范式——"普适主义"，即认为就算是超出一国边界之外也可以构建一个规范性的和平秩序，以及"特殊主义"，即声称此种秩序只可能存在于一个政体之内，而他们之间的无序状态只能得到有限的控制——那么黑格尔就是后一种范式的（也许不是唯一的）代表人物。然而，如果我们深入分析黑格尔的作品，就会发现事情没有想象中那么简单，而且作为一位哲学家，黑格尔或许首次开辟出了一条可能的道路，从而超越了单纯的普适主义与特殊主义的二元对立。

一、作为"国家外部法"的国际法

在政治哲学和法哲学的研究中，黑格尔对国际法和国际关系进行讨论的作品相对来说并不是很多。实际上，黑格尔只是在其《法哲学》(1820/1821 年)一书的

第 321 节到第 340 节中使用了二十多个段落专门讨论过这个问题。在《法哲学》出版前后，黑格尔还有一些关于政治哲学和法律哲学的讲座记录。除了些许差别之外，这些讲座中关于国际法的讨论与《法哲学》的内容也是一脉相承的。与黑格尔的其他哲学观相比，他的国际法理论并不晦涩，关于他的"真实"意图也没有引发什么重要的哲学和语言学的争论。不过，这可能只是一种表面现象。

黑格尔的国际法理论之基本要素是国家主权的中心性。如果我们以黑格尔的法律和政治观来看待国家的支配性地位，那么就可以更好地理解这一点。众所周知，黑格尔的哲学体系雄心勃勃地提出了要为自然界和人类社会以及我们所有的知识提供一个全面的解释。按照黑格尔的观点，我们所有的实践活动与所有的思想活动皆是"理念"（Idea）的外在表现。这种"理念"的最高形式就是黑格尔所谓的"精神"（spirit，或 Geist）——在他的哲学中，这个概念被用来表述人类完整的经验维度，包括从精神活动到社会与政治生活，以及从艺术宗教到哲学理论。"精神"的内在表达有三个层次，第一层是个体意识或者"主观精神"，而第三层则是纯粹的"文化"范畴，即包括艺术、宗教以及哲学在内的"绝对精神"。社会生活、政治与包括国际法和国际关系在内的法律都属于第二个层次，即"客观精神"。这里的"精神"（Geist）通过人类交往的世界来获得自身之实现。在黑格尔看来，在这个社会与政治交往的世界中，也就是"客观"的世界中，"精神"的最佳实现方式就是国家。

尽管国家是客观世界中的精神具体化之最高形式，但其仍然受到了重大缺陷的制约。作为"理念"在物质世界中的异化，国家因此不得不放弃其不证自明的整合性，其也就无法描绘出"理念"的"纯粹"表达，比如哲学思维。作为现实世界中的一种现象，国家是复数的，即没有"一国"，但是却存在着相互冲突的多国。此外，正如普遍主体性（universal subjectivity）在塑造个体多元化的过程中变得具体有形一样，国家同样也是精神自我特性的一种世俗的具体化，而且就像任何个体都是以自我控制以及与"他者"相互区别为基础的一个全子（Holon）一样，每个国家也都在逐利，就如同一个君主。国家作为"主权个体"的理论包括三个层次：第一，国家是世界上的精神之最完善的表现，它可以合法地遏制个体对共同利益的权利诉求；第二，国家的个体机构代表——君主——拥有外交政策中的最高决策权；第三，每个国家个体都是一个封闭的体制化的结构，其原则上同其他国家

1129

个体相互对立。因而,与一个世纪之后的卡尔·施密特(Carl Schmitt)相类似,黑格尔的世界具有多元性,而非普适性。

在这些前提之下,黑格尔对国际关系的认识只能以冲突为基础,并永远以战争为切实可能的出发点。黑格尔否认"正义战争"论,因为在他看来,发动战争的原因从来就没有什么正经的——道德的或合法的——借口,而都是源于个体国家的自私自利。与此相关的,黑格尔也不承认存在一个超然的评判者,因为每个单独的国家都以自己为最高权威。因而,国际法并没有太强的规范性意义:只要国家是一个不受限制的主权单位,那么他们达成协议的基础就总是来自于其个体的自由意志,而且也没有什么超国家的机构拥有道德权威或政治权威来督促他们遵守法律。用黑格尔的话说,对于现实世界而言,国家法只是一个"应然法",这注定了其惨痛的失败。

二、反对普适主义——且并非特殊主义者

现在我们要在特殊主义与普适主义二元对立的体系中对黑格尔的国际法观念进行定位,那么我们首先要考虑的问题就是黑格尔否认通过法律规范或者政治协议能够实现一个"普适的"秩序。黑格尔在对康德及其永久和平论的批判中,越发明显地摒弃了经典普世主义,尤其是摒弃了源于启蒙时代和平计划的那些东西,在他看来,所谓永久和平论,无非是一种幻象而已。

1130　　　尽管黑格尔肯定不赞同普适主义,但是他也很难被归类为"特殊主义者"。黑格尔与那些19世纪初期出现的浪漫主义者与民族特殊主义者相比,主要有三点区别。首先,黑格尔所理解的战争并不是一种事关国家存亡的自我肯定的最高表现,而是——在法国大革命之后为很多学者所认可的——一种能够为旧社会带来清新空气的健康之风。其次,国际法虽然具有规范性弱的特征,但是它仍然具有一个被"真正"的特殊主义所普遍否认的显著功能,即它确保了国家之间的相互识别。再次,黑格尔的理论中的确存在着一个普适的国家秩序观,但其并不是通过调整国家关系的法律来实现的,而是通过"世界历史"来完成的。换言之,国际关系环境揭示出了一个潜在的理性与普适的结构,但其实现方式并不是法律规范和政治程序,而是通过历史命运的"理性的狡计"(cunning of reason)。

总而言之,黑格尔确实不是一个普适主义者,但是他也不是一个典型的19世纪的国际秩序(无序)的浪漫-特殊主义者。相反,以黑格尔哲学为基础出现了一种新的观念,其能够融合两者之所长来破解两者之对立。实际上,许多普适主义者关于世界联邦或"世界共和国"的愿景在很大程度上是不可行的,所以与他们恰好相反,黑格尔坚持个体国家的中心性。另一方面,按照黑格尔的观点,尽管超国家秩序得不到法律层面的保护,但是国际世界也并非一片混乱。黑格尔所建构的政治秩序的核心理论要素就是他的精神观念:在一个多层次的与——至少有潜在的——主体间性的环境中构想人类的交往,在多层次中,那些看起来矛盾的因素(比如个体国家与超国家秩序观)都可以在一个结构中进行调和。不可否认,黑格尔的作品所展现出的这种强大的愿景依然生机勃勃,尤其是它并不关心精神在法律和政治世界中能否实现其劝慰的功能,所以这就使得超国家秩序进入了历史性的原始事实(*facta bruta*)之范畴。在黑格尔看来,这似乎是一个原则性问题,而不是一个连贯性的推理和可被证明的观点。然而,克服特殊主义/普适主义之二元对立的种子已经被埋了下去——许多年之后才结出果实。

推荐阅读

Hegel, Georg W. F. *Vorlesungen über Rechtsphilosophie 1818 - 1831* (Karl-Heinz Ilting ed.) (Frommann-Holzboog Stuttgart-Bad Cannstatt 1974).

Hegel, Georg W. F. *Vorlesungen über Naturrecht und Staatswissenschaft* 1817/1818: *Mit Nachträgen aus den Vorlesungen 1818/1819* (Claudia Becker et al eds.) (Meiner Hamburg 1983).

Hegel, Georg W. F. *Grundlinien der Philosophie des Rechts* (1st edn In der Nikolaischen Buchhandlung 1820; Meiner Hamburg 2009); *Philosophy of Right* (Clarendon Press Oxford 1967).

Arndt, Andreas (ed.) *Zwischen Konfrontation und Integration* (Akademie Berlin 2007).

Avineri, Shlomo *Hegel's Theory of the Modern State* (CUP Cambridge 1972).

Hicks, Steven V. *International Law and the Possibility of a Just World Order* (Rodopi Amsterdam 1999).

Jaeschke, Walter 'Vom Völkerrecht zum Völkerrecht' (2008) 56 *Deutsche Zeitschrift für Philosophie* 277 - 298.

Peperzak, Adriaan 'Hegel contra Hegel in His Philosophy of Right' (1994) 32 *Journal of the History of Philosophy* 241 - 263.

1131

Siep, Ludwig 'Das Recht als Ziel der Geschichte' in Christel Fricke, Peter König, and Thomas Petersen (eds.) *Das Recht der Vernunft: Kant und Hegel über Denken, Erkennen und Handeln* (Frommann-Holzboog Stuttgart-Bad Cannstatt 1995) 355 – 379.

Smith, Steven B. 'Hegel's Views on War, the State and International Relations' (1983) 77 *The American Political Science Review* 624 – 632.

第五十六章　亨利·惠顿
(Henry Wheaton，1785－1848 年)

刘禾(Lydia H. Liu)

一、简介

凭借着 1836 年的《国际法原理》(*Elements of International Law*)之出版,亨利·惠顿一跃成为国际法领域的权威。在第一版之后的二十年中,此书从同类作品中脱颖而出,被美国、英国、法国以及其他欧洲国家的外交机构所采纳,并成为了首屈一指的国际法的现代文本。经常有人提到说惠顿对 19 世纪之影响堪比艾默·德·瓦特尔之于 18 世纪或者胡果·格劳秀斯之于 17 世纪。实际上,《国际法原理》的卓越影响早已超越西方世界——通过翻译以及外交人员的传播——并到达亚洲、拉丁美洲以及帝国主义世界秩序的其他边缘地区。

二、生平与职业

1785 年 11 月 27 日,亨利·惠顿出生于罗德岛的普罗维登斯(Providence)。惠顿于 1802 年从布朗大学毕业,并在 19 岁的时候取得了罗德岛的律师资格。而后,惠顿赴欧洲游学了两年,回国后则继续从事法律行业,他先是在普罗维登斯 (1807—1812 年),后来又去了纽约(1812—1827 年)。1815 年至 1819 年,惠顿被任命为纽约海事法庭法官,1816 年至 1827 年,他又供职于美国联邦最高法院,职务为判例汇编的第三编纂员。1825 年,惠顿协助纽约州完成了法律修订。在此期间,惠顿还出版了一些重要作品,包括《海上捕获法文摘》(*Digest of the Law of Maritime Captures*,1815 年)以及 12 卷的《最高法院判例汇编》(*Supreme Court Reports*,1816-1827 年),这些都是他这一时期对美国法学的主要贡献。[1]

1827 年,惠顿被约翰·昆西·亚当斯总统任命为美国驻丹麦临时代办。而后,从 1837 年至 1846 年,惠顿又以美国公使的身份被派驻于柏林法院。正是因为有着这样的外交经历以及广博的学识,惠顿才得以广结欧洲大陆和英国的一流法学家、作家以及哲学家,比如约翰·路德维希·克吕贝(Johann Ludwig Klüber)、亚历山大·冯·洪堡(Alexander von Humboldt)、威廉·斯科特爵士(Sir William Scott)、詹姆士·麦金托什(James Mackintosh)以及杰里米·边沁(Jeremy Bentham)。

作为一位法学家和外交官,惠顿致力于国际法的系统化研究并对该领域的发展做出了重要贡献,其堪称北美大陆第一人。从诞生伊始,国际公法就备受批评,其被认为缺乏法律的执行力,且对国际战争也束手无策。这些批评往往没有看到国际法在其既定目标中的法律效力与其历史实践中的文本之话语或政治权力之间存在着区别。就算可以证明国际法在调整和解决国际争端方面的确比较乏力,但是也不能改变以下事实,即一组叫做"国际法"的印刷文本在近代史中已经扩散至全球,并与世界历史进程紧密地纠缠在一起。惠顿似乎在外交实践中很好地把握了国际法的话语功能,但是他智识上的野心远远超出了国际公法的法律层面。惠顿在法国完成的并于 1841 年出版的姊妹篇《欧洲国际法进步史》(*Histoire des progrès du droit des gens en Europe*)[2]以及《国际法原理》的修订版和其身后的数个版本都清楚地体现了这一点。所有的这些作品都展示了惠顿是怎样运用其作品的话语权来面对当时以及此后几代甚至几十代人所面临的历史现实的。

---

[1] C. Joyce, 'The Rise of the Supreme Court Reporter: An Institutional Perspective on Marshall Court Ascendancy' (1985) 83 *Michigan Law Review* 1291-1391; and M. L. Cohen and S. H. O'Connor, *A Guide to the Early Reports of the Supreme Court of the United States* (Fred B Rothman & Co Littleton CO 1995) at 35-59.

[2] *Histoire des progrès du droit des gens en Europe*,此书的英译本于 1845 年出版。1842 年的法文版增加了大量的补充内容,并且把书名改为《从最早时期到〈华盛顿条约〉的欧洲和美洲的万国法史》(*History of the Law of Nations in Europe and America from the Earliest Times to the Treaty of Washington*)。

三、《国际法原理》

这部全名为《国际法原理及其简史》的著作首次出版于 1836 年,它不仅是惠顿的代表作,而且也是英语世界的第一部国际法的专论。1846 年的法文版——也就是第三版——对全书进行了实质性的修改和扩增。在作者死后,该书又出现了各种版本、重印本以及翻译本。

惠顿认为国际公法是一种"不完美的"实在法,这不仅"是由于其规范的不确定性,而且还在于它缺乏每个特定国家之实在法的坚实基础,即以国家的政治权力和司法机关的能力来保证法律的执行"。然而,惠顿并不完全赞同奥斯丁(Austin)所认为的国际法根本就不是实在法的论断,所以他很快地补充道:"以基督教为基础的文明之发展逐渐使我们在与世界各国的交往中观察到一种与之相类似的法律而无论他们的宗教信仰是什么,而且他们也没有获得什么互惠利益。"[3]于是,基督教所特有的人类文明的进步历程便成为了国际法的普适性及其功效的基础。格劳秀斯——惠顿曾大量引用其观点——的普适主义将万民法的权利义务拓展至西方以外的国家,而与之相反,惠顿则认为,

> 按照基督教文明国家的理解,万国法,或国际法,就是一组行为规则,它演绎理性、符合正义,且源于独立国家之社会本性。这种定义和修饰之下的国际法才可以得到最广泛的认同。[4]

如果欧美基督教文明的国家之国际法与非西方国家的那些调整外交关系的规则有着本质上的不同,那么前者是否需要放弃其自身的普遍有效性? 惠顿的回答是否定的,因为在他看来,(基督教)文明之进步是普适性的唯一源泉。随着时间的推移,那些特定的欧美国家的国际法所带有的非普适性的特征,在基督教及其文明的发展和传播之下变成了普适性,而且这样一来,"野蛮的"和"半开化的"亚非国家

---

[3] H. Wheaton, *Elements of International Law* (R. H. Dana ed.) (8th edn Clarendon Press Oxford 1866) at 21 - 22.

[4] 同上,第 23 页。

就只能被迫接受国际法的本质。惠顿对互惠性的坚决否定——一种19世纪的情怀——似乎有别于万民法的前驱格劳秀斯。通过将国际法转变成一种历史的必然,《国际法原理》扭转了普遍原则之根基,而且为欧洲列强的殖民扩张和帝国主义提供了合法性。

1135 比较合理的推断是,为了回应奥斯丁的批评,惠顿以基督教作为国际法效力的道德担保。[5] 然而,惠顿坚持这一立场的其他原因比单纯在法律领域内进行的讨论更有历史意义。《国际法原理》的无数修订版本表明,惠顿时刻关注着当时所发生的那些重大事件和征服战争,而这些事件又反过来促进了他将国际法之普适性转为历史进程的改造工作。在该书的第三版(1846年)中,惠顿引用了一份由五个欧洲列强同奥斯曼帝国于1841年7月13日[6]所订立的协议,并认为"欧洲与北美的基督教国家同亚洲与非洲的伊斯兰教和异教徒国家的近期交往表明了一种倾向,即对于后者而言,他们会放弃其独特的国际惯例而转为采纳基督教传统"[7]。在与欧洲基督教国家打交道的过程中,奥斯曼帝国被带入"前者的公法范围之内",而且现如今的土耳其、波斯、埃及以及北非诸国也都已经认可了使节权。[8] 惠顿在修订《国际法原理》的过程中,通过积累新的案例材料和条约协议来证明国际法的普遍有效性。

惠顿于1848年去世后,此书也出现了许多新的版本。[9] 在19世纪的后半叶,《国际法原理》获得了世界范围内的认可,其在塑造现代国际关系的过程中变成了一份规范性的法律文件。理查德·亨利·达纳(Richard Henry Dana)于1866年出版了《国际法原理》的第八版,且克拉伦登出版社于1936年推出的"国际法经典

---

〔5〕这就是马克·温斯顿·贾尼斯(Mark Weston Janis)的观点。参见 M. W. Janis, *The American Tradition of International Law*: *Great Expectations 1789-1914* (Clarendon Press Oxford 2004) at 48。

〔6〕Treaty between Austria, France, Great Britain, Prussia, Russia, and Turkey respecting the Straits of the Dardanelles and Bosphorus (签订于1841年7月13日) (1841) 92 CTS 7。

〔7〕*Elements of International Law* (n 3) 21.

〔8〕同上,第21—22页。

〔9〕1864年出版了经典的汉语译本,名为《万国公法》。参见本书中由川岛真(S. Kawashima)撰写的第十九章"中国"。在美国驻中国大使馆的主导下,惠顿取代了瓦特尔而在中国受到了重视。长老会传教士丁韪良(W. A. P. Martin)把这本书翻译成了汉语。相关讨论参见 L. H. Liu, *The Clash of Empires*: *The Invention of China in Modern World Making* (Harvard University Press Cambridge MA 2004) at 108-139。

丛书"(*Classics of International Law*)系列中选用的也是这个版本。

推荐阅读

Wheaton, Henry *History of the Law of Nations in Europe and America: From the Earliest Times to the Treaty of Washington*, 1942 (Gould, Banks & Co New York 1845).

Wheaton, Henry *Elements of International Law* (R. H. Dana ed.) (8th edn Clarendon Press Oxford 1866).

Baker, Elizabeth F. *Henry Wheaton 1785 - 1848* (University of Pennsylvania Press Philadelphia PA 1937).

Gong, Gerrit W. *The Standard of 'Civilization' in International Society* (Clarendon Press Oxford 1984).

Janis, Mark W. *The American Tradition of International Law: Great Expectations 1789 - 1914* (Clarendon Press Oxford 2004).

Kennedy, David 'International Law and the Nineteenth Century: History of an Illusion' (1997) 17 *Quinnipiac Law Review* 99 - 138.

Liu, Lydia H. *The Clash of Empires: The Invention of China in Modern World Making* (Harvard University Press Cambridge MA 2004).

1136

第五十七章　弗朗西斯·利伯
(Francis Lieber，1798－1872 年)

希利娅·沃奈基(Silja Vöneky)

一、生平

(一) 传记

出生于德国的弗朗西斯(原名弗朗茨)·利伯称自己是一位"哲学史学家",其实,他不仅是当时美国最为重要的法学家之一,而且也是一位政治哲学家、政治学家以及国际法学家。[1] 利伯对国际法的发展以及战争法的人道主义化产生了重要影响,这使其获得了广泛的赞誉。到了 21 世纪,利伯所受到的这种赞誉与其所生活的时代相比,可谓有过之而无不及。

利伯于 1798 年 3 月 18 日出生于柏林[2],他年轻时从欧洲移居北美,并于 1872 年 10 月 2 日卒于纽约。想要理解利伯的生平及成果,则必须将其一生分为两个阶段:利伯在欧洲度过了少年时期和青年时期,在去了美国之后才是他创作力旺盛的学术期。

利伯的童年处于拿破仑战争的阴影之下。目睹着拿破仑的军队侵入柏林,[3]

---

〔1〕B. Röben, *Johann Caspar Bluntschli, Francis Lieber und das moderne Völkerrecht 1861－1881* (Nomos Baden-Baden 2003) at 85.

〔2〕同上,第 15 页。

〔3〕同上。

利伯深感不安，于是年仅 16 岁的利伯毅然从戎，成为了普鲁士军的一员。在 1815 年的滑铁卢战役中，利伯身负重伤。正是因为对战争的残酷和拖沓有着切身的体验，所以利伯毕生都在推动战争法的人道化。[4] 因为利伯参与了德国统一的政治运动，所以他被囚禁在柏林，且普鲁士的所有大学都拒绝了他的入学申请。[5] 终于在 1820 年，更为自由的耶拿大学给了利伯首次接触学术的机会，他同年便以一篇数学论文从该校毕业。在未完成进一步深造的情况下，[6] 利伯又于 1821 年参加了希腊独立战争。1823 年返回柏林之后，利伯再次遭到了迫害并被拘留。1826 年，利伯从专制的普鲁士逃到了伦敦。最终，利伯于 1827 年离开了欧洲，移居波士顿，并在那里去实现他的理想和信念，即一个公民的自由生活。[7]

1835 年，利伯成为了南卡来罗纳大学的历史和政治经济学教授，从而开始了他的学术生涯。1860 年，利伯受聘为纽约哥伦比亚大学的政治经济学、政治学以及历史教授，而且他也是该校法学院的联合创始人。[8] 在美国内战期间，利伯还成为了联邦政府的法律顾问，他就战争法的相关问题提供咨询。[9] 利伯把美国称为"以自由为基础来实现安康的幸福之国"。[10]

（二）作品

尽管利伯曾经在德国发表过论文，但是其重要作品的编写工作都是在移居美国之后才完成的，他是《美国百科全书》（*Encyclopedia Americana*，1829 - 1833 年）的主编和创办人，而且撰写了包括《政治伦理手册》（*A Manual of Political Ethics*，1839 - 1833 年）在内的多部著作。[11] 利伯从未写过关于国际公法的专著，[12] 但是

1139

---

〔4〕请进一步参阅前引注释 1，第 16 页。

〔5〕F. Freidel，*Francis Lieber*，*Nineteenth-Century Liberal*（Lawbook Exchange New Jersey 2003）.

〔6〕同上，第 29 页。

〔7〕F. Lieber，*The Ancient and the Modern Teacher of Politics*（Board of Trustees of Columbia College New York 1859）at 34.

〔8〕同上，第 293 页；*Johann Caspar Bluntschli*（n 1）32。

〔9〕关于总体情况，请参见 *Johann Caspar Bluntschli*（n 1），第 33 页以后。

〔10〕F. Lieber（ed.）*Encyclopaedia Americana*（Mussey & Co Boston 1830）vol 1，at vii；*Johann Caspar Bluntschli*（n 1）20；*Francis Lieber*（n 5）105 ff.

〔11〕其他重要作品还包括 *On Legal and Political Hermeneutics*（CC Little and J Brown Boston 1838）；*Laws of Property*：*Essays on Property and Labor*，*as connected with Natural Law and the Constitution of Society*（Harper New York 1842）；以及 *On Civil Liberty and Self Government*（R Bentley London 1853）.

〔12〕*Johann Caspar Bluntschli*（n 1）38.

从 1862 年起,他就与包括奥古斯特·威廉·赫福特(August Wilhelm Heffter, 1796-1880 年)和约翰·卡斯帕·伯伦知理(Johann Caspar Bluntschli, 1808-1881 年)在内的同时代所有相关的国际法学家保持着密切的联系。[13] 此外,利伯还完成了对国际法之发展最具影响力的作品,即《合众国战地军政府指令》(*The Instructions for the Government of Armies of the United States in the Field*, 1863 年)。

二、主要作品:《利伯守则》

以美国总统林肯的名义,利伯于 1863 年 4 月 24 日起草了包含《合众国战地军政府指令》在内的第 100 号通令。[14] 自此以后,该通令也被称为《利伯守则》(*The Lieber Code*)。该守则规定了戒严令、敌人的公共和私有财产、逃兵的处理、战俘、人质,以及游击队、休战、叛乱、内战以及起义。在美国内战(1861—1865 年)期间,该守则作为战争法之原则而被联邦政府所采纳,并通令联邦军全体作战人员。因而,该守则是一个没有约束力的内部行为规范,而且也是关于武装冲突法的第一个全国性的指南。[15]

然而,也不能说这个守则就是一部 1863 年的战争法典。利伯在一封写给同僚的信中是这样开头的:

> 你……知道,这是前无古人的。我没有任何指导、基础和教科书……习惯、历史、理性以及责任心、对真理的诚挚热爱,以及正义和文明一直是我的理念源泉。[16]

---

[13] *Johann Caspar Bluntschli* (n 1) 69. 正是受到利伯的启发,伯伦知理才完成了他的名作。*Das modern Völkerrecht der civilisirten Staten als Rechtsbuch dargestellt* (CH Beck'sche Buchhandlung Nördlingen 1868); 参见 *Johann Caspar Bluntschli* (n 1) 1。

[14] 参见关于《利伯守则》的介绍。

[15] 参见 *Francis Lieber* (n 5) 334 ff; T. Meron, 'Francis Lieber's Code and Principles of Humanity' (1998) 36 *Columbia Journal of Transnational Law* 269-282 at 269 and 280; R. Hartigan, *Lieber's Code and the Law of War* (Precedent Publishing Chicago 1983) at 2。

[16] 引自 *Lieber's Code and the Law of War* (n 15) 10。

作为一份军事指南,这部守则并非国际法的渊源之一,但是它在当时却为陆战中的国家通例与美国的法律确信(*opinio iuris*)提供了依据。实际上,该守则所规定的原则一部分来自于当时的战争法惯例,而且作为一部军事指南,它展现了美国落实这些原则的国家意图。这部守则还深刻影响了战争法的进一步编纂和发展,而且其他国家也制定了与之相类似的指南。[17]

1140

尽管这部守则制定于一个世纪之前,但是其已经包含了现代或者"文明"的战争法,而且它对交战中打击敌方权利的法律限制至今仍然有效。[18] 一个显著的例子就是限制原则,即根据利伯的公战理念,只允许必要的军事打击。这与当时流行的战争理论形成了鲜明的对比。[19]

另一个例子就是个人对战争犯罪所承担的刑事责任原则。守则规定,如果违背了战争法,那么个人就应当承担刑事责任。守则也不允许以执行上级命令作为战争犯罪之借口。不过,在定罪的时候,守则会保障其程序权利并遵守比例原则。

守则之所以是现代战争法的核心,还有另外一些原因,比如它首次明确禁止刑讯逼供[20]、规定了保护文化财产的义务,以及确立了有助于今日理解战俘之地位的那些重要原则。[21]

利伯及其守则的功绩在于,他打造了一个能够适用于陆战的全面的规则体系,而且有效地整合了人道主义的目标,即利伯是现代人道主义法发展的推动力。

推荐阅读

Lieber, Francis *A Manual of Political Ethics* (2 vols CC Little and J Brown Boston 1838/

---

[17]《利伯守则》为 1864 年的《日内瓦公约》(Geneva Convention)、1868 年的《圣彼得堡宣言》(Declaration of St Petersburg),以及 1874 年的《布鲁塞尔战争法国际宣言》(Brussels International Declaration on the Laws of War)提供了蓝本。特别是《布鲁塞尔战争法国际宣言》虽然从未生效过,但其却对 1899 年的《海牙陆战法规》产生了影响;参见 *Lieber's Code and the Law of War* (n 15)23。

[18] *Das moderne Völkerrecht der civilisirten Staten* (n 13) 34 ff 使用了这一观念。

[19] 详情参见 S. Vöneky, 'Der Lieber Code und die Wurzeln des modernen Kriegsvölkerrechts'(2002) 62 *Zeitschrift für ausländisches öffentliches Recht und Völkerrecht* 423 – 460 at 425。

[20] D. Kretzmer, 'Prohibition of Torture' in R. Wolfrum (ed.) *Max Planck Encyclopedia of Public InternationalLaw* (OUP Oxford 2008) at〈www. mpepil. com〉.

[21] R. M. Chesney, 'Prisoners of War' in R. Wolfrum (ed.) *Max Planck Encyclopedia of Public International Law* (OUP Oxford 2008) at〈www. mpepil. com〉.

1839).

Lieber, Francis *On Civil Liberty and Self-Government* (2 vols R Bentley London 1853).

Lieber, Francis 'Instructions for the Government of Armies of the United States in the Field' in Dietrich Schindler and Ji Toman (eds.) *The Laws of Armed Conflicts* (4th edn Nijhoff Leiden 2004) 3 – 20.

Carnahan, Burrus M. 'Lincoln, Lieber and the Laws of War: The Origins and Limits of the Principle of Military Necessity' (1998) 92 *American Journal of International Law* 213 – 231.

Freidel, Frank *Francis Lieber, Nineteenth-Century Liberal* (Lawbook Exchange New Jersey 2003).

Hartigan, Richard S. *Lieber's Code and the Law of War* (Precedent Publishing Chicago 1983).

Mack, Charles R. and Henry H. Lesesne (eds.) *Francis Lieber and the Culture of the Mind* (University of South Carolina Press Columbia 2005).

Meron, Theodor 'Francis Lieber's Code and Principles of Humanity' (1998) 36 *Columbia Journal of Transnational Law* 269 – 282.

Röben, Betsy *Johann Caspar Bluntschli, Francis Lieber und das moderne Völkerrecht 1861 – 1881* (Nomos Baden-Baden 2003).

Root, Elihu 'Francis Lieber' (1913) 7 *American Journal of International Law* 453 – 469.

Vöneky, Silja 'Der Lieber Code und die Wurzeln des modernen Kriegsvölkerrechts' (2002) 62 *Zeitschrift für ausländisches öffentliches Recht und Völkerrecht* 423 – 460.

第五十八章　贝尔塔·冯·苏特纳
(Bertha Von Suttner，1843－1914年)

西蒙妮·皮特(Simone Peter)

一、贝尔塔·冯·苏特纳

奥地利作家贝尔塔·冯·苏特纳是19世纪晚期的和平运动的代表人物之一。贝尔塔的小说《放下武器！》(*Die Waffen nieder*！)出版于1889年,之后很快就出现了该书的几个欧洲主流语言的译本。[1] 1891年,贝尔塔建立了"奥地利和平促进会"(*Österreichische Gesellschaft der Friedensfreunde*)并担任其主席。1876年,贝尔塔结识了一位发明炸药的瑞典人,他就是阿尔弗雷德·诺贝尔(Alfred Nobel),他们两人保持着密切的书信往来。诺贝尔曾立下遗嘱要奖励"为促进民族团结友好、取消或裁减常备军队以及为和平会议的组织和宣传尽到最大努力或做出最大贡献的人"[2]。对此,现在已经广为人知的是,诺贝尔就是在贝尔塔的影响下设立了和平奖。令当时所有人都意想不到的是,贝尔塔·冯·苏特纳在先后四次与诺贝尔和平奖失之交臂之后,终于在1905年获得了由挪威诺贝尔委员会颁发的这一奖项。贝尔塔卒于1914年6月21日,在她去世几天之后,奥地利大公遇刺于萨拉热窝。

---

〔1〕B. von Suttner，*Lay Down Your Arms*！(T. Holmes trans)(Longmans Green London 1892).

〔2〕关于阿尔弗雷德·诺贝尔(Alfred Nobel)的遗嘱的官方英语翻译全文,参见〈http://www.nobelprize. org/alfred_nobel/will/will-full. html〉,访问于2011年12月22日。

二、早期生平

贝尔塔·冯·苏特纳男爵夫人于 1843 年 6 月 9 日出生于布拉格,她乳名为贝尔塔·菲利斯塔斯·索菲(Bertha Felicitas Sophie),出生时的头衔为金斯基·冯·希尼茨和泰陶女伯爵(Countess Kinsky von Chinič und Tettnau),她的父亲不仅是高级贵族,而且也是当时帝国陆军元帅和王室内臣,但是贝尔塔的父亲在她出生前就去世了。贝尔塔的母亲索菲·克尔讷(Sophie Körner)长年流连于声色犬马之所,且爱好赌博。尽管当时贵族的社会生活十分忙碌,但是贝尔塔却受到了异乎寻常的良好教育,她学会了法文和英文。1873 年,贝尔塔成为了卡尔·冯·苏特纳男爵(Baron Karl von Suttner)家族的家庭教师,在那里,她与苏特纳家的儿子阿瑟·贡达卡尔·弗赖赫尔·冯·苏特纳(Arthur Gunaccar Freiherr von Suttner)陷入爱河。这种关系遭到了苏特纳家族的强烈反对,所以贝尔塔只好离开了那里。而后,贝尔塔应聘成为阿尔弗雷德·诺贝尔在巴黎的私人秘书。1876 年,贝尔塔与阿瑟·苏特纳终成眷属,而后他们夫妇俩离开了维也纳前往高加索,并在那里生活了九年。他们主要以写作和授课为业。贝尔塔写了好几本书,包括《一个灵魂的清单》(*Inventarium einer Seele*,1883 年)[3]和《机器时代:关于我们时代的未来讲义》(*Das Maschinenalter*:*Zukunftsvorlesungen über unsere Zeit*,1889 年),这两本书都显示了她信奉人类进步的观念。这些作品中都在探讨科学和哲学问题,所以贝尔塔就用笔名来掩盖她的性别。[4]

三、国际和平运动

贝尔塔了解到霍奇森·普拉特(Hodgson Pratt)于 1880 年在伦敦创建了"国际和平与仲裁协会"(International Peace and Arbitration Association)。当贝尔塔发现有这种组织存在的时候,新闻中所报道的"在国家间确立正义之观念以及消除战

---

[3] B. Oulot (B. von Suttner), *Inventarium einer Seele* (4th edn Pierson Dresden 1904).

[4] B. von Suttner, *Memoirs of Bertha von Suttner*:*The Records of an Eventful Life* (authorized translation) (Ginn & Co Boston and London 1910) vol 1, at 275.

争之努力都已经形成并且在发挥着作用"使她兴奋不已。[5] 贝尔塔于1889年出版了小说《放下武器!》，其目的是为了将和平运动的理念推广至更广泛的公众。此书被认为是一部带有明确目的的小说。故事的女主人公是一位名叫玛莎·冯·蒂林（Martha von Tilling）的贵族，她经历了数次恐怖的战争。所以，玛莎就从一个钦羡战士的英俊挺拔和威武不屈的懵懂少女转变成了一个强烈的反战主义者。这部小说将人物对白与当时战场上令人印象深刻的现实描述结合了起来。1891年，列夫·托尔斯泰在给贝尔塔的信中这样写道："奴隶制的废除以斯陀夫人（Mrs Beecher Stowe）的名著为先导，但愿你的作品能够废除战争。"[6]在众多读者当中，马克斯·胡伯（Max Huber）被这部小说"深深触动"以至于"他发誓要为世界和平奉献一生"，[7]而且沙皇尼古拉斯二世之所以于1899年在海牙召开第一次国际和平会议，可能也是受到了这部小说的影响。[8] 1892年的一份月刊便借用了这部小说让人过目不忘的书名，而贝尔塔则担任该月刊的主编直到1899年。也就是在1899年，这份月刊更名为《和平瞭望台：国际组织杂志》（*Die Friedens-Warte*：*Zeitschrift für zwischenstaatliche Organisation*），其现名为《国家和平与组织杂志》（*The Journal of International Peace and Organization*），作为月刊的共同创办人的出版商阿尔弗雷德·赫尔曼·弗里德（Alfred Herman Fried）则继任为主编。这两份期刊都是贝尔塔每月一次表达思想的重要渠道，现在她的这些文字被合编为《当代史旁注》（*Randglossen zur Zeitgeschichte*）。[9]

　　19世纪后期的和平运动划被分为许多不同的组织，其中一些就是由贝尔塔所创建的。到了世纪之交，贝尔塔已经成为国际和平运动组织的领导人物，她很有影响但却很无力。因而，海牙于1899年召开第一次和平会议之时，贝尔塔的沙龙成为了最为重要的社会场所之一，但是她没有机会参与谈判，而且她对会议所得出的

1144

---

〔5〕*Memories*（n 4）vol 1, 287.
〔6〕同上，第343页中发现的一封托尔斯泰写给贝尔塔·冯·苏特纳的信（1891年10月22日）。
〔7〕D. Schindler, 'Max Huber—His Life'（2007）18 *European Journal of International Law* 81–95 at 83；请参见本书中奥利佛·迪格尔曼（Oliver Diggelmann）关于胡伯的介绍（本书第六十一章）。
〔8〕*Memoirs*（n 4）vol 2, 193.
〔9〕B. von Suttner, *Der Kampf um die Vermeidung des Weltkriegs：Randglossen aus zwei Jahrzehnten zu den Zeitereignissen vor der Katastrophe*（Erich Fried ed）（2 vols Orell Füssli Zürich 1917）.

含糊不清的结论深感失望。在接下来的几年中,贝尔塔四处讲课和参加社交活动,她先后到过摩纳哥(1903 年)、美国(1904 年和 1912 年)、德国(1905 年)、瑞典和挪威(1906 年)。就是在挪威,诺贝尔和平奖终于颁给了其最为重要的缔造者。

四、和平与法律

贝尔塔对国际法的态度反映了 19 世纪自由国际主义的乐观精神,其特点在于信奉理性思维,并倡导国际组织之间的国际合作。[10] 贝尔塔深受同时代的达尔文主义的影响,她认为人类的进步是文明不断向前发展的过程。贝尔塔强烈反对当时民族主义者的军国主义,并不留情面地指出,进化的更高层次是和平,而不是战争。当时的世界已经见证了"和平友邦正逐渐地取代好战之国",而下一步就将是"一个有着不同利益考量的世界联盟会更加紧密团结,并亲如手足",[11]贝尔塔对此深信不疑。在贝尔塔看来,法律就是进步的标志,它把人民和国家带到了一个更加文明的水平,而它所建立的仲裁法庭则可以避免战争。在《机器时代》中,贝尔塔坚定了强烈信念,即法律终会有取代暴力的那一天,为此她借用了德语单词"Gewalt"既表示暴力又表示权力的多义性:"昨天:法律靠暴力。明天:权力靠法律。"(Gestern:Gewalt als Recht. Morgen:Recht als Gewalt)[12]虽然这些表述都在强调整体上的国际法的重要性,但是贝尔塔却极力反对当时所有试图制定具体的国际人道主义法的做法。贝尔塔坚持认为,她感兴趣的不是"战争的人道主义化的问题",而是"编纂和平"。[13]

总而言之,贝尔塔·冯·苏特纳是 19 世纪末 20 世纪初的"民粹派和平主义者"[14]的代表人物之一。贝尔塔是一个天才的传播者,贵族的社会背景助其进入了权力场,尽管她经常因空想和幼稚而受到嘲弄。然而,最厉害的战争武器的发明

---

〔10〕 M. Koskenniemi, *The Gentle Civilizer of Nations* (CUP Cambridge 2002).

〔11〕 *Inventarium* (n 3);这句话的英文译本源自 B. Hamann, *Bertha von Suttner:A Life for Peace* (A. Dubsky trans.)(Syracuse University Press Syracuse NY 1996) at 41。

〔12〕 Jemand (B. von Suttner), *Das Maschinenalter:Zukunftsvorlesungen uber unsere Zeit* (2nd edn Verlags-Magazin Zurich 1889) at 292.

〔13〕 *Memoirs* (n 4) vol 2, at 278.

〔14〕 R. P. Alford, 'The Nobel Effect:Nobel peace Prize laureates as International Norm Entrepreneurs'(2008) 49 *Virginia journal of Internationl Law* 61 – 134 at 68 ff.

家却受到了贝尔塔·冯·苏特纳的启发而创立了一个奖项——献给那些最为重要的反战主义者。

推荐阅读

Suttner，Bertha von *Der Kampf um die Vermeidung des Weltkriegs*：*Randglossen aus zwei Jahrzehnten zu den Zeitereignissen vor der Katastrophe*（Erich Fried ed.）（2 vols Orell Füssli Zürich 1917）.

Suttner，Bertha von *Lay down your Arms*！（T. Holmes trans）（Longmans Green London 1892）.

Suttner，Bertha von *Memoirs of Bertha von Suttner*：*The Records of an Eventful Life*（authorized trans）（2 vols Ginn & Co Boston and London 1910）.

Abrams，Irwin 'Bertha von Suttner and the Nobel Peace Prize'（1962）22 *Journal of Central European Affairs* 286 - 307.

Alford，Roger P. 'The Nobel Effect：Nobel Peace Prize Laureates as International Norm Entrepreneurs'（2008）49 *Virginia Journal of International Law* 61 - 134.

Biedermann，Edelgard （ed.）*Chère baronne et amie，cher monsieur et ami. Der Briefwechsel zwischen Alfred Nobel und Bertha von Suttner*（Georg Olms Hildesheim 2001）.

Hamann，Brigitte *Bertha von Suttner*：*A Life for Peace*（Ann Dubsky trans）（Syracuse University Press Syracuse NY 1996）.

1146

第五十九章　弗里德里希·弗罗霍尔德·冯·马尔顿斯

(Friedrich Fromhold Von Martens, 1845—1909 年)

［费奥多·费多罗维奇·马尔顿斯

(Fyodor Fyodorovich Martens, 1845 – 1909 年)］

劳里·玛科索(Lauri Mälksoo)

一、生平与作品

费奥多·费多罗维奇·马尔顿斯(也就是我们所知道的弗里德里希·弗罗霍尔德·冯·马尔顿斯,1845—1909 年)是俄罗斯沙皇时期首屈一指的国际法学家。作为圣彼得堡大学的国际法教授,马尔顿斯撰写了一批有影响力的国际法著作,并被译成了多国文字。其中,最重要的作品就是俄罗斯第一部综合性的国际法教科书——《当代文明国家的国际法》(*Contemporary International Law of Civilized Nations*, 1882 – 1883 年)。此外,从 1874 年至 1909 年,按照俄罗斯外交部的要求,马尔顿斯还编辑了一套 15 卷本的条约汇编集——《俄罗斯与外国签署的条约与公约的汇编》(*Recueil des traités et conventions, conclus par Russie avec les états étrangers*)。马尔顿斯还频繁地在当时的国际法顶级期刊《国际法与比较立法评论》(*Revue de droit international et de legislation comparée*)上发表文章。马尔顿斯的学术成果不论是数量还是影响力均令人称赞,这也使其在国际法史上占有一席之地。

然而,马尔顿斯还有着另外一种身份,即俄罗斯外交部的外交官。马尔顿斯将学术和外交两种职业相结合,从而在他有限的一生中同时成为了国际法领域的一流专家/作家和俄罗斯帝国的法律外交之喉舌,也或许正是因为这样他才得以名扬四海。马尔顿斯在 1899 年的第一次海牙和平会议上发挥了重要作用,而这次会议就是在俄罗斯的倡议下召开的。在会议上,欧洲大国与小国之间就军事占领之下的国民的军事抵抗权问题陷入了僵局,而马尔顿斯设法加以解决。因而,1899 年的海牙第二公约(《陆战法规和惯例公约》)的前言中便规定了"马尔顿斯条款"(Martens Clause)。该条款表述如下:

> 在颁布更完整的战争法规之前,缔约各国认为有必要声明,凡属他们通过的规章中所没有包括的情况,居民和交战者仍应受国际法原则的保护和管辖,因为这些原则来源于文明国家间制定的惯例、人道主义法规和公众良知的要求。

直到今天,国际人道主义法中都保留了"马尔顿斯条款",而且国际法院一直都在援引这一条款。[1]

1899 年的海牙会议还通过了《和平解决国际争端公约》,并且设立了国际仲裁法院的常设仲裁庭。在此次会议中创建的国际调查委员会制度在俄英两国于 1904 年卷入的赫尔港船难事件中经受住了考验。

马尔顿斯还在一些备受瞩目的案件中担任仲裁员,比如英国-委内瑞拉仲裁案(1899 年)。这个案件后来备受争议,因为在半个世纪之后,参与这个案件(在这场争议中美国支持委内瑞拉)的一位美国律师声称,作为首席仲裁员的马尔顿斯与英国仲裁员达成了协议,这实际上就等于向美国仲裁员发出了最后通牒,即不要敬酒(亲英的方案)不吃吃罚酒。

马尔顿斯作为俄方代表团的成员参加了 1905 年在新罕布什尔州朴茨茅斯举行的日俄和谈会议。在 1907 年的第二届海牙和平会议上,马尔顿斯担任委员会主

---

[1] Legality of the Threat or Use of Nuclear Weapons (Advisory Opinion) (1996) 35 ILM 814. 尤其要注意各国提交的反对意见。

席,并对会议的外交筹备做出了卓越贡献。马尔顿斯曾被提名过诺贝尔和平奖,但是未能折桂。

二、评价

对马尔顿斯的学术遗产之评价可谓众说纷纭。这些评价大致可以分为不以为然论(努斯鲍姆[Nussbaum])、被动爱国论(普斯特戈罗夫[Pustogarov])以及浪漫国家论(克罗斯[Kross])三种立场。阿瑟·努斯鲍姆(Arthur Nussbaum, 1877 - 1964年)批判的核心观点是,由于生活在沙俄时代,所以马尔顿斯并没有享受到同时期的西欧学者所拥有的那种独立性。[2] 在努斯鲍姆看来,不管马尔顿斯是否直接听命于外交部,他首先都是一位政府发言人,而并非一位独立的国际法学家。

弗拉基米尔·普斯特戈罗夫(Vladimir Pustogarov, 1920 - 1999年)所撰写的马尔顿斯的传记则标志着俄罗斯国际法学说发生了转变。普斯特戈罗夫指出,在苏联时代,官方对马尔顿斯持否定态度。[3] 圣彼得堡大学的谢尔盖·巴金(Sergey Bakhin)在2009年时甚至写道,有一位杰出的俄罗斯国际法的同僚这样问他:"怎么突然出现这么多的马尔顿斯? 我们还没开始过分强调他在我国的重要地位呢。"[4]

与马尔顿斯本人相比,这些俄国的内部争论其实更多涉及到的是俄罗斯与欧洲之间时好时坏的关系。马尔顿斯并非是一位土生土长的俄国人,他出生于俄罗斯波罗的海地区,并有着德国文化的背景,所以马尔顿斯在俄罗斯的国际法学界代表着一个迥然不同的欧洲立场——在某种程度上我们要问,他究竟代表的是欧洲的俄罗斯,还是俄罗斯的欧洲。2000年,普斯特戈罗夫的这部传记出版了一个英语译本,其书名显得颇为意味深长——《我们的马尔顿斯》(Our Martens)。这里强调的是俄罗斯希望与欧洲其他国家和睦相处(而不是苏联时期的孤立政策)的愿望。然而,为了夸大马尔顿斯的重要性,普斯特戈罗夫淡化处理了俄国国内外对马

---

[2] A. Nussbaum, 'Frederic de Martens. Representative Tsarist Writer on International Law' (1952) 22 *Nordisk Tidsskrift International Ret* (Acta Scandinavia juris gentium) 51 - 66 at 60.

[3] V. V. Pustogarov, *Our Martens*: *F. F. Martens, International Lawyer and Architect of Peace* (W. E. Butler trans, ed.) (Kluwer Law International The Hague 2000) at 3 - 4.

[4] S. V. Bakhin, 'Paradoks professora Martensa' (The Paradox of Professor Martens) (2009) *Russian Yearbook of International Law* (Neva Saint Petersburg) 35 - 53 at 37.

尔顿斯的那些合理批评。可是在苏联时期，马尔顿斯就是"坏的"（他是沙皇的走狗，代表了帝国主义），而现在他又"变好"了。

爱沙尼亚作家扬·克罗斯（Jaan Kross，1920 - 2007 年）曾是塔尔图大学的国际法学者，他于 1946 年遭到逮捕，并被流放至西伯利亚。1984 年，扬·克罗斯出版了一部名为《马尔顿斯教授的离去》（*Professor Martens' Departure*）的小说。根据保存在爱沙尼亚的教区记事录的记载，克罗斯认为马尔顿斯有着深深的爱沙尼亚的民族情结。马尔顿斯的原始日记（1883—1909 年）现保存于莫斯科的俄罗斯帝国外交政策档案室，[5]但是在撰写这部小说的时候，克罗斯并没有看到这部日记。

马尔顿斯的日记披露了他闻名国际背后的那不太风光的一面。身兼教师与外交官两种职业并非都是荣耀。马尔顿斯挂心于俄罗斯帝国的现状和未来，因此他的政治身份就是（越发失望的）帝国的一分子。尽管克罗斯的小说认为功成名就之后的马尔顿斯应该会有满足感，但是日记却遗憾地告诉我们，实际上，在职业生涯行将结束之际，马尔顿斯感到非常沮丧（马尔顿斯希望能够在海牙或是南欧获得一个大使的职位）。似乎在其迟暮之年，马尔顿斯实际上是一位教授而并非是外交官。比如，在参加朴茨茅斯举行的日俄和谈会议时，马尔顿斯的同僚-外交官们公开地称其为（只是）"教授"，这也算是一种侮辱。[6]

克罗斯对马尔顿斯的思想谱系的奇特猜想提出了一个对于所有国际法学家而言最为重要的问题，即职业伦理。成功的代价是什么？谁利用谁更多？国家利用国际法学家，还是国际法学家利用国家？在日记中，马尔顿斯对沙皇、俄国政府以及俄罗斯外交部的同僚们表达了强烈的不满。（他经常抱怨道："俄罗斯好可怜。"）[7]在国内，马尔顿斯已经开始感觉到了"玻璃天花板"，所以他常常觉得在国外更能够获得理解和赏识。马尔顿斯似乎也忘记了，如果没有机会代表俄罗斯，那么他就不可能有现在的名望。君主给你的机会，他也可以轻易拿走。尽管马尔顿

---

〔5〕Arkhiv Vneshnei Politiki Rossiiskoi Imperii（AVPRI）（Russian：Archive of Foreign Policy of the Russian Empire），Fond No 340，opis' No 787，delo 1 - 10.

〔6〕Diary entries of 9 July 1905，22 July 1905，29 July 1905，and 28 November 1908.

〔7〕Diary entries of 27 January 1906 and 2 April 1906.

斯蜚声国际,但是对于当权者而言,他也只是一个有才华的法学家而已,而并不是一个君主。1907 年 3 月 26 日,马尔顿斯在日记中颇有些苦涩地写道,个人之独立对他而言是最重要的,所以他不接受任何人的审查。

因而,卓越的国际法学家马尔顿斯的一生便展现了同时作为"独立的"国际法专家与"不独立的"国家代表之间的内在张力。将这两种角色结合起来所需要签订的可能是一份浮士德式的协议。

1151 **推荐阅读**

Martens, Fyodor F. *Sovremennoe mezhdunarodnoe pravo tsivilizovannykh narodov* (Contemporary International Law of Civilised Nations) (2 vols Zertsalo Moscow 2008).

Bakhin, Sergey V. 'Paradoks professora Martensa' (2009) *Russian Yearbook of International Law* (Neva Saint Petersburg) 35–53.

Kross, Jaan *Professor Martens' Departure* (Anselm Hollo trans) (New Press, New York City 1994).

Mälksoo, Lauri 'The Liberal Imperialism of Friedrich (Fyodor) Martens (1845–1909)' in Hélène Ruiz Fabri, Emanuelle Jouannet and Vincent Tomkiewicz (eds) *Select Proceedings of the European Society of International Law* (Hart Publishing Oxford 2006) vol 1, 173–180.

Nussbaum, Arthur 'Frederic de Martens: Representative Tsarist Writer on International Law' (1952) 22 *Nordisk Tidsskrift International Ret* (Acta Scandinavia juris gentium) 51–66.

Pustogarov, Vladimir V. *Our Martens: F. F. Martens, International Lawyer and Architect of Peace* (William E. Butler trans., ed.) (Kluwer Law International The Hague 2000).

第六十章　拉沙·奥本海
（Lassa Oppenheim，1858－1919 年）

马赛厄斯·施默克尔（Mathias Schmoeckel）

　　拉沙·奥本海（乳名为"拉沙"，Lahsa）于 1858 年出生在美茵河畔法兰克福附近的温德肯（Windecken）的一户犹太家庭。奥本海的父亲从事马匹买卖，在积累了足够多的财富之后，他们举家搬到了法兰克福，并过着较为殷实的生活。奥本海受到过良好的教育。1878 年，奥本海进入哥廷根大学攻读法律，在那里，他跟随鲁道夫·冯·耶林（Rudolph von Jhering）学习罗马法。奥本海选修过威廉·冯特（Wilhelm Wundt）的心理学以及赫尔曼·陆宰（Hermann Lotze）的形而上学。在柏林，奥本海得到了朱利思·巴龙（Julius Baron）、海因里希·布鲁纳（Heinrich Brunner）、格尔克·贝塞勒（Georg Beseler）以及著名历史学家海因里希·冯·特来切克（Heinrich von Treitschke）等名师的指点。在海德堡大学，奥本海跟随卡斯帕·伯伦知理（Caspar Bluntschli）学习国际法。1881 年，奥本海在商法学家海因里希·索尔（Heinrich Thöl）的指导下，于哥廷根大学完成了他的博士论文。

　　而后，奥本海拜入卡尔·宾丁（Karl Binding）的门下投身于刑法理论的研究。1885 年，奥本海在弗莱堡大学谋得教职，因为弗莱堡大学的所在地巴登是德国境内对犹太人的态度最开放的地区之一。但是，即使是这样，那里也很难为一个从事法律实务的犹太人提供教授职位。1889 年，奥本海受聘为弗莱堡大学的副教授（编外教授）。在弗莱堡期间，奥本海先后出版了五本刑法学的专著以及数篇论文。但是，令奥本海失望的是，弗莱堡大学无法提供给他晋升正教授的机会，所以他于

1892 年转到了巴塞尔大学,并于次年获聘为正教授。

1895 年,奥本海离开瑞士,前往伦敦。奥本海在英国有亲戚,对自由的偏爱、经济独立,抑或是向往英国人的生活方式,这些可能都是促成他做出这一异常举动的原因,但是他移居英国的主要目的仍然是一个谜。这一决定不仅使奥本海放弃了巴塞尔大学的教授职位,而且他也不能再做刑事律师了,因为他在德国和瑞士学到的那些知识无法适用于英国的普通法体系。与其他移民不同,奥本海移居英国并非是为了谋求工作,而是因为他产生了对国际法的研究兴趣。奥本海在英国重拾教鞭,他先在一些夜校任教,之后便入职伦敦政治经济学院。1900 年,奥本海加入英国国籍,而后他给自己取名为拉沙·弗朗西斯·劳伦斯·奥本海(Lassa Francis Lawrence Oppenheim)。1902 年,奥本海迎娶了陆军中校菲尼亚斯·考恩(Phineas Cowan)的女儿伊丽莎白·亚历山大(Elizabeth Alexandra),两年后他们唯一的女儿降生。

入籍之后,奥本海开始了他与英国外交部的联系。奥本海自己有一个颇具规模的图书馆,外交部先是到那里借书,后来开始就国际法律事务向他咨询法律意见,他在 1905 年出版了《国际法教科书》之后,双方的联系更加密切。[1] 约翰·韦斯特莱克(John Westlake)认为奥本海的实证主义有助于英国法学的现代化,所以在他的推荐之下,奥本海于 1908 年受聘为剑桥大学惠威尔国际法讲座教授(Whewell Professor of International Law)。奥本海享有这一职位直到他于 1919 年去世。

奥本海的著作甫一出版,便广受好评。作为作者,奥本海名扬四海。这部作品不仅观点客观而且面面俱到,所以这也注定了其读者不仅仅只有法学家,也包括了广大的社会公众。正是因为这一原因,此书并没有介绍作者的研究方法。奥本海只是在其他作品中暗示过他的方法。我们只能根据其早期的德语作品来理解奥本海的主要观点。然而,所有人看到的,而且也为评论家所认可的,却是奥本海的新系统研究法。在奥本海看来,只有实际运行中的(国际)法才可以被视为法律。因而,正式的法律渊源只有条约法和习惯法,而法律学说和法院判决只不过都是一种

---

〔1〕 L. Oppenheim, *International Law: A Treatise* (2 vols Longman, Green & Co London 1905).

对法律的认可,所以他们都只是次要渊源。

奥本海为了使读者认可其论断的公正性与客观性,他在教科书中每提到一个问题,就会罗列其他所有学者对此问题的看法,而且不偏不倚、开诚布公。因此,奥本海希望帮助各国人民和各个国家都了解并遵守法律,从而防止争端与促进和平。与日俱增的国际法条约使奥本海相信,国际法有一个持续不断的"宪法化"的过程。

为了加强这部教材的教育意义,奥本海从国际法的历史中总结出了五点"教训"。这些"准则"是作为向读者提供的建议、认识常识的参考和一种理解法律变迁的线索。奥本海的目的并非在于仅仅推理出一些原则,而是要宣传一种法律常识(类似于耶林的"法感情"[*Rechtsgefühl*])并以此消弭国际战争。根据这五点准则,

——大国之间的权力均衡是国际法存续的必要条件;

——国际法想要繁荣则必须要符合国家利益(包括他们的经济利益);

——民族主义的力量是无法阻挡的;

——国际法需要一定的时间去不断完善,因而建立国际常设仲裁庭便是推进国际法法典化的一个可喜的进步;

——国际法的发展将有赖于公共的道德水准。

这些见解清晰地表明,这部作品显然就是国际法经典时代的最终篇章。19 世纪,世界为列强所统治,而只有文明才可以阻止单纯的强力统治。为了建立一个持久的秩序,法律必须符合其主体的利益。在第一次世界大战之后发表的文章中,奥本海表示,他很高兴看到作为一个新的国际议会的国际联盟之诞生,此乃迈向确立世界宪法的重要一步。但是,奥本海强调要尽可能地争取所有的主要国家的参与,只有这样国际联盟才不会沦为胜利者的俱乐部。但是,在国际法中确立一个能够为所有国家都平等接受的立场是越发困难了。德国与英国在一战中逐渐紧张的关系导致奥本海在 1916 年就已经公开回避德国的政治问题了。

在教科书的黄金时代,此类作品都会被译介到其他国家,因此读者的目的就是要对国际法有一个统一的认识和理解。奥本海的《国际法教科书》获得了全世界的认可,所有国家都引用了这本书。因此,该书也被视为经典国际法传统上的最后一部重要的教科书。

这本书持久的声望得益于其后续的版本。逐渐地,奥本海的《国际法》变成了

1154

《奥本海国际法》(*Oppenheim's International Law*)。1920年至1921年,在该书第三版的修订过程中,主要章节的撰写是奥本海留下的,但是全书的修订工作却是由其弟子罗纳德·罗克斯伯(Ronald Roxburgh, 1889–1981年)完成的。一方面,奥本海留下了一笔专项资金用于该书后续版本的修订和出版;另一方面,出版商也乐于看到畅销书能够经久不衰。1926年至1928年,奥本海在剑桥大学的继任者阿瑟·邓肯·麦克奈尔(Arthur Duncan McNair, 1885–1975年)(勋爵)修订了一个新的版本。该书的第五版(1935年)至第八版(1955年)都是由赫希·劳特派特爵士(Sir Hersch Lauterpacht, 1897–1960)修订的。1992年至1996年,另一位惠威尔国际法讲座教授罗伯特·詹宁斯爵士(Sir Robert Jennings, 1913–2004年)与阿瑟·瓦茨爵士(Sir Arthur Watts)共同修订了该书的第九版。罗克斯伯、麦克奈尔以及劳特派特不仅使这本书始终跟得上时代的脚步,而且也为其注入了越发明显的英式风格。比如,麦克奈尔认为,国际法的进步伴随着民主战胜专制,这样他就为国际法增加了一条新的“准则”。这显然是英国对一战的一种态度,而这种观点几乎已经背离了奥本海所确信的权力制衡的必要性。劳特派特也为国际法增加了一条教训,他重点强调,在国际关系当中,国际法学家应该比外交官发挥更为重要的作用以捍卫法律对无原则的讨价还价之抵抗。在该书的第五版中,劳特派特甚至批评刻板的实证主义——显然映射的是奥本海——他的这一观点已经为当代国际法所摒弃了。劳特派特认为,国际法的主流研究方法就是他所谓的格劳秀斯学派,即他自己的自然法学的方法。所以这部教科书每个版本之间都有着显著的差异。

通过国际法院判决的引证率便可见《奥本海国际法》的影响力。这部作品显然是引证率最高的国际法文献之一。从第四版开始,本书的成功首先要归功于赫希·劳特派特以及麦克奈尔,奥本海的贡献反而不如他们。通过法院的判决书可以明显地看出,劳特派特的修订版被认为对当代各种法律问题都有着令人信服的描述和分析。这个版本获得了同时代其他教科书难以望其项背的权威地位。其他国家的许多青年才俊留学剑桥,并以《奥本海国际法》一书作为学习国际法时所用的教材。从某种程度上讲,这部教科书之所以名扬四海也得益于剑桥大学国际法学院在20世纪的国际法学界中的主导地位。这部作品是20世纪最成功的国际法名著之一,其在这个意义上堪称国际法的经典之作。

推荐阅读

Oppenheim, Lassa *International Law：A Treatise* （2 vols Longman, Green & Co London 1905）.

Faulenbach, Florian *Bedeutung und Funktion der Doktrin in der Rechtsprechung der Internationalen Gerichtshöfe* （Peter Lang Frankfurt aM 2010）.

Kingsbury, Benedict 'Legal Positivism as Normative Politics：International Society, Balance of Power and Lassa Oppenheim's Positive International Law' （2002） 13 *European Journal of International Law* 401–436.

Perreau-Saussine, Amanda 'A Case Study of Jurisprudence as Source of International Law：Oppenheim's Influence' in Matthew C. R. Craven, Malgosia Fitzmaurice, and Maria Vogiatzi （eds） *Time, History, and International Law* （Brill Leiden 2007） 91–117 at 98 and 104.

Reisman, W. Michael 'Lassa Oppenheim's Nine Lives' （1994） 19 *Yale Journal of International Law* 255–280.

Schmoeckel, Mathias 'Lassa Oppenheim （1858–1919）' in Jack Beatson and Reinhard Zimmermann （eds.） *Jurists Uprooted：German-speaking émigré Lawyers in Twentieth-century Britain* （OUP Oxford 2004） 583–599.

Schmoeckel, Mathias 'Lassa Oppenheim and his Reaction to World War I' in Randall Lesaffer （ed.） *Peace Treaties and International Law in European History. From the Late Middle Ages to World War One* （CUP Cambridge 2004） 270–288.

Schmoeckel, Mathias 'The Story of a Success：Lassa Oppenheim and his "International Law"' in Michael Stolleis and Masaharu Yanagihara （eds） *East Asian and European Perspectives on International Law* （Nomos Baden-Baden 2004） 57–138.

第六十一章 马克斯·胡伯
(Max Huber, 1874 – 1960 年)

奥利佛·迪格尔曼(Oliver Diggelmann)

一、简介

瑞士法学家马克斯·胡伯是一位带有社会学取向的国际法理论家,他也是国际常设法院的法官和院长。作为国际仲裁员,胡伯曾审理过帕尔马斯岛仲裁案(Island of Palmas Case),他是国际联盟奥兰岛委员会(the Aaland Commission of the League of Nations)的成员,二战期间他还曾担任红十字国际委员会的主席。胡伯最重要的理论成果是发表于 1910 年的一篇长文,我们经常提到的是其 1928 年的重印版,该文的题目为《国际法的社会学基础》(*Die soziologischen Grundlagen des Völkerrechts*,或 *The Sociological Foundations of International Law*)。[1]

二、学术生涯与社会职务

胡伯早年在洛桑学习法律,后来在柏林大学完成了关于国家继承问题的学位论文,他于 1902 年受聘为苏黎世大学教授,主授国际法、宪法以及教会法。胡伯在

---

〔1〕 M. Huber, 'Beiträge zur Kenntnis der soziologischen Grundlagen des Völkerrechts und der Staatengesellschaft' (1910) 4 *Jahrbuch des öffentlichen Rechts* 56 – 134, reprinted in 1928 as *Die soziologischen Grundlagen des Völkerrechts* (Verlag Dr Walther Rothschild Berlin-Grunewald 1928). 下面的引文源自重印本。

33 岁时以瑞士代表团成员的身份参加了海牙和平会议。胡伯不满于国际强权政治的现实,且他对太平洋争端解决领域毫无进展的现状更是深感失望,所以他就提出了现今我们所知的《国际法院规约》第 36 条第 2 款的"任择条款"(optional clause)。[2] 胡伯发表于 1910 年的论文《国际法的社会学基础》是"国际法社会学"这一国际法分支学科的开山之作,此文在内容上主要讨论国际法的社会学。然而,这篇文章还表达了对国际主义运动的期许,比如促成海牙会议的和平主义,因为在胡伯看来,这种运动对于构建一种成熟的国际意识而言是极有必要的。

一战之后,胡伯担任了一些重要的社会职务。1920 年,国际联盟针对奥兰岛仲裁案成立了所谓的法学家委员会。委员会的研究报告成为了民族自决原则的一个历史性的突破,作为委员会成员的胡伯在这其中发挥了重要作用。胡伯的理论观点与当时委员会出人意料的研究报告之间有明显的关联。[3] 从苏黎世大学辞职之后,胡伯出任国际常设法院法官,并在 1925 年至 1927 年间担任院长。作为院长,胡伯在(1927 年)"荷花号"案(Lotus Case)的判决中投下了关键一票,这通常被认为是国际法上"有疑惟利自由"(dubio pro libertate)原则的主要渊源,而且他与同事兼好友迪奥尼西奥·安齐洛蒂(Dionisio Anzilotti)在温布尔登案(Wimbledon Case,1923 年)中共同起草了一份反对意见,这些都可以被视为是其对国际常设法院法学实践所做出的最为重要的贡献。[4]

胡伯的名字也成为了帕尔马斯岛仲裁案(1928 年)裁定的代名词,从而在仲裁史上有着举足轻重的影响。[5] 这一裁定充实了领土主权的原则,阐述了时际法(inter-temporal law)的概念。作为一位独任仲裁员,早在国家责任原则兴起的几

1158

---

〔2〕 D. Schindler, 'Max Huber—His Life' (2007) 18 *European Journal of International Law* 81 – 95 at 88.

〔3〕 League of Nations, 'Report of the International Committee of Jurists Entrusted by the Council of the League of Nations with the Task of Giving an Advisory Opinion upon the Legal Aspects of the Aaland Islands Question' in *Official Journal of the League of Nations*, *Special Supplement* No 3 October 1920; O. Diggelmann, 'The Aaland Case and the Sociological Approach to International Law' (2007) 18 *European Journal of International Law* 135 – 143.

〔4〕 O. Spiermann, 'Max Huber at the Permanent Court of International Justice' (2007) *European Journal of International Law* 115 – 133.

〔5〕 D. E. Khan, 'Max Huber as Arbitrator: The Palmas (Miangas) Case and Other Arbitrations' (2007) 18 *European Journal of International Law* 145 – 170.

年之前,胡伯就已经在"摩洛哥西班牙属区英国人索偿仲裁案"(*British Claims in the Spanish Zone of Morocco Arbitration*,1923—1925 年)中进行了思考。除其他问题之外,这个案件还讨论了领土所有者在国际上的不法行为。

1928 年至 1946 年,胡伯担任红十字国际委员会的主席。[6] 这个组织于 1944 年荣获了诺贝尔和平奖,然而不可避免的是,他们随后也遭到了批评,因为在屠杀犹太人的问题上他们保护的力度并不足够。

三、国际法观点

(一) 国家与国家社会

胡伯在 1910 年所提出的关于国际法以及国际关系的设想是现实主义与理想主义的结合。[7] 胡伯认为,国家是国际行为以及国际法的唯一主体,这也是一战之前的通说。在胡伯看来,国家与民族国家皆是斐迪南·滕尼斯(Ferdinand Tönnies)意义上的共同体,他们建立的根基都是一种强大的且生来就具有的归属感,所以他们都是"天然的单位"。各国皆出于国家意愿而在政治上组织起来。

与之相对的,国际社会的成员却都是一些天生就自私自利的参与者。其成员的规模在扩张,而且很难维持和平状态,从这个趋势中就可以看出上述这个特点。然而,胡伯却认为,国家利己主义的程度是不断变化的。[8] 由此胡伯的思想中就出现了理想主义的观念。利己主义的变化程度主要是由个人对国家的态度(国家意识,*Staatsbewusstsein*)所决定的。所以,群众盲目跟从权贵阶级就会助长国家的利己主义。胡伯的观点一方面受到了古斯塔夫·勒庞(Gustave Le Bon)的群体理论之影响,另一方面也体现了马克思主义的某些特征。

1159

(二) 国际法的约束力

实证主义理论认为,只有取得共识才可以产生国际法的约束力,胡伯则对此提出了批评,并表示他们想得过于简单了。在胡伯看来,共识理论无法解释为什么国

---

[6] Y. Sandoz, 'Max Huber and the Red Cross' (2007) 18 *European Journal of International Law* 191–197.

[7] 对胡伯观点的简要总结可参见 J. Delbrück, 'Max Huber's Sociological Approach to International Law Revisited' (2007) 18 *European Journal of International Law* 97–113。

[8] *Soziologischen Grundlagen* (n 1) 73–74.

家可以退出某些国际协定,而同时却会一直受到其他协定的约束。为了解决这一难题,胡伯建议将国际法的约束力问题从具体规范的一般形式中抽离出来。[9] 胡伯区分出国家利益的"集体性"与"特殊性",并且他宣称,如果集体利益自身存在约束性的特点,那么这种国际法就具有法律上的约束力,而这些集体利益所涵盖的具体规范就变成了"法律"。

然而,集体利益并非是一些不证自明的问题。得出集体利益结论的具体情形需要更深刻的分析。能够约束国际法的集体利益一般在两种情况下会发展起来:没有任何国家可以将其意志强加于其他国家,以及大国势力保持均衡。在胡伯看来,后一种情况就是国家社会的非正式的"代表"。[10]

胡伯所认为的国际法是一种纯粹的权力本位法。因而,它不像国内法那样倾向于摆脱社会现实的束缚,而是要不断地适应时刻变化的环境。[11] 到了晚年,胡伯对这一观点进行了反思,而后他就放弃了这种严格的以权力为导向的法律概念。

(三)国际一体化

胡伯的这篇论文最有趣的章节之一就是关于国际一体化的讨论。[12] 在胡伯看来,一体化要么是出于霸权,要么是源于团结。鉴于这一时期并没有什么明显的霸权主义,所以只能通过加强团结来促成一体化。秉持自由主义观念的胡伯认为,国际贸易是促进各国团结合作的关键。[13] 胡伯引用的是当时颇具影响的赫伯特·斯宾塞(Herbert Spencer)的社会学理论,而且他认为国内的人口增长("稠密")与国际团结的发展之间有着直接的关联,而国际团结的基础正是不断增加的国际贸易中所获得的利益。

促进国际团结的第二个因素就是跨国运动。胡伯认为,诸如社会主义与和平主义之类的运动能够深刻地改变人们的思维方式。

---

〔9〕 *Soziologischen Grundlagen* (n 1) 52-53.
〔10〕 同上,第53页。
〔11〕 同上,第8—10页。
〔12〕 同上,第53页。
〔13〕 同上,第61页。

四、总结

胡伯是第一位就社会心理因素对国际法的发展以及维护和平之影响加以分析的国际法学家。胡伯认识到了跨国运动的关键作用,并阐述了国际法的法律约束力理论。老迪特里希·辛德勒(Dietrich Schindler Sr.)于 1933 年在海牙学院的一篇名为《国际法学对社会学和心理学的作用》(*Contribution à l'étude des facteurs sociologiques et psychologiques du droit international*)的演讲中进一步发展了胡伯的观点,这篇讲稿也成为了 20 世纪的国际法理论史上的经典之作。

在胡伯的一生中,用来治学的时间相对而言并不是很多,而且严格来讲,他也没有形成什么学术流派。然而,胡伯却影响了小迪特里希·辛德勒(Dietrich Schindler Jr.)以及丹尼尔·蒂雷尔(Daniel Thürer)等后辈的国际法学家。或许正如荷兰国际法学家简·克拉伯斯(Jan Klabbers)所言,胡伯堪称"国际法学之父"。[14]

推荐阅读

Huber, Max 'Beiträge zur Kenntnis der soziologischen Grundlagen des Völkerrechts und der Staatengesellschaft' (1910) 4 *Jahrbuch des öffentlichen Rechts* 56‐134, reprinted as *Diesoziologischen Grundlagen des Völkerrechts* (Verlag Dr Walter Rothschild Berlin-Grunewald 1928).

Huber, Max *Die Staatensuccession—Völkerrechtliche und staatsrechtliche Praxis* (Duncker & Humblot Leipzig 1998).

Delbrück, Jost 'Max Huber's Sociological Approach to International Law Revisited' (2007) 18 *European Journal of International Law* 97‐113.

Diggelmann, Oliver *Anfänge der Völkerrechtssoziologie—Die Völkerrechtskonzeptionen von Max Huber und Georges Scelle im Vergleich* (Schulthess Zurich 2000).

Diggelmann, Oliver 'The Aaland Case and the Sociological Approach to International Law' (2007) 18 *European Journal of International Law* 135‐143.

Khan, Daniel-Erasmus 'Max Huber as Arbitrator: The Palmas (Miangas) Case and Other Arbitrations' (2007) 18 *European Journal of International Law* 145‐170.

---

[14] J. Klabbers, 'The Sociological Jurisprudence of Max Huber: An Introduction' (1992) 43 *Austrian Journal of International Law* 197‐213 at 197.

Klabbers，Jan 'The Sociological Jurisprudence of Max Huber：An Introduction' (1992) 43 *Austrian Journal of International Law* 197 – 213.

Sandoz，Yves 'Max Huber and the Red Cross' (2007) 18 *European Journal of International Law* 171 – 197.

Schindler，Dietrich Jr. 'Max Huber—His Life' (2007) 18 *European Journal of International Law* 81 – 95.

Spiermann，Ole 'Judge Max Huber at the Permanent Court of International Justice' (2007) 18 *European Journal of International Law* 115 – 133.

Thürer，Daniel 'Max Huber：A Portrait in Outline' (2007) 18 *European Journal of International Law* (2007) 69 – 80.

1161

第六十二章 乔治·塞勒
(Georges Scelle, 1878 – 1961 年)

奥利佛·迪格尔曼(Oliver Diggelmann)

一、简介

乔治·塞勒是法国的国际法学家,他也是联合国国际法委员会的委员。塞勒倡导一种激进的人类中心主义的国际法理论,他称其为"个人主义方法论",该理论侧重于关注个体的行为与责任,旨在消除国家的神秘性。塞勒的代表作《国际法精义》(*Précis de droit des gens*)以及主要完成于 20 世纪 30 年代的其他几部作品将实在国际法同"客观法"相比较,在他看来,后者所包含的规则都能够与社会现实相契合。[1] 塞勒的"国家双重功能论"(*dédoublement fonctionnel*)(角色分化,role splitting)以及对"国际宪法"的思考,皆为人们所熟知。

二、学术生涯与社会职务

当塞勒于 1897 年初涉法律之时,法国社会正因德雷福斯案件(*Dreyfus Affair*)而分裂为反德雷福斯派与德雷福斯派两个阵营。[2] 塞勒支持后者,因而

---

〔1〕G. Scelle, *Précis de droit des gens* (2 vols Sirey Paris 1932;1934).
〔2〕关于塞勒的详细生平以及其政治和学术背景的详细分析,请参见 A. Wüst, *Das völkerrechtliche Werk von Georges Scelle im Frankreich der Zwischenkriegszeit* (Nomos Baden-Baden 2007) at 53 – 64。

质疑强权成为了他一生的学术研究和政治活动之中心问题。塞勒的博士论文的主题为 16 世纪至 18 世纪的西班牙奴隶贸易，这篇发表于 1906 年的长文不仅讨论了法律问题，同时也关注了经济问题。[3] 1908 年至 1912 年，塞勒分别在索菲亚大学、第戎大学以及里尔大学从事短期的学术工作，而后他于 1912 年正式加入第戎大学法律系，且一干就是二十多年。1914 年至 1918 年，塞勒投笔从戎，在法军中主要担任法律顾问。

一战之后，塞勒开始越来越多地参与到了公众讨论当中。比如，塞勒曾冒着无法被提名为终身教授的巨大风险去批评法军于 1923 年对鲁尔地区的突袭。1924 年，塞勒成为了法国驻国联代表团的成员；1924 年至 1925 年间，他又供职于法国劳工部长办公室。当教育部长于 1925 年拟聘用塞勒为巴黎大学法律系讲师的时候，恰逢右翼学生组织了一场罢工，从而导致法律系被迫关闭了数个星期。甚至连法国国会都出来处理塞勒事件(affaire Scelle)，塞勒最后还是返回了第戎。[4]

1927 年，塞勒成为第戎大学终身教授，在那里他潜心治学，并对自己的理论进行精雕细琢。实际上，塞勒在 1923 年的一篇论文中就已经阐述了其整个理论体系的核心思想。[5] 1933 年，塞勒终于加入了巴黎大学法律系，并在那里直至 1948 年退休。1948 年至 1960 年，塞勒是联合国国际法委员会的委员，并一度担任主席职务。

三、国际法理论

(一) 客观法与实在法

从本质上讲，塞勒的理论就是使用规范性的计数器模型(counter-model)以对实在国际法进行研究。塞勒借用法国宪法学家莱昂·狄骥(Léon Duguit)的"客观法"的概念作为参照来评价实在法。"客观法"所包含的规则均反映了基本的社会

---

[3] G. Scelle, *La traite négrière aux Indes de Castilles—Contrats et traités d'assiento* (2 vols Larose & Tenin Paris 1906).

[4] M. Koskenniemi, *The Gentle Civilizer of Nations—The Rise and Fall of International Law 1870 - 1960* (CUP Cambridge 2001) at 316 - 317.

[5] G. Scelle, 'Essai de systématique du droit international—Plan d'un cours de droit international' (1923) 30 *Revue Générale de Droit International Public* 116 - 142.

需要。因而，"客观法"有着"生物成因"，其反应了人类的生存环境。

    "能力"（competence）的概念是塞勒理论的一个关键词。客观法所需要的并不是脱离于普遍社会现实的那种绝对的和抽象的权利，而是个体在分析具体问题时能够来运用的"能力"。[6] 运用能力的是个体，而不是国家这样的抽象单位，在塞勒看来，国家是实在法基于实践的目的而发明的一种拟制概念。

从某种意义上来看，客观法存在于任何社会，包括国内社会与国际社会，以及私人社会与公共社会。从法律统一的角度来看，客观法总是有着同样的"生物成因"。这种统一在背景上不同于塞勒所坚持的那种激进的一元论的国际法观念，这种观念否认国际法与国内法之间存在本质区别。

实在法——即在传统意义上具有法律约束力的规则——就是将客观法"翻译"成为"得到认可的能力"。这种翻译可能是对的，也可能是错的，比如，当信息不够充分或者法律意识不够发达的时候，就会造成错翻。用塞勒的话来讲，错翻的结果会导致出现"反社会的"或者"反法权的"（antijuridical）法律。在塞勒看来，主权观念就是一种典型的反社会的实在法。[7] 塞勒细致地分析了从客观法到实在法的翻译。按照塞勒的理解，这种翻译的过程是一种严格的科学程序，亦即"法律技术"。政治只不过是这个精致程序中的一个因素而已。

当然，塞勒的理论中的关键问题就是哪些规则可以被称作客观法，即哪些规则反映了"社会需要"。这个标准似乎很模糊，而且容易被某人的政治信念所代替。所以，塞勒就是一位左派学者。塞勒认为这些规则为社会所必需，因此要符合社会团结的需要。

（二）国际法与"角色分化"

在塞勒看来，社会的数量在国际范围内不断增加。这里的社会不仅包括诸如国际联盟这种类型的国际社会，而且也包括私人社会。比如，塞勒曾提到国际工人运动和天主教会。[8] 社团数量的不断增加主要是由日益增多的跨国劳动分工所造成的。按照塞勒的说法，这促成了一种团结的新形式，它以合作为基础，且相互

---

[6] G. Scelle, 'Règles Générales du droit de la paix' (1933) 46 *Recueil des cours* 331 - 703.

[7] *Précis* (n 1) vol 1, at 78 - 81.

[8] 同上 vii。

依存。与之相比，另外一种形式的团结，即基于相似而促成的团结，在塞勒看来则 1165
是一种过时的现象。塞勒采用了当时在法国极具影响力的爱米尔·涂尔干(Emile
Durkheim)的社会学理论来区分两种不同的团结形式。

塞勒认为，在国际范围内将客观法翻译成为实在法会特别麻烦，主要的原因在
于它外在运行的制度框架并不发达。这一过程常会导致反社会法的出现。比如，
在单边情况下做出了影响其他国家的决定。为了解决这一问题，塞勒提出了他著
名的"国家双重功能论"(角色分化)，从而确保做出"正确的"翻译。[9] 这一理论从
本质上讲，就是在国际范围内——按照客观法的要求——一国政府不仅代表着它
所在的国家，而且也代表着相关的国际社会，因为国际社会并没有专属于自身的代
表者。

不同社会的客观法之间有着怎样的关系？他们往往彼此重合，所以就导致了
规范冲突的问题。对此，塞勒斩钉截铁地认为，开放型的社会总是相对优于封闭型
的社会，所以前者的法律优先于后者的法律。不同的法律体系之间有着严格的位 1166
阶关系，而且国际法总是优先于国内法，因为前者的社会基础更具开放性。位阶最
高的法律体系就是最具开放性的社会——国际社会的法律。塞勒将这种社会的基
本法律规则称之为"国际宪法"。[10]

四、总结

塞勒激进的反唯意志论和反实证主义的观点使其没有建立一个以其名号来命
名的学术流派。主要原因可能在于，塞勒的理论仅仅只能够在一个有限的程度上
来描述一个仍由国家占主导地位的现实世界。然而，塞勒的学说——特别是其对
实在法的缺陷之修正和完善——影响了包括勒内-让·杜比(René-Jean Dupuy)、
查尔斯·卢梭(Charles Rousseau)以及乔治·布尔多(Georges Burdeau)在内的一
批 20 世纪的法国学者。

---

[9] A. Cassese, 'Remarks on Scelle's Theory of "Role Splitting" (dédoublement fonctionnel) in
International Law' (1990) 1 *European Journal of International Law* 210 - 231.

[10] G. Scelle, 'Le droit constitutionnel international' in J. Duquesne (ed.) *Mélanges R. Carré de
Malberg* (Librairie du Recueil Sirey Paris 1933) 501 - 516.

塞勒的学说被认为是使用"现代"方法对国际法进行的研究。此言不虚,尽管塞勒的法律观念缺乏理论性,但是却符合了国际法中的个体日益重要之"大趋势"。塞勒的理论也察觉到了法律体系冲突问题的重要性,尽管塞勒对此问题的答案有些武断。上世纪末进入全球化时代之后,关于国际法分层要素的探索日益增多,于是,塞勒曾经关于"国际宪法"的思考便蔚然成风,并受到了特别的欢迎。

推荐阅读

Scelle, Georges 'Essai de systématique du droit international—Plan d'un cours de droit international' (1923) 30 *Revue Générale de Droit International Public* 116 - 142.

Scelle, Georges *Précis de droit des gens* (2 vols Sirey Paris 1932;1934).

Scelle, Georges *Générales du droit de la paix* (1933) 46 *Recueil des cours* 331 - 703.

Scelle, Georges 'Théorie du gouvernement international' (1935) *Annuaire de l'Institut International de Droit Public* 41 - 112.

Cassese, Antonio 'Remarks on Scelle's Theory of "Role Splitting" (dédoublement fonctionnel) in International Law' (1990) 1 *European Journal of International Law* 210 - 231.

Diggelmann, Oliver *Anfänge der Völkerrechtssoziologie—Die Völkerrechtskonzeptionen von Max Huber und Georges Scelle im Vergleich* (Schulthess Zurich 2000).

Dupuy, René-Jean 'Images de Georges Scelle' (1990) 1 *European Journal of International Law* 235 - 240.

Koskenniemi, Martti *The Gentle Civilizer of Nations—The Rise and Fall of International Law 1870 - 1960* (CUP Cambridge 2001) at 327 - 338.

Tanca, Antonio 'Georges Scelle (1878 - 1961): Biographical Note with Bibliography' (1990) 1 *European Journal of International Law* 165 - 174.

Thierry, Hubert 'The Thought of Georges Scelle' (1990) 1 *European Journal of International Law* 193 - 209.

Wüst, Anja *Das völkerrechtliche Werk von Georges Scelle im Frankreich der Zwischenkriegszeit* (Nomos Baden-Baden 2007).

第六十三章 汉斯·凯尔森
(Hans Kelsen, 1881 - 1973 年)

巴多·法斯本德(Bardo Fassbender)

汉斯·凯尔森(1881 - 1973 年)是 20 世纪最重要的法学家之一,不管在哪里学习法律都必然要阅读他的作品。凯尔森的学说在欧洲和拉丁美洲格外有影响。当提起复兴的实证主义对如何建构并理解法律这个根本问题给出了新的解答时,我们首先会想到的人就是凯尔森,他也是这个领域最重要的一位理论家与哲学家。《纯粹法理论》(*pure theory of law*, *Reine Rechtslehre*)——一种"排除了所有政治意识形态以及自然科学元素"[1]的法律观念——使凯尔森誉满天下,这部作品涵盖了法律的各个方面,包括私法与公法,以及国内法与国际法。正如赫德利·布尔(Hedley Bull)所指出的,凯尔森认为"法律问题应当与其他规范问题相互区分,而且法律是一门不同于道德哲学、社会学或政治学的学科",不管这些问题对理解法律在社会中的作用是多么重要。[2]

凯尔森是为数不多的能够在广义法律理论的框架下系统讨论国际法的学者。此外,凯尔森在 20 世纪 30 年代和 20 世纪 40 年代的许多作品中都讨论了当时国

---

〔1〕 H. Kelsen, *Reine Rechtslehre. Einleitung in die rechtswissenschaftliche Problematik* (Franz Deuticke Leipzig 1934) iii；英文版本为 *Introduction to the Problems of Legal Theory* (B. Litschewski Paulson and S. L. Paulson trans) (Clarendon Oxford 1992)。1960 年出版的该书第二版进行了全面的修订并大幅度地扩充了内容 (Deuticke Wien)；英文版本为 *Pure Theory of Law* (Max Knight trans) (University of California Press Berkeley 1967)。亦见 H. Kelsen, *General Theory of Law and State* (Harvard University Press Cambridge MA 1945)。

〔2〕 H. Bull, 'Kelsen and International Law' in R. Tur and W. Twining (eds.) *Essays on Kelsen* (Clarendon Oxford 1986) 321 - 336 at 331.

际法的热点问题,并且他特别关注国际组织和国际法院对国际和平的维护。[3] 从很多方面看来,凯尔森关于国际法的观点和学说颇有先见之明,他预言的未来世界是一个相互联系更加紧密和国际关系更加紧张而可靠的网络。

凯尔森生于布拉格,长在维也纳。[4] 凯尔森在维也纳大学学习法律并于1906 年获得博士学位。在维也纳法院实习一年之后,凯尔森前往海德堡大学撰写教授资格论文,即《从法律规则理论看宪法学说的中心问题》。[5] 1911 年,凯尔森成为维也纳大学宪法学和法理学的编外讲师。一年后,凯尔森迎娶了玛格丽特·(克里特)邦迪(Margarethe [Grete] Bondi, 1890 - 1973 年)。一战时,凯尔森在政府和司法部门服兵役,在此期间,他完成了首部国际法的著作——《主权问题与国际法理论》(The Problem of Sovereignty and the Theory of International Law)。[6] 凯尔森终其一生都在思考这个问题。在《主权问题与国际法理论》一书的副标题中,首次出现了凯尔森最著名的概念——"法的纯粹理论"。1919 年,凯尔森参与了奥地利共和国新宪法的起草工作,该宪法于次年颁布。按照凯尔森的建议,奥地利共和国建立了一个独立于普通法院的宪法法院,该法院对立法机关颁布的法律享有排他性的违宪审查权,其成为了世界上的——特别是欧洲——宪法法院之典型代表,凯尔森也被任命为该法院的终身法官。1919 年,凯尔森受聘为维也纳大学的宪法学与行政法学教授。1930 年,凯尔森转任科隆大学教授,他之所以离开维也纳大学有着两个原因,一方面他遭受了来自天主教会和反犹团体的口头攻击,另一方面是由于一项宪法修正案的缘故而使他从宪法法院离职。在科隆大学,

---

[3] 对凯尔森国际法研究的分析,参见 A. Rub, *Hans Kelsens Völkerrechtslehre* (Schulthess Zürich 1995); J. von Bernstorff, *The Public International Law Theory of Hans Kelsen: Believing in Universal Law* (CUP Cambridge 2010)。

[4] 凯尔森唯一的传记仍然是 R. A. Métall, *Hans Kelsen: Leben und Werk* (Deuticke Wien 1969) (关于凯尔森已出版版作品之清单,参见第 122 - 155 页;对此清单的补充,参见 A. Merkl et al [eds] *Festschrift für Hans Kelsen zum 90. Geburtstag* [Deuticke Wien 1971] at 325 - 326)。亦见第109—132 页。H. Kelsen, 'Autobiographie (1947)' in H. Kelsen, *Werke* (M. Jestaedt ed.) (Mohr Siebeck Tübingen 2007) vol 1, 29 - 91. 这本书还收录了凯尔森及其家人的照片,参见第 109—132 页。收听凯尔森在 1952 年所作的题为"何为正义?"的告别演讲,请浏览 the UC Berkeley 的网站 'Graduate Council Lectures' at <grad. berkeley. edu/lectures/>,访问于 2012 年 3 月 5 日。

[5] H. Kelsen, *Hauptprobleme der Staatsrechtslehre, entwickelt aus der Lehre vom Rechtssatze* (JCB Mohr Tübingen 1911)。

[6] H. Kelsen, *Das Problem der Souveränität und die Theorie des Völkerrechts. Beitrag zu einer reinen Rechtslehre* (JCB Mohr Tübingen 1920)。

凯尔森主授国际法和法哲学。希特勒于 1933 年掌权之后,凯尔森被开除,这不仅是因为他是议会民主制的有力捍卫者,而且也因为他的犹太人身份。[7] 在科隆大学法律系为凯尔森伸冤的请愿书中,唯一一位没有签名的同事就是卡尔·施密特(Carl Schmitt),但是凯尔森此前却抛开了基本的学术和政治立场上的分歧而对卡尔·施密特的入职表示了欢迎。后来,凯尔森前往日内瓦大学,并在国际高等教育学院任教直至 1940 年。[8] 1936 年,凯尔森被任命为布拉格大学(德国)教授。[9] 凯尔森试图将两地的工作结合起来,但是反犹组织和国家社会主义团体又开始对他进行攻击。在这种极为艰难的处境之下,凯尔森只在布拉格教授了三个学期的课程(1936—1937 年冬、1937 年夏以及 1937—1938 年冬[10])。1940 年 6 月,凯尔森携夫人离开日内瓦前往美国。1941 年,凯尔森出席哈佛大学法学院奥利弗·温德尔·霍姆斯讲座(Oliver Wendell Holmes Lectures),并发表了名为"国际关系中的法律与和平"的演讲。[11] 1933 年,哈佛曾经授予凯尔森一个名誉的博士学位,所以凯尔森希望哈佛能够给他提供一个固定的职位,但是最后未能如愿。1942 年春,凯尔森开始在加州大学伯克利分校政治学系讲授国际法和法哲学,他先是以客座教授的身份授课,后来受聘为讲师(1943—1945 年),最后成为了正教授。在自传中,凯尔森带着些许伤感的心情写道:"说到我的纯粹法理论,或许更适合的部门应该是法学院。然而,美国法学院对学院派的法律理论并没有特别的兴趣。"[12]凯尔森于 1951 年退休。1973 年,与凯尔森风雨相伴六十载的爱人撒手人寰,而凯尔森也于三个月后逝于加州。凯尔森的遗作《(法律、道德和逻辑)规范的一般理论》出版于 1979 年。[13]

在 1930 年前往科隆大学之前,凯尔森在国际法的研究中就已经充分考虑了诸多建设性的问题,特别是关于国家主权的观念、国内法与国际法的关系以及国际法

---

[7] 具体细节可参见 O. Lepsius, 'Hans Kelsen und der Nationalsozialismus' in R. Walter, W. Ogris and T. Olechowski (eds.) *Hans Kelsen:Leben—Werk—Wirksamkeit* (Manz Wien 2009) 271 - 287。

[8] 参见 N. Bersier Ladavac, *Hans Kelsen à Genève* (*1933 - 1940*) (Thémis Genève 1996)。

[9] 1882 年,查尔斯-费迪南大学(Charles-Ferdinand University)分裂为一所德国的大学和一所捷克的大学。1920 年,捷克的那所大学被更名为"查尔斯大学"(Charles University)。

[10] 参见 J. Osterkamp, 'Hans Kelsen in der Tschechoslowakei' in *Hans Kelsen* (n 7) 305 - 318。

[11] H. Kelsen, *Law and Peace in International Relations:The Oliver Wendell Holmes Lectures, 1940 - 1941* (Harvard University Press Cambridge MA 1948)。

[12] 'Autobiographie'(n 4) 90。

[13] H. Kelsen, *Allgemeine Theorie der Normen* (K. Ringhofer and R. Walter eds.) (Manz Wien 1979)。

的约束力。[14] 在科隆大学,凯尔森首次讲授国际法并开辟了一个全新的研究领域——实在国际法(positive international law)。从此以后,在公开发表的作品中,凯尔森关于现实法律问题的讨论便只关注国际法这一单独的领域。凯尔森开始研究国际联盟、1919 年至 1920 年的和平条约(《凡尔赛和约》《圣日耳曼条约》和《色佛尔条约》)、国际司法以及裁军问题。[15] 很自然地,凯尔森对国际法的研究兴趣在日内瓦大学时期又进一步得到了加强。凯尔森后来对《联合国宪章》的评论其实在 1939 年出版的一部著作中就已经初见端倪。在凯尔森看来,《国际联盟盟约》(Covenant of the League)在起草的过程中犯了诸多错误,他对此给予了批评并提出了改进建议。[16] 在二战期间,凯尔森几乎自发地去构建了一个新的世界组织来代替国际联盟。这一时期,凯尔森关注的另一主题是战犯的责任问题。[17] 所以,一个局部的实际问题(战后如何处置德日两国的政治和军事领袖)再次引发了一个"更大的"而且更为基础的问题——个人在国际法律秩序中的位置,以及国际法直接规定的个体责任。1945 年春,凯尔森被任命为联合国战争罪行委员会的顾问。不过,旧金山会议召开之前以及召开期间,凯尔森并没有参与有关起草《联合国宪章》的讨论。

从 1944 年开始,凯尔森就崭新的联合国组织及其宪章(讨论的问题比如联合国的功能、宪章的约束力,或者安全理事会的组织和程序等)等问题完成了一系列的文章,并因此成为了新宪章法律注解的权威专家。凯尔森在此基础之上于 1950 年完成了《联合国法:对其基础问题的批判性分析》(*The Law of the United Nations:A Critical Analysis of Its Fundamental Problems*)[18],当然该书的出版

[14] *Das Problem der Souveränität* (n 6); H. Kelsen, 'Les rapports de système entre le droit interne et le droit international public' (1926) 14 *Recueil des cours* 227 - 331; H. Kelsen, 'Théorie générale du droit international public—Problèmes choisis' (1932) 42 *Recueil des cours* 117 - 351; H. Kelsen, 'Unrecht und Unrechtsfolge im Völkerrecht' (1932) 12 *Zeitschrift für öffentliches Recht* 481 - 608.

[15] 参见 B. Fassbender, 'Hans Kelsen und die Vereinten Nationen' in P. M. Dupuy et al (eds.) *Common Values in International Law:Essays in Honour of Christian Tomuschat* (NP Engel Kehl 2006) 763 - 784 at 765 - 767。

[16] H. Kelsen, *Legal Technique in International Law:A Textual Critique of the League Covenant* (Geneva, Research Centre Geneva 1939).

[17] H. Kelsen, *Peace through Law* (The University of North Carolina Press Chapel Hill 1944) at 69 - 124('Peace guaranteed by individual responsibility for violations of international law').

[18] H. Kelsen, *The Law of the United Nations:A Critical Analysis of Its Fundamental Problems* (Stevens & Sons London and FA Praeger New York 1950). 1951 年,凯尔森补充了"联合国的新趋势"。亦见凯尔森后来以其 1953 年至 1954 年于美国海军战争学院所做的讲座为基础的专题著作。*Collective Security under International Law*(US Government Printing Office Washington 1957).

离不开格奥尔格·施瓦岑贝格(Georg Schwarzenberger)及其伦敦国际事务研究所的帮助。执着于他的法律学说,凯尔森在该书的前言中写道:

> 本书是一部使用法学——而不是政治学——方法对联合国问题进行研究的作品。它讨论的是组织法,而不关注其在国际权力角逐中实际的或理想的角色。对于呈现出国内问题或国际问题而言,将法律同政治进行分离是可行的,因为法律本身并不是最终目的,而是一种手段或……政治用来实现最终目的所使用的一种特殊的社会技术。[19]

凯尔森将自己的首要任务表述为检验宪章是否"言行一致"或"毫不含糊"。所以,检验出一个否定的结果也并不奇怪。"宪章起草过程中盛行的主流趋势——政治方法胜于法律方法"让凯尔森感到懊恼。[20] 在发表于 1952 年的一篇文章中,凯尔森将其作品提炼成为一种理论,并总结出一套国际法的广义原则。[21]

凯尔森的作品对二战之后几十年的国际法产生了重要影响。作为凯尔森的学生,阿道夫·默克尔(Adolf Merkl)、阿尔弗雷德·费德罗斯(Alfred Verdross)、莱奥·格罗斯(Leo Gross)、阿尔夫·罗斯(Alf Ross)以及约瑟夫·昆茨(Josef L. Kunz)等人继承了他的衣钵并将其理论发扬光大。[22] 但是,除此之外,在读者看来,凯尔森的法律理论与政治目标(一个法治的和平世界)奇怪地混合成了一个大杂烩,这与他所倡导的法律与政治严格分离形成了鲜明对比,或者这才是凯尔森对战后国际法学更为重要的影响。一直以来,非国家

1171

---

[19] H. Kelsen, *The Law of the United Nations: A Critical Analysis of Its Fundamental Problems* (Stevens & Sons London and F. A. Praeger New York 1950), xiii.

[20] H. Kelsen, *The Law of the United Nations: A Critical Analysis of Its Fundamental Problems* (Stevens & Sons London and F. A. Praeger New York 1950), p. 735.

[21] H. Kelsen, *Principles of International Law* (Rinehart New York 1952; 2nd edn R. W. Tucker Holt ed. Rinehart and Winston New York 1966).

[22] 关于费德罗斯和默克尔在国际法领域的成果,参见 H. R. Klecatsky, R. Marcic, and H. Schambeck (eds.) *Die Wiener rechtstheoretische Schule—Schriften von Hans Kelsen, Adolf Merkl, Alfred Verdross* (Europa Verlag Wien and Pustet Salzburg 1968; 2nd edn Franz Steiner Stuttgart and Verlag Österreich Wien 2010) vol 2, pt 4. 关于格尔罗斯、罗斯以及昆茨的传记,参见 R. Walter, C. Jabloner, and K. Zeleny (eds.) *Der Kreis um Hans Kelsen—Die Anfangsjahre der Reinen Rechtslehre* (Manz Wien 2008) at 115-133, 243-259, and 409-443。

角色——特别是个人——并不具备国际法律人格,也没有随之而来的违反国际法的责任,而凯尔森的国家祛魅说为这些制度的实现铺平了道路。凯尔森认为,国内法与国际法在特征上并无"本质的区别"(当时主流的二元论所声称的),他们都在调整人类的行为。这种一元论的观点也促进了国际法扩展到人类生活的各个方面。今天,许多国际法学者仍然按照凯尔森于1944年所提出的定义来理解主权,即"经国际法授权的各国合法的政权"。[23] 另外一个凯尔森的理论(从阿道夫·默克尔处借鉴)[24]被广泛接受的例子就是 *Stufenbau des Rechts* 说(法律就是一组步骤),其认为国内法无非就是国际法律秩序的诸多步骤中的一环而已。因而,与地方法或行政区法("低于"国家层面)相比,团体组织法或国际联盟法("高于"国家层面)在性质上并没有什么不同。[25] 此外,凯尔森的学说不仅影响了今天的国际法中的"国际社会学派"(international community school),而且也成为了国际法"宪法化"的一大思想源泉。作为战后国际法律秩序的基础,宪法性文献有着显著的重要性,而引起人们意识到这一点的,正是凯尔森在公元1945年以后的作品中对《联合国宪章》的强烈关注。

1172　　　1971年10月,在九十大寿时所拍摄的照片中[26],距离去世不到两年的凯尔森看上去略显疲惫,但是却怡然自得。对于构想并创建一个国际秩序而言,凯尔森已经尽了全力。在1952年的伯克利告别演讲中,凯尔森把这一理想表述为如下的文字:"我不能说什么是正义,人类所渴望的就是绝对正义。我必须接受一个相对的正义观,而且我只说,于我而言何谓正义……因而,'我的'正义是一种自由的正义,和平的正义,民主的正义——宽容的正义。"[27]

---

[23] H. Kelsen，'The Principle of Sovereign Equality of States as a Basis for International Organisation' (1944) 53 *Yale Law Journal* 207 – 220 at 208.

[24] 参见 M. Borowski, 'Die Lehre vom Stufenbau des Rechts nach Adolf Julius Merkl' in S. L. Paulson and M. Stolleis (eds.) *Hans Kelsen* (Mohr Siebeck Tübingen 2005) 122 – 159。

[25] 参见 H. Kelsen, 'Souveränität, völkerrechtliche' in K. Strupp (ed.) *Wörterbuch des Völkerrechts und der Diplomatie* (de Gruyter Berlin 1925) vol 2, 554 – 559 at 554。

[26] Reproduced in *Werke* (n 4) at 132.

[27] H. Kelsen, 'What is Justice?' in H. Kelsen, *What is Justice? Justice, Law, and Politics in the Mirror of Science: Collected Essays* (University of California Press Berkeley 1957) 1 – 24 at 24.

推荐阅读

Bernstorff，Jochen von *The Public International Law Theory of Hans Kelsen*：*Believing in Universal Law* (CUP Cambridge 2010).

Bull，Hedley 'Hans Kelsen and International Law' in Richard Tur and William Twining (eds.) *Essays on Kelsen* (Clarendon Press Oxford 1986) 321 – 336.

Rub，Alfred *Hans Kelsens Völkerrechtslehre*：*Versuch einer Würdigung* (Schulthess Zürich 1995).

第六十四章 卡尔·施密特
(Carl Schmitt, 1888－1985 年)

巴多·法斯本德(Bardo Fassbender)

　　卡尔·施密特(1888－1985 年)是 20 世纪最有影响力的德国法学家和政治理论家之一。尽管施密特的作品主要集中于宪法、法律理论以及哲学领域,但是他对国际法学也有着深刻的影响,或许这种影响并非来自他关于国际法问题的专论,而是源于他的那些基本的思想和概念,比如敌友的区别、例外状态、正当性与合法性的并置,或者保护与服从之间的霍布斯式的联结。在过去几十年中,施密特的思想对法学家和哲学家的吸引力远远超出了德语国家乃至遍及整个欧洲以外。[1] 这很大程度上是因为施密特的写作风格比通常我们所见到的那些法学作品更加文学化,而且他也因此闻名于文艺界,特别是在魏玛共和国时期。施密特是一位具有争议的偏执的思想家,有人钦佩和赞誉他,也有人批评甚至谴责他。施密特在第三帝国中的角色也备受争议。

　　很难解释为什么施密特的"思想内容深刻但很多观点看起来却相互矛盾"。[2]

一个可能的答案是,虽然施密特的作品中始终贯穿着一些基本的信念和观点,但是

---

〔1〕参见 P. C. Caldwell, 'Controversies over Carl Schmitt: A Review of Recent Literature' (2005) 77 *Journal of Modern History* 357－387. 包括译著以及二手资料在内的施密特作品的文献目录,参见 A. de Benoist, *Carl Schmitt: Internationale Bibliographie der Primär-und Sekundärliteratur* (Ares Graz 2010)。

〔2〕J. W. Müller, *A Dangerous Mind: Carl Schmitt in Post-War European Thought* (Yale University Press New Haven 2003) at 2.

他在公元 1945 年之前的大部分出版物都在讨论具体的情境和问题。此外，施密特"是一位转型时期的思想家——也是一位转型的思想家，尤其是这是一个从欧洲到后欧洲时代的转型"。[3] 因此，施密特无法而且也不求保持体系上的连贯，他寻求的是不拘一格和别出机杼。再者，施密特的文章也不喜欢精雕细琢，他谋求的是语不惊人死不休。

卡尔·施密特于 1888 年出生在普莱滕贝格（Plettenberg），此地当时是普鲁士西部省份之一的威斯特伐利亚省内的一个天主教的小村庄。[4] 施密特先后在柏林和慕尼黑学习法律，并在斯特拉斯堡凭借一篇刑法学论文于 1910 年获得法学博士学位。六年以后，同样也是在斯特拉斯堡，施密特提交了题为《国家的价值与个人的重要性》的教授资格论文，并且以此获得了特许任教资格，他主授宪法理论、行政法以及国际法。1919 年，施密特成为了慕尼黑商学院（*Handelshochschule* [school of commerce] in Munich）的公法学终身讲师（*Dozent*）。1921 年，施密特在格赖夫斯瓦尔德大学首次获得了教授席位。仅仅一年以后，施密特就转投波恩大学，这是整个普鲁士第二大而且在学术方面更加知名的大学。正是在波恩时期，施密特成为了魏玛共和国的一位顶级的宪法学家。1927 年，施密特出版了第一版的《政治的概念》（*Der Begriff des Politischen*），[5] 这是一部关于政治共同体与国家性质的扛鼎之作，一年之后他又出版了《宪法学说》（*Verfassungslehre*）[6]，这是一部以 1919 年的德国宪法为中心的宪法学专论。后一本书被很多人公认为是施密

---

[3] J. W. Müller, *A Dangerous Mind*：*Carl Schmitt in Post-War European Thought*（Yale University Press New Haven 2003）at 245.

[4] 关于施密特生平的详细资料以及其作品的完整回顾，参见 R. Mehring, *Carl Schmitt*：*Aufstieg und Fall—Eine Biographie*（CH Beck München 2009）；J. W. Bendersky, *Carl Schmitt*：*Theorist for the Reich*（Princeton University Press Princeton 1983）；以及 P. Noack, *Carl Schmitt*：*Eine Biographie*（Propyläen Berlin 1993）；亦见 *A Dangerous Mind*（n 2）15－47.

[5] C. Schmitt, 'Der Begriff des Politischen'（1927）58 *Archiv für Sozialwissenschaft und Sozialpolitik* 1－33. 之后的修订版本出现于 1932 年（Duncker & Humblot Berlin）以及 1933 年（Hanseatische Verlagsanstalt Hamburg）。施密特 1963 年再版了该书的 1932 年版本，并在其中新增一章内容（Duncker & Humblot Berlin）。英文版本为 *The Concept of the Political*（G. Schwab trans.）（The University of Chicago Press Chicago 2007）.

[6] C. Schmitt, *Verfassungslehre*（Duncker & Humblot München 1928）；英文版本为 *Constitutional Theory*（J. Seitzer ed. and trans.）（Duke University Press Durham 2008）.

特的代表作。在波恩期间,施密特也在研究天主教问题。[7] 1928 年,施密特离开波恩大学前往柏林商学院,这是一所由柏林商业和工业部创建于 1903 年的高等教育研究机构。1932 年秋,施密特又接受了科隆大学的邀请。1933 年夏,施密特正式入职科隆大学,而此时希特勒已经掌权。1933 年初,施密特决定支持纳粹党的统治(1932 年他曾积极地予以反对,为此他建议冯·帕彭政府考虑无限期解散国会的可能性,而且要采取措施镇压共产党和纳粹党),而且要凭借着他身为政治和法律思想家的身份以及未来的职业规划来尽可能地把握新形势所带来的发展机遇。施密特"试图投身于这场运动并且希望为其构建一个法律体系,可是他却低估了这场运动的活力和革命性"。[8] 1933 年 4 月,施密特加入了纳粹党;1933 年 7 月,他被时任普鲁士总理的戈林任命为普鲁士国家委员会委员;1933 年 9 月,柏林大学为其创设了一个新的公法学教授席位,施密特旋即入职。在三年半的时间里,施密特对纳粹党的统治和意识形态给予了全力支持,包括他们对犹太人的仇恨,而且他本人在党派法律事务和教育领域的地位也扶摇直上。但是,施密特于 1936 年底却走上了下坡路,因为希姆莱的党卫军认为施密特是一个缺乏真正的纳粹信仰的投机主义者,而且他也被认为不支持纳粹党的集权统治。因此,施密特失去了党内的职位,但是他却保住了教授席位,直至二战结束。1945 年 9 月,施密特遭到了逮捕,在一年多的时间里,他被囚禁于美国设于柏林的"平民拘留营"。1947 年 3 月,施密特以潜在战犯的身份被押至纽伦堡,其间美国首席检察官助理罗伯特·肯普纳(Robert Kempner)对其进行了审讯。1947 年 5 月,施密特在出狱之后回到了故乡普莱滕贝格并在那里颐养天年直至 1985 年去世。与大多数支持过希特勒的法学教授不同,德国的所有大学都没有给施密特提供重拾教鞭的机会。然而,施密特仍然活跃于私人的学术圈中,他以前的学生经常会邀请他出国访问(特别是在西班牙),一些青年学者也因尊重他的学识、魅力和才智而去拜访他,并与他保持了密切

---

[7] 尤见 C. Schmitt, *Römischer Katholizismus und politische Form*(Jakob Hegner Hellerau 1923, 2nd edn Theatiner-Verlag München 1925);英文版本为 *Roman Catholicism and Political Form*(G. L. Ulmen trans)(Greenwood Press Westport CT 1996)。

[8] *Carl Schmitt:Theorist for the Reich*(n 4) 210.

的书信往来。[9]

1940 年,施密特将其自 1923 年开始发表在法律杂志和报纸上的文章结集出版,并取名为《与魏玛、日内瓦和凡尔赛斗争中的论断与概念》(*Positionen und Begriffe im Kampf mit Weimar, Geneva, Versailles*)。[10] 该书的书名就展现了施密特的哲学观点。与当时大多数的德国国际法学家一样,施密特强烈谴责国际联盟,并认为它是英法两国所控制的一个帝国主义机构,其被设计用来给予不公平的"凡尔赛协议"以表面上的合法性,而且要德国永世不得翻身。但是,比其他人更加清醒的是,施密特意识到国际联盟的建立将会导致一个"大同的世界秩序"的出现,而且针对传统上所认为的国家间法以及民族自决论,施密特认为国际联盟的盟约是一个"高级的"全球性的国际法。考虑到由西方强权所控制的国际联盟有了一个新颖的做法——打着人道主义的幌子将战争掩盖为"警察行为",并且通过否认对手的合法性来激化战争并排除中立状态,所以在施密特看来,和平主义是一种危险的而且不切实际的思想,因为它贬低了传统的国家间战争(施密特认为这是政治团体之间一种必备的冲突形式)的意义。作为政治暴力的一种受限的并且规范化的形式的国家间战争退出了历史舞台,取而代之的是一个整体意义上的国际内战。对施密特而言,建构一个整体的国际法取决于如何理解和定义战争。20 世纪 20 年代和 20 世纪 30 年代,施密特对这一信念的最为重要的阐述就是《政治的概念》(*Der Begriff des Politischen*)以及 1938 年出版的《转向有差别的战争概念》(*Die Wendung zum diskriminierenden Kriegsbegriff*),[11]后一本书也成为了塞勒和劳特派特(Lauterpacht)各自作品中的论说资源。

二战以后,施密特在 1963 年出版的一部不太长的作品《游击队理论》(*Theory of the Partisan*)中延续了对这些问题的思考,他还为此书加了一个(新的)副标

1176

[9] 参见 D. van Laak, *Gespräche in der Sicherheit des Schweigens: Carl Schmitt in der politischen Geistesgeschichte der frühen Bundesrepublik* (Akademie Verlag Berlin 1993)。

[10] Hanseatische Verlagsanstalt Hamburg 1940, repr Duncker & Humblot Berlin 1988. 关于施密特对国际法问题的著作(不包括大空间问题的著作)的最新的且带注解的版本,参见 C. Schmitt, *Frieden oder Pazifismus? Arbeiten zum Völkerrecht und zur internationalen Politik 1924 – 1978* (G. Maschke ed.) (Duncker & Humblot Berlin 2005)。

[11] Duncker & Humblot München 1938, 2nd edn Duncker & Humblot Berlin 1988, 重印于 *Frieden oder Pazifismus?* (n 10) 518 – 566。

题——"政治的概念附识"（remark about the notion of the political）。在该书的导论中，施密特回顾了"经典战争法"，并认为其特征在于可以明显地区分出战争与和平、武装人员与非武装人员，以及敌人与罪犯。"战争乃一国针对另一国所施行的，且发生于主权者之常备军之间的冲突。按照战争法，彼此应尊为对手，而不能将对方贬低为罪犯，只有这样才能确立和平。"[12]在这样的背景之下，施密特梳理了游击队的现代史，这是一部从反对法军的西班牙游击战（1808—1813 年）到印度支那战争（1946—1954 年）和阿尔及利亚战争（1954—1962 年）的非正规军的浓缩史。施密特观察到，"现代的游击队既不希望从敌人那里获得公平，也不希望得到怜悯。游击队已经离开了处于因循守旧的战争之中的那艘古老的战舰，而进入了另一种具有实际敌对性的领域，且此种敌对性经由恐怖与反恐的手段而持续升级，直至相互毁灭的境地"[13]。

自 1939 年开始，施密特的研究主要集中于霸权主义、帝国、空间以及大型空间等领域。在 1939 年 4 月 1 日授课于基尔大学时所用的一篇讲义的基础上——时间上位于德奥"合并"（1938 年）以及入侵捷克斯洛伐克（1939 年 3 月）之后但是早于德国于 1939 年 9 月 1 日袭击波兰——施密特发表了论文《禁止外部空间权力干涉的国际法大空间秩序》（*Völkerrechtliche Grossraumordnung mit Interventionsverbot für raumfremde Mächte*）。[14] 关于国际法大空间原则，施密特参照了美国的门罗主义之"原始先例"，他主张存在着一个由德意志帝国控制和保护着的欧洲中东部地区的大空间，其应当得到各国的承认，且他国势力不得干预。帝国而非国家才是缔造崭新的国际法之基石。施密特此文的特色在于它并没有讲明这种大空间思想的直接后果，比如国家在大空间里有着怎样的法律地位或者民族差异是否依然重要。国家不仅没有被废弃，反而成了一个必不可少的"构建秩序的基本元素"。与纳粹德国的其他更为激进的那些国际法学家不同，施密特并不主张将国际法构建成一

---

[12] C. Schmitt, *Theorie des Partisanen：Zwischenbemerkung zum Begriff des Politischen*（Duncker & Humblot Berlin 1963）at 16；英文版本为 *Theory of the Partisan*（G. L. Ulmen trans.）（Telos New York 2007）。

[13] *Theorie des Partisanen*（n 12）17.

[14] Deutscher Rechtsverlag Berlin and Wien 1939，4th amended edn 1941（repr Duncker & Humblot Berlin 1991）. 关于带注解的第四版，参见 C. Schmitt, *Staat, Grossraum, Nomos：Arbeaten aus den Jahren 1916 - 1969*（G. Maschke ed.）（Duncker & Humblot Berlin 1995）269 - 371。

个只能由生物和种族来定义主体间相互关系的体系("民粹主义国际法",
völkisches Völkerrecht)。[15]

尽管施密特在战争期间的授课中仍然多次提到大空间这个老话题,但是他的
研究却越来越多地转向了历史主题,比如陆地与海洋或者陆基与海权在国际法发
展过程中的对立。[16] 在这些研究的基础之上,施密特于 1950 年出版了《欧洲公法
中之国际法的大地之法》(*Der Nomos der Erde im Völkerrecht des Jus Publicum
Europaeum*)一书。[17] 在这本书中,施密特讲了一个非同寻常的"国家间时代之国
际法"(在他看来,这段时期处于 16 世纪与 19 世纪末之间)的兴衰史。该书作为一
部论文集,主要分为三大部分,即"占取新世界""欧洲公法"以及"关于新大地法的
诸问题"。该书主要讨论的是法律和领土的关系,以及任何法律秩序对实在家园的
依赖("作为秩序和[行为]预测的法律",*Recht als Einheit von Ordnung und
Ortung*)。在该书的导论中,施密特写道:"今天,旧国际法的以欧洲为中心的秩序
正在解体。伴随着旧大地法的消亡,一个童话般的出乎意料的新世界涌现了出来,
这是一个前无古人后无来者的历史时刻。"在 1963 年版的《政治的概念》中,施密特
宣布"国家的纪元"行将结束。在最后的分析中,施密特关注的问题是这种所谓的
国家解体——以及由国家所定义和打造的法律观念——对于宪法和国际法而言意
味着什么。

如果说施密特在希特勒掌权的最初几年中是一个机会主义者的话,那么这
也是他一生当中最不随波逐流的时刻。特别是在公元 1945 年以后,施密特拒绝
向新时代的政治学和法学作出丝毫的让步。施密特在为一个失败的事业而战,
而且他对此心知肚明。施密特如同是开给过度自由与乐观的国际主义的一副解
毒剂。

1178

---

[15] 参见 D. F. Vagts, 'International Law in the Third Reich' (1990) 84 *American Journal of
International Law* 661 - 704 at 689。

[16] C. Schmitt, *Land und Meer: Eine weltgeschichtliche Betrachtung* (Reclam Leipzig 1942).

[17] Greven Verlag Köln 1950; repr Duncker & Humblot Berlin 1974; 英文版本为 *The Nomos of the
Earth in the International Law of the Jus Publicum Europaeum* (G. L. Ulmen trans.) (Telos
New York 2003)。

推荐阅读

Bendersky, Joseph W. *Carl Schmitt: Theorist for the Reich* (Princeton University Press Princeton, New Jersey 1983).

Hooker, William *Carl Schmitt's International Thought: Order and Orientation* (CUP Cambridge 2009).

Koskenniemi, Martti 'International Law as Political Theology: How to Read Nomos der Erdefi' (2004) 11 *Constellations* 492 – 511.

Schwab, George *The Challenge of the Exception: An Introduction to the Political Ideas of Carl Schmitt between 1921 and 1936* (Duncker &. Humblot Berlin 1970, Greenwood Press Westport 1989).

第六十五章　赫希·劳特派特
(Hersch Lauterpacht，1897－1960 年)

伊恩·斯科比(Iain Scobbie)

　　赫希·劳特派特于 1897 年 8 月 16 日出生在东加利西亚的祖克瓦(Zółkiew)，那里当时归属于奥匈帝国，其直到 1919 年才被波兰收回。[1] 劳特派特于 1960 年 5 月 8 日逝于伦敦。

　　1916 年至 1917 年，劳特派特在伦伯格(利沃夫)大学攻读法律，1919 年时他转至维也纳大学，并于 1921 年获得法学博士学位。一年后，劳特派特凭借一篇讨论国联托管制度的论文[2]又获得政治学博士学位。汉斯·凯尔森认为劳特派特是其"在维也纳大学法学院讲授一般国家理论和奥地利宪法学时最出色的学生之一。"[3]

　　1923 年，劳特派特以研修生的身份进入伦敦政治经济学院，并与他的带教老师阿诺德·麦克奈尔(Arnold McNair)成为了好友。1925 年，劳特派特获得法学 博士学位，随后他出版了自己的博士论文《国际法的私法渊源与类比》(*Private Law*

---

〔1〕 E. Lauterpacht，*The Life of Hersch Lauterpacht* (CUP Cambridge 2010) at 17－18. 除了劳特派特的专著外，他的论文以及出版与未出版的作品都被汇编于 E. Lauterpacht (ed.) *International Law: Being the Collected Papers of Hersch Lauterpacht* (5 vols CUP Cambridge 1970－2004)。

〔2〕 英文版为'The Mandate under International Law in the Covenant of the League of Nations'，收录于 *Collected Papers of Hersch Lauterpacht* (n 1)，vol 3 (1977)，29－84。

〔3〕 参见 R. H. Graveson and R. Y. Jenninngs，'Tributes to Sir Hersch Lauterpacht (From Professor Hans Kelsen)' (1961) *International and Comparative Law Quarterly* 1－17 at 2－3；重新发表于 (1997) 8 *European Journal of International Law* 309－312 at 309－310。

Sources and Analogies of International Law，1927 年）。之后，劳特派特入职伦敦政治经济学院从事学术研究，并于 1933 年出版了《国际社会的法律功能》(*The Function of Law in the International Community*)，此书被誉为"20 世纪的国际法领域中最为重要的英语专著"。[4] 1937 年，劳特派特获得了剑桥大学国际法学的惠威尔教授席位。

二战期间，劳特派特两次深度游历了美国，他主要是为了讲课，但同时也结识了后来的美国司法部长罗伯特·杰克逊(Robert Jackson)。劳特派特向杰克逊建议，将纽伦堡大审判分为三个部分，并以反和平罪、战争罪以及反人类罪三重指控为基础。最后一项指控本为"暴行"(atrocities)，但是杰克逊不愿意使用，所以劳特派特就建议使用"反人类罪"来代替。[5] 劳特派特对纽伦堡审判中的英国检察团做出了重要贡献。[6]

1948 年，应联合国秘书处编纂司的请求，劳特派特列出了一份国际法委员会(ILC)的编纂主题清单，其中大多数内容获得了通过。[7] 1952 年，劳特派特加入了国际法委员会，但是他在 1954 年当选为国际法院法官之后便告辞职。在 1960 年去世之前，劳特派特一共参与了九起案件并给出了咨询意见。更多的时候，劳特派特所发表的个人意见都一脉相承地表达了他的主张，即国际法院法官的作用是要发展法律。劳特派特的最后一部重要作品是《国际法院所推动的国际法的发展》(*The Development of International Law by the International Court*)，该书出版于 1958 年。

---

[4] M. Koskenniemi, 'The Function of Law in the International Community：75 Years After' (2008) 79 *British Yearbook of International Law* 353 – 366 at 366.

[5] 参见 *Life of Hersch Lauterpacht* (n 1) 272；M. Koskenniemi, 'Hersch Lauterpacht and the Development of International Criminal Law' (2004) 2 *Journal of International Criminal Justice* 810 – 825 at 811 and 814；W. Schabas, 'International Criminal Jurisdictions：Nuremberg to the Hague. Group Discussion' in J. Crawford and M. Young (eds.) *The Function of Law in the International Community：An Anniversary Symposium* (Cambridge 2008), Proceedings of the 25th Anniversary Conference of the Lauterpacht Centre for International Law, at 2, at＜www.lcil. cam. ac. uk/25th_anniversary/book. php＞, 访问于 2012 年 6 月 27 日。

[6] 参见 *Life of Hersch Lauterpacht* (n 1) 273 – 278；以及 'Development of International Criminal Law' (n 5) 821 – 822。

[7] *Life of Hersch Lauterpacht* (n 1) 303 – 304；这份主题清单被重印于 *Collected Papers of Hersch Lauterpacht* (1975) vol 1 (n 1) 445 – 530。

劳特派特认为国际社会应当建立在法治的基础之上,或者如科斯肯涅米所指出的,"世界应当由国际法学家——特别是国际法官——来统治"[8]。劳特派特的法治观体现了他的老师凯尔森对他的影响,因为其核心观念在于法律规则是抽象的,从而只能通过司法判决或者当事人的协议来解决个体的法律关系。[9] 因而,在劳特派特看来,"司法活动基本上是法治具体化链条中的最后一环"。[10] 尽管受到了凯尔森的影响,但是劳特派特并不是一个顽固的实证主义者,他的作品贯穿了一条自然法的主线,从而使其学说捏合成一个整体。劳特派特认为,一个严格的实证主义者对各种法律形式的理解会受到道德诉求的制约,[11]而且这在国际法上表现得尤为明显,即"它在道德层面上经常滞后于国家法,而且滞后的程度也无法确定"。[12] 对劳特派特而言,个人就是"全部法律的终端对象",[13]而且"国家······没有理由也没有有效的主张需要遵守,除非当国家作为一种用于保护个人福祉的工具时"。[14]

劳特派特对个体的关注结出了实践的果实。1942 年,劳特派特应美国犹太人委员会之邀撰写了一部关于人权国际法的专著。这本书不仅列举了大量的实体人权,而且也提到了他们在国际上的践行方式。[15] 在该书于 1945 年出版之时,恰逢《联合国宪章》的起草阶段,这部《国际人权法案》(An International Bill of the Rights of Man)成为了"该领域的开山之作"。[16] 1947 年,劳特派特就人权保护的

---

[8] 'Function of Law' (n 4) 366.

[9] 'Kelsen's Pure Science of Law',重印于 Collected Papers of Hersch Lauterpacht (1975) vol 2 (n 1) 404 – 430 at 410 – 411。

[10] H. Lauterpacht, The Function of Law in the International Community (Clarendon Press Oxford 1933)at 102.

[11] 进一步参见 I. Scobbie, 'The Theorist as Judge:Hersch Lauterpacht's Conception of the International Judicial Function' (1997) 8 European Journal of International Law 264 – 298 at 266 – 269。除了关于法律在国际社会中的作用之外,劳特派特最重要的作品体现了他对自然法的推崇,参见 'The Grotian Tradition in International Law',重印于 Collected Papers of Hersch Lauterpacht (1975) vol 2 (n 1) 307 – 365。

[12] The Function of Law (n 10) vii.

[13] 'Grotian Tradition' (n 11) 336;一般参见第 333—339 页。

[14] H. Lauterpacht, International Law and Human Rights (Praeger London 1950) at 80.

[15] Life of Hersch Lauterpacht (n 1) 251;一般参见第 8 章。

[16] A. W. B. Simpson, 'Hersch Lauterpacht and the Genesis of the Age of Human Rights' (2004) 120 Law Quarterly Review 49 – 80 at 55;亦见 Life of Hersch Lauterpacht (n 1) 3。

主题在海牙国际法学院发表演讲,[17]同时他被任命为国际法学会人权委员会的报告员。国际法学会在 1948 年的年会上通过了劳特派特的报告。辛普森（Simpson）认为,《欧洲人权公约》的制度性框架部分来源于劳特派特的学说。[18]

劳特派特综合了大陆法系和普通法系这两种方法来研究国际法。尽管科斯肯涅米认为《国际社会的法律功能》"只能根据德国传统才可以写成",[19]但是坎默尔霍夫（Kammerhofer）却注意到,劳特派特最初采用的奥地利式的视角受到了实用主义的影响,这可能来自于麦克奈尔的启发。[20] 实际上,在麦克奈尔任《奥本海国际法》的主编时,劳特派特就是他的助手。[21] 随后,劳特派特自己也成为了主编,尽管他并不认可《奥本海国际法》中所体现的那种极端的实证主义方法。此外,劳特派特和麦克奈尔一同创建了《国际公法案件的年度文摘及报告》(*The Annual Digest and Reports of Public International Law Cases*,后来改名为《国际法报告》)。[22] 毫无疑问,这些经验为劳特派特的国际法律观汇入了普通法的方法。

然而,劳特派特当时的"外国特质"以及其所从事的人权研究,与英国的现成体制发生了冲突。1946 年,时任外交部法律顾问的艾瑞克·贝克特（Eric Beckett）反对劳特派特被提名为联合国人权委员会的英国代表:

> 我认为劳特派特教授将会成为最差的候选人……我认为,如果他成为代表的话,这将会成为灾难。劳特派特教授尽管是一位受人尊敬且勤勉的国际法学家,但是说到底,他都是一个刚从维也纳来的犹太人。我认为(英国政府)的人权代表必须是一位血统纯正的英国人,他的生活和血脉中应浸透着我们在这个国家中对人权真正含义的理解。[23]

---

[17] H. Lauterpacht, 'The International Protection of Human Rights' (1947 – I) 70 *Recueil des cours* 5 – 108.

[18] 'Genesis of the Age of Human Rights' (n 16) 77; 一般参见第 70—77 页。

[19] *Function of Law* (n 4) 356.

[20] J. Kammerhofer, 'The Lauterpacht Tradition and its Successors: Towards Theory? Group Discussion' in *Anniversary Symposium* (n 5) at 2.

[21] *Life of Hersch Lauterpacht* (n 1) 49 and 51.

[22] *Life of Hersch Lauterpacht* (n 1) 50 and 67 – 70.

[23] 引自 'Genesis of the Age of Human Rights' (n 16) 64; 以及 *Life of Hersch Lauterpacht* (n 1) 258。

1946 年，劳特派特已定居英国达二十三年，加入英国国籍也已十五年。同样地，当劳特派特被提名为国际法院法官时，他关于人权的观点再次受到了质疑，还有一位官员表示了反对，该位官员认为提名人的"身份和外表都必须是彻头彻尾的英国人，不管是出生地、姓名还是接受的教育"，而劳特派特一样都不占。[24] 但是，这一次劳特派特战胜了偏见。

为什么在去世五十年之后，劳特派特的遗产仍然受到关注，而与他同时代的法学家们却早已消声匿迹了呢？

这是因为劳特派特的作品是一种学术性的遗产，其中体现了他的世界秩序观、方法论与思想观点。这也是劳特派特的一种实践性的遗产，其来自于他所参与的纽伦堡审判、他关于人权的破冰之作、国际法委员会需要说明国际法的基础性问题时所起到的作用，以及他的司法建议的影响。然而，对于劳特派特而言，他的实践工作和学术研究是密不可分的。劳特派特在国际法学界的风口浪尖上摸爬滚打了数十年，他竭尽全力地把自己的理论构想付诸实践。

推荐阅读

Lauterpacht, Hersch *The Function of Law in the International Community* (Clarendon Press Oxford 1933; OUP Oxford 2011).

Lauterpacht, Hersch (ed.) *International Law: Being the Collected Papers of Hersch Lauterpacht* (5 vols CUP Cambridge 1970 - 2004).

Carty, Anthony 'Hersch Lauterpacht: A Powerful Eastern European Figure' (2007) 7 *Baltic Yearbook of International Law* 1 - 28.

Friedmann, Wolfgang G. 'Sir Hersch Lauterpacht and the International Court' (1959) 45 *Virginia Law Review* 407 - 413.

Koskeniemmi, Martti 'Lauterpacht: The Victorian Tradition in International Law' (1997) 8 *European Journal of International Law* 216 - 263.

Koskeniemmi, Martti 'Hersch Lauterpacht (1897 - 1960)' in Jack Beatson and Reinhard Zimmermann (eds.) *Jurists Uprooted: German-speaking Emigré Lawyers in Twentieth-century Britain* (OUP Oxford 2004).

Scobbie, Iain 'The Theorist as Judge: Hersch Lauterpacht's Conception of the International Judicial Function' (1997) 8 *European Journal of International Law* 264 - 298.

---

[24] *Life of Hersch Lauterpacht* (n 1) 376；参见第 375—377 页。

Simpson, A. W. B. 'Hersch Lauterpacht and the Genesis of the Age of Human Rights' (2004) 120 *Law Quarterly Review* 49 - 80

Vrdoljak, Ana F. 'Human Rights and Genocide: The Work of Lauterpacht and Lemkin in Modern International Law' (2009) 20 *European Journal of International Law* 1163 - 1194.

索引

peace movements　204　和平运动

peace treaties　90　和平条约（和约）

peoples and nations　37　人民与民族

resistance，right of　33　抵抗权

slavery　589,898,900 - 902　奴隶制

sovereignty　33,37　主权

third powers，exploitation by　632　被第三国利用

amity, rule of　579,582 - 583,602　友好线原则

amnesties　77,89　大赦

Anand, Ram Prakash　4,520,963,968,1042 - 1044,1049,1068　阿南德·拉姆·普拉卡什

ancient legal thought see **reception of ancient legal thought in early modern IL**　古代法律思想，
　参见早期近代国际法对古代法律思想的继受

Anghie, Antony　115,281,414 - 415,425,752,863,936,1052 - 1053　安东尼·安吉

annexation by force　782 - 784,869,875,882　武力兼并

Antarctic　247,858 - 859　南极的

anti-semitism　314,694,1168 - 1169　反犹主义

Aquinas, Thomas　140,275,290,297,305 - 306,619 - 620,758,954,1018,1087,1089 - 1090
　托马斯·阿奎那

Arab countries see **Africa North of the Sahara and Arab countries and Islamic law**　阿拉伯国
　家,参见撒哈拉北部非洲与阿拉伯国家的伊斯兰法

arbitration see **international arbitration and courts**　仲裁,参见国际仲裁和国际法院

Aristotle　274,852,919,928,949,990,1095 - 1096　亚里士多德

Armenian genocide　157,443 - 444　亚美尼亚大屠杀

armistices　73,92 - 93,140　停战

Asia　5 - 7,1037 - 1038,1043,1047 - 1049,1060 - 1062,1065 - 1068,1076　亚洲

　see also **China; India; Japan**　亦见中国;印度;日本

Asser, Tobias MC(Michael Carel)　148 - 150　托比亚斯·阿瑟

asylum　141 - 142,558 - 559,821,981　庇护

Augustine of Hippo, Saint　140,274 - 275,290,301,305,619　希波城的圣奥古斯丁

Austin, John　283,668,1134 - 1135　约翰·奥斯丁

Bedjaoui, Mohammed　416,424 - 425　穆罕默德·贝德贾维

Bentham, Jeremy　160,265 - 267,526,952 - 953,1020,1133　杰里米·边沁

Berman, Nathaniel 115 – 117, 969　纳撒尼尔·贝尔曼

Blackstone, William 244, 526 – 528　威廉·布莱克斯通

Bluntschli, Johann Caspar 464 – 465, 651, 669 – 670, 732, 846 – 847, 1038, 1139, 1152　约翰·卡斯帕·伯伦知理

Bodin, Jean 32, 51, 104, 155, 365, 634, 637, 873　让·博丹

Bonaparte, Napoleon 63, 163, 204, 262 – 263, 360, 371 – 374, 537, 601, 633, 649 – 650, 775, 828, 835 – 836, 901 – 902, 904, 922, 966, 1002, 1138　拿破仑·波拿巴

boundaries and borders 225 – 233　国界线和边界

changing character of boundaries and frontiers 240 – 241　边界和边境变化的性质

China 452 – 455, 468 – 472, 476　中国

colonialism/imperialism 31, 35 – 36, 41 – 43, 68, 233, 235, 1076　殖民主义/帝国主义

communities 226 – 228　社群

early records of territory and boundary marking 229 – 230　领土和边界划定的早期记载

Grotius, Hugo 1034 – 1035　胡果·格劳秀斯

identification, means of 227　身份识别的手段

International Court of Justice 235　国际法院

Japan 479 – 481, 497　日本

Lauterpacht, Hersch 1034 – 1035　赫希·劳特派特

minorities 682　少数族群

morality 227 – 228　德性

natural boundaries 231, 240, 649　自然边界线

peace 228 – 230, 240, 242　和平

identifying 1070 – 1071, 1076　识别

religion 227 – 228　宗教

self-determination 30, 40 – 47　自决

sovereignty 232, 240 – 241　主权

state power 30 – 31, 47　国家权力

territories 225 – 234　领土

unanimity 232 – 233　一致通过

uti possidetis principle 31, 35 – 36　保持占有原则

war 229 – 230, 240, 242　战争

Western Europe 649, 682　西欧

will of the people 30　人民意愿

和国际法史的著作

Islamic law 394 伊斯兰法

river commissions 192-193 河流委员会

Vattel, Emer de 827 艾默·德·瓦特尔

war 394 战争

Western Europe 615 西欧

imperialism see **colonialism/imperialism and domination** 帝国主义,参见殖民主义/帝国主义及其统治

India 500-521 印度

Vattel,Emer de 519 艾默·德·瓦特尔

war and peace 513－515,1068 战争与和平

women 512 女性

indigenous people 原住民/土著民族

American Civil War 795－796,843 美国内战

Caribbean 578－579,583－586,590 加勒比

Christianity 793－794,929,937 基督教

civilized and uncivilized 747,788,792－793,853,855,925,929,1052 文明的与不文明的

colonialism/imperialism 267,351－352,413,415,749,787－810,876,929 殖民主义/帝国主义

discovery 1065 发现

discrimination 803－806 歧视

equality 583－584 平等

genocide 753－754 种族灭绝

Grotius,Hugo 793－794 胡果·格劳秀斯

human rights 320,585,801－802,804 人权

North America 5,17－18,36,235－236,787－810,850－851 北美

occupation 853,855 先占

repartimiento system 585 征调制

res nullius 583 无主地

slavery and sugar production 586,590,896 奴隶制与制糖业

sugar production 586 制糖业

territory 235－236,789,791,795－799,808,937,1028－1029,1032 领土

title 584－585,876 权利

trade companies 354,356 贸易公司

treaties 89－90,235－236,399,745,791－796,799－800,802－805,808 条约

United Nations 800,804,806－807,809 美国

Vattel,Emer de 584,794,796－797 艾默·德·瓦特尔

Vitoria,Francisco de 583－584,792－793,1064 弗朗西斯科·德·维多利亚

individual criminal responsibility 67,122,290,1140,1170 个人刑事责任

individuals in time of war and peace,protection of 67－68,317－337 战时与平时对个人的保护

innocent passage,right of 373,375－376 无害通过权

collective bodies to manage state interests, states′ attempts to set up 63 国家设立管理共同利益之集体组织的尝试

colonialism/imperialism 1175 殖民主义/帝国主义

cosmopolitan ethics 201 普世主义

Covenant 78,170 – 171,177,187,214,495,550 – 551,684 – 685,689 – 690,717,1175 – 1176 公约

democracy 188 – 189 民主

diplomacy 831,833 – 836 外交

dissolution 696 – 697 解体

establishment 680 建立

Eurocentricism 689 欧洲中心主义

First World War 64,177 第一次世界大战

Germany 688 – 689,718 – 719 德国

good faith 1027 – 1028,1032 善意

history of IL histories 957,960 – 961 国际法史学史

Huber, Max 1156 – 1157 马克斯·胡伯

human rights 330,684 – 685 人权

indigenous people 799 – 800 原住民/土著民族

intergovernmental organizations 66 政府间组织

Japan 495 日本

just war 287 – 288,290 – 291 正义战争（义战）

Kant, Immanuel 1122 – 1123 伊曼努尔·康德

Kelsen, Hans 1170 汉斯·凯尔森

Latin America 560 拉丁美洲（拉美）

law of the sea 372 海洋法

mandate system 684 委任统治制度

minorities and majorities 97,101 – 102,111 – 115,335 少数族群和多数族群

non-governmental organisations 189 – 190 非政府组织

North America 550 – 551,799 – 800 北美

Oppenheim, Lassa 188,1154 拉沙·奥本海

organs 684 – 685,717 – 718 机构

peace movements 201,203,213 – 219 和平运动

peace treaties 78 和平条约（和约）

Nuremberg Military Tribunal 67,121,137 – 141,289 – 290,894,913 – 914 纽伦堡军事法庭

Nussbaum, Arthur 21,100 – 101,153,277,282,960,965,972,984,1020,1065,1149 阿瑟·
努斯鲍姆

Nys, Ernest 943,955 – 956,1038 欧内斯特·内耶斯

occupation 851 – 860 先占

Africa 856 – 858 非洲

agriculturalist argument 853 – 854 农学家理论

civil society 854 市民社会

civilized and uncivilized 934 文明的与不文明的

colonialism/imperialism 851 – 860,876 – 878,882 殖民主义/帝国主义

conquest and discovery 840 – 847,856 征服与发现

Grotius, Hugo 794,843,854,856 胡果·格劳秀斯

indigenous people 793 – 794 原住民/土著民族

Japan 491 – 492 日本

law of the sea 368 – 369 海洋法

natural law 844,851 – 856 自然法

North America 793 – 794 北美

protectorates 858 保护国

Roman law 852,934 罗马法

savages, indigenous people as 853,855 将土著居民视为野蛮人

sociability, principle of 852,854 社会交往原则

Spain 852 西班牙

terra nullius 238 – 239,852,855 – 860 无主地

territorial sovereignty 857 – 859 领土主权

trade, chartered companies, and mercantile associations 341,351 – 352 贸易特许公司和
商业协会

treaties 857 – 858 条约

O'Connell, Daniel Patrick 363,369,373 – 374 丹尼尔·派崔克·奥康奈尔

Oppenheim, Lassa 1152 – 1155 拉沙·奥本海

administrative unions 183 行政联盟

constitutionalization of IL 1153 国际法的宪法化

customary IL 978,1153 习惯国际法

hot pursuit 129 - 130 紧追

Islamic law 398 - 399 伊斯兰法

jurisdiction 121 - 123,129 - 130,143 管辖

law of the sea 127 - 128,363,370 海洋法

League of Nations 127 国际联盟

mercenaries 594 雇佣兵

natural law 121,143 自然法

Netherlands 588,591,593 荷兰

nullen crimen, *nulla poena sine lege* 121 法无明文规定不为罪,法无明文规定不处罚

political exemption 124 政治豁免

punishment and prosecution 121 - 123 惩罚与追诉

reprisals, law of special 594 关于"特殊报复"的法律

sea and seaward limits, dominion over 242 海洋统治权及其海上界限

slavery 122 - 123,132,143,596,891,898,903 - 904,906 - 907 奴隶制

Spain 124 - 125,594 - 597 西班牙

treaties 123,125 - 127 条约

universal jurisdiction 122 - 123,129 - 130,143 普遍管辖权

Western Europe 662 - 663 西欧

plebiscites 37 - 40,43,47,115 全民公投

positivistic universalization of IL 666 - 670 国际法的实证主义普遍化

prescription 238 - 239 时效

prisoners of war 321 - 322,326 - 328,639 战俘

Africa and Arab countries 394,405 非洲和阿拉伯国家

forced or compulsory labour 137 强迫或强制劳动

Geneva Conventions 321,327 《日内瓦公约》

Islamic law 394,405 伊斯兰法

military necessity 321 军事必要性

Red Cross 327 - 328 红十字会

slavery 137,892 - 893,895 - 896,913 奴隶制

privateers see **piracy and privateering** 私掠船,参见海盗与捕获商船

private international law 361 - 362,519 - 520,570 - 572,892,899 - 901 国际私法

prize law 158,161,165 - 168,371 - 372 捕获法

progress 进展,进步

sea, law of the see **law of the sea** 海洋法,参见海洋法

secession/cession 34,36－37,46－47,82,108,238,840 分离/割让

secularization 295－299,303－304,308,315,758,768 世俗化

Security Council（UN） 联合国安理会

    Charter of UN 697,1170 《联合国宪章》

    China 720－722 中国

    collective security 64 集体安全

    great power principle 87 大国原则

    humanitarian intervention 332 人道主义干涉

    International Court of Justice 291 国际法院

    Iraq, sanctions against 91 对伊拉克的制裁

    just war 290－291 正义战争（义战）

    membership, enlargement of 1046 成员的扩大

    periodization of history 1007 历史分期

    regional organizations 1066 区域性组织

    resolutions 91 决议

    self-defence 290－291 自卫

    threats to peace 273,290－291 威胁和平

    veto power 218,290－291,696 否决权

    voting 695－696 投票权

Selden, John 243,366－370,374,377,826,872－873 约翰·塞尔登

self-defence/self-help 76,284,287,290－291,392,760,1023,1064 自卫/自助

self-determination 自决

    Africa 408－409,419,423－424,426－427 非洲

    boundaries and borders 30,40－47 国界线和边界

    Cold War 45－47 冷战

    colonialism/imperialism 41－42,45,57－58,754,863 殖民主义/帝国主义

    customary IL 46－47 习惯国际法

    democracy 57－58 民主

    dethronement of states in modern international society, gradual 67 从现代国际社会中
        逐渐庶出的国家

    diplomacy 823 外交

    domestic structure of states and national doctrines, evolution of 57－58 国家内部架构

译后记

　　《牛津国际法史手册》由德国的巴多·法斯本德和瑞士的安妮·彼得斯担任主编，并被列入牛津大学出版社的法律手册系列。

　　牛津出版社有编大部头书的传统，且口碑极佳，就像那套传世的九大本英语大字典。Oxford Handbooks 官网显示法律手册系列已出 30 本，单这本就 1245 页，可谓煌煌巨著。

　　主编虽都是欧洲人，但却意识到实践"去国际法的欧洲中心主义"，这在超越传统国际法的道路上乃是绕不过去的努力。于是动念推进因特拉肯（Interlaken）工作室，最终 63 位学者同仁围绕国际法史的"主体""专题""区域""互动与强加""方法与理论"和"人物传记"碰撞出共六十五章的内容。

　　中国部分邀请了刘禾和唐启华作为撰稿者，这两位都是正当年的国际法和国际关系史学者。刘禾的《六个字母的解法》引领本书译者刘俊成为纳博科夫的粉丝。唐启华则单凭一己之力，还"屈辱与灾难"的近代中国外交史以本来面目，这是大本事。

　　"不识庐山真面目，只缘身在此山中。"是故国际法史的写作不可能是独著。就像《哈利波特》系列，即便七本书是 J. K. 罗琳一人独著，但据此各自改编的七部电影却是分别由不同的导演完成。不知道读者是否也因此能接受本书中文版是三人合译的事实。本书翻译工作的具体分工是刘俊、李明倩、王伟臣按先后顺序各译英文版 400 页。

　　凝视本书原著的封面，1724 年，康斯坦丁堡的这间宫殿内正蓄积着颠覆世界的紧张空气。1536 年，为对抗哈布斯堡王朝，法国选择与奥斯曼帝国结盟；历时两百年，这个"百合花与新月同盟"在当时的欧洲看来简直是臭名昭著。如今所有的王朝都灰飞烟灭，但记录那次会晤的法国画匠之大作却因被用作 2012 年出版的《牛津国际法史手册》的封图而进入现代；2018 年，本书又因中文译本而为中国读者所熟悉，这种权力无法控制的传导路径或许正是历史的有趣之处。

原书两位主编协调本书成稿备尝艰辛，光往来电邮就多达几千封，其间更经历了三位写作者的辞世，才最终做成这件吃力不讨好的事情。其心迹光看引言部分的第一个小标题便一目了然：美国诗人罗伯特·弗洛斯特的那句"一条少有人走的路"。认真的读者或许会问，"主体""专题""区域""互动与强加""方法与理论"和"人物传记"这六大主题之框架的逻辑何在？

历史学者雷海宗在《中国的文化与中国的兵》一书中把中国几千年的文化分成两大周期：公元 383 年淝水之战作为纯华夏文化生长与外来文化融合的分界点。这显然"离经叛道"于王朝更替的断代传统。这种截断众流式的宏论却遭到陈寅恪的讽刺，包括"友人方面都说《中国的兵》三国以下所讲的未免太简，似有补充必要"之瑕疵。但是，书中一以贯之的核心观点是春秋时代整个社会崇尚的贵族是文武兼备的，这一情形到战国渐衰，在历经汉唐明清后沦为"文官爱财，武将怕死"式的堕落景象，以此观点解释中国近代以来落后挨打，特别是被日本入侵的原因，绝对能自圆其说，放在当今世代亦毫无代沟。联系晚近中外大片，如电影《敦刻尔克》或《无问西东》，其中都有相同主题。后者中的西南联大学生投笔从戎以及飞行员驾机撞击敌舰壮烈殉国均感动国人，其直击了无数"00 后"学生观众的泪点。提出这种截断众流式宏论的雷师正是开拓者，或者说是富兰克林·罗斯福总统最欣赏的那种寻路者。回到国际法世界，当面对 2018 年的国际乱世时，感觉行路艰难和前途茫茫的读者应益发能理解《牛津国际法史手册》付梓成书的可贵，即"文野之战及其在各洲的落地，乃是《牛津国际法史》的编辑主线"。译者专业洞见的最大收获是，当代国际法翘楚应是芬兰的马蒂·科斯肯涅米（Martti Koskenniemi）。按中国人的语境理解，马蒂既有雷海宗的大综合，又有陈寅恪的考据之功力。

英文版两位主编得悉中文译稿初版完成后高度重视，启动了查核修改程序。在长达一年的时间里，上海三联书店的殷亚平老师，以及编辑宋寅悦和江南慧在与外方沟通、协助中译本完善上付出无尽心力,最终迎来中译本彩虹般的"高光时刻"。

三位中文版译者从未想过能有缘写下这些文字。当初只是受一份激情牵引,受一股知己相交的激情驱使,这都源于多年前初入华政法律史大殿的惊鸿一瞥:谢谢恩师何勤华校长,拜学华政,"见谓可教,剔垢求光";遗憾我们三人"顾惟冥顽,迄未闻道"。

感谢博士生导师曹建明教授对刘俊的论文指导,毕业十年后益加珍重这份情缘;感谢王笑红、于霄、于明、李伟芳、冷静、张亮、李晶、陈汉奇、张智强等诸位师友在译书时的提携、牵引和鼓励。

李明倩和王伟臣感谢恩师何勤华、李秀清教授的悉心栽培、信任关爱,以及在本书翻译过程中给予的各种鼓励与支持,感谢复旦大学陈志敏教授的关心与指导,感谢王笑红、于霄、于明、鲁楠、陈王龙诗、屈文生、赵智勇、宋丽珏、韩毅、徐寅、陈雪杰、蔡乐钊、韩逸畴、朱磊、赖骏楠、方旭、吴训祥、田雷、刘海虹、于波、马贺、魏磊杰、朱明哲、吴玄等师友对译文所提出的意见、建议和帮助,感谢刘峰涛、刘侗侗、马悦、胡永智、张英杰、骆伟兰、张一飞、戴宇豪、缪斯、高逸凡、戚晓云、高天怡、陶然、吕点点、张译元、董积霞、王嘉仪、朱姝尔、李路等同学细致的文献背景梳理与校对工作。诸位是我们生命中的贵人!

译校到最后,三年来原本各自埋头工作生活且在临时搭建的微信群中都互不搭理的译者,俨然通了电般彼此心中透亮,顿悟各自优点后抱团取暖,合作效率惊人,"心有灵犀一点通"。本书献给未来致力于国际法史的年轻人。当然,文责自负,我们三人诚恳期待读者的批评。

2018.3.4

译者刘俊、明倩与伟臣

图书在版编目(CIP)数据

牛津国际法史手册/[德]巴多·法斯本德,[德]安妮·彼得斯主编;李明倩,刘俊,王伟臣译.—上海:上海三联书店,2020.5
ISBN 978-7-5426-6160-9

Ⅰ.①牛…　Ⅱ.①巴…②安…③李…④刘…⑤王…
Ⅲ.①国际法-法制史-手册　Ⅳ.①D99-09

中国版本图书馆 CIP 数据核字(2017)第 305504 号

牛津国际法史手册

主　　编 / [德]巴多·法斯本德　[德]安妮·彼得斯
译　　者 / 李明倩　刘　俊　王伟臣
统　　校 / 宋寅悦　江南慧
责任编辑 / 殷亚平　宋寅悦　江南慧
特约编辑 / 张静乔
装帧设计 / 一本好书
监　　制 / 姚　军
责任校对 / 张大伟

出版发行 / 上海三联书店
　　　　　(200030)中国上海市漕溪北路 331 号 A 座 6 楼
邮购电话 / 021-22895540
印　　刷 / 上海展强印刷有限公司

版　　次 / 2020 年 5 月第 1 版
印　　次 / 2020 年 5 月第 1 次印刷
开　　本 / 710×1000　1/16
字　　数 / 1200 千字
印　　张 / 83
书　　号 / ISBN 978-7-5426-6160-9/D·373
定　　价 / 288.00 元(上下册)

敬启读者,如发现本书有印装质量问题,请与印刷厂联系 021-66366565